葛晨虹文集　　第一卷

中外伦理文化研究

中国人民大学出版社
·北京·

序　言

　　葛晨虹教授离开我们已有两年多的时间，在过去的两年多里，葛晨虹教授的学生、朋友，对她生前发表的文章、著作、课题研究成果以及讲稿进行了系统的整理，形成了100多万字的《葛晨虹文集》。文集即将付梓之际，应整理书稿的老师和学生们的委托，为文集的问世写篇序言，于我而言，是一件义不容辞的事。

　　葛晨虹教授是1992年来到中国人民大学哲学系攻读伦理学博士研究生学位的，毕业后留在中国人民大学伦理学教研室工作，直至去世。我们同事多年。葛晨虹教授教书育人孜孜不倦，学术研究深耕不辍，为中国人民大学伦理学基地的建设和发展，为中国伦理学事业的繁荣，贡献了自己大部分的时间和精力。

　　《葛晨虹文集》全书共编为五卷，从中外伦理文化、伦理学基本理论问题、礼仪文化与文明礼仪、公民道德建设、现实道德问题等维度，对伦理思想和研究成果做了系统的梳理与总结。文集内容比较丰富、思考求真务实，尽管篇目众多，或长或短，但自始至终脉络清晰，展现出葛晨虹作为一名坚定的马克思主义信仰者、作为一名人民教师的品格和仁爱之心，作为一位伦理学研究学者浓厚的家国情怀和时代担当。

文集第一卷《中外伦理文化研究》，以《德化的视野——儒家德性思想研究》一书为主体，收录了中外伦理文化比较研究方面取得的诸多代表性成果。从伦理学视角整体把握中国儒家德性思想，深入分析儒家思想在面对现实生活时必须解决的重大问题，是葛晨虹教授多年研究所关注的。这一卷始终坚持历史与逻辑相统一的原则来分析儒家德性思想，不仅给儒家德性思想以客观和比较全面的评价，也从人与自然、人与社会、人与自身三个视角，将中国传统儒家的德性伦理思想与国外伦理思想进行了客观分析和研究。

伦理学基本理论问题是伦理学研究的基础和前提。文集第二卷《伦理学基本理论研究》，收录了伦理学基础理论研究方面的诸多成果。在这一卷中，对道德是什么、道德的评价标准是什么、道德的原则以及价值理性与科技理性的关系等基本问题进行了许多研究，形成了她的独到见解。伦理学作为一门实践的学科，什么是好人、好生活、好社会，是伦理研究要关心的问题，也是伦理学要关心的重要问题。对于这些伦理学"源"问题的追问，贯穿于葛晨虹教授伦理学研究的始终。如果能对价值问题做出比较准确深入的思考，特别是对马克思批判瓦格纳观点的经典表达进行准确的解释和分析，可能会更好地提高著作中关于价值概念的理解。

葛晨虹教授不仅是礼仪文化理论研究方面的专家，也是公共文明礼仪教育的倡导者，更是亲身践行中华传统礼仪的示范者。文集第三卷《礼仪文化与文明礼仪》，主要收录了葛晨虹教授有关礼仪文化、文明礼仪教育等方面的著作、文章和课题成果。这卷以葛晨虹教授的专著《中国礼仪文化》作为开篇，通过系统阐释中国古代礼仪文化，探讨了东方礼仪文化产生的历史原因和理论元点。葛晨虹教授积极回应社会发展和时代需要，长期参与首都公共文明建设实践，在社交礼仪、公共文明以及文明礼仪教育等方面取得了丰硕的成果。

一个国家和社会，想要有秩序，要文明发展，要有综合竞争实力，就必须注重社会运行系统中基本要素的最优结合。而一切制度治理和"五位一体"现代文明发展，都离不开社会主体即具有较高思想道德素质的公民，而公民素质全面提升、人性全面发展本身就是文明社会发展目标题中应有之义。文集第四卷《公民道德建设》，从公民道德素质、公民道德环境和公民道德教育等方面，将葛晨虹教授多年来关于公民道德建设的相关研究进行了系统的梳理和整合，较为全面地呈现了葛晨虹教授作为一名伦理学学者对公民道德建设问题的深切关照。

习近平总书记指出："只有聆听时代的声音，回应时代的呼唤，认真研究解决重大而紧迫的问题，才能真正把握住历史脉络、找到发展规律，推动理论创新。"文集第五卷《现实道德问题研究》，集中收录了葛晨虹教授对当代中国社会的现实道德问题进行深入思考和研究的系列成果。其中，"市场经济社会与道德理性"，从善的维度对道德理性在社会主义市场经济中的功能定位、发展走向进行了系统探讨。对于中国特色社会主义治国方略的逐步成熟和完善，葛晨虹教授给予了很大的理论关注和思索，时刻与时代发展同频共振，尤其对于诚信缺失、道德冷漠、道德共识以及人的归属感等现实问题的研究，得到学界和社会的普遍认可，向世人彰显了伦理学的理论温度和学科魅力。

2018年10月，葛晨虹教授因过度劳累，病倒在工作岗位上，永远地离开了我们。花甲之年，之于普通人，或感人生老矣。但对于一名伦理学专家、教授而言，正值其学术风华正茂之时，猝然离世，无论对于中国的伦理学事业，还是对于中国人民大学伦理学学科的发展，都是一大损失。

"言为心声，文如其人。"《葛晨虹文集》问世，为我们勾画出一位严于律己、践履德性、知行合一的伦理学专家。葛晨虹教授凭借她那种高洁的品格，那种为国家、社会担当的使命与责任感，那种为追求理想、信仰而终其一生的精神，将为同道、后学永远铭记！

以上赘言，勉为序！

宋希仁

2021年2月8日于北京

目　录

第一编

文化的传承——中外伦理思想研究

第一章　儒家德性人格取向
　　　　对中国文化的影响[*]

人格取向是一定社会制度和文化环境中，出于当下社会的现实需要，通过人性论或理想人格模式表达的社会文化期望和价值取向，它集中体现该社会及其思想文化的理论特征和价值观，以及对人的本质和价值的最终理解。每一种人性理论都有自己的人格理想模式，儒家德性主义人性传统将德性作为权衡人格境界与人性本质的价值尺度。这种德性主义人格设定和性善取向，对中国传统文化产生了多样影响。

一、中国传统文化中德性主义人格设定

人格取向往往通过理想人格模式来表达。中国儒家"圣人""君子"的理想人格模式，表达了典型的德性主义人格设定。"圣人""君子"身上凝集了儒家德性理论的思想内核及价值观，展示了对德性理性及价值的高扬。我们可以通过儒家对理想人格的德化设定，理解、把握传统文化的德性主义取向。

在儒家设定的理想人格中，德性是最重要的品质，也是历代评价人

---

　　* 原载国家社科基金重大招标项目"公民思想道德素质与现代社会文明发展程度研究"（编号 10ZD&049）阶段性成果。

物最重要的标准。《礼记·儒行》曾为理想人格提出十几种特质，即自立、容貌、备豫、近人、刚毅、为仕、忧思、宽裕、举贤援能、任举、特立、独行、规为、尊让等，莫不以修身立己为本，每一种特质都与德性有关。孟子所说大丈夫必备的富贵不淫、贫贱不移、威武不屈等反映的也是德性品质。孔子强调的"造次必于是，颠沛必于是"（《论语·里仁》），"和而不同"（《论语·子路》），"适道"（《论语·子罕》），"反求诸己"（引自《孟子·公孙丑上》）等，展现的都是德性内涵。

儒家理想人格的层次分为"圣人""君子"。司马光在《资治通鉴》（卷一）中对"圣人""君子""小人""愚人"做过区分，认为才德全尽谓之圣人，德胜才谓之君子，有才无德谓之小人，德才兼无谓之愚人。这种划分中的德性理想人格内涵一目了然。司马光关于"圣人""君子"的概括，和儒家德性人格取向相一致。孟子曾引子贡之言说："仁且智，夫子既圣矣""圣人……出于其类，拔乎其萃"（《孟子·公孙丑上》）。

关于"圣人"德才兼备的人格境界，儒家的"内圣外王"可以说是另一种表达。"内圣外王"要求"圣人"不但具备高尚的道德修养，同时还要建立伟大的外在事功。不仅如此，内在德性不但不与外在事功矛盾，而且恰恰要通过外在事功去体现。孔子说，"君子"学"修己以安百姓"（《论语·宪问》），"修己"做的是"内圣"功夫，"安百姓"是理想的现实，完成的是"外王"事功。

有人认为儒家理想人格鄙薄外在事功而重视心理修养。这种说法是对儒家理想人格的一种误解。儒家理想人格的重要境界是内具德性、外具事功，内圣（内在德性）要通过外王（外在事功）去显现、去证实。外王最终是为了积善事成德，通达"君子""圣人"境界。

有些德性主义思想家在强调德性内在价值时会分离外在功利价值。例如在康德那里，内在德性和外在功利是分离的。康德认为，具有普遍道德价值的东西不是来自上帝意志，也不是来自人的自然本性和世上的权威，而只能来自人的善良意志，这种善良意志不是因快乐而善，因幸福而善，或因功利而善，而是因其自身而善的道德善。康德理想的人格境界就是超越一切功利目的，而使纯粹善良意志得以实现。

儒家理想人格既没有为德性而德性，也没有为事功而事功。儒家期冀的圣人、君子应做到的是，超越物欲发扬德性，而又不离人伦日用。这一伦理思路在《中庸》的"极高明而道中庸"命题中表现得尤为突出。"极高明"求"内圣"，但不能发展到空性地步，理想人格要求的是通过现世外功达到内圣的升华。

儒家理想人格在"超越而内在"命题中也有显现。对理想的追求，人类的超越有复杂的形式，但概而言之，可分为向外的超越和向内的超越，或"外在超越"和"内在超越"。儒家理想人格的内在超越性，首先表现在对天地万物的超越上。儒家以"德合天地"为圣人的根本品质或理想境界。"尽其心者，知其性也。知其性，则知天矣"，"万物皆备于我。反身而诚，乐莫大焉"（《孟子·尽心上》）。人道是天道的体现，人若了解人本身的善性而有扩充，即能"知天"，就能达到"与天地同流"（《孟子·尽心上》）的"德合天地"之圣人境界。可见，儒家的超越是内在性的，正是这种以内在德性对天地万物进行超越的精神倾向，造就了儒家理想人格以仁、义为价值目标的道德精神取向。

儒家理想人格超越而神圣，然而又有着强烈的入世特征。儒家德化了的"理想人格"强调人的德性本质，弘扬德性人格的尊严，在中国传统文化中产生了很大影响。

二、欲合于义：儒家德性理想人格的价值要求

儒学中"义"是君子所履行的道德义务和天下大利，"利"则多指私利私欲。孔子承认"富与贵是人之所欲也""贫与贱是人之所恶也"，但认为个人利欲必须要以"义"为节度，"不以其道得之，不处也""不以其道得之，不去也"（《论语·里仁》），主张以义理之性节情欲之性，在理论上表达为"义以为上"（《论语·阳货》）、"见利思义"、"义然后取"（《论语·宪问》）。

这里实际上涉及了人的自然性和社会性的问题。孔子要求人应当向德性本质境界努力，求仁德而不求利欲。孔子"义以为上"的观点表达了以义理之性制约情欲之性的人格主张。

孟子主张人性善，但并不认为人的品德全都是天生齐备的，故而提

出"存心""求放心"的修养之道，以保持天赋德性不失，这必然要求以义理之性去节制情欲之性。

荀子因把性（自然情欲）视作恶，在性情关系上更主张节情养性，主张欲合于义、情合于礼，反对"纵情性，安恣睢"（《荀子·非十二子篇》）。荀子这种节情养性观，在《中庸》中也有体现。《中庸》主张使情欲既不过分，又无不及，达到节度与和谐，不偏不倚，"发而皆中节"。

在人格价值层次问题上，孟子提出了"大"与"小"的主张，主张"先立乎其大"（《孟子·告子上》）。孟子认为"体有贵贱，有大小""人之于身也，兼所爱。兼所爱，则兼所养也"，不能"养其一指而失其肩背""以小害大""以贱害贵"（《孟子·告子上》）。所以，当弟子问，同样是人，为什么有的能成为高尚的"大人"，有的则为"小人"时，孟子回答："从其大体为大人，从其小体为小人"（《孟子·告子上》）。

可见，儒家以义制欲思想包含着高扬德性人格和精神价值的取向。这种人格价值取向对后世产生了复杂影响。一方面，那种"贵义贱利""安贫乐道"的价值观念，在汉儒、宋儒那里生发出了"存理灭欲"的理论。这种理论在运用中实际产生了禁欲的倾向。另一方面，"先义后利""舍生取义"的主张，反映在人格意识上，就呈现为一种强调精神意义与尊严的人格取向，在长期生活实践中积淀为成仁成义的民族气节。儒家欲合于性的人格价值取向，还陶冶出中华民族责己、自律的道德个性。中国传统文化有讲求良知反省的精神，并把"慎独"作为一种道德境界去追求。

与道德良知相联系，中国传统文化还特别高扬人的道德能动性。儒家德性伦理要求人有两种自觉：一是对于"人之所以异于禽兽者"（《孟子·离娄下》）的自觉，这是人作为"类"的自觉；另一是人作为个体的自觉，"为仁由己"（《论语·颜渊》），"人皆可以为尧舜"（《孟子·告子下》）。一个人只要立志向善，就完全可以成圣成德。在道德人格中，人可以充分发挥主体能动性。儒家的性善论、修养论、高扬德性主体的"义命论"，都为中国传统文化充分发展人的道德个性提供了德性土壤，为中国人道德修养、道德践履奠定了基础。儒家德性主义人格取向高扬人的道德能动，但在将德性作为人格境界的唯一价值尺度时，忽略了人格构成中的认知理性本质和社会性本质。

三、"耻感文化"与扬善的政治文化

德性人格本质理论在性善论基础上，还造就出中国传统的"耻感文化"特征。性善理论从根本上确定了人本质上是善良的，这就排除了人真正根本的负罪意识。所以，相对于西方的"罪感文化"，有人把中国的传统文化称为"耻感文化"。也就是说，德性人格文化使人无从产生真正的"罪感"，道德约束力往往不像西方理性人性论那样，强调依靠理性自律的力量。在儒家人性、人格理论中，人的本心是道德的，不道德的行为往往来自外在干扰或自己的"不小心"。在人们内心深处，性善论教给人们的是德性人格的自信，"人皆可以为尧舜"。人皆有一种善的本质，那么恶从哪里来呢？从外在来。所以，性善论重视的是如何防止它干扰本心？儒家主张每日"三省吾身"，是指要注意排除一切外在邪念，求"放心"。

中国的德性主义人性文化传统，使人不把自己的过错视为自己本性的结果，而是视为与自己的意志和"本心"相违背的结果。本心是好的，一切过错都是外在使然；人只要按本心行动，就必有德行。正因为如此，有学者说中国古代严格说来没有真正的忏悔意识，有的只是一种立足于已有本心、防患于未然的内省修养功夫。由于已确定本心为善的前提，所以一切罪过都只是由于"不谨慎"，只是由于外来的尘垢蒙蔽了纯洁的本心。在这一点上，西方理性主义人性文化有不同的意识。

"罪感文化"的前提是，将自己的一切行为，不论出于有意还是出于无意，都视为自己的完全责任。作为罪感文化的一个诠释，人们常以俄狄浦斯神话为典故。俄狄浦斯受命运捉弄犯了错，但他将一切罪行归咎于自己的选择，最终用自残这样严格的自我惩罚方式负起全部罪责。基督教文化的"原罪说"及其忏悔意识也都从不同侧面对这种罪感文化做了表达。

德性主义人格理论要人们相信自己只要愿意，就可以积德成圣，这给人们道德修养一种根本的动力和可能。由此，中国性善论基础上的道德力量更多来自"扬善"而非"抑恶"。对于"人性恶"或自然人性论来说，治国或曰政治，正是为了遏止人性中过多的自然欲望，调控"人对人像狼一样"的局面，而不得不强加于人类的。所以，政治作为治国手段，主要就是诉诸外在遏制恶欲来调控、治理社会。美国开国者之一汉密尔顿表达了这个理论逻辑：如果人人都是天使，那么就不需要政治了。可见，政治就是"抑恶"。

相对于自然人性论的"抑恶的政治"，德性主义人格理论主张一种"扬善的政治"。德治政治可以说本身就是人格向善的本性的一种延展。扬善的政治或德治文化的一个重要特征就是，以德性作为管理国家、调控社会的主要手段。在以儒家德性主义人格理论及其性善理论为基础的中国古代，德性手段调控社会表现在用扬善的理想人格、伦理规范直接调控社会。这种直接调控作用是通过下述几个途径实现的：首先，通过德性理想人格对人们的召唤，呼唤出人们"本心"中的善性潜能。"人皆可以为尧舜"的信念支持人们努力修养心性、完善人格，做追求至善的君子，鄙弃为利而作恶的小人；其次，通过高度重视的道德教化，发扬人们心性中的"良知""良能"，使人们"从心所欲，不逾矩"（《论语·为政》）；再次，使扬善的舆论形成一种强大的外在压力，造成对人们无德行为形成一种"耻感"；最后，德治政治不在于没有法制，而在于它所动用的法的手段里也充满了德性内涵。这种被德化了的"伦理法"，或者"德主刑辅"的治国模式，一直在中国古代"扬善的政治"中发挥着重要作用。

古代西方很早就从伦理法阶段走上了契约法制道路。其中有许多深刻的历史原因，但"人性恶"的观念是其中文化预制的原因。"性恶论"认为人的本性中存在着恶欲，人生而有恶、有罪，从而主张用外在强制的法律对人的恶欲进行制辖。既然恶是"原罪"，是天性，那么就没有人全能全善。因此，要设定外在强制力量来制约、调控各种恶欲和矛盾冲突。

西方思想史上不是没有人主张"人性善"，但主流是"人性恶"和"理性人性论"，二者在这一点上的理论取向是一致的，甚至理性人性论中就包含了人性恶的前提。在中国古代文化里，人性善的主张成功地泯灭了人性恶的观念，其政治统治手段不是像西方那样主要依靠法治，而是采取了德主刑辅的德治手段。

儒家德性伦理从性善论出发，德化了人性，塑造了德性主义人格文化模式，进而又影响并造就了"扬善的政治"模式。把德性人性作为调控、治理社会的主要基础，就不能不产生理想主义政治的局限。社会秩序离不开社会制度的规导。从作用方式上归纳，社会制度规范无非两大类，一类是强制性的，另一类是非强制性的，政治制度、法律制度是典型的强制性规范，道德规范是典型的非强制性规范。缺少任何一类，都无法真正治理好社会。我们的社会需要"人皆可以为尧舜"的向善引导和德性规范，同时也需要法制强制和制度程序的正义规导。

第二章 中西信用思想的发展演变*

东西方由于历史发展道路不同，形成了具有一定差异的"信用"概念。中国传统德性诚信机理和西方契约性质的互惠信诺机理不同：前者更多建立在人格自律基础之上，守信更多依赖于人格良心；后者更多建立在人们的契约关系及观念之上。与当代社会主义市场经济相适应的信用创新，应该既着眼于对信用理念内在德性自律引导的挖掘，又要致力于信用的外在制度机制安排和他律强制性规则的建设。

信用作为社会道德规范体系中的重要范畴，在东西方思想演变过程中有着共同的价值取向，但彼此各异的社会文化土壤使得信用思想演变经历着不同的发展形态与路径。

一、中国信用思想的发展演变

中国信用思想经历了从诚信道德、商业信用，再到法律法规诚信的发展演变过程。

中国传统道德中的"信"概念，与我们今天所说的"守信""忠信"概念大体相同，内含着无欺、遵守诺言或"守命（教令或道）不渝"之

---

　　* 原载《江西社会科学》2006 年第 8 期，作者为葛晨虹、赵爱玲。

义。它不仅是一种伦理信念，是一种行礼必备的品德，而且是一种社会与文化诚信保障机制，是社会德治的一个方面。《老子·第八十一章》曰："信言不美，美言不信。"遵守诺言首先就要忠于自己的诺言，所谓"忠能达信"是也。"忠能达信"，是要求在许诺时必须实事求是，始终坚持以一种真诚之心来许诺，并注重实现承诺。也就是说，许诺时绝无欺骗之心，绝无食言之想，坚决要许真诚之诺。据此，对于守信的人来说，真诚是必备条件。反过来说，只有立足于真诚，才能守信。这就是在中国古代，忠、诚、守信三者相通的道理。

在中国古代伦理思想史上，由于信与诚往往具有同等的含义，所以人们常常把诚与信联系在一起使用，或者认为诚与信是互训的，如"诚则信矣，信则诚矣"（《河南程氏遗书》卷二十五）；或者认为诚是信的基础和前提，是实现和贯通信的枢纽，如"诚善于心谓之信"（《张载集·正蒙·中正》），"夫欲上下之信，惟至诚而已"（《周易程氏传》卷二）；或者认为诚信复词同义，都有诚实不欺、真诚不妄的意思，如"先王贵诚信，诚信者，天下之结也"（《管子·枢言》）。这样，诚信便被提到了制约人道、通于天道的核心理念地位，不仅是为人之道、治国之道，而且被用于生活的其他领域，成为人们必须遵守的基本准则。

在《春秋繁露·王道通三》中，董仲舒把天之"五行"与人之"五常"相比附，提出了"天人合类"的思想，其中"以信配金"更是把信放在"五常"之首的地位进行强调的。东汉王充继承了《管子》"仓廪实则知礼节，衣食足则知荣辱"的思想，认为"让生于有余，争起于不足。谷足食多，礼义之心生"（《论衡·治期》），并以此批评孔子"去食存信"、信义重于衣食的思想。他认为，"去信存食，虽不欲言，信自生矣；去食存信，虽欲为信，信不立矣"（《论衡·问孔》）。这些观点具有朴素唯物主义的某些合理性，但仍然是一种机械唯物主义观点。

南北朝时期的佛教伦理思想则把其"五戒"（不杀生、不偷盗、不邪淫、不妄语、不饮酒）比附于儒家的"五常"；其中，"信"是众生信守"五戒"的道德基础，这是建立在对佛教教义绝对"信服"的基础上的。这里的"信"是指对佛教的坚定信仰，具有这一信仰的人被称为信众。早期佛教注重个人的身心修养和解脱，信众以"五戒"和"十善"（不杀生、不偷盗、不邪淫、不妄语、不两舌、不恶口、不绮语、不贪欲、不嗔怒、不邪见）为基本信条。

北宋周敦颐建立了"以诚为本"的道德本体论的形而上学体系。在他看来，"诚"既是宇宙的精神本体，又是道德的本原。这种"诚"理论的特点是，把伦理准则上升为宇宙本体，既使人道伦理具有天道的本体性，又赋予天道本体人道的伦理性，于是天道与人道便相互沟通，合而为一。这是对先秦儒家天道人道关系的继承和创造性发挥。古典儒家只说人道是天道的根据，天之道借人之道而立，并没有系统地论证人道是怎样成为天道的根据的，周敦颐着力论证了这一方面。根据这种"由天及人"的天人合一的新思路，背离了"诚"不仅违背了人性，而且违背了天道，于是名教纲常便获得了至上性与绝对性。

后来的理学家正是抓住这一根本精神，把这两种思维路线加以综合，先"由人及天"，把纲常规范上升为本体，然后再"由天及人"，以伦理化的天道论证纲常规范的至上性与神圣性，建构了完整的理学体系，从而使成熟意义上的"天人合一"伦理精神模式最终确立。

现代社会，诚信不仅仅是一个哲学伦理范畴，它已由道德意义上的诚信向法律意义上的诚信转型，或者是由道德意义上的诚信向道德意义与法律意义相结合的诚信转型。作为法学范畴的诚信，指的是一种法律原则或准则，它强调法律行为主体在经济活动中信守承诺、诚实无欺，必须在不损害他人利益的前提下追求自己的利益。该原则被民法奉为"帝王条款"，在西方则具有"万民法"的普遍适用性地位。

我国自1986年《中华人民共和国民法通则》确立诚实信用原则为民事活动的基本原则以来，至今为止，民法界就诚信原则在民法中的地位、功能及其法律保障和完善措施等做了相关研究。2001年《公民道德建设实施纲要》把"明礼诚信"作为20字规范之主要条目，党的十六大报告强调"以诚实守信为重点"加强社会主义道德体系建设，是党和国家敢于正视问题、解决问题的鲜明体现。1999年《中华人民共和国合同法》第6条明确规定："当事人行使权利、履行义务应当遵循诚实信用原则"。这标志着中国《合同法》诚实信用原则立法的现代化的完成。目前，我国已经制定的与信用有关的法律，如《担保法》《刑法》《票据法》《消费者权益法》《反不正当竞争法》等，都从法律角度规定了诚实守信的法律原则，对诈骗等犯罪行为做了处以相应刑罚的规定。此外，2003年颁布的《行政许可法》、2004年出台的《全面推进依法行政实施纲要》、2005年4月公布的《中华人民共和国公务员法》等，都把诚实信用作为法律规则或原则，从一定意义上透射出现代社会，信用形态正由道德型向法律型或向道德与法律结合型转变，并力求转化为一种诚实信用的理念和行为习惯的过程。

二、西方近代信用思想的发展演变

西方近代信用思想经历了从法律法规中的诚实信用的原则和概念到成熟的信用产品、信用契约，再到严格完整的信用中介，最后上升为一种诚实信用的理念和行为模式的过程。

西方的"信用"概念和思想起源于古罗马私法中的诚信契约与诚信诉讼。古罗马法规定，根据诚信契约，债务人不仅要承担契约规定的义务，而且必须承担诚实、善意的补充义务。契约未规定的事项，若照常人看法应由债务人履行，则债务人应当履行。如就诚信契约发生纠纷，也应按诚信诉讼处理。这一诚信原则在当时的罗马成为最普遍的商业和司法原则，同时也成为人们行为的基本准则之一。由此可见，西方的诚信从一开始就建立在商品交易的基础上，深深扎根于经济生活的土壤中，强调的是经济因素和个人品质，且往往与效益、成本联系在一起，其实质在于保障法律关系主体之真实义务的履行，以实现主体之间的利益平衡。

中世纪的商人法传承古罗马诚信契约和诚信诉讼的优良传统，把诚实信用作为行为的基本原则，但中世纪的商人法不属于国王或国家管理而制定的法，事实上只是一种习惯、一种行为规范和标准。符合了这种习惯，就是诚实信用；不符合这种习惯，哪怕是出于善意的行为，也不属于诚实信用。所以，在西方，诚实信用概念和思想在长期的发展过程中是逐渐被纳入普遍法律规范的范围的。

近代以来，尽管英美法中一直贯穿着诚实信用的理念和思想，但却始终未把诚实信用作为基本原则加以贯彻实施。直到 19 世纪末，在制定《货物买卖法》时出现了"默示的条款"[①]。"默示的条款"的作用和诚实信用原则有很多相似的地方，意即即使在信息不对称的情况下，卖

---

① 指 1893 年英国制定的《货物买卖法》中出现了"明示的条款"和"默示的条款"的说法。

方也应当承担一个起码的默示义务，这实际是一个法律的起码要求。美国法律体系中，在20世纪40—50年代同英国一样仍没有诚实信用原则，直到50年代美国才在商法典中第一次引入了诚实信用原则，它包括两个内涵：其一指诚实地做事、去履行，其二指按照商人之间的习惯和惯例去履行。诚实信用原则列入法国法典最早，但该原则只是一个死规则，在法国的判例中并未被使用过。二战时期，德国首先正式确立并使用了诚实信用原则，这影响到其后美、澳、英等国的法律制定，但德国的诚实信用原则是具有偶然性的，它实际上是纳粹时期的产物，是有污点的。

可以看出，西方信用思想的发展经历了信用的商业化和契约化阶段。信用的商业化，是将信用记录当作一种"信息商品"，像所有信息商品那样可以买卖，采用信用中介的资信调查、信用评级、商账追收、信用服务等多种渠道，推动人们真诚守信。信用的契约化，是指由原来一个或两个担保人来承担的贷款信用，采用大众来担保，实质是通过与大众签合同、契约、买保险等方式来分担风险。现代社会，信用的契约化为信用的发展建立了一个更有效率的机制。信用好的大型金融机构，可以以较低的成本发行债券进行融资，然后再将以较低成本获得的资金转给融资成本较高的小型公司。信用的契约化实质上就是采用市场的方法，将信用担保的履行变成依靠市场来保障，而不是基于个别金融机构或个别人的道德水平和偿付能力。

当代社会，西方国家在征集、运用信用数据时，突出强调对公民信用意识的培育，把信用立法与强化行业自律有机结合起来。在20世纪中后期，美国一些银行和企业出现种种失信行为，导致大量坏账，使许多企业经营陷入困境；社会呼吁并开始为信用立法，形成了《公平信用报告法》等一系列和诚信相关的法律，与此同时，也非常注重加强信用道德建设，力求形成健全的信用法律法规体系，以及较强的真诚守信意识和理念，最终创建诚实信用的社会风尚和行为模式。"安然""安达信"之类的失信事件则有力地推动了西方国家道德信用建设的进程。

三、中西方诚信思想的异同

从以上对中西方信用思想发展之大致脉络的分析中可以看出，中西方信用思想发展有一定的共同性或相近性。从学理上看，二者近似的地方在于基本含义和价值取向，它们都强调尊重事实、信守承诺。同时学界也普遍认为，中西方信用在侧重角度、维系载体、社会机制等方面都表现出很强的差异性。

第一，诚信在中国传统文化中更多是一个修身养性的根本原则，是区分君子与小人的人格标准。在"仁、义、礼、智、信"伦理"五常"中，诚信被看作仁、义德性的自然延伸。诚信在中国传统伦理中和德治文化相联系，更多是一种德政和德性品质要求。受中国血缘宗法社会历史及其德性文化决定，传统文化中的诚信属于一种由人格信任、亲缘（熟人）信任构成的德性范畴。相对说来，西方的"信用"概念更多是建立在人们的契约法律关系和观念之上的，可以说"守信"概念就起源于现实中的契约利益关系。也就是说，中国人重视熟人基础上的人格信任，西方人强调法律关系上的契约信任。由于历史发展道路的不同，西方社会进入奴隶制国家时冲破了血缘关系，建立了个体契约关系社会。作为契约，个体双方或多方在立约时就约定，大家都出让一部分权利，以保障自己的权利得到实现。在这种契约关系中，大家都必须信守承诺，如果我违背了使对方利益得到实现的承诺，对方就会取消我的利益实现的保证权利，结果就会两败俱伤。于是，在利益交换的现实生活中，人们发现合作最符合自己的长期利益，故而自愿同意遵守社会契约。自我利益，加上契约的法律机制，就会弥补社会成员之间所欠缺的互相信任①。

第二，和中国血缘根基上生长出的亲缘信任机体不同的是，契约成员群体完全可以由陌生人组成，在利益实现的认同基础上，任何时候都可以运用契约规则组成团体。所以，中国人的诚信重感情、情理，西方人则往往重法理，以法律为依托，追求契约平等。在这个意义上，西方的守信更多出于一种对自我利益的追求而不是人格追求，在本质上是一种外在规则守信，而不是内在德性诚信。西方的诚信观念和西方的契约关系紧密联系在一起，信用是建立在利益互惠的基础之上的。中国人的诚信建设缺乏有效的机制和制度保障，而西方人的诚信有足够的法律和制度支撑。

---

① 葛晨虹. 诚信是一种社会资源. 江海学刊，2003（3）.

第三，中国的诚信规范建立在人格自律基础之上，守信还是不守信更多依赖于人格良心，相对说来，缺少必要的外在利益制约力量作为保证。即使一定的人际群体会构成一定的外在制约，从根本上说，那也只是亲缘关系基础上亲友、熟人之间的一种非强制性的情感制约和道德制约。这在根本上是不同于西方外在契约的制度性强制制约的。孙中山在谈到信义问题时曾说："中国古时对于邻国和对于朋友，都是讲信义的"，没有什么"中国人交易，没有什么契约，只要彼此口头说一句话，便有很大的信用"①。中国人的诚信往往诉诸主体的主动实践，仅仅隐藏着一种希望得到回报的期待，希望心安理得。西方人借助契约，强调双方能够平等地履行契约，追求切身利益的获得。

第四，中西方信用制度和机制的差异，还表现在借贷消费理念与信用风险理念的不同。西方国家自 19 世纪中叶起，就开始采用分期付款的方式推动消费信用的发展，到目前为止，消费信贷已成为西方国家的基本消费方式。西方的信用风险打包（Packed）制、信用评级公司、金融担保机构及许多相关专业公司都成了信用链条上的关键环节。与此同时，对失信者的惩戒制度与机制不同。西方国家把对失信者的惩戒作为其信用制度的重要组成部分。一是准确核定和记录失信档案，通过相关部门提供的信用调查报告，把交易双方在经济生活中发生的失信行为扩大为失信者与全社会的矛盾；二是对失信者的处罚有明确的规定和外在强力机制保证，使失信者必须为自己的失信行为承担责任、付出代价。

第五，中西方的诚信制约机制也有不同。西方的信诺观念受制于外在利益关系和契约法律关系，同时还和西方基督教上帝制裁观念联系在一起。如果说中国人的诚信本质上以道德为支撑，那么西方人的诚信则以法律和基督教文化为基础；上帝要人们信守承诺。在《圣经》中到处都可以看到人与上帝立约。如果违反约定，就要受到上帝的制裁。上帝成了外在强制力量的最高权威代表；上帝无所不在、无所不察，是最高的外在权威。如果说在中国传统文化中，诚信规范要求人们要有"慎独"的自律精神，那么在西方传统文化中，守信品质则更多受制于他律的利益、法律制约和上帝的外在制裁力量。中国传统文化中的诚信建设缺乏有效的机制和制度保障，而西方传统社会的诚信很注重法律、制度

---

① 孙中山选集. 北京：人民出版社，1986：682.

和上帝等外在制约力量的支撑。

　　造成中西方诚信思想差异的原因主要体现在以下方面：首先，中西方信用产生的社会历史传统不同。中国自古以来的重农轻商传统使人们的交往范围狭小，局限于家族或一定的地域内，故而中国人的信用是熟人间的信任或信用；而西方自古以来的商品经济、商业贸易发达状况成为产生契约诚信的充分条件。其次，中西方信用产生的理论基础不同。西方人多从人性恶的角度设计规范，注重对不诚信进行外在制约，中国人则多从人性善的角度设计规范，注重主体的内在自律制约。这就造成了中西方在信用、信仰和法制文化等方面的明显差异。最后，中西方信用内容的侧重点不同。中国传统社会侧重家族血缘关系的维持，注重群体血缘关系，一定意义上会比较忽略个体存在，而且亲情等级次序在一定程度上也影响个体之间形成浓厚的契约观念。

　　总之，中西方历史发展道路的不同，使中西方"信用"概念具有一定的差异。中国传统德性诚信机理和西方契约性质的互惠信诺机理不同：前者更多建立在人格自律基础之上，守信更多依赖于人格良心；后者更多建立在人们的契约关系及观念之上。与当代社会主义市场经济相适应的信用创新，应该既着眼于对信用理念内在德性自律引导的挖掘，又要致力于信用的外在制度机制安排和他律强制性规则的建设。

第三章　企业管理与社会文化背景 *

　　不同的社会文化背景会带来不同的企业文化及其管理模式。企业文化在英语中称作"公司文化"，在日语中称作"社风"，在我国通常称为"企业文化"。东西方在历史发展道路、文化传统及其思维模式方面有许多不同，因而也形成了有很大差异的企业管理模式。

　　企业文化作为社会文化的一个具体领域的特殊存在形态，是企业的一种内在灵魂或价值理念、思维模式。企业运行中的管理、人事制度、价值取向、员工心理素质结构，以及企业运作的目的和方式等，都取决于企业的价值理念和思维模式，即取决于企业文化。在企业生产经营活动中，企业经营者、管理者和企业员工，无论其行为方式还是其经营方式，都依赖于一定的价值目标导向。如何处理个人和企业集体的利益关系，如何把握企业的经济效益和社会效益的关系，如何实施有效的管理，都与企业文化的目标理念和价值理念紧密相关。企业的目标理念和价值理念深深植根于它所在的文化土壤中。许多世界著名学者论及这个问题时都一致认为，不同国家的企业在财富创造的经济活动中都各有其"独特的价值观"和管理模式，"然而，在人们背后推动财富创造的道德价值观又从何而来呢？来自那个社会的文化"①。社会生活中的任何方

　　* 原载《中国特色的伦理文化》（河南人民出版社，2003）。

　　① 查尔斯·汉普登-特纳，阿尔方斯·特龙佩纳斯. 国家竞争力——创造财富的价值体系. 徐联恩，译. 海口：海南出版社，1997：6.

面，包括企业经营及其管理文化，都无法脱离它们所在的社会文化背景。

中外企业管理文化的差异表现在许多方面，概括起来大致有如下三个方面。

第一，对"群己关系"的不同文化把握构成了不同的管理模式。一般而言，中国文化或者说东方文化，比较注重群体导向。在这种文化背景下，社会价值导向比较强调社团精神或者集体利益。这种强调社团精神和集体利益的文化，有时也被学者称作"我们"文化而不是"自我"文化。这意味着在发生利益冲突时，个人利益应该服从集体利益，也意味着强调集体的存在地位和作用。

日本企业管理模式可以说就是建立在东方文化基础上的一种管理文化模式。日本文化中的社团价值取向，使日本人对他们所属的企业产生强烈的责任感和事业心，并促成了集团主义的形成。集团主义、年工序列工资制和长期雇用制，可谓是日本企业管理的特色。即使一个很小的问题，也习惯于共同决策。但做出决策后，则要求不折不扣地遵照执行。忽略集体作用而过分强调个人的能力，这不符合日本的文化价值观念。美国加利福尼亚大学的著名管理学教授威廉·大内（William Ouchi）在其《Z理论——美国企业界怎样迎接日本的挑战》（*Theory Z: How American Business Can Meet the Japanese Challenge*）一书中写道："西方人最难以理解的也许是日本人强烈的集体价值观，特别是集体的责任感"[①]。

在西方的价值文化体系中，更多是"个人主义"取向。"个人主义"作为一种价值观，虽然并不等同于利己主义，但比较强调个人的能力和作用。在这样一种文化信念背景下，形成了西方文化特有的企业管理模式。例如，在美国式的企业管理中，个人权利受到充分的重视，个人的作用也得到充分的确认，强调个人的努力和责任。美国国际商用机器公司最基本的管理信条就是尊重、肯定每一个个人。该公司总裁托马斯·沃森（Thomas J. Watson，Jr.）在他的书中写道："首先我介绍我认为最为重要的一个，即尊重个人。这是一个十分简单的概念，然而，它在IBM的管理中却占据了一个重要的部分。我们为此所付出的努力比其

---

① 苏勇. 管理伦理. 上海：上海译文出版社，1997：57.

他任何方面都要多"①。美国的企业强调的是个人负责，而不是某一个集体。所以，和日本企业管理模式中的长期雇用制不同，美国大多数企业都习惯采取单纯的雇佣关系。没有长期或者终身制，一切取决于双方当下的意向和选择。如果说日本企业文化强调个人对企业集体的责任甚至忠诚，那么，美国式的西方企业管理文化则认为，随时解除关系、随时"跳槽"这种行为无关对企业忠诚或不忠诚的问题，这是很正常的事。

第二，对人性的不同理论文化假设导致不同的管理文化理念。在西方文化传统中，对人性的假设通常是"人性恶"。"人性恶"的文化理论认为，人具有趋乐避苦的本性，人天生懒惰，仅仅为了利益才工作，只要有可能，人就会逃避工作。在这种观念支配下，西方传统的管理理论曾把人看作"经济动物"，认为在企业管理中必须采取强迫、控制、金钱和物质利益的刺激等办法，才能促使员工努力工作。同时，从"人性恶"和"经济人"假设出发，企业员工被看成生产工具或机器，从而被取消了一切参加企业管理的可能。当然，西方的企业管理模式也在不断发展、改变，并从东方文化中，从日本的企业管理文化模式中吸取有益的因素。

在东方"人性善"的理论文化中，人不是趋乐避苦的"经济动物"，而是有德性人格的、有精神追求的"社会人"。这种以人为本的东方文化，避免了西方传统管理文化中对人性的消极理解，摆脱了对人是"经济动物"的低级设定，认为人既有物质利益需要，又有精神需要。在正常情况下，人们不仅乐于接受任务，而且主动寻求责任。

表现在现代企业的管理理论中，这种文化理念就要求高度重视企业生产中人的要素，要求关心人、尊重人，不断调整人与人之间的关系，既满足员工对经济利益的需要，也尽量满足他们的精神需要，激励他们的工作自觉性，从而不断提高劳动生产率。例如，日本许多企业就有鼓励员工提合理化建议的管理制度。这种管理理念还主张让员工参与决策和管理，使他们能够把自己的利益与企业的命运联系在一起。

第三，西方社会的契约关系传统，和东方社会的血缘家族关系传统，也使东西方的企业管理文化具有了一些差异。在血缘家族文化的支

---

① 小托马斯·沃森. 一个企业的信念. 张静，译. 北京：中信出版社，2003：13.

配下，形成了传统的家族企业模式，这种模式任人唯亲，再辐射到任人唯近、任人唯信。企业团体的凝聚主要以血缘、亲情，或者还有"业缘"和亲信为纽带。正因为如此，日本松下公司被称作"模拟的命运共同体"，而许多日本企业把员工的生日信息储存在电脑内，每逢员工生日，管理人员就代表公司送一份礼物。在这种管理文化引导下，注重营造亲情和信任的气氛，就成为管理模式中的重要内涵。

相对说来，美国式的企业团体更多以追求效益和利益为目标，用契约关系而不是血缘、亲情关系规定人的责任，激励个人努力工作，并以此作为企业的凝聚纽结。在这样一种管理文化中，注重契约关系，注重外在制度性管理，就成为一种必然。所以，美国式的管理模式和日本的管理模式相比，通常被认为具有更多的技术主义色彩。

当然，上述分析只是在相对区分的意义上进行，不论美国式的西方管理模式，还是日本式的东方管理模式，都在长期的企业发展和管理实践中，相互取长补短，企业管理理论也从最初的"X理论""Y理论"，发展到了"Z理论"，管理模式也有了更多的内涵和更大的完善。

当然，市场经济作为一种人类普遍的经济运作形式，有许多共性的东西。东西方文化的差异及其各自的优势，使得东西方在企业管理模式方面有许多可以互补的内容。西方的管理模式在吸收东方文化中有利于企业管理的因素，而我们中国也应该学习、吸收西方管理文化中的积极因素。我国在加入了世界贸易组织的新的社会时代，要有更多的国际意识和普遍文化意识，要更好地与国际接轨，但同时要充分注意到各国社会文化背景和文化根基的不同，注意到我们特有的国情，在学习西方国家的企业管理模式时，一定要注意使其融入中国的社会文化。

在1984年港台学者曾就"中国式管理"问题举行过专题研讨会。与会者一致认为，"即使在现代的世界中，中国社会及中国人仍有其与众不同的特点，而这些特点是传统旧文化与外来文化相互调节与整合的成果。在崭新的中国社会管理崭新的中国人，必须创造与采取崭新的中国式管理"[①]。无论西方的管理经验还是日本的管理经验，都可以成为我们企业文化建设的资源，但必须与我们社会主义先进文化以及"以人为本"的文化传统结合起来，真正创立起一种适合我国国情的中国特色

---

① 曾仕强. 中国式管理. 台北：台湾时报出版事业有限公司，1984：4.

企业管理文化模式。

现在，随着我国成为世界贸易组织中的一员，世界其他各国的企业集团及其产品都会随之更广更深入地进入中国市场。手机市场也面临着同样的状况。目前，已在中国有不同市场范围的手机企业，如西门子、诺基亚、摩托罗拉、索尼、爱立信、三星等，将会在"世界贸易组织"这个世界性大市场中，更多更深入地进入中国市场。有些只有销售环节在中国的手机企业集团，会因为市场扩大需要和降低市场人力资源成本的需要，而引进整个生产环节。销售和生产环节已在中国有一定发展的手机企业集团，会有更多的扩大和发展。所以，如果说不同国家的文化差异引起的文化冲突在产品销售环节还不明显的话，那么在更完整地引进生产、销售环节等整个经营系统中，就会产生更多的由文化背景不同而引起的错位和冲突。这种观念错位和文化冲突会集中表现在企业管理体系中。比如，某外资企业的总经理根据他在本国同类企业中的相同做法，规定企业所有员工下班时一律开包检查，如果遇到保安人员产生疑点者，则需要接受进一步的检查。此举一出，在企业中引起很大波动。内地员工尤其是管理人员极为愤慨，认为这是极大的人格侮辱，而外方人员则认为实属正常，这位总经理想不通为什么同样一个规定，在中国会导致如此强烈的不满。

在加入世界贸易组织以后，随着中国市场进一步对外开放，类似上述案例中的观念错位和文化冲突还会更多表现在企业管理中。这一点，无论摩托罗拉等八国手机企业集团，还是迎接八国企业集团进入我国市场的我们，都应有充分的认识和心理、观念准备。

所以，一方面，无论八国的手机企业，还是更多的其他国外企业，在进行经营时，都要考虑中国市场的特点，考虑中国文化和中国人心理观念的特点。另一方面，我们的市场要学会更好地与国际市场接轨，我们的企业、企业的管理人员及普遍员工，也应该对契约责任及严格的制度化管理有更多的接受和适应。

第四章　中国传统文化的现代传承与发展[*]

　　理解、把握"中国特色""中国道路""中国国家治理体系的现代化"，必须深刻了解中国传统文化及其独特的历史道路，把握中国传统文化的核心要义、内容精髓，思考传统文化在当代如何传承、创新。

一、中国特色传统文化及其历史根源

　　血缘关系是人类社会共同的历史起点，血缘氏族的彻底解体或历史性保存，使东西方走上了不同的文明之路。这一历史性的分界，终使"血缘关系"成为中国特有的历史、思想文化的逻辑起点。这种逻辑起点造就了中国古代独特的血缘宗法社会，以及与此相应的一整套宗法制度和以血缘人伦为基础的思想文化。中国传统文化中占主流地位的儒家德性思想，就是对古代中国"亚细亚"的血缘宗法社会存在所做的一种历史性总结。

1. 中西方两条不同的历史道路

　　马克思主义经典作家在论及人类由原始社会进入文明社会的历史进

　　* 原载《时事报告·党委中心组学习》2015 年第 3 期。

程时，认为东西方曾经走了两条不同的历史道路，即以古希腊为代表的"古典的古代"和以古代东方国家为代表的"亚细亚的古代"。

具体说来，"古典的古代"发展道路是从氏族到私产再到国家，个体私产冲破了氏族组织，国家代替了氏族。"亚细亚的古代"则是在没有摧毁原始氏族组织的情况下，直接进入奴隶制国家，血缘氏族制同国家的组织形式相结合。对这两种不同历史途径，侯外庐先生曾解释说，"古典的古代"是"革命的路径"，"亚细亚的古代"是"改良的道路"；前者属于"正常发育"的文明"小孩"，后者则属于"早熟"的文明"小孩"。

同样是从氏族向奴隶制发展，为什么东西方会形成这样两种不同的历史道路？古希腊氏族时代，同中国古代氏族时期以及其他许多民族步入文明之初一样，都是以氏族内自然的血缘人伦关系和原始公有制作为道德调控基础的。具有决定意义的历史一步是，中国古代的氏族最终没有改变氏族关系就进入了奴隶制国家，而古希腊人则瓦解了他们的氏族血缘制度，变氏族制度为城邦民主制度。他们用划分地区的原则取代了氏族制度的血缘关系原则，这一划分彻底打破了氏族社会的血缘组织关系。改革背后有复杂的历史原因，其中最根本的原因是，希腊氏族在进入奴隶制国家的初期，具有了同中国古代完全不同的商品经济发展状况。相对发达的古希腊商品经济，氏族部落中越是发展起商品经济和商品关系，氏族组织就越加迅速地被瓦解。

从二者产生的不同途径上说，"古典的古代"是在氏族制彻底瓦解后出现的私有制基础上形成的，"亚细亚的古代"则是由氏族土地公有制转变为土地国有。氏族社会组织直接进入奴隶制国家，于是整个社会结构有了以血缘为纽带的氏族遗制。这是理解中国古代生产方式、社会制度、思想文化的关键，尤其是研究中国特色传统文化形成及其特点的直接历史根据。

2. 中国古代"亚细亚"道路的物质条件

中国古代氏族血缘组织为何没有像古希腊那样被个体私有制冲破，这需要到历史背景，即当时的物质生产条件中寻找答案。恩格斯曾指出，"在历史上出现的一切社会关系和国家关系，一切宗教制度和法律制度，一切理论观点，只有理解了每一个与之相应的时代的物质生活条件，并且从这些物质条件中被引申出来的时候，才能理解"①。

决定中国古代"亚细亚"历史道路进程的，是自给自足的小农经济，其产生的后果，首先就是商品经济发展的滞缓，而商品经济不发达，血缘纽带就难以冲破，私有制度就难以产生。古希腊发展成为商业、农业、渔业、手工业并重而商品经济相对发达的社会，与其所处的山岭、河流、平原及四面临海的开放性海湾的自然地域环境不无关系。

此外，使中国古代血缘氏族未被冲破而直接进入国家的，还有一个重要历史条件，即古代土地公有制的牢固存在。氏族社会生产条件下，农业劳动方式是集体耕作，人们素朴地把土地看作共同体财产。农业非常依赖水利自然条件，特别是水利灌溉事业，必然依赖共同体的力量。中国古代以农业为主的生产方式，使氏族除了具有财政、军事等方面的公共职能，还主要具有水利工程方面的公共职能。

如果说商品经济不发达是古代氏族组织未被私有制打破的一个重要原因，那么土地公有制就是中国古代氏族组织没走向彻底解体的另一重要原因。正是在这个意义上，马克思强调，**"不存在土地私有制……是了解东方天国的一把真正的钥匙"**②。

3. 家国同构——中国古代宗法国家的特点

"亚细亚"历史道路表明，古代中国所处的自给自足的小农经济、土地公有，以及低下的生产力所必须依赖的社会组织，这一切使国家公共职能在没有完全解体的氏族组织基础上得以产生。由此，国家的社会结构自然就落在了天然的血缘组织上。恩格斯在《家庭、私有制和国家的起源》一书中谈到国家和氏族制度的区别时指出，氏族制度的基础是血缘关系，而国家则**"按地区来划分它的国民"**③。英文中 state 或 country 一词，含有国家、地域、乡土等含义，但没有家庭、家族的含义；而在汉语里，"国家"一词是由"国"和"家"组成的，中国人历来是把"国"放在大"家"的位置去理解的。

国家政治体制中带有浓厚的氏族遗制，使得中国古代的社会结构、文化精神、历史进程具有极大的特殊性。比如，氏族对于国家是作为原

---

①　马克思恩格斯选集：第2卷. 3版. 北京：人民出版社，2012：8.
②　马克思恩格斯全集：第28卷. 北京：人民出版社，1973：256.
③　马克思恩格斯全集：第21卷. 北京：人民出版社，1965：194.

型组织而存在的，国家建立在氏族血缘关系基础上，国家所能借鉴和模仿的统治模式也直接源于氏族统治模式。关于氏族社会管理方式，恩格斯曾说，在氏族社会里"没有士兵、宪兵和警察，没有贵族、国王、总督、地方官和法官，没有监狱，没有诉讼，而一切都是有条有理的"①，"在大多数情况下，历来的习俗就把一切调整好了"②。这样，带有氏族遗制血缘组织的"国家"，就不可避免地在统治方式上沿用了氏族组织的道德治理方式。比如，周朝在国家管理方式中，就既需要体现新的政治关系的"忠"与"尊"，同时也需要体现旧的血缘关系的"孝"与"亲"。"忠孝合一"，便可维护治理这种政治关系与血缘关系有机结合的社会。儒家感悟到了当时社会关系的血缘宗法性质，看到了仁礼德治对于国家秩序稳定的重要，把"齐家"与"治国"提到同等地位，引发出一整套天人合德、德性天赋以及仁礼治世的思想。

中国古代以血缘为根基的"亚细亚"历史道路，是理解中国古代氏族国家宗法社会的关键，也是解开儒家德性思想产生及在中国宗法社会具有强大生命力之谜的钥匙。

二、中国传统文化的核心要义

中国文化博大精深，百家融汇。儒学由于历史的选择，长期处于统治地位，对民族文化产生的影响最为深远，并由此成为传统文化的主流，许多不同于西方文化的中国文化特质，如独特的价值理性模式、德治模式和信仰模式，都在相当程度上生成于儒家德性思想。

1. "天人合德"与价值理性模式

关乎人与自然的关系。中国传统文化讲究"天人相合"，西方传统文化讲究"天人相分"，由此形成了两种不同的理性文化特质：一种是以研究社会伦理为中心的德性价值理性文化，另一种是以研究自然为中心的科学认知理性文化。相对而言，西方最终发展起了发达的科学技术和理论科学，而中国则在科学理性不似西方那样凸显的情况下，发展出

---

① 马克思恩格斯选集：第4卷. 3版. 北京：人民出版社，2012：108.
② 同①109.

了独特的德性文化。

理性是一种人特有的能动力量。认识世界、探究自然，是人的一种理性能力；研究社会、认识自己，给社会设定理想目的并给自己立法，也是人的一种理性能力。相对于二者所研究的对象领域的区别，人们把以自然科学为对象的理性称作"科学理性"，把以伦理道德等社会人文为对象的理性称作"价值理性"。两种理性实际上即马克思所阐述的关于人类生产的两种"尺度"。科学理性属于马克思所说的"物种的尺度"，而价值理性则属于表达人类主体选择的"人的内在尺度"。

科学认知理性或曰科学理性，主要回答世界"是什么""怎么样"的问题，它探究自然规律，并能动地运用这些已掌握的规律，创造出为人类服务的科学技术及物质财富。人文价值理性或曰价值理性，主要回答世界"应当怎样"的问题，它主要给认识、开发、利用客观世界一个合理的引导和规划。

近代以来，科学技术得到突飞猛进的发展，给人类带来了极大福利和解放。但缺少人类价值理性指引的科学技术，在有些情况下成为一种盲目力量，破坏了人与自然的关系，也破坏了人之为人的高贵与尊严。一位生态学家的话道出了现代人的感叹，他说：我越研究自然生态问题，就越感觉到这实际上是人类内在精神危机的外部表现。失去内在精神的人才会疯狂追逐外在物质，而越是追逐外在物质，就越是失去精神家园。值得幸运的是，20 世纪的人们开始对人类文明进行重估和反思。在反思这一问题时，许多学者不约而同地把目光投向了东方。研究科技史成就斐然的李约瑟（Joseph Needham）认为，现代科学技术的进步给人类带来的各种道德上的问题，都可以从中国文化中得到解答。

我们无意把中西传统理性思维模式，简单地划分为科学理性和价值理性。实际上西方传统文化中也存在价值理性，中国传统文化中也存在科技文明。但定性而论，中西文化具有各自的文化特质。

2.　中国传统文化中的德治模式

德治是以伦理道德为统治手段的社会管理模式，这种模式是以血缘关系为纽带的宗法制度的必然产物。古代中国建立在氏族血缘关系基础上，国家的机构和职能直接从氏族那里继承下来，国家借鉴的统治模式也直接源于氏族治理模式，由此形成了中国古代独特的"德主刑辅"社会治理模式。

德治模式的内在原则是带有群体价值取向的"家国"文化。"家国同构"的特殊社会形态,决定了中国传统德治模式中的群体本位价值取向。梁启超为此曾说:"吾中国社会之组织,以家族为单位,不以个人为单位,所谓家齐而后国治是也"①。

中国传统文化价值观还突出表现在它注重公利或群体价值取向上。儒家传统文化强调个人对群体乃至国家的责任。诸葛亮的"鞠躬尽瘁,死而后已",范仲淹的"先天下之忧而忧,后天下之乐而乐",顾炎武的"天下兴亡,匹夫有责"等,已成为中华民族民族精神的重要内容。这种公利取向及民族精神,使中华民族至今仍具有强大的凝聚力。自古以来,无数志士仁人创造了无数可歌可泣的爱国主义业绩,都是这种群体主义精神的体现。当然,这种群体主义在封建专制社会,也一定程度上压抑和束缚了个体利益与个性的发展。对此也要有分析批判。

应当说,今天中国社会主义集体主义道德原则,既是社会本质存在的客观要求,也是中国传统文化群体价值取向的时代传延。

对强调"依法治国"的今日中国来说,有一个如何对待德治传统的问题。社会主义法治实践已建立起一套独立的法制体系。我们应当使法律和伦理道德既保持内在价值命令的契合,又保持各自诉诸的力量方式,既有彼此的独立形式,又有相互的内在联系,建立起法治和德治共同发挥调控作用的社会治理模式。

法治的重要性不言而喻,没有健全的法制,没有良好的法治,国将不国,社会将无序,社会公正将无法持守。但在强调法治建构的同时,不能忽略精神文化的德治引导,以及人的"心灵秩序"建设。社会的德治引导有助于社会法治的顺利推进,并使之达到更好的社会治理效果。无论法治还是德治,都会在实现国家治理体系和治理能力现代化的过程中发挥应有的作用。美国新制度经济学家道格拉斯·诺思(Douglass North)对此就强调,即使在最发达的社会体系中,"正式制度"约束也只是决定人们行为选择的一小部分,人们行为选择的大部分空间是由"非正式制度"即伦理道德、文化传统、价值观念等规则来约束的。所以,我们在强调依法治国思路语境的同时,要注意传承中国传统文化中

---

① 梁启超. 新大陆游记节录//梁启超全集:第 17 集. 北京:中国人民大学出版社,2018:211.

的德性治理因素，使德治与法治相得益彰、相辅相成。

3. 中国传统文化中的信仰模式

与西方文化或其他民族文化相比，中国文化在宗教信仰方面有一种独特的现象，即没有自生出严格意义上的典型的高级形态宗教。各种外来宗教或非典型形态的民间宗教，几乎从来没有在中国成为占主导地位的意识形态。这种现象不得不引发我们思考：为什么作为人类普遍历史文化模式的宗教没有在中国产生出来？中国文化有其独特的系统和特质，这个问题同许多问题一样，只能在中国历史和文化整体的内在结构中寻找答案。答案很复杂，但中国的宗法伦理实践和德性文化传统，从根本上影响了中国信仰模式的地位和走向。

中国传统天人合一的天道观，性情、灵肉合一的人性观，是影响中国传统文化信仰模式的重要文化因素。以儒家文化为主流的传统主张"为天地立心""万物皆备于我"。如此，"天"是和"德"具有同一性的存在。天道、人道既然是合一的，那么天就既不成为如西方那样被人征伐、改造的对立对象，也不会是"人"顶礼膜拜的神圣上帝。

宗教信仰产生的心理原因之一，是人与自然的对立。人在与自然构成的紧张关系中，受自然压迫而又无能为力，这种因疏离感而导致的孤独意识和宿命意识常常是求助神灵力量的心理根源。西方文化中自然与人的对立、对人产生的压迫，及其使人产生的无所归依的主观感受，是宗教信仰产生的原因之一。在中国传统文化一元的思想意识里，天、地、人、万物都内含统一性。在天人无分的思维世界里，就很难产生那种无所归依、受强大异己力量压迫的孤独意识和宿命意识。"万物皆备于我""吾心即宇宙"，天中有人，人中有天，儒学天人一体观念使人与自然之间不是紧张的对立，不是征服对立异己，而是能动地适应、遵循，"赞天地之化育"而"与天地参"。个人在面对这个外部世界时，绝对没有与之抗衡的异己性和被压迫感。正是在这个意义上，西方学者马克斯·韦伯（Max Weber）说，儒学把人对于世界的紧张感减轻到绝对的最低限度。

同"天人合一"思维模式一致，中国古代"性情"概念也没有像西方"灵肉"观念那样分离开来。孟子甚至用"熊掌""鱼"皆"我所欲"来比喻说明"义理"和"情欲"皆为人性所需。灵与肉的割裂，从而彼岸与尘世的分离，是宗教信仰观念形成的重要条件。受儒学影响的中国文化，没有自生出西方那样的典型形态宗教，和传统文化中"天人合一""性情合一"观念十分有关。

"性善论"也是阻止宗教信仰产生的因素之一。我们知道，人的"罪恶感"和"救赎"意识是宗教得以产生的重要心理根源。人感到自己有罪但又无能为力，只有期冀于救世主拯救。"原罪说"和"救赎"意识在西方哲学人论中被反映为"人性恶"观念。正是西方性恶思想论传统孕育了关于拯救罪恶的救世主的期冀与信仰。在中国文化里，人性善的主张成功泯除了人类性恶与需要救赎的观念。在"性善论"思想中，"为仁由己"（《论语·颜渊》），人完全可以自我拯救。儒家文化建立在"性善论"基础上的精深修养理论和功夫，就是一整套达仁成圣、自我拯救的方法和途径。

探讨中国传统特有的信仰文化，还须考察华夏民族的祖先崇拜文化。在血缘宗族社会，人们幻想祖先去世后灵魂仍会保佑自己的部落和子孙后代，所以有德有功的祖先就往往成为崇拜对象。祖先崇拜还有使每个宗族部落凝聚生存的功能。"先祖者，类之本"（《荀子·礼论篇》），对同宗祖先的崇拜会加强血缘部族的认同感。《礼记·大传》说："人道亲亲也，亲亲故尊祖，尊祖故敬宗，敬宗故收族。""收族"讲的就是把整个宗族凝聚在一起。

综上，传统文化中"天人合一""性情合一""性善论""祖先崇拜"等观念，使严格意义的典型宗教信仰没有在以血缘为根基的中国本土文化中滋生出来。儒家文化乃至中国文化，是把信仰与追求建立在对大写的"人"和德性理想人格高扬的基础之上的。

西方宗教文化视上帝为神圣，而中国传统文化则把神圣留给了"人"自己。在中国传统文化中，"人"既与"天"为一，又是天道在万物中最精华的体现。敬天与高扬大写的"人"，在根本上是同一的。人不必在与天的紧张对峙中匍匐于外在神秘力量，也不必超越现实此岸，去追随彼岸的终极，人只要向内求，"反求诸己"（《孟子·公孙丑上》），就必然能够知天得道，达到神圣。人与神圣之间并不存在不可逾越的鸿沟，人只要有德性信仰、有追求，便可在此岸现实中、在日用伦常中达到神圣。儒家德合天地、与天地同辉的理想人格，表达的就是这种大写的"人"的信仰与追求。

中国传统文化没有用其他宗教信仰的方式来解决人生问题，而是强调用德性精神的"内在超越"，让"小我"化在"大我"中，以解决"安身立命"问题、生命的终极意义和信仰问题。这可被视为中国传统文化对人类文化的一种贡献。

4. 中国传统文化中的美德：仁、义、礼、智、信

中华传统文化内容丰富、博大精深，沉淀出仁、义、礼、智、信等美德。

仁：可说是道德善行的总称，其核心指人与人之间相互亲爱、互助友善。它强调仁慈、厚道、同情、泛爱，强调秉公无私、兼爱天下的精神，倡导行仁爱、施仁政、流行仁道。这种仁爱发于人伦血亲，泛至他人，最终达及"以天地万物为一体"（《河南程氏遗书》卷二上）的境界。

义：作为传统美德中的重要道德准则和行为规范，基本含义是"应该""适宜"。《中庸》讲"义者，宜也"。"义"强调按照道德规则做正确合宜的事。当前社会倡导的爱国主义精神、志愿者精神、奉献精神等，就体现了为他人、社会、国家利益做贡献的道德精神。正是在仁义文化熏陶下，我国历史上才不断涌现出一个个舍生取义、精忠报国的志士仁人。

礼：中国素称"礼仪之邦"。在长期的历史发展中，礼作为中国社会的道德规范和生活准则，对中华民族精神和社会秩序起到了重要作用。古代之礼和今天之礼不同，包含礼制、礼法等典章制度，也有伦理准则规范及相应的礼规礼让精神之义。《论语·学而》强调"礼之用，和为贵"，意思是通过礼敬、礼让、礼貌而形成和睦有序的社会风气。

智：古人把"智"界定为"是非之心"，将智看成一种分辨是非的判断能力。孟子将智与仁、义、礼相提并论，作为君子"四德"之一。中国智慧是理性精神与才智能力的结晶，在漫长的五千年文明史上，曾对社会进步和发展做出了重要贡献。在今天，我们更需要吸取中华传统智慧资源，发扬求知进取和创新精神。

信：古代"信""诚"相通。许慎《说文解字》言："诚，信也""信，诚也"。信是个人立身之本，不讲信用，就不是君子而是小人了。"信"还是治国根基，国"无信不立"。当年学生子贡问政："子曰：'足

食，足兵，民信之矣。'子贡曰：'必不得已而去，于斯三者何先？'曰：'去兵。'子贡曰：'必不得已而去，于斯二者何先？'曰：'去食。自古皆有死，民无信不立'"（《论语·颜渊》）。在孔子看来，得百姓信任，得民心，是治国之要义。

三、中国传统文化的历史传承与当代创新

1. 传统文化传承的必然性

在如何对待"传统文化遗产"问题上，中国近现代史上曾经历了复杂争论。在现代化建设的今天，同样要解决如何对待传统文化的问题。

毛泽东指出："我们是马克思主义的历史主义者，我们不应当割断历史。从孔夫子到孙中山，我们应当给以总结，承继这一份珍贵的遗产"[1]。历史是割不断的。传统并不意味着静态的过去，文化传统不仅肇始于过去，而且融合于现在，并预示着未来的趋势和存在。中华民族有几千年的悠久历史和深厚文化，以儒家德性思想为主导的传统文化，中华民族的优秀传统精神，它们传递着中华民族特有的道德观念、生活情理、良知善念，至今仍具有强大生命力。我们必须正视这一传统文化遗产，不应简单地肯定或否定。

传统文化并不意味着"过去的文化"。传统文化本质上是一种观念之流，是一种价值取向。并不是任何文化内容都可以成为传统，一种思维模式、思想观念、生活方式，之所以成为传统代代相传，必定有其传承下去的理由。以儒学为主的传统文化传承了几千年，这与适应于它的血缘宗法社会历史基础密切相关。以血缘为根基的中国历史造就了中国特色的传统文化，必然会带着它的文化基因传承下去。

代代相传的历史必然性，在逻辑上并不必然意味着传统不可改变。时代在变革，一方面，传统文化无时不在影响着人们，塑造着社会生活；另一方面，人们又在既定传统文化中保存、更新着传统文化。传统并非一成不变，传统代代相传的生命力就在于它在变化中得到传承。每个民族都有构成本民族精神凝聚力和价值取向的文化传统，不同的民族

---

① 毛泽东选集：第 2 卷．2 版．北京：人民出版社，1991：534.

传统与造就它们的不同历史背景相联系。正是中国古代"亚细亚"独特历史道路，促进了中国传统文化特质的形成。

新文化并不必然和传统文化对立。传统文化作为一种动态系统，永远包含着新旧文化的磨合与变更，传统的延续、文化的积淀就是在这种动态系统中形成的。有如传统文化必然要与新时代相结合一样，新文化也必须同一定的固有文化结合起来。在一定意义上看，传统文化越悠久、越深厚，对社会的创新、文明进步就越有推动力。可见，传统并不总是阻碍现代发展。在一定程度上，完全可以认为，正是优秀的传统文化推动着社会进步、发展。

著名学者奥尔利欧·佩奇（Aurelio Peccei）直言："我本人非常敬佩中国人民及其属于世界的最悠久和灿烂的人道文明……中国具有卓越的文明史、发明史、哲学史和平衡与协调史……中国将产生巨大的影响，这倒不是因为它的物质、军事、技术或工业力量的强大，而是因为它给我们带来了关于目标、时间甚至速度方面的新观点和新视线"①。中国人对自己的文化更要有足够的认知和自信！对民族虚无主义、历史虚无主义是要深刻反思的。

当然，历史在发展，中国社会也进入了新的历史阶段。产生于封建宗法社会的传统思想观念失去了它存在的基础。我们不能因有灿烂传统文化而故步自封，更不能把糟粕当精华，当然也不能排斥世界其他国家的优秀文明成果。

2. 批判地继承与继承中的批判

对待传统要批判地继承，这是个老问题，但又永远是个新问题。对传统文化进行批判地继承，这一点人们已达成共识。批判地继承，这种态度表达的是我们对传统、对传统文化的自觉把握。选择什么、继承什么，我们这个社会应当有一种理性意识。几千年的中国传统文化，我们在今天必须用现代的眼光进行反思，去除传统文化中的局限、糟粕，传承那些优秀的传统文化精华。

在批判地继承传统文化问题上，要防止重批判、轻传承的倾向。有观点认为，传统文化作为封建主义的东西整体上已过时，和我们今天的

---

① 奥尔利欧·佩奇. 世界的未来——关于未来问题一百页. 王肖萍，蔡荣生，译. 北京：中国对外翻译出版公司，1985：130-131.

新时代格格不入。甚至有观念认为，封建主义传统文化是一个大系统，要想变革旧系统文化，就必须对之进行全面批判和消除。"十年内乱"实际就是这样一种对传统文化的"大革命"。对传统文化进行彻底革命的行动，在今天也许不会重演，但对传统文化采用"全盘式"思考的还大有人在。有些人自觉不自觉地采取了更多的批判眼光，认为中国传统文化妨碍了现代化进程，他们对比着西方的现代文明和文化模式，自觉不自觉地用另一种文化参照系观照中国传统文化。这些人中不乏关心民族前途之人，但问题在于，我们对历史、传统应保持一种正确的历史唯物主义的把握。

总之，一方面，我们要对传统文化进行分析性批判，有选择地传承、创新；另一方面，我们所创新的现代文化也不得不接受传统的选择。接受传统的选择，意味着任何超越传统文化的现代文化都必须出自传统文化，和传统文化结合、相融在一起。只有那些生于传统、长于传统的现代文化，才可能具有真正的生命力。

3. 中国传统文化在全球化时代的定位和走向

全球化正以一种深刻的方式重构着世界各国和各民族的社会生活。伴随着全球化进程，越来越多的全球共识初步形成，但在东西方文化间甚至各民族文化间也出现了种种亨廷顿（Samuel Phillips Huntington）所言的"文明的冲突"，全球化需要东西方文化产生更多的融通。

在讨论文化对社会发展的影响时，许多学者都认为现时代是多元文化共同在对世界发生着影响，这和传统时代有很大不同。雅斯贝斯（Karl Jaspers）曾用"轴心时代"来概括、表达传统时代主轴文化对世界历史发展的影响。在轴心时代，人们自觉不自觉地接受着来自文化中心的引导，文化轴心也自觉不自觉地充当着世界文明发展的领导。欧洲中心主义就是"轴心时代"背景与现代殖民主义结合而产生的一种观念。在长达数百年的历史过程中，随着欧洲列强在世界许多地方建立起经济、政治、军事和文化的霸权，形成了不同程度的"文化殖民"。今天，反对文化上的霸权主义，充分理解、尊重各民族文化的多样性和差异性，已越来越成为一种世界共识。同时，人们也正在以一种新的视角来看待当前文化多元的新格局。为了世界的和平秩序、人类的和谐发展，任何一个民族的文化都必须既服从民族国家和民族利益的需要，又符合世界文明和全球秩序的需要。

4. 守望中华民族精神家园

党的十八大报告提出，"文化是民族的血脉，是人民的精神家园"。习近平总书记也强调，提高国家文化软实力，要展示中华文化独特魅力。文化强国要注重传承文明之道，守望精神家园，构筑"中国梦"。

现在国家提出国家治理体系和能力的现代化。多维治理体系中，文化治理是重要一维。诸多社会治理理论都很推重文化的功能，葛兰西（Antonio Gramsci）曾将文化意识的社会凝聚作用比作"水泥"；社会功能学派代表帕森斯（Talcott Parsons）在社会治理体系中，把"文化系统"置于"社会系统"等诸因素的首位，强调如果过多社会成员拒绝社会共同文化价值观，那么社会系统就会崩溃。帕森斯在《社会体系和行动理论的演进》（*Social Systems and the Evolution of Action Theory*）中强调，一个社会要达到整合，必须具备两个条件：一是社会成员在秩序中行动，二是控制社会行动在不冲突的规范文化模式中运行。

习近平总书记系列讲话更是对文化强国做了着重强调，其中重要一维即弘扬中国传统文化，构筑中华民族精神家园。对一个民族而言，自然家园重要，精神家园更为重要。古罗马帝国、古巴比伦、古埃及等文明古国的衰败，都和其精神文化衰落相关。失落了"道"的文明定会走向衰落。世界文明进程有四大古文明，唯中华文明延绵不绝，最重要的原因是中华文明不但有辉煌的文化形式和器物积累，还有深厚的文化之"道"的流传、创新。中华民族精神和传统文化，就是我们今天文明传延、发展的重要文化之"道"和文化之根。

中国的"亚细亚"历史道路，使中国人将立心之点落在"根"的追寻即血缘群体的归属之中，传统文化中的家文化、群体和谐共存取向，以仁、义、礼、智、信和自强不息为核心的价值系统，构筑起中国人的精神世界。它们成为中国文化特有的传统底色，也成为中国人"身份认定"的文化基因。

中国传统文化在民族凝聚和国家整合中发挥了巨大功能。在现代社会"碎片化"影响下，如何构建"社会归属"，如何获得"正心之治"，如何安身立命，是新的社会治理命题。社会共同体不仅意味着是血缘、地域的，还意味着是文化、情感的和心理意义的。人心归属可从实体群体中获得，更可从文化的"心理共同体"中获得。所以，在社会治理理论中有"文化心理共同体"之说。文化心理共同体，就是人所具有的精神家园。安身立命要解决的，就是身份归属、心灵归属和精神家园问题。民族凝聚不仅表现为对共同体物质生活的认同和依赖，更表现为对共同体精神文化的认同和归属，且后者更是凝聚人心的资源能量。

传统文化的传承弘扬，民族文化的自信自尊，过去是现在依然应该是中华民族和国家发展的一种重要动力资源。优秀传统文化凝聚着中华民族仁、义、礼、智、信以及自强不息的深沉精神追求，是构建中华民族共有精神家园的重要基石，是发展社会主义文化和价值意识的深厚基础，也是国际竞争中最不可或缺的软实力。

无论全球化背景的要求还是中国梦的实现，无论民族凝聚还是国家整合，都离不开民族精神家园的建造，离不开中国传统文化之"道"的弘扬。任何民族在走向现代化的过程中，都不能忽视优秀文化的传承，不能忽视"民族自我"。对自我和文化传统缺乏自信、缺少弘扬的民族，是无法从过去走向未来的。中国特色社会主义的理论自信、道路自信、制度自信，必须建立在包括传统文化和民族精神的中国文化自信上。

习近平总书记系列讲话在强调文化强国、提高国家文化软实力时，特别强调要大力弘扬中国优秀传统文化，努力构建和传播中国特色价值文化，努力构建中国话语权和在世界上的文化影响力。在新时期，我们只有从中华民族文化特质及历史根基的现实出发，大力弘扬以仁、义、礼、智、信为优秀内容的传统美德文化，才可能达到文化强国目的，使中华民族走向现代化、走向世界、走向未来。

第五章 中国传统家庭文化及其现代价值^{*}

在人类历史发展中，家庭存在着由生育形成的血亲关系、由两性结合形成的婚姻关系以及供养关系，三种关系组成家庭核心结构。其中血亲关系和婚姻关系是决定家庭本质的基础与纽带，也是研究家庭功能的重要依据。随着社会发展，家庭关系及其排列组合方式必然发生变化，从而使家庭结构、功能及家庭观念发生演变。中西方不同的社会历史发展道路，生成了中国与西方不同的家庭模式和家庭文化观念。

一、中国传统家庭模式及血缘社会属性

中西方传统家庭模式和文化的差异，根植于中西方不同的历史发展模式。许多著名经典作家在论及人类由原始社会进入文明社会的历史进程时，都认为东西方曾经走了两条不同的历史道路，即以西方古希腊为代表的"古典的古代"，和以古代东方国家为代表的"亚细亚的古代"。

简单说来，"古典的古代"发展道路是从氏族到私产再到国家，个体私有制冲破了氏族组织，城邦国家代替了氏族；"亚细亚的古代"则是在没有摧毁原始氏族组织的情况下直接进入奴隶制国家，血缘氏族同

＊ 原载《政工研究动态》2009 年第 2—3 期。

国家的组织形式相结合。进一步说，"亚细亚的古代"形式的特点基本不存在个人所有，土地以公有制为主，宗法血缘关系非常强；"古典的古代"的形式是国家所有和私人所有并列，宗法血缘关系相对比较淡薄。恩格斯在《家庭、私有制和国家的起源》一书中谈到城邦国家和氏族制度的区别时指出，国家**"按地区来划分它的国民"**①，而氏族制度的基础则是血缘关系。

东方血缘社会历史道路使中国的家庭模式及概念和功能，都获得了不同于西方社会的极大的特殊性。梁漱溟先生曾对此做过专门分析，他认为在东西方社会结构中家庭的社会地位和作用有很大不同。简单地讲，西方社会往往以个体为中心，家庭的地位和功能相对次要，而中国传统社会往往以家庭为中心，家庭是社会生活的基本单位或细胞。费孝通先生在《乡土中国》中分析中西方社会结构时曾说，西方社会结构是像田里柴捆一样的个体集合，而中国社会"格局不是一捆一捆扎清楚的柴，而是好像把一块石头丢在水面上所发生的一圈圈推出去的波纹"②的"差序格局"，这和西方的"团体格局"大不相同。在"差序格局"中，不同的个体按亲疏关系组成网状关系，社会就是放大了的"家"。侯外庐先生说西方人的"country"在汉语中叫作"国家"，就是因为家族血缘关系在国家社会关系中扮演着重要角色。

二、家国同构格局中的"家"文化取向

可见，中国传统社会属于"家国同构"的社会历史模式。这种"模式"在政治理念上把"国"当作"家"来治理，而在家庭观念中则把治家和治国放在同等重要的地位来看待。儒家文化感悟到了当时中国社会关系的血缘宗法性质，看到了忠孝德治对于国家秩序稳定的重要，把"齐家"与"治国"提到同等地位。

中国传统文化把孝亲、尊祖等家庭伦理扩展至国家治理，认为如同以孝道伦理维护宗族一样，也应以忠孝伦理维持国家。在中国古人眼中，孝道是维系整个社会秩序的支柱。孝道源于天然血亲之爱，爱亲之

① 马克思恩格斯全集：第21卷. 北京：人民出版社，1965：194.
② 费孝通. 乡土中国. 北京：三联书店，1985：23.

情、仁爱之心天生就有，人性本善，人道天生。人道即是天道在人世社会的体现。

把家庭和谐作为社会和谐的基础，把家庭成员之间的义务和责任建立在亲情仁爱的基础上，这是中国特色也是中国家庭文化传统中的积极因素。西方的家庭模式相对而言更强调个体的独立性，西方社会学家在谈到西方社会老人赡养问题时指出，西方社会"老年人处境每况愈下的一个主要因素"是"个体化核心家庭权力的扩大"①，而且西方社会更多强调个人自由，社会治理理念也不同于中国传统齐家治国的路数，社会秩序与和谐多寄托在社会契约和法制力量基础之上。

正是由于家庭在中国社会中有着独特的政治和文化地位，"家"概念才对中国人而言具有了极特殊的含义。没有哪一个民族的"家"文化，能够像中国文化中的"家"文化这样凸显和丰富；没有哪一个国家的人，对家的依恋能够像中国人这样强烈。在中国家文化观念中，"家"的地位和意义超越了个体，在人生中甚至具有"根"的意义。"家"就是那个我们生于斯长于斯的地方，是我们可以永远依赖和寄托身心的居所。对于大多数中国人来讲，人生道路上如果没有一个"家"，在精神上就会永远有"居无定所"的感觉。

三、中国传统家庭模式及文化的现代价值

由上述可见，在中国"家国同构"的传统社会，社会治理与社会和谐建立在家庭和谐基础之上。在今天中国特色社会发展模式中，我们也必须十分重视家庭的独特社会地位和独特功能。历史是不能割断的，一种模式和文化成为传统是有其历史根源的。传统不意味着是静态的过去，历史和文化传统不仅肇始于过去，而且融合于现在，并预示着未来的趋势和存在。以血缘为根基的中国历史造就了强调"家国同构"的传统文化。随着历史变迁，"家国同构"作为政治关系状态已得到根本改变，但作为一种注重血缘亲情和家庭和谐的历史传统，在今天中国特色社会主义和谐社会建构中，仍旧发挥着独特而强大的文化影响。

---

① 马克·赫特尔. 变动中的家庭——跨文化的透视. 宋践，李茹，编译. 杭州：浙江人民出版社，1988：313.

比如，"家"对于中国社会和中国人还是一个基本单位，除了生存单位外，家还是教育单位、秩序单位，是独特的社会保障单位，当人生旅途中遭遇失利和风险时，家就会成为人们最好的避风救险的港湾。

另外，中国传统形成的大家庭模式及其文化，使老年人生活在亲子家庭中，这对养老问题无论在物质生活还是在亲情关爱方面都有积极的社会意义，以至于中国这种传统的家庭双向扶养模式，成为普遍存在单向扶养模式的西方社会的一种有价值的参照。西方社会学家甚至把西方社会养老问题的解决出路，寄托在对中国家庭模式的借鉴上。

同时，中国建立和谐社会，也不能像西方人那样仅仅寄托于契约法制的力量，除了好的政治制度和好的社会法制，我们还要诉诸中国特有的"家"文化。"家和万事兴"，家庭和谐不仅在传统社会而且在今天是构建中国特色和谐社会的重要基点和资源。家庭为本的生活方式及家文化，在血亲情感取向基础上，会培养出辐射到社会人际"波纹"中的仁爱情感文化，在培育起家庭责任取向的同时，也培育了中国人和中国文化中对他人、国家、民族、社会的责任感。这些东西已成为凝聚中华民族的重要文化元素。在今天和谐社会主义市场经济建设中，社会倡导先富起来的人群和地区，要支持和带动还比较贫困的人群和地区，一方有难，八方支援，事实上中国人现在就实践着这些理念，这和我们执政党的理念有关，更和中国特有的"家"文化取向有关。

时代在变革，传统的家文化当然也要接受现代社会的选择。社会发展到今天，中国传统家庭模式中严格的差序代际关系已逐渐平等化和简化，传统家庭的功能也随着社会需求和家庭性质的改变而发生着变化。但中国"家"文化中那些表达中国人情感甚至人类情感的因素会传承下去，那些有利于人的幸福和社会和谐的因素会积淀下来，成为中国人乃至人类社会的普遍的价值文化要素。

第六章　后现代主义思潮及对社会价值观的影响*

后现代主义是产生并流行于西方世界的一种理论范式和社会思潮。其"解构"理论在强调解放思想、张扬个性和主体思考、重构人际关系方面提供了积极的思维方式。但"解构"在后现代思想尤其是"消极的"后现代那里，表现为一种注重"破旧"解构、疏于"立新"建构的否定性思维方式，在"解构"及"价值祛魅"思维中，传统的真善美的意义深度、价值的普遍性和相对确定性也被消解了，而在一味强调多元性、个性自由、不确定性等社会及其价值的"碎片化"过程中，也容易走向价值相对主义、极端个人主义甚至道德虚无主义。因此，对后现代理论范式及价值思潮的辩证把握和反思，对当代中国社会主义核心价值体系的建构以及文化价值导向，对坚守中国的道路自信、理论自信和制度自信，对文化生态和共同价值观、公民思想道德素质和国家精神培育等，都具有重要意义。

后现代主义是产生并流行于西方世界的一种理论范式和社会思潮。它颠覆了西方传统的价值观秩序和话语方式，走向了一个新的理论思维和文化世界。作为一种理论和社会文化思潮，后现代主义不仅显现于建筑、文学、音乐、绘画等文学艺术领域，还影响了哲学观念、思维语境及社会价值取向的改变。后现代主义随着文化交流传入我国后，也成为

＊　原载《教学与研究》2013年第5期。

中国学术和社会思潮的一个重要话题。后现代主义渗透在各学科领域并对其产生了重要影响，对社会价值观的影响也是必然和明显的。后现代主义价值观是整个后现代思潮的核心，也是当代中国社会主义核心价值体系建设和理论大众化中需要研究与把握的问题。

一、后现代主义理论范式及特征

后现代主义由于其包罗万象的内容、复杂纷繁的争论，很难简而概之，以至有学者说，我们无法说明"后现代"是什么。海德格尔因此说，"后现代"不是"什么"。后现代主义并没有一种明确的理论纲领，但我们可以从其多样、混杂的思想观点中理出相对共有的理论特征。

1. "解构"：否定传统"普遍基础"的思维观念

对"普遍基础"的"解构"差不多是所有后现代主义者的共同主题。基础主义（foundationalism）是西方的一种传统思维模式，它确定世界上存在着某种人类理性能最终依据的客观本质基础。在后现代主义看来，不存在反映世界本质的普遍真理。罗蒂（Richard Rorty）说，不存在任何指导我们的永恒的、中立的、超历史的框架①。其解构逻辑是：所有理论所指的"实在性"都只是在语言和文本中确立起来的。德里达说，文本即一切，文本之外别无他物。任何理论和价值都是"主体间性"或"互文"（context）的意义。后现代主义颠覆了传统的反映论，认为任何认识都是人的思维活动。罗蒂说，心灵犹如"中了魔法的镜子，满布迷信和欺骗"，真正的哲学必须是"无镜哲学"，真理不是"发现"的，而是在人的思想、文本中"发明"的。应明确的是，没有永恒的基础或普遍理念前提，不等于没有相对普遍的客观基础。人们对世界的认知不是绝对真理，但相对认知是存在的，世界的意义建构可以是普遍主体的价值共识，所以相对的普遍价值或共同价值观也是存在的。

---

① 罗蒂. 哲学和自然之镜. 李幼蒸，译. 北京：三联书店，1987.

2. "碎片化"：解构本体论和理论体系

后现代主义强调多元化、个性化、"碎片化"，因而反对体系化的理论。反普遍基础，在理论逻辑上就必然要解构本体论。解构本体论和理论体系，意味着认为现象重于本质，边缘重于中心。它批判一切建立总体认识和理论体系的企图，强调差异、多元、片段、异质分裂，对理性、共识、总体性、系统概念一味拒斥，认为人们把握的只不过是事物的"碎片"现象，而事物本质是"不可言说的"。罗蒂指出，人们不再相信本质主义的大写哲学了，强调对现象进行复杂性研究，发散思维重于独断态度，通过"互文"阐释而实现，这些思想都有一定的合理之处。但一味反本体和反基础理论前提，也往往会使理论言说的意义陷入莫衷一是，陷入知识、价值的相对主义。

3. "去中心"：走向多元性和不确定性

后现代主义强调世界的多样性和碎片性，认为"中心"、权威是传统理性的产物。西方思想史上一直存在着寻找去异求同的普遍统一性观念，而在后现代理论范式中永恒性问题或普遍基础的"第一原理"哲学已经终结。罗蒂由此强调要摒弃以往将万事万物归为某种普遍本质的观念，走向后现代哲学境地。福柯在《后现代精神》（*Postmodernism*）中提出拒绝无条件接受传统外在权威的集权性规范。后现代主义放弃了对中心权威、同一性、确定性的强调，追求多元性、差异性和不确定性，主张自然、宽容地看待各种价值标准和理论争论，任何价值标准都不可能具有中心地位。这种理论否定绝对理念、先验设定、终极价值，强调走向具体历史，张扬个性和主体思考，这在解放思想、强调人人平等方面都有积极意义。但一味追求多元性、个性自由、不确定性，一味反对中心权威的存在，也会走向价值相对主义、极端个人主义甚至无政府主义。

4. "平面化"：消解意义和深度模式

后现代文化的特征之一即"平面化"或"无深度"。"深度模式"即承认事物现象背后还存在着本质和意义的思维模式。后现代主义认为，所谓本质是认识不了的，所谓价值意义只不过是人们的主观构建和文本阐释，不存在客观的普遍本质和普遍价值。由此，传统真善美的意义深度就在后现代文化中被消解了。在消解深度的"平面化"理论中，后现代主义不再提供传统经典作品具有的深远意义，更反对传统价值观以及意义的崇拜及信任。和去中心、去本质相联系，"消解深度"主张要从本质走向现象，从普遍真理走向"互文"的个体体验。德里达干脆说："放弃一切深度，外表就是一切"①。后现代主义者对人性深度也进行了解构。人性深度的消除导致了人们对人文精神的放逐，转而生发对物欲的追求。

总之，解构与重构都是后现代主义的特征，由此后现代主义被分为"积极的"和"消极的"。积极的后现代主义者在重估传统价值时也在建构，其中也有诸多基于"主体间性"之上的责任理念的构建等积极思想。但后现代文化中，历史感、价值意义、普遍本质反映等，在根本上是被解构了。消解历史意识、削平意义深度，实质上消除了文化的精神特性。杰姆逊（Fredric Jameson）分析说，后现代主义"在理论中也出现了一种新的平面感、无深度感……旧式的哲学相信意义，相信所指，认为存在着'真理'，而当代的理论不再相信什么真理"②。后现代主义者尤其是消极的后现代主义者，解构普遍基础，解构对知识、价值的信仰，也解构了人类社会价值的相对共识标准和相对确定性。

二、后现代主义思潮及其在中国的价值影响

后现代人站在历史转折点上，也处在诸多迷茫、困惑、质疑和否定之中，其中有解构也有重构，在个体与他人、共同体的关系重构中，个人自由、个性释放和对自我的责任是这一时代的文化心态。他们反对普遍主义、强权主义，注重个体的自由发展，注重文化的主体性、大众化以及多元价值的共生。正因为如此，后现代主义思潮中存在着各种观点和流派，解构主义、怀疑主义、虚无主义、非理性主义、存在主义、价值中立、无政府主义、大众文学运动、社会批判理论等都在其中，这些观点和流派在带来新的理论范式的同时，也带来了诸多社会价值观的负

---

① 杨寿堪，王成兵. 实用主义在中国. 北京：首都师范大学出版社，2002：189.
② 杰姆逊. 后现代主义与文化理论——杰姆逊教授讲演录. 2版. 唐哲，译. 西安：陕西师范大学出版社，1987：162.

面影响。

1. 后现代主义价值"解构"思潮带来的价值迷惘

后现代主义的显著特征之一即价值的"碎片化"、"去中心化"和"意义深度的解构"。当那些普遍的、共同的价值和意义消解后，代之而起的是价值多元主义、相对主义和虚无主义，这些主张往往给社会带来价值"空场"和"不确定"，表现为社会生活中出现的价值无序甚至精神危机。

在当代中国，后现代价值思潮连同市场商业文化一起，给人提供了一种万花筒般的社会状态。人们可享受多样的文化商品，可选择多元的价值观及生活方式，爱情可以"不求天长地久，只求曾经拥有"，可以"天亮说分手"，"躲避崇高""告别理想"成了一些人认同的口号，一些作品直言不再负有"载道""言志"等责任。传统价值观在失落，工具理性在替代价值理性，许多人尤其是一些青年人在这种思潮影响下，生活与行动的重心不再是对超越性意义和神圣价值的追求，而是生命当下的快感和快餐式的实用主义。有些人忽略或不屑于谈论道德的社会价值功能，也有人指责社会现象讨论中的道德声音是"占领道德制高点""挥舞道德大棒"，或贴上"伪崇高"的标签。网上讨论败德现象时，甚至有人直接倡导"宁做真小人，不做伪君子"，为无德行为辩护、开脱。社会舆论如果容忍甚至鼓励不道德行为，"劣币驱逐良币"现象就会发生在道德建设领域。去道德或价值虚无主义的声音强了，社会正能量的思想道德观就会在"沉默的螺旋"规律中沉默下去。如此，价值不明，道德失范，荣辱不辨，公序良俗不在，精神良知无存，社会就真的危险和可怕了。

许多年来，我们努力为大众提供"日益丰富的精神文化产品"，但满足大众精神文化需要不光是提供文化产品，更重要的是提供精神支柱或精神家园。随着市场经济的发展，中国的产业文化获得了极大发展，但同时也存在着"气血精神弱化"的文化症状。在物欲主义和消费主义盛行的市场经济时代，后现代主义思潮的价值解构加速了精神价值和意义世界的"不在"。党的十八大提出了"文化强国"战略，首先就要把握好社会主义核心价值体系的构建。思想道德建设一直是我们社会强调的主题，一个国家、民族和社会必须要树立一种理想信念。价值及其思想理论的"在场"是社会发展以及人生意义的精神支柱与文化担保。

2. 后现代主义"价值祛魅"思潮带来的"无意义感"

价值祛魅也是后现代主义思潮的一个关键词。马克斯·韦伯曾说，现代是一个价值多元和价值祛魅的时代，是一个以工具理性替代价值理性的时代。经济学家也认为，物质生活达到一定满足后，就容易发生人生意义的问题困惑。人需要物质生活基础，但人异于动物的本质就是人最终必须拥有一种有意义的精神生活。且人的理想愿望往往会受外在现实条件制约，产生诸多生与死、理想与现实的矛盾困惑，所以人类一直都有一种超越现实局限的意义理念支撑着自己的精神生活。用儒家的话讲，人类的许多矛盾仅靠"在外者"是解决不了的，要靠"在我者"心灵精神调适来解决，即需要靠价值意义构建和精神信仰去做超越把握。理想、信仰等价值体系就是给我们提供精神生活、意义世界的价值基础和文化支柱。人如果没有精神支柱，就会因感到"身无所安、命无所立、心无所属、情无所托"而处于"精神危机"中。人的精神被放逐后，人就会陷入物欲之中，而越是陷入对外在物质的追逐，就越会失去精神家园，这已成为人类片面追求物欲的一种谶语。人在物欲追逐中会遗忘或迷失人生意义和人格尊严，最终会失去生活理想目标而产生"无意义感"。因此，弗罗姆（Erich Fromm，曾译为"弗洛姆"）说："十九世纪的问题是上帝死了，二十世纪的问题是人死了"①。他批判现代西方物质主义文化使人沦落为一种物欲动物。

事实上人类思想史上一直存在着关于人如何生活的"应然"价值理论。从古希腊开始，哲学家、伦理学家、政治学家就开始在思考、探究什么是人类想要的好的生活，为了好的生活人类应该怎样做，人应该成为怎样的人。这些问题中都隐含着人类"应然"的价值范式。如果社会和人的精神世界不去构筑价值与意义，价值虚无，意义失落，精神就会产生危机，人在物质世界就一定会出问题。在当下社会中，个人的无意义感，即那种找不到生活价值和意义的感受，已成为许多人的心理障碍。正因为如此，有人说现在中国人正在遭遇"富裕后的

---

① 弗洛姆. 健全的社会. 欧阳谦，译. 北京：中国文联出版公司，1988：370.

迷惘"以及"富极无聊"的困扰，物质生活富有了，精神却生病了。这就更需要我们对"价值祛魅"思潮进行辩证的分析，积极构建中国社会价值体系，给人们提供一个充满理想信念的、有意义的生活世界的精神文化支撑。

3. "游戏的"后现代主义思潮对人生观的影响

后现代主义思潮中还衍生出因解构、放弃一切"意义"而及时行乐或游戏人生的价值态度，以至有学者说，后现代遗留给人类的，除了游戏，别无他物。霍尔·福斯特（Hal Foster）区分两种后现代思想时指出，存在着一种丧失严肃批判立场、彻底世俗化了的"嬉皮笑脸"的后现代主义[①]。对于这种彻底否定普遍价值和崇高意义的后现代主义思潮，要有清醒的认识，因为它完全陷入了"怎么都行"的价值相对主义，不仅抹杀了社会价值的正当性、确定性，也否定了人类精神真善美的意义取向。如一些后现代作家，通过调侃的方式对一切崇高或有意义的东西重新解读。他们"既调侃生活中的虚伪和投机，也调侃生活中的严肃与残酷；既调侃人生的无意义，也调侃人生的有价值；既调侃悠闲自得的看客，也调侃忙忙碌碌的实干家；既调侃别人，也调侃自身；既不肯定什么，也不否定什么；不管是欢乐还是痛苦，不管是理想还是崇高，一概化为笑料"[②]。

"游戏的"后现代主义思潮在"意义消解"上走得很极端，怀疑一切、解构一切、虚无一切是其思维范式，价值、意义都消失在"碎片化"的虚无中，它嘲笑并否定传统文化中崇尚的精神追求，主张直接体验当下情境与感官，使人的生命本能获得最大满足。这种消极"玩世"的思想会给人们带来游戏人生和纵欲主义的取向。从文化角度看，"游戏的"后现代主义提倡的"怎样都行"理念，以其自我放纵、虚无主义、荒诞性而影响着人们，改变着社会风气，正在加重人类文化的"精神瘫痪症"。许多当代西方著名思想家和后现代主义研究者对这种消极、破坏性的后现代思想提出了批评，如丹尼尔·贝尔（Daniel Bell）、哈贝马斯、杰姆逊等人，他们把后现代主义思潮的兴起看作西方世界的一场浩劫，是人类的一次自戕行为，它使西方社会陷入了精神文化危机。

---

① 刘德兴. 美学转型的后现代视野. 河北师范大学学报（哲学社会科学版），2001（3）.
② 刘登阁. 全球文化风暴. 北京：中国社会科学出版社，2000：102.

西方世界其他学者也批评这样的后现代主义是一种"文化破坏主义"，事实上在中国文化发展中，消极的、"游戏的"后现代主义思潮也产生着破坏价值与意义的消极作用。

4. 后现代主义思潮的"深度消解"对中国大众文化的影响

当代中国是一个发展中国家，后现代主义生存和发展的基本社会条件也不一定完备，但后现代主义思潮已伴随着经济全球化的浪潮，在思想理论的交流中，在大众文化的世界性发展中，进入了中国社会、思想理论界和文化领域，使中国文化无论在形式、话语范式方面还是在内容方面，都日益彰显出后现代的特征。后现代主义消解深度、反中心、反权威、颠覆传统、蔑视经典以及商业化的特征，在中国大众文化中都有突出体现。后现代大众文化是消费社会的产物，消费社会中任何对象都可以作为商品进行买卖。后现代大众文化对价值意义的"深度消解"使其成为注重当下享乐的快餐文化，许多时候也意味着对真善美等社会永恒价值的远离或否定。商业利润导向也导致许多大众文化产品中道德内涵和社会价值的淡出或丧失。后现代大众文化还呈现出反权威、无主题、零散化和碎片化的趋势。文化产品不再强调通过完整主题与故事的"中心思想"给人以启迪和价值观教育，而是采用"碎片化""平面化""娱乐游戏"的方式，迎合大众感官口味，消解文化作品深度。在商业利润和迎合大众感官享乐的驱动下，后现代大众文化往往"远离"与放弃了社会价值观的引导和教育功能。

娱乐也是文化的功能之一，但问题不在于要不要大众文化及其娱乐和感性快乐，如美国著名传播学学者尼尔·波兹曼（Neil Postman）在《娱乐至死》（*Amusing Ourselves to Death*）中指出的，"我们的问题不在于电视为我们展示具有娱乐性的内容，而在于所有的内容都以娱乐的方式表现出来，这就完全是另一回事了"①。"失却了审美精神与人文理想制衡的文化权力是可怕的，文化陷入经济单边主义和商业实用主义是危险的；这种可怕的背后是非人化与物化，这种危险的内里隐藏着自我的失落和意义的虚无"②。不仅如此，这种即时的感性娱乐文化的蔓延，

---

① 尼尔·波兹曼. 娱乐至死. 章艳，译. 桂林：广西师范大学出版社，2004：114.
② 傅守祥. 欢乐之诱与悲剧之思——消费时代大众文化的审美之维刍议. 哲学研究，2006（2）：90.

还容易导致人们对传统文化、社会历史、道德责任的淡化，会使社会进步缺乏可持续的动力。"如果一个民族分心于繁杂琐事，如果文化生活被重新定义为娱乐的周而复始，如果严肃的公众对话变成了幼稚的婴儿语言，总而言之，如果人民蜕化为被动的受众，而一切公共事务形同杂耍，那么这个民族就会发现自己危在旦夕，文化灭亡的命运就在劫难逃"①。

当代中国大众文化的后现代特征，给文化繁荣带来了生机，但其对价值意义世界的"深度消解"，对商业利益、感官快乐的过度追求，也是导致当前社会中一些人价值观紊乱的原因之一，对社会主义核心价值观的构建具有一定的解构作用。

三、后现代主义思潮反思及社会主义核心价值观建设应注意的几个问题

后现代主义在反思和批判社会方面无疑有深刻之处，但在构建社会主义核心价值观时，要对后现代主义及其价值思潮进行反思与把握。

1. 价值"解构"与中国核心价值观的"建构"

作为一种批判性理论，后现代"解构"思想反对传统形而上学一元世界观、静止结构等逻各斯中心主义立场，反专制，反教条僵化理论，对技术理性的物化冷漠也做了批判，尤其是"积极的"后现代主义者，在强调解放思想、价值共存、主体自由、个性张扬方面，在重构人与自然、人与人关系方面，都提供了积极的理论范式和思维方式。"解构"理论在后现代主义思想尤其是消极的后现代主义思想那里，表现为一种重视"破旧"解构、疏于"立新"建构的否定性思维方式。哈桑（Ihab Hassan）形容后现代主义思潮是一种"摧毁"（unmaking）运动。他把后现代主义特征概括为"不确定性""零乱性""非原则性""无深度性""反讽""种类混杂""狂欢"。消极的后现代主义者是一些怀疑论者和悲

---

① 尼尔·波兹曼. 娱乐至死. 章艳，译. 桂林：广西师范大学出版社，2004：202.

观论者，他们悲观、消极和沮丧，对未来丧失信心，有学者评论这是一种"灰色的""失望的"后现代主义。在他们眼中，一切都是碎片的、转瞬即逝的、表面化的和空无意义的东西。他们以愤世嫉俗的怀疑批判态度对待传统的理论、文化和价值理念。

后现代主义在解构传统理论和价值观时，还表现为对历史意识也进行"平面化"消解。在后现代主义者眼中，历史事件只是一些照片、文件、档案，历史在解构思维中被视为"碎片"。在杰姆逊看来，后现代的"时间"概念只有现在、当下，除此之外，什么也没有。后现代主义思潮是后现代社会多元复杂状况的反映，社会变迁，个体觉醒，传统价值观变革，这也是社会发展的规律表现。但否定普遍价值意义，对历史采取虚无主义的态度，也使后现代主义思潮带有诸多理论局限。后现代主义思潮中充满着价值解构、祛魅、碎片化，也充满着内在矛盾和困惑。历史是割不断的，事实上传统思想文化中超越历史的普遍价值因素往往都流传下来了。新时代的新思想文化就包含着对历史文化的传承与变更，而且，正是传统思想文化激发着我们现时代思想文化的产生。在建构中国社会主义核心价值观的今天，我们对后现代主义"解构"的思维方式要做辩证把握。

2. 后现代主义"价值中立"思潮与核心价值导向问题

"价值解构"与"价值中立"是一枚硬币的两面。但社会理论有价值属性，中国特色社会主义理论建构中不仅要张扬中华民族文化的特色和优秀传统价值，还要凸显社会主义道路的价值主张。曾经一度，"价值中立"主张在我国学术研究和思想道德教育中产生了不小的影响。"价值中立"思潮在西方社会产生过很大影响，但在实践过程中，理论局限使其逐步走向衰落。其问题主要在于，价值共识以及社会凝聚力被瓦解，漠视责任和极端个人主义泛滥，引发了社会价值的模糊和行为选择的失范。无导向的价值教育，使受教育者的价值观出现虚无化、功利化、非理性化等倾向。20 世纪 80 年代末，美国的道德教育对主张价值中立的"价值澄清"理论进行了彻底反思，以传导核心价值观的"品格教育复兴运动"逐步兴起。诺贝尔奖获得者缪尔达尔（Gunnar Myrdal）就"价值中立"主张也曾指出，"努力逃避价值观念是错误的，并且注定是徒劳和破坏性的。价值观念和我们在一起，即使把它们打入地下，它们仍然指导我们的工作"①。社会政策资深学者蒂特姆斯（Richard Titmuss）也指出，"以中立的价值立场讨论社会政策是没有意义的事情"②。

核心价值观及其基本理论主导对一个社会来说必不可少，因为它是引导社会方向、规范社会秩序的根源性思想动力。涂尔干（Émile Durkheim）在研究社会秩序时强调，价值观的"社会失范"是引发社会无序松散、人们迷茫甚至自杀的重要原因。他指出，在社会发展过程中，传统社会的价值规范和信仰变化、瓦解的同时，新的价值观如果没有随之跟进、建立，就会产生令人不安和困惑迷茫的价值"空场"。

3. 价值"多元主义"与价值观建设中的"一元和多样"

"一元"和"多样"是哲学中一般和个别、普遍性和特殊性对立统一规律的一种表达。中国在社会主义核心价值观建设中，要注意把握价值多样取向与一元导向的辩证关系。社会如果缺乏核心价值一元对多样价值观的导向与整合，社会价值观就会出现"失范"或"冲突"，就会引发社会的规范无序和紊乱。美国社会学家默顿（Robert King Merton）曾把"社会失范"的原因由"无规范"诠释为"规范冲突"。他认为，社会多元价值观的冲突，以及文化蕴含的价值目标同当下社会的制度环节之间的游离，是造成社会秩序失范的原因。

同时，在多元主义思潮影响下，意识形态终结论、非意识形态化理论、价值虚无主义、实用主义等都开始浮现，对中国特色社会主义理论及其核心价值观的构建产生了诸多消极影响。价值多元化的另一现实后果是造成人们社会行为的多样性和不确定性。在市场经济条件下，各利益主体有不同的立场和价值主张，如果缺乏统一价值标准，规范冲突、利益冲突就会变得普遍。多元思潮的冲突，还会导致人们失去生活方向和确定的意义感，导致社会理想信念的复杂化、社会荣辱评价的紊乱以及行为选择的无所适从。这不仅直接影响着我国的思想道德建设，也影响着社会主义市场经济的发展，对和谐文化与和谐社会的建设也具有负面影响。

---

① 缪尔达尔. 亚洲的戏剧——对一些国家贫困问题的研究. 谭力文，张卫东，译. 北京：北京经济学院出版社，1992：13.

② 蒂特姆斯. 社会制裁十讲. 江绍康，译. 香港：香港商务印书馆，1991：15.

中国处于改革发展转型期，社会从单质向多质或异质化转型，各种文化思潮在激荡，人们思想的独立性、差异性显著增强。改革中原有的价值观念被打破，新的价值观念体系亟须构建。中国市场经济的发展决定了社会利益主体的多样性，现代社会给予了人们价值选择的自由空间。但无论多元的利益主体，还是多样的价值取向，都必须相容在一元价值原则的统领下，相洽在有序整合的价值体系中。

4. 共同价值观：一种必要的社会功能力量

任何一个国家和社会，想要秩序、想要发展，就需要建构相应的核心价值观和意识理论。葛兰西曾将意识形态等主导价值和理论的凝聚功能比作"水泥"，他说："保持整个社会集团的意识形态的统一中，意识形态起了团结统一的水泥作用"[1]。阿尔都塞（Louis Althusser）说，任何一个国家"如果不在掌握政权的同时对意识形态国家机器并在这套机器中行使领导权的话，那么它的政权就不会持久"[2]。社会功能学派代表帕森斯提出，一个社会只有拥有文化系统、社会系统、人格系统以及行为机体系统等四个功能系统才能维持其秩序和稳定。其中帕氏特别推重价值和文化的整合功能。帕氏强调社会"共意"即共同价值观存在的必要，认为正是社会成员认同且受其影响的共同价值观，能产生凝聚力量将社会成员整合在一起。正如马克思所说："如果**从观念上来**考察，那么一定的意识形式的解体足以使整个时代覆灭"[3]。中国要走适合自己的社会主义发展道路，也需要构建并坚守中国特色的核心价值原则并使大众对其认同，这是一种国家能力，也是社会发展提出的任务。

事实上许多国家都很重视共同价值观的存在。美国政治学家罗伯特·达尔（Robert Alan Dahl）说："美利坚是一个高度注重意识形态的民族。只是作为个人，他们通常不注意他们的意识形态。因为他们都赞同同样的意识形态，其一致程度令人吃惊。在表达对民主意识形态信仰

---

① 尼科斯·波朗查斯. 政治权力与社会阶级. 叶林，等译. 北京：中国社会科学出版社，1982：213.

② 阿尔都塞. 哲学与政治——阿尔都塞读本. 陈越，编译. 长春：吉林人民出版社，2003：338.

③ 马克思恩格斯全集：第30卷. 中文2版. 北京：人民出版社，1995：539.

方面，美国人比世界其他任何民族都更一致"①。许多国家也都将国家价值观教育作为国民教育的重要组成部分，以此建构社会思想理论的支撑，整合社会"共意"。

主导理论及价值取向，是一个国家、民族的精神灵魂，是社会发展道路的旗帜。一个国家必须要有成熟的理论或核心价值观，可以说，有什么样的思想理论，有什么样的核心价值及其文化，就有什么样的国家发展道路。党的十八大报告强调指出："道路关乎党的命脉，关乎国家前途、民族命运、人民幸福。"中国要建成富强、民主、文明、和谐的社会主义现代化国家，应有坚定的道路自信、理论自信、制度自信。道路自信必须建立在理论自信和理论自觉基础之上，而对后现代主义理论范式及价值思潮的透视把握和反思，对中国特色社会主义核心价值体系的建构以及文化价值导向，对坚守中国的道路自信、理论自信、制度自信，对文化生态和共同价值观、公民思想道德素质与国家精神培育等方面，都具有重要的理论意义和现实意义。

---

① 杰里尔·罗赛蒂. 美国对外政策的政治学. 周启朋，傅耀祖，译. 北京：世界知识出版社，1997：534.

第二编

德化的视野——儒家德性思想研究[*]

---

[*] 原载《德化的视野——儒家德性思想研究》（北京同心出版社，1998）。

序 1

　　葛晨虹同志所撰写的《德化的视野——儒家德性思想研究》，把德性思想提高到儒家思想体系的整体特质的高度，对于儒家的德性思想做了深入而全面的阐述，认为这是儒家用以把握人与自然、人与自身、人与社会三大关系的根本观念，形成了儒家思想以德性为核心的思想体系。

　　《德化的视野——儒家德性思想研究》坚持了马克思主义的唯物史观，做到了史论结合，有助于对儒家思想的批判继承，内容资料翔实，文笔流畅，达到了较高的学术水平，在理论分析和对问题的研究上，都有发前人所未发之处，具有较高的学术价值。

　　从总体上看，这是一部有新意的论著。

张岱年

1997 年 9 月 22 日

序 2

　　葛晨虹同志所撰写的《德化的视野——儒家德性思想研究》即将出版，她希望我能为这本书的问世写几句话，谈谈我的一些看法。我想，这对我来说，是一件义不容辞的事。从 1992 年葛晨虹同志来到中国人民大学哲学系攻读伦理学的博士学位，获得博士学位以后又留在中国人民大学伦理学教研室工作，到现在已经有五年多的时间了。在这五年多的时间里，尽管她要承担作为一个母亲和妻子的义务，而且住房条件又极其困难，同时，她的社会活动又非常之多，但她总是设法克服困难，抓紧时间，刻苦学习、勤奋努力，在学习、教学和科学研究上，取得了可喜的成果。

　　《德化的视野——儒家德性思想研究》一书，是葛晨虹同志最近几年来对儒家德性问题研究的一个总结。有关儒家德性问题，在我国学术界已经发表了不少有关这方面的论文和著作，取得了一些新的进展。葛晨虹同志的这本书是着重从整体上把握德性思想在儒家思想体系中所占有的极其重要而又十分特殊的地位和作用的。在儒家德性思想中，在究竟以什么为出发点、以什么为原则、以什么为方法等一系列问题上，葛晨虹博士提出了自己的看法，从而使人们对儒家德性思想有了一个更全面、更深入的理解。尽管这种把握比较多的是从伦理道德方面考虑的，但这是一个新的视角。我认为，从这样一个视角出发把握儒家思想，是符合儒家思想的原有意义的。

中国的儒家思想，作为一种哲学思想体系来看，确实包含着宇宙观、认识论、方法论和伦理观等多方面的内容，这是谁都承认的。同时，我们还应当看到，儒家思想的一个重要特点就是，它是以人与人之间的伦理道德关系为出发点的，也可以说它是以强调伦理道德的研究来达到其以协调人际关系为目的的一种思想体系。弄清楚这一点，对我们研究和分析儒家思想有非常重要的意义，因为就是在探讨有关宇宙观和本体论的问题时，在研究天和人之间的关系时，儒家思想家们也常常是从伦理道德方面加以考虑的。在论述知和行、认识和实践、思想和行为的辩证关系时，则更加突出了伦理道德的重要。我们知道，明代著名思想家王阳明的一个很重要的命题就是"知行合一"，他特别强调"知"和"行"的关系要"合一"，就是从伦理道德的要求出发的。由于很多人不能真正理解王阳明的这一思想，所以他多次强调，必须要弄清他的"立言宗旨"，也就是要认识他思想的出发点和根本目的。为什么要"知行合一"？他说："称某人知孝、某人知弟，必是其人已曾行孝行弟，方可称他知孝知弟；不成只是晓得说些孝弟的话便可称为知孝知弟？"（《王文成公全书》卷一）。我们研究儒家思想，也必须从儒家思想家们的"立言宗旨"出发，从总体上理解他们的本来意义，才能真正掌握儒家思想的本质。同样，对于陆象山、王阳明的心学中所说的"心"，也应当充分注意到他们的"立言宗旨"，在相当多的情况下，他们往往是从人的道德主体的能动性出发的，是从人的道德良心出发的，尽管一旦他们越出了伦理道德的界限而谈论纯粹的宇宙观问题，他们就必然要陷入主观唯心论的泥坑，但我们对他们所提出的"心"，仍然要注意他们在不同场合、不同情况下所说的不同含义。

《德化的视野——儒家理性思想研究》对儒家思想的概括，是在以往思想家们对历史上许多儒家代表人物所做的分析和概括的基础上，是在对儒家众多人物的思想的联系上，从儒家思想的长期发生、发展和变化的整体上来加以把握的，因而，它较好地为我们提供了一个儒家思想的内在的、有机的逻辑结构。作者着重从人与自然、人与自身和人与社会三个方面，深入分析了儒家思想在面对现实生活时所必须要解决的重大问题，对我们了解儒家思想有新的启示。

《德化的视野——儒家理性思想研究》一书，力求用马克思主义历史唯物主义的观点和方法来分析儒家思想，给儒家思想以正确和客观的评价。毛泽东早在 1940 年 1 月所写的《新民主主义论》中就曾指出："中国的长期封建社会中，创造了灿烂的古代文化。清理古代文化的发展过程，剔除其封建性的糟粕，吸收其民主性的精华，是发展民族新文化提高民族自信心的必要条件；但是决不能无批判地兼收并蓄"[1]。又说："中国现时的新政治新经济是从古代的旧政治旧经济发展而来的，中国现时的新文化也是从古代的旧文化发展而来，因此，我们必须尊重自己的历史，决不能割断历史"[2]。他还强调，对于中国古代的思想家，从孔夫子到孙中山，我们都应当予以继承和发展[3]。葛晨虹博士在这本书中，运用马克思关于古代东方社会的"亚细亚生产方式"的概念，在同西方"古典的古代"的发展的对比中，结合中国古代以血缘宗法为特点的社会发展，历史地分析了儒家德性思想的发生、发展及产生的必然性，并按照"继承其精华，批判其糟粕"的指导原则，力求在继承的过程中贯彻批判的精神，达到更好地弘扬中华民族优良文化传统和道德传统的目的。

当然，作者还是一个青年理论工作者，在对中国古代经典的掌握和理解上，在对古代思想家的思想的把握上，还必然存在着某些不足的地方，因而，书中的有些看法，还需要在今后的学习和研究中，不断地加以充实和发展，也希望有关专家和学者给以关心与帮助。尽管如此，我仍然认为，这是一个青年理论工作者在经过长期的研究与思考之后，呈现在读者面前的科学研究的成果，对于想了解中国古代儒家文化和儒家德性的人来说，这本书是值得一读的。

罗国杰

1997 年 12 月 6 日

于北京中国人民大学林园

---

[1]　毛泽东选集：第 2 卷. 2 版. 北京：人民出版社，1991：707-708.

[2]　同[1]708.

[3]　同[1]534.

第一章 德性思想的血缘根基及其特质

众所周知，血缘关系是人类社会共同的历史起点，血缘氏族的彻底解体与历史性地保存，使东西方走了不同的文明之路。这一历史性的分界，终使"血缘关系"成为中国特有的思想文化的逻辑起点。中国固有的这一同步于历史的逻辑起点，造就了中国古代独特的血缘宗法社会，以及与此相应的一整套宗法制度和以血缘人伦为基础的思想文化。中国儒家的德性思想，就是站在维护宗法社会的立场上，对古代中国"亚细亚"的宗法社会存在所做的一种历史性总结。历史造就了儒家德性思想，历史最终又选择了儒家，致使儒家德性思想得以历史地延续，并成为影响整个中国文化、历史进程的思想元点。一句话，儒家德性思想的产生及其成为中国文化的主流，是有其历史必然性的。

一、德性思想的社会物质条件

恩格斯指出："在历史上出现的一切社会关系和国家关系，一切宗教制度和法律制度，一切理论观点，只有理解了每一个与之相应的时代的物质生活条件，并且从这些物质条件中被引申出来的时候，才能理解"①。社会物质生产条件决定着社会生活的方式，也决定着一定社会生活方式的思想文化，我们要理解中国历史、中国思想文化，要理解深深引导、影响中国历史及其文化的儒家思想，就不能不首先深入产生先秦儒家思想的社会历史背景中，不得不分析那些特殊的社会历史条件。

1. 古代东方社会的"亚细亚"之路

马克思主义经典作家在论及人类由原始社会进入文明社会的历史进程时，认为东西方曾经走了两条不同的道路，即以古希腊为代表的"古典的古代"和以古代东方国家为代表的"亚细亚的古代"。关于马克思"亚细亚生产方式"概念所引起的争论，在此不展开论述，重要的是我们应当从马克思主义经典作家一贯的思想中把握住其理论实质。马克思对他的一切重要的哲学和经济学概念从来不采取下定义的办法，而是如恩格斯所说的那样，"在它们的历史的或逻辑的形成过程中来加以阐明"②。

"亚细亚生产方式"概念的形成有一个发展过程。最初马克思恩格斯所谈的亚细亚形态或东方社会，多指以村庄土地公有制为基础的人类社会原始形态；他们发现氏族制度是原始社会的真正本质，并且发现东西方由原始氏族社会进入阶级社会是经历了不同发展途径之后，就进一步阐发了他们的思想。恩格斯遵照马克思的遗言，在《家庭、私有制和国家的起源》中，明确提出了关于"古典的古代"和"亚细亚的古代"两种不同的文明发展道路的思想。

具体说来，"古典的古代"发展道路是从氏族到私产再到国家，个体私有制冲破了氏族组织，国家代替了氏族。"亚细亚的古代"则是在没有摧毁原始氏族组织的情况下直接进入奴隶制国家，血缘氏族制同国家的组织形式相结合。对这两种不同的历史途径，侯外庐先生曾解释说"古典的古代"是"革命的路径"，"亚细亚的古代"是"改良的道路"；前者属于"正常发育"的文明"小孩"，后者则属于"早熟"的文明"小孩"③。"古典的古代"由于私产打破了氏族土地公有制，就形成了

---

① 马克思恩格斯选集：第2卷. 3版. 北京：人民出版社，2012：8.
② 马克思恩格斯文集：第7卷. 北京：人民出版社，2009：17.
③ 侯外庐. 中国古代社会史论. 北京：人民出版社，1955：2.

双重所有制的突出特点，也就是说，有着国家土地财产和私人土地财产相对立的形式，"所有制表现为国家所有同私人所有相并列的双重形式"①。亚细亚的所有制形式却有着如下不同的特点：一是以共同占有为基础的土地公有制。马克思反复论述过这种"亚细亚"土地公有制。他指出，在东方的特有形式下，公社成员"是共同财产的共有者"②，"在亚细亚的（至少是占优势的）形式中，不存在个人所有，只有个人占有；公社是真正的实际所有者；所以，财产只是作为**公共的**土地**财产**而存在"③。二是以自然经济为基础的血缘宗法关系。在生产力水平低下的古老社会形态中，生产劳动只能一方面以生产条件的公有制为基础，另一方面"以个人尚未脱离氏族或公社的脐带这一事实为基础"，马克思形象地比喻说："正像单个蜜蜂离不开蜂房一样"④。

可以清楚地看出，"亚细亚的古代"形式的特点是国家所有和个人占有，不存在个人所有，土地公有制为主，血缘宗法关系非常强。"古典的古代"的形式是国家所有和私人所有并列，血缘宗法关系非常淡薄。问题在于：同是氏族向奴隶制的发展，为什么东西方会形成这样两种不同的道路？希腊在古老的氏族时代，同中国古代氏族时期以及其他许多民族步入文明之初一样，是以氏族内自然的人伦关系和原始的公有制作为道德调控基础的。具有决定意义的历史一步是，中国古代的氏族最终没有改变氏族关系，就发展了宗法人伦制度，从而进入了奴隶制国家，而古希腊人却没有直接继承，而是瓦解了他们的氏族血缘制度，变氏族制度为城邦民主制度。东西方这种不同的历史变故有许多特殊条件和具体事件在起作用。比如，雅典在克利斯梯尼（Cleisthenes）改革中，用划分地区的原则取代了氏族制度的血缘关系原则，这一划分彻底打破了氏族社会的血缘组织关系，不同氏族不同血缘的人们被重新组织在不同地区的城邦里。血缘关系不再延存。

按地区划分城邦是一次改革，但这种改革并非某个英明人物的杰作，在它背后有着复杂的历史原因，其中最根本的原因是，希腊在氏族进入奴隶制国家的文明初期，具有了同中国古代完全不同的商品经济发

---

① 马克思恩格斯文集：第8卷. 北京：人民出版社，2009：135.
② 同①129.
③ 同①132.
④ 马克思恩格斯文集：第5卷. 北京：人民出版社，2009：388.

展状况。相对发达的古希腊商品经济，使氏族彼此间的商品交换不再局限于部落或贵族之间，而是发展为氏族内部成员之间的普遍关系。

商品经济使氏族成员脱离了氏族血缘的脐带，分化为独立的经济个人，彼此间不再受血缘等级的制约，而成为相对平等、自由的经济个体。拥有私人商品的人们成为彼此分离的独立个体。商品的等价交换本性，也使进入交换领域的人必须平等地承认对方的产品和劳动，从而使他们有了对等的身份和平等的观念。商品经济就是这样瓦解了氏族原有的血缘关系，创造出同氏族社会完全不同的人际关系和独立自由的社会个体。

从二者产生的不同途径上，"古典的古代""是在氏族制彻底瓦解后出现的私有制的基础上形成的"，"亚细亚的古代""则是由氏族土地公有制转变为土地国有"①。氏族社会组织直接进入奴隶制国家，氏族显贵同时是奴隶主，而被俘虏来的氏族则整个地变成了集团奴隶。从氏族直接过渡到国家，就使整个社会结构有了以血缘为纽带的氏族遗制。这是理解中国古代生产方式、社会制度、思想文化的关键，尤其是研究儒家德性思想形成及其特点的直接历史根据。

2. 中国古代"亚细亚"道路的物质生产条件

中国古代氏族血缘组织何以没有像西方那样被个体私有制冲破，这需要到历史背景，即当时的物质生产条件中寻找答案。

物质生产条件是一个综合基础，其中自然条件（或曰地理环境）是最基础的层次，其上则有经济层次（生产方式）以及社会组织层次等。我们在对中国古代物质生产条件进行综合研究时便会发现，决定中国"亚细亚"历史进程的，是一种区别于开放性海洋环境的半封闭的大陆环境，是一种既不同于游牧经济，也不同于工商业经济的农业型自然经济，以及被低下生产力和共同利益需求所决定的土地公有制。

自然地理条件不是直接决定人类历史的主要因素，但地理环境的特性决定着生产力的发展，而生产力的发展又决定着经济关系以及经济关系后面的所有其他社会关系的发展。所以，在探讨古代氏族制得以延续的原因时，不能不首先分析一下古代社会所处的自然环境。中国古代先

---

① 田昌五. 中国古代社会发展史论. 济南：齐鲁书社，1992：24.

民所生活的地理环境是大陆型的，然而不是中亚一带的大漠大陆型或匈奴、蒙古的草原大陆型，也不是东欧式的森林–草原大陆型，而是大河大陆型。黄河、长江哺育着这片肥沃的土地。大河大陆型的自然地理环境首先为中国古代先民从事农业生产提供了决定性条件，对古代中国发展成为以农业为主的农业社会和自给自足的自然经济社会产生了基础性影响。

自给自足的农业经济产生的社会后果，首先即为商品经济发展的滞缓，而商品经济不发达，血缘纽带就难以冲破，私有制度就难以产生。西方古希腊人早期的氏族社会组织最终得以摧毁，正是商品经济发展的结果。古希腊发展成为商业、农业、渔业、手工业并重而商品经济相对发达的社会，与希腊所处的山岭、河流、平原及四面临海的开放性海湾的自然地域环境不无关系。

自然经济是与商品经济相对而言的，指生产及其产品不是为了交换，而是为了满足生产者或经济单位本身的需要。把自然经济不论称作封闭性经济、家庭经济，还是称作小农经济，实际都从不同角度概括出了自然经济的主要特征。中国古代氏族社会就处于这种自然经济农业社会中，每个家庭或部族耕作、制造自己食用的生活必需品，没有交换，也不需要交换。《老子·第八十章》中对原始"大同"社会做了描述："使民复结绳而用之。甘其食，美其服，安其居，乐其俗。邻国相望，鸡犬之声相闻，民至老死不相往来。"《颜氏家训·治家》中也说："生民之本，要当稼穑而食，桑麻以衣。蔬果之畜，园场之所产，鸡豚之善，埘圈之所生。爰及栋宇器械，樵苏脂烛，莫非种植之物也。至能守其业者，闭门而为生之具以足。"这些或直接或间接地反映了中国古代几千年前开始并形成的，缺少社会分工和商品交换的自给自足农业经济特性。正是这些特性阻滞了商品经济的发展及私有制度的产生。因为商品经济发展及私有制度形成的前提条件是生产的社会分工和产品的社会交换。

早期中国社会商品经济不发达，除了上述经济生产方式原因外，与相对封闭的内陆式环境也有一定的关系。商品经济的发达是同商品的大规模流通分不开的，这就必须有便于流通的物质媒介。相对说来，古希腊所处的地中海沿岸自然环境，的确为早期希腊人进行商品交流提供了便利的水上交通媒介，对古希腊用私产打破氏族血缘纽带，以"古典的古代"方式进入奴隶制国家间接产生了促进作用。可以说，古代中国所处的自然地理条件，一方面通过所产生的自给自足农业经济间接阻滞了商品经济和私有制度的发展，另一方面又通过交通条件的不利直接阻碍了商品流通。当然，地理环境不适宜，商品经济固然很难发展起来，但是地理环境适宜了，商品经济也未必就能自然发展起来。自然条件要和在它基础上产生的生产力、生产方式以及上层建筑等因素综合起来，才会形成对社会历史进程的影响。对此，马克思认为："地理环境是**通过在一定地方、一定生产力的基础上所产生的生产关系**来影响人的，**而生产力发展的首要条件就是这种地理环境的特性**"①。

但无论如何，历史事实是，古希腊和罗马由于商品经济比较发达，所以氏族组织、公有体制解体得比较彻底。恩格斯曾说："公社的产品越是采取商品的形式……公社就越迅速地瓦解为小农的农村。东方的专制制度以及东征西讨的游牧民族不断更迭的统治，几千年来都对这些旧的公社无可奈何；由大工业产品的竞争引起的自然形成的家庭工业的逐渐破坏，却使公社日益瓦解"②。不同的是，马克思在总结东方"亚细亚"生产方式特点时说："这些家庭式公社本来是建立在家庭工业上面的，靠着手织业、手纺业和手耕农业的特殊结合而自给自足"③。古代中国氏族社会一直保持着自给自足的农业与手工业结合的自然经济，没有发展起商品经济，是氏族血缘组织未被个体私有制打破的重要原因。除了上述原因，使氏族血缘纽带未被私有制冲破而直接进入国家的，还有一个更重要的历史条件，即古代土地公有制的牢固存在。

在自然经济的农业社会，生产都以既定的社会组织为前提，而作为前提的社会组织又基本上是自然发生的。氏族社会时代低下的生产力以及农业经济的劳动方式，强化了这种社会共同体组织。在那个时代，农业生产主要采取集体劳动的形式。卜辞《续·2·28·5》说："王大令众人曰劦田，其受年。""劦"字象形表示三人同力，义同"协"；所谓"劦田"，就是一大群人同时耦耕。《诗经·周颂》中也有"千耦其耘""十千维耦"等记载。在中国历史记载中，我们可以看到更多有关集体垦荒、集体播种、集体捕蝗的史实，至于集体兴修水利和其他工程的记

---

① 列宁全集：第55卷. 中文2版. 北京：人民出版社，1990：447.
② 马克思恩格斯文集：第9卷. 北京：人民出版社，2009：169.
③ 马克思恩格斯文集：第2卷. 北京：人民出版社，2009：682.

载，更是数不胜数。可见，依靠大规模的劳动协作进行农业生产，是中国古代特有的环境促成的。

当然，生产力低下，生存环境恶劣，是人类早期原始社会的普遍现象，但是相对而言，中国以农业为主的古代社会同西方古代社会还是有着明显的不同。事实上，在最典型的奴隶制国家罗马的有关文献里，几乎看不到像中国这样成千上万人同时耕作的记录。古罗马粮食的种植只占庄园收入的第 6 位，其最普遍的庄园形式是约 60 公顷大小的橄榄园与葡萄园。据史料记载，这样的庄园通常有 2 个管家和 14 个奴隶，农忙季节再临时雇用短工。所以，西方古代商业、农业、冶金业、渔业、手工业并存的社会生产结构，造成了与中国以农业为主的古代社会不同的生产规模和劳作方式。在不利的生存环境中进行农业劳作，古代中国人不可能不采用大规模同力协作的方式，而与此相应，中国氏族社会的土地财产就没能采取私有制的形式。

在氏族社会生产条件下，首先，土地财产按其自然特性，无法由孤立的个人占有，只能依靠一定的社会组织占有。马克思说，在原始部落时期，"孤立的个人是完全不可能有土地财产的，就像他不可能会说话一样。……把土地当做财产，这种关系总是要以处在或多或少自然形成的或历史地发展了的形式中的部落或公社占领土地（和平地或暴力地）为中介。在这里，个人决不可能像单纯的自由工人那样表现为单个的点"①。农业劳动的第一种方式是集体耕作土地，这种方式与生产工具的落后相适应。在这个阶段，由于劳动过程集体进行，因而对土地的占有也是集体的，氏族共同体既是土地的所有者，又是土地的实际占有者和使用者，人们直接以氏族群体面对自然界，"人类素朴天真地把土地当做**共同体的财产**"②。因此，以农业生产为主导经济的氏族社会，自身内部就潜具着制约私有制产生的土地财产公有因素。

其次，与土地相联系的另一个制约因素，是农业生产对自然条件的依赖。农业主要是植物再生产过程，它在很大程度上要依靠气候、水利等自然条件，而对自然条件的有效利用，特别是对农业至关重要的水利灌溉事业，必然依赖共同体的力量。马克思说："社会地控制自然力，从而节约地利用自然力，用人力兴建大规模的工程占有或驯服自然

---

① 马克思恩格斯文集：第 8 卷. 北京：人民出版社，2009：135.

② 同①124.

力，——这种必要性在产业史上起着最有决定性的作用"①，"供水的管理是国家权力对印度的互不联系的小生产有机体进行统治的物质基础之一"②。恩格斯也指出："政治统治到处都是以执行某种社会职能为基础，而且政治统治只有在它执行了它的这种社会职能时才能持续下去。不管在波斯和印度兴起和衰落的专制政府有多少，每一个专制政府都十分清楚地知道它们首先是河谷灌溉的总管，在那里，没有灌溉就不可能有农业"③。

在当时那样的生产力水平上，单个人或分散的部落是不可能承担起大型水利工程的建设和维修的。"文明程度太低，幅员太大，不能产生自愿的联合，因而需要中央集权的政府进行干预。所以亚洲的一切政府都不能不执行一种经济职能，即举办公共工程的职能"④。中国古代从大禹治水开始，兴修水利一直是国家的一项重要职能。据记载，自公元前722年至公元1911年，前后2 600多年间，共有治水活动7 000余次⑤，由此可见农业社会的中国对水利的依赖与重视。因此，农业对水利的依赖，同时水利工程对社会共同体的依赖，强化了氏族社会共同体的功能与存在。禹以他的巨大水利工程为古代农业奠定了基础，他也因此成为古代贤王中传奇式的英雄。照马克思分析，在当时亚洲公社中，大规模治水工程需要在各部落或各村庄之间发展起一个级别更高的机构，需要产生"多数公社之父"。国家主要是由于要满足地理和气候所必要的排灌系统和堤堰等其他水利工程的基本要求而产生的⑥。

马克思对整个亚洲东方"亚细亚"之路的考察分析，是包括中国在内的，并且中国是马克思主义意义上的"亚细亚"社会的最典型的例子。中国古代以农业为主的生产方式，使氏族除了具有财政、军事等方面的公共职能，主要就是具有水利方面的公共职能⑦。

---

① 马克思恩格斯选集：第2卷. 3版. 北京：人民出版社，2012：240.
② 马克思恩格斯文集：第5卷. 北京：人民出版社，2009：588.
③ 马克思恩格斯选集：第3卷. 3版. 北京：人民出版社，2012：559-560.
④ 马克思恩格斯选集：第1卷. 3版. 北京：人民出版社，2012：850-851.
⑤ 冀朝鼎. 中国历史上的基本经济区与水利事业的发展. 朱诗鳌，译. 北京：中国社会科学出版社，1981：36.
⑥ 同④.
⑦ 田昌五. 中国古代社会发展史论. 济南：齐鲁书社，1992：340.

总之，低下的生产力水平和水利农业的共同利益结合在一起，就形成了以土地公有为基础的公共职能机构和氏族共同体组织。如果说商品经济不发达是古代氏族组织未被私有制打破的一个重要原因，那么土地公有制就是中国古代氏族组织没有走向彻底解体的另一个重要制约原因。正是在这个意义上，马克思和恩格斯都一致强调，**"不存在土地私有制……是了解东方天国的一把真正的钥匙"**①。正是自然经济农业社会带有土地公有及商品经济不发达这两个主要特征，使中国古代在氏族组织未被打破的情况下进入了国家社会。

3. 宗法（氏族）国家的特点

"亚细亚"历史道路表明，古代中国所处的自给自足的小农经济、土地公有制，以及低下生产力所必须依赖的社会组织形式，这一切使得国家公共职能在没有完全分化解体的氏族组织基础上产生出来。由此，国家的社会结构自然就落在了天然的血缘组织上。在一般意义上，氏族血缘组织同国家政治经济组织是完全不同的，氏族制度同国家制度也存在本质区别。恩格斯在《家庭、私有制和国家的起源》一书中谈到国家和氏族制度的区别时曾指出氏族制度的基础是血缘关系，而国家则**"按地区来划分它的国民"**②。恩格斯的论断，我们从"国家"一词的含义上可得到某种印证。英文 state 或 country 一词，含有国家、地域、乡土等含义，但并没有家庭、家族的含义；而汉语"国家"一词是由"国"和"家"组成的，家与国密不可分地连在一起，中国人历来是把"国"放在大"家"的位置上理解的。不论从"国家"的词源角度看，还是从中华民族爱国如家的心理情感角度看，都反映了中国古代的国家是在扩大了的家——氏族的基础上发展而来的。对此，侯外庐先生曾分析："古典的古代"是从家庭到私产再到国家，国家代替了家族；"亚细亚的古代"是由家族到国家，国家混合在家族里面，叫作"社稷"。西方人的"country"在中文中叫作"国家"，实际源于指称家族的血缘关系和国家的政治关系一体化的宗法性社会政治组织。国家政治体制中带有浓厚的氏族遗制，使得中国古代的社会结构、文化精神、历史进程获得了极大的特殊性。

---

① 马克思恩格斯全集：第28卷. 北京：人民出版社，1973：256.
② 马克思恩格斯全集：第21卷. 北京：人民出版社，1965：194.

中国古代的夏、商朝，都是在氏族部落的基础上发展起来的宗君合一的宗法性国家，周朝在此基础上进一步实行了分封制。周人本姓姬，原来是商统治下的一个部落，后灭商建立周朝。为扩大势力，控制广袤领土，周天子把自己的血族亲属分封到全国各地，建立起大小诸侯国，谓之"封建亲戚，以蕃屏国"（《春秋左传·僖公二十四年》）。如此，这些诸侯国同周天子就既有政治上的关系，更存在血缘上的关系。《诗经》所说"普天之下，莫非王土；率土之滨，莫非王臣"，就反映了这种通过分封而建立起的融氏族遗制于国家之中的社会性质状态。由于此故，君主既是一国之主，又是万民之父，如《尚书·洪范》中所说，"天子作民父母，以为天下王"。马克思则把"亚细亚"方式中的氏族更高联合体首领称作"多数公社之父"，这也反映了中国古代国家与氏族的结合、同构特征。

夏朝虽已建立国家，但还带有过渡性，商朝完成了过渡，至西周而达到全盛。禹帝时代虽已建王朝，但毕竟仍具氏族社会性质，在当时有的只是氏族、部落和部落联盟，还没有真正意义上的国家。史书记载此时之"国"，大抵是在域邦、族邦、诸侯意义上说的，所以夏禹时代有万国之称，"大抵一族即称一国，一国之君，殆一族之长耳"①。氏族正向国家过渡，氏族与国家合二为一，氏族国家的特征此时最为明显。在此时，氏族部落血缘组织尚未解体，而氏族公共机构在功能上又适应了国家产生的需要，开始履行国家职能。当然，那时的中央机构比较简单，《礼记·明堂位》载"夏后氏官百"，足见那时的国家管理还只是一个雏形。

如此，氏族对于国家就是作为原型组织而存在的。国家建立在氏族血缘关系基础上，国家所能借鉴和模仿的统治模式也直接源于氏族统治模式。氏族部落的统治管理完全基于血缘亲族天然的伦理关系，氏族内首领与成员皆为亲族，所以不可能动用压迫强制的管理手段。亲亲、互爱的血缘关系使得用天然伦理规范和道德习俗管理氏族成为可能。关于氏族社会的管理方式，恩格斯曾说，在氏族社会里"没有士兵、宪兵和警察，没有贵族、国王、总督、地方官和法官，没有监狱，没有诉讼，而一切都是有条有理的"②，"在大多数情况下，历来的习俗就把一切调

---

① 夏曾佑. 夏曾佑中国古代史：上. 长春：吉林人民出版社，2013：32.
② 马克思恩格斯选集：第4卷. 3版. 北京：人民出版社，2012：108.

整好了"①。在氏族内部，首领与部落成员之间不存在统治与被统治的关系，首领是由氏族全体成员民主推举出的德高望重之人，氏族机构也仅仅是为氏族服务的简单设置。氏族首领及机构的作用，主要就是亲睦协调氏族内部成员、各部落关系。《尚书·尧典》颂载尧帝说："克明俊德，以亲九族；九族既睦，平章百姓；百姓昭明，协和万邦，黎民于变时雍。"九族指尧的氏族成员，百姓是其他诸部落之长（古代贵族才有姓），万邦指天下各部落。对氏族成员要亲，对氏族长要辨明强弱公平对待，对天下万国只能协调，没有绝对的政治权威，有的只是德性威望。正如恩格斯所概括的："酋长在氏族内部的权力，是父亲般的、纯粹道义性质的；他手里没有强制的手段"②。

　　这样，带有氏族遗制血缘组织的"国家"，就不可避免地在统治方式上沿用氏族组织的道德治理方式。如周朝在社会管理方式中，就既需要有体现新的政治关系的"忠"与"尊"，同时也需要有体现旧的血缘关系的"孝"与"亲"。诸侯们既要把自己同周天子的关系当成臣与君的关系，同时也要当成子与父的关系。各诸侯间则既有臣臣关系，同时也有兄弟关系。如此，"惟忠惟孝""忠孝合一"，便可维护治理这种政治关系与血缘关系相合为一的社会。正因为如此，西周统治者才制定"周礼"，用这种礼义道德规范来协调社会人伦秩序。孔子毕生为恢复周礼而奔波，并创立了一整套以强调仁礼道德为基本特征的儒家学说。孔子感悟到了当时社会关系的血缘宗法性质，看到了仁礼德治对于国家秩序稳定的重要，把"齐家"与"治国"提到同等地位。《礼记·哀公问》中鲁哀公问孔子："为政如之何？"孔子答："夫妇别，父子亲，君臣严。三者正，则庶物从之矣。"《易经·家人》也表达了同样的思想："父父、子子、兄兄、弟弟、夫夫、妇妇，而家道正，正家而天下定矣。"《大学》也说："其为父子兄弟足法，而后民法之也，此谓治国在齐其家。"儒家常常考虑如何将孝亲、尊祖等家族伦理扩展至国家治理，认为如同以伦理维持宗族一样，也应以伦理维持国家。在儒家思想家眼中，孝道是维系整个社会秩序的支柱，它源于天然血亲之爱，人的爱亲之情、仁爱之心天生就有，人性本善，人道天生。人道即是天道在人世社会的体现。"亲亲也，尊尊也，长长也，男女有别"（《礼记·丧服小记》），既

---

① 马克思恩格斯选集：第4卷. 3版. 北京：人民出版社，2012：109.
② 同①97.

是人道之大，又是天道具相。在逻辑上，得天道者必践"亲亲""尊尊"之人道，这几乎是不言而喻的。由此，先秦儒家引发出一整套天人合德、德性天赋以及仁礼治世的思想，形成了儒家独特的以仁义道德为价值核心的德性思想体系。

可以说，孔子创立的学说并不是儒家思想家杜撰的一种政治理想，而是对古代中国氏族（宗法）国家现实存在的一种理论反映，是"亚细亚"的历史道路在思想领域的另一种延展。儒家德性思想为孔子所创，而其思想内容、价值取向却是被历史现实所决定的。孔子的主张在他所处的时代并未得到完全实现，百家争鸣中出现了墨、法、道等诸多同儒家不同的学派，秦始皇"焚书坑儒"，也说明儒家主张的德治思想并未得到所有统治者的青睐。

墨家和儒家都主张爱人，但不同于儒家"亲亲""尊尊"有差等的爱，墨家主张"爱无差等"。如果说孔子立足于血缘根基而建立起由家及国的宗法伦理，那么，墨子则立足于非家非国的一般社会关系而建立起一种社会伦理。墨家提出了普遍的"兼爱"，反对社会等级，反对人与人的不平等。但墨子"兼相爱"是为了"交相利"，也就是说，墨子的"爱"建筑在小生产劳动者的功利基础之上，并不是像儒家那样无条件地要人们施仁爱之心。儒家的"仁爱"由于具有现实的氏族血缘的宗法基础，获得了强有力的现实支柱；而墨家的"兼爱"要求不分亲疏地相爱以免于功利的争乱，由于脱离现实而流于空洞。在血缘宗法社会里，墨子的平等"兼爱"显得那么空虚乏力，固然有其美好理想的一面，但终不可能为当时社会现实所选择。

道家是儒家最彻底的否定者，它的思想主题是让一切顺应自然法则和个体的绝对精神"自由"。道家认为人应当顺应自然，返回自然。人只有把一切生理欲望、功名利禄、伦理道德统统置之度外，才能从种种"有待"束缚中解脱出来，返璞归真，成为"真人"。儒家的价值观是强调有所作为的，它充满了参与、进取的积极人生态度；而道家则主张超脱一切，达到"无为"境界。"无为而有为""无为无不为"，从自然无为与个体"自由"出发，道家对现世的礼仪宗法制度给予了极端的否定。到庄子憧憬"至法之世"理想社会时，他甚至取消了儒家所乐倡的一切伦理道德规范，还人一种绝对的个体"自由"。道家这些反道德、反秩序规范、反入世的思想精神，决定了它也不可能被宗法社会的统治者所真正选择。

法家的主张虽然并不同儒家直接对立，但在治国模式上却是儒家德治的尖锐抨击者。法家学说在根本上是一种治国理论，倡导"以法治国"。法家并不一般地否定"仁义""忠孝"，它同样肯定"重义轻利"的价值取向，所以，在社会目的方面和儒家并不矛盾。法家只是反对以道德作为治国的主要手段。法家主张"法治"，这在理论上源自其不同于儒家的人性论和历史观。法家从人性恶出发，对道德良心并不寄予厚望，强调"以法为教"，致力于以强制手段成就道德。

法家的主张曾一度被统治者看中并采纳，然而秦亡的教训及汉初发生的"吴楚七国之乱"，很快使汉代统治者明白，对中国这样一个带有氏族血缘脐带的宗法性社会来说，孔子创立的重"仁"道、重宗法伦理关系的德性思想，比重刑罚的法家思想和主张"无为而治"的道家思想更适合历史需要。所以，平定"七国之乱"后，统治者最终采纳了"独尊儒术"的方针。

总之，道家执着于个人，拒斥个体的社会责任，这种消极的"个人主义"以及"无为"的出世主义，既无助于"家庭"的稳固，又不利于个人的"修身、齐家、治国、平天下"。墨家虽然立足于"社会"，但其理论对血缘宗法现实的"国"和"家"缺乏足够的认识，而且"交相利"的功利主义也和血缘宗法社会的亲亲、尊尊要求格格不入。法家虽然高扬了"国家"伦理，使"仁义"有了强有力的支持，但它过分冷酷的强制主义理性又破坏了宗法社会的家族情感和血缘社会的德性气质。法家主张也不是最贴合血缘宗法社会的社会意识，所以，最终只能在"德主刑辅"国家治理模式中占据辅助地位。

儒家德性思想在社会政治发展中，最终在各派政治思想"竞争"中被选中，这绝不是偶然的，它的出现无疑更全面、深刻地反映了中国"亚细亚"古代社会的经济、政治和社会结构，更适应了封建统治的需要。在一定意义上可以断言，是"亚细亚"历史道路造就了儒家，儒家由于最大地反映并适应了中国独特的血缘宗法社会而最终又为历史所选择。中国古代以血缘为根基的"亚细亚"历史道路，是理解中国古代氏族国家宗法社会的关键，也是解开儒家德性思想产生及在中国宗法社会具有强大生命力之谜的钥匙。

二、德性思想的特质

"思想"一般指相对于感觉、印象的一种认识成果，是一种理性认识的观念形态。"中国古代无哲学之称。在先秦时代，一切思想学术统称为'学'"①，"中国古代哲学中，伦理学说是和本体学说以及关于认识方法的学说密切联系、互相贯通的"②。显然，先秦儒家之学不是一种规范的理论体系，与其称之为哲学、伦理学等，不如把它称作"思想"，更能反映儒家融本体论、认识论和伦理学为一体的观念形态。"思想"既然是人们的一种认识成果，那么，不同的"思想"就在于用不同的观点、方法来认识世界、把握世界。儒家之学不同于西方之学的根本点就在于，它是以德性的观点和方法认识、把握世界的。儒家的这一认识成果出自中华文化的原生过程，集中反映了产生它的"亚细亚生产方式"和古代中国宗法社会的历史背景。这也是它之所以能够兼容百家成为古代中国传统思想中最具典型性、代表性的根本之所在。因此，就儒家思想的性质而言，称之为"德性思想"更能表达其内在特质和特有的观念形态。

1. 德性思想的提出

马克思指出："动物只是按照它所属的那个种的尺度和需要来构造，而人却懂得按照任何一个种的尺度来进行生产，并且懂得处处都把固有的尺度运用于对象；因此，人也按照美的规律来构造"③。这说明，人们总是依照真、善、美相统一的尺度去认识世界和改造世界，但由于社会历史条件的不同，这种尺度结构会表现出不同侧重的异质性。正如恩格斯指出的："每一个时代的理论思维，包括我们这个时代的理论思维，都是一种历史的产物，它在不同的时代具有完全不同的形式，同时具有完全不同的内容"④。就"尺度"的不同，冯友兰先生曾把主体对客体

---

① 张岱年. 中国伦理思想研究. 上海：上海人民出版社，1989：1.
② 同①3.
③ 马克思恩格斯文集：第1卷. 北京：人民出版社，2009：163.
④ 马克思恩格斯文集：第9卷. 北京：人民出版社，2009：436.

的不同认识思路概括为本体论的路子、认识论的路子和伦理学的路子①。儒家德性思想就是在血缘宗法社会基础上生成的一种以善统真的价值"尺度"，儒家就是依据这一德性尺度来阐释其天道思想、人道思想和社会政治、伦理思想的。此处所指的"德性"，并非指狭义上的个人道德品性，而是作为一种世界观意义上的"尺度"而言，它对世界的把握不是单质性的，而是融真、善、美为一体的多质性认识。就德性"尺度"的结构和功能来看，它是一种以善统领真、善、美之和的世界观，因而"德性思想"较之"道德思想"和"伦理思想"，更能从特质的角度反映儒家思想的特有形态和历史渊源，因为"道""德"到春秋时期仍属于两个单独的概念，"苟不至德，至道不凝焉"（《中庸》），直到战国后期才连用为一词，即"道德之极"（《荀子·劝学篇》）。"道德"是指人的行为准则，以及这一准则在实际行为上的实现，它虽也有广狭义的解释，但通常是指关于人自身道德的学问。"伦理"一词见于《礼记·乐记》"乐者，通伦理者也"。郑玄注："伦，类也。理，分也。""伦理"泛指伦类条理，又指当时的道德关系。因此，"道德"和"伦理"就其一般意义而言都不能像德性那样更准确地体现儒家思想观念的历史背景和其具有的"尺度"意义。

　　恩格斯说："历史从哪里开始，思想进程也应当从哪里开始"②。由于思想观念的历史起点是在"最原始的时代从人们关于他们自身的自然和周围的外部自然的错误的、最原始的观念中产生的"③，所以，一般都把宗教观念作为人类思想文化的共同起点。同样，古代中国的思想观念形态也是从原始宗教观念发展出来的。由于历史条件的不同，古代中国思想发展的走向，既不是印度宗教观念的超验的哲学升华，也不是古希腊世俗理性在宗教观念中的滋长，而是生成了一种替代宗教意识的德性思想。从许多学者对《尚书·商书》和殷墟卜辞的研究可以看出，殷人的思想主要是相当发达的宗教观念，"帝"和"祖"的崇拜尤为突出。在卜辞中，"德"字就经常出现了。"德"作"♯"，郭沫若原把"♯"释为"值"，从字的结构来看，"值"是由现在的"行""直"构成，应含有行走笔直的意思。郭沫若在《殷周奴隶主阶级"德"的观念》中还

　　① 深圳大学国学研究所. 中国文化与中国哲学 1987. 北京：三联书店，1988：526.
　　② 马克思恩格斯选集：第 2 卷. 3 版. 北京：人民出版社，2012：14.
　　③ 马克思恩格斯选集：第 4 卷. 3 版. 北京：人民出版社，2012：260-261.

认为，"♯"与"伐"相通，这是就征伐结果而言的，所以"和"又与"得"相通。罗振玉也认为，"卜辞中德字皆借为得失字"。因此，在殷商时期"德"就指得到以奴隶为内容的财富。"物质财富的占有是道德的美德存在的基础"①。这样，"有得"就应有美德（有德）的含义。因此，就有了"无有远迩，用罪伐厥死，用德彰厥善"（《尚书·盘庚上》）之说。得（德）就成了善的原始标志。不论把得到财富本身看成德（善），还是把得到财富的手段"伐"看成德（善），都表明"德"在殷商的宗教观念中已是一个带有政治和道德含义的概念。西周时期，由于周人以属国小邦战胜了殷商大国，西周统治者在总结殷商灭亡的教训中已明确认识到，维护统治除"天命不僭"外，人自身的因素也起着重要作用。这样，在传统的原始宗教观念中就使殷商的"德"延伸为"敬德"。"德"更是一个融宗教、政治、道德为一体的思想观念，并成为周人思维的轴心。郭沫若认为：周人的"德"不仅包含着正心修身的功夫，而且还包含有治平天下的作用；便是王者努力于事，不使丧乱有缝隙可乘；天下不生乱子，天命也就时常保存着了。由此可见，"德"在周人神性的思维中已具有了"尺度"的最初含义，并包含了先秦儒家德性思想的某些因素。虽然周人在宗教观念上已把"天"与"祖"区分开来，并把重点开始转到继承先王的美德上，但由于周人终究未摆脱天神的崇拜，所以这种"敬德"尺度的根基还在"天命"那里，因而周人不是以"德"否定"天"，而是"敬德配天"。先秦时期的社会变革，在思想领域的突出反映就是西周思想中的宗教成分进一步被削弱，并不自觉地把"敬德"思想的根基从周人的"天"移植于"人"，而这一变革正是由先秦儒家完成的。孔子在总结春秋以来注重人事、人道思想的基础上，把周人的"德性"思想提高到一个新的阶段，创立了德性"仁"学。孟子的"人论"进一步使"德性"根植于人心，在孔孟那里，周人思想中的宗教成分是很淡薄的，虽然他们仍保留着"天命"的信念，但天已不是人格神的天。荀子的"明天人之分"和天道服务于人事的思想，比较彻底地实现了"德性"本位由"天"向"人"的转变。由此，先秦儒家在宗教观念的基础上确立了"德性"的世界观，支撑起了德性的思想体系。"德性"不仅成为先秦儒家仁学道德纲领的抽象内涵，还

---

① 拉法格. 思想起源论. 王子野，译. 北京：三联书店，1963：105.

是仁学所有道德规范的具体体现。总之，在先秦儒家仁学思想中，任何一个概念离开了德性，都不具有独立价值。因此，概括起来说，先秦儒家德性思想是以血缘宗法人伦关系为基础，以仁的实现为目的，以善统真的思想形态。就德性思想的基本特质而言，它是一种以人为本位，以践履为原则，以合分为方法的价值思想体系。

2. 以人为本位的德性特质

以人为本位，是儒家德性思想在本体论意义上的体现，是关于世界存在性质的德性思考。就天人之际而言，"敬德配天""敬德保民"思想表明，周人虽然仍以神性之天为本位，但对"德"的思考已有了人文世俗化的走向。到了"礼崩乐坏"、动荡不安的春秋时期，如何"安身立命"就成了春秋人特别是先秦儒家关注的根本问题，这就使传统的德性思考直指如何立身、如何"为人"的本质规定。先秦儒家"天人合德"的思想表明，天人的沟通，不再是以周天子一人之德性来"配天"，而是赋予人普遍的德性来究天人之际。"人之生也直"（《论语·雍也》），"民之秉彝，好是懿德"（《诗经·大雅》）。德性是人固有的本性，所以，孔子才说"天生德于予"（《论语·述而》）。在儒家那里，德性作为"人之为人"的根据，一方面表达了人们生而就有向善的普遍性本性，另一方面还表达了人们只有通过后天的努力才能实现善的能动性。"存其心，养其性，所以事天也"（《孟子·尽心上》）。这样，人德合天德就是人的自觉能动的过程，天人德性的沟通是由人主动认同而实现的，人实际上已具有了主动性的内涵。天人的价值本体就应在人而不在天。虽然孔孟仍是从天那里寻找人性的根据，但就其实质而言，他们都不自觉地使周人的"敬德配天"转向了以天之德性合于人之德性。"天地之性，人为贵"（《孝经·圣治》），这种德性对天人之际的探究，无疑确立了天地之间人的根本地位。孔孟虽然仍保留着天的观念，但天已不是宗教观念的"天"。荀子"明天之分"的思想就已把天看作自然意义上的客观对象，但他对天所做的思考并不是为知而知的纯理性认识，而是为人事之用的德性之知，最终与孔孟一样，确立的仍是对人本位的德性思考。

在天人关系中，儒家以人为本位的德性思考，并非指人的自然之体，而是指人的内在德性价值。因而，就人自身领域而言，以人为本位就具体表现为以体现人之善性的"义"为本位。按照"天人合德"的思想，人既是自然感性的存在，又是社会德性的存在。孔子虽然没有明确提出人性善，而只是说人们生而"性相近"，但从他所说的人若不知孝敬，与动物就没有区别的论述来看，"人之为人"的根本仍是人的内在德性。孟子的人性善是通过"心"来表达的，"君子所性，仁义礼智根于心"（《孟子·尽心上》），心是义欲合一的存在，人性离不开心，更是心的本质之所在。人心的存在并非洛克的"白板"论，人性本身就是向善的主体意识。"心之官则思"（《孟子·告子上》）。荀子也说："凡以知，人之性也；可以知，物之理也"（《荀子·解蔽篇》）。正是这种德性的"良知""良能"，才使人成其为人。孟子把无"四端"者称为非人；荀子认为，"义则不可须臾舍也。为之，人也；舍之，禽兽也"（《荀子·劝学篇》）。这些都突出体现了儒家把人的善性价值看作人之根本。孟荀虽然在不同层次上提出了各自的"性善""性恶"的观点，但在"人之为人"的本质规定上却又是一致的。这也正说明了先秦儒家对人性阐释的进一步深入，既肯定了人自然之性的存在，又突出了"人之为人"的德性本质，并在人的自身领域确立了欲合于义的价值关系范畴。

儒家对人德性社会性的规定，与费尔巴哈以类的自然本性为基础的人本主义是根本不同的。人作为自然感性的存在体现了个体的功利的性质，人作为社会德性的存在体现了人伦整体和道义精神的性质，而后者是"人之为人"的根本。因此，在社会领域，儒家的以人为本位，就是以人伦整体和道义精神为本位。在宗法社会中，人的一切社会关系都是以宗法人伦关系为基础的，"义"就是这种本质关系的德性体现。正因为人总是处在父子、君臣、夫妇、长幼、朋友的人伦关系之中，而不是处在外在物质利益的社会关系之中，所以孔子说"礼以行义"（《孔子家语·正论解》），孟子说"敬长，义也"（《孟子·尽心上》）。荀子更是认为"贵贵、尊尊、贤贤、老老、长长，义之伦也"（《荀子·大略篇》），所有人只有在一定的人伦关系中，才能获得自己的存在和价值。以义为本位，就是以个体为人伦群体承担道德义务，以个体自觉维护整体和谐的道德精神，作为社会的根本原则。当然，儒家以义为本位，并不否认符合"人伦"的个体价值，也不否认符合道义的功利价值，因而也不否认符合义的利，义以为上的社会价值导向，表达的是役物而不被物役、人伦整体规定自然个体的人本思想。

3. 以践履为原则的德性特质

以践履为原则，是儒家德性思想在认识论意义上的体现。实践是人们认识和把握世界的基础，但人类认识和把握世界的方式是不同的，因而实践的意义也就有所不同。马克思指出，哲学掌握世界的方式，"是不同于对于世界的艺术精神的，宗教精神的，实践精神的掌握的"①。这样，实践就是"作为真理的标准，也作为事物同人所需要它的那一点的联系的实际确定者"②。儒家以善统真的德性尺度，在认识论上确立的是主客一体的价值关系，即把客体对象区分为对主体是有利的还是有害的，有利的就有价值，相反，则无价值。这种德性尺度追求的就是通过践履实现自我价值的现世精神。儒家在天人关系上是以人为本位的，这就使认知对象由外在自然之知转向了人内在德性之知。这种德性之知显然不是借助抽象思维来认识和把握世界，不是寻求客观对象"真"的知识，而是直接地在人心之内寻求善和幸福，这种实践的意义就使"宇宙真际的探求，与人生至善之达到，是一事之两面，穷理即是尽性，崇德亦即致知"③。德性之知本身就成了德性践履，德性践履本身也就是德性之知。"仁者安仁，知者利仁"（《论语·里仁》），"德之不修，学之不讲"（《论语·述而》），"苟不至德，至道不凝焉。故君子尊德性而道问学，致广大而尽精微"（《中庸》），从而构成了儒家独有的实践理性的思维模式。

儒家实践理性的思维模式对人自身的本质认识，不是以人的自然之身为对象，而是以主体精神为对象。这种认识方式就必然导向"反求诸己"，在自己的心中探求。德性实践原则在人自身领域具体表现为人格践履。按照儒家对人性的理解，人人都有内在的善端，但未必人人都能自觉实现，如果不能实现自我的这种德性本性，那么就失去了人的意义和价值。"人之所以异于禽兽者几希，庶民去之，君子存之"（《孟子·离娄下》），而实现人的自觉，就要反身而思，"求在我者也"（《孟子·尽心上》）。孟子的"思诚"就是明白自己善良的本性，"不明乎善，不诚其身矣"（《孟子·离娄下》）。《中庸》也说："诚者自成也，而道自道

---

① 马克思恩格斯选集：第2卷. 3版. 北京：人民出版社，2012：701.
② 列宁选集：第4卷. 3版. 北京：人民出版社，1995：419.
③ 张岱年. 中国哲学大纲. 北京：商务印书馆，2015：28.

也。诚者物之终始，不诚无物。是故君子诚之为贵。"这就是说，只要心中有诚，就能"自成"，而"自成"就能"成物"，实现"万物皆备于我"（《孟子·尽心上》）。

因此，在儒家看来，这种"反求诸己"不是获得理性的知识，而是成就身心性命，完成德性的理想人格。认识人自身的过程，就是诚其心、择其善，使自己的诚心善性得到自觉，实现德性理想人格的过程。儒家不仅在人格践履中确立了人格的德性本位，"人皆可以为尧舜"（《孟子·告子下》），"涂之人可以为禹"（《荀子·性恶篇》），而且指出了人的主体性和人格实现的方法，即存心、养性、事天的人格践履，"妖寿不贰，修身以俟之，所以立命也"（《孟子·尽心上》），"壹是皆以修身为本"（《大学》），由此实现"内圣外王"的理想人格。因此，从孔子开始，儒家都把人格的践履看作第一位的。"讷于言，而敏于行"，"古者言之不出，耻躬之不逮也"（《论语·里仁》）。孟子的"存心""求放心"就是将知与践行结合起来，把圣人之学就看作躬行践履之学，"形色，天性也；惟圣人，然后可以践形"（《孟子·尽心上》）。荀子虽然很重视"知"，但他对认知对象终究不是"为知而知"，所以"唯圣人为不求知天"（《荀子·天论篇》），德性践履终究是第一位的。他认为，为学之道，不闻不如闻之，闻之不如见之，见之不如知之，知之不如行之，因为"行之明也，明之为圣人"（《荀子·儒效篇》），把主体人格的践履提到了很高的地位。

践履原则不仅体现在个体人格的自我实践上，而且还体现在作为人类存在的社会德性的自我实现上。春秋时期的变革没有产生出不同于宗法人伦的新的社会关系，宗法人伦关系仍旧是当时社会的基础。维护宗法人伦关系的稳定，就成为全社会的唯一目的。维护宗法人伦关系并不是去认识与依靠外在的经济、政治和法律的手段，而是去践履内在的德性。因此，基于这种认识，儒家的实践原则在社会领域就直接表现为社会的人伦践履，而这一社会的人伦践履是以宗法家族为本位的。在宗法条件下，社会领域的家、国、天下都是人伦的同构载体。家，就是划分父子、兄弟、夫妇上下、尊卑秩序的宗法家族；国，就是由家延伸出来的具有政治等级的宗法家国；天下，就是君王世袭所有的宗法家天下。从一般意义上说，宗法社会人伦践履就是宗法家族人伦践履的扩大，只要亲身体验到家族人伦践履，也就知行了社会人伦践履。

这种社会人伦践履还是以"仁""礼"为模式的。"仁"的核心就是"爱人","仁"又涵括了所有德行,但"仁"最根本的是要符合"礼"的宗法等级标准,这样,"爱人"就在有差等的君君、臣臣、父父、子子等社会人伦关系中得以知与行的操作。"克己复礼为仁"(《论语·颜渊》)就成为社会人伦实践的最后归依。社会人伦践履还是以"忠恕"为机制的。在儒家看来,"修身""为己"的行同时就是在社会人伦关系中如何做人的道理。"己欲立而立人,己欲达而达人"(《论语·雍也》)和"己所不欲,勿施于人"(《论语·卫灵公》)的"忠恕"之道,就是具体的知与行的践履。一切从自身日常生活体验出发,就"能近取譬"(《论语·雍也》),推己及人,做到"修己以敬""修己以安人""修己以安百姓"(《论语·宪问》),总之,修己以"博施于民而能济众"(《论语·雍也》),最终实现社会人伦关系的稳定与和谐。

4. 以合分为方法的德性特质

整体和谐的观念形态,是儒家德性思想在方法论意义上的体现,是与儒家的价值观一致的。"合"与"分"的关系是古代中国特有的辩证思想,就其思想内涵而言,中西方都有"合"与"分"的思想,虽不能简单地将中西方思想传统的异同归结为中国重"合",西方重"分",但它的确是造成中西方文化价值观不同的重要原因。人类发展史,就是一部不断从自然获得生存条件,使人逐步脱离纯自然状态的历史。由于历史条件不同,古希腊理性主义的产生表明,冲破自然血缘关系的古希腊人在一定程度上摆脱了自然的束缚,在认识的道路上是从区分人与自然开始的,在实际生活和思想中比较充分地发展了各种分化与对立,并且寻求把人与自然在新的基础上重新统一起来。古代儒家德性思想却是在以自然血缘关系为基础的宗法社会中产生的,因而在思想观念上与古希腊不同,在人与自然的关系上是从整体和谐着眼的。它不仅把人看作"人伦"整体,而且认为天也是"人伦之道"的另一种存在形式,天、人是一个同构的和谐整体。人有男女之别,天则有阴阳之分;人有君臣上下等级,天则有"天尊地卑"秩序。正如《周易》所说的:"有天地,然后有万物;有万物,然后有男女;有男女,然后有夫

妇；有夫妇，然后有父子；有父子，然后有君臣；有君臣，然后有上
下；有上下，然后礼义有所错。"这样，在天人关系中，人道就依存于
天道，天道就服务于人道，天道就成了人道的外化、对象化，人道就成
了天道的内化。

在早期儒家"天人合德"的观念模式中，"合"是绝对的，这一点
突出体现在《中庸》的"中和"范畴上，"致中和，天地位焉，万物育
焉"。这就使儒家在世界观、方法论的意义上将矛盾的调和绝对化了。
当然，儒家并非只讲天人之"合"而不讲天人之"分"，只是把"分"
看作相对的，孔孟天道合于人道的论述就表达了以合统分、合中有分的
思想观念。荀子更明白无误地表达了"天人之分"的思想，而且相当接
近"天""人"关系的真实状况。但他的"分"终究是论证宗法人伦等
级秩序的德性思考，虽形式上同古希腊人与自然的对立相似，但内容却
根本不同。他并没有把天作为人们追求物质利益过程中与之斗争的对
象，也没有深入认识天本身的客观规律，而是从"分"的角度论证"人
之为人"的社会德性本质。实际上从另一方面丰富了孔孟天合于人的思
想观念。

对人自身领域的认识，儒家也是从欲合于义着眼的。孔孟所处的时
代，人们还囿于传统的宗法人伦观念，人们对私有的物质利益追求在思
想上还没有被明确承认为人的自然本性，但从孔孟的物欲观中可见，他
们并不否认这种物质利益的存在。孔子说"富与贵是人之所欲也""贫
与贱是人之所恶也"（《论语·里仁》），孟子说"生亦我所欲也，义亦我
所欲也"（《孟子·告子上》），表达了在人自身领域，义与欲都是人之需
要的思想。但作为"人之为人"的本质规定的是义而不是欲，所以，
"富贵"不得其道就不能"处也"，"贫贱"不得其道就不能"去也"，在
二者不能兼得时，宁可"舍生而取义者也"（《孟子·告子上》），反映了
义与欲矛盾的一面。孔孟多是强调人的德性社会性，没有在人自身的层
次上明确区分义欲本性，而在人自身领域的"分""合"关系中，只是
以修己表达了欲合于义的思想。中庸之道，从"中和"的一面强调了义
与欲的不偏不倚、"过犹不及"，使人自身处在一种身性和谐的状态之
中，因而没有导向古希腊那种灵肉的冲突和宗教的彼岸性。荀子的"天
人之分"使儒家达到了在人自身领域区分人与自然的高度，"人之性，
恶；其善者，伪也"，"性伪之分"（《荀子·性恶篇》），实际上就是把人

的"自然本性"（恶）与通过自身努力发展起来的"社会本性"（善）区分开来。虽然荀子明确肯定了人的自然本性，但在"人之为人"的根本问题上，仍是以人伦社会德化来规定的，而不是以现实物质利益为前提的，他最终仍是分归于合，只是将儒家义欲关系中合中有分的思想方法表达得更为明确了。

儒家对人自身欲合于义的认识方法，反映在社会领域，就成了利合于义的认识方法。由于受"天人合德"思维模式的影响，孔孟在对个人与社会的区分上没有更多的论说，因而在他们看来，人的社会存在既是"合"的，又是"分"的。人的社会之"合"，是指对"人之为人"的德性理解，所有人都是德性抽象的人伦，而不是指某类人或者个别人。人的社会之"分"，又指人是宗法人伦等级中具有不同区分的具体的人。这种认识方法，必然导致孔孟在社会价值观上，把体现德性道义和人伦整体的"义"视作社会存在的前提，而把体现独立个体和功利的"利"视作从属于义。这样，人作为社会文明化的存在，就既是道义的又是功利的，既是整体的又是自我的。但就人与社会的本质关系而言，功利是合于道义的，已是合于群的。总之，利是合于义的。荀子的"明分使群"较之孔孟的人的社会之分，更从人的感性生命方面强调了人的个体性存在。这不仅使孔孟德性个体性原则有了更广的含义，而且使孔孟道义整体性原则在人伦结构上带有了社会物质生产组织的功利性色彩。但荀子人的社会之分，其实质是一种人伦等级的区分，而义就是这一人伦等级结构本质的体现。所以，这种"分"仍是以"合"为基础的。在义利价值关系中，同样是利合于义。

上述是有关儒家德性思想的几个基点，是对作为主导古代中国传统文化的思想体系而言的。儒家德性思想的确立，主要体现为其对自然领域、人自身领域和社会领域的德性思考的阐释。因此，只有从这三大领域着眼才能全面理解儒家思想的德性本质，也才能正确把握中华民族传统文化、传统精神中的德性底蕴。

第二章　自然领域的德性思想

　　人与自然的关系，是人类实践领域的一大课题。人类生存于其中的自然外界如何？是人类控制它们还是它们主宰人类？人类在开始觉醒时，形成的第一个疑问恐怕就是如此的"天问"，这是任何人类文化思想所不能不追究的问题。在中国古代，"天人之际"也一直是一个根本问题，历代思想家几乎都"欲明天人之际"。在儒家德性传统文化里，对人在宇宙自然中的位置、自然在人心目中的概念这些问题的探究，一直处于极其重要的地位。不过，同儒家人本质的德化及其德性化的主体思维相联，儒家言"天"的角度及究明的结论，有着不同于其他诸家的独特思路。当这个德性化主体直面自然宇宙时，当他自觉不自觉地把德性人道本质投射到面对的自然客体中时，这个客体自然也就带上了许多德性主体的对象化特征。于是，在儒家德性思想中，德性化了的主体"人"同德性对象化的客体"天"就有了一种独特的关系形态，而这种一经形成的关系形态意识，与主导了整个中国历史价值趋向的儒学一起，深深影响了中国古代的哲学、科学乃至宗教，使这些出自"天人之际"基本问题的思想、认识及实践活动，均染上了浓重的儒家德性的基色。

一、天地自然的德化①

人与自然的关系在中国古代是以"天人关系"来表现的。"天人合一"是中国古代源远流长的思维模式，儒家毫无例外地继承了这一传统模式，并以其德性的理论倾向，突出地表现为"天人合德"的思想观念。如果说道家的"天人合一"主张以天道合人道，要求人道合于天道的话，那么儒家的主张则是以人道合天道，要求天道合于人道。

1. 以德配天——自然德化的初始形态

"以德配天"思想最早地表达了天人之际的德性关系，先秦儒家德性主体对自然客体的德化过程，可以说主要是从"以德配天"思想展开的。

先秦儒学由孔子创立，但其思想渊源至少要追溯到西周时期。周革殷命之后，道德思想有了进一步发展，不仅提出了以"孝"为主的宗法道德规范，而且提出了以"敬德"为核心的道德与宗教、政治融为一体的思想体系，使上古时期的宗教天人观向着道德与宗教结合的方向发展了一步。

依《诗经》与《尚书》所载，西周初期就已有"天"的观念，如"天命靡常"（《诗经·大雅》），"宛彼鸣鸠，翰飞戾天"（《诗经·小宛》），"兹殷多先哲王在天"（《尚书·召诰》），等等。《诗经》与《尚书》中的"天"虽有不同含义，但各含义彼此关联，划分起来，无外乎两类，一是具有人格意志的至上神，二为自然意义上的直观上空"苍天"。

西周"天"的观念是从殷商的"帝"转化而来。"帝"具有无上的权威，但其意志难以捉摸。它随意降"堇"（饥馑）或降"♯"（灾），祸福降临与人事行为不存在必然因果联系。人神关系是间接的，人们只能通过神职人员占卜的媒介来了解"帝"的旨意。

周代商而立的变革事实，使周人认识到天命并非"不僭""不易"（不可替换），而认为"天命靡常"。天命是根据地上帝王是否有德而转

---

① 本部分原载《学术月刊》1996 年第 7 期。

移的。失德就要受到天帝的惩戒，有德则降神命于其身。周人就是这样来解释天命由殷转移到周的道理。《尚书·康诰》说："惟乃丕显考文王，克明德慎罚，不敢侮鳏寡，庸庸，祗祗，威威，显民。用肇造我区夏，越我一二邦以修我西土。惟时怙冒，闻于上帝，帝休。天乃大命文王，殪戎殷，诞受厥命，越厥邦厥民，惟时叙。"可见，天帝因文王敬德保民，命其代殷，受任王权，而殷、夏均因失德悖天而招致灭亡。《尚书·牧誓》所说"今予发，惟恭行天之罚"，表达的也是武王执行天帝旨意惩罚纣王。

周人的这些理论包含了"天人感应"的思想，"天人感应"的核心即"德"，天命帝令是围绕"有德"与"失德"展开的。可以说，随着殷人的"帝"向着周人的"天"的概念转变，神性义的"天"有了人的德性（人道）内涵，"天"开始出现"德化"的端倪。

"有德"或者"失德"本是人道之事，但在社会伦理实践中，周人反思、觉醒，把德性同政治统治联系在一起，并进一步同受命于君的神联系在一起，认为天帝有德性并抑恶扬善。天降命于有德，实质上是说，"天"乃是一个和"德"具有同一性的至上主宰。所以，与其说天是超越祖神的形而上的存在，不如说天是道德的化身。这实际已开始把人的德性对象化给了神性义的"天"。当然，这还不是真正意义上的"德化"，而仅仅是用"德"把"天帝"与人事联系了起来。"以德配天"给天人之间安了一个因果的逻辑。

当然，"天"除了神性之外，也被理解为具有苍苍茫茫、覆盖万物、生育万物、成长万物的自然性质，但这种具有自然性质的"天"并非完全与神性无关。这种自然义的天既覆盖万物，生育万物，神妙莫测，又不以人意为常，古人就不仅以其为纯粹自然，而且同时以其为可以主宰人的外在力量。可见，周人往往以天的自然性解说天的神性，又以神性解说自然的天，在观念中，神与自然并无截然划分。

儒家创始人孔子对"天"的理解基本继承周人的观念，但在继承中对神性义的"天"有所突破。对自然义的"天"，孔子没有特别关注，只在传统含混不清的意义上偶尔有所涉及。所说"天何言哉？四时行焉，百物生焉"（《论语·阳货》），多少有些自然之天的意思。对神性义的"天"，孔子采取的是"敬而远之"的态度。

孔子始终恭敬"上天"，认为对"天"是不可懈怠的。当有人问是否应当更注重亲媚那些神力更大的神时，孔子说："不然，获罪于天，无所祷也"（《论语·八佾》）。孔子否定对诸神亲此轻彼的态度，主张敬事百神，甚至不管"天"是否对自己公正，都主张"不怨天"（《论语·宪问》）。对"天"的恭敬由此可见一斑。孔子甚至把"畏天命"列为君子所应有的"三畏"之首。孔子是信"天"的，《论语·子罕》记载，孔子遭匡人围困时说："天之将丧斯文也，后死者不得与于斯文也；天之未丧斯文也，匡人其如予何？"他自信"天"如果把延续传播周文化的使命交给了他，那么，"天"就会于困境中帮助他。

　　孔子对神性义的"天"深信、恭敬，然而如何理解他对神"远之"的态度？"季路问事鬼神，子曰：'未能事人，焉能事鬼？'"（《论语·先进》）。有些学者根据孔子的这一思想得出孔子对鬼神持怀疑保守态度，或甚至持"无神论"态度，未免匆忙，这无法解释其"敬"、"信"与"远"、"疑"的矛盾，这个问题值得再探讨。联系孔子的一贯思想，孔子对鬼神"远之"并不主要表达他对鬼神的怀疑和轻视，确切地说，孔子是认为解决人事德性比举行"事鬼神"的宗教活动更为重要。从这一点来看，孔子继承并强化了周人观念中"天命德延""修德配天"的思想，把"天命"与"人事"的关系实际化解成如何在人事中修德成圣以上达天命的过程。人能否配"天"，能否上达天命，关键在于人是否有德。孔子对修德的重视，以及对"事鬼神""远之"的态度，似乎在表面形式上表现了"对鬼神的淡漠"或"无神论"倾向，然而更重要的是，它包含了孔子对"天""人"之间道德性质的进一步肯定。孔子对"天"并不轻视，之所以"远之"，只是因为"修德"比"事鬼神"更能达到"配天"的目的。如果人没有德性，再专注于敬事鬼神的活动也无济于事，因为上天只降福于有德之人。人若欲得到上天的恩赐，就应致力于修德之事，而不是在"事鬼神"上下功夫。《论语·述而》记载："子疾病，子路请祷。子曰：'有诸？'子路对曰：'有之，诔曰："祷尔于上下神祇。"'子曰：'丘之祷久矣'。"有了疾病不用专门去向鬼神祈祷，平时行为无愧于心，才是真正的祈祷。"事鬼神"的活动只是敬神的形式，"修德"才是敬天的实质内容。孔子深信，只要坚持仁德，努力修学，就一定能得到上天的承认。《论语·宪问》的"不怨天，不尤人，下学而上达，知我者其天乎"，应当说就表达了这个思想。

　　可见，孔子对传统"天"观念的继承性发展，不在于对"天"的进一步分辨，也不在于是否有了更多的"无神论"倾向，而在于使"天"的神性意志与人的德性有了进一步的结合。在周人原有的"以德配天"观念中，"天"只与王者有直接关系，"天降王命"，王者代"天"管理万民，并向"天"传达万民心愿，天子是"天"与人联系的媒介。周人所理解的天降命于有德之人，只限于天子。天命人事关系中虽已有了"德"的联系，但联系是外在的、个别的，是必然通过宗教形式来实现的，不具有内在普遍性。到孔子这里，人、神之间的沟通特权被消除了，"天"不仅降命于王，且降命（福）于每一个有德之人，每个人都可同"天"直接相通。"天生德于予"（《论语·述而》），"知我者，其天乎"（《论语·宪问》），"吾谁欺？欺天乎"（《论语·子罕》），"获罪于天，无所祷也"（《论语·八佾》），"五十而知天命"（《论语·为政》），等等，都是从个人与"天"的关系上说的。人与"天"有了内在的德性联系，人的德性是天生的，人"上述"天命完全靠修德完成。每个人只要努力"下学"，原则上都可以上达于天，知"天"并得到"天"的助佑。可见，表面上孔子主张人对"天"（神）"远之"，实质上表达的是"天"与人的进一步相近。

由此，一种新的"天人关系"产生了，"天"不仅以"德"择人，而且以德赋人。"天"的含义不仅有外在宗教性，而且与人性之间具有了德性的沟通。

2. 性天同一——伦理道德的"天道"化

"以德配天"观念中"天"有德性的思想还是隐含的、朦胧的，而在《孟子》《中庸》《周易》中，性天同一，"天"有德性的思想就比较明显了。许多地方甚至直接以"德"性解说自然（"天"）。

孟子基本继承了传统天道观，他常常直接引用《诗经》《尚书》中有关天道的说法来表达自己的观点，如《告子》篇引《诗经》"天生烝民，有物有则"，《梁惠王》篇引《尚书》"天降下民，作之君，作之师"等。但孟子同孔子一样，没有像西方宗教哲学家那样，由天神观念进而对天做一种超自然的肯定以发展出一套宗教神学。相反，孟子进而转化了天的神性含义，从孟子给"天"所下的界定可以看出，他已把传统"天"的神性含义，转引到一种不以人的意志为转移的事势的必然性上，"天"已基本是在"命""运"的含义上讲了。孟子说："莫之为而为者，天也；莫之致而至者，命也"（《孟子·万章上》）。这样的"天"和"命"已不完全是传统观念的人格神，而是将人格神的神性主宰去掉，代之以事势、命运的解释。这里已包含了对天的哲学抽象的意味，天是必然、固然者，是自然生成、不假人为的东西。

孟子之"天"在事势必然中带有了更多自然的而非神性的性质，并由此出发，进而给自然必然之天一种德性的解释。《尽心》篇中说："夫君子所过者化，所存者神，上下与天地同流。"此"与天地同流"中的天地有自然天地之义，但孟子将其与君子的存神教化类比，就使得天地自然运行、生物化育不仅为一纯粹自然现象，更是具备德性的表现。《尽心》篇中所说的"仰不愧于天，俯不怍于人"也潜含着天有德在其中的意思。自然天地若为纯粹客观外在，就无所谓"愧对"，对天言"愧"，并且相对于"不怍于人"而论，显见此"天"与人有同样的德性。《告子》篇中，孟子在谈到"天爵""人爵"区分时也强调仁、义、忠、信等天赋德性，是与天同性、依天而有的尊贵。

在孟子看来，"天生万物""天生烝民"，正因为天德人德同为"一本"，"知性知天"才成为可能。他说："尽其心者，知其性也。知其性，则知天矣"（《孟子·尽心上》）。孟子还说明心性为"此天之所与我者"（《孟子·告子上》），把心性与天联系起来。从"知性知天"思想来看，可以说孟子肯定了人性人德与天道天德的同一。

"性天同一"思想在《中庸》中也有明确表述。《中庸》提出"天命之谓性"的命题，把天与性、天道与人道内在地联系起来。《中庸》以"诚"为天道，按张岱年先生所讲，"诚"即"不贰"之义，"亦即前后一贯、始终一致，亦即具有必然的规律"①。《中庸》以"诚"为天道，又以"诚"为圣人境界。圣人的言行完全合乎人道原则，就称为诚；圣人达到"诚"的境界，就能"尽人之性"；能"尽人之性"，就可以"尽物之性"，可以"赞天地之化育"而"与天地参"。孟子、《周易》、《中庸》就这样把对天道的解释，从外在宇宙转移到人的内心世界，把对天的认识归结为人伦道德的体验。人之性与"物之性"有相互联系的地方，但毕竟具有根本区别，认为"尽己之性"即能"尽人之性""尽物之性"未免使问题简单化了。

---

① 张岱年. 中国伦理思想研究. 上海：上海人民出版社，1989：192.

总之，孟子、《中庸》认为人的道德来自天道，"性天同一"，孟子的"天赋""善端"说就以此为前提，《大学》中的"明明德"也即要人们明心中的天赋德性。孟子、《中庸》等所表达的先秦儒家思想，对传统"天道观"的发展，主要就表现在使天地自然规律与德性有了更为内在的关系。《周易》中则对这种内在关系做了进一步的认识和论证，并在使天、人合有一个"道"的推论过程中，表达了对天道更多的德性赋予。

《周易》对天的进一步德化，主要表现在把"人伦"秩序作为宇宙自然的有机构成，提出了一个"天道"与"人道"合一的宇宙伦理模式。《周易》作者把男女、夫妇、父子、君臣上下的宗法等级关系的产生，统一于宇宙生成的自然过程之中；不仅如此，而且认为社会之上下礼义之制也由天地所生。这是因为天地本身就具有尊卑贵贱之义，即所谓"天地之义"。《周易》认为天、地、人各有其性命之理，"昔者圣人之作《易》也，将以顺性命之理。是以立天之道曰阴与阳，立地之道曰柔与刚，立人之道曰仁与义""有天地，然后有万物；有万物，然后有男女；有男女，然后有夫妇；有夫妇，然后有父子；有父子，然后有君臣；有君臣，然后有上下；有上下，然后礼义有所错"。天道、人道都是阴阳之道的体现，这也就意味着，天道阴阳具有仁义之性。既然天道、人道是一致的，那么人就应效法天地。《周易》说："是故，天生神物，圣人则之；天地变化，圣人效之。"圣人效法天地之德，人道效法天道，人世社会才可能同自然天地一样有秩有序。如此，人世尊卑等级也是"法则"天地高下而来。"天尊地卑，乾坤定矣。卑高以陈，贵贱位矣。""女正位乎内，男正位乎外。男女正，天地之大义也。"乾坤不可倒置，男女有差有别，这是天经地义。《周易》还由阴阳之道直接推演出圣人、君主应有的"自强不息""厚德载物"等品德，并推出"天地养万物，圣人养贤，以及万民"的结论。圣人最高的道德境界，就是达到"与天地合其德"。

3. 天人相分——天道的人道目的

荀子"天道观"的主导倾向是"明于天人之分"，但又并非绝对排斥天人同一。荀子强调"天人相分"，主要针对当时以天象运行变化决定人间吉凶的占星术、天神观。荀子继承了包括儒家在内的无神论因素，批判了传统的天神观，同时也批判了天赋道德理论。荀子反对把"天"视为人格神，他承认天的神秘，但那只是自然天地变化的微妙深邃，天对人没有主宰意义，天不为尧存，不为桀亡，有其自然不变的规律性；天的自然现象运行变化，既非人事感应所致，也不是国家兴衰的征兆。荀子认为天与人各有自己的职分，治是人的职责而不是天的职责。所以，荀子一般不把"道"说成"天道"或"天地之道"。"天道"在《荀子》中也出现极少。

概括而言，荀子之天道、人道的相分主要强调下述含义：第一，自然现象并不主宰与预示国事、人治等社会现象；第二，天自然无为，而人能动有为。实际在这种意义上，孔子之"知天命"又"尽人事"的思想、孟子之"天时""人和"的不同，以及对命运之天与人的能动性发挥的不同态度，都表达了对"天道"与"人道"的区别认识。同样，《周易》强调性天同一，但又说天地"鼓万物而不与圣人同忧"，这一命题曾被后来不少思想家用来论证天人相分。当然相对而言，"天人相分"在荀子这里得到了突出的强调，实际上孔子、孟子、《周易》、《中庸》所强调的天人相合思想在荀子思想中也有不少体现。荀子强调"明于天人之分"，但没有否认天人相合的一面，他著名的"制天命而用之"（《荀子·天论篇》）并不一味表达人力对天命的驾驭，他强调人的伟大能动力量，但人的力量不是可以任意超越天"职"的。荀子的"制天命"毋宁说更多是在对天命的顺应驾驭（"应时而使之"）、掌握其规律［"理物而勿失之"（《荀子·天论篇》）］的意义上的使用。也正是在这个意义上，荀子说："天有其时，地有其财，人有其治，夫是之谓能参。舍其所以参，而愿其所参，则惑矣"（《荀子·天论篇》）。人若是指望超出自然容许的范围而对自然有所干预，与天地争职，那就会陷入困惑而不明事理。这里明显表达了荀子强调认识规律、顺应规律的天人相合思想。

此外，孟子的"天"论与其人性理论有密切联系，荀子的理论也从人的"天性"意义上论"天"，其人"性"也是天赋的。当然，荀子的"天性"同孟子的"天性"所涵完全不同，主要指人天生的自然能力。荀子把这种天生能力划分为"天情"（好恶、喜怒哀乐等）、"天官"（耳、目、口、鼻、形等）、"天君"（心）、"天养"［指人能够"财非其类，以养其类"（《荀子·天论篇》）的本能］、"天政"（指人趋乐避苦的欲望与天然秩序），实际上已含有人的好恶、人的能力、人世秩序是由天赋予、是由"法天"而来的含义。换句话说，其中隐含地表达了天道、人道具有一定同一性的思想。

荀子不同意把礼义道德看作对天道的效法。但他对"法天"思想的批判也不是非常绝对的。《礼论篇》讲"三年之丧"时说这是"上取象于天，下取象于地，中取则于人"，《王制篇》也说"有天有地而上下有差"，这些都表达了荀子没有彻底脱离儒家传统"人道天出"的一面。在论证"国之命在礼"时，荀子又用了"人之命在天"（《荀子·强国篇》）的命题，在反对天道主宰"人道"的同时，也承认人力之外的确有一些人为努力无法支配的"在天之命"。《天论篇》中说"楚王后车千乘"，智者、君子却会穷到"啜菽饮水"的地步。这些都不是人力所能及的"在我者"，而是人力之外的"在天者"，同样表达了与孔子、孟子、《周易》、《中庸》相通的思想。天道虽有与人道无涉的一面，但终究有支配、干预人道世事的方面。在天道为人道之用方面，荀子同其他先秦儒者是一致的。

荀子"明于天人之分"显然是一个知性命题，他甚至进一步提出"凡以知，人之性也；可以知，物之理也"（《荀子·解蔽篇》），肯定了人的理性认识能力和认识客观的可能性。但他虽然提出了认知理性以及"求物理""知道"等问题，却没有建立起概念化、形式化的理论体系，而是走向修人事以成人道的政治伦理型思维途径。在"制天命而用之"命题中有知性思考，但认识自然、征服自然不是为了了解世界"是什么"，而是为了回答世界"应当"怎么样。换言之，不是为了求"真"，而是为了求"善"，认为真知在于至善，求善就是求真，至真的道理即是至善的准则，认识论是服从于伦理实践的。古希腊的知性思考却是把认识自然、征服自然引向对客观世界本体的探索，理性的任务在于求"真"而不是求"善"。伦理思想家苏格拉底"美德即知识"的名言就折射了古希腊以伦理学服从认识论的思维倾向。相对而言，荀子主张认识、利用天道规律也是为人道世事服务的，如果不为人道之用，"知天""知道"就没有必要。离开善而专求真只能得"妄"，不能得"真"，荀子所说"唯圣人为不求知天"即包含了这层意思。

此外，荀子从"天人相分"出发，虽承认天是自然现象，但却未脱离孔孟设定的宗法伦理的德性化认识角度，他的制天胜天思想是与世俗的君主意志相联系的。荀子继承了孔孟的人本思想，主张以人的意志超越天命主宰，固然体现了自然理性思考的方面，但却把摆脱天命的观念同渴望极权的专制思想连在了一起。荀子的天道观，在将人格神的天还原为自然天的同时，又通过世俗王权的扩展创造了可以超越天命和上帝的新人格神，为宗法等级制提供了不畏神、不畏天命的反约束机制。这样，在荀子主张的政治中，权威意志除了内部的可能制约外，外部几乎没有任何力量可以制衡。荀子的天道理论是为其人道政治服务的。

可以说，荀子的"天人相分"思想已表现了相当的唯物主义成分，但作为先秦儒学的集大成者，他又不可能完全脱离儒学传统的基本路数，在强调"明于天人相分"时已包含了天人合德的思想，在批判人道效法天道观念中，也从一定角度流露出"法天"与"顺命"的观念。如前所述，先秦儒家"天道"概念含义复杂，有德性含义，有神性含义，也有自然含义，荀子较多吸收、发展了孔子、孟子、《周易》、《中庸》及其他诸家天道自然的思想，正如我们了解的，荀子给"天道"概念以更多的自然性质，但并没完全走向西方天人对立的道路，从其整体思想来看，是在天人相合前提下突出天人相分一面的。荀子对"天"的德化相对其他诸儒要淡得多，他没有直接德化天地自然，但当他把认识主体——人规定为德性本质之后，被这个德性主体认识的客体就不可能不被投射上德性的色调。并且，当他把认识、利用天地自然的范围设定在为人道之用时，也就把天道的存在意义及功能引向了德化，天道最终服从于人道。荀子之所以是一大儒而不是老庄之徒，原因之一就在于他的天人观最终仍是以人道合天道，而不是老庄之学所主张的以天道合人道。

综上所述，尽管先秦儒家内部在许多理论问题上有着差异，但终究是以人道合天道、天道合于人道为基本倾向。孔子或根据"天"以德释人，或通过"天生德于予"的角度间接表达了天亦有德的意思，孟子认为人的德性是上天赋予的，《周易》强调人道天出，人当法天地之道，都潜含了自然本身具有人的德性的前提。不过，先秦儒家对天的德性理解，多限于对天地自然"生育万物""生生日新"性能的概括。"天行健，君子以自强不息""天养万物，圣养万民""天有阴阳，人有男女"。天的浩大被用来象征圣人的胸怀，天地的化育被用来象征人的教化，天之生物使之一本被用来表示亲亲爱人之意，而人能过德性生活则成为无愧于天的资格。一句话，"天地之大德曰生"（《周易》），生生不息，抚育万物，运行有秩，这就是天人共有的"德性"。正如《吕氏春秋·去私》所直言："天无私覆也，地无私载也……四时无私行也，行其德万物得遂长焉。"本来这是天地自然生命运行的本能，但先秦儒家对这种自然生命本能做了德性主体的把握，在"天道""人道"合一的思想中，在给"人道"寻找天经地义的必然"天道"的本源所在时，不自觉地把儒家思想的德性本质对象化给了客体的天和自然的道，"这实际上就是把人的道德原则提高为自然界的最高规律"①。当然，真正自觉地把封建道德纲常规范的具体内容直接德化于天，是在汉儒之后。

4. 天人感应——天道的人道化

孔子、孟子以德释"天道"是通过人性论，"天生德于予"，人性具有天生善德，如此只是间接地表达了天亦有德的意思。《周易》进一步确认"人道""天道"具有一体的地方，但也多限于对自然的"天"之"生育万物""生生日新"性能的指括。"天行健，君子以自强不息""天养万物，圣养万民""天有阴阳，人有男女"，等等，"法天"内容皆是在此意义上说的。总之，"天地之大德曰生"，生生不息，抚育万物，这就是天人共有的"德性"，这种"德性"既可理解为天地自然的生命运动本能，也可理解为对自然生命本能的"德化"，许多人道的具体伦常规范还未天道化。到了董仲舒那里，天道进一步人道化，不仅天地的自然生化运行是天人合一的德性，而且社会人道的具体纲常伦理也直接成了"天道"的"德性"内容。董仲舒在详尽论证"天"的客观神秘性质的过程中，使封建社会的道德纲常进一步客体化、外在化、神圣化。

应当承认，董仲舒的"天"有相当多的客观外在性质。有些论点认定董仲舒的"天论"是对先秦以来以自然释天倾向的否定，恰恰把哲学重新引向了宗教，使天论重新神学化。实际上董仲舒的"天"是由许多自然性质的因素组合而成的整体，他说："天有十端，十端而止已"（《春秋繁露·官制象天》）。十端即天、地、阴、阳、火、金、木、水、土、人。这十端相互组合而成"五行""四时"。可见，董仲舒的天在一定程度上具有自然性质。当然，把阴阳五行、天文历数与社会人事类比

---

① 张岱年. 中国伦理思想研究. 上海：上海人民出版社，1989：201.

式地连接起来，远不是董仲舒的独特发明，它由来已久，绵延也长。董仲舒的独特之处在于给天地阴阳五行运转制定了一个循环系统："天有五行，木火土金水是也。木生火，火生土，土生金，金生水。水为冬，金为秋，土为季夏，火为夏，木为春。春主生，夏主长，季夏主养，秋主收，冬主藏。藏，冬之所成也。是故父之所生，其子长之；父之所长，其子养之；父之所养，其子成之"（《春秋繁露·五行对》）。宇宙人事就是这样相辅相生地循环着，木为五行之始，水为五行之终，而五行之始"木"又生于五行之终"水"。春始冬终，冬藏而又春生。五行、四时就是如此循环往复，一物生一物。这就是天的"比相生"次序。

五行各因素不仅一物生一物，而且一物克一物。金克木，木克土，土克水，水克火，火克金。"夫木者，农也。农者，民也。不顺如叛，则命司徒诛其率正矣，故曰金胜木"，"金者，司徒。司徒弱，不能使士众，则司马诛之，故曰火胜金"，"夫土者，君之官也。君大奢侈，过度失礼，民叛矣。其民叛，其君穷矣，故曰木胜土"（《春秋繁露·五行相胜》）。在董仲舒看来，整个大一统政治体制秩序代表一种"宇宙秩序"，大一统政体的政治权力的功能在于护持与巩固整个人类社会秩序跟宇宙秩序之间的和谐。董仲舒用类比的方式使这两种"秩序"具有统一性："天之道，春暖以生，夏暑以养，秋清以杀，冬寒以藏……圣人副天之所行以为政，故以庆副暖而当春，以赏副暑而当夏，以罚副清而当秋，以刑副寒而当冬……故曰：王者配天，谓其道。天有四时，王有四政，通类也，天人所同有也"（《春秋繁露·四时之副》）。

董仲舒认为天的基本运行次序是不可逆的，而"副于天"的人事王道，其基本秩序也不可悖逆，"使人必以其序，官人必以其能，天之数也"（《春秋繁露·五行之义》）。王者必须承天意以从人事，"仁之美者在于天。天，仁也……人之受命于天也，取仁于天而仁也。……天常以爱利为意，以养长为事……王者亦常以爱利天下为意，以安乐一世为事……天出此物者，时则岁美，不时则岁恶。人主出此回者，义则世治，不义则世乱……以此见人理之副天道也"（《春秋繁露·王道通三》）。天是好仁恶杀的。天，仁也。"故圣人多其爱而少其严，厚其德而简其刑，以此配天"（《春秋繁露·基义》）。如果君主行政不合次序，春行秋令，冬行夏政，且"为政而任刑"（《春秋繁露·阳尊阴卑》），天秩人序破坏逆乱，则必天下大乱，民反君穷。如此，董仲舒就把君臣父子、官制、行政、王权民本等关系到社会秩序及君主统治的一切因素，都纳入与自然规律相联系的整体运行结构之中。在这个相生相克的整体系统结构中，"天子受命于天，天下受命于天子"（《春秋繁露·为人者天》），君统治民，而民则可以通过"天"来制约君。董仲舒使君主专制权力获得了神圣的地位，同时又使这个权力不至于至高无上，因握有绝对权力而为所欲为、滥施淫虐。

董仲舒就是这样继承了儒家"天地之大德曰生"，"天行健，君子以自强不息"的天人合德思想，把天人纳入一体，二者不仅有自然性质的联系，而且有情感道德的相通。天人是可以互相"感应"的，这一点很重要。传统天人观中，天生民生德（孔孟），人当"法天"，都表达了人道来自天道的思想。天可以赏善惩恶，如果说这是早期的"天人感应"思想，那么，这个"感应"只是单向的，人只是被动地顺应天道，只能是天感应人，人此时对天的主动只在于自觉能动地配应天道、履行人道。董仲舒的"天人感应"却比传统前进了一大步。一方面，"人副于天"，人道来自天道，人事行政必须顺应天地阴阳运行次序，不可悖逆，悖逆则天下多事、动乱。另一方面，在物物相生相克的封闭循环系统中，给人对天的作用（感应）留下了一席之地。在这个系统中，没有绝对至高无上者，天、君、民、自然、阴阳、五行，一环生一环，一环克制一环，循环往返。

董仲舒把传统中具有无上权力的"天"纳入与人同等的地位，它们都是封闭循环系统中的一环。由于天与人在意志、情感上是可以相互感应的，代表人间秩序的君主如果德劣绩败，则会感应于天，天便会降下灾异。"刑罚不中，则生邪气；邪气积于下，怨恶畜于上。上下不和，则阴阳缪戾而妖孽生矣。此灾异所缘而起也"（《汉书·董仲舒传》）。董仲舒为此说明："天之生民，非为王也，而天立王，以为民也。故其德足以安乐民者，天予之；其恶足以贼害民者，天夺之"（《春秋繁露·尧舜不擅移、汤武不专杀》）。天夺取君主权位的方式是降"天灾"加于"人祸"之上，使民不聊生，天下无序，民由怨而反使君主穷途，以有道而代无道。这里，这位汉代大儒"把孟子的'人民革命论'观念融入了他的体系当中"[①]，同时也是出于周革殷命，秦亡汉立史事的训诫。

---

① 刘岱. 天道与人道. 北京：三联书店，1992：297.

董仲舒把自然宇宙人格化，赋予了自然的天人格意志和情感，这里表现的是他的神学目的论的一面。但由于他将孔子仁学中的情感心理原则及道德规范输入了这个系统，从而将自然宇宙人情化、道德化了。董仲舒又说："仁，天心"（《春秋繁露·俞序》），"人之受命于天也，取仁于天而仁也"（《春秋繁露·王道通三》）。尽管给天增添了荒谬的神学色彩，但天不再是宗教观中的至上神。董仲舒用阴阳五行和道家的自然因素去构造宇宙图式，使天道具有了客观自然性质。但天又不像阴阳家或道家的那种超乎人外、与人事无关的客观外在，而成为与人事内在德性有关的存在。李泽厚由此指出："董仲舒的'天'既有自然性，又有道德性，又有神学性，还有情感性"①。

董仲舒把天人视为一体，不仅有物、自然上的相联，而且有道德、精神、情感上的相通，这是对儒家"天地之大德曰生""天行健，君子以自强不息"等传统的继承。只不过，儒家的仁德、社会的秩序被董仲舒提升和放大到宇宙论的层次上，使人世人道中的伦常仁德对象化于自然宇宙，"人道"天道化，客观外在化，人间世事的统治秩序成了不以人的意志为转移的宇宙自然事物运行法则的一部分。儒家一贯的"天人合德"思想发展到了更理论化、系统化的高度。正是基于汉代儒学的这种发展，后来宋明理学在批判、吸取佛家思想后，把汉儒这套外在宇宙论转换成了内在心性论，并进一步将道德伦理高扬为本体。

5. 天人一理——道德伦理的本体化

宋明儒学是在自南朝到韩愈的儒、释、道相反相融的基础上发展起来的。在批判佛、道，否定感性现实世界的过程中，宋明儒者集中地讨论了天道、人性、宇宙、伦理的关系，建立了以理为本的道德本体论，使自然、天进一步德化为伦理本体。

宋儒在感性伦常物理中，寻求到了超越有限世界的规律秩序和目的。正是这些普遍必然支配、统领着自然宇宙和人们的社会伦常世界。在万物日生日新的背后有一个支配一切的主宰，这里仍是儒家"天道"思想的延续。然而，宋儒的独特之处在于，他们把特定伦常社会的既定秩序、规范当成了统治宇宙万物的无上法则，把"人道"对象化给了

---

① 李泽厚. 中国古代思想史论. 北京：三联书店，2008：158.

"天道","天道""天理"人道化了。

张载认为天地有序，万物有秩。他说："生有先后，所以为天序；小大高下相并而相加形焉，是谓天秩。天之生物也有序，物之既形也有秩。知序然后终正，知秩而后礼行"（《正蒙·动物篇》）。这里，事物的"秩""序"具有规律性的意义，具有普遍必然的永恒性质。由此出发，他提出了"天地之性"与"气质之性"的人性区分。"天地之性"是与天地同体共性的、普遍必然的永恒之"性"，"气质之性"是与人的特殊感性相关的各种自然欲求性能。人之为人即在于人具有"天地之性"，因此，人不能用"气质之性"（人欲）遮蔽"天地之性"（天理），即"不以嗜欲累其心，不以小害大，末丧本焉尔"（《正蒙·诚明篇》），要顺"性命之理"（《正蒙·大易篇》），由"天地之性"（天理）主宰"气质之性"（人欲）。"天地之性"乃天所授，天性人性本质同一，"性即天道也"（《正蒙·乾称篇》）。张载第一次提出了"天人合一"命题，并提出了理气本体的观点。

在张载的基础上，二程提出了天人一理的道德本体论。二程认为："所以谓万物一体者，皆有此理，只为从那里来"，"万物皆只是一个天理"（《河南程氏遗书》卷二上）。"天理"是万物的本原和本体，是超越形而下的形而上的永恒之"道"。"天理云者……不为尧存，不为桀亡……更怎生说得存亡加减？是佗元无少欠，百理具备"（《河南程氏遗书》卷二上）。至此，二程之"理"已高于张载之"气"，使"所谓永恒、无限、普遍必然的'理'取代了物质性更高的'气'，成为不增不减无所欠缺的本体存在"[1]。二程强调"理"，贬抑"气"，那种支配天地的规律性主宰的客观自然性质被去掉了，由此"天"便变成了"天理"或"理"。

朱熹吸收了周敦颐、张载、二程等人的思想，首先肯定天地自有其"无心之心"，这个"心"虽不似人一般有知有觉，但却自在地主宰万物，否则，自然万物就失去了规则而乱了秩序。无"若果无心，则须牛生出马，桃树上发李花，他又却自定……心便是他个主宰处，所以谓天地以生物为心"（《朱子语类》卷一）。朱熹的逻辑是，自然万物如此合目的、合法则地生长变化，其中必有主宰，但这个主宰又不是人格神天

---

① 李泽厚. 中国古代思想史论. 北京：三联书店，2008：229.

帝，而是"心"，或曰"理"。"'心'字似'帝'字""帝是理为主"（《朱子语类》卷一）。朱子以理取代帝的地位，变革了旧式的天命论，抓住了现象之天背后起支配、主宰作用的必然之性，但却把它"理"化了。

在这一点上，陆王心学同程朱理学有所不同。陆王主张以自我之心统天，反对程朱以客观之理统天，理是从属于心的。"人者，天地万物之心也。心者，天地万物之主也。心即天，言心则天地万物皆举之矣"（《王文成公全书》卷六）。与朱熹强调"性即理"不同，陆王强调"心即理"。"万物森然于方寸之间，满心而发，充塞宇宙，无非此理"（《陆九渊集》卷三十四）。"外吾心而求物理，无物理矣。遗物理而求吾心，吾心又何物邪"（《王文成公全书》卷二）。

依王阳明看，吾心良知即"天理"，只要此心纯乎天理，"发之事父便是孝，发之事君便是忠，发之交友治民便是信与仁，只在此心去人欲存天理上用功夫便是"（《王文成公全书》卷一）。"良知"是天赋的，"心自然会知，见父自然知孝，见兄自然知弟，见孺子入井自然知恻隐。此便是良知，不假外求"（《王文成公全书》卷一）。

陆王就是这样，把"心"作为通万物、同天地的本体，这与西方近代"存在就是被感知""心为自然界立法"有相似之处，所不同的是，此"理"主要不是指宇宙自然的因果规律，而是指封建社会的伦常道德规范。

可见，王阳明的这个"心"，不仅是至善的道德主体、天理之本，而且直接就是道德伦常之天理，是天赋道德理性。

总之，无论程朱以客观之理统天，还是陆王用自我之心统天，他们都主张"天理"的存在，主张"致良知""穷天理"。不论"性即理"，还是"心即理"，此理都不外乎封建道德伦常之理，实质是伦理即理。"天理"不论存在于外在客观，还是存在于主体心里，其内容都是封建伦常。伦理上升为普遍必然之天理，天理伦理化，伦理本体化。至此，"天"的德化达到了极点，天理就是人理，人道代替了天道。

儒家实际运行了这样一种思辨逻辑：儒者感受到了超越感性世界的秩序、规律和目的，在天地万物日生日易的背后有一个支配一切的主宰，即天道。在把天道（客观必然规律）作为人道（人伦道德）的本原根据时，自觉不自觉地把自己重伦理秩序、重德性修养的人道内容赋予自然的"道"和主宰的"天"，反过来又给人世的"人道"找了一个必然的"天道"本原所在，从而使社会人伦的道德规范具有了天经地义的根据。显然这里完成的是儒家德性思想本质对客体（天）的德性对象化过程。

本来，人类作为认识、改造世界的主体，在其实践过程中必然要自觉不自觉地把人的本质对象化于客体之上。马克思主义认为人的生命活动同动物的生命活动不同的地方就在于，人不仅"懂得按照任何一个种的尺度来进行生产，并且懂得处处都把固有的尺度运用于对象"①。在实践中显现并占有人的主体本质，在马克思看来，这是人类进行认识、改造世界活动的共同特性，没有对象化的实践是不可想象的。但是，人的主体尺度不是单一的，按马克思的观点，它是真、善、美的统一。人类主体就是通过这三种方式去把握对象世界的。

就此而言，中国古代先秦儒家特有的德性对象化过程，在内容上是有别于马克思在一般意义上所说的对象化实践的。在按照人的内在尺度（真、善、美）使客体主体对象化时，先秦儒家更多运用了德性尺度的对象化形式。荀子曾强调人的知性理性，但最终未脱离以自然天道为人道之用的德性视角。与此相应，先秦儒家德性主体所认识的客体"天"也显然就被对象化为一种德性客体，或者说，"天""天道"在先秦儒学中被德化成了一种同人道具有相通共性的德性化外在。如果说与西方知性理性主体相对立的是一种自然客体，那么儒家德性理性主体视野中的客体就不可能是完全的、自在的自然客体。主客体在其性质范畴、关系中必须具有同一性，这是马克思主义的一贯观点。不同的主体尺度，就相应有不同的客体性质。

先秦儒家以人道合天道，以天道合于人道，这种"天道观"所产生的价值文化对中国古代各种具体领域的认识、实践产生了深刻的影响，在理性思维方面形成了古代儒家所特有的"实践理性"，在"天人之际"理论领域产生了独特的"力命""义命"关系范畴。

二、实践理性

从上述儒家"德化自然"的过程中可以看出，儒家德化思想在认识

---

① 马克思恩格斯文集：第1卷. 北京：人民出版社，2009：163.

自然（天）、探究"天人关系"的过程中，不是站在同客体"天"截然相分的对立面去把握客体自然，而是基于主客体（天、人）有分有合的同一性来理解"天人之际"的，并且自觉不自觉地把只能指称人的"德性"内涵赋予了"天"。可见，这种通过主体德性对象把握自然的方式不可能是一种纯粹的认知理性；在其思维方式上，属于一种道德理性思想，质言之，即"实践理性"。（有些学者多将儒家思维"理性"概括为"实用理性"，似有不妥之处。在此暂概括为"实践理性"，此问题值得再探讨。）

1. 实践理性的本质

"实践理性"在其本质上属于价值领域主体求"善"的德性理性，相对有别于事实领域主体求"真"的纯粹认知理性。善不是一种对客体本质的认识，不是一种停留在主观的东西，就其本质言，"善"是人所具有的一种精神意志，而意志的力量就在于行动，意志就存在于行动之中，因此真正的（非抽象的）"善"是一种意志支配下的行动，正是在此意义上康德把伦理道德视作"实践理性"，而马克思则称其为"实践——精神"。它不像纯理性那样站在自然宇宙之外冷静地、本质性地思考、认识客体，而更多是在理性指导下将善的意志付诸实践。

实践理性和认知理性分属于两种把握世界的方式，一种是按客体的尺度求"真"地把握世界的方式，另一种是按主体的尺度求"善"求"美"地把握世界的方式，即马克思所概括的"物种的尺度"与"人的内在尺度"[1]。求"真"地把握世界，是主体反映认识对象的"不依赖于"主体的客观实存内容[2]，客体的内在尺度"不仅规定着客体本身的变化，而且也是主体在实践的认识活动中所反映和遵循的尺度"[3]。科学即主体遵循客体自在规律内容而认知到的典型的"真"知识，也即"真理"。相对而言，纯粹认知理性主要作用于世界是什么的命题。求"善"求"美"地把握世界，则是主体按照自身的即人的规定性去理解、规定自然，这种思维理性主要不属于反映世界"是什么"的事实领域，而是属于建构世界"应当"是什么的价值领域。由此而论，伦理学、美

---

① 马克思恩格斯文集：第1卷. 北京：人民出版社，2009：163.

② 列宁选集：第2卷. 3版修订版. 北京：人民出版社，2012：212.

③ 李德顺. 价值新论. 北京：中国青年出版社，1993：108.

学都更多地属于主体以人的价值尺度规范、衡量物的属性的典型的价值知识。正是基于上述区分，爱因斯坦说："科学只能断言'是什么'，而不能断言'应当是什么'"①。

当然，求"真"知的理性同求"善"价值的理性在根本上是统一的，但相对区别也是存在的。相对而言，中国古代先秦儒家求"善"（仁德）的主体，理性主要不是作用于"真"的认知，而是作用于"善"（仁德）的实践。正是在这个意义上，我们说，儒家理性是在"德化"人、自然、社会的认识实践活动中运用并形成的，更多是有别于求"真"的认知理性的求"善"的实践理性。

康德也在道德实践的意义上使用"实践理性"，以此区别于为知而知的"纯粹理性"。在康德体系中，"纯粹理性"指示"认识论"，而"实践理性"就是"伦理学"，他分别探讨"认识论"和"伦理学"的两本专著就直接被命名为《纯粹理性批判》《实践理性批判》。照康德的方法，主体进行"价值判断"的理性同进行"事实判断"的理性是有区别的，"事实判断"诉诸人的先天综合形式，"价值判断"则诉诸人的自由意志。"在康德的体系中，意志就是理性的实践能力，就是实践的理性"②。因此，康德把诉诸人意志的伦理学指称为实践理性。

然而，儒家"实践理性"所涵盖的内容及方法同康德的"实践理性"有很大不同。康德由于对理性与感性、本体与现象做了截然区分，使人成为纯理性而非现实的人。人的理性意志成为思辨抽象的东西。"实践理性（伦理学）的善良意志"，其价值、目的同它现实的手段被割裂开来，只存在于彼岸目的王国，而与现世手段无关。康德以此保证了"实践理性"目的价值的绝对纯洁性以及它那超经验的本体地位，但却失去了它所应有的现实实践基础，使"实践理性"成为没有实践可能性的"空洞"理性。

儒家的"实践理性"则不然，它素来不割断理性与感性、本体与现象、目的与手段的联系，而是在感性中体现理性、从现象中寻求本体、通过手段达到目的。因此，在儒家实践理性中，理性不但不是纯粹抽象、超经验的意志能力，相反，带有极强的现实实践性。它不是一种停留在主观中的东西，同时又不是一种盲目的意志行动，而是基于理性指

---

① 爱因斯坦文集：第 3 卷. 北京：商务印书馆，1979：182.
② 罗国杰，宋希仁. 西方伦理思想史：下. 北京：中国人民大学出版社，1998：413.

导的自由意志的现实。儒家的理性就是围绕现实"仁德"实践需要而展开的，以至理性感性的合二为一成了儒家"实践理性"的一大特色。由此，综观儒家"实践理性"具有如下独特特征：统彼岸于此岸的"现世性"，统理性于感性的"经验性"，统天道于人道的"道德性"。

2. 实践理性的现世性

从前述天道"德化"过程中可以看出，儒家对"天道"的理解、探究是服从于社会人事实践需要的。社会有秩有序，人际美好和谐，是孔子的社会理想。孔子一生都在推行他的"仁学"，恢复"周礼"权威。"克己复礼"在孔子眼中是"天下归仁"的必由之路。孔子注重世事人事，而对殷周传统人们普遍关心的"鬼神"的存在不做追究，对"天"到底为何也很少顾及。孔子"敬鬼神而远之"的思想从一个侧面表达了这种注重人事甚于注重自然的倾向。孔子也论"天"，但多在"天命""天神"意义上使用，有时孔子所论之"天"也似有自然"天"的含义，但也往往是在要人效法天的"德性"意义上说的。如"子曰：'予欲无言。'子贡曰：'子如不言，则小子何述焉？'子曰：'天何言哉？四时行焉，百物生焉，天何言哉？'"（《论语·阳货》），又如"唯天为大，唯尧则之"（《论语·泰伯》），都是在为人事人道寻找根据时有所论及的。

孟子建构的"尽心、知性、知天"理论更是把"天"的规律同"人性"理论结合起来，从修养心性的角度谈天，"尽心"则"知性"，"知性"则"知天"。如此，人对天的认识就不必向外求，只要尽量地发挥理性作用，就可认识德性，而德性是天赋予的，"知性"也就"知天"了。所以，孟子虽然赋予"天"客观命运必然之性，但其全部理论是以解决道德修养、安民治世的现世人事为出发点的。

相比之下，荀子对自然天的认识要比其他诸儒深得多，也客观得多，他提出"明于天人之分"命题，主张改造、利用自然，但即使如此，也仍未脱离先秦儒家究天道以明人伦世事的路数。他明确提出："君子之于……天地万物也，不务说其所以然而致善用其材"（《荀子·君道篇》）。所以，他对"天"的兴趣并不在于弄清天之"所以然"，而在于如何利用天为人事服务。

《周易》用自然化的"天地"取代了人格神"天帝"，是观念上的重大变革，但其初衷并不止于研究自然宇宙的生息变化，而是为人类社会的人伦秩序寻找一个"天道""天则"。"法天"思想就是《周易》天人之究的核心之所在。《周易》就说："天生神物，圣人则之；天地变化，圣人效之。"《周易》首提"性理尽性"问题，"穷理"本具有求客观实在之理的特征，但最终仍归于"尽性以至于命"的主体内心德性。《礼记》对"天理""天之道"的讨论，则直接同礼义"人之道"联系在一起。《礼记·礼运》说："礼，必本于天"。《中庸》说，"赞天地之化育"是为了"与天地参"。

应当说，儒家论天说地，并非单纯为了探索自然天地规律，明天人之际是为了通人世之道，对彼岸"天道"的探究是服务于现世此岸人事需要的。可以说，在先秦儒家这里，德性思想统彼岸自在与此岸现世，认识论服从于德性实践，正因如此，"天人之际是人与自然的关系"，但却成了"中国古代伦理学说的一个重要问题"①。

"实践理性"的这种强烈现世性，同先秦儒家所处的变革时代相关。当时百家各抒己见，纷纷为寻求社会大变动的前景、出路而授徒并著书立说，"使得从商周巫史文化中解放出来的理性，没有走向闲暇从容的抽象思辨之路（如希腊），也没有沉入厌弃人世的追求解脱之途（如印度），而是执着人间世道的实用探求"②。

先秦儒家德性理性既然为伦理实践所范围，既然以"修、齐、治、平"等求"善"目的为现世宗旨，那么就对探索彼岸世界的奥秘失去理论兴趣，对求"真"的认知没有特别的发展。先秦儒家的这种思想定向对整个古代文化产生了很大影响，中国古代哲学带有浓厚的伦理色彩，就是这种影响的一个结果。对中国古代科学文化颇有研究的李约瑟博士说："在中国，哲学一词的含义亦同欧洲不尽相同，因其着重于伦理的，与社会的较之形而上的为远多"③。韦政通先生在分析中国古代智慧时也说："传统中国有'哲人'之名无哲学之词。目前，通行哲学一词，是由日本人翻译西文 philosophy 一词而来，'哲'字《尔雅》释为'智'，伪古文《尚书·皋陶谟》说：'知人曰哲'，单从哲字的字义，还显现不出中国古代哲学的特色。……如以西方哲学特性和中国相比，可

---

① 张岱年. 中国伦理思想研究. 上海：上海人民出版社，1989：189.
② 李泽厚. 中国古代思想史论. 北京：三联书店，2008：320-321.
③ 李约瑟. 中国古代科学思想史. 3 版. 陈立夫，主译. 南昌：江西人民出版社，2006：1.

以说西方哲学家所从事的主要是属于纯智的活动，而中国哲人则要求既能得之于己，又能用之于世"①。其中不无道理。由此看来，先秦儒家德性思想中的认识论往往服从于伦理学，认识的"知"与道德实践的"行"往往交织在一起。

以德性知识伦理实践等同于知识全部，这在儒者著述中有所反映："子所雅言，诗、书、执礼，皆雅言也"，"子以四教：文，行，忠，信"，"子不语怪，力，乱，神"（《论语·述而》），"务民之义，敬鬼神而远之，可谓知矣"（《论语·雍也》）。孔子主张的"六艺"之教——礼、乐、射、御、书、数，基本属于人文知识，即关于社会文化历史方面的知识，而他致力整理传播的"六经"——《诗》《书》《礼》《乐》《易》《春秋》，也皆为伦理政教之书。于是，《春秋》是史书，《尚书》是上古政典的汇编，至于《礼经》《诗经》，则都与周代礼制即伦理仪制政教有直接关系。孟子常常直接就把人的"思诚""反身而诚"等修身养性当作人认知、实践的全部。孟子认为"良知""良能"，即"不虑而知""不学而能"的内在潜能，只要尽量发挥本心的作用（"尽心"），就能得到。因此，求知的根本要求就是"存心"，即"求放心"，"学问之道无他，求其放心而已矣"（《孟子·告子上》）。因此，孟子的理论体现了认知与修养的一致，更准确地说，他是以修养论解说认识论的。

总之，儒家德性思想的宇宙本体论从未建立在"为知而知"的纯粹认知基础上，"即使是在自然哲学中关于物质结构的气论、阴阳五行说，从一开始就与论道经邦，燮理阴阳，与社会的政治、伦理紧密相联系"②。"为知而知"的理论取向在儒者眼中是不可取的"无用之学"。主张改造自然的荀子，也曾直接批评注重理论逻辑的名家"不法先王，不是礼义，而好治怪说，玩琦辞，甚察而不惠，辩而无用，多事而寡功，不可以为治纲纪"（《荀子·非十二子篇》）。在儒家看来，名家的概念论没有直接的实践效用，"言而无功""辩而无用"，是不可取的。

当然，认识不可能脱离实践。按马克思主义观点，认识世界的目的就是改造世界。思想史上有一种观点认为西方科学理论发达，是因为西方人出于对自然好奇而不断探究的结果。亚里士多德曾说："古往今来

① 李约瑟. 中国古代科学思想史. 3 版. 陈立夫，主译. 南昌：江西人民出版社，2006：1.

② 张立文. 传统学引论. 北京：中国人民大学出版社，1989：240.

人们开始哲理探索……只是为想脱出愚蠢，显然，他们为求知而从事学术，并无任何实用目的"①。从实质上说，纯粹为求知而求知的认知不可能在现实中存在，但相对独立的认知活动是存在的。不过，这种说法也反映了西方从天人对立立场出发去认识自然的认知理性的倾向，反映了西方为认知而认知的相对独立的认识论，这一点同中国古代有所不同。

3. 实践理性的经验性

儒家"实践理性"的一个重要特点，即理性与感性统一在德性实践之中。理性与感性合一的形态，在儒家德性思维中，是用"知行合一"来表现的。需要指出，儒家是以人世道德实践统领知行的，而主要不是对外部客观世界的认识与实践，"知"是德行之知，"行"是德行践履。与其说儒家"知行合一"是认识论问题，毋宁说它是一个伦理道德问题。儒学本来就不认为知行问题只是认识论问题，而认为知行问题之所以重要，正因为它关乎修养问题。道德践履的"行"是儒家知行观的出发点与目的。孔子极重人的笃行，教导人们要"讷于言，而敏于行"，"古者言之不出，耻躬之不逮也"（《论语·里仁》）。道德践履是至上的，只在践履之余学习一些文化知识，即"弟子入则孝，出则弟，谨而信，泛爱众，而亲仁。行有余力，则以学文"（《论语·学而》）。知的目的即行，认识了但没有实行，"虽得之，必失之"（《论语·卫灵公》）；空发言论而不实行，不如不发言，否则即是"巧言令色"（《论语·学而》）之人，这样的人是少有成"仁"的，光有理性思维而无躬行践履，不能成为仁者。孔子自己就"欲无言"（《论语·阳货》），以至他的学生子贡说："夫子之文章，可得而闻也；夫子之言性与天道，不可得而闻也"（《论语·公冶长》）。因为孔子认为性与天道从根本上说不是一个如何认识的问题，而是一个如何实践的问题，所以，孔子之所以无言，并不是真正无言，而是主张像无言之天那样通过行事以践其言。

儒家也重视在学习经典中获得知识，但学习经典是为了教人实行。如孔子主张学《诗经》，因为古人言谈以引用《诗经》为时尚，"不学《诗》，无以言"（《论语·季氏》）；孔子也主张学《礼记》，礼是关于仁的

---

① 亚里士多德. 形而上学. 郭寿彭，译. 北京：商务印书馆，2009：6-7.

具体内容，不学礼不会做人，"不学礼，无以立"（《论语·季氏》）。学习经典知识是为了用，是为了实践，也只有在实践中才能学好经典知识。

孟子提出了"心之官则思"的命题及"尽心、知性、知天"的理性认识过程，对人的理性思维做了进一步的认识和肯定。但思是为了立，"先立乎其大者"（《孟子·告子上》），而尽心之学要通过"存心"的实践功夫去达到，"尽心"与"存心"最终落实在"存心养性事天"的道德实践上。"存心"即存道德之心，修养道德意志，而修身养性过程就是道德实践——"践形"。能否"践形"，是区分小人与君子的标尺。孟子认为，"惟圣人然后可以践形"（《孟子·尽心上》）。在孟子这里，"践形"是思维的根本原则。

荀子在儒家中算是重智的思想家，在《正名篇》《解蔽篇》等中提出了认识的一些规律。他提出以心"知"道的命题，但仍未脱离先秦儒家践行至上的倾向。他认为，"不闻不若闻之，闻之不若见之，见之不若知之，知之不若行之"（《荀子·儒效篇》）。可见，闻见和知虽然重要，但不如行重要，"知之而不行，虽敦必困"（《荀子·儒效篇》）。行是学问的目的，"学至于行之而止矣"（《荀子·儒效篇》）。圣人之所以不同他人，不在于"能遍知人之所知之谓也"，也不在于"能遍辩人之所辩之谓也"，而在于"本仁义，当是非，齐言行"，而完成这种人格修养，"无它道焉，已乎行之矣"（《荀子·儒效篇》）。所以，只有实践才是最根本的。荀子在《大略篇》中，通过子贡与孔子讨论何时才能安息的对话，说明人生一直要奋斗不息，只有到"望其圹，皋如也，嵮如也，鬲如也，此则知所息矣"。意思是说，人只有等到坟墓高高、颠颠，像锅底一样堆起，才能安息。这种奋斗不息的人生态度是儒家实践伦理的突出表现，在这一点上，和其他诸家完全没有共同之处。

其他诸家中，道家强调个体，主张避世主义，带有出世的无为色彩；法家注重效果，提倡功利主义，因而与自强不息的德性实践精神也不可同义而语；只有墨家在强调"力行"上与儒家德性实践有某些相似之处，但墨子的"力行"实践仍旧是功利主义的，不是出自德性实践理性，甚至相悖于德性理性。

宋明儒学的实践伦理，表现在强调道德理论与现实人伦日用生活的统一。理学家通过心性义理的辨析，启发人们的理性自觉，将儒家实践理性的道德原则转化为人们自觉遵守的行为规范。朱熹在《四书或问》

中说："道之体用，流行发现，充塞天地，亘古亘今，虽未尝有一毫之空阙，一息之间防，然其在人而见诸日用之间者，则初不外乎此心。"陆九渊也说："圣人教人，只是就人日用处开端"（《陆九渊集》卷三十五）。

儒学实践理性的经验性，在明清儒学的"经世致用"主张中得到了积极的发扬。颜元提倡"习行""践履"的实学精神，"人之为学，心中思想，口中谈论，尽有千百义理，不如身行一理之为实也"（《颜习斋先生言行录》卷上）。针对宋明陆王心学的空性学说，颜元称孔孟儒学为真学，而称陆王之学为假道学。顾炎武"天下兴亡，匹夫有责"的倡导，更是充满了经验性要求的经世致用精神。

儒学之门多道德实行家而少科学知识理论家，是同这种以行为主、知行合一的思维方式有关的。后儒不论主张"知先行后""知难行易"，还是主张"知行合一""知易行难"，都将落脚点放在行上，放在德性践履上。从人类思维认识及实践过程来看，一般重知爱智者往往诉诸理性作用，而强调行者则往往诉诸感性，而当主张以行代知时，则往往将理性作用置于认识之外，而偏重诉诸感性经验，重视体悟。对此韦政通先生说，古人学习知识，"不是抱着'为知识而知识'的态度，主要的目的，是为了求取出仕的凭借，尽教化的责任，尤其重要的是为了修身。因此，古代'学'的意义主要在求'觉悟'"①。

儒家实践理性统知于行的知行合一观，包含了知源于行、知用于行的合理思想，这对于古代伦理道德实践来说，的确是精湛的理论引导。仁礼之学不但是理论，更必须见之于行动，学于实行，用于践履，否则，要么学不到真正的道德知识，要么成为言行不一的伪君子。这一点充分体现了德性"理性"不同于认知"理性"的实践性。但如果由"行贵于知"延伸为"行即知"，以行代知，忽略了知之重要性，在认识论上就失之偏颇了；而把知行仅仅纳入道德伦理范围内，也就不可能产生真正独立于伦理实践的认识论了。

总之，儒家强调行贵于知，主张在身体力行中求得"真知"，在德行实践中完成修身立命的学知目的。这里的"真知"显然不是关于外在事物规律的知识，而是有关身心性命之知，这里的"行"也还不是社会

---

① 韦政通. 中国的智慧. 北京：中国和平出版社，1988：1.

生产实践，而主要是伦理道德践履。孔孟之学即为修身成仁安身立命而作，荀子则认识到认识、利用自然之知的必要，但又确切表明君子的知行主要在于"本仁义，当是非，齐言行"，其所知之"道"、所践之"道"，"非天之道，非地之道，人之所以道也，君子之所以道也"（《荀子·儒效篇》）。此所谓"行"，即"修身立命""践礼"之实践功夫。这种"行"实即孟子所概括的"践形"，它所注重的是个体的感性体悟之践"形"，这使得知行合一中包含了理性与感性的合一，且这种合一是感性"践形"的道德活动中的合一。

这种寓认知于实践之中的知行合一观，使儒家德性思想的"实践理性"具有了明显的经验性特征。就思维方式而言，儒墨皆有经验性倾向，但二者对经验性的理解有所不同。墨家重视客观经验知识，而儒家偏重主体体验。孔子所强调的首先是人的道德经验、道德知识，对闻见等经验知识的理解多从主体的道德意向需要出发，要"多闻"，并"择其善者而从之"（《论语·述而》）。所以，儒家"实践理性"的经验性是基于道德理性德性思维之上的。

由上所述，"实践理性"的经验性就带出了一种独特的二重特性。一方面，由于知行合一中寓道德理性于经验感性，儒家经验认识的感性思维从未完全脱离理性的驾驭，致使在中国古代最终没有形成西方存在的那种明显的"非理性"思潮。另一方面，知行合一的价值态度，从认识论角度说，是以经验归纳、体验为主要手段，而不是走向逻辑的分析推论，这种倾向不注重概念化、理性化的形成，也不专心于对事物本身做穷追到底的形而上思辨。"实践理性"由于注重具体感性体悟甚于注重普遍理性的分析推论，故而儒家主体思维中没有形成那种同感性相分离的"纯粹理性"。

4. 实践理性的道德性

"实践理性"作为儒家的德性思维，是在"人性天生"、天地人同德的思想中展示的。

依儒家德性思维来看，天地人具有通约共性。人性和万物之性都源于天道，因而是相通的，但只有人"最为天下贵"，是万物之灵，能知万物、成万物，赞化育而参天地。就天人关系而言，儒家一般承认自然客体（天）的先在性、本原性，并看到了天人的区分。孔孟皆强调"天命不可违",天具有不以人事为转移的外在必然性,而人事可为,取决于人的主体能动性。孔孟这种天人有别的思想,在荀子"明于天人之分"思想中得到进一步的明确。《周易》讲天地"鼓万物而不与圣人同忧",也是强调天人相分。儒家看到了天人的区别,认为"天命"与"人事"毕竟不同,这一点孔子、孟子、荀子、《周易》并无二致。

天人的这种区分,在儒家德性视野中并不是绝对的,在更多意义上,天人之际具有统一的"德性"。天作为先在本原,不仅是与主体对立而自在的客体,还作为一种德性本原而存在。正是在此意义上,儒家认为天道是人道的根源,在天地万物、人间世事中,有一种天然秩序和生生之德通在流行。这种事物运行的通在性质被儒家视作"天德","天地之大德曰生"(《周易》)。"变化代兴,谓之天德"(《荀子·不苟篇》),《中庸》以"诚"谓之天德,"天行健,君子以自强不息","天地养万物,圣人养贤以及万民"(《周易》),描述的都是天之道、地之德,天地"大德"这本然的"善"是人道所应"法则"的。按"天道"去行,就能达到"与天地合德""与日月同辉"的道德境界。荀子对天人相分有精辟论述,在天人同"德"方面也有同样精辟的论点。荀子讲礼的功能时,就把"礼"看作存在于天地人中无所不至的普遍法则:"天地以合,日月以明,四时以序,星辰以行,江河以流,万物以昌,好恶以节,喜怒以当,以为下则顺,以为上则明,万变而不乱,贰之则丧也。礼岂不至矣哉"(《荀子·礼论篇》)。这就是说,"礼"虽为社会制定,然而天地万物变化流行,无不通行"礼"之道理,正因为如此,所以"君臣、父子、兄弟、夫妇,始则终,终则始,与天地同理,与万世同久"(《荀子·王制篇》)。

儒家不是没有看到天人相分的自在"实然"的客观物质规律,但那些"实然"由于同人事没有太直接的意义,所以儒家思想家并未做更进一步的深究,而只总结探究了那些能够说明类比人道的天道规律。同人道有关的"天德"被抓住了,其他客观规律则不甚追究。荀子比其他儒者走得远一点,他提出了人心有"求物理"的能力,"凡以知,人之性也;可以知,物之理也。以可以知人之性,求可以知物之理,而无所疑止之,则没世穷年不能遍也"(《荀子·解蔽篇》)。他最终未把"穷物理"引向深入,而把人的知性能力引向了人伦之理。他提出心可知"道",但他所谓的"道"主要不是"天道"而是"人道",是"义"。

在说明天地人、天道人道"同理"的基础上，儒家又强调人性天生，把天地人通约之理植入人性之中。孟子认为，人之不同动物的地方在于有"良心"，这是人所固有的，非由外铄的"良知""良能"。"良知""良能"是"不虑而知""不学而能"的先天道德判断理智，又是"本然之善"①的道德价值规定。概言之，即人的德性"理性"。孔子对人性善恶并无展开论述，但他的人有"生而知之者"，"天生德于予"的观点体现了德性来源上的先验性倾向。

荀子讲"性恶"，似乎否定了孟子的先天德性理性。但荀子的"性恶"同孟子的"性恶"并不在一个层面上论人"性"。在"人之为人"的道德特性这一点上，荀子与孔孟是一脉相承的，他在讨论人与动物的区别时说："人之所以为人者何已也？曰：以其有辨也"(《荀子·非相篇》)。另外，他又说："水火有气而无生，草木有生而无知，禽兽有知而无义，人有气、有生、有知，亦且有义，故最为天下贵也"(《荀子·王制篇》)。人之为人在于有"辨"，有"义"。"义"是一个德性范畴，"辨"就是"分"，也就是"礼"。孔孟基本认为"义"在人性之内，荀子虽没明确表明这一点，但从他"有辨""有义"的人性规定中可以看出，他认为人的道德判断理智是存在于人性之中的。人之所以能"化性起伪"，正是靠了这种道德理性。荀子也曾明确说明人有"欲为善"的要求，此即人特有的道德理性表现（不论荀子觉察到这一点没有），同时荀子也肯定人有向善的可能性。他还说："今涂之人者，皆内可以知父子之义，外可以知君臣之正"(《荀子·性恶篇》)。这也说明了人有向善的内在根据。也正是基于上述理论，人才可能将外在礼义"内化"为自己的本质。

至此，儒家"实践理性"构建了自己的体系与逻辑，一方面确定天地人具有相通共性，人性与万物之性（理）皆源于天地，人性中内含天地万物之性。如此，尽人性便可知天性，知"人道"便可知"天道"，"能尽人之性，则能尽物之性"(《中庸》)。《周易》首先提出"穷理尽性"问题，"穷理"本具有外向思维特征，但《周易》初衷就以探讨人与自然的关系为中心课题，离开人的主体存在，仅把《周易》看作对自然界的描述性解释，是不合《周易》之基本精神的。在"易道"中，人

---

① 朱熹注："良者，本然之善也"(《四书章句集注·孟子集注》)。

的因素是至关重要的。所以，"穷理"最终归于"尽性以至于命"的主体德性思维中。

总之，"实践理性"用一种人的德性思维（"良知""良能"）去看待天人之际，就不可能对天做完全的对象性认知思考而做事实判断，它只能重在对天做德性的思考，产生一种德性价值的认识。天道与人道虽有贯通之处，但毕竟是异道，各有其特定的本质或规律。然而儒家以人道解释天道，又以天道反证人道，站在人的德性立场规范人道，赋义于天道，使二者合于"德"性，这一论证方式无疑是一种德性思维。天道与人道的同一是在儒家"实践理性"的德性思维中获得并完成的，这种对天人做出的德性认识所表现出的"实践理性"属于一种德性思维，它以德性为对象，在这种意义上可以说德性是"实践理性"的一个基本特征。

先秦儒家这种具有德性思维的实践理性，奠定了儒家天人合德的思维倾向，后儒不论在理论内容上如何发展深入，其思维终未突破"实践理性"统"天道"于"人道"的德性视角。汉儒的阴阳五行循环宇宙，是为说明封建伦理道德的天经地义而建构。程朱提出"格物致知"，主张穷格万物之理，甚至运用"推类"等逻辑方法以求事物之共同本质，但最后仍返回到"明心中之理"。至于宋明心学则干脆心理合一，"心即理"；即使已曾区分"物理"与"性理"，具有科学理性倾向的王夫之，最终也没有完成关于"物理"的系统学说，因为他以前者说明后者，最终未把客观自在的天道同人道划分开。

综上所述特性而观，儒家"实践理性"是一种统彼岸自在于此岸现世、统理性认知于感性实践、统天道自然于人道伦理的德性实践型思维。这种思维重世间人事，轻彼岸神秘，多感性经验，少抽象思辨，注重德性人道甚于"自然"天道，并使天道之本体即人道德性化。这种思维特性通过在后世儒学中的延存发展，对中国古代文化产生了很大影响。一方面，注重现世实际同注重感性经验一起，促使中国古代用于实际的科学技术首先发达起来；但也由于对思辨逻辑和彼岸自在世界的淡漠，再加上对客观自然做了德性化认识，也就使"为知而知"的抽象逻辑的理论科学，相对说来没有呈现出应有的发达。另一方面，也因其注重社会人伦实践，合彼岸"天道"于现世"人道"的善性思维，使中国古人对超越社会人伦的鬼神采取了"敬而远之"的态度，神性天帝在德性思维中逐渐淡化，最终没有形成典型的宗教神性观念。同时，理性与感性的合一限制了"非理性"因素的生长，也就使基于"非理性"因素之上的宗教观念失去了生成土壤，没有如西方那样，在纯粹理性产生科学的同时，"非理性"因素也培养出了对宗教神性的迷信。

三、义（力）命关系范畴

作为一种关系范畴，"义"（"力"）与"命"，是儒家对"天人之际"既矛盾又统一的复杂关系所做的不同理论抽象。"命"或"天命"是一个含义复杂的概念，大体言之，其含义接近于客观必然性；"力"主要指主体的即人的自由能动力量，而"义"则指人道应当遵循的道德原则。人在天地间处于什么样的位置，"力"（主体意志、人事努力）能否把握、超越"命"（客体必然、天命运势），"命"对"力"（"义"）又具有怎样的外在制约，等等，这些问题构成了力命、义命之辨的基本内容。儒家的"力"与"命"范畴折射了哲学自由与必然的关系，但又不完全与后者等同。儒家重命，但又给主体的意志、主体的能力以至上的高扬，而"义"与"命"则表达了道德自由与必然的关系。作为先秦儒家的主要代表，孔子、孟子、荀子从不同角度都对"力命"关系与"义命"关系做了阐述，并由此发展出儒家独特的"尽人事""知天命"，"以义制命""以人合天"的自由必然理论。

1．人（自由）与自然（必然）的两种关系

儒家"力命""义命"范畴所包含的内涵，既折射了哲学意义上的自由与必然的关系，又反映了道德意义上的自由与必然的关系。严格而论，哲学自由和道德自由，二者相互包含又相互区别。作为处于不同关系中的主客体，德性主体相对于知性主体，在与不同客体相对时，会形成相对区分的"事实"关系与"价值"关系，而在这两种既相互联系又相互区别的关系中，主体的自由程度及其形态也是有很大区别的。

按照马克思关于人类实践的两种"尺度"的思想，人——主体同自然外界——客体发生对象化关系时，会有两种性质的尺度发生作用。在《1844年经济学哲学手稿》中，马克思比较集中地谈到了人类劳动的两

种"尺度"的思想。马克思认为，真正的人类劳动是一种自由自觉的实现人类本质力量的活动，"而自由的有意识的活动恰恰就是人的类特性"①，"动物只是按照它所属的那个种的尺度和需要来构造，而人却懂得按照任何一个种的尺度来进行生产，并且懂得处处都把固有的尺度运用于对象"②。因此，人是按照美的规律来建造世界的。

马克思特别强调人本质的对象化，"劳动的对象是**人的类生活的对象化**：人不仅像在意识中那样在精神上使自己二重化，而且能动地、现实地使自己二重化，从而在他所创造的世界中直观自身"③。"使自己二重化""直观自身"，就是在重复物种规律的同时，展现人的本质规定性及人的"尺度"。马克思还说："随着对象性的现实在社会中对人来说到处成为人的本质力量的现实，成为人的现实，因而成为人**自己的**本质力量的现实，一切**对象**对他来说也就成为他自身的**对象化**……对象**如何**对他来说成为他的对象，这取决于**对象的性质**以及与之相适应的**本质力量的性质**"④。这里马克思表明"对象的性质"和人的"本质力量的性质"，是人在劳动创造中实现本质力量的两种并在的规定性。一方面，主体即人在劳动创造中必须遵循"对象的性质"，即不以人的意志为转移的物的规律；另一方面，人又不是简单地、动物式地服从客观规律。人的类特性恰恰就是自由的自觉的活动。劳动的实质不仅是为了服从客观规律，更在于使人的本质力量得到实现。认识、实践就是使对象的规定性和人作为主体的本质规定性统一起来的形式。

人的本质规定性在马克思主义看来并非单一的。人既能按物种的事实尺度进行生产，即可以能动地认识并利用客观规律，也能按人的"内在尺度"即美的、善的价值的尺度建造世界。概言之，即人能够按"真理的尺度"和"价值的尺度"认识世界、创造世界。

"真理的尺度"即由"对象的性质"规定的尺度，它不仅规定着客体固有的本性及变化，而且也是主体在实践——认识活动中反映和遵循的尺度。它规定主体在认识实践中，必须事实地反映它，符合它，不断向客体接近，走向同客体本性和规律的一致。真理范畴能够比较恰当地

---

① 马克思恩格斯文集：第1卷. 北京：人民出版社，2009：162.
② 同①163.
③ 同①163.
④ 同①190—191.

反映出它的内容。在马克思主义认识论中，真理都是"客观真理"，是对客体对象的真实反映。这些对客体的反映，不似人的价值尺度可以它对人的意义为转移，真理研究、解决的中心问题是世界"是什么""怎么样"，而世界"是什么"是由客体世界决定的。

真理的尺度要求主体的认识与实践都要高度地符合客体对象的本性和规律，即按照客体对象本身的尺度来规定主体的活动，不论这里的客体对象是自然界、社会还是人。真理的尺度规定了主客体关系中客体一方的绝对地位，即在真理、事实关系中，客体是第一性的，而主体是第二性的。客体的规律不以主体的意志为转移，相反，主体必须使自己的认识、实践服从客体的规律。在一定意义上，主体的目的活动成功与否取决于是否服从了客体的规定性。"在人的有目的的活动中，真理不是目的所选择的对象，而是使目的受选择的标准，不是目的决定真理的命运，而是真理决定目的的命运"①。

由此可断言，在真理（事实的）范畴中，主体的自由能动是以客体的必然规律为限制的。主体的自由以及对客体自然的支配，只能以自觉地认识、顺从客观规律为界定。在这个意义上，人的能动自由是相对的、有限的，是受制于客体的规律的。客体是规定的一方，主体是被规定的一方，主体自由以服从客体必然为前提。这是真理的尺度下事实范畴中主客体关系的一个特征，也是哲学意义上的主体自由的特性，它以客体的尺度为尺度。

马克思所说的另一种尺度，是由人的需要和"本质力量的性质"规定的尺度，即"人的内在尺度"。人不同于动物的地方就在于人不仅能按照客体的尺度认识客观世界，而且能按照主体即人的尺度建造理想世界。主体按自己的本质规定、按自己的需要目的同客体世界发生关系，所构成的是不同于上述事实真理关系的"价值关系"。

价值关系，一般指以主体的内在尺度为特征的主客体关系；价值关系的实践，也就是主体内在价值尺度的现实的实现过程。作为同真理的尺度既相联系又相区别的价值的尺度，其基本内容即改造世界使之适合人类社会的进步发展，或按照人的尺度和要求认识世界、改造世界（包括人和社会本身）。正是在这个意义上，恩格斯说："人只须了解自己本

---

① 李德顺. 价值新论. 北京：中国青年出版社，1993：346.

身，使自己成为衡量一切生活关系的尺度，按照自己的本质去估价这些关系，真正依照人的方式，根据自己本性的需要，来安排世界，这样的话，他就会猜中现代的谜了"①。

价值的尺度是一种主体性尺度，它要求主体的认识与实践最大限度地保证人的需要和利益，即按人的规定尺度，尽可能使客体为主体服务。马克思曾说："使用价值表示物和人之间的自然关系，实际上是表示物为人而存在"②。价值的尺度与真理的尺度既相联系又相区别。价值是主体对客体的一种关系属性，这种属性标志着这些客体对一定主体的意义，它所研究、解决的中心问题不是"世界是什么"，而是"世界应当是什么"。

价值"应当"不是一种客体规定的实存，但也不单纯属于主体需要目的的意愿理想，其实质是一种客体与主体的关系。价值作为应当的存在，既不是独立自存的实体，也不是纯粹心灵的创造，而是按照人的目的、理想要求所应有的存在。客体的某种对人有用的属性是价值存在的客观前提，但这个前提只构成价值的可能性。其特性本身并不就是价值客体属性的价值，必须按主体理想的要求而规定。

价值的尺度包含着客体提供的价值可能，但更多体现的则是主体的规定与选择。在这个意义上，价值意味着客体对主体具有意义，意味着主体给客体以意义。因此，价值的尺度所规定的主客体关系不同于事实尺度所规定的主客体关系，它不是以主体对客体规律的服从为特征，而是以客体对主体需要的满足为特征。在价值范畴的主客体关系中，主体是规定的一方，而客体是被规定的一方。客体的意义要以其能否满足主体需要，以及满足的程度为转移。因此，价值是对主客体相互关系的一种主体性描述，它代表着客体主体化过程的性质、程度，表达着人的主体性尺度和人类对自身主体能动尺度的自觉意识。

由此可以说，在价值范畴中，主体的能动性相对于客体的必然的受限制性，具有更多的自由，因此，主要由主体规定客体的意义，而不是主要由客体规定客体的意义。主体在价值关系中是第一性的，客体是第二性的。自由与必然的关系，在主客体价值关系中的性质和体现，与在主客体事实关系中的性质和体现是完全不同的。就主体给客体规定意义

---

① 马克思恩格斯全集：第1卷. 北京：人民出版社，1956：651.

② 马克思恩格斯全集：第26卷Ⅲ. 北京：人民出版社，1974：326.

而言，主体是按自己的尺度行动，在本质上是自由的，这是主体尺度下，价值关系中主客体关系的一个特性，也是价值意义的（道德的、审美的）自由的特性，它以主体的尺度为尺度。

总之，客体的尺度与主体的尺度，主客体事实的关系与价值的关系，构成了人类认识世界、改造世界不可分割的两个方面。无条件地、全面地遵循客观规律，与有目的地、有选择地使其服从主体需要，是这两个方面的不同原则要求，它们意味着主体对客体对象的态度从一开始就有两个不同的出发点，前者从客体本身出发，后者从主体意愿出发。由此来研究人的自由能动，则从客体出发的主体自由只是以客体规定为限度，而从主体出发的主体自由则在相当程度上不受或少受客体的限制。价值关系中主体的自由程度是大于事实关系中主体的自由程度的。

马克思认为，人类是通过"真""善""美"三种方式把握世界的。"真"是以客体规定为主要方面的把握方式，而"善"和"美"是以主体规定为主要方面的把握方式。"真"的特性在根本上由客体规定，而"美"和"善"的特性从根本上说是由主体规定的。传为马克思撰写的《新亚美利加百科全书》中"美学"这一条目，一开头就写到：最可靠的心理学家们都承认，人类的天性可分为认识、行为和情感，或者理智、意志和感受三种功能，与这三种功能相对立的是真、善、美的观念。正是在这个意义上，我们说：伦理道德意义上的主体自由是不完全等同于认识论意义上的主体自由的。

马克思主义认识论、价值论，为我们分析中国古代儒家德性思想中的"力命""义命"关系，提供了有力的视角与方法。在儒家德性思想中，"力"作为对外在客观世界的主体能力，对"命"具有积极能动的自觉；"义"作为主客体价值关系中德性主体的地位与能动的表达，具有对作为客体自然的"命"的充分优越地位。主体能动于客体表现在两方面：一方面，德性主体具有"无条件的"的道德自由（内在超越）；另一方面，主体自由又仅表现在对外超越时（相对于外在天命）具有的知天顺命的自觉理智。

2. 德性意志的充分自由（义命）

儒家把人视作具有德性的主体，肯定人有独立的德性意志自由。孔子的仁道原则确认人有行仁的能力，人不仅是目的，是被尊重、被爱的对象，而且是施人以爱的道德主体。人作为道德主体，其为仁的意愿及行为（道德理想及行动）不是被决定的，而是主体自身力量的体现，出于此，孔子说："为仁由己，而由人乎哉？"（《论语·颜渊》）。为仁是道德选择，而道德选择完全在于主体自身的决定。道德属于一种主体内在觉悟，一种精神追求，一种诉诸主体的心灵意志。人在这一点上完全应当做自己的主宰，正可谓"我欲仁，斯仁至矣"（《论语·述而》）。履行仁礼规范，在孔子看来只有"愿不愿"的问题，不存在"能不能"的问题，所以他说："有能一日用其力于仁矣乎？我未见力不足者"（《论语·里仁》）。就为仁（道德行为）这点来说，人是具有充分的意志自由的（由己）。

孟子同孔子一样，强调道德选择的自由，但比孔子进一步的地方在于，他明确区分了内在德性与外在天命。孟子很讲"命"，在《万章上》关于舜继尧位的一段议论中明确表明了这一点："万章曰：'尧以天下与舜，有诸？'孟子曰：'否。天子不能以天下与人'。"舜之所以有天下，不是先王给他的，而是"天与之"。其他生、死、寿、夭等外在必然，也都是人无法改变的，只能"修身以俟之"（《孟子·尽心上》）。

但强调人受制于外在之命，并不意味着否认人的内在德性主体性。在孟子看来，上述外在天命是"在外者"，人的内在德性属于"在我者"。孟子划分了"在我者"与"在外者"的界限："求则得之，舍则失之，是求有益于得也，求在我者也。求之有道，得之有命，是求无益于得也，求在外者也"（《孟子·尽心上》）。孟子所谓"在我者"，主要与主体的德性涵养相联系。德性涵养如何，主体究竟能否在道德上达到理想境界，这不是由天命左右的，而主要取决于主体自身。他肯定人的先天善端，认为人只要努力，是可以保持并达到道德完善的。为此，他谴责那种不努力追求善和道德的"自暴""自弃"："自暴者，不可与有言也；自弃者，不可与有为也。言非礼义，谓之自暴也；吾身不能居仁由义，谓之自弃也"（《孟子·离娄上》）。"自暴""自弃"完全是主体自主选择的结果。反之，"求仁"向善也完全取决于主体自身："强恕而行，求仁莫近焉"（《孟子·尽心上》）。

孟子的这些思想揭示了人的主体自由性质，并认识到了德性自由的特性，是对孔子"为仁由己"思想的进一步发挥。与"在我者"相对的是"在外者"。"在外者"是一个泛泛概括，泛指道德领域之外的各领域，从自然生理需要、富贵寿夭到政治理想、历史进程等。对于外在必然的东西，人是不能强求的。

孟子就是这样，把可以求得的（德性）与不可以求得的（外在天命）做了分别："口之于味也，目之于色也，耳之于声也，鼻之于臭也，四肢之于安佚也，性也，有命焉，君子不谓性也。仁之于父子也，义之于君臣也，礼之于宾主也，智之于贤者也，圣人之于天道也。命也，有性焉；君子不谓命也"（《孟子·尽心下》）。如此，孟子"将二者一分，富贵爵禄属于命，仁义礼智属于性。前者是'求无益于得'，勿须追求；后者'求有益于得'，要努力追求"①。正是基于这一点，孟子宣称："人皆可以为尧舜"（《孟子·告子下》）。

荀子既承认孔孟之义，也强调道德意志的自由。他说："心者，形之君也，而神明之主也，出令而无所受令，自禁也，自使也，自夺也，自取也，自行也，自止也"（《荀子·解蔽篇》）。这里讲的"自禁""自使""自夺""自取""自行""自止"，就是说意志是自由的，心有所可，有所不可，这就是心的选择。意志的指向、心及意志的选择是自由的，无可禁之，"心容，其择也无禁"（《荀子·解蔽篇》）。这里的"心"，泛指主体意识，它既包括自觉的理性，又兼指与之相联的意志品格。正因为"心"（一种由德性理性规定的意志品格）可做人自身的主宰，荀子特别强调"君子可以有埶辱，而不可以有义辱"（《荀子·正论篇》）。"埶辱"是一种外在遭遇，主体对此无能为力，没有自由，无法驾驭，所以对此也不必负责任；而"义辱"则是由主体自身行为的不合道义导致的，君子当以"义辱"为耻。这也是说明，外在遭遇（"埶辱"）不取决于主体自身，但道义选择却完全在于主体自我的"心"。他说："若夫志意修，德行厚，知虑明，生于今而志乎古，则是其在我者也"（《荀子·天论篇》）。荀子在这里实际同孔孟一样，区分出了德性意志不受外在制约的"在我"性质。在这一点上，孔子、孟子、荀子的走向是一致的。

总之，儒家讲命，认定"天命不可违"，人不能在任何地方都做主宰，但儒者又都看到了德性意志自由的内在自主性。有些学者认为，外在天命与主体自由是儒家的一种两难困境。其实这两个看似矛盾的方

---

① 陈瑛，温克勤，唐凯麟，等. 中国伦理思想史. 贵阳：贵州人民出版社，1985：142.

面，在儒家德性思想中并不矛盾。道德作为价值范畴之一种，其第一性的质是由主体规定的。按照马克思主义价值论观点，价值关系中的主体地位同事实关系中的主体地位不一样，按其本质来说，它是价值关系中规定的一方。孟子所做的"在我者"与"在外者"之分，荀子所解释的"义辱"与"埶辱"之别，实际上都是对上述价值关系主体与事实关系主体不同侧面的概括。"在我者"之所以完全"由己"，"义辱"之所以不是君子应有之辱，盖缘于它们是道德领域（价值范畴）中取决于主体自身的东西；而"在外者"之所以不可求，"埶辱"之所以无可奈何，也都由于它们往往处于外在事实领域的必然之中，在事实领域中主体是被规定的一方，而外在必然是规定的另一方。

在这里，儒家实际上提出了"德性自由"的特殊性问题。（德性自由是一个既不同于法律、政治自由，也不同于哲学意义之自由的概念。关于德性意义之自由与哲学意义之自由的分析是一个目前还未引起理论界重视的问题，限于篇幅结构，此问题另做细论。）

当然，儒家还没有认识到德性意志自由的根源在于主客体构成的价值实践，没有看到德性实践（价值范畴）中，除了第一性的主体规定性，还存在第二性的客体规定因素。"把道德实践的可能性提到无条件的高度。道德实践是不受任何客观条件的约束的。在任何情况下，都可以提高自己的道德境界，这才是道德意志的自由"[1]。的确，主体在道德立法、道德选择、道德修养上存在一种充分的主体自由，但把它提高到无条件绝对"由己"的程度则未免极端。"普通的道德实践，固然是不需要客观条件的，而'博施济众'的道德事业，还是需要一定的客观条件"[2]。在这个意义上，道德性自由仍是相对的自由，只不过自由的程度比诸如事实领域中真理的自由要大。

但尽管如此，儒家在那个时代就认识到道德自由不同于其他范畴自由的特性，并对德性自由与外在必然之自由做了区分，这是儒家德性思想中光辉而精辟之处。它高扬了人的德性理性本质，为主体道德责任设定了无从推卸的前提，并从理论上奠定了人修德向善的完全可能性。儒家对人的德性主体内在力量的深掘，可以说达到了极致。

---

① 张岱年. 中国伦理思想研究. 上海：上海人民出版社，1989：185.
② 同①185－186.

3. 对外在必然的自觉服从（力命）

儒家强调人的道德自主性，强调主体德性意志的无条件自由，但此无条件自由又以德性修养、道德选择（"在我者"）为范围，超出此界越入外在必然领域则成为主体无可强求的"在外者"了。对于"在外者""天命"，儒家是敬畏而又自觉顺从的。

孔孟虽无完全排除"天命"中的神秘主义色彩，但已相当程度地将"天"理解为较为抽象的"命运""运势"等外在必然了。对这种外在必然命运之天，儒家是主张敬畏而无抗逆的。《论语·颜渊》中说"死生有命，富贵在天"，这些东西是非人力所能及的，人能够自由地创造、规定"道"，"人能弘道"，但"道"的兴废却要受制于"天命"，"道之将行也与？命也。道之将废也与？命也"（《论语·宪问》）。孔子甚至把"畏天命"列为君子三畏之首，在与天命的关系中，人的能动是不能超越天命范围的，一旦逆天命，就要受到天的无情制裁，"获罪于天，无所祷也"（《论语·八佾》）。所以，孔子看到了外在天命的客观必然性，主张"知命"，认为"不知命，无以为君子也"（《论语·尧曰》）。孔子重视知天命，却不放弃人事努力。遵循天命但又不听天由命，相反，强调积极有为，以至被隐士讥为"知其不可而为之者"（《论语·宪问》）。

孟子的顺天思想更为明确，在孟子眼中许多东西都是"莫之能御"（《孟子·梁惠王上》）的天命，人力对天命无可奈何，只能顺应不违，"顺天者存，逆天者亡"（《孟子·离娄上》）。"天命"是"莫之为而为""莫之致而至"（《孟子·万章上》）的外在必然，如"夭寿不贰，修身以俟之，所以立命也"（《孟子·尽心上》）。天命的制约是主体难以抗拒的。但孟子同孔子一样，并非在"天命"面前取消"人为"，而是主张积极自觉地顺应"天命"。尽管人往往不能摆脱"天命"必然，但在接受"天命"的态度上却依于人自身，"莫非命也，顺受其正。是故知命者，不立乎岩墙之下。尽其道而死者，正命也。桎梏死者，非正命也"（《孟子·尽心上》）。人的寿夭是由天命决定的，但如果因生死天定而不避危险，则会造成不必要的牺牲。那种不"知命"、不按"道"行事的消极宿命观，是为先秦儒家所不取的。

至于荀子，人们经常强调其"制天命而用之"的思想，但其制天命思想中仍有着"顺天"的重要内容。荀子颂扬人力，认为"天"不能主宰人事，但同时又很强调"备其天养，顺其天政"（《荀子·天论篇》），强调人事要顺应自然规律；只讲人为，便会陷入盲动而达不到期望的目的和效果。荀子在《王制篇》中强调："春耕，夏耘，秋收，冬藏。四者不失时，故五谷不绝，而百姓有余食也。……圣王之用也，上察于天，下错于地，塞备天地之间，加施万物之上。"这里强调"不失时"，也即要依据客观规律来耕种，足见制天命要以"顺天"为前提。

荀子的"天"有时是在"自然意义"上被使用的，有时也同孔孟的"天"一样，泛指人力之外无法支配的因素，像富贵和贫贱便是"天命"。荀子在《天论篇》中说："楚王后车千乘，非知也；君子啜菽饮水，非愚也；是节然也。若夫心意修，德行厚，知虑明，生于今而志乎古，则是其在我者也。故君子敬其在己者，而不慕其在天者。"这与《论语·颜渊》中"死生有命，富贵在天"的思想是相承的。

尽管"天命"在诸儒理解中是一个含义复杂的概念，但诸儒至少在承认"天命"的外在必然性及天命不可违逆方面是一致的，所以诸儒虽都强调德性意志自由的主体性，但在德性领域之外由外在"天命"决定的领域中却很明智地知天顺命。当然上述这种"顺命"，在儒家这里并不是听天由命，概之可谓"尽人事以待天命"。巧合的是，恩格斯用了同儒家十分相像的说法来说明主体能动与必然的关系，他说："谋事在人，成事在神"①。

《周易》提出了既知万物之道，又发扬人之能动性的命题："知周乎万物，而道济天下"，"范围天地之化而不过，曲成万物而不遗"。既要掌握自然规律的作用，更要调节自然变化的过程。《周易》"与天地合德"的人格理想也表达了类似的思想："夫大人者，与天地合其德……先天而天弗违，后天而奉天时"。"先天"意谓在自然变化之前加以引导，"后天"即在自然变化之后加以顺应，一方面承认自然变化及其规律的客观性，另一方面又肯定主体的能动性。

总之，儒家明白，人只能自由主宰自己的内在精神世界及心灵愿望，至于外在世界及愿望的实现，则不是人力所能自由支配的。但人如果因此而放弃对内对外的努力，如果因为人总是要死的就立于危墙而不避，则会沉入消极宿命论中。儒家采取的是一种积极能动的"知命论"，

---

① 马克思恩格斯选集：第3卷. 3版. 北京：人民出版社，2012：705.

不论外部制约如何，不论愿望实现的可能性有多大，人都当竭尽努力。在儒家思想中，理想愿望能否实现是一回事，是否选择美好理想则是另一回事。人之为人，人之为君子，首先就在于积极能动地为自己树立美好理想并为之奋斗，其中体现的是人之为人的本质力量，体现的是君子自强不息的刚健精神。

4. "力命""义命"的主客体关系

人们往往很少深究为什么后人在概括儒家主客体关系时用了两组不同的范畴——"义"与"命"、"力"与"命"。这实际表明，儒家德性主体是分为"力""义"两个主体层面而相对于客体"命"的，或者说儒家思想中存在着两种不同类别的主客体关系。如同马克思主义所认为的，主客体实际构成了两类相对不同但又相互联系的关系，一类是"事实关系"（客体第一性的），另一类是"价值关系"（主体第一性的）。儒家德性思想中事实上也存在着这两类主客体关系，用古代范畴表达即"力"与"命"、"义"与"命"。如此，就比较容易理解上述问题了。大致上，"力命"关系概括的是主客体之间的"事实关系"，"义命"关系表达的是主客体之间的"价值关系"；抑或"力命"表达的是哲学意义的自由，而"义命"表达的则是德性意义的自由。这样区分不一定准确，但至少表达了儒家在对待"在我者"（驾驭道德选择自由）与"在外者"（驾驭客观必然自由）、"义辱"（主体自身导致的）与"埶辱"（外在因素造成的）的两种不同的自由观。

儒家力命观有这样一个特点，即强调"天命不可违"，主张"知天""顺命"，但并没有走到宿命论道路上去。有些学者认为儒家"知天""顺命"表现了其宿命论倾向，仔细分析似乎不够准确。我们不能把主体人对外在必然的服从简单地看作宿命。宿命论表达的思想是：人世人生重要的事是由神、命运等预先决定的，都取决于这个尘世生命所不可克服的力量干预，所以人的行为对这些事情的到来或者预防这些事情就没有任何意义。不管人采取什么努力，命中注定的事在相应时候都会发生，所以人没有必要费任何徒劳之力。儒家"知天""顺命"只是认识到并主张自觉顺应不以人的意志为转移的外在必然。马克思主义一贯把客观规律当作不以人的意志为转移的外在必然，强调人对其要能动地服从。儒家使用的语言及谈论问题的角度，同马克思和恩格斯是有所不同，但其内含的思想底蕴却有一致之处。按马克思主义认识-实践观点分析，儒家力命观"知天"而"顺命"的思想，是符合马克思主义认识-实践的真理尺度原则的。在天人之际，当主体、客体处于客观事实关系中时，客体是第一性的，主体是第二性的，主体必须服从客体。当然，这种服从是积极能动的，而非消极被动的，用儒家的话表达即"尽人事""知天命"。在这个意义上，儒家的力命观所表达的自由必然关系，同马克思主义关于哲学意义之自由-必然关系的理论是有某种吻合的。当然，在"天命"的形式下，客观必然性往往被赋予一种神秘的色彩，这容易导致人们对其"天命"观做宿命的理解。

在"义""命"范畴中，儒家强调道德选择、意志自由的"由己""在我者"。"义"是德性命令，是"当然之则"；"命"是客观制约的必然之理。在儒者眼中，"义"作为主体内在立法是可以超越外在必然制约的。人不能主宰客观外在世界，但完全可以主宰自己的心灵世界；人无法支配外在必然的自由，但人有选择道德的自由，有在内心对自己提出道德律令的自由。无论何时何境，选择道德行为及向善动机都完全取决于主体自我。也许有些道德愿望会因外部条件而难以实现，也许道德效果的获得要受许多客观因素制约，但人必须竭尽全力去做努力，至少在愿望动机出发处保持纯正德性，在内心深处保持一种超越外在条件的崇高德性。被孔孟乃至整个儒家称道的颜回，身处陋巷，饮食粗疏，外在物质条件非常简陋，但能做到"乐以忘忧"（《论语·述而》），因此孔子称赞"贤哉回也！"（《论语·雍也》）。"孔颜乐处"所体现的道德境界，就在于君子能不忧外在物质清贫，不忧个人利益得失，而注重"道德有于身"（《周子通书·师友上》），即所谓"君子忧道不忧贫"（《论语·卫灵公》）。物质生活、利益得失有待于外在条件，但主体内在的德性得失却是"在我者"，完全"由己"。在同一意义上，孟子把"仰不愧于天，俯不怍于人"（《孟子·尽心上》）作为君子之一乐。这种"乐而忘忧"的道德境界是可以超越客观外在的，作为主体内在的德辉之所在，是无待于外在条件的。

出于此，儒家尤其"尚志"。孔孟肯定人各有志，"三军可夺帅也，匹夫不可夺志也"（《论语·子罕》），又赞扬伯夷、叔齐"不降其志，不辱其身"（《论语·微子》）。荀子对"意志"、对"心"之主宰作用的肯定，皆表现出"尚志"的思想。这种肯定人有不假外求的独立德性意志的观点，把主体的德性自由提到了无条件的高度。孔子提倡"杀身成仁"，孟子宣扬"舍生取义"，都是以主体道德选择的无条件自由为前提的。在这个意义上儒家德性思想是充分高扬人的道德个性的。"舍生取义"是人的道德个性的最自由的发扬，动物牺牲属于本能，宗教徒的牺牲出于对上帝的敬畏，唯有道德牺牲完全出自个性自由，因此也最崇高、最有价值，因为它体现了人的一种德性自由本质。

可见，"义"对于"命"的内在超越自由，相比于"力"对于"命"的外在超越自由，其程度要大得多。它不同于力命观的地方在于，它所表达的为仁"由己"、德性"在我"，实际是说，"在任何的情况之下，都应完成自己的道德义务。也就是肯定，在任何条件之下，人们都有实行道德的自由"①。如果说"力""命"关系表达了"尽人事以待天命"的话，"义""命"关系则可表达为"以义制命"。

儒家关于主客体自由必然关系的思想丰富而有非凡价值，其高扬人的能动性，高扬人的德性本质的思想，在中国的文化及民族个性积极向上追求德性方面起了重大作用。

---

① 张岱年. 中国伦理思想研究. 上海：上海人民出版社，1989：185.

第三章　人自身领域的德性思想

　　儒者对社会伦理实践的德性总结与理解，使他们在认识人自身时不由自主地带有德性的目光。人的本质是社会关系的总和，但在儒家德性思考中，人之为人的东西在于人有人伦之善。尽管在人的自然属性方面，诸儒有性恶、性善、性无善恶的不同见解，但在人的社会属性方面，他们都基本一致地认为，人不同于动物的地方就在于人有人伦礼义等社会性道德要求。同时，儒家在把人的本质（人之为人的根本）规定为有礼义道德之时，实际上已自觉不自觉地把人的本质德化了。

一、人本质的德化

1. 善恶之辨——人性与人的本质

　　人性（人的本质）问题是儒家思想中的重要内容之一，诸儒就此展开了不同见解的阐释与辩论。"人性"在先秦时代是一个含义笼统的概念，要理解儒家人性观的异同，首先必须弄清先秦诸儒不同的人性含义及人性同人本质的关系。

人们往往在等同的层面使用"人性"与"人的本质"的概念。在许多时候，人性的确立意味着人之为人的属性、人之为人的本质规定性。然而，严格相分，"人性"应当是比"人的本质"涵盖更广的一种抽象。按马克思主义理论分析，人性应当包括人的社会属性及人的自然属性。社会性是人之为人的本质规定，但马克思并不用社会性排斥人的自然性。马克思和恩格斯认为，人作为一个生命体，首先就是自然的存在物，"吃、喝、生殖等等……也是真正的人的机能"①。但马克思紧接着又说明："人不仅仅是自然存在物，而且是**人的**自然存在物"②。可见，人的社会本质是基于人的自然性之上的，而人的自然本性也已由于渗入了社会本质而不纯是动物性了。因此，马克思主义"人性"概念是纳人的社会本质与自然本性为一体的一种理论概括。"人性""人的社会本质""人的自然本性"三者相互联系又相互区别。

由此而论，先秦儒家的"人性"争论并不是在同一个层面含义上展开的。在中国思想史上，第一个提出人"性"界定的是告子。《孟子·告子上》记载告子的言论说："生之谓性"，"食色性也"，即生而具有的叫作性，性的内容就是饮食男女的自然本能。在此之后，先秦诸儒对人"性"做了不同的界定、理解。

孔子对人性没有展开论述，在人性问题上只提出"性相近，习相远"的命题。就这一命题的含义本身而言，说明他主张人生来就具有相近的本性，就此来看，此命题似乎同"生之谓性"的观点有共同之处。然而，什么是人生来就具有的相近的本性，孔子没有明确讲过。因此，人性到底是人的先天食色生理本能，还是人的先天道德善性，在孔子这里是不明确的，正如他的学生所说："夫子之言性与天道，不可得而闻也"（《论语·公冶长》）。

孟子有关人性的界定十分明确，他不同意告子把人性理解为如同饮食男女一样，是人的食色生理本能。在孟子看来，这种生理本能不仅对人，就是对动物而言也是共具的。他认为不应混淆人性和动物之性的根本区别。他特别指出，作为一个人，如果只是表现出"饱食、暖衣、逸居"等自然属性的要求却"无教"，即没有社会道德教化，那就会"近于禽兽"（《孟子·滕文公上》）。为此，孟子驳斥告子说："然则犬之性

---

① 马克思恩格斯文集：第 1 卷. 北京：人民出版社，2009：160.

② 同①211.

犹牛之性，牛之性犹人之性与?"(《孟子·告子上》)。

孟子主要从"类"来论人"性"，他强调"圣人与我同类者"，"犬马之与我不同类也(《孟子·告子上》)。可见，孟子所谓的"性"主要指"人之所以异于禽兽者"(《孟子·离娄下》)。然而，这个人之所以"异于禽兽者"是否生而具有?孟子说:"人之所不学而能者，其良能也;所不虑而知者，其良知也"(《孟子·尽心上》)。"不虑而知""不学而能"，可见人这种"异于禽兽"的"良知""良能"是生而具有的。孟子在人性与动物性相区别的前提下探讨人性问题，其出发点显然比告子前进了一步。

荀子关于人"性"之界定同告子"生之谓性"的含义非常接近。他说:"生之所以然者谓之性"(《荀子·正名篇》)。又说:"凡性者，天之就也，不可学，不可事……不可学，不可事，而在人者，谓之性"(《荀子·性恶篇》)。这种自然生成的人之本能，荀子概括为"饥而欲饱，寒而欲暖，劳而欲休"(《荀子·性恶篇》)，"目欲綦色，耳欲綦声，口欲綦味，鼻欲綦臭，心欲綦佚"(《荀子·王霸篇》)等生理方面。然而，荀子的人"性"并不是人之为人的规定性，人之为人者在于"有辨""有义""能群"等社会道德属性。他说:"人之所以为人者何已也?曰:以其有辨也。……夫禽兽有父子而无父子之亲，有牝牡而无男女之别，故人道莫不有辨。辨莫大于分，分莫大于礼"(《荀子·非相篇》)。又说:"禽兽有知而无义，人有气、有生、有知，亦且有义"(《荀子·王制篇》)。实质上，荀子此所谓"人之所以为人者"与孟子所谓"人之所以异于禽兽者"意思相近，但孟子把这个概之为人"性"，而荀子则认为这是"伪"而不是"性"。生理本能才是人"性"，如此，则孟子、荀子就彼此不同了。

由上述分析可见，先秦诸儒在人"性"天生这一点上是没有太多分歧的。孔子认为人"性"生而相近，孟子指出人"异于禽兽"的"良知""良能"是天生具有的，荀子也明确陈述"生之所以然者谓之性"(《荀子·正名篇》);此外，《中庸》《大学》也都表达了人性天生的观点。分歧出在对这个天生之"性"的内容理解上。实质上，孟子人"性"概念是指"人之所以异于禽兽者"的规定性。据孟子言论来看，人性大致相当于马克思主义所说的人的社会本质属性。在荀子那里，人性是指人的自然属性。可见，孟子同荀子在人性问题上的分歧主要是人

"性"概念中各有所含，而在"人之所以为人者"的实质问题上，他们是没有分歧的。至于孔子，虽没有像孟子、荀子那样展开自己的人性主张，但联系其整体思想来看，他也把有人伦之德视作"之所以为人者"。他的仁爱忠恕思想强调了人与动物的不同，"今之孝者，是谓能养。至于犬马，皆能有养；不敬，何以别乎?"（《论语·为政》）。人不同于动物的地方在于人有德性，而动物则没有，所以"鸟兽不可与同群，吾非斯人之徒与，而谁与?"（《论语·微子》）。

就人性中所应包含人的社会本质属性与自然属性来看，孟子（也许还应算上孔子）的人性观点无疑具有合理之处。他把人性规定为"人之所以异于禽兽者"，其中包含了"良知""良能"等社会属性，也包含了食色等人的正常生理需求。相比之下，荀子的"人性"概念显然离马克思主义意义上的"人性"概念相去甚远，因为他的"人性"是在人的自然生理属性含义上说的，完全不包含人的社会本质。然而，荀子人性论有价值的地方在于他批判了孟子的"先验道德论"，指出"人之所以为人者"在于后天社会的礼义分辨。在马克思主义看来，人的社会本质是社会历史的产物，仅此而言，荀子对人的社会本质属性做了较孟子更为合理的把握。

理清了先秦诸儒在"人性"概念上的不同含义，我们才可能准确理解儒家"性善""性恶"之争，也才可能进一步理解儒家如何在人性论述中使人的本质得以德化。

2. 人之为人——人的德性本质

人性，人的本质作为"人之所以为人"的规定性，本来应当是一个涵纳人之各方面主体性征的概念。从马克思的论述来看，他关于人的本质有很多重要程度不同的提法，如人是人的最高本质，是社会关系的总和或社会性，是劳动或创造性活动，是自由自觉的理性活动，等等。马克思针对不同的问题，在不同的场合从不同的角度强调了人之为人的规定性的不同侧面，可见马克思对人的本质的理解从不是单一的。

在马克思主义看来，人是有能动理性、自觉意志的实践主体、认识主体、道德主体和价值主体的总和，而这一切并不是一种抽象的存在，而是一种社会性存在。正是在人的现实性上，马克思把人的本质规定为

"一切社会关系的总和"①。马克思在《1844 年经济学哲学手稿》中指出，人不仅是自然存在物，而且更是社会存在物，其能动理性，其认识的、道德的、价值的主体性，其实践活动，都是社会历史给予并在社会历史实践中得以存在的；离开了社会，人就不可能作为人而存在。离开了人的社会性，人的一切属性都不可能真正成为人之为人的规定性。因此，从根本上说，人的本质在于其社会性。马克思在强调人的本质的社会性时，实际是对人全方位的种种性能做了一种高度概括，其中既涵盖了认识、德性、理性与感性，也包括了生产实践与伦理道德实践的社会性和自然性，还包容了人性在具体社会中的阶级性及民族性。

马克思主义的人性理论提示了人的本质规定之所在，揭示了人之为人的一切。儒家把有人伦礼义作为"人之所以为人者"，主张把人性与动物性区分开来，这的确是儒家对人自身认识的一种深化。从中国古代人类成长和发展的历史来看，在相当长的自然崇拜阶段，古人是把动物崇拜同民族祖先崇拜结合起来的。如不同的民族曾分别把龙、凤、虎、豹、熊、蛇等动物作为自己的图腾标记，其后虽然把自然神和祖先神分别开来加以崇拜，但在当时，祖先神也多是神话或传说中半人半兽式的英雄人物。从人类认识思想发展角度讲，这说明中国古人还没有把自己从动物界中彻底分离出来。一直到春秋战国时期，人和动物的关系问题才被明确提了出来。在告子同孟子关于人性的辩论中，孟子就明确提出了人之性异于牛之性、犬之性的见解，把人同动物区分了开来。荀子则进一步区分了人的自然性（自然情欲）与社会性（有义、有辨）。再往后，许多伦理思想也都涉及人与动物的区分问题，虽然在个别地方有所创见或提高，但就总体而言，基本仍停留在先秦儒家已达到的水平。

儒家看到了人是不同于动物的存在物，但在规定人的独特本质时，却自觉不自觉地将其德化了。诸儒给人的本质以德性的价值规定，认定"人之所以为人者"就在于人有人伦礼义道德分辨。被马克思所全面揭示的人之社会本质，在儒家这里被德化为"善"本质。

儒家的人性（本质）德化，在孟子这里表现得最为突出。孟子直接明确地把人之为人的本质规定为善。人的善之本性是人所独有的，是先

---

①　马克思恩格斯文集：第 1 卷. 北京：人民出版社，2009：501.

天内存的，具有本原性意义。他认为"人性之善也，犹水之就下也。人无有不善，水无有不下"（《孟子·告子上》）。孟子"道性善"认为，人都有恻隐、羞恶、辞让、是非之心，而此"四心"即仁、义、礼、智之"善端"。因此，孟子断言，仁、义、礼、智等道德善端不是后天外在加于人的，而是人生而固有的，并且还认为，正因为人具有先天的道德观念，所以人才成为人并与动物相区别。因此，他说："无恻隐之心，非人也；无羞恶之心，非人也；无辞让之心，非人也；无是非之心，非人也"（《孟子·公孙丑上》）。可见，人的本质就存在于德性之心中。可以说，孟子在说人性本善时，并不是说人生来的全部本能都是善的，而是说人之所以异于禽兽的特殊本性，或人之"心"是存有善端的。

孟子肯定人之"心"的作用，"心之官则思"，又认为"至于心，独无所同然乎？心之所同然者何也？谓理也，义也"（《孟子·告子上》）。"理解性善的关键在于'思'"①。孟子肯定人有思维能力，这在古代思想史上有重要意义。"孟子关于'思'的命题，用现代的名词来说，即肯定人是有理性的"②。然而，孟子的能思以"理""义"为对象，人的理性被归于一种德性能力。这种心之能思、德性之能力又被孟子称作"良知"（"不虑而知者"）、"良能"（"不学而能者"），合而谓之"良心"。可见，孟子在使道德起源陷入"先验论"的同时，也使人的本质归入了道德善性。

在谈到先秦儒家性善性恶时，许多学者往往不把孔子包括进来，原因是孔子没有正面展开自己的人性观点。他虽然提出了"性相近，习相远"的命题，但相近之性是善还是恶，孔子自己并没有直接阐述明白，人们对此也没有做太多探讨。然而，联系孔子的一贯思想及其多方面的论述，可知他实际自觉不自觉地也在流露人性（本质）本善的观点。

孔子"性相近"人性命题的提出不是偶然的，它是孔子伦理道德思想中最核心的东西——"仁"原则的前提与基础。孔子的"仁"是一个内容含量很广的概念，概而论之，主要包括人与人之间的恭、宽、信、敏、惠等五种伦理道德关系，这五种基本的伦理道德关系又主要表现为"忠""恕"两个方面。孔子解释"恕"说："其'恕'乎！己所不欲，勿施于人"（《论语·卫灵公》）。按子贡的理解，即"我不欲人之加诸我

① 张岱年. 中国伦理思想研究. 上海：上海人民出版社，1989：93.

② 同①94.

也，吾亦欲无加诸人"（《论语·公冶长》）。关于"忠"，孔子没有直接解释，但根据宋儒的解释（"尽己之谓忠"），通常都以"夫仁者，己欲立而立人，己欲达而达人"（《论语·雍也》）释之。后来宋儒又概括为"推己及人"①。

显然，由己推人包含了这样一个重要的思想前提，即人同此性，人己同欲，由此才可"能近取譬"，将心比心。从此可见，孔子"性相近"中包含着人有普遍相近本性的思想。从观点内容来讲，"仁"就是"爱人"或"泛爱众"；从方法来讲，"仁"所包含的忠恕之道（由己推人）是一种行仁之方。"爱人"原则就是通过忠恕之道或由己推人的行仁之方而得以实现的。

从推己及人的忠恕之道以及由此实现的"爱人"原则来看，孔子的"仁"实际上包含了人皆有"爱人"道德属性这样一个至关重要的观点。人与动物的分别就在于人有人伦德性，人能"亲亲""爱人"，而动物则没有。正因为人有人伦德性而动物没有，所以才"鸟兽不可与同群"（《论语·微子》）。德性成为人之为人的根本标志。《中庸》所述"仁者，人也"，其含义即在于此。

由上述可见，孔子关于人性善的思想逻辑大致如此：人生而具有相近本性，人同此性，人己同欲；由于我之所欲亦人之所欲，故可"己欲立而立人，己欲达而达人"；同样，"施于己而不欲"者，亦"勿施于人"。爱人或被人爱是人的普遍欲求。如此，"爱人"原则才可能由己及人地得到实施。因此，孔子思想中隐含着人先天具有"爱"心、同情心的观念。仁爱、忠恕就建立在人同样具有爱心的基础之上。同时，孔子的仁爱是从"孝、悌"推出来的，而"孝、悌"在孔子看来是一种由天然血亲之爱为本始的"天赋德性"。有父子于是有君臣，有兄弟于是有朋友，天然血亲是一切人际关系的元点。父子手足的人伦道德源于天然血亲，来自非常原始的、非常自然直觉的感情。由此可见，孔子不但认为人之为人的本质在于人有人伦德性，而且间接表达了人的这种德性属性是先天就存在的。

关于人性之善为天之所然，孔子在某些地方也曾直接道明。孔子说："人之生也直"（《论语·雍也》），"天生德于予"（《论语·述而》）。

---

① 朱贻庭. 中国传统伦理思想史. 上海：华东师范大学出版社，2009：42.

从孔子的一贯思想来看，他是把人伦德性作为人性规定的，人的本质在孔子"仁学"中呈现出德化的色彩。

孔子"仁学"所包含的这种人皆有德性的思想，后经孟子、荀子从不同侧面的发展，一直成为儒家伦理思想的理论基石，并对中国古代文化产生了复杂的影响。

荀子似乎用"性恶"反对"性善论"，但在前面我们已指出，荀子称之为"恶"的"性"同孔子、孟子称之为善的"性"实际不是一个"性"。前者谓自然本能，后者指社会本质（只不过把本属于后天社会的伦理道德先验化了）。荀子的"性恶"与孟子的"性善"辩论不在一个层面上，因而并未产生真正的交锋，荀子"人性恶"并不能看作孟子"人性善"的对立命题。

荀子所称恶之"性"，是人生而有之、不学而会的自然本性，顺从自然本性而任其发展，就必会产生争夺、残杀、淫乱等恶行。荀子的论证是："今人之性，生而有好利焉，顺是，故争夺生而辞让亡焉。生而有疾恶焉，顺是，故残贼生而忠信亡焉。生而有耳之欲，有好声色焉，顺是，故淫乱生而礼义文理亡焉"（《荀子·性恶篇》）。由此足以证明人性是恶的。荀子由此批评了孟子的性善论，认为孟子之所以视人性为"善"，"是不及知人之性，而不察乎人之性、伪之分者也"，礼义道德"是生于圣人之伪，非故生于人之性也"（《荀子·性恶篇》）。

在马克思主义人性论看来，人的自然属性本身是无所谓善、恶德性的。荀子否定孟子道德（善）的先验论，这是他人性论的贡献，但在否定把"善"来源归于天赋人性的先验论的同时，却又在"恶"的来源上陷入了同样的错误。荀子视人的自然属性为"恶"，这就抹杀了"恶"的社会本质及社会根源，就等于对人的自然性进行了道德属性（恶）的规定。因此，荀子的自然人性论是不彻底的，其自然人性实际也由于被赋予道德性质而被德化了。

荀子区分了人的自然本性与社会本质，把人之为人的本质归于能"群"，能"群"是因为人有"分""辨"。"分""辨"的内容即礼义法度、道德规范。由此看来，人的社会本质（"人之所以为人"）就在于礼义法度、道德规范。可见，荀子不但使人的自然属性德化了（性"恶"的德性规定），而且同孔子、孟子一样，把人的社会本质德化了。

实际上，荀子一方面强调"善者伪也"，强调礼义道德的后天人为，另一方面也不自觉地说明人性中有向善的一面。人之性恶，产生了对礼义法度的需要，然而礼义法度怎么能够产生？荀子自问："人之性恶，则礼义恶生？"（《荀子·性恶篇》）。答曰："凡礼义者，是生于圣人之伪，非故生于人之性也"（《荀子·性恶篇》）。然而，在他的"性恶论"里，圣人"尧舜之与桀跖，其性一也"（《荀子·性恶篇》），都是恶的，那么他们的"伪"又是怎么产生出来的？他以"苟无之中者，必求于外"（《荀子·性恶篇》）来解释。这种解释自相矛盾："凡人之欲为善者，为性恶也。夫薄愿厚，恶愿美，狭愿广，贫愿富，贱愿贵"（《荀子·性恶篇》）。"欲为善"，即有向善的要求，"有向善的要求正是性善的一种证明。荀子却说成性恶的证明，这是没有说服力的"①。

荀子实际上无形中肯定了人也有性善的一面。在论证"涂之人可以为禹"时，荀子肯定了人有向善的可能。他说："凡禹之所以为禹者，以其为仁义法正也。然则仁义法正有可知可能之理，然而涂之人也皆有可以知仁义法正之质，皆有可以能仁义法正之具"（《荀子·性恶篇》）。荀子认为"今涂之人者，皆内可以知父子之义，外可以知君臣之正"（《荀子·性恶篇》），人具有可以知"父子之义""君臣之正"的本质与条件，这正是性善的证明。他甚至承认人都有"性质美而心辩知"（《荀子·性恶篇》）的能力。可见，尽管他口头上反对孟子的性善说，但最后还是得承认它。在这一点上他与孟子事实上走到一起来了。

综观孔子、孟子、荀子的人性主张，虽各有侧重，但在根本问题上具有事实上的一致性。归纳起来，"人之所以为人"的本质规定在于人有礼义道德，这一点三人毫无二致。孔子以人有孝道敬爱而别于犬马，孟子以"四心""善端"界定"人之为人"，荀子也强调人不同于动物之处在于人"有义"，能"群"，有礼义"分""辨"。在人的本质规定社会属性上，先秦儒家观点是一致的，即都把其归为伦理道德。伦理道德照马克思主义观点来看是后天社会的产物，而孔孟把它先验化了，这是具有理论缺陷的。荀子更多地强调了礼义道德的后天社会性，在这一点上他站得比孔子、孟子高。

然而，孔孟在说人性本善时，并不是说人生就的全部本能都是善的，而是说人之异于禽兽的本性是善的，也就是说，孔孟的先天善性并

---

① 张岱年. 中国伦理思想研究. 上海：上海人民出版社，1989：97.

不是绝对的。孟子再三强调的"四心"有时是指人向善的一种理性本能，这即他所称的"良知""良能"。"良知""良能"多指一种道德认识判断能力，它本身还不等于礼义道德规范的具体内容。孟子对此也有表述，他说："恻隐之心，仁之端也；羞恶之心，义之端也；辞让之心，礼之端也；是非之心，智之端也"（《孟子·公孙丑上》）。这里称此为善之"端"、良之"能"，就意味着"四心"仅是一种向善的端倪或向善的可能性、向善的能力，"若火之始然，泉之始达"（《孟子·公孙丑上》）。

孟子肯定人有能"思"的德性理性，"善端"在许多时候实际就是指人有德性理性能力。至于仁、义、礼、智的具体规范内容，孟子并无否定那是后天社会向人们提出的要求。善端仅是一种萌芽，"良知""良能"仅是一种向善的可能性，是"可以为善"的一种内在因素或可能性，要使这种可能性转化为现实性，还有待于后天的努力，这即孟子所说的"扩而充之"的功夫。正因为如此，孟子才特别强调人的后天教育与修养。"人之所以异于禽兽者几希，庶民去之，君子存之"（《孟子·离娄下》），说的就是人之善性是需要后天存养的。《周易》"继善成性"也表达了此义，"一阴一阳之谓道，继之者善也，成之者性也"，肯定人有善端，但得有发展的过程，才能保持、造就完善德性。

至于孔子，则明确把道德心理"仁"与道德内容"礼"分作两层含义。"礼"在孔子言论中指"周礼"，那是一整套典章、规范、制度、仪节。"礼"是后天社会规范，人生而具有的只是作为一种爱心的、一种由己推人之德性理性的、一种"仁"的心理情感，这一观点影响到后世。从这一点来看，孔孟虽没有像荀子那样明确表达礼义道德内容的后天所"伪"，但在其思想中强调天生善性，往往是在讲道德理性、道德情感（"仁"）以及善的可能与能力（"善端"），对"礼""义"道德具体内容为社会要求并无异言。

因此，孔孟的先验德性论并不是绝对的。这即是说，孔孟的先验德性论并不否认"礼""义"内容的社会性，而荀子强调礼义由后天圣人而制的思想也并没有排除人性中存在先天向善的能力。如此，孔孟就不是绝对的德性先验论者，荀子也不是彻底的"性恶论"者。从这个角度审视，孔子、孟子、荀子在人性问题上虽有争辩，但涉及"礼""义"内容的社会制作及人性有向善能力方面，他们的观点则小异而大同，可同归于德性人性论。也正基于先秦儒家德性人性之源，"人之初，性本善"的德性人性论才成了中国古代对人性见解的传统观念。

实际上，德性先在也罢，后天制礼习成也罢，都是为了说明"人之所以为人者"在礼义、在德性。人的本质就是人的德性。本来，按马克思主义揭示，人性即人的本质在于社会性，在于社会关系的总和，德性关系是人的关系中的一种，德性规定是人的社会本质规定之一，德性关系、德性规定并不等于人的本质的全部。

儒家用德性规定人性、人的本质，当然不免易陷于一偏，使人的本质单面化，社会性本质成了德性本质。然而，强调人的德性本质方面，尤其是强调人性本善，强调人有向善的理性能力，就为以民为贵的"民本"主张开拓了道路。人性本善是"民本"思想的理论基础。在近代西方思想史上，人道主义和人本主义思想家也都肯定人性本善，这其中有必然联系。马克思也认为"人性本善"同民主思想、民主社会具有一种逻辑关系，他说："并不需要多么敏锐的洞察力就可以看出，唯物主义关于人性本善和人们天资平等，关于经验、习惯、教育的万能，关于外部环境对人的影响，关于工业的重大意义，关于享乐的合理性等等学说，同共产主义和社会主义有着必然的联系"[①]。

与此相关，强调人的德性本质，同强调人的主动性而非受动性，强调人在天地间顶天立地的位置，强调人的主体自由性，一句话，同强调人的主体地位有必然联系。中国儒家德性传统以至中国文化传统一贯高扬人"为天地立心，为生民立道，为往圣继绝学，为万世开太平"的主体性，高扬人的德性价值与尊严，高扬人的道德自律，这一切都同儒家奠立的人性本善的德性本质论分不开。

3. 性可教养——德性本质的展现

在"人之所以为人者"的界定上，孔子、孟子、荀子是一致的，即都把它界定为在于人有礼义、有德性。只不过孔子、孟子认为人天生具有"良知""良能"的"善端"，而荀子则认为人天生性恶。但由于孔孟与荀子所使用的"人性"意指不同，前者的"性善论"与后者的"性恶论"并不作为两种截然相分的理论而对立，而是呈现出一种交叉重合而又错位的状态。但无论人性理论怎样重合或交错，人性、人的本质可都

---

① 马克思恩格斯文集：第1卷. 北京：人民出版社，2009：334.

化为德性，这是孔子、孟子、荀子达成的共识，在人性可通过后天教养而德化这一点上，三人都主张"人皆可以为尧舜"（《孟子·告子下》），其理论异曲同工。

孟子反求诸己的修性养心，是同"性善论"相谐调的。"善端""四心"正因为本存于人心之中，所以只要扩而充之，就可成为仁、义、礼、智"四德"。若"四心"是火之始，"四德"就是火之燎原。从人性具有善端这一前提出发，孟子同意"人皆可以为尧舜"的观点，但也正因为人性存在的仅是"善端"而并不就是善德本身，人才不是都成为尧舜或都成为善者。土地都具有生长的（先天）能力，但播种在同一块土地上的麦种会有收获多少之别，原因在于"地有肥硗雨露之养，人事之不齐也"（《孟子·告子上》）。人具先天善性，但并不等于人的所有天生本能生来都善，后天环境浸染加之主观不努力，就会丧失善性。可见，人善与不善，有后天人为在其中起作用。有人为不善，"岂无仁义之心哉？其所以放其良心者，亦犹斧斤之于木也，旦旦而伐之，可以为美乎？"（《孟子·告子上》）。这一点也体现了孟子重后天社会教育修养的思想。

由于善性本"根于心"，所以"尽心""知性""存心""养性"就可以保持、扩充天赋善心。又由于"根于心"的仅是"四心""善端"，所以"求则得之，舍则失之"（《孟子·尽心上》）。人如果"失其本心""放其良心"（《孟子·告子上》），则为不善矣，所以孟子主张"求放心"，通过后天主观努力而发扬本心善性。

孔子自称"天生德于予"（《论语·述而》），体现了德性来源上的先验论倾向，但同时又强调"学以致其道"（《论语·子张》），强调"性相近，习相远"。孔子并无像孟子那样明确提出先天善性，但更无同荀子一样走向"性恶"。在孔子眼中，善恶由后天习成，但他的思想中包含了德性天赋的倾向。比如，基于血缘亲子之爱的仁爱之心，以及"忠恕"之道含有的由己推人的普遍道德能力，都是人向善的可能性。正是基于人可以为善的先在向善可能性，孔子才大力要求人们努力向善。

荀子主张"性恶"，当然这只是指人的自然本能；在其社会性本质上，荀子主张人皆可以达到德化。后天教育和德性修养能够改变人的先天恶性，荀子把这叫作"化性起伪"。实际上荀子的"性恶论"并不彻底，他也承认人性中有向善的可能，有"欲善"要求，人思虑后能"正义而为"（《荀子·正名篇》）。这一点是先天的，"材性知能，君子小人一也"（《荀子·荣辱篇》），"化性起伪"就是基于人性中向善的"质"（本质）、"具"（条件）。这是荀子的"性善"倾向，人都能认识"仁义法正"（《荀子·性恶篇》）之理，都有成善成圣的可能，故而荀子同孔孟一样，主张涂之人皆可为圣人。

尽管在"性善""性恶"德性的"先天""后天"方面，先秦诸儒有所争议，但在"性可教养"观点上他们是一致的。"求放心"也罢，"化性起伪"也罢，人的社会德性本质是可以达成的。儒家一方面断定人的本质（人之为人者）在于礼义德性，另一方面又说明这种礼义德性通过后天"修养""教化"是完全可以获得的。人的本质在善，人的本质可以善，这是不是一种放大了的"人性善"理论可再斟酌，但这至少表现了儒家思考人性、人的本质的"德性化"视角，表现了其最终对人的本质的德性规定。

总之，孔子的人性论既包含了人向善的可能性，也包含了人向恶的可能性。孟子、荀子从不同侧面发展了孔子的这种人性思想。孟子向内发掘了人的德性本能，但正如前文已分析的，孟子的性善论并不表达人生而具有的一切都是善的，因此孟子的道德理论并没有因德性（善）先验论而走向宿命论，恰恰相反，而是肯定了德性实践上的主观能动性，从而为他的道德修养论提供了前提条件。

荀子则向外发展了孔子的"习相远"思想，并进一步完善了孔子的道德修养论。尽管儒家人性论离开人的社会生产实践，而多从人伦实践角度考察人性，具有一定的片面性，但无论如何，儒家强调了人同禽兽的分别，做了"人心"、"心之官则思"以及"材性知能"，"人能思虑"的归纳，这些都说明先秦诸儒看到了人的理性、人的主体能动性。儒家一致强调人的生物生理属性从属于人的伦理社会属性——主体德性，人首先是有德性的社会人，在这个前提下满足自己的自然生理需求，才不会沦为衣冠禽兽。

4. 性善情恶——德性本质与自然性

儒家在人性问题上持性善论点，认为人天生具有仁义的德性。但这种性善论在道德实践中常会碰到"性善"与"性恶"的矛盾。先秦儒家尤其是孟子在论证性善论时提出了一个重要命题，即人和动物具有不同的本质特性，但他们只讲人的社会本性（德性），不承认人的自然本性，忽略了人与动物作为生物的自然共性，这就使儒家的德性人性论带有了一种理论缺陷。汉代大儒董仲舒开始有意识地弥补这个缺陷。

董仲舒不同意一般地谈人性善，他认为人性中有善端，也有恶端。性之所以有恶，在于性中有情，情为恶。但董仲舒还不像宋儒那样，把性情截然分为两段，而认为情就包含在性里。他说："天地之所生，谓之性情。性情相与为一瞑。情亦性也。谓性已善，奈其情何？故圣人莫谓性善，累其名也。身之有性情也，若天之有阴阳也。言人之质而无其情，犹言天之阳而无其阴也"（《春秋繁露·深察名号》）。

董仲舒论证说，性由气而生，气有阴阳之分，性亦有性情之别。性为阳为善，情为阴为恶。许慎《说文解字》中也这样解释说："情，人之阴气有欲者""性，人之阳气性善者也"。这和董仲舒的思想很一致。人性包含性与情，所以人性含有善与恶，不能简单地说人性的善与恶。

董仲舒论证说："善如米，性如禾。禾虽出米，而禾未可谓米也。性虽出善，而性未可谓善也"（《春秋繁露·实性》）。不是禾所生的都是米，也不能说所有的性全是善。董仲舒另举例说，性好比卵和茧，卵等孵了之后才有小雏，茧等缫了之后才有丝，性也是这样，要等教了之后才能成为善。

在这种人性论基础上，董仲舒进一步提出了人性教化思想：天授资质，王者教训成善。一方面在理论上补充了先秦儒家的道德教育思想，另一方面也为汉代统治者行德治、施德教铺设了思想基础，使统治者教化人们成为天经地义的事。"性者，天质之朴也。善者，王教之化也。无其质，则王教不能化；无其王教，则质朴不能善"（《春秋繁露·实性》）。所以，圣王是承天意而教化万民，所成善性防止人欲为恶。至此，宋明理学的"存天理，灭人欲"在董仲舒的人性论里已见端倪。

董仲舒还发挥了孔子"中人以上，可以语上；中人以下，不可以语上"（《论语·雍也》）的思想，进一步提出了他的"性三品"说。他把人性分为三种：一是情欲很少，不教自善的"圣人之性"；二是情欲很多，教也不能为善的"斗筲之性"；三是有情欲，可以为善也可以为恶的"中民之性"（《春秋繁露·实性》）。他认为"圣人之性"可能纯善，

"斗筲之性"可能纯恶，这显然又和他的阴阳化性说相矛盾。

总之，从董仲舒的人性论中，我们可以看出董仲舒已开始阐述性善情恶观点了。此后汉唐乃至宋明许多思想家，如王充、何晏、韩愈、张载、二程、朱熹等，都基本沿着这种思路展开了对人性的论说。

宋代张载总结了其先行者关于人性学说的经验，尤其吸收了前人性善情恶的人性思想，提出了心性二元的人性学说，把人性分为"天地之性"和"气质之性"两部分。张载所言之"性"，是一个包括人和天地万物的总概念，包括人性与物性，是人与天地万物的共同根源。张载从人和万物同有一性出发，推出"性即天道"的论点，与天道合一的即为"天地之性"，凡为人，皆有"天地之性"，"天地之性"是体现天理的，因而是至善的。

在指出人和天地同有的"天地之性"后，张载进一步论述了人的特殊本性，以及每个人的具体本性，即"气质之性"。张载的"气质之性"有两层含义：一是指人类的特殊本性，如饮食男女之自然欲望、生理要求，是不可或缺的。他反对道教、佛教认为欲望不是性的观点。他说："饮食男女皆性也，是乌可灭？然则有无皆性也，是岂无对？庄、老、浮屠为此说久矣，果畅真理乎？"（《正蒙·乾称篇》）二是指每个人的具体本性。每个人由于秉气不同，所以每个人的气质也各不相同。"天下之物无两个有相似者。……至如同父母之兄弟，不惟其心之不同，以至声言形状，亦莫有同者"（《张子全书》卷十二）。有些人刚，有些人柔，有些人狭隘，有些人豁达，等等。

据此，张载认为人应当尽力排斥气质之性的闭塞，根除物欲诱惑，变化气质之性，发扬天地之性。这里张载实际上继承并发挥了先秦儒家的人性修养思想，并进一步发挥了"养心莫善于寡欲"（《孟子·尽心下》）的修养方法，提出变化气质之性首要在于存心用敬、集义、养浩然之气。"集义"必须排除物欲引诱，克己养心，"通蔽开塞"（《性理拾遗》），"以理义战退私己"（《横渠易说·上经·大壮》）。人人都去掉私欲，天理善性才得以发挥出来。

强调人的后天努力，修养气质，完善人性，很有合理之处，但要人们克制物欲，这就走到了封建统治的"存天理，灭人欲"的路子上。事实上，其后二程、朱熹等人的"天命之性""气质之性"，"天理""人欲"说，都只是张载"天地之性""气质之性"的引申和发挥。由此，人的本质被进一步引向了"天理"化。

张载人性论对性与天道的沟通，使儒学关于人性问题的探讨达到了一个新的理论高度，所以受到程朱学派的赞同和发挥。

程朱在理学基础上提出了"性即理"的命题。二程把性分为"天命之谓性"和"生之谓性"。前者得于天道，后者属于气禀之性，人正是因为秉了清浊不同的气而有善恶之分。朱熹也认为人与物相分，是因为人得了清、正之气，所以人优于其他万物，"无不知，无不能"（《朱子语类》卷四），而不同的人由于秉气有所不同，所以有善恶之别。

在朱熹看来，理是"总天地万物之理"（《朱子语类》卷九十四）。天地万物间只有一个理，这是"理一"，然而理表现在个人身上与气相杂之后，又各有不同之性，这是"分殊"。天命之性和气质之性是不可分离的，"性离气禀不得。有气禀，性方存在里面；无气禀，性便无所寄搭了"（《朱子语类》卷九十四）。朱熹意识到人的"天理"之性和自然之性的相互依赖性，这有正确的一面，但他并未认识到天命之性和气质之性可以相互转化，这使他的学说由于缺少辩证思维而有偏颇之处。

在人的善与恶问题上，朱熹认为人性中分有天道天理，但和气质之性中的清浊之气交杂在一起，理性若被蔽塞则不可能有善了。朱熹还从另一角度把心分为"人心"和"道心"，"道心"表现为天理便是善的，"人心"表现为人欲便是恶的。人心战胜道心时，则人欲流行，充满恶性；道心统率人心时，才会充满天理和善性。

根据上述观点，程朱理学提出了"存天理，灭人欲"的人性主张。程朱认为天理与人欲是对立的，"天理、人欲，不容并立"（《四书章句集注·孟子集注》）。所以，主张以道心主宰人心，以天理战胜人欲。"人只有个天理、人欲，此胜则彼退，彼胜则此退，无中立不进退之理"（《朱子语类》卷十三）。所以，人要想存善去恶，就必须"革尽人欲，复尽天理"（《朱子语类》卷十三）。

在程朱眼中，仁、义、礼、智就是天理，是根于人性的。他说："仁义礼智岂不是天理？君臣、父子、兄弟、夫妇、朋友岂不是天理？"（《晦庵集》卷五十九）。把社会人伦纲常视作天地的必然之理，宋明儒家在使天道进一步伦理化的同时，使人性进一步"天理"化，使人性的德化进一步深入。

宋明理学的人性论把"性善情恶"观念推到了极端，在社会实践中使人性发生了极大的扭曲，以至明清及近代儒家纷纷批评理学家，认为他们离开人欲空谈义理至极端，使理欲观成为"忍而残杀之具"，背离了圣贤之道。王夫之、戴震、康有为、谭嗣同等，都是反对宋明人性理欲观的典型思想家。

总之，在先秦儒学中得以觉醒的人之德性理性，经过汉儒的发展，到宋明理学由于极端化而成为人性论的一种扭曲表达，这种理论偏误到明清之际已得到越来越多的指责和批判。就先秦儒学来说，尽管人的本质及主体理性被规定在德性范围内，但毕竟它在中国思想史上第一次认识到了人之为人的根本在于理性（德性的），在于社会性（礼义的）。先秦儒家把思考的主题放在了社会人伦方面，并由此超越人的动物本性而走向了人的社会德性本质。这可看作中国古代思想史上从自然到人的第一次转折，在人类认识自我的发展史上做出了极有价值的贡献。同时，把德性作为人的内在本质，则赋予人之德性理性、人格尊严极高地位，儒家所树立的"理想人格"就是一种充分体现人之德性本质的圣人模式。

二、理想人格

在一定的社会制度和文化环境中，出于当下时代的现实需要，人们的利益、要求、期望、价值观念集中在某一楷模（人格模式）身上，就凝结为理想人格。就其与社会、思想文化的关系而言，理想人格是某一社会、某种思想文化中人们最为推崇的人格典型，它典型地体现了该社会及其思想文化的基本特征、价值观念，以及对人的本质、人的价值的最终理解。中国文化中的传统人格不是单一色调的，儒、墨、道、法各家都铸就了与自家学说相吻合的理想人格。儒家以圣人、君子为自家理想人格模式。圣人、君子身上凝集了儒家德性理论的思想内涵及价值观念，并充分体现了儒家德性思想对人的德性本质的思考与德性价值的高扬，可以说是一种对主体理想模式的构造。

1. 内圣外王

儒家树立的理想人格最高层次为"圣人"，"圣人"是理想人格的最高代表。然而，儒家"圣人"又不是超凡脱俗的纯理想人物，而是生活在此岸的、现实的人。内在超越现存又在外部现存中实现，这种境界被概括为"内圣外王"。

"内圣外王"一词最早见于《庄子·天下》篇，但它更适合表达儒家的人格理想。《大学》所谓"三纲领""八条目"正是阐明这种理想的。《大学》一开始就说："大学之道在明明德，在亲民，在止于至善。""明明德"即要把人自己内在所有的"德性"发挥出来，这是一种修养内德（内圣）的功夫；"亲民"表达推己及人，由内在德性推至外在表现（外王）；"止于至善"则是理想的现实与完成。"八条目"是指格物、致知、诚意、正心、修身、齐家、治国、平天下。前五项属于内在功力，后三项可属于外在功夫。

这里所包含的意蕴实际是，理想人格的崇高德性是要向内用功，要修心养性，"求己""尽心""求放心"，但又不是脱离现实生活外在事业的空性修养，不是渡越到彼岸世界。儒家的理想人格是要在现实中实现的。"明明德"是一己之事，但它必须通过由己推人而外达于事；内圣是理想人格的境界，但没有外在事功的体现便不可能达到。换句话说，完全脱离外在事功追求一己心灵纯粹超越的"人格理想"，不是儒家追求的人格境界。由此看来，"内圣""外王"是儒家理想人格同一而不可分割的两个方面。这种关于理想人格的理解，在孔子思想中首先被表达出来。

孔子重"仁"，认为作为一个君子，就在于具备"仁"的品德，终身行"仁"不违，哪怕仓促之间、颠沛之际，都须致力于"仁"。"君子无终食之间违仁，造次必于是，颠沛必于是"（《论语·里仁》），君子即行仁的人，君子之道即仁道。为仁是一种主体道德境界。"为仁由己，而由人乎哉？"为仁完全可由主体自己选择，和别人没有关系。从主体能动角度看，这是一己之事。然而，孔子的"仁"从来就不单纯是一种主体的情感与追求，还是一种与"礼"相联系的德性。孔子以"仁""释""礼"，"礼"是人伦道德的外在要求，"仁"是主体人格的内在能动；"仁"的达成要合乎"礼"，出于"礼"的道德实践为展示途径。"仁之方"即"己欲立而立人，己欲达而达人"；由己达人，一方面尽量发展自己内在的仁心，另一方面又把仁心推广于众。子路曾问如何成君子，孔子说"修己以敬"，但这不是全部，还要"修己以安人""修己以安百姓"(《论语·宪问》)。另外,子贡曾问:"如有博施于民而能济众,如何? 可谓仁乎?"(《论语·雍也》)。孔子说:"何事于仁? 必也圣乎!"(《论语·雍也》)。可见,"修己"是起点,做的是"内圣"功夫;"安百姓"是理想的现实,完成的是"外王"事功。

有学者认为孔子思想中作为理想人格的君子与"博施于民而能济众"的"圣人"是有区别的,成"圣"还需要外在条件,而"君子"通过德性修养就可达到,甚至认为先秦儒家理想人格"鄙薄外在事功而重视心理修养"。这种说法似乎没有把握孔子理想人格的真谛。实际上后来《大学》所发挥的正是孔子之内圣外王思想,孟子和荀子也都侧重强调了内圣外王之道的一个方面。

孟子的理想人格与孔子无异,只不过特别强调"为仁由己"的道德能动性,在其论述中较多地论证了人成圣的内在德性根据与内求的修养功夫。由于人心中有天赋"善性",所以人只要"存心""尽心""求其放心""反求诸己",就可获得德性,实现人格理想。孟子对人道德能动性的理论发扬,可谓达到了极致。但对某问题的一个方面做侧重分析,并不等于以此侧重面对其他方面进行否定。孔子强调"仁""礼"统一,孟子强调"仁""义"并举,都为主张内圣外王之道。"义"在孟子处既有由"敬长""尊君"延伸开的一系列规范要求,也有明于是非善恶之心而择当为之行之义。"人皆有所不为,达之于其所为,义也"(《孟子·尽心下》)。做应做之事,为当为之行,这即"义"的一般含义。不论人内在已如何先在地具有了"善恶之心""是非之心",按此心去"做"、去"为",才是真正的"义"。可见,"义"即"外王"的另一种诠释。如果说"仁"在孟子这里指一种道德(爱人)本心,那么,"义"则指此道德本心的外露与体现。善端必须得到扩充与落实才能存在,"居仁由义"即有此义。

可见,孟子对仁义关系的新概括是孔子内圣外王思想的重要发展。同孔子一样,孟子的君子、圣人是负有正君定国使命的,"格君心之非","一正君而国定矣"(《孟子·离娄上》)。善端的扩充、落实表现在政治思想上,即表达出德治的理想。"人皆有不忍人之心。先王有不忍人之心,斯有不忍人之政矣。以不忍人之心,行不忍人之政,治天下可运之掌上"(《孟子·公孙丑上》)。可见,孟子的德性内求(内圣)之学是为了治国、平天下(外王),而且必须通过治国安邦而达到内圣极致。

荀子侧重阐发了孔子内圣外王理想中的外王之道。荀子的理想人格仍为"圣人","圣人"是顶天立地、功参造化的理想人格。"天地生君子,君子理天地"(《荀子·王制篇》),"宇中万物生人之属,待圣人然后分也"(《荀子·礼论篇》)。圣人能够伪礼义,起法度,化人情性,理天地。就此来看,荀子的"圣人"概念更多强调理想人格中的外在事功方面。但荀子并不以外在事功为最终目的,外在事功乃是"积善而全尽"(《荀子·儒效篇》)的一种过程显现。如上述,荀子同孔孟一样,认为人之为人在于有礼义道德,义礼德性是人之为人的本质。作为对人礼义德性本质的最高体现,理想人格必须展露人本质中的德性光辉与礼义分辨能力,他提出"君子知夫不全不粹不足以为美也"的主张,强调"君子贵其全"(《荀子·劝学篇》)。这就是说,知识要全,德性要粹,才是理想的、美的人格,要求人的真、善、美的本质全面发展。

荀子与孔孟所不同的并不主要在于圣人、君子理想人格的标准,而主要在于达到理想境界的方法、途径。荀子认为"人性恶"(自然要求),但人有向善的欲求,并可以"积善成德",尧舜与桀纣同,圣人与众人同,圣人、君子之"德"全在于积学功夫,通过学习和力行修养,用礼仪法度和道德规范培养自己,养成"使目非是无欲见也,使耳非是无欲闻也,使口非是无欲言也,使心非是无欲虑也"(《荀子·劝学篇》)的习惯,成君子、成圣人。"故圣人也者,人之所积也"(《荀子·儒效篇》)。

可见,同孔孟反求内心、诸己不同,荀子理想人格的养成主要通过为学积善的外在事功。但如果因此就认为荀子只重"外王"不重"内圣",荀子的"圣人"仅指事功才能而"与德性义的'圣'无涉",断言相应于孔孟内圣外王合一思想而言,"荀子之思想为一丕变"[①],则未免有只见荀孟之形式差异而未解其中内蕴之嫌。作为儒学大师,荀子与孔孟有着难以分割的内在关系,尽管与孟子在理论上各自侧重阐述了内圣外王的一个方面,但在二者不可分割的关系上,不曾有原则分歧。

总之,儒家理想人格境界之一,即内具德性、外具事功。内圣(内在德性)要通过外王(外在事功)去显现,去证实,去修养获得,而外王最终是为了"积善成德",通达君子、圣人境地。儒家既没有"为德

---

① 刘岱. 天道与人道. 北京:三联书店,1992:297.

性而德性"（如康德），也没有"为事功而事功"（如西方功利主义）。康德把德性圣辉纯粹化到彼岸世界中去了，儒家的理想人格则要求在此岸完成。功利主义将事功效果作为道德标准、价值根据，最终无疑是将"物的规律""物的尺度"作为价值衡量的中准，这就埋没了人所应具有的"人的尺度"及其价值主体性。在儒家这里，事功效果是人内在德性的显现之承载，为表达德性的方式与途径。儒家的理想人格就是通过外在功利实现而表达，并达到内在德性的成圣境地的。

儒家期冀圣人、君子所应做到的是超越世欲、发扬德性而又不离人伦日用，这一期冀在《中庸》的"极高明而道中庸"命题中表现得尤为突出。"极高明"是人的内在精神所能达到的境界，"道中庸"则是人伦日用间的行为准则。理想人格应达到此二者的统一。"极高明"求"内圣"，但不能发展到"空灵""空性"的地步，儒家实践理性的理想人格要求在现世现实中达到精神的升华。从哲学角度说，"内圣而外王""极高明而道中庸"实际包含了这样一种基本哲理："寓伟大于平凡，寓抽象于具体，寓理论于实用"①。

2. "仁""礼"和谐

"仁"与"礼"是儒家德性价值系统的两大主题。"仁"是一个包含许多美德的综合概念，在人格角度，主要指内在德性主体的自觉境界；"礼"主要指外在社会人伦规范，是维系个体生命、社会秩序、国家存在的支柱。"礼，经国家，定社稷，序民人，利后嗣者也"（《春秋左传·隐公十一年》）。但孔子对"礼"的理解不限于事功，孔子要求人们践礼，最终目的在于借礼之潜移默化，使人的内在德性日渐呈现，成就理想人格。仁礼和谐一致，是儒家理想人格所应达到的另一种境界。

"仁"在孔子思想中占有重要地位。仁不仅是许多德性的总合，也是道德实践的一种主体自觉境界，体现了人内心善端渐臻至善之域的德性自觉。"士不可以不弘毅，任重而道远。仁以为己任，不亦重乎？死而后已，不亦远乎？"（《论语·泰伯》），体现的正是凝聚着历史责任意识的自觉德性人格。圣人、君子必须具有"仁"的品德，达到"仁"的境界。如何获得？孔子认为人性中含有善质（在前文已说明这一点），

---

① 陈瑛. 极高明而道中庸新探. 学术月刊, 1994 (5): 53.

而善质仅仅是为善的倾向，并不等于善的全部。这些善质要体现在道德行为中，就必须将"礼"作为规范来界定，即"仁"德的显示以"礼"为范围，或者"礼"的规范是"仁"德的注释。所以，孔子在要人们非礼勿视、勿听、勿言、勿动时，就是要使德性善端的呈现以"礼"为规矩。

孟子的"四心"，一如我们在前文已说明的，多为一种善之端倪。善端要扩充至善德，必须经过"礼"的实践。孟子对此说："动容周旋中礼者，盛德之至也"（《孟子·尽心下》）。没有践"礼"，就不可能保持善性本心，所以君子当"以礼存心"（《孟子·离娄下》）。孟子还说："君子所性，仁义礼智根于心。其生色也，睟然见于面，盎于背，施于四体，四体不言而喻"（《孟子·尽心上》）。这里讲的是德性气质的自然外露，但表达了人的内在德性要展现出来，就必须借助外在资质的含义。

在孟子看来，"求放心""尽心""尽性"不是坐在宅中苦思默想就能完成的，而必须在形体官能、日用伦常中"践形"。能够"践形"的人，其整修形体的活动必然都合乎礼的要求，而主动自觉地发挥本心去践礼就为义。礼是义的具象，义是礼的本质，义和礼在孟子那里是不可分割的。"义"在孟子思想中是一个摄内在善端与外在规范于一体的概念。孔子将仁和礼对应起来，孟子之义和礼则不是相对关系，而是包含关系。告子认为"仁内义外"，但孟子不同意告子的分别，认为"义"有外在礼规一面，但本质发自内在本心。"义"是外含礼而又本根于礼的东西，这就把孔子的仁礼进一步结合了起来。

至于荀子，理想人格是能够制礼并化礼为性的圣人。荀子隆礼，主张"性恶"，但同孔孟一样，认为通过后天践礼完全可以"化性起伪"，习成、完善道德人格。心经由礼义熏陶，再指挥官能依之而动，持之日久，无行不善。所以，"积善成德，而神明自得，圣人备焉"（《荀子·劝学篇》）。

总之，儒家主张的理想人格必须达到仁礼和谐、义礼统一、性伪一致，主张人的内在仁德通过践礼习礼而化成、呈现。正因为如此，孔子、孟子、荀子都特别强调践礼的主动性、自觉性。孔子要人们"克己复礼"，从培养仁德的角度说，是希望借礼的潜移默化复发人的"良知""良能"。在践礼时更要注意掌握礼的精神，而不是刻意奉行礼的形式，被动机械地做礼的奴隶。徒具礼义形式而失却礼的精神"仁"，就不可能有真正的"礼"。孔子曾叹："人而不仁，如礼何？人而不仁，如乐何？"（《论语·八佾》）。礼是为了表达仁，抽去了仁，礼也就失去了真正的意义。孔子主张以仁定礼，在礼和仁发生冲突时，仁是具有最终决定权的。孔子"复"周礼，但并非全盘照搬而是有所损益地选择。比如，《论语·子路》记载："叶公语孔子曰：'吾党有直躬者，其父攘羊，而子证之。'孔子曰：'吾党之直者异于是。父为子隐，子为父隐，直在其中矣。'"孔子以"子为父隐"为直道，就因为它在"礼"与"仁"的冲突中体现了"仁"（孝）的根本。孔子特别用"权"这个范畴指称那种依仁变更礼的行为主动性，认为"可与适道，未可与立；可与立，未可与权"（《论语·子罕》）。"权"按朱熹注，即"称锤也，所以称物而知轻重也"（《四书章句集注·论语集注》）。孔子说，能立于礼还不是道德实践的极致，最后必须懂得权衡轻重，依仁为准，灵活判断，这才是"从心所欲，不逾矩"（《论语·为政》）的境界，也才可显示道德的主体性。

孟子同孔子一样，以仁德来解释礼的合理，主张用"权"来处理礼与仁的矛盾。如孟子肯定"男女授受不亲"（《孟子·离娄上》）是礼，但他谴责死板拘礼而不救溺水嫂嫂的人无异于禽兽，人应当根据自己的"良心"对礼规进行权衡、变通。孟子对孔子不曾做过表述的权变原则做了确定解释，认为权变之道在于比较价值的轻重。比如，在人执礼就必饿死的情况下，保存生命的价值比执礼的价值大，人可以不拘礼；但如果情况相反，逾礼过分到要扭断兄长手臂而夺得他的食物，则当然以牺牲食物守礼为重，因为手足亲情具有更高的仁义价值。

荀子"礼"学不认为仁德是先天存在的，而认为人的德性是后天习成的。人只要学习，受教育，循规习礼，就可"化性起伪"，达到"成人"。荀子特别强调循礼，但也反对拘礼盲从。荀子认为人虽无先天善性，但人人都有认识礼义的材质（"质"）和正确循礼的条件（"具"），所以人应当依从理性"思虑"去"正义而行"。荀子常常礼义并称，但有时也分而解说，把礼看作一种等级制度、外在规范，把义看成适宜"循礼"或对礼的能动自觉。

荀子"隆礼"但"贵义"，在践礼过程中，荀子强调主动灵活而不是盲目服从。在处理人际道德关系中，要依不同对象而行不同礼义，认为拘谨盲目遵循礼规并不一定就是真正的德性。他说："入孝出弟，人之小行也；上顺下笃，人之中行也；从道不从君，从义不从父，人之大行也。若夫志以礼安，言以类使，则儒道毕矣"（《荀子·子道篇》）。这实际是说，遵"礼"还得循"义"，否则，臣从君命不一定是忠，子从父命不一定是孝，真正的德行应当既循"礼"又适"义"。

儒家所期冀的仁礼（义礼）和谐境界，要人们把握礼规的精神实质，而不是拘于礼的形式，对外在道德规范有一种主体理性的自觉，同时依仁义从礼还要求践礼必须完全出于内心意愿，即自愿。被迫循礼蹈规只是形式表面的从礼，不是真正的践礼，圣人君子的践礼必须达到自觉与自愿。孟子说："人之所以异于禽兽者几希，庶民去之，君子存之。舜明于庶物，察于人伦，由仁义行，非行仁义也"（《孟子·离娄下》）。这讲的也是这个问题，出于仁义而不仅合乎仁义。这里实质包含了动机与效果的伦理学问题。完满的德性、真正有道德的境界，首先必须有一个纯正的动机、自觉的主动。没有良好动机、主动志愿，再合于礼的效果、行为都不是真正的德行，都不是圣人、君子之所为。"仁"中体现的即是发自内心情感的自觉、自愿。儒家斥责"乡原，德之贼"（《论语·阳货》），就因为"乡原"没有任何内在德性，却又要窃取他人的喜欢。真正的德行应当既合于礼，又出于礼。换句话说，理想人格所要求于圣人、君子的，是内发于仁义之心，外合于礼义之规，是动机与效果、目的与手段、内在与外在的和谐统一，如此才算达到理想人格境界。儒家所设定的理想人格概括了道德境界的完满追求，反映了道德的自律本性与人的道德主体性，对于后世乃至今天进行道德教育、道德修养，追求崇高人格，都具有深刻积极的意义。

3.　超越而内在

超越作为一种对存有现实不断否定状态的概括，它表达一种人类对主体自身的信仰与理想的无限追求。我们说超越生命、超越世俗、超越自我时，就意味着我们在现实与理想的关系中，不断否定现存的而向着更高价值目标的追求，这是一个肯定、否定以至新的肯定、新的否定的循环上升无止境过程，它是人类能动本质在社会实践活动中的反映，也是人的理性本质不断自觉的过程。人类文明史以及个体生命史，就是这样一个不断对现有一切进行超越的历史。

　　就对理想的不断追求而言，人类的超越有着复杂的形式，但概而言之，可分为向外的超越和向内的超越，或外在超越和内在超越。外在超越意味着把人类信仰及人生的价值目的置于人之外的必然性中，以认识、利用外在功利目的作为理想境地。西方功利主义对客体自然的不断征服、不断占有，是一种典型的外在超越形式。外在超越以功利价值目的为特征，是一种他律性超越。内在超越则追求人的精神世界价值，追求人之为人的、体现人的尊严与幸福的东西。儒家的理想人格显然是一种以内在超越为特征的境界追求。

　　儒家理想人格的内在超越性，首先表现在对天地万物的超越上。儒家认为天道与人道为一体，以德合天地为圣人的根本品质或理想境界。孔子在叙述自己追求"道"的过程时所说的"知天命""耳顺""从心所欲，不逾矩"（《论语·为政》）等，孟子所说的"君子所过者化，所存者神，上下与天地同流""仰不愧于天，俯不怍于人"（《孟子·尽心上》），无疑都含有以"天人合德"为至境的意义。荀子也认为，天道的本质在于"诚"，天地以"诚"化育万物，又认为圣人以"诚"参赞天地之化，主张"养心莫善于诚"，"诚心守仁则形，形则神，神则能化"（《荀子·不苟篇》）。此说法与孟子所说"诚者，天之道也；思诚者，人之道也"（《孟子·离娄上》）意思相似，都以"诚"为天人合一境界。天人合，合于德。孔子所说"五十而知天命，六十而耳顺，七十而从心所欲，不逾矩"（《论语·为政》），表达的是一种德性境界。孟子则以更明确的理论形式表述了这一思想。孟子说："尽其心者，知其性也。知其性，则知天矣""万物皆备于我。反身而诚，乐莫大焉"（《孟子·尽心上》）。这就是说，人道是天道的体现，人若了解人本心的善性而有扩充，即能"知天"，能知天，也就能同于天之"诚"，而有"诚"之德，就能达到"与天地同流"的"德合天地"之圣人境界。

　　可见，儒家的超越是内在性的，当孟子表达"万物皆备于我"的超越气概时，其含义并不同于西方主观经验论的"存在就是被感知"，而是对超越天地万物超凡越俗的主体内在德性的最高弘扬。在儒家思想中，天道、人道合于"德"性，而"德"性是人的本质。人在道德实践中显现的伦理秩序、自强不息的品格、和谐广大的仁德，正透显出宇宙天地的特征。同时，正是这种以内在德性对天地万物进行超越的精神倾向，造就了儒家理想人格以仁、义为价值目标的道德精神取向。换言之，人格的光辉与崇高就体现在对一己生命及自然物欲的超越上，在天地万物、生命物欲面前，人是主宰，役物而不被物役，"万物皆备于我""从心所欲""孔颜之乐""安贫乐道""成仁取义"，表达的都是这种道德超越性。它是一种内在精神境界，它可以不受客观条件的影响，它是内在的然而又是超越的。孔子说："朝闻道，夕死可矣"（《论语·里仁》）。"道"是超越的，闻道的人可以为"道"舍弃一切。这正是一种"内在的超越精神"①。

这种道德超越性是不以外在天地万物为转移的，反而合天地万物于人的道德性。人对崇高道德境界的追求、对现世世界的超越是向内而不是向外的。道德主体是自由自主的，德性根源就深植于主体内心之中。人格的价值在于能最充分地体现人之为人的德性本质光辉。"超越而内在"是儒家思想的重要观点。"你越能深入自己内在的泉源，你就越能超越，这就是孟子所谓的'掘井及泉'"②。

总之，儒家理想人格包含很多具体道德品格。宏观而论，可概括出三个方面，即内圣外王、"仁""礼"和谐、超越而内在。此三个方面折射了儒家人的本质的德性化倾向，它高扬人的主体德性与德性人格价值，淡化人的本质的其他特质，如主体知性及人的外在超越性。当然理想人格身上也包含知与美的因素，但以道德境界为特征，可以说，其理想人格就是一种德性人格。先秦儒家中，荀子的"成人"较强调人格的"全、粹、美"，真与求知、善与意志、美与情感就集中于"成人"一身，但仍不免有注重德性价值的人格偏转，较多关心人的德性力量的开发。儒家确立的圣人、君子，使"道德成为理想人物最重要的品质，也是历代评价人物最重要的标准"③。

儒家设定的理想人格不是不讲"才""知"，有才有德的"成人"最理想，只是在比较才与德的价值时，寓德性价值高于才智价值。这一点，后人司马光那里概括最为确切："才德全尽谓之圣人，才德兼亡谓之愚人。德胜才谓之君子，才胜德谓之小人。凡取人之术，苟不得圣人、君子而与之，与其得小人，不若得愚人"（《资治通鉴》卷一）。其才德取向，一目了然。《礼记·儒行》曾为理想人格提出十几种特质，

---

① 汤一介. 儒道释与内在超越问题. 南昌：江西人民出版社，1991：4.
② 杜维明. 儒家传统的现代转化. 北京：中国广播电视出版社，1992：212.
③ 韦政通. 中国的智慧. 北京：中国和平出版社，1988：94.

即自立、容貌、备豫、近人、刚毅、为仕、忧思、宽裕、举贤援能、任举、特立、独行、规为、尊让等，莫不以修身立己为本，每一特质都与德行有关。孟子所说大丈夫必备的富贵不淫、贫贱不移、威武不屈，反映的也是德行品质。孔子树立的人格品质更都是德性素质，如以仁为"信守"的"无终食之间违仁"（《论语·里仁》），表现道德意志的"造次必于是，颠沛必于是"（《论语·里仁》），与人和谐相处的"和而不同"（《论语·子路》），"能好人，能恶人"（《论语·里仁》）的善恶之知，等等，展现的基本都是德性内涵。

儒家理想人格的德性界定，深深影响了儒家乃至后人对圣、君、大人的认定。清代曾国藩作《圣哲画像记》列举了自古以来伟人 32 人，自文王、周公、孔子、孟子、庄子到范仲淹、司马光、张载、二程、朱熹等，大多以品德衡取。相对之下，古希腊、罗马理想的伟大人物的选取就更注重才能标尺，普鲁塔克作的《希腊罗马名人传》中就包含类似颇有才气的恶棍阿契毕亚雷，残酷无道的马留、苏拉式人物①。不同的伟人录表现了不同的价值标尺、不同的人格理想。当然两种价值观各有其价值所在，不过相比之下，儒家理想人格更多体现了人的德性尊严、人的主体尺度。才能和智慧，如果不在人类德性理性引导之下，则对人类无异于毒药。当然理想人格中，除了德性品质，还应当包含才能和智慧的素质，如此才可能塑造出体现人之全面本质的、德才兼备的理想人格。

宗教追求心灵世界、精神境界，从形式上讲也可归为内在式超越。然而，宗教的超越必须到上帝的天国中才能达成，而天国所代表的价值和世俗的价值截然不同，它的理想世界在彼岸，它的超越必须彻底同世俗生活分离，甚至是生命与躯体的分离。因此，死亡对信仰宗教的人来说，不是生命意义的失落，而是生命超越并获得最后意义的标志。受儒家生命理想影响的中国人，则不是把生命超越放在生命结束后与来世，而是放在此生此世平凡而日常的人伦事务中。生命在有限意义上向无限超越，表达为向理想境界进取的无限追求过程，表现出超越天地万物、超越一己生命的宏大气概与人类精神生命的无限延续。人的不朽灵魂体现在这种大我生命的永恒延续之中，人的尊贵价值体现在役物而不被物

---

① 韦政通. 中国的智慧. 北京：中国和平出版社，1988：98.

役的主体内在价值尺度中，一个为天地立心、为生民立道的人是不死的，其精神灵魂流芳千古、永垂不朽。

儒家理想人格体现了把超越和现实结合起来的态度，超越不是去天国、彼岸，也不是道家精神出世追求空灵虚无、游乎方外。儒家理想人格超越而神圣，然而又有着强烈的入世特征，它的理想人格不是个人精神超越与游乎方外的至人，更不是超脱世俗、遁入空门、生活在佛的极乐世界的人，而是能博施济众的世俗圣人。"外王""践礼"不仅不会阻碍内圣仁德的养成，反而正是成圣成仁的必修之功。内圣仁德不是清心面壁、冥想苦思的空悟，而是通过世事功用表现出来、体证出来。"极高明"是对精神境界的追求，属于"内圣"与仁心发挥功夫；"道中庸"是处事原则或生活态度，属于"外王"功夫。儒家认为，精神境界的追求不必在社会生活之外，它就在人伦道德生活之中，反过来说，在人伦日常之间即可得"高明"。佛、道割裂了"内圣"与"外王"，割裂了精神生活与物质生活，康德把理想境界置于彼岸世界，都以排斥现世生活之倾向为特征。儒家以修身与治世、"极高明"与"道中庸"、"内圣"与"外王"为统一。儒家理想人格，在内是对道德的自觉，在外是经世致用，本质上是一种内与外合一、理想与现实合一的入世人格。

三、性情关系范畴

儒家把人界定为知人伦、有礼义的德性社会生物，德化人的本质，并由此衍生、树立同样德化的理想人格，就必然提出以礼义道德统治自然动物属性的要求。因为人之为人，就在于以礼义规定生命生活，以道德理性驾驭自然动物之性。人之所以为万物之贵，道德人格之所以能感召人，就因为道德理性体现于其中。因此，在人性问题上，儒家表达了欲合于义的人格价值倾向。

1. "性"的传统含义

我们在分析儒家人的本质德化倾向时已谈到，诸儒在探讨人性问题时对"性"字并没有一规范界定，基本上是各依其义而自持己见，有的将性理解为先天固有的、包括"善端""良心"在内的人的特质，如孟子；有的将性专门指称那些与生俱来的自然属性，如荀子。即使同一个人，在论述自己的思想时，也免不了在不同方面使用不同含义的"性"。早期儒家对"性"字的不同理解源于先古传统。在孔子之前，古人运用"性"字时已表现出自然生理和道德意义两种不同的理解。

"性"字较早见于《诗经》《尚书》，上述两种含义在《诗经》《尚书》中均有表达。《诗经·大雅》有"俾尔弥尔性，似先公酋矣"句，虽后人在注解时意思稍有不同，如朱熹曾注"弥尔性"为"言使尔终其寿命"，而徐复观先生则解之为"满足你的欲望"，但大致都指人的生物生命的生理欲求。《尚书·召诰》中"节性，惟日其迈"句，讲欲望本能必须节导，如此方能日进其德，此性显然言自然生物之义。《诗经》《尚书》中其他诸处将"性""生"通用，在此不一一列举。

除上述言性之自然生物含义外，《诗经》《尚书》中还有另一种在礼义德性含义上使用的天性之义。《诗经·大雅》："天生烝民，有物有则；民之秉彝，好是懿德。"孟子曾引此诗以证性善，因"秉彝"已十分接近于说"性"。《尚书·汤诰》言："惟皇上帝，降衷于下民，若有恒性。""衷"，据孔颖达《正义》谓："衷，善也。"并解说《尚书》此句为"天生烝民，与之五常之性，使有仁义礼智信，是天降善于下民也"，将此恒性直解为"五常之性"。这有点类同《中庸》"天命之谓性"的意思。这里所言之性，显然是在天地之理、礼义之理的含义上讲的。

《春秋左传》中有几处甚至在同一段话中使用两种含义上的"性"。襄公十四年，晋师旷答晋侯"卫人之其君"中有云："天生民而立之君，使司牧之，勿使失性……勿使过度"，又说"天之爱民甚矣，岂其使一人肆于民上，以从其淫，而弃天地之性？必不然矣"（《春秋左传·襄公十四年》）。前句"勿使失性"之性多指自然欲求，即使人适其性，民遂其生；后句言天地以爱民为性，"天地之性"显然指超越自然本性的义理当然之性。

从上引言"性"之诸文可见，"性"大抵包含两层含义：一是生物本能、生理欲望、心理情绪这些属于自然生命的特性，另一指超越自然生命、属于道德生命和精神生命的义理当然之性。由此可见，"性"在古人观念中是一个多义的概念，运用于不同意境中表达不同层面的含义。在古人那里，性与情、理与欲还没有如后人那样分辨彰显，性中既含有人的自然生理欲望、情感，又含有天地义理的必然法则。然而，这两层含义在古人眼中都是"天生"的，生理之性、义理之性都为上天所降，是先天实有的东西。这种言性的传统背景使先秦儒者讨论人之"性"时，不免各依一"性"而各抒己见，有的侧重取了义理之性，有的侧重取了生理之性。但侧重都是相对的，两层含义仍互相包含。这是"性"之含义混合交融的观念传统在先秦儒家思想中的表现。

2. 义理之性与情欲之性

在先古文化传统基础上，先秦儒家关于人性的探讨，并无区分出如后人性情或理欲那样明确的范畴，但在内容上还是表达了对"性"之两层含义的区分。孟子侧重义理之"性"，荀子则多以自然情欲论"性"。孔子只对"性"的先天实存特质做了比较明确的表达，至于他所论之"性"是指义理之性还是指情欲之性，孔子本人并无明确的表述，但他的人"性"思想中包含了传统古代性的双重含义。

孔子认为人的"性相近，习相远"，这个思想显示了孔子对性善性恶的一般超越。性作为先天存有的东西，既包含人的自然生理、情感因素，又包含人之为人的人伦、仁爱理性。孔子强调习染及后天德性的影响，说明德性并非先天现成地存于人性之中，相近之性中含有无所谓善也无所谓恶的自然因素。然而，"性相近，习相远"的人性观点也是孔子仁德思想的基础，"仁"的爱人原则以及仁之方法"忠恕"之道都建立在人有相近之性的逻辑起点上。人有相近的"爱亲"本性，方可能由己推人、由近及远地"泛爱众"。同时，孔子也表露了人有为善向善的能力，他强调的"为仁由己""克己复礼"思想中就包含了仁德先天存于人心之中的观念。"仁"作为道德情感的衍生，就在人性内而非人性外，所以，人才可能"欲仁，斯仁至矣"（《论语·述而》）。"克己复礼"要求的对有礼状态的回归，显示了礼之状态与行为原本为内在于人之理性的状态和能力，所以人的相近之性中也含有潜存的仁德之心。

孔子并没有说仁就是本体性的心，也没有说仁德就是人之天性，但他表达了人的仁德能力先天潜存于人心之中、人性之中。正基于此，孔子才说出了"天生德于予"的天赋德性思想。值得注意的是，孔子人"性"中含有此两层含义，但却未把人性分为义理之性与自然情欲之性两部分，人性在孔子观念中是一个整体，义理之性与情欲之性是互相包含的。孔子的思想核心"仁"就既是一种道德理性规范，又是一种道德情感要求。

孟子作为孔子的继承人，进一步发挥了孔子人性思想中内在潜存的仁德之性方面，明确提出了"性善"学说。孟子对仁、义、礼、智四德做了先天的论证，证明它是人内心所固有的，它发端于"人皆有之"的恻隐、羞恶、辞让、是非之心，德性就存在于人性之中，是人固有的，而非"外铄"的。很显然，孟子多在德性义理层面言人性，他把那种自然生物性当作人与动物的共性而没有完全容纳到人性中来，但如果因此就说孟子把义理之性与情欲之性截然划分为人性与动物性，却也不尽准确。

孟子强调了人之为人的社会道德属性，从这一点来看，他的确区分出了人不同于动物的特殊性质，但孟子又认为德性先天存在于人心之中，道德是人性的自然流露，可见孟子所说的四心、四端有理性成分也有情感成分。"良知""良能"应当是一种道德理性，"心之官则思"更明确了人心中理性的根本地位，然而人皆有的不忍人之心又属于一种情感心理。仁、义、礼、智是孟子所谓人之善性，其中又以仁、义为根本，礼与智是为仁、义服务的。孟子把"良心""善端"的内容常归纳为仁、义二者，而他对仁、义的理解层次与界说角度是不同的。他说："亲亲，仁也；敬长，义也"（《孟子·尽心上》）。他又说："恻隐之心，仁也；羞恶之心，义也"（《孟子·告子上》）。仔细分辨可知，"仁"多表达人的天然情感，亲亲是天然血亲之情，恻隐之心是见孺子入井人皆不忍的天然同情心理。"义"则多指示人的道德理性，"人皆有所不为，达之于其所为"（《孟子·尽心下》）就是"义"。义是运用理性行当行之事。

孟子常以仁、义并举，视仁、义为人先天善性中的内涵，所以当孟子把人性与犬马之性区别开来时，他是对人的本质（本性）做了超越自然动物性的社会道德的把握。在这一点上，义理之性与生物自然之性是区分开的，然而当孟子把这个超越动物性之善德本性规定为仁、义时，义理之性（义）与自然之性（仁）又是合而为一的。所以，孟子人性论中道德理性与自然情感最终混合为一了。从而，人性中义理之性与情欲之性就是分不开的，这一问题很重要。这种将义理之性与情欲之性合为人性的思想，表明了孔孟并没有将人天生的自然情欲同仁德义理之性对立起来。在人的善端、相近善性能力中就包含人的天然情感欲求。把性（义理）与情（情欲）明确相分、对立，以至于得出"性仁""情贪"的结论，提出"灭情复性"主张，是后儒对孔孟人性学说的一种偏离。在孔孟这里，人"性"是以义理之性为主、融合情欲之性的整体人性。

《中庸》作者同孟子一样，认为人性是上天所命，而天命之性中就含有道。这个道是圣人之道，即孟子所说的五伦。然而，道的体现离不开日用伦常，天命之性的发扬又离不开喜怒哀乐的中节，所以在《中庸》里性与情也是未分离的。

我们曾在前文指出，荀子所论人"性"与孔孟所论人"性"有概念上的错位。荀子的人性是指人的自然属性，是人"饥而欲食，寒而欲暖，劳而欲息，好利而恶害"（《荀子·荣辱篇》）的生理本能和心理本能，实即指人的情欲之性。荀子认为这种人性是恶的，顺其发展则必生争夺、淫乱、残贼之恶行。人的道德善行是后天之"伪"。"性伪之分"实际区分了人的情欲之性与义理之性。人性即指情欲之性，义理之性属于后天之"伪"。荀子受告子、法家等自然人性论的影响，把人的口目之欲等趋利避害的自然情欲等同于"人性"，是有其片面性的，同时也与他自己论证"人之所以为人者"在于"有义""有辨"的观点矛盾。人的情欲作为自然属性，本身应该不具有任何道德性质，作为善恶的生理、心理基础，它可以成为善的，也可以成为恶的。荀子看到了人的道德属性为社会后天所为，这一点无疑是正确的，但他把好恶情欲视为"恶"，在否定把"善"的来源归于天赋人性的先验论的同时，在恶的来源上陷入了同样的错误。

荀子主张性伪之分，但作为那个时代的儒家思想家，他不可能不受传统孔孟思想的影响。在区分"性""伪"的同时，荀子实际也看到了"性""伪"的联系，认为"无性则伪之无所加，无伪则性不能自美。性伪合，然后圣人之名一，天下之功于是就也"（《荀子·礼论篇》），正是在认定"性""伪"相分相联的基础上，荀子提出了"注错习俗，所以化性也"（《荀子·儒效篇》）的主张。荀子对人性问题的这种理解无疑有许多深刻的地方，但他视人的自然性情为"恶"，毕竟对后世"性善情恶""存理灭欲"倾向产生了深刻影响。

3. 欲合于义的价值目的

以义理之性制约、驾驭情欲之性，这是儒家理想人格的价值取向，也是儒家以义制命、先义后利在人性自然本性与社会道德属性关系上的必然反映。在人性问题上，儒家内部虽也有局部问题的争论，但在理想人格以义制欲价值目标方面却非常一致。

孔子没有直接对人的情欲发表否定或节制的言论，但他的义利观表露了他对利欲之心的节制主张。在孔子那里，义是君子应当履行的道德义务，利则多指私利私欲。孔子承认"富与贵是人之所欲也""贫与贱是人之所恶也"，认为人生而具有对自身利益的欲求，并认为自然欲求本身并无过错，但人求富贵、去贫贱必须以符合正道为前提，"不以其道得之，不处也""不以其道得之，不去也"（《论语·里仁》）。这表明孔子不否定个人欲求，但认为个人利欲必须要以"义"为节度，即主张以人的义理之性控制、节度情欲之性，在理论上表达为"义以为上""见利思义""义然后取"。

孔子"君子义以为质"（《论语·卫灵公》）的价值标准，就是在"君子义以为上"（《论语·阳货》）的基础上提出的。孔子不反对人的自然物质生活需求，只要不逾义、不违礼，都是可以的，但作为圣人、君子的理想人格，却必须明昭德义。这里孔子实际上涉及了最高标准和最低标准的问题。孔子要求人应当向最高德性境界努力，求仁德而不求利欲。孔子言"饭疏食饮水，曲肱而枕之"，然而"乐亦在其中矣"（《论语·述而》）。反之，孔子认为那种虽有志于"仁"，但耻于"恶衣恶食"、追求物欲享受的人是"未足与议也"（《论语·里仁》），是不值一提的。不要说人的情欲要求，即使人的生理生命，在孔子看来，必要的时候也应当牺牲而在所不惜。"志士仁人，无求生以害仁，有杀身以成仁"（《论语·卫灵公》）。孔子"义以为上"的观点表达了他所认为的人当以义理之性制约、驾驭情欲之性的主张。

孟子主张人性善，但并不认为人的品德全都是天生齐备的。人性中只具有善的发端、善的萌芽，还不是完成了的善，因为人还有物欲本性，"口之于味也，目之于色也，耳之于声也，鼻之于臭也，四肢之于安佚也，性也"（《孟子·尽心下》）。人的这种天性如果被物欲引诱，人的善性就会受到侵害。孟子提出"存心""求放心"的修养之道，以保持不失天赋道德理性，这就必然要求以人性中的义理之性去节制情欲之性，存良心，养善性。

孟子这种以义制欲的思想首先表现在"养心"说中。孟子认为感受物欲会妨碍存心养性，这是因为"耳目之官不思，而蔽于物；物交物，则引之而已矣"（《孟子·告子上》），它会引导人们步入迷途旁道。因此，孟子进一步提倡"寡欲"。他说："养心莫善于寡欲。其为人也寡欲，虽有不存焉者，寡矣；其为人也多欲，虽有存焉者，寡矣"（《孟子·尽心下》）。孟子并没有如荀子那样视人的自然物欲为"恶"，他把自然情欲和道德理性要求比作"鱼"与"熊掌"，"鱼我所欲也，熊掌亦我所欲也"，认为二者均是人性之要求，不是孰善孰恶的问题，而是道德价值层次问题，在不可兼得的情况下，"舍鱼而取熊掌者也"（《孟子·告子上》）。

总之，在可兼得、不发生冲突的情况下，孟子还是主张"义"与"欲"共取。但孟子提出了"大"与"小"的价值层次问题，主张"先立乎其大"（《孟子·告子上》）。孟子认为"体有贵贱，有小大"，即人的身体有重要的部分，也有次要的部分，有大的部分，也有小的部分，人对于自身所有部分都应爱护，"人之于身也，兼所爱。兼所爱，则兼所养也"，但不能"养其一指而失其肩背""以小害大""以贱害贵"（《孟子·告子上》）。饮食是人的自然需要，但如果止于此而不求德性，则不为人所取。"饮食之人，则人贱之矣，为其养小以失大也"（《孟子·告子上》）。所以，当弟子公都子问，同样是人，为什么有的能成为品德高尚的大人，有的则成为小人时，孟子答"从其大体为大人，从其小体为小人"（《孟子·告子上》）。

孟子视人的自然情欲、生理需求是正当的，但在此之上还有道德精神生活的需求，这后一方面才是人之为人的"大体"，人的自然情欲、生理需求相比之下只能是"小体"，若可以兼得，当然是两全其美。但孟子看到了物欲与道德品质关系中的矛盾方面，提倡合理节制自然生理欲望。他提出的寡欲办法，不是用强制手段断绝欲望，而是充分发挥内心的作用，以克服感觉和外物对心智的诱惑与干扰，指出了人道德精神的价值高于物质生活的价值。他提出了"生"与"义"的关系问题："生亦我所欲也，义亦我所欲也，二者不可得兼，舍生而取义者也"（《孟子·告子上》）。这个"义"即人的义理之性，代表人的理性、尊严与价值，"义"高于"生"，高于"欲"，故舍生而取义，实质上就是以义理制欲、导欲。这种思想有其合理因素，荀子等人也发挥了这个理论，宋儒的进一步发展使其有了一定的片面倾向。孟子这种思想对后世产生了极大影响。

荀子因把性（自然情欲）视作恶，因而在性、情关系上更主张节情养性。荀子认为人生而有欲，情欲是不可灭除的，"性者天之就也，情者性之质也，欲者情之应也，以所欲为可得而求之，情之所必不免也"，上至天子，下至守门人，皆"欲不可尽""欲不可去"（《荀子·正名篇》）。但"欲虽不可尽，可以近尽也；欲虽不可去，求可节也"（《荀子·正名篇》）。情欲是人的天性，但顺情欲而行动必起争夺，争则致乱，乱则穷，先王制礼义以定其分，使人们对物欲的追求不过其分。"人一之于礼义，则两（礼义与情欲。——引者按）得之矣；一之于情性，则两丧之矣"（《荀子·礼论篇》）。所以，人应当以礼节欲，以礼养情。能否以礼制欲是人与动物的分别，"人之所以为人者"就在于有其辨。人超越于动物之处就在于人有辨别善恶是非的能力，能驾驭情欲，而不被情欲所役。他认为那种"为事利，争货财，无辞让……惟利之见"者是"狗彘"（《荀子·荣辱篇》）之类。

荀子把人的性情关系在理论上归为义利关系，认为人在处理利欲与义礼关系时无外有两条路线，一是"先利而后义"，二是"先义而后利"，并指出"先义而后利者荣，先利而后义者辱"（《荀子·荣辱篇》），主张欲合于义、情合于礼、以礼节情，反对"纵情性，安恣睢"（《荀子·非十二子篇》）的纵欲主义。他认为恣意放纵情欲的行为与禽兽无别，"不足以合文通治"（《荀子·非十二子篇》）。但同时，荀子又反对"寡欲"主义，认为寡欲违反了人的天性，情欲不可去，也不可能去。他主张导欲、节欲，但不赞成去欲、寡欲，认为在可以的情况下尽量使欲望得到满足，在只能让步的情况下就要节制自己的欲求，"进则近尽，退则节求"（《荀子·正名篇》）。

总之，荀子关于性情、义欲的主张既否定了纵欲行为，也反对了道家的"寡欲""禁欲"主张，主张义欲兼顾、先义后利。"后利"不是不要利，而是认为只抓利则义利两失，而抓住义则义利两得。荀子看到了礼义与利欲的内在统一性，看到了人的理性与情欲的统一性，这些见解发展了孔孟的义欲观，不但达到了当时的理论高峰，即使在现代也有其存在的价值。

荀子这种视性情、义欲为对立统一体的观念，在《中庸》的"中和"境界中也得到了显著体现。"中和"即指喜怒哀乐之情未发时的"无所偏倚"状态及"发而中节"状态，它主张使情欲既不过分又无不及而达到节度与和谐。

应当说，早期儒家的义欲观一定程度上表达了对人之自然性与社会性、情感性与礼义理性关系的正确认识，对利益与道德的关系也有相当的认识。人作为生命体，具有一切生物所具有的自然情欲，人的生存和发展得有起码的物质条件，一定的物质欲望是人人都有的，不应当否定，也不可能被否定掉。这一点先秦儒家看得很清楚。但人作为理性生命，又不能如同动物一般做自然本能的奴隶，人与动物是有本质区别的，如果人不能用理性、用社会规范去驾驭自然性，那人就不成其为人。实际上马克思用自己的语言表述了这一观点，马克思说："吃、喝、生殖等等，固然也是真正的人的机能。但是，如果加以抽象，使这些机能脱离人的其他活动领域并成为最后的和唯一的终极目的，那它们就是动物的机能"[1]。所以，先秦儒家主张以道德理性的礼义引导、节制感性情欲，使其成为人的自然需要而非禽兽本能。这一思想表明，儒家在那个时代对人的本质的认识已达到相当的高度。人的本质和人性的庄严，恰恰是通过道德理性对感性情欲的主宰而展示的。

此外，以义制欲，欲合于义，不仅是人异于动物的本质表现，而且包含着提高人格价值和精神生活价值的思想。孟子提出"生"与"义"的关系问题，"生亦我所欲"，可谓指物质生活需要，"义亦我所欲"，可谓指精神生活需要。孟子认为精神生活的价值高于物质生活的价值，所以二者不可兼得时，宁"舍生而取义"，此所谓取义即保持德性人格的尊严，实现精神理性的价值。

先秦儒家理想人格的追求实际反映了这种价值倾向，这种价值倾向对后世产生了复杂的影响。一方面，"贵义贱利""安贫乐道"的价值观念，通过汉儒、宋儒的传承与发展，成为"存理灭欲"理论。虽然宋儒的本意并不主张禁欲主义，但由于合理人欲与过分私欲之间没有明确界

---

① 马克思恩格斯文集：第 1 卷. 北京：人民出版社，2009：160.

限，所以这种理论在运用中实际产生了禁欲的倾向。另一方面，"先义后利""舍生取义"的理论主张，反映在人格意识上，就呈现为一种强调精神品德与尊严的人格取向，并在长期生活实践中积淀为成仁成义的民族气节。许多志士仁人闪烁着爱国主义和民族自尊光辉的思想与行为，都可溯源到儒家理想人格及其"欲合于义""舍生取义"的价值取向。这些合理因素无疑已成为我们民族优良传统中应予充分肯定的一部分。

第四章　社会领域的德性思想

马克思认为"全部社会生活在本质上是**实践的**"①，而人们的"第一个历史活动就是生产满足这些需要的资料，即生产物质生活本身"②。显然，社会存在的基础就是人们的物质生产活动，并由此决定着社会政治、经济和思想文化等领域的性质与内容。以"亚细亚生产方式"为基础的古代中国社会起始于宗法社会，春秋的社会变革并没有改变社会的宗法人伦关系基础，因此，儒家社会领域的德性思想也就主要表现为：对人们人伦关系的德性思考，对人们人伦践履活动的德性规定，并由此确立了社会义利的价值关系范畴。

一、社会的德化

在宗法社会条件下，作为人伦组织的宗法家庭、宗法国家和宗法天下，均是宗法制度的同构载体，因此，人们在社会中的一切关系也就主要表现为以血缘为纽带的宗法人伦关系。儒家对社会的德性思考，就是

---

① 马克思恩格斯文集：第 1 卷. 北京：人民出版社，2009：501.

② 同①531.

从宗法人伦的德性原则出发，以"孝道"德化宗法社会的血缘关系，以"德治"德化宗法社会的政治关系，以"伦理法"德化社会的法律关系，以"均平"德化宗法社会的经济关系。

1. 孝以齐家——血缘关系的德化

"亲属关系在一切蒙昧民族和野蛮民族的社会制度中起着决定作用"[1]。儒家对社会的德性思考，是基于血缘宗法社会的，其实质就是以人们的天然血缘关系为根据，通过宗法等级使社会关系人伦化，因此，社会的德化是以家族血缘人伦关系的德化为出发点的。血缘关系是人们作为自然人所形成的一种天然的关系，在维系血缘群体生存的过程中，表达了人类最古老、最原始的道德活动，如食老弱、不偷盗等道德现象。因此，从一般意义上讲，在人们天然的关系中不可能产生严格意义上的伦理行为，这不仅因为人们还处在"畜群意识"中，还因为道德生活本身没有内在的个体与群体、善与恶的冲突，也就不可能引发出一系列伦理问题。真正的伦理活动只能建立在作为社会人所形成的社会关系之上。但"亚细亚"的道路表明，中国氏族群体由于自给自足的农业经济，内部的分化十分迟缓，并在血缘群体中私有个性未得到充分发展的情况下进入了文明社会，因此文明社会的结构就只能落在天然的血缘之网上，人们的各种社会关系也就被交织在血缘人伦关系之中了。儒家社会德化的德性思想是以人们血缘人伦关系的德化为出发点的。

进入文明时代以来，中国古代社会一直是以父系血缘联结的，而若干出自同一男性祖先的家族又组成了宗族，所以在中国古代历史上，"宗"就成了血缘关系的特有标志，宗法也就成了血缘群体得以延续的社会制度基础。从《礼记·大传》的"别子为祖，继别为宗"来看，所谓宗法，就是一种以血缘关系为基础，以尊崇共同祖先维系亲情，在宗族内部区分尊卑长幼，并规定继承秩序及不同地位的宗族成员各自不同的权利和义务的制度。这样，在宗法社会中就形成了以父子继承关系为轴心，以"五世亲尽"为外延的血缘宗法家庭，构成了宗法社会的基本结构。在这种宗法社会中，家族血缘关系主要归结为父子、兄弟两伦。据《尚书·舜典》记载，舜曾对契说："百姓不亲，五品不逊，汝作司

---

[1]　马克思恩格斯选集：第4卷. 3版. 北京：人民出版社，2012：36.

徒，敬敷五教，在宽。"汉儒郑玄等人解释，《尧典》所谓"五品"即"父母兄弟子"。

随着氏族过渡到国家，血缘关系融入政治关系，人伦关系也随之扩大到社会关系领域。孔子提到君臣、父子、兄弟、朋友四伦关系，要求"事父母能竭其力，事君能致其身，与朋友交言而有信"（《论语·学而》），"朋友切切、偲偲，兄弟怡怡"（《论语·子路》）。到孟子，人伦关系发展到五伦，"教以人伦：父子有亲，君臣有义，夫妇有别，长幼有序，朋友有信"（《孟子·滕文公上》），从血缘关系中引申出夫妇一伦。儒家认为，父子这伦血缘关系是家庭人伦关系乃至社会人伦关系的根本关系，而"父子有亲"是血缘关系最基本的德性特征。"仁者，人也，亲亲为大"（《中庸》），"仁之实，事亲是也"（《孟子·离娄上》），"立爱自亲始，教民睦也"（《礼记·祭义》），可见"父子有亲"是德性最直接、最主要的体现。"亲亲"本是周人与"尊尊"相联的基本宗亲命题，"亲亲、尊尊、长长、男女之有别，人道之大者也"（《礼记·丧服小记》），"人道亲亲也，亲亲故尊祖，尊祖故敬宗，敬宗故收族，收族故宗庙严"（《礼记·大传》）。"亲"原本指父系宗亲，其中不仅关涉直系父辈关系，还有关涉旁系父辈宗亲关系；此外，"亲"的范围还逐渐扩展到母亲、母亲家族的亲戚、自己的平辈及晚辈等范围；"亲亲"就是同时兼重这几类关系。"尊"也指父系宗亲，但它却特重直系父辈关系；"尊尊"就是突出尊宗这一类关系。父子关系集中体现了既"亲亲"又"尊尊"的原则，所以在周人那里，宗教观念上的尊祖在伦理观念上也就延展而为宗孝，也可以说"以祖为宗，以孝为本"①。

由于殷周宗君合一思想的影响，春秋时政治仍未超脱血缘的束缚，故而代表宗法秩序之礼的第一要义便是"孝"。"孝，礼之始也"（《春秋左传·文公二年》），维护周礼的先秦儒家自然也把"孝"视为血缘人伦关系的基本规范。所以，孔子说："夫孝，德之本也"（《孝经·开宗明义》），"其为人也孝弟，而好犯上者，鲜矣；不好犯上，而好作乱者，未之有也"，"弟子入则孝，出则弟，谨而信，泛爱众，而亲仁"（《论语·学而》）。"孝"体现的"亲亲"之情，主要体现父子之间的权利与义务关系。父慈主要表达了父母对子女应尽的义务：养子，"子生三年，

---

① 侯外庐. 中国思想通史：第1卷. 北京：人民出版社，1992：94.

然后免于父母之怀"（《论语·阳货》）；教子，"择于诸母与可者，以求其宽裕慈惠、温良恭敬、慎而寡言者，使为子师"（《礼记·内则》）；爱子，"能勿劳乎？"（《论语·宪问》）。子女既然有继承的权利，那么就有"孝"于父母的义务。"孝"既要求子女对在世父母的奉养、尊敬、服从，又要求对已故父母及祖先的"追孝"。"是故，孝子之事亲也，有三道焉：生则养，没则丧，丧毕则祭。养观其顺也，丧则观其哀也，祭则观其敬而时也"（《礼记·祭统》）。儒家对"孝"的阐释还涉及宗法家族内的其他人伦关系，并以"孝"统领家族人伦关系。

就血缘群体而言，第一代的旁系血亲关系就是兄弟，随着私有观念的发展，宗法家族中兄弟之间因权力和利益分配不均时常发生矛盾与冲突，而不利于家庭的稳定，从"孝子之至，莫大乎尊亲"（《孟子·万章上》）来看，这种行为是最大的不孝。为此，孔子提出了"兄弟睦"的规范，也就是说，只有遵循兄友弟悌的规范，做到"兄弟怡怡"才符合孝道。他称赞伯夷、叔齐两兄弟让国的行为，称让国于弟的伯夷是"至德"。因此，"兄弟阋于墙，外御其侮"（《春秋左传·僖公二十四年》）为儒家所提倡。

夫妇关系是通过婚姻而结成的姻亲关系，是社会切入血缘家庭的人伦关系。殷周时期，家庭只强调父子、兄弟的血缘伦常关系，"夫也者，以知帅人者也"，"妇者，从人者也"（《礼记·郊特性》）。由于夫妇关系极不平等，"夫妇不和"会严重冲击封建宗法秩序，所以儒家强调夫妇关系，并把"夫妇和"视为家族兴旺发达的重要条件。"男女有别，而后夫妇有义；夫妇有义，而后父子有亲；父子有亲，而后君位有正"（《礼记·昏义》），"君子之道，造端乎夫妇，及其至也，察乎天地"（《中庸》），只有遵循这种"夫敬""妇听"规范，才符合"取妻如之何？必告父母"（《礼记·坊记》）和"父母其顺矣乎"（《中庸》）的孝道。以"孝"为道德纲领，协调好家庭的三伦关系，整个血缘群体就会"父子笃，兄弟睦，夫妇和，家之肥也"（《礼记·礼运》）。

由于先秦时期宗法家族内部的血缘关系已不是纯粹天然的道德关系，它已被纳入文明社会的各种社会关系，所以孝不仅是维系血缘人伦关系的基本准则，而且具有德性的社会功能。在"五伦"关系中，中国传统道德尤重父母子女之间的人伦关系。"父子有亲"被进一步解释为"父慈子孝"，把"孝"看作一切道德的根本。一个人在家庭中能够善事父母，就能正确地对待他人和社会，就能对他人有"信"、对国家尽"忠"。所以，儒家对"孝"的阐释还涉及子女的全部行为的发展，包括社会行为在内。也就是说，只有在宗法社会中一切事情都做得合乎规范，才能使父母在精神上获得极大的安慰与满足，才符合"孝道"，因而"孝"的德性功能就被扩散于全社会。"孝子之至，莫大乎尊亲；尊亲之至，莫大乎以天下养"（《孟子·万章上》），"人主孝，则名章荣，下服听，天下誉；人臣孝，则事君忠，处官廉，临难死；士民孝，则耕芸疾，守战固，不罢北"（《吕氏春秋·孝行》），"孝者，所以事君也"（《大学》）。这样，人们的各种社会关系就都被纳入了血缘人伦关系中，人伦成了古代中国人一切社会关系的综合表现，人伦规范也就成了人们社会实践的行为准则。这种血缘关系的德化必然引发人们政治、法律和经济等方面关系的德化。

2. 德以治国——政治关系的德化

国家是社会发展到一定阶段的产物，是"居于社会之上并且日益同社会相异化的力量"①。一般说来，国家表达的是阶级对抗的一种政治关系，但具体到古代中国，国家这个政治实体同样出自宗法家族的血缘实体。一方面，宗子在家为宗，在国为君，血缘关系与政治关系交融合体，这就为政治关系的德化奠定了宗法血缘的基础。另一方面，国家的子系统就是宗法家族，宗法家族是当时唯一的社会组织，宗法国家所能借鉴和模仿的治国模式也只能是宗法家族的治家模式。因此，家族中以父子为轴心的孝治主义就直接转变为以君臣为轴心的德治主义。孝治就是家族的德治，德治也就是国家的孝治，孝治主义和德治主义在家国合一的宗法社会中是相互贯通的。连黑格尔都认为古代中国"国家的特性便是客观的家庭孝敬"，因而在"宗君合一"的周代就把"德孝并称"②，"有孝有德"就成了王者的主要道德要求。追孝、尊祖是维系宗法家族内部团结的纽带，"修德配命""敬德保民"是为了证实"天授神命"的合理性，目的在于强化统治者的政治权威性和"天命"的神圣性。西周这种伦理与政治的统一、孝治与德治的统一，对后世封建社会具有深刻的影响。

---

① 马克思恩格斯选集：第 4 卷. 3 版. 北京：人民出版社，2012：187.
② 侯外庐. 中国思想通史：第 1 卷. 北京：人民出版社，1992：96.

先秦时期，随着私有制的发展，宗法国家内部的矛盾加剧，"宗君合一"的政治体制逐步被以皇族为核心的文官官僚体制代替，政治关系中的血缘色彩也有所减退。在这种政治体制变革时期，儒家对社会政治关系德化的思想，一方面，仍以宗法等级为基础，并以父子关系附会君臣关系为基点；另一方面，为适应新的社会变革，又赋予政治主体普遍的德性，即只要努力"修身"，人人都可上达于天。由于将德性赋予人人皆有的人性，并将它转换到德性自我认识的自我完善层面，人们的政治关系也就化解为一种日常的德性实践。这样，既维护了旧有的宗法秩序，又为新兴阶级和贤能参政入仕找到了出路。

因此，提倡"举贤才"就成了儒家封建德治主义的重要内容。儒家所谓"贤才"实即有德之人，长于德行的称为贤，长于道艺的称为能。孔子颂扬尧舜的"禅让"，就是为贤人参政找出的历史根据。"舜有天下，选于众，举皋陶，不仁者远矣。汤有天下，选于众，举伊尹，不仁者远矣"（《论语·颜渊》）。只有"选贤于众"，才能使"枉者直"，使"不仁"的人难立足，才能"有天下"。孟子认为，治国理政，只有善于用人，把贤能之士选拔参政，才能使"天下之士皆悦，而愿立于其朝矣"，才能"无敌于天下"（《孟子·公孙丑上》）。这样，君王就要"贵德而尊士""尊贤使能"，使"贤者在位，能者在职"（《孟子·公孙丑上》），否则"士之失位也，犹诸侯之失国家也"（《孟子·滕文公下》）。荀子也主张"贤能不待次而举"（《荀子·王制篇》），即起用"贤能"之人，不必照顾等级次序、血缘亲疏。由于"圣贤"对国家政治的切入，政治体制变革中的君臣关系就更突出了德性的人伦关系移孝为忠，所有的宗法伦理就被新的政治体制接纳。

与父子血缘人伦关系一样，在君臣关系上儒家在强调封建等级的同时，也注重双向的德性关系。"君使臣以礼，臣事君以忠"（《论语·八佾》），忠与礼互为条件，否则臣可离君而去，"事其大夫之贤者"（《论语·卫灵公》）。孟子更是不因君权的威严而转移，"君之视臣如手足，则臣视君如腹心……君之视臣如土芥，则臣视君如寇雠"（《孟子·离娄下》）。荀子也认为，"入孝出弟，人之小行也；上顺下笃，人之中行也；从道不从君，从义不从父，人之大行也"（《荀子·子道篇》）。

在君民关系上，虽然仍以父子关系相附会，但由于人人都被赋予了人性之善端，所以"自天子以至于庶人，壹是皆以修身为本"（《大学》），故而民不单是政治的被动体，民对君忠也是以君对民之德为条件的。因此，在儒家看来，民是德治国家的"国之本""君之本"，"民为贵，社稷次之，君为轻"（《孟子·尽心下》），"用国者，得百姓之力者富，得百姓之死者强，得百姓之誉者荣。三得者具而天下归之，三得者亡而天下去之"（《荀子·王霸篇》），"民弃其上，不亡何待？"（《春秋左传·昭公二十三年》），"君者，舟也；庶人者，水也。水则载舟，水则覆舟"（《荀子·王制篇》）。儒家的"民贵君轻"思想是相当明确的。

由此，儒家把人们的政治关系纳入社会德性的人伦实践中，那么对这个德性主体的统治方式就只能是德治。孔子就此总结历史统治经验，认定"尚力"者不得善终，"尚德"者终有天下。所以，"为政以德，譬如北辰，居其所而众星共之"，"道之以政，齐之以刑，民免而无耻；道之以德，齐之以礼，有耻且格"（《论语·为政》）。

孔子还认为"为政在人"（《中庸》），这样就充分将统治者个人的行为品性和道德修养作为了整个政治关系的支点，使政治关系归入了一种德性的自我约束机制。"政者，正也。子帅以正，孰敢不正？"，"君子之德风，小人之德草，草上之风，必偃"（《论语·颜渊》），"其身正，不令而行；其身不正，虽令不从"（《论语·子路》）。德治还在于反对"暴"与"虐"，提倡"宽猛相济"的方法，认为"民之于仁也，甚于水火"（《论语·卫灵公》），"不教而杀谓之虐；不戒视成谓之暴"（《论语·尧曰》）。"季康子问政于孔子曰：'如杀无道，以就有道，何如？'孔子对曰：'子为政，焉用杀？子欲善而民善矣'"（《论语·颜渊》）。可见，孔子反对借用杀戮的手段治国理政，甚至希望取消诉讼之事，他说："听讼，吾犹人也，必也使无讼乎！"（《论语·颜渊》）。当然，孔子并不是主张完全取消刑罚，而只是强调德治应以宽为主，采用"宽猛相济"的方法："政宽则民慢，慢则纠之以猛。猛则民残，残则施之以宽。宽以济猛，猛以济宽，政是以和"（《潜副论·三式》）。孔子的德治思想不仅含有"为政以德"的一面，还含有"礼治"的一面，认为"为政先礼。礼，其政之本与"（《礼记·哀公问》）。

孟子在德治上充分发展了"仁政"的一面，把"仁政"提到极端的高度。"三代之得天下也以仁，其失天下也以不仁。国之所以废兴存亡者亦然。天子不仁，不保四海；诸侯不仁，不保社稷；卿大夫不仁，不保宗庙；士庶人不仁，不保四体"（《孟子·离娄上》）。因此，他极力主张"施仁政于民，省刑罚，薄税敛，深耕易耨"（《孟子·梁惠王上》）。孟子的"仁政"以人性善为基础，所以他认为君王有不忍人之心才能行不忍人之政，"人皆有不忍人之心。先王有不忍人之心，斯有不忍人之政矣。以不忍人之心，行不忍人之政，治天下可运之掌上"（《孟子·公孙丑上》）。这样施"仁政"的根本，一方面，"君子所性，仁义礼智根于心"（《孟子·尽心上》），为此孟子大胆提出了"正君心"的口号，即"君仁，莫不仁；君义，莫不义；君正，莫不正。一正君而国定矣"（《孟子·离娄上》）。另一方面，既然"人皆有不忍人之心"，那么施"仁政"就要采取"德教""德化"的方式。因此，"善政，不如善教之得民也。善政，民畏之；善教，民爱之"（《孟子·尽心上》），"德教溢乎四海"（《孟子·离娄上》）。

事实上，人们政治关系的德化是一个矛盾的存在，因为政治一旦产生就有其自身的规律，政治就是社会阶级权力与利益的集中体现，随着社会的发展，这种矛盾与冲突就会更为明显，荀子就处在这种政治背景下，因而与孟子相反，荀子在德治上发展了"礼治"的一面。"礼者，治辨之极也，强国之本也，威行之道也，功名之总也。王公由之，所以得天下也"（《荀子·议兵篇》）。

荀子对人性恶的确认，也使他与孔孟相比对内在的天赋道德少了许多幻想，而对现实客观的外在规范和制度有了更多关注，所以荀子的"礼治"是以人性恶为基础的，"凡古今天下之所谓善者，正理平治也；所谓恶者，偏险悖乱也"（《荀子·性恶篇》）。可见，他说的"善"就是"正理平治"，"恶"就是"偏险悖乱"。这样，荀子就把德性的"善""恶"与政治的"治""乱"融为一体，"故古者圣人以人之性恶，以为偏险而不正，悖乱而不治，故为之立君上之埶以临之，明礼义以化之，起法正以治之，重刑罚以禁之，使天下皆出于治、合于善也。是圣王之治，而礼义之化也"（《荀子·性恶篇》）。受到管仲学派的影响，他的"礼治"中还含有"法"的因素。"礼者，法之大分，类之纲纪也"（《荀子·劝学篇》），"法者，治之端也"（《荀子·君道篇》），荀子认为礼和法都重要，只是作用不同，"听政之大分：以善至者待之以礼，以不善至者待之以刑"（《荀子·王制篇》）。但从本质上讲，荀子还是把"礼义"视为"道德之极"（《荀子·劝学篇》），"非礼，是无法也"（《荀子·修身篇》），"有道德之威者，有暴察之威者，有狂妄之威者"，"道德之威成乎安强，暴察之威成乎危弱，狂妄之威成乎灭亡也"(《荀子·强国篇》)。他主张的是"道德之威"。"正国"的根本仍在于"礼义"，"国无礼则不正。礼之所以正国也，譬之：犹衡之于轻重也，犹绳墨之于曲直也，犹规矩之于方圆也，既错之而人莫之能诬也"(《荀子·王霸篇》)。因此，在君民的德治关系上，荀子与孔孟一样，对上只要求君王严格照礼义标准"正己""修身"，并为民做出表率，"主者，民之唱也；上者，下之仪也"(《荀子·正论篇》)。荀子主张民应，上行下效，才能治理好国家，"上宣明，则下治辨矣；上端诚，则下愿悫矣；上公正，则下易直矣"(《荀子·正论篇》)。对下，他也特别强调对民的"教化"，"然则仁义法正有可知可能之理，然而涂之人也，皆有可以知仁义法正之质，皆有可以能仁义法正之具，然则其可以为禹明矣"(《荀子·性恶篇》)。与孔孟不同的是，荀子侧重于环境的作用。

孟子、荀子"仁政""礼治"的发展，使儒家的德治内涵更为丰富，使日益独立的政治关系、法律关系更为巧妙地与德性思想结合为一体，使宗法社会的治国方式适用于地主封建社会的需要，为延伸人们政治关系的德化找到了社会变革的过渡方式。

3. 刑以辅德——法律关系的德化

法律关系德化，意味着法律关系中涵纳着宗法伦理的关系因素。施仁政的政治主张落实到治国手段上，就是一种德主刑辅的方式。在中国古代仁政德治模式中，人与人的法律关系是隐设在亲亲、尊尊的伦理关系之中的，法便是以特有的形态——礼法、伦理法而存在的。在那里人们不存在严格意义上的法律关系，或者说，中国古代人们的法律关系在礼法、伦理法中被德化了。

"礼"是儒家倡导遵从的规则范式。在儒家经典中，关于"礼"的性质可以说是混沌的，它是古代道德、宗教、法律、习俗等规范的综合体。子产说："夫礼，天之经也，地之义也，民之行也"(《春秋左传·昭公二十五年》)。《礼记·乐记》说："礼也者，理之不可易者也""礼者，天地之序也"。在很多时候，《礼记》视"礼"为"法"，如"政不正则君位危，君位危则大臣倍、小臣窃。形肃而俗敝，则法无常，法无常而礼无列""诸侯以礼相与，大夫以法相序"(《礼记·礼运》)，都很明显是把"法"与"礼"当作同一层次的概念使用了。《礼记》还说：

"夫礼，先王以承天之道以治人之情。故失之者死，得之者生"（《礼记·礼运》）。显然把礼当作了治国的纲要法纪，"逆古礼而乱国"（《礼记·曾子问》）。《礼记》中的另一段话也明确道出了礼治国家犹如法治国家一般的观念："礼之于正国也，犹衡之于轻重也，绳墨之于曲直也，规矩之于方圜也。故衡诚县，不可欺以轻重；绳墨诚陈，不可欺以曲直；规矩诚设，不可欺以方圜"（《礼记·经解》）。可见，在儒者心目中，礼与法是不分也是不可分的。"礼"就是"法"的观念，在宋人李觏那里表述得更加明白，"礼者，圣人之法制也"（《李觏集》卷二）。

儒家以礼代法、礼法不分，明确反映了中国古代德治模式的德主刑辅特征。法在这里被"礼"化了、德化了，法的关系实质上就是伦理关系。礼法的内容是伦理道德，只是具有法的外在强制性形式而已。

对于先秦儒家来说，孔子力陈德治优于法治之长，他说："道之以政，齐之以刑，民免而无耻；道之以德，齐之以礼，有耻且格"（《论语·为政》）。孟子作为孔子的传人，更多发挥了孔子德治主张的仁政方面。荀子首创"礼法"概念，造就出一种将伦理道德和法律纳入同一框架之中的伦理法模式。这种礼法可以说是直接继承和改造周礼范式的结果，后来的中国古代法几乎只是这种理论模式在实践中的落实和展开。

荀子不同于孔孟的地方就在于将礼和法进一步结合起来，或者说在儒学中发展了更多的法治观念，比孔孟具有更多的法治思想，认为礼和法都为治国所需，提出"隆礼""重法"，礼法并用。这是对儒家德治主义的一种丰富。

荀子在结合礼、法的同时，明确认识到礼和法的不同作用。礼的作用在于扬善，以礼待善者；法的作用在于抑恶，以法待不善者。尽管如此，在根本态度上，他仍未超出儒家德治主义路向。在讲述法的作用时，荀子从来没有忘记强调德的作用。他曾这样说："故法不能独立，类不能自行。……君子者，法之原也。故有君子，则法虽省，足以遍也；无君子，则法虽具，失先后之施，不能应事之变，足以乱矣"（《荀子·君道篇》）。正因为如此，荀子无论如何强调法治，最终仍被划归为儒家思想代表。

先秦儒学的"德主刑辅"理论主张，在汉代大儒董仲舒这里得到了真正的实践。董仲舒在中国古代法律关系德化的进程中完成的任务是，与汉代统治者一起，把儒家德治主义理论搬上了国家政治舞台。

董仲舒不仅进一步把儒家宗法伦理规范系统化为"纲常"体系，而且在形而上学论证中汲取了道家、阴阳家的五行学说，并将其形而上学论证进一步运用到治国和法治领域。先秦儒学重礼轻刑的思想，被明确地发展为"德主刑辅"。

在上述发展中，董仲舒提出的"罢黜百家，独尊儒术"，以及"《春秋》决狱"的倡导，是古代中国德治政治得以确立的关键步骤。罢黜百家使儒家宗法伦理基础上的德治主张一举获得了统治地位，使封建统治伦理一体化有了基本前提和可能。《春秋》决狱的倡导，使宗法伦理指导法治实践成为现实。至此，中国古代法治伦理化、法律关系德化的过程基本定型。

《春秋》决狱即主张断决违法行为时，要常引用、对照《春秋》等道德经典。董仲舒在讨论违法罪责问题时，"动以经对"，并专门作了《春秋决狱》一书。由于所引证的不止《春秋》，还有《周礼》《礼记》《论语》等经典，所以，《春秋》决狱更多时候被称作"引经决狱"。

"引经决狱"体现的根本原则是"原心定罪"，即审定法律案件常以行为者的善恶动机为依据，许多违法案件都用"父子之亲""君臣之义"等德性原则去衡量。孔子曾表达过对这一原则的肯定，不赞成客观归罪倾向，批评"尤罚丽于事，不以其心"（《孔子家语·刑政》）的"听讼"方式。董仲舒将这一原则加以发挥，"《春秋》之听狱也，必本其事而原其志。志邪者不待成，首恶者罪特重，本直者其论轻"（《春秋繁露·精华》）。"志""本"皆为动机，以动机论善恶，是典型的道德评价而不是法律审判方式。宋儒朱熹对以动机善恶定罪做了进一步的理论升华，他说："圣人之法有尽，而心则无穷。故其用刑行赏，或有所疑，则常屈法申恩，而不使执法之意有其好生之德。此其本心所以无所雍遏，而得常行于法之外"①。所以，在朱熹看来，为了"好生之德"，为了"申恩"，"常行于法之外""屈法"都是可以的、应当的。也就是说，在伦理道德和法律的关系上，法律要服从于伦理道德。上述观念和现象是中国古代法律关系德化的明显结果，是伦理法的典型表现。

4. 均以平天下——经济关系的德化

"天下"是古代中国经常使用的概念，从"普天之下，莫非王土"

---

① 蔡沈. 朱子大全·杂著·大禹谟. 上海：华东师范大学出版社，2010：24.

的诗句来看，"天下"主要指疆域的方位。因此，古人常以"四方""四海"来表达"天下"的含义。从儒家之"协和万邦"的政治目标和"平治天下"的大学之道来看，天下思想比家国思想更为突出。"能行五者于天下，为仁矣"（《论语·阳货》），"不以仁政，不能平治天下"（《孟子·离娄上》），儒家所指的"天下"就是统一于中华文化圈内多民族的社会。先秦儒家所处的时代，虽已不是"大道之行也，天下为公"（《礼记·礼运》）的"大同"社会，但从"老者安之，朋友信之，少者怀之"（《论语·公冶长》）的志向来看，氏族社会的公有观念、平等观念不能不对儒家的社会理想产生影响。在"大道既隐，天下为家"的"小康"社会里，随着"货力为己"（《礼记·礼运》）的发展，势必造成天下不公不均和阶级对立，从而破坏原有秩序的和谐与稳定。虽然在"亚细亚生产方式"条件下，私有制不可能得到充分的发展，但是"三代"到春秋的历史也证实私有制有了一定程度的发展。

从血缘关系、政治关系和法律关系的德化可以看出，儒家虽以维护父权、君权为核心，但在人伦关系中特别强调双向的义务关系，这种对德性人格独立的强调，在一定程度上淡化了人们政治等级的外在身份，以德治有效地维护了政治上的统一。但宗法社会的和谐与稳定，除政治上的统一外，还要依赖封建土地的国有化，这是政治统一的根基；还要依赖劳动人口的安居不迁，以保证政治统治的基本财源。因而，儒家深刻认识到要实现天下人伦关系的和谐与稳定，重要的是取决于人们在社会经济领域分配上的"均"。用现代的观念来看，就是取决于人们经济关系领域实现公平的原则，"不患寡而患不均"（《论语·季氏》）是最具有代表性的观念。从"均无贫，和无寡，安无倾"（《论语·季氏》），"富与贵是人之所欲也，不以其道得之，不处也；贫与贱是人之所恶也，不以其道得之，不去也"（《论语·里仁》）等论述来看，儒家强调的仍是独立的德性人格，因而在人们外在经济利益上仍保留着原始平均主义的色彩。在"天下为家"的"小康"社会里，这种平均主义又是不可能操作的，只能作为一种理论观念形态和社会的理想。

因此，荀子认为，在宗法社会条件下，如果人们的外在经济利益处在一种绝对均等的情况下，天下反而就不能实现和谐与稳定，因为"群而无分则争"（《荀子·王制篇》），所以"救患除祸，则莫若明分使群矣"（《荀子·富国篇》）。他把人们的经济关系与宗法政治等级身份连接起来，他所认为的社会公平原则，就是以"义"维护人们与宗法等级身份相符的经济差等，而经济分配上与这个等级结构不符的就被视为不均。"均"成了一个相对的原则，坚持了"义"的德性原则，就实现了天下"均"的社会分配原则。

当然，儒家强调"均"，并不意味着儒家主张"贫"而不主张"富"，不要效率原则。"百姓足，君孰与不足？百姓不足，君孰与足？"（《论语·颜渊》），"下贫则上贫，下富则上富"（《荀子·富国篇》），"无恒产者无恒心。苟无恒心，放辟邪侈，无不为已"（《孟子·滕文公上》），应该说，儒家也很重视"富"（效率原则），只不过是"均"在先"富"在后，民富在先君富在后，"富"必须符合"均"的原则，君富必须符合民富的原则。总之，效率原则必须符合公平原则。在匮乏的农业社会里如何致富，儒者也做过论述，他们认为一方面要用什一税的薄赋方法刺激生产，另一方面要用勤俭方法，认为"不违农时，谷不可胜食也"（《孟子·梁惠王上》），"礼，与其奢也，宁俭"（《论语·八佾》），因为"勤"可以在生产领域通过增加劳动数量和强度来提高生产效率，"俭"可以在消费领域通过省吃俭用来减少成本和产品消耗。这样，就在"物"的领域克服了生产力落后、资源匮乏带来的困难，同时在人的领域培养出人们的"节俭"品性和生产成员之间的凝聚力与协作精神，从而使人们的"致富"生产活动与德性践履融为一体，以至汉代还曾出现"孝悌力田"（孝悌为立身之本，力田为养生之本）这样典型的伦理经济模式。

要实现天下公平（"均"的原则），就必须维护共有基础，因为"财聚则民散"（《大学》），"夫仁政，必自经界始。经界不正，井地不钧，谷禄不平。是故暴君污吏必慢其经界。经界既正，分田制禄可坐而定也"（《孟子·滕文公上》）。显然，实现公平分配，最理想的生产方式只有周代那样的井田制度，因为在井田制下，土地属于国家所有，农人八户分耕土地的九分之一，中间为公田，面积与各户相同，由八家合力而耕，所获纳入国库，不需要缴纳赋税。这种土地制度和经济分配原则确实很接近儒家先"均"后"富"的双重原则，故而自先秦始，历代儒家都把"耕者九一"的古制看作真正的养民之本，也是平治天下的唯一途径。甚至不少朝代的统治者，为了维护社会稳定及其统治，也做了一些土地"改革"的尝试，如汉代的"限田制"，王莽新政的"王田制"，西晋的"占田制"，北魏的"均田制"，等等。这一"均田"主张大大强化了"普天之下，莫非王土"的观念，历代统治者都紧紧抓住这个土地"私人意志的领域"① 不放。虽然封建社会实际上存在着大量地主，自耕农有私有土地并可以自由买卖，但在观念形态上土地一向被看作国家所有。

要实现天下公平原则，还必须保证发展符合公平原则的产业。春秋时期，随着工商业的发展，商人的财富膨胀起来，已到了与王者等富争富的程度，再伴随土地买卖的兴起，商人的财力又给土地兼并提供了大量资金，这就促进了原有人口的流动，削减了王朝的财源。天下由不均引发的社会动荡，使儒家认识到要实现社会公平原则，就必须维护原有的农业经济，抑制工商业的发展。在儒家看来，农业是"足食""养生"之根本，"百亩之田，勿夺其时，匹夫耕之，八口之家可以无饥矣"，"仰足以事父母，俯足以畜妻子，乐岁终身饱，凶年免于死亡"（《孟子·梁惠王上》）。"古先圣王之所以导其民者，先务于农。民农非徒为地利也，贵其志也。民农则朴，朴则易用，易用则边境安，主位尊。民农则重，重则少私义，少私义则公法立，力专一。民农则其产复，其产复则重徙，重徙则死处而无二虑"（《吕氏春秋·上农》）。从事农业的"民农"重于乡土，安于知足，便于管理，利于维护社会的稳定，而从事工商业活动的商人却流动性大，不守本分，贪得无厌，"为富不仁"（《孟子·滕文公上》），是唯利是图的"小人"，且"工商众则国贫"（《荀子·富国篇》），所以，工商业及商人的地位在重农主义的古代中国是极其低下的，尤其是秦汉以后，历代都有许多抑制工商业发展和歧视商人的措施。如秦汉时期，在征服徭役上，视商人为罪犯并株连三代；唐、明时期甚至对商人的衣着、行路都有特殊的歧视性规定。在经济上更是课以重税，西汉时期，向商人和奴隶征收的人头税是常人的两倍。历代都对有利可图的行业实行国家"专卖"的"榷估政策"等，花样繁多②，严重阻碍了古代中国工商业的发展。人们这种社会经济关系领域求"均"的德化，是长期以来商品经济始终未冲破自然经济束缚的根本原因之一。

---

① 马克思恩格斯文集：第 7 卷. 北京：人民出版社，2009：695.
② 曾兆祥. 中国封建社会的轻商思想和抑商政策. 北京：中国商业出版社，1983：80-82.

从儒家均平天下的思想可以看出，在人们经济领域体现的是一种德性的社会原则，使人们的社会经济利益符合社会人伦德性要求，把人们的经济关系最终归入德性人伦关系之中。

二、社会人伦践履

宗法社会的德化表明，由于宗法社会中人们政治、法律、经济等方面的社会关系始终未从天然的血缘关系中独立出来，人们自然的和社会的各种关系都交织在宗法人伦的关系形态之中，所以在宗法社会条件下，人们社会实践的主要内容就被涵盖在社会人伦实践之中。儒家在社会领域的德性思想，也就突出表现为对社会人伦践履的思考和设定，形成了以宗法家族为本位、以"仁""礼"为模式、以"忠""恕"为机制的特殊人伦践履形态，并对古代中国社会的发展产生了深刻的影响。

1. 以"家"为本位

"家"就其一般意义来讲，"是文明社会的细胞形态，根据这种形态，我们就可以研究文明社会内部充分发展着的对立和矛盾的本质"[①]。家庭"以缩影的形式包含了一切后来在社会及国家中广泛发展起来的对立"[②]，这表明家庭是国家、社会的缩影。但是，由于中西方的历史条件和历史道路不同，社会中个人、家庭、国家之间的相对独立性和依附性也就不同。从恩格斯在《家庭、私有制和国家的起源》中的分析来看，这种差异主要是国家产生过程的差异。就家庭、私有制和国家三项来说，"古典的古代"是从家庭到私产到国家，国家代替了家族；"亚细亚的古代"是从家族到国家，国家混合在家族里面。中国国家的产生虽然很早，但宗法社会的私有观念还停留在宗法家族的程度上，因此是从家族直接进入国家。如果说雅典是"城邦"式的国家，那么古代中国就是"家邦"式的国家。国家实际上就是一个家与国的同构体。所以，古代所谓"氏"，往往指国，如："契为子姓，其后分封，以国为姓，有殷氏、来氏、宋氏、空桐氏、稚氏、北殷氏、目夷氏"（《史记·殷本

---

① 马克思恩格斯选集：第4卷. 3版. 北京：人民出版社，2012：76.
② 同①67.

纪》)。因此，就形成了"天子建国（谓分封诸侯。——引者按），诸侯立家（谓分宋邑与卿大夫。——引者按），卿置侧室（谓为支庶另立一系。——引者按），大夫有贰宗（谓为友庶别立小宗。——引者按），士有隶子弟，庶人工商各有分亲，皆有等衰"（《春秋左传·桓公二年》）这种古代中国特有的宗法社会结构。家在这种结构中，不仅是基本的社会单位，而且是国与社会的同构体，在这个意义可以讲，宗法家族是宗法小社会，宗法社会就是宗法大家族。"家"就是人伦践履之本，"四海之内若一家"（《荀子·儒效篇》），"今大道既隐，天下为家，各亲其亲，各子其子。货力为己，大人世及以为礼，城郭沟池以为固，礼义以为纪。以正君臣，以笃父子，以睦兄弟，以和夫妇"（《礼记·礼运》）。在"天下为家"的"小康"社会里，宗法家族是人伦实践最基本的载体，人们作为社会的"人"，首先是家族的成员，然后才是社会的成员。任何人都是首先依附于家族并作为家族的组成部分而存在的，只有通过家族才能与他人、社区、国家和社会发生联系。同时，国家也依附于家族，因为宗法家族的职能不仅面面俱到，而且相当发达，广及政治、法律、经济、道德、宗教等领域。这些国家和社会承担的职能，均以宗法家族的同构式承担为基础。这就赋予了家族人伦践履社会性意义。韦政通先生认为，从家族社会中孕育而成的儒家思想，一开始就跳出了个人与国家的对立思考，而把这种关系转化为个体与个体的人伦关系。在家庭组织内，个体与个体是父子，在政府组织内则是君与臣[1]。在以家为本位的社会结构中，个人与国家、社会的关系和社会人伦践履，只有通过家族人伦践履才能实现。

从家到社会道德领域的践履来看，宗法社会的"个体"的确立与造就，首先是在"家"的血缘关系中完成的，"家"既是个体的依归，也是人格生长的母体，"家"的人伦关系是社会一切关系的缩影，"举整个社会各种关系而一概家庭化之"[2]。家族伦理是社会伦理的本位，社会伦理就是家族伦理的扩充和延伸。由血缘关系的德化可知，"孝"是家族道德精神的核心，也是整个社会道德体系的核心，它虽是一种家族道德，但可直接引申出社会道德乃至政治道德。"孝"是处理父子关系的规范，但在处理君臣关系时，可以"移孝为忠"。由"父父、子子"引

---

① 韦政通. 中国的智慧. 北京：中国和平出版社，1988：30.
② 梁漱溟. 中国文化要义. 上海：上海人民出版社，2011：83.

申出"君君、臣臣"，由亲疏长幼引申出尊卑贵贱从而形成整个社会的伦理关系与伦常秩序。由于人们伦理价值的基本取向是以血缘家族为基础，于是就构成了以血缘家族为根本的特殊伦理价值系统，从而使人们的思维方式习惯于从小家出发归结为"天下一家"，整个社会结成了一个"大家庭"。因此，宗法家族的伦理道德和家风如何，直接影响到社会的伦理道德和社会风气，"立爱自亲始，教民睦也；立教自长始，教民顺也"（《礼记·祭义》）。鲁哀公问孔子如何为政，孔子答："夫妇别，父子新，君臣严。三者正，则庶物从之矣"（《礼记·哀公问》），"其家不可教而能教人者，无之，故君子不出家而成教于国。孝者，所以事君也；弟者，所以事长也；慈者，所以使众也……一家仁，一国兴仁；一家让，一国兴让"（《大学》）。

从家到社会政治领域的践履来看，"天无二日，国无二君，家无二尊"（《礼记·本命》），"君者国之隆也，父者家之隆也。隆一而治，二而乱"（《荀子·致士篇》），君对国的统治是以父对家的统治为模板的。与让贤的"天下为公"的"大同"社会相对，"天下为家"的"小康"社会实行的是世袭制。在"别子为祖，继别为宗"的宗法制度下，家国合一是与"宗君合一"一致的。国家的君主必须是家族的宗主，在家为宗，在国为君。这表明父权家长制是君主制的基础。从生物关系角度看，父亲就是子女的父亲，但从社会政治关系角度看，父亲则是子女的家尊。子女对家尊的服从就是臣对君的服从，而君主对国家的统治就是君主对作为其"子女"的臣民的统治，所以"天子作民父母，以为天下王"（《尚书·洪范》），"治天下之国若治一家"（《墨子·尚同下》）。对此，李大钊指出："君主专制制度，完全是父权中心的大家族制度的发达体"[1]，"政治上民主主义的运动，乃是推翻父权的君主专制政治之运动"[2]，"社会上种种解放的运动，是打破大家族制度的运动，是打破父权（家长）专制的运动"[3]。可见，以家为本位对中国历史的影响有多深远。

从家到社会经济领域的实践来看，古代中国是典型的农业社会。农业的基本生产资料是土地，而土地的所有形式又是家族共有，"父母

---

[1]　李大钊全集：第3卷. 北京：人民出版社，2006：144.

[2]　同[1]147.

[3]　同[1]148.

存……不有私财"（《礼记·曲礼上》），"子妇无私货、无私畜、无私器、不敢私假、不敢私与"（《礼记·内则》），"异居而同财，有余则归之宗，不足则资之宗"（《仪礼·丧服·传》）。土地这一共有财产是无法流动的，只能世代相传，生产资料的共有性质和静态性质决定了人们只能以"家"的形式群居在一定的区域。农作物的生产必须以"家"为单位，个人的力量是很难以务农为生的。在这种经济形态下，"家"的重要性超过个人，"家"成为维持从个人个体到家庭整体自下而上的生存的主要工具。农业经济从其产品形式上讲，它不是为了交换，而是为了满足"家"这个经济单位的自给自足。冯友兰先生认为，用以家庭为本位的生产方法从事生产可转为生产家庭化，而用以社会为本位的生产方法从事生产可转为生产社会化。在生产家庭化的社会中，一个人生活于家庭，也工作于家庭，其同事即其家庭成员，一个人的工作食宿、生老病死皆离不开家庭。可以说，家庭就是一切，没有家庭则无法生存，所以人们无论做什么事情都要以家庭为本位。宗法社会的存在也依赖于自给自足的家庭小生产，"国家存在的经济体现就是**捐税**"①，而赋税和徭役的主承担者就是家庭。以家为本位的生产方式维护了父权家长制，维护了小农家庭的稳定，同样也就维护了君主的统治和社会的稳定。

不仅如此，"家"还是基本的教育单位、法律单位、宗教单位等。总之，以家为本位的人伦践履是宗法社会的重要内涵，并盛行于整个古代中国。这种由家到社会的人伦践履致使价值观念家庭化。在中国君主称"天子"，百姓称"子民"，又有"天公""雷公""师父""仁兄""弟子"等称谓，还常将家里的人、物或事冠以"家"字，如对家里的人称家父、家母、家兄、家弟等，对家里的物称家业、家舍、家畜、家禽等，对家里的事称家福、家丑、家信等，表明中国人将家里的一切都看作家庭整体的一部分，处处突出家庭整体。

2. 以"仁""礼"为模式

宗法家族构成了社会人伦践履的出发点和基本单元。儒家对社会人伦践履具体模式的设立，是由"仁"与"礼"有机构成的。

在孔子之前已有"仁"的说法，但"仁"学作为德性思想体系，是

---

① 马克思恩格斯全集：第 4 卷. 北京：人民出版社，1958：342.

先秦儒家创建的。在先秦儒家那里，"仁"的解释是很广泛的，"仁"是全德之名，从《论语》就可知，"仁"包括的美德有恭、宽、信、敏、惠、刚、毅、木、讷、孝、悌、敬、忠、恕、勇、义、礼、逊、直等，再经诸儒的扩展，所有的道德规范、道德品格和道德境界均是"仁"的表现，这说明社会人伦践履所有的德性准则都是由"仁"统率的。不仅如此，在社会政治领域要"为政以德"，构成了儒家仁政、礼治的政治模式；在社会经济领域要"君子谋道不谋食"（《论语·卫灵公》），"君子喻于义，小人喻于利"（《论语·里仁》），构成了儒家的伦理经济模式；在社会教育领域要"君子学以致其道"（《论语·子张》）；在社会艺术领域不但要"尽美"，更要"尽善"；等等。"仁"在整个社会中无所不在、无所不包，并且都被纳入了人伦关系形态之中。因此，人们的社会人伦践履就是在"仁"的基础上进行的。

从"仁"的基础结构来看，它的主要功能是"爱人"，因此，"爱人"就成了社会人伦实践的基本点和基本线索。樊迟问仁，子曰："爱人"（《论语·颜渊》）。这里的"人"是泛称，就此而言，"爱人"就意味着用同样的爱去爱所有的人。这样，"爱人"就有了基督教"上帝就是爱"的泛爱论和墨子的兼爱论之嫌，这在社会人伦践履中显然是无法操作的。但儒学毕竟不是宗教教义，也不是墨家的"爱无差等"，孔子讲"仁"是为了释礼，他不仅"贵仁"，而且"重礼"，"礼之用，和为贵"（《论语·学而》），因为"礼"的切入，才能使这种社会人伦践履变为现实的实践。"礼"并非儒家首创。"礼"在三代特别是在周代已相当发达。"礼"最初源于祭祀，"人尊神，率民以事神，先鬼而后礼"（《礼记·表记》）。周代，"礼"就成了"经国家，定社稷，序民人，利后嗣者也"（《春秋左传·隐公十一年》）的一套等级制度，"君令臣忠，父慈子孝，兄爱弟敬，夫和妻柔，姑慈妇听，礼之经也。君令而不违，臣忠而不贰，父慈而教，子孝而箴，兄爱而友，弟敬而顺，夫和而义，妻柔而正，姑慈而从，妇听而婉，礼之质也"（《晏子春秋·外篇》）。这时的"礼"还是一套维护严格等级制度的外在规范和个体安身立命的依据。"周监于二代，郁郁乎文哉！吾从周"（《论语·八佾》）。但孔子的"吾从周"，并非对周礼的简单重复，"殷因于夏礼，所损益，可知也。周因于殷礼，所损益，可知也"（《论语·为政》）。孔子对周礼的"损益"主要表现为"纳礼入仁"。"人而不仁，如礼何？"（《论语·八佾》），"克己复礼为仁。一日克己复礼，天下归仁焉"（《论语·颜渊》）。这样，"仁"与"礼"在社会人伦实践中就都取得了本体的和普遍的意义，使社会人伦践履这个"爱人"的基本点落在了"人之为人"的本性之上。"人之为人"首先是人普遍具有"仁爱之心"，这是德性自我实现的"善端"。"人之为人"还因为"人能群"，"人能群，彼不能群"，但"群而无分则争"（《荀子·王制篇》）。这就要"约之以礼"才能使整个社会"和"而不"争"。这样，"礼"在社会人伦践履中就不只是一种生硬的外在形式，"仁"在社会人伦践履中也不再是抽象的命题。在"为仁由己"中，"仁"是实践主体自觉的根本，这种实践主体自觉又落实在等级差序的自我约束的"克己复礼"上，"礼"也就成了"人之为人"的根据。"不知礼，无以立"（《论语·尧曰》），"仁"与"礼"在社会人伦实践中的有机统一，就由"爱人"这个实践的初始点推导出实现人伦之爱的社会实践模式。

社会人伦实践始于血亲之爱。爱亲是儒家"人伦之爱"的起点，"天下为家，各亲其亲，各子其子"（《礼记·礼运》）。人们之间要做到相亲相爱，必须首先从血亲之爱开始，不爱自己父母的人，就谈不上真正去爱他人。这就是儒家常说的"亲亲"才能"仁爱"，"君子笃于亲，则民兴于仁"（《论语·泰伯》）。血亲之爱是"仁"的血缘心理基础，"爱亲"之心从根本上适应了以宗法血缘人伦关系为特征的社会结构和社会生活，使社会人伦践履不仅具有立足于时代和历史的根基，而且具有具体的家本位的基础。在家庭"父子""兄弟""夫妇"三种人伦关系中，"父子""兄弟"为天伦关系，"夫妻"为天、人合伦关系，家庭的伦序实际已包含了建构整个社会的人伦关系原理，即人伦依据天伦向全社会扩展。费孝通先生认为，"伦"就是从自己推出去的和自己发生社会关系的那一群人所发生的一轮轮波纹的差序，在"差序格局"中所有价值标准都不能超脱于差序的人伦而存在。这在差序社会里可以不觉得是矛盾，因为人们可以根据不同的对象拿出不同的标准，而这种不同的标准，就是在"礼"的规定下，不同的名分所应遵循的准则。这就是"仁""礼"在社会人伦践履中的契合点。

从"仁""礼"的双重规定来看，天伦中的"父子"和"兄弟"的基本规范就是"孝悌"，"孝悌"既符合"仁"的"爱亲"的主观自觉，又符合"礼"的等级名分的克己。

《论语·学而》里有"泛爱众，而亲仁"，这里的"泛爱众"与"爱亲"相比，已不是家庭人伦之爱，而是已扩展为社会人伦之爱。"泛爱众"就是广泛地爱众人，而不是爱一小部分人，"能行五者于天下，为仁矣"（《论语·阳货》）。这种广泛的"人伦之爱"要得到具体的实现，就必须依据"父子""兄弟"的天伦以及"孝悌"准则，通过引申和附会，把这种"仁爱"向天下推广。"君君、臣臣、父父、子子"（《论语·颜渊》），"朋友切切、偲偲，兄弟怡怡"（《论语·子路》），"教以人伦：父子有亲，君臣有义，夫妇有别，长幼有序，朋友有信"（《孟子·滕文公上》），"君臣、父子、兄弟、夫妇，始则终，终则始，与天地同理，与万世同久"（《荀子·王制篇》）。由"父子"关系引申出"君臣"关系，父慈子孝，依此类推，也就有了君义臣忠；由兄弟关系引申出朋友关系，兄友弟悌，依此类推，也就有了朋友有信，就有了君民上下、长幼有序；而夫敬妇听关系又包括了一切男女关系——按照这个同心圆式的伦常普遍引申，所有人都可以在"仁""礼"编织的人伦网结上找到自己的位置。"父慈子孝、兄友弟悌、夫义妇听、长惠幼顺、君仁臣忠"，在这种社会人伦践履的模式结构中，人们的关系原则不是外在的权力和利益，而是德性的责任和义务，人们日常践履的是普遍的"仁爱"。人们政治、经济、文化等领域的实践活动，都是交织在人伦践履活动之中的，都是以社会人伦践履的形式表现出来的，并相应形成了各个领域以伦理为特征的模式。因此，就实践主体而言，既有个体的差别，又有整体的和谐，既合乎温情（亲亲），又合乎理性（尊尊）。用先秦儒家的话来概括，是一种"和而不同""不同而一"的人伦践履模式。

3. 以"忠""恕"为机制

由上述家本位和"仁""礼"模式可以看出，社会人伦实践的基本内容就是践履现世的"人伦之爱"，所以对于实践主体，就必须要有可供日常操作的具体方式。

儒家把"忠恕"之道作为"仁之方"并贯通了"修齐治平"的大学之道，就成了人伦践履最具有活性机能的操作方式。

"参乎！吾道一以贯之""夫子之道，忠恕而已矣"（《论语·里仁》）。郭沫若对此做过这样的解释：孔子曾说"吾道一以贯之"，但他自己不曾说出所谓"一"究竟是什么。曾子给他解释为"忠恕"，是不是孔子的原意无从判定，但照比较可信的一些言论来看，所谓"一"应该就是"仁"了。不过，如果把"忠恕"作为仁的内涵来看，也可以说得过去。这种由内及外、由己及人的人道主义过程，应该就是孔子所操持着的"一贯之道"①。"忠恕"本身虽是社会人伦实践的内涵，但从《论语》来看，孔子是把它作为社会人伦实践实现仁、达到仁的具体方法使用的，即"己"与"人"的"人伦之爱"自我实现的过程。由此可见，只要处理好人伦关系，社会的一切关系都会和谐有序。儒家德性思想就是这样以"忠恕"为机制，使社会人伦实践得以实现的。

"恕"就其内容而言，包含着"宽恕""容人"的意思。这就是孔子提倡的"以直报怨，以德报德"（《论语·宪问》），"不念旧恶，怨是用希"（《论语·公冶长》）的品德。孔子对"恕道"做过明确的解释，"其'恕'乎！己所不欲，勿施于人"（《论语·卫灵公》）。这种"恕道"，强调的是，在社会人伦实践中自己不乐意的事情不要施加给别人。总之，"恕"就是毫无害人之义。这样就要求在处理社会人伦关系中，必须将心比心、设身处地，以己之欲求去测度他人之欲求，即由内及外、由己及人的具体操作方式。自己不愿做的事，别人也一定不愿做；自己喜好的事，别人也一定喜好；自己欲求的事，别人也一定希望得到。子贡问孔子："君子亦有恶乎？"（《论语·阳货》）。孔子答曰："有恶：恶称人之恶者，恶居下流而讪上者，恶勇而无礼者，恶果敢而窒者"（《论语·阳货》）。"四恶"中贯穿了"施诸己而不愿，亦勿施于人"（《中庸》）的精神，就是"恕道"的具体运用。"恕"道的运用，不仅是"由己及人"的过程，而且同时是"由人及己"的过程。这种过程的基础是"人同此心"，因为在儒家看来，人人都具有先天的"良知""良能"，己与人能够相通，就在于"良知""良能"是人们共同具有的。这种建立在人性善基础上的"恕道"，是与实现"人伦之爱"的人伦践履一致的。因此，"恕道"也就不失为一种人人都能操作、便于日常之用、简易而朴实的方法。正如费尔巴哈所评价的那样："从许多由人们思考出来的道德原理和训诫中，这个素朴的通俗的原理是最好的、最真实的，同时也是最明显而且最有说服力的，因为这个原理诉诸人心，因为它使自己对幸福的追求服从良心的指示。当你有了你所希望的东西，当你幸福的时候，

---

① 郭沫若. 十批判书. 北京：中国华侨出版社，2008：93-99.

你不希望别人把你不愿意的事施诸你，即不要对你做坏事和恶事，那么你也不要把这些施诸他们。当你不幸时，你希望别人做你所希望的事，即希望他们帮助你，当你无法自助的时候，希望别人对你做善事，那么当他们需要你时，当他们不幸时，你也同样对他们做"①。因此，他认为，"恕道"是一种"健全的、纯朴的、正直的、诚实的道德，是渗透到血和肉中的人的道德，而不是幻想的、伪善的、道貌岸然的道德"②。"恕道"的运用虽然也出于一种内心的自觉，但还停留在"立己""达己"的层次上，故而与"忠道"相比，它在社会人伦实践中还是一种相对被动的方法。

先秦儒家所说的"忠"，并非后世那样专指臣对君的"愚忠"，"临之以庄则敬，孝慈则忠，举善而教不能，则劝"（《论语·为政》），"君使臣以礼，臣事君以忠"（《论语·八佾》）。"孝慈则忠"指的是君主要以"上孝于亲""下慈于民"作为臣民忠诚的条件，臣君、民君的人伦关系是均等互为的。因此，"忠"的含义是广泛的。"主忠信""与人忠"，忠与信是相关联的品德。总之，"忠"就是真心诚意、积极为人的意思；"忠道"也就是在处理己与人的关系中，忠诚信实，非虚情假意，要尽己以对待他人。与"恕道"相比，"忠道"要高出一个层次，在社会人伦实践中不但要"立己""达己"，而且要完全出于为他人，这是一种积极主动的方法。孔子本人虽对此没有明确的解释，但根据宋儒对"尽己之谓忠"的解释，一般均把"己欲立而立人，己欲达而达人"释为"忠道"。"忠恕之道"把社会人伦实践之德性精神的培养和行为结合起来了。总之，"忠恕之道"就是：无论对人对事，"忠"都重在尽心，即对任何事情都要竭诚去做，尽力而为，从"己"的角度尽到应有的责任；"恕"则重在关心，即无论对人对事，都要细心体察。对"己"而言，"忠"重在发挥主观的努力，而"恕"则重在迁就、适应各种不同情况。对人伦关系而言，"忠"重在设身处地，有诚恳为人之心，"恕"则重在由己推人，无丝毫害人之意。"忠"重在成人之美，"恕"重在不成己之恶。这样，"忠恕之道"就通过"己所不欲，勿施于人"和"己欲立而立人，己欲达而达人"两个角度、两个层面的操作，"由内而外"

---

① 费尔巴哈哲学著作选：上卷. 荣震华，李金山，等译. 北京：商务印书馆，1984：578.

② 同①38.

"由己及人",成为实现社会人伦实践的根本途径和方法。

"忠恕之道"要真正成为社会人伦践履日常之用的方法,除了礼的名分,还必须解决一个现实的前提,即虽然人们的良知是共同具有的,但由于现实条件不同,"己"也是千差万别的,如果"己"均按不同环境中形成的不同好恶和认识去以己度人、由己及人,"忠恕之道"就会使社会人伦践履产生混乱。对此,孔子说:"我未见好仁者,恶不仁者。好仁者,无以尚之;恶不仁者,其为仁矣,不使不仁者加乎其身"(《论语·里仁》)。这就是说,"己"必须达到"仁者境地","唯仁者能好人,能恶人"(《论语·里仁》),"忠恕之道"才行得通。所以,孔子把古今之学概括为"古之学者为己,今之学者为人"(《论语·宪问》),"为己"就是德性上的自我完善与自我实现,"为人"则是迎合他人以获得外在的赞誉。以"为己"否定"为人",就意味着"己"的行为不再依他人的取向而转移,而是按实践主体自身的理想来塑造自己。儒家并不把"人伦之爱"的实现停留在德性观念上,而是沿着人伦践履的"忠恕之道"去实现"博施于民而能济众"的理想。尽管到达仁的境界是不易的,但儒家对人伦实践主体的力量抱有极大信心,社会人伦践履的实现就取决于"己"的自主选择及努力,而不完全依存于外部力量;"求诸己"就是在社会人伦践履中肯定"己"的能动价值。作为宗法社会条件下的人伦实践主体,"己"的存在方式同时也是"人"(类本质)的存在方式,人之所以为人是因为"人能群"。"为己""求诸己"同时也是社会人伦的实现过程。这样,"忠恕之道"就没有停留在"立己""达己"的操作环节上,"立人""达人"同样是社会人伦践履的"忠恕之道"的重要环节。

从"仁""礼"构成的社会人伦践履模式来看,"忠恕之道"并不是培养和实现独立的个性,而是使"己"合于社会人伦践履的普遍规范,也就是说在社会人伦践履中,除了合于"仁者爱人"准则,还应合于"礼"的普遍社会准则,"一日克己复礼,天下归仁焉"(《论语·颜渊》),通过约束自我而使之纳入"礼"的规定的普遍模式。这方面在荀子那里得到进一步的发展,"人能群,彼不能群也"(《荀子·王制篇》)。"己"是不能离开"人"的。在荀子那里,"人"是"名分使群"的一个等级结构体。在处理"己"与"人"之关系的"忠恕之道"中,每个个体按照礼的"等级结构"充分发挥自己的作用并实现自己的存在价值，"人"的"等级结构"才能稳定和谐（群居和一）。这样，在社会人伦践履中"己"被统一于人伦的等级结构中，"己"成了外在规定的个体，在社会人伦践履中"忠恕之道"的"己"的主动作用转到了外在的人伦等级结构上。尽管荀子已开始注重社会的物质生产实践活动，但在他看来，社会仍是一个人伦等级的结构，并以"君子之学也，以美其身"（《荀子·劝学篇》）的德性价值实现为主要目的，因而他所主张的社会实践仍未脱离孔孟的社会人伦践履的圈子和"忠恕之道"的机制。不过，他"制天命而用之"的实践观深化了儒家社会人伦践履的内涵。

总之，在儒家那里，社会人伦践履的实现是一个社会化、德性化的过程，"忠恕之道"实际确定了"己"对社会人伦的认同，"修己以敬""修己以安人""修己以安百姓"。把"为己"内在地同"安人"联系起来，把"己"的内在价值与"人"的外在价值统一起来，使"己"的德性价值扩散为广义的社会价值，"忠恕之道"也就贯通了"修齐治平"的大学之道。这样，就可沿着由近及远的路子，达到"夫仁者，己欲立而立人，己欲达而达人。能近取譬，可谓仁之方也已"（《论语·雍也》）。由"爱亲"到"泛爱众"再到"博施于民而能济众"，社会人伦践履的"忠恕之道"机制就在以家本位的基础上，沿着"仁"和"礼"构成的实践模式，逐步使社会人伦实践扩展为一种富有情理、富有生机的社会实践活动。

三、义利关系范畴

义利关系范畴，是古代中国社会特有的价值关系范畴，也是儒家社会领域德性思想的核心。社会的德化，以及社会人伦践履都是与儒家义利关系范畴相一致的。它主要表现为，通过义利之辨，形成了利合于义的社会价值原则，并由此确立了封建宗法社会的德性文明和公利价值取向。

1. 义利之辨

义利的出现是与宗法社会"德"的发端相关联的，如同殷墟卜辞中把"德"释为"得"一样,"殷人贵富","商朝统治阶级以增加自己的财物为急务,只要取得财物,不顾什么廉耻"①。这说明殷人把得到财富作为价值取向,这是原始功利的最初表现。周代的"修德配天""明德恤祀""敬德保民",已表现出对天、对祖、对民的义务性。从周人的"修德求福"来看,周人已有了"义务""天命""福利"这样原始义利关系的思考。"聿修厥德,永言配命,自求多福"(《诗经·大雅》),不过这种"德福"的价值观还仅限于"亲""君"的范围,不具有普遍的意义。严格地说,义利观的真正形成是在春秋时期,"周道衰而王泽竭,利言兴而人心动"(《陈亮集·语孟发题》)。由于铁制农具的出现和牛耕的推广,大量的新耕土地已不属于"公田","普天之下,莫非王土"的观念受到冲击。随着私有土地的发展,个体经营取代了协作耦耕的生产方式,私商和私营手工业也改变了"工商食官"的格局,甚至出现了"私肥于公"的现象,封建土地私有制逐步取代了奴隶主土地国有制。

经济利益的冲突使社会发生了深刻的变革,这种变革必然要反映在道德领域,并突出表现在义利价值观上。"利"字原义为"犁","犁,利也"(《释名》)。殷周时期,"利"被引申为财利和"吉利","夫利有二,有贷财之利,有安吉之利……《易》曰:'利见大人,利涉大川。''乾,元亨利贞。'《尚书》曰:'黎民亦尚有利哉?'皆要吉之利也"(《论衡·刺孟》)。春秋时期,"利"的社会内容主要指"私利",并与"义"对举。"义"在殷周之际被释为"仪","故书仪为义",《说文解字》中与之同释:"义,己之威仪也"。春秋时期,"义"就被用作仁义之"义"了。《中庸》说:"义者,'宜'也。"《说文解字》段注:"义之本训为礼容各得其宜,礼容得宜则善矣。"这时的"义"已经指行为适宜于"仁""礼"的德性要求,对于"利"而言,就成了与"义"相对的对象。"凡有血气,皆有争心,故利不可强,思义为愈。义,利之本也,蕴利生孽,姑使无蕴乎,可以滋长"(《春秋左传·昭公十年》)。此时,人们已不仅看到道德作用上义利的关系,而且已注重认识义利的贵贱本末的实质内容。"礼"是人们宗法秩序的体现,"义"既宜于礼,就反映了奴隶主贵族统治的整体利益。"利"是对新兴地主阶级利益的概括,即对私有经济利益的概括。这样,从维护"礼"的秩序出发,春秋

---

① 范文澜. 中国通史:第1卷. 北京:商务印书馆,2010:21.

时期的义利之辨就主要表现为道德与利益、"公"与"私"等多方面的争论。就此，张岱年先生指出："利义、理欲的问题包含复杂的内容，其中包括个人利益与社会整体利益、阶级利益与民族利益的关系，道德理想与物质利益的关系，精神生活与物质生活的关系，以及人生价值等等问题"①。儒家就是在此基础上，对"义""利"从多层面、多视角进行了论证和阐述。

从人的本质即"人之为人"的根本视角出发，儒家历来认为追求感观快乐与物质利益是人和动物共同具有的自然属性，而"仁义"这种德性价值则是人独有的，也是"人之为人"的根本之所在。人如果不求仁义，就同动物没有什么区别了。荀子对这一点表述得更为清楚："水火有气而无生，草木有生而无知，禽兽有知而无义，人有气、有生、有知，亦且有义，故最为天下贵也"（《荀子·王制篇》）。在荀子看来，义是人之所以为天地万物之贵的最本质的规定性，是人的伟大和荣耀，是人的价值的根本表现与确证，所以，人不能不讲求"义"。"义则不可须臾取舍也。为之，人也；舍之，禽兽也"（《荀子·劝学篇》）。荀子认为，"饥而欲食，寒而欲暖，劳而欲息，好利而恶害"（《荀子·荣辱篇》）是人生而具有的自然属性，这是人性之恶，人如果遵循这种人性而行，就会使自己无异于动物。因此，人要使自己成为真正的、名副其实意义上的人，就应以义克利、隆礼贵义。从"人之为人"的本性来看，儒家主张的是利合于义。

从社会政治的视角出发，儒家认为国家的政治统治应该以德治（仁政、礼治）来实现，"为政以德，譬如北辰，居其所而众星共之"（《论语·为政》）。在这一点上，孟子有更多的论述。他最先区分王霸，首倡尊王抑霸之说，坚持儒家的内在圣王之理想。在孟子看来，霸道与王道在本质上的区别是，霸道努力用势，是以力治人、以势压人，属于"利"的范畴；王道施德重义，是以德服人、以义感人。"以力假仁者霸，霸必有大国；以德行仁者王，王不待大"，"以力服人者，非心服也，力不赡也；以德服人者，中心悦而诚服也"（《孟子·公孙丑上》）。他崇尚的王道就是尧舜，只有像尧舜那样，重义轻利、贵义贱利、施以德治，才能与民同乐。"为人臣者怀仁义以事其君，为人子者怀仁义以

---

①　张岱年. 中国伦理思想研究. 上海：上海人民出版社，1989：124.

事其父，为人弟者怀仁义以事其兄，是君臣、父子、兄弟去利，怀仁义以相接也。然而不王者，未之有也"（《孟子·告子下》）。只要君臣、父子、兄弟皆去利，以仁义相待，整个天下就会太平，人民就会安居乐业。"乐民之乐者，民亦乐其乐；忧民之忧者，民亦忧其忧。乐以天下，忧以天下，然而不王者，未之有也"（《孟子·梁惠王下》）。相反，如行霸道，君臣、父子、兄弟均以利相与，"为人臣者怀利以事君，为人子者怀利以事其父，为人弟者怀利以事其兄，是君臣、父子、兄弟终去仁义，怀利以相接，然而不亡者，未之有也"（《孟子·告子下》）。那么，人人唯利是图，就会国破家亡，天下大乱。

重视礼德的荀子则认为，王道与霸道是统一的，"君人者，隆礼尊贤而王，重法爱民而霸"（《荀子·天论篇》），"义立而王，信立而霸"（《荀子·王霸篇》），这就丰富了先秦儒家的王霸含义，强调了义利统一的一面。孔子、孟子、荀子都强调能行霸业必有王道，历史上从来都是义利双行、王霸并用的。只有行德者尚义，行力者重利，交相互用，才能治国安天下。从王霸之辨可以看出，儒家是主张利合于义的。

理欲是儒家从道欲的视角对义利的思考。孔子说："富与贵是人之所欲也，不以其道得之，不处也；贫与贱是人之所恶也，不以其道得之，不去也"（《论语·里仁》）。求富贵必须符合仁义的道德原则，一方面肯定了合理的人欲，另一方面指出欲望不受仁义约束，对人生、对社会都是有害的，也是可耻的。"邦有道，贫且贱焉，耻也；邦无道，富且贵焉，耻也"（《论语·泰伯》）。孟子更是主张以道正欲，"无欲其所不欲"（《孟子·尽心上》），并提出"养心莫善于寡欲"（《孟子·尽心下》）。荀子首先不否定人欲的存在，认为人欲是生而具有的，"欲而不得，则不能无求；求而无度量分界，则不能不争；争则乱，乱则穷。先王恶其乱也，故制礼义以分之，以养人之欲，给人之求，使欲必不穷乎物，物不必屈于欲"（《荀子·礼论篇》）。在荀子看来，欲望是不能去除的，但人的欲望也不能毫无节制，否则就会"犯分乱理而归于暴"（《荀子·性恶篇》），害人害己，祸国殃民。荀子主张以道制欲，"君子乐得其道，小人乐得其欲。以道制欲，则乐而不乱；以欲忘道，则惑而不乐"（《荀子·乐论篇》）。理欲之辨深刻影响了宋儒，使之在宋代极为盛行。在道欲之辨上，儒家还是主张利合于义。

儒家从社会经济生活的视角，对义利做出了仁富之辨的思考。仁富之辨，就是人们对社会上仁富与道德上仁爱之关系的认识。孔子并不否定物质财富的必要性，"富而可求也，虽执鞭之士，吾亦为之。如不可求，从吾所好"（《论语·述而》）。他还把解决庶民百姓的温饱看作当政者的首要任务，"子贡问政。子曰'足食、足兵，民信之矣'"（《论语·颜渊》），但如果舍弃仁义这个根本去求富贵则是他不愿意的，"不义而富且贵，于我如浮云"（《论语·述而》）。因此，孔子主张，志士仁人不能因为求取生活的安逸舒适而放弃对仁义的追求，人应当为追求高尚的德性理想目标而努力，不为世俗物质财富所诱引，应当"安贫乐道"。孟子认为"为富不仁矣，为仁不富矣"（《孟子·滕文公上》），因为为富就是"鸡鸣而起，孳孳为利"，为仁就是"鸡鸣而起，孳孳为善"（《孟子·尽心上》）。孟子提倡人要做"富贵不能淫，贫贱不能移，威武不能屈"（《孟子·滕文公下》）的大丈夫。荀子也认为，"士君子不为贫穷怠乎道"（《荀子·修身篇》），还认为真正的富贵是拥有仁义，缺乏仁义的富贵是虚假的富贵。他说："仁之所在无贫穷，仁之所亡无富贵"（《荀子·性恶篇》）。在仁富之辨上，儒家仍是主张利合于义。

由儒家对义利多视角的阐述可见，不论孔子的"居利思义"、孟子的"去利怀义"，还是荀子的"以义制利"，都过于注重义利对立、矛盾的一面，利被视为外在的物欲和私利，而义才是社会主体的内在精神和善的价值。当然，他们也注意到义利统一的一面，并非绝对排斥物欲和私利的存在，还认为利是社会实现义的基本前提条件。先义就是在义利对立、矛盾中应坚持"去利怀义"，这种利合于义的价值观，从根本上确立了社会主体的德性文明和公利价值取向。

2. 德性文明

正如前文讲到的，人作为社会实践的主体，在改造客观世界和主观世界的过程中，总以真、善、美统一的尺度进行，人类社会物质文明和精神文明的发展，正是人们运用这一"尺度"的历史成果。但是人类社会发展史表明，由于社会物质条件的不同，这一尺度的运用也有所不同，社会发展本身就显现出不同的历史轨迹。东西方不同的古代社会类型，就充分证实了这种差异性。

与古希腊相比，儒家德性文明的价值取向首先体现出德性现世践履的精神。从社会伦理角度看，古希腊也有高扬主体精神的道义论者，但它是建立在理性对社会把握之基础上的，因此，对善的追求是以个体理性为目标的。苏格拉底就认为"美德即知识"，他是用普遍的和一般的知识来规定道德的，因而德性之知不是本而是末；道德行为必须奠基于知识，知识先于道德而高于道德；一个人没有知识，也就不懂得善的概念，也就不可能为善；善出于知，恶则出于无知。柏拉图也认为"善的理念是最大的知识问题"，这样，对善的发现的前提就是对真的发现，理性既是基础，又是价值评判的标准。因此，在古希腊道义论那里，善作为绝对不变者，不仅是最真的，同时也是最美的，善和美都归结为真。当然，这个真并非对客观世界的反映，而只是一种主观理念。善的实现就必须摒弃主体的一切性欲，在对知识和真理的追求中展现自身。这种理性主义在对自然的把握中，可以转换出一种崇尚自然规律和因果性的科学精神，但在对社会的把握中，善这个抽象的理念在尘世具体的道德实践中就会产生价值标准的混乱和无序，造成个人与社会的对立，导向实现善的彼岸性，使主体处于灵与肉的冲突中。道德生活最终归宿于（求助于）罪感文化，而转换出一种希伯来式的宗教精神。

儒家德性思想对自然和社会的把握是建立在德性基础上的，德性知识本身就是德性践履。由大学之道可知，从格物、致知到修身，从修身到齐家、治国、平天下，就是主体知行一体化的过程，这种德性对自然的把握，就会转换出一种"天人合德"的现世人道精神。对社会的把握同样把人与现实社会融为一体，人生的价值是通过现世的此岸来表现的，而不去追求现实之外的玄想，这就是遵循礼的秩序，实现"明明德，在亲民，在止于至善"的目标。这样，善就被化解为现实而具体的德性规范，人们的德性知行，对于家庭而言，就有了孝、敬、悌、慈等要求，对于国家而言，就有了仁、义、忠、礼、智、信、友等要求，对于天下而言，就有了均、安、和等要求。只有通过这些诉诸人们内在的具体德性，才能达到父慈子孝、兄友弟悌、夫唱妇随，实现社会基本单元的和谐。对君忠，对臣义，对友信，保持国家政治统治的稳定，坚持"不患贫而患不均，不患寡而患不安"（《论语·季氏》），最终才能使整个社会和谐、稳定。与古希腊超现实的、抽象的善相比，儒家这种遵礼达善的德性践履精神就成了得以现实操作的日常之用，人们对善的追求就在于在日常之用中"展现自身"的价值，主体的道德生活就能人伦亲亲、人际睦睦，处在和谐有序的社会之中。这种注重现世践履的德性精神，对防止中华民族滑向灵与肉冲突的宗教神学起到了积极作用。但是，德性精神也没有把人们引向以求真为主的道路。

与功利主义相比，儒家德性文明的价值取向还体现在注重主体的内在精神上。无论古希腊普罗塔哥拉的感性主义和伊壁鸠鲁的"快乐至善"论，还是近代边沁的"最大多数人的最大幸福"，或者是先秦墨子的"交相利"的功利价值观，都建立在个体感性基础上，都把人们感官的快乐当作幸福和善的最终权衡尺度。因此，功利主义的价值标准就是以个人的感官体验为善之本。这样，认识自然、认识社会的目的就并不是获得人们内在价值的实现，而是仅仅满足自身感官肉体的需要。由于人们的认识与实践均出于功利和肉体的需要，主体就被贬低为工具和手段，主体的实践过程也就被异化为客体之物。那么，在这种价值观看来，一件事或一个行为是否有价值，完全取决于客观效果，只要这个效果符合人的本能需要、生理欲求，能使人快乐、幸福，就是有价值的，相反则毫无价值可言。

儒家的德性基础把主体和实践均规定为向善的本质，肯定了人在仁义引导下从善的要求和可能。"人皆可以为尧舜"（《孟子·告子下》），"涂之人可以为禹"（《荀子·性恶篇》），这样，人的价值自然就不在于满足利欲的客观效果和对物质生活的追求，而在于德性精神生活的满足和对圣人、君子理想人格的追求。"民无德而称焉"（《论语·季氏》），在儒家看来，如果只求物质利益的满足，那么人就同禽兽没有区别了。因此，做人就不仅要有自然的物质生活，更重要的是要有德性精神生活，做人的根本就在于修身的内在完善，以实现内圣外王的理想。

为此，儒家还为人们设置了圣人楷模。孟子称孔子为"圣之凡者"（《孟子·万章下》），即君子。孔子说："君子去仁，恶乎成名？君子无终食之间违仁，造次必于是，颠沛必于是"（《论语·里仁》）。君子之所以为君子，原因就在于存仁、成仁。孟子有"人伦之至""百世之师"的圣人，荀子也有圣王，"圣也者，尽伦者也；王也者，尽制者也；两尽者，足以为天下极矣。故学者以圣王为师"（《荀子·解蔽篇》）。虽然"圣人与我同类者"（《孟子·告子上》），但要真正实现是很不容易的事，儒家清楚地看到了德性与物欲的对立，"枨也欲，焉得刚"（《论语·公冶长》），因此，要经得起物欲的考验，对人的德性精神就提出了更高的要求。"君子谋道不谋食。耕也，馁在其中矣；学也，禄在其中矣。君子忧道不忧贫"(《论语·卫灵公》),"士不可以不弘毅,任重而道远。仁所为己任,不亦重乎? 死而后已,不亦远乎"(《论语·泰伯》),"志士仁人,无求生以害仁,有杀身以成仁"(《论语·卫灵公》)。孟子更有"舍身取义"的要求。儒家这种重内在、重人的德性精神的价值取向,在历史上产生了久远的影响。它高扬人的主体性,使人们坚信自身向善的价值与可能,坚信经过努力会达到至善成圣的境界,并建立起对社会的信心,坚信善能战胜恶,由此支撑起中华民族崇仁尚义、自强不息的民族精神。

儒家德性文明的价值取向还体现在注重社会发展的德性精神文明上。对善的追求是人类普遍永恒的主题,但不同的时代、不同的人们对于善有着不同的理解和标准。人类社会发展史表明,每当社会处于重大变革时期,价值观就会面临一次新的嬗变,特别是在社会政治、经济和文化发展处于重大转型时刻,人们总会对社会现实生活的变化做出总体评价,这种评价有时就会呈现出道德评价与历史评价的背离。恩格斯指出:"在黑格尔那里,恶是历史发展的动力的表现形式。这里有双重意思,一方面,每一种新的进步都必然表现为对某一神圣事物的亵渎,表现为对陈旧的、日渐衰亡的、但为习惯所崇奉的秩序的叛逆;另一方面,自从阶级对立产生以来,正是人的恶劣的情欲——贪欲和权势欲成了历史发展的杠杆,关于这方面,例如封建制度的和资产阶级的历史就是一个独一无二的持续不断的证明"[1]。这就是说,一方面,道德恶的积极历史意义是相对于旧道德而言的,在旧道德秩序中表现为恶的东西,在新道德秩序中则表现为善;另一方面,对于善与恶的评价,不同的阶级有着不同的理解。

但儒家对此有着自身特殊的理解视角。社会是由德性主体构成的,德性的人伦实践是社会实践的主要内容,社会物质生产只是这种社会实践的静态的前提和基础(即仅仅满足了主体的生存需要这个基础),因而社会的发展与进步是由动态的德性精神文明实践决定和体现的。这就形成了儒家德性评价规标,因此,当春秋已降,社会重大变革时期,先秦儒家却认为是"礼崩乐坏"的衰世。"天下无道,则礼乐征伐自诸侯出"(《论语·季氏》),并极力维护经过"损益"的周礼。

---

[1]　马克思恩格斯选集:第4卷. 3版. 北京:人民出版社,2012:244.

总体说来，儒家的德性评价靓标，是德性的尺度，是站在维护奴隶主阶级保守的立场上的，它忽视了社会物质生产实践对社会发展的决定性质，这种德性的尺度深刻影响了古代中国的社会发展，造成了"人惟求旧，器惟求新"的历史发展进程。但社会德性精神文明作为人们特殊的价值观念形态，不仅反映着人的生活的现实追求，而且代表着人们特有的精神理想追求。无论在社会的变革时期，还是处于新的社会秩序中，在客观上都确实存在着人们公认的"恶劣的情欲"，以及人们公认的优良文明传统。因此，儒家对春秋时期的连年战争、生灵涂炭、人的尊严受到极大的摧残痛心疾首，要求继承传统的原始民主性、人道性，希望恢复和谐的社会秩序，是有一定积极意义的。尤其是儒家执着追求社会德性理想的精神，以及对中华优秀传统精神文明的继承和注重，为中华民族道德精神文明的建设和发展奠定了基础。

3. 公利取向

儒家的价值观不仅突出体现出一种德性精神文明，更重要的是突出表现在它的整体主义价值原则上。公利取向方面首先源于儒家的德性世界观。由自然与社会的德化可知儒家的德性思想对自然、社会的把握，使主体融入客观的自然与社会之中，强调的是人与自然、人与社会的和谐，由此形成了协调、平衡、中庸，即以重"合"的整体为本位的观念模式。"天人合德"，就是天人在德性上的合一。在这种整体观念模式中，人与自然、社会也就是一个有机的整体。儒家并非不讲分，也不是没有个体观念，但这种分是合中之分，分本身就是合的性质，而不具有独立意义。个体观念也是如此。在儒家看来，个体存在的依据是，个体在家国同构的网络中都有由宗法血缘纽带决定的位置，因此在这个伦理整体中，个体就是一个缩小的整体，这样的个体不仅不是独立的，而且已具有了整体的全息（Holography）性质，即就像全息影像一样，每个部分都可以呈现整体。

一般说来，"义"指公利，指社会、民族和国家的利益，而"利"在较多的情况下，是指个人的、私人的利益。整体观念模式在社会价值关系中，就必然导出私合于公的公利取向。在古希腊的观念模式中，社会是由独立的个人组成的，个人的利益关系是社会的基础，这是与古希腊宗法血缘关系淡薄、工商业发达和选举制直接相关的。因此，人人讲求个人利益就成为社会的价值取向，是神圣不可侵犯的。维系人与社会、国家的这种利益关系，只能靠外在的法律，而不是内在的道德自觉，主体的自律附属于主体的他律规范。

春秋时期，以血缘为纽带的宗法制度构成了社会人际关系的天然形式，维系宗法关系、巩固社会等级秩序便是稳定人际关系。再则，高度分散的自然经济与高度集中的国家政体互补结合的结果，构成了社会的基本结构，这种结构的稳定使个体必须绝对服从以君主为代表的整体利益，才能借以维护封建社会的稳定和巩固在这种社会条件下宗法家族的稳定。宗法国家的稳定和整个宗法社会的稳定有着直接的同质性，因而社会的价值取向不可能以个人私利为参照，而只能以宗法国家代表的整体公利为价值取向的依据。儒家对社会伦理的德性思考正是建立在这一社会现实之上的。

孔子把维护家国整体的"义"视为行为的根本准则，并以此划分君子和小人。"君子喻于义，小人喻于利"（《论语·里仁》），"君子义以为质"（《论语·卫灵公》），"君子义以为上。君子有勇而无义为乱，小人有勇而无义为盗"（《论语·阳货》）。他由于担心"放于利而行，多怨"（《论语·里仁》），所以甚至连公利也很少讲。孟子反对"私利"更是如此，"王何必曰利？亦有仁义而已矣！王曰何以利吾国，大夫曰何以利吾家，士庶人曰何以利吾身，上下交征利而国危矣"（《孟子·梁惠王上》）。孟子认为，人们的利益是相互矛盾、冲突的，如果人人都讲私利，就会引起社会动乱。由于在宗君合一的宗法社会，国家的公利与君主的私利很难区分开，故而孔孟的义利观主要表现在重道义轻功利，所以都很少讲利。但孔孟对合乎"公义"的"私利"也是肯定的，"因民之所利而利之，斯不亦惠而不费乎？"（《论语·尧曰》），"义然后取，人不厌其取"（《论语·宪问》），"富与贵是人之所欲也，不以其道得之，不处也；贫与贱是人之所恶也，不以其道得之，不去也"（《论语·里仁》），"富而可求也，虽执鞭之士，吾亦为之。如不可求，从吾所好"（《论语·述而》）。孟子的"制民之世"更是其治国之策，表达了私合于公的原则。当然，先秦儒者只有荀子明确提出"义利两有"，确立了以整体利益为重的价值取向。"君子之能以公义胜私欲"（《荀子·修身篇》），把利视同为"私"，"义胜利者为治世，利克义者为乱世"（《荀子·大略篇》），如果人人都从"私利"出发选择行为，势必产生争斗。

以"多功之祸"破坏"公义","今人之性，生而有好利焉，顺是，故争夺生而辞让亡焉"（《荀子·性恶篇》）。因此，荀子指出，处理"公""私"关系的原则是"私合于公"。这不仅对个人是有效的，对德化的家国社会同样有效，"国者，巨用之则大，小用之则小……巨用之者，先义而后利"（《荀子·王霸篇》）。荀子肯定了"私利"的存在，"今人之性，生而有好利焉"（《荀子·性恶篇》）。荀子有一定的功利倾向，但他提倡的是"以义制利"（《荀子·正论篇》），"制礼义以分之，以养人之欲"（《荀子·礼论篇》）仍属于先道义、后功利的孔孟之道。因此，从以维护宗法家国为代表的整体利益（公义）出发，极力反对墨子的功利主义，认为"墨子蔽于用而不知文"（《荀子·解蔽篇》），这样光讲利不讲义的狭隘功利主义就必然导致"私利"盛行，到头来不仅没有"公义"，连"私利"也没有。"墨子大有天下，小有一国，将少人徒，省官职，上功劳苦，与百姓均事业，齐功劳。若是则不威……故墨术诚行，则天下尚俭而弥贫，非斗而日争，劳苦顿萃而愈无功"（《荀子·富国篇》）。

儒家整体观念模式在社会价值关系中又表现出群己相合、己合于群的公利价值取向。从古希腊苏格拉底的"认识你自己"到亚里士多德的"理性"认识论，都体现着突出个体和个体理性的特征。由儒家构造的德性整体可知，个人只是德性群体的一个层级，个人的规定性是在相互关联的群体中实现的。人的价值就是指人整体（类）的价值，个人只有在服从整体、社会的需要中才能实现自己的价值，因为只有在维护宗法关系的和谐与稳定中，个人价值才能呈现。因此，作为德性主体，自我不仅以个体的方式存在，而且总是同时体现着类的本质。这样，主体就不可能导向西方式的自我中心主义。当然，孔孟的"为己之学"在"义"的性质上又是十分重视个体自我价值的。由"忠恕之道"可知，在儒家那里自我构成了整个行为的出发点。

孟子更是强调人格的独立性，即主体人格应当独立于外在等级身份的个体性原则，但在整体观念模式中，个体性原则只是相对的，只是针对自我完善的德性能动性而言的。立己是为了立人、达人，是为了自我价值的实现，是以群体完善为目标的。这就肯定了己对群体及社会的认同，强调的是个体的社会责任。那种"先天下之忧而忧，后天下之乐而乐"的精神，就出自这种认同感。由于这种群体性是由内在的"义"规定的，而不是由外在的"利"规定的，故而群体强调的是一种平等和谐的整体。"君子矜而不争，群而不党"（《论语·卫灵公》），"天时不如地利，地利不如人和"（《孟子·公孙丑下》），主体间建立的是一种相互尊重、相互信任的关系。不过，在荀子这里个体不仅是德性主体，同时也是自然生命的存在，"故人莫贵乎生，莫乐乎安"（《荀子·强国篇》）。这样，群己关系就有了外在"利"的基础，使荀子从德性完善与生命存在两个方面突出了主体价值，个体性原则有了更广的含义。"离居不相待则穷，群而无分则争……救患除祸，则莫若明分使群矣"（《荀子·富国篇》）。

群体在孔孟那里是指德性人伦，而在荀子这里却是指"制天命而用之"的社会组织形式，因而整体就被理解为一种等级结构。在这种群己关系中，一方面，个体以等级群体为存在前提；另一方面，等级群体又以由外在等级身份决定的个体为统一的条件。强调群己统一的价值取向体现了儒家积极的一面。但这种统一强调了外在等级的"各得其宜"，因而就忽视了人的个体独立性，而这种等级结构整体的化身自然就成了君主。"君者，善群也"（《荀子·王制篇》），这又导致儒家公利取向将朝着后世虚幻的整体主义方向发展。

儒家的公利取向在历史上的影响是深远的，它培养了中华民族的群体意识，锻造出"国家兴亡，匹夫有责"和人人为国为民乐于牺牲的家国主义精神，培养了个人对国家和民族崇高的责任感与义务感，增强了中华民族的生命力和凝聚力，使中华文明传统经受住了数千年的考验，仍长久不衰。当然，这种整体主义的公利取向同时也诱发了后世的专制主义、宗族主义，并在一定程度上压抑和束缚了个体的充分发展。

第五章　德性思想发展及其基本价值取向

　　儒家德性思想是一个容天地、人、社会三大基本领域基本内容的庞大思想体系。它奠定了整个儒家德合天人、追求理想人格、仁礼治世的德性视角，既成为儒学理解天人、看待社会的世界观，又成为其做人治世的原则规范体系。先秦儒家是春秋战国时期的显学，在汉代及以后的长期封建社会中，又基本一直居于官方正统思想地位，儒学由此成为中国文化的主流或代表，而先秦儒学就成为整个儒学乃至中国文化的主要源头。可以说，在先秦儒家多种多样的思想内容、价值观念中，差不多可以找到以后整个儒学乃至中国文化各种观点的胚胎和萌芽。

一、德性思想历史发展线索

　　先秦儒家是沿着西周初年"以德配天"的思路发展起来的。孔子首倡仁学，孟子提出仁、义、礼、智四项道德原则，荀子力倡礼义，由此构成了先秦儒家德性思想的理论基础。至汉代，由于统治者怕做亡秦之续，儒学得到了独尊的地位。董仲舒把荀子以社会道德为中心的"礼"学，与孔孟以个人德性为中心的"仁"学结合起来，树立了一个以有意志的"天"为神学根据、以三纲五常为基本内容的庞大的封建伦理思想体系。汉儒的学说，虽然渊源于先秦儒家，但实际与先秦儒家的伦理学说已有很大的区别。魏晋时代，玄学兴起，佛教输入。儒、道、佛相抗争，最终形成佛、道不断向儒学靠拢，而儒学不断从佛、道汲取思想营养的历史趋势。宋明理学的产生，正是这一趋势的历史归宿。宋明理学批判佛老，以"天理"为宇宙本体和道德本原，在理论上为以往儒学德性理论提供了本体论基础，对其人性论、义利观、修养论等思想也做了总结和发展，进一步把道德观与本体论、认识论融为一体，使儒家德性思想具有了思辨的形态，使儒学发展到了最高阶段。到了明清之际，一些进步思想家看到了宋明理学的空疏，转而重视现实，批判理学，主张儒学的经世致用。此阶段是宋明理学乃至整个儒学的终结时代。然而，作为一种文化积淀、民族精神，儒家德性思想仍在延续发生作用。至近代，在新的社会大变动时期，改良主义者和民主主义者批判了"扼杀人性"的"礼教"，在"向西方寻找真理"的同时，逐渐出现了最终没有完全形成的资产阶级伦理学说。在新民主主义革命及社会主义革命、建设中，逐步形成了以共产主义为内容的、具有中国民族特点的新道德学说。

儒家德性思想自孔子首创延续了两千多年，汉儒董仲舒的神学伦理学和宋明理学，可以说是儒学最重要的两大发展阶段。汉儒、宋儒在继承与发展先秦儒家德性思想的过程中，一方面，使其逐步理论化、系统化，许多由先秦诸子初步提出的问题，如德性理性功能、德性修养等，在汉儒、宋儒那里得到了进一步的深化与总结；但另一方面，由于历史条件不同，源于先秦儒家的汉儒、宋儒，在许多问题上同孔孟德性思想产生了很多不同，有些问题甚至偏离了原有命题的最初意义，如关于德性本体意义的问题，义利、理欲之辨，等等。

正如已表明的，儒家在社会生活的三个基本领域里形成了统一于德性思想的丰富内涵。从整体特征上看，具有如下基本价值取向：第一，天合于人的人道价值取向。在天人之际，天道人道之际，主张以人道为本体，天道合于人道、合于德性，高扬天地间人的地位、人的价值。第二，情合于性的精神价值取向。追求高尚人格，追求精神境界的内在超越，强调修养践履及道德自律性，高扬人的道德个性。第三，利合于义的社会价值取向。强调个人对社会整体的责任和义务，注重人伦和谐，重视德治仁政。

二、天合于人的人道价值取向

天人合一，天道人道合一，是儒家基本的天人观，但这种合一不是如道家主张的合于自然天道，而是合于德性人道。德性人道是天人相合的本体之所在。这种天人合德的思想表现出儒家明确的人道价值取向。所谓人道价值取向，这里主要指儒家那种以人或人道为天人间更为根本的方面，以天道服务于人事，注重人事力量，天地间以人为贵、以人为本的价值原则特征。孔孟创始的这种人道价值取向，在后儒天人合德思想中得到了进一步发展，并对中国文化，尤其是科学与宗教领域产生了多方面的影响。

1. 后世发展

如前文所述，孔孟以德性释"天道"，或根据"天"以德择人，或通过德性天赋、人道天出等观念，表达他们的天人合德思想。此时天的"德性"还多指自然界运行过程中，天地无私无怨、覆育万物的本能与秩序，以德性人道为天人合一的本体，乃是一种不自觉的过程。至汉儒，董仲舒赋予了"天道"更多的人伦纲常内容，客观之"天"被进一步人道化，不仅天地自然的生化运行具有天人合一的"德性"，而且社会人道的具体伦理直接就是天道的内容。董仲舒从其"天人相类"出发，认为"仁义制度之数""王道之三纲"（《春秋繁露·基义》）皆"取之天"（《春秋繁露·管制象天》），"求于天"（《春秋繁露·基义》），人从形体到性情、喜怒哀乐都是"象天""类天"而来，并由此推出"天子受命于天"的尊君思想，给封建统治者以神圣专制权威的同时，又通过"天人感应"理论，使这种权威得到制衡。代表人间秩序的君主如果德劣绩败，则会感应于天，天便会以"有德代无德"。如此，在他的宇宙循环系统中，天人不仅有自然性质的联系，而且有情感、德性的感应相通，"天道"的目的、意志、内容与"人道"有了更多的德性一致。随着天被进一步人格化、神学化，伦理德性也进一步从理论上"天道"化、客观化，"天道"无形中被赋予了更多的人道内容。正是基于董仲舒的这种发展，宋明理学在批判吸收佛教哲学后，把汉儒这套外在宇宙论转换成内在心性论，并进一步将道德伦常高扬为本体。

宋儒"天理"的真正人道化是从张载开始的。张载从天地有序、万物有秩的普遍法则"天德"出发，提出人性的"天地之性"与"气质之性"，天性、人性本质同一，"性即天道也"（《正蒙·乾称篇》）。在张载的基础上，程朱提出了"天人一理"的德性本体论。二程认为，"万物皆只是一个天理"（《河南程氏遗书》卷二上），朱熹也认为主宰自然万物如此合目的之生生变化的，不是人格神的天帝，而是天地之"心"或曰"理"。朱熹以"理"取代帝，变革了旧式天命论，看到了支配万象的必然之性，但却把它"理"化了。"宇宙之间，一理而已，天得之而为天，地得之而为地，而凡生于天地之间者，又各得之以为性，其张之为三纲，其纪之为五常"（《朱文公文集》卷七十）。如此，"理"既是物的规律，又是人应当遵循的伦常规范。换句话说，"理"既是万物"所以然之故"，又是人们必须尊崇的"所当然之则"（《朱子语类》卷十七）。德性人道之"理"被拔高到与自然规律共相具在的宇宙法则高度。把人道伦常和物的规律混为一谈有悖逻辑，同时也导致了中国伦理思想史上的"道德宿命论"。

同朱熹"性即理"不同，陆王强调"心即理"。没有"吾心"，就无所谓万物自然，"心外无理"，"理"是由"吾心之良知"派生的；"良知""吾心"就是对天理的昭明，是一种德性理性，其形式是"思"，内容是"理"。可见，此"心"不仅是至善的德性主体，而且直接就是德性人道之"天理"，是天赋之德性理性。

总之，不论程朱以客观之理统天，还是陆王用自我之心统天，他们都主张"天理"的存在；不论"性即理"，也不论"心即理"，此理都不外乎德性人道之"理"。"天理"不论存在于外在客观，还是存在于主体内心，其内容都是德性人道之规。人道之理上升为普遍必然天理，天理人道化，人道本体化。至此，"天人合德"达到了极点，天理即人理，人道代替了天道。在天人合一中，人事为本，天道为末，人道是本体、是目的，天道合于人道。当然，他们在提出了"天理""人欲"的对立时，就又从另一角度表明了一种天人相分。

明清启蒙思想家对宋明理学的空疏思辨不感兴趣，在当时商品经济有所发展，资本主义开始萌芽的历史背景下，他们更关心儒学的经世致用。反映在理论上，启蒙思想家对儒学的反省主要是通过批判理学的

"义利""理欲"观而展开的，天人之际的讨论则不是此时期的中心议题。当然，启蒙思想家对理学的批判总结各有侧重，理欲问题的探讨也不可能不折射天道人道问题。如启蒙思想家都用不同的理论形式，把利、欲纳入人性范围，使其同义、理达到统一，从而否定宋明理学的"性即理"，以及"天命之性"与"气质之性"的人性结构，批判其"存天理，灭人欲"的主张。在批判理学"天理""人欲"对立倾向的进程中，他们提出了天理"必寓于人欲以见"（王夫之）、"理者存乎欲"（戴震）的理欲观。

这种道德原则与人的自然天性的统一关系，从另一个侧面流露出明清思想家合自然于应然的倾向。明清思想家对宋明理学以及封建礼教的批判具有强烈的时代进步意义，强调自然天性和理义的联系也具有新的理论意义。但明清思想家不了解人的社会关系本质，仍然搬用自然规律来说明伦理道德，使道德规律、自然规律混为一谈，没能从理论上真正解决这一问题。然而不同于以往儒者的是，明清思想家虽仍遵循"天人合一"的思路，但此合一既不同于董仲舒的天人类比，也不同于宋儒性（人道）即理（天道）、心即理的人道本体论，如王夫之就在肯定天人合一的前提下，强调天道、人道既有合又有分，主张"尽人道而合天德"。

总而言之，虽然大部分儒者兼言合分，但天人合德、天道合于人道是其主要倾向。

2. 后世影响

天道合于人道的天人合德观念，深深影响了中国古代的哲学、人学、科技与宗教。体现这种影响的，首先是主张天人和谐统一的哲学世界观。按传统文化观念，宇宙万物（包括人）是一个统一整体，天地自然与人类具有统一性，天道、人道你中有我，我中有你。儒家在强调德性人伦秩序的神圣不移性质时，一方面使德性人伦规范本体化，另一方面又将自然天道德性化，这种天人合德的哲学世界观，必然要求人与自然和谐，而不主张天人对立。中国古代传统文化也讲制天，但并不把人看作自然的对立面去进行无尽的征服，"天人合德"主张以人合天。天地宇宙间人最为贵，万物皆备于人，人者天地之心，可以说成了传统文化的主题。但中国文化并没有走到唯意志论的极端之路上，中国人善于把人和天、地并列为宇宙三大要素，人有特殊于天地性能的功能，即治理万物的能动作用。天司时序，地生万物，人能治理，各有其功能，故并立为"叁"。因为天、地、人终归相合，所以人不能在天地面前一味宿命式地顺从自然。另外，同样因为天、地、人的相合同一，人又不能僭越人职与天地之职，天地之能是人之能代替不了的。尽人道但应合天德，"自然者天地，主持者人"，"存人道以配天地，保天人以立人极"（《周易外传》卷二），天、地、人各分其位，各司其职。这种划分与并列，既表现了人的主体性、人的尊严，同时又显示出人"与天地参"的和谐状态。人与万物同一，人的伟大和尊严只在于人是万物之中心、天地的目的，而并不与天地万物相隔绝、相对立。

这种观念使得中国传统文化有这样的特点：一方面，歌颂人是万物之灵、天地之精，同时又不使人成为独立于天地客体的绝对主体；另一方面，强调人有治理天地、管理自然的资质，同时又设法维系包括人在内的宇宙系统的和谐。所以，中国人从事人事活动，总是特别注重与天象、节气、时令的适宜，寻找天人间的最大和谐。"与天同者大治，与天异者大乱"（《春秋繁露·阴阳义》），天时、地利、人和缺一不成为最佳境界，最大地利用天但又不过分依靠天，这一切已成为中国人的观念或心态，成为中国传统文化的一部分。

就自然与人的关系而言，显然那种把人与自然截然分开的思想模式是不可取的。恩格斯就曾批评了"那种关于精神和物质、人类和自然、灵魂和肉体之间的对立的荒谬的、反自然的观点"，而肯定"自身和自然界的一体性"①。马克思也认为，"被抽象地理解的、自为的、被确定为与人分隔开来的**自然界**，对人说来也是**无**"②。儒家理解的天合于人虽然同马克思阐述的主客体对立统一关系不尽相同，更多从伦理学而不是本体论的视角去把握天人，但相对于把自然与人截然分离的世界观，无疑具有了更多的合理性。天人合德传统中的合理内容，不论对于我们今天的社会，还是对于世界人类文明，都是值得注重的文化财富。

天合于人的人道倾向，还肯定了人在宇宙间的主体地位，把人优于自然的方面，把道德自律、意志自由以及历史使命感，提升到本体论高度，空前地树立了人的德性主体的庄严伟大，"在世界思想史上，大概

---

① 恩格斯. 自然辩证法. 北京：人民出版社，2018：314.
② 马克思恩格斯文集：第1卷. 北京：人民出版社，2009：220.

只有康德的伦理学能与之匹敌或相仿"①。然而在康德那里，人在自在的自然面前是不自由的，人只能在道德领域获得完全的自由。中国古代以人合天的"天人合一"观，却视天道人道为一，如此，人给天立法同人给自己立法是相通的。人在道德领域具有主宰地位，在与天道的关系中也就获得了主体的位置。因此，在中国古人心目中，人是天地的中心，人是宇宙万物的主体，人道的意义就是天道的意义，宇宙天地的存在及意义并不外在于人。认识人道及人自身，也就意味着认识天地万物，大量关于养性与践道的修养方法，为知天达命铺设了通道。只要尽心养性，躬行践履，就可"上达于天"。儒家传统文化也讲天命，但与佛教放弃人主体信心的宿命论不同，它承认存在着超乎人事努力的"天命"，但那是"在外者"，而人的主体本质、价值尊严取决于"在我者"的人事努力。在以儒家文化为主流的传统中，从"为天地立心""万物皆备于我"，从"自强不息""知其不可为而为之"等代表儒家传统的命题中感受到的，是努力奋争，是作为天地中心的人的主体自信。

天人合德观念，在给中国文化带来"天人和谐"、高扬人的地位的同时，也因其以人合天的观念倾向，而对中国文化的科学、宗教产生了影响，以至典型意义的宗教未在中国真正生长起来，而曾经发达的古代科学技术最终未在近代进一步深化为理论科学。

相比较而言，西方文化中也有自然与人类统一的思想，认为万物来自一个统一的源泉，人是自然的一部分，但西方是在人之外的客观规律中寻找天人统一性的本质，认为人的能动性仅在于更自觉地服从外在本体自然。这种解决天人关系、主客体关系的思想方式，可看作属于冯友兰先生所说的本体论或认识论的路子。中国以人合天的天人合一，其统一性本体不在人之外而在人之内，天道人道是一个道，道之本体不在于客观自然规律，而在于德性人道。如此，认识天道可以从认识人道入手，认识了人道，也就认识了天道。孟子的"知其性，则知天"，《中庸》的"天命之谓性，率性之谓道"，表达的都是这种天合于人的观念。认识天道不需要向外探求、向外超越，而只要向内深省、向内涵泳。于是，中国文化中形成了一种不同于西方外向超越型的内向超越型文化。

内向超越型文化必然重视人自身，从内部即人的心理世界和人道关

---

① 李泽厚. 中国古代思想史论. 北京：三联书店，2008：269.

系中寻找世界的原因与本质，因而人的问题在传统文化中一直是一个中心问题。既然知性即可知天，那么对外在本体世界天的探求显然就不必独立进行。在西方外向超越型文化中，追求客观外在本体、追求真理性知识就成为一种传统，并由此把知性理性而不是德性理性作为人之为人的本质规定。德谟克里特"找到一个原因的解释，比成为波斯人的王还好"的论断，就折射出这种传统的含义。相比之下，中国传统文化对外在自然世界的追究，显然比追求人道、人的德性内在淡漠得多，即使有对自然天道的探究，最终也是为以天证人、为实现人道服务的。中国科技在古代十分辉煌，科技史专家李约瑟博士说："中世纪时代，中国在几乎所有的科学技术领域……都遥遥领先于西方"①。然而至近代却没有出现像西方那样的逻辑理论科学，其中固然有封建统治、小农经济等多方面的原因，但儒家天合于人的人道倾向传统不能不说是一个重要原因。人在向外探寻自然本体、客观规律时，必然在人之外寻找主宰，如果说在科学中找到的是世界的物理性，那么在宗教中找到的则是上帝。因此，与追究外在超越世界相连的还有宗教，宗教可以说是在人类文明之河的源头就存在的。然而，在中国周代以后的汉文明发展史上，宗教却一直是以陪衬角色出现的，宗教在中国文化中的这种命运也是同传统儒学以人合天的人道价值取向分不开的。

西方文化因注重对外在超越世界的探究而形成许多科学一时无法回答的问题，很容易从上帝那里得到答案。这种把不理解的自然规律同上帝连在一起的情况，不仅古代，就是近、现代社会也仍然存在。外在超越型思路往往把世界看作与人分离的独立外在，这也为宗教追求彼岸世界终极价值提供了思维余地，而这些条件在以儒家德性思想为主流的中国传统文化中都不具备。儒学以人合天的人道价值取向，把外在本体归结到人道的内在德性之中，为此，天、自然之本体就不再是不可知的必然，天道必然就存在于人道应然之中，人只要修身养性，使体现天道的人道得到践履，就可上达于天，得道知天。且，知天、得天道的途径就存在于尽人事人道的践履中。从西周"敬德配天"思想，到孔孟"下学而上达""尽性知天"理论，再到汉儒的"天人感应"说，以至宋明儒学的"性即理""心即理"，无不论证着天道必然的可知和德性人道的本

---

① 李约瑟. 中国古代科学思想史. 3 版. 陈立夫, 主译. 南昌：江西人民出版社, 2006：204.

原。表现在宗教观上，则是以人类现世社会的德性规则否定、代替了天道彼岸神的规则，以此岸世俗的道德践履作为人生意义的主要所在，而没有像西方宗教文化那样，把世俗努力作为通向彼岸天国的桥梁。

由此可见，儒学以人合天的天人观，以其人道价值取向，把中国文化的视线引向了此岸现实道德生活实践，把外在彼岸世界的存在及意义归结到了德性人道之中，在形成天人和谐、天人合一世界观的过程中，一方面在认识自然领域造成了技术科学发达而逻辑理论科学相对欠缺的状况，另一方面则使典型意义的宗教最终没有在中国传统文化中生长起来。

三、情合于性的精神价值取向

儒家以义制欲的人格价值观，建立在其德性说之上，作为儒家学说的基础思想一直贯穿于此后的思想发展中，后诸儒人性见解虽小有差异，对关乎人性本质、人生目的的义利、理欲等问题也有争辩，但大致从未脱离先秦儒家的人格价值取向。理想人格的性情观，在汉代、宋明时期、明清之际等儒学发展的几大阶段均有明显发展，并在发展中渗透到传统文化之中。

1. 后世发展

性情关系说到底是人的道德理性和情感欲望的关系。在先秦儒学中，性情关系主要是通过欲合于义的价值观表现的。汉儒董仲舒在接受孔子、孟子、荀子义欲观的基础上，又做了独具特色的发展。董仲舒吸收、改造了"性善""性恶"之说，认为"性"当指普通人（"万民""中民"）与生俱来的一种心理资质。由于"天人合类"，人性生就了"仁"与"贪"、"性"与"情"两个方面的内容，他说："天两有阴阳之施，身亦两有贪仁之性"（《春秋繁露·深察名号》）。董仲舒常用狭义的"性"指称与情、欲对立的仁之"善质"。这样，他的人性结构就有了性、情两个方面，并在一定程度上弥补、调和了孟子、荀子二人人性论的片面与对立。

董仲舒从性有二重出发，认为人性中的"善质"对一般人来说，还需要教化、修养才能实现。他说："今万民之性，有其质而未能觉，譬如瞑者待觉，教之然后善"（《春秋繁露·深察名号》）。不过，董仲舒所说的"教之然后善"，并非对所有人都一样。他认为人虽然都有与生俱来的"性"与"情"、"仁"与"贪"两种不同资质，但这两种资质在不同人身上的天赋比重是不一样的。他进一步发挥了孔子"唯上智下愚不移"和"中人以上，可以语上；中人以下，不可以语上"（《论语·雍也》）的思想，把"性"分为三品：一是生就仁性的"圣人之性"，二是贪欲极多的"斗筲之性"，三是仁贪相差无几的"中民之性"。"圣人之性"不待教化，生就"人道之善"；"斗筲之性"不能教化，生来无多少善质可言；只有第三种"人性"，才是他花篇幅探讨的问题。所以，他说："圣人之性不可以名性，斗筲之性又不可以名性，名性者，中民之性"（《春秋繁露·实性》）。由此可见，其"性三品"的形式，虽然不可避免地折射着封建等级制度，但将"性""情"统一于人性的确是对先秦儒学人性论的一种发展。

从二重人性出发，董仲舒提出了"成性""防欲"的性情观。正因为"两有贪仁之性"，所以有"善质"，则可教而为善，有贪欲，则需教而节之。如果顺从"贪"性发展，就必会导致"大乱人伦"（《春秋繁露·度制》）、奸邪并出，所以必须"节民于礼"、节情防欲。人性"善质"只有在节情制欲过程中才能发掘、养成。董仲舒并不一般地否定人的情感欲望，同先秦儒家一样，把生理情欲视作自然天性，但也同样认为人之为人在于有礼义、知羞耻；"天之为人性命，使行仁义而羞可耻，非若鸟兽然，苟为生，苟为利而已"（《春秋繁露·竹林》）。所以，人"体莫贵于心""养莫重于义"（《春秋繁露·身之养重于义》）。董仲舒理想人格"仁人"的标准是体现仁性的"义"，而不是顺贪欲而行的"利"。利、欲不是不需要，"利以养其体"（《春秋繁露·身之养重于义》），但利、欲又应以"度礼"为界限，感性情欲应合于德性理性的引导。对真正的人来讲，性情"两养"，但"仁"性应当驾驭、节制"贪"情。在人的物质生活与精神生活的关系中，董仲舒仍坚持注重精神生活甚于物质生活，德性理性统驭感情物欲的价值原则。

这种情合于性的人性观在魏晋玄学的"性其情"、佛教的"佛性说"以及唐代李翱的"性善情恶"观念中都得到了表达与延展，直至成为宋明理学义利、理欲之辨中的重要内容。

天理人欲之说始于，天理就是"天性"，人欲就是"人之好恶无节"（《礼记·乐记》）。宋明理学对天理、人欲做了进一步的明确区分，并认为天理、人欲不可为一。程颐说："蔽于人欲，则亡天理也"（《河南程氏遗书》卷十一）。朱熹更认为，"人之一心，天理存则人欲亡，人欲胜则天理灭，未有天理人欲夹杂者"（《朱子语类》卷十三）。王守仁也认为，"圣人之所以为圣，只是此心纯乎天理而无人欲之杂"（《传习录》）。

理学主张"存天理，灭人欲"是显然的，但同佛教"存性灭情"的禁欲主义是有区别的。程朱的"性"主要指人禀受的天理，其具体内涵是仁、义、礼、智之性，"性即理"。程朱的"情"主要指由天地之性而出的气质之性，其中包括性理发动表现出的恻隐、羞恶、辞让、是非之情，也包括喜、怒、哀、乐、爱、恶、欲七情。对情的善恶，程朱认为"情发而中节，合于理性原则，便是善；情发而不中节，背离天理之性，流于人欲，便为恶"。程朱的人欲主要指过分的欲求："饮食者，天理也；要求美味，人欲也"（《朱子语类》卷十三）。可见，程朱并不一般地灭情、灭欲，而主要灭"发而不中节"之过分的情、欲，因为人的纵情滋欲会使人的天理之性失灭，悖逆诈伪之心生起，淫逸作乱之事出现，乃大乱之道。人不同于鸟兽的地方就在于能以德性理性制约自然情欲。天理之性是为人之本，人欲之情属人之末，本末倒置，则人不为人，天下大乱。

欲合于理，在宋儒当然主要出于对封建统治秩序的维护，但使情、欲不离性、理的轨道，在理论上是有一定意义的。然而，合于天理的自然需求与过分的"人欲"之间的界限在理学那里并不明确，在生活实践中，"灭人欲"就容易导向禁欲主义。事实上，封建统治者就是利用理学"存理灭欲"之说压制、统治劳动人民的。正因为如此，理学遭到了明末清初思想家的猛烈抨击。

在"理欲"之辨上，新兴思想家是在肯定"人欲"自然合理性的基础上把"理"与"欲"统一起来的，否定"存理灭欲"这一理学纲领。其中提出激烈批判的是戴震，他控诉封建统治者"以理杀人"，提出"理者，存乎欲者也"的命题，强调理与欲的统一，主张必须满足人们的欲望，"圣人治天下，体民之情，遂民之欲，而王道备"（《孟子字义疏证·理》）。戴震指责理学"理欲之辨，适成忍而残杀之具"（《孟子字义疏证·权》）。但实际辨析程朱"理欲"之辨，可知它并不尽然主张禁欲。对此，张岱年先生说："戴氏把专制主义的弊害完全归咎于程朱，是不恰当的"①。但是，封建时代的专制主义者确实利用了程朱学说，这也是事实。

明清思想家强调性情、理欲的统一，强调情欲含于人性之中，这同他们抨击封建专制统治的政治主张紧密相联，也是当时资本主义开始萌芽的社会现实的一种反映。

2. 后世影响

儒家重人之德性本质、精神人格，以性合情的价值取向，首先使中华民族形成了追求精神境界、追求高尚道德人格的德性传统。在儒家文化中，人之所以异于动物、高于万物，就在于人有德性。德性是衡量人及人的价值的尺度。在人的一切需要中，德性需要是一种最高层次的需要，也是最能体现人的价值的需要。佛、道也追求精神境界，但一个要人们摒弃世俗，一个以否定现世生命为代价，它们追求精神的空灵，割裂人的物质生活与精神生活。儒家文化中，追求精神境界并不意味着否定世俗生活。百姓吃饱穿暖，事父母，畜妻子，老幼有所养，孤寡有所恤，这些历来都是儒家期冀的社会光景，只不过儒家认为除了物质生活需要，人还有更能体现人性本质的精神需要，没有精神，没有人格，就没有做人的尊严与价值。正是从这一点出发，中国传统道德把追求高尚精神境界和人格尊严作为人生的奋斗目标。不论外在物质条件如何，"不降其志，不辱其身"的道德境界与"三军可夺帅，匹夫不可夺志"的人格意志，都是做人最重要的方面。

由此出发，中华民族形成了役物而不为物欲奴役的精神价值取向，形成了"发愤忘食，乐以忘忧"（《论语·述而》）之刚健自强的人生态度，以及富贵不淫、贫贱不移、威武不屈的"贵义""尚志"传统。正是有了这种传统，中华民族才"从古以来，就有埋头苦干的人，有拼命硬干的人，有为民请命的人，有舍身求法的人"②，才出现了一批又一批可歌可泣的志士仁人和英雄人物。这是一种对于人格、尊严的自觉，是我们民族赖以存在的脊梁，对维护中华民族的发展有着特别重要的作用，是我们应该继承和发扬的一个重要优良传统。

---

① 张岱年. 中国伦理思想研究. 上海：上海人民出版社，1989：140.
② 鲁迅. 朝花夕拾. 南京：江苏凤凰文艺出版社，2018：228.

儒家情合于性的人格精神取向，还陶冶出中华民族责己、自律的道德个性。儒学认为人性中并存着义理之性与情欲之性，即性与情、义与欲。理想人格的人性光辉就体现在能够自觉地"以道制欲"、以性合情，过一种真正属人的理性指导的德性生活。儒家传统历来要求人们循礼行义，以礼义规定人们的言行思想，更要求人格主体在遵守礼义时，不是出于外在命令，而是出于自觉主动。因此，古代传统中以修己成圣为目的的修养之道特别发达，中国人讲求自察反省，并把"慎独"作为一种道德境界去追求。一个真正有德行的人，会把没有监督的独处之境作为内在德性发挥的纯粹机会。经过历史发展，诸如"严己宽人""克己为人""由己推人"，以及至今所提倡的"从我做起"，都已成为中华民族人格修养的传统美德。自古至今，无数被历史传颂的志士仁人，在他们身上无不体现着这种人性光辉。毛泽东所倡导的自我批评精神，刘少奇在《论共产党员的修养》中强调的"慎独"，都是对这种传统的肯定与发扬。

当然，这种观念引导人们克己、向内追求，以适应封建社会规范的要求，而对社会个体改造道德生活环境的责任及主动性强调不够，在封建专制社会极易造成个体对封建统治者政治上、思想上的依附屈从之性格心理，在一定程度上削弱了人们与不合理社会现象、与封建专制统治斗争的意志和能力。这是儒家思想的局限性。

与道德自律精神相联系，中国传统文化还特别高扬人的道德个体。儒家德性传统要求人有两种自觉：一是对于"人之所以异于禽兽者"（《孟子·离娄下》）的自觉，即人有人伦，知礼义。这是人作为"类"的自觉。另一是人作为个体的自觉，"为仁由己"（《论语·颜渊》），"人皆可以为尧舜"（《孟子·告子下》），一个人只要立志向善，就完全可以成圣成德。在道德人格中，人可以充分地发扬个性。中国人"舍生取义""杀身成仁"的大丈夫气概，就表现了这种突出的道德个性。儒家人性论、修养论以及高扬德性主体的"义命论"，都为中国传统文化充分发展人的道德个性提供了德性土壤，为中国人道德修养、道德践履奠定了自信的基础。传统伦理有强调个体对社会遵从的一面，然而这种遵从被要求建立在个体的德性觉悟与能动性上，在服从规范、服从整体的要求中，实际包含了对道德个体的发展。因此，简单地说中国传统文化压抑了人的个性，是有一定片面性的。正如罗国杰先生所指出的，中国并不是不重视个体，与西方不同，它是从另一个方面来强调个体的。中国传统伦理思想中所说的道德修养，就是以个体道德为起点的。在德性意义上甚至可以说，儒家传统文化比其他许多文化都高扬人的道德个性，它给予了人的德性个性极为充分的自由。当然，道德个性仅仅是人的个性之一种，德性自由也仅仅是人的能动本质之一个方面。传统文化在发展人的全面个性方面留下的缺憾，还需要在今天的文化传承中进一步弥补。

四、利合于义的社会价值取向

社会整体与个人、社会道德精神与物质利益的关系问题，是自古以来任何时代、任何社会都无法回避的根本问题。先义后利、利合于义的社会价值原则，就是儒家社会领域德性思想最为集中的体现。儒家这一社会价值原则的确立，不仅基于对人本质的深刻理解，而且源于血缘人伦的宗法社会基础。因此，它充分反映了封建社会的宗法性质，尽管每逢社会变革就会经受一次考验，但它始终被封建社会所接纳。不论它本身所具有的封建宗法性质，还是后世儒家不同的发展倾向，它所内含的整体主义、爱国主义精神和注重道德理想、人伦价值的德性传统，都成为中国传统文化和民族精神的内质，在长期的社会历史中得以传承和发扬。

1. 后世发展

秦统一六国后，初创的封建社会并没有接纳先秦儒家的德性思想，社会的价值原则是以韩非为代表的先秦法家的功利主义。秦王朝迅速灭亡于暴政的残酷教训，在价值观念上，必然与它"为利弃义"的功利原则相关。西汉贾谊对此就曾说过"仁义不施，而攻守之势异也"，因此在汉王朝确立了"独尊儒术"的正统地位后，经汉儒董仲舒的改造发展，先秦儒家先义后利、利合于义的价值原则，成为长达两千多年之封建社会的主导价值原则。

西汉初期，儒、道、阴阳家思想会杂，但治世之方却转向了积极有为的孔孟儒术，不过多是把先秦儒家的义利原则视作外在的治世手段，直至董仲舒提出"正其谊不谋其利，明其道不计其功"（《汉书·董仲舒传》），这一原则才得以上承先秦下启两宋、明清，对封建社会发生深刻的影响。董仲舒依其天道有阴阳、王者有德刑、人性有仁贪的基本思想，提出"天之生人也，使人生义与利"（《春秋繁露·身之养重于义》），把先秦儒家"义利两有"思想推及于天，使义利原则获得天道自然的客观性。这样，"义"作为儒家德性思想在社会的总体体现，就是由神秘天意演化而来的。"人之德行，化天理而义"（《春秋繁露·为人者天》），由此它就是维系社会人伦的三纲五常的总称和根由。同时，作为儒家具体伦理准则的"五常"之一，其具体内容就是"义者我也""义在正我"（《春秋繁露·仁义法》），强调的是自我责任作为人伦关系的前提。因此，在董仲舒那里，个体自我对封建国家应承担绝对的道德责任，与先秦儒家相比，义更多表现出人伦等级规范他律的道德力量。董仲舒在讲利时，把封建国家的公利视为"利天下"的善义，"故圣人之为天下兴利也"（《春秋繁露·考功名》），这是对荀子"国者，巨用之则大"（《荀子·王霸篇》）的改造，而把私利却视为与封建国家利益相对立的"害""暴""盗"，及一己一家的利益。在他看来，私利源于中民下民人性之中的"贪"，故而提出了"正其谊不谋其利，明其道不计其功"的价值原则。这表明虽然他也承认利的存在，并对"利以养其体"的私利给予了肯定，但作为"仁人"的标准，天道、人性中的根据是义而不是利，也不是义利两有。这样，利就被排除出德性的规定，"故君子终日言不及利"（《春秋繁露·玉英》），与先秦儒家相比，更有以义至上的特征。在义利关系中，更强调"人伦"整体的绝对性，更加注重维护封建统治者的道义精神。尽管董仲舒义利原则的论证充满着神学唯心论的色彩，但的确使先秦儒家的义利价值原则在封建社会获得了比较成熟的形态，使之无论在"玄学"兴起的魏晋时期，还是在佛道盛行的隋唐时期，始终是支配封建社会义利价值原则的主流。

封建社会后期，儒家对社会的德性思考更进一步集中在义利价值原则上，所有理学大师无不把儒家的人伦纲常作为社会德性思想的核心，并使人世伦理上升到"与天地参"的本体地位，先秦的义利观也就以理欲形式被系统化、理论化了。周敦颐那里虽保留有先秦儒家先义后利的价值取向，但本质上已是"贵义无利"了。张载主要把义利区分为公利与私利，主张存公去私。到二程、朱熹时，自先秦儒家先义后利价值原则始，义利关系就从"两有"的统一逐步走向了义利相对的"存义去利"。二程认为，义与利、公与私是决然对立的，"不是天理，便是私欲"（《河南程氏遗书》卷十五），他们单向发展了先秦儒家"先义"的一面，指出了"天理无私"（《河南程氏粹言》卷二）。因为"人欲肆而天理灭矣""天理无私"（《河南程氏粹言》卷二），所以"灭私欲则天理自明"（《河南程氏遗书》卷二十四）。二程主张灭私欲不是意味着禁欲主义，他们也看到了"人心不能不交外物"（《河南程氏遗书》卷十五）的客观性，并不完全否认人欲，他们反对的"利"主要是行为动机意义和价值取向上的利。为此，他们强调"思""诚""敬""爱"的修养功夫，注重的是主观上的净化，而非对人自身的禁欲。

儒家集大成者朱熹更是把义利原则称为儒者"第一义"，"圣贤千言万语，只是教人明天理，灭人欲"（《朱子语类》卷十二），把儒家的义利思想推至高峰。为论证其崇义的根据，一方面，他受董仲舒"五行"说影响，把"五行"等同于"五常"，使体现人伦德性的"义"获得了客观宇宙的本体基础；另一方面，他受张载、二程影响，把人的天地之性视为义之本位，又把气质之性中禀清正之气者也视为义，禀浊偏之气者视为利。崇义的根本就在于以天地之性改造气质之性，因而义理与利欲的关系就是绝对对立的，"人之一心，天理存，则人欲亡；人欲胜，则天理灭"（《朱子语类》卷十三）。在朱熹那里，"义"的社会内容就是源于宇宙本体的人伦纲常和具体的行为规范，义的社会实践就是维护封建宗法等级制度，这样，人伦整体就具有绝对神圣的价值。由于朱熹与先儒一样并不完全否认利，并把利区分为"物欲之蔽"（《朱子语类》卷十四）的不当之利和维持生命的基本生理需要的合当之利，"饮食者，天性也；要求美味，人欲也"（《朱子语类》卷十三）。如果说孔孟对利的肯定与否定是从如何获利的手段出发的，朱熹对合当之利的肯定则是从人的基本生理需要出发的。义与不当之利是"存灭"关系，义与合当之利则是"重轻"关系。朱熹的"灭人欲"就是指灭人的不当之欲，陆王心学虽在修性方式上同程朱有异，但在义利的"存灭""轻重"关系上是一致的。

由于传统儒家都是在人皆有之的自然本能上肯定利，所以在社会践履中势必造成严重压抑人之欲望的结果。这样随着明清之际商品经济的萌芽,"存理灭欲"原则就面临严重的挑战。以王夫之为代表的明清义利思想,就是在肯定"人欲"自然合理性的基础上,把"理""欲"统一起来,认为"天理寓于人欲"。戴震更是把封建理学称为"以理杀人","使人之欲无不遂,人之情无不达"(《孟子字义疏证》卷下)。李贽、颜元还把矛头直指董仲舒的"正义不谋利"原则,提出了"正其谊以谋其利,明其道而计其功"的思想。他们还都从人性入手,提出了自然人性和人性"气质"一体论等,企图摆脱传统德性人性论的束缚。虽然这些义利、理欲思想具有批判封建礼教的进步意义,并对近代资产阶级道德思想产生了积极作用,但由于清王朝地位的巩固和历代文化专制的影响,它们未能得以充分发展。程朱理学的价值原则仍是起支配作用的。

2. 后世影响

由于中国社会"亚细亚生产方式"的路向,先秦儒家确立的先义后利、利合于义的社会价值原则,自董仲舒后,不仅获得了正统地位,而且在实践和理论、内容和形式上都得到了进一步的深化。尽管在后世儒学的发展中有重义轻利、存理灭欲的倾向,尽管在不同时期受到不同思想的冲击,它们仍然一直都是中国封建社会的基本价值准则,直至"西学为用"的近代,也未能超出历代在义利两难选择中确立的这一价值原则。正因为这一价值原则在社会历史中的深刻内化,它对古代中国社会价值倾向的发展产生了深刻的影响。

在个人与社会的关系上,"义利"原则主要表现为整体价值倾向。中国社会发端于以血缘为纽带的宗法社会,家族是人们天然的社会组织,个人离开了血缘家族,不仅没有独立的价值,连生存都是不可能的,由此家族整体对个人就具有了神圣的地位。以家为本位就是整体主义最直接的体现。宗法国家的形成本质上是家族同构式的扩大,家族的整体主义也就扩大为国家的整体主义,在家个人要服从父亲代表的整体,在国个人就要服从君主代表的整体。封建社会高度集中的政治统治和高度分散的小农经济,更使得这种整体对个人具有绝对权威,个人对整体具有绝对义务。因此,这种整体主义的基本精神就是,"封建统治集团整体的利益绝对高于个人的利益,个人在国家社稷面前是微不足道的,个人的个性、尊严、价值等等,都是某种'偶然性'的东西,它们如同个人是整个国家的'偶然性'一样，只有当它们被纳入这个利益圈子之后，才是可能的"①。"义"就是先秦儒家对此德性自觉的概括，因而历代儒者都把它作为对社会德性思考的基本要义，作为社会的基本价值准则。从先秦儒家的"先义后利"到程朱理学的"存理灭欲"，整体主义原则贯穿于整个封建社会，长期积淀在传统文化之中，成为古代中国社会特有的价值形态。

这种强调个人义务和责任的整体主义倾向，在长期的发展中培养出了为国为民、公而忘私的民族精神。儒家倡导的"杀身成仁""舍生取义""一心为公"已成为中华民族尊奉的崇高道德品质。受此影响，诸葛亮的"鞠躬尽瘁，死而后已"，范仲淹的"先天下之忧而忧，后天下之乐而乐"，顾炎武的"天下兴亡，匹夫有责"，已成为中华民族执着追求的崇高思想，充分显示了中华民族对国家对民族的高度义务感、责任感和忧患意识。这种整体主义精神，使中华民族至今仍具有强大的凝聚力，是形成"国荣我荣，国辱我辱"爱国主义的基石。自古以来无数志士仁人创造了无数可歌可泣的爱国主义业绩，都是这种整体主义精神的体现。

这种整体主义从本质上看建立在自然经济基础上，是与封建宗法等级制度相适应的。社会的整体是以统治阶级为代表的。诚如马克思指出的："凡对统治阶级是好的，对整个社会也应该是好的，因为统治阶级把自己与整个社会等同起来了"②。统治阶级之"大私"，就是"天下之大公"，因而这种整体主义有其虚伪的一面，并在社会现实中有轻视个体利益的一面。特别是汉以后，这种整体主义更有了无视个人利益的极端倾向，并在实践中产生了以整体利益等同或取代个体利益的社会效应，从而严重束缚了人们追求个人利益的欲望，抑制了人们自我意识、自我价值、自我权利等个人主体性的发展。

在人际关系上，"义利"原则表现为人伦和谐的价值倾向。在一般意义上，国内许多学者都把中国文化视为一种"伦理型"文化，这正是基于它的血缘人伦关系之上的。在封建宗法社会条件下，人与人之间的血缘人伦关系不仅是一种有差等名分的关系，同时还是一种道德义务的关系，人们无不处在这种人伦关系之中，它是人们最基本的

---

① 罗国杰. 对整体与个人关系的思索. 道德与文明，1989（1）：4.
② 马克思恩格斯选集：第4卷. 3版. 北京：人民出版社，2012：194.

社会关系。人伦构成了封建宗法社会伦理价值的实际内容。先秦儒家所谓的"义"，就是维系这种人伦关系的道德要求。在封建宗法社会，人们日常践履的"义"，就是在家要父义、母慈、兄友、弟悌、子孝，在国要君仁、臣忠，在社会要男女有别、长幼有序、朋友有信。所有的政治、经济、文化等社会关系，都是隐含在人伦关系背后，并通过它的践履得以实现的。因此，先秦儒家对社会五伦关系都很重视，并规定了人与人之间应该相互遵守的具体伦理规范，人们之间的宗法亲情十分突出。但随着封建社会阶级矛盾的加剧和封建统治的需要，汉以后，特别突出了君臣、父子、夫妇三种人伦关系，并片面强化了君、父、夫的权威和臣、子、妇的单向道德义务，以封建纲常统领社会人伦关系，使人伦践履成为古代中国特有的社会实践形态。

由于人伦践履以血缘"亲亲"为基础，并以人们相互的道德义务为准则，在长期的社会人伦实践中，古代中国形成了注重人际和谐、提倡人伦价值、注重优良家风和社会风气的文明传统。在历代儒家"仁爱""人和"思想长期影响下，"孝敬父母""尊老爱幼""严于律己，宽以待人""助人为乐""舍己救人""善守信义""忠于国家"等都成为中华民族的优良传统，至今仍为人民所崇尚，这对于协调社会人际关系、维护社会的稳定与和谐，产生了重大作用。

由于人伦践履同时又以等级"尊尊"为基础，并以下对上、卑对尊的单向道德义务为准则，所以人与人之间是没有平等可言的，特别是汉以后，社会人伦践履被纲常加以扭曲，以至走向了"君叫臣死，臣不敢不死""父叫子亡，子不得不亡"的愚忠愚孝，并形成了中国国民"遗留至今的奴性"。这种践履因片面强调了人伦道德义务，掩盖并淡化了人们之间的经济利益关系，在一定程度上忽视了社会实践的物质基础，抑制了社会物质生产实践的发展。

在人们的政治关系领域"义利"原则还表现为德治仁政的价值倾向。以德治国，是儒家"仁义之道"与国家政治相统一的反映。朱熹就认为，"一家""一国""天下""皆有义利"。由于宗法家国同构的性质，社会中人人都处在"亲亲"而"尊尊"的血缘人伦关系之中。"义"是对所有人的一种普遍道德要求。王者在家为宗，在国为君，百姓在家以孝，在国以忠，"义"也就由对家庭伦理的道德要求转移为对国家政治的道德要求。政治被伦理化，伦理同时也就被政治化了，这样，"治国"

也就如同"治家"了。自先秦儒家始，以"仁义"治国就被明确提出，孔子的"为政以德"，孟荀的"仁政""礼治"，就是把宗法政治与伦理融为一体，充分表达了德治"王道"的思想。董仲舒把三纲五常确定为永恒不变的"王道"，为封建政治奠定了"仁义"的基础。程朱理学更是"尊王贱霸"，把德治"王道"看作"天理"。因此，历代儒家都把尧、舜、禹、汤等称为先世圣王，视为德治"王道"的楷模，深刻影响了古代封建社会的国家政治，形成了特有的德治形态。

儒家所谓的德治实质就是人治，其核心是以"仁义道德"施政。这样，它所希冀的是，在封建政治体制中确立一套以道德自律为主的自我约束机制。历代儒家都把"正君心"和"举贤才"的思想视为德治的基本内容，这对培养政治家的政治人格、对制约官僚行为都有一定的积极作用。因此，历史上也出现过像包拯、海瑞等严于律己、刚直不阿、替民作主，为百姓拥戴的"清官"。这种"廉洁自律""选贤任能""为官一任，造福一方"的政治品格被百世传颂，至今仍有一定的借鉴意义。

儒家德治思想由于最终是为封建专制的人治服务的，又由于强调的是一种伦理性的政治功能，所以自然就忽视了法制的外在强制性功能。因此，德治思想提倡自我约束对封建政治是软弱的、有限的，"仁义道德"反而掩盖了封建社会残酷统治和剥削的本性，德治也就成了封建社会"昏君贪官"腐败政治的伪善面纱。虽然历代都制定并颁布过比较系统的法律，但因由封建等级制的社会性质决定和受儒家德治思想的长期影响，封建社会的法律只是强调下对上之绝对道德义务的一种法律形式，法律本身就是一种伦理法。因此，儒家德治的价值倾向，也是造成中国封建社会缺乏法制体制和法制观念，以及以情代法的情理主义的一个重要原因。

第六章　德性思想与中国传统文化

中国文化博大精深，百家融汇。儒学由于历史的选择，长期处于统治地位，对民族文化产生的影响最为深远，并由此成为传统文化的主流或代表，许多不同于西方文化的中国文化特质，如独特的价值理性模式、德治模式和信仰模式，都在相当程度上生成于儒家德性思想体系。

一、传统文化的价值理性模式

理论科学在以儒学思想为主流的价值文化之中，始终没有发展到西方近代那样的地位。西方近代飞速发展的科学技术，是和西方自古希腊就开始的以认识自然、征服自然的传统分不开的。人与自然的关系，在东方儒学文化中和在西方希腊文化中呈现出不同的架构。在古代东方天人合德意识系统中，自然物理之学从来都被置于人道心性之学之下，在"心性"和"物理"这种传统学术分类框架中，自然哲学的"知"服从于道德哲学的"德"。在古希腊，人们在认识自然的思考中理解社会人生的"德"，他们往往自然主义地理解道德，道德一方面在当时没有成为独立的认识领域，另一方面从一开始就被理解为自然规律、"逻各斯"在人们关系中的投射与表现。毕达哥拉斯让人的行为服从"数"的"逻各斯"，赫拉克利特教人"听自然的话"，"按自然规律办事"。道德不是道德，道德是一种自然的规律。

这两种不同的意识系统，使以研究自然为中心的科学认识理性和以研究社会伦理为中心的人文价值理性，在东西方构成了不同的思维模式，从而科学理性和人文价值理性在东西方各自施展了自己的魅力。西方最终发展起了人类文明重要的一方面，即发达的科学技术和高度发展的工业经济，而中国在科学理性不似西方那样凸显的情况下，发展出了独特的德性精神文明。

1. 儒学与两种理性

儒家思想是中国传统文化的主干。儒家思想虽以人伦道德为注重中心，但由于它的至善是以求真为进路的，所以知和德并未发生根本分离。或者说，儒家的达善并不绝对排斥求真。在西学东渐之前，没有多少人注意儒学与科学的关系。近代在西学冲击下，人们对中国传统文化开始进行反思，但大多也是循着"西学中源""西为中用"的路子。鸦片战争至甲午战争的历史现实，使中国人对中国科学技术方面的落后有了沉重的感受。尽管有梁启超这类启蒙思想家一再指出，儒学不仅与科学并不相悖，而且在某种意义上包含了科学思想，至少不必然违反科学精神，但仍有在和西方对比中醒悟的人们开始表达对儒学的不满。儒学与科学的关系受到世人的关注，人们反省儒学对科学进步的阻碍，打倒"孔家店"的呼声表达了人们对几千年来的儒家传统文化的第一次"革命"要求。对儒学的第二次"革命"发生在 20 世纪 60—70 年代，在群众性的"评法批儒"政治运动中，儒家轻视生产实践是一项重要的受批判内容。

对儒学与科学的关系真正较为冷静的讨论，可以说是在近些年开始的。应现代化建设的迫切需要，"向西方借鉴"和"传统文化"热了起来，儒学传统对科学的影响作用又一次成为重要的讨论主题。

讨论虽然很"热"，但可归为三个方面。一种认为儒家的伦理中心主义只注重社会人伦，对自然的探究兴趣不够，和儒家文化的德性思维比较起来，认知思维没有发展起来。今天要想跟上时代，实现现代化，就应当变革传统，向西方文明学习、靠近，儒家传统在某种意义上已成为向现代化前进的"文化妨碍"。另一种显然要温和、中立一些，它力图从两个视角说明儒学与科学发展无关：儒学并不必然带来对科学的压抑，因为儒学自产生起就几乎一直是中国文化的主流，而中国历史上科学曾经有一度领先世界的辉煌；科学有时候有独立于哲学等人文科学的能力。还有一种，其着眼点是谈儒学实践理性的可能作用，这种实践理性是"天人合德"观念的思维产物，在其思维深处，社会人文价值和自然科学价值是合二为一的。

传统必然要融入现时代。那么，儒学传统在现代化进程中到底居于什么地位？产生了什么影响？我们应当对它采取什么样的态度？具体到我们此刻讨论的问题，"天合于人"的实践理性思维方式，对科学、生产力、经济的发展，对社会文明的进步，究竟是祸还是福？这些是非弄清不可的重大理论问题。

人们讨论以研究自然领域为中心的科学和以研究人文社会为中心的伦理文化之关系时，用过许多大同小异的名词，如"科学理性与伦理价值""科学与道德""自然与人文""自然主义与人类中心主义""真与善""事实与价值""理性与道德""自然知识与人文知识"等。不同的概念表达的角度略有不同，问题倒不大，但不同的概念指称有时会引起理论歧义和误会。比如，我们在强调"科学理性"与"伦理价值"的对立时，就向人们传达了一种"伦理价值"不是"理性"的信息，这给本来就需要弄明白的问题增加了澄清的困难。为了便于从本质上讨论问题，在概念前提下就应有一个确切的把握。

实际上科学与伦理同是人类理性的表现。何谓理性？理性是人的一种能动力量，是人在本质方面的重要特征。人不同于世间万物的特质之一便是具有理性。理性是人独有的自觉意识和能力。认识世界、探究自然是人的一种理性能力，研究社会认识自己，给社会设定理想目的并给自己立法，也是人的一种理性能力。在此，相对于二者所研究的对象领域的区别，我们把以自然科学为对象的理性称作"科学理性"，把以伦理道德等社会人文为对象的理性称作"价值理性"，在这样一种概念基础上，我们再来继续讨论儒家德性价值理性和科学理性，以及儒学传统文化和中国科学发展的问题。

两种理性应当合一，在本质上本身也是合一的。

人类高出于其他动物的标志之一是，人类不是被动地适应生存，而是积极主动地认识、利用、改造生存的环境。人类并非只要自己的生存需求得以满足就够了，人类一方面认识客观自然、探究规律，另一方面在认识、利用客观自然的过程中，总在自觉不自觉地把自己的意图、愿望投射进去，自觉不自觉地给事物以意义和评价。人在自己的活动中追求合自己目的的结果，在不违抗自然必然性的范围内，总试图在自己所知道的选择范围内做出最后的选择，这就是人类理性。

在认识自然、积极顺应自然必然性的活动中，发展起了科学和人类认知世界的理性能力，而在追求合人类目的、合主体理想的过程中，发展出了善、美等代表人类主体选择的价值理性。如果说前一种理性表达的是一种客观必然性，后一种理性则表达一种主观价值合理性。

这两种理性实际上也就是马克思所阐述的关于人类生产的两种"尺度"，认知理性属于马克思所说的"物种的尺度"，而价值理性属于表达人类主体选择的"人的内在尺度"。在西方思想史上，人们也曾把认知理性称作"纯粹理性"，而把价值理性称作"实践理性"；在中国思想史上，虽然人们没有明确提出"理性"这个概念，但儒家提出的"力命""义命"不同关系范畴中已内在包含了人的两种理性能力。

科学认知理性或曰科学理性，主要回答世界"是什么""怎么样"的问题，它探究自然规律，并能动地运用这些已掌握的规律，创造出为人类服务的科学技术及其物质财富。相对而言，科学理性驾驭的世界是一个"真"的领域，这是一个不以人类意志为转移的领域。

人文价值理性或曰价值理性，主要回答世界"应当是什么""怎样才更好"的问题，它主要给科学物质成就丰硕的世界一个善的和美的基础，给认识、征服、开发、利用自然的活动一个长远的、合理的计划。另外，人要认识自然，也要认识从自然中产生的自己；要控制自然对象，也要把握自己的命运，让人类发展得更完善，生活得更美好。这一切都需要有一种体现人类理想目的的价值理性。人类的价值理性也正是在认识、改变客观现实活动中，在用"人的尺度"去引导、把握"物种的尺度"的能动过程中逐渐发展起来的。没有价值理性，人类的科学理性就将是一种盲目的力量，这种有缺陷的力量最终将把人类引向毁灭的边缘。

人类要生存，要征服自然，要实现自己的能动本质，但人类生活并非只要求科学认知理性，人文价值理性在某种意义上更加重要，因为它引领着人类发展的根本方向，表达着人类生活的真谛。我们要驾驭、开发自然，要让自然为人类服务、贡献，但我们同时也需要得到自然的同意，用人类主体尺度权衡一切，也必须使用客体的尺度。人不能单方面地发号施令，而应学会和自然对话。在发展经济和保护资源、环境之间，在追求物质财富和追求社会公正之间，在今天和未来的代际利益之间，有很多孰先孰后、孰大孰小等需要权衡的问题，人类必须运用理性去比较和选择，这就是价值理性所应完成的任务。

人类的世界既不是纯粹的客观自在，也不是纯粹的主观理想。人类应有的世界恐怕是：不仅符合客观发展的规律，而且合乎人类自身的需要，也即，不仅是真的，而且包含了人类善的、美的理想愿望，包含主体需要的价值存在。人类的世界作为体现主、客观统一的结晶，应当体现客观规律事实、客体的尺度，同时也必须、必然有人的本质力量，有主体的尺度在其中。在发展科学理性的同时，也应发展价值理性。当然，在发展价值理性的同时，也应发展科学理性。人类的世界本来是也应当是真、善、美的合一，是科学与价值的统一。

2. 西方科学理性与中国价值理性

在人类理性发展长河中，科学理性与价值理性有时结合统一，有时则分离开来，在人类古代朴素思维中，人们多直观地把它们结合在一起。当中国古代先哲在强调"天人合一"时，西方古希腊思想家柏拉图也在他的理念世界中，构筑了以善理念统领真、善、美学科的"金字塔"理念体系。天人不分也罢，以善理念统领真、善、美也罢，都暗含了人类科学理性与价值理性统合的悟性要求。

然而，遗憾的是，柏拉图建构起来的以善理念为理性统领的思路，在西方并没有作为主流被接受，事实与价值、科学认知理性与德性价值理性最终分离得很远。在从古代走向现代的历史时期，科学理性一步步发展起来，价值理性逐渐丧失了它应有的地位，科学技术随着时代发展已渗透于社会生活的各个领域。在现代，人们对科学技术的信任达到了无以复加的高度，科学几乎成了人类文明的代名词。只要有了科学技术，任何人类难题都能解决，什么人间奇迹都能创造；有了科学技术，人就能成为自然的主宰，成为无所不能的神。

正由于对科学理性的尊崇与信任，科学技术得到了突飞猛进的发展，人类攫取了越来越大的自然力为自己服务，制造出越来越多的物质财富来满足自己迅速增长的物质欲望。科学理性的力量证实了人类的巨大能力，给人类带来了极大的解放。但与此同时，在西方人文价值理性却没得到应有的重视。缺少人文价值理性指引的科学技术，在有些情况下成为一种盲目的力量。这种力量破坏了人与自然的关系，也破坏了人之所以为人的高贵与尊严。事实上，长期沉默的大自然对人类已施以报复，如酸雨、沙漠化、物种灭绝、地球资源枯竭、大气环境污染破坏等。许多由人类制造出的征服自然的工具变成了威胁人类的武器，许多可以为人类带来幸福的尖端技术同时也带来了令人类头痛的难题。

不仅如此，科学技术带来的巨大物质财富还使人陷入一种无休止的物质追求之中。在巨大的物质追求中忘记了对高贵人性的追求，在日益高涨的物欲推动下，经济活动成了人生意义的终极依托，追求人性神圣的德性成了过时与多余的东西。人类过多地占有了被征服的自然的领地，与此同时却失落了自己的精神家园。一位生态学家的话道出了现代人的感叹，他说，我越研究自然生态问题，就越感觉到这实际上是人类内在精神危机的外部表现。失去精神内在的人才会疯狂追逐外在物质，而越是追逐外在物质，就越是失去精神家园。

所幸越来越多的人开始感受到所面临的生存危机和精神危机，20世纪的人们开始对自己的文明进行重估和反思。有些人文学者对科学表现出公然的敌视和冷漠，认为地球生态的破坏、世界大战的残酷、核武器、化学武器的恐怖以及像"克隆"这样的技术带给人类文明的是更多的困惑，这一切都应归罪于科学技术。

实际上，科学技术本身是无辜的。认知理性及其科学技术，虽然从一开始就以认识、利用、改造自然为目的，但在其合理范围内，正是人类与自然和谐的一部分。自然与人类并不是本质对立的。人的本质力量需要外在对象化，而自然也需要在人的理性里展现自己的永恒必然和无限领域。认识、利用自然并不是人类的错，人类的错误在于未能和谐地把握科学认知理性和人文价值理性。倘若我们一直用价值理性对认知程度和科学目的进行合理的判断、比较、选择，使对自然的攫取和对自然的给予一样多，使对人文精神的追求和对经济物欲的追求一样努力，那么，人与自然的对话就将是温和的。人在创造美好物质世界的同时，也将发展出美好的人性与人生。"真"的和"善"的、"美"的，在终极本质上是不能分开的。科学的"真"如果和人类的"善""美"分离开来，也就失去了存在的真正价值，并最终导致非科学。人类追求的世界绝对应是真、善、美和谐统一的。同样，物质文明不能以精神文明的失落为代价，人类的文明本身就应是丰富而全面的。

科学、人文发展的不平衡，及其所造成的精神失落，已成为人们普遍关注的焦点。如何使科学和人文摆脱分离重新结合起来，寻找丧失了的整体文化观，成为20世纪中期以来西方人讨论的一个热点。

值得一提的是，反省人文价值理性与科学认知理性的关系，强调建立科学与人文平衡的整体文化观的，并不只有人文主义者，有许多科学家和科学工作者也在致力于这项工作。例如，著名的美国科学史家布鲁诺斯基（J. Bronovsky）是位科学家，在科学史方面卓有成就，但他又被公认为是科学人文主义的象征，他最著名的著作《科学与人文价值》（*Science and Human Values*）一书深入阐述了科学的价值在于人的价值的思想，分析了科学力量与道德力量的关系。作为科学人文主义的典型，他代表大家指出，当今世界文明的困境并不是科学本身的恶果，而是人们鄙弃了真正的科学人文精神。

许多现代学者清楚地认识到，"从当代危机的观点看，我们能够问的最有意义的问题之一，确切地说，是如何早一点儿使科学和文化的其他方面协调共存……如果习惯、信念和知识有一种新的协调……它将来自一些我们远没进化发育出来的新的适应模式"[1]。

西方人没有发育出来的协调文化模式，其他人类文化中存不存在呢？在讨论这一问题时，许多西方学者不约而同地把目光投向了东方。

谈到对中国文化和科学之关系的分析，不能不提著名的李约瑟博士。在研究科技史方面成就斐然的李约瑟，一直对中国文化有很高的评价。他认为，现代科学技术的进步给人类带来的各种道德上的问题，都可以从中国文化所包含的伟大的传统道德精神中得到解答，中国人民的特殊天才可以在这方面影响整个世界。中国人将天人看作一个整体的观念，以德性理性统领真、善、美的文化价值体系，给陷入唯物质文化和唯科学文化怪圈的西方世界提供了一种古老而又非常现代的智慧。

中国文化强调天人合一，仅仅讲"合一"还不能说明问题，因为在中国文化中强调天人合一的有两个众所周知的学派，即儒家和道家。儒

---

① 董光璧. 传统与后现代. 济南：山东教育出版社，1996：19—20.

家的天人合一是天人合德，天道、人道合于社会人伦秩序之道，实质上是以天合于人。道家的天人合一则是以人合于天，天道、人道一个道，此道即自然秩序之道。道家反对儒家重人伦秩序，主张道德自然，人应顺应自然、服从自然。

在一定意义上，道家"天人"思想倒更接近于西方早期古希腊哲人的观念。古希腊早期的思想家在谈到人道与自然之道的关系问题时，也是自觉不自觉地使人道服从于自然之道的。毕达哥拉斯要人们不论治世还是行事，都应遵从自然规律——"逻各斯"的"数"的和谐法则，赫拉克利特也告诫人们"听自然的话""按自然规律办事"。早期人类的观念意识中，自然和社会、天和人还没有明确区分开来，无论在西方早期希腊思想家头脑中，还是在东方老、庄观念里，世界万物都统一在一种秩序下，即古希腊人称作"宇宙法则"，而老、庄称作"天道"的自然规律。

这是人类早期思维特征在东、西方的一种表现，一种谋合。天道和人道、自然宇宙和人类社会还未区分开来，人还本能地依附于自然规律，完全遵从自然法则，确认世界万物服从于同一种天上的"道"，一种宇宙法则。这种思维方式在东方中国被延续了下来，成为传统文化中的一个重要部分。

儒家"天人合一"本质上是以"天道"合于"人道"，但这并不意味着儒家对天人关系有什么区分。天道、人道仍是不相分的，只不过儒家固执地认为，人们奉行的"人伦"秩序本身就是宇宙自然的有机构成。他们把男女、夫妇、父子、君臣、上下的宗法等级关系的产生，看成与宇宙生成的自然进程相一致，认为人伦社会的上下礼义之制是与天地本身具有的阴阳上下尊卑贵贱法则相契合的，天地自然的生化运行本身就是一种"德性"，社会人道的具体伦理秩序直接就和天道的内容为一。"有天地然后有万物，有万物然后有男女，有男女然后有夫妇，有夫妇然后有父子，有父子然后有君臣，有君臣然后有上下，有上下然后礼义有所错"（《周易》）。人道、仁义就源于天道阴阳，天人共有一个道。儒家提出了一种"天道"与"人道"合一的宇宙伦理模式。"天地之大德曰生"，生生不息，覆育万物，运行有序，这就是天人共有的"德性"。

就是这样，在西方被当作认识对象的自然规律，在东方儒学这里成了人伦秩序的模本。在"天道""人道"合一的思想中，在给"人道"寻找天经地义的必然"天道"的本原所在时，把儒家思想的德性本质对象化给了客体的天和自然的道。当然，先秦儒家做这种对象化工作并不是完全自觉的。

儒家也罢，道家也罢，都走了一条"天人合一"的路子。西方早期思想家没有提出"天人合一"概念，但在其思想中仍然把人间道德法则和自然法则视为一个东西，要人们听自然的话、遵从自然法则行事，在本质上仍是"合一"的路子。这种思路到了"智者学派"时代才有所打破。智者学派一反"听从自然"的思路，提出"人是万物的尺度"，在这种个体感觉主义思潮中，自然法则退出人世间社会秩序的主宰地位，开始成为和人生德行规范互不干涉的一种客观规律。智者学派强调人的尺度地位时，似乎并无明确区分天与人的意图，他们不过是在反对宿命论，鼓励人们更多地张扬自身的个体能动性。然而到了苏格拉底那里，社会人生领域和自然领域被进一步明确地区分开来。

苏格拉底认为社会人生领域和自然领域是不一样的，自然是由神安排好了的，人是无法加以干预的，人只能认识、改变自己。所以，哲学的任务不应在于探究自然的奥秘，而应在于研究人应怎样生活，社会怎样才能公正，研究人自己。由此他引用当时拉斐尔神庙门廊上的一句话"认识你自己"，表达了他所建立的伦理哲学命题。与此命题相联系的是"美德即知识"。借助这些命题，苏格拉底使人类的道德法则第一次有了自己独立的领域。"天""人"逐渐由相合走上了相分的道路。当然事实上，苏格拉底及柏拉图的德性路线并未成为西方文化的主流，相反，西方文化在完成人类自我和自然世界的分离后，对彼岸世界的探索就一直没有中断，中世纪对彼岸上帝的探索是一种变形的认知，而近代随着主体的觉醒对客体的认知也进一步发展起来。

接下来的问题就是：为什么远古"天人不分"的路数，在西方随着主体的逐渐觉醒，最终走向了相分，而这种原始思维方式在古代中国却未被冲破，被延续了下来？这个问题的答案仍需到古代中国的血缘根基中去寻找。在一开始我们就掌握了属于东方的血缘根基，血缘氏族历史性地保存，使东方走上了与西方不同的历史文明之路。中国固有的这种血缘根基，造就了中国古代独特的血缘宗法社会以及与此相适应的一整套宗法制度和以血缘人伦为基础的思想文化。思维意识总是源于它所存在的社会基础。在氏族遗制血缘组织未被打破而直接进入国家形态的同时，原始人天人不分的思维习惯也被一块儿保留下来，并在古代文化中得以延续。有什么样的社会存在基础，就有什么样的意识和思维。

我们如果仔细了解一下西方思维理性的发展进程就会发现，天人相分的思路使人的一部分理性以研究、建立社会正义和社会秩序为目的，以人的领域为对象，而最终促使人的另一部分理性致力于对彼岸世界的研究、认识，使人的认知理性得到充分的发展。但这并不意味着天人相合的思路就一定只能发展价值理性，而与科学理性无缘。正如我们已看到的，道家讲天人之合，西方早期哲学家也未脱离天人相合的路数，但当他们都以认识自然规律为中心任务时，更多发展出的也是认知理性。如果中国历史最终不是选择儒学，而是选择了道家之学，那么中国也许会发展出很充分的科学认知理性。

所以，天人相合还是相分的问题，在理性发展模式中，一定程度地变成了以什么为人类理性研究对象和目的的问题。以自然真知为研究对象和目的，发展出来的往往就是科学认知理性，而以人类社会人伦秩序为研究对象和目的，就相应会发展出人文价值理性。

我们不赞成把中西传统思维模式的不同，简单地归结为认知理性和价值理性。实际上正如我们已看到的，西方天人相分的传统思路驱使人们区分主、客体，使人们更多地认知自然对象世界，发展出充分的科学认知理性。但西方传统中也存在着价值理性，如智者文化的"人的尺度"、苏格拉底的"理智"、柏拉图的"善理念"，以及后来亚里士多德、康德的"实践理性"，等等，都可视为人类价值理性的不同表现。当然，西方的这两种理性是相分的，而不是统一的。东方天人相合的思路也并非只能孕育价值理性，道家的思维理性就是一种认知意义上的理性。事实上，儒学中也不是只有纯价值理性，它在本质上是一种以善价值统领真、善、美的学说，价值理性和认知理性在儒学中并不是割裂的，只不过是以价值理性统领认知理性罢了。有关这一点等一下我们再讨论。

另一个随之而来的问题是：为什么西方在两种理性中更多地发展了认知理性，而东方更多地发展了价值理性？这和东西方所走的两条文明之路不无关系。中国有促发科学理性的道家、墨家思想，但最终没有被以血缘关系为根基的宗法社会所选择，血缘宗法社会造就了注重人伦德治的儒家，最终又选择了儒家。西方也不乏研究人文社会、崇尚德性理性的思想家，但西方社会在进入奴隶制国家时打破了血缘氏族关系，这就使伦理德治失去了存在的社会基础，从而使治世治人的人文价值理性最终没有像在中国那样发展起来。西方很早就发展起来的商品经济，以及成为主流的自然主义哲学文化，使人们征服自然的欲望膨胀了，从另一方面促进了近代工业文明的发展，促进认知理性得以发达。

一路讨论下来，我们至少明白了两点事实：

第一点是，主张天人合一的儒学传统文化，是以人文价值理性统领科学认知理性的，两种理性没有分离。主张天人相分的西方传统文化，孕育出了相分相离的人文价值理性和科学认知理性。相比较而言，科学认知理性在西方传统理性中更占据主流地位。

第二点是，西方科学认知理性由于同人文价值理性相分离，缺少价值理性的规范和引导，在得以充分发展并带来巨大工业文明、科技进步的同时，也给人类带来了许多新的文明阴影与困境。人类需要科学技术，需要对自然的认识、利用，但这种需要一开始就应当和人类理想价值联系在一起。科学技术及其理性如果不同善恶选择联系在一起，不受价值理性指引，就会成为一种盲目的力量，成为人类需要对付的可怕异己。东方儒学传统文化由于以人伦实践为中心，在价值理性统领下，科学认知理性没有得到西方那样的发展，致使世人感到中国文化价值理性有余而科学认知理性不足。

现在的问题是，西方有识之士已普遍认识到西方文化的缺陷，科学理性成功地为人们提供了科技文明，但却未必能成功地为人类提供价值合理性。人与自然的分离使认知主体迅速觉醒并成长起来，与此同时人的价值主体的觉醒却没有达到相应的高度。缺乏价值主体选择和规范的认知理性及其科学技术，在征服自然、从自然力量的束缚中解放人类方面获得了巨大成果。但随着征服自然的节节胜利，随着现代工业文明的迅速发展，也出现了人与自然的紧张和对峙。并且，人类在从自然力量的束缚中解放出来的同时，又陷入了物欲主义、科技信仰的桎梏之中——人们占有了越来越多的自然领域，因而越来越失去自己的精神家园。

人类需要反省以往的思维误区和实践错误。历史已走到要求人类进行一次新的觉醒的时代。在科学理性极度发达的科学主义时代，西方人文价值理性开始了新的觉醒。许多西方人已意识到，西方以科学理性为特征的哲学、思维、文化，所提供的理性标准根本不足以使人类发现自己的失误。所幸人类并不是在完全空白的理性世界中寻找客观的合理标准，东方以价值理性统领认识理性的思维体系，以及主张"天人合一"的文化传统，为人们尤其为西方世界提供了可资借鉴的另一种理性参照系统。东方儒学传统中人文价值理性和科学认知理性的从未分离，以及这种"合一"文化所少有的危机和拥有的生机，使西方许多思想家找到了解决困惑和危机的出路，汲取东方文化的精髓，使人文价值理性和科学认知理性结合起来。1988 年 1 月，全世界的诺贝尔奖得主在巴黎聚会，他们发表宣言说："如果人类想要在 21 世纪活下去，必须回顾 2 500 年，去吸取孔夫子的智慧"①。在这里让我们引用一位英国科学家的话来使这一讨论告一段落，这位叫作沙里斯（M. Shalliis）的天文学家，1985 年在《复活》第 109 期发表了论文《新科学的诞生》，他认为对于西方重建理性、诞生"新科学"而言，"前进的唯一道路是转过身来重新面向东方，带着对它的兴趣以及对其深远意义的理解离开污秽的西方，朝着神圣的东方前进！唯有到那时，我们才算达到了一个新的转折点……不管怎样，重新面向东方是可能的"②。当然，"改变方向的代价将是巨大的和创伤性的"③。

3. 传统价值理性与现实发展

以儒学传统为主流的中国文化成为世人注目的焦点，而我们在为古老而充满智慧潜力的中国文化骄傲的同时，切勿忘记儒学人性主体中缺乏科学认知理性这一事实。我们不是要执迷于价值理性统领的世界，现代社会需要的是充满人文价值理性和科学认知理性的时代，人类的世界本身就应当是人文价值和客观物理相统一的世界。把人文价值理性淹没在科学认知理性之中，或把科学认知理性溶解在人文价值理性之中，都是人类文明的失误，又都是人类文明历程的某种历史自发表现。

古代东方的"亚细亚"文明之路，没有使中国血缘氏族关系分解，也没有使中国像西方那样，把主要精力更多地投入到征服自然的斗争中。社会人伦实践把德性思维引入了"天人"关系中，也植入了中国古

---

① 董光璧. 传统与后现代. 济南：山东教育出版社，1996：175.
② 同①20.
③ 同①20.

人的主体理性之中。当古代西方的认知主体在征服自然中一步步走向觉醒时，中国古代的德性理性在人伦实践中早已趋于成熟，并且自始至终统领着人类认知理性。历史造就了独特的东方文化，最终未使中国的科学认知理性和人文价值理性明显独立开来，并使科学认知理性一直被置于人文价值理性的影响之下，在很长一段历史时期，一直没有发展出自己应有的形象。

历史走到了今天，我们也在反省我们文明道路的不足。中国的文明应当在自己德性传统的基础上，更多汲取西方成熟的科学理性精神，使在中国儒家文化传统中一直未占主导地位的科学理性发展出更饱满的形象。发展科学技术，发展生产力，走向明天，走向现代化，需要更多的科学理性精神。

另外，中国传统科学没有发展出西方近代那样的科学，还有一个儒学思想之外的原因。我们要对孔孟创立儒学思想系统和制度化的儒学意识形态有一个分别的认识。西汉"独尊儒术"后朝廷所倡导的具有官学地位的儒学，在很多方面僵化并扭曲发展了儒家学说。即使在封建制度下，儒家学者们也在不断做出努力，以区分什么是承夫子之道的真儒学，什么是鱼目混珠的假道学。作为封建意识形态的儒学，对先秦儒学在许多方面都产生了相悖的理论形态。儒家思想中对科学理性的兼容，在封建意识形态中也受到了僵化和窒息，这也从一个方面说明了为什么以儒家思想为主流的文化孕育了中国古代科技的辉煌，却没能发展出近代科学及其理性的成熟形态。

但是，我们要更多地发展科学理性，并不意味着我们拥有的人文价值理性不再拥有现代价值，不再成为中国现代化建设的一种财富。从本质上说，科学理性的发展并不必然以丧失价值理性为代价。有些观点批评中国儒家德性理性是发展科学理性的障碍，提出要跟上时代步伐，实现现代化，就必须抛弃这种传统，引进西方先进科学技术及其科学理性精神，甚至有些观点认为，不能因为西方人需要到东方文化中寻找钥匙而沾沾自喜，恰恰相反，中国人需要到西方文化中补回应有的一课。

这里有两个问题需要讨论：

第一，历史的必然之路并不是只有一种机械的模式，历史具有不可逆性。我们不是机械地非要重复西方已走过的路，历史必然性是可以通过多种偶然形式来表现的。况且，社会历史发展和自然历史发展之本质区别在于，后者是盲目的、自发的自在过程，而前者则是一种有理性的、自觉的发展过程。人类历史完全可以在理性和经验指导下，走出一条又一条必然道路。今天的中国和世界一样，已发展到了现代文明时代，这个时代比以往任何时代都需要真、善、美合一的理性及其文化。我们有把人文价值、德性理性和科学理性合一的传统思维，有以善的价值统领真、善、美的儒家传统文化，我们不是需要回头补课，不是一定要走一段人文价值理性和科学认知理性相分裂的道路，在价值理性统领下，完全可以发展出我们需要的科学理性。现在我们研究东西方不同的历史道路、不同文化传统的利弊特点，就是为了更好地把握人类理性之路。中国古代得天独厚的"合一"文化，加上西方的经验，使我们有可能更自觉地把握未来，减少或避免别人单一文明历史轨迹给人类带来的负效应。

第二，在本质上儒学德性理性并不排斥科学理性。儒学本身就含有对"真"的探求，求善和求真也被统一在"天人合德"的观念体系中。事实上儒学一直是中国传统文化的主流，然而中国传统科学在相当长的历史阶段，发展得并不比西方缓慢，而且一度在科技方面领先于西方世界，只是到了近代，中国没有发展出像西方那样的工业文明和科学技术。所以，从儒学侧重发展人的德性主体方面、对科学理性兼顾不够，并不能推断出从儒学文化中不能发展出科学理性。实际上儒学思想一直是一种在求善目的中包容求真的和合体系。价值理性和科学理性的合一，是儒学思想的重要特色。

《周易》作为儒家思想的重要经典，以"天人合一"思想为基础，强调将天、地、人作为统一体加以研究，主张德性与知性并重、理性与价值合一。求真、求善、求美在易学中是彼此不分的。并且，《周易》本身就提供了一种自然观、方法论和科学观，究天人之际，穷物理之性，是易学的重要主旨。实际上科学范式中的宇宙秩序原理、方法论原则和科学技术观，在《周易》中都能找到哲学启迪。中国的医学、天文学、地理学、数学、丹术、农学等，无不是在易学的影响下发展起来的。易学中的科学内涵已越来越多地在现代科学中找到相通与回应。莱布尼茨发现易卦符号系统与西方的二进制数学之间有某种一致性，一些现代科学家认为他们的科学新观念都能在儒学古典学说中找到原型。

儒学求真与求善的统一，还表现在它的"内圣外王"之道中。"内圣"是儒家所追求的理想人格的崇高德性,但这种内在的修心养性又不是脱离现实生活外在事业的空性修养,不是要人渡越到彼岸世界,究内在"心性"要通过穷外在"物理"来完成,仁德内圣不是像佛教那样清心面壁、冥思苦想的空悟,而是通过"格物致知"、经世致用表现出来。求"善"丝毫不排斥求"知",相反,求"知"正是达到善的途径和方式。因此,在儒家思想中,只有德而缺少才的人,至多只能称作"君子",真正的人应当做到既有"德性"又有"方学","德才兼备谓之圣人"。可见,德性和知性在这里是一致的、统一的。

总之,儒学真、善、美统一的智慧使儒学在高扬德性主体价值理性的同时,完全包容了科学理性发展的空间和可能。当然,就目的性而言,价值理性和科学理性的地位是不一样的。儒家"求知"的核心是为了"达善",也就是说,儒家文化中有关科技的思想是服从于德性价值目标的。这种思想关系在近代历史发展中可能被认为是"落后的",在某些人的意识里,可能是一种反现代的文化阻力,但对于现代特别是对于未来而言,它却是一种超前的智慧。正是在此意义上,李约瑟博士认为不应把传统的中国科学视为近代科学的一个失败的原型,他认为孔夫子的哲学智慧像是现代科学的一种先觉。

对于今天的中国来讲,进行现代化建设,大力发展科学技术,完全可以和以儒家思想为主流的传统文化对接起来。传统与现代、真与善,没有什么必然的对抗。那种认为我们必须先失衡再平衡、先物质后精神、先污染后治理的观念,在理论上缺乏一种理性把握,其方法、轨迹偏离了人类理性的本质,既不科学也不合理。核武器制造了再根除,难;生态破坏了再治理,不易。水土流失了找不回来,物种灭绝了就再也没有了。有些代价可以弥补,有些则永失不再得。

社会发展应当既不伤害自然,又有利于人类幸福,这种和谐发展才是人类理性的选择,也只有人类的价值理性才能帮助人类做出这种选择,科学理性是提供不了这种帮助的。我们没必要一定步西方人后尘,我们应确立一种正确的发展道路,在弘扬价值理性的前提下,大力发展科学技术及其理性,以经济建设为中心,一手抓物质文明,一手抓精神文明,千万不可因我们需要更多的科学理性而走入科技至上的另一极端。我们应当保持价值追求方面的清醒,使中国文化在价值理性和科学理性之间始终保持适度的张力。

人类的世界本来就应当是主体价值与客体规律的统一，价值理性和科学理性本来就应当合二为一，科学理性从来都是在价值理性指导下才有益于人类，也只有在人类主体的伦理价值选择中，科技及其物质成果才有其合理的存在理由。因此，在最终意义上我们必须肯定，价值理性因为关乎人类生活的根本方向，关乎人类存在的历史命运以及本真状态，应该是更高层次的理性。

在某种意义上，中西文化的通融，实质上是科学认知理性和人文价值理性的进一步"合一"，这种"合一"不是简单的1＋1。在根本意义上，应当由价值理性统领科学理性，为科学理性设定方向、规范轨道。科学理性好似动力工具，价值理性好似旗帜、指南针，是科学理性的合理性保证。没有指南针，只有动力，历史航船就会迷失方向。

二、传统文化的德治模式

德治是以伦理道德为统治手段的社会管理模式，这种模式是以血缘关系为纽带的宗法制度的必然产物。在前文我们已了解到，中国古代独特的地域环境和生产方式，使中国古代的社会组织结构、历史进程以及文化精神获得了极大的特殊性。国家没有像在西方那样替代了家族，而是直接源于未完全分化的氏族组织，所以国家的社会组织结构就自然地落在了天然血缘组织上。氏族对于国家是作为原型组织而存在的。国家建立在氏族血缘关系基础上，国家的机构和职能也直接从氏族那里继承下来，国家所能借鉴和模仿的统治模式也直接源于氏族统治模式。亲族关系使得用伦理习俗管理部落成为一种当然方式。儒家感悟到了当时社会关系的这种血缘宗法性质，认为如同以伦理调控家族一样，也应当以伦理调控国家。事实上，中国古代社会最终选择了儒家的主张，也不能不选择这种主张。几千年来，中国历史就是以"德主刑辅"为统治手段的，并由此形成了东方社会独特的德治文化模式。

德治文化模式是包容许多内容的体系，在此我们重点讨论德治文化模式的两个重要问题——德治模式的内在原则和德治模式的外在形式。

1. 德治模式的内在原则——"群体本位"

氏族遗制基础上的宗法国家有一个根本的特征，即"家""国"合一。国家是一种放大了的家族形态。在家族内有一个自上而下的血缘人伦辈分层序，国家政治机体也有一种自王权至百姓的等级体系，国家政治等级是和血缘层序套在一起的。宗法国家形态不是一种单纯的由血缘关系构成的家长制宗族形态，而是用血缘关系来表达政治关系、用政治关系再造血缘宗法的家国复合体。

在宗族社会里，维护既定秩序特别是人伦秩序成为最高目的。个人是作为家族整体中的一部分存在的，个人的存在、发展只有在作为维系家族等级秩序的手段时才有意义，个人是没有社会独立意义的。"家国同构"的特殊社会形态，决定了中国传统德治模式中宗法伦理的整体本位性。家是宗法社会的基本细胞，梁启超为此曾说："吾中国社会之组织，以家族为单位，不以个人为单位，所谓家齐而后国治是也"①。家是小国，国是大家。"家"于是成了中国德治文化中一个根源性的"情结"。

在血缘宗族网络中，个体不是独立细胞，因而不可能产生出以个人为本位的德治伦理原则。出自宗族社会的德治原则，只能是宗族的本位原则，也就是家国整体利益至上原则，它作为德治模式中的伦理原则，实质在于，社会价值取向的主体和根据，不是个人和个人的利益需要，而是由宗法关系构成的家庭、家族、国家和维护这些团体的整体利益需要。这种整体本位原则是以纲常宗法伦理体系为载体并得以体现的。

纲常伦理之所以能适应家、国的整体利益需要，是因为它很能维护宗法团体的等级秩序。

三纲五常的宗法伦理，不仅重视血缘亲亲，而且更突出了等级尊尊，君为臣纲，父为子纲，夫为妻纲。"人伦十义"更是以"谐和"的方式使各亲尊等级、人伦关系得到了相应的调控。"和"不仅指家庭、宗族的和谐，还指君民上下之和、整个社会各等级之和，直至"万邦谐和"。应当说，早期儒家提出的人伦规范表达一种双向义务，即父慈子孝、兄良弟恭、夫义妇听、长惠幼顺、君仁臣忠，这种双向义务规范比之后期的三纲五常有更多的合理之处。

群体本位之所以能实现宗法家国的利益需要，还在于它不从满足个人利益需要出发来概括个人与他人的利益关系，而是以宗族群体为本

---

① 梁启超. 新大陆游记节录//梁启超全集：第 17 集. 北京：中国人民大学出版社，2018：211.

位，以宗族的整体利益为出发点和归宿来概括人与人的利益关系。也就是说，是将满足他人利益需要作为自己行为的价值目标和义务，在这种伦理模式制约下，人人各自考虑的是义务而不是自己的权利，是满足对方的需要、大家的需要，而不是首先满足自己的利益，由此就能达到和而无争，使社会关系处在一种尊尊而又亲亲的秩序氛围中。

群体本位原则强调群体利益，个体必须服从群体。在人性层面上，这种原则主张抑制个体自然欲望，服从人的社会德性本质。在政治制度上，这种原则就体现为一种专制主义，而专制主义在本质上是层层集权而上的。在封建宗法国家中，最高权位统一在君主身上，"朕即国家"，国家是朕的家天下。这样，君主就成了虚幻的群体的代表，个人对群体、国家的服从实质上最终就变成了个人对王权的服从。

此外，群体价值取向轻视个体，这也就使个体的力量消融、淹没在群体之中，成了群体中被动的因子，因而很难有什么真正的个性。个体的人生自我价值、个体的主体能动性、诸多个人利益的要求，就都被集权群体压抑、抹杀了。

儒家德治文化并非不讲任何个性，在强调修身之道时，诉诸的主要是个体的能动与自由，且特别强调"自我"的道德责任。儒学历来把人视为有德性、理性的主体，肯定人有独立的德性意志自由，人作为德性主体，其为仁的意愿、行为完全是由个体能动性决定的。儒家说"为仁由己"（《论语·颜渊》），说"我欲仁，斯仁至矣"（《论语·述而》），都是这个意思。还是在这样的意义上，儒家认为"人皆可以为尧舜"（《孟子·告子下》），人能否达到尧舜那样的圣人境界，完全取决于个体。

这里有两个问题需要理清：一是儒学诉诸的个体能动性主要局限在德性个体范围内，也就是说，是人的道德主体能动性。二是张扬道德主体能动性，并不是为了高扬人的个性或强调个人的地位，其全部目的都在于，通过道德修身的个体主动性，达到维护群体国家的德治目的，这一点儒家早已论述明白了。孟子指出："天下之本在国，国之本在家，家之本在身"（《孟子·离娄上》）。修好个人德性，就能达到天下太平。儒学经典《大学》中对这个问题表述得更为明确，说："古之欲明明德于天下者，先治其国；欲治其国者，先齐其家；欲齐其家者，先修其身。"可见"修身为本"完全不是个人本位的一种表现，相反，它是家庭本位、群体本位德治原则的具体实现途径。

在上述德治途径中，个体自我虽然也积极地追求自己的目标，但却将行动的动机和目的留待于个体自我之外的利他需要，否定个人私利的群体原则，使个人道德成功的努力和为他人的取向、为国家的取向紧紧联系在一起。道德自由、个性张扬，最终被导向他人、群体的需要，归于群体本位原则。

这一切和西方的历史模式大有不同。西方古代社会不是不存在个人和社会的矛盾的难题，从古希腊苏格拉底、柏拉图以及亚里士多德的思想中都不难看出他们致力于解决这个问题的努力。他们都主张要人们过一种符合社会规范、出于社会理性的生活，以至西方思想史上一直存在着一种克服个人主义的社会公有主义思潮。柏拉图、亚里士多德的理性主义思想在中世纪被神学家扭曲发展为神学的理论工具，在强调理性对情欲的制约中，使灵与肉分离开来，此岸与彼岸分离开来，人的社会理性被演化为绝对抽象的理念实体，成为与感性肉体相割裂的、彼岸的神性。个体、个性、个人主义全被淹没在中世纪的神性之下。

中世纪神学既是对古希腊个性自由传统的否定，也是对人的自然性和社会理性的一种反动。这种对人类个性和社会理性的反动，直到近代文艺复兴时期才有所终结。

文艺复兴启蒙思想家号召人们回复古希腊人文精神，以人道代替神道，以自由、平等的人的个性代替神性。从文艺复兴到启蒙运动，人道主义和个人主义又重新成为西方思潮的核心，或者说，人道主义和个人主义比古希腊时期更加突出、更加明确地成为西方社会意识形态的主要内容。人道主义和个人主义一起，凸显了被中世纪宗教神学扭曲、压抑的人性，但在人道主义的相当内容演化为个人主义之后，却曲解了人与社会的关系。它取代了中世纪以神为中心的神学价值观，却并没为西方社会提供一个合理地表达社会本质的社会价值原则。

追求个性解放是在古希腊形成的，这种以个人本位为倾向的平等自由虽然一波三折，但仍成为西方历史的意识传统。西方历史选择了个人本位作为它的主要价值原则，没有像中国那样选择群体本位价值原则，这和西方自己的历史道路密切相关。古希腊发生的普遍的商品交换，使氏族制及氏族成员分化为独立性个人。这种发展不仅瓦解了氏族制，建立起奴隶主城邦民主制度，而且奠定了从古希腊开始的崇尚个性平等、自由传统的基础。基于这种传统，一方面形成了个人本位的道德价值倾向，另一方面又因为有平等、独立的个体及其观念，形成了不同于中国伦理德治的契约法制模式。关于后一问题我们在后面还会讨论。

群体本位作为中国古代儒家德治的内在原则，是与封建专制政体要求相适应的，一般地强调群体的价值，并非完全不利于个体，因为个体终归是群体中的一分子。但是，当封建专制下的群体价值实质上只是一种虚幻的象征时，群体本位就成了束缚人、压抑人的专制工具。

片面强调群体价值而忽视个体价值，从而片面强调德性理性而鄙视自然情欲，这一切都与人的解放相违、相悖，一方面使人性扭曲性发展，另一方面则消解了个人价值。

我们也应看到，在群体本位价值观引导下，群体、社会及民族利益作为高于一切的东西，深入中华民族的灵魂之中，并形成强大的凝聚力，使整个中华民族在经历种种历史变迁之后仍然保持着庞大民族的统一，保持着本民族的独特风格和顽强的生命力。也正是这种强调群体公利的价值原则，培育出了为民族负责的忧患意识和民族气节，以及为社会献身的牺牲精神，造就出一代又一代为天地立心、为生民请命的民族英雄。

作为中国封建社会的德治价值原则，这一方面适应了中国宗法统治的特殊需要，另一方面又含有人类社会的普遍性要求，这是所有民族文化价值原则的共同之处。一方面有自己特殊历史的特殊个性，另一方面文化个性又离不开人类文化的共性。历史是发展的，适应古代社会的未必适应现代社会，适应封建统治需要的未必适应社会主义现代化建设的需要。所以，对待传统德治原则的群体本位倾向，如同对待整个传统文化一样，一定要有批判分析的态度。对那些表达集权专制的绝对的群体至上、国家至上取向，对那些坚决维护封建宗法等级秩序的"群体主义"，是要坚决进行批判的。但对于那些表达社会本质、人类生活秩序共性的因素，则应在分析中继承下来。实际上"群体本位"原则中包含的社会本位原则成分，由于它表达着人类社会本质的共性，不但是我们今天社会所应继承的，也是任何社会、任何时代都必须确立的东西。

一个社会的价值目标和精神原则的确立，究竟以社会为本位还是以个人为本位，不是可由人们或统治者主观断定的选择，而是人类社会的本质所要求的一种客观必然。群体本位表达了一定程度的社会本位因素，是上述必然本质在社会价值原则上的一定表现。

社会究竟是什么？其本质何在？在个人本位主义看来，社会只是一种虚构实体，个人才是真正实体，个体才是社会本质之所在。但实质上，在个人有机体中，个人和社会是辩证统一的，在这个统一体中，个人和社会并不是同质的，社会较之个人来说是更为根本、更代表本质的方面，因为是社会规定了人的本质，个人只能是社会的人。

当然，社会是由个人组成的，但它不是个体的简单集合，社会一旦由个体组成，就有了超越个体简单数学之和的新的质素，即本质要素。这种新质既超越了每一个个体，又在普遍性高度上代表每一个个体。因此，社会作为每一个个体的存在方式，其本质不在于个体规定性，而在于社会规定性。

人类社会的本质不在于个体规定性，而在于社会规定性，这一点决定了社会价值原则不能以个体为本位，而必须以社会为本位。以个人为本位的社会价值原则，导致的是社会组织的瓦解，使社会不再是人们共同志趣、共同利益汇集凝聚的社团，而只是散沙一盘。人类社会之所以得以延续和发展，正是受益于社会本位原则巨大的、凝聚亲和的调控功能。无论在哪种社会形态中，无论以哪种表现方式，社会本位原则的这一根本功能始终在客观地运作，这一点早已在人类发展历史进程中得到昭示。

原始社会的群体本位原则调控社会是毋庸置疑的，严酷的自然法则规定了原始人必结成群体而生存，凭着直接的生存感受，接受以社会为本位的价值原则。

随着人类对社会本质的认识发展，以社会为本位的价值原则被人们逐渐认识到，原始社会中那种被动、本能接受的"社会本位"原则，到后来被越来越多的思想家理论化、系统化。阶级、国家出现后，统治阶级在自身利益驱动下，利用了这一价值原则，并使之以扭曲虚伪的形式表现出来。至此，那种以氏族部落为范围的原始的"群体本位主义"，就发展为奴隶社会以对奴隶主、奴隶主国家的忠诚为基本内容的价值原则，以及封建社会以等级制为特征的和以扭曲虚伪形式表现的"群体主义"。

尽管这些社会本位价值原则形式不同，但它们都不同程度地对社会进行了调控，使社会得以维系，历史得以发展。中国古代封建德治原则的"群体本位"，就是对社会本位原则的一种扭曲的反映，这种扭曲在西方中世纪达到了极端。

作为对群体本位原则的否定，西方资产阶级确立了以个人为本位的价值原则。资本主义社会已存在了数百年，人们肯定要问：既然以社会为本位的价值原则是人类社会本质的普遍必然要求，那么又该怎样理解实行个人本位原则的资本主义的存在、发展呢？事实上资本主义社会是在极不协调的状态下运作的。正如资本主义在强调私有财产神圣不可侵犯的同时，就陷入了资本主义不可解决的社会化大生产和私有制之间的矛盾中一样，资产阶级在提出个人本位价值原则的同时，也陷入了个人主义与其社会意识形态之间的矛盾中。

一个社会的调控手段是多方面的，资本主义在道德价值上主张个人主义，但它又是一个依靠法制的社会。法的本质从根本上说是人类社会性本质要求的体现，它用一种外在强制的方式维护社会国家利益，在普遍保护社会个体权利平等的同时，又对每一个体对他人、国家和社会的义务做了普遍的规定。

除了法的力量之外，基督教文化数千年来对人们的影响，在资本主义社会中，不知不觉地对各种社会矛盾发挥着调和作用。这种宗教要求人们通过对他人的博爱来表达对上帝的爱，通过在人世间的创造、奉献来表达一种对上帝的牺牲精神。上帝是人的本体，个体必须服从这个凌驾于他之上的外在权威，因此，在基督教文化中，行为之最终原则不是以个体为基础和出发点的，人的社会本质在宗教中是以上帝的形式被虚幻反映出来的。正是在基督教文化驱动下，而不是在个人本位道德原则支配下，人们具有了对他人、对社会的为善行为和品性。上帝的教义中充满了对个人主义的排斥。在西方这种文化体系中，宗教的原则精神同个人本位原则精神在本质上是相悖的。

可见，资本主义社会同其他任何社会一样，要想得以运转，也必须依靠一种以社会为本位的社会精神原则及社会力量，法律、宗教文化就是这种同人类社会的社会本位要求相吻合的精神和力量。事实上，资本主义奉行的个人主义道德原则使人的内在道德信念与外在社会要求经常处在痛苦的矛盾和困惑之中，给社会带来许多问题。正如一些资产阶级思想家指出的，个人主义是西方的社会病，个人主义是一种对社会具有威胁性的社会思潮。从博纳尔的保守主义，到拉梅内和托克维尔的自由主义，蒲鲁东的激进主义、孔德的实证主义，各种思想虽有差异，但都厌恶个人主义，认为个人主义是一种变态，是一种显示社会崩溃的弊端。个人本位原则的现实实践，已使西方社会越来越多的思想家转向注重整体和谐的东方文化，寻求解决社会危机的良药。"社会公有主义"已成为西方思想家克服个人主义的努力方向。

所以，对于中国德治传统中的"群体本位"原则，不能以封建专制统治的政治原则为由一反到底，不能因为它的某些内容因素阻碍了中国社会的现代发展而全盘一弃了之。在分析批判"群体本位"原则中的专制主义、等级观念、群体利益绝对至上等封建思想时，也应注意其中表达的社会本质普遍必然要求的合理成分，注意到它在中国文化中引发的爱国主义、民族统一、社会和谐、注重公利等优良传统。

社会本位原则是人类社会永远的需要，东方社会需要，西方社会也需要，过去需要，今天需要，未来仍将需要。我们今天的社会主义现代化建设，一方面使社会政治、法律、道德及其他意识形态的统一协调成为现实的可能，另一方面也在努力自觉地遵循以社会为本位的社会必然要求。集体主义原则就是这一社会要求在价值领域的集中反映。

集体主义原则在过去的实践中，在"左"的思想影响下，过分强调社会、集体一方，曾一度在一定程度上忽略了人的个性和个人正当利益的发展，但这一偏差不该是以社会为本位的集体主义原则本身的必然错误。不认识到这一点，就会在纠正"左"的偏差时又受到"右"的思潮干扰，就会造成一种大谈"个人本位""个人至上"，否定社会本位原则的氛围。它的直接后果就是使社会丧失凝聚力和亲和力。可以说，个人本位主义是对健康社会最具破坏力的思潮。应当明白，我们今天坚持以社会为本位的集体主义价值原则，一方面是社会主义对传统、对现实的理性选择，另一方面又是人类社会客观本质在社会价值原则上的必然反映。

2. 德治模式的外在形式——"伦理法"

德治文化的一个重要特征，即以德性的手段作为管理国家、调控社会的主要手段。在中国古代，德性手段调控社会首先表现在用纲常伦理、理想人格直接调控社会。这种直接调控作用是通过下述几个途径实现的：通过高度重视的道德教育，使纲常伦理内化为人们心性中的良知良能，最终使人们"从心所欲，不逾矩"。通过圣贤理想人格对人们的召唤，呼唤出人们"本心"中的圣贤潜能。"人皆可以为尧舜"的信念支持人们努力修养心性、完善人格，做崇德尚义的君子，鄙弃见利忘义的小人；使道德舆论形成一种强大的社会外在压力，造成对人们无德行为的防范；等等。

伦理道德在一个德治的社会中直接发挥着巨大作用，这还不足以完全表现出德治文化的最大特性。"德治"不在于没有法治，而在于它所动用的法的手段里也充满了伦理道德内涵。这种伦理道德内涵和法的形式的结合体一般被称作伦理法。

关于伦理法在中国古代社会的存在和表现，在有关社会德化的章节我们已有了解，在此我们应当追问的是：人类历史都是由道德走向法律的，中国何以没有像西方那样由伦理法走向成熟形式的独立法？又是怎样在"德主刑辅"的德治模式中发生法的德化的？伦理法是中国传统法的基本形态，这种被德化了的伦理法，几千年来一直在中国传统社会中发挥着作用。

解答这个问题，需要讨论一下西方促使法律向独立形态发展的几个历史因素，以及中国没有走出伦理法形态的历史因素。

第一个因素是深植于西方传统中的"契约精神"。在西方，明文规定的契约概念大概是在罗马法中出现的，但作为一种精神，却可上溯到古希腊。古希腊的思想家们在渐渐意识到人与自然的分离后，就不再像中国古代哲人那样，用自然的"天道"来说明社会"人道"的来源，而是用契约来解释人类社会规范的起源。我们在智者文化中，在苏格拉底、伊壁鸠鲁等人的思想中，都能感受到西方人很早就存在的契约意识。

《圣经》作为一种宗教经典，是西方传统文化的重要源流之一。在《圣经》中，神圣契约是一种重要内容，在《旧约》《新约》中，"立约"之举随处可见，不仅上帝与人之间立约，人与人之间也不断立约。立约的内容则从人与万物的存亡祸福到人间统治者的确立，甚至婚姻的成立与日常的买卖借贷，无所不包。《圣经》中的契约精神还包括对履约的强调，一切人一切事都必须接受契约的约束。《圣经》通过许多事件记载和寓言明确传达了这样一种观念：违约者必遭报应。受基督教文化熏陶影响的西方人注重立约、习惯守约，和这其中的契约思想传统是分不开的。

中国古代儒家文化也强调守信，"信"甚至被作为"五常"中的重要内容确定下来，但儒家的"信"更多是在"诚信"意义上提出的，并不类似于西方的"契约"。契约的存在必须是两方以上主体的共在，否则达不成共同的约定，而诚信则完全可以是对每个单一主体提出的。诚信作为个体的一种道德品质，诉诸的完全是自律的良知，而契约则更多诉诸外在制裁力量。在儒家诚信伦理中，违反信诺更多得到的是良心的自责，而不像西方基督教文化那样，违约者是要遭灾祸和惩罚的。事实是，在正义的神圣化身上帝的强大制裁力量面前，人们养成了立约并守约的契约精神。

西方契约精神没有停留在古代的法和宗教文化中，而是被作为一种社会政治概念运用到政治制度和社会管理手段中。这一点在近代西方表现得尤为凸显。

在17、18世纪的西方政治思想中，社会契约思想几乎占据了主导地位，并激发了社会改革和革命。在这一时期的政治理论中，契约被解释为是社会和国家及其法律起源的合理根据，也被理解为政治权威的合法基础。

中国传统的法律则缺乏这种契约精神。契约精神的一个重要特点即规则由多方主体共同约定，而中国古代的法则少有出自众人共约的。礼法不是由众人约定而出，而要么是"天道"的天定，要么是"圣人作法"。"无法"就是"无天"，表现了天理和法的直接关系。国法常被理解成王法，其中就表达了"圣人作法"的观念。《尚书》中有"文王作罚"之说，孔子认定"礼乐征伐自天子出"（《论语·季氏》）。《中庸》更是明白无误地宣称，"非天子，不议礼，不制度，不考文"，"制度"即立法。甚至法家代表作《管子》也主张"法政独制于主，而不从臣出"（《管子·明法解》）。

王法观念的另一种表达是"刑不上大夫"，这一切完全不同于契约精神所要求的共立约、共守约的原则。

可以说，西方传统的契约精神是西方法律最终脱离伦理法、走向形式化道路的重要背景因素。中国古代"法自天出""圣人作法"等观念，使中国法律失去了来自契约精神的内在推动。

促使中国法律没有像西方法律那样走出伦理法形态的第二个因素是平等自由观念。

在第一章我们探讨了西方"古典的古代"不同于东方"亚细亚的古代"的历史状况，雅典公民不再按血缘氏族划分部落，而是按地区划分为若干区域性组织，进行他们的政治、宗教活动，这一改革在限制了贵族特权的同时，也打破了氏族社会的血缘关系。在发展起奴隶主民主的同时，也发展出了摆脱血缘纽带束缚的自由个体。与雅典民主制相适应，形成了平等观念。

在基督教文化中，人与人是平等的，每个人都享有同样的人格和尊严。据《圣经》解释，这是因为人类都是亚当、夏娃的后代，都是上帝的子民，无论贫富贵贱，在上帝面前一律平等。这种解释源于宗教典故，但实质上它是古希腊开启的奴隶主民主制度和个体平等社会关系在宗教观念中的反映。尽管西方古代并未实现真正的"平等"，尤其是奴隶被排除在民主权利之外，但雅典的奴隶主民主制以及西方的哲学、宗教文化中已产生了后世"平等"观念的种子和基因。

在中国古代发生的历史，并不同于西方古希腊发生的历史。中国古代的氏族制瓦解过程中，也有反对贵族特权的斗争，也不是没有一点商品经济，但最终由于商品经济发展程度不够，氏族内部的商品交换没有普遍发展起来，从而没有形成使血缘组织消解的现实土壤。氏族贵族篡权争霸，虽然改变着氏族宗法制度，但却没有也不可能摧毁宗法人伦这个血缘根基。在氏族部落基础上发展起来的宗君合一的宗法国家，其政治体制中不能不带有浓厚的氏族遗制。西周的分封制在延续氏族贵族统治的基础上，进一步巩固、发展了血缘宗法关系，它用严格区分嫡长一系为大宗、侧室旁支为小宗的办法，确立了世袭王权的至上地位，又形成了有血缘和姻亲关系的诸侯分别统治各地的亲缘一统局面。血缘宗法组织关系就这样被保留在漫长的封建历史时期中。

宗法组织关系并不只存在于封建贵族统治阶层，由于血缘关系未被打破，整个社会的基本组织模式仍以宗法家族为主。农民、手工业者以及其他人民，在中国古代都以家族为本位来从事任何社会活动。家族以血缘关系维护自身的团结统一，形成有力的生存团体，而家族内部的秩序，主要靠族长、家长、父权、夫权等层层权威来治理，靠人们之间的血缘人伦情感来维系。一方面是宗族等级的绝对权威，是上下亲疏贵贱的层层等级；另一方面又是一家人的融洽和谐，亲亲又尊尊。这就是宗法人伦社会的治理模式。

在这种社会组织基础上，一方面，形成了中国典型的家族本位文化，一切人与人的关系，包括超越家族关系的行业关系和其他社会团体关系，都只有被纳入宗法人伦关系，或类似的亲缘、地缘、业缘等人伦关系，才觉得可靠并有可能被有序治理。任何一种超越血缘关系的社会团体形式，如帮会、起义队伍等，都是按家族方式结合并统理的。另一方面，在整个文化和人们心态中，又形成了牢不可破的等级观念，论大小、排座次、讲辈分、分亲疏，人与人之间不是平等的，也不可能平等，人从出生那天起，就被镶嵌在宗法人伦等级关系的社会网络之中。在封建宗法文化中，上下尊卑是"天道"安排好的，讲人与人的平等简直就是一种大逆不道的犯上僭越。血缘宗法人伦社会土壤，没有造就出西方人所有的平等观念，这是造成中国古代封建社会"德主刑辅"德治模式的根本历史原因。

中国没有产生像西方基督教那样的典型宗教，但在常被称为"儒教"的学说里，亲亲、尊尊的宗法社会关系被解释为"天道"自然在人世间的反射，天不变道亦不变，等级秩序被视为一种最合理的制度，亲亲、尊尊获得了天道神圣的地位。

中国古代的先秦时代也曾出现过思想繁荣的文化局面，百家争鸣中也曾有对历史和自我的巨大反思与个体觉醒，但最终未被历史选择而成为官方意识形态。统治者对某种学说的取舍只是表层现象，在一种思想被选择的背后有着深厚的历史必然根源。墨家讲的兼爱，缺乏历史现实的基础，也不可能被中国古代社会所接受。道家的个体主义和无为思想，也和宗法人伦的社会基础格格不入。法家主张曾一度被统治者奉为治国经典，但秦亡的教训很快使统治者认识到治理宗法等级社会真正需要的是一种什么样的学说和方式。亲亲、尊尊的宗法等级观念就是这样，随着汉统治者"独尊儒术"的选择变成中国官方统治观念，并随着儒学德性思想成为中国文化的主流，深深植入了中国古代传统文化中。

正是中国封建社会的等级制度和亲亲、尊尊的儒家观念，引发出中国政治法律实践中下述不同于西方的第三个因素。

我们都知道，法不同于道德的最主要的一点即法的普遍性原则，这个原则不允许任何个体或团体具有法律之外的特殊身份和特殊权利。也就是说，法律的普遍性原则要求它所面对的必须是平等同一的对象，"法律面前人人平等"表达的正是这种原则特性。

恩格斯对此曾分析说:"只有能够自由地支配自己的人身、行动和财产并且彼此权利平等的人们才能缔结契约"①。中国传统法律一直以伦理法性质而不是契约法性质而存在,深层的缘由在于中国古代社会关系没有提供一种平等自由的法律人际关系。所以,在伦理法中,处处可见渗透着亲亲、尊尊现实和观念的内容。比如,宗法伦理注重伦理亲情,所以在法理中往往兼顾情理。"子为父隐"是孔子的"孝"道主张,父亲犯了罪,儿子应当帮着隐瞒而不是揭发,这才是孝。这一伦理主张明显表现在关于"亲隐"的立法之中。法律在判案中对尽忠孝而复仇的行为的宽容,也反映出中国法律的伦理倾向。这种对道德情理的容纳,直接排斥了法治所要求的技术化、形式化、普遍化要求。

在中国传统法律中,某些罪责的区分特别细致,这种细致不是出于技术性要求,而是出于对犯法者社会地位和身份的考虑。这种考虑在西方法律制度中几乎没有市场,但在中国传统法律中却是定罪施罚的重要步骤。比如,同一种杀人罪,会因为杀人者与被杀者的社会地位和身份,规定出不同的刑罚。这样的律例在《唐律》和《大清律例》中随处可见。

此外,出于尊卑伦理的影响,传统法中还设定了允许某部分人具有特权的"八议"程序。"八议"源于《周礼》,之后渐入律例。根据"八议"制度,没有皇帝的特别批准,一定级别的官吏及其近亲属不受法办,此可谓"刑不上大夫"。法律以认可等级的方式,在法律对象中划定了一条法律面前人人不平等的鸿沟。

对同一罪行给以不同刑罚规定的,还有根据"动机"裁决的"原心定罪"原则。也就是说,判案必须根据行为者的动机善恶而定。法律是一种客观事实的理性判决,将行为者动机善恶置于判罪首位,这是典型的道德评价方式。

上述几个方面明显表现了中国古代法律关系的道德化。

总之,西方"古典的古代"的历史道路,在治国实践方面走出了伦理法阶段,发展出形式化的独立法。中国"亚细亚的古代"的历史道路,在治国方式方面采用了"德主刑辅"的模式,中国古代的法律始终没有突破伦理法形式,这和上述三方面的历史原因及其儒学观念有着直

---

① 马克思恩格斯文集:第4卷. 北京:人民出版社,2009:93.

接的关系。

说法家思想对于中国传统法律没有持续的影响，这是不公正的。各个朝代都有成型的法律，并都以刑法作为主要内容。虽然有一些法家思想在传统法律中有所表现，但在漫长的封建时代，真正体现中国传统法律特点的是法律关系的德化、法律的儒家化。具体说来，是儒家所倡导的礼的精神甚至是礼的具体规范被直接写入法典，与法律融合而为一。

法律德化的过程始于汉代，并在随后的几个世纪中逐渐深化。正如研究中国传统法律的学者所指出的："研究中国古代法律，必须礼书、法典并观，才能明其渊源，明其精义"①。

从历史现象来看，的确是儒家伦理观念深深渗入法律之中，使伦理法未走向独立法。中国古代最终走了一条"德主刑辅"、法律德化的德治主义道路，在前面我们就已讨论过儒家学说为什么被历史所接受的问题，所以一种观念被选择，一种模式被造就，都要到历史存在的现实中挖掘原因。从历史深层来看，则应说，宗法历史造就了儒学，选择了儒学，并从而造就了伦理法，选择了德治主义的治国模式。

中国传统法制发展到今天，已有了根本改变，社会主义法制在短短几十年里已基本具有了独立的形态，基本建构起了新时代的社会主义法律制度，但法制建设仍需努力。

纵观整个人类法制发展史，存在过的法律形态无非属于"混沌法""伦理法""独立法"三大类。"混沌法"作为人类早期不完全自觉的规范系统，是纳道德、宗教、法律、风俗、习惯为一体的混沌状态。"伦理法"则是人类觉醒和社会经济基础发展处在农业社会的产物。随着人类文明向工业社会、商品经济社会发展，法律也必然要向更独立、更完善的形态发展。

不过，任何社会意识形态和发展都有自己独特的模式，不是说所有民族、所有同一社会发展阶段的法律都要走同一发展模式道路，并且社会意识形态也并不是经济形态的简单对应物，在普遍规律之下，还有历史传统、文化个性等非常复杂特殊的因素在起决定作用，所以每一个社会、民族的法律发展既有共同规律，又有特殊个性。

---

① D. 布迪，C. 莫里斯. 中华帝国的法律. 朱勇，译. 南京：江苏人民出版社，2004：21.

中国传统伦理法肯定已不能适应今天现代化社会的需要，现代社会需要在形式上更加完善、更加独立的法制体系。我们必须从传统伦理法中走出来，使法律和伦理道德分离为两个相对独立的手段、领域，使法律拥有更加独立的形态，拥有更加完善的规范形式和技术手段。

法律若不能恰当地形式化，则对法律本身，从而对道德价值目的等，都带来损害。但法律形式化、独立化建设绝不能建立在简单搬移其他民族、其他国家独立法律体系基础之上。西方某些国家的法律很早就走出了伦理法阶段，拥有更加独立的法律形态，借鉴其规范形式和技术手段是可行的，但全盘移植过来是绝对不现实也不可能成功的。在一定意义上，法律和伦理道德等其他意识形态一样，永远应当且也必须建立在传统文化、民族个性基础之上。

况且，西方很多年来发展起来的独立形态的法，在许多意义上也有其不足之处，也并非人类法律发展的最高理想形态。法律诞生于伦理道德的历史事实和逻辑，必然使法律永远应有一种对伦理价值目标的追求，所以，法律发展一方面应从伦理道德中逐渐分离出来，另一方面又应在深层根本上蕴涵伦理价值，同伦理道德保持一种内在一致性。人类法律如果不同德性理想价值目标紧紧联系在一起，就反而有给人类带来灾难的完全可能。20世纪上半叶，纳粹德国的法制化暴行就是一个需要人们加以深思的事实。

对于今天的中国来说，有一个如何对待德治传统的问题。社会主义法制实践早已建立起一套独立于伦理道德的法制体系，但由于几千年来伦理法传统模式的影响，我们仍面临在观念上、理论上、制度上、实践上进一步完善法制的任务。这种完善取自两个方面：一方面，是使法律在规范形式和技术手段的层面与道德分离，进一步明确法律规范和道德规范的领域与界限，某些法规中要加大道德含量，某些道德规范应更多发挥独立的作用；另一方面，是建立起既出自人类价值理想，又符合中国社会主义市场经济现实的道德价值体系，使法制完善所必须依赖的德性价值目标更科学、更合理、更现实。

总之，使法律和伦理道德既保持内在契合，又保持外在张力，既有彼此的独立形式，又有相互的内在联系，建立起法治和德治共同发挥调控作用的社会治理模式。

三、传统文化的信仰模式

与西方文化或其他民族文化相比，中国文化在宗教信仰方面有一种独特的现象，即一方面没有自生出严格意义上的高级形态宗教，另一方面又存在着难以计数的多元教派。然而，各种外来宗教或非典型形态的民间宗教，几乎从来没有在中国成为占主导地位的意识形态，唯独儒家无神的德性学说始终被奉为正统，以至有些人把儒学称为"儒教"。但显然，我们清楚儒教并不是宗教。

这种现象启发我们不得不思考：为什么作为人类普遍历史文化模式的宗教没有在中国产生出来？照一般道理来讲，宗教是统治阶级用来控制人民的精神鸦片和意识形态工具，但中国封建时代的历代统治者为什么不充分利用宗教来为自己服务呢？

1. 天人合一观念与宗教信仰

中国文化有其独特的系统和特质，上述问题同许多问题一样，只能在中国历史和文化整体的内在结构中寻找产生的原因。原因是很复杂的，中国的宗法伦理实践和儒家德性文化独特理论思维，从根本上左右了中国宗教的地位和走向。

儒家德性思想中天人合一的天道观，性情、灵肉合一的人性观，是影响宗教产生的第一个文化因素。

"天人合一"在中国古代表达的是人与自然的非对立关系。在前文我们已专门探讨了儒家思想中"天"的德化问题。在儒者眼中，"天"既不是与人道无涉的纯粹客观自然存在，也不是神性主义人格神的绝对主宰，而是一种与世事人道具有同一性的客观存在。儒家感受到在天地万物日生日易的背后有一种超越感性世界的秩序、规律和目的性，即天道。在宗法社会以"敬德"为核心的思想体系中，德性和政治是联系在一起的，并进一步同受命于君的上天联系在一起，认为天人是可以感应的，天命是根据地上帝王是否有德而转移的，有德则降神命于其身，失德就要受到天帝的惩戒。对"天"进行德化的把握而不是纯自然的理解，这同血缘氏族的祖先崇拜有关，有关这一点我们在后文再继续探讨。

如此，"天"是和"德"具有同一性的存在。把德性秩序的"人道"内容赋予自然的"天道"，并从而又给"人道"找了一个必然的"天道"本原，儒家自觉不自觉地完成了这个"天人合德"的逻辑过程。所以，儒家的"天人合一"不同于道家的"天人合一"，对自然天道做了不同于道家也不同于西方思想的德性理解。天道与人道是同一合一的，所以，天就既不成为像西方那样被人征伐、改造的峙立对象，也不会是"人"匍匐顶礼的神圣上帝。

我们知道，宗教产生的心理原因之一是人与自然的对立。在和自然的对抗中，人感受到自己的有限、无力，感受到自然的无限、有力和不可抗拒。人在这种和自然构成的紧张关系中，受自然压迫而又无能为力，往往会产生被遗弃、被压迫、无助又绝望的感觉，而这种因疏离感而导致的孤独意识和宿命意识，常常是求助神灵力量的深层心理根源。因此，西方文化中自然与人的对立，对人产生的压迫，使人产生的无所归依的主观感受，是宗教产生的最根本、最深刻的原因之一。当然，也正是这种天人相分的思维观念，在西方文化中孕育出人类发达的科学理性，有关于此我们在前文已做了探讨。

就人类进化的客观进程来讲，最先崇拜的不是别的什么东西，而是与人类生存密切相关的自然力量。恩格斯曾指出，在历史的初期，被人们歪曲地反映为神灵的，"首先是自然力量"，在此后的继续进化中，自然力量"在不同的民族那里又经历了极为不同和极为复杂的人格化"①。

而在中国儒家世界一元的思想意识里，天、地、人、万物都内含着毫无本质差异的内在统一性，天道与人道是合一的，人与自然是同一的，甚至人本身就是天地根本的某种外化。在中华神话传说中，你很难分清人与天地谁创造了谁。在西方基督教文化中，是天帝（自然力量的代表）创造了人类的祖先，而在中国古代神话中，是人类祖先盘古开辟了天地。所以，天地从一开始就与人的生命紧密相联。金文中"天"写作"♯"，恰恰是人的形象。从古老的象形文字中，我们可以看到中国古人对宇宙天地的认同感，以及人的生命与天地合一共存的一元世界观。

---

① 马克思恩格斯文集：第 9 卷. 北京：人民出版社，2009：333.

在天人无分的思维世界里，就很难产生那种无所归依、受强大异己力量压迫的孤独意识和宿命意识。有限相对的人在"天人合一"思维中被大化为与天同体、与万物同根的无限而永恒的存在。"万物皆备于我""吾心即宇宙"，天中有人，人中有天，儒学天人一体观念使人与自然之间不是紧张的对立，不是征服对立异己，而是能动地适应、遵循，"赞天地之化育"而"与天地参"。个人在面对这个外部世界时，绝对没有与之抗衡的异己性和被压迫感。正是在这个意义上，西方学者韦伯说，儒学把人对于世界的紧张感减到了绝对的最低限度。

人同自然的关系还表现在人的精神本质与自然本性的关系上。这种关系在儒家文化中常被表达成"性情"关系，而在西方文化中则被表达为"灵肉"关系。应当看到，"性情"与"灵肉"的关系问题也是宗教产生与否的重要思想因素。

西方文化主张人与自然相分，也就必然主张人的精神本质与自然本性，即灵与肉相分。灵肉的分离使西方原始宗教演变为文明时代的宗教，并导致把人的世界划分为尘世和彼岸，最后发展出有完整体系的宗教文化。

西方这种灵与肉分离的观念，差不多和人与自然分离的观念一同发生。古希腊人在认识自然、征服自然的过程中，也一步步提出了"认识自己"的明确任务。古希腊思想家要人们用灵魂和理性控制、征服人的自然肉欲，灵魂和理性对自然肉欲的控制，在毕达哥拉斯、苏格拉底、柏拉图的思想中是一个研究探讨的中心课题。在晚期希腊思想中，灵与肉、理性与情欲，对立到了尘世与彼岸两个世界中，以至最终演化为基督教教义的重要内容。灵与肉分离的观念认为，人的肉体和尘世生活充满了罪恶，肉体和尘世使人堕落，而它应受灵魂支配，绝不可让灵魂受肉体摆布；甚至认为肉体不过是灵魂的桎梏，只有通过死亡，灵魂才有可能得救。中世纪宗教就是以这种理论对人们进行说教的。西方灵与肉分离的人性观念，成为西方宗教产生的一种有力的理论支持。

同"天人合一"思维模式一致，中国古代儒家的"性情"并没有像西方古代的"灵肉"那样分离开来。在儒家观念中，"性""情"同为人性所具有。"性""情"作为人性不可分割的两个部分，得之于一元的"天"。再深入一点说，是得之于万物之源的"气"。天地阴阳相合为一即气，人的性和情与天的阴和阳之气相当，阳为性，阴为情，"性情相与为一"即性,一气之分为两即阴阳,一性之分为两即性情。性为阳、为善、为仁,情为阴、为恶、为贪,人有阴阳,所以人性有善恶。性与情、善与恶、理与欲同属人性,不可分割。

当然,这是汉儒以后的人性观点,在早期儒家那里,性与情、理与欲还没有如后人那样分辨清楚,但所谈之人"性"中一般都既含有人的自然生理欲望、情感,又含有人之为人的社会仁爱理性。性情在早期儒家观念中从未被割裂开来,人性是一个整体,义理之性与情欲之性是互相包含的。儒家的思想核心"仁"就既是一种道德理性规范,又是一种道德情感要求。在孔孟那里,"仁"经常被用来表达人的天然情感,"亲亲"则更指人的天然血亲之情,"恻隐之心"则是见孺子入井人皆不忍的天然同情心理。孟子甚至用"熊掌""鱼"皆"我所欲"的比喻,说明"义理""情欲"皆为人性需要。所以,早期儒家并不一般地把人的情欲视为"恶",汉代以后儒家逐渐走上了"性善情恶"的理论思路,但无论如何,性善也罢,情恶也罢,二者在儒学观念中始终没有走向分裂,西方人性论主流走向了二元人性,而在中国儒学文化中,人性始终是一元的。

总之,灵魂精神与肉体欲望的割裂,从而彼岸与尘世的分离,是宗教观念形成的重要条件。受儒家文化影响极大的中国文化,没有自生出如西方那样典型的高级形态宗教,这和儒家德性思想中"性情合一"的观念十分有关。

中国古代也有鬼魂观念,但总与物质的精气观念相联系,和自然物质仍是相通而不是相分离的,灵魂和肉体并未分在此岸与彼岸二元世界中。东汉以后佛教由印度传入,中国才有了外来宗教。在外来宗教刺激下生长起来的中国土产的"道教",实际上大量内容也还是在追求人的长生不老和顺应自然的处世方法,显然不能算是一种严格意义上的典型宗教,因为它始终是在道家"天人合一"的思维中运作,并不去做人与神、彼岸与尘世、灵与肉的严格划分。

2. 性善论与宗教信仰

在分析儒家德性思想文化时,我们还会发现,"性善论"也是阻止宗教产生的因素之一。

我们知道,人的"罪恶感"和"救赎意识"是宗教得以产生的重要心理根源。人感到自己是有罪的，又是无能为力的，要洗脱原罪只有期冀于救世主的拯救。在这种情况下人们需要救世主，愿意虔诚地相信有一个慈悲宽容、无所不能的救世主存在。西方基督教《圣经》中关于人类祖先亚当、夏娃犯有"原罪"的典故，实际上就映照了宗教的"救赎"思想。人们正是感到人类犯有罪恶，才产生了关于万能救世主的幻想。

"原罪说"和"救赎意识"在西方哲学人论中被反映为"人性恶"的观念。换句话说，"人性恶"是宗教意义上"原罪说"和"救赎意识"的理论基础。"性恶论"认为人的本性是恶的，主张人应当用理性克制恶的情欲，人若让情欲引导生活，便是不道德的、有罪的。西方思想史上不是没有人主张"人性善"，但主流是建立在灵肉分离基础上的"人性恶"和"理性人性论"。理性人性论主张人应当用理性制约情欲，因为情欲是导致恶的根源。所以，理性人性论和性恶论在价值取向上是一致的，甚至理性人性论中就包含了人性恶的前提。至于西方的"人性善"，和东方儒学的性善论也完全不是一回事。比如，在西方"性善论"典型代表柏拉图那里，善是人应有的理性本质，也是万物的理念本体，人在柏拉图理论中分为两个部分，即人的理念和人的肉体。理念是永恒的，肉体是易逝的；理念是善的，肉体是恶的。事实上正是柏拉图的善理念论，在把西方古代德性理性主义引向中世纪宗教思想的过程中起了重要作用。

西方思想文化中渗透着浓厚的人性恶的观念，正是在这种性恶论传统中孕育了关于拯救罪恶的救世主的期冀与信仰。

在中国文化中，儒家人性善的主张成功地泯除了人类性恶与需要救赎的观念。人性也有"恶"的一面，但那并不是人的本质，人的本性天赋为善，恶恰恰是丢失了或泯灭了本性的表现，所以人一生最重要的就是修心养性，防止失掉本心。在"性善论"思想中，人是可以自我拯救的，而且只能靠自我进行拯救。儒学素来强调"为仁由己"，强调人是天地间最伟大的，除了人的自我修养、自我拯救，是没有什么外在力量救助人类的。

所以，儒家"性善论"中没有恶根性的观念，没有灵魂与肉体的紧张冲突，没有追求死后天堂的进取，也没有罪感和救赎的需要，一切都取决于人自己，取决于此生此世竭尽人事的努力。儒家文化中建立在

"性善论"基础上的精深修养理论和功夫，就是一整套达仁成圣、自我拯救的方法和途径。

儒家文化也讲"天"或"天命"，但这个"天"并不是生活在彼岸的、慈悲万能的救世主，而是和人类合一的必然存在，"天命"也不是救世主根据人们信仰赎罪的程度而给人们的拯救或惩罚，而是同人道相合的天道必然的一种运势。人以德性为本，出于人道，合乎天道，天命就降福运于人。所以，"天命"观念只不过是顺应"天道"必然法则的一种解释罢了。儒学文献中经常出现的"性命"概念，也说明"命"的观念在思维中是与"性"（天赋德性）的观念联系在一起的。这种联系表明"天命"的含义和人的德性努力结果是分不开的。"天命不可违"，人有命定。人的寿夭是一种命定，但如果因生死天定就立于危墙之下而不避，这就是"非命"而不是顺命了。儒家反对这种不"知命"、不按"道"行事的消极宿命观。

西方基督教文化把肉体留给了人自己，把精神、灵魂给了上帝，人永远只能绝对听从神的安排，服从神的法则，人只能永远不断地超越尘世肉体，追随彼岸的神。人只有超越尘世、抛弃肉体，死后才有可能到达神的天堂。在基督教文化中，死亡并不是生命的失落，而是生命的超越并达到终极目的的必要方式。在中国儒家文化中，肉体和精神合二为一，儒家人性善的理论给人自己创立了神圣。人既凡俗又神圣，只要自我努力，人皆可以达到神圣。

3. 祖先崇拜与宗教信仰

探讨真正的宗教没有在中国产生的原因，不能不考察中华民族的祖先崇拜。人类自发的宗教和对超然力量的崇拜分不开。崇拜的对象在不同历史时期和不同民族那里是有区别的。应当说，"大自然崇拜"是人类早期比较普遍的一种崇拜。原始人感觉到自然界有一种异己的强大力量，便把它作为一种神秘力量加以崇拜。这正如恩格斯所说："通过自然力的人格化，产生了最初的神"[①]。当然，原始人并非不加选择地崇拜一切自然事物，他们总是以自己的生活环境和实际需要来确定崇拜对象。有的原始部落崇拜天体，如以太阳、月亮、风雨、雷电等为崇拜对

---

① 马克思恩格斯选集：第4卷. 3版. 北京：人民出版社，2012：230.

象，也有以土地、山石、水火为崇拜对象的，除此之外，还有以动植物为崇拜对象的。在众多崇拜中，有的是出于对对象的畏惧，有的是出于对对象的依赖，像人对太阳、月亮、土地、植物、动物等都有极强的依赖。

除上述大自然崇拜外，原始人还存在着"灵魂崇拜"和"祖先崇拜"，这种崇拜标志着早期人类的思维意识有了提高。当野蛮人杀死并吃掉丧失劳作能力的老年人时，他们肯定还没有灵魂不死这类宗教观念，至于祖先会护佑后代的观念就更谈不上了。

人类学研究的结果表明，原始宗教的种种崇拜形式都曾在世界各民族早期文化中不同程度地存在着。当然，宗教崇拜形式又总是和一定民族的生存环境联系在一起，并显示出不同的特色。

对于中国古代民族来说，祖先崇拜是最重要的崇拜，这和中国古代特有的血缘根基及农业社会联系在一起。低下的古代生产力水平和需要群体大规模劳作的生存现实，使中国古代最终没有像西方古代那样，打破血缘宗族关系，宗族无论在耕种和狩猎中，还是在防御灾害、抗击外族部落的攻击中，都发挥着无与伦比的作用。宗族首领作为智慧、能力、德性方面最出色的长辈，生前给部族带来繁荣和强大，人们当然幻想祖先去世后不死的灵魂仍会在暗中保佑自己的部落和子孙后代，所以那些有德有功的祖先就被从先祖中凸显出来，被称为"祖宗"而成为崇拜的对象。

产生祖先崇拜还有一个因素，即每个宗族部落都需要一个生存标志。宗族血缘团体的凝聚力就来自同一血脉的祖先，"先祖者，类之本也"（《荀子·礼论篇》），对同一祖先的崇拜会加强血缘部族的认同感。《礼记·大传》说："人道亲亲也，亲亲故尊祖，尊祖故敬宗，敬宗故收族"，"收族"讲的就是把整个宗族凝聚在一起。

可见，在血缘群体社会，祖先崇拜有着深厚的土壤。祖先崇拜对中国宗教的形成产生了根本性的影响。问题是同为"崇拜"，自然崇拜发展成宗教，而祖先崇拜却阻碍了宗教的产生，原因何在？

自然力压迫下产生的自然崇拜，神化了自然对象的异己力量，当人们把自然神秘力量人格化后，宗教就产生了。西方文化孕育出像基督教那样的典型宗教，和自古希腊开始的天人相分传统有关。天人相分使早期希腊人一方面努力征服自然，另一方面又不得不承认自然永恒而又必然的彼岸力量。至于西方古代为何没有发生像中国古代那样普遍而典型的祖先崇拜，其原因只有到西方所处的生存环境和不同于东方的历史道路中寻找了。在前文我们已了解到，西方氏族组织并没有像在古代东方的中国那样保留下来，而是在进入奴隶制国家的过程中瓦解、消失了。没有血缘宗族基础，祖先崇拜就难以普遍产生。

祖先崇拜之所以很难发展成典型宗教，关键在于人们崇拜的对象不是存在于外在彼岸世界，而是存在于此岸世俗生活中。祖先崇拜的本质是宗族群体的求生精神，崇拜对象是此岸的，崇拜的目的也是现实的，这一点导致了祖先崇拜是向世俗化发展而不是向宗教神秘性转化。由此儒家文化中存在的崇拜祭祀仪式也和纯宗教仪式完全不同，"敬天法祖"的信仰并没有严格的宗教组织支撑，国家政权系统和宗族组织充任了祭祀机构，天子祭天，族长祭祖，祭政合一，祭族合一，信仰崇拜及其祭祀和社会生活融在一起。事实上，随着社会的发展，祖先崇拜的庄严仪式渐渐变成协调宗族群体生活的习俗，同宗共祖的宗族群体越来越成为人们的生存依托，对群体的依赖超过了对一切外力的寄托，崇拜外在力量的典型宗教就难以取得滋生和信仰的市场。

综上所述分析可知，儒学中"天人合一""性情合一""性善论"等观念模式，以及发展成儒家文化重要内容的"祖先崇拜"，使我们所指的严格意义上的宗教没有在以血缘为根基的中国滋生出来。中国没有对彼岸上帝的追随，但并不是说中国文化缺乏对终极价值的追求、信仰，儒家文化乃至中国文化，是把追求、信仰建立在对"人"的肯定和人的德性主体无上高扬基础之上的。

西方宗教文化视上帝为神圣，而儒家文化把神圣留给了"人"自己。儒学一开始就是作为不同于一切宗教的人学而出现的。人学以人为本位，与神学相对立。"人"既与"天"为一，又是天道在万物中最精华的体现。敬天与信人在根本上是同一的。人就是天的体现，人心中就有神圣的天道，人不必在天与人的紧张对峙中匍匐于外在神秘力量，也不必超越现实此岸去追随彼岸的终极。人只要向内求，"反求诸己"，就必然能够"内得于己"，知天得道，达到神圣。人与神圣之间并不存在不可逾越的鸿沟，人只要有信仰，有追求，便可在此岸现实中，在日用伦常中达到神圣。儒家德合天地、与天地同辉的理想人格，表达的就是这种"人"的追求、信仰。

就中国理想人格信仰而言，儒家文化对人德性的高扬在世界文化中是无与伦比的。"人"的力量、人的精神主体性，在儒学中得到了极高张扬，这可被视为儒家文化对人类文化的一种巨大贡献。随着人类的觉醒、进步，对"人"的信仰会更加显著和坚定，这种显著和坚定不是建立在征服、摧毁客观自然世界基础上的，而是以人的德性精神对物质存在做一种神圣超越。

四、传统文化与现时代

在如何对待"传统文化遗产"的问题上，中国近现代历史上都曾经历了复杂曲折的过程。一些民族虚无主义和复兴儒学、全盘复古的错误倾向，都曾广为流行。就是在改革开放的今天，同样要防止"全盘西化"和"全盘复古"的倾向，同样存在如何正确地批判继承传统文化的问题。这就需要我们立足现实，了解历史，反思历史，洞察国情，坚持马克思主义的立场、方法和观点，汲取适应当前社会的优秀文化传统，更好地为建设中国特色社会主义服务，使之不断发扬光大。

毛泽东指出："我们不应当割断历史。从孔夫子到孙中山，我们应当给以总结，承继这一份珍贵的遗产"[①]。历史是不能割断的，传统并不意味着静态的过去，文化传统不仅肇始于过去，而且融合于现在，并预示着未来的趋势和存在。我们中华民族既有几千年悠久的历史，更有举世瞩目的灿烂文化，以儒家德性思想为主导的传统文化，作为中华民族的传统精神，它代代传递着中华民族特有的道德观念、生活情理，体现着中国人民的信念、良心和善，至今仍具有强大的生命力。至于封建宗法思想观念，由于中国社会从未发展起商品经济的成熟形态，所以其影响并没有完全消除。因此，我们必须正视这一"传统文化遗产"，而不是简单地肯定或否定。

1. 传统传承的必然性

传统文化并不意味着"过去的文化"。传统文化本质上是一种观念

---

① 毛泽东选集：第 2 卷. 2 版. 北京：人民出版社，1991：534.

之流，是一种价值取向，是始于过去、融透于现在、直达未来的一种意识趋势和存在。一种文化趋势和存在成为一种"传统"，就意味着它有了世代的持续。"世代"概念是相对的，它只是表示传统延续的一种方式，可能是几年，也可能是几千年，但至少一种行动范畴或观念、信仰要成为传统，必定有一代又一代的延传。

并不是任何实质性内容都可以成为传统，一种思维模式、思想观念、生活方式，之所以成为传统而一代代传下去，必定有它传承下去的理由。儒家德性思想作为文化传统中的重要内容被传承了几千年，这同适应于它的血缘宗法社会历史联系在一起。以血缘为根基的中国历史造就了儒家文化，必然会选择它历经世代而传承下去。先秦诸子百家争鸣，最终也只有儒、道两家在传统文化中占据了要位，可见传统的形成及延续是有其历史必然性的。

传统代代相传的历史必然性，在逻辑上并不必然意味着传统不可改变，我们没必要认为凡传统都是应该被动接受的。时代在变革，没有一个社会中人们的生活和观念可以长期受传统支配。接受传统文化，并把它视作在每一种环境中都完全适用的判断依据和价值标准，这并不符合人们的需要，也不能解决当下时代的新问题。传统和非传统永远交织在社会文化发展中。一方面，传统文化无时不在影响着人们，塑造着社会生活，因为传统毕竟会在社会机体和人们的心理结构中积淀下来，规范并支配着人们的思想和行为，不具备这一点，也就不可称之为传统了。但另一方面，人们又在既定传统文化中保存、更新着传统文化，保存、更新的过程也就是传统文化不断得以延续、流传的过程。传统并非一成不变，传统代代相传的生命力就在于它是在变化中得到传承的。

每个民族都有构成本民族精神凝聚力和价值取向的文化传统，不同的民族传统与造就它们的不同历史背景相联系。普列汉诺夫曾总结说：每一个民族的文化都是由它的精神本性决定的，它的精神本性是由该民族的境况造成的，而它的境况归根到底是受生产力状况和它的生产关系制约的。正是中国古代建立在血缘根基之上的独特社会历史条件，形成了我们民族的精神本性和性格、心理，铸造着中华民族迥异于其他国家、民族的德性文化传统。

中华民族拥有一个文明古国，历史悠久，文化遗产丰厚，这样一种历史文化遗产已成为一种强大的传统，成为过去、现在以至未来的客观存在，它"不为尧存，不为桀亡"，如同历史不能割断一样，它对今天的影响是不能人为消除的。曾几何时，人们想用强制手段从外部加以破除，而事实证明人为地消除传统是不可能的，只要现实社会中还有历史在延续，那么，在历史文化中形成的传统就仍要被传承。

新的时代会有新文化出现，但新文化并不必然是和传统文化对立的。传统文化是一种动态的系统，它永远包含着新、旧文化的磨合与变更，传统的延续、文化的积淀就是在这种动态系统中形成的。历史一旦造就出某种文化，它就会被保存下来而不会轻易消失，这即是人类文化学家所说的"文化的惰性"。新文化中包含与旧文化的对立，但任何一种新文化都不是截然自立的，犹如传统文化必然时时与新时代结合一样，新文化也必须同一定的固有文化结合起来。人类的文化就是这样得以积累起来并越来越丰厚，否则，任何文化都不可能有今日的辉煌。

对于一个民族而言，文化的累积标志着民族文化根底的雄厚。"一个社会在某个时期所有文化累积的总量谓之文化基础"①，"凡文化基础成熟的时候，发明自有不得不产生的趋势"②。从这个意义上看，传统文化越悠久、越深厚，对社会新的"发明"、文明进步就越有推动力。可见，传统并不总是阻碍现代发展的，在一定程度上完全可以认为，正是传统文化推动着社会进步发展。

恩格斯说："问题决不是要简单地抛弃这两千多年的全部思想内容，而是要对它们进行批判，要把那些在错误的、但对于那个时代和发展过程本身来说是不可避免的唯心主义的形式内获得的成果，从这种暂时的形式中剥取出来"③。世界文明史表明，任何一种悠久的传统文化，虽然具有宗教的、伦理的或者科学的某一特质，但都是包含着关于自然、社会、人的观念体系，都是现代文明的源泉，都具有各自永恒的价值。儒家德性思想正是内具这种"实践——精神"（马克思语）的特质，才得以绵延流长，成为中华民族现代文明的精神基础。

传统的德性特质在天人之际中赋予了中华民族注重现世伦常和生活实用的智慧与思维。德性主体既没有永远消失在神秘的、渺茫的永恒宇宙中而消极厌世，也没有彼岸信念与现实理性的相损，使人与自然、肉

---

① 孙本文. 社会的文化基础. 上海：世界书局，1929：118.

② 同①120.

③ 马克思恩格斯文集：第9卷. 北京：人民出版社，2009：458.

与灵没有处在深刻的矛盾中，而是在现实生活中自觉完成个人道德修养和社会人伦践履，以达到"天人合德""与天地同流"的合一境界，使传统的民族精神避免了历史的创伤。这种智慧与思维铸造了中华民族"赞天地之化育"的天人和谐精神及"自强不息"、注重践履的现世人道精神。

传统的德性特质赋予了人能动自觉的精神，作为社会个体的能动自觉，使主体产生出对他人、对民族、对国家，乃至对天地万物的真诚的义务感、责任感。正是这种高扬道德主体性的传统精神，陶冶出了像《岳阳楼记》《正气歌》中那样崇高的品格和深刻理性自觉的道德情感，成为我们中华民族的精神内核。如果摒弃它，就会遭受"十年内乱"那样的民族灾难。

传统的德性特质还赋予了社会中人与人之间、个人与整体之间相互对等的道德义务和责任，作为社会人伦（类）的能动自觉，使主体产生出以整体、以社会为本位的整体主义精神，不仅使我们的民族具有强大的凝聚力和原动力，而且对我们今天以及将来的社会文明发展和精神进步都是有益的借鉴。这一点就连西方人都十分清楚。著名学者奥尔利欧·佩奇直言："我本人非常敬佩中国人民及其属于世界的最悠久和灿烂的人道文明……中国具有卓越的文明史、发明史、哲学史和平衡与协调史……中国将产生巨大的影响，这倒不是因为它的物质、军事、技术或工业力量的强大，而是因为它给我们带来了关于目标、时间甚至速度方面的新观点和新视线"[1]。西方人况且如此，又何况我们中国人自己呢！因此，民族虚无主义是不可能在中国立足的。

但是，历史已经步入 21 世纪，中国社会也早已建立起以公有制为基础的社会主义制度，中国文明已成为世界文明的重要组成部分。产生于封建宗法社会的传统思想观念失去了它存在的基础，就是撇开社会历史方面的原因，传统文化本身也有其内在的矛盾和缺陷。正因为如此，自近代以来它一直面临着严重的挑战。所以，我们绝不能因有灿烂的传统文化而故步自封、因循守旧，把糟粕当精华，以至一概排斥世界其他优秀文化传统和文明成果。

儒家德性思想，就其社会性质而言，它一直是在以血缘为基础的封

---

[1]　奥尔利欧·佩奇. 世界的未来——关于未来问题一百页. 王肖萍，蔡荣生，译. 北京：中国对外翻译出版公司，1985：130-131.

建宗法社会制度下存在和发展的，并与封建宗法统治密切结合在一起。这样，它所主张的人的义务与责任就吸附了封建宗法等级的思想观念，相互对等的道德义务和责任也就蜕变为对政治等级的隶属与屈从。人伦纲常的确立，逐步淡化了传统德性思想中固有的道德伦理形态和功能，强化了政治的、宗法的形态和功能，对主体能动自觉的人性起着一种奴役和压抑作用。因而，在长期的人伦践履中也伴随着自我压抑、自我否定的一面。正是在这个意义上鲁迅先生曾愤慨地说："所谓中国的文明者，其实不过是安排给阔人享用的人肉的筵宴"①。

就传统德性思想本身而言，它是一种"以善统真"的德性价值尺度，这就势必将外部世界对主体多元的规定与主体价值活动的多元倾向，相对单一地归纳于德性价值的框架内，这就会使人的生命创造力受到严重的阻碍，导致传统文化对主体价值活动限定的负面影响。特别在汉儒、宋儒的影响下，传统中对德性践履以外的知识文化都采取排斥、轻蔑的态度，出现了道德与知识脱节、人文道德理论与自然科学脱节的倾向，使传统思维趋于封闭和自足的状态。并且，在人自身与社会领域忽视了道德实现过程中人的自然本性的实现，又具有压抑人性和束缚主体精神的消极面。德性思想传统中，存理灭欲、义利对立的倾向，在社会实际生活中也造成了"以理杀人""以理窒人"的恶果。由于这种对道德境界的无限追求和对物质生活的过分贬低的传统影响，社会人伦践履与社会物质生产实践相脱离，与此相关的传统观念严重阻碍了社会物质文明的发展。这是造成中国长期以来生产力低下、经济落后、遭受外敌侵辱的一个重要原因。

2. 批判地继承与继承中的批判

对待传统要批判继承，这是个老问题，但又永远是个新问题。归纳起来，这个问题由两个方面构成：一个是继承什么，批判什么；另一个是如何继承，如何批判。相对于前者来说，后一方面问题是更应该首先弄明白的问题，解决了批判继承的方法、原则，下一步继承什么、批判什么就容易理清了。

对传统文化进行批判地继承，对此人们已基本达成共识，这一点也

---

① 鲁迅全集：第1卷. 北京：人民文学出版社，2005：228.

已成为人们反思传统文化的一个原则。传统文化当然不可能原封不动地传延下来，任何一个社会自觉不自觉地都在历史的变迁中接受、选择着传统的变化。批判地继承的态度，表达的是我们对传统、对传统文化自觉的把握。选择什么，继承什么，我们这个社会应当有一种理性的意识。五千年的中国传统文化，有很多方面已经非常陈腐，不以现时代批判的眼光进行反思，就难以革除传统文化中的局限、糟粕，就难以消除对今天的负面影响。

所以，在对待传统的问题上，我们首先要注意防止崇古、厚古的倾向。这种倾向折服于中华传统文化的伟大、丰富，充满了对中国古代文化的崇敬之情。中国文化的确有它伟大、精深之处，代表我们民族与个性的传统文化理应得到重视和崇敬，但这种重视和崇敬绝不能到绝对化的地步，国粹主义、厚古论，都是我们在对待传统文化方面所应避免的文化绝对主义。传统文化中优秀的东西当然应当继承下来，但是封建阶级的思想，以及不适应今天时代的东西，也要受到批判。总之，对传统文化要批判地继承。然而，批判不是最后的目的，批判是为了更好地将传统与现代结合起来，使现代出于传统又进步于传统。

在批判地继承传统文化问题上，还要防止另一种重批判轻传承的倾向。有些人认为传统文化作为封建主义的东西，在整体上已过时了，和我们今天的新时代新社会格格不入，应当用批判的眼光全面审视过去的旧文化。甚至认为，任何社会文化都是一个有机的系统，任何文化成分或要素都属于特定的文化系统，无不打着那个社会、那个文化系统的烙印，认为封建主义的传统文化是一个大系统，要想变革旧系统文化，就必须对之进行全面的批判和消除。"十年内乱"实际上就是这样一种对传统文化的"大革命"、大决裂。对传统文化进行彻底革命的行动，在今天也许不会重演了，但对传统文化采用"全盘式"思考的还大有人在。有些人自觉不自觉地采取了更多的批判眼光，总认为中国的传统文化这样那样地妨碍了现代化进程，他们不断地对比着西方比较先进的科学技术和现代物质文明，更多地论证着我们"应当"达到的现代文明阶段和类型，用另一种文化参照系观照我们的传统文化。这些人中不乏关心民族前途之人，但问题在于，我们对历史、传统应保持一种什么样的理智的、现实的头脑。

人类历史并非完全受盲目力量支配，随着人类的觉醒，人类可以更自觉地书写历史、改造社会。人类的这种主体意识使今天的我们在一定程度上可以选择历史并选择自己的未来，但在我们进行主体选择的同时，不要忘了我们还必须接受历史的选择。历史并不仅仅意味着过去，历史同时就是现在，就是未来，历史是由过去走向未来的动态过程。

传统文化也是这样，一方面，我们要对之进行分析、批判，有选择地传承、改造；另一方面，我们所创造的现代文化也不得不接受传统的选择。接受传统的选择，意味着任何超越传统文化的现代文化都必须出自传统文化，和传统文化结合、相融在一起。只有那些生于传统、长于传统的现代文化才可能具有真正的生命力。五千年的传统文化，作为中华民族的历史成果，是我们今天文化建设的基础，不意识到传统文化的历史必然性，就会走进割断历史文化积累和发展的误区。所以，我们对传统文化的反思、批判，从某种角度说应当建立在传统的传承过程中。对文化发展我们需要设定"应当"的理想，但这个"应当"绝不能是脱离传统文化的空洞理想。对历史、对传统文化，需要一种理智的、现实的态度，这一点非常重要。

理智的、现实的态度要求我们，一方面在批判中继承传统，另一方面在继承中进行批判，如果说前者强调的是"继承"的方式，那么后者更多在强调"批判"的方式。批判并不是简单地否定，不是扫地出门。好的东西我们要保存下来、加以弘扬，不好的糟粕要努力地改造它、抛弃它，但传统文化中有许多东西是不能简单地分之为"精华"和"糟粕"的。

不同的民族文化有自己独特的根基和个性，东方民族文化和西方民族文化有许多不同，孰长孰短，孰优孰劣，是不好简单对比的。有些传统文化内容完全属于中国文化、东方文化的特质，如果由于同西方文化有差异而对之进行否定，那就好比连根拔掉民族文化之大树一样，既困难又不现实。比如血缘观念，在有些人的理论中属于落后的、不利于市场经济发展和现代化建设的传统观念，因为血缘关系及观念使氏族社会走向宗法等级社会，使中国古代的个体化进程非常缓慢，而市场经济要求高度的民主、法制、平等、自由，这一切在某些方面都有赖于社会的高度个体化程度。我们可以认为，传统的血缘观念对社会主义的民主、法制未必是一个有利的因素，我们可以对其中不好的因素进行批判，但这种批判必须建立在现实的态度上，在批判的同时还得接受它在相当长的历史时期继续传承下去的现实。更何况，血缘观念也带给中国文化那么多的和谐与凝聚。血缘关系作为中国社会历史的根基，造就了中华民族的个性，造就了给人类带来天人和谐的充分价值理性，塑造了崇尚人格精神的德性文明，以及富含温情的亲亲、尊尊、老老、幼幼的人类美德。在一定意义上，消除了血缘根基、血缘观念，中国文化就不再是中国文化了。血缘关系是中国历史的根基，也是中国文化的源头、土壤。

所以，对待传统要有一种理智的、现实的态度。继承和批判是同一过程的两个方面：一方面，在批判中有选择地继承；另一方面，又直面现实，在对传统的传承中分析、批判。只有这样，对传统文化的继承才可能是健康的、变革发展的，对传统文化的批判才可能是现实的，而非形而上学的。

总之，对以儒家德性思想为主流的传统文化要给予历史唯物主义的把握，要把传统文化和它生于斯长于斯的历史根基联系起来理解。东西方由于历史的原因，从一开始就走上了两条不同的历史道路，致使中西方文化具有很多不同的特质，西方文化固然有其优秀的方面，比如科学认知理性的发达使西方近代以后拥有了更为先进的科学技术，在征服自然、发展物质文明方面取得了更多的成就，但也正是发达的科学技术过分地对自然的征服造成了对西方社会乃至整个人类的损害。在很多时候，西方这种崇尚科学理性的文化传统就像"双刃之犁"，在深深翻开人类文明沃土的时候，也划伤了人类自己。

类似情形在很多文化中都能找到，中国文化的某些特质也存在着这种"双刃之犁"。所以，我们没必要出于对中国传统文化某些弊病的厌恶而作践传统文化，没必要由于对西方科技文明的倾慕而向往西方文化。毋庸讳言，随着近代以来世界的深刻变化，以及人们对世界认识的发展，民族传统文化的痼疾及其封闭体系正遇到严重的挑战，它的确有一些与我们社会主义市场经济的现代化进程不相适应的方面。但传统文化毕竟是民族历史发展中世代相传的部分，它把我们民族的过去、现在和未来紧紧地联系起来，显示出我们民族在发展中的同一性和个性。

所以，任何民族在走向现代化的过程中都绝不能忽视"民族自我"。对自我、对自己文化传统缺乏自信心的民族，是一定无法从过去走向未来的。我们强调从民族文化的特质及历史根基的现实出发，就是为了更好地使中华民族、使中国文化走向未来，走向现代化。我们应当坚持历史唯物主义的基本原理，去把握、分析传统文化的动态系统，区分精华与糟粕、优点与缺点，根据时代的需要，根据社会主义市场经济的要求，变革传统，继承传统文化的生命力，实现传统形态向现代的转变，使中华文明在未来的世界文明中再度灿烂辉煌。

后　记

深深影响着中国历史进程，并铸造着中华民族个性的传统文化，它的内在特质究竟是什么？其历史根基和文化元点又是什么？《德化的视野——儒家德性思想研究》的写作就是基于对这些问题的研究与反思。

在百家融汇的传统文化中，《德化的视野——儒家德性思想研究》选取儒家思想文化作为探索中国文化特质和元点的母体，是由于儒家文化在历史的选择中长期处于统治地位，对民族文化产生的影响最为深远，成为传统文化的主流和代表。我把儒学文化的特质归结为"德性思想"，主要出于这种思考：由于社会历史条件的不同，人们在认识、改造世界与自身的过程中，所依照的真、善、美的尺度结构会表现出不同侧重的异质性。儒学并不是一般意义上的哲学理论体系，而是融本体论、认识论和伦理学为一体的观念形态，它是用一种以善统真的德性视角和方法把握世界的。就此，《德化的视野——儒家德性思想研究》主要系统论述了德性思想体现在自然领域天人合德的天道观、实践理性的思维模式，以及天合于人的价值关系范畴；体现在人自身领域的德化人性观、德性人格的理想模式，以及情合于性的价值关系范畴；体现在社会领域的德化人伦观、人伦践履的社会实践模式，以及利合于义的价值关系范畴。此外，还应当指出的是，《德化的视野——儒家德性思想研究》重点考察的一些中国独特的文化现象，比如统领科学理性的德性思维、德主刑辅的伦理法、没有典型宗教的信仰模式等，都是与儒家以善统真的独特视角以及产生儒家文化的历史根基有必然关联的。如果上述研究能够有助于加深对中国文化的理解，为社会转型时期传统文化的现代化提供一些有益的参考，就达到所做努力的初衷了。

　　《德化的视野——儒家德性思想研究》的出版得到了张岱年先生、罗国杰先生的关怀和支持。罗国杰、宋希仁、陈瑛、焦国成先生也对我有关于此的研究提出过许多有益的意见。在此，一并致以深深的谢意！

葛晨虹

1997 年 11 月 15 日于北京

图书在版编目（CIP）数据

中外伦理文化研究/葛晨虹著. --北京：中国人
民大学出版社，2021.9
（葛晨虹文集；第一卷）
ISBN 978-7-300-29879-5

Ⅰ．①中… Ⅱ．①葛… Ⅲ．①伦理学-文化研究-中
国、国外-Ⅳ．①B82-091

中国版本图书馆 CIP 数据核字（2021）第 187012 号

葛晨虹文集　第一卷
中外伦理文化研究
葛晨虹　著
Zhongwai Lunli Wenhua Yanjiu

出版发行	中国人民大学出版社			
社　　址	北京中关村大街 31 号		**邮政编码**	100080
电　　话	010－62511242（总编室）		010－62511770（质管部）	
	010－82501766（邮购部）		010－62514148（门市部）	
	010－62515195（发行公司）		010－62515275（盗版举报）	
网　　址	http://www.crup.com.cn			
经　　销	新华书店			
印　　刷	北京联兴盛业印刷股份有限公司			
规　　格	160 mm×235 mm　16 开本		**版　　次**	2021 年 9 月第 1 版
印　　张	17.25 插页 3		**印　　次**	2021 年 9 月第 1 次印刷
字　　数	266 000		**定　　价**	498.00 元（全五卷）

葛晨虹文集

第二卷

伦理学基本理论研究

中国人民大学出版社
·北京·

目　录

第三编　道德原则研究

第一编

道德概念与伦理学内涵

第一章　道德是什么及其在
社会中的功能体现[*]

　　人们往往这样理解道德：它是做人的一种品质，是调整人与人之间关系的一种社会规范。其实，说道德是一种品质和规范，这只是它给我们表现出来的一些方面，而不是其本质和全部。

　　理解道德必然碰到这样一个问题：道德对于我们的意义究竟是什么？作为人类社会的一种理性智慧，道德需要把握和解决许多问题：人"应当"怎样做人、怎样生活？我与他人应当怎样相处？我们的社会应当如何规划蓝图、如何建设发展？应当怎样对待并处理人与自然的关系？甚至，人类究竟应当何去何从？可见，道德是一种表达关于"应当"的理性智慧。从另一角度看，道德也是一种表达关于"可能"的理性。但作为一种人类智慧，它是在若干种"可能"中，去判断选择最能吻合人类生存愿望和可持续发展理想的，也是最合理的那种"可能"。

一、道德是人类所具有的一种理性智慧

　　理性是人认识把握世界、创造人类生活的主体能动力量，是人在本质方面的重要特征。理性是人独有的自觉意识和能力，认识世界、探究

---

　　* 本章内容原载于《西北师大学报》（社会科学版）2004 年第 6 期，第 7—9 页。

自然，是人的一种理性能力，研究社会，认识人自己，给社会设定理想和价值目标，并给人自己立法，也是人的理性能力。

人类的理性实际上可分作两种：一种是科学认知理性，另一种是价值应当理性。

人类的两种理性能力在马克思那里被称作关于人类实践的两种"尺度"。马克思认为，人（即主体）同自然外界（即客体）发生对象化关系时，会有两种性质的尺度发生作用。"自由的有意识的活动恰恰就是人的类特性"，"动物只是按照它所属的那个种的尺度和需要来构造，而人却懂得按照任何一个种的尺度来进行生产，并且懂得处处都把固有的尺度用于对象"①，因此，人是按照美的规律来建造世界的。人能按物种的事实尺度进行生产，即可以能动地认识并利用客观规律，也能按人的"内在尺度"即美的、善的价值的尺度来建造世界。概言之，即人们能按"真理的尺度"和"价值的尺度"认识世界、创造世界。

"真理的尺度"即由"对象的性质"所规定的尺度，它不仅规定客观固有的本性及变化，而且是主体在实践活动中反映和遵循的尺度。真理研究和解决的中心是世界"是什么""怎么样"的问题，而世界"是什么"，这是不以人类意志为转移的，它由客体世界所决定。在这个意义上，主体的有目的活动成功与否取决于是否服从了客体的规定性。这是真理尺度下事实范畴中主客体关系的一个特征，也是哲学意义的主体自由的有限性，它以客体的尺度为尺度。

马克思所说的另一个尺度，是由人的需要和"本质力量的性质"所规定的尺度，即"人的内在尺度"。人不同于动物的地方就在于人不仅能按客体的尺度认识世界，而且能按主体的人的尺度建造理想世界。主体按自己的本质规定，按自己的需要和目的同客体世界发生关系，所构成的是不同于上述事实真理关系的"价值关系"。价值尺度是一种主体性的尺度，它要求主体的认识和实践最大限度地保证人的需要和利益，即按人规定的尺度，尽可能使客体为主体服务，马克思曾说："使用价值表示物和人之间的自然关系，实际上是表示物为人而存在。"② 价值的尺度与真理的尺度既相互联系又相互区别，价值是主体对客体的一种关系属性，这种属性标志着这些客体对一定主体的意义，它所研究解决

---

① 马克思恩格斯选集：第1卷. 3版. 北京：人民出版社，2012：56，57.
② 马克思恩格斯全集：第26卷（Ⅲ）. 北京：人民出版社，1974：326.

的中心不是"世界是什么",而主要是"世界应当是什么"。

"应当"反映了主体对世界的一种理想构建,包含着对世界的看法、评价和理想。而这一理想构建只能是主体人的。主体在认识和改造世界的实践中,使整个世界对人来说尽善尽美。善和美就是以主体规定为主要方面的把握世界的方式,这一点区别于真。真的特性从根本上说是由客体规定的。善和美是人类价值理性所诉诸的领域,其主要功能在于告诉人们世界应当怎样,这是作为主体的人类特有的一种理性智慧。这种理性智慧让我们面对世界去权衡、去判断,并做出符合人类善和美的理想的明智的选择。而道德在其本质上就是这样一种代表价值判断和选择的人类理性智慧。

正是在这个意义上,道德不单是一种人的德性品质的规定,也不仅仅是一种和其他社会规范并列的道德视角的规范。作为人类的理性,它是一种关于人类应当怎样生活的智慧。这种理性智慧表达并设定自然、社会、人等整个人类世界的合理性及其"应当"。就社会发展而言,它表达一定的社会价值取向和理想目标,引导社会发展方向,规定社会发展目标,把握和调整着社会各个方面的善及其合理性。这些价值取向和理想目标深深渗透在政治、法律和经济生活等各个领域,无处不在地发挥着作用。

二、社会政治管理中道德理性的体现

任何一个社会,政治和道德都是难以分开的。首先,政治作为表达社会管理目标和方略的一种动态范畴,本身就包含德治手段及其价值取向。我们知道,国家管理从行政组织目标的确立、行政决策的制定和实施,到行政管理目标的实现,都离不开道德理性的价值取向和价值评价。人们的各种利益关系的调控整合,经济效益和社会公正关系的正确把握,人与自然的和谐相处,以及社会各项制度、法规的合理性论证,都只能靠代表社会价值取向的道德理性来调节。在这个意义上,政治管理活动的起点和目标,与道德活动的目标方向是完全一致的。任何一项制度和决策,如果与社会既定的道德原则、规范相冲突,那它就失去了道德正当性和合理性。当前理论热点研究问题"制度伦理",就从一个侧面反映了道德理性在政治生活领域中的渗透与结合。

在西方思想史上，无论是古希腊的柏拉图、亚里士多德，还是中世纪的宗教哲学家阿奎那，以及近代的洛克、卢梭等思想家们，无不在强调和论证社会政制的道德理性意蕴。制度伦理研究的一个主要问题是，制度安排、制度设计如何体现道德正当性和合理性，制度的创制体现了一种价值选择和价值取向，反映了一定社会的理性观念。比如，"共同富裕"是一种政治思想，又是一种包含着社会公正与集体主义等伦理原则的观念，国家在制定利益分配、税收以及社会福利等种种制度的时候，就必须充分遵循和体现上述思想理念。另如，西方传统管理时期比较注重机械的管理效率，而相对忽视社会效益。我国是社会主义国家，社会政治制度及各项政策的实施，都必须符合人民的最大利益和要求。国家意志的执行必须和人民大众的意愿相一致，不能追求单纯的管理效率和经济效率，必须与社会伦理活动追求的社会和谐有序的目标相一致。我们党提出了"三个代表"重要思想，提出了科学发展观，都特别强调社会物质文明、精神文明与政治文明的合理发展、协调发展，强调人类真、善、美全方位的应然发展。

此外，德治在政治领域中的体现还表现在对执政主体的德性素质的要求方面。手中掌握着一定权力的执政主体，既是人民利益的代表者，又是人民意志的体现者和决策者。执政者如果缺乏责任感、缺乏廉洁奉公的精神，甚至充满利己之心，就很容易导致执政行为变异和民众利益受损。行政道德所研究的，主要就是如何对执政主体及执政过程进行有效的监督和制约。行政管理及执政过程中是否具有良好的工作效率和质量，取决于一个重要因素即执政人员的道德素质之高低。

总之，国家政治管理从行政组织目标的确立、行政决策的制定和实施，到行政管理目标的实现，无不渗透着道德理性的价值应当。

三、社会法制领域中道德理性的体现

对于一个国家的治理来说，道德和法律从来都是相辅相成、相互促进的，二者缺一不可，也不可偏废。德治和法治互补互保，相得益彰，发挥德治的力量是为了更好地实现法治，这是一方面。

而另一方面，道德本身就是法治的内在需要。道德这种社会理性必然要影响法律规范的价值倾向。法律的建立，是以道德为内在价值取向的。任何立法过程及其结果，都蕴含着立法者的理念，并体现一个社会的道德价值取向。封建社会的法律充满着亲尊等级、男尊女卑的道德观念，而社会主义的法律体系，也一定必须同社会主义道德价值取向相一致。道德本质上是一种社会理性取向的表达，法律所追求的正义和道德所体现的正义，在根本上应当服从于同一社会价值目标。法制不是不需要道德，法律不是与道德理性无涉的某种外在规范。人类的法律体系如果不同道德价值目标保持一种内在一致性，就很难成为真正合理的、道德的法。正是在这个意义上，西方一位著名法学家指出，"法律的生命力在于永远力求执行在法律制度和法律规则中默示的实用的道德命令"①。也正是因为如此，我们国家在法制建设和道德建设中，一再提出道德建设要进一步获得法律支持，而在法制体系建设中，也应当进一步加大道德涵量。一部法，是良法还是恶法，其法律规范的正当性和合理性，在本质上都必须取决于该法律体系中的道德理性内涵。在这个意义上，法律所蕴含的"应当"，就来自道德理性智慧的判断和选择。

四、社会经济领域中道德理性的体现

经济领域中的道德理性的体现，首先表现在经济活动中所具有的道德理性基础。经济活动不仅是人们的物质生产活动，同时也是人们"理性化"的认知活动和实践活动。它既是主体对客观经济规律的遵从，即恪守利益、效用的原则，又是主体对客观经济规律在意识中的自觉把握，是对合乎人道、正义、善良、公理以及人的全面发展和社会进步的价值追求，体现着主体"合理性""合目的性"的价值理性。

德国当代著名学者 P. 科斯洛夫斯基在分析市场经济的"道德性"时说："经济不仅仅受经济规律的控制，而且也是由人来决定的，在人的意愿和选择里总是有一个由期望、标准、观点以及道德想象所组成的

---

① 麦考密克，魏因贝格尔. 制度法论. 周叶谦，译. 北京：中国政法大学出版社，1994：226.

合唱在起作用。"① 无疑，道德价值理性是一切合理有序的经济活动的价值标矢和理性基础。

人们的经济活动总是在一定的社会制度和经济体制下进行的，这就必然要使人们根据自身的经济条件、历史文化背景和价值理性，对经济活动的制度和体制进行价值设计、价值选择。当经济规律处在一种自在的盲目状态时，会带来许多矛盾和无序，甚至产生商品关系中的种种对立和争斗，威胁着人的存在和发展，由此而引申出调节人的这种关系和秩序，逐步形成相应的市场原则和规范，使市场经济循着应然的、合理的模式发展。

合理市场经济模式的生成，不仅是基于它自身具有的客观规律，也是人们道德理性对公平价值原则选择的产物。无论是 20 世纪 30 年代凯恩斯主义的兴起，还是 70 年代罗尔斯与诺齐克的争论，都是人们对现实经济模式价值设计的典型表现。罗尔斯和诺齐克更是直接触及了具体经济体制结构的价值选择和规范原则。虽然，他们对效率优先还是公平优先的设计有所不同，但他们都承认社会生活中自由、平等同等重要，都努力为经济活动的技术、工具手段寻找到一个价值的基础，使经济发展走向既定的价值目标。因此，没有道德价值的关切和道德理性为基础，就不可能有经济活动的合理运行模式与规范。当代美国的"自由主义市场"、德国的"社会市场经济"、日本的"社团市场经济"等，事实上都是融民族历史、民族精神与经济活动为一体的"应当"价值选择的结果。

此外，人类当代的经济活动已不约而同地选择了可持续发展这一崭新的发展模式。可持续发展模式的价值合理性基点，就是在当今和未来的发展中，必须保持代际利益关系的和谐，保持人与自然关系的公平和谐。人类这种有目的性的选择，从深层看，主要取决于人们以道德为基础的价值理性。

市场经济中的客观必然性是一只"看不见的手"，而人们的道德理性是把握这只"手"的向导。市场经济的普遍法则是依靠利益驱动、价值规律的杠杆来促进市场竞争，借以实现社会资源的优化配置和组合。在市场经济条件下，人们有合法追求个人利益的权利，人们的经济行为

---

① P. 科斯洛夫斯基. 资本主义的伦理学. 王彤，译. 北京：中国社会科学出版社，1996：3.

除了必定会受到利益机制和经济规律的制约外，还不可避免地受到政治、法律、道德等社会意识形态因素的制约。道德作为一种典型的社会理性，特别是作为人内在的一种自律精神，无时不以市场主体意识的特有方式，渗透到人们的动机和行为方式中，对市场主体的经济行为产生根本的导向作用，从而使以营利为内容的纯经济行为具有了强烈的道德价值属性。

从根本意义上说，"看得见的手"所指向的应是一种充分发挥经济主体道德理性的道德经济。它不仅能创造出市场体制本身的高效率，而且更加注重对市场进行合乎人类理想的价值引导，为人们提供一种表现人性与尊严的劳作方式和文明合理的经济生活方式。

社会的道德理性，不仅通过道德规范，而且也通过在经济运行规则中的"理性应当"，对市场进行引导、调控。道德理性与市场经济运行法则共时共生地统一起来，可以自觉修正市场的功能性缺陷和紊乱，能使人们自觉处理好两方面的关系：一方面，注重经济效益；另一方面，追求经济效益又把社会效益摆在首位，把国家富强、民族振兴和人民幸福作为经济活动的最高目的，自觉抵制为一己私利或小集团的狭隘利益而损害他人利益及整个社会利益的行为。除此之外，道德理性还能够使人们在追求经济效益的同时自觉追求自己的人格品质和其他素质的健康发展，并且有利于他人的人格品质和素质的健康发展，从而使人的自我完善和整个社会的文明发展协调一致。

因此，只有从根本上完善人类未来经济活动的道德理性这个基础，才能在可持续发展中，逐步改变现行的生产方式和消费方式，转变轻视环境污染、生态平衡的观念，努力建立起人与自然和谐的新的生产方式和消费方式，增强保护环境、保护生态的生态伦理观念，自觉追求合理而富有生产成果的生活，实现今世发展、消费与后几代人的发展、消费的和谐与平等，建设一个繁荣的良性并持续发展的美好未来。

综上所述，道德一方面有其相对独立的存在形态。它作为和政治、法律、经济规则相并列的一种规则形式，以独特的方式和视角调控着社会。另一方面，道德作为一种社会理性智慧，它表达并设定一定的社会价值取向和理想目标，引导着社会发展方向，规定着社会发展目标。这些价值取向和理想目标就内在地渗透在政治、法律、经济生活等各个领域，无处不在地发生着作用。任何时候我们都不能把道德仅仅看作一种独立的行为规范体系，这是造成道德功能弱化现象的重要的认识论原因。在本质意义上，道德是一种人类的理性智慧。人类向何处去，社会发展的理想目标，社会、自然、人等诸领域中的所有问题的合理性与应然性，都是由道德主体性所代表的价值理性所决定的。

第二章　道德的价值 [*]

　　研究道德价值，必须深入到价值概念领域。"价值"一词在生活中已经被广泛使用，涉及政治、经济、道德、艺术、宗教、法律、习俗等各个领域，产生了许多人们非常熟知的价值概念，如经济价值、审美价值、知识价值、道德价值等。但各个具体特殊领域研究的价值问题，必然有一个共同的、一般的本质，即哲学意义上的一般的价值。

一、价值概念源流

　　在较广的意义上，价值在理论上可以被概括成这样一种哲学抽象：所谓"价值"，表达的是客体中所具有的价值对象性与主体需要的一种属人的关系，是指客体的存在、作用以及它们的变化，对于一定主体需要及其发展的一种适合和一致。客体中的价值对象性和功能满足了主体的需要，对主体的生存、发展具有肯定的意义，就表现为正价值，反之就表现为负价值。价值关系是一种属人的关系，即现实世界对当作目的本身的人的发展的关系。这种关系是人作为世界主体的特有的存在方式。这意味着，价值表达客体对象对主体需要的满足，同时更表达主

---

* 本章内容原载于《中国特色的伦理文化》（河南人民出版社，2003 年）。

体人在主体对象化实践中，对自己本质的一种实现和占有。不注意强调这一点，就容易把价值简单地理解为客体仅仅对粗陋的直接需要和狭隘片面的拥有感、占有欲的满足，从而消减和抹杀了人的原本的价值地位。

较早使"价值"作为一个重要哲学范畴而受人们大加关注的，是西方价值哲学流派。现代西方价值理论兴起于19世纪下半叶。它的产生是与价值概念成为一个重要哲学概念相应的。从西方哲学传统看，思想家主要使用的是"善的""正当的""应当的""美的"等表达价值的概念，且往往是在道德意义上使用。康德等人曾经常使用"价值"这个概念，但传统哲学还没有用这个概念去对各种具体的价值概念进行抽象。在19世纪中叶以前，"价值"还主要是一个经济学概念。使"价值"真正成为哲学概念的是19世纪下半叶的两位德国哲学家洛采（1817—1881）和尼采（1844—1900）。洛采把价值概念提到了哲学的中心地位，并引出一个价值哲学流派。洛采之后，尼采的"价值重估"主张在西方引起了一场重新反省自己的文化和价值观念的运动，从而进一步扩大了"价值"一词的使用，并使价值理论在西方进一步延伸。

现代西方价值理论的兴起还与英国哲学家摩尔（1873—1958）的研究有关。他在《伦理学原理》一书中指责传统伦理理论犯了"自然主义谬误"，并提出了价值客观主义和直觉主义的主张，创立了直觉主义价值理论。在现代西方价值理论思潮中，还兴起了一种非现实主义的情感主义价值理论，其主要代表是英国的逻辑实证主义思想家艾耶尔（1910—1989）和美国伦理学家史蒂文森（1908—1978）。

二、"价值"与"真理"的历史认识

价值"应当"的独特性一般认为是被休谟发现的。休谟在表达他的伟大发现时是这样论述的："在我所遇到的每一个道德学体系中，我一向注意到：作者在一个时期中是照平常的推理方式进行的，可是突然间，我却大吃一惊地发现，我所遇到的不但是命题中通常的'是'与'不是'的连接词，而是没有一个命题不是由一个'应该'和一个'不应该'连接起来的。……这个新关系如何能有完全不同的另外一些关系推出来的，也应当举出理由加以说明。"① 价值"应当"的特殊性问题在近代被明确提出来，但价值与事实，即真与善的关系问题却古已有之。

西方思想家早在古代希腊就形成了以研究和探讨自然世界为主的自然哲学体系，如宇宙的起源、结构、规律，思维注重于世界"本体""规律"的把握，这是因为当时人与自然的关系是最为突出的关系，所以当时的思想家都注重于此。在那个时代，善的问题是被包含在对自然宇宙的探究中的。到公元前 5 世纪，希腊思想界发生了令人瞩目的变化，即从研究和讨论自然哲学为主，转向了以讨论人生哲学为主。这个转变集中体现在苏格拉底身上。

苏格拉底被称作欧洲思想史上的"道德圣人"，这不仅仅是因为他人格的尊贵，更重要的是他把哲学"从天上带到了人间"。苏格拉底以前，希腊哲学以宇宙自然为讨论中心，人的品行、人与人之间的相互关系、生活意义等人生价值问题，被包含在对宇宙自然的统一理解中，认为在世间万象之上有一个超氏族、超地域的"逻各斯"——神，它是世界的主宰、本体，也是人的主宰、本体。

苏格拉底的特殊贡献就在于他把伦理价值引入了哲学，使哲学从研究自然，转向研究人生价值和人的"应当"。苏格拉底哲学所谓"认识你自己""回到人自身"，即回到人的自我，人的理性自身，就是在自身理性中寻求"应当"的根据和标准。他的思想为西方价值理性思想的发展，为近现代提出的"价值判断"和"事实判断"的研究，都提供了重要的思想启示。

随着人类思想的发展，人们对以不同领域为研究对象的学科分类有了进一步认识。苏格拉底、柏拉图等思想家对知识曾进行了大的分类，分为研究自然的和研究善的、人自身的两大类，但真正比较细的具体分类是从亚里士多德开始的。

亚里士多德把知识分为了三类，第一类是知识性科学，是关于数学、物理学、形而上学的知识；第二类是实践的科学，包括伦理学、政治学；第三类是创造性科学，包括诗学、修辞学等，这大体也就是今天我们所说的真、善、美三大类。在亚里士多德那个时代人们的观念中，

---

① 休谟. 人性论. 关文运，译. 北京：商务印书馆，1980：505.

物理学等形而上学第一大类知识是对世界的客观认识，并不能成为实践的目的。也就是说，这些对客观自然世界的认识只是客观地反映世界的规律，并不能表达人生的愿望和目的，表达人生价值和目的是价值实践领域的主题。

这种观念是带有时代局限的，马克思在分析以往哲学思想家时对这种特点进行了批判。马克思指出，以往的哲学仅在于认识世界，而哲学的目的在于改造世界。

可见，在亚里士多德这里，就已经比较明确地看到了人的理性的不同方面的性质和功能之别。也可以说，近现代人们讨论的"事实判断与价值判断的区别问题"，在亚里士多德思想中就已初步展开了。

综上所述，古代关于事实与价值的关系问题，往往以真与善的关系形式出现。古代思想家关于真与善的关系基本有两种类型：一种主张善与真的统一，另一种强调善与真的分离。而在主张真、善统一的观点中，又分为两种不同的统一形式。其一，把善归结为真，如早期希腊思想家大多认为善统一于真。他们提出"按自然行事，听自然的话"，认为人世间的善恶、美丑都是世界本身的内在秩序所规定了的，是宇宙知识规律在人世间的投射。其二，和早期希腊思想家不同的是，一些思想家则认为，正义、美德等蕴含着对"善"这个最高理念的知识和追求，如柏拉图就是这样一个典型代表。

中国古代"天人合一"的观念，也是真与善统一的一种表达。儒家主张以人合天，以天合于人，天道是合于德性人道的。德性人道是天人合一的本体所在。与之不同，道家主张以天合人，人道合于天道。比较起来，儒家的思路可以归结为以善统真，道家则是以真统善。在古代中国，强调真与善分离的，可以荀子为代表。荀子天道观的主导倾向是"明于天人之分"。荀子认为"天"与"人"各有自己的职分，不同意把社会礼义道德、政治看作是对天道的效法，指出了人与自然、事实世界和价值世界的区别之处，这种思想在强调"天人合一"的文化传统中，尤其显得难得。

综上所述，事实判断与价值判断、"是"与"应当"的关系问题及其概念，是休谟明确提出来的，但人类对此问题的认识与思考，完全可以追溯得更久远些。

三、事实判断与价值判断

价值判断与事实判断的关系怎样？价值判断是不是一种认识？自20世纪初以来，这个问题始终是西方哲学探讨的重要而又颇有争议的问题。这个问题的核心主要在于，价值判断的性质是什么？作为一种表达人的理想与愿望的判断，有没有真理性意义？如果有，它的正确性、普遍有效性的根据和标准是什么？有关于此的争论在当代西方价值之中众说纷纭，莫衷一是，归纳起来，大致可分为情感主义和自然主义两派。

情感主义者认为价值判断不具有真理性意义，世界上没有价值，如果有价值，它也必定在一切所发生的事实之外，在实在之外。其主要根据在于，他们认为真正的命题、概念，必须是一种客观陈述，一种普遍事实的表达。而善、美等价值概念不是表达客观和普遍陈述的概念，它们不过是人们主观情感、欲望、需要的符号和标志。在情感主义者眼中，情感、欲望完全是主观的东西，不可能有正确与错误、真与假的区别。也就是说，他们把价值判断和事实判断割裂开来，"应当"和"是"表达的是两种性质完全不同的判断，而且，从"是"的事实判断中引不出"应当"的价值判断。

对情感主义以及伦理主观主义持不同见解的，有自然主义传统学派，也包括伦理直觉主义思潮。穆尔是直觉主义的一个重要代表，他认为价值判断具有普遍性。在穆尔看来，存在三类不同的事物：具有内在价值的事物、本质上是恶的事物、无足轻重的事物。不论人怎样给事物赋予意义，如果这个事物本身没有价值，那它就不可能成为真正有价值的事物。由此可见，在穆尔那里，事实和价值不是截然分开的。穆尔同时主张人能认识那些本身是善的事物，但在如何认识这些事物的问题上，他持直觉主义的观点。他在阐述这种主张的同时，还特别批判了传统伦理学的自然主义倾向，因为自然主义伦理学纯粹用某种自然客体来给善下定义，以为唯一善的东西就是某种自然客体，要人们"顺从自然而生活"，这是犯了"自然主义谬误"。

总之，自然主义过分强调对事物客观性质的依赖，对价值判断和事实判断未做应有的区分与认识，这可以被认作是一种带有人类认识的历史局限的观点。然而情感主义、主观主义价值论者，虽然看到了价值判断和事实判断的不同性质，强调价值判断的主体性和理想性，使价值理论研究有了新的突破，为价值理论深入的、本质性的研究提供了许多有意义的理论，但因把"价值"和"事实"简单地一分为二，使之成为两个彼此独立的领域，这就犯了形而上学的错误，并使价值理论的研究走入了另一个死胡同。

价值和事实到底是不是两个完全分离的领域？价值判断和事实判断到底是一种什么关系？解决这个问题，必须深入到价值与事实世界的主客体关系中去探讨。

四、价值世界的主客体关系

无论是价值世界还是事实世界，它们都作为一种关系而存在，是主体人和客体对象发生的两种关系状态。两种关系状态既相互联系又相互区别。作为处于不同关系中的主客体，评价主体和认识主体在与不同客体相对时，会形成互有区别的"事实"关系和"价值"关系，而在这两种既相互联系又相互区别的关系中，主体的自由程度及其形态是有很大差异的。

按照马克思关于人类实践的两个"尺度"的思想，人们能够按照"真理的尺度"和"价值的尺度"认识世界与改造世界。真理的尺度即由对象的性质所规定的尺度，要求主体的认识和实践都要符合客体对象自身的本性和规律。与之相对应的，价值的尺度则是由人的需要和本质力量的性质所规定的尺度，是一种"人的内在尺度"，其特性在于人能按照主体人的尺度来建造理想世界。在这一尺度上，主体按照自己的需要和客体世界发生关系，按照主体的意义构建和改造世界，体现出了价值的应当。"应当"反映着主体人对客体世界的看法、评价、需要、理想，这个世界有"人"，才有了实现了的价值，世界的价值是主体人所赋予的。客体事实在人的实践活动中被赋予价值这一现象我们可理解为客体世界的价值化，客体一旦在主体的对象化活动中被价值化，主体需要与客体功能之间就构成一种价值关系，价值从而也就产生了。

　　总之，客体的尺度与主体的尺度、主客体事实的关系与价值的关系，构成了人类认识世界和改造世界不可分割的两个方面。无条件地全面地遵循客观规律，与有目的、有选择地使其服从主体的需要，是这两个方面的不同原则要求。由此来研究人的自由能动，则从客体出发的主体自由只是以客体规定为限度，而从主体出发的主体自由，则相当程度不受或少受客体的限制。价值关系中，主体的自由程度是大于事实关系中的主体自由程度的。

　　在马克思看来，人类通过真、善、美三种方式来把握世界，其中真主要是以客体规定性来把握世界，因而真主要是由客体规定的；而善和美则是以主体规定为主要方式来把握世界，因而善和美从根本上说是由主体规定的。

　　当然，要注意不能只是从主体方面来说明价值的存在。价值"需要论"就是单纯从主体需要方面来说明价值的存在，主张一物是否有价值、价值的大小，完全由主体的需要决定，这容易陷入价值相对主义。某主体不需要某客体，它们之间不构成某种价值关系，但不能否认客体拥有一定的属性和功能，而且能够在一定条件下成为满足人们某种需要的客观物质前提，它是没有实现的潜存的价值。同时，即使是人的需要，也是在一定物质条件基础上产生和形成的，没有一定的客体的存在，没有一定的客体的属性和功能在一定条件下转化为效用，使主体需要得到满足，价值就不可能存在、发生。

　　总之，价值的存在和本质，只能从主客体之间的相互关系中得到说明，当然，在价值的主客体关系中，价值主体是能动的、主导的方面。

五、道德价值定位

　　理解了什么是价值，价值的本质特性何在，我们就可能进一步研究和把握道德价值的本质特性。道德价值是上述价值在道德关系中的反映，在道德价值中蕴含一般价值的基本属性，当然，作为这种具体领域中的一种价值关系，道德价值具有更丰富的内涵和更多的规定性，并且有一定的一般价值领域所不具有的独特性质。

　　道德价值是道德关系的表现和确证，它通过对特定道德关系及道德现象的肯定和否定，通过对善与至善的规定，来体现人类价值追求的"应当"以及主体性要求。当我们说"X 具有道德价值"，就是说那是善的，实际上也就是说，X 是符合人类主体的需要和追求的。在这个意义上，道德价值表现了自己的相对性，因为在不同历史、阶级那里，人类主体的要求是不一样的。比如，在某些原始社会中，杀死丧失劳动能力的老人以便使有限的食物更多地分用于青年和儿童，他们相信这样做是道德的，但今天我们的伦理信条却完全不是这样。

可见，主体需要性是道德价值系统中的一种规定。当然，作为道德需要的满足，道德价值必须包括客体对象的性质、内容及功能，没有客体的存在和它的客观作用，也就谈不上道德价值的实现。道德价值中完全含有客观的因素，这些客观因素是由客观对象的有用性和能够满足主体需要的性质获得的。但在道德价值实现范围内，仍是道德主体的性质规定着价值客体的性质，没有道德主体的性质和活动，道德客体仍然不能实现价值并成为价值实体。比如，人类应当善待动物、保护生态，这是人类的伦理要求，但是杀灭苍蝇、蚊子之类的"害虫"却不受人类伦理规范的保护。这说明道德客体的性能一旦被纳入道德价值活动的范围，就成了道德主体实践意向的投射对象，就必须符合道德主体的需要和要求。

总之，道德价值"应当"不是一种全然客体规定的实存，但也不单纯属于主体需要目的的意愿与理想，其实质是一种客体与主体的关系。价值"应当"的存在，既不是独立自存的实体，也不是纯粹心灵的创造，而是按照人的目的和理想要求所应有的存在。客体的某种对人有用的属性是价值存在的客观前提，但这个前提只构成道德价值的可能性，其特性本身并不就是道德价值客体属性的价值。

在这个意义上，道德价值意味着道德客体对道德主体具有意义，意味着道德主体给客体赋予意义。因此，道德价值尺度所规定的主客体关系不同于事实尺度所规定的主客体关系，它不是以主体对客体规律的服从为特征，而是以客体对主体的需要满足为特征。在道德价值范畴的客体关系中，主体是规定的一方，而客体是被规定的一方。客体意义要以其是否能满足主体需要，以及满足的程度为转移。因此，道德价值是对主客相互关系的一种主体性描述，它代表着客体主体化过程的性质和程度，表达了人的主体性尺度和人类对自然的主体能动性尺度的德性自觉意识。

道德价值作为价值系统的一个层次，带有价值的一般特性，但同时又具有一些独特的价值性质。

首先，道德价值是以人类相互之间的利益关系为基础的，以善恶评价为形式的社会价值形态。道德价值所涉及的主客体关系，一般而言主要还不是人与物的关系，更多是一种人与人的关系。它包括个人之间、个人与社会之间的协调关系。在种种价值关系中，价值主体的地位不是一成不变的，在一定道德关系中是价值的客体，而在另一道德关系中有可能成为价值的主体。作为道德行为的主体，在道德价值关系中的地位是可以互换的，有时是价值的客体，有时又是价值的主体。这同审美艺术等价值关系中的情形完全不同，在艺术审美关系中，欣赏主体人和被欣赏的艺术品客体之间，存在着一种相对确定的主客体关系。

其次，道德价值属于实践领域的价值形态。如果做广义的理解，实践是一切人类活动的基本形式，人类掌握世界所用的每一种方法所具有的特殊性、独立性，都在实践活动中不可分割地联系在一起。科学认识、审美意识、伦理道德等所有这些方法以及它们相互补充的多种形式都在人类社会实践中，为解决一个使它们结合起来的任务——为人类解放、社会进步而发挥作用。

但是，实践本身因人们掌握世界所用的方法的不同，使他们在实践中的"实践性"不尽相同。相对来说，道德价值有别于事实领域主体求"真"的认知本质。善不是一种对客体本质的认识，不是一种停留在主观中的东西，就其本质而言，"善"是人具有的一种精神意志，而意志的力量就在于行动，意志就存在于行动之中。因此真正的善（非抽象的），是一种意志支配下的行动。正是在此意义上，康德把伦理道德视作"实践理性"，而马克思则称其为"实践精神"。它不像纯理性那样站在自然之外冷静地、本质性地认识客体，更多的是在理性指导下将善的意志付诸实践。

最后，道德价值以向人们传达"应当"和命令来实现自身。道德价值表达的是它同人的利益、意图、理想化之间发生关系的意义。这里起作用的是一整套实践精神指引实践的准则。它使人能够在生活实践中，在人类文化的特殊世界中，在社会价值中有效地识别方向。道德价值表达对一定的行为准则的取向，并命令人们的行为活动与之相适应。它通过一系列的方针、准则、戒律、评价、理想来规范和调节人们的行为，它引起思维对行动价值、准则意义的探索，通过人的主体道德选择而实现价值。道德价值帮助人们确定人的价值，人在世界上的地位，他的生命活动意义，但这一切并不是作为理论认识的问题来提出，而是通过价值命令的形式作为人所"应当"的问题提出来。

总之，道德价值是对主客相互关系的一种主体性描述，它代表着客体主体化过程的性质和程度，表达了人的主体性尺度和人类对自然的主体能动性尺度的德性自觉意识。在道德价值范畴中，道德主体能动相对于客体的必然限制，具有更多的自由，它主要规定客体意义而不是客体规定它。道德主体在道德价值关系中是第一性的，客体是第二性的，其自由与必然的关系，在主客体道德价值关系中的性质和体现，与在主客体事实关系中的性质和体现是完全不同的。就主体给客体规定意义而言，道德主体按自己的尺度行动，在本质上它是相对自由的，这是主体尺度下道德价值关系中主客体关系的一个特性，也是道德价值意义的自由的特性，在根本意义上，它更多以主体的尺度为尺度。

第三章 道德领域中的权利和义务 *

权利和义务是人类社会特有的文化现象，任何一个从属于某种群体的成员，都对其共同体承担一定的义务，同时又享有一定的权利。权利和义务作为一对普遍范畴，存在于社会政治、法律、道德等社会生活的各个领域。在集体主义道德原则体系中，也存在着权利义务关系问题。集体主义原则既规定并要求人们承担道德义务，又规定并保障人们的道德权利。那种认为道德本质上是一种以自我牺牲为特征的规范、尽义务而不能求权利的观点，并不能准确表达集体主义的含义，其失误关键在于没有把握住道德权利和道德义务的特殊关系及其特有实质。

一、权利和义务的一般分析

权利和义务随人类社会产生而存在。广义的权利概念，标志着人们能够或实际做出某种行为的自由度，以及所应获得的利益。广义的义务概念，标志着人们应该、必须或实际做出或抑制某种行为的约束度，以及所应承担的责任。

权利和义务构成一个社会共同体生活的规范体系。作为社会生活原则，社会理性要求每一个共同体、社会集体成员在维持和推进社会集体

利益方面发挥作用。为满足这一要求，每个成员对社会合作关系负有责任和义务。"作为确定的人，现实的人，你就有规定，就有使命，就有任务，至于你是否意识到这一点，那都是无所谓的。"① 然而社会集体并不是单方面向人们提出责任、义务要求，而是同时赋予人们以相应的权利。每一个社会成员都享有社会集体规定的普遍的权利。每一个社会、每一个群体，都是由一群有共同生活关系的人组成的，这种关系使每个人都知道自己应该向别人付出什么、自己应该从别人那里得到什么。

权利和义务的存在，基于社会组织需要和社会成员相互关系的定义要求。一个成员的诸种义务是与其他社会成员的权利相对应的。要求别的成员尊重自己作为一名成员的权利，他也就有使自己承认并且在任何被要求的时候，尽可能地履行与其他成员的权利相关的义务。如果一个成员要求其他成员尊重他的权利却又拒绝尊重其他成员的权利，就是一种不平等。这种不平等的权利和义务关系绝不可能成为一个真正公正的社会的普遍准则。

权利和义务相互依存，在逻辑上是必然联系在一起的，然而在人类社会历史中并不是同时同等本质地显现的，可以说，越往人类早期回溯，义务的要求越发凸显，而权利的要求则相对不受重视。人们对意志、欲望的普遍要求有一个逐渐觉醒的进程，而公平合理的权利、义务关系也是随社会历史发展而发展的。

在早期以道德习俗为主要调节手段的原始社会里，义务性的道德习俗是群体生存活动的主要保障。在这里，个体很少讲权利而更多地履行义务。当部落内的某个成员被外族人杀害时，其意义远远超出了个人权利被侵犯的范围，它意味着对整个部落利益的损伤，因而被害者氏族的每个成员都有对外族人实行复仇的义务。在那个时代的社会共同体中，生存的权利是以牺牲个体的自由意志和地位为代价存在的。权利往往只能以氏族整体的形式来表达。这一方面是因为当时生产力水平低下，生存环境恶劣，氏族群体只有基于个体性的义务，才能维持自己作为一个有力的整体行使对于其他部落群体或自然物的权利；另一方面也是因为人类自我意识还处在蒙昧发展阶段。

进入阶级社会后，奴隶主贵族和封建贵族根据本阶级的需要，用强

---

① 马克思恩格斯全集：第 3 卷. 北京：人民出版社，1960：329.

制手段使他们的阶级权利合理化、法规化、普遍化，在这样一种阶级压迫的社会中，社会权利和社会义务的分配不可能体现社会公平和合理要求。它所引发的只是统治阶级特殊的权利感和公平感，而被压迫阶级从中承受的则是大量的义务。

资产阶级民主革命提出了自由、平等、博爱的普遍法则。要求取消等级特权，主张全体社会成员平等地负有义务并享有权利，这对人类的解放无疑是一大进步，也是人类权利主体意识的进一步觉醒。在资产阶级宣扬的自由、平等口号中，人的权利被凸显出来，并达到一种形式上的普遍合理性。但只要一个社会允许阶级存在，允许剥削存在，它就不可能在权利和义务分配上达到事实上的平等。正因为如此，马克思放弃了他曾经想运用的"天赋权利"的武器，并在他后来的著作中指出：在一切权利不属于人民的情况下空谈市民社会成员的自然权利，只是在捕捉一种脱离了人的本质和共同体的利己主义的人的权利。只有在生产力水平相当发达、社会制度公平合理、人的主体意识充分觉醒的情况下，人们的社会权利和义务才能获得真正的平等。

在这样一种真正平等的社会中，每一个社会成员个体才能找到平等的价值定位：一方面得到社会和他人的承认、尊重及利益上的满足，另一方面又承担对社会和他人的尊重、责任，以及为此做必要的付出。在一个真正公正合理的社会集体中，一切成员只有义务而无权利，或者相反只有权利而不承担义务，这在逻辑上是不可能的，也是无法想象和推论的。作为一个社会集体的成员，就必然既享有权利又承担义务，这是确认社会成员身份的一个重要部分。至于到底有哪些权利，有哪些义务，这取决于每一具体社会集体的现实情况，但在一般理论逻辑上，普遍的权利导致普遍的义务。

权利和义务在不同领域表现出不同的特性，大体归类，社会的权利和义务关系至少以政治权利和义务、法律权利和义务、道德权利和义务等三种主要形式存在着，此外还有风俗习惯中的权利和义务、宗教中的权利和义务等。在此，我们着重分析道德权利和义务。

二、先在、自律的道德义务
（具有先在、自律性质的道德义务）

道德义务和其他社会义务一样，必须和一定的权利结合在一起，权利和义务作为一对范畴，其相依相成的关系，在道德领域并无例外。"没有无义务的权利，也没有无权利的义务。"① 马克思的这个论断适用于一切领域的权利、义务关系。那种认为道德的义务不能同权利联系起来的观点，在社会生活实践中会损伤人们对道德义务的履行，在理论上也缺乏逻辑性。

然而道德义务和道德权利的关系，的确又具有不同于其他领域权利、义务关系的独特性。这种独特性首先表现在道德义务对于道德权利的先在目的性和主体自律性。道德义务从它产生起，就不是以获取某种权利为目的、前提的。道德义务的价值取决于它相对独立自在的目的性。从法律角度而言，个人义务的承诺和履行是个人权利享有的依据，也就是说，个体承诺法律义务而不履行法律义务，就得不到法律所允诺的权利保障。法律告诉人们的是，当一个人违反自己的义务承诺，不履行自己的义务时，社会也就不必继续承担不损害此人的义务，此人由此丧失法律保障权利。一个人完全不履行法定义务，就完全丧失法定权利；部分不履行法定义务，就部分丧失法定权利。一旦某人以谋杀他人的行为表明自己不再遵守"不得杀人"的法律义务规则，也就等于同时表明了他必须放弃自己生命的权利。每个人在承诺承担"不得杀人"的法律义务时，他往往并不是先行出于对他人生命的尊重，而往往是先行出于对自己生命的重视。

法律的这种特性，使法律义务更多具有手段的功能，获得法律权利则是履行法律义务的目的。这表明法律权利的地位是先在于法律义务的。

道德义务相对于政治的法律的义务，具有更多的目的价值而不是手段价值。道德作为诉诸人类内在德行光辉的调控手段，使得人们在履行道德义务时，能够相对超越一己功利目的。如果一个人履行道德义务完全是出于某种功利目的，是为了获取某种权益，则这个人的行为就不具有很高的道德价值。道德义务和法律义务的不同在于，它不是作为获得权利的手段而存在的，不能以获取权利为目的前提。道德义务的承担也并不以他人是否对等地承担此种义务为条件，根据这一特性，即使他人不承担此种义务，一个人也应当自觉地承担不做损害他人行为的义务。

----

① 马克思恩格斯选集：第3卷. 3版. 北京：人民出版社，2012：172.

法律权利、义务关系中，蕴含着社会公共权力机构对违法者施行惩罚的外在强制性的必然性，也包含着在没有公共权力机关的情况下同态复仇的正当性。而同态复仇对道德而言是不可取的。道德从根本上说并不主张"以怨报怨"，当然也不完全主张"以德报怨"。道德主张"以直报怨"。一个人对他人要承担道德义务，在严格意义上，并不以他人是否对此人承担义务为前提。这一切都表明，道德义务对于道德权利，具有其他义务所不具备的对权利的先在目的性。道德义务这种超越功利动机的先在目的性，使履行道德义务的行为富有神圣和高尚的价值。

道德义务的特殊性，还表现在它本质具有的自律性。法律义务不拒绝自觉，但本质上属于一种他律性质的义务。一个人不论出于何种原因，只要能够遵守法律规范，法律就承认你，给你以权利保障，在这一点上，完全被动地履行法律义务和主动履行法律义务，效果在相当程度上是一样的。然而道德义务的履行，则要求有一种自律的精神。自觉主动地履行义务，和被动消极地履行义务，其行为道德价值是完全不一样的。道德要求人们行为的效果至少要符合道德义务规范，但在此前提下，还要求人的动机与行为必须出于道德责任。也就是说，在道德价值衡量上，出于道德责任的行为，其价值显然要高于仅仅合于道德义务的行为。比方说，向"希望工程"捐款，帮助贫困地区的失学儿童重返回校园，这种行为即使出于沽名钓誉的目的，但在效果上符合社会互助的道德义务，因而也具有一定的价值，但在其道德价值层次上，则处于较低价值层次，只有那些真正出于救助失学儿童动机的人，其捐款行为才有比较高的道德价值。这就是说，道德并不排斥被动履行义务的价值，但它的价值主要建立在主动自觉的责任之上。

道德义务的自律履行，之所以比他律履行更有价值，是因为它更多体现了行为主体的自由选择和高尚的意识。当道德义务作为社会规范时，它是具有他律性质的，但当履行道德义务时，就应当是自律的选择了。在这个意义上，"出于道德"的行为和"合于道德"的行为，在价值层次上是不一样的。

道德义务的自律性是道德义务他律性在个体内心信仰中的内化。从道德实践本性上讲，道德义务的自律性是较之他律性更高级、更能表达道德本性的属性。道德义务总是因为人自己为自己规定义务而获得独特的道德性质。某种义务如果只是外在于人自身的客观规范，它就不是主体的道德义务。道德他律性只有内化为主体自律的信念，才能称其为真正的道德义务。在道德中，义务不是单纯由社会从外部颁布的，而是个人根据自己对义务的判断向自己本身颁布的，并且为履行义务而对自己实行内在的自觉制约。相对于道德义务而言，其他的义务更多是一种外在的缺乏自由选择的制约。

总之，道德义务一旦内化为道德主体的道德责任感，就完全摆脱了一般义务所具有的那种消极他律性，而成为主体意识中一种自由的选择，并从中升华出人性觉醒的高尚的光辉。

三、受动、客观的道德权利
（具有受动、客观性质的道德权利）

我们说履行道德义务不以获取道德权利为目的前提，绝不意味着道德义务是脱离道德权利的孤立的义务。无权利的义务和无义务的权利一样，都是不可能存在的。道德义务的先在目的性，道德行为的动机非功利性，不应当在理论论证上成为无视甚至否认道德权利的理由，道德权利在道德行为中永远不应成为主体主观的动机和目的，但作为一种客观、受动的权利，则永远和道德义务一同存在。

道德权利不是道德义务的简单对应物，但从结果看，道德主体在履行了一定的道德义务之后，客观上理应得到相应的权利上的回报。尊重他人的人，应当受人尊重；奉献社会的，社会应使他有所收获。这是道德权利和道德义务特殊关系的要求，也是体现在道德领域中的一种社会公正。履行义务就应得到公正客观的回报，行善就应得福，这应当成为一条客观普遍的道德法则。

很长时期以来，有些观点把道德权利广义地理解为选择道德的权利，比如说，"人有行善的权利"，"有在不同道德义务冲突之间选择更高价值义务的权利"。这些"道德权利"实质上已超出了一般权利的获得受惠的意义范围，而成为一种道德奉献的自由，这种权利只求尽义务而不求索取。因其属于主体主动的权利，所以以严格意义上并不是真正的道德权利。道德权利不同于其他权利的特质就在于，它必须存在于道德主体之外，是一种客观的、受动的权利。

　　道德权利存在的基础，在于互为义务的施受关系中。道德义务是普遍的，不是只对某一个人或某部分人设立的。义务的内容可以有所不同，但在形式上道德义务是对道德关系中所有道德主体提出的。这就意味着，在个人对社会承担义务的同时，社会对个人也承担义务。在真正合理的社会中，个人对社会的义务同社会对个人的义务是相辅相成的。把前者的义务同后者的义务割裂开来的观点，轻视个人道德权利的给予，只强调个人对社会的奉献和义务，少强调或不强调社会对个人的义务，在理论上有缺陷，在现实实践中必使道德义务的履行陷于不良的循环机制中。

　　道德义务的普遍性，还意味着在一定道德关系中，一个人对另一个人负有道德义务，而另一个人必然也必须对这一个人负有道德义务。夫妻双方道德关系中，丈夫对妻子负有忠诚的义务，同时妻子也必须对丈夫负有同样的义务。子女有爱父母的责任与义务，而父母同样必须有爱子女的责任与义务。道德义务的普遍性构成了道德义务互为、授受的关系。互为、授受的道德义务关系，构成了道德权利客观、受动的基础。一定个体、他人的义务奉献，在客观意义上就成了社会、他人的道德权利的获得来源，而反过来看，社会、他人对一定个体的义务也就构成了后者的客观的权利获得所在。

　　道德权利并不是道德主体在履行道德义务时要主动索取的，一个人自觉自愿地奉献社会，服务他人，也许他并不图求对等的回报，但承受义务贡献的一方有义务同等地回报贡献义务的另一方。受恩必报是人类千百年道德实践中总结出的积极的劝诫，这是道德公正或者说社会公正的必然要求。

　　如果一个社会中，义务只是某些人的负担，权利或幸福则是另一些人的特权，或者，真正尽义务的人，都得不到社会的公正回报，而不尽义务甚至不讲道德的人，却占有权利、享受贡献，那么，高尚只是高尚者的墓志铭，而卑鄙却成了卑鄙者的通行证。这样的社会有失公正与合理，社会风气必定败坏，道德及其义务的履行，也绝对得不到一个良性循环的机制支持。一个公正理想的道德环境、社会环境，应当努力消除义务与权利、奉献与回报、德行与幸福的二律背反，而使它们成为一种相辅相成的良性循环关系。事实上，社会越是对个人的奉献施行回报，个人就越会为社会而自愿地奉献，而个人越履行对社会的义务，社会就越有可能为个人提供权利保障和实现幸福。

四、建立奉献与回报的良性社会机制

我们今天的社会，要致力于改变道德义务和道德权利相脱离的现象，要在奉献与回报之间建立一个良性社会机制：要使尽义务的人得到公正评价和回报，使不尽义务的人受到谴责和惩处。只有当我们的社会真正树立起扬善抑恶的有力机制，社会风气、道德建设，以至于市场经济，才能有一个积极向上的良性发展。

道德权利回报问题，在理论上是一个关注不够的课题。改革开放以前，在"左"的思想影响下，集体主义的理论和实践有过一些严重的失误，在强调集体利益至上时，忽略了甚至一定程度地压抑了个人的利益。与此同时，集体主义比较注重强调道德义务和道德内在自律性，而对道德权利和道德外在他律机制没有重视或重视不够。强调道德义务和道德自律性并没有错，但只强调这一点而忽略道德权利和外在他律机制则有失片面了。正因为以往集体主义道德理论中缺少有关道德权利的合理论证，道德建设中缺少道德奉献的回报机制，使许多人一度对集体主义产生了怀疑和逆反心理。在今天市场经济建设中，社会风气、道德状况有许多不尽如人意的方面，和上述集体主义道德理论及实践的偏误是分不开的。

在社会生活中，如果只承认道德义务，不承认道德权利，或者说道德权利没有取得合理的地位，社会道德只要求人们履行义务，却不强调如何回报这种道德奉献，就必然导致道德评价与道德赏罚的不公，导致义务与权利、奉献与回报、德行与幸福的二律背反。久而久之，在社会道德生活中就会形成一种恶性循环状态，德行成了有德之人的重负，缺德则成了无德之人的通行证。奉献社会的人得不到应有的尊重和回报，"劳模"在某种缺乏正气的环境中反倒成了一种压力。有些人不履行道德义务，甚至见死不救，而见义勇为的人却会因为住院治伤费用而大伤脑筋，造成"英雄流血又流泪"的可悲现实。诚实守信、公平竞争的有德之人，却给了不正当竞争者以投机取巧的机会。有德者默默奉献，无德者不履行义务，反而占有和享有他人的奉献。借用经济学中一句话，这就是"劣币驱逐良币"。一个社会如果陷入这样一种不合理状态中，那么，社会风气败坏、人际关系恶化、个人品质堕落就会成为一种必然。

在今天，社会主义市场经济建设中的一个重要课题，就是要研究并建立相对完善的奉献与回报机制。建立这种良性的扬善机制，是建立与社会主义市场经济体制相适应的道德体系公正观念的一种体现，也是"依法治国"与"以德治国"国家治理模式中的应有的环节。我们的社会需要使奉献者得其所得，即使做出奉献的人自己并不期望得到相应的酬报，但作为承受奉献并倡导道德精神的社会，有义务为奉献者予以回报，使履行道德义务的人和做出奉献的人，在这种社会回报中客观上获得他所应有的道德权利。

社会回报的形式是多样的，可以是精神奖励，也可以是物质奖励，可以使他拥有一种社会地位，也可以为他创造一种有利的机会，比如，为奉献者设立相应的基金和奖励制度，规定其相应的待遇和资格，通过社会传播媒介的传播和赞颂，使奉献者的社会形象大放光彩，使之感受到做有德者高尚、光荣。此外，还可为他们创造一些特殊的有利于进一步发展自身的机会和便利，比如提供学习深造机会、发挥才干的位置等，在选拔有才干、有知识、有经验的能者同时，注意优先考虑那些德性高尚之人。社会在选贤任能方面，应和道德领域中的"优胜劣汰"充分结合起来。无论采用什么形式，目的都是一个，即要使奉献者在道德公正的环境里，感到做有德者高尚，做奉献者光荣，有德者才大有可为，真正体现出履行道德义务的社会价值。

建立和完善奉献与回报机制，也是加强道德建设、教育培养和提高全民道德素质的有效途径。社会切实奖励德行义举和奉献者，对人的德行施以精神和物质的奖励，凭借道德的外在机制，可以强化人们的道德动机，激发人们的道德行为，在全社会弘扬正气，抑制邪气。在社会主义初级阶段，当社会道德现状和人们的道德自律水平还达不到理想状态时，加强道德扬善抑恶的外在机制就显得更重要。另外，加强道德抑恶机制本身也是对奉献—回报机制的补充，如对懒惰的惩罚，就是对勤劳的另一种奖励形式；对假冒伪劣、不正当竞争的打击，就是一种对公平竞争、诚实守信、注重服务质量的扶持；对权钱交易等腐败行为的处治，就是一种对清廉公正的积极肯定；加强对无德者的舆论谴责，实际上也是一种对有德者的褒扬。

　　总之，道德义务和道德权利的独特关系，在实践中就必然要求建立和完善道德奉献与道德回报的扬善机制。也只有建立起这样一种机制，我们的社会才可能形成善善相生的良性循环。集体主义道德原则就应这样对待道德义务和权利的二律背反：一方面，要求道德主体自觉自律地履行道德义务，不计功利得失；另一方面，又强调社会必须通过各种方式使奉献者、有德者得到回报，在客观上使奉献者的道德权利得到兑现，在这种权利、义务关系基础上的社会道德价值原则，才能对社会成员产生强大的凝聚力、感召力，并在社会主义市场经济条件下焕发出持久的道德魅力。

第四章　我们怎样进行道德评价[*]

道德评价本身并不是制造道德价值，而是根据已确立的道德价值体系，对道德客体做出不同程度的肯定或否定、褒扬或贬抑。

价值评价是社会生活和社会实践中的一种精神活动，属于一种主体对象化的活动。它表明在主客体之间构成的价值关系中，客体是否能够或已经使主体的需要和愿望得到满足。道德评价是道德价值的反映，表达一定社会、时代的道德体系对社会中道德活动现象的善恶价值判断。道德价值评价问题是道德价值中一个深层次的问题。

一、道德价值评价的特殊视角

道德价值评价也是人类的一种认识活动，但它与认识的"是什么"的认知活动不同，它是一种以把握其伦理意义或价值为目的的认识活动，它所关注的问题的核心，不在于世界本身是什么，而在于世界对人有什么意义，世界应当是什么样的。所以，严格而论，评价是一种主体性活动，评价总是把一定的价值事实同评价主体及其需要联系起来认识。广义地讲，道德价值评价作为价值评价的一种特殊视角，是对一定

---

* 本章内容原载于《齐鲁学刊》2001 年第 3 期。

客体的道德价值的评估和判断。道德评价所反映的对象，是道德事实与评价主体及其所确立的道德体系构成的价值关系。事实上，道德评价中的主客体关系和道德价值中的主客体关系，既相互联系又相互区别。

首先，道德评价主体和道德价值主体既可能同一，又可能不同一。道德价值主体在一定的道德现象中，完全可能变成评价客体中的一部分。道德评价主体在这时候成为一个道德价值关系的超越者，道德评价主体根据所参照的价值体系标准，衡量和评价客体的意义。比如，当我们评价某一社会的价值原则或规范体系时，就不仅在评价对象中包容了该价值体系的价值客体，也包含了它的价值主体。因此，在道德评价活动中，道德评价主体和价值主体可能完全同一的时候，评价者所判断和评估的是价值客体对自己的意义、价值。在另一种评价活动中，道德评价主体和道德评价客体可能不同一，一定的道德价值主体本身就可以成为道德评价的客体对象。当然，也存在着第三种情况，即评价主体和评价客体部分同一，比如，评价者是价值主体中的一员，或价值主体是某评价主体中的一部分。人们很容易把道德价值主体等同于道德评价主体，这是因为在现实的评价活动中，评价主体总是与价值主体表现出某种程度的重合。"我"评价一种道德现象是善的，同时意味着这种现象对"我"的道德需要的符合和满足。"我"是价值主体，又是评价主体。在这种重合中，很难区分开"我"作为道德价值主体和"我"作为道德评价主体的逻辑层次，但这种区别又是必需的，否则就无法解释为什么对同一道德现象，价值评价主体会得出不同的然而都正确的评价结果。

其次，道德评价是道德价值的一个深层侧面，但并不直接生成道德价值。道德价值并不能依赖道德评价而存在，道德价值是道德主体和道德客体之间的一种特殊关系，它通过对善与恶的规定来体现主体的道德需要和"应当"的理想追求。既然价值存在于主客体之间的特殊关系中，那么价值的存在就不能维系于评价主体一端。因此道德评价本身并不制造道德价值，而是根据已确立的道德价值体系，对道德客体做出不同程度的肯定或否定、褒扬或贬抑。所以，道德评价所做的主要是揭示价值关系，它可以引导人们去创造道德价值，但却不能单靠道德评价自身就把道德价值关系创造出来。

最后，上述特点使道德评价具有很突出的价值规范性和客观性。任何道德评价，都必须以一定的道德价值规范作为评价标准，如果一种道德理论符合这些规范和标准，就是善的，否则就是恶的。任何社会、任何时代的道德价值规范都是历史地形成的，一种道德价值规范体系一经确立，就带有一定的客观性、普遍性，这就决定了道德评价的另一个特点：它不以评价者个人的需要、好恶、兴趣为转移，"我"可以根据一种现实对"我"有利而说它是"好"的，但"我"不能因此就认为它就是善的和道德的。

需要注意的是，道德价值规范的客观性、普遍性并不能作为道德先验的论证。人类历史上许多思想家，感受到了道德价值规范客观、普遍的性质以及对行为和评价主体的超越，因而以为道德价值规范是神预先设定的，甚至像柏拉图、黑格尔这样的大思想家，也都认定道德规范是一种先验的、自在的、非主体的精神理念。事实上，道德价值规范不以个体主体为转移，但它却是人类社会主体道德理性与情感的表达。道德价值规范在其根本性质上，是人类主体的道德理想和需要。

二、道德评价尺度及其合理性

道德评价尺度指的是那些判断道德现实或善或恶、或对或错的道德标准。道德评价的尺度是一定的道德规范和道德原则，把握道德评价的尺度，理解其合理性，必须和它的历史性、相对性结合起来。从根本上看，人们确立和调整道德体系，进行道德评价，最终是以对人性的理解和对社会生活的利益要求为基础的。对人的本质的不同理解，以及对社会利益关系"应当怎样"的把握，是构成不同时代、不同阶级形形色色的道德要求的直接原因。而对社会生活"应当怎样"的把握，事实上又是从属于对人性的理解的。人们总是根据对人性的理解，根据一定群体的利益和愿望，来构造并确定善恶的尺度，把那些符合自己的人性观念、有利于一定阶级或群体的现象视为善，反之，则视为恶。

历史表明，不同的时代、不同的社会利益与需要，道德评价的尺度是不同的。正如恩格斯所说的："善恶观念从一个民族到另一个民族、从一个时代到另一个时代变更得这样厉害，以致它们常常是互相直接矛盾的"①，"仅仅在欧洲最先进国家中，过去、现在和将来就提供了三大类同时并存的各自起着作用的道德论。哪一种是有真理性的呢？如果就绝对的终极性来说，哪一种也不是"②。英国思想家伯特兰·罗素也曾说，不同时代和地域中道德准则的不同几乎达到了令人难以置信的程度，同一社会也可能同时接受两种相悖的伦理准则。③

　　在人类思想史上，思想家们总在自觉不自觉地寻找普遍客观的"至善"。一些思想家或从"逻各斯""理念""理智"寻找"善"的所在，或以"天意""天道"说明伦理观念，或从"客观精神""善良意志"引出"善"的来源。而宗教思想家们又往往从"上帝"意志中解释"善"的存在。除此之外，还有一些思想家，用人的自然本性、自然欲望来说明善恶。这些思想家对善恶的解释尽管各有不同，但在一点上是共同的，即都脱离了人的活动的社会历史条件，从脱离了的人的社会性和理性来考察善恶，力图寻找到一种对一切时代、一切阶级都适用的、永恒普遍的道德尺度，将道德评价的合理性诉诸价值准则的至善性和绝对性。然而历史的发展以及人类思想史的发展，都已证明不可能找到普遍适用、永远合理的道德规范或道德尺度。把道德尺度的普遍一致性当作道德评价合理性的前提，最终只能导致道德评价无合理性可言。

　　人类在善恶绝对性问题上的觉醒是从近代开始的。尼采作为觉醒者的最早代表告诉人们：上帝死了，因此我们必须重估一切价值。人们在近代经历的价值崩溃和价值重建的历史背景中，思考不断变化的道德规范和尺度，认识到了道德规范是人自己订立的，道德尺度是历史地相对地存在的。马克思这样揭示道德尺度的历史性和相对性的根源："人们按照自己的物质生产的发展建立相应的社会关系，正是这些人又按照自己的社会关系创造了相应的原理、观念和范畴。所以，这些观念、范畴也同它们所表现的关系一样，不是永恒的。它们是历史的暂时的产物。"④ 人类道德评价的合理性标准，只能植根于人类社会生活之中，任何道德评价都是关于一定社会存在中道德理论客体对于道德主体，即

---

　　① 马克思恩格斯全集：第20卷. 北京：人民出版社，1971：101.

　　② 同①102.

　　③ 伯特兰·罗素. 伦理学和政治学中的人类社会. 北京：中国社会科学出版社，1992：49，52.

　　④ 马克思恩格斯全集：第4卷. 北京：人民出版社，1958：144.

对某个具体的社会或具体的群体有关道德价值的表述。不同的社会存在，不同的道德主体需要，其善恶尺度的确定是不一样的，善恶标准的历史性、相对性，决定了道德评价的合理性也是历史的、相对的。

然而道德价值尺度走出了绝对主义，又在19世纪末20世纪初陷入了相对主义。许多流派也不是一般地反对价值标准的客观性和普遍性，但最终把评价标准归于主观，因而陷入相对主义。自然主义把价值评价看作评价的表达，实际上否认有统一的客观评价标准。而在非认识主义那里，尤其是在情感主义者那里，他们根本不承认作为情感、态度表达的评价有什么统一的和客观的标准。实用主义的代表詹姆士认为：个人的心是一切事物的尺度，在那里，找不到"客观"真理，只能找到许多"主观"意见，"在我们的结论里，我们注意哪个，看重哪个，毕竟得凭我们的利益来决定"，"一切都看观点来定"①。存在主义者更是把道德评价标准归结到主体的意志自由中，认为人的选择应当是绝对自由的，善恶只能是相对的，选择此和选择彼都是有理由的，都是自由的权利。这些观点的失误在于片面夸大了个体道德的主观方面。当然，每个具体的个体在进行行为选择和道德评价时，都具有一定的自由和个人的情感、意愿，但这只是道德评价的一个方面，而在评价的背后却蕴含着深刻的客观性内容。

三、道德评价根据的内在构成

道德评价中，除了确立善恶的标准，还必须研究行为主体的动机、意图、手段、效果及其关系等问题。在复杂的社会生活中，人们的动机、意图并不能总是达到预期的效果，对人们进行道德评价时，究竟根据动机还是效果？关于这一问题，有人坚持"动机论"，有人坚持"效果论"。黑格尔和马克思则主张把动机和效果统一起来。但是，简单地把两个要素在观念中看作一种等量的算术之和，只能使评价问题停留在空泛状态中。所以，研究道德评价问题，不能仅仅停留在原则层面上，而必须深入到评价之根据的内在结构中。

---

① 詹姆士. 实用主义. 陈羽纶，孙瑞禾，译. 北京：商务印书馆，1979：125，60.

我们把道德评价根据看作一个系统。系统论认为，任何事物自身都是一个系统，其内在的质是多方面的，事物系统内的质均为系统质，但一个系统内各子系统的层次和地位是不同的，其各种质也处于各种从属关系中，它们由高到低，即由核心到外围构成事物系统的多层次属性。道德评价根据系统是由动机和效果构成的系统，其中动机系统质高于效果系统质，这是由道德的自律性为主及其与他律性统一的特性所决定的。就道德他律性而言，对行为出发点不做严格判断，只着重对行为本身及其效果进行鉴定。表现在道德评价中，评价着眼点就往往集中于行为的客观效果上，不论道德主体是主动的还是被动的，不论其自觉与否以及自觉程度如何，也不论动机是好是坏，只要在客观上有利于保证社会生活协调有序，就都是道德底线所容纳的行为。但道德评价并不能仅仅停留在这个层面，因为在这个层面，行为主体只是道德要求的接受者，甚至可能是盲目地模仿给定的榜样，不加思考地遵从既定的规范。道德的他律性评价如若被夸大，便容易得出仅仅根据行为的客观效果进行道德评价的结论。

道德不只是一种外在约束力量，就其本性而言它更是一种内在自律性力量。道德自律性相对于道德的他律性，意指道德主体为自己立法。道德立法不同于法律立法，道德的立法，就社会而言，表现为社会关系中引申出来的种种道德规范，因而具有外在于个体的制约性质，这也就是我们所说的道德规范的他律性。但就个体而言，道德主体自己为自己立法，则是把这种外在的道德要求内化为心中的道德法则。道德主体为自己立法，一方面把基点建立在对道德他律性的认同上，另一方面又是对这种认同的进一步发展，即不但敬畏和服从道德，而且主动给自己制定具体的行为准则。道德主体的行为动因在于自身的内在意志约束，如果仅仅用道德规范的外在他律性来定义道德，则完全背离了道德的初衷。

道德的积极引导性依赖的是不同于外在制裁的内在自觉力量。如果说外在约束依赖的是道德主体之外的客观力量，那么积极引导则更多地诉诸道德主体的内在力量，即人的理性自觉、人的良心机制和人的积极主动性。它使人们不是盲目听从外在权威，不是被动地接受道德灌输，不是盲目模仿给定的榜样，也不是盲目遵从既定的规范，而是基于积极性、主动性之上，对一定价值体系、行为规范思考并认同后进行自觉主动的选择。道德的这种自律性决定了：只有那种既在客观上符合道德要求，又是出于对道德要求的积极认同并主动选择的行为，才是具有更高层次价值的行为。也就是说，它要求道德主体的行为不仅要合于道德要求，更要出于道德要求，而且后者相对前者更体现了道德的本性。

出于道德要求，这意味着道德主体的行为必须是经过思考后自觉、自愿、自主选择的，而且这种选择必须同道德要求相一致。任何一个正常人的行为都具有一定的行为动因，但并非任何行为都具有出于道德要求的动因。如果一个人的选择不是出于内心的道德要求，而是出于其他目的，那么其行为结果即使客观上符合道德要求，也不能算作完善的道德行为。而假若其行为完全是不自觉、不自愿的，则其道德意义就离道德自律本性相去更远了。

道德行为的特征就在于它是自觉、自愿、自主的自由选择，丧失正常人理智的病患者、尚无判断是非能力的幼儿，他们在主观上并无这种自觉意识，无论其行为结果客观上是否有利于他人或社会，都不能看作是道德性的行为。黑格尔曾正确地指出了这一点："儿童和野蛮人也可能实现符合道德要求的行为，但这种行为还不是道德行为，因为这里并没有对行为的道德性质……进行任何研究。"[①] 在道德意义上，可以说，一个人对于他的行为几乎是不能负责的，除非行为是他自己自由选择的。或者，与其说一个人对其所自由选择的"行为"负责，不如说他对行为的"自由选择"负责。只有自由的选择才意味着道德主体是自觉、自愿、自主的。

"自觉"实质为一种认知，"自愿"实质是一种情感爱好，"自主"则意味着一种意志。而正是道德主体的自觉（知）、自愿（情）、自主（意）形成了动机的内在构成。动机说到底就是一种被道德主体意识到了的自觉意向，是道德主体为了追求某种预期目的的理性意志。那种对道德要求没有一定理性认知的行为，那种不是出于对道德的敬仰而仅仅是由于对道德的畏惧而选择的行为，那种受各种客观原因制约被迫做出的行为，其道德性是不完善的。

综上所论，"合于道德"同"出于道德"的行为都具有道德价值，在对这些行为进行道德评价时，其依据当然也是双重的。合于道德的行

---

① 周辅成. 西方伦理学名著选辑（下）. 北京：商务印书馆，1978：116.

为效果、出于道德的行为动机，都是评价根据中的要素，当然行为动机和行为效果在评价根据系统中的地位是不同的，因为内在自律性与外在他律性在道德性质中地位不同，而自律是更为根本的性质，他律虽也为道德属性，但毕竟处于从属地位。任何一个系统都是多质的，其中"第一序列"①的质是根本的质，是事物多重属性的代表质，或主要方面的质，事物的性质就是由事物自身系统内部的代表质决定的。"第二序列"的质一般是从属的质。如此，在道德评价根据系统中，动机是"第一序列"的质，也即决定道德评价根据性质的质；效果是"第二序列"的质，是一种非根本的质。

我们已知自觉主动地出于道德而行动，比消极被动地合于道德而行动，更能体现出道德特有的性质，更具有道德价值。作为体现道德特殊性质、决定评价对象的道德价值程度的评价根据，应把是否出于道德动机视为评价根据系统中根本的、主导方面的、第一性的质，而把不自觉地、被动地仅仅客观上合于道德的行为效果视为从属的、第二性的质。用系统论的语言概括就是，动机的系统质高于效果的系统质。这一切都是由道德以自律为基础的自律与他律相统一的性质所决定的，而评价对象的道德性及其程度是受动机—效果关系制约的。

四、道德评价对象的价值层次性

在严格意义上，道德评价根据系统的内部结构具有多重层次性。这些层次是由动机—效果的不同关系构成的。如果省去量的差异，仅在质的规定上考察动机和效果，则动机可划分为利他的动机、一般利己的动机、不损人也不利人的动机、损人的动机；而效果则可划分为利他的效果、利己的效果、损人的效果。如果将它们做一排列组合，则至少可得到九种排列关系。我们把利他的视为道德的，把损人利己的视为不道德的，九种关系则可进一步归纳为四种类型：

类型一：善良的（目的利他）动机——好的结果；

类型二：善良的（目的利他）动机——不好的结果；

---

① В. П. 库兹明. 马克思理论和方法论中的系统性原则. 上海：上海三联书店，1980：84.

类型三：不良的（目的损人利己）动机——好的结果；

类型四：不良的（目的损人利己）动机——不好的结果。

根据上述论点，只有出于好动机又带来好效果的行为，才具有最高的道德价值。而类型二、类型三由于没有达到良好的统一，都不能在道德意义上算作完善的行为，其道德价值显然要低于类型一。至于类型四，动机不良、效果同样不良，它已彻底超出了道德的底线，便成为恶的、不道德的。很显然，第一种和第四种类型达到了动机与效果的某种吻合，我们容易做出恰当的评价。困难在于，当行为动机和行为结果不吻合时，如何根据动机、效果的双重因素做出恰当的评价，这一难点如果得到解决，道德评价就能实现量化的操作。

由上述论点可知，动机作为评价根据系统的代表质，是评价时所依从的第一性的根本系统质的因素，而效果是所依从的第二性的或从属系统质的因素。行为的道德性质主要受制于其代表质或主导动机的性质。它虽然并不排斥效果在道德中的意义，但后者在性质上毕竟从属于前者。如此，当动机善良而效果并未达到预期目的（如类型二）时，道德评价依据其动机的善良性质，仍可一定程度地肯定行为的道德价值。因为行为主体毕竟在主动自觉地选择一种道德行为，并希望它能实现。而作为道德功能之一的积极调节及其内在力量，正是通过诉诸人们的自觉能动性得以实现的。所以对于出于善良愿望的行为，社会道德评价应该也必然会做出道德性质上的相对肯定，以激励人们自觉追求道德行为的能动性和积极性。

同时，善良的动机在事实上没有如愿以偿，这里面含有复杂的原因。其中许多原因往往来自道德之外。一般来说，一定的动机是相应的结果的必要前提。马克思主义要求人们力求达到二者的一致，但在实际生活中，善良的愿望有时也会把人引入地狱。动机、效果的这种矛盾是主观和客观、认识和实践的矛盾的表现。造成这种矛盾的原因，就在于主观上预期效果（指向）到客观上的实际效果的转化，是一个包含诸多问题的复杂过程，如对道德原则规范的认识、对客观情况的把握、个人的知识能力和工作经验、在实现动机过程中所采用的方式方法以及客观情况的突变等，这些因素都有可能对预期效果产生影响。

上述情况大致可归结为三个方面：第一，动机是否符合客观事物的规律；第二，行为主体的才干和能力状况；第三，是否具备了各种实践手段。不论哪一方面发生障碍，都可能使动机不能圆满转化为预期的效果。这三方面条件无论何者发生问题，都不可能改变动机的道德性质。如果是动机不符合客观规律，这往往属于认识能力问题，而认识能力和认识水平的不同不能直接等同于道德水平的高低。行为主体的才干、能力和道德价值的性质程度也构不成正负相关关系。有较高才能者道德上未必高尚，才能相对低下的人道德上也未必卑下。如果是实践手段不具备或情况发生了变化，这归属客观原因，人不可能超越客观制约去行动，某些不以人的意志为转移的因素阻碍了动机的实现，是不能完全由主体来承担责任的。道德不应苛求人们去完成不可能做到的事。

一种善良的动机也可能带来不好的效果，但若产生不好效果的原因在于认识水平和客观条件，那么这种违愿的效果不应当影响对行为的道德性质的相对肯定。在生活中，"好心办坏事"这一评价，并不意味着道德上的谴责。列宁曾指出，应有区别地（在"个人意义上"）评价"由于轻率"和"出于预谋"而发生的不好的行为。毛泽东也认为，"一个人能力有大小，但只要有这点精神，就是一个高尚的人，一个纯粹的人，一个有道德的人"①。

综上所述，善良动机可能未得到与之相一致的效果，但在其行为性质上道德评价是给予充分肯定的。同时由于其效果毕竟不合于道德要求，因此也不能称作完善的道德行为，不具有最高的道德价值。关于动机不良但却带来好的结果的这种歪打正着的行为，道德评价不应如效果论或动机论那样给予完全的肯定或彻底的否定。不给予完全肯定，是由于行为出发点并非善良；不给予彻底否定，则是由于至少它在事实上没有超出道德要求的最低限度。同样，由于行为动机与结果构成的关系不同，其行为的道德价值层次也有所不同。与前者相应，行为的道德价值也大致呈现四个层次：

最高一级（完整的）道德价值：善良动机——好的效果；

次一级（有缺陷的）道德价值：善良动机——不好的效果；

最低（或底线的）道德价值：不良动机——好的效果；

不具有（或负向的）道德价值：不良动机——不好的效果。

① 毛泽东选集：第2卷. 2版. 北京：人民出版社，1991：660.

　　总之，道德评价根据系统是由动机和效果构成的系统，其中动机系统质高于效果系统质，这是由道德的自律特性所决定的。道德的自律性决定了：只有那种既在客观上符合道德要求，又是出于对道德要求的积极认同并主动选择的行为，才是具有更高层次的价值的行为。

第五章 道德标准"多样性"问题探讨*

在社会道德体系建设中，要注意道德标准的"多样性"问题。厘清一元价值导向和多元价值取向的关系，把握道德原则和道德层次性问题，这应当成为当前我们进行社会道德体系建设的基本思路。我们党历来强调，要把思想道德先进性要求同广泛性要求结合起来，要"鼓励支持一切有利于解放和发展社会主义社会生产力的思想道德，一切有利于国家统一、民族团结、社会进步的思想道德，一切有利于追求真善美、抵制假恶丑、弘扬正气的思想道德，一切有利于履行公民权利与义务、用诚实劳动争取美好生活的思想道德，团结和引导亿万人民积极向上，不断提高全民族的思想道德水平"①。强调思想道德及其一元导向和多元取向的统一，对社会道德体系建设至关重要，它对社会道德体系的有机性、系统性，及其在现实社会中的功能发挥，对广大社会成员的认同和追随，都具有关键意义。

一、以往社会道德要求及标准的审视

社会道德体系应该是一个包含原则和不同层次要求的体系，既有对

　＊　本章内容原载于《伦理学与德育研究》（新华出版社，2005 年）。
　①　十四大以来重要文献选编：下. 北京：人民出版社，1999：2054.

不同社会主体的多样价值取向的容纳，又有社会一元主导价值对多样、多元价值取向的统领和整合。但传统道德和我们过去很长时期的道德实践，存在着使道德要求和道德标准单一化、崇高化的倾向，使道德发展和道德实践经历了一些曲折，对此我们应给予充分反思。

中国传统伦理文化中，早期经典儒家不是不讲道德层次性，先秦儒家在道德教化和人格境界方面就区分了不同层次，如，人格大致分为士、君子、圣人等，在教育过程中也讲究从基础德规向圣人大道的渐进。但严格而论，在汉儒以后的伦理思想中则相对简化了道德的层次性，例如，"正其谊不谋其利，明其道不计其功""存天理，灭人欲"，义利、理欲关系逐步发展到相互排斥和对立的地步。义利、理欲对立的理论使人格层次分化为君子、圣人和小人三极。同时，从"人性善"理念出发，传统伦理道德多从完善人性、追求圣贤道德人格出发对人们提出要求。相对而言，西方传统道德建立在"人性恶"的理论基础上，所以西方道德传统更多诉诸人的理性正当，控制作恶即理性之善，并不注重对人们提更崇高神圣的道德要求。相比之下，中国传统道德是扬善并追求成为君子和圣贤，西方传统道德则是抑恶和防范小人。陈独秀在新文化运动期间曾对此做了深刻的概括，西方道德"以小人始，自君子终"，中国道德"以君子始，自小人终"①。

在传统文化"天人合一"思维模式中，天道与人道合一，人道被投射于天道，道德被理想化并成为"天理"，道德规范被终极化和神圣化，最终远离社会生活，失去了其应有的层次性和普遍性。在"君子喻于义，小人喻于利"的道德标准设定下，大多数人会因为要求过高而放弃做君子与圣贤的道德追求，只能选择做"小人"，这也是中国历来不乏志士仁人的道德精英，但同时又大量存在"小人"的一个重要原因。所以，当义和利、理和欲两极对立起来，当道德要求缺乏多元性和层次性时，单一过高的道德标准就会变成压抑人性的重负，可望而不可即，最终使人们远离、放弃。

我们在过去的思想道德建设中，在理想性和现实性、单一性和层次性的把握方面，也存在不少问题。在一段时期，道德体系缺乏有效的多样性和层次性，"大公无私""毫不利己，专门利人"等一些高层次道德

---

① 陈独秀文集：第 1 卷. 北京：人民出版社，2013：130.

规范，被当作普遍规范对广大人民群众进行要求，奉献变成了义务，言德必称奉献。这种单一崇高的道德要求使人们渐渐从为难、困惑到怀疑，最终走向远离道德和"逃避崇高"之路，只能安心于"我是俗人"的身份定位中。

任何一种社会道德体系，都必须是理想性和现实性、崇高性和正当性、神圣性和世俗性、一元性和多元性的统一，偏执一极的道德要求必然会伤害人们对道德的追求，最终导致道德失落。这是思想道德发展的规律，也是今天思想道德建设中应充分反省、总结的经验和教训。

二、一元价值导向和多元价值取向的关系确证

市场经济的发展，带来了社会道德发展的新课题。市场经济的竞争机制和开放机制，决定了社会利益主体的独立性、差别性和多样性，从而也带来了价值观念和价值选择的差异和多样。同时，现代社会作为一个政治文明和民主的社会，在使人们有更多平等、自主权利的同时，也给予了人们以自主选择价值取向的自由和空间。当然，影响思想道德价值选择多元、多样发展的，还有其他方面的因素，比如改革开放后西方资本主义世界的价值观念和非马克思主义思潮，以及社会成员之间存在着不同思想觉悟和道德境界的现状，这一切也在思想道德价值取向多样化、多层次化方面产生各种不同的影响。总之，社会的多样性在一定程度上是时代进步和市场经济客观要求的体现，是社会文明、政治民主、经济自由自主、思想观念宽容开放的表现。我们今天构建与社会主义市场经济相适应的社会道德体系，必须充分顾及所面临的社会多样性及其多元价值取向的客观现实。作为一个有机的多样性社会，无论是多元利益主体，还是多元价值取向，都必须相容在一元价值理性统领下，相洽于有序整合的社会组织机制中。

首先，市场经济的自由竞争不是无限的。社会主义市场经济接受的是市场调节和国家宏观调控的双重作用。即使是资本主义市场经济，也不纯粹由市场自身自发调整，还有国家宏观调控在发挥作用。其次，多元利益主体的自主也不是任意的。不同利益主体必须在平等身份和相互尊重的态度中对话和商谈，确认自我的权利范围。最后，价值观念多元

也不代表允许价值观念杂多紊乱。各种价值观念体系，必须在观念交流和价值相洽中，寻找自己的存在合理性。这里就必须对现代社会的多元价值取向予以宽容与整合。

市场经济作为一种资源配置和经济活动组织的形式与手段，其本身并无特定与固有的价值信念。无论是社会主义社会还是资本主义社会，在选择这种经济体制工具的同时，都必须为它配置并构造一个相应的目的理念和规范框架，以使市场经济体制的运作有明确的目的导向和调控机制。我们社会主义的政治、法律、思想道德等意识形态，就是保证市场经济按照社会主义价值导向发展的重要理念和规范。在这个意义上，社会主义社会道德体系的构建，一方面要从社会多样性这一现实出发，包容多样性的价值取向，另一方面又必须构建多元价值体系所共同接纳并认同的一元价值原则和标准，并以这种价值原则和标准对多元价值观念进行整合与引导，正如经济利益可以有多元取向，但必须服从于社会主义共同富裕这个一元的社会发展目标一样。多元价值取向如果没有一元价值导向去整合与引导，就会因为社会价值杂多而造成人们思想困惑、是非混淆、道德失范的后果，市场经济发展就必然会失去社会方向和规范框架，陷入无序而紊乱。

一元价值导向对多元价值取向的整合，部分源自社会公众对一元价值导向的认同。一个公正的价值原则当然必须表达全体社会成员的共同愿望。但这种认同表达并不能简单建立在大多数人首肯的基础上。在这个问题上存在着一些不同的看法。许多人认为，一元对多元的整合必须建立在公众基础性道德之上。也就是说，主张用道德体系层次中最基本的而不是最高的道德规范，去整合与引导多元价值取向。理由是，只有这些共同生活中的起码的基准性道德规范才能获得大多数公民的认同。但是，"多数人同意"并不是民主和正义的全部含义。简单理解和随意运用这种"公正"程序，就有可能带来"多数人的暴力"的不公正现象。全社会成员的共同愿望还应建立在社会理性对社会理想及发展目标的自觉认识和正确把握上。而最终的理性自觉与把握，并不完全总是以"多数人表决"形式实现的。我们今天进行社会主义社会道德体系构建，就是对社会主义市场经济条件下的思想道德价值进行理性把握，并在此基础上建立起与之相适应的一元导向和多元取向有机整合的价值体系。社会价值取向的整合，必须建立在一元价值原则和普遍基准性道德规范的共同基础上。

三、社会道德体系层次性的整合把握

社会道德体系中的"多样性"问题，还体现在体系中的层次性方面。合理的社会道德体系有一元价值导向，但它不是单一层次的，而是在一元导向下既体现先进性和广泛性，又体现最高原则和底线规范的多层次有机复合体。社会道德体系规范必须有一个基本原则，它是规范体系的灵魂，是整合多层次要求的凝聚剂。社会主义社会道德体系必须表达社会主义本质，表达全面建设小康社会、实现共同富裕的发展目标。集体主义原则就是社会主义共同富裕理念在道德领域的表达。多种价值取向和层次必须整合在集体主义导向之下，这是最广大人民的根本利益所在。

并不是任何一种追求个人利益的行为都具有思想道德上的合理性。不论社会道德层次如何规定，它得有一个最低边界，即是否合理谋利，是否给他人和社会公益带来损害或破坏。超出最低边界的行为将不具有任何道德合理性。在道德合理性基础上，再根据为他人和社会公益带来的利益促进程度确定其价值大小。由此，社会道德体系的规范要求，可简化分为高低两大类。一类属于正当合理性道德的规范要求范围。这一类临界底线的道德要求，容纳人们正当的利益追求行为，向人们提出最低界限的规范和约束。因为是底线，不可再逾越，所以也带有更强的他律约束属性。这类社会道德规范属于一种抑恶的约束。在这个意义上，我们通常可以把这一类规范视作"义务性"道德规范，比如追求个人利益不得以损害他人和社会公益为代价与手段，这就是一个底线的义务命令，也是一个公民必须达到的起码的思想道德水平。

另一类属于在"正当合理"基础上表达"道德高尚"的规范要求范围。不损人而利己是道德正当，舍己为人就完全是道德高尚了。这一类道德规范不对人们提义务性要求，只对人们道德境界由低到高发展进行引导和呼唤，更多是诉诸人的主动性和自律性，因而其社会约束性也相应弱一些。相对于义务性的"正当道德"，高层次规范属于奉献性的"高尚道德"。

对不同类别与层次的道德规范进行把握非常重要。传统伦理思想正是把"正当道德"要求和"高尚道德"要求合二为一了，把许多高尚道德层次的要求当作普遍的道德义务要求，使选择道德成为一件成本很高的事情，从而伤害了人们对社会道德要求的认同感、亲切感，最终损害了社会道德。人们应当做的道德选择并不完全等于人们必须做的。今天我们在构建社会主义社会道德体系的过程中，一定要从市场经济条件和社会实际状况出发，充分考虑社会存在着多样性的、多层次性的因素，把握好社会道德体系中的层次性。

当然，也要注意在理论和实践上发生的另一种误区，即对思想道德要求按对象而分层次。这种观点认为在市场经济条件下对广大社会公民只适宜提基础层次的思想道德要求，而不宜提高层次思想道德要求，认为高层次思想道德要求只对社会上的先进分子有意义。先进分子理应保持自己思想道德追求的先进性和高尚性，但这并不意味着广大普通公民就永远只需和只能停留在思想道德底线层次上。不能因为现实社会中人员素质参差不齐，许多人达不到高层次的思想道德境界，就不向全社会公民进行高标准思想道德引导。任何一个普通公民，都有从较低思想道德层次通向高尚思想道德层次的可能。我们要建构的社会道德体系，必须是一个以社会主义、集体主义原则一以贯之的有机体系，是一个先进性与广泛性、一元导向与多元取向、原则要求与规范层次整合起来的体系。

把握社会道德层次性对道德教育和道德建设都意义重大。对公民个人而言，只有先做到抑恶，做到正当合理谋利，才能再进一步上升为主动奉献，达到高尚。对社会道德建设而言，一方面要着力于使广大公民实现义务道德要求，使公民在整体上达到正当谋利的普遍水平，社会风气和文明水平就一定会有一个整体提升。公民个体都做到了遵纪守法、文明礼貌、正当谋利，就可望全社会文明风气和道德水平进一步提高。当然，另一方面讲，虽不能要求大家都达到高尚，但如果因此而放弃用高尚的精神塑造人，那就很难引导公民走向高尚的道德境界，从而也很难使社会道德水平和精神文明不断发展和提升。总之，社会道德的理想性和现实性就是这样体现在高尚道德和正当道德的有机层次系统中，并在二者互动中成长与发展。

第六章　道德评价根据内在构成探析 *

对道德评价根据问题可展开多方面研究，本章主要探析道德评价根据的内在构成，以求解开评价根据中动机、效果的关系之谜，通过对动机—效果在评价根据中的不同地位及其相互关系的分析，使评价主体在确定不同类型评价对象（这里指动机、效果一致或不一致的种种行为）的道德价值程度时，有确切而不是模糊的根据可依。

道德本性决定道德评价根据内在构成的特性

任何社会，为了平衡协调地发展，必须借助于各种标准规范、制度等对该社会内部的各种关系加以调控。如果说法津、政治等规范主要是对人的一种外在约束力，那么道德则更多的是对人的一种内在约束力，或者说，法律、政治规范的特性是他律的，而道德规范的特性是自律的——严格地说，是以自律性为基础的自律与他律的统一。道德这种特殊本性必然决定其评价根据是一个以动机为基础的动机—效果统一体系，其中动机系质高于效果系质。

无论何种形式的道德，往往首先表现为一种他律的性质，这主要指

　* 本章内容原载于《新疆大学学报》（哲学人文社会科学版）1994 年第 1 期。

道德规范的外在约束力。道德上的他律主要指道德主体赖以行动的道德标准或出发点，首先受制于道德和道德主体自身之外的外在力量。道德规范有他律的一面，这意味着道德往往利用道德之外的某种权威力量，约束与规范人的行为，以此调控社会。这种外在约束往往同它得以发挥外在制裁力量相关。道德外在制裁是通过外在于道德主体的力量，以奖惩为手段，达到使行为者服从之目的。这种外在于道德主体的力量具体表现为舆论及风俗习惯的社会权威。当人们在社会中约定俗成的行为，由于相对不断重复并规范化后，以一种规则的形式在社会历史经验中沉淀下来，这些东西就往往成为超越个体的社会权威的一种化身，它以命令、戒律的形式约束人们的行为，从"你不能"的角度发挥道德功能。它给予符合自己价值方针的一切以奖励（容纳、称赞），给予不符合自己价值方针的一切以惩罚（谴责、排斥）。人们之所以畏于社会舆论的压力，就是因为一定社会道德的总和总是表达这一社会（权威）主要价值方针及次序、等级，它的社会裁判，它的赞许或谴责将导致社会、群体对某一个体的容纳或排斥、尊敬或鄙夷。作为社会的人，社会的依赖性是多方面的，避免过一种同群体不相容的生活，即是其中一方面的表现。心理学者在谈到社会意识对个体意识的作用时也认为：人们服从社会需要"最强大的动力是对孤立与排斥的恐惧"①。

　　在此意义上，道德进行社会制裁，往往根据行为是否客观上符合它的要求而定。如果一个行为（不论行为出发点如何）客观上符合了一定的社会要求，就会得到这一社会道德价值体系的某种化身——社会权威的肯定，得到社会群体的容纳与尊敬。就道德主体方面而言，它往往只是道德要求的被动接受者，往往盲目模仿指定的榜样，不加思考地敬畏、遵从既定的规范。作为道德评价，其外在他律的性质就使评价主体对行为出发点不做严格裁判，只着重对行为本身及其效果进行鉴定。评价的着眼点就往往集于行为的客观效果上。不论道德主体是主动还是被动，其自觉与否以及自觉程度如何，也不论行为动机是好是坏，只要其结果符合了社会道德要求，在客观上有利于保证社会生活的协调与稳定，就都是道德最低限度所容纳的行为。道德的这种他律的属性，一旦被夸大并膨胀，便易引发根据行为外在客观效果进行道德评价的结论。

---

① 埃里希·弗洛姆. 在幻想锁链的彼岸. 张燕，译. 长沙：湖南人民出版社，1986：132.

伦理史上的经验论者，往往就是只看到了道德的约束性功能才得出了"效果论"的断言。

道德就其本质来说是人类精神的自律。道德的自律突出表现为主体的自我立法。道德的立法，从社会而言，表现为外在于人的道德规范，从而对主体来说表现为一种他律。但就主体自身而言，把外在的规范，内化为内心的道德法则。这一过程即是一种道德主体的自我立法，不仅表现为对道德规范的认同，而且更进一步，主动给自己制定具体的行为准则，内化为人们的内在道德信念，约束自己的道德行为。所以，如果仅谈道德的外在性和他律性，则背离了道德的初衷。道德作为一种实践精神，是掌握世界的特殊方式，它不是被动地展现世界，而是从人的发展需要和特定的价值出发，能动地把握世界，因而道德往往用理想的语言为人们提供更合理的社会蓝图，引导人们实现真善美的追求。如果说道德外在约束方面往往是说"你不能"，那么其内在引导方面则更多地意味着你"你应当"。对于道德的应然性质，苏联著名伦理学家季塔连科曾指出："道德评价可以预见社会前进发展的远景，用道德要求、道德戒律、道德理想的语言来加以表达。在认识这种远景的一定历史阶段，也即在对远景尚未作出科学的规定时，对未来生活轮廓的道德预见就成为历史变动的第一个报信者。"① 因而道德往往是采取"应有"这一尺度来衡量现有的现实。"现有"与"应有"是特殊的道德矛盾，只有以高于现实的示范、劝诫并以超前于现实的理想性要求给人们以"应当"的导引，才能减少这种矛盾与差距。道德用自己的测量尺度，表达出现实的辩证性、现实的发展，以及处于过去、现在和将来各种因素复杂结合中的现实矛盾的社会性质。它体现了社会发展中的合理因素，从超越现实的（理想的、合理的和未来的）角度把握现实。它赋予社会生活以内在的逻辑严整性，帮助把现实理解为不断力求实现崇高目的和达到道德理想的发展过程。列宁也正是看到了道德的理想性质，才把理想称作"道德的最高者"②。

道德引导性能的发挥，主要依赖于人的理性自觉、人的良心机制、人的能动本质等，体现出人的能动主动，自觉自律。这种内在的机制，使主体的行为不仅合于道德，而且是出于道德的，因而更体现出了道德本性。

---

① 季塔连科. 马克思主义伦理学. 上海：上海译文出版社，1981：95.
② 列宁全集：第55卷. 2版. 北京：人民出版社，1990：43.

正如前面所述，出于道德的动机和合于道德的效果都是我们进行道德评价时应当考虑的。但两者的序列是不一样的。简而言之，动机体系是第一序列的质，即代表着、决定着评价根据的质，效果体系是第二序列的质，是一种非根本的质。

道德演进轨迹是道德评价根据内在系统质的纵向展示

道德产生、发展的过程，也是由不成熟向成熟、由低级向高级、由外在他律向内在自律演进的过程。在这个过程中，道德的主体性、内在性、自律性渐渐发展为占主导方面的因素，并越来越成为道德系统中的代表质和根本质。纵观道德发展史，能够更清楚地看到道德以自律为核心、自律与他律相统一的性质得到进一步确证。

外在约束性是早期道德的基本特征，这同人类意识的不自觉相关。原始人把氏族社会的一切行为准则，都看作神灵的要求或纯粹外在的既定的"善"，把道德的义务和评价看作神灵、传统习俗的要求与力量，而无须任何理由。这样，对外界力量的依赖就成了当时道德行为调节的依据，甚至内心的自我谴责也被理解为某种外部力量（如"复仇女神"或"魔鬼"）的警戒和惩罚，因此，风俗习惯、传说和各种宗教仪式作为氏族社会的调控力量，虽然是各种简单的道德规定，却获得了人人必须遵守的效力，但它们都不是后来意义上人们道德选择的结果。行为判断往往不对动机、效果加以区别，对造成伤害的当事者不分是蓄意还是过失，一律加以严惩与报复。那时的道德基本属于一种防范的外在强制约束力量，显然还不是真正成熟形态的人的道德。这种道德是人的偶像或主人，而人是它的奴隶。道德不应被看作某种偶像，而应看作人们之间的现实联系，看作人类自我肯定、自我发展的一种形式。

早期道德的外在性，是同当时人内心世界发展不足以及生产的盲目性，同自我意识和自我评价的能力还在刚刚形成之中的氏族时代是相适应的。正如马克思指出，氏族村社"使人的头脑局限在极小的范围内，成为迷信的驯服工具，成为传统规则的奴隶……"[①] 如果说在氏族社会

---

① 马克思恩格斯全集：第 9 卷. 北京：人民出版社，1961：148.

道德仅仅作为萌芽存在于风俗习惯中，那么随着生产力的发展，随着人的思维的发展，道德从氏族社会的外部超自然力的强制，到奴隶社会、封建社会的宗教戒律、礼仪制度，再到资本主义社会的道德，总的来讲都是沿着人们在道德上的主动性逐步加强的方向前进的。在这个过程中所获得的积极内容，逐步在人们的社会关系中牢固树立起来，成为人们的道德习惯。到了社会主义社会，由于人性的解放，就更要求社会舆论与内心信念达成一致。在这个过程中，人们的道德自觉性迅速提高，不仅要求自觉地履行道德义务，而且还要求自觉地提出和实现崇高的道德目的，人们越来越成为创造新的道德关系自觉的主体。

人类理性的自觉带来了道德自觉的可能性，它使得人类对道德的设立越来越具有主体性，在道德发展中不断追求，更新着它的内容，主动朝更完善、更美好、更有利于人类发展的方向努力。人类从远古时代的道德（风俗习惯）的奴隶到今天社会主义社会的道德自觉的主体，一步步走向道德的主人。社会成员对道德的服从实现了对单纯畏惧外在力量惩罚的超越。道德本身的理性化，就要求人们在实现道德时，不能仅仅由于对外在权威的畏惧而被动服从，它越来越要求行为主体主动而非被迫地自觉、自愿、自主地履行道德责任。人的道德只有到这时候才算真正形成。

在道德演进过程中，人的道德实现了从外在表象向内在实质的转变，完善了人类道德的理性本质。它说明，道德就其本性而言，是具有主体自觉意识的积极理想性的东西。其核心就在于它的主体自律性：它不是"他律"的要求，而是人自主决定自己的行为。只有这样，人的道德行为才能最充分地体现出人的崇高和本质属性。马克思曾概括指出了这一点，"道德的基础是人类精神的自律……"[①] 在漫长的阶级社会中，道德功能的主要特征表现为约束性，这是道德本性在阶级社会异化过程中人的主体性的失落。正如美国学者乔治·桑塔亚那指出的："伦理道德往往变成一种强制约束力量，但这是它的可耻而不是它的本质。"[②]

可见，他律性的道德还只是一种不成熟的道德，人类成熟的道德是自律性的道德。当然，这只是相对而言。成熟形态的道德也是一种自律

---

① 马克思恩格斯全集：第 1 卷. 北京：人民出版社，1956：15.

② 中国社会科学院哲学美学研究所，选编. 美学译文. 北京：中国社会科学出版社，1982：40.

性与他律性的统一，只不过后者从属于前者。在人类历史发展的相当阶段，道德外在约束性质依然存在，其外在制裁力量仍要同内在制裁力量相配合，并发挥作用。它们同为道德力量的不同方面，但外在制裁越来越不代表道德力量的主要方面，越来越成为从属的一面。就外在约束力而言，社会对个人的道德要求，理性对欲望本能的道德把握，还停留在道德主体自身的意志要求之外，这时，道德所产生的力量还不是来自道德主体自身，不是来自道德主体对道德规范的认同、内心敬仰和自由服从，而是来自一种超乎个人之上的社会道德的压力。道德主体的德性行为，与其说是出于对道德规范的真诚信念，毋宁说是出于畏惧舆论和谴责。而以自律性为核心的道德，不仅仅要求道德主体行为至少客观上合乎道德要求，更要求道德主体把社会理性内化为个人的自由意志，要求其行为是理性选择后在动机上真正出于道德要求。那种仅仅在效果上合于道德的行为，只是在道德容纳的最终界限上被肯定下来，那只是道德最低的、最起码的要求。

如果说在人类早期，道德规范处于一种他律境地，人们是盲目就范的话，那么随着人的自觉意识的产生与发展，受制的外在权威就逐渐演变为人内心的道德主体意识与信念。同时，社会道德对人们的要求，也从单一的被动服从转化为自觉主动的选择，而一个人行为的道德价值，在早期他律性道德中往往落实在行为的被动服从上，到后来在以自律为基础的道德中，也就越来越落实在行为的理性追求上。道德职能同法律职能由早期合二为一越来越具有了分别，以至于道德与法律调控之殊异，就在于它不是由一个社会权威外在强制于人、约束于人，而是温和劝告和内在引导人，那种早期道德中不究行为动因，单纯根据效果的裁判也就渐而转向对行为出发点的注意。原先在意识中蕴蓄着的行为动机，渐渐显露出并越来越占据重要地位，成为相对成熟道德形态中评价根据的代表质。说动机是道德评价根据的代表质，效果是从属的质，同我们说在道德评价根据的双重系统质中，动机系统质高于效果系统质是一回事。

道德评价根据内在构成的层次性
决定评价对象的价值层次性

道德评价根据是由动机、效果两类要素构成，并在其系统结构中，动机系统质高于效果系统质。这些不同系统质的要素相互联系，构造成有诸多层次的道德评价根据体系。如果省去量的差异，仅在质的规定上考察动机和效果，则二者分别可划分为利他的、一般利己的（不损人也不利人）、损人利己的三类动机和三类效果，将它们排列，并相互完全交叉组合，至少可得出九种关系，详见下表。

表1　　　　　　　　　　　动机和效果的九种关系

效果　　关系　类别　动机	利他	一般利己	损人利己
利他	1	4	7
一般利己	2	5	8
损人利己	3	6	9

为使讨论实质化、清晰化，九种关系又可进一步归为如下四种类型：

类型一：善良的（目的利他）动机——好的结果；

类型二：善良的（目的利他）动机——不好的结果；

类型三：不良的（目的损人利己）动机——好的结果；

类型四：不良的（目的损人利己）动机——不好的结果。

只有像类型一那样，既出于美好动机，又带来良好效果的行为，才具有最高道德价值。而类型二、类型三由于没达到良好统一，都不能在道德意义上算作完善行为，其道德价值显然低于类型一。至于类型四，动机不良，效果同样不良，它已超出道德最低限度，便成为恶的不道德的。显然，第一、第四类型达到了动机和效果的某种吻合，容易做出恰当评价。困难在于当行为动机和行为结果不吻合时，如何根据动机—效果的双重因素做出恰当评价。这一难点如果得到解决，道德评价就能进一步达到量级化操作。

正如本书第四章"我们怎样进行道德评价"所述，道德评价根据的内在系统结构不是一个或数个要素的算术之和，而是一个由各要素构造而成的综合性体系，其构成要素从质上可分解为动机、效果，其中，动机的系统质高于效果的系统质，行为道德性质主要由该系统的代表质、根本质——动机的性质所规定，行为道德价值层次受制于动机—效果结构关系类型。同许多深层理论问题一样，道德评价根据问题也是一个诉讼千古的悬案，我们未必能这样自信：通过本章探讨已彻底解决了这一问题。但探讨这一问题并尝试解决，这是我们应做的努力。理论问题的探讨是永远处于发展中的，正如哲学家 A. F. 查尔默斯在《科学究竟是什么》中所说："我们始于迷惘，终于更高水平的迷惘。"①

---

① A. F. 查尔默斯. 科学究竟是什么. 鲁旭东，译. 北京：商务印书馆，2008.

第七章 我们为什么要以生命捍卫道德[*]

——兼论自我牺牲精神

20 世纪 90 年代初，人们曾讨论过一个在中国似乎从来不是问题的问题：一位年轻的女出纳员为了 2 300 元公款和歹徒搏斗并牺牲了生命。有些人问："难道几千元钱比命还贵？""我们为什么非要以死来捍卫正义？""漠视自己的健康、轻视自己的生命难道就是情操高尚？"

不能说这些问题提得很自私、很浅薄，它确实代表了一些人的疑惑。单从物的价值角度看，显然钱财同生命不值得比较。2 300 元钱如何能同人的生命价值相比！问题的关键在于，女出纳员以死捍卫的不仅仅是 2 300 元钱，而是一种超越物质价值的、无价的道德正义。为个人的财产和利益去死是不值得的，"为人民利益而死，就比泰山还重"①，毛泽东早就对此做了实质概括。个人生命同个人财富相比永远是至上的，但当这财富是人民的，而保护它恰恰又是你的责任，那问题的性质就完全不同了。它不再是一种财产和生命的简单对比，而转化成一种蕴含着人民利益和个人利益关系、蕴含着自利人格和高尚牺牲精神的道德价值关系。

每一个人的生命都是宝贵的，是无法用财产交换的，但我们从来不否认世间有比我们自己的生命更宝贵的东西。在裴多菲那首著名的《自由与爱情》的诗中就表达出，生命之上有爱情，爱情之上有自由，世间

　＊　本章内容原载于《道德与文明》1998 年第 6 期。
　①　毛泽东选集：第 3 卷. 2 版. 北京：人民出版社，1991：1004.

有更高价值层次的东西。一个拥有真正人格的人可以为了某种精神生活而放弃某种物质享受，为了自己的某种价值信仰而舍弃一切，甚至生命。"人生自古谁无死，留取丹心照汗青""砍头不要紧，只要主义真""牺牲我一人，幸福十亿人"，这些名言警句表达的都是这样一种使生命价值从有限向无限的升华与超越！

那位可敬的女出纳员面对歹徒的时刻，想到的绝不仅仅是 2 300 元钱，在她的意识中，那是人民的财产，保护它是自己的职责，正是这种保护人民财产、不向邪恶屈服的崇高责任感，使她选择了自己的行为。女出纳员的自我牺牲精神使她的生命价值得到了更高的升华。这种升华了的人格价值又岂是财物抑或其他功利主义的尺度衡量得了的？

在更早些时候，舆论界曾纷纷扬扬讨论过另一个类似的问题，大学生张华为救一位老农而牺牲了自己的生命，当时也有人认为，用一个年轻而富有才华的生命换取一个耄耋老农实在不值得。这显然是一种对自我牺牲精神价值的否定，是对人的尊严的亵渎。在人性尊严的意义上，一个大学生的价值和一个老农的价值是没有区别的。

道德并不一般地要求人们去牺牲，在理想境地中也希望人们生活得尽善尽美。但现实生活往往使人们陷于两难境地，需要我们在两种价值中选择更高、更普遍的价值。集体主义道德调节利益矛盾的突出特点，是诉诸人们自觉理性做出必要的自我节制和牺牲。正是道德主体这种自愿牺牲自我利益而有利于社会或他人的道德行为，才使某些行为具有超然于功利价值的崇高道德价值。

奉献与牺牲精神一般是指个人为了维护和健全社会整体利益或他人利益，自觉地舍弃、牺牲个人利益的高尚品质和崇高境界。奉献是自我牺牲精神的基本特征。在关键时刻舍己救人、舍生取义是一种自我牺牲精神，而日常生活中的助人为乐、扶贫济困，职业生活中的敬业精神、任劳任怨，公共生活中的谦让、宽容等，也都是自我牺牲精神。昨天他帮忙把一位得了疾病的邻居送到了医院，今天你给"希望工程"捐助了200 元钱，这一切行为都具有自我牺牲精神。可见，自我牺牲并不仅仅意味着献出生命。献身只是牺牲精神的最高形式。

作为一种奉献精神，自我牺牲往往表现为做人的良知和德行境界。在许多情况下，自我牺牲并不和个人利益发生明显冲突。集体主义原则并不一味要求人们做出自我牺牲，就它的最终目的而言，它正是要最大限度地满足全体社会成员不断增长的利益与需要。一味要求人们牺牲自我，那是封建专制主义的原则；要人们舍弃一切人生幸福，为了牺牲而牺牲，是宗教的苦行精神。

道德不要人们为了牺牲而牺牲。牺牲只能是一种必要的牺牲。自我牺牲的必要性植根于个人利益和整体公共利益的相对矛盾及其在特定条件下的不可两全。利益矛盾的解决，必须要有一方做出牺牲，其原则当然是局部、个人的利益服从整体、大局的利益。这种牺牲是必要的牺牲，当然也是不得已的牺牲，是在不以某种形式或某种程度的个人牺牲为前提，就不可保全集体利益或长远利益情况下做出的一种价值权衡与理性选择。马克思在论述社会发展问题时，曾指出这种自我牺牲的必要性："因为在人类，也象在动植物界一样，种族的利益总是要靠牺牲个体的利益来为自己开辟道路的。"①

道德不同于其他政治、法律调控和规范的地方，在于不用外在手段强制人们做出牺牲，而是诉诸人类的社会责任感和理性自律精神，在个人利益与他人利益、集体利益发生冲突的时候，自觉节制甚至牺牲个人利益。所以道德意义上的牺牲，总是主体自我的主动选择。当然，作为社会、集体，在可能的情况下，有责任也有义务尽量控制、缩小这类冲突发生的范围和频率，设法减少个人利益在冲突中损失的程度。对于我们个人来说，应当自觉克制自己谋求的不正当利益，即使是正当的个人利益，当它与整体利益发生冲突时，也应自觉做出自我牺牲，以保全整体利益和长远利益。

自觉的奉献无疑具有崇高精神，具有最高的道德价值。这一点几乎得到了一切伟大思想家的一致肯定。法国思想家伏尔泰曾说：无论在何时何地，为公益事业做出最大牺牲的人，从来都被认为是最有道德的人。就连功利主义的倡导者约翰·密尔也认为这种牺牲具有崇高价值，"只是在社会组织很不完善的状况下，绝对牺牲自己的幸福才会是任何人促进幸福的最好方法；但是，在这个世界还存在那个不完善状况的期间，我完全承认甘心作这种牺牲是人类最高的美德"②。

自我牺牲之所以是一种崇高理性，是因为它理性自觉地显现了以社

---

① 马克思恩格斯全集：第26卷（Ⅱ）. 北京：人民出版社，1973：125.

② 约翰·穆勒. 功用主义. 唐钺，译. 北京：商务印书馆，1957：17. 穆勒，也译密尔。

会为本位的社会组织原则，体现了人对赖以生存的共同体及共同体中其他伙伴的认同和责任心，体现了人性特有的光辉。黑格尔也曾说："个人快乐之所以消失的必然性在于他自己认识到自己是他的民族（国家）的公民；换句话说，在于他自己意识到他的心的规律是一切心的共同规律，他的自我意识是公认的普通秩序；这种自我意识是德行，德行享受它自我牺牲的成果。"①

正是在这个意义上，我们认为一切为了社会、他人而做出奉献和自我牺牲的行为，都具有崇高的道德价值。自我牺牲精神是集体主义道德的普遍要求，即使在今天社会主义市场经济中，仍然需要这种精神。然而有人认为，奉献讲的是不期望等价回报和酬劳而愿意为他人、为社会、为正义信仰贡献自我的精神，而市场经济是一种建立在等价交换和互利经济行为基础之上的商品生产和交换形式，认为自我牺牲的道德要求是不适应于市场经济发展的，奉献所蕴含的为他人、为社会的不计个人得失的付出，与市场经济所认可的注重实效和等价交换原则是相冲突的。

某报纸曾发表过一篇通讯，描写一位青年个体户无私奉献的为人之道，他开了一家玻璃店，并以克勤克俭、勇于自我牺牲的高尚品质创造了这个时代难得的善良人格。然而他没有赚到很多钱，他的营业收入是全区最少的，他终因劳累和清贫而过早地病逝，死后欠下了一万多元医疗费。在他病逝后，他的妹妹成了哥哥玻璃店的新主人。妹妹不再像哥哥那样不计报酬地"为人民服务"，而是像生意人那样精于计算，她一个月赚到的钱相当于哥哥一年才能赚到的收入。这篇通讯通过对兄妹俩的差异的描述，寓言式地告诉人们，市场经济不需要奉献精神。那么，奉献、牺牲的道德追求，是否真的同市场经济运作原则不可同时存在呢？

市场经济的运作有自己的规律和运行原则，但它从来不可能脱离社会意识的调控和影响。道德作为调节社会关系的手段，存在于各个领域，也渗透于经济活动的各个环节。奉献精神首先调节着个人与集体、社会之间的互利共生的利益关系，如果市场个体所追求的经济利益同国家、社会的全局利益、长远利益发生矛盾，这时肯定需要市场个体自觉

---

① 黑格尔. 精神现象学（下卷）. 贺麟，王玖兴，译. 北京：商务印书馆，1997：28.

发扬牺牲与奉献精神，服从全局利益、长远利益的需要。同时，道德奉献精神还调节着市场经济中的竞争与合作关系，使市场主体在追求效益最大化时避免（克服）唯利是图、损人利己的经济行为。它要求市场个体主动承担并切实履行自己对他人、社会的职责与义务，心怀敬业精神，超越冷酷的金钱关系，热心公益，富有爱心，在追求经济效益的同时更注重社会效益。所以，道德奉献精神对市场经济合法、合道德的规范运作起着重要作用，是市场经济健康发展不可缺少的因素。

而且，事实上，从社会的角度讲，经济效益固然是经营成功与否的重要指标，但并不是唯一尺度。在任何时候，社会效益都与经济效益彼此相依，同等地成为衡量市场经营成功与否的重要标准。社会主义的市场经济尤其要求如此。就此来看，一个经营者，如果不具有一定的道德品行，只知一味赚钱赢利，甚至为了赢利不择手段，那么，他所经营的项目经济效益再好，也不是我们社会主义市场经济所追求的。进一步说，社会主义的市场经济恰恰要限制那种不择手段追求经济效益的市场行为。在任何时候，追求经济效益都不能忘了把社会效益摆在首位，获取效益的"目的"不能以牺牲"手段"为代价。在这个意义上，仅用经济效益是衡量不出社会主义市场经济的真正成功者的。

总之，社会主义市场经济是物质文明和精神文明同步发展的经济模式，奉献的道德精神与市场的等价交换原则，在社会主义文明建设中相互有别又相互联系，它们分别从各自的角度对社会主义市场经济健康有序发展发挥着作用。

第八章　道德行为抉择于道德冲突中 *

道德抉择往往在多种选择甚至道德冲突中进行。正是在道德冲突和复杂境遇的道德抉择中，行为主体显示出人的自由本质和理性能力。道德冲突是道德抉择的一种特殊处境，是行为主体在选择中因价值观、价值层次以及行为方式不同而发生的善恶矛盾状态。道德冲突的两难在于，主体选择并实现某一道德准则，就必会损害另一道德准则。道德冲突下选择的实质在于，主体必须在两难中做出抉择，实现自己的道德目的。

第一类是不同价值体系间的冲突，如道义论和功利主义的理论分歧。这类冲突要由道德原则的合理性及人们的认同来解决，比如，要使人们善于选择自己认同的道德原则，这需要全社会构建一元导向与多元取向的和谐价值环境。

第二类是同一道德价值体系内不同要求在一定处境中的冲突。这类冲突又分三种情况：一是不同层次间道德要求的冲突，这种道德冲突应通过价值层次的比较来解决，使较低价值层次的要求服从于较高价值层次的要求，如解决"忠""孝"两难，人们就必须确定并做出更有价值和对人生更有意义的选择。二是不同角色主体承担的道德义务的冲突，一个铁路扳道工在紧急情况下救列车还是救儿子就属于这种冲突。三是

＊ 本章内容原载于《中国社会科学报》2011 年 10 月 11 日。

某些同一道德价值层次中的"绝对冲突"，如医生仅剩一支麻药却面临两个同样急需手术的病人，选择此和牺牲彼价值等同，如何抉择？解决类似"绝对两难"的问题，只能靠主体的道德直觉能力，但无论如何抉择，都不可避免要带来道德牺牲或善的价值的损害。

第三类是选择方式即行为目的和手段的道德冲突。"目的决定论"主张以目的证明手段。马基雅弗利"为了目的可不择手段"的观点是其典型代表。如果道德目的可成为手段的充分理由，那么恶的手段在道德目的的辩护下，也可被允许并获得理论依据。汤因比曾指出，目的使手段正当化——这种思想在过去推动了很多组织和团体的发展——法西斯主义者，可以说是以最直截了当的形式利用了这种思想，因此目的不能使手段正当化。目的和手段在伦理上必须有一贯性。"手段决定论"反对为了目的不择手段，认为手段的道德价值和目的的道德价值同等重要。托尔斯泰提出"勿以暴力抗恶"，反对一切恶的手段。但过分强调手段的道德性质，结果可能会妨碍目的的实现。

应辩证看待道德选择中的目的和手段之间的关系。行为实践中，目的一方面规定着手段，手段服从目的实现的需要。在一些境遇中，"丢卒保车"，牺牲手段的价值，成就更大价值目的是一种道德必要。另一方面，手段是目的实现中的一部分，手段的道德价值影响着目的的道德价值。一种善行在目的预设时就应尽可能首选善的手段，这种目的的实现才具有完满的道德价值。当不得已选择了不好的手段，被实现的目的价值一定会因手段的不善而受影响，如帮助困境中的邻人是善意的目的，但用自己的财物还是用偷来的钱物去帮助，两种手段实现的行为价值在道德涵量上完全不同。

道德境遇指行为主体在进行道德活动或道德选择时所处的复杂或冲突境况。道德主体如果教条般遵循道德准则，往往就无法做出正确选择。在安德烈耶夫《善的规则》故事中，一个魔鬼决定从善，他找了关于如何增进善的书学习，但却徒增烦恼，他看到一大堆矛盾的规则：有时杀人是恶，有时杀人又是好事；有时爱是好事，有时恨是好事。这个故事寓言地表达了行为主体面临道德境遇时判断和选择的困惑。

离开了具体的道德境遇，我们无法选择，甚至无法做出善恶判断。因此现代伦理学越来越注重对道德冲突及其选择境遇的研究，致使境遇伦理学成了 20 世纪西方伦理学的重要一派。境遇伦理学强调道德选择的应变能力，反对教条主义，但它夸大了道德的相对性，消解了道德具有的社会客观性和普遍性，易陷入道德相对主义和虚无主义。

在道德冲突和境遇选择问题上，中国文化智慧极富启示意义。儒家伦理讲究"经权之道"，"经"原指织物上的纵线，引义为常道、规则，"权"原指秤锤，引义为权衡、权变。"经"凸显道德准则的普遍性和原则性，"权"表达因宜变通之义。儒家强调遵守道义规则，但不主张死守教条。对此孟子说："执中无权，犹执一也。所恶执一者，为其贼道也，举一而废百也"，并解释说："男女授受不亲，礼也；嫂溺，援之以手者，权也。"朱熹也指出："经者，道之常也；权者，道之变也。"所以，在道德选择中，应当既不随意逾越准则，又在持经执守中随宜权变，达到原则性和灵活性的统一。这是具体境遇中道德选择的权变智慧，也是判断行为主体道德实践能力的一个标志。

第九章　协调两种理性文化[*]

构建和谐社会的内涵十分丰富，包括人与人之间的和谐、社会结构之间的和谐、物质追求和精神追求之间的和谐，以及人与自然之间的和谐。全面构建和谐社会必须以科学合理的文化理念为指导。目前，作为执政理念的和谐社会发展目标已经确立，但相关的理论支持及思维模式还未到位。就诸多相关理论问题中，本章着重从指导并影响和谐社会发展的理性文化层面进行探讨。近代以来科技、人文发展的不平衡，造成了社会种种失衡与不和谐，人类精神家园有所失落，社会和谐持续发展出现种种障碍，这一切已成为人们普遍关注的焦点。如何使科技认知理性和人文价值理性摆脱游离和有机结合起来，寻找失落了的整体理性文化，是 20 世纪中期以来现代人讨论的一个热点，也是我们今天实践科学发展观、构建和谐社会所必须首先解决的思维理念层面的问题。

一、人类的两种理性

人类高出其他动物的标志之一，即人类不是被动地适应生存，而是积极主动地认识、利用和改造生存的环境。人类并非只要自己的生存需

---

　　* 本章内容原载于《江苏社会科学》2005 年第 3 期。

求得以满足就够了，人类一方面认识客观自然、探究规律，另一方面在认识、利用客观自然的过程中，总在自觉不自觉地把自己的意图、愿望投射进去，自觉不自觉地给事物以意义和评价。人在自己的活动中追求合自己目的的结果，在不违抗自然必然性的范围内，总试图在自己所知道的选择范围内做出最好的选择，这就是人类理性的功能。

在认识自然、积极顺应自然必然性的活动中，人类发展起了科学技术和认知世界的理性能力；而在追求合人类目的、合主体理想的过程中，发展出了善、美等代表人类主体选择的价值理性能力。如果说前一种理性表达的是一种客观规律必然性，后一种理性则表达的是一种主观价值合理性。由于科学技术是自然认知理性文化的典型代表，而善与道德是人文价值理性的核心表达，所以，在许多时候我们可以用"科技认知理性"和"道德价值理性"分别指称上述两种理性。

这两种理性在马克思看来，就是人类生产的两种"尺度"。认知理性属于马克思所说的物种的尺度，价值理性则是人的内在尺度。有些西方思想家所说的纯粹理性大致相当于我们所说的认知理性，实践理性相当于价值理性。在中国传统文化中没有理性这一概念，但中国思想史上的力命论、义命论等则大致包含了这两种理性。

科技认知理性或者说认知理性，主要回答世界"是什么""怎么样"的问题，它探究自然规律，并能动地运用这些已掌握的规律，创造出为人类服务的科学技术及物质财富。相对而言，科技认知理性所驾驭的世界，是一个"真"的领域，这是一个不以人类意志为转移的领域。

道德价值理性或者说人文价值理性，主要回答人类世界"应当是什么""怎样才更好"的问题，它主要给科技物质成就丰硕的世界一种善和美的价值引导，给认识、征服、开发、利用自然的活动一个长远的、合理的计划。同时，人要认识自然，也要认识从自然中产生的人类自己；人要控制自然对象，也要把握自己的命运，让人类发展得更完善，生活得更美好。这一切都需要有一种体现人类理想目的的价值理性。人类的价值理性也正是在认识改变客观现实的活动中，在用"人的尺度"去引导、把握"物的尺度"的能动过程中逐渐发展起来的。没有价值理性，没有人文关怀，人类的科技认知理性将是盲目的力量，这种有缺陷的力量往往可能把人引向非人，把人类社会引向毁灭的边缘。

人类的世界既不是纯粹的客观自在，也不是纯粹主观的理想所在。

人类应有的社会，不仅要符合客观发展的规律，而且要合乎人类主体的愿望、需要，也即，它不仅是真的，而且包含着人类善的、美的理想愿望，包含着主体需要的价值存在。人类的世界作为体现主、客观统一的结晶，应当体现客观规律事实的、客体的尺度，同时必须有也必然有人的本质力量和主体的尺度在其中。在发展科技认知理性的同时，应发展道德价值理性；反过来说，在发展道德价值理性的同时，也应发展科技认知理性。人类的世界本来是也应当是科技与价值的统一，真与善、美的合一。

二、道德价值理性的功能表达

道德理性是价值理性的核心。人们往往把道德理解为做人的一种品质，是调整人与人之间关系的一种社会规范。其实，说道德是一种品质和规范，这只是它给我们表现出来的部分而不是其全部。作为人类社会的一种理性，道德是一种表达关于"应当"的理性智慧。人"应当"怎样做人、怎样生活？人与他人应当怎样相处？我们的社会应当如何规划蓝图、如何全面和谐地发展？应当怎样对待并处理人与自然的关系？甚至，人类究竟应当何去何从？这一切都要在道德价值理性智慧中寻找答案。道德、善是应然价值理性的最核心的表达。

从另一角度看，道德也是一种表达关于"可能"的理性。但作为一种人类理性智慧，它是在若干种"可能"中，去判断并选择最能吻合人类生存愿望和可持续发展理想的也是最合理的那种"可能"。人类的世界和自然的世界完全不同，在这里有许多种甚至是无数种可能性，需要人类利用价值理性智慧去权衡、判断，并做出符合人类美善的、理想的明智选择。善、道德就是这样一种代表价值判断和选择的理性。

正是在这个意义上，人们说道德是一种价值理性，是一种关于人类应当怎样的智慧。道德作为一种社会理性智慧，它表达并设定一定社会价值取向和理想目标，引导社会发展方向，规定社会发展目标，把握和调整着社会各个方面的善及其合理性。这些价值取向和理想目标深深渗透在政治、法律和经济生活等各个领域，无处不在地发生着作用。法制的实施离不开道德，法律本身也有其道德内涵。任何立法过程及其结果，都蕴含着立法者的理念，体现着一个社会道德价值理性的取向。法律所追求的正义和道德所体现的正义，在根本上应当服从于同一社会理性目标。人类的法律体系如果不同道德价值理性目标保持一种内在的一致性，就很难成为真正合理的、道德的良法。正如西方著名法学家所说的，"法律的生命力在于永远力求执行在法律制度和法律规则中默示的实用的道德命令"①。

同样，一个国家的管理，从组织目标的确立、决策的制定和实施到管理目标的实现，都离不开道德价值理性的选择和取舍。任何一项制度或决策，如果和社会既有的道德价值理性智慧相冲突，那它就失去了道德合理性和正当性。

道德还对经济活动进行合乎人类理想的理性引导。经济活动不仅指人们的物质生产活动，同时也体现着主体"合理性""合目的性"的价值理性活动。一位当代著名学者在分析市场经济的道德价值理性时说："经济不仅仅受经济规律的控制，而且也是由人来决定的，在人的意愿和选择里总是有一个由期望、标准、观点以及道德想象所组成的合唱在起作用。"②

从以上分析可以看出，在道德的"应当"要求中，蕴含着一种智慧，一种为人类社会进行价值选择并提供合理性论证的理性智慧。

三、科技认知理性的功能求证

没有科学技术的发展，人类不知要蒙受多少愚昧和无知带来的不幸，但科学技术并不是万能的，它并不能代表人类生活的全部意义。人性的占有和实现，人类生存的价值和意义，社会所应有的和谐、持续、发展，都不是单靠科学技术能够解决的。在单纯的科技认知理性文化及其所带来的巨大物质经济财富中，我们找不到人类真正赖以存在的信仰支柱或精神家园，也找不到社会正义的坐标体系。人的尊严、灵魂深处

---

① 麦考密克，魏因贝格尔. 制度法论. 周叶谦，译. 北京：中国政法大学出版社，1994：226.

② P. 科斯洛夫斯基. 资本主义的伦理学. 王彤，译. 北京：中国社会科学出版社，1996：3.

的需要等，是从宗教、伦理道德、哲学、艺术这些社会人文理性文化中吸取养分的。社会的和谐、社会的人文关怀、人对物欲的超越把握、人与自然的和谐，也都只能在道德价值理性指引下完成。

随着科学技术创造越来越多的成果以及人类战胜和征服自然所取得的胜利，科技崇尚的文化理念曾一度成为近现代社会的文化取向。人们对科学技术的信任曾达到了无以复加的高度，科学技术几乎成了人类文明的代名词。似乎只要有科学技术，任何人类难题都能解决，什么人间奇迹都能创造出来；有了科学技术，人就能成为自然的主宰，成为无所不能的神人。由于人们对科技认知理性的尊崇与信任，科学技术得到了突飞猛进的发展，人类攫取了越来越强大的自然力为自己服务，制造出越来越多的物质财富来满足自己迅速增长的物质欲望。科技认知理性的力量证实了人类的巨大能力，给人类带来了极大的解放。但与此同时，人文价值理性却没有得到应有的发展。

缺少人文价值理性指引的科学技术，在许多情况下成为一种盲目的力量。这种力量破坏了人与自然的关系，破坏了社会和谐持续的发展，也破坏了人之所以为人的高贵与尊严。事实上，长期沉默的大自然对人类已施以报复。许多由人类制造出的征服自然的工具（如核原子），变成了威胁人类的武器，许多可以为人类带来福音的尖端技术，同时也带来了令人类头痛的难题。不仅如此，科学技术带来的巨大物质财富，还往往使人陷入一种无休止的物质追求之中。在巨大的物质追求中忘记了对高贵人性的追求，在日益高涨的物欲推动下，功利主义和利己主义气息弥漫，经济活动成了人生意义的终极依托，追求人性神圣的德性成了多余的东西。人类过多地占有了被征服的自然的领地，却与此同时丢失了自己的精神家园。失去内在精神的人才会去疯狂追逐外在物质，而越是追逐外在物质，就越是失去人的精神家园。

实际上，科学技术本身是无辜的。认识、利用自然并不是人类的错，人类的失误在于未能和谐地把握科技认知理性和道德价值理性的关系。倘若我们一直用道德价值理性对自然科技认知理性和科学目的进行合理的判断、比较和选择，使对自然的攫取和对自然的给予一样多，使对精神的追求和对物欲的追求一样努力，使经济效率和社会公平处在和谐统一的平台上，那么，人和自然、人和社会、人的精神追求和物质追求都将是和谐的，人们创造美好物质世界的同时，也将发展出和谐美好的人性与人类生活。

四、理性文化和谐与和谐社会

社会发展应当既不伤害自然，又有利于人类幸福；既追求财富与经济效益，又追求社会和谐公平；既给人类创造巨大物质财富，又不丢失人类的精神家园。把物质文明建设和精神文明建设结合起来，把追求科学技术及其财富效率的观念和追求社会理想与社会公平的理念结合起来，把人与自然的张力以及代际之间的矛盾降低到最低点，这样和谐发展的社会才是人类理性的完美选择。而要做到这一点，我们首先就得准确把握两种理性文化。可以说和谐社会发展理念中，必须蕴含对文化理念和谐把握的要求。我们只有保持价值追求方面的清醒，使理性文化在道德价值理性和科技认知理性之间始终保持适度的张力和合力，才可能确立一种完整的而不是片面的理性思维观念，完整和谐的理性文化才可能指导我们实现社会的和谐发展。

第一，社会全面发展需要和谐理性文化的指导。和谐社会发展首先要求全面发展社会文明。科技认知理性及其物质文明的单向发展并不是社会文明的全部要义。道德价值理性及精神文明发展本身就是社会和谐全面发展的应有之义，是和谐社会发展目标中一项不可或缺的指标。正因为如此，党和国家才历来重视精神文明的建设。从"两个文明一起抓"的要求，到"三个代表"重要思想，再到科学发展观，党和国家始终强调物质文明、政治文明和精神文明"三个文明"的全面发展，强调社会发展的整体性、协调性和可持续性。精神文明始终被放在和物质文明、政治文明同等重要的地位上。

改革开放以来，我们强调以经济建设为中心，这是对的。社会主义市场经济的改革和发展，有效促进了社会经济发展，但以经济建设为中心，不等于说经济增长可以代表社会发展的全部内容。许多地方和领域，把社会发展简单片面地理解为 GDP 增长率，甚至以牺牲环境、牺牲公平、牺牲人性为代价，单方面提高 GDP 指标。科学发展观强调坚持以人为本，树立全面、协调和可持续的发展观。这意味着经济效益及其物质文明不是社会发展的唯一目标，社会发展的衡量标准也不能是单一的物质文明或只是 GDP 指数。应该充分认识到三个文明建设同构建和谐社会的一致性。和谐社会包括物质、精神、政治等三方面文明的和谐。和谐把握科技认知理性和道德价值理性的关系，对把握三个文明协调发展会有思维层面的指导作用。

第二，社会协调发展需要和谐理性文化的调控。和谐社会发展目标也包括公平原则与效率原则的和谐。社会发展要讲经济效率，也要讲社会公平。解放、发展生产力讲的是效率问题，消除两极分化、最终达到共同富裕讲的是公平问题。仅靠经济增长并不必然带来共同富裕，市场竞争的自然结果往往会导致贫富分化。一个相对理想的、和谐公正的社会，应当最大可能地满足所有个体成员的正当利益，并竭力使社会公益得到最大限度的发展，以进一步提高所有个体成员的利益和需要。一个社会如果利益分配差距过大，必会损害这个社会的和谐结构和稳定秩序。在追求片面增长财富的"工具理性"指导下，社会会自然而然地产生出贫富差距。产生差别是实然的，而抹平差别却一定要借助道德价值理性的应然力量进行调控和干涉。应然价值理性不是要抹杀差别，而在于考虑哪些差别应当被允许，哪些差别不应当被允许。而且，被允许的差距应当多大才更有利于社会的和谐、持续与发展。所以，我们在接受科技认知理性影响的同时，一定要强调道德价值理性的宏观调控；在注重市场经济效率的同时，一定要注重社会公正理性中的"善价值"的选择。另外，还要抑制贫富分化，扶持落后地区、关爱弱势群体，要在市场经济机制完善和各项政策、制度安排中体现善价值理性的选择。

和谐社会的社会公平所包含的道德价值理性，应选择最大限度地提高全体社会成员的利益水平，合理地平等对待每一个主体，同时又承担带动全体人民一起进步的责任。这是社会公正内涵的集中表达，同时也是和谐发展观对我们提出的重要课题。怎样在有利于促进社会经济效益的基础上，对全体成员进行合理而又公正的分配，使社会和谐发展并走向共同富裕，这是公平—效率原则需要进一步深化的理论问题，也是平衡把握两种理性文化必然要引发探讨的问题。

第三，社会持续发展需要把握和谐的理性文化。和谐社会发展目标还包括人与自然以及代际之间的和谐。我们要开发和驾驭自然，要让自然为人类服务、贡献力量，但我们同时也需要考虑自然的限度；在用人类主体尺度权衡一切的同时，也必须学会使用客体的尺度。人不能仅仅是单方面的发号施令，而应学会和自然对话。在发展经济和保护资源、环境之间，在追求物质财富和追求社会公正之间，在现今和未来的代际利益之间，有很多孰先孰后、孰大孰小等需要权衡的问题，人类必须运用理性去比较和选择，这是必须依赖道德价值理性才能完成的任务。

综上所述，科技认知理性只能表达人的求"真"的能动本性，人的"善"的能动本性必须通过道德价值理性去显现。我们需要消除人类历史中片面发展起来的理性思维误区。人类的世界本来就应当是主体价值和客体规律的统一，道德价值理性和科技认知理性本来就应当合二为一，科技认知理性从来都是在道德价值理性指导下才有益于人类，也只有在人类主体的道德价值选择中，科技及其物质成果才有其合理的存在理由。因此，在最终意义上我们必须肯定，道德价值理性因为关乎人类生活的合理方向，以及社会和谐持续发展的历史命运，它必然是更高层次的理性。人类两种理性的存在实质上表明，人类应有的社会，不仅要符合客观发展的规律，而且要合乎人类自身的需要，也就是说，其不仅是真的，而且是包含人类善的、美的理想与愿望，包含主体需要的价值取向。人类社会本来就应当是真、善、美的合一，是科技实然理性与道德应然理性的统一。

可见，只有解决了科技认知理性和道德价值理性的关系问题，平衡两种理性文化，在完整理性文化指引下，社会和谐持续的发展才成为可能。

第十章　真、善、美视界中的伦理学[*]

伦理学研究首先需要解决一些前提性问题，而伦理学的学科性质以及善、正义这样一些核心关键词的理论确定，就属于理论逻辑入口的问题。在诸多理论定义中，人们常常概括说，伦理学是一门关于善的学问。大千世界，人类把握世界的学科知识或者方式，抽象到最后被分为真、善、美几大类。善，表达人类世界的"应然"价值取向，关乎社会是否公正、合理以及人类向何处去等问题。但无论在今天的理论探讨中还是在思想史上，有些伦理理论是在善的宏观视角意义上讨论伦理学，如柏拉图、黑格尔的伦理思想，而有一些理论只是在善的某个领域体现并解释善，如快乐主义、美德伦理学。这样，我们就看到，伦理学事实上存在着广义的理解和狭义的理解。本章拟就真、善、美视界中的伦理学定位问题做一些探讨。

一、把握世界的真、善、美多维视角

经典思想家在论述哲学知识类别或人类知识谱系时，曾在各自不同的思维体系中给出了不同的知识划分类别。从这些知识类别中，我们大

＊　本章内容原载于《学术月刊》2009 年第 7 期。

体可以看出人类思想史上对世界的把握方式及其相关认识。

柏拉图在他的理念论体系中，为我们构建的是善理念统领一切知识的谱系。善理念居诸理念之最高，各种理念在善的支配下构成了一个理念世界，最下层是各种具体事物的理念，再上一层是数的理念，更上一层是艺术和道德的理念，如美、智慧、勇敢、机智和正义，最高一层是善理念。柏拉图认为，这个最高的善理念就是神，有时又把善理念看作神创造世界所需要的"绝对本质"；也认为，"善理念"是宇宙秩序的本质，是所有事物、知识和行动的最高原则，也是所有伦理规范的最后根据，它规定着人类生活的总体和谐与终极目的。柏拉图在《理想国》中说，如果不知道善的理念，知识再多也没有任何益处。他还说没有一个人在知道善之前能充分地知道正义和美。而且在他看来，把伦理学仅仅看成是寻求个人幸福的学问，这种看法是幼稚的。

在亚里士多德思想中，科学被分为三类：一是理论的科学（sophia，理论智慧），包括数学、自然科学和"第一哲学"；二是实践的科学（phronesis，实践智慧），主要有伦理学、政治学、经济学、战略学；三是创造的科学，即诗学等。还有一部包括亚里士多德若干篇逻辑著作的《工具论》，讨论了一种认识的工具，属于方法论。很显然，在亚里士多德知识体系中，伦理学被认为是实践科学的一部分。然而，实践科学又被亚氏确认为是关乎善的学科类别，"伦理学"与"政治学"虽并列为同一类别，但在他的《政治学》中，"善"和"善政"都是非常核心的范畴。在亚里士多德的理论思维中，政治学高于伦理学，因为国家的善治是更大、更高的善。不难看出，在亚里士多德这里，伦理学是在双重意义上使用的，广义上他用实践科学即"实践智慧"做指称，在狭义上也就是在人的德性品质意义上他直接用了"伦理学"（Ethics）来指称。就狭义伦理学而言，亚里士多德的伦理学更是一种"美德伦理学"。

神学伦理学汲取了柏拉图、亚里士多德思想中客观理念的思想部分，认为神的德性是世界的本质，用神这样一个偶像象征和代表世界善的本质。当然这是一种被神化了或者说是被曲解了的客观理念论或德性论。

善理念在柏拉图那里表达的是人类世界的最高本质。在康德话语系统中，善被表达为"绝对命令"。这个"绝对命令"虽然有点类似于柏拉图的"善理念"，属于一种客观的、超验的至善本体，但不同的是它并不表达自然世界的实然本质，它只是人类社会的应然本质。绝对命令在康德思维中属于"心中的道德律"部分，它没有表达"头上的星空"——自然世界的本质。康德认为，自在世界物自体是人类无法认识的，但人类世界的"道德律"却由人类主体自己确立。康德的"道德律"就是人为自己立法的道德法则的表达，道德的绝对命令对于人的世界的意义，在他的知识谱系中也被反映出来。康德在他的《纯粹理性批判》中把知识智慧及其研究中心概括为三个问题：一是"我们能够了解什么"，二是"我们应该做什么"，三是"我们可以期望什么"①。理论哲学解决的是第一个问题，实践理性即伦理学解决的是第二个问题，宗教哲学解决的是第三个问题。康德认为，它们分别构成了人类精神的三种能力，即理论理性、实践理性和判断力。在三部相关著作中，《纯粹理性批判》主要论述认识论，《实践理性批判》主要论述伦理学，《判断力批判》主要论述美学和目的论，基本对应于人类的真、善、美的目的。"我们应该做什么"，这是一个典型的"应然"学科定位范式，在真、善、美视界坐标中，它属于"善"的维度。也就是说，康德把关乎善的问题域概括为"应该做什么"的问题，而伦理学即实践理性就是回答并解决这个问题的学问。

康德不仅认为人类把握世界的方式是多维的，而且实践理性即伦理学把握世界的方式是被置于其他理性把握方式之上的。康德强调实践理性"优先"于理论理性，认为哲学应被理解为"求达至善之术"②。

黑格尔也把伦理的"善"看作世界秩序或理想王国的本质精神，它是一种最后的绝对的精神，其中也蕴含了对柏拉图、康德的先验客观理念思想的继承。在黑格尔理论中，伦理是一种客观实体理念，即人的完善的自由意志。这个自由意志的最初显现是通过外在的物——财产的占有的自由而表达存在的，善的自由意志在这个阶段表现为他律的"抽象法"的形式。善的自由意志借助外物即财产来实现自身并形成抽象法，自由意志在内心的实现就形成了"道德"，道德是主观意志的法则。善的自由意志在借助外物和内心分别实现自己后，就进入通过外物和内心

---

① 康德. 纯粹理性批判. 邓晓芒，译. 北京：人民出版社，2004：549-550.
② 黄克剑. 价值形而上学引论//论衡：第一辑. 福州：福建教育出版社，1998.

的结合实现自己的"伦理"环节。伦理是抽象的法和道德的统一,是善的自由意志这个客观精神的完善显现。从中可见,黑格尔客观理念论中的"绝对精神"是一种先验存在的善的精神实体。在这个善的自由意志精神逻辑和历史的显现过程中,表明了人类世界秩序或理想王国的最后本质就是善的自由意志,就是伦理实体。

总之,在真、善、美以及信仰把握世界的诸种方式中,善是其中一种重要的方式,善理念在一些思想家的思维体系中甚至具有客观本体的意义。可以说,在人类思想史上,德性论思想大多在自觉不自觉地追寻世界的善本质的回归。现代美德论大师麦金泰尔呼唤人的德性本质,中国儒家伦理学也强调人性向善和德性的回归诉求。美德论可以看作伦理学中一个主要论域和理论,是对善本体在人性本质方面的折射和体现。善是否为人类世界本体暂且不理论,但善的维度确实应该是伦理学的一个本质定位。

二、善视界应然价值的特殊本质及其特征

在人类思想史上,多数经典作家认为人类是通过"真""善""美"三种方式来把握世界的,也有思想家提出还存在以宗教信仰把握世界的方式。马克思主义经典作家在这个问题上既有和思想史相衔接的一面,又有自己独特的世界观和知识分类方法。马克思主义认为,人类在认识世界、改造世界的过程中,构成了以研究客体自然为中心的认知理性,也形成了以研究人类及其社会应然理念为中心的价值理性,也即关于善的德性理性。两种理性各具魅力和独特功能,共同构成人类认识、改造世界的理性能力。

理性是人类认识把握世界、创造人类生活的主体能动力量,是人在本质方面的重要特征。理性是人独有的自觉意识和能力。认识世界、探究自然,是人的一种理性能力;研究社会,认识人自己,给社会设定理想价值目的并给人自己立法,也是人的理性能力。马克思认为,人类思维在不同的领域掌握世界的本质有不同的方式。他说:"整体,当它在头脑中作为思想整体而出现时,是思维着的头脑的产物,这个头脑用它所专有的方式掌握世界,而这种方式是不同于对于世界的艺术精神的,

宗教精神的，实践精神的掌握的。"① 也就是说，马克思也认为人类是通过"真""善""美"等方式来把握世界的。"真"是以客体规定为主要方面的把握方式，"善"和"美"则是以主体规定为主要方面的把握方式；"真"的特性根本上说是由客体规定的，而"美"和"善"的特性从根本上说是由主体规定的。认知理性主要回答世界"是什么""怎么样"的问题，它探究自然规律，并能动地运用这些已掌握的规律，创造出为人类服务的科学技术及物质财富。相对而言，认知理性所驾驭的世界是一个"真"的领域，这是一个不以人类意志为转移的领域。"善"和"美"，是人类应然价值理性所诉诸的领域，主要研究世界"应当怎样"的问题。人类的世界和自然的世界完全不同，在这里有许多种甚至是无数种可能性，需要人类利用理性智慧去权衡、判断，并做出符合人类善与美的理想愿望的选择。道德理性在其本质上就是这样一种代表善价值判断和选择的人类理性智慧。

在此，相对于两种理性能力的功能与目的的区别，我们可以把人类理性分为两种：一种是认知理性，另一种是价值理性。人类高出其他动物的标志之一，即人类不是被动地适应生存环境，而是积极主动地认识、利用、改造生存的环境；人类并非只要自己的生存需求得以满足就够了，人类一方面认识客观自然、探究规律，另一方面在认识利用客观自然的过程中总在自觉不自觉地把自己的意图、愿望投射进去，自觉不自觉地给事物以意义和评价。人在自己的活动中追求合自己目的的结果，在不违抗自然必然性的范围内，总试图在自己所把握的选择范围内做出最好的选择，这就是人类理性的功能——在认识自然、积极顺应自然客观必然规律的活动中，发展起了求真的科学技术和人类认知世界的理性能力；而在追求合人类目的、合主体理想的过程中，发展出了善、美等代表人类主体选择的价值应当理性。如果说前一种理性表达的是一种客观必然性，后一种理性则更多地表达一种主观善价值的合理性。这两种理性在某种意义上也就是马克思等经典作家所强调的关于人类生产的两种"尺度"。马克思曾在《1844年经济学哲学手稿》中指出："动物只是按照它所属的那个种的尺度和需要来构造，而人却懂得按照任何一个种的尺度来进行生产，并且懂得处处都把固有的尺度运用于对象；

---

① 马克思恩格斯选集：第2卷. 3版. 北京：人民出版社，2012：701.

因此，人也按照美的规律来构造。"① 认知理性属于马克思所说的动物的"种的尺度"，而价值理性属于表达人类主体选择的人的"内在的尺度"。在西方思想史上，经典作家曾把认知理性称作理论智慧（亚里士多德），或"纯粹理性"（康德），而把价值理性称作实践智慧（亚里士多德），或"实践理性"（康德）。在中国思想史中，虽没有明确提出"理性"这个概念，但在儒家提出的"力命""义命"不同关系范畴中，已内在包含了人的两种理性能力。

善价值维度的理性从人类世界"应当是什么""怎样才更合理"的视角考虑问题，它主要给人类世界一个善和美的价值引导，给认识、征服、开发、利用自然的活动一个合理的、可持续发展的愿景规划。人类的善价值理性也正是在认识、改变客观现实活动中，在用人的"内在的尺度"去引导、把握"种的尺度"的能动过程中逐渐发展起来的。没有善价值理性的规划和关怀，人类的纯粹认知理性要么仅仅局限于认识世界，不能创建美好的世界；要么发展为一种盲目的力量，而这种有缺陷的力量往往可能把人引向非人，把人类世界引向真、善、美的反面甚至毁灭。

三、善视界与伦理学——伦理学的广义与狭义

在真、善、美或信仰视界中，善是把握世界的一种重要方式，而伦理学在传统学科分类中的基本定位是关于善的学问的维度。事实上，我们也看到，思想史上的经典作家们对伦理学或善理念论往往是在不同层次、领域和意义上使用的。概括言之，第一类是在世界本体意义上定位善或善理念，如柏拉图及神命论等；第二类是在人类世界即人类社会秩序本体领域定位善或道德律令，如康德、黑格尔及儒家学说等；第三类是在人性品德领域定位善本质的，或许这可算作人性美德本体论，如亚里士多德（在双重意义上使用伦理学）、麦金泰尔等。

我们不难发现，在第三类意义上，伦理学重点关乎人性美德，这是一种不涵盖政治学和法律学的狭义伦理学。而在第一类和第二类意义上

---

① 马克思恩格斯选集：第1卷．3版．北京：人民出版社，2012：57．

的伦理学，实际上都是在广义上界定的，即伦理学这门善的学问或善的理念维度覆盖人类社会政治、经济、法律等领域，甚至覆盖整个世界，伦理学不仅关系成就人性品德，也成就社会和国家的善治，不仅关系社会秩序，甚至直接就是人类社会政治与法制的"应然"善的本体。笔者在此想强调的是，对伦理学这门学科的把握、研究和运用，应该充分注意到它的广义含义和狭义含义，不能忽略伦理学这门关于善的学问在人类社会各领域的善的应然的引导。事实上，伦理学在价值取向和精神理念层面，的确也渗透和显现在社会各个领域规则之中。

伦理学与法律的关系在古希腊思想家的专门论述中比较有限，因为法学是包括在政治学中的。但在亚里士多德的著述中，我们还是可以看到他关于伦理德性是法律的基础和依据的观点，伦理被认为是"人为法"的基础。康德伦理学属于广义上的建构，康德善的"绝对命令"就是通过内在法和外在法强制形式做不同表达的。黑格尔的"法哲学"含义广泛，它并非只指一般的狭义的法学，而是指向整个社会制度和秩序的至善应然取向①，黑格尔是把法律、道德、伦理三个逻辑环节作为至善绝对精神的发展显现阶段来论述的。当代伦理学家哈贝马斯认为，具有理性法根源的道德原则现已经成为实证法的组成部分，现代法律的原则就像"我们从宪法那里可以很容易地表明那样，同时既具有法律性质，也具有道德性质，自然法的道德原则在现代立宪国家中已经成为实证法"②。且不论有没有明确说明，事实上，格林、哈耶克、罗尔斯等现代政治学者都把伦理善治当作了国家治理的基本出发点。正如我们通常所理解的那样，法律、道德都是真、善、美视域中善维度中的法则表现，只不过道德所确立的是人的内心法，法律确立的是外在法。

伦理学与政治学在柏拉图那里具有密切关系，他把获得正义作为最高的善，灵魂的正义和国家的正义都是善理念的表现，政治学是寻求国家的善。亚里士多德认为，实践科学中的政治学是最高的学科，因为政治学寻求的是最高、最大的善，或者说，是最高善或伦理学在社会治理方面的使命，"政治科学，作为一个完整的道德社会（在这个社会追求

---

① 阿图尔·考夫曼，温弗里德·哈斯默尔. 当代法哲学和法律理论导论. 郑永流，译. 北京：法律出版社，2002：96.

② 哈贝马斯. 在事实与规范之间——关于法律和民主治国的商谈理论. 童世骏，译. 北京：生活·读书·新知三联书店，2003：569.

充分的善，这只有通过共同行动才能实现）的学问，对亚里士多德来说就是最高的伦理学"①。黑格尔的政治学植根于他的"绝对精神"理念体系，他认为社会治理及其发展就是伦理实体即"绝对精神"的客观化或外在显现的一部分，社会政治不过是伦理精神的一个外在表现和现实空间表达而已；伦理精神在发展过程中，抽象变为了具体，个人进入了社会，意志为了实现自由，构建了制度。在霍布斯那里，哲学被分为自然哲学与公民哲学，伦理学与政治学是公民哲学中的主要领域和内容。从"公民哲学"含义中，我们可以看出亚里士多德至善的实践科学的思维痕迹。

此外，西季威克《伦理学方法》和梯利《伦理学概论》，对伦理学与政治学一而二、二而一的关系都有相关论述；梯利甚至认为，伦理学是政治学的另一个名称。② 相对而言，伦理学规定着人类的普遍应然目的，而政治学则是一门关于实现该目的的方法的学问。在当代，伦理学与政治哲学的学科区分也越来越不明显——罗尔斯、哈贝马斯、麦金泰尔等，既是政治学家又是伦理学家；自由主义、个人主义以及社群主义，既是政治学讨论的问题，也是伦理学讨论的问题。

伦理学在其他学科如经济学中的善"应然"表达也十分明显。经济学主要研究生产、交易、分配和消费，而消费论、生产论中都含有伦理要求，怎样交易、怎样分配更关乎伦理学问题。正如一些经济学家所概括，经济学关心两件事：实证经济学关心如何把经济蛋糕做大，规范经济学关心如何公平地分配蛋糕。简言之，前者研究经济学中"是什么"的问题，后者研究经济学中"应该如何"的问题。在中国古代文化中，"经济"一词的缘起就含有"经国济世"或"经世济民"之义，其中的伦理意味更是显而易见。

总之，几乎在所有社会领域，我们都看得到伦理学的理论灵魂，这也就是为什么从古典、近代到当代，大部分经典作家都把伦理学或善理念作为构建其政治学或经济学的应然根据，也是我们今天特别强调对伦理学科做广义、狭义两种意义定位的缘由。综观整个伦理思想史，思想家们从他们的知识谱系中折射出的把握世界的方式，无非真、善、美、

---

① 厄奈斯特·巴克. 希腊政治理论：柏拉图及其前人. 卢华萍，译. 长春：吉林人民出版社，2003：8.

② 弗兰克·梯利. 伦理学概论. 何意，译. 北京：中国人民大学出版社，1987：11.

信仰四个维度，"善"是其中以价值"应当"为话语方式的一种独特视界，而伦理学是关于善的研究学问，至少在广义上已被人们普遍接受。伦理学作为一个具体学科，虽然有时候在和政治学、法学、哲学相区别的狭义上被使用，有时候被特指关于人性美德的学问，但无论如何，我们在做"伦理学是什么"的定性把握时，在对伦理学做狭义理解时，不要忽略或淡化了伦理学在真、善、美视域中的"应然价值"取向的地位，并且，严格而论，这种广义的善视界的定位更能表达伦理学的本质属性。

第二编

人性论研究

第一章　人性论[*]

引　言

　　人是什么？无疑这是我们所关心的一切问题中最重要的一个问题。因为其他一切社会的、自然的、文化的问题，都取决于我们对人性的见解。人生的目的和意义，也即我们应当做什么，我们希望得到什么，这一切从根本上都受我们所理解的人性的影响。如果我们确信人是上帝所创造的，那么上帝的目的就规定了我们应当是什么，我们不能指望自己，只能依赖他的帮助、拯救。而如果我们自认是自然过程、社会历史的产物，并且如果我们发现社会历史创造着人，而人也在改变创造着社会历史，那我们就会运用理性构设蓝图并努力使之得以实现。有些人宣布人性是恶的，那他就主张用强制惩治手段管理社会。有些人发现人性本善，那他们一定主张人们修身养性，以善德治国。如果你提问："什么是人生幸福？"那么，着眼于人的生物欲望的自然人性论者会说，情欲的满足就是幸福；而诉诸人的精神本质的理性人性论者，则会告诉你，理性目的达到后的精神快乐，是人的最大幸福。

---

　　[*]　本篇内容原载于《人性论》（中国青年出版社，2001年）。

人到底是什么？这个问题既古老又恒新。在古希腊德尔菲神庙里铭刻着这样一句箴言："认识你自己！"苏格拉底引箴言入哲学，从此使关怀、认识人类自己成为人类思考的最中心的主题。卢梭对这个深刻的命题也有着深深的共鸣，他说："我觉得人类的各种知识中最有用而又最不完备的，就是关于'人'的知识。我敢说，德尔菲城神庙里唯一碑铭上的那句箴言的意义，比伦理学家们的一切巨著都更为重要、更为深奥。"①

一切时代的思想家们都对人性做过探究并得出自己的结论。其实人性的探究未必只是思想家们的事，"认识你自己"，是人类理性自觉后发出的古老命令，也是每一个有头脑的现代人所必须明白的基础性问题。不理解人性，何以理解我们的社会？不知人，何以做一个真正的人？事实上，透过形形色色的人，立于芸芸众生之上，去探究和了解人何以为人，我们自己到底是谁，这是一件非常明智且有意思的事。

说人性理论形形色色，一点也不算夸张。当然真正影响人类历史、导致社会变革、左右人的生活方式的人性论流派，却也是可数的。在本书中，我们将会了解人类的这些重大理论流派。在对这些人性理论的分辨中，你还会了解到人类关于自身的认识，是怎样从感性猜测走向理性判断，又是怎样从片面单一的分析走向系统综合的科学把握的。

有人就有人性，就有对人性的认识和理解的需要。怎样看待人的尊严、地位及其价值，怎样认识人的社会性和自然性，怎样理解人的需要、利益，人的自由、权力，人的理想、幸福，还有人的情感、意志，如何评价人的选择和行为，人生的意义，以及对待苦乐、荣辱的态度，义利观念，等等，这一切有关人的问题，都是思想家们几千年来长期争论不休的问题，也都根植于关于"什么是人"的不同人性理解之中，以至于思想家们下结论说，中西文化的不同就是两种人论的不同，不同意识形态及流派是不同的人性观念的结果。

人性作为意义和价值基础，对人类世界的存在、人们的社会生活、人本身的创造发展有着广泛影响。人必须了解自己存在的真相，理解人性，才可能更好地生存于社会并创造人类社会。人类历史发展过程已说明，人们按照什么样的方式来适应环境和生存，选择什么样的文化价值

---

① 卢梭. 论人类不平等的起源和基础. 李常山，译. 北京：商务印书馆，1962：62.

系统作为自己生活的导向，本质上是和他们如何认识自己以及认识的水准相一致的。

人类关于自我的意识，在人猿揖别的时代就开始了。人从一开始就自觉不自觉地思考这样的问题：人是什么？人和动物不同的地方在哪里？人活着是为了什么？人应当怎样生活？当人类最初的有关乱伦的禁忌以及与此相应的禁止族内通婚的婚姻制度在原始人那里形成的时候，我们就知道原始的人类已开始给自己设立了一个什么是"人"的标准了。事实上在人类的几乎所有关于自身行为的规范和准则背后，都蕴含着这样一个潜在的命题：作为"人"，应该如此做。但是，真正能够自觉地把人作为认识的对象，并形成关于人性的系统的理论或知识，却是人类历史发展到一定阶段的产物。

人类有了自我意识，也就有了关于人本身的种种知识，尤其是关于人之为人的特殊规定性知识。对种种不同的知识进行概括，就产生了多种关于人的、关于人性的理论体系。所谓人性论，无非是不同时代不同的人们对自己的本质及特性认识和理解的理论形式。事实上，每一种文化都表现了人对自己的某种程度的认识。一种文化相异于另一种文化，相当程度上也源于对人性的不同理解。

当然，并不是任何一种关于人性的观念、理论，都达到了对人的认识的自觉与完整把握。但是每一种关于人性的理解和认识，也都或多或少反映出人性本质的某一侧面。在种种我们熟悉或不熟悉的人性解释中，我们将感受到闪烁于其中的"认识你自己"的人类智慧，将会感知到伟大人类认识自我的发展脉络和时间矢度，感受到人性理论如何从蒙昧时期带有猜测性的宗教知识，向现实性和科学性的系统理论进化。

本书在研究大量理论思想和文献资料的基础上，运用逻辑和历史方法，既根据人类认识自我的思想历史轨迹，又依从理论逻辑的层次，比较全面地对人类思想史上各种人性理论进行了系统的梳理和分析，力求使我们既了解人类自我觉醒的思想历程，又跟随形形色色的思想家，逐渐认识人性的方方面面，在丰满自己人性理论的同时，进而认识人性，把握人性。

同时，本书论述又不仅仅止于人性，对在不同人性论基础上产生的各种人生观、幸福观、政治理论等，也都做了相应的分析和论述。在关于每一人性理论论述中，不是单纯论述某一人性论思想观点，而是分析它们各自的合理内容及理论缺陷，对一定人性理论与真正的人性本质的关系，也进行了分析和论证。这样，在了解、吸收、分析、批判各人性理论的同时，我们可能会对人性有一种较为深层的、全面的把握。

认识自身人性的思路，始于远古（历史的）时代，起于自然人性论（逻辑的）层面，终于对人性的全面把握和对人的自由、人的解放的追求，落脚于全面占有人自身本质的归向上去。

人性问题是个历史问题，随着人的存在发展而永存，需要不断认识、深化和完善认识。人性被历史地多视角地分割开来，五花八门，与不同背景、思潮相连，每一观点都有对有错，有真理颗粒，也有历史片面性，所以要动态地把握，从多视角逐渐归一。

一、人的自然属性

1. 自然人性论

在了解自然人性论和人的自然属性这个问题之前，我们先得对"自然人性"概念做一个小小的分析。

不知大家是否意识到，人们并不是在一个固定的含义上使用"自然人性"这个概念的。有时候人们用"自然人性"专指人性中的自然属性。在这个意义上，它多被限定在人的物质性、动物性、生理性方面的概括上。在另外一些时候，人们又用"自然人性"涵盖那些先验人性理论，在这个意义上，凡是认为人性天赋、本性天生的观点，就都被概括为自然（先验）人性论。因此，就人们实际使用情况看，"自然人性"概念具有狭义（人的动物性）和广义（先验人性论）两种含义。在上面这个小题目里，"自然人性"主要是在狭义上使用的，即，在这里我们主要是在讲人的自然属性。

在中国人性论传统和西方人性传统中都存在自然人性论。不过，中国传统中的自然人性论同西方传统中的自然人性论截然不同，对比这种不同不仅很有意思，而且会对中西方不同文化有更深的理解。

让我们以古希腊人所认识的人性，作为人类认识自己的样本之一，开始考察那些有同有异的自然人性理论。尽管这些西方最初的人性理论如此古老，但它们至今仍然影响着我们的历史、我们的思想，并在其中包含着对人性某一侧面的某些真实了解。

古希腊最初的思想家把人看成是具有感性的自然物。他们对万物的始基和生命的源泉做了探究，觉得人和世界上的万物一样，都是由某种自然物质产生和构成的，而不是由神灵创造的。

米利都学派是自然人性论最早的派别。它的主要代表人物都是米利都人，由此得称"米利都学派"。他们有的认为"水是万物的始基"，有的认为"气"是万物的本源。有一位自然人性论者赫拉克利特，把万物产生的根源归结为"火"，认为"万物产生于火，又复归于火"。这些思想家把人的本源归结为某种自然物质，当然也就把人性看成是自然性了。

为什么早期思想家一定要把人及世界万物的本源确定为水、气或火？这不是我们现代每一个人的思维都能理解的，也不是我们所关心的重点。我们关心的是，人性到底是什么？自然人性论到底对不对？早期希腊人对人性的直观，在人类自我认识过程中占据什么样的地位？

古代自然哲学家最大的贡献，恐怕就在于把包括人在内的自然，从原始的神话观念中独立出来，这是人类获得觉醒的第一个理论成果。当然那时还没有真正把人同自然区分开来，他们所理解的"自然"，是包括自然万物、社会人事和人本身在内的一切客观事物，还没有认识到人是高于一切其他自然物的独立主体，所以把人的感觉、欲望和思想等，简单地归结为某种物质性和自然原因，人性被理解为人的自然本性，认为人们只要"按照自然行事，听自然的话"，就一定能支配生活，获得幸福和快乐。

上述思想既是早期自然人性论的观点，也是人类自我认识的一种表现。尽管它们是古代人们感性直观的产物，显得简单、幼稚，但毕竟是人类认识自己本性的最初表述，而且在一定程度上反映了人性自然属性的真实面貌。然而，在欧洲进入封建社会后，自然人性论被宗教神学的人性论淹没并否定了。"中世纪的历史只知道一种形式的意识形态，即宗教和神学。"[①] 神学家认为世界的一切都是神制造的，神不仅制造了人和万物，而且神性决定人性的存在，神性就是人性。

自然人性论经过漫长的中世纪，到了文艺复兴时期才重又复兴。复

---

①　马克思恩格斯选集：第 4 卷. 3 版. 北京：人民出版社，2012：242.

兴的自然人性论最先表现在人文主义作家的文艺作品中。这个时期的思想家和艺术家，都把关注的重点由神转到人，转到人的自然天性上，转到人间的世俗的精神，表现出人的地位在冉冉上升。比如拉斐尔的圣母像表现的完全是世俗的幸福。但丁的名言是："人的高贵，就其许许多多的成果而言，超过了天使的高贵。"莎士比亚的一段话更对人倍加赞赏："人是多么了不起的一件作品！理想是多么高贵！力量是多么无穷！仪表和举止是多么端正，多么出色！论行动，多么像天使！论知晓，多么像天神！宇宙的精华！万物的灵长！"

薄伽丘是意大利文艺复兴时期第一批优秀的人文主义的先驱者。他的作品《十日谈》，吹响了文艺复兴运动的号角。薄伽丘提倡人性，反对神性；提倡人道，反对神道；提倡个性自由，反对宗教桎梏。他明确肯定人的七情六欲是人的自然本性，不可压抑，也不可能回避。他在《十日谈》的第四天开头，讲了一个故事，说有个叫腓力的男子丧妻后，带着小儿子住在山上，他笃信天主教，和儿子一起过着与世隔绝的生活。儿子 18 岁那年，父子俩有一天下山到佛罗伦萨去，儿子平生第一次见到了女人，父亲为了不使儿子"迷失本性"，不许儿子看女人，并告诉儿子："它们叫'绿鹅'，全是祸水。"但儿子却被"绿鹅"的美丽与可爱所吸引，最后要求："爸爸，让我带一只绿鹅回去吧！"父亲此时才明白，他对儿子十几年的教诫，在这一天被自然本能的力量一下子就冲破了。

薄伽丘无情抨击了宗教禁欲主义对人性的悖逆，认为人类的自然本性是无法阻挡的，并从人的自然本性出发，得出一个根本的道理，即人类天生是平等的。文艺复兴时期的自然人性论把人性归结为自然本能，这一方面使古代自然人性论有所发扬，另一方面又比直观的自然人性观念大大前进了一步。并且，由于把人的自然本性同人的社会平等权利联系在了一起，文艺复兴时期对自然人性的褒扬，就更得到近代启蒙思想家的进一步发挥。

近代欧洲启蒙学者的人性思想，是在文艺复兴时期批判中世纪宗教神学以神性否定人性，代之以人性否定神性的基础上发展起来的。从文艺复兴时期开始的重新肯定人性的思想趋势，一直贯穿于欧洲近代资产阶级思想家的认识之中。他们为了反对同封建等级制度缠绕在一起的宗教神学，就必须寻找一种能与上帝相抗衡的东西，以此取代神性权威。

他们依据的是古希腊自然哲学家的智慧，认同人是自然的一部分，人性就在于人的自然本性。近代资产阶级启蒙思想家这种人性自然化思路是不难理解的，至于它是否正确认识了人性本质，在我们对种种不同人性观念做了了解和比较之后，自会做出明确判断。

近代欧洲有一大批自然人性论者，虽然每个思想家的角度、侧重各有不同，但既然是在反对中世纪封建神性论的共同背景下产生出来的，就必然带有一些共同的思维逻辑。这些启蒙思想家几乎一致认为，人是自然的产物——当然，是自然的精制品。人的自然物欲和情欲是人的本性。人的本性就是追求幸福和快乐，逃避痛苦和灾难，所以，自我保存、自利自私是天性使然。人的本性就是追求物质利益和尘世幸福。在这一点上，人无二致，人的自然天性决定人的自然权利是平等的。可是宗教神学却要人们禁止一切欲望，抛弃人间的幸福，而去寻求来世的虚无的天堂与幸福，这违背了人的自然本性，践踏了人性。在这样一种理论共性中，各思想家也有一些小的异见。

托马斯·霍布斯激烈地认为人的本性是自私的、恶的。人天性好争，争名誉、争财物、为一切利欲而争。人人为了达到自己的目的，相互谋算，甚至残杀。而人生来又是平等的，人人都要维护自己的生命，人人都在利欲场上追逐、赛跑。人人都想得到享乐、幸福，就必然会发生矛盾、战争，因此，他提出了他那著名的结论："人对人像狼一样。"

约翰·洛克同意霍布斯关于"人类自然状态"的说法，但认为"自然状态"不是一切人反对一切人的战争，而是和平。人类在原始的自然状态中，虽然是自由、平等的，但不是放任的状态。在自然状态中，有一种为人人所遵守的自然法——理性，使人们能够和平相处。契约国家就是人的自然和平状态的表现形式。

孟德维尔则认为，人的本性是自私的。不论何种状态下，人都有发自利己欲望的意向。为了证明这一点，他考察了动物和人，并得出一个结论：在自然状态中，所有的动物都有只顾自己、满足欲望的本性，人类虽有与动物不同的社会生活，但由于人的欲望更强，所以比动物更加自私和专横。他断言，人是"非常自私专横"而又狡猾的动物。[1]

霍尔巴赫的自然人性论，其基本观点同上述思想家没有根本不同

---

① 周辅成. 西方伦理学名著选辑：上卷. 北京：商务印书馆，1996：749.

（认为人的本性由自然决定，自然本性决定人的自私自利），可他进一步指出，人的本性是爱自己，但是，人与人要和谐一致地生活，就必须做到这一点：自己获得了自然权利而又不致丝毫损及别人。霍尔巴赫指出，人为了自己的利益，应当爱其他的人，因为他们是他存在、他快乐所必需的。也就是说，爱别人是使自己得到幸福的手段，因为人们的幸福是彼此相联系的。只有把个人利益和公众利益结合起来的生活，才是既符合人的本性，又符合道德的幸福的生活。

卢梭作为批判封建专制制度的勇士，其天赋人性说中也充满了自然人性论的观念。他认定人的本性是自然天生的，这个天生本性的首要法则就是自爱。自利自爱是天所赋予的权利，这个天赋人权是不可侵犯的、出于人性的、不可放弃的。同时卢梭认为，人不仅有自爱之心，而且还有怜悯之心。"怜悯心是一种自然的情感"，任何一个人，即使他对于教育一无所知，也会具有这种情感。正是这种天然情感，使我们不假思索地去援救我们所见到的受苦的人。

欧洲近代的启蒙思想家，以人性论为武器，反对神学唯心主义和封建专制主义，以人性反对神性，以自爱自利的自然天性反对禁欲主义，以人道主义反对神道主义，以人的眼光分析社会问题并寻找解决的途径，这在那个时代是进步的。但他们所理解的人只是一种自然动物。人具有自然动物属性，但人的自然性只是多维人性中的一个方面。他们不了解社会生活、社会实践对人性所起的根本作用。

2. 趋乐避苦的人生观

基于自然人性论，这部分西方思想家形成了相应的人生观。

自然人性论者卢梭断言：人最初的感情是对于自己的存在的感情；人最初的关怀就是对于自身的关怀。爱尔维修则说：以肉体的感受性为基础的爱，是人人共有的。不管人们的教育多么不同，这种情感在他们身上永远一样：在任何时代、任何国家，人们过去、现在和未来都是爱自己甚于爱别人的。

自利自爱、趋乐避苦是自然人性论的一个主体观念。他们从自然主义、感觉主义出发，认为人本质上是自爱自利的，愿意保存自己，设法使自己的生活幸福。他们认为人来到世界上的时候，只是带着感觉的能力，即肉体的、物理的感受性。在外界对象的作用下，人通过感觉感受到快乐或痛苦，并通过记忆、想象产生希望、失望、忧虑和恐惧等情感。根据反复的经验和教训，人们感到愉快的就去追求，感到痛苦的就回避。因此，趋乐避苦就成为人们行为的唯一动力和原因。即使像友谊、爱情这类情感，也都是人趋乐避苦本性的表现。如，朋友死了，人会痛苦流泪，这是由于物理感受性引起了生理上的反应。而爱情带给人的快乐是最大的，力量也是最强的。动物奉了"爱情"之令而忘记恐惧，敢于攻击比它强大的对手。爱的欲望衰退，人就失去了活力，死亡也就快要到来了。按照这种感觉论原则，自然人性论得出结论，趋乐避苦是人的本性和行为的动力。凡是使自己感受痛苦的，人就会逃避，而凡是使自己感受快乐的，人们就去追求。人的理性起什么作用？就是依据机体的感受选择目标、采取行动。对此，霍尔巴赫曾总结说：利益或对于幸福的欲求就是人的一切行动的唯一动力。而霍布斯则用另一种说法表达了趋乐避苦的自私人性，他认为"人对人像狼一样"。

自然人性论认为，既然从本性上来看，人都是趋乐避苦的，那么就应当承认，人在任何时候追求幸福、逃避痛苦都是合理的，认为社会一切意识形态，如政治、法律、道德，也都应当顺应并鼓励人去追求幸福，而不应当阻碍人们追求幸福。从这一点看，宗教道德恰恰是压抑和违反了人的这种本性。

追求人生幸福，本身并没有什么不当之处，关键是追求什么样的幸福。关于幸福的理解，在西方人生理论上是很复杂的。据傅立叶说，单是罗马尼禄时代就有 278 种关于幸福的互相矛盾的定义。自然人性论所要追求的"幸福"，当然是他们意识中的现实感官的幸福和机体的幸福，既不同于宗教天国的虚幻的幸福，也完全不同于其他如理性论、德性论、社会本质论所认可的幸福。

自然人性论还有一个基本的理论公设：人皆有趋利避害、自保自爱之性，这是人的本性。从此设定出发，推导出很多重要的理论，如合理的利己主义，即人应在不损害他人利益的前提下追求自己的利益；功利主义；个人主义；自由、平等、博爱及民主的学说。人生来是平等的，每个人都是赤条条来到人间的，所有的差别都是后天的。所谓神授君权、上帝造民，都是骗人的鬼话。每个人都有做人的资格，享受做人的权利。为了保障人的这些权利，人们便缔结契约，制定法律。君权不是神授的，而是民众依据需要和法律授予的。而且，既然每个人都有七情六欲，灵肉冲突，没有人会全知、全能、全善，因此不能让一个人执掌绝对权力，否则必然会出现以权谋私和腐败，因此要设定一种制度，限制统治者的权力，加强制约和监督，设法保证在法律上人与人之间的平等。

自然人性论重视人的物欲及其满足，把感性的快乐和幸福统一起来，它有助于清除宗教禁欲主义的束缚，促进人的身心发展，从而促进社会物质文化财富的增长。然而"趋乐避苦"的感性原则在强调肉体快乐的时候，混同了人的本性与动物的本性，人之本性被降低到动物性上，把感官感受性推论到荒谬的地步。而且这种自利人性观念又往往面临着同社会公共利益的理论会发生矛盾。

如果人类的本性确实是自私自利的，人们之间果真处在"战争"状态，那么人类本身又如何使彼此相安、维持生存呢？因此，他们也承认必须将个人私利和社会公共利益结合起来，而且生活现实中也确实有人能够牺牲个人幸福去为公共幸福而行动。那么是什么原因使人们忘记自己感官的自利要求，而做出有利于公共利益和他人的行为呢？又通过什么手段使人们去尊重公共利益？作为一种完整的理论，就不能在理论上有矛盾、有漏洞。成熟的自然人性论者必然也要去弥补这个漏洞。

个人利益和社会公共利益是怎样结合的呢？

一种解释是，人会为了利己而利他。这种看上去矛盾的判断包含着这样的内容：任何一个有感觉和理智的人，都不能不时刻注意自己的生存和安乐，为自己求幸福。但是经验反复证明，如果没有他人的援助，单靠自己是不能提供为幸福所必需的一切东西的。每个人都同他人在一起生活，他觉察这些人只有在对他们的安全有关系、对他们的幸福有帮助时，他们才给自己以方便。因此，人们由此认识到：为了自己的幸福，就需要自己在行为上时刻能够赢得人们的欢心和称赞（爱尔维修语）。也就是说，为了使别人有利于自己的利益，就应该使他人在协助自己实现计划时，发现种种真实的好处。把一定的好处给予别人，这就是有"德行"，而成为有德行的人对自己也是有利的。

人性自私的典型理论代表霍布斯这样解决他的理论矛盾。他推论，在人类的本性中，还有一种力量使人意识到"战争"状态的后果，从而彼此订立契约，出让一部分自己的利益和权利，以建立和谐的社会秩序。霍布斯认为这种力量就源于人的自我保存和追求幸福的欲求。

所谓放弃一部分利益和权利，是指在他人享有同一物的利益时，自己不加妨害。这种利益和权利的放弃，以出让方式表达，如果每个人都不放弃这种权利，那就只能永久处于人对人的战争状态。但权利的放弃或出让必须是相互的、对等的，否则就是不公平的。自然人性论者利用《圣经》把这条契约法则概括为："你们愿意人怎样待你们，你们也要怎样待人。"[①] 契约的作用在于迫使人们放弃利己的打算，从而使人采取更好的方式实现自己的利益。

西方近代另一位人性论者哈林顿为此曾提出一种"分饼法"的契约实现原则。这个原则方法假设有两个人共分一整张饼，两人都应各分一份。其中一个对另一个说："你分吧，我来选，要不然我来分，你先选。"这个方法的要义在于，分饼者必须分得很平均，分不平均则自己吃亏，因为有先在挑选权的一方会把大块的拿走。在这个方法中，一方出让了分配的权利，另一方出让了挑选的权利。利益的平等获得就在这种部分利益放弃中实现了。

这种理论强调个人利益和社会公共利益、他人利益的结合，动机、目的还是为了个人利益。实际上在自然人性论者的意识中，世上没有任何人会为了公共利益而做出对自己不利的事情。爱别人无非是爱那些使我们自己幸福的手段（霍尔巴赫语）。如果无利可图，就绝不会做出有道德的行为。可见，在这里，道德的高尚性、人的社会理性本质被抛弃了，剩下的，除了利己还是利己，除了动物本性还是动物本性。

这种弥补和解释，就连持自然人性论主张的其他思想家，也感到未能自圆其说。所以，一些思想家提出了另一种解决思路。他们指出，虽然在人性中自私是最重大的性情，但在人性中，除了自爱、自私的性情外，还有仁爱和利他的性情。不论一个人多么自私，在他的本性中都明显地存在着某种关心别人的命运和幸福的情感（亚当·斯密语）。人之为人，有爱自己和爱人类的情感，自爱和博爱，都出自人类本性的自然，是不同于动物的本质表现（伏尔泰语）。"同情说""博爱说"都反对过分渲染人性中的自私。按照他们的见解，同情和博爱是人性中一个强有力的原则，是对一切人为之德尊重的根源。正是有了这个人性原则，人们才表现出为公共利益的倾向。

他们不满意简单的人性自私论，但也不相信理性能够起到调解利害

---

① 圣经（和合本）：马太福音：7：12.

冲突的作用，不承认有纯粹不涉及行为者利益的义务感和纯粹理性的道德原则。

人性自私是自然人性论的根本论点。其思想代表想在不动摇"人性自私"的前提下修补漏洞，指望通过自私本性改变自私的方向来调解理论矛盾及现实利益冲突，这种治标不治本的方式是不可能真正解决问题的。

3. 见素抱朴的自然人性论

在中国人性论传统中，告子、老子、庄子、荀子、韩非子等思想家的人性论通常被称作"自然人性论"。但是他们的自然人性论同我们已了解的西方"趋乐避苦"的自然人性论有很大的不同，在有些方面甚至截然相反。

在中国思想史上，第一个提出人"性"界定的是告子。告子认为，人天生的东西叫作性，性即人的生命体的自然资质。这种对"性"的理解很符合中国古代"性"概念的内涵。性在上古时代多指生命，在古代典籍中，我们常可看到大量"性""生"通用的例子，性成了特指人的生命的概念。在这种意义上，告子以生谓人性说："生之谓性。"又说："食、色，性也。"即生而具有的叫作性，性的内容就是饮食男女的自然本能，这就是说，人性就是作为生物的人的天生生理本能。

孟子也主张人性天生。但他不同意告子把人性理解为如同饮食男女一样，是人的食色生理本能。孟子特别指出，作为一个人，如果只是表现出"饱食暖衣逸居"等自然属性的要求却"无教"，即没有社会道德教化，那就会"近于禽兽"。

荀子关于人"性"之界定同告子"生之谓性"的意义非常接近。《荀子·正名》中说："生之所以然者谓之性。"这种自然生成的人之本能，荀子概括为"饥而欲饱，寒而欲暖，劳而欲休"等诸生理方面。然而荀子的人"性"并不是人之为人的规定性，人之为人者在于"有辨""有义""能群"等社会道德属性。正因为如此，荀子的自然人性理论就同告子等完全不同而更接近于孟子了。

老子以"自然"为人的本性。老子思想中的"自然"，是指对万物的生长与发展不强加干预，顺其自然而生。他的人性观同他的宇宙观分不开。他认为，"道"是产生构成宇宙万物的本体，"道"自然无为。人由"道"而生，人性也必须合乎"自然无为"的道。这种自然无为的人性不但不是自利自私的，恰恰相反，它必须是"少私寡欲"的。老子认为，人的本性是无知无欲的，就如初生的婴儿，人们的自利心和自私心恰恰是由于抛弃了素朴的自然本性。正是这种自私心、占有欲，使得人们争斗不息，世风日下，人性丧失，社会混乱。他要人们"见素抱朴，少私寡欲""复归于婴儿"，即回到原初本然的人性状态中。

在老子看来，贪欲和知识是人自然本性丧失的两大障碍，所以人应当排除物欲私念的干扰。而为了排除物欲私念，老子甚至反对感官与外物的接触，主张闭目塞听，静心修养。

庄子继承发展了老子自然无为的人性论，认为人性本应是无欲无情的，人的贪欲导致人执于外物，而执着于外物必然导致人为物役，导致自然素朴人性的异化。按照庄子的人性论，人应当为达到逍遥无为的自然人性境界而努力，必须超越外物，超越外物的关键是"忘"外物，即忘掉是非善恶、富贵贫贱、生死利害等。

老庄的人性论就是这样，要人们超越一切，出世而不是入世，如此来保持住人的素朴无为的自然本性。在他们看来，人从"不自私"到"自私"的转变，是违背人性的。这种人性论同西方自利自私的人性论虽然同为"自然人性论"，但显然"貌合神离"。在中国人性论传统中，也有和西方相近的自然人性论，那就是荀子、韩非等人的人性理论。

同西方的"趋乐避苦"提法极为相似，荀子、韩非子提出人性"好利恶害"。荀子认为人性就是人的自然本能。"生之所以然者谓之性。"人本性是天然自成的。他举证说，人生而好利，顺着它就不会有辞让。如果顺从人之性，一定会产生争夺、混乱。荀子强调人的自然本性属恶，认为要想使人们免于纷争，使社会有秩序，就必须改变人的自然本性，即用社会礼义"化性起伪"，需要"师法之化"。

韩非子作为荀子的学生，对于自然人性恶论做了极大的发展，提出了"人皆挟自为心"的人性自私学说。韩非子举例说，主人雇佣雇工种地，招待雇工并付给报酬，并不是因为想帮助雇工。雇工为主人好好种地，也并不是因为爱主人，而是因为他认为这样做可以得到优厚的报酬。双方都是为自己的利益打算，都有一种"自为心"。他甚至进一步判断说，医生用嘴吮吸病人的伤口，并非因为他对病人有骨肉亲情，而是想得到更多的钱财。做棺材的人做好棺材，则希望人早死，但这也不能说造棺材的人狠毒，而是因为人不死则棺材卖不出去。所以，个人利害是人们思考问题和从事活动的出发点和终结点。

韩非子由于认为人的自然本性是自私自利的，从而提出了一整套制的人、防范人的治理社会之术，认为只有用严刑峻法方可治理天下。

上述自然人性观有不少偏激和片面的见解，也有某种侧面的深刻，这种深刻性表现在它对人的利己性一面进行了入木三分的揭示，并力图说明利己与利他的关系。利己是目的，利他是手段。另一种说法就是，主观为自己，客观为他人。

这种对利己与利他关系的概括，只能说在一定程度上有意义。人作为一种自然生物，的确有自保自利的自然属性，但人不仅仅是一种自然生物，人之所以为人，就是因为其本质中具有其他动物所没有的社会性和精神理性，作为人应当知道自己被赋予了其他动物所不具备的人格尊严，具有不同于其他动物的特殊的系统质。所以，人性中含有的自然欲求作为一种生命冲动，是不能忽视和低估的，但如果以为人性就在于自然欲求、生命冲动，则无疑使人和动物停留在一个水平上。这种对人性的认识显然简单化了。

4.“酒神精神”

自然人性论者中，有一部分思想家认为人性本恶，所以需要化之节之，或用外在的社会规范——如法制——去强制和约束它。但也有另一部分思想家，却从自然人性论中引出了快乐主义和享乐主义的人生观。

许多自然主义者主张按自然本性来生活，顺应自然，这就是生活的意义，是人生的价值，是善。许多古希腊自然主义人性论者用这种观点解释幸福，更有许多古希腊人放纵本能，饮酒狂欢，让感官欲望得到充分满足，不像理性主义、德性主义那样遵守严格的道德律令和理性命令，更不像中世纪的禁欲苦行，这即是后世人们常常提到的“酒神精神”。

“酒神精神”经过尼采的演绎和发挥，已差不多成了放纵感官快乐的代名词。古希腊人以野外纵酒狂欢的方式来尊奉葡萄酒之神狄俄尼索斯，在此期间，人们通宵达旦地吃喝、饮酒，一边跳舞一边狂叫。希腊人尊奉酒神，在这种祭祀酒神的节日里，狂欢和纵欲的行为是合法的，倘若有人试图加以制止，则将被疯狂的酒神侍女们撕成碎片。

古希腊的自然主义人性论思想家，没有酒神侍者那样疯狂，但其人生观念却是酒神精神的一种隐喻。

古希腊的自然主义人性思想家德谟克里特创立了"原子论"，在人性问题上他属于自然人性论，虽然他也看到人的幸福和动物不同，说"动物只要求为它所必需的东西，反之，人则要求超过这个"，但他仍认为人的感官需求应当得到满足，认为这是快乐和幸福的一个要求。他说："一生没有饮宴，犹如一条长路没有旅店一样。"①

其他如赫拉克利特、伊壁鸠鲁、卢克莱修等自然人性论者，也都把趋乐避苦作为人的本性，认为幸福就是追求感官的快乐，避免感官的痛苦。赫拉克利特甚至用蜘蛛捕蝇为例：蜘蛛坐在蛛网中央，只要一只苍蝇碰断一根蛛丝，它就立刻发觉，很快地跑过去，好像因为蛛丝被碰断而感到不适似的。他认为人也是这样，"人的灵魂当身体的某一部分受损害时，就连忙跑到那里去，好像它不能忍受身体的损害似的，因为它以一定的联系牢固地联结在身体上面"②。

当然，这些思想家的感性幸福论还不是很极端的，他们在强调人的感官快乐的同时，也看到了人的幸福还必须包括精神快乐，否则，人就同猪、牛等牲畜没有分别了。

在古希腊，比较极端的感性主义幸福论者，当属亚里斯提卜。亚里斯提卜是苏格拉底的弟子，在他的老师死后，创立了"小苏格拉底学派"之一的昔勒尼学派。他发展了苏格拉底的感觉论，他认为，肉体的快乐比精神的快乐更迫切、更强烈，肉体的快乐优于精神的快乐；而且，肉体的快乐既不在过去，也不在未来，只在眼前。在他看来，唯有眼前的肉体快乐，才是人们追求的幸福。亚里斯提卜的快乐主义把苏格拉底伦理思想中包含的快乐观推向一个极端，为当时奴隶主阶级追求享乐的生活提供了理论证明。

这种极端的感觉主义幸福论，在中国古代也有代表。《列子·杨朱》可被认为是这种人生观的代表作。它宣扬享乐主义幸福观，认为人的本性要求满足自己的耳、目、口、鼻、体、意的欲求，以得到快乐的享受。它主张人生一世，要及时行乐，应"为欲尽一生之欢，穷当年之乐"。《列子·杨朱》认为，人的生命是十分短暂的。能活到百岁的人千

---

① 北京大学哲学系外国哲学史教研室. 古希腊罗马哲学. 北京：商务印书馆，1961：116-118.

② 同①116，25.

里难挑出一个。"设有一者，孩抱以逮昏老，几居其半矣。夜眠之所弭，昼觉之所遗，又几居其半矣。痛疾哀苦，亡失忧惧，又几居其半矣。"所以，人生一世应及时行乐。

伊壁鸠鲁的快乐主义显然受到了苏格拉底及其弟子的思想的影响。他也把追求快乐看作人生的目的："我们的一切取舍都从快乐出发；我们的最终目的乃是得到快乐。"[①]

仅仅到此为止，还体现不出伊壁鸠鲁快乐论的感性主义性质，因为理性主义思想家也有强调人生快乐的，关键在于快乐的内容是什么。伊壁鸠鲁把肉体的快乐和感官的快乐作为幸福的基础，把快乐限定在了肉体和感官需要满足的范围之内。

伊壁鸠鲁把快乐分为三类：一是自然的和必要的。这类快乐主要是指人的生存必需的需求，如渴了要喝水、饿了要吃饭等，这是人们为了免受饥渴之苦的基本需求。二是自然的但不一定必需的快乐，如精美食物和美好的口味，但这类需要和欲望只是使快乐变换样式，没有增加新的形式的快乐。三是既非自然也非必要的快乐，如沽名钓誉，既不是自然的生存需要，也不能给人带来真正的快乐。可见，在伊壁鸠鲁那里，快乐的获得仅仅局限于肉体感官需要的满足，超出这个范围的过多的欲望，则只能带来烦恼和纷扰，走向快乐的反面。伊壁鸠鲁如此定义快乐：身体的无痛苦和灵魂的无纷扰。

启蒙时期的自然主义人性论，针对中世纪封建禁欲主义，大力宣扬世俗的感性幸福。人是趋乐避苦的，趋乐避苦是人为了生存的一种天生的生命反应。凡是属于生命生存的东西都会带来幸福。吃、喝、性都是生命存在形式的需要。

德国的感觉主义人性论者费尔巴哈，在宣扬和强调爱情甚至性交的感性幸福时，曾这样举例说，在自然界，许多下等动物是紧随着性交之后而死亡的，它们的生命在种子由身体排出时即告耗尽终结。受孕的行为对于它们来说，是最后的生命享乐，也是最高的超越其他一切的享乐，为了这种最高的生命享乐，它们宁可选择终结。[②] 费尔巴哈坚持认为，追求感性的幸福生活是人和有生命的东西的共同天性。

---

① 周辅成. 西方伦理学名著选辑：上卷. 北京：商务印书馆，1996：103.

② 费尔巴哈. 费尔巴哈哲学著作选集：上卷. 荣震华，译. 北京：商务印书馆，1984：540.

在思想史上，理性主义、德性主义人性论，都坚持遵从理性这一种德性生活是幸福的理论。费尔巴哈不同意这种理论，他论证说："德行和身体一样，需要饮食、衣服、阳光、空气和住居。如果人们挤住在一起，如像在英国的工厂中和工人住宅——假设能把猪栏也叫住宅的话——中，如果人们甚至缺乏足够量的新鲜空气，那么也就完全谈不上道德了，那么德行最多也不过是工厂主和资本家老爷们的专利品了。如果缺乏生活上的必需品，那么也就缺乏道德上的必要性。物质生活的基础也就是道德的基础，如果由于饥饿由于贫穷你腹内空空，那么不论在你的头脑中、在你的心中或在你的感觉中就不会有道德的基础和资料。"① 在中国古代也能找到类似费尔巴哈这种思想的声音："仓廪实而知礼节，衣食足而知荣辱。"（管子语）

对于感觉主义幸福论，不能简单评价了事。过分强调人的肉体需要，一切从此出发，一切以此终结，得出享乐主义的结论，这是自然主义感觉幸福论的败笔。它在人们生活的追求中产生了一种低级的引导，在理论上也是对人性、人生、人的幸福的一种曲解。

但是，感觉主义人生观（在一定时代）批判了宗教道德的禁欲主义，肯定了人在自然属性方面的需要，这些都是合理的。在理论深层上，感觉主义告诉人们物质生活需求的满足，是道德和幸福的基础与前提，一个社会只有提高人们的物质生活水平，才能有利于生活中快乐和幸福的获得，这在一定程度上看到了人的物欲需要与人的幸福、德性之间的关系，有些论述很有见地，代表了自然主义感觉幸福论的最高水平。这一点接近了历史唯物主义的观点，因而得到了马克思、恩格斯的赞赏。

感觉主义幸福论的另一个理论弊端，也是我们需要明辨的。几乎所有自然主义人性论者，从感觉出发理解幸福和道德的关系后，都不可避免地要回答个人幸福和社会幸福的矛盾问题。大多数感觉主义幸福论者，都认为利己主义是一个必然原则。如霍布斯认为利己就是行为的命令，良心就是对这种利害的内心计算。休谟认为履行义务的最初动机"只是私利"②，用他的话说就是，"自私是建立正义的原始动机"③。而

---

① 费尔巴哈. 费尔巴哈哲学著作选集：上卷. 荣震华，译. 北京：商务印书馆，1984：569.

② 休谟. 人性论. 关文运，译. 郑之骧，校. 北京：商务印书馆，1996：584.

③ 同②540.

在费尔巴哈意识中，"道德必须基于利己主义，必须基于自爱"①。他甚至断然说："什么东西阻碍我追求幸福的愿望，根本损害我的自私心和利己主义，它就不应当存在也不能存在。"②

追求个人幸福，重视个人利益是合理的，但一切从个人利益出发，一切以是否利于个人幸福为标尺，这就不合理了。因为人毕竟生活在社会关系中，把利己主义归为人性原则，不但埋没了人所特有的理性力量，而且也歪曲了人之为人的德性尊严和社会本性。正因如此，感觉幸福论和利己主义原则不仅遭到了崇尚理性和德性的思想家的抨击，也遭到了强调人的社会属性的思想家的批评，而且即使在自然人性论思想阵营内，许多感觉主义幸福论者也都抛弃了简单的利己主义原则，而强调对社会利益、他人利益的必要义务。这些思想在卢梭、爱尔维修、霍尔巴赫等自然主义人性论者那里，都有非常好的论述。在后文分析人的社会属性时，我们会再次提到他们。

5. 人的自然属性及其把握

毫无疑问，人永远是自然界的一部分。正如恩格斯所指出的："人来源于动物界这一事实已经决定人永远不能完全摆脱兽性，所以问题永远只能在于摆脱得多些或少些，在于兽性或人性的程度上的差异。"③但是，承认人具有自然属性并不能引出人性就在于自然性的结论。自然人性论和人的自然属性是完全不同的两个范畴和问题。

一般地说，"自然属性"主要指人的自然欲望和生理机能，从哲学角度讲，就是人与自身动物性的关系。人永远不可能摆脱自然动物性，但人之为人，其人性本质，就永远不可能归结为同一般动物无本质的区别的自然性。人一旦称其为人，人的自然属性就不再有独立自存的意义。比如，像一切动物一样，人也必须满足自己的肉体生存和繁殖的需要，否则人的物种也不能保存。饥饿是人生命存在的一种需要，就这一点来说，人和动物似乎并没有什么不同。动物只承受大自然的恩赐，而人对于满足其需要的对象和手段（火、工具等），必须由人们自己去加

---

① 费尔巴哈. 费尔巴哈哲学著作选集：下卷. 荣震华，译. 北京：商务印书馆，1984：802.

② 同①452.

③ 马克思恩格斯全集：第20卷. 北京：人民出版社，1971：110.

工、制造，这是真正人的意义上的生产。动物也有猎捕的需要，但动物的猎捕只是为其直接肉体需要（饥饿）所驱使，而人的猎捕还为了驯养、研究或观赏等需要，"懂得在饥饿的时候耐着性子不去滥杀它们"（摩尔根语）。同样道理，爱情是人的一种社会生活需要，也包含人的自然生理需要，但你不能把仅仅出于传宗接代的性欲要求等同于属人的爱情。

总之，随着人的劳动生产的发展，吃喝不只是充饥，而成为美食；两性不只是交配，而成为爱情。人在改造自然界的同时，已把自己的自然需要改造成真正人的需要。

自然人性论还存在另一个理论缺陷，即绝对地把人看作自然界的有机组成部分，看作绝对必须按照自然规定行动的被动存在物。在人身上和整个社会生活组织中的"自然的东西"，是根源的东西和道德规范及其他规范的最终标准。

人的确是来源于自然界的有机组成部分，也确实需要遵从客观自然规律，但这只是问题的一个方面。在另一方面，人又独立于自然，而且相对于动物来说，人能够自觉自由地认识自然规律，能动地改造自然世界。人自由自觉的能动实践，是一条特殊的渠道，通过它，人可以向自然界宣布自己的目的和意图，并在一定程度上使自然接受自己的意志。这就是说，人的生命活动和动物的生命活动是根本不同的。

马克思在他著名的《1844年经济学哲学手稿》"异化劳动和私有财产"一节中，是这样表述这一重要区别的，他说："动物和自己的生命活动是直接同一的。动物不把自己同自己的生命活动区别开来。它就是自己的生命活动。人则使自己的生命活动本身变成自己意志的和自己意识的对象。他具有有意识的生命活动。这不是人与之直接融为一体的那种规定性。有意识的生命活动把人同动物的生命活动直接区别开来。"[1]动物可以说也进行"生产"，但这不是自由自觉的活动，而是本能活动。能动地有意识地改造对象世界，是人区别于动物的本质特征。自然人性论要人们"按自然要求行事"，这就抹杀了人的生命活动的意识性和能动性，抹杀了人和动物的本质区别。

此外，正如我们在上面已看到的，自然人性论无法解决它自身产生

---

[1] 马克思恩格斯选集. 第1卷. 3版. 北京：人民出版社，2012：56.

的理论矛盾。如果人性毫无疑问是自私的，那么如何解释人们具有的道德感、社会存在的道德正义？如何调控个人利益和社会公共利益的冲突？人性自私论显然有许多漏洞，"同情说""博爱说"也未能弥补"自然人性论"的缺憾。

总之，不能把人性简单地归结为自然性，这一点我们应当已经达成了共识。人性到底在于什么？我们留待以后专门讨论。现在我们所应得出的结论是，人一方面是自然的，更确切些说，是受时空和具体自然条件以及自己的存在形式限制的存在物；另一方面又是社会文化世界的主体，是一种可以掌握世界、创造不同于自然的社会文化的能动存在物。

二、人的能动理性

1. 理性人性论

尊重理性是西方思想的一大传统。理性主义自不待言，就是自然主义、情感主义和德性主义学说，也都或多或少地肯定、尊重理性的作用。

强调人有理性，人要过理性节制的生活，在早期希腊人那儿就已经开始提出了，如毕达哥拉斯、苏格拉底等，都主张人应在理性调控下生活。然而讨论人的本性的理性人性论最早可以追溯到柏拉图的"理念"思想中。

柏拉图认为，世界的本原是一种永恒不变的"理念"，现象世界不过是"理念"本体的影子。世界万物的真理以及人这个认识主体的认识能力，都是理念所给予的。按照他的学说，人的灵魂是一个非物质的实体，可以独立于人的肉体而存在。灵魂不会毁灭，它在人生前和死后都会永恒地存在着。灵魂中存在着理性、欲望和意志三种成分。柏拉图认为，对于人来说，三种因素中只有理性应该居于主导地位。理性应当既统率意志又控制个体欲望。在他的《理想国》中，他曾设想过一个理性和欲望冲突的事例，例如当一个人非常渴时，却不能喝他可得到的水，因为他知道水中有毒。欲望因素促使他要喝水，理性因素阻止他喝水。这就是人。人和其他万物不同就在于，人能用理性控制欲望和意志。

严格地说，柏拉图的这种理性崇尚，在他的老师苏格拉底思想中就已有显示。当苏格拉底说"知识即美德"的时候，他差不多已经确定了理智、理性在人性中的决定地位。苏格拉底强调人的德性行为如果不在知识、理性指导下，则会变成有害而无益了。比如他说，"一个人若是没有理性，勇敢对他是有害的。但他若是有理性，这对他就有益了"①。

到此为止，无论是柏拉图还是他的老师苏格拉底，还只是在节制欲望的意义上谈论理性。和大多数古希腊思想家一样，对人和动物的区别，对人性本质等问题的探讨，还未形成明确的意识。而在差不多同时代的古代中国哲人那里，"人之所以为人"早已作为明确问题被提了出来。在古希腊，第一次明确把人和动物加以区分的，是大思想家亚里士多德。当然和中国古代哲人"德性人性论"不同，亚氏提出的是"理性人性论"。

亚里士多德明确指出，人的本性就在于理性，人能用理性支配自己的行为，控制自己的欲望，使行为合乎道德，这就是幸福和快乐。他在对理性的性质和功能做了分析后得出结论："对于人，符合于理性的生活就是最好的和最愉快的，因为理性比任何其他的东西更加是人。"②

在强调人与动物的区别时，亚里士多德说："人的功能，决不仅是生命。因为甚至植物也有生命，不能算做人的特殊功能。其次，有所谓感觉生命，特殊功能，因为甚至马、牛及一切动物也都具有。人的特殊功能是根据理性原则而具有理性的生活。"③ 他还特别提出，"人类在本性上，也是一个政治动物"④。这无疑是亚里士多德超过前人的地方。黑格尔曾经对其把"人"的定义规定为"政治动物，具有理性的动物"深感兴趣，并对此做了高度评价。⑤

亚里士多德对人性的理解，可以说已经站在了很高的起点上，他看到了人所独有的理性，也看到了其社会政治性，而且他对人的理性不同性质的分析，达到了精湛的地步，关于这一点，在后面还会提到。

中世纪的学说不仅淹没了自然人性论，对强调和弘扬人的理性的希

---

① 北京大学哲学系外国哲学史教研室. 古希腊罗马哲学. 北京：商务印书馆，1961：161.

② 同①327.

③ 周辅成. 西方伦理学名著选辑：上卷. 北京：商务印书馆，1996：280.

④ 亚里士多德. 政治学. 颜一，秦典华，译. 北京：中国人民大学出版社，2003：7.

⑤ 黑格尔. 哲学史讲演录：第 2 卷. 贺麟，王太庆，译. 北京：商务印书馆，2009：362.

腊思想也是一种灾难。理性人性论强调理智，强调人获得理论知识与道德真理的能力，认为只有通过获得这些知识，才能达到人的真正生活目的。相反地，基督教所强调的恰恰不是理智或理性知识，而是人的感性人格——上帝的情感。要达到人生的真正的目的——上帝之爱，并且按照上帝的意志生活，可以完全忽视理智的能力，忽视一切知识。"我若……明白各样的奥秘，各样的知识，……却没有爱，我就算不了什么。"[①]

文艺复兴时期，在反对封建神学、还原"人性"的人文主义队伍中，实际上打出了两面旗帜，一面即我们在上一个问题中已了解的"自然人性"理论，另一面就是"理性人性"理论。

作为人文主义的先驱者但丁，否定了神对人性的规定。他把人性归结为理性，歌颂人的伟大，提倡人的尊严，认为人比神更高贵。而人的高贵就在于人的理性、人的美德。但丁肯定理性对于人性的决定作用的思想，是对古希腊崇尚理性、知识的思想的延续，又是对文艺复兴以后理性主义思想的一种开启。恩格斯曾评价但丁这位"大人物"，是"封建的中世纪的终结和现代资本主义纪元的开端"[②] 的标志。

到了近代，理性人性论首先在笛卡尔的唯理论中得到了发展。笛卡尔不否认自然物体作为产生万物的本源，但他认为还有另外一个本源——心灵。物质实体的根本属性是广延；心灵实体的根本属性是思想。笛卡尔认为世界万物有两个本源，这在哲学上被称作"二元论"。笛卡尔的人性学说就建立在这"二元论"基础之上。

笛卡尔认为，人是由精神实体和物质实体组成的。人的物质实体即身体同动物一样，像一个机器在机械地运动。但是人和动物不同的是人有精神实体，有思想。他认为人之所以存在，就在于人有心灵和思想。他论证说，人只要停止思想，这个人也就不存在了。"如果我完全停止思想，我也就同时完全停止存在。……所以，严格地说，我只是一个在思想的东西，也就是说，我只是一个心灵、一个理智或一个理性。"[③]这就是他那著名的"我思故我在"命题想要表达的意思。

①　圣经（和合本）：哥林多前书. 13：2.
②　马克思恩格斯选集：第1卷. 3版. 北京：人民出版社，2012：397.
③　北京大学哲学系外国哲学史教研室. 十六—十八世纪西欧各国哲学. 北京：商务印书馆，1961：28.

斯宾诺莎是另一个唯理主义代表，在人性问题上他仍然贯穿了他的唯理论。他的巧妙之处在于，把人的自然本性和理性统一起来而不是对立起来。人的自然本性所决定的自利自保，是和理性的要求相一致的。他说："理性既然不要求任何违反自然的事物，所以理性所真正要求的，在于每个人都珍爱他自己，都要自己的利益。"① 但是理性同时要求人们爱人、公正、高尚。人与人要和谐一致地生活，就必须有"爱人如己的坚强信念"。人必须遵循理性的这种指导，寻求利益的人，他所追求的东西，也应是他为别人追求的东西，自己获得了自然权利而又不致损及别人。人的自利自保同动物的自保本能不同之处，就在于此。这种思路同前面我们了解的"同情说""博爱说"有异曲同工之处，他们都想把利己和利他看作人性中固有的本性，只不过斯氏更侧重理性而不是情感的角度。

比斯宾诺莎差不多晚一个世纪的狄德罗，是 18 世纪法国的一位理性人性论者。他特别重视人的理性，认为理性才是人的本性。他认为，有一件事，好像不是好人或坏人都承认的，那就是一切应当讲道理。因为人不仅是一个动物，而且是一个有理性的动物。支配人的一切行动是理性，如果一个人舍弃了理性，他就再没有导引者了，没有知识了。人与野兽的最后分别，在于是否有理性。

18 世纪西欧理性主义思想的集大成者，是德国大哲学家康德。理性是康德学说赖以建立的基础。康德同一切理性主义者一样，把人看作理性的动物或理性存在物。只有理性才能决定人之为人和人的道德价值。他说："人自身实在有个使他与万物有别，并且与他受外物影响那方面的自我有别的能力，这个能力就是理性。"②

康德坚决反对自然人性论。在他看来，人固然是有自然感性欲望的动物，但人和动物的区别却不在于自然感性欲望，而在于理性。人类生活之所以有秩序，人之所以有道德，正是因为理性能够给自己、给人类立下行为准则，使人不会顺从感性欲望的本能驱使，不致陷入畜群的境地。③ 康德对理性崇尚备至，以至于他断言人类的自然本性是坏的，只有理性才是好的。人之所以有价值、高贵，就在于人有理性，"假如是

① 斯宾诺莎. 伦理学. 贺麟，译. 北京：商务印书馆，2009：169-170.
② 康德. 道德形而上学探本. 唐钺，译. 北京：商务印书馆，1959：65.
③ 康德. 实践理性批判. 韩水法，译. 北京：商务印书馆，2009：62.

没有理性的，也只有工具所有的相对价值，因此，我们把它叫做'东西'。反之，我们把有理性称为人，因为他的本性就证明他就是目的，不能只当做工具"①。

人有了理性，才能把握对象，才能为自己建立秩序、制定法则，并自律自主地遵守秩序、服从法则。人唯如此，才是人，才成为自然的主人而不是自然的奴隶，成为目的而不是手段。康德的这些思想，不是没有道理。那么，像上述思想家认为的那样，把理性界定为人性本质，如何呢？

的确，人有理性而动物没有。唯理论者从人和动物的区别之处，探寻人之所以为人的性质所在，这条思路显然比"自然人性论"高明。自然人性论在根本上都没有把自己同动物分别开来，且也不主张分别，他们认为世界万物同出一源、同为一体。从这一点看，理性人性论者确实比自然人性论者更多地认识到了人性的特点。人的理性确实应当被看作人性因素中的一部分。但它是不是人性的全部归依呢？人所具有的自然属性、道德属性、社会文化属性等，该不该在人性因素中占一席位置呢？这牵涉到如何理解"人性"这个概念。概念问题留待以后讨论，现在我们来看看理性人性论在理论上有什么不足。

理性人性论只承认理性的可靠性和真实性，对人的其他存在因素视而不见。笛卡尔说人之所以为人，在于人有思想，这话不能算错，但若把它作为一个全称判断推向极端，就有问题了。

比如，笛卡尔由人有理性，进而推断人"只是一个心灵、一个理智或一个理性"，一个"不占有空间""可以设想没有形体"的空灵的东西。人成了一个不占空间，无任何依托承载的抽象的存在。抽象地看待任何事物只能是失败的，因为在方法论上就已经错了。

此外，唯理论者多从理性角度看待一切，从理性中引出社会秩序，从理性中引出国家契约制度。这些启蒙思想家不承认任何外界的权威，不管这种权威是什么样的。宗教、自然观、社会、国家制度，一切都受到了最无情的批判；一切都必须在理性的法庭面前为自己的存在辩护或者放弃存在的权利。理性这种"思维着的知性成了衡量一切的唯一尺度"②。

---

① 康德. 实践理性批判. 韩水法，译. 北京：商务印书馆，2009：42-43.
② 马克思恩格斯选集：第3卷. 3版. 北京：人民出版社，2012：775.

理性人性论是当时新兴资产阶级革命斗争的理论武器。这在反对封建专制的当时是有进步意义的，但从抽象理性中引出国家的存在、社会的规律，却是片面的、不正确的。理性人性论的另一重要失误在于，把人的精神、人的理性夸大为独存的实体，并和自然物质实体对立起来，割裂开来。这种错误在康德思想体系中表现得尤为严重。

人是不可能完全脱离动物属性的，人的理性精神也不可能完全脱离人的感性物质，康德批判自然主义的人性自私的主张，否定感性人性论，在人性理论上是一种深入，但不该一般地否定人的自然性，不该把理性和自然性绝对割裂开来，使人性空悬在理性抽象之中。在谈论道德问题时，批判感性人性论的利己主义，维护了理性人格的尊严，维护了道德的纯洁性与高尚性，这一切都是康德的功劳，然而道德是不能一般地否认功利的。真正高尚的道德行为不应该计较个人功利，即个人私利，却不能一般地说道德不计较功利，因为公共利益、社会利益正是道德行为的基础。

康德的理性主义由于否定个人利益的"自私原则"，批判自然主义的感性物质，连同利益是道德的基础也否定掉了。正因为这样，他使道德和利益陷入二律背反，使感性与理性陷入二律背反，从而把道德的"应当"变成了空洞的道德设想，把人的理性变成了先验抽象的东西，成为一种空洞的力量。

2. 理性从何而来

人具有动物所缺乏的理性，这是一个已明了的问题，然而人从哪里来？人的理性又从何而来？如果告诉你，人是被一位万能的神灵在某一天用泥捏造出来的，人被造出那一刻便有了理性，你也会觉得这不过是一种神话传说而已。

人是自然生物长期历史进化的产物。人的理性就是在这个历史进化过程中逐步产生、成熟起来的。这个进化过程很缓慢，也很复杂，但其中有两个决定性的环节：一是由生物的刺激感应到高级动物的感觉和心理，二是由一般动物的感觉和心理到人的理性思维的产生。

凡生物必有刺激感应。用指尖轻触一下含羞草叶，它马上会合拢叶子，垂下茎头；向日葵会追随太阳转动自己的脸庞；许多昆虫见到灯光便会趋光而来……低等生物已表现出一定的生命主动性，即为了维持其生存，具有趋利避害的选择性。前面自然主义人性论所强调的"趋乐避苦"，实际上是一切生物，甚至低等生物就已具有的生命本能。本能离人的理性还很遥远，两者有着本质的不同。

随着低等生物进化发展为高等动物，生物的刺激感应性也就发展为高等动物的感觉和心理。比如高等的动物，其行为中已往往表现出感觉和心理活动，一条军犬能"看明白"主人的脸色，能"听懂"主人不同含义的"嘱咐"，说明它已有了一定的心理判断能力。动物的这种"学习"能力、心理反映，早在巴甫洛夫的著名的试验中就总结了出来。

但是，纯粹的动物心理还不是"理性"，它只是一种夹杂着许多条件反射训练后果的本能反应。此外，动物心理也不可能自发地转化生成人的理性。人的理性是同人类社会一起产生的，是在从猿到人、从猿脑到人脑、从古猿的动物心理到人类理性的进化过程中产生的。理性思维是社会性的劳动、语言和人脑的必然产物，正是在这个意义上，理性通常被看作社会的产物。

理性产生的具体过程非常漫长、非常复杂。但其中有两个关键因素我们必须弄明白。第一个因素是劳动。劳动为理性的产生、发展提供了客观的需要和可能。一般动物只是消极地适应环境，而人却能支配并改造自然。动物也在觅食、捕捉、造窝，但动物这种行为只能称作"活动"，而不能称作"劳动"。两者的根本区别在于制造和使用工具。在生存活动中，古猿逐渐学会了使用制造石器、木棒等简单工具，要做到这一点，必须有抽象思维能力，古猿人的抽象思维能力就是在生存劳动中一步步得到锻炼的。

促成人类理性产生的第二个因素是语言的产生。语言的产生，使大脑能够用概念、词汇概括各种感觉材料，进行抽象思维活动。没有语言，没有概念范畴，就不可能产生理性抽象思维。当然，作为思维外壳的语言也是在劳动过程中产生和发展的。劳动过程中，由于协同动作的需要，已经到了彼此间有些什么非说不可的地步，语言于是就产生了。

正是在劳动和语言的推动下，猿脑渐渐变成人脑。随着社会劳动的进步，猿人脑的容量越来越大，脑组织结构越来越复杂，越来越严密，人的理性就是在人的大脑这个思维机器上展开活动的。理性主义者不探讨人为什么会有理性，而把理性看作天赋的一种能力，这是理性主义的一个理论弱点。

由动物的感性心理发展到人类理性，是自然界的巨大质变。动物心理的反映形式同人的理性思维的根本不同在于：动物反映形式的产生和发展，服从于生命本能适应外界环境的需要。对于许多动物来说，饿了觅食，寒了寻窝，当然，为了生命安全，它们也需要一个窝。它们感性反映的能力范围，仅仅限于维持生命的存在。而人的意识、人的理性，其产生和发展则服从于人类改造生存环境的需要。除了生命存在，还有更高的单属人的精神存在的需要。这种精神存在的需要使人类在适应环境的基础上改造环境，使环境按照人的理性目的而变化。

3. 纯粹理性和实践理性

沿用传统的表述，人类的两种理性即纯粹理性和实践理性。这两种理性智慧的根基，在于马克思所说的两个尺度的存在和作用。在马克思看来，人类的活动是一种自由自觉地实现人类本质力量的活动。一方面，人在劳动中遵循对象的性质，即物的尺度；另一方面，人还展现了人的本质规定性及人的尺度。因此，人不只是按照物种的尺度进行生产、认识、利用规律，而且人还能按人的内在尺度即美的、善的价值尺度来改造世界。所以人是按照真理的尺度和价值的尺度来创造世界的。

在真理的（事实的）范畴中，主体的自由能动是以客体的必然规律为依据，客体是规定的一方，主体自由以服从客体必然为前提。而另一个尺度，即人的内在尺度，主体按照自己的本质规定，按照自己的需要、目的同客体世界发生关系，构成了不同于上述事实真理关系的价值关系。

价值关系，一般是指以主体的内在尺度为特征的主客体关系，其所研究解决的中心问题，则是"世界应当是什么"的问题。价值应当不是一种客体规定的实存，同时也不是单纯主体纯主观的目的、需要，而是一种客体与主体的关系。在价值关系中，主体能动相对于客体必然的限制，具有更多的自由。在价值关系中，主体的自由程度大于事实关系中主体自由的程度。人高于其他动物，在于人能意识到这两个尺度，并在行动中自觉地把二者结合起来。

人类纯粹理性和实践理性的存在，不是如理性主义者认为的那样天生就有，它们有一个形成的过程，有一种从不自觉到自觉的发展历史。恩格斯曾这样描述过远古时代人类理性意识的发生和发展："随着手的发展，头脑也一步一步地发展起来，首先产生了对取得某些实际效益的条件的意识，而后来在处境较好的民族中间，则由此产生了对制约着这些条件的自然规律的理解。"① 这里所说的关于"实际效益"的意识基本就是人类对价值的意识，就是人类实践理性的最初形态。而其中所说的关于制约效益的自然规律的理解，实际就是人类最初的对真理的意识，是人类纯粹理性的初始形态。人类实践和认识发展的历史，就是人类真理意识和价值意识发展的历史，也就是人类两种理性能力发展的历史。

纯粹理性和实践理性的区别主要有以下三方面：

第一，纯粹理性主要侧重于客体必然性的思考把握，它要求人们在思想和行动时符合客观对象的内容及其规律，即按照客体的尺度来规定主体的活动，它体现了一切对象性关系中客观必然性不以人的意志为转移的存在和作用。实践理性则主要侧重于主体理想性的思考把握，它要求人们的思想或行为从人的社会需要和利益出发，即按照人的内在尺度使客体为主体服务。实践理性体现的多是对象性关系中主体尺度的存在和作用。这种尺度相对来说，在一定程度上可以以人的意志为转移。

第二，纯粹理性即思考的对象和环境的客观内容及其规律，不仅是主体活动的对象，而且是主体活动的前提条件，只有尊重和服从这种前提条件，人的有目的的活动才能成功，否则就会失败。实践理性的思考指向，则更多是一种目的的达成。如实践理性在考虑（承认）外在环境世界"是什么样"的前提下，更多去考虑这个外在环境"应当怎么样"，怎么样才能使它更加适合"我"的需要。实践理性的活动总是以获得一定的价值目的为目标，并为此而调动自己物质的和精神的力量去认识并改造客体。

第三，纯粹理性相对来说多运用于真理范畴领域，而真理总是客观的、不可创造的，对于人类来说只有一元性。如"两点之间直线距离最近"，这个由人的纯粹理性认识总结出的真理，到哪儿都不变，不会由于思维主体的不同而不同，客观真理的一元性指的就是这一点。实践理性相对来说则往往运用于价值范畴领域，价值是在主客体关系中主体尺度的体现，主体尺度的多元化会使价值具有多元性。如不同民族、不同

---

① 马克思恩格斯选集：第 3 卷. 3 版. 北京：人民出版社，2012：859.

文化对审美就有不同理解和不同追求，不同的人性论点对人生的观念和追求也完全不同。

纯粹理性和实践理性作为人的精神能力，是统一于主体思想中的。它们在人类实践和认识的发展中，一方面彼此区别，另一方面又相互作用。没有纯粹理性对客观世界的认识和反映，实践理性就不能成功地实现目的，如，人们希望麦子长得更好，这是实践理性提出的任务，纯粹理性帮助人们认识了节气与四季的规律，实践目的就能达到。实践理性也提出了攻克癌症的任务，在人类纯粹理性还没有完全认识癌症这个客体之前，这个实践目的就无法成功实现。没有实践理性的指导和推动，纯粹理性也无法获得坚持和发展的动力。比如，数学、天文学最先发展起来，就是因为古代人们的实践理性提出了农业、航海发展的需要。同时，没有实践理性的目的指向，纯粹理性也就失去了认识世界的意义。正是基于这一点，马克思批评以往的哲学只在于认识世界，而认识世界的真正意义在于按实践理性的主体需要去改造世界。

总之，人是有理性的，理性的功能是多方面的。人脑只有一个，但左半脑的抽象思维能力和右半脑的形象思维能力是有区别的。人的理性也是统一的，但纯粹理性功能和实践理性功能在理论的意义上是能区别开的。它们既相互区别又相互统一。

许多思想家尤其是马克思，对人的两种理性做了深刻解析。但马克思与其他思想家的观点不同在于，他并没有把人的理性当作人的本质的全部规定所在。在马克思看来，理性只是人性中所特有的属性之一。

4. 人的理性能动

讲人性，要从人与动物的区别入手。而人的能动理性的确是人与动物的重要区别之一。人的活动之所以和动物的活动具有本质区别，根本问题在于，人的活动是在能动理性支配下进行的。当然，动物也在活动。恩格斯说："动物通过它们的活动也改变外部自然界，虽然在程度上不如人所作的那样。"[①] 说实在的，动物对它周围事物中那些于自己的生命活动有意义的特性，都有一种反映的能力，因而能够采取趋利避害的行为。在某些高等动物身上，这种行为还往往表现得颇为复杂，例

---

① 马克思恩格斯全集：第 20 卷. 北京：人民出版社，1971：517.

如猿猴能够选择不同的物体去做"工具"，狐狸善于利用地形而成功地逃避追逐者等。可见，动物也是有某种能动性的。

但是，动物的活动，即使是像猿猴那样的高级动物的活动，都不能称之为"自觉能动性"，因为它们没有"理性自觉"。动物的生命活动不是理性自觉的活动，它属于自然史的内容。对此马克思曾经说过："动物和它的生命活动是直接同一的。动物不把自己同自己的生命活动区别开来。它就是这种生命活动。"① 海狸会用泥土来给自己筑堤挡水，这是一种能动，但是一种本能的能动。实验室里出生的小海狸，当工作人员在它干燥的笼子里放上一些泥土时，它仍然会用它堆筑起一道堤坝来，小海狸并不自知它为什么需要筑这道堤坝，遗传本能使它不自觉地这样做了。蜜蜂的蜂房也是令许多现代工程师为之叹服的，但它们所运用的仍不过是一种生命的能动。

动物和它生活的环境都是自然界的一部分，都只是受着自然规律的支配。自觉能动性是主观对于客观的关系而言的，它是在表明主观对于客观的关系不是盲目被动的关系，而是自觉主动的关系。而对动物来说，没有什么主观和客观的关系概念。动物无所谓"我"。没有主观自觉，就不可能有"关系"存在。"凡是有某种关系存在的地方，这种关系都是为我而存在的；动物不对什么东西发生'关系'，而且根本没有'关系'；对于动物来说，它对他物的关系不是作为关系存在的。"②

人从动物界分化出来，就是自觉意识到自己同自然界是有所对立的，使自己作为在质上不同于自然界的一个特殊部分而与自然界对立起来。"我"与自然对象的自觉对立，就是主观和客观的对立。这种"关系"的发生，关键在于人有了对于人的能动的自觉意识，"有意识的生命活动把人同动物的生命活动直接区别开来"③。马克思在此所谓"有意识的生命活动"，就是指人能把自己的生命活动变成自己意识的对象，因而能够意识到自己的生命活动。动物的活动是它自己所不能意识到的。人具有了这种自觉理性，才知道自己需要什么，知道自己在思考什么和做些什么，才使人的活动完全不同于动物的活动了。

正是因为人具有理性自觉，人的活动和动物的活动才完全区分开

---

① 马克思恩格斯全集：第42卷. 北京：人民出版社，1979：96.
② 马克思恩格斯选集：第1卷. 3版. 北京：人民出版社，2012：161.
③ 同①.

来。动物是消极地适应自然界，而人则运用理性积极地改造自然界，是对整个自然界的再生产。人类在造出飞机以前，世界上是没有这种东西的，但人的理性把现实中存在的要素提取并综合，创造出飞机这一新事物。动物的活动是在直接的生命需要的支配下进行的本能活动，而人的活动则往往超出本能的驱使；动物的活动只具有获得性，它永远不能超出它所属的那个种的尺度的需要，而人的活动则具有创造性。正因为如此，羊几千年来永远只知道吃草饮水，而人在几千年中则使自身、世界有了巨大变化。动物的本能活动是片面的、个体性的活动，人的活动因为有自觉理性在支配，因而具有一定范围的普遍性，是全面的活动。

马克思早就详细地比较过人的活动和动物的活动的这些区别，他说："通过实践创造对象世界，即改造无机界，证明了人是有意识的类存在物，也就是这样一种存在物，它把类看作自己的本质，或者说把自身看作类存在物。诚然，动物也生产。它也为自己营造巢穴或住所，如蜜蜂、海狸、蚂蚁等。但动物只生产它自己或它的幼仔所直接需要的东西；动物的生产是片面的，而人的生产是全面的；动物只是在直接的肉体需要的支配下生产，而人甚至不受肉体需要的支配也进行生产，并且只有不受这种需要的支配时才进行真正的生产；动物只生产自身，而人再生产整个自然界；动物的产品直接同它的肉体相联系，而人则自由地对待自己的产品。动物只是按照它所属的那个种的尺度和需要来建造，而人却懂得按照任何一个种的尺度来进行生产，并且懂得怎样处处都把内在的尺度运用到对象上去；因此，人也按照美的规律来建造。"①

马克思还曾用另外一段著名的话，来比较人的能动活动和动物的活动的区别："蜘蛛的活动与织工的活动相似，蜜蜂建筑蜂房的本领使人间的许多建筑师感到惭愧。但是，最蹩脚的建筑师从一开始就比最灵巧的蜜蜂高明的地方，是他在用蜂蜡建筑蜂房以前，已经在自己的头脑中把它建成了。劳动过程结束时得到的结果，在这个过程开始时就已经在劳动者的表象中存在着，即已经观念地存在着。他不仅使自然物发生形式变化，同时他还在自然物中实现自己的目的，这个目的是他所知道的，是作为规律决定着他的活动的方式和方法的，他必须使他的意志服从这个目的。"② 人能设计蓝图，能预设目标，并使自己的行为、意志

---

① 马克思恩格斯全集：第42卷. 北京：人民出版社，1979：96—97.

② 马克思恩格斯全集：第23卷. 北京：人民出版社，1972：202.

围绕目标而动，这是人不同于地球上任何生命形式的能力，虽然在马克思看来理性并不就是人本质的全部规定性，但它一定是人性规定中的一种重要属性。

5. 理性主义的人生观

理性主义人性论既然认定，是否具有理性是人与其他动物的根本区别，那么，在理性的指导下，过一种有节制的生活，以理性克制感性欲望，就成为理性主义人生观的基本格调。在这样一种原则精神之下，理性主义思想家认为，人的幸福只有在理性指导下才能实现，人生的目的就在于追求理性的精神生活。苏格拉底主张做一个有德性的人，才是真正的人，而有知识（理性）是有德性的前提。有了知识就会有德性，知识和德性，会成为一种把握自己、做自己主人的理性力量。苏格拉底强调，人在控制自己的欲望方面，不是主人就是奴隶。只有自己做自己的主人，才能争取到自由，摆脱情欲的控制，使人成为有美德的、幸福的人。

如亚里士多德也认为：对于人来说，合乎理性的生活是最好、最愉快的生活，因为没有任何东西比理性更属于人的了。与自然主义者恰好相反，在理性主义者眼中，人的感性欲望、人的肉体感官需求是低级的，而人的精神、人的理性才是高尚的。一个人要想获得幸福，就必须首先克制自己的情欲和享受，去追求精神的快乐。

其他有理性主义倾向的思想代表人物，如柏拉图、斯宾诺莎、康德等，也都强调人必须过一种理性指导下的生活。他们认为人虽然有种种感性欲望，但人和动物的区别就在于人有理性。如果人只追求感性的幸福生活，顺从于情欲的支配，那么，人与动物就没有什么区别了。

在柏拉图的善理念体系中，人生的根本目的就是达到至善。柏拉图认为，只有人的理性才能认识善的理念。人的肉体感官、感性欲望的满足是低级的，只有理性才是高级的。

康德则更是把人生的意义、目的都设定在理性命令之下。什么是"应当"做的，怎样去选择善行、追求幸福，都必须听从于人的理性命令。

总之，理性主义者鄙视自然人性论对感性快乐的追求，认为如果按照感觉主义的观点理解幸福，人的幸福与动物的求生愿望就没有什么根本区别了，这一点即使是明智的自然主义者，也是不得不承认的。对此强调自然理性的赫拉克利特说："最优秀的人宁愿取一件东西而不要其他的一切，就是：宁取永恒的光荣而不要变灭的事物。可是多数人却在那里像牲畜一样狼吞虎咽。"① "如果幸福在于肉体的快感，那么就应当说，牛找到草料吃的时候是幸福的。"② 这些话很生动，又很发人深省。

理性主义人性论反复强调，是否具有理性以及能否运用理性是人与动物的根本区别，所以，以理性力量把握人生才能得到幸福。情欲、感官享受，如果缺少智慧和理性的调控，就不可能有真正的幸福，一个人要获得真正的幸福，就必须首先克制自己的情欲和感官享受。苏格拉底就强调，人在控制自己的欲望方面，不是主人就是奴隶。有些人是吃喝的奴隶，有些人是好色的奴隶，有些人是贪财的奴隶，也有些人是野心的奴隶。他指责懒惰、物质引诱、情欲是毫不隐蔽的、非常坏的支配者，就是这些坏东西阻挠人们发挥自己的才能，像一个真正的人一样过真正人的生活。这些情欲冷酷地支配着第一个落入它们的掌握之中的人，它们是"暴君""敌人"和"骗子"。他强调，要像反对武装的敌人一样，反对这些"暴君"，做自己的主人。如何做自己的主人，拿什么反对自己的敌人呢？用理性。斯宾诺莎也一再指出："主动的行为或者为人的力量或理性所决定的欲望永远是美好的。"③

理性主义人性论另一著名代表柏拉图，直接把人的灵魂分为三个部分，即情欲、意志和理性。其中理性是高级的，意志次之，情欲属于肉体感官的要求，是低级的。人生的意义就在于从肉体的情欲束缚中解脱出来，用他的说法即灵魂从肉体的"坟墓"中解脱出来。理性主义强调了理智、理性在控制情欲、物欲方面的作用，这一点在伦理思想发展史上是有重要意义的。理智引导人们过一种有节制的、适度的、富有理性的生活，对于今天来说，也仍不失其有益的价值。

崇尚理性、遵从理性，不单是理性主义人性论的主张，其他德性主义人性论、社会本质人性论，也大多强调理性的地位，甚至在自然主义感觉论中，也有许多思想家大讲理性对物欲的调控作用。因此，理性在

① 北京大学哲学系外国哲学史教研室. 古希腊罗马哲学. 北京：商务印书馆，1961：21.
② 同①18.
③ 斯宾诺莎. 伦理学. 贺麟，译. 北京：商务印书馆，2009：228.

人性中的地位、对感官欲求的节制功能，基本上已成为人类思想的共识，问题只在于功能的大小和地位的高低。理性主义人性论把理性看作人的荣耀，其他一切在理性面前都显得微不足道，以至于理性在康德那里被推崇到了纯粹目的的地位，理性不再是使人幸福的手段，而成了目的本身，人们必须为了理性而遵从理性。

而另有一些思想家，由于过分强调理性的意义，几乎发展到旁门左道上去。以禁欲主义著称的犬儒学派，就是在发展苏格拉底注重理性的思想时走向极端的。犬儒学派在强调精神的善时，竟然干脆把感性的肉体欲望看成罪恶，人要过道德理性的生活，就必须排除感性的物质欲望，在理论上他们主张避世绝欲的禁欲主义，在生活上也是如此实践的，有的甚至甘愿过着动物一般的起居生活，故被称为"犬儒"。

理性主义人性论把理性看作人的绝对本质，也存在着以偏概全的问题，这一点相信你在读完本书并思考后，会得出自己正确的判断。然而理性主义人性论中，也包含了许多有价值的思想，这一点你在了解理性主义人性思想的过程中，已经认识到了。尤其在理性人性论的人生观念中，确实含有一种人性自我觉醒中的升华，含有对人类理想生活的有益引导。正因为如此，以理性调控情欲，过一种节制有度的、有尊严的生活，历来为大思想家们所崇尚，成为人类生活中一种大的思潮流传下来，渗透在社会观念和文化传统之中。世界著名的历史学家汤因比这样说："人类是处于这样一种麻烦困惑的境地，他们是动物，同时又是自我意识的精神存在，就是说，人类因为在其本性中具有理性精神的一面，所以他们知道自己被赋予了其他动物所不具备的尊严性，并感觉到必须维护它。"①

同样，在伟大诗人歌德的诗剧《浮士德》里，浮士德谆谆教诲自己的学生瓦格讷，说道：

> 你只知道有一个冲动，
> 啊，另一个你却全然无知！
> 有两个灵魂住在我的胸中，

---

① 汤因比，池田大作. 展望二十一世纪——汤因比与池田大作对话录. 荀春生，译. 北京：国际文化出版公司，1985：3-4.

这一个要跟那一个分离；

一个沉溺于粗俗的爱欲，

以执着感官迷恋人间；

另一个强烈地超脱尘寰，

奔向那往圣先贤的领域。

汤因比的论点和歌德的诗句，都表达了人要从物欲与灵魂理性的冲突中寻求出路。在有理智的人那里，欲望和理性的冲突并不使人悲观，相反，它正是一种人类生活的丰富与生动的表现，人应当以积极的理性力量去对待自己的欲望，不要简单地敌视欲望，有欲望并不是一件可恶的事，欲望是人生命中正常的存在。洛克曾认定："我们人类在各种年龄阶段有各种不同的欲望，这不是我们的错处；我们的错处是在不能使得我们的欲望接受理智的规范。"① 理性主义的人生主张，并不就是禁欲主义。宗教禁欲主义以及有禁欲倾向的某些理性主义思想家，如柏拉图，认为人的感性欲望必须像一条"狗"一样被理性精神看管着，这有违人性，也不符合人类理性的真正主旨。卢梭在《爱弥儿》一书中是这样对待人的欲望的，他说："人的聪明智慧或真正的幸福道路在哪里呢？正确说来，它不在于减少压制我们的欲望，因为，如果我们的欲望少于我们的能力，则我们的能力就有一部分闲着不能运用，我们就不能完全享受我们的存在；它也不在于扩大我们的能力，因为，如果我们的欲望也同样按照更大的比例增加的话，那我们只会更痛苦；因此，问题在于减少那些超过我们能力的欲望；在于使能力和意志两者之间得以充分的平衡。"② 因此，理性对欲望是一种调控与引导，或一种合理的启动。其实，正确的人生观和道德的作用就是旨在使理性对欲望进行合理规范和引导。现代英国哲学家罗素就认为：道德的实际需要，就是从欲望和理性的冲突中产生的。③

最后要注意一点，如果我们仅仅依从某种理性，却不去追求与客观的物质需求和精神需求的统一，那么也还是不可能走向和接近真正的幸福人生。

---

① 洛克. 教育漫话. 傅任敢，译. 北京：人民教育出版社，1979：25.

② 卢梭. 爱弥儿. 方卿，编译. 北京：北京出版社，2008：86.

③ 罗素. 为什么我不是基督教徒——宗教和有关问题论文集. 沈海康，译. 北京：商务印书馆，1982：57.

三、人的道德本质

1. 德性人性论

在人性理论中，还有一个重要的流派，即德性人性论，我们常听到的"性善论"，就是德性人性论的代表性理论。性善论是中国儒学的一个基本观点，在西方也不乏其代表人物。

西方最早提出人性本善思想的，应该说是古希腊哲人苏格拉底。苏格拉底针对当时智者派的感觉相对论，提出了人的道德来源于一种永恒的普遍的善性。他进一步提出了"美德即知识""无人有意作恶"的思想。人的灵魂本是善的，但如果你对灵魂看顾不好，则会做出不道德的事情。所以苏格拉底要人们悉心关照自己的灵魂，关心美德和知识，而不要把心思用在追求物欲和虚荣的东西上面，由此苏格拉底引出了他的德性幸福观。他强调道德和幸福是一致的，只有有美德才有幸福。这就是说，凡是能够超然于一切欲望之外的人，才是有道德的人。强调这一思想时，苏格拉底在不经意间把人的感性欲望看成了罪恶。于是，人们要想追寻道德，就必须排除感性欲望。有意思的是，苏格拉底的人性见解，与差不多同时代遥远东方的孟子的人性观，颇为相似。孟子作为仅次于孔子的儒家代表，十分注重人性问题。

孟子有关人性的界定十分明确，他不同意告子把人性理解为如同饮食男女那样，是人的食色生理本能。在孟子看来，这种生理本能不仅对人，就是对动物而言也是共具的。他认为不应混淆人性和动物之性的根本区别。他特别指出，作为一个人，如果只是表现出"饱食、暖衣、逸居"等自然属性的要求却"无教"，即没有社会道德教化，那就会"近于禽兽"。为此，孟子驳斥告子说："然则犬之性犹牛之性，牛之性犹人之性欤？"（《孟子·告子上》）孟子认为，人之所以为人的本质在于人的德性。孟子是中国历史上第一个从性善论方面系统论述人性的思想家。

在孟子看来，人的重要特点是和禽兽的区别，人的生活高于禽兽的生活是因为人有自觉的德性观念。他在批驳当时告子"生之谓性"的自然人性论时，就指出"犬之性""牛之性"与"人之性"是完全不同的。

孟子解释人为何有不善的问题时认为，人性本善，但由于有的人不知道保守住自己的本心，把本心放走了，失灭了本性，人就变得和禽兽差不多了。孟子举例说，不保住善心和本心，就如同用斧子把树木砍光，放牛羊把嫩芽吃光，使长着茂密森林的林山变成光秃秃的石山。所以，人要异于禽兽，就应当"存心""养性"（见《孟子·离娄下》）。我们不难看出，苏格拉底在解决善本性和美德的相对性时，运用的思维路数是和孟子一样的。

在人性本善的基础上，孟子提出了他的仁政主张。既然人性本善，统治者就应当施"仁政"，"德化"万民。他说，善于治理天下莫不善用"教化"，只有"德教""德化"百姓，施仁政以诉诸德性本心，才能赢得民心，"治天下可运之掌上"。

在孟子心目中，人都有爱人之心、同情之心，国君有不忍人之心，才能施行不忍人之政——仁政。施行仁政与施行暴政，是截然不同的道，实行仁道、仁政能治民，保天下；不实行仁道，实行暴政，则身弑国亡，失天下。有道使天下人心归顺，如果国君爱民众，民众则一定顺从。孟子经常以此告诫当时的君王，一定要施仁政，爱民众，并由此提出王侯与民同乐的主张。君王一人独乐，不如与民同乐，只有与百姓同乐，才能王天下。因为"乐民之乐者，民亦乐其乐；忧民之忧者，民亦忧其忧"（《孟子·梁惠王下》）。为君王者有爱台榭、田猎、货财、女色之心，要想到百姓也有爱这些东西之心，不要因为自己所爱，而剥夺百姓之所爱，这样把自己的善性、仁心发挥出来，推之四海，使仁道推广。如此为仁君，方可王天下。先秦儒家这种"民为贵，社稷次之，君为轻"的"民本"思想，在当时确有很积极的意义，这是性善论在政治领域的延伸和体现。

在西方人性思想中，我们很难找到像中国古代"性善论"这样严密系统的德性人性理论。除了苏格拉底之外，还有其他西方思想家在论述人性问题时，涉及人性善问题。如柏拉图的善理念论，就认为在世界万事万物之后，有一个绝对的善理念存在，每一种事物和技术之所以是好的，每个人之所以有不同的美德，皆因为分有了善的理念。但西方的德性主义传统很多不是直接认为人性是善的。其德性人性论，相对于中国古代性善论，是绕了一个圈子后间接表达的。这个圈子大致是这样的：人应当过有德性的生活，人是有理性的，只有理性能够认识德性，并通过对情欲的把握，达到德性生活的目的。

　　所以在西方思想史中，要想把德性人性论者和理性人性论者分得一清二楚是不容易的，如苏格拉底、柏拉图、康德等，可以说都是著名的理性主义思想家，但他们又都是西方德性主义思想的代表。德性主义者统统强调理性的作用，而理性主义者又特别强调过一种德性的生活才是人的真正的幸福。

　　当然，可以说，在苏格拉底和柏拉图等古代思想家这里，差不多都谈到了人性本善的问题，这一问题或可表达为先天德性论，亦即人的德性是天赋的。据柏拉图记载，普罗塔哥拉与苏格拉底曾讨论德性意识是否是人人都有的。① 普罗塔哥拉以一个创世的神话为例：从前有一个时候只有神灵，没有其他生物，后来神用水土造出它们。由于普罗米修斯的帮助，人有了技术和火，即有了生活的智慧，从此也有了一份神性。但以后人类互相为害，宙斯担心人类会自毁，派赫耳墨斯来到人间，带来尊敬和正义作为治理城市的原则。赫耳墨斯问宙斯，如何分配德性与尊敬？宙斯回答说：分给所有的人，愿他们都有一份，因为如果只有少数人分享道德，如分享技术那样，那么城邦就不能存在了。这个神话形象说明古人已认识到辨善恶的德性能力是人类共有的，这些构成了人性、人本质一类的东西，并且因为是神赋予的，甚至具有神性的尊严。

　　也有一些思想家从不同角度表达了人性善的主张。英国思想家培根认为，善性是人性中固有的倾向，是人性的本质，他说："利人的品德我认为就是善。在本性中具有这种天然倾向的人，就是'仁者'。"② 他甚至用自然力相互关系的道理，进一步解释人本身的善性。在他看来，人的利他、利公的善性就像自然物体的吸引力一样，力小者必被力大者吸引而趋向于力大者。比较小的私利必然趋向于较大的公利。

　　近代英国道德情感论者舍夫茨别利，则是通过道德感、道德直觉来表达善性的先天存在的，认为人的道德直觉能力是先天的，植根于人性之中的。如果人类不是先有一种互助合作和仁爱的情感及品性，人类社会怎么能够存在呢？所以，他得出结论说："如果吃和喝是天生自然的，那么群居也是天生自然的。"③ 人的感情中，对于自己种族的同类的利益有一种天然的趋向。不会有人否认，人的这种趋于种族或同类的情

---

①　普罗塔哥拉，也译作"普罗泰戈拉"。

②　培根. 培根论人生. 王义国，译. 北京：光明日报出版社，2006：5.

③　周辅成. 西方伦理学名著选辑：上卷. 北京：商务印书馆，1996：763.

感，对于他们自己说来，其正当与自然，如动物或植物自生自长一样自然。

先天德性论在柏拉图的"回忆说"和"灵魂说"等理论的基础上，被表达得更为直截了当。按照柏拉图的灵魂说，灵魂是永恒的，在它堕入肉体之前本来是处在理念世界之中的，但当它离开理念世界进入肉体以后，由于受到肉体的玷污，原先所具有的理念知识也都被埋没和忘却了。因此，人们必须通过学习、回忆的方法，去得到那些原本知道的知识，包括道德知识。柏拉图认为：人的灵魂是不死的，"并且已经投生了许多次；既然它已经看到了阴间和阳间的一切，因此他获得了所有一切事物的知识，因此，人的灵魂能够把它以前所得到关于美德及其他事物的知识回忆起来"①。他把人的德性看成是天赋的，并且是与人的三种灵魂等级划分相适应的。

在天赋德性观念上，儒家的性善论也是这般思路。孟子说："人之所不学而能者，其良能也；所不虑而知者，其良知也。"（《孟子·尽心上》）"不学而能""不虑而知"，可见人这种"异于禽兽"的善知善能是生而具有的了。孟子认为人性中有天赋"善端"，即所谓仁、义、礼、智"四端"，亦即"恻隐之心""羞恶之心""恭敬之心""是非之心"。此类"善端"乃道德意识之萌芽，是由上天赋予的。当然孟子也指出，善端只是善之开端、基础，并不是善之成型。善端如果能够不断地扩充、发展，就成为仁、义、礼、智"四德"；把"四德"发展到完善的地步，就可成为君子、圣人。正是从此角度出发，孟子提出了那著名的论断："人皆可以为尧舜。"就是说，人人都是平等的，没有本质上的差别，由于有的人不注意培养、扩充善端而变恶了。如果注意扩充善端，就能成为如尧、舜那样的君子、圣人。

德性人性论从道德意识的角度来考察人性，人有德性意识，正是这一点决定了人之所以为人的内在根据。善恶本是后天的价值概念，从根本上说，人出生来到这个世界上，一开始是无所谓善还是恶的，善恶观念是后天形成的。德性意识说到底是对社会伦理关系的一种反映，从道德角度考察人性，实际上就是从人的社会性角度来考察人性。但德性人性论的错误在于，他把人的这种社会道德意识，看成是先天存在的东

---

① 北京大学哲学系外国哲学史教研室. 古希腊罗马哲学. 北京：商务印书馆，1961：191.

西，从而陷入一种不科学的先验主义。

2. 欲合于义的德性价值目的

以义理道德之性制约和驾驭情欲之性，这是儒家理想人格的价值取向，是儒家以义制命、先义后利在人性自然本性与社会道德属性关系上的必然反映，当然，也是德性人性论的一个观念特征。在人性问题上，儒家内部虽也有局部问题的争论，但在理想人格以义制欲价值目标方面，却非常一致。

孔子没有直接对人的情欲发表否定或节制的言论，但在他的义利观中表露了他对利欲之心的节制的主张。在孔子那里，义是君子所履行的道德义务，利则多指私利、私欲。孔子承认"富与贵，是人之所欲也""贫与贱，是人之所恶也"，认为人生有对自身利益的欲求，并认为自然欲求本身并无过错，但人求富贵，去贫贱，都必须以是否符合正道为前提，"不以其道得之，不处也"，"不以其道得之，不去也"（《论语·里仁》）。这表明孔子不否定个人欲求，但认为个人利欲必须要以"义"为节度，也即主张以人的义理之性统控和调节情欲之性，在理论上表达为"义以为上""见利思义""义然后取"。

孔子"君子义以为质"的价值标准，就是在"君子义以为上"的基础上提出的。孔子不反对人的自然物质生活需求，只要不逾义、不违礼，都是可以的。但作为君子、圣人的理想人格，却必须明昭德义。这里孔子实际上涉及最高标准和最低标准的问题。孔子要求人应当向最高德性境界努力，求仁德而不求利欲。孔子言自"饭疏食饮水，曲肱而枕之"，然而"乐亦在其中矣"（《论语·述而》）。反之，孔子认为那种虽有志于"仁"，却又耻"恶衣恶食"、追求物欲享受的人是"未足与议也"，是不值一提的。在孔子看来，不要说人的情欲要求，即使人的生理生命，必要的时候也应当自我牺牲而在所不惜。"志士仁人，无求生以害仁，有杀身以成仁。"（《论语·卫灵公》）孔子"义以为上"的观点，表达了他所认为的人当以义理之性制约、统驾情欲之性的主张。

孟子主张人性善，但并不认为人的品德全都是天生齐备了的。人性中只是具有善的端初、善的萌芽，还不就是完成了的善。因为人还有物欲本性，"口之于味也，目之于色也，耳之于声也，鼻之于臭也，四肢之于安逸也，性也"（《孟子·尽心下》）。人的这种趋好和天性如被物欲所引诱，人的善性就会受到侵害。孟子提出"存心""求放心"的修养之道，以保持天赋道德理性，这就必然要求以人性中的义理之性去节制情欲之性，存良心，养善性。

荀子因其把性（自然情欲）视作恶，因而在性情关系上更主张节情、养性。荀子认为人生而有欲，情欲是不可灭除的。"性者，天之就也；情者，性之质也；欲者，情之应也，以所欲为可得而求之，情之所必不免也。"因为上至天子，下至守门人，皆"欲不可去""欲不可尽"（《荀子·正名》），但是"欲虽不可尽，可以近尽也；欲虽不可去，求可节也"（同上）。情欲是人的天性，但顺情欲而行动，必起争夺，争则致乱，乱则穷，先王制礼义以定其分，使人们对物欲的追求恰如其分。"人一之于礼义，则两①得之矣；一之于情性，则两丧之矣。"（《荀子·礼论》）所以人应当以礼节欲，以礼养情。能否以礼制欲是人与动物的分别，人之所以为人者，就在于有其辨。人超越于动物之处在于人有辨别善恶是非的能力，能驾驭情欲，而不被情欲所役。他认为那种"为事利，争货财，无辞让……唯利之见"者是"狗彘之勇者"（《荀子·荣辱》）。

荀子把人的性情关系在理论上归为义利关系，认为人在处理利欲和礼义关系时，无外乎有两条路线：一是"先利而后义"，一是"先义而后利"。"先义而后利者荣，先利而后义者辱"（《荀子·荣辱》），主张欲合于义，情合于礼，以礼节情，反对"纵情性，安恣睢"的纵欲主义。他认为恣意放纵情欲的行为与禽兽无别，"不足以合文通治"（《荀子·非十二子》）。但同时，荀子又反对"寡欲"主义，认为禁欲主义寡欲说违反了人的天性，情、欲不可去，也不可能去。他主张导欲、节欲，但不赞成去欲、寡欲。在可能的情况下尽量使欲望得到满足，在只能退步的情况下就要节制自己的欲求，"进者近尽，退则节求"（《荀子·正名》）。

总之，荀子关于情、性、义、欲的主张既否定了纵欲行为，也反对道家的"寡欲""禁欲"的主张，主张义欲兼顾，先义后利。"后利"不是不要利，而是认为只抓利，义利两失，而抓住义，则义利两得。荀子看到了"礼义"与利欲的内在统一性，看到了人的理性与情欲的统一

---

① "两"指礼义与情欲。

性，这些见解发展了孔孟的义欲观，达到了当时的理论高峰，即使在现代同样有其存在的价值。

荀子这种视性、情、义、欲为对立统一体的观念，在《中庸》的"中和"境界中，也有显著体现。"中和"即指喜、怒、哀、乐之情未发时，"无所偏倚"的状态及"发而中节"的状态。它主张使情欲既不过分，又无不及，达到节度与和谐。

到此为止，孟子的人性主张和西方古代思想家的人性见解，还未见本质区别。但再往前走，二者就表现出明显不同了。正如前面我们已了解的，古希腊德性主义思想家强调德性在人性中的重要地位时，把德性同自然情欲绝对对立了起来，甚至把自然欲望看作恶，进而被后人发展为一种禁欲主义理论。而孟子在处理这个问题时，表现出了更多的高明和合理性。孟子并没有如苏格拉底及其犬儒派弟子那样，简单地视人的自然物欲为"恶"。他把自然情欲和道德理性要求比作"鱼"和"熊掌"，"鱼我所欲也，熊掌亦我所欲也"（《孟子·告子上》），认为二者均是人性之要求，不是个孰善孰恶的问题，而是道德的价值层次问题，是在不可兼得的情况下，"舍鱼而取熊掌"。也就是说，在可兼得不发生冲突的情况下，孟子还是主张"义"与"欲"可以共取的。

但孟子提出了"大"与"小"的价值层次问题，主张"先立乎其大"（《孟子·告子上》）。孟子认为"体有贵贱，有小大"（同上），即人的身体有重要的部分，也有次要的部分，有大的部分，也有小的部分，人对于自身所有的部分都应爱护，"人之于身也，兼所爱……兼所养"，但不能"养其一指而失其肩背"，"以小害大""以贱害贵"（同上）。饮食是人的自然需要，但如果仅止于此而不求德性，则不为人所取。"饮食之人，人所以贱之者，为其养口腹而失道德耳。"（赵岐：《孟子·告子上注》）所以，当他的弟子问，同样是人，为什么有的能成为高尚的大人，有的则为小人时，孟子回答："从其大体为大人，从其小体为小人。"（《孟子·告子上》）

孟子视人的自然情欲和生理需求是正当的，但在此之上还有道德精神生活的需求，而后一方面才是人之为人的"大体"，人的自然生理需求相比之下只能是"小体"，在可以兼得的情况下两者都要满足，当然两全其美。但孟子看到了物欲与道德品质关系中的矛盾方面，提倡合理节制自然生理欲望。他提出的寡欲，不是用强制手段去断绝欲望，而是以心的力量克服感觉和外物对心智的诱惑和干扰。他指出人的道德精神的价值高于物质生活的价值，并提出"生"与"义"的关系问题："生亦我所欲也，义亦我所欲也，二者不可得兼，舍生而取义者也。"（《孟子·告子上》）这个"义"即人的义理之性，代表人格的理性、尊严与价值。"义"高于"生"，高于"欲"，故舍生而取义，实质上就是以义理来制欲、导欲。这种思想有其合理因素，荀子等人也发挥了这个理论，宋儒的进一步发展使其有了一定的片面倾向。孟子这种思想对后世产生了极大影响。

应当说，先秦儒家的义欲观一定程度表达了对人的自然性与社会性、情感性与礼义理性关系的正确认识，对利益与道德的关系也有相当的认识。人作为生命体，具有一切生物所有的自然情欲，人的生存和发展得有起码的物质条件，一定的物质欲望是人人都有的，不应当被否定，也不可能被否定掉。这一点先秦儒家看得很清楚。

但人作为理性生命，又不能如同动物一般做自然本能的奴隶。实质上人的自然性与动物性应当说是有本质区别的，如果人不能用理性、用社会规范去驾驭自然性，那人就不成其为人。马克思同样表述了这一观点，马克思说："吃、喝、性行为等等，固然也是真正的人的机能。但是，如果使这些机能脱离了人的其他活动，并使它们成为最后的和唯一的终极目的，那么，在这种抽象中，它们就是动物的机能。"[1] 所以先秦儒家主张以道德理性的义礼去引导和节制感性情欲，使其成为人的自然需要而非禽兽的本能，这一思想表明先秦儒家在那个时代对人的本质的认识已达到相当的高度。人的本质和人性的庄严，恰恰是通过道德理性对感性情欲的主宰而展示的。

此外，以人制欲和欲合于义，不仅是人异于动物的本质表现，而且还包含着提高人格价值和精神生活价值的思想。孟子提出"生"与"义"的关系问题，"生亦我所欲"，可谓指物质生活的需要，"义亦我所欲"，可谓指精神生活的需要。孟子认为精神生活的价值高于物质生活的价值，所以二者不可兼得时，宁"舍生而取义"。此所谓取义即保持德性人格的尊严，实现精神理性的价值。

儒家理想人格的追求实际上反映了这种价值倾向。这种价值倾向对

---

[1]　马克思恩格斯全集：第 42 卷. 北京：人民出版社，1979：94.

后世产生了复杂的影响。一方面，那种"贵义贱利""安贫乐道"的价值观念，通过汉儒、宋儒的传承与发展，形成了"存理灭欲"的理论。虽然宋儒本意并不主张禁欲主义，但由于合理人欲与过分私欲之间没有明确界限，所以这种理论在运用中实际产生了禁欲的倾向。然而另一方面，"先义后利""舍生取义"的理论主张，反映在人格意识上，就呈现为一种强调精神品行与尊严的人格取向，并在长期的生活实践中，积淀为成仁成义的民族气节。许多仁人志士，许多闪烁爱国主义和民族自尊光辉的思想和行为，都可溯源于儒家德性人生价值取向，溯源于儒家严格论证了的德性人性理论。由此可见，不同的人生观是直接根植于不同的人性理论中的。

3. 德性人格设定

理想人格，是在一定社会制度和文化环境中，出于当下时代的现实需要，人们的利益、要求、期望、价值观念集中在某一楷模（人格模式）身上，凝为理想人格。就其与社会、思想文化关系而言，理想人格是某一社会、某种思想文化中，人们最为推崇的人格典型，它集中地体现了该社会思想文化的基本特征及其价值观念，以及对人的本质、人的价值的最终理解。

每一种人性传统都有自己的人格理想模式。自然主义人性传统和理性主义人性论传统，则把摆脱情欲的控制、求得知识和智慧、"做自己的主人"视作人格追求的理想境界。而德性主义人性传统，则往往将道德作为评判人格境界的价值尺度。

典型的德性主义理想人格，当推中国儒家的"圣人""君子"模式。在圣王、君子身上，凝集了儒家德性理论的思想内涵及价值观念，并充分体现了德性人性论对人的德性本质的思考，展示了对德性价值的高扬。我们可以通过对儒家这一典型德性理想人格的剖析，来理解和把握德性人性论对理想人格的德化。

儒家设计的理想人格最高层次为"圣人"，其次为"君子"。"圣人"与"君子"有什么样的区别呢？孔子、孟子都没有做出明确的说明和具体的分疏，但从他们一贯的思想看，"圣人"显然比"君子"更齐备、完善。司马迁曾对"圣人""君子""小人""愚人"做过一个区分。他认为，有才无德谓之小人，有德无才谓之君子，德才兼无谓之愚人，德才兼备谓之圣人。在这种划分中，德性理想人格的内涵一目了然。在司马迁眼中，如果人能德才兼备，是最理想不过的，不能兼得的情况下，干脆连才也不要有，有才而无德才是最可怕、最可恨的。

司马迁关于圣人、君子的概括，可以看作德性人性论的一种发挥，和孔、孟德性理想人格思想也是相吻合的。孟子曾引子贡之言说："仁且智，夫子既圣矣。"（《孟子·公孙丑上》）"仁"是德性品质，"智"是理性认识，"德""能"两方面统一，圣人在这两方面都超越了他的同类。孟子说，"圣人……出于其类，拔乎其萃"（同上）。

关于圣人德才兼备的思想境界，儒家的"内圣外王"可以说是另一种绝好的表达。"内圣外王"意思是说，圣人不但具备了高尚的道德修养，同时还要建立伟大的外在事功。不仅如此，内在德性不但不与外在事功矛盾，恰恰要通过外在事功去体现。孔子说，君子要"修己以安百姓"（《论语·宪问》）。"修己"做的是"内圣"功夫，"安百姓"是理想的现实，完成的是"外王"事功。

有人认为儒家德性理想人格"鄙薄外在事功而重视心理修养"。这种说法实际上是对儒家理想人格的一种误会。儒家人格理想的重要境界，即内具德性外具事功，内圣（内在德性）要通过外王（外在事功）去显现和证实，并通过修养来获得。而外王最终是为了积善事成德，通达君子和圣人境地。在这一点上，中国的德性人格境界，比西方德性主义代表康德的理想境界，要高明、合理得多。

在康德那里，内在德性和外在功利是截然分离的。康德认为，具有普遍道德价值的东西，不是来自上帝的意志，也不是来自人的自然本性和世上的权威，它只能是来自人的理性本身的善良意志，这种善良意志不是因快乐而善，因幸福而善，或因功利而善，而是因其自身而善的道德善。只有这种善良意志的善，才是无条件的善。善良意志本身就是善的。它不因所促成的事情而善，不因向往的事物而善，也不因达到预期的目标而善，就因为本身而善。康德心目中理想的德性人格境界就是超越一切功利目的，而使纯粹善良意志得以实现。

康德是个伟大的思想家，他对西方伦理思想的贡献是无与伦比的。但他理想中的"纯粹善良意志"却是他思想体系中一个致命的弱点。他的这一弱点受到了许多当时以及后来人们的批评。"康德只谈'善良意志'，哪怕这个善良意志毫无效果他也心安理得，他把这个善良意志的实现以及它与个人的需要和欲望之间的协调都推到彼岸世界。"① 儒家理想人格既没有"为德性而德性"（如康德），也没有"为事功而事功"（如西方功利主义）。康德把理想境界的德性神圣化到彼岸世界中去，儒家的德性人格则要求在此岸完成。自然主义人性论以事功效果作为道德标准和价值根据，最终无疑是以"物的规律""物的尺度"作为价值衡量的标准。这就埋没了人所应有的"人的尺度"及其价值主体性。而儒家这里，事功效果是人内在德性的显现之承载，是表达德性的方式与途径。儒家所期冀的君子、圣人应做到的，是超越物欲、发扬德性，而又不离人伦日用。这一期冀在《中庸》的"极高明而道中庸"命题中表现得尤为突出。"极高明"，是人的内在精神所能达到的境界，"道中庸"则是人伦日用间的行为准则。"极高明"求"内圣"，但不能发展到空灵、空性的地步，理想人格要求的是在现世和现实达到精神的升华。

君子、圣人是德性人性论最理想的人格模式，由此，人一生就应为成为君子、圣人而努力。对于性善论者来说，一切后天的生活和学习，都是为了去发现和发扬、保存和扩充自己内心先天的善性。如我们已了解的，人性中具有天赋"善端"——仁、义、礼、智"四端"，由"四端"到"四德"的转换，还需要一个扩而充之的过程，即德性修养的过程，一旦扩充为"四德"，就意味着实现了一种理想的人格——道德价值，也意味着实现了一种完善的人性——道德性。这是一种道德净化过程，是摆脱"禽兽"的自然欲求，实现人作为"万物之灵"所固有的高尚德性。一个人只要未尝稍懈，持之以恒，坚持修养，就最终能达到出凡入圣的境地。

其他人性论者也讲教育和修养，但更多是强调外在制约和后天教育。如中国的自然人性论者荀子，其所设定的理想人格也是君子、圣人，也都是具备超凡义礼之德的人。在积善成德方面，他和孔、孟几乎没什么质的区别。荀子说，人若"积善而全尽"了，就能实现"圣人"人格。他所强调的"涂之人可以为禹"，其实就是"人皆可以为尧舜"的另一种说法。所不同的是，荀子认为仁、义、礼、智等善性并不先天就存在于人心之中，道德礼义是后天社会中形成的。荀子认为人的天性是"恶"而非"善"，本性中并无礼义之德，礼义德性是通过后天的学

---

① 马克思恩格斯全集：第 3 卷. 北京：人民出版社，1960：211-212.

习和实践逐渐培养起来的。所以，修身重在接受道德教化，人积善成圣主要通过后天教育和学习、实践。德性人性论则更强调德性就在心中，强调"反求诸己"，向内求善，只有时时反省，注意存养，良心就不会放失。

德性人性论赋予人的德性理性、人格尊严以极高地位。儒家德化了的"理想人格"就是一种充分体现人德性本质的圣人模式。这种理想人格弘扬人的德性尊严，在中国传统文化中产生了很大影响。

儒家重人的德性本质、精神人格，以性合情的价值取向，首先使中华民族形成了追求精神境界、追求高尚道德人格的德性传统。在儒家文化中，人之所以异于动物、高于万物，就在于人有德性。德性是衡量人及人的价值的尺度。在人的一切需要中，德性需要是一种最高层次的需要，也是最能体现人的价值的需要。佛、道也追求精神境界，但一个要人们摒弃世俗，一个以否定现世生命为代价。它们追求精神的空灵，割裂人的物质生活与精神生活。然而在儒家文化中，追求精神境界并不意味着否定世俗生活。百姓吃饱穿暖，"事父母""畜妻子"，老幼有所养，孤寡有所恤，这历来是儒家期冀的社会光景。只不过儒家认为，除了物质生活的需要，人还有更能体现人性本质的精神需要，没有精神，没有人格，就没有做人的尊严与价值。

正是从这一点出发，中国传统道德把追求高尚的精神境界和人格尊严作为人生的奋斗目标。不论外在物质条件如何，"不降其志，不辱其身"的道德境界，与"三军可夺帅，匹夫不可夺志"的人格意志，是做人最重要的尊严所在。由此出发，中华民族形成了役物而不做物欲奴役的精神价值取向，形成了发愤忘食、乐以忘忧的刚健自强的人生态度，以及富贵不淫、贫贱不移、威武不屈的"贵义""尚志"传统。正是有了这种传统，中华民族才"从古以来，就有埋头苦干的人，有拼命硬干的人，有为民请命的人，有舍身求法的人"（鲁迅语），才出现了一批又一批可歌可泣的仁人志士和英雄人物。这是一种对于人格尊严的自觉，是我们民族赖以存在的脊梁，它对维护中华民族传统道德的发展有着特别重要的作用。

儒家情合于性的人格精神取向，还陶冶出中华民族责己、自律的道德个性。儒学认为在人性中并存着义理之性与情欲之性，即性与情、义与欲。理想人格的人性光辉就体现在能够自觉地以道制欲、以性合情，过一种真正属人的理性指导的德性生活。儒家传统历来要求人们循礼行义，以礼义规定人们的言行思貌，更要求人格主体在遵守礼义时，不是出于外在命令，而是出于自觉主动。因此，古代传统中以修己成圣为目的的修养之道特别发达。

中国人讲求自察反省，并把"慎独"作为一种道德境界去追求。一个真正有德行的人，正是把没有监督的独处之境，作为内在德性发挥的纯粹机会。经过长期历史的发展，诸如"严己宽人""克己为人""由己推人"，以及至今所提倡的"从我做起"，都已成为中华民族人格修养的传统美德。自古至今，无数被历史传颂的志士仁人，在他们身上无不体现着这种人性光辉。毛泽东所倡导的自我批评精神，刘少奇在《论共产党员的修养》中强调的"慎独"，也都是对这种传统的肯定与发扬。

当然，这种观念引导人们克己、向内追求，以适应封建社会规范的要求，而对社会个体改造道德生活环境的责任及主动性强调不够。在封建专制社会，极易造成个体对封建统治者政治上、思想上的依附和屈从的性格心理，在一定程度上削弱了人们向不合理的社会现象，向封建专制统治斗争的意志和能力。这是儒家思想的局限性。

与道德自律精神相联系，中国性善论传统文化还特别高扬人的道德个体。儒家德性传统要求人有两种自觉：一是对于"人之所以异于禽兽者"的自觉，即人有人伦，知礼义。这是人作为"类"的自觉。另一种是人作为个体的自觉，"为仁由己""人皆可以为尧舜"。一个人只要立志向善，就完全可以成圣成德。在道德人格中，人可以充分地发扬个性。中国人"舍生取义""杀身成仁"的大丈夫气概，就表现了这种突出的道德个性。

儒家性善论、修养论，高扬德性主体的"义命论"，都为中国传统文化充分发展人的道德个性提供了德性土壤，为中国人的道德修养、道德践履奠定了自信的基础。传统伦理有强调个体对社会遵从的一面，然而这一遵从被要求建立在个体的德性觉悟与能动性上，在服从规范、服从整体的要求中，实际包含了道德个体的发展。因此，简单地说中国传统文化压抑了人的个性，是有一定片面性的。在德性意义上甚至可以说，儒家性善论传统文化比其他许多文化都更注重高扬人的道德个体，它给予了人的德性个性以无限的自由。当然，道德个体仅仅是人的个性之一，德性自由也仅仅是人能动本质之一。传统文化在发展人的全面个性方面留下的缺憾，还需要在今天的文化传承中进一步发展与弥补。

同时，将道德准绳作为评判人格境界的唯一价值尺度，无形中就忽略了人格构成中的认知理性本质，并在人格中抹杀了决定人之为人的社会性本质。单纯的德性人格同单纯的认知理性人格一样，都是对人所应有的全面人格的一种偏执把握。这是德性人性论人格中的致命弱点。

4. 耻感文化与罪感文化

从德性人格修养方式看，它强调"反求诸己"，向内求善，由此形成的德性人性文化传统，在要求人的内省、自律的同时，也在文化心理层面上，为逃避品性修养与责任留下了缝隙。中国的德性人性文化传统，使人不把自己的过错视为自己本性的结果，而是看作与自己的意志和"本心"相违背的结果。本心是好的，一切过错都是外在使然，根本不在人心之中。人只要按本心去行动，必然就会有德行。

正因如此，有人认为严格说中国古代并没有真正的、彻底的忏悔意识，有的只是一种立足于已有本心、防患于未然的内省修养功夫。由于已确定了本心为善的前提，所以有了什么失德的罪过的话，也只是由于"不谨慎"，让外来的尘垢蒙蔽了纯洁的本心。在这一点上，与西方理性主义人性传统有着大不相同的意识。

理性主义人性论因其崇尚理性，也就把人的自由意志放在很高的地位。理性人性论认为，人在其理性本质上是绝对自由的。人在做自然情欲的奴隶时，摆脱不了自然界的控制，因而是不自由的。但是，人作为一个理性存在物，可以完全独立于一切自然感性条件之外，因而有绝对的意志自由。理性能够分辨是非善恶，能够设定目标、选择行为，因而也能承担道德责任。理性意志是自由的，真正的人无论如何对自己选择的行为负有无可推卸的责任。这一意识在西方理性主义文化传统中非常浓厚。有人把西方文化从某一方面概括为"罪感文化"，其根子之一可以追溯到理性主义人性思潮中。

西方的罪感文化在古代希腊文化中就可找到萌芽。罪感文化的前提是将自己实际做过的一切行为，不论事实上是出于有意还是无意，均视为自己自由意志的结果。作为罪感文化的一个注释，人们常举俄狄浦斯神话为其典故。在俄狄浦斯神话中，俄狄浦斯受命运的捉弄，无意中弑父娶母，但他仍然把这一罪行归咎于自己的选择，以负全部责任，并维持自己人格的统一。在故事的结尾，这个可怜的罪人弄瞎了自己的双眼，离开了王位，到处流浪，以这种严格自我惩罚的方式，维护了理性人格的无上尊严。

基督教文化也讲人的罪过，但认为人生来是有罪的，在有罪这一点上，人是无可选择的，是不自由的。在上帝面前，人是没有能力凭自己的本性来审判自己并净化自己心灵的。所以，基督教的忏悔意识同理性主义的负疚意识是完全不同的两种"罪感"。宗教"罪感"是他律的，理性人性论的"罪感"是自律的。

相对于西方的"罪感文化"，有人把中国的文化从一个侧面看作"耻感文化"。罪感文化要人们靠内心的负罪来行善，靠一生洗刷罪孽来完成生命的升华。这种文化心态，使一个人即使在无人知晓自己不端行为的情况下，也会为罪恶感所烦扰，他的罪恶感必须通过忏悔和供认罪恶而得到减轻，在自我惩罚中得到解脱。

相比较而言，"耻感文化"主要不是信赖于内心罪感，而是靠外部的约束力来行善。耻辱感是对他人看法、对社会评价的一种反映。只要有旁观者，只要存在着外在舆论，耻辱感就将成为强大的约束力量。这种文化心态，使人往往在受到公开指责或嘲笑时感到耻辱。在自以为会受到指责或嘲笑的想象中，耻辱感仍将折磨心灵。但是，在一个人确认他的不良恶意、不端行为绝对安全无人知晓的时候，他就不会感受耻辱。

罪感文化的人生观，让人们禁绝情欲，抛弃此岸尘世，把一切都寄托在彼岸天国，很明显这是一种异化人性、扭曲人生的人生观。不过罪感文化同时又教给人们一种深深的内心自责，这比较有助于帮助人们培养一种把恶作为罪过来感知的道德良心。当然，外在引发的耻辱感得到内化后实际上也能起到这种作用。

性善理论已从根本上确定了人本质上是善良高尚的，这就排除了人的真正的、根本的负罪意识。中国文化中少有西方那样的罪感。也就是说，德性人性文化使人无从产生真正的罪感，道德约束力往往不像西方理性人性文化传统那样，强调依靠理性内在自律的力量。本心是道德的，而不道德的行为往往来自外在干扰或自己的"不小心"。在人们内心深处，性善论教给人们的是自信，"人皆可以为尧舜"的论断，后来被性善论继承者进一步推断为"满街都是圣人"。

人皆有一个好本质，那么，罪恶与过错从哪里来的呢？从外在。所以，性善论使人不会从内在本心反省是非对错，只在"本心皆善"的基础上反省，是什么外在邪恶干扰了本心？如何防止它干扰本心？性善论者主张"君子慎其独"，每日"三省吾身"，都是指要注意排除一切不由自主的邪念，防"心中贼"。

可见，西方理性主义的道德反省，和中国性善论的道德反省，基本路数是有所不同的。可以说，中国性善论基础上的道德约束力，更多地来自外在防患而不是内心自省。当然，性善论也正因为要人们相信自己，只要愿意，是可以积德成圣的，这又给了道德修养一种根本的动力和必然的可能。

5. 扬善的政治

对于自然人性论来说，治国措施（或者说政治），不是纯粹自然的。政治是派生的，正是为了扼制人性中种种过多的自然欲望，调控"人对人像狼一样"的局面，不得不强加于人类的。所以，政治作为治国手段，主要就是外在强制，以扼制邪恶来调控和治理社会。在西方，自然主义人性论是近代启蒙学者的一种基调，所以，以国家、社会的权威力量外在强制地治理社会，也就成为西方人们普遍的思想认同。美国开国元勋之一汉密尔顿只用一句话就简明扼要地表达了这个认同：如果人人都是天使，那就不需要政治了。可见，政治就是"抑恶"。

相对于自然人性论的"抑恶的政治"，德性人性论主张一种"扬善的政治"。性善论主张以德治国，德治政治可以说本身就是人的善的本性的一个部分，对于性善论来说，它是内在的东西，也是人性自然的东西。古代德性论的政治理论，无论东方还是西方，一方面都把政治视为道德的延伸，另一方面把政治的最主要目的设定为对人民的道德教化，使人民在德性上能够不断地提升，从而使社会减少冲突，达致和谐、文明。

在西方德性论代表那里，柏拉图的《理想国》、康德诉诸"善良意志"的道德哲学，都充分体现了这一特点。中国性善论的代表儒家，有感于当时社会世风日下、社会动荡的局面，意欲通过完善人格来达到社会和谐和天下太平，所以充分论证人性善、"人皆可以成圣"，主张施仁政王道，反对暴政霸道。儒家的性善论为中国传统的扬善的政治提供了理论根据。孟子认为，人都有善良之心，君王有善良之知，便会有善良之政，如此，天下就可治理有道。在儒家性善论那里，政治不过是良心的发挥而已。性善论者反对施以严刑峻法的治国之道，认为那是暴政。只有发乎善心，道之以德、行之以仁的政治才是好的、理想的政治。

德治文化的一个重要特征，即以德性的手段作为管理国家、调控社会的主要手段。在接纳性善论的中国古代，以德性手段调控社会首先表现在用扬善的伦理规范、理想人格直接调控社会。这种直接调控作用是通过下述几个途径实现的。

高度重视道德教育，使善的规范内化为人们心性中的良知良能，最终使人们"从心所欲不逾矩"。

通过德性理想人格对人们的召唤，呼唤出人们"本心"中的善性潜能。"人皆可以为尧舜"的信念支持人们努力修养心性，完善人性，做追求至善的君子，鄙弃为利而作恶的小人；使扬善的舆论形成一种强大的社会外在压力，造成对人们无德行为的防范；等等。

在一个德治的社会里，甚至法律也是德性的。德治政治不在于没有法制，而在于它所动用的法的手段里也充满了德性的内涵。这种德性内涵和法的形式的结合体一般被称作伦理法。伦理法是德治模式中最重要的一个特征。伦理法是中国古代法的基本形态，这种被德化了的伦理法，几千年来一直在扬善的中国政治中发挥着重要的治理作用。

在中国伦理法中，处处可见渗透着亲亲尊尊现实和观念的内容，在法理中也往往兼顾情理。如"子为父隐"是儒家的"孝"道主张，父亲犯了罪，儿子应当帮着隐瞒而不是揭发，才是孝。这一伦理主张明显表现在关于"亲隐"的立法之中。此外，中国古代法律中以动机"善恶"判案的"原心定罪"原则，也明显表现出中国古代是德治政治而不是真正的法治政治。

古代西方很早就从德治阶段走上了法治道路，其中有许多深刻的历史原因，但"人性恶"的观念是其中一个原因。"性恶论"认为人的本性中存在着恶欲，人若按情欲引导生活便是不道德的、有罪的，因而主张用外在强制的法律来对人的恶欲进行扼制。

西方思想史上不是没有人主张"人性善"，但主流是"人性恶"和"理性人性论"，它们二者在价值取向上是一致的，甚至理性人性论中就包含了人性恶的前提。

　　而在中国文化里，人性善的主张，成功地泯灭了人类性恶的观念，其政治统治手段主要不是像西方那样依靠法制，而是采取了德主刑辅的德治手段。

　　德性人性论从道德理想主义的愿望出发，把德化人格进而德化政治的德性学说，作为社会秩序正常化的唯一基础，这就不能不产生理想主义政治的缺陷。

　　社会秩序要正常化，离不开社会规范。社会规范很多，但从作用方式上归纳，无非有两大类：一类是强制性的，一类是非强制性的。法律规范是典型的强制性规范，道德规范是典型的非强制性规范。对于社会治理来说，它们是同一手段的不同方面。缺少任何一面，另一面都无法真正治理好社会。我们由衷赞赏康德本于善的思想，赞赏孟子"人皆可以为尧舜"的向善引导，但我们同时也必须明白，一个社会如没有法律的威慑，那将是一个混乱无序、堕落沉沦的社会。人不可能是天生的自律者，尤其在一定发展阶段的人。人类社会总要有某种强制性的生活秩序的保证方式。

　　当然，仅有法律、政治的禁止性、强制性、暴力性也是治理不好社会的。秦王朝"焚书坑儒"，除了法制还是法制，结果很快灭亡了。秦政苛猛亡国，是单纯强调外在强制手段治国失败的典型教训。

　　法律作为强制暴力手段，抑制人作恶，道德规范作为劝诫引导手段，引人向善。法律规范说"你不许这样"，而道德规范说"你应该那样"。一个最简单的道理是，抑违法之恶才能扬道德之善，反过来，扬德性之善才能更有利于抑违法之恶。

　　德性人性论延伸出一种"扬善的政治"，表达出对人性善的充分的信任，然而，正如我们已看到的，作为治国手段，"扬善"怎么能和"抑恶"分得开呢？

6. 性善论与宗教信仰

　　在分析人性论文化时，我们还会发现，中国儒家的"性善论"是阻碍宗教产生的因素之一。

　　我们知道，人的"罪恶感"和"救赎"意识是宗教得以产生的重要心理根源。人感到自己是有罪的，又是无能为力的，要洗脱原罪只有期冀于救世主的拯救。在这种情况下人们需要救世主，愿意虔诚地相信有一个慈悲宽怀、无所不能的救世主存在。西方基督教《圣经》中关于人类祖先亚当、夏娃犯有"原罪"的典故，实际上就映照了宗教的"救赎"思想。正是因为人们感到人类犯有罪恶，才产生了关于万能救世主的幻想。

"原罪说"和"救赎意识"在西方哲学人性论中，呈现的是"人性恶"的观念。换句话说，"人性恶"是宗教意义上"原罪说"和"救赎意识"的理论基础。"性恶论"认为人的本性是恶的，主张人应当用理性克制恶的情欲，人若按情欲引导生活便是不道德的、有罪的。西方思想史上不是没有人主张"人性善"，但主流是建立在灵肉分离基础上的"人性恶"和"理性人性论"。理性人性论主张人应当用理性制约情欲，因为情欲是导致恶的根源。所以，理性人性论和性恶论，在价值取向上是一致的，甚至理性人性论中就包含了人性恶的前提。至于西方的"人性善"，和东方儒学的性善论也完全不是一回事。比如，在西方"性善论"典型代表柏拉图那里，善是人应有的理性本质，也是万物的理念本体，人在柏拉图理论中是分为两部分的，即人的理念和人的肉体。理念是永恒的，肉体是易逝的；理念是善的，肉体是恶的。事实上正是柏拉图的善理念论，在把西方古代德性理性主义引向中世纪宗教思想的过程中起了重要作用。

在西方思想文化中，渗透着浓重的人性恶的观念，正是在这种性恶论传统中，孕发了关于拯救罪恶的救世主的期冀与信仰。

而在中国文化里，儒学人性善的主张，成功地泯除了人类性恶与需要救赎的观念。人性也有"恶"的一面，但那并不是人类的本质，人的本性天赋为善，恶恰恰是丢失了或泯灭了本性的表现，所以人的一生最重要的就是修心养性，防止失掉本心。在"性善论"思想中，人是可以自我拯救的，而且也只有靠自我进行拯救。儒学素来强调"为仁由己"，强调人是天地间最伟大的，除了人的自我修养、自我拯救，是没有什么外在力量救助人类的。

所以，儒家"性善论"中没有恶根性的观念，没有灵魂与肉体的紧张冲突，没有追求死后天堂的进取，也没有罪恶感和救赎的需要，一切都取决于人自己，取决于此生此世竭尽人事的努力。儒家文化中建立在"性善论"基础上的精深修养理论和功夫，就是一整套达仁成圣自我拯救的方法、途径。

在儒家文化中也讲"天"或"天命",但这个"天"并不是生活在彼岸的慈悲万能的救世主,而是和人类合一的必然存在,"天命"也不是救世主根据人们信仰赎罪的程度而给人们的拯救或惩罚,而是同人道相合的天道必然的一种运势。人以德性为本,出于人道,合乎天道,天命就降福运于人。所以"天命"观念只不过是顺应"天道"必然法则的一种解释罢了。儒学文献中经常出现的"性命"概念,也说明"命"的观念在思维中是与"性"(天赋德性)的观念联系在一起的。这种联系表明"天命"的含义和人的德性努力结果是分不开的。"天命不可违",人有命定。然而人并不是消极的宿命。人的寿夭是一种命定,但如果因生死夭定就立于危墙而不避,这就是"非命"而不是顺命了。儒家反对这种不知命、不按道行事的消极宿命观。

西方基督教文化把肉体留给了人自己,把精神灵魂给了上帝,人永远只能绝对听从神的安排,服从神的法则,人只能永远不断地超越尘世肉体,追随彼岸的神。人必须超越尘世、抛弃肉体,死后才有可能到达神的天堂。在基督教中死亡并不是生命的失落,而是生命超越并达到终极目的的必要方式。而在中国儒家文化中,肉体和精神合二为一,儒家性善的结论给人自己创立了神圣。人既凡俗又神圣,只要自我努力,人皆可达到神圣。

四、人本质的异化

1. 神性人性论

神性人性论是宗教文化的特有观点。神学思想家认为世界一切都是万能的神创造的,神不仅创造了人和万物,而且神性的存在决定人性的存在,于是神性代替了人性。

奥古斯丁是古罗马基督教思想家,教父哲学的主要代表。他一生专门研究哲学的时间并不多,但是当他为了神学的需要必须这样做的时候,却显示出惊人的哲学思辨才能。他的《忏悔录》最后三章被认为是基督教哲学的经典作品。他认为,人是神的产物,人性是由神性决定的。世间一切只有上帝是值得赞颂的,他对上帝崇拜备至。在《忏悔录》里他这样写道:"我的天主,你究竟是什么?至高、至美、至能、无所不能，至仁、至义、至隐，无往而不在，至美、至坚、至定，但又无从执持，不变而变化一切，无新无故而更新一切；行而不息，晏然常寂，总持万机，而一无所需；负荷一切、充裕一切、维护一切、创造一切、养育一切、改进一切；虽万物皆备，而仍不弃置。"① 读这段话时，我觉得他肯定是把他那个时代所能想到的一切好的方面、一切好的辞藻，都用来描述他所崇拜的上帝了。

既然神（上帝）是万物的至善，那么受神性决定的人性又如何呢？当然，神所创造的人和万物也是无不善的。奥古斯丁由此认为人和万物的本性都是善的。那么世间的恶又从何而来？他告诉人们，"恶"是人背叛上帝的旨意，而由人的自由意志败坏而来的。他说："我探究恶究竟是什么，我发现恶并非实体，而是败坏的意志叛离了最高的本体，即叛离了你的天主，而自趋于下流。"② 人的这种败坏的意志，不是来自上帝，而是叛离了上帝，因此是一种下流的表现。在奥古斯丁的意识中，无论如何不能把人的本质看作恶，倘若把恶看成是人的本质，这岂不就等于把创造了人的上帝看成是恶的根源了？岂不就否定了上帝是全能全善的了？

奥古斯丁告诉人们，只有追求至善的上帝，并完全按上帝意志行事，才能保持善的本质。人如果抛弃了比自己优越的事物而转向企求比较低劣的事物，人性就恶化了。谁屈服肉欲，谁就离开了上帝；谁能摆脱肉欲束缚，谁就能获得幸福。他要人们相信，人不过是过往的旅客，最终是要到上帝那儿去的，追求物欲的、短暂的满足必将带来永久的痛苦。

人类从上帝那儿得到了神性本质原本是善的，但人类使它恶化了。亚当、夏娃在伊甸园偷吃禁果的典故，表达的就是这样一种理念。人类是要追求幸福的，但人类又是罪恶深重的，只有赎罪修行才能得到上帝的宽恕，从而得享幸福。

出于对上帝的虔诚，奥古斯丁认为离开基督教就不可能有善和德行。他把一切社会上不好的现象都称为罪恶。他强调要用忏悔的办法向上帝赎罪。经过自己的忏悔和德行上的努力，就可以得到上帝对这种努力的认可，使灵魂得到拯救。他的著名的《忏悔录》可以说就是一部赎

---

① 奥古斯丁. 忏悔录. 周士良，译. 北京：商务印书馆，2009：5.
② 同①130.

罪的反省。

有一点值得注意，在奥古斯丁的神学人性理论中，重点不在于研究人与人的关系以及人应当做什么，而在于研究人的灵魂状态，在于心灵深处的忏悔和意志的选择。在这个意义上，社会的关系和人们的舆论是不重要的，不能决定或评价人们的德性，人们的德性完全变成了人同上帝的关系，只有上帝才能判定这种关系的善恶性质。而且，一种行为如果是外在客观强加于你的，不是出于自我意志主动祈求的，就不影响你的德性。

公元410年，罗马城被西哥特人攻陷，城市遭洗劫，大部分奴隶主贵族被处死。贵族统治者指责基督教不能保护罗马城，为了回应这一事件，奥古斯丁用了13年时间，写了《上帝之城》这本重要的著作。在书中，针对罗马城的这次劫难，他论证说，在这次劫掠中受害的基督教是没有理由诉苦的，因为邪恶的劫掠者在来世是要受苦的，因为要等待最后的审判，所以不必太急于看到现在尘世的惩罚。凡追随上帝的基督徒必须忍受苦难、增进自己的德行和善性，最后得蒙上帝拣选。

在当时那次大劫中，一些信仰虔诚的处女遭强奸，并被人认为失去贞操。奥古斯丁辩护说，别人的情欲不可能使人失去贞操，因为贞洁是内心的品德，不会因为被强奸而失去；相反，一个人若有了邪恶的意志，即使并没遭强奸，也会失去贞操。

被称作"奥古斯丁第二"的安瑟伦，也坚持认为人性是由神性决定的。他认为在神所造的万物中，人是最高者。而由于人类始祖误使意志转向了欲望，犯了罪，背离了神性。人对上帝犯了罪，负了债。如果赎了罪，还了债，离失的人性皈依到神性上来，就使上帝赋予人的本性得以回归。

要了解神学人性论，不能不提中世纪另一位宗教神学大师托马斯·阿奎那。他是中世纪官方哲学的代表，在当时思想界被称之为"圣哲"。由于他在宗教上的虔诚以及神学研究的成果，1323年罗马教皇承认他为"圣徒"。

阿奎那的神性和人性理论，不像其他神学家那样简单。他运用了古希腊哲学家关于"质料和形式"的思想，认为人是质料和形式的结合物。可是上帝是一种没有质料的纯粹形式。人的灵魂就是上帝给予肉体质料的一种纯粹形式，所以人具有人性，又具有神性。奥古斯丁和安瑟伦直接认为人性就是神性，阿奎那则认为人有世俗性又有神性。人的本性成了人性和神性的统一体。这种双重本性，使人今生过着现实的世俗生活，获得今生短暂的幸福，死后若灵魂升入天国，则可在那儿获得永久的幸福。

人有人性，又有神性，这就决定了人有世俗的德性和神性的德性。这种世俗的德性，在人生之始，只具有初步的形态，真正完成则在后天的社会实践。世俗的德性是不能达到上帝那种尽善尽美的，只有神性的德性，才能接近上帝。而神性的德性并不是一般人所能有的德性，只有神恩的分享者，才能拥有这种德性。世俗的德性只能是今生暂时的幸福，只有神性的德性，才能配享天国的幸福。

阿奎那看到了人和其他动物的不同，同意前人关于"人是政治动物"的说法。他说："人天然是个社会的和政治的动物，注定比其他一切动物要过更多的合群生活。"① 当然，在他眼中，"社会性""政治性"都是世俗中形成的东西。能给人性留出一块世俗性地盘，这在充斥神性的中世纪是非常难得的。

2. 人本质的异化

宗教人性论以神性规定人性，甚至可说是以神性否定了人性。你也许已经感到，从理论形式上看，它不如前面已了解的"自然人性论"、"理性人性论"以及"德性人性论"更令人可信。亚当、夏娃、蛇和智慧果的说法，听起来更像一个神话，而不是人类诞生的纪实。多少年来，上帝从未被人证明是存在的。当然证明上帝不存在也是一件相当困难的事。如果上帝是不存在的，那么人们观念中为什么会产生出一个上帝？

一般把宗教的产生归为人类对自然力量的畏惧和崇拜，这一点是令人信服的。宗教几乎是伴随着人类的产生而产生的。在人类早期，人们对于生存环境中出现的风、雨、雷、电、洪水、地震、日食、月食、动植物的生生灭灭，以及人自身的生、老、病、死等自然现象迷惑不安，无法把握和驾驭，便认定冥冥之中存在着一种超越现实和自然的力量，即鬼神。一切不可解释的神秘奇迹和一切令人惊慌恐怖的灾祸现象，都

---

① 托马斯·阿奎那. 阿奎那政治著作选. 马清槐，译. 北京：商务印书馆，2009：44.

被归于神的意志、神的力量的支配和驱使。与此同时，世间有那么多苦难，人又有那么多愿望，人们需要有一个无所不能的神秘力量帮助自己，解救自己。

基督教把人类对无法理解的神秘力量的恐惧和由此产生的敬畏，发展为对无法定义的创造者上帝的信仰。它把人们摆脱苦难、追求幸福的心灵愿望，变成一种祈盼和等待上帝拯救的希冀与寄托。实际上早期基督教就是生活在现实苦难中的普通百姓的安慰剂。基督教变成官方统治者的宗教，那是以后的事。一个使人处在苦难深重与绝望中需要精神安慰与希望的时代，就一定会有宗教。

宗教是人们的一种精神安慰剂。上帝是人们头脑中对超然力量的一种幻想。哲学家们不仅得出了这个结论，而且进一步分析出，神是人造出的，人按自己的想象、按人的形象，把人所具有的一切能力和善，所希望具有的一切能力和善，都幻化给了神。哲学家把这种现象解释为"异化"。神的出现实质上是人本质异化的结果。

也可能你对"异化"这个概念已经有所理解。所谓"异化"，按照哲学的一般理解，就是主体在发展过程中，由于自己的活动而产生出自己的对立面，这个对立面作为一种外在的、异己的力量反过来支配主体本身。一位研究异化问题的学者曾打过这样一个比方解释"异化"现象：一个母亲生了个儿子，她很心疼，很爱他，辛辛苦苦培养和教育他，使他长大成人。可是这个儿子长大后，成了一个逆子，不仅不受母亲管，反而倒过来控制他的母亲，甚至把母亲当作敌对的一方。母亲觉得儿子不像自己，他成了家庭里面的异己分子。这个过程用哲学概括就是一种异化。异化，就是异己化。

宗教的产生也是这样一种异己化过程。《圣经》说，上帝按照自己的模样创造了人，创造了亚当、夏娃。神学人性论说，人性就在于神所决定了的神性。如果我们换一个角度去看，那么就会得出相反的结论：宗教的上帝是人本质自我异化的结果。从来没有人证明得了上帝的存在，上帝是存在于人们观念中的，是人按照自己的模样创造的。不仅如此，人还把自己的本性、自己的愿望也放到上帝里去了。

对宗教异化很有研究的费尔巴哈认为：在宗教信仰存在的情况下，人性的自然状态受到了压抑、摧残和破坏。宗教信仰是人们某种希望和意愿的神秘化的、幻想的满足。人希望摆脱现实的苦难，于是就有了拯救自己的万能的上帝；人有不死的愿望，就有灵魂不死、死后升天的观念；人有正义的愿望，就有伸张正义的无上权威来扬善抑恶，并最后裁判和清算世间一切业障；人有智慧但智慧有限，于是就有具有无限智慧的万能的神；人有对于幸福的追求，于是就有天国永恒幸福的观念。人把自己最美好的特征投射于上帝或神。人的智慧化为神的全知，人的技能化为神的全能，人间的美德化为神的美德、神的律令。

你可能已经感觉到了，"神"的概念实质上是被绝对夸张了的人本质的异化。但是，恰恰就是这个人性异化的过程，带来了许多犹如"逆子"的异己后果。人创造出了神之后，就跪倒在上帝脚下：伟大的上帝！你创造了我，请你救苦救难！我什么都不是，我是卑微渺小的，你是伟大全能的！人类自己造了神，反倒过来倒让神支配自己。

在宗教使人的本性异化以后，人与人之间的这种联系被破坏了，"我"与"你"、"我"与"他"之间的爱及关系，一律变成人与神的关系。这就导致了人不是爱人，而是爱上帝，即使是父母子女、男女、夫妻之爱也不能超越对上帝之爱。为了上帝，一切人间之爱都应当贡献出来。爱的价值、爱的真谛不在于人与人之间，而在于人与上帝之间。

根据这一点，费尔巴哈得出结论说：宗教在人与人之间筑成了障碍与隔阂，打破了人们之间的正常往来和联系，导致了客观上只顾自己解脱升天求幸福的利己主义。[①] 而且由于匍匐在上帝脚下，人的高贵、人的自信都没有了。人是卑微渺小的，人的一切世俗欲求都是罪恶和过错的延伸，这一切极大压抑了人性的需要和发展。

由于中世纪神性人性论以神性否定古希腊罗马的世俗人性，这就为文艺复兴时期的人文主义运动提出了战斗任务。人文主义者首先向宗教神学否定人、否定人性的思想开火，他们把神还原为人，在"人性"的旗帜下，宣传反封建、反宗教的资产阶级人道主义。他们使人们的注意力开始从天上转到地上，把以"神"为中心的神道主义转变为以"人"为中心的人道主义；不再用上帝与人相比来贬低人，而用人与万物相比来抬高人；用追求今生今世的现实幸福，代替天堂幸福许诺的虚幻满足。人是自然的产物，人性在于人的自然性情和欲望。人是自然之中心，人本身的价值至高无上，人比神更高贵、更神圣。公元前2世纪一

---

① 费尔巴哈. 费尔巴哈哲学著作选集：下卷. 荣震华，译. 北京：商务印书馆，1984：399.

位拉丁诗人特伦斯的诗句，成了这一时期关于人的地位、人性本质的最好注释："我是人，凡是人的一切特性，我无不具有！"

文艺复兴时期的人性论，也有它一些必然的局限性，然而至少在对神性人性论的论战中取得了丰功伟绩。要克服神性对人性的压抑，克服宗教异化，人就应当崇拜自己。人的本质不是神的，是自己的。人是人的最高本质。

3. 神性人性论的人生目的

关于人生目的，人类有一点上是达成共识的，即人生应当过得有意义，得享完善的、真正的幸福。但是"意义""幸福"都是很抽象的概念。对于什么是幸福，何者算有意义，却有着万花筒般的内容组合。有些人把富有作为完美无缺的善；有些人把身体健康和心灵的无纷扰作为幸福的内涵。对于某些人，甜是他们的快乐，而对另一些人，酒的辣味是最令人惬意的。宗教人性论并不回避幸福这一人生的目的，甚至它的教义就是在引导人们走向它所理解的"幸福"。

没有人能在此生获得真正的幸福，这是一切宗教人生观告诉世人的。人们只有弃绝尘世情欲，跟随神性指引，才能达到善终，得到完善的幸福。人生就好像一段匆匆走过的旅途，最终是要走到天国那里去的。肉体欲望阻止人接近上帝。在尘世生活中，谁屈服于肉欲，满足于感官的享受，谁就离天国越远。尘世生活中的物欲和情欲不可能给善提供滋生和成长的土壤。神性灵魂与肉体情欲就是这样彼此结合又彼此充满对立，相对于神性所规定的人的灵魂，人的肉体是那样粗俗、卑贱，贪恋肉体的欲望在神看来就是堕落，就是罪恶。

为了表达宗教否定现实人生的观念，中世纪宗教神学甚至创立了人类有罪的"原罪说"。"原罪说"源于《圣经》中那个著名的亚当、夏娃的故事。

上帝创造了最初的人类——亚当和夏娃，把他们放在伊甸园内耕作和管理园子。上帝对他们说："园中各样树上的果子，你可以随意吃，只是分别善恶树上的果子，你不可吃，因为你吃的日子必定死！"[①] 但是，夏娃受蛇引诱吃了那树上的果子，并把一些给亚当吃了。于是，他

---

① 圣经（和合本）：创世记：2：16-17.

们俩顿时心明眼亮，懂了性欲，懂了裸体的羞耻。上帝知道了很生气。上帝对蛇说："你既做了这事，就必受咒诅，比一切的牲畜野兽更甚；你必用肚子行走，终身吃土。我又要叫你和女人彼此为仇；你的后裔和女人的后裔也彼此为仇。女人的后裔要伤你的头；你要伤他的脚跟。又对女人说：'我必多多加增你怀胎的苦楚；你生产儿女多受苦楚。你必恋慕你丈夫；你丈夫必管辖你。'又对亚当说：'你既听从妻子的话，吃了我吩咐你不可吃的那树上的果子，地必为你的缘故受咒诅；你必终身劳苦才能从地里得吃的。地必给你长出荆棘和蒺藜来；你也要吃田间的菜蔬。你必汗流满面才得糊口，直到你归了土，因为你是从土而出的。你本是尘土，仍要归于尘土。'"①

　　亚当、夏娃违背了上帝，禁不住恶的诱惑而选择了罪恶，上帝是正义而威严的，必然要惩罚罪恶之事。神学家论证说，上帝的惩罚不是为了憎恨人类，恰恰是出于对人类的爱。当人们在受惩的痛苦中反省罪恶和过错，洗净灵魂后，上帝的天堂之门会重新向人们打开的。

　　亚当、夏娃是人类的始祖，他们利用上帝给予的自由选择了罪恶。这样人类的子孙世世代代都有了罪恶。神学家说：如果你们把世界二字看作人的世界，而把人通常的天、地和天地间的万物都抛开，那么这个世界已经被首先犯罪的亚当变为邪恶的了。因为人人都天生有罪，都从祖先那里获得了原罪，所以人就只爱自己，不爱上帝，只贪求身外的金钱、美誉、女色，而忘记上帝的仁爱、恩惠、希望，于是便陷入了罪孽的渊薮。因此，人们要拯救自己，就必须皈依基督，接受洗礼，进行忏悔，使自己的灵魂得到解脱，这样就可以在来世到天堂中永享快乐和幸福。如果没有接受洗礼，即使是一个婴儿，也将会堕入地狱，因为婴儿已经有了"罪"，在胚胎中就已继承了祖辈的"原罪"。奥古斯丁在《忏悔录》中说：在你面前没有一个是纯洁无罪的，即使出生一天的婴孩也如此。他说，还不会说话的孩子，但却已表现出了可恶的妒忌。他们会用不满的眼光狠盯着一块吃奶的孩子，不愿让其他兄弟靠近自己的乳源。

　　中世纪的神学家不是止步于神话，而是转向现实和理论思考。他们给"原罪"说以理论的形态，并把它同人的自由意志问题结合了起来。

---

　　①　圣经（和合本）：创世记：3：14—19.

这就使这个宗教神话具有了理论的意义。由于神学思想家们的权威，自此以后，"原罪"说以及洗礼、赎罪、升入天堂的理论，在基督教的宣传中就更为有力了。

人既犯了原罪，就必须要赎罪。人类的一切苦难既是上帝对人类原罪的惩罚，同时又是人类赎罪的一种必要的考验。人如果依然带有原罪是不可能重新返回天堂的，这就像沾有污泥的珍珠不可能重新送回宝匣一样。中世纪另一位神学家就用这样一个寓言性的故事，说明了赎罪的原理。寓言中说，有一位主人，他有一颗光彩夺目、纯洁无瑕的珍珠，这颗珍珠放在一个华丽的宝匣之中。有一次，主人不小心把这颗珍珠掉在了地上的污泥之中。在没有洗刷掉珍珠上的污泥之前，珍珠是不可能被主人重新放回到宝匣之中的。这就是基督教原罪说的人生教义所在。

人生是什么？基督教认为人生就是赎罪，净化灵魂，接近上帝，获得未来天国的幸福，获得永生。要实现与上帝的结合，不能单靠外在律法的强制，而要求人们从内心里爱上帝，认识自己的罪过，自觉地忏悔和净赎罪行，得到上帝的宽恕。这就是与爱上帝原则相联系的救赎自我的人生观。从这一点看，宗教信仰者修养德性、爱人、自我舍弃、牺牲，完全是为了赎罪，为了自救。

人类要想洗去污秽，就得听从上帝的话，净化自己的心灵。这就是由"原罪说"引出的"赎罪"理论。做了罪人并不可怕，只要悔改，赎罪，上帝就会施恩于他。在《圣经》中有一个关于"放荡小儿子的比喻"[①]。这个放荡的小儿子得到了父亲分给的家产后，很快挥霍殆尽，最后到了恨不得吃猪食的境地。最终，这个小儿子开始回心转意，醒悟过来，并回到父亲身边，决心做父亲的一名雇工，重新做人。父亲热情迎接曾经放荡的小儿子归来，吃喝庆贺，因为这个儿子是死而复活、失而又得的。

上帝是威严的，同时又是仁慈的，一心一意要拯救堕落的人类。人类回心转意能给上帝带来无比的欢喜。在《圣经·路加福音》中，还有"失去了羊的比喻"，耶稣用比喻说："你们中间谁有一百只羊失去一只，不把这九十九只撇在旷野、去找那失去的羊，直到找着呢？找着了，就欢欢喜喜地扛在肩上，回到家里，就请朋友邻舍来，对他们说：'我失

---

① 圣经（和合本）：路加福音：15：11-32.

去的羊已经找着了，你们和我一同欢喜吧！'我告诉你们，一个罪人悔改，在天上也要这样为他欢喜，较比为九十九个不用悔改的义人欢喜更大。"①

不是说九十九个没有罪恶和过错的义人不重要，只是一个悔改的罪人更令上帝欣慰，因为世上又多了一个义人，多了一个可以享受天国幸福的人。上帝的本意不是惩罚人类，而是用惩罚的手段达到拯救人类的目的。

神学家号召人们要用实际行动获得上帝的宽恕和拯救。首先，要与自己内心的恶习，即对物欲和情欲的引诱做斗争。这是一件很不容易的事。如果一个人节禁不了各种诱惑，日复一日地疲于奔命，那他就不可能保持一颗纯净专一地追随上帝的心灵。只有禁欲，才能信仰上帝。除此之外，在皈依上帝、信仰上帝的过程中，肯定要经受肉体和精神的考验。因此，人必须忍受生活中的痛苦与不幸。节制、忍耐，清洗污浊，赎回罪恶，最终走近上帝，进入天国。

我们从基督教所代表的宗教人生观中，可看出神性人性论的人生见解，无非教人节禁情欲，赎罪悔改，洗净罪恶，信仰神，追随神。原罪说、赎罪说典型地表达了神性人性论的人生观，要人们抛弃现世，追求天国的幸福。人的一生就是禁欲的一生，赎罪的一生。由此有人认为，西方基督教文化是一种"罪感文化"，这是有道理的。当然"罪感文化"是在相比较于"耻感文化"而提出的。

五、人的社会本质

1. 社会人性论

用"后天社会人性论"概括人类某些思想家对人性的另一种独特见解，实际上稍有些不够规范。但在诸多人性论中，确有一些论点不同意前面我们所了解的种种人性理论，主张人性由后天环境生成，但这些强调后天社会环境的思想，又完全不同于马克思主义关于人的社会化本质的思想。这些思想在以往的人性论讨论中被提及得很少，但对于我们来

---

① 圣经（和合本）：路加福音：15：4-7。

说，对人类自我认识的了解，还是不要落掉任何一个方面为好。对这一类思想的名称概括的讨论可继续进行，在这里，"后天社会人性论"主要指那些在人性问题上，强调后天社会环境的作用、强调人性的现实性的论点。

持这一类论点的思想家中，最早的恐怕应该追溯到中国古代的告子。告子是战国中期人，由于年代太久远，他的著作早已佚失，因此他的人性学说，只能根据《孟子·告子上》《孟子·告子下》所引的资料。在这些资料里，告子表达了人性在于后天所为的思想。

告子提出，性无所谓善恶，人们生来的性既不是善，也不是恶，他说："性无善无不善也。"善与恶是后天经过外界环境人为而成的。性如同白纸、白羽、白雪，随外界环境之习染而变化颜色。告子还以比喻说明他的人性主张，他说："性犹杞柳也，义犹桮棬也；以人性为仁义，犹以杞柳为桮棬。"在另一段他又说："性犹湍水也，决诸东方则东流，决诸西方则西流。人性之无分于善不善也，犹水之无分于东西也。"（《孟子·告子上》）告子用这些比喻，无非是论证人的善恶之性是后天环境养成的，就好像桮棬那样要靠人力加工"杞柳"而成型；像湍流之水那样要靠人工引导才有固定的方向。

告子的这些人性思想，看到了后天社会对人的决定作用，这里有合理的思想，尤其想到告子身处两千多年前的那个时代，能提出这样的见解更属难能可贵。

在告子身后，宋代有一位在中国文学史上占有一定地位的文学家，在思想史上却未曾有人系统论述过他的思想。但我们在论及中国古代"后天人性论"时，却不能不提一下他的名字。他就是北宋的苏轼。

苏轼反对前人所进行的人性"善恶之辨"，认为这些观点都没有了解人性的本质，把人性所拥有的效能视为本性，他认为这就好像火能烧熟各种食物，人没有看到火，却以为各种熟物是火，究其实质，熟物只是火的效果，而非火本身。把人性之所有和人性之所能加以区别，这一人性观点在人性论思想史中有其独到之处。在苏轼看来，性善、性恶都是后天修造的，修其善则为善性，修其恶则为恶性。

在中国古代，明清之际著名思想家王夫之对"后天人性论"的论述，非常具有代表性。王夫之从其元气本体论的宇宙观出发，从根本上反对前人人性论的共同出发点，即有先天的、不可改变的人性。他认为，人和万物虽然都是禀太虚之气而生的，但人和万物不同在于人有"有道之性"。他说植物有质而无性，动物有性而无道，人则是有质、有性亦有道。这个人之为人的"有道之性"从何而来？王夫之认为是人出生后学习而成的。性日生日成，不是先天与生俱来的。一个人从幼到少，少而壮，壮而老，每日每时，都在"受命成性"。所以人性并非先天不变的，经过后天社会生活中的学习和培养，人性可变，"性屡移而异"。人性在后天的"日渐月渍于里巷村落之中"形成。

王夫之运用的是那个时代他的思维和语言，却近乎表达出了人性的本质所在。在对人性的理解中，已有了和马克思差不多的思路。马克思讲人性时，往往谈及人的自然性和人的社会本质。王夫之也在这样表达，他说人禀气而生，气化而成，这是人和动物所共同的，实际上这就是人和动物共有的自然属性，而人之性与物之性的根本不同在于"道"。道是什么？就是社会生活中形成的仁、义、礼、智之理。虽然最终王夫之用了不少篇幅论证人性向善的可能性及途径，但他的人性论仍属一种具有相当水平的"后天社会人性论"。

考察一下西方人学思想，直接强调人性本质后天社会性的也为数不少，比如，西方古代的亚里士多德。亚里士多德是古希腊思想的集大成者，在人性问题上，他总结了前人的思考成果，在西方思想史上，第一次把人和动物加以区别，肯定了人和动物相区别的根本属性是社会伦理。就人是社会伦理动物来说，要联合起来组成国家和家庭。他在《政治学》中认为，"城邦"（国家）在时间上后于个人、家庭出现，但"在本性上先于家庭和个人"。所以，从现实社会生活观察，应当把人的本质归结于国家与社会，他还特别强调："人天生是一种政治动物。"[①] 政治是什么？伦理是什么？国家、社会是什么？都是一种社会关系。从这一点看，亚里士多德其实已接触到了人的社会本质，只不过没有沿着正确的思路发展下去。当然，要求古代的思想家达到这样一种理论高度，也实在有些超越历史现实。

在思想史上，法国启蒙学者孟德斯鸠是以他论述的法的精神而著名的。孟德斯鸠理解的"法"是什么意思呢？他在《论法的精神》中说："法从最普遍的意义上说，就是起源于事物天性的自然关联。从这个角

---

① 政治学. 颜一，秦典华，译. //苗力田. 亚里士多德全集：第九卷. 北京：中国人民大学出版社，2016：6-7.

度说，所有存在都有各自的法。上帝有自己的法，物质世界有自己的法，仙人有自己的法，野兽有自己的法，人类也有自己的法。"① 人的法不同于禽兽的法。人的法是从人的本性中派生出来的，根源于人类的生命本质，换个方式表达，法就是人性包含的内容。

孟德斯鸠认为，人类不同于万物和禽兽的特性就在于过社会生活，按照人性自然法则生活。他非常痛恨君主专制制度，认为在专制暴君统治下，人的命运和牲畜一样，专制政体的原则就是恐怖，就是对人性的残害，因此必然违背人性法则而灭亡。人类只有按着自然法，即按人类生命本质特有的社会关系去生活，才能有真正的秩序、平等与和谐。在他匿名写的《波斯人信札》一书中，他用穴居人的故事说明了这个道理。

故事说，从前阿拉伯人有一个小民族。他们的远祖据说是三分像人、七分像兽的穴居人。他们性情恶劣、残暴，彼此间没有丝毫法则约束。他们的王是外族人，想要用法则纠正他们，结果被穴居人杀了。穴居人于是摆脱了一切束缚，一味按照他们的野人本性行事。人人都认为，我为什么要和别人发生关系，我只管自己幸福就够了。在碰到旱灾、水灾时，谁也不帮别人，结果大部分人都饿死了。后来穴居人中又发生了传染病，邻国来了一位医生，治好了病，可穴居人忘恩负义，不给医生报酬。医生走后不久又发生了传染病，人们又去请那位医生，医生生气地说："滚开吧！不义的人们，你们的灵魂中有一种毒素，比你们想治疗的病毒更能致命；你们不配在大地上占一位置，因为你们毫无人性精神，你们不知道什么是人道的规则。"经过这一番教训，穴居人最终认识到，人的生活必须互相团结、互相帮助，服从人类特有的社会关系法则，否则就不可能过一种不同于野兽的人类生活。

孟德斯鸠通过这个故事，向我们诠释了人类生活所存在的社会必然关系，即自然法的关系，并说明正是这种社会必然关系决定了人类不同于其他万物及禽兽的本质特性。孟德斯鸠用"法的精神"来概括人性的后天社会关系，从内容和实质上看，他的人性论属于一种"后天社会决定论"。

费尔巴哈的名字是在批判宗教人性论时我们已熟悉的。在分析宗教

---

① 孟德斯鸠. 论法的精神. 欧启明，译. 南京：译林出版社，2016：3.

的人性异化本质过程中，费尔巴哈也阐述了自己关于"人是社会的人"的思想。

在讨论人的一切问题时，费尔巴哈谈到法、道德、理性、爱、幸福等，他总是要把人放在与他人的联系中，放在"我"与"你"的关系中加以考察。否定了人和上帝的关系，费尔巴哈特别强调要回到人与人的关系中来。他看到了人与人之间的必然关系，正是种种必然关系使人成为人。而脱离这种社会关系，人就无法生存与发展，也不可能成为人。他一再强调："孤立的，个别的人，不管是作为道德实体或作为思维实体，都未具备人的本质。人的本质只是包含在团体之中，包含在人与人的统一之中。"① 在另一个地方，费尔巴哈又强调说："事实上，被思考为自身独立存在的个人的道德是毫无内容的虚构。在'我'之外没有任何'你'，亦即没有其他人的地方，是谈不上什么道德的；只有社会的人才是人。"②

费尔巴哈已明确表达出，人与人之间的关系是社会关系，社会关系决定着人的本质。这就已触及了人的本质属性，遗憾的是费氏所理解的人仍是自然人，以至于后来马克思批评他过多地强调自然关系而过少地强调政治关系。费尔巴哈努力想抓住感性的现实社会的人，为此他坚决批判了许多思想家论人的抽象角度，也批判了自然主义和宗教神秘主义，他也再三谈到了社会关系，但他所理解的社会关系还只是表面的、形式的。社会关系的本质内容是什么？是社会的生产实践，这一点费尔巴哈没有看出来。费尔巴哈往往在"群""类"的意义上理解社会关系。费尔巴哈没有再向前走出一步。上述思路延续到今天，成为更多人认可的理论。现代心理学家和行为学家，实际上遵循的仍是社会决定人性的路数。美国著名心理学家华生曾用下面的话，表达了后天社会对人性的决定作用："给我一打健康没有缺陷的婴儿，并在我自己设定的特殊环境中教育他们，我都能够把他们训练成为我所选定的任何一种专家：医生、律师、艺术家、商人、首领，乃至乞丐和盗贼。"③ 行为学家则常用一个著名的双胞胎案例来证明后天社会环境对人的塑造。斯蒂文和利

---

① 费尔巴哈. 费尔巴哈哲学著作选集：上卷. 荣震华，译. 北京：商务印书馆，1984：185.

② 同①571.

③ 马克·柯克. 人格的层次. 李维，译. 杭州：浙江人民出版社，1988：66.

尔是一对双胞胎兄弟，出生第一天起，就因为某种偶然因素分离长达27年之久而彼此不相知，只是在27年后，一个偶然机会才使他们兄弟重逢相识。人们发现不同的社会环境，使这对孪生子产生了很大的差别和不同。

后天教化论者否认人类拥有任何与生俱来的东西，坚持认为人是社会塑造的结果。他们主张决定人类行为的一切因素都是外在于行为者本身的，认为：人类播下一种思想，就会获得一种行动；播下一种行动，就会获得一种习惯；播下一种习惯，就会获得一种品性；播下一种品性，就会获得一种命运。

一路考察下来，我们会发现，后天社会对人性的决定或影响是不可抹杀的，这一点已被众多思想家所认同，只不过表达的程度和角度不同而已。"后天社会决定论"自不用说，"德性人性论"强调的社会正义、伦理关系，"理性人性论"强调的理性精神，以及"神性人性论"投射在上帝身上的那些社会理想和正义，说到底讲的都是后天社会关系内容，即使那些自然人性论思想家，在论证社会契约思想时，也都不自觉地强调了人类生活的社会必然关系。

决定人和万物及一切动物不同的最后的那个东西，是社会存在。人类的理性是在社会劳动中逐渐形成并发展的，理性的精神原则反映的也都是社会内容。人类的德性更是社会赋予的，动物没有乱伦的禁忌，没有对肉欲的节制，没有性善、性恶的概念，没有一条又一条的引人向善的德性规范。而宗教神性，我们已明白其实际上不过是人类把自己所有的一切美好、一切力量都投射给了神，而这一切美好、一切力量，又都是人类在现实社会生活中的追求。至于人的自然性，由于它没能概括出人不同于动物的根本特性，它本身也就不可能解决现实社会问题，最终也只能跑到社会关系中寻求解决办法。契约、法律，都是社会关系的某种表现。

各种"人性论"学说，无论是自然主义的、德性主义的还是理性主义的、神性主义的，如果其论者不是停留在抽象论人的地步，而是再往前走的话，最终都会走到社会生活、社会关系决定人性这一点上。前人没有走出的一步，终究是有人要走的。对抽象的人的崇拜，必须由关于现实的人及其历史发展的科学来代替。这个超出前人"人性论"并进一步发展前人观点的工作，是由马克思于 1845 年在《神圣家族》中开始的。

2. 人的社会本质

把人当作社会的人，把人性归结为人的社会性，这是马克思的人性论对以往人性论的发展和变革。下面我们将会领会到马克思并不否认"德性""理性"都是人的属性，甚至也认为人的自然生物性和人的社会属性难以分割，但他坚持从人的社会现实存在中去挖掘人的本质。判断一个物种的存在方式应当看其生命活动的形式。动物是在消极地适应自然的过程中维持自己的生存的，动物的存在方式就是其本能活动。

动物很少利用甚至可以说基本上不会利用工具，制作工具就更谈不上了。而人的存在方式就不同了，人是在利用工具积极改造自然的过程中维持自己的生存和发展的。正是在改造自然的过程中，人们之间结成一定的社会关系，这种社会关系反过来又制约和规定人的本质，使人成为"社会动物"和"社会存在物"。

人的一切活动都是作为人而活动的，都处在各种关系之中，生产粮食的和生产布匹的人具有一种分工、交换关系。社会治理中存在着统治与被统治、管理与被管理的关系。一个人，对父母而言是子女，对雇主而言是雇工，对上级而言是下级，对老师而言是学生，除此之外还有很多相互的关系，如亲友、邻居、同事等。而当你独自读着这本书的时候，你我又形成一种共同探讨人性问题的关系。

总之，只要是人，只要是人的活动、人的行为，就不可能脱离某种特定的关系。富兰克林曾对孤立的个人价值给予生动的比喻，他说：孤立的个人几乎不能具有一个团体所拥有的价值。他是一个不完善的动物，好似一把剪刀的一半。事实上你几乎找不出一个绝对脱离社会关系而单独存在、发展的"人"。

人们经常会提到孤岛上独自漂泊的鲁滨孙。从表面看，鲁滨孙的确是远离社会，远离各种社会关系，但你再仔细想想，鲁滨孙在岛上所运用的诸如刀子之类的工具，以及少得可怜的那点宝贵种子，都是由人类社会中带去的，这些物品是人类社会实践的产物，其中凝结着人的关系和人的劳动，而且人的各种技能都是社会教给他的。鲁滨孙没有直接同社会中的人打交道，但他通过人类的技能、工具、种子，间接地在和社会发生关系。而且，鲁滨孙很快地就同岛上的一个土著人形成了主仆关系，并为他取了一个完全来自人类社会文化的名字——"星期五"。

相对于人类来说，人在生产实践中形成了社会，而社会一旦形成，就又反过来规定人的本质特性。逻辑地看，人类最初的时候，为了维持和再生产生命，人就必须满足自己的需要。人的需要一开始并不多，只需要起码的饮食住所等。最初的社会活动主要就是物质生活资料的生产。正是在这种物质生产活动中，人们形成了一定的社会关系：生产关系、政治关系、伦理关系、阶级关系、亲属关系、民族关系、日常社交关系等。社会关系形成了，并越来越复杂，越来越完备，最终反过来制约、决定人的特性。

作为具体的人，谁也不是完全从头开始的。每一代新人出生进入社会生活后，都会遇到某些早已为他们的生存准备好了的起始条件，即社会关系和文化的影响。人是社会环境的产物，这种环境在许多方面预先决定和影响着人的活动。人总是把几百年、几千年来发展和积累起来的那些生产力、文化知识、技术水平的总和，作为自己活动的基础。过去已有的经济和社会政治形式以及文化成就，既是人进行创造的现实基础，又是规定人不同于其他生物的特性因素。在这种规定中，人的一切活动，做什么、如何做，都成为社会文化历史活动的结果。即使如吃、喝、性行为等生理要求，也都变成"人"的要求，而不是纯生物要求了。从茹毛饮血的吃、喝，到现代文明的饮食文化，不仅仅是一个平面和纵向的发展过程，其中已发生了本质的变革。

同时，伴随着人的劳动实践，人的社会化过程，人的肉体组织发展出理性和自我意识能力，从而使人的生命活动成为有意识的活动，人成为"有意识的类存在物"、"理性动物"和社会存在物。有意识的理性动物，又使人的活动具有了自觉能动性，因而使人脱离了动物界，成为理性"能动的自然存在物"。

人在实践活动中把自己从动物界提升出来，创造出人之为人的一切特征。人既具有与动物相同的自然生命，又超越了自然生命的限制，从而具有了超自然生命的本质，这就是人的社会性本质。

按马克思的理论，人的本质是一切社会关系的总和。这种社会关系，包括了生产关系、政治、法律、道德等，这些都是具体的、现实的，是发展变化的。这就要求我们不能抽象地谈人性。费尔巴哈的错误在于，他的社会性是抽象的类群；而其他的前文所论及的如自然人性论、理性人性论、德性人性论等，把人性作为一种永恒不变的东西。这些都没有科学地谈论人的本质。人的本质是具体而现实的，是随着社会的发展而发展的。

如此，人性在阶级社会中往往就表现为阶级性。这个问题在后面"人性的阶级性"（本章"六、把握人性"）还会谈到。

当你看到"人的本质在于社会性"这个命题时，千万不要以为，它意味着其他自然性、德性、理性诸因素就都被排除在人性之外了。这里仅仅意味着，要从社会现实性和各种复杂的社会关系中，去理解上述人的自然性、人的理性，以及人的德性。社会性是人性复杂内涵的最高统驭和最后抽象。在人性把握问题上，马克思确实比他以前的许多思想家要高出一筹。

另外，大部分人性论都确定人性是先天的，与生俱来的，这是没道理的。一个婴儿可能会有一些来自父母祖辈的遗传，但这些遗传只提供了人的机制；也可能会带有一些祖辈的特性，但它们在后天社会环境中会被改变掉。我们在童话中读到过这样的故事：由于某种原因，贫民的儿子得以在皇宫中成长，日后成了地道的王子，而真正的小王子因为在贫困穷苦中长大，几乎沦为乞丐。不同的社会环境改变了他们的命运，也改造了他们的先天遗传。在童话的多层寓意中，有一层告诉我们，后天社会环境能够给予我们一切。在这个意义上，一个新生婴儿，犹如一张白纸，后天社会完全可以在它上面按照自己的意思，做出自己想要的图画。

人性最终是社会塑造的，在后天社会性面前，先天遗传显得那样微不足道。比上述童话更能说服我们的是"狼孩"的故事。狼孩，或者还有熊孩之类，出生初时都是"人"，但在狼窝、熊窝里长大后，就没有了人性，反而习染和传承了动物的习性，有的只是"狼性"和"熊性"。

1920年人们在印度曾发现并救出了两个狼孩，被发现时他们只会爬行，厌恶和害怕人类社会的一切。白天睡眠，毫无生气，晚上他们的眼睛像狼一样有一种青森森的独特的光。他们吃生的东西，吃鸡的内脏，舔着喝水，丝毫不懂人的语言。他们被救后，在人类社会养育了六年后，其中一个死去，另一个会说一点类似人的语言，但没有人所具有的感情，除了生肉外对什么东西都不感兴趣，也丝毫没有自尊感和嫉妒心的表现。狼孩的现象充分显示出后天社会环境对人的决定性作用。

总之，人的社会化是一个复杂的"反映—积淀"和遗传的过程。人们通过生活、活动和外部社会环境发生关系，外部社会信息便对人产生刺激，通过人的反映机能反射、留印在人的心理意识结构中，通过心理、意识的作用支配着人的活动，从而在人身上打下社会性的烙印。应当指出，人的社会化积淀主要不是通过动物式的生理遗传，而是依靠社会文化遗传。社会化遗传即如摩尔根所说的，通过模仿、语言、文字，把一代人的经验传授给下一代。

各种情况都说明，人性的确在于后天社会性，"先天说"是绝对站不住脚的。人性是社会的、现实的、具体的，也是历史的。说它是历史的，是说人性在后天形成中是有一个过程的。我们对自己的生活环境和成长历程很熟悉了，但有时确实想进一步了解一下，后天社会是怎样使我们社会化的呢？

3. 人社会化的实现

一个社会让一个生物个体通过学习、教化，逐渐转化成为一个社会人的过程，就是人的社会化过程。人的社会本质决定了人必须实现社会化；人所具有的许多特点，也决定了人实现社会化是可能的。一个人出生以后，必须经过社会化和继续社会化，才能成为真正的社会成员。

人是环境和教育的产物，而环境又可由人来改变，并且教育者本身也必须接受教育。所以，从人与社会的动态系统看，人的社会化是社会环境和个人相互作用而统一的过程，是人的主体能动性和客观环境相互作用的过程。但单就某一个人而言，是指接受社会的教化，当然，不是纯粹被动地接受，个人的积极适应和参与主动性也起到相当的作用。

初生婴儿，还不知晓社会上的一切，基本上还是一个生物人。社会有意无意地要随着他的年龄的增长而不断地对他进行训练和教化，教他学习语言，学会生活，学习做人的规矩。这个过程不仅必要，也完全可能。人类文化为个人社会化提供了基础，每一代人都生活在一定的文化模式之中，没有这个基础，就不会发生个人的社会化。

对于被社会化的人来说，也有接受社会化的可能。动物就不存在社会化问题，因为动物没有抽象思维能力，至多只能简单模仿人的某些动作。人具有高级神经活动系统，能够进行抽象思维。因此，人有学习和掌握社会的观念、理论和行为规范的能力。人还有在第二信号系统基础上发展起来的学习和掌握语言文字的能力。语言、文字是个人社会化过程中强有力的工具和杠杆。

社会对人进行社会化的基本场所有三个，这就是家庭、学校和社会生活环境。

家庭是对人进行社会化的摇篮。担负家庭社会化职能的家庭成员主要是父母，而且带有浓厚的情感色彩。婴儿除了一些生理本能外，几乎没有其他生存能力。他是那么无助，必须依赖父母的爱心才能生存。说话、走路、吃饭、穿衣等日常生活能力，主要是在父母的训练下学会的。父母的素质如何，对人的社会化初始阶段起着决定性作用。和家庭相比，学校是对人进行社会化的有序组织，具有不同的意义。家庭是一个初级社会群体，成员之间的关系是血统亲缘关系，带有浓浓的感情色彩，温馨而宽松。学校则是一个文化教育组织，有计划、有目的，它是一所丰富而庄严的殿堂，受教育者在其中得到的是严格规范的教化。

具体的社会生活环境是一个人未来生活的大社会雏形，情况复杂多变。在熏陶、塑造人的个性和人生观方面有重要影响。"近朱者赤，近墨者黑"，生活环境的好坏对人社会化的质量起很大作用。古时孟母为什么要三迁家门，就是要选择一种对孩子成长有利的环境。

近现代社会，大众传播手段使空间变得小起来。书籍、报刊、广播、电视、电影等，不容分说地充斥着我们生活的小小空间。大众传播内容的好坏，直接影响着人的社会化质量。所以，大力提供科学、健康、有益的大众传播内容，坚决取缔不健康的东西，的确是人的社会化所绝对必需的。

人的社会化内容非常广泛，大的范围基本有以下几项：首先是传授基本的生活知识和劳动技能。一个人幼小时可依傍在父母身边，但长大以后就必须自立。而且作为一个社会人，不可能光享受社会给予的权利和财富，还必须对社会有所贡献。社会必须把你培养成一个具有生存能力，并对社会有用的人。

其次是遵守社会规范。任何一个社会都有一系列规范，如国家宪法法令、社会道德、政策政令、风俗习惯等。这些既是社会维持秩序的工具，又是人们行事的方式。即使是"行路靠右边"这样的小事，仅有约定俗成还不够，还必须制定规范，并形成文字。我们的生活形形色色，就其领域，可划分为三大块：家族、职业、公共生活。每个领域都有相应的配套的政治、道德、风俗等约定。如不遵守约定，你就无法顺畅地生活和工作。

再次是指点生活目标。每个人都要解决"人为什么活着，怎样生活"的问题。不同的民族、不同的时代和不同的文化，其价值观指向也有所不同，但一个健康的社会，一定要把健康的人生观、合乎人的社会本质的价值观，传递给社会成员。社会人性论主张，个人离不开社会，个体人生一定要和社会联系起来才有意义。利己主义、个人主义，从这个角度看都是和人的社会本质相悖的。它们把"人不为己，天诛地灭"作为人生律令。这样的人生引导对社会有害，对人实现其社会本质也是一个误区。

最后是培养社会角色。社会化的最后成果，是为社会培养符合社会要求的社会成员。社会角色是指社会规定用于表现人的社会地位和行为模式，也可以把它理解为一个人的社会地位对自己所要求的规范的总和。初生婴儿没有意识，分辨不清社会关系和人我关系。他的第一个角色意识是在头脑中知道"爸爸""妈妈"的概念时形成的，他开始领悟到自己是爸爸、妈妈的孩子。随着孩子成长及其生活领域的扩大，发生的关系越来越多，就会越来越多地意识到自己的社会身份和角色。

人的社会角色往往是多重的，这同人们所生活的三大领域有关。家庭中的"儿子"，可能又是一个"工人"，到音乐厅听音乐时，他又扮演"观众"的角色。社会学称这种情况为"角色集"。实际上每一个长大了的人都是一个角色集，集各种角色于一身。每个角色都有一套行为规范，各种角色规范彼此交叉，总的原则精神是一致的，但由于时间、空间的限制，有时在一个人身上会发生角色紧张或角色冲突的问题。如在家尽孝和为国尽忠，在一定的时空限度内就会发生冲突。所以人们感叹："自古忠孝难两全。"社会化的理想结果是增进人们具有适应种种社会角色要求的能力，及时调适自己充当的社会角色，做一个有能力适应社会需要的社会成员。

当然，并不是长大成人后，人的社会化的过程就算完成了。社会在不断变化发展，就不断使自己适应变化着的社会需要而言，还需要继续社会化。终身学习是社会化，不断发展自我、实现自我也是社会化，职业的变换、升迁，生活和工作环境的改变，都需要继续社会化。

在诸多继续社会化的过程中，有一种再社会化是强制、逼迫实行的，即对那些有越轨行为、危害多数人利益的人进行强制教化。这当然需要通过很特别的机构来帮助执行，如法庭、监狱、教养所、工读学校和劳动农场等。

总之，人若不经过上述过程的社会化，就不能成其为人。人的本质是在他一生的现实社会中获得的。人是生物，具有自然属性，但如果这些自然生物性不经过社会化，就不能充当"人"的机能，而仅仅只是动物本能。"食"是生物本能需要，但动物的吃喝和人类不一样，人是靠自己劳动而食，还是像"寄生虫"一样剥削和吸吮他人血汗？是生吞活剥，还是制作成精致的美食？这就是社会属性了。又如"色"，两性关系是社会规范下的婚姻关系，还是乱伦、淫乱？即便是正常婚姻，也还有一个以爱情为基础，还是以其他外在条件为前提的问题，一种简单的两性关系，在纳入"人"的领域之后，就充满了社会属性。

一个人的社会化程度越高，他就越能把自己和社会紧密联系起来，把自己生存发展的权利，同对社会的责任、义务结合起来，就越对社会有用，越能做出大的贡献，也就越能成为一个"真正的人"，充分享有人之为人的社会性本质。

4. 人的社会本质与社会本位原则

任何一个社会都有一定的社会价值原则，而以人性理论为基础的一定理论意识形态，则左右着社会价值原则的指向。社会人性论坚持认为，人性的本质在于社会性，社会关系的总和是人的本质所在。社会价值原则的本质是一种社会意识，准确地说是社会的理性意识，一切伦理道德准则都是一定意识的体现，社会价值原则是人类理性意识的最高体现，也是社会本质的必然要求。

一切时代的社会理性意识，似乎都要维护社会整体的存在，这似乎是个定律。一个社会如果没有一个得以维系它整体运作的社会原则和规范，它怎么能存在下去呢？你愿这样，我要那样，没有规矩，没有有机结构，散沙一堆，这个社会必定无法生存，更谈不上发展，生活于其中的人们也会因生活的无章法而陷入混乱，谈何人生，谈何幸福？所以历代思想家，不论他的自然观如何，人性论有何殊异，在社会原则方面，总有许多人有意无意地、直接或间接地、或多或少地走向社会本位。

自然主义的社会契约思想，要人们按照约定的社会契约行事。德性主义的节制，甚至禁欲思想，也是要人们节制欲望，追求至善，过一种社会要求的德性生活，而"至善"的内涵无非就是无私、崇高，具有献身精神。在中国德性主义的理想人格身上，那种"为生民立命""为万世开太平"的奉献精神，表现得尤为典型。至于理性主义，是要人们按照理性的引导生活，理性引导向何方？还是服从社会规矩，过人的社会生活而不是动物的本能活动？

当然，上述具有社会性倾向的思想，都是比较明智的思想家做出的思考。也有一些思想家表现得欠缺些大智慧，看不出人区别于动物的本质是由社会决定的，认为个人和社会没有什么必然联系，社会是一种虚构体，个人才是真实实体，在个人和社会的关系上陷入一种个人本位的盲区。

社会人性论强调个人的社会性质，认为个人离开了社会就不可能作为一个"人"去生存和发展，是社会赋予了个人以人的生命力。在个人和社会的辩证关系上，黑格尔曾经用了一个意味深长的比喻：社会和个人，就如同有机体与细胞的关系一样，有机体赋予各细胞以生命，所有细胞则赋予有机体以活力。社会并不是虚妄的东西，是由活生生的个体构成的，而个体又是社会决定的，个体的人性本质在逻辑上是由社会决定的。

既然强调个人的社会性质，强调社会本质的逻辑在先，在社会价值原则上，就必然推导出社会本位原则。换句话说，如果我们确认人的本质在于它的社会规定性，那就得接受以社会为本位的价值原则。在人生导向上，社会本位原则要人们投入社会而不是远离社会，强调承担责任后才享受权利。任何一个人，脱离了一定的社会，这个人就丧失了作为社会成员的资格，既不需再承担社会责任也无权享有社会成员能够享受的权利。他和这一社会不再有一种血肉关系，他作为这一社会成员的社会生命也就结束了。社会本位原则不是否认人的权利，只是不认可那种只要权利而不承担责任的价值原则。

以个人为本位的社会价值，导致的是社会组织的瓦解，使社会不再是人们的共同志趣、共同利益汇集和凝聚的社团，而只是散沙一堆。而人类社会之所以得以延续和发展，正是受惠于社会本位原则巨大的凝聚亲和的调控功能。无论哪个社会形态中，无论以哪种表现方式，社会本位原则的这一根本功能始终在客观地运作，这一点早就在人类发展历史进程中得到昭示。

从人类历史上看，社会本位的价值原则发端于人类早期的原始社会。它不是远古人们的选择，而是严酷的自然法则的规定：要么结成（社会）群体而生存，要么独居而灭亡；要么归属集体而延续，要么背离集体而告终。原始的人们就是这样，凭着直接的生存感受，接受着以社会为本位的价值原则。当然，这一原则在原始社会是非理性的，是以本能的、初级的形式出现的，并仅限于血亲部族的范围之中。

随着人类对社会本质的认识日益提高，以社会为本位的价值原则被人们逐步认识到了，原始社会中那种被动、本能接受的"社会本位"原则，到后来被越来越多的思想家理论化、系统化。阶级、国家出现后，统治阶级在自身利益驱动下，利用了这一价值原则，并使之以扭曲、虚伪的形式表现出来。至此，那种以氏族部落为范围的原始"群体本位"原则，就发展为奴隶社会以对奴隶主、奴隶主国家的忠诚为基本内容的价值原则，以及封建社会以等级制为特征和以扭曲、虚伪形式表现的"群体主义"。尽管这些社会价值原则的形式不同，但它们都不同程度地对社会进行了调控，使社会得以维系，历史得以发展。

当然，在阶级社会中，由于私有制的存在和发展，剥削阶级和被剥削阶级在利益上是根本对立的。从表面上看，社会整体利益无论对内对外，都是以国家来代表的，但实际上，它既不能代表社会的整体利益，也不能真正代表这些社会中个人的利益。它所代表的，只是在社会中占统治地位的剥削阶级的私利。因此，上述的群体本位主义是对社会本位原则的一种扭曲反映。这种扭曲在欧洲中世纪达到了极端。在那里，人的个性被压抑甚至被扼杀。个人本位主义就是在反抗中世纪封建制度对人性的极端压抑的斗争中，由资产阶级提出来的。

作为对社会本位原则的否定，资产阶级第一次确立了以个人为本位的道德价值原则。资本主义社会已存在了数百年，人们肯定会有异议。既然以社会为本位的价值原则是人类社会本质的必然要求，而背离这一原则，社会就无法延续和发展，那么实行个人本位价值原则的资本主义社会又是怎样发展至今的？

其实，如果说奴隶社会、封建社会是以扭曲和虚伪的社会原则来调控并统治社会的话，那么资本主义社会原则是在极不协调的状态下运作的。正如资本主义在强调私有财产神圣不可侵犯的同时，就陷入了资本主义不可解脱的社会化大生产和私有制之间的矛盾中一样，在资产阶级公然提出个人本位价值原则的同时，也陷入了个人主义与其社会意识形态之间的矛盾之中。

一个社会的调控手段是多方面的，诸如政治、法律、道德、宗教文化、风俗习惯等，无不以自身特有的方式对社会进行调控。资本主义在道德价值原则上主张个人主义，但它又是一个法制的社会。法的精神本质是什么？它从根本上说是人类社会本质的要求的体现，它贯穿着社会本位原则的精神。法律用一种外在的强制力，限定每一个社会成员在享有个人权利的同时，必须承担对他人、对国家与社会的义务。

除法的力量之外，西方社会又通过基督教文化对人们的影响，不知不觉地对资本主义社会种种社会矛盾发挥着调和作用。这种宗教文化要求人们通过对他人的博爱表达对上帝的爱，通过在人世间的创造、奉献，表示一种对上帝的牺牲精神。上帝是人的异化本体，人的一切都是从这个原始本体中延伸出来的，个体必须服从这个超乎他之上的外在权威。

因此，在基督教文化中，行为的最终原则不是以个体为基础和始发点的，人的社会本质在宗教中是以上帝的形式被虚幻反映出来的。正是在基督教文化的驱动下，而不是个人本位的价值原则支配下，人们具有了对他人、对社会的为善行为和品性。你是否也已发现，宗教的原则精神同个人本位的原则精神在本质上是相悖的。

可见，资本主义社会同其他任何社会一样，要想得以运转，也必须依靠一种以社会为本位的社会精神原则及社会组织力量，法律、宗教文化就是这种同人类社会的社会本位要求相吻合的精神及社会力量。

但是，资本主义奉行的价值原则是个人本位主义，这种诉诸人的内心力量的价值原则与其他社会外在强制力量（法、宗教）之间的冲突，使社会不能协调运转，使人的内心信念和外在社会要求经常处在痛苦的矛盾和困惑之中，给社会带来许多问题。正如一些资产阶级思想家指出的，"个人主义是西方社会病"；个人主义起初只是损害公共生活的美德，但从长远观点看，它却侵蚀和摧毁了所有其它美德，陷入彻头彻尾的自私；个人主义是一种对社会具有威胁性的社会思潮，其表现是不断增长的社会混乱和集体意识的普遍削弱，等等。从博纳尔的保守主义到拉梅内和托克维尔的自由主义、蒲鲁东的激进主义、孔德的实证主义，各种思想虽有差别，但他们都厌恶个人主义，认为个人主义是一种变态，一种显示社会崩溃的弊端。资本主义社会生活实践无可辩驳地证明，个人主义已经走到了历史的尽头。今天西方社会越来越多的思想家已转向注重整体和谐的东方文化，寻求解决社会危机的良药。

"社会本位原则"是由人类历史的社会本质决定的。一个社会的价值原则，究竟以社会为本位还是以个人为本位，不可能由人们主观去选择，它最终受制于人类社会的本质规定。

应该说以公有制为基础的社会主义社会的建立，使社会政治、法律、道德及其他意识形态的统一协调成为现实的可能，并第一次真正自觉地遵循以社会为本位的社会必然要求。集体主义就是这一社会要求在价值领域的集中反映。

当然，由于社会主义社会生产力发展水平还不是很高，在经济上除以公有制为主体外，私营和个体经济还占有一定的比重，人们的思想觉悟还是多层次的，加上社会中还存在着分配不公等现象，个人与社会还不可能达到共产主义理想社会那样高度和谐的状态。以社会为本位的集体主义价值原则，在社会主义实践中，还常常不可避免地受到"左"的和右的影响。比如，十一届三中全会以前，我国在"左"的思想影响下，过分强调以社会为本位，曾一度在一定程度上忽略了人的个性和个人正当利益，忽略了个人正当利益与个人创造力之间的辩证统一关系。

但是，我们也应该客观地看到，这一偏差的出现，并非是以社会为本位的集体主义价值原则本身的错误。不认识到这一点，就会在纠正"左"的偏差时，又受到右的思想干扰，就会造成一种大谈"个人本位""个人中心""个人至上"，为个人主义"正名"、否定社会本位原则的气氛。它的直接后果就是使利己主义、唯利是图像毒雾一样在全社会蔓延，使社会丧失凝聚力和亲和力。可以说，个人本位主义是对社会主义最具破坏力的思潮。因此，在社会主义实践过程中，必须始终坚持以社会为本位的集体主义价值取向，坚决抵制连资产阶级都已开始失望的个人本位主义。

当然，否定个人本位原则不应一刀切，应该否定的是那种一切以个人为中心、以个人为上的价值原则和原则精神。至于个性创造力的发挥，个人正当利益的追求，都是不能简单否定的，正确实践的社会本位原则，不仅不否定合理的个人利益，而且要努力创造使个人利益、个性创造力得以实现的条件和环境。为什么一定要用"合理"来限定个人利益？这正是社会本位原则和个人本位原则的质的区别所在。作为一个社会，当然不可能引导或容许人人自利，不顾社会统一谐调，各自为政，自行其是。那样，整个社会岂不乱了章法，而且个人利益因为社会冲突也得不到应有的保证。这就如尼采举过的一个例子：独木桥对岸有一堆象征着财富的金子，有许许多多的人都想得到这笔财富，在这种情形下个人利益的冲突就不可避免，如果没有一种以整体利益来规范和调节个人利益的原则，就会有一场竞争、厮杀。

对于个人和社会的关系来说，个人肯定不能成为社会的本质，相反，正是社会决定了个人的本质，把个人地位置于社会之上，这不仅有悖于人类历史的社会必然本性，而且也背离了人性的本质规定。

5.　人生价值观

不同的人性观决定了其相应的价值观。正如在前面我们已了解的，从自然人性论、理性人性论、神性人性论和德性人性观出发，引出的价值观或是趋利避害、自保自利，或是节制、禁欲，或是高尚的道德人格理想。这些价值观或以个人为本位，或者脱离社会抽象谈论人性价值的实现，或者片面理解人生的意义。而社会人性论主张以社会为本位的人生价值观，即人生的价值就在于人们通过其人生的活动而满足社会和他人需要的积极作用。也就是说，个人的人生价值，究其实质就是个人和社会的相互关系问题，不能离开这种相互关系孤立地、抽象地谈论人生价值。人的本质是社会性，"人生价值"表示的是个人和社会的关系的一个概念。

我们怎样理解人生价值的实质就是个人和社会的相互关系问题呢？

第一，离开个人和社会的关系，人生价值问题就不存在。价值存在于一种关系之中，存在于需要和提供需要的客观现实关系之中。对于个人来说，离开决定其本质的社会，价值关系就不可能产生，人生价值也无从谈起。孤零零的个人是没有什么价值的，这是客观的事实。孤立的个人即使做出一些成绩，又能得到谁的评价和尊重？个人的人生价值只有在与社会的关系中才能存在，才能体现出来。

第二，个人的人生价值也只有在社会和集体中才能实现。人生价值的实现需要一定的社会条件和他人的帮助。随着社会发展，分工越来越细，生产和生活的社会化程度越来越高，个人的活动、个人的价值的实现也就越来越依赖于社会的进步和集体的发展。

第三，人生价值观在不同历史阶段呈现不同的社会内容，这也充分说明了人生价值的社会性。不同的社会、时代和不同的人，有着不同的价值观。历史上剥削阶级的人生观，从总体上说，是把人生价值看作获得高贵的等级爵位，或获得尽量多的金钱和权势，一句话，把尽量多的索取视为人生价值所在。只有马克思主义的社会价值观，才第一次明确地把对人民利益和社会进步事业所做的贡献看作人生价值所在。

可见，人的价值表示的是个人和社会关系的范畴。所以，构成人的价值的有两种东西：一是人的内在价值，即个人价值，这是每个人都具有的一种潜在的能力，正是从这点出发，人人都具有自己的人格和尊严；二是人的外在价值，即社会价值，它主要指人的内在价值通过社会实践活动发挥出来，转化为现实的社会财富，满足社会和他人的需要，这就形成了社会价值。由此，个人的人生价值是人的内在价值和外在价值的统一，个人价值和社会价值的有机结合，构成了人的价值整体。

从社会价值来看，人生价值的基本要义在于个人对社会的奉献。个人出于对社会的责任而对社会做了有益的事，这就是奉献。个人在社会中生活、工作，又需要社会尊重他并满足他的需要，这就是索取。奉献和索取是人生在世不可缺少的两个方面。但是，对于社会的人来说，索取不能成为人生价值观的基本要义。

从奉献和索取的主次关系讲，奉献是索取的基础，索取是由奉献所决定，受奉献所制约的。这里的道理是显而易见的。大家都讲奉献，奉献的成果在社会中积累起来，促进社会的富强和进步，个人的索取才有保证。如果大家只知道向社会索取，社会就成了无源之水，到头来，大家都落得一场空。

人生价值问题包含有奉献和索取的矛盾，奉献是矛盾的主要方面，它决定着人生价值问题的矛盾。一个人的人生有没有价值，有多大价值，只能由奉献这一矛盾的主要方面决定。当然，一个人不能不讲索取，但它是矛盾的次要方面。社会是人以人的方式存在、发展的前提，一个人对社会的奉献也就成为他对社会索取的前提条件。所以，人生价值以奉献社会为第一要义。

实际上，判断一个人的人生是否有价值，标准只能从与社会、与他人的关系中确定，无论如何都不能从一己个人出发寻找衡量尺度，不能以自己作为评价自身价值的标准。从与社会、他人的关系角度衡量个人价值，当然就是看个人对社会的奉献。一个人对社会的奉献越大，就越应得到社会的尊重，个人也就越有价值；反之亦然。由此不难理解，在谈到一个人的价值时，总要强调他对社会的奉献。

如果一个社会不以奉献社会为人生价值的第一要义，那么这个社会的人生价值观肯定就会同社会组织原则发生矛盾。它所引发的社会问题也绝不会有利于社会的健康进步。人生价值观是个大问题，道理也极容易讲明白。但在现实生活中，由于种种原因，也有一些人在这个问题上存在着糊涂的观念和错误的见解。比如，在目前市场经济条件下，就存在如下几个错误的价值观。

一是"自我中心"价值观。自保自利，一切服从自我，只求个人利益，不讲他人、集体和国家利益，这些人见义不为、危困不助，缺乏对他人的同情、爱心和对社会的责任，是一种对社会组织危害极大的个人主义。

二是重功利、轻道义的"拜金主义"价值观。一切向钱看，唯利是图，成了一些人崇奉的人生价值观。有一句顺口溜描述了这种现象："干部拿钱引，群众为钱干，一切向钱看。离钱玩不转。"在这种价值观里，人和人之间的一切关系，都成了金钱关系。为了赚钱，什么出卖尊严、寡廉鲜耻的事，都可以毫无顾忌地去干。这种价值观对社会文明和人类文明发展破坏力极大。

三是重索取、轻奉献的"享乐主义"价值观。社会追求发展，就是为了使人们的生活越来越美好，享受美好生活本身无可非议，问题是一些人把寻求感官上的享受作为人生真谛，视人生为追求享受的过程，对社会、他人只讲索取不讲奉献。一些人一味追求金钱上的实惠及享受，缺少远大理想的抱负，缺少创造发展与积极进取的精神。由此生活平庸，甚至精神空虚，枉度人的一生。

上述几种人生价值观，表现有异，但根子却是一个，即以个人为人生本位。个人本位原则是建立在不正确的人性论上的，这种人生价值观不是积极引导人生、发展人性，而是误导人生、阉割人性。而且以个人为本位的价值原则、破坏社会的组织原则，同社会历史的客观必然本性也是相悖的。这一点我们在前面已经提到。

一个健康向上的社会，要求人们在真实而高尚的人生追求中，在向社会、他人的奉献中，体现自己的价值，发展人性，完善人性，实现做人的真正的本质。

6. 奉献与牺牲精神

强调人性的社会性质，除了强调个人的社会历史本质之外，在伦理道德领域，关键是要强调个人客观上必然担负的社会责任，强调个人的这种社会使命感，使个人深切地感觉到自己的生命和利益与社会不可分离。这种感觉让人甘愿为社会整体利益而奉献自己的力量，有时是牺牲自我的利益甚至生命。

自我牺牲精神一般是指个人为了维护和保全社会整体利益或他人利益，自觉地舍弃、牺牲个人利益的高尚品质和崇高境界。奉献是自我牺牲精神的基本特征。在关键时刻舍己为人、舍生取义是一种自我牺牲精神，而日常生活中的助人为乐、扶贫济困，职业生活中的敬业爱岗、任劳任怨，公共生活中的礼让、宽容等，也都是自我牺牲精神。昨天你帮忙把一位生病的邻居送到了医院，今天你给"希望工程"捐助了 200 元钱，这一切行动都具有自我牺牲精神。可见，自我牺牲并不仅仅意味着献出生命，献身只是牺牲精神的最高形式，也是最后的形式。作为一种奉献精神，它往往表现为做人的良知和德性境界。而且在许多情况下，自我牺牲并不和个人利益发生明显冲突。

社会本位原则并不是一味地要人们做出牺牲，就它的最终目的而言，它正是要最大限度地满足全体社会成员不断增长的利益需要。一味要求人们牺牲、牺牲、牺牲，要人们压抑一切个性，舍弃一切利益，那是封建专制主义的原则。要人们舍弃一切人生幸福，无谓地牺牲，做苦行者，那是宗教宣扬的利他精神，用苦行或利他作为换取上帝宽恕的赎罪。

人们不必为了牺牲而牺牲。牺牲只能是一种必要的牺牲。自我牺牲的必要性植根于个人利益和整体公共利益的相对矛盾及其在特定条件下的不可两全。利益矛盾的解决，必须有一方做出牺牲，其原则当然是局部、个人的利益服从整体、大局的利益。这种牺牲是必要的牺牲，当然也是不得已的牺牲，是在不以某种形式或某种程度的个人牺牲为前提，就不可能保全集体利益或长远利益的情况下做出的一种价值权衡与理性选择。马克思在论述社会发展问题时，曾指出这种自我牺牲的必要性："因为在人类，也象在动植物界一样，种族的利益总是要靠牺牲个体的利益来为自己开辟道路的。"①

道德不同于其他政治、法律调控规范的地方，在于不要用外在手段强制人们做出牺牲，而是诉诸人类的社会责任感和理性自律精神，在个人利益和他人利益、集体利益发生冲突的时候，自觉节制甚至牺牲个人利益。所以道德意义上的牺牲，总是主体自我的主动选择。当然作为社会、集体，在可能的情况下，有责任也有义务尽量控制、缩小这类冲突发生的范围和频率，设法减少个人利益在冲突中损失的程度。作为我们个人来说，应当自觉克制自己对不正当利益的谋求，即使是正当个人利益与整体利益发生冲突时，也应自觉做出自我牺牲，以保全整体利益和长远利益。

哪些情况下有必要牺牲呢？一种是由于个人利益超出了正当的范围，比如，自私自利、损人利己、损公肥私等，妨碍到了他人正当利益和社会整体利益的实现，这时，社会集体利益与个人利益的矛盾，已经发展到不以牺牲个人利益为前提，就不能很好解决冲突、调解矛盾的程度，这种时候要求牺牲个人利益就成为必要的了。

当然，正当个人利益的范围有多大，这是一个无法定量而论的问题，个人利益的正当与否，只能有一个相对的确定。在两种利益关系发生矛盾并需要进行抉择时，谈论个人利益的正当范围才有意义，而且界限的确定又必须同现实社会的物质、精神条件相联系。

一般来讲，社会越是进步、越是发展，它满足个人需要的能力也就越强，个人利益的正当范围也就越大，因而要求个人做出牺牲的程度也就越低；而社会越是落后、越是不发达，它满足个人需要的能力就越弱，个人利益的正当范围也就越小，因而要求个人做出牺牲的程度也就越高。

---

① 马克思恩格斯全集：第26卷（Ⅱ）．北京：人民出版社，1973：125.

　　必要牺牲的第二种情况，发生在利益关系间可能出现的悲剧性冲突之中。有些与社会集体利益相矛盾的个人利益，并不是由不正当的个人利益引起的。"道德冲突"往往就是这样一种冲突。在你的生活中就很可能常常发生"道德冲突"。

　　道德冲突是人们对行为进行选择和决定对策时所发生的一种情况。在这种情况下，不同的道德规范在同一时空范围内有时会发生矛盾、冲突。严格来说，善和恶的冲突不叫道德冲突，道德冲突往往指那些同一道德价值体系中不同规范间的冲突。比如，社会主义职业道德要求人们爱厂如家，企业职工在维护企业集体利益的时候，有时会遇到与国家整体利益的矛盾。爱企业集体和爱国家集体在根本上是一致的，但在有限时空中有时会出现冲突，这就是道德冲突。再比如，孝敬父母和保卫祖国都是社会道德对我们的要求，但在特定时空中，比如在有外敌入侵的时刻，这两条道德规范就会形成道德冲突，为国尽忠就不能在家尽孝，所谓："自古忠孝难两全。"

　　道德冲突的解决，必须要有一方做出牺牲，当然也是不得已的牺牲。这正如黑格尔所说，是与非的矛盾不是悲剧，是与是的矛盾才是悲剧。这种牺牲就属于悲剧性的，但却是必要的。

　　自我牺牲精神原则上并不排斥个人利益，不要一听到讲个人对社会集体的牺牲，就认为是无视个人利益。事实上一个相对公正而合理的社会，并不要人们一味地选择自我牺牲，那只是一种万不得已的解决办法。

　　自觉的奉献与牺牲无疑具有崇高性，具有最高的道德价值，这一点几乎得到了一切伟大思想家的一致肯定，如，法国思想家伏尔泰曾说：无论在何时何地，为公益事业做出最大牺牲的人，从来都被认为是最有道德的人。黑格尔也曾说："个人快乐之所以消失的必然性，在于他自己认识到自己是他的民族（国家）的公民；换句话说，在于他自己意识到他的心的规律是一切心的共同规律，他的自我意识是公认的普遍秩序，这种自我意识就是德行，德行享受它自我牺牲的成果。"① 就连功利主义的倡导者约翰·穆勒也认为这种牺牲具有崇高价值："只有当世界的安排处于一种很不完善的状态时，绝对牺牲自己的幸福才会成为增

---

　　① 　黑格尔. 精神现象学：下卷. 贺麟，王玖兴，译. 北京：商务印书馆，1983：18.

进他人幸福的最好办法，可是既然这世界就是这样的不完善，所以我完全承认，准备作如此的牺牲是在人身上所能见到的最高美德。"①

奉献与牺牲精神之所以是一种崇高德行，是因为它理性自觉地体现了人对赖以生存的共同体及共同体中其他伙伴的认同和责任心，体现了人性特有的光辉。正是在这个意义上，我们认为一切为了社会、为了他人而做出奉献和自我牺牲的行为，都具有崇高的道德价值。

历史上也曾有人否定自我牺牲的道德价值，早期功利主义者边沁就是其中一位。边沁认为社会利益无非是无数个人利益的组合，从这一点出发，他把个人利益和社会利益简单等同，认为增进他人或社会的幸福而牺牲个人利益是不可取的，因为"个人利益是唯一现实的利益"。无独有偶，在今天的现实生活中，也有人用另一层次的思维思考着道德的自我牺牲精神。

个人的生命当然比个人的财富更加宝贵，为了纯粹的个人财产利益而牺牲是不值得的。但当我们把眼光放至我们的社会，这时我们所面对的不是简单的财产与生命的对比，而是人民利益与个人利益关系的对比，我们就要如毛泽东所说的，"为人民利益而死，就比泰山还重"，为自己的利益而死比鸿毛还轻。世间确实有比我们自己的生命更宝贵的东西，一个拥有真正人格的人可以为了我们崇高的精神追求而放弃物质享受，为了自己所追求的价值和信仰而放弃一切，甚至生命。

道德并不一般地要求人们去牺牲，在理想境地中也希望人们生活得尽善尽美。但现实生活往往使人们陷入两难境地，需要我们在两种价值中选择更高、更普遍的价值。真正的道德调节利益矛盾的突出特点，是诉诸人们理性，使人们自觉做出必要的自我节制和牺牲。正是道德主体这种自愿牺牲自我利益而有利于社会和他人的道德行为，才使某些行为具有超然于功利价值的崇高道德价值。

总之，正如我们已经了解的，社会运行中充满了种种矛盾，社会需要动用许多规定，诸如政治、经济、法律、道德等规范，去控制与调解这些矛盾，勇于奉献与牺牲是一种道德规范要求。这种精神直接体现了社会本位的原则精神，同时也是人的社会性本质对人的一种人

---

① 约翰·穆勒. 功利主义. 徐大建，译. 上海：上海人民出版社，2008：16-17.

性要求。

六、把握人性

我们已探讨了许多人性理论，了解了诸种人性观把握人的角度及其得失，对各种人性理论阐发出的人生观、价值原则、文化观念等，也做了涉猎。我发现有一个问题如果不从观念上厘清的话，容易给我们本来就交错纷杂的人性论更添几许纷乱。这就是"人性"和"人的本质"的关系问题。

1. 人性与人的本质

人性是什么？人的本质又是什么？这两个概念是一回事还是两回事？如果你对这个问题有过注意，那就一定会发现，在对人的种种界说中，有一些论说在同一意义上使用这两个概念，似乎人的本质就等于人性。实际上这是两个不同的概念。世界上万事万物都有联系，又都有自己区别于他物的本质。本质主要针对现象而言，它表明一事物区别于他事物的最根本的特性。人的本质应当如何寻找呢？它应当是人的诸种属性中最根本的那个属性，正是这个属性，从整个世界中最后区分出了人。

整个世界是一个存在大系统，人首先属于生物系统而区别于非生物系统，又当然属于动物系统而不是植物系统，而当我们在动物族类中把人和其他动物区别开来时，我们就称对人之为人的规定性做了最后的把握。所以，人的本质应当是体现出人和动物最后区别的那个根本属性。由此说来，自然生物性肯定不能成为人的本质，因为它并没有最终区别开人和动物。理性、德性宗教可以视作人类所独有的东西，但正如前面我们已了解到的，它们都是从社会生产活动中产生和发展起来的，所以，再往根本深处走一步，社会生产活动才是最后的决定性因素。

你可以根据意识、宗教或随便别的什么东西来区别人和动物，但最终仍会走到社会性上来。正是在这个意义上，马克思说："一旦人们自己开始生产他们所必需的生活资料的时候（这一步是由他们的肉体组织所决定的），他们就开始把自己和动物区别开来。"① 所以，马克思认为，人的本质不能是别的，只能是社会劳动或社会性。我们已熟知马克思的名言："人的本质不是单个人所固有的抽象物，在其现实性上，它是一切社会关系的总和。"② 是的，社会性是人能区别于动物的那个最后的特性。

什么又是人性呢？人不能光有一个本质。人的本质概念能从根本上把人和动物区分开，但并不能完全表现人的复杂而丰富的特性。人有意识，能够生产和创造，处在社会关系之中，有德性、知礼义，当然还有饮食男女等自然生物性，自然性是人和动物共有的，但离开了人的自然感性，"人"就只能是一个空洞的概念。凡属人的一切，不论是自然的还是社会的，都是属人的特性。由此，人性就是人所具有的全部规定性。

人性概念作为人各种属性的抽象综合，涵盖着一个系统，在这个系统内，各种属性的系统层次高低是不同的，其中最高系统质是该系统的代表质，也就是最根本的性质，这就是我们通常所说的本质了。

一个事物（系统）可由该事物的本质来代表，上面已说过最高系统质就是其代表质。但任何代表质都不能简单地等于该事物，它之所以能代表一个系统，乃是因为作为最高层次质已蕴含了诸低层次质。正如生物运动形式蕴含了化学运动形式但并不能替代后者一样，高层次质（代表质）也不能简单替代低层次质。它的"代表"的全部含义，仅在于它逻辑地以其他较低层次（其他属性）为前提。

作为人的本质，可以是单一的，可以是人之为人的重要特质，是人性系统中的代表质，但绝不就是人性。

显然，"人性"的范围比"人的本质"的范围要大，人的本质只是人性中诸多规定中最根本的一种属性。当我们回答"人是什么"时，既应把他的全面丰富的属性都展示出来，同时又应当把最能决定人之为人的那个性质揭示出来，这样才能真正现实地把握住对人的界定。

2. 人性的层面

人性是一个系统综合体。它表达了基于人的本质之上的人的全部完

---

① 马克思恩格斯全集：第3卷. 北京：人民出版社，1960：24.
② 马克思恩格斯选集：第1卷. 3版. 北京：人民出版社，2012：135.

整性，表达了人的各种极不相同的生活机能和表现的统一性。人把自身规定性的各方面属性，如社会的、生物的、精神道德的、理性意识的等方面，表现为一个不可分割的统一体。你一定要超越种种具体的人性理论之上，它们表现了人性的一部分，但又不等于人性全部。你应当学会用系统的方法去把握人性这个复杂的事物。

人性的具体内涵太丰富，在前面分析各种不同人性理论时已分别涉及过，但在这里我们还有必要探讨一下在一个系统中它们彼此的关系和地位，当然，只能从大的层面给它一个系统构造。

首先，是人的自然属性。

尽管人对自身的认识千差万别，但有一点不容否认，即人是一种有血有肉的生命存在，它不断超越自然、超越肉体，同时又不能离开自然，抛开肉体。正如恩格斯所指出的："我们连同我们的肉、血和头脑都是属于自然界和存在于自然界之中的。"[①] 人类不论怎样高级，实质上都是由原生质构成的多细胞的有机组合，是在生物进化的总过程中从动物界分化出来的一个新分支、新系统。就生命的基本特征而言，人就是一个生物有机体。

人的诸种在社会实践中发展出的特质，如理性、德性等，都依赖于生物有机体，比如，没有大脑这个生物载体，理性思维就不可能发生，而人的道德感、德性品质和人的情感、心理又决然不可分离。"自然人性论"把人定义为自然生物，当然是错误的，但如果把握人性时把自然属性排除在外，那也是错误的。

在我们的意识中，既要把自己和动物区别开来，又要同时把自己视作动物的一类。人的行为不论多么具有理智，多么具有社会性，其动物的本能都无法在"行为"中彻底消失。无论人是否自觉意识到，是否愿意承认，自然本能总不可避免地常常支配着人类。

本能的欲念、冲动、追求，常常成为人类行动的一个内在驱动力。在这种内驱力的策动下，人类便有了许多违背社会组织原则的越轨行为，也正因如此，社会规范就成为维系人类社会正常存在与发展的绝对必要的条件。人不是动物，却又具有动物的属性。

人来源于动物界这一事实已决定人永远不能完全摆脱动物性，问题

---

① 　马克思恩格斯选集：第 3 卷. 3 版. 北京：人民出版社，2012：998.

永远只能是摆脱得多些或少些，在于动物性或人性的程度上的差异。因此，要意识到人的自然性是构成人性系统的第一个层面，也是最基础的层面。但这个自然性已是属于人的自然性。

人的肉体组织来源于自然又高于自然。人的自然本质是超动物的，如人的手足优越于动物的四肢，人脑远远高出于动物的脑，因而人是自然界的最高层次。

人一旦称其为人，他的自然性就成为社会关系总和的一种表现，不再有什么独立自存的意义。只因饥饿的刺激而具有的本能反射不是属人的食欲，只是传宗接代的性欲要求不是属人的爱情。就饥饿和性欲而言，人和动物似乎并没有什么不同。"但是用刀叉吃熟肉来解除的饥饿不同于用手、指甲和牙齿啃生肉来解除的饥饿。"[1] 动物的猎捕受直接肉体需要的驱使，而人的猎捕还有驯养、科学研究或观赏等需要，并懂得在饥饿的时候耐着性子不去滥杀它们。因此，人的吃喝可以不是简单的充饥，而是享受美食；两性不只是交配，而且成就爱情。

总之，人所具有的动物自然性，已被人类自己在改造自然界的同时，改造成一种真正"人的"需要。

其次，是人的理性层面。

与动物的存在相比，理性意识成为人类骄傲的资本。"惟人万物之灵"（《尚书·泰誓上》）、"人是万物的尺度"（普罗塔哥拉语），无论东方还是西方，自从认识到了人自身的理性之灵后，理性就一直受到人类充满自尊和诗意的讴歌。

的确，人与动物不同，人是有理性的、能动的动物，人类的所作所为都是"出于理智的认识与意志活动同意的活动"（柏拉图语），而动物的一切活动纯粹出于本能的驱使。正是基于这一点，我们认为，只有人才有"行为"，而动物只有"动作"，人能够创造性地生产劳动而动物只会本能地活动。"行为""生产劳动"，这一切都意味着有理性、目的指引与选择，有意志和动机支配与调控。

马克思这样谈论理性意识对于人的意义："动物和自己的生命活动是直接同一的。动物不把自己同自己的生命活动区别开来。它就是自己的生命活动。人则使自己的生命活动本身变成自己意志的和自己意识的

---

[1] 马克思恩格斯文集：第 8 卷. 北京：人民出版社，2009：16.

对象。他具有有意识的生命活动。……有意识的生命活动把人同动物的生命活动直接区别开来。"①

马克思认为，如果撇开了人的理性意识这个属性，就无法说明在和自然的关系上人和动物有什么区别，也无法说明在和社会的关系上人和动物有什么本质区别。恩格斯指出："一切动物的一切有计划的行动，都不能在地球上打下自己的意志的印记。这一点只有人才能做到。一句话，动物仅仅利用外部自然界，简单地通过自身的存在在自然界中引起变化；而人则通过他所作出的改变来使自然界为自己的目的服务，来支配自然界。这便是人同其他动物的最终的本质的差别。"②

理性意识确实是人类所特有的，谈论人性不考虑人的理性是绝对有问题的，然而如果把人性本质全部归结到理性特征上，那就走上了"理性人性论"的偏颇的思路。关于理性人性论的见解及其理论缺陷，你在前面已读到了，无论是它的源起、发展，还是它的内容、形式，理性都是从社会实践中得来的，社会实践是理性的摇篮，也是其本质所在。理性在人性系统中有重要地位，但它既不等同于人性全部，又不能成为人性的代表质，它只是构成人性内涵的一个重要层面。

再次，人的德性是构成人性的另一个重要层面。

只有人类才有道德，"只有人类才能被纳入有道德的生物的地位，有人类的场合中某一类行为，不论是经过同相反动机的斗争后深思熟虑地完成的，出于本能的冲动，或者是由于缓慢获得的习性的效果，都可称为道德的"③。

德性是人性中必然的一个部分。如何理解人性中的德性必然呢？德性作为伦理道德在人身上的一种结晶，显然是一种社会存在的产物，但它和生物种族的自我保存本能也不是决然没有关系的。在 20 世纪以前，德性伦理作为社会存在的精神反映，作为对人类社会人际关系的认识，以及对人类自身行为的限制与改造，被多数哲学家和伦理学家看作不混杂任何自然关系和生物关系的纯粹的社会关系和文化关系。

但是，由于其他学科，如生物学、心理学、脑科学等，对人本性的

---

① 马克思恩格斯选集：第 1 卷. 3 版. 北京：人民出版社，2012：56.
② 马克思恩格斯选集：第 3 卷. 3 版. 北京：人民出版社，2012：997-998.
③ 艾德勒，编. 西方思想宝库.《西方思想宝库》编委会，译编. 长春：吉林人民出版社，1988：593.

深入研究，尤其是威尔逊等人创立的社会生物学对人和动物的系统比较，已使现代的许多学者主张，认识人类的德性属性必须深入到构成人类整体系统的生物层次。

在种族延续过程中，具有生命力的是具有自我复制能力的基因或DNA，因此任何生物个体，如果其行为有害于该物种的生存与延续，那它的行为就是异常的，且违反了生物进化规律密码的，其结果必将伴随着本种族一起被自然界淘汰。只有那种有利于种群保存的基因，才会一代代以现实的形式得以遗传。

就此而言，自保自利只是生物本能的一个方面，一味地自保自利是不利于生物种群保护的。只有个体不怕牺牲自身，对种族做出无私的奉献，才能在保存种群生存的同时，使自己的生命基因得以延续。

有人亲眼见到，非洲蚁群在大火烧山的时刻，是怎样迅速并密密麻麻集结到山顶，相互抱团，形成一个巨大的"蚁球"，从山顶上冲开火路滚到山脚安全地带，蚁球外层的非洲蚁即使烧焦了也还紧紧抱在一起。类似的种群保护本能也发生在其他许多动物身上，例如斑马在受到凶狠的敌手追捕时，在万不得已的情况下，老斑马会自动躺倒在地，为保护斑马群而牺牲自己。

动物的种群保存是以一种本能的、密码遗传的形式进行的。但人和动物不同的地方在于，对人类社会整体的关怀不仅是一种简单的生命本能反应，更多的是基于人类社会生存的理性认识。人类的自我意识在劳动和社会关系中合乎规律地发展起来，又在同一过程中认识、领悟了社会规律和保证社会存在运行的诸多法则，包括伦理道德角度的法则，人类道德法则实际上就是社会法则在人们意识中的某种反映。说到底，人的德性中存有人类主体理想的设定，但最终是对社会规律、社会法则的自觉把握。

一个人不能没有德性，缺少德性的人在人性上是有残缺的。而一个真正有人之德性的人，必须爱别人，必须承担奉献于社会的义务和责任。一个人越是爱社会、爱国家、爱人类，他就越高尚，越有德性，越符合人性的要求。那些把爱奉献给了他人、国家乃至整个人类的人，也许牺牲了个体自身，但却促进了整个人类的保存与发展。因此，这些人的精神富有人之德性，理当受到人类永远的尊重和敬仰。

人类的德性是与高尚的情操、善良的意识、美好的境界、无私的奉献精神等蕴含着巨大人性力量的精神品格相联系的。

不能否认人的德性是本能与理智、自然性与社会性相互作用的产物，但在本质上，它是人类理智的产物，然而人类理智是在生产活动和社会关系中实现的。离开了社会活动、生产实践，人就和其他动物一样生活在本能的世界里。

最后，是人的社会层面。

理解人的"社会"层面，首先应当避免重新把"社会"作为抽象的东西同个人对立起来。个人是社会的存在物。人性的社会性表明人性是由人的社会关系、社会活动决定的。只有在社会中，人才获得了属人的一切特征。

"社会的"这个词在许多语言中，其基本含义就是"群居的""结伴的""类的"。人的社会性就是指人在本质上不是互相排斥的，而是合群的、相互依存的，个体必须生活在一定社会关系之中。

动物也有"群居"和"结伴"，比如猿猴的"社会"，尽管其组织程度和有序性还不如人类最原始的狩猎—采集社会，但它也有粗简的组织结构，有对领土的保护和征服，对统治地位的维护。另外，蜜蜂的分工和有序组织也使人类叹服。正是基于动物社会的这一点，美国社会生物学家威尔逊甚至下结论：在社会组织生活方面，"它们甚至可以和人类相提并论"[1]。结论显然带有片面性，它们的社会和人的社会完全不能相提并论。"人类社会和动物社会的本质区别在于，动物最多是搜集，而人则能从事生产。"[2] 这是恩格斯的论断。搜集活动是被动的，只能是消极地顺应自然。生产则是能动的，可在认识自然的基础上改造自然。这就是说，生物的社会层面归根结底停留在无意识和本能之上，只有人的社会层面才真正属于自觉能动的创造实践活动。

我们必须从人类思维和实践的角度来把握人的社会本质，才能够区分和正确理解人的社会层面和动物的社会层面。如此，构成人性的自然生物层面由于在人的理智、道德、社会性和人所表现的整体质的作用下，使它们不再简单地拥有原来的物理、化学和生物属性，而是处处打上了超越这些属性之上的人性的烙印。另外，人的理性、德性、社会性

---

① 威尔逊. 论人的天性. 林和生，谢显宁，王作虹，译. 贵阳：贵州人民出版社，1979：30.

② 马克思恩格斯全集：第 34 卷. 北京：人民出版社，1972：163.

等人性层面，也不可以离开物质承载物，只剩下一些抽象性质，这些层面同样不可分离，受生物层面蕴含着的自然属性的制约。

上述若干层面都是人性所蕴含的不同方面。它们共同反映并规定着人的本质。各个层面既具有系统同一性，又具有自身的独特性。正是这若干层面彼此联系、相互作用，构成了人类本质的特殊系统。系统性使每个层面既包含着他自身的本性，同时又拥有作为人的整体质的特性。在人性的规定系统中，社会性可以说是人性诸多内涵的最高统驭和最后抽象。按照系统论的方法，一事物的系统质可以多序列的结构形式存在，那么，在人性的系统质中，社会性可谓是第一序列的质。人的自然属性、理性、德性，存在于人的社会性中，最终也只能在人的社会本质中得以发展和实现。

强调社会性作为人性系统质中第一序列的质而存在，并不意味着否认自然性、理性、德性等人性因素在人性系统中的地位，而只是告诉我们一定要在各种现实的社会关系中去理解上述人性诸因素，离开了人的现实社会性，理性、德性将不可能存在并显现，自然性也将不可能成为属人的自然性。

3. 人性载体——劳动实践

对人性中诸成分及不同层面应系统把握，不可顾此失彼。在理论上你也许可以把它们分开来谈，但在现实社会生活实践中它们是分不开的。相比之下，在对人性的全面把握上，马克思、恩格斯一向做得比较好，诸人性因素在马克思、恩格斯的思想中总是放在一起来思考的。比如，在他们的概念中，由于有了意识，"人才是类存在物"和"人是类存在物，他才是有意识的存在物"[1]，不过是一个问题的两种表述。

马克思、恩格斯并非只泛泛地抽象谈论诸人性因素的关系，而是给了它们一个统一的现实基础——劳动实践。如果你对马克思、恩格斯的著作比较熟悉，你就会发现在马克思、恩格斯思想中种种人性因素是在人的劳动中实现统一的，以至于马克思有时候就把"劳动"视作人性所在。劳动实践就是人的本质关系的现实的存在方式。

劳动也就是后来马克思、恩格斯称作实践的活动。它是一个多种因

---

① 马克思恩格斯选集：第1卷. 3版. 北京：人民出版社，2012：56.

素复合存在的动态过程，在其中容纳了"社会关系"、"理性意识"、"德性品质"，以及"属人的自然性"等全部方面。换句话说，劳动之所以为人所特有的活动，就因为它是人性内涵的真实显现。

劳动离不开人的自然属性。劳动，当然是基于人的需要，而最基础的需要，就是衣、食、住、行这样一些自然需要。如果剔除人的自然属性，劳动就失去了之所以劳动的原始因由，更不用说劳动主体——人，首先就得有身体、器官等自然机体。

劳动离不开人的理性意识。人的劳动一旦开始，就是在理性意识指导下进行的。劳动过程结束时得到的结果，在这个过程开始时就已经在劳动者的观念中存在着，这正是伟大思想家认为"最蹩脚的建筑师从一开始就比最灵巧的蜜蜂高明的地方"① 原委。

劳动也充满了德性因素。劳动本身直接表达的是人与自然的关系。但如何利用自然、改造自然，让自然为人服务，由善的理想设定问题，让在改造自然中生成的科学技术更合理地发挥作用，这些都有一个善恶价值选择问题，这些都是宏观的德性问题。而在具体的社会劳动实践中，人们结成的伦理关系，人对劳动方式的选择、劳动态度等，也都构成了这样那样的德性问题。德性也是人的一种理性能力，是那种区别于人的认知理性的"实践理性"，或者是区别于人的科技理性的人文价值性。

劳动的社会性因素更是显而易见。人的劳动本身就意味着社会的劳动。单个的活动还不是劳动。孤立的一个人在社会之外进行生产，是不可思议的。人为生存而进行生产活动，由此必然要结成一定的生产关系，"他们只有以一定的方式共同活动和互相交换其活动，才能进行生产。为了进行生产，人们相互之间便发生一定的联系和关系；只有在这些社会联系和社会关系的范围内，才会有他们对自然界的影响，才会有生产"②。

劳动实践、社会性是一而二、二而一的问题，劳动实践肯定是社会的，社会性肯定是要在社会劳动实践中显现出来的。只有劳动才能产生社会性，反之，也只有在社会中人才能进行劳动。这正是马克思高明的地方。

---

① 马克思恩格斯全集：第 23 卷. 北京：人民出版社，1972：202.
② 马克思恩格斯选集：第 1 卷. 3 版. 北京：人民出版社，2012：340.

费尔巴哈也谈人性的社会性，但他从未把"社会性"放在现实社会实践中考察，他不知道人与人之间还有什么种种"关系"，他从来没有把社会实践活动理解为构成人的本质关系的现实存在方式；他只是抽象地在"类""群"意义上理解人的社会性，最终没找出人真正区别于动物的本质所在。

而我们，一定要从社会实践的动态中理解人性。方方面面的人性因素只能在现实的而不是头脑中的社会中存在。人性是现实的、具体的，是随历史发展而变化发展的（费尔巴哈理解的人性只能是永不改变的）。

4. 人性的阶级性

人性的阶级性是一个在把握人性时不可不谈的问题。我们已确实了解到社会性是人性系统中决定人的本质的因素。人性在现实具体的社会中表现出具体的变化的形态。任何人性，总是具体时代的人性，通过具体的国家、具体的民族、具体的阶级、具体的阶层与集团，最终是具体的个人而存在。那么在阶级社会里，人都是分为阶级的，人性当然也就要通过阶级性表现出来，阶级性是人的社会性在阶级社会中的表现。不可能有什么完全超越阶级性的抽象人性。

毛泽东在谈到这个问题时说："有没有人性这种东西？当然有的。但是只有具体的人性，没有抽象的人性。在阶级社会里就是只有带着阶级性的人性，而没有什么超阶级的人性。"[1] 这话没错。就人的本质方面来说，人永远是作为个人隶属于一个集体，严格说他们不是作为普通个人而是作为阶级成员处于这种社会关系中的。

不同的阶级，它们的思想方式、情感、理想和世界观构成的整个上层建筑也是不同的，通过传统和教育承受了这些思想观点和情感的个人，会以这些观点和情感作为他的行为的真实动机或出发点。人们常说，皇宫里的人所想的，和茅屋里的人所想的，是完全不同的，道理就在于此。而阶级社会中剥削者与被剥削者的良心、尊严和幸福，也是完全不同甚至是敌对的。

恩格斯在分析他那个时代的英国工人状况时曾举了很多例子说明这一点。他说，英国工人在他们所处的那种状况下是不会感到幸福的，在

---

① 毛泽东选集：第 3 卷. 2 版. 北京：人民出版社，1991：870.

这种状况下，无论是个人或是整个阶级，都不可能像人一样地生活、感觉和思想。显然，工人应当设法摆脱这种非人的状况，应该争取良好的比较合乎人的身份的状况。如果他们不去和资产阶级的利益——剥削工人——做斗争，他们就不可能做到这一点。但是资产阶级却用其财产和掌握的国家政权所能提供的一切手段来维护自己的利益。工人一旦表明要摆脱现状，资产阶级就立刻成为他们公开的敌人。

此外，工人处处发觉资产阶级把他们当作物件、当作自己的财产来看待，只凭这一点，工人也要成为资产阶级的敌人。在这样一种情况下，工人只有仇恨资产阶级和反抗资产阶级，才能获得自己的人的尊严。所以，恩格斯说："同他人交往时表现纯粹人类感情的可能性，今天已经被我们不得不生活于其中的、以阶级对立和阶级统治为基础的社会破坏得差不多了。"① 我们怎么可能指望在阶级对立的社会里，人们有彼此相同的爱恨和良心呢？怎么可能想象，不同阶级的人会超越阶级拥有同一的人性呢？

阶级社会里人有阶级性，那么存不存在超阶级的共同人性？在理解人的阶级性时，一直存在着这种争论，有的说有，有的说没有。而我们，一路就人性问题探讨下来，解答这个问题想必不难。

在有阶级的社会中，当然也存在一些普遍人性。这里说的"普遍人性"，主要指那些能够超越阶级性的东西，如亲子之爱、异性之情，不论哪个阶级的人都会具有，而且有时会发生在不同阶级的人之间。又如，做人的品格，也能具有一种普遍性，周恩来总理的品格魅力，往往被不同政见、不同阶级的人所折服，而马克思的政敌也不得不对马克思的高贵品质做出如实的评价。

亲子之爱、异性之情，或许还有做人的高贵，这些基于自然性、德性的人性，获得了一定的超越性，但终究是社会化了的自然性、社会化了的德性，最终难以摆脱社会性的制约。存在于社会现实中的人性，是非常复杂微妙的。许多文学作品都集中表达了人性复杂关系的典型。

你可能读过《牛虻》这部小说，其中写了一个悲剧性故事。红衣主教蒙泰里尼很爱自己的儿子亚瑟，但最后痛苦地同意法庭将他判处死刑。在蒙泰里尼身上，表现了阶级性的冲突与统一。作为一个父亲，蒙

---

① 马克思恩格斯选集：第4卷. 3版. 北京：人民出版社，2012：242.

泰里尼深爱自己的儿子，这种亲子之爱就是人性中的自然共性。同时，蒙泰里尼又是一个主教，具有封建阶级明确的阶级性，他又恨儿子亚瑟作为反封建革命战士的身份。自然共性和社会阶级性搅在了一起，最后，主教身上的阶级性战胜了亲子之爱，他痛苦地成了杀死儿子的同谋。

在另一个著名的故事中，这种人性的冲突也得到了深刻的表现。小说《第四十一个》讲述了红军女战士和白军男俘虏之间发生的事。他们的船被海水冲毁，两个人被困在一个孤岛上。远离社会、远离战争的孤岛，使女战士和男俘虏之间的关系发生了一系列变化，在求生的共同活动中，普遍人性的强烈需要，大大淡化了男女主人公的阶级关系，他们忘却了各自战争中的身份，终于相爱了。但有一天，一艘白军的船向小岛驶来，当欣喜若狂的白军俘虏欢呼着奔向那艘载着他的同伴的船时，红军女战士端起了枪，瞄准她已爱上了的敌人并扣动了扳机。

人性的社会阶级性和人性中超越阶级性的普遍人性因素，在理论中、观念里区分开并不难，但在现实社会关系里，事情就没有那么轻松简单了。文学作品要从现实社会出发，理论研究也应当以现实社会为出发点。马克思强调，人的本质在其现实性上是一切社会关系的总和，其基本思路也是要从现实社会关系中把握人性内涵。强调人性的社会本质，意义就在于此。

"人性"是一个有别于"人的本质"的大概念。人的自然属性、理性、德性以及社会性，都是人性涵盖的因素。决定人的本质的是人的社会性，在阶级社会就是阶级性。但在人性系统中，有的因素和本质因素联系更紧密一些，有的则疏远一些。如，德性因素、理性中的社会意识因素都直接受制于人的社会性，而自然性因素、理性中的自然意识因素对人的社会性有其相对的独立性。所以，在阶级性为人的本质规定的阶级社会里，人性中是存在着超越或部分超越阶级性的成分的。如，各个阶级不可避免地共同生活在同一个社会里，共同的历史背景和文化传统，会要求人们保持并在实际上形成某种程度的共同性。如民族感情有时会高于阶级感情，当一个国家和民族遭到外敌侵略和压迫时，阶级矛盾会服从于民族矛盾，阶级性会服从于民族性。又比如，人在征服自然、改造自然的实践活动中，不论哪一个阶级或阶层都有相同或相似的地方。自然科学技术是人类共同的智慧结晶。

此外，优秀文化艺术也积淀着许多人类的共性。在这一问题上，黑格尔《美学讲演录》中的一段话很能说明问题。他说：贯穿着民族差异的多样性和数世纪演进的历史的，一方面是普遍的人性，另一方面是艺术性，这是共同的东西。因此，别的民族和时代的人，也能了解和观赏。在这双重的关系中，希腊的诗永远受到不同民族的惊叹，永远被模仿，因为在它里面这纯粹是人性的东西，在内容和艺术形式方面，达到美的展示。

理解人性、阶级性问题，像理解世间一切事物一样，不能走极端，也不能偏执。恩格斯曾对人们"非此即彼"的思维方式深为反感。他强调辩证的思维方式"不承认什么僵硬和固定的界线，不承认什么普遍绝对有效的'非此即彼！'，它使固定的形而上学的差异互相转移，除了'非此即彼！'，又在恰当的地方承认有'亦此亦彼！'"①。

所以人的本质在阶级社会表现为阶级，但人性中多重因素又使人性表现出种种非阶级性。在阶级社会，不同阶级有不同的思想感情和阶级意识，但还是应当承认各阶级间也存在一些具有共同特征的感情、欲望和心理素质。人性的阶级因素和非阶级性因素，就处在一种既"非此即彼"又"亦此亦彼"的关系状态中。

用阶级性抹杀共同人性和用共同人性抹杀阶级性，同样是在错误思维下的错误结论。

七、人性与人道主义

1. 人道主义是什么

人道主义作为一种思想、理论，实际上是对人性的一种理性觉醒。当人意识到人是什么时，就必然会产生实现人性的观念和要求。人道主义就是这样一种对人性加以反省，并对人性实现进行探讨的一种意识和理论。

人道主义和人性理论是紧密相连的两个问题，人道主义既以人性问

---

① 马克思恩格斯文集：第9卷. 北京：人民出版社，2009：471.

题为理论前提，又是人性理论在人的地位、人的命运等价值观方面的一种延展。如果说人性论主要回答"人是什么"，那么，人道主义则主要回答"人应当怎么样"。探究人的应然性不解释人是什么显然不可能，而研究人的性质不考虑人应当怎么样，那又实在是另一种缺陷。

人道主义是一个外来词。许多人对人道主义的解释是根据不同概念内涵进行的。而人道主义的派别本身就很多，各有各的说法。当然，也有些解释是大同小异。让我们先看看几本权威工具书是如何解释的。

《新大英百科全书》（1974 年第 15 版）说：人道主义是一种把人和人的价值置于首位的观念，常被视为文艺复兴的主题。

由爱德华主编的《哲学百科全书》说：人道主义是一种哲学和文学的运动，起源于 14 世纪下半期的意大利，并扩展到欧洲其他国家，成为现代文化的一个构成因素。人道主义也指任何承认人的价值和尊严，把人作为万事万物的标尺，或以某种方式把人作为课题的哲学。

《苏联大百科全书》（1972 年版）说：人道主义是随着历史的发展而不断变化着的一种思想体系。这种体系承认人本身的价值，承认人有自由、幸福以及发挥和表现自己才能的权利。

以上几种界定有同有异，实际上包含了广义的人道主义和狭义的人道主义。

人道主义作为一种人的自我醒悟，代表着关于人的本性、关于如何对待人的问题的明确见解。有人把人道主义规定为"资产阶级的意识形态"，如果这句话的含义是说，人道主义曾经以资产阶级的意识形态作为典型存在形式，那是正确的，如果这句话是在为人道主义下定义，那就有问题了。

事实上，人道主义有着悠久而显赫的发展历程，它的根源可以追溯到遥远的古代，深藏在各个时代的思想文化和文明生活中。它几乎在世界上所有伟大民族中都有自己的杰出代表。

一般地讲，人道主义泛指任何承认人的价值或尊严，以人作为万物的尺度，或以某种方式把人性及其范围、利益作为课题的哲学。从这种广义上理解，人道主义曾意指许多东西。古代希腊像普罗塔哥拉那样的智者们，提出"人是万物的尺度"，表达的是一种以人为中心的思想；理性主义者断言人有能力思考永恒的真理，对人的理性力量充满自信；自然主义普遍重视感官快乐的价值，对中世纪的禁欲主义表达了明显的反感，清楚地表现出对人的自然本性的肯定评价；而和自然主义相对立的宗教道德，也在它的说教中主张人与人的平等、博爱和善，以至于人们不得不用"世俗人道主义"来区分与"宗教人道主义"不同的平等和爱的观念。存在主义断言，除了人的宇宙，人的主观性的宇宙之外，没有什么别的宇宙，很显然这是另一种以人为中心的思想体系；除此之外，马克思的共产主义学说，要消除作为私有财产和资产阶级社会产物的人的异化，使人真正占有自己的本质，这无疑是一种对人的最深刻的认识和关怀。

上述思想流派直接或间接地、全部或部分地都在表达对人的重视和关心。"人道主义"这个概念虽是近代才提出的，但其包含的思想内容，却几乎存在于一切时代的种种主要思潮中。这也难怪，只要有人的自我觉醒，就必然有对人的重视和关怀。实际上，除去特定的社会历史形式，人道主义首先是对人自身力量和地位的自我意识。

所谓人道主义，不外是这样一些观念：它主张尊重人的地位、价值和尊严；主张人应通过自己的努力和创造实现自我的不断完善；主张人应追求自由，追求现实的幸福；主张人与人之间充满平等和爱；主张人应把人当人看，人归根结底是目的而不是手段，不是纯粹工具意义上的手段。

总之，人道主义是一种以人为中心和准则、把人和人的价值置于首位的观念。正是在这个最一般的意义上，人道主义获得了普遍的认可和意义，它不只是哪一个时代的精神，它是人自我意识发展到一定高度的产物，在全人类具有普遍性。

除了上述一般意义上的人道主义，即广义的人道主义，在思想史上人道主义还常常专指文艺复兴和启蒙运动时期的资产阶级思想。

文艺复兴时期的启蒙思想家，反对宗教神学、封建专制是以人性论为武器的。文艺复兴运动的主导思想是人道主义，也有人把它译作人文主义。

资产阶级用"人性"否定"神性"，用"人权"对抗"神权"，用"理性"代替"神启"。他们抬高人的地位，肯定现世的幸福生活和人的自然欲望，反对宗教禁欲主义和"天国幸福"的幻想。针对封建专制主义和教会神学的统治，资产阶级强调摆脱一切束缚，实现个人自由、个性解放，提倡发挥个人的才能，积累个人财富，创造个人价值。他们反对把人作为神的工具，论证人是自然的产物，要求尊重人的价值、人的尊严，认为人比神更高贵、更神圣。他们对中世纪的旧传统大加批判，竭尽嘲笑。

文艺复兴的作家们，如薄伽丘等，大声讴歌了这种新的现实生活快乐和人的自然情欲。有名的宗教改革家马丁·路德也宣称，谁不爱美酒、妇人和歌，谁就终生是一个大傻瓜。人文主义者更有一个共同的理论公设：趋利避害是人的天性，人追求自己的利益是合乎人性的，人是自然的产物，生来都是平等的，人间的等级差别都是后天不平等社会给予的，君权神授、天国幸福，都是愚弄人们的鬼话。

人的觉醒、人文精神，都在文艺复兴运动中得到了充分张扬，所以许多人把人道主义称作文艺复兴时期的精神不是没有道理的。

总之，人道主义是一种源于古代中国和古希腊罗马，经过文艺复兴和启蒙运动，发展到现代世界的一种价值观念。这种价值观念把人当作目的，重视人所具有的各种权利，重视人格尊严，崇尚人的理性，相信人有把握自己命运的能力。

2. 人是目的

把人当作目的，颂扬人的伟大和尊严，是人道主义的基本精神。1973年发表在《人道主义者》刊物上的一篇《人道主义宣言（二）》，就曾郑重申明"人的宝贵和尊严，是人道主义的中心价值"。

从古代开始，人们就已经认识到人的伟大了。古希腊智者普罗塔哥拉提出"人是万物的尺度"这一著名命题，中国古代哲人们反复表述的"天地之间人为大"，都开始肯定了人在宇宙万物中的崇高地位，蕴含了"人是目的"的思想胚芽。

文艺复兴时期，人文主义者提出人的幸福是最后的目的，每个人为了自己的目的而生存，他才是自由的。但丁和莎士比亚都对人倍加赞赏，写下了流芳百世的名言华章。其后，蒙田号召人们："让我们的思虑和注意返回我们自己，以及我们的安乐里"[①]，"世界上最伟大的事情即是去学知我们怎样归依自己"[②]，让人们从神、上帝那里回到自我。

---

① 周辅成. 从文艺复兴到19世纪资产阶级哲学家政治思想家有关人道主义人性论言论选辑. 北京：商务印书馆，1966：20.

② 同①163.

肯定人的地位，把人当目的，是同肯定人的尊严相一致的。关于维护人的尊严的思想，在古代是零散的、不系统的。古希腊罗马的自然法学说中，包含有强调人自由平等与尊严的内容。文艺复兴以后，自然权利思想得以进一步系统化的同时，更直截了当地突出人的价值、人的尊严。如著名启蒙思想家洛克指出："自然状态有一种人人所应遵守的自然法对它起着支配作用；而理性，也就是自然法，教导着有意遵从理性的全人类，人们既然都是平等独立的，任何人就不得侵害他人的生命、健康、自由和财产。"①　人人生而平等，享有天生的自然权利，谁也没有理由侵害别人，谁也没有理由沦落成别人的工具。这是启蒙运动时期最响亮、最整齐的人性呼声。

在中国古代儒家学说中，也处处可见对人之为人的尊严的高扬，比如，"富贵不能淫，贫贱不能移，威武不能屈""士可杀而不可辱"，这些都充分体现了做人的高贵和尊严。

人确实是无比高贵的。人是万物之灵，是世界上唯一具有创造理性的生命实体。人的生存发展不以动物式的生存繁衍为满足，它的最高目的是要过人的生活，真正把自己变成人。所以，对人类社会有着深刻理解的马克思说：人的"全部历史是为了使'人'成为感性意识的对象和使'人作为人'的需要成为需要而作准备的历史"②。历史的发展不过是人的准备和形成的过程而已。任何一种实践动机和效果，离开了人，也就失去了它存在的最终价值和理由。

正是为了人的幸福的目的，为了人的价值和尊严，人才不倦地认识世界、改造世界，不断探索，无休止地追求。改造自然、利用自然，是为了人的生存发展，反对压迫；争取美好的理想社会，也是为了人；甚至我们理解人性、认识自我，也都是为了人。当马克思宣布"人就是人的世界""人是人的最高本质"时，他实际上是在说，人的价值是最高的、终极的、最伟大的。

把人自身当作人的最高价值，当作世界的意义和目的，这完全是发自人之为人的根本特性的内在要求。人类必须对自己持有这种强烈的人的自觉意识，这是推动人性的实现和人的完善的强大力量。没有人道主义对人性及人性实现的自觉意识，人的尊严、人的价值、人的解放、人

---

① 洛克. 政府论：下册. 瞿菊农，叶启芳，译. 北京：商务印书馆，2009：6.
② 马克思恩格斯文集：第1卷. 北京：人民出版社，2009：194.

的复归、把人当作目的等就都无从谈起。

人对人性的自我意识自古就有，严格地说，从人猿相揖别的时代就开始了，但并不是一下就很清楚、很深刻的。伴随着人对人性从蒙昧到觉悟的认识过程，人的价值、尊严和人的目的、地位也在逐渐发展并确定。

如果说古希腊普罗塔哥拉和文艺复兴时期的但丁等，在表达人本主义思想时带有某种自我中心主义倾向，那么这种倾向后来在康德的理论中得到了克服。康德明确地、系统地阐述了人是目的的问题。

康德指出，人应是自己的主人，人的存在就是目的，没有什么其他只用它做工具的目的可以代替它，在人之外的一切，只是人的手段、人的物件。

康德说人是目的，和文艺复兴时期某些思想家不同，并不是说自我即是目的，而是说每个人都应该在把自己当作目的的同时，把别人也当作目的。他提出一条著名的律令："你须要这样行为，做到无论是你自己或别的什么人，你始终把人当目的，总不把他只当工具。"① 在康德这里，人的地位、人的价值得到了极大的提高。当然，它只是存在于理想之中。

马克思、恩格斯肯定了人是目的的思想，但他们比康德明智的地方在于，不是仅仅到"理性王国""目的王国"中去确认理想，而是主张到现实的人之中去找真理。"人只须要了解自己本身，使自己成为衡量一切生活关系的尺度，按照自己的本质去估价这些关系，真正依照人的方式，根据自己本性的需要，来安排世界"②，人必须"围绕着自身和自己现实的太阳旋转"③。而且，康德认为理想的目的王国是不能实现的，而马克思、恩格斯则主张变理想为现实。他们指出要确立人是目的，人是人的最高本质，就"必须推翻那些使人成为受屈辱、被奴役、被遗弃和被蔑视的东西的一切关系"④。只有消灭一切私有制度，建立没有剥削、没有压迫的社会，人才能成为自己的主人，才能真正确证人是目的。可以说，人是目的思想在马克思、恩格斯的人道主义价值观念

---

① 康德. 道德形上学探本. 唐钺，译. 北京：商务印书馆，1959：43.
② 马克思恩格斯全集：第1卷. 北京：人民出版社，1956：651.
③ 同②453.
④ 同②461.

中得到了极大的发展。

3. 人应有的权利

人道主义以人作为世界意义的终极坐标，人是目的，人拥有至尊的地位，人与自然、社会、人自身的关系，都是以人享有尊严、享有权利为基础的。人的权利问题是人道主义的一个重要领域，也是人性尊严和价值地位的一种重要显证。

遗憾的是，人的权利已成了各种词典无法解说清楚的词汇之一，成了使政治家和老百姓理解混乱的一个概念。无论哪一派别人道主义思想，都认为人应当有平等的权利。资产阶级启蒙思想家当初为了反对封建专制和宗教特权，提出了"天赋平等"和"自然平等"的理论。1789年法国大革命时期发表了《人权宣言》，其中第一条宣布："在权利方面，人们生来是而且始终是自由平等的。"应当说，由资产阶级在反封建斗争中举起的人权平等的观念，逐渐被法的杠杆启动起来，以至于演变为一种公认的原则，当然不同时代、不同的意识形态，对平等人权的内容理解是不尽相同的。然而一般而言，人道主义文化中通常涵盖的人的权利，有如下若干方面。

第一，人的生命及生存尊严的权利。

普遍的生命权利意味着，没有一个人能够享有任意杀害任何人，或使任何人的生命陷入无端的危险之中的权利。

生命权利是人的一切权利中最基础的部分。人的生命是一切已知生命形式的顶峰，是大自然的杰作，又是自然世界具有意义的原因。人的一切都要有赖于人的生命存在。人的生命只有一次，所以生命的价值尤为可贵。因此，人道主义认为人首先具有生命存在的权利。生命的权利至高无上，不可随意褫夺。

生命权利主要指人有享受生命的权利。

一方面指任何人不得随意伤害他人的生命，人的生命是神圣的、至尊的，谁也不能去伤害别人的生命。伤害他人生命，不仅是社会秩序、社会组织原则不容许的，也是人的理性、人间道义所不能容忍的。人们对战争深恶痛绝，首先是因为战争意味着对人的生命的屠杀与伤害，意味着人丧失了做人的基本权利保证。

人在丧失生命存在保障时，显然是没有尊严的，而当人杀害他人的时候，人也显然是没有尊严的。在把人当成非人的东西的侵略战争中，被残害者和残害者，都是没有生命尊严的。人们向往和平，只有和平才能给人的生命带来安全和尊严的保障。想想法西斯的大屠杀，也试着想想使地球上一切生命断绝呼吸、使一切化作废墟的未来核战争的景象，面对这些，对人生命的尊重，做人的尊严，都从何谈起呢?!

在复杂而充满矛盾的人类生活中，有时候也需要剥夺个别人的生命权利，那是为了尊重更多人的生命权利，为了维护更多人的生命安全。当一个人伤害了他人生命的时候，社会必须以剥夺生命的方式惩罚这个人的罪恶，并以此惩戒更多伤害生命的罪恶。但即使是这种不得已对生命权利的剥夺，人们也是慎之又慎的。比如，大部分国家对死刑的判决一律要上报最高法律机构核准查验，而有一些在对待人的生命权利比较极端的国家，甚至干脆废除了死刑。

延伸开来，对生命权利的尊重，一方面是对人身健康的尊重，人的健康不受伤害，就等于对生命进行完整保护；另一方面还要求人们尊重自己的生命。人的生命权利并不应当包括随意处置自己的生命的权利。生命权利要求人有责任善待自己的健康，珍惜自己的生命。

第二，人的政治权利。

公民的政治权利，是指公民具有同等的参与国家生活的权利。公民通过行使自己的政治权利和自由参加国家管理来实现自己的权利，具体来说，包括选举权、被选举权、监督权和政治自由。

选举权和被选举权是公民诸多政治权利中首要的权利，它意味着人们有权从事社会管理工作，有权选择自己的代言人去行使社会管理职权，以实现自己的利益要求。监督权则意味着人们有权要求社会管理者公开他们的管理行为，以便了解社会管理状况，决定自己对管理者及其社会政策的态度。政治权利的平等原则，要求社会向公民提供均等的机会和相同的起点，并要求法律给予相应的保证。当然，这种权利平等原则在有阶级存在的社会里，事实上是不可能真正做到的。

政治自由是政治权利的另一种表现方式。政治权利通常是相对于义务而言的。一方要享受权利，就必须有另一方相应地承担义务。权利主体必须对应于相对客体的义务，而政治自由更多地表现出一种独立性，有自由就得负责任，政治自由和它的责任不是主体和客体相应成对，而是同立于行为主体一身。比如，公民有言论、出版自由，但并无具体的人一定得承担听他讲话或必须出版他的著作的义务。而权利有所不同。公民有检举权，有关国家机关则负有接受和处理检举的义务。主体权利和客体义务是相应成对的。

我国宪法规定，"中华人民共和国公民有言论、出版、集会、结社、游行、示威的自由"。这意味着人们有以语言文字表达和传播自己见解的自由，有为共同愿望、目的和兴趣爱好组成团体的自由。当然，每个人又同时具有依据法律不妨碍他人参政和限制他人政治自由的责任，负有不以自己的自由损害他人和社会利益的责任。

任何自由都不可能是绝对无限的。你的自由要和你的责任统一起来。任何公民都有平等的政治自由，只要不超出法律范围，就不受任何法律干涉。但是，从我国和其他国家宪法及法律规定来看，政治自由要受两方面的限制：一方面，公民不得利用政治自由煽动、组织实施危害国家安全、破坏民族团结、破坏社会公德、扰乱社会秩序的行为；另一方面，公民不得利用享有的自由进行诽谤他人、破坏他人自由的行为。自由必须和对他人、对社会的责任结合起来。

第三，人的社会经济权。

人的社会经济权也就是我们常说的生存权。每个公民都有从社会获得基本生活条件的权利，有劳动权利，有享受劳动保护、社会保险、社会救济的权利，也有环境权、受教育的权利等。其中劳动权，享受劳动保护、劳动保险、社会救济等权利，又可统称为经济权。上述社会经济权是社会文明进步的体现，也是公民民主社会的标志之一。

劳动权意味着人们在工作就业、择业自主方面机会均等。文明的社会应为保护劳动者不仅能获得就业机会，而且应尽可能满足劳动者从事符合自己理想、兴趣、特长工作的要求，使劳动者得以实现自己的价值。劳动权还包括获得公平报酬的权利，它意味着人们有权通过劳动获得公正合理的报酬，不因性别、年龄、身份、种族等因素受到歧视。

其他劳动保护、社会救济、保险等社会经济权，使人们在劳动工作中在某种特殊情况下丧失劳动手段和谋生能力时，得到社会的保护和帮助。比如，人们在工作劳动中有权要求安全，在遇到像自然灾害、疾病、事故、衰老或有限资源条件下严酷的社会竞争等可能给人带来不幸境遇的情况下，有权请求国家和社会直接给予一定的物质帮助，使人的生存得到最后的保障。

　　社会经济权的实现除有赖于个人主观争取外，主要依赖于社会客观条件的存在。经济权是人们实现自己利益和价值的依据，也是实现生命存在、人性尊严的保障，国家、社会在这类权利面前负有提供客观条件的责任，不能把个人的物质利益、存在发展纯粹当作个人私事不加干预，而是使国家、社会在人们实现个人经济利益的过程中充当服务员的角色。当然，与此相应，每个人又都有为国家、社会、他人尽义务的责任。

　　第四，受教育权和享受文化权。

　　除了经济方面的权利，所有人还都有获得充分而平等的机会享受国家文化教育和物质资助的权利。文化知识、教育程度是人性得以发展的手段，也是一个人得以参加社会劳动而成为一名劳动者的重要条件。在今天，一个人是否受到良好到位的教育，已越来越成为他能否被社会需要所选择的关键。

　　受教育权对青少年、儿童更具特殊意义，不仅决定他们其他社会权利的实现，而且关系到国家的未来和国民素质。所以，现代国家都把确立、保证人们受教育权当作重要的事情来对待。日本宪法规定：国民均有依法律规定适应其能力而受教育之权利。国民负有依法律规定使其所保护之子女受普通教育之义务。法国宪法也规定：国家保护儿童及成年男女有获得一般教育、职业训练和文化的均等机会，并应设立各级非宗教的义务教育机构。

　　我国在使人们受教育权得到普遍保证的同时，更把发展社会教育、提高社会成员的科学文化水平，规定为一项基本国策。为此我国还制定了义务教育法，具体规定了入学的年龄、学习期限、免收学费和实行助学金制度，以及侵犯青少年受教育权利和妨害教育的有关法律责任的内容，为人们的受教育权利提供了直接的法律保障。

　　第五，人的环境权。

　　环境权主要指人们获得健康、安全、舒适的生活环境的权利，比如，人们有获得净化空气的权利，有获得清洁水的权利，有获得安静的权利。相对于这种人的权利，社会、国家、任何单位、个人都有维护环境的责任与义务。烟尘、废气会污染空气、水质，浪费水源会使人类的"生命之源"遭到破坏，而安静是人类的生理本性的需求之一，噪声直接刺激人的神经系统，不仅干扰人们从事活动，而且有损于人的身心健康。

所有这些，本来都是人类的自然权利，而这种自然权利却正面临着现代工业社会的威胁。和人的一切权利一样，环境权也必须靠社会、国家的统一管理和治理，靠全社会成员的自觉维护。

我国目前已制定了有关法规，如《大气污染防治法》《水污染防治法》等。为专门防治环境噪声污染的法律尚未制定方案，但已颁布了《城市区域环境噪声标准》。

此外，人们还应有对日照、绿地的权利和"免吸烟权"。国家在基本建设中应充分考虑到日照因素和绿地的保护。而吸烟有害健康，有些国家已实行禁烟制度，多数国家则禁止在公共场所吸烟并开始赋予人们"免吸烟权"。也就是说，人有免受被动吸烟危害而要求他人停止吸烟和就此种危害要求他人赔偿的权利。我国已在部分城市地区制定了公共场所禁止吸烟的法规。

总之，人们有享受并争取良好环境的权利。国家、社会有义务和责任为人们创造并提供良好的生存环境，但与此相应，每个人也都有不侵犯他人和公共环境权的责任，都有自觉维护良好环境的责任，有依法纳税以利于国家政府集中财力治理和保护环境的责任。

第六，人的精神自由权。

精神自由是指人们进行精神活动的自由。人的精神活动相对可分为纯主观性的和带有实践性的两种。纯主观性的精神活动，一般是自由的，无论人们承认不承认，准许不准许，它总在人的大脑中自由地进行着。当然，任何主观活动都要受认识论意义上的自然、社会等客观存在的外在制约。比如，纯主观活动只要不涉及行为实践，就不受社会法律的限制，也是社会法律所限制不了的。而带有实践性的即已经超越了纯主观形式，加入了行为内容，因而可对社会关系发生作用的精神活动就要受社会一定的限制。

在我国，人们具有宗教信仰自由和从事各种科学文化活动的自由。宗教信仰是人们借以表达精神寄托和内心崇拜的精神活动方式。一个人信什么，不信什么，信何种宗教、何种教派，完全有自己的选择权利。宗教信仰是个认识问题，又是个情感寄托问题，是人的精神生活的重要内容。它既同人们对幸福的认可有关，又跟人们对个人独特的精神生活追求有关。人们应当有权利在不损害他人幸福的前提下，追求自己的幸福。这也是实现人的生存权利和作为人的尊严的一种表现，是实现人的理性本质的一种方式。

作为精神自由，所有人都应获得从事科学文化活动的权利，获得享受艺术与文明、智慧生活的权利。从事文化创造，参与文化生活，这也是人的精神生活的一部分。它跟宗教信仰不同的地方，在于宗教信仰相对来说能对个人主观思想起调整作用，而文化创作、科学研究则能作用于客观世界的改造，作用于人类文明进步。

正是在这种意义上，文化活动自由把个人权利和社会利益的一致性突出地表现出来。人们有创作文化、享受文化的权利，但是，任何人都只有进行健康的精神生活、创造有益于社会和人民的精神产品的自由，而没有享用、生产危害社会和人民的精神毒品的自由。

第七，人身自由。

人身自由可以理解为，社会个体成员在符合社会要求的情况下，有举止行动的自由，它包括人身自由不受限制、人格尊严不受侵犯、私人住宅和私生活受保护等若干方面。

人身自由是作为一个人在健康社会中公平的生存权利，也是人们享有其他各种权利的基本前提。如果一个人丧失了人身自由，他就无法行使其他权利，更谈不上享受人之为人所应有的生活。

人身自由能在多大程度上得到保障，是衡量一个社会文明发展水平的重要尺度。当奴隶们被剥夺了人身自由，像会说话的牲畜一样生息劳作，这样的社会在人性发展过程中无论如何不是解放，而是一种压抑。从权利的发展历史看，人身自由是人的权利的基本起点。世界上最早的两个宪法性文件即英国 1628 年的《权利请愿书》和 1679 年的《人身保护法》，都是以其规定了人身自由的内容并始创了人身保护制度而著称于世的。

在正常情况下，人们行为如果没有过错，就有权不受干涉，不受限制。只有在下列情景下，限制人身自由才是正当的，即有必要阻止权利主体无故地自我伤害，无故地妨害他人和社会。

人身自由权还表明人格尊严不容侵犯。人格总括了人自身的社会价值的各个方面，是关于人的生命、身体、自由、名誉、信念、情感、贞操、生活方式等方面权利的总称。它意味着一个人作为人被承认的资格。你作为一个人和他作为一个人是平等的，没有人有侵犯他人人格的特殊权利。人身尊严不容侮辱，能够代表人身尊严的姓名、名誉、肖像等，也不容他人随意干涉、盗用、假冒、篡改和亵渎。

人们的生活方式要受社会发展水平和传统文化左右，但个人仍有余地选择自己的生活内容和方式，尤其是属于私生活的部分。对人的尊重包括对个人私生活的尊重。私人通信，如电话、信件等是日常生活的一部分，生活习惯也是私生活的一部分，只要没有妨害到他人、社会，就都应给予足够尊重和保护。

人身自由在现代社会的许多国家，都受到了普遍的关注。它们大多由国家实施公共强制和保护。我国宪法中明确规定了公民住宅不受侵犯、通信自由、通信秘密受法律保护等。我国前三部宪法没有规定保护公民人格尊严的内容。现行宪法吸取了"文革"时期公民人格尊严得不到法律保护的沉痛教训，将公民的人格尊严不受侵犯明文规定为一项权利，对人身自由给予了有力的保障。

4. 个性自由

在以人为中心的诸多内容中，人道主义相当关注着个性自由和意志自由问题。文艺复兴时期的人道主义者，以个性解放作为反对神学桎梏和等级制度的一面旗帜。人的个性自由，是把人当作目的的更深层面的解释，是人的平等权利在自由范畴的另一种运作。人要变成人，就必须蔑视神学权威，追求真理，崇尚人自己。

许多人道主义者认为，就人性角度看，人都是平等的，这种天赋人权是不可侵犯的，不可放弃的。放弃了天赋人权，就放弃了自由平等，这是不合乎人性的。卢梭说：放弃自己的自由，就是放弃人类的权利，就是放弃自己的责任，甚至就是放弃做人的资格。

从历史上来说，人道主义极为关注个人的创造性和能动性，就此而言，不仅在古希腊、文艺复兴、启蒙运动时期是这样，在民主主义的人道主义、马克思主义的人道主义和其他形式的人道主义那里，都是这样。

人道主义者不仅主张人类应为自己在万物中留有独特地位，而且主张人必须被当作个人来对待。所有名副其实的人道主义，都应当关注、保护人性的解放和发展，关注个人的独特的心理特点和情感特征。我们需要这样的社会，其中每个人的充分自由的发展都能得到足够的尊重和保障。人类社会不断发展，社会制度和社会结构逐渐趋向合理，从人道主义视角看，这一切都是为了使人从先前被奴役的个性中解放出来。

人的个性自由不应当是任意的，无拘无束的。社会需要统一管理，需要秩序和规矩，这是任何一个思维正常的人所不可能不认同的。大多数人道主义者也不否认这一点。在社会规范约束和个性自由之间并不存在非此即彼的绝对对立，甚至社会规范正是保证人们获得平等自由的重要条件。

这里并不是要个性或者要社会性，要自由或者要公正、要秩序的问题，二者的结合才是人道主义的责任和理想。文明合理的社会一个强有力的标志，就是它能够容纳不同的个性。也只有能够容纳不同个性的社会，才是健康而富有生命力的。

真正的人道主义者也反对极端自由主义、极端个人主义的主张。这些主张认为，任何社会幸福都不能以牺牲个性为代价，认为人道主义的基本原则就是保卫个人自由。这些不加前置限定的"自由"词句，反而破坏了人道主义初衷的表达。现代人道主义者也一再申明他们强调的个性自由并不适应于所有领域，他们相信社会必须要有某种程度的公共管理，也反对"对'自由'一词的华而不实的模棱两可的解释"。

其实，个性自由问题还牵涉到对"个性"的理解上，如果把个性理解为个人，甚至把个性自由理解为个人意志行为的自由，那就难免犯自由主义、无政府主义的错误。

个性是什么？不同领域的思想家对此有许多论述，其实，个性不应是"个人""个人意志行为"的代名词，个性就是那些使个人成为该个人独特因素的总和，即人所特有的素质、性格、情感观念乃至能力的总和。

个性是个人的特质，但和"个人"还不是一个概念。人类的本质有共同的一面，但组成人类和社会的个人却是千人千面，共同本质就是通过千万不同个性表现出来的。人类个性自由的程度是人类自身觉醒和解放的标志之一，也是社会解放、文明发展的重要尺度。从原始社会到奴隶社会、封建社会，人的个性在某些方面得到了发展，在某些方面又受到了压抑。在奴隶制度、封建制度的重压之下，人是得不到应有的个性自由的。也正因如此，反对封建专制的资产阶级，在其实行的人道主义主张中，提出了"个性自由"的原则。当然，人道主义理想的个性自由在以物役人的资本主义社会也是难以实现的。

个性自由永远是个发展中的概念，我们只能说，到了物质财富极大丰富、社会制度极为文明、人性觉醒、不为物役的未来社会里，个性自由才能达到充分的实现。

5. 崇尚人自身

崇尚人自身，相信人类自己的力量，相信人类能够掌握自己的命运，这也是属于不同哲学流派和人道主义所共有的另一个基本原则。人道主义者反对任何超自然的宇宙观。在这一点上，他们往往和无神论者、自然主义者、唯物主义者产生共鸣。

人道主义首先反对认为上帝是所有存在和价值的终极原因，反对在自然之上还存在超自然的东西。它认为所有那些试图从本体论、宇宙论、目的论等方面证明上帝存在的理论，都是不足以令人信服的、永远不可证实的东西。

宗教神学或神秘主义总是认为，在人类之上存在着超自然的神秘力量，即上帝或神，神主宰一切。自然万物，人类的命运就操纵在超自然的神的手中。人生的意义、人类的终极价值都存在于神的彼岸世界。人们是为了死后的不朽幸福，才在此生做有德行的人。也就是说，人们只有在保证会得到死后生存的"赏赐"时，才会体面地去行动，去努力劳作，以争取得到上帝的拣选。在这样的观念里，人类在超自然力量面前永远是微不足道的。

大多数人道主义者在否定超自然力量存在时，都把人看作自然的一部分，和所有自然物质一样，有生有灭，虽然人有心灵、意识，有理性自由，但在人的灵魂和躯体之间没有鸿沟，灵魂没有独存的能力。所有有关灵魂不朽和世界末日的故事，都是不可能有根据的，所有有关万能上帝的故事，都只是遭到挫折时愿望的间接的表达，只是对希望和幻想的空洞的解说。

爱因斯坦在做如下陈述时绝妙地总结了人道主义对宗教神学的立场："在人类精神进化的幼年时期，人的幻想按照人自己的样子创造出了各种神来，而这些神则被认为通过他们意志的作用决定着，或者无论如何在影响着这个现象世界……现在宗教教义中的上帝观念是古老的神的概念的一种升华。比如，人们用各种祈祷来恳求所信奉的神明的援助，以求得满足他们的愿望，这一事实就说明了这种上帝观念的拟人论特征。"① 人道主义抛弃一切空幻，宣扬和追求此生此世的幸福生活。

有神论者或神秘主义者，总是不允许人肯定自己。他们不关注客观自然和人的本性，而去创造崇拜彼岸偶像的生活和文化。这种生活和文化使人被迫感到必须信赖上帝，感到自己是"罪人"，必须压抑并放弃自己的自尊。

人道主义者问，人为什么要一味崇拜和服从外在力量，而贬低和轻视人呢？为什么要赞美、顺从并不存在的"万能的神"，并与此同时要加重自己的负罪情结和罪感呢？

人道主义者说，人类是人类自己的，不属于上帝，也不存在上帝。人道主义否认有什么贯穿始终的命运存在，不论它是以天意的形式出现，还是以神秘崇拜的形式出现。在人类的社会环境和科学规律所规定的一定范围之内，人类整体、民族乃至个人，都可以自主地选择自己真正理想的道路。在很大程度上，人类是自己命运的缔造者，人类在了解和掌握客观规律的基础上，设立理想目标，并按照这种蓝图改变世界，创造生活。人类需要肯定自己。

不错，人作为自然世界的一部分，不可能超越一切客观必然为所欲为，享受绝对的自由。但人需要肯定人在世界万物中的地位，人是有理性的，是自然界发展的最高等的生命。人的理性使人和自然万物分离开来，使来自自然的人具有了高于自然的灵性和能力。相信理性、崇尚理性成了人道主义的核心。这一点在近代人道主义那里显得尤为集中，近代人道主义的特征之一就是崇尚理性。正如恩格斯所指出的，这个时期"思维着的悟性成了衡量一切的唯一尺度"②，一切都被押上理性的审判台，接受理性的裁决。培根的"知识就是力量"成为这个时代的名言。因此恩格斯形容说，这个时代的世界是"用头立地的"③。

人应当积极用理性认识外在自然，掌握外在必然，并在此基础上按照人类的需要，利用外在自然，改造生存环境。人需要为自己创造新生

---

① 爱因斯坦. 爱因斯坦文集. 第 3 卷. 许良英，等编译. 北京：商务印书馆，2017：217.

② 马克思恩格斯全集：第 19 卷. 北京：人民出版社，1963：205.

③ 同②.

活来超越自身。人不能自卑自虐，不能在畏惧、焦虑中退缩，也不能在人自身之外寻求毫无希望的帮助。人类理想蓝图依赖并潜存于人的理性思维中，未来世界的模式就掌握在人类手中。

事实上人类从出现在这个星球上起，特别是在我们称之为文明的历史到来之后的不到 6000 年的短暂时期内，人类已在掌握自己的命运方面迈出了很大的步伐。人类探索地球的表层、海洋的深处和部分天空的高度，利用自然的力量以为己用；人类已将有着亿万个星体和星系的宇宙空间绘入了图谱；人类已经打入了原子的深处，发现了它的最有效力的奥秘；人类已经会使用奇妙复杂的机器，大大增强了人的能力；人类已在生活中建立了伟大的文明、艺术、文学以及其他文化形式，发明了帮助人类不断获得真理、不断进步的科学方法。在地球这个范围内，人类无疑已成为无可非议的万物之主。

人道主义对人类力量的自信并不是无限度地膨胀，它只是期待以尊重丰富的人类生活为目标。世界到底能在多大程度上按照人类的意愿发展，这是一个问题，人应不应当努力实现自己的意愿和理想，这是另一个问题。对人道主义者来说，最重要的是人应当意识到自己是人，是天地间最有灵性、至高尊贵的生命存在，自然世界生生灭灭是自在的存在，只有在和人的关系中，自然世界表达出了它的意义。有理性的人应当积极掌握外在世界，而不是盲目被动地受自然压迫。

人需要肯定自己，肯定人类自我存在的意义，肯定人类的能力和勇气，摆脱束缚人的锁链，自己决定自己的命运。人所需要的不是顺从，而是自信。人应当勇于蔑视所有会摧毁他的力量，在创造性的实践和使自然、社会、人性和谐发展的境界中，解放人性、发展人性，找到人类自己最本质的意义。

人道主义对人抱有最终的信心，相信人类有能力或潜力解决自己的问题，在掌握客观规律的基础上，人是自己命运的主人。

八、人性回归与人的解放

1. 人性的理想

从人猿揖别开始，人们就在努力理解"人是什么""人应往何处去"。正如我们已经了解到的，对于第一个问题的回答，五花八门，仁者见仁，智者见智。但无论哪一种人性理论，都要设定出，理想的人性和实际的人性应当是怎样的。事实上，不仅仅是思想家在琢磨这个问题，每一代人都在自觉不自觉地追求自己的人性理想。

虽然在不同思想的代表那里，所强调的人性原则各有侧重，但大多感觉到了理想的人性应当是真、善、美三位一体。

早在古希腊罗马时期，人们就朦胧地憧憬真、善、美一体的完善人格。西塞罗、苏格拉底在强调人性的知识能力时，总是把才能和美德联系起来。而柏拉图、亚里士多德在总结和发展前人人性思想时，更是进一步从真、善、美相统一的角度去思考和设定自己的理论体系。

中世纪一度用神性代替了人性，但在人们所创造和追求的上帝形象里，我们能看到人类对完善人格理想目的的向往。在万能、自由的上帝神性中，折射着人的完善人性的渴望。我们不要忘了，在宗教那里，神性是人把自己本质异化给了上帝的结果。上帝成了无所不能、善良正义的理想人格的化身。

文艺复兴时代复兴了古希腊对人的完善追求，但同时在人性解说中添加了更多的自由内涵。从此，人自由发展的理想就一直贯穿在西方的思想文化中。卢梭渴求人在肉体上和精神上都得到发展，认为维护自由的权利，也就是维护做人的资格。康德给人以意志主体的绝对自由，断言历史终将指向一个自由地发挥人的全部才能的美好社会。席勒赋予自由一词以新义，认为自由是精神上的解放和完善人格的形式，并进而主张必须克服近代文明所造成的人与自然的分裂以及感性与理性的分裂，使人成为全面的、完整的人。圣西门、欧文等理想主义者，更是把塑造全面发展的人，作为自己终生工作的目的。

在人类的理想中，人是生而自由的，自由从来就不是一个抽象概念，总是指挣脱某种枷锁。人类要生存下去，就必须不断地挣脱枷锁并获得自由解放。

人性思想一路发展下来，越来越丰富、越来越深入。"人是什么"的问题不仅体现着人对自我的认识——"人是怎样的"，还体现着人类理性对人性解放的追求——"人应是怎样的"。许多近现代思想家都积极致力于研究人的全面发展和人的解放，努力使人向着所理想的"应当"成为的样子发展。

　　卡尔·马克思基于对人性的深刻理解，在吸取并总结以往人性思想精华的基础上，提出了深刻的人性理论，在全面把握人性层面的基础上，提出了人的全面发展与自由解放的学说。可以说，马克思的全部研究以及毕业从事的事业，都和人的全面发展、人的解放有关。

　　人的"全面发展"，意味着人不再被理解为单面的"自然人"或"德性人"，不再只是抽取出"理性"等人性某一层面性质而当作人全部本性的诠释，甚至也不是如旧唯物主义者那样，解释人性时以后天社会性代替或否定其他人性因素。人的"全面发展"，还意味着人必须摆脱人性发展过程中的种种片面性和畸形，在自然性、社会性、德性、理性等各个方面，取得全方位的占有，最终获得完整人性。

　　人的"自由解放"，意味着人不再是某种外在权威的奴隶，不再受任何奴役和压迫，人是自己的主人，人是目的而不是手段，人是自由的，不受束缚。

　　人的束缚、人的压迫来自三个大的方面。这是马克思告诉我们的，一方面，来自自然界。认识和处理人与自然的关系，求得人与自然的和谐统一，是人赖以生存和发展的前提。但人在最初对自然界认识甚少，自然界起初是作为一种完全异己的力量与人类对立的，它以不可制服的威力统摄着人类，人同它的关系完全像动物同它的关系一样。也就是说，自然界当它还未被认识和掌握时，是一种外在盲目地束缚人类的力量。

　　另一方面，来自社会。社会并非历来就是公正的，在历史发展的一定阶段，人与人之间并不是平等的。人在社会中生活，总要受到各种社会关系的制约，在某些历史阶段甚至是受压迫、受奴役。

　　除此之外，人的束缚还来自人自身。当人还未觉醒或者说觉醒的还不够时，人实际上是被自身一种盲目异己的力量奴役着，人在此时不是自己的主人，而是处在一种被动受支配的地位，谈不上自由或解放。

　　总之，人类探寻"人是什么"的过程，就是人类争取全面发展、自由解放的过程。人类世世代代对全面而自由发展的憧憬和努力，本身就说明这种全面而自由发展的人性理想，就植根于人性最深沉的需要和冲动之中。人的全面发展，是完美理想人性在其结构上的必然要求，也是人性中各种潜能发展和发挥的内在要求。人的自由解放，是完美理想人性一个永恒的追求，也是人自由本性充满生命力的活动展现。

2. 自然力量下的解放

人是什么？就人性理想而言，人是全面占有自己本质、获得自由解放的世界的主体。

自然界是人类的生存环境，人永远不能脱离养育他的自然界。认识和处理人与自然的关系，求得人与自然界的和谐统一，是人赖以生存和发展的前提。人的本质决定了人类的特性就在于自由的、自觉的活动。人正是在改造世界的活动中，才真正地证明自己是人。通过认识和改造自然，自然界才表现为作品和人的现实。因为在利用和改造自然的活动中，人不仅能在理性意识中复现自己，而且能动地、现实地复现自己，从而在自己创造的世界中直观自己。所以，离开了人对自然的认识和改造，就谈不上人性的展现、发展和解放。

人和自然的关系，可以从两个方面去揭示。

首先，人与自然的关系问题蕴含着人类的本质和意义如何确立的问题。人类在自然世界中占有什么样的位置，不但关系到人类的本质，也决定着人类存在的意义。如果我们确认自己是自然万物的主体，那么人的存在本质和意义就在于他自身，人就是目的，人的价值就高于一切。相反，如果如上帝创世说讲的那样，人是上帝的造物，那么人就与其他万物一样，存在于同一位置中，人就应当按照上帝的意旨确立自己的本质，而人存在的意义就不在自身这里而在上帝那边，人就没有权利宣布"人是目的"，人永远是上帝的工具。并且，人是否有权改造并利用其他存在物来满足自身需要也就成了问题。

其次，人对待自然的态度和方式，蕴含着人如何对待人类自己的问题。自然宇宙作为人类共同的生存环境，它只有一个，任何影响整个自然环境的人类改造活动，都有可能直接或间接地威胁到人类自己。

人在自然宇宙中地位的问题，人类很早就已开始追究并醒悟了，然而对待自然的态度和方式，在相当长的历史发展阶段，人类是缺乏自觉的。

人最初脱离动物界的时候，"他们还是半动物，是野蛮的，在自然力量面前还无能为力，还不认识他们自己的力量；所以他们像动物一样贫困，而且生产能力也未必比动物强"①。人在这个阶段还没有把自己和自然界区分开来，幼年初始的人类差不多完全受着陌生的、对立的、不可理解的大自然的支配。处在这个阶段的人是不自由的，受着自然力量的压迫和支配。正如恩格斯所揭示的，"自然界起初是作为一种完全异己的、有无限威力的和不可制服的力量与人们对立的，人们同自然界的关系完全像动物同自然界的关系一样，人们就像牲畜一样慑服于自然界"②。处在这个阶段的人，列宁称之为"本能的人，即野蛮人"，其特点是："没有把自己同自然界区分开来。"③

此时的人性未生发出来，但也没有被异化。它像一粒种子完整地包容着等待展开的全部人性内涵。当然，原始人并不能简单地等同于动物，与动物心理相比，他们拥有的原始现实已使他们萌生了最初的思维。

在人类进入物质生产时代之前的采集时代，是谈不上征服自然的。物质生产时代包括农业时代和工业时代。采集和农业生产，是两种不同性质的物质活动。采集只是针对自然界的野生植物和果子，人的能动自主性很低。农业生产则是人有目的地促使自然发生从无到有、从少到多的变化，对自然有着一定的能动改造。农业生产相对于工业生产，更多地依赖于大自然，它的能动只是顺应自然规律的能动，但本质上是人有目的地参与了自然生产。人们在经验中逐渐认识了农业生产规律，变采集时代的被动适应为积极掌握。农业生产使人类开始摆脱自然界纯粹的制约和压迫。

在经历了漫长的农业生产时代后，工业生产开始发展起来，相对来说，前期个体手工业发展的时期比较漫长，工业生产在进入资本主义社会之后，迅速经过了简单协作阶段、工场手工业阶段和大机器工业阶段，到20世纪，工业实现了新技术革命，进入自动化阶段。

工业时代是对自然的真正的征服和改造，人们利用自然的物质原料，按照人的需要进行加工、改造、创造，生产出只有依靠人类才能生产出来的东西。

工业生产另一突出特点即对科学的运用。人类拥有了科学，能够进

①　马克思恩格斯选集：第3卷. 3版. 北京：人民出版社，2012：559.
②　马克思恩格斯选集：第1卷. 北京：人民出版社，2012：161.
③　列宁全集：第55卷. 2版. 北京：人民出版社，1990：78.

一步准确把握客观规律，运用于生产，去改造环境，征服自然，变受自然力量支配为利用和支配自然力量。哥白尼的天文学说、牛顿的力学、达尔文的生物进化论、爱因斯坦的相对论与量子力学等，都为人类征服自然做出了巨大的贡献。科学为人类描绘了一个真实的世界，为人类征服自然、改造自然提供了无限的信心。

科学给人类解开了许多神秘的自然之谜，给了人类丰富的关于自然的知识。科学对世界的解释使人们不再畏惧外在力量，不再盲目迷信于宗教权威。

严格说来，宗教是自然控制人类的一种外在世界的力量。正是人们不能理解自然界进而充满畏惧，才使宗教的产生具有了客观条件。初始的人类对于生存环境中出现的许多自然现象，比如风、雨、雷、电、洪水、地震、日食、月食，动植物的生生灭灭，以及自身的生、老、病、死等，感到迷惑不解，无法把握和驾驭，便认定冥冥之中存在着一种超越现实和自然的力量。一切不可解释的神秘奇迹和一切令人惊怖惶恐的灾祸现象，都被归于超自然力量意志支配的驱使。从人们主观需要来说，无能为力的人总是希求有一种无所不能的力量帮助实现自己的愿望，减轻自己无助的感觉和处境。

宗教就是在这种主客观条件下应运而生的。可以说，宗教情感来自两个方面，人类对大自然的崇拜，有其对大自然的依赖一面，这表现为善的情感；同时，人也有对大自然恐惧的一面，这又表现为恶的情感。所以，人类对超自然力量的崇拜是依赖与恐惧双重情感的产物。没有对自然的畏惧和崇拜，就没有宗教。宗教是自然力量压迫和控制人类的一种文化形式。而科学，在帮助人们认识自然、征服自然的同时，也帮助人们从宗教压迫下解脱出来。在这个漫长过程中，始终伴随着人的解放、人性的觉醒和自由的获得。

人对自然力的认识和掌握，使人从自然力量的束缚中获得一定程度的解放，争得了一定的自由。随着人和社会的向前发展，人对自然的认识越来越深入，但自然界中总有未知的部分和领域，有待于人们进一步去探索。对人来说，任何一种自然力，当它还没有被人们认识和掌握的时候，都是异己的、奴役人的盲目力量，是束缚人的力量。从这个意义上来理解，人的解放、人的自由，永远只是相对意义的概念。而且，这也意味着我们任何时候都不能说，人类在自然世界面前可以随心所欲了。

随着科学和文明的发展，人和自然的关系也进一步发展变化。科学为人类创造了惊人的财富，创造了一个又一个光辉灿烂的文明。这使人性在征服自然中获得了充分的确证并得到了极大解放，也使人类充分感受到了做自然主人的那份骄傲。但与此同时，对自然的征服也使人类和自然的关系出现了某种不和谐。

"征服自然"的口号似乎从一开始就隐含着把人类推到自然对立面的危机。人类应当而且完全可以积极地利用和改造自然，但这种利用和改造必须是合理的，而不是随心所欲、恣意妄为的。因为自然的承受力是有限的，自然的生存运行也有着自身规律。如果人类盲目地、野蛮地、破坏性地开发和征服自然，超出了自然承受力，违背了自然的客观规律，就不仅会破坏自然界的和谐生态，而且也会破坏人类同自然的和谐关系。失去平衡、丧失生物能力的大自然就必然会对人类施以各种形式的"报复"。事实上这种报复已经开始发生了。

许多中国人对佩切伊其人及其领导的罗马俱乐部并不陌生，该俱乐部以其对现代工业文明的悲观态度而引起几乎全人类的关注。俱乐部成员提交的第一个研究报告《增长的极限》，历数工业文明的种种负面效应，断言人类社会如不改弦易张，文明必将走向它的反面，给人类带来毁灭性的结果。

这并不是耸人听闻的怪论。在今天，资源和能源的枯竭、生态环境的污染和破坏、人口的压力和粮食的短缺，已成为众所周知的全球性问题。

人从自然力量下的解放、人所获得的自由，只能是在认识、掌握自然规律，并遵从它的客观必然性的前提下才成为可能。当你把自然作为征服的敌对一方，当你不考虑它的生存需要，而一味从自己的需要出发时，人的自由、人的解放就只能沦为人的空洞的愿望。随着世界物质文明的发展，人与自然的关系逐渐恶化。人类对自身过失的反省，对调整人与自然关系的重要性和紧迫性的觉悟，是来之不易的，是人类对自然进一步认识和受到自然惩罚后才换取的。

人和自然有对立的一面，但更应看到统一和谐的一面。我们需要挣脱自然力量的桎梏，但有时我们又需要回到大自然的怀抱之中。我们说，人是目的，是万物之灵，但同时不要一味地以自我为中心。有一点人类必须清醒意识到，即大自然的现实必然性是人类愿望和自由的极限。

很多世纪以来，人们一直相信人类的能力是无限的，只要人能想到的，人就一定能够获得。人们一直认为世界存在的理由就是为人类提供取之不竭、用之不尽的物质财富，而人类存在的意义就是征服自然以追求日益提高的物质享用。森林只是生产木材的地方，山脉只是矿藏的出处，动物只是肉类食物的来源。人类不再和自然做亲切对话，而是沉浸在获得物质财富的巨大满足中。

只是到了后来，人们才慢慢懂得了一个道理，即人类的真正解放和充分发展并不仅仅在征服自然与物质享用之中，而往往在于超越物质的改造与享乐。这一点我们在后面讨论"人自身的解放"的问题中还会提到。慢慢地人们也懂得了，大自然的存在不仅是为了人类，也为它自己。人类凭借科技手段可解决许许多多具体的难题，但人类永远不可能完全征服自然。

总之，人类为摆脱自然外在力量的摆布，做自由的主体，为在认识和改造自然中确证人的力量，发展人类本性，这一切都是无可怀疑的，认识和改造世界本来就是人性的必然表达，是人的本质力量外化的途径和显现。问题只在于，人对自然的自由和主体解放永远必须以必然性为根据。人只有在自然必然性提供的可能性范围内进行选择才有自由，才有解放。

在这个问题上，恩格斯早就从哲学高度给予了揭示。他说："自由不在于幻想中摆脱自然规律而独立，而在于认识这些规律，从而能够有计划地使自然规律为一定的目的服务。"①

人只有在自然规律提供的可能性范围内进行选择，才有自由。人的解放、人本质力量的确证，只有在主体需要和客观外在必然相统一的基础上，才能成为现实的可能。

3.　人的社会解放

人类通过科学技术来挣脱自然力量的枷锁，这是人胜于其他物种的关键之处。然而和自然的枷锁相比，给人类带来更大奴役的是人给自己

---

① 马克思恩格斯选集：第3卷. 3版. 北京：人民出版社，2012：491.

套上的枷锁——社会压迫。

人在本质上是社会的，人性的发展和解放离不开社会的解放。社会的压迫和束缚得不到解脱，人就不可能真正占有自己的本质。

人作为社会的人，总是处在特定的、多方面的、多层次的社会关系之中，并受它的制约。人在对制约自身、奴役自身的社会力量没有认识的时候，在无法掌握它的时候，任何一种社会力量都是一种异己的、盲目的、强制的、奴役人的力量，是束缚人的力量。恩格斯曾指出："社会力量完全像自然力一样，在我们还没有认识和考虑到它们的时候，起着盲目的、强制的和破坏的作用。"①

人作为世界的主体，是世界上唯一具有创造力的生命实体。相对于人类说，世间的一切都应是为人服务，而不是变人为它的奴隶。人的创造性能力，其最高目的就是创造成为人的生活条件，真正把人变成人。正是在这个意义上，马克思才说："全部历史是为了使'人'成为感性意识的对象和使'人作为人'的需要成为需要而作准备的历史（发展的历史）。"② 历史的发展不过是人的准备和形成的过程而已，在历史发展中，手段—目的的链条上，人是最终的那个目的环节。一切为了人，这是衡量一切社会文明成果的终极尺度。

但是，几千年的历史并没有按照人的愿望，表现出它对人应有的解放。在社会进步、社会解放的总体趋势中，也伴随着对人的发展、对人性的禁锢。

在早期原始社会，还没有形成明确的社会分工，作为原始社会成员，每个人都必须参与部族赖以存在、发展的一切社会活动，如劳动活动、求知活动、战争活动、宗教活动等。个人和部族团体是一体的，任何一个具有活动能力的人都没有不参加某项社会活动的特权。这种现状的人性意义在于，人的活动的全面性和综合性，使原始人呈现出人性的全面特征。马克思就此指出："在发展的早期阶段，单个人显得比较全面。"③

当然，人的这种原始的全面是不自觉的、简单的，因而也是低级的、盲目的。人与自然关系的狭隘性和人的社会关系的贫乏性，造成了

---

① 马克思恩格斯选集：第 3 卷. 3 版. 北京：人民出版社，2012：811.
② 马克思恩格斯文集：第 1 卷. 北京：人民出版社，2009：194.
③ 马克思恩格斯全集：第 46 卷：上册. 北京：人民出版社，1979：109.

人的发展的局限性。所以，人在最初阶段的发展，一方面是全面的，呈现一种简单的"圆满境界"，另一方面又是受局限的，因而又是一种局限很大的圆满。马克思把这种局限的圆满称作"原始的丰富"。显然，在这样的历史阶段，原始人性和原始社会一样，都不可能获得自由和充分的发展。

分工带来了商品交换和产品在私人手中越来越多，渐渐地，出现了在私有财产基础上的阶级关系。人类就是这样进入了文明时代。生产实践水平的发展带来了私有产品，随之也带来了第一个私有制社会类型——奴隶制社会。这是社会发展的一次飞跃。这个过程使人一方面从自然力量的束缚中得到解放，另一方面又受到社会力量更多的奴役和束缚。

在奴隶社会，强制的劳动分工和生产资料的私有制剥夺了人性的平等，异化了人的劳动创造本性，使他们脱离了人的本质，有思想家称此时的人为非人的人。在奴隶社会，广大奴隶完全丧失了做人的资格，仅被视为会说话的牲畜和工具。罗马法典就把奴隶同牲畜和物品置于同等的地位。而中国古代奴隶社会，一个奴隶甚至抵不了一只牲畜的价值。在同自然力量的斗争中以群体方式觉醒的人类，在奴隶制度中变成了"会说话的动物"，从动物世界中已经分离出来并获得一定人性解放的人们，成为被引入社会奴役中的"政治动物"。

私有制的产生是引起人对人的奴役的社会经济原因，奴隶主国家的产生则集中代表了一部分人对另一部分人的社会压迫。人类通过生产实践从自然力量的压迫下进一步解放出来，但同时又不能不为历史发展所选择的社会形式所奴役。人对人的奴役制度绝不是文明的象征，但它却是文明时代到来的必然的历史产物。

在封建社会里，劳动者的处境和奴隶相比，应当说有了一定的提高，农民们毕竟有了一些人身自由，他们的人格同奴隶相比也受到了一定程度的尊重。但是，封建社会是等级社会，人的地位、价值是得不到平等对待的。而且，从根本上说，封建社会崇尚君权神授，神是神圣而充满尊严的，而人则是低贱和卑俗的。马克思说："专制制度的唯一原则就是轻视人类，使人不成其为人"，"专制君主总把人看得很下贱"[1]。

---

[1] 马克思恩格斯全集：第1卷. 北京：人民出版社，1956：411.

西方封建社会里，神或者君王是目的，而人只是实现神或者君王目的的手段。这一点在西方中世纪表现得极为突出。所以马克思认为，奴隶社会和封建社会的"专制制度必然具有兽性，并且和人性是不相容的"①。

代表上帝权威的君王以及上帝本身，成为封建专制社会中至高无上的主体，劳动群众在社会关系中则几乎完全失去了自身的主体地位。人性不再是普遍平等的，而是呈现为等级的，在这种专制等级制度中，一部分人被视为拥有高贵人性，而另一部分人则被视为贱人而没有人性尊严。

以文艺复兴为内涵的文化再造运动，实质上体现的是人类在社会压迫下的一种觉醒。这是一种人类从来没有经历过的最伟大的进步的觉醒，是文明时代初期人类群体的觉醒所无法比拟的。文艺复兴运动引发了资产阶级革命，使人类在摧毁封建专制社会压迫方面迈出了决定性的一步，并使人类开始有了新的自由和平等。资本主义社会适应生产关系的变革，建立起了人的交换和法律上的自由平等关系。

但是，这只是相对于专制制度而言的自由平等，而且只是一种形式上的保证，在一个仍存在人对人的剥削的社会里，是不可能有真正的自由平等的。它只不过是用"公开的、无耻的、直接的、露骨的剥削代替了由宗教幻想和政治幻想掩盖着的剥削"。它把人的尊严、人的价值物化为商品和货币，把人与人之间的一切高尚的情感都"淹没在利己主义打算的冰水之中"②。

资本主义社会是高度异化了的社会，人处在普遍的异化状态中。马克思说，资本主义社会是把人当作精神上和肉体上的非人化了的存在物来生产的③。在这样的社会条件下，人性的尊严、人的价值是得不到事实上的尊重的。资本主义社会里，人的价值的贬损是全社会性的。

近代思想家则从人性角度批判了这种破坏人的自由平等的私有制的弊端。卢梭指出："人是生而自由的，但却无往不在枷锁中。自以为是其他一切的主人的人，反而比其他一切更是奴隶。"④ 这种变化是怎样形成的？他认为，正是私有制的产生破坏了人类最幸福的自由、平等的

① 马克思恩格斯全集：第1卷. 北京：人民出版社，1956：414.
② 马克思恩格斯选集：第1卷. 3版. 北京：人民出版社，2012：403.
③ 马克思恩格斯全集：第3卷. 北京：人民出版社，1960：507.
④ 卢梭. 社会契约论. 2版. 何兆武，译. 北京：商务印书馆，1980：4.

状态。随着私有制的产生，人就不再是自然的人，而变成了"人所形成的人"①。由于私有财产的差别而有了穷人和富人，产生了不平等。卢梭关于人性自由的理论在康德哲学中得到了更明确的规定：人是目的，绝不应把人仅仅看作手段。人的一切活动都是为了人本身，是以人本身为目的的。做他人的奴隶，或是做物的奴隶，都使人沦为手段而丧失目的的地位，从而丧失人的自由本质。

卢梭、康德等思想家抓住了人性自由的本质，也看到了私有制给人性解放带来的禁锢和异化，但他们提出的解决的办法是不彻底的，仅仅依靠社会成员订立共同的契约，或依靠人的意志的绝对道德律令，是不可能真正消除私有制带给人的社会压迫和人性异化的。

马克思在他的《1844年经济学哲学手稿》中，详细地考察了资本主义制度下人性异化的问题，认为分工、私有制以及由此而产生的劳动异化是资本主义社会中非人化的基础。只有消灭私有制，进行社会制度的革命，才能真正实现人对人本质的回归。马克思主义哲学由此提出了共产主义社会理想。马克思、恩格斯在《神圣家族》的序言中，把自己的共产主义学说称为"真正的人道主义"②，把自己对人的希望完全寄托于共产主义社会。马克思、恩格斯认为，只有共产主义社会才能实现人的全面自由的发展，因为他们所说的共产主义社会本身就是"一个以各个人自由发展为一切人自由发展的条件的联合体"③。

马克思主义哲学提出了关于社会经济形态从低级到高级演进的理论。这个理论把代替奴役制的人类社会形式视作"自由人联合体"。马克思说："代替那存在着阶级和阶级对立的资产阶级旧社会的，将是这样一个联合体，在那里，每个人的自由发展是一切人的自由发展的条件。"④

自由人联合体，是马克思主义学说中的社会理想模式，但这个模式不是简单地用头脑设想出来的，马克思主义的任何一个概念，都是以逻辑推论的方式提出来的。马克思把一切问题都还原为现实存在，然后在现实研究中探寻出它发展的逻辑规律。

---

①　卢梭. 社会契约论. 何兆武，译. 北京：商务印书馆，1962：1-2.
②　马克思恩格斯全集：第2卷. 北京：人民出版社，1957：7.
③　马克思恩格斯全集：第4卷. 北京：人民出版社，1958：491.
④　马克思恩格斯选集：第1卷. 3版. 北京：人民出版社，2012：422.

有关自由人联合体，有人把它理解为分工的自由。原始社会的自然分工，发展到一定阶段就成了强制分工，人们受制于强制分工，就不可能得到完全自由的发展。而到了高度发展的社会——自由人联合体社会，社会分工自行调节，人们可以自由地选择分工而不是受社会分工规定。

另有人从人的全面自由发展的角度解说自由人联合体，认为在商品经济以前的历史中，个体不是独立的，表现为人对人的依赖。而在商品经济关系中，人又表现为对物的依赖。只有在共产主义未来产品经济社会中，人才可能摆脱依赖，成为真正独立的主体，获得全面自由的发展。

不论哪一种理解，都只是部分地表达了自由人联合体的特征。在更为本质的意义上，自由人联合体是一种社会生产高度发达和社会制度高度文明相结合的社会形式。马克思对此解释说："这个领域内的自由只能是：社会化的人，联合起来的生产者，将合理地调节他们和自然之间的物质交换，把它置于他们的共同控制之下，而不让它作为一种盲目的力量来统治自己；靠消耗最小的力量，在最无愧于和最适合于他们的人类本性的条件下来进行这种物质变换。"① 这明确指出，人要解放，要摆脱任何盲目力量来统治自己，从社会形式方面来说，就必然会打破人对人的统治，使一切自然物质置于人的共同控制之下，而不是像私有制社会那样，资本、自然物质仅仅掌握在一部分人手中。马克思认为，资本奴役是人类历史上最后一种奴役形式，只有打破这种奴役形式，代之以适合人类本性的社会形式，才能合理地调节从事社会生产的人们与自然之间的物质变换，才能实现那种"每个人的自由发展是一切人的自由发展的条件"的社会，使人性得到充分解放。

社会主义是马克思主义所预测到的未来社会的初级阶段。在这个历史阶段，人性从自然、社会、人自身的制约中的解放仍需要继续进行。但作为一种否定私有制的社会制度形式，无疑对消除人的社会政治压迫迈出了实质的一步。

社会主义社会根本改变了人与人之间的人身依附关系，劳动群众不再是奴隶或工具，而成为自己的主人。在这样一种社会制度中，人的尊

---

① 马克思. 资本论：第3卷. 2版. 北京：人民出版社，2004：928-929.

严不取决于金钱资本、出身和身份地位，而首先决定于人作为人本身的最高价值。社会主义社会对人的尊严的重视，首先表现在它要求尊重一切人的人格，把一切人都当作人来对待。在社会主义社会里，任何人在人格上都是平等的。

我们现正处在社会主义初期，很多方面还不尽如人意，还不可能一下子就立即消灭人性异化，实现人的全面自由的发展。但是，社会主义的追求是要打破私有制，消除人压迫人的社会机制，使人成为目的而不是被奴役的工具。只要我们不断努力、创造条件，人类从社会压迫下的解放就一定能实现。

4. 人自身的解放

伴随着人从自然力量压迫下和社会政治力量压迫下的解放，人类还发生着认识自身、从自身奴役状态下解放出来的过程。相对于自然、社会来说，人必须不断认识对象，把握对象，最终成为自然、社会的主人。而相对于认识主体而言，人本身又成为一种认识客体。除了认识、把握自然客体、社会历史客体的任务，人还有认识、把握人类自身这一客体的任务。当人类没有认识自己的时候，人是未觉醒的。未觉醒的人是不自由的，是不可能成为自己的主人的。所以，人获得自由解放的一个重要方面，就是人从不自觉的盲目被动状态走向觉悟和主动，不仅成为自然和社会的主人，也成为自身的主人。

人类的自我认识是从人猿相揖别开始的。人在原始阶段的劳动中，渐渐认识到自己和自然外界的其他事物是不同的。这种不同的感悟来自人类以其力量打破自然奴役的实践。在旧石器时代，原始人还没有什么群体性的自我意识。进入新石器时代后，生产水平有了巨大飞跃，而且伴随着人类征服自然的力量的加强，在人类的精神生活中，逐渐形成了一个以人类族群自我意识的觉醒为标志的观念世界。人不再动物式地物我不分，而是从自然中开始分化和独立出来。这标志着人类认识人自身的开始。

无论是古埃及、古希腊，还是古代中国的夏、商、周，在前后差不多的历史时期里，都渐渐在思维意识中明确提出了"人是什么""自然是什么"的问题。直到今天，古埃及人提出的"早上四条腿，中午两条腿，晚上三条腿"斯芬克斯之谜，还在令我们不断地思索。

　　从思想史角度看，对人性的自觉理论最早出自古希腊时期智者学派的普罗塔哥拉，他提出人是万物的尺度，肯定了人的智慧和创造力，看到了人自己是高于一切自然物的最高级的存在，并将人类理性的哲学思考引向了人自身。至于自然力量的化身——神，普氏用了怀疑的口气说："至于神，我既不知道他们是否存在，也不知道他们像什么东西。"①

　　普罗塔哥拉的上述命题并不是一个完全正确的命题，但它冲破了古代人与自然、人与神之间关系的束缚，把人摆在了至高无上的地位。这在某种程度上反映了人类要摆脱动物界、摆脱自我蒙昧状态的觉醒趋势。黑格尔由此评价说："普洛泰哥拉宣称人是万物的尺度，就其真正的意义说，这是一句伟大的话"，"是一个伟大的命题"②。

　　和"人是万物的尺度"差不多一样著名的另一古希腊命题，是苏格拉底提出的"认识你自己"。这句本来刻在德尔菲神庙碑上的一句"神托"，被苏格拉底引用后，就差不多成了思想史上人们探讨人性本质的名言。苏格拉底教人将视线从自然世界转向人的世界，认为哲学最应该研究的不是自然，而是人自己。

　　按照苏格拉底的意见，人的主要任务不在于一般知识，而在于认识自己的心灵，努力追求一切美好的东西。苏格拉底所感兴趣的，首先是人的内心世界、人的心灵，尤其是人的善德品质和做人的能力。苏格拉底引导人们关注和探索人，这对于启动人类主体意识的觉醒，对于人自身的解放，起到了理性引导的作用。

　　中国对人性的探讨最早开始于春秋时代。在西周时期已有的"敬德配天"观念中，就包含了由"天"（自然）向人的转向。西周"天"的观念是从殷商的"帝"转化而来。"帝"具有无上的权威，但其意志难以捉摸。它随意降福或降灾，祸福降临与人事行为不存在必然因果联系。

　　周代商而立的变革事实，使周人认识到天命并非"不僭""不易"（不可替换），而认为"天命靡常"。天命是根据地上帝王是否有德而转

━━━━━━━━━━━━

　　① 北京大学哲学系外国哲学史教研室. 古希腊罗马哲学. 北京：商务印书馆，1961：138.

　　② 黑格尔. 哲学史讲演录：第2卷. 贺麟，王太庆，译. 北京：商务印书馆，1960：27.

移的。失德就要受天帝惩戒，有德则降神命于其身。西周人就是这样解释天命由殷转移到周的道理。大型神话小说《封神演义》讲述的故事，就表现了这样一种观念。殷纣王荒淫无德，天帝就降命以周代殷，武王伐纣就是执行了天帝的意旨。

"有德"或者"失德"本是人道之事，但周人把它和天命帝令结合在一起，就明显表现了周人对人自身的觉醒的开始。在此之前，人事的一切都要从"天"那里寻找原因和根据，而对人性的关注事实上就已蕴含着这样的主张：人事问题应到人自身那里去寻找。

到了战国时期，百家争鸣，众多思想家几乎都对人性问题发表了见解。

儒家提出了人性本善的理论，明确指出人性不同于动物性的地方在于人有道德良善与本心。荀子、韩非子主张性恶论，认为人天生好利恶害，受欲望支配，必须让圣人制礼义、教化众人，去掉恶性，积善成圣。道家人性论属于自然人性论，主张保持和恢复人的自然本性，力倡无为而治，顺应自然。

上述不同人性理论各有长短，但都在发现人性、探索"人之所以为人者"到底是什么。这就是说，中国古代从崇拜天帝等神秘自然力量转向崇尚人的德性，进一步转向研究人性，这一转变，可以视为中国古代人类观念世界的第一次更新。这种更新标志着中国古人对自身的一种自觉，是人从蒙昧被动的奴役状态迈向自我醒悟和解放的第一步。

在受宗教统治的中世纪，对人性的自觉又被神学教义的神性人论遮蔽住了。基督教关于人的本质的教义，是在人与上帝的关系中来考察的。上帝创造了人，尽管上帝认为人不同于其他造物，但人毕竟是由上帝用地上的尘土造出来的。依据宗教的信条，人自身没有独立的本质，人的本质只能是在自己心灵中的上帝神性。

基督教神学的主要代表奥古斯丁提出了"原罪"说，由于人类始祖在伊甸园中犯了罪，造成了人的本性的堕落，因此他认为人性是邪恶的，人必须爱上帝、追求神性，鄙视尘世自身肉体，等待上帝的拯救，使自己心灵充满神性的光辉。只有这时，他才完成了人生的使命，实现人占有神性本质的目的。

受宗教神学的影响，欧洲中世纪的人论一方面抬高上帝，用一切赞美之词颂扬上帝，另一方面又宣扬人人有原罪，人的本性是邪恶的，人应当鄙视自己，否定肉体欲望，人只有在轻视自己、否定自我时，才会得到上帝赋予人的神性本质。

从对人性探索的角度看，宗教神性人论把人的欲望等同于罪恶，引导人们否定人自己的本性，造成了对人性的严重压抑和束缚。人类在古代开始觉醒的主体意识，在中世纪宗教压抑下退化为非人的神性观念。在这种观念里，人是被动的，成为丧失自我人格和人性的神性工具。

基督教教义的人性论，是古代希腊人性精神在黑暗时代的扭曲发展，在人类认识自我、解放自身的思想历程中，造成了人类主体性自觉的一种倒退。

人类从人的神学本质向人的自然本质的视角转换，是由兴起于中世纪末期的人文主义思潮完成的。人文主义作为一种时代思潮，涉及文学、艺术、科学、哲学等各个文化领域，其共同的思想倾向就是反对宗教神学宣扬的"一切为了神"，主张"一切为了人"。他们批判了宗教神性人论，充分肯定人的欲望要求的合理性，把人的自然欲望视为人的本性。公元前 2 世纪拉丁诗人特伦斯的一句诗，"我是人，凡是人的一切特性，我无不具有"，成为文艺复兴时期人文主义者同中世纪神性人学进行斗争的主要口号。这个口号宣告了人的自我意识的重新觉醒。

人对自身的认识，永远处在一个历史过程中。近代资产阶级完成了从人的神性本质向人的自然本质的思维转换，固然是人类走向自身解放的重要一步，但并不表明人类完成了对自身本质的认识。

从古至今，许多中外思想家都从不同的角度和侧面探索了人的本性，但也都有各自的理论缺点，主要有两条：其一，离开人的社会关系来探索人的本性，实际上只是抽象地谈人性；其二，不是用社会性去说明人性，而是用抽象人性去说明和规定社会，构造出所谓符合人性的理想社会。

确立用社会性说明人性的理论视角和思维方式，是马克思主义学说的功绩之一。有关马克思主义对人性本质的揭示及其创新之处，我们在前面已做了详细的论述。在这里需要强调的只是马克思主义学说提出的人性本质"在其现实性上，它是一切社会关系的总和"的观点，从根本上突破了以往哲学家从抽象的人出发说明历史的思维定式，使人类对于自身的认识有了一个更为科学的理论形态。

马克思主义非常重视对人的本质的认识。他们把人的本质放在社会生产、实践中去理解，而不仅仅抽象地从人与自然、人与神的区分上谈论人性。马克思说："可以根据意识、宗教或随便别的什么来区别人和动物。一旦人们自己开始生产他们所必需的生活资料的时候（这一步是由他们的肉体组织所决定的），他们就开始把自己和动物区别开来。"[①]是劳动使人从动物中分化出来，使人成为人。人的本质就存在于各种社会实践中的一种能动性、创造性的活动。可以说，人的本质就是人类追求自由的创造性活动。

自由自觉的创造劳动是人类的特性。也就是说，人所特有的自由能动性就是通过劳动创造体现出来的。人的解放、人的本质的复归，人性的占有，恰恰是人的自由的获得，或者说，就是人类争取自由的过程。马克思所构想的"自由人联合体"，就是能够充分容纳人的自由本性的社会发展阶段。

马克思主义学说第一次把对社会的认识引入社会历史的现实实践中，同时把对人性的认识推进了一大步。人类就是这样，随着社会历史和人的理性的发展，越来越自觉地思索着自己的存在，思索着人性的发展和人类命运，人对人自身的认识也有了很大的自觉。当然，"认识你自己"是一个古老而永久的人性命题，只要人类存在着、发展着，对人自身的认识的任务也就永远存在。

5. 全面占有人性

把人性问题放在历史进步的整体要求中去看，人类解放的未来目标，既包括实现人与自然的和谐统一、人与自身历史的和谐统一，也包括人与人自身本质的和谐统一，而实现人与自然、人与社会的和谐统一，归根到底应服从人性的解放这一终极目标。在一定意义上可以说，人类改造自然、改造社会所进行的一切斗争和努力，都是为了摆脱人性的束缚，使人类完全主宰自己的历史命运，全面而自由地发展人性，并最终充分占有人自己的本质。

人们从古至今不断憧憬人全面而自由的发展，孜孜以求，这本身就说明全面而自由的发展植根于人性最深沉的需要和冲动之中，人必然要通过与自然、社会、人自身的各种实践关系，全面地表现和把握自己本

[①]　马克思恩格斯全集：第3卷. 北京：人民出版社，1960：24.

质的完满性，使人不仅通过感性，而且以全部理性在对象世界中肯定自己。这一切按照马克思主义学说的表述，即人的"全面发展"要求人不是在某一规定性上再生产自己，而是生产出自己的全面性，并以一种全面的方式，"作为一个完整的人，占有自己的全面的本质"①。

人性是存在的，但并不是自从有了人就有了完善的自觉的人性。从大的逻辑环节上看，人类可以说有三个自身发展阶段：自在的人—异化的人—自由的人。与此相应，人性也经历了一个螺旋式发展过程：从原始社会自在的人性开始，经过相对不发达的私有制社会人性的异化，最后到发达的公有制社会人性异化的扬弃，实现人性复归。

"复归"是马克思用来表述人对自己本质最终占有的一种概念。"复归"在哲学语言中表达否定之否定意义的异化之扬弃，人性的发展也历史、逻辑地体现着否定之否定规律。

在原始人那里，人性是自在的，不具有异化性质，具有一种天然和谐的本性和原始的完满。然而随着商品生产的发展，社会中出现了阶层、阶级，原始的普遍的人类共性分裂为不同的阶级性。原始公社那种自由和谐的劳动，在阶级社会变成了奴役和沉重负担。"异化劳动把自主活动、自由活动贬低为手段。"② 把本应自由自主的劳动，变成了受别人支配的、处于别人的强迫和压制之下的活动。劳动本来使人从动物中分化出来，使人成为人，而劳动的异化使人丧失了人的本质，人性发生了异化。

不止一位思想家谈论过异化问题，而对劳动异化、人性异化分析最为系统、最为深刻的，当首推黑格尔和马克思。应当怎样理解劳动异化所带来的人性异化呢？或者说，劳动异化是如何造成了人性的异化的？

劳动的异化首先使劳动产品发生异化。按说，劳动创造财富，劳动者才应是财富的真正创造者和主人。可是，在私有制社会生活中，劳动者不仅得不到他的劳动产品，反而被他的劳动产品所奴役。"劳动所生产的对象，即劳动的产品，作为一种异己的存在物，作为不依赖于生产者的力量，同劳动相对立。"③ 结果是，"劳动为富人生产了奇迹般的东

---

① 马克思恩格斯文集：第1卷. 北京：人民出版社，2009：189.
② 同①163.
③ 马克思恩格斯全集：第42卷. 北京：人民出版社，1979：91.

西，但是为工人生产了赤贫。劳动创造了宫殿，但是给工人创造了贫民窟。劳动创造了美，但是使工人变成畸形。劳动用机器代替了手工劳动，但是使一部分工人回到野蛮的劳动，并使另一部分工人变成机器。劳动生产了智慧，但是给工人生产了愚钝和痴呆"①。

劳动者生产越多他就越贫困，这个事实表明，劳动者的劳动同他的产品相异化了，处在一种异化的关系之中。劳动异化不仅导致人与物的关系的异化，而且在人同自己的劳动活动的关系中，导致劳动活动本身的"自我异化"。

本来，人的本质就表现在人能动地创造对象世界和创造自身的过程中，正是在劳动中，人通过创造出合目的的劳动产品而能动地改造对象世界，使自己的能动本质得到表现和创新。可是，劳动活动自身的异化使人丧失了自己劳动的真实目的，劳动作为人类发展自身的自由的活动，变成了单纯维持个人生存的手段。人们在劳动中不是肯定自己，而是否定自己；不是感到幸福，而是感到不幸；不是自由地发挥自己的体力和智力，而是使自己的肉体受折磨、精神遭摧残。人们只是在劳动以外才感到自在、感到轻松，劳动成为被迫的行为。马克思由此指出："劳动的异化性质明显地表现在，只要肉体的强制或其他强制一停止，人们就会象逃避鼠疫那样逃避劳动。"②

在异化了的劳动中，劳动者不仅感觉不到自己做人的尊严，反而觉得是在做牛做马。人们不是在劳动中而是在满足饮食男女这些动物层次的需要时才觉得自由，而在劳动时，即发挥人的机能时，却觉得自己不过是动物。人在劳动中不是获证了自我，而是丧失了自己的本质，人的本质发展以一种异化的形式表现出来。

异化劳动的结果是："人的类本质——无论是自然界，还是人的精神的、类的能力——变成人的异己的本质，变成维持他的个人生存的手段。异化劳动使人自己的身体，以及在他之外的自然界，他的精神本质，他的人的本质同人相异化。"③

接下来的问题是，人的劳动为什么会发生异化？有一些人可能会告诉你，说是私有制造成了劳动异化，劳动之所以成为强制压迫劳动者的

---

① 马克思恩格斯全集：第 42 卷. 北京：人民出版社，1979：93.
② 同①94.
③ 同①97.

异己力量，就因为劳动者本人不占有生产资料，而为另一部分占有生产资料的人出卖劳动。

另一种观点认为，私有财产是劳动产品异化的形式，私有制的产生是异化劳动的结果。在社会发展中，当劳动资料被自己占有、劳动成果被自己享用的时候，劳动并不具有异化的性质。而当有了剩余产品，剩余产品又被一部分人占有，构成了私有生产资料时，这些私有生产资料就反过来奴役工人，造成了劳动异化。

我们看看对异化劳动有过深入研究的马克思的观点。在马克思看来，私有财产是异化劳动的结果，同时又是导致劳动的异化性质和使劳动异化的手段。他说，"私有财产一方面是外化劳动的产物，另一方面又是劳动借以外化的手段"①。马克思主义认为，不能简单地讲私有制产生异化劳动，也不能简单认为异化劳动产生了私有制。这其中有一种更为深层的原因，这就是随着劳动生产力提高而出现的剩余劳动。

在生产力比较低下的原始社会，社会劳动没有分化的余地，全部劳动成果由全体劳动成员占有、分享，后来，随着生产力的提高，有了剩余产品。而剩余产品一旦产生，就有可能被一部分人所占有，事实上剩余的劳动产品往往被氏族社会中掌有权力的人占有，从而劳动就这样具有了异化的性质，转变为异化劳动。正如马克思所分析的，异化劳动和私人占有是同时出现的，"它们只是同一种关系的不同表现：占有表现为异化、外化，而外化表现为占有"②。

从历史和逻辑的角度看，异化劳动和私有制的出现，相对于原始社会发展阶段而言，是人类发展的一种历史进步，从此，人与自然、人与社会、人与人自身本质的关系，开始走上异化的道路。可以说，异化劳动造成了人的自然本性、社会本性以及活动功能的异化，即人性的全面异化。但历史地看，人性异化就像劳动异化和社会异化一样是必然要发生的。劳动异化是人类社会发展过程中否定之否定必然规律的一定阶段的表现，人性的历史发展过程也要经历这样一个否定之否定。从这一点看，劳动异化既有消极的方面，同时又是必然的，有一定的历史进步意义。

异化劳动在自身发展中同时也孕育着自我否定的因素，从而否定、

---

① 马克思恩格斯全集：第42卷. 北京：人民出版社，1979：100.
② 同①102.

扬弃自身。生产力的提高、劳动社会化的增强，都会使劳动的异化得以扬弃。马克思看到了未来社会发展必将超越私有制，扬弃劳动异化、人性异化，这个未来社会就是共产主义社会。

共产主义学说并不是马克思主义的独创。在东西方自古至今的许多关于理想社会的描绘中，都有类似的表达。比如，中国儒家、道家的大同社会思想，古希腊柏拉图设想的国家，以及康帕内拉的"太阳城"，圣西门、傅立叶和欧文的社会主义。这些主张的一个共同点，即反对私有制，主张废除私有财产。

马克思分析了种种粗陋平均的"共产主义"，批判这种只注重物质占有形式的学说，认为它们并不理解劳动的异化和私有财产的本质，它们只是要求在一切社会成员中平均分配物质财富。出于对私有制的不满而主张实现平均分配的社会，马克思认为这种对私有制的抽象否定，是非历史的，不是社会的前进而是一种历史的倒退。"对整个文明和文明的世界的抽象否定，向贫穷的、需求不高的人——他不仅没有超越私有财产的水平，甚至从来没有达到私有财产的水平——的非自然的简单状态的倒退，恰恰证明对私有财产的这种扬弃决不是真正的占有。"①

马克思强调，"共产主义是对私有财产即人的自我异化的积极的扬弃"②。对私有制不能简单地否定，私有制的出现是合乎历史规律的，为此马克思指出，"无论劳动的材料还是作为主体的人，都既是运动的结果，又是运动的出发点（并且二者必须是出发点，私有财产的历史必然性就在于此）"③。

共产主义作为历史发展的结果，对私有制做了一种积极的扬弃。一切空想的共产主义学说都主张否定私有财产，但马克思强调的是：必须把对私有财产的扬弃理解为对人本身的异化的扬弃，即理解为人的解放。人的解放意味着，不能只着眼于物的占有、物的平均分配，它必须是人的主体活动的解放，主体本质的占有。在这样一种意义上可以认为，共产主义不仅要扬弃私有制，更要扬弃人的自我异化。

扬弃私有制，不是因为它对财富分配的不平均，而是因为私有制使人变得片面和愚蠢，劳动不是发挥自身的能动创造性，而是满足财富增

---

① 马克思恩格斯文集：第 1 卷. 北京：人民出版社，2009：184.
② 同①185.
③ 马克思恩格斯全集：第 42 卷. 北京：人民出版社，1979：121.

殖的手段。在这里，劳动的意愿和尺度是由外在财富决定的，而不是劳动者主体的自由选择；从劳动的目的来看，不是为了人，而是为了物。在这种劳动中，人的感觉以至于人性被扭曲了。它无视人的主体存在，贬低人的主观价值及地位，把人降到物的奴隶和工具的水平。所以问题的实质在于，使人摆脱财富、资本的奴役。而要摆脱财富、资本对人的奴役，就必须摆脱人（占有生产资料的）对人（不占有生产资料的）奴役和剥削。这才是马克思主义学说的出发点和目的。

随着私有制被扬弃，以物的增殖为目的的劳动，才能变成为人的劳动。为人的劳动是这样一种劳动：这种劳动的意愿出于主体的自我选择，劳动的目的由主体自我设定，这种劳动的出发点是一切为了人，它既是付出，又是需求和享受，这种劳动充分地显示了人的本质力量，实现了人的本性。

人是生而自由的、自主自为的，为什么一定要沦为财富的奴隶？马克思主义的创始人希望人们真正明白，人应当"了解自己本身，使自己成为衡量一切生活关系的尺度……根据自己本性的需要，来安排世界，……应当到近在咫尺的人的胸膛里去找真理"①。人应当成为世界的目的和中心，而不是像私有制社会把财富放在世界的目的与中心的地位。总之，必须使人性摆脱异化得以复归。马克思说，人性异化的扬弃就意味着"对人的本质的真正占有；因此，它是人向自身、向社会的（即人的）人的复归"②。

当然，需要注意，复归并不是简单的重复。一粒麦子经过麦芽、麦苗的否定，最终仍要复归于麦粒，成熟后的麦粒果实包含有全部麦种的内涵，但麦穗已全然不同于最初的一粒麦种了。人性的复归也是这样，不是重复那种受控于自然力的原始简单的自在劳作，而是从事自觉运用社会和自然的客观规律并能动发挥主体创造力的自由劳动，不是回到那种人性的原始的未醒悟的完满，而是全面自觉、全面发展的人性实现。这是合乎人的本性的人自身在更高形式上的复归。

总之，人性复归或全面占有人性，获得人的解放，是人类发展的出发点和目的。

---

① 马克思恩格斯全集：第 1 卷. 北京：人民出版社，1956：651.
② 马克思恩格斯全集：第 42 卷. 北京：人民出版社，1979：120.

结 语

一切文化和哲学的中心在人论。古希腊思想家早就说过："认识你自己！"而在中国古代，老子用另一种语言表达了差不多同样的思想："自知者明。"18世纪的思想家卢梭认为，"人类的各种知识中最有用而又最不完备的，就是关于'人'的知识"[①]。著有《人论》一书的现代德国哲学家恩斯特·卡西尔说，"认识自我乃是哲学探究的最高目标——这看来是众所公认的。在各种不同哲学流派之间的一切争论中，这个目标始终未被改变和动摇过：它已被证明是阿基米德点，是一切思潮的牢固而不可动摇的中心"[②]。

无论在人类发展的东方还是西方，也无论过去、今天还是未来，认识人都是哲学关怀的中心，是人类思想中最伟大崇高的主题。我们认识人性不仅是为了描绘人的"本性"，也是使我们活得像一个人。在人生的道路上我们应该经常向自己发问，我对作为人的存在的自身知道些什么，我是否在选择走一条真正为了人的发展的生活道路。认识自我和成为自我是分不开的。

"认识你自己！"

---

① 卢梭. 论人类不平等的起源和基础. 李常山，译. 北京：商务印书馆，1962：62.
② 卡西尔. 人论. 甘阳，译. 上海：上海译文出版社，1985：3.

第二章　马克思主义视野中的
人性理论*

　　人性理论研究"人是什么"的问题，这是人类文化一切问题中最重要的一个命题。所有社会的、自然的、文化的、人类生活的问题，都取决于人们对人性的见解和设定。卢梭说："我觉得人类的各种知识中最有用而又最不完备的，就是关于'人'的知识。我敢说，德尔菲城神庙里唯一碑铭上的那句箴言的意义，比伦理学家们的一切巨著都更为重要、更为深奥。"① 苏格拉底引箴言入哲学，从此使认识人自己成为人类思考最核心的主题。伦理思想史上理论观点林林总总，但归结起来无非就是三个核心问题："什么是好生活"、"为了好生活应该怎么做"和"人应该成为什么"。而对前两个问题的回答，必须以"人应该成为什么"为前提和基础。

　　人性论作为人类"好生活"的前置关键词和前提性基础，对人类世界的存在、人的社会生活追求、人本身的应然发展产生深刻影响。人类历史发展过程已说明，人们按照什么样的方式来适应环境和生存，选择什么样的文化价值系统作为自己生活的导向，构建什么样的理论体系指导社会发展，本质上和他们如何认识人性以及认知自觉程度相一致。

---

　　* 本章内容原载于《齐鲁学刊》2018年第4期。
　　① 卢梭. 论人类不平等的起源和基础. 李常山，译. 北京：商务印书馆，1962：62.

一、自然人性论与马克思主义人性论中的自然属性

每种文化都会这样那样地表达人对自我的认识，而一种文化相异于另一种文化，相当程度上也源于对人性的不同理解。并不是任何一种关于人性的观念或理论，都达到了对人的认识的完整自觉。但每一种关于人性的认知，都或多或少反映出人性本质的某一侧面。

古希腊思想家把人看成具有感性的自然物。他们认为人和世界万物一样，都由某种自然物质产生和构成。自然人性论进入欧洲中世纪后被神学人性论淹没。神学家认为世界万物包括人在内都由神创造，神性决定人性。自然人性论至文艺复兴时期得以复兴。

自利自爱、趋乐避苦是自然人性论的一个主题。自然人性论认为，人是趋乐避苦的，为了保障人的权利，人们便缔结契约，制定法律，让渡和制约公共权力，社会意识形态也应顺应自然人性，这有助于人追求和提升幸福。

中国人性论传统中，老子、庄子、荀子、韩非子等思想家的人性论通常也被称作"自然人性论"。但他们的自然人性论同西方"趋乐避苦"的自然人性论有所不同。老庄以"自然"为人的本性，但认为人本性无知无欲，犹若婴儿，人们的自利心恰是由于抛弃了素朴的自然本性。老庄希望人们在"见素抱朴，少私寡欲""复归于婴儿"的人性原初状态中，"忘"外物，超越外物，达到无为的自然人性境界；荀子、韩非子提出人性"好利恶害"，都有"自为心"，在利己与利他关系上，强调利己是目的，利他是手段。

一定的人性论，会推导出一定的理论取向。自然人性论多主张按自然本性生活，许多自然人性论者用这种观点解释人的幸福，引发出主张感官快乐的理论取向，以致被后人称作"酒神精神"；自然人性论强调人"趋利避害"的本性，强调个人利己的合理性甚至是至上性，由此推理得出个人主义价值原则；还有一些自然人性论从人的趋利本性引发出契约主义的理论逻辑。启蒙学者把人的自然本性同人的社会平等权利连在一起，构建了社会契约理论。契约论认为，人本性自私自利，要想避免"丛林法则"状态有秩序而和谐的生活，就必须订立契约，让渡权力

形成公权，以便调控利益与矛盾构建有秩序的社会。如霍布斯认为人生而自私，得出"人对人像狼一样"的结论；洛克赞同"人类自然状态"说法，但强调自然状态中也有人人遵守的自然法——理性，使人们能够和平相处，契约国家就是人的自然和平状态的表现形式；霍尔巴赫认为，人本性爱自己，但人与人又要和谐生活，所以为了自己的利益应当爱他人，因为爱别人是使自己得到幸福的手段，把个人利益和公众利益结合起来生活，才既符合人的本性，又符合道德的幸福的生活要求；卢梭认定人性自然天生，但认为人不仅有自爱之心，还有怜悯之心即人性之善，人性随着财产、利益的出现而异化，必须通过订立公意契约，消除异化状态。

　　人性中包含自然性，人的生命存在总是不断超越自然、超越肉体，同时又不能离开自然生物有机体存在。如恩格斯所指出的："我们连同我们的肉、血和头脑都是属于自然界和存在于自然界之中的。"① "人来源于动物界这一事实已经决定人永远不能完全摆脱兽性，所以问题永远只能在于摆脱得多些或少些，在于兽性或人性的程度上的差异。"② 但在马克思主义理论视野中，自然人性不能代表人的本质。自然人性论把人定义为自然生物当然是错误的，但如果我们在把握人性时把自然属性排除在外，那也是错误的。承认人具有自然属性并不能引出人性就在于自然性的结论。马克思在《1844 年经济学哲学手稿》中说："动物和它的生命活动是直接同一的。动物不把自己同自己的生命活动区别开来。它就是这种生命活动。人则使自己的生命活动本身变成自己的意志和意识的对象。他的生命活动是有意识的。这不是人与之直接融为一体的那种规定性。有意识的生命活动把人同动物的生命活动直接区别开来。"③

　　因此，要意识到人的自然性是构成人性系统的第一个层面，也是最基础的层面。但这个自然性已是属于人的自然性。人一旦称其为人，他的自然性就成为社会关系总和的一种表现，不再有什么独立自存的意义。比如，就饥饿和性欲而言，人和动物似乎并没有什么不同。"但是

---

① 马克思恩格斯选集：第 3 卷. 3 版. 北京：人民出版社，2012：998.

② 同①478.

③ 马克思恩格斯全集：第 42 卷. 北京：人民出版社，1979：96.

用刀叉吃熟肉来解除的饥饿不同于用手、指甲和牙齿啃生肉来解除的饥饿。"① 因此，人的吃喝可以不是简单的充饥，而是享受美食；两性不只是交配，而成为爱情的一部分。

总之，人性、人的本质是两个重叠而又不同的概念，一些论说常在同一意义上使用这两个概念，似乎人的本质就等于人性。实际上这是两个不同的概念。本质表明一事物区别于他事物的最根本的特性。人的本质应当是人的诸种属性中最根本的那个属性，正是这个属性，从整个世界中最后区分出了人。因此，在马克思主义理论中，人性包含人的自然性等多种属性，但把人和动物区别开来的决定人之为人的本质特性并非自然性。

二、理性人性论与马克思主义人性论中人的理性

理性人性论可追溯至古希腊。苏格拉底"知识即美德"的命题中，已在表达理智理性在人性中的地位。柏拉图认为人的灵魂中存在着理性、欲望和意志三种成分，理性居于主导地位并控制个体欲望。亚里士多德认为人的本性就在于理性，人能用理性支配自己的行为，使行为合乎道德。亚里士多德强调人之为人的特殊功能在于具有理性的生活，他还提出人类在本性上是一种"政治动物"。文艺复兴时期，在反对神学还原"人性"的人文主义队伍中，实际上打出了两面旗帜：一面即"自然人性"理论，另一面就是"理性人性"论。近代理性人性论首先在笛卡尔的唯理论中唱响。笛卡尔认为万物有两个本原，物质实体的根本属性是广延，心灵实体的根本属性是思想，认为人之所以存在，就在于人有心灵和思想，这就是他的"我思故我在"命题想要表达的内容。斯宾诺莎把人的自然本性和理性统一起来，强调人必须遵循理性指导，自己获得自然权利而又不致损及别人。狄德罗认为人与野兽的最后分别，在于是否有理性。康德反对自然人性论，他把人看作理性存在物，认为："如若它们是无理性的东西，就叫做物件（Sachen）。与此相反，有理性的东西叫做人身（Personen）。"②

---

① 马克思恩格斯全集：第46卷：上册. 北京：人民出版社，1979：29.

② 康德. 道德形而上学原理. 苗力田，译. 上海：上海人民出版社，1986：80.

人的理性是人性区别于动物性的标志之一。按照马克思关于人类实践的两个"尺度"的思想，人——主体同自然外界——客体发生对象关系时，会有两种性质的尺度发生作用。在《1844年经济学哲学手稿》中，马克思指出，真正的人类劳动，是一种自由自觉的实现人类本质力量的活动，"人的类特性恰恰就是自由的自觉的活动"①，"动物只是按照它所属的那个种的尺度和需要来建造，而人却懂得按照任何一个种的尺度来进行生产，并且懂得怎样处处都把内在的尺度运用到对象上去；因此，人也按照美的规律来建造"②。马克思很强调人本质的对象化，"劳动的对象是人的类生活的对象化：人不仅象在意识中那样理智地复现自己，而且能动地、现实地复现自己，从而在他所创造的世界中直观自身"③。"复现自己""直观自身"，就是在重复物种规律的同时，展现人的本质规定性及人的"尺度"。马克思还说："随着对象性的现实在社会中对人说来到处成为人的本质力量的现实，成为人的现实，因而成为人自己的本质力量的现实，一切对象对他说来也就成为他自身的对象化……对象如何对他说来成为他的对象，这取决于对象的性质以及与之相适应的本质力量的性质。"④

在马克思主义认识论中，真理研究解决的中心是世界"是什么""怎么样"的问题，而世界"是什么"，这是由客体世界所决定的。在真理（事实的）范畴中，主体自由以服从客体必然为前提。这是真理尺度下事实范畴中主客体关系的一个特征，也是哲学意义上主体自由的特性。一般来讲它以客体的尺度为尺度。

马克思所说的另一个尺度，是由人的需要和"本质力量的性质"所规定的尺度，即"人的内在尺度"。人不同于动物的地方就在于人不仅能按照客体的尺度认识客观世界，而且能按主体的人的尺度来建造理想世界。主体按自己的本质规定，按自己的需要、目的同客体世界发生关系，所构成的是不同于上述事实真理关系的"价值关系"。

马克思说："通过实践创造对象世界，即改造无机界，证明了人是有意识的类存在物，也就是这样一种存在物，它把类看作自己的本质，

----

①　马克思恩格斯全集：第42卷. 北京：人民出版社，1979：96.

②　同①97.

③　同①97.

④　同①125.

或者说把自身看作类存在物。"① 马克思比较了人的能动活动和动物活动的区别："蜘蛛的活动与织工的活动相似,蜜蜂建筑蜂房的本领使人间的许多建筑师感到惭愧。但是,最蹩脚的建筑师从一开始就比最灵巧的蜜蜂高明的地方,是他在用蜂蜡建筑蜂房以前,已经在自己的头脑中把它建成了。……他不仅使自然物发生形式变化,同时他还在自然物中实现自己的目的。"② 人能设计蓝图,能预设目标,并使自己的行为、意志围绕目标而行动,这是人独特于任何生命形式的能力,是人性规定中的一种重要属性。

在人性系统中,理性能动是一个确定的属性,但还不是最后的本质规定性。理性从何而来? 人的理性是在历史进化过程中逐步成熟起来的。恩格斯这样描述远古时代人类理性意识的发生和发展:"随着手的发展,头脑也一步一步地发展起来,首先产生了对取得某些实际效益的条件的意识,而后来在处境较好的民族中间,则由此产生了对制约着这些条件的自然规律的理解。"③ 人关乎理性的大脑、语言和意识的能力都来自生产劳动,而人的生产劳动是和生产关系联系在一起的,因此,人的理性在本质上也根源于社会性。

三、马克思主义人性论中人的社会性本质

亚里士多德作为古希腊思想的集大成者,在人性问题上也很强调人与动物有别的后天社会性。他断言"人类在本性上,也是一个政治动物",认为"城邦"(国家)在时间上后于个人、家庭出现,但"在本质上则先于个人和家庭"④。从政治的意义上讲,国家和城邦都是一种建立在社会关系上的共同体。黑格尔对亚里士多德"把'人'的定义规定为'政治动物,具有理性的动物'"深感兴趣,并对此做了高度评价。⑤ 孟德斯鸠以论法的精神而著名。孟德斯鸠这样理解法:"法,就

---

① 马克思恩格斯全集:第 42 卷. 北京:人民出版社,1979:96.
② 马克思恩格斯选集:第 2 卷. 3 版. 北京:人民出版社,2012:169-170.
③ 马克思恩格斯选集:第 3 卷. 3 版. 北京:人民出版社,2012:859.
④ 亚里士多德. 政治学. 吴寿彭,译. 北京:商务印书馆,1965:7-9.
⑤ 黑格尔. 哲学史讲演录:第 2 卷. 贺麟,王太庆,译. 北京:商务印书馆,1978:362.

最广泛的意义来说，就是由万物的本性派生出来的必然关系；在这个意义之下，一切实体都有它们的法；神有神的法，物质世界有物质世界的法，禽兽有禽兽的法，人有人的法。"①

孟德斯鸠认为，人类不同于万物和禽兽的特性就在于过社会生活，按照人性法则生活。在《波斯人信札》中，他用"穴居人"故事说明人的生活必须互相团结、互相帮助，服从人类特有的社会关系法则。

卢梭论述人类不平等起源问题时认定，人性自然天生自爱心的同时，还有表达人性之善的怜悯心，人性随着财产和利益占有的不平等出现异化，必须通过订立公意契约，构建一个政治共同体，消除异化状态。政治共同体内包含着各种经济的、政治的社会关系。

费尔巴哈提出了"人是社会的人"的思想。他讨论法、道德、理性、爱、幸福等问题时，总要放在人与人的联系中考察。费尔巴哈认为，孤立的、个别的人，不具备人的本质。人的本质，只能包含在团体和群类之中。当然，费尔巴哈往往在"群""类"的意义上理解人的社会关系。

除此之外，当代许多思想家或学者虽然话语系统和概念表达有别，但也有很多学者是把人的存在视为关系状态的。如海德格尔的存在论中强调关系中的"他者"，他认为"我"的存在、"他者"的存在、我与他者的相遇，是人们的一种存在方式，他把这种人的存在方式称作"共在"。他强调这种存在者与存在之间的"共在"关系，使我与他者的关系变成了"我们"②。

马丁·布伯在《我与你》中，把人的存在状态分为三种：一是我与自然的关系；二是"我与你"即人与人的关系；第三是我与上帝的关系，这也可理解为人和他的精神信仰的关系问题。三种关系中，决定性、实质性的关系是"我与你"即人与人的关系。把人的存在状态抽象为社会性存在，把人性本质归结为人的社会性，这是马克思关于人的理论对以往人性论的发展和变革。人本质上是一种关系中的存在，不论是政治关系、经济关系、伦理关系，还是"我与你"的人与人之间的关系，都可在哲学中被概括为社会关系，换句话说，社会关系是一切社会

---

① 孟德斯鸠. 论法的精神：上册. 张雁深，译. 北京：商务印书馆，1961：1.

② Heidegger. Grundbegriffe der aristotelischen Philosophie. Verlag Vittorio Klostermann，2005：45.

生产、社会生活中各种具体关系的最后的抽象表达。社会关系是人的一种社会存在方式。在马克思、恩格斯看来，"凡是有某种关系存在的地方，这种关系都是为我而存在的；动物不对什么东西发生'关系'，而且根本没有'关系'；对于动物来说，它对他物的关系不是作为关系存在的"①。

人的本质应当是体现出人和动物最后区别的那个根本属性。自然生物性肯定不是人的本质。理性、德性、宗教可视作人类独有的东西，但它们都是从社会生产、生活活动中产生和发展起来的。人在实践活动中把自己从动物界提升出来，创造出了人之为人的一切特征。人既具有与动物相同的自然生命，又具有了超越自然生命的本质，这就是人的社会性本质。我们可以根据宗教、伦理等意识与理性能力来区别人和动物，但人类意识和人的理性能力从何而来，最终仍要追根溯源到社会生产关系和社会性上来。人为生存而进行生产活动，由此需要结成一定的生产关系，"他们如果不以一定方式结合起来共同活动和互相交换其活动，便不能进行生产。为了进行生产，人们便发生一定的联系和关系；只有在这些社会联系和社会关系的范围内，才会有他们对自然界的关系，才会有生产"②。所以马克思认为，人的本质不能是别的，只能是社会劳动或社会性。"人的本质不是单个人所固有的抽象物，在其现实性上，它是一切社会关系的总和。"③ 社会性是人能区别于动物的那个最后的规定性。

马克思在全面把握人性本质的基础上，提出了人的全面发展和自由解放的学说。全面发展，就是人既不能只被理解为单面的"自然人"或者"德性人"，也不能只是抽取出"理性"等人性某一层面性质当作人的全部本性。人必须摆脱人性发展过程中的种种片面性和畸形，在自然性、社会性、德性、理性等各个方面取得全方位的占有，最终获得全面完整的人性。马克思提出了人的全面发展理论："人以一种全面的方式，也就是说，作为一个完整的人，占有自己的全面的本质。"④ 而在共产主义社会下，由于摆脱了社会发展和人的发展的背离，代替物的世界和

① 马克思恩格斯选集：第1卷. 3版. 北京：人民出版社，2012：161.
② 马克思恩格斯全集：第6卷. 北京：人民出版社，1961：486.
③ 同①135.
④ 马克思恩格斯全集：第42卷. 北京：人民出版社，1979：123.

人的世界背离的将是这样一个联合体，"每个人的自由发展是一切人的自由发展的条件"①。

人性是一个包含多种属性的体系，不是仅用某一单独属性就能界定了的。凡属人的一切，不论是自然的还是社会的，都是属人的特性。由此，人性就是人所具有的全部属性的综合，但各种属性的系统层次高低是不同的，其中最高系统质是该系统的代表质，也就是最根本的性质。显然，"人性"概念的范围比"人的本质"的范围要大，人的本质只是人性中诸多属性中最根本的一种规定性。当我们回答"人是什么"时，既应把他的全面丰富的属性都展示出来，又应把最能决定人之为人的那个根本性质揭示出来，这样才能真正把握好人的界定。

从社会性、社会关系层面界定人的本质，必须把人性理解为现实的具体的，理解成发展变化的。人性是一切社会关系的总和，包括经济关系、生产关系、政治、法律、道德、宗教、科学艺术等。这些关系的发展，会影响人性的发展。抽象地谈论人性，既不科学也无意义。费尔巴哈的人性理论就有这样的失误，他也谈人的"社会性"，但他的"社会性"是一种"类"或"群"的抽象概念。其他有些自然人性论、理性人性论、德性人性论等，也都把人性看作永恒不变的东西。但是在马克思主义这里，人性不是永恒不变的，人的社会属性使人随着社会历史变化而变化，随着社会发展而发展。

四、马克思主义人性论与人的解放

人的理论在马克思主义思想中占重要地位。马克思主义人性理论，是和人的本质的全面发展、人的自由解放等问题联系在一起的。有人认为马克思主义"只见物不见人"，是没能深入理解马克思主义理论的本真。马克思研究哲学、经济学、政治学，目的都是为了实现对人的本质的全面占有、人的平等和人的自由解放。可以说马克思毕生都在致力于思考和寻找实现人的解放的现实道路。当马克思宣布"人就是人的世界""人是人的最高本质"时，他实际上是在表达一种真正的人道主义。

---

① 马克思恩格斯选集：第1卷. 3版. 北京：人民出版社，2012：422.

"人是目的"的思想在马克思、恩格斯的人道主义价值观中得到了极大发展。马克思在总结以往人性思想基础上，提出了人的全面发展与自由解放的学说。可以说，马克思的全部研究以及毕生从事的事业，都和人的全面发展、人的解放有关。

马克思主义提出的人是目的和人的最高本质，与之前的思想家们提出的理性王国、目的王国之类的理念的不同之处在于，他们努力寻找并且找到实现人的目的的道路，这一伟大道路即是实现人的全面自由发展和解放。只有推翻了那些使人受屈辱、被奴役、被遗弃和被蔑视的东西的一切关系，消灭了一切剥削制度，建立起真正的人人平等的社会，人是目的才可能成为现实。

人的"自由解放"，意味着人不再是某种外在权威的奴隶，不再受任何奴役和压迫，人是目的而不是手段，人是自由的，人是自己的主人。按照马克思主义理论，人的束缚或奴役来自三个方面。

第一，人的束缚或奴役来自自然界。当自然界还未被人类认识和掌握时，是一种外在盲目束缚人类的力量。恩格斯这样表述人对自然把握的自由："自由不在于幻想中摆脱自然规律而独立，而在于认识这些规律，从而能够有计划地使自然规律为一定的目的服务……自由就在于根据对自然界的必然性的认识来支配我们自己和外部自然。"① 认识和处理人与自然的关系，求得人与自然界的和谐，是人赖以生存和发展的前提。同时人的本质决定了人类的特性就在于自由自觉的活动。人正是在改造世界的活动中，才真正证明自己是人。因为在利用和改造自然的活动中，人不仅在理性意识中复现自己，而且能动地、现实地复现自己，从而在自己创造的世界中直观自己。离开人对自然的认识与改造，就谈不上人性的展现、发展和解放。

第二，人的束缚或奴役来自社会。在历史发展的一定阶段，人与人的关系并不平等，在某些历史阶段，甚至是受压迫和奴役。人在对制约自身、奴役自身的社会力量没有认识和把握的时候，社会力量是一种异己、束缚奴役人的力量。正如恩格斯所指出的："社会力量完全像自然力一样，在我们还没有认识和考虑到它们的时候，起着盲目的、强制的和破坏的作用。"②

---

① 马克思恩格斯选集：第3卷. 3版. 北京：人民出版社，2012：491，492.
② 同①811.

　　人类生产水平发展带来私有产品和商品，也带来了奴隶制社会的奴役和压迫。人对人的奴役制度不是文明的象征，但它却是文明时代到来的必然的历史产物。封建社会劳动者的处境和奴隶相比，应当说有一定改变，但在封建等级社会中，人仍无平等地位。马克思说：封建"专制制度的唯一原则就是轻视人类，使人不成其为人"，"专制君主总把人看得很下贱"①，"专制制度必然具有兽性，并且和人性是不相容的"②。

　　资本主义社会巨大功绩之一，在于它在发展生产力的同时，适应生产关系变革的需要，打破了封建等级制度，建立了人与人之间相对自由平等的关系，这是一种巨大的历史进步。但马克思、恩格斯认为资本主义私有制社会仍存在着人对人的剥削，人处在普遍异化状态中。马克思指出，资本主义把人的尊严、人的价值物化为商品和货币，把人与人之间的一切高尚的情感都"淹没在利己主义打算的冰水之中"③。近代思想家也从人性角度批判了这种破坏人的自由平等的私有制的弊端，如卢梭就指出，私有制的产生破坏了人类天赋的自由平等状态。随着私有制产生，人就不再是自然的人而变成了"人所形成的人"④。

　　马克思通过对资本主义制度下人性异化问题的详细考察，指出分工、私有制以及由此产生的劳动异化是资本主义社会中非人化的基础。要实现人的本质的回归，必须要消灭私有制，进行社会制度的革命，最终建立起共产主义的公有制社会才能实现人的全面自由发展。

　　第三，人的束缚或奴役还来自人自身。当人还未觉醒或觉醒不够时，人是被自身一种盲目异己力量奴役着，人在此时处在一种被动受支配的地位，不是自己的主人，也就谈不上自由或解放。人最初脱离动物界的时候，"他们还是半动物，是野蛮的，在自然力量面前还无能为力，还不认识他们自己的力量；所以他们像动物一样贫困，而且生产能力也未必比动物强"⑤。处在这个阶段的人是不自由的，受自然力量的压迫和支配。正如恩格斯揭示的："自然界起初是作为一种完全异己的、有无限威力的和不可制服的力量与人们对立的，人们同它的关系完全像动

---

①　马克思恩格斯全集：第1卷. 北京：人民出版社，1956：411.

②　同①414.

③　马克思恩格斯选集：第1卷. 3版. 北京：人民出版社，2012：403.

④　卢梭. 社会契约论. 何兆武，译. 北京：商务印书馆，1980：8-9.

⑤　马克思恩格斯选集：第3卷. 3版. 北京：人民出版社，2012：559.

物同它的关系一样，人们就像牲畜一样服从它的权力。"① 人获得自由解放的一个重要方面，就是人从不自觉的盲目被动状态下走向觉悟和能动，不仅成为自然和社会的主人，而且成为自身的主人。从古至今，许多中外思想家都从不同角度探索人的本性，但也各有理论缺点：一是离开人的社会关系抽象谈人性；二是不从社会性去说明人性，而是用抽象人性的幻想性说明所谓符合人性的理想社会。

确立用社会性说明人性的理论视角和思维方式，是马克思学说的功绩之一。马克思提出人性本质"在其现实性上，它是一切社会关系的总和"，这从根本上突破了以往哲学家从抽象人出发说明历史的思维定式，使人类对于自身的认识有了一个更科学的理论形态。马克思主义把人的本质放在社会生产、实践中去理解，马克思说："可以根据意识、宗教或随便别的什么来区别人和动物。一当人们自己开始生产他们所必需的生活资料的时候（这一步是由他们的肉体组织所决定的），他们就开始把自己和动物区别开来。"② 是生产劳动使人成为人。人的本质就存在于各种社会实践能动性、创造性的活动中。

把人性问题放在历史进步的整体要求中去看，人类解放的未来目标，既包括实现人与自然的和谐统一、人与社会历史的和谐统一，又包括人与人自身本质的和谐统一。在一定意义上，人类改造自然、改造社会所进行的一切斗争和努力，都是为了摆脱人性的束缚和奴役，全面而自由地发展人性，最终充分占有人自己的本质。按照马克思学说的表述，人的全面发展"不是在某一种规定性上再生产自己，而是生产出他的全面性"③，并以一种全面的方式，"作为一个完整的人，占有自己的全面的本质"④。人类有三个自身发展阶段：自在的人—异化的人—自由的人。人性异化的扬弃意味着"对人的本质的真正占有；因此，它是人向自身、向社会的（即人的）人的复归"⑤。"复归"是马克思用来表述人对自己本质占有的一种概念，在哲学语言中它表达否定之否定意义上的对异化的扬弃。马克思主义创始人希望回到社会现实中的人自身那里

①　马克思恩格斯全集：第 3 卷. 北京：人民出版社，1960：35.

②　同①24.

③　马克思恩格斯全集：第 46 卷：上. 北京：人民出版社，1979：486.

④　马克思恩格斯全集：第 42 卷. 北京：人民出版社，1979：123.

⑤　同④120.

寻找"好社会"和"人应当成为什么"的问题，人应当"了解自己本身，使自己成为衡量一切生活关系的尺度，按照自己的本质去估价这些关系，真正依照人的方式，根据自己本性的需要，来安排世界……应当到近在咫尺的人的胸膛里去找真理"①。人性复归或全面占有人性，获得人的自由解放，是人类发展的出发点和目的。

　　人性论是构建一切人文社会科学的前提性基础理论，也是我们追求美好生活的前提性基础。深入理解马克思主义视野中的人性理论，对我们在人性论上正本清源、科学准确把握人性，具有十分重要的理论与现实意义。

---

① 马克思恩格斯全集：第 1 卷. 北京：人民出版社，1956：651.

第三章　人的全面发展与社会主义双重鼓励原则[*]

　　使劳动者成为既有崇高道德品性又有全面发展能力的共产主义新人，是社会历史发展的必然要求。科学社会主义学说早已揭示：社会主义是全面发展的社会。社会主义不仅要实现生产力的高度发展，而且要同时实现人的全面发展。就此而言，社会主义的历史使命就在于：既要把劳动者从"非人"的社会存在中解放出来，又要促进劳动者全面发展在未来社会中的实现。社会主义所坚持的"物质鼓励和精神鼓励相结合，以精神鼓励为主"的鼓励原则（即对劳动者的创造性劳动和超额劳动给予必要的实物奖励和给予各种荣誉称号加以表彰），就是这一历史使命在思想政治工作和管理工作领域的具体体现。它旨在社会实践中激发起蕴藏在社会主体之中的历史能动性，创造出高度物质文明和精神文明以及得到全面发展的劳动者自身。今天再次重申这个重要原则，其实质表明，只有社会主义才能对劳动者实行双重鼓励原则，在社会主义条件下，也只能坚持这一鼓励原则。任何"左"的和右的极端倾向，都是对劳动者全面发展这一历史必然的反动，都是与社会主义理论和实践相背离的。

---

　　*　本章内容原载于《新疆师范大学学报》（哲学社会科学版）1991 年第 1 期。

一、确立社会主义双重鼓励原则的逻辑前提

有关人成其为人的理论，是一切社会政治原则的逻辑前提。马克思主义以前的所有哲学，都未能科学地揭示人的真正本质，因而以往的社会原则均是"非人"的，都是对劳动者全面发展的桎梏和扭曲。在旧唯物论那里，人被视为纯粹"受动的存在物"，只是生物学意义上的人。人与其他动物一样，只是消极的客体。相反，在唯心论那里，人又被视为"自然的立法者"，从另一个极端把人"片面地、夸大地、发展（膨胀、扩大）为脱离了物质、脱离了自然的、神化了的绝对"①。基于这些理论之上的社会原则，不是表现为神对人的支配，就是表现为物对人的支配，人的主体性被彻底外化和丧失，对社会主体的鼓励原则，便无从谈起。

马克思主义以为，人的本质是一切社会关系的总和。② 作为社会与自然统一的存在物，既有能动的一面，又有受动的一面。就其受动一面而言，人作为社会—自然存在物，是自然界的一部分。人和自然界的这种同一性，决定了人永远不可能离开自然界或摆脱自然规律的制约，同自然界的其他生命一样，人只有不断地同自然界进行物质交换才能得以生存和发展。人类要生存和发展，首先就需要获得衣、食、住、行等物质条件，"因此第一个历史活动就是生产满足这些需要的资料，即生产物质生活本身"③。可见，人的最基本的也是第一个的需求，就是获取物质生活资料。这一事实是人的"受动"一面的表现，同时也是实行双重鼓励原则中物质鼓励的逻辑前提。换句话说，正是人对社会物质条件的依赖和需求，才使社会主义双重鼓励原则物质鼓励与激发劳动主体的劳动热情和创造的积极性成为可能。作为政治思想工作和管理工作范畴的物质鼓励原则，正是基于人的自然—社会存在物的受动性这一基础之上的。

同时，人就其本质而言，又是自觉能动的社会存在物。人"具有自

---

① 列宁全集：第 38 卷. 北京：人民出版社，1959：411.
② 马克思恩格斯选集：第 1 卷. 北京：3 版. 人民出版社，2012：139.
③ 马克思恩格斯全集：第 3 卷. 北京：人民出版社，1960：31.

然力、生命力，是能动的自然存在物；这些力量作为天赋和才能、作为欲望存在于人身上"①。动物只能直接索取自然物而消极生存，人则自己生产自己的生活资料，改造客观外界使之尽可能适应自己的需要，并在此过程中充分展示自己的创造才能。劳动是"人的本质力量的公开的展示"②，劳动创造着世界，也创造着人本身，人通过生产活动获取物质生活必需，也正是通过这种实践活动，人实现了展示自身能动创造力的需要。而且，作为社会动物的人，离不开社会、群体，通过劳动，通过劳动产品使自己和社会、整体联系起来，结成各种社会关系。由此可见，自觉能动地、创造性地从事社会劳动，在平等、高尚、纯洁的交往中生存，追求丰富多彩、意义崇高的精神生活，这一切才是人的真正本质的体现。而社会历史的必然归宿，就在于使"人以一种全面的方式，也就是说，作为一个完整的人，占有自己的全面的本质"③。而社会主义，必然要在自身历史阶段中，在坚持物质鼓励原则的同时，始终不渝地坚持能够展示肯定劳动主体本质的精神鼓励原则。

上述可见，在社会主义历史阶段，思想政治工作和管理工作领域坚持"物质鼓励和精神鼓励相结合，以精神鼓励为主"的原则，是由人的客观存在状况及其本质所规定的。

二、实行社会主义双重鼓励原则是历史发展的必然

人从"非人"中解放出来，是人全面发展的历史起点。在马克思主义看来，人的解放就是对人的社会能动本质的解放，也就是要把社会主体在私有制条件下作为被动的历史创造者，变为在公有制条件下自觉能动的历史创造者。

以对奴隶私人占有为特征的奴隶社会，劳动者没有任何人身自由，奴隶只能像牲畜一样被驱赶着劳动，如果说奴隶社会有什么"鼓励"原则的话，那便是"皮鞭"和"棍棒"，"人是作为会说话的牲畜"而存在的；以对土地私人占有为特征的封建社会，劳动者仍未摆脱对土地占有

---

① 马克思恩格斯全集：第 42 卷. 北京：人民出版社，1979：167.

② 同①128.

③ 同①123.

者的人身依附关系，人是作为土地占有者的奴仆存在的，人的自觉能动本质，在这些社会里受到了野蛮的压制；以对生产资料私人占有为特征的资本主义，人与人处在金钱关系、雇佣关系之中。相对以往社会，人在一定程度上获得了自由，但这种自由对丧失生产资料的劳动者来说，只有在把自身作为商品出卖时才能实现。确实，资本主义很重视人的文化教育、劳动技能和生产技术的教育，创造了前所未有的物质财富。但这一切对资本占有者来说，只是为自己攫取巨额财富的手段，而绝不是以展示社会主体本质力量为目的。在那里，社会主体的本质已被彻底异化，它成为独立于自身之外的，并反过来支配自身的异己力量。资本主义"金钱"加"个人主义"的"鼓励"原则，完全把人扭曲为物化了的"单面人"。

社会主义制度的确立，是社会历史发展的必然产物，是社会历史主体自我解放的必然结果。生产资料的全民所有，彻底消除了个人与社会的对立，劳动者真正成为自己支配自己的社会主人，劳动者的人身自由和政治民主从根本上得到保障，劳动者之间平等、和谐、友爱的新型关系得到确立。按劳分配原则，消除了"不劳而获"的罪恶渊薮，劳动再也不是压迫劳动者的异己力量，而越来越成为劳动者展示自身本质力量的需要。社会主义事业成了劳动者自己的事业。在这个事业中，人民群众展示出生气勃勃的创造力。与之相应，社会主义历史阶段，坚持实行旨在肯定、激发社会主体——劳动者能动热情的精神鼓励原则就成为一种必然。

诚然，社会主义是共产主义的初始阶段，有着特定的现实条件，社会主义的双重鼓励原则就成为社会主义的特有原则。从劳动者的全面发展与历史归宿看，具有丰富精神境界和全面发展能力的新人，只有在"按需分配"的条件下才能完全实现。只有使劳动的外在目的失去单纯必然的外观，劳动才能成为劳动者生活的第一需要，成为劳动者精神自由的需要。但从社会主义现实条件看，我们的社会主义是建立在一个贫穷落后的旧中国基础之上，况且社会主义制度本身也有个不断改革完善的过程。在发展社会主义商品经济中，还部分地存在着多种经济成分和各种分配形式，现实的劳动还仍是劳动者谋生的主要手段。正是基于社会历史的归宿和条件，社会主义面临着双重的艰巨任务，即一方面要努力创造出未来社会必须具备的高度物质文明，另一方面要大力促进未来社会高度的精神文明和劳动者的全面发展。而这双重任务的实现，又必须充分发挥和依靠劳动者自觉能动的、创造性的社会劳动。这就必然要求社会主义的鼓励原则，在物质财富还没有丰富到"按需分配"的条件下，还不能放弃物质鼓励的原则。在劳动者的能动本质还没有到达真正占有的"自由王国"时，就绝不能放弃精神鼓励的原则，因而，在社会主义条件下，只能坚持"物质鼓励和精神鼓励相结合，以精神鼓励为主"的鼓励原则。这两种鼓励，从内在逻辑讲必然是相辅相成的，在社会实践中也是缺一不可的。

三、坚持社会主义双重鼓励原则是现实主体的要求

在社会主义条件下，劳动者作为社会主体，必然要求思想政治工作和管理工作中的鼓励原则与其多种需求相统一，并能引导劳动者的多层次需求顺应于人的全面发展而予以最终实现。首先，社会主义双重鼓励原则是符合劳动者物质和精神的双重需求的。在社会生活领域，劳动者首要的就是物质需求，即衣、食、住、行、用等方面。这是劳动者最基本也是首要的需求。它既是人的其他一切需求的基础，也是整个人类社会的基础。劳动主体和社会不仅不能没有物质需求，而且随着社会生产力的提高和人的全面发展，还要不断丰富这种需求，人们的物质需求必然支配着人们的物质利益。在阶级社会中，各个阶级都有各自不同的物质利益，实质上是各个阶级为维护和争取本阶级物质利益的斗争。消灭了剥削阶级的社会主义社会，物质利益上全面的阶级对抗已经消失，劳动者的物质需求和物质利益同社会的物质需求及其物质利益是相统一的。但是，我们还必须看到，国家、集体、个人在利益方面的非对抗性矛盾还将长期存在着，因而，在社会主义条件下，必须坚持"三兼顾"的原则。

在"按劳分配"原则下，国家、集体和劳动者个人都应从物质利益上关心劳动生产率的增长、经济效益的提高和社会生产力的发展，以使劳动者的物质生活条件不断地得到改善。社会主义物质鼓励原则就是对劳动者和社会这一要求的充分肯定。然而，人并非仅为"饮食男女"而存在，人的社会能动本质决定了人在社会生活中，还具有更高层次的精

神生活需求，即劳动者自由展示自身创造才能、享用精神文化成果，这是社会主义劳动者更为本质的需求。社会主义精神文明建设已把不断实现这一要求作为根本任务。精神鼓励原则就是对劳动者和社会这一内在要求的深刻褒扬。双重鼓励原则，就是与实现社会主义劳动者的双重需求相一致的。

其次，社会主义双重鼓励原则是符合劳动者的双重劳动动机的。有需求就必然有动机，社会主义劳动者对劳动既有满足物质生活需求的动机，也有满足精神生活需求的动机。劳动活动，首先应是劳动者为获得个人物质利益所推动的，劳动是满足自身物质生活需求的手段。个人从事社会有益劳动的普遍必要性，是因为劳动者的物质动机，都已被社会充分肯定，物质鼓励原则就是与之相适应的。同时，劳动者还有追求精神生活的动机，它表现为在劳动中施展自身的创造才能，表现为对社会理想的追求，也表现为对自身劳动创造得到社会承认的渴望以及谋求劳动集体的荣誉等方面，可以说这是社会主义劳动者更为根本的动机。劳动者往往自觉参加不计报酬的公益劳动及义务劳动，就是这种动机的典型表现。列宁曾对第一次"星期六义务劳动"给予极高评价，称之为"自觉的劳动纪律"，并不止一次强调，没有它，无论是社会主义还是共产主义都是不可能实现的。两种劳动动机构成了自觉和诚实的劳动态度。社会主义双重鼓励原则，特别是精神鼓励原则，就是培养共产主义劳动态度的有效原则。

最后，社会主义双重鼓励原则是同劳动者社会价值的双重实现相符合的。作为社会群体中的个体，劳动者社会价值的双重性，首先就在于劳动者对社会、群体的贡献。由于社会需要是不断发展的，劳动者个人满足社会需要的程度越高，他的价值就越大；反之，对社会来说就越没有价值。因而，劳动者要实现自身的社会价值，就应该致力于对社会的付出和创造。精神鼓励原则本身就是以此为内容的。我们弘扬的"雷锋精神"其实质也就在于此。当然，劳动者的社会价值，并不排斥物质消费享用的价值。在社会主义条件下，劳动者作为社会主体提出社会需要，共同创造出这些需要的价值，并共同享用这些价值。否认这一点，劳动者就会像在私有制条件下被单纯当作价值客体，丧失价值主体的地位和权益。可见，实行"物质鼓励和精神鼓励相结合，以精神鼓励为主"的原则，是由劳动者双重社会价值的实现所决定的。

四、正确把握社会主义双重鼓励原则
是实践的客观要求

社会主义现代化的实现，说到底，必须充分调动和依靠广大劳动者自觉能动的创造精神。因而在现代化建设实践中，特别是在思想政治工作和管理工作中，能否正确把握和理解"物质鼓励和精神鼓励相结合，以精神鼓励为主"的鼓励原则，就成为一个十分重要的原则性问题。以往社会主义实践已充分表明，在这一重大原则上的任何偏颇和失误，都会严重抑制劳动者自觉能动的创造精神，挫伤劳动者建设社会主义的巨大热情，阻碍劳动者的全面发展，给社会主义事业带来不可挽回的损失。所以，执行社会主义双重鼓励原则，务必要防止以往错误思想倾向的再次回潮。

首先，要防止以精神鼓励替代物质鼓励的思想倾向。这种思想倾向实质是唯意志论的反映。它无视社会主义的现实条件，无视劳动者现实的物质利益需求，片面夸大人的精神因素，并把它神秘化。在一度出现的"精神万能"的错误思想影响下，曾把劳动者对正当物质利益的追求视作洪水猛兽，把社会主义必要的物质鼓励原则视作资本主义原则而加以否定；抽象空泛的政治口号替代了劳动者的实际需要，盲目狂热的冲动替代了劳动者创造精神的实践，其结果是造成了整个社会的物质匮乏，劳动者的精神变态，从根本上把劳动者扭曲为"不食人间烟火"的"政治动物"，严重危害了社会主义两个文明建设和劳动者自身的全面发展。

其次，要防止以物质鼓励替代精神鼓励的倾向，这种倾向实质上是旧唯物论的反映。它从另一个极端无视劳动者自觉能动的创造精神，纯粹以物质条件的高低为评价标准。在这种"金钱万能"错误思想的影响下，实践中也曾出现过"一切向钱看""给多少钱，干多少事"的资本主义雇佣思想，出现了资本主义生产所决定的那些"损人利己""损公肥私""尔虞我诈"的社会现象，实际上导致了那种资本主义条件下物对人的支配，把劳动者完全物化为自身的外在存在，从根本上把劳动者贬为"纯粹的自然动物"。在这种错误倾向的指导下，即使有丰实的物质条件，伴随它的也只能是劳动者的精神危机和道德沦丧，其结果严重阻碍了社会主义两个文明建设和劳动者的全面发展。

再次，要防止那种机械理解双重鼓励原则的思想倾向。这种倾向实质是教条主义的反映。其根本错误就在于，不懂得社会主义双重鼓励原则的辩证性、有机性，不懂得社会主义双重鼓励原则，特别是精神鼓励原则的目的，是激发劳动者内在的本质力量，是与劳动者的全面发展相一致的，而不是一种纯粹的外在手段。这种思想倾向往往忽视人类历史发展的必然趋势，忽视共产主义与社会主义的内在联系，不注意以精神鼓励为主的原则，在任何情况下都把双重鼓励原则当作外在手段刻板操作，在实践中，这种思想倾向就容易忽视社会主义劳动者所蕴含的未来社会的火花，抹杀现阶段共产主义新人的闪光因素，忽视促进劳动者全面发展的历史任务，其结果往往把社会主义双重鼓励原则庸俗化，使社会主义劳动者失去代表自身未来的新人榜样。

因此，在社会主义实践中，在思想政治工作和管理工作中，必须辩证有机地理解和执行这一原则。双重鼓励从内在逻辑讲是相辅相成的，在社会实践中也是缺一不可的。迄今为止的社会主义革命和建设实践表明，一个社会，没有物质条件，劳动者可以创造出来，但若失去了精神支柱将是无可救药的。社会主义实践还表明，如不能正确处理国家、集体与个人的物质利益关系，就不可能充分调动劳动群众的创造热情。这就必然要求，在贯彻执行双重鼓励原则时，始终要把人类发展的历史必然与社会主义现实条件有机结合起来，把劳动者精神世界的主导地位与一定物质的基础地位有机结合起来，把社会主义双重鼓励原则与促进劳动者全面发展有机结合起来。只有如此，才能正确理解和把握"物质鼓励和精神鼓励相结合，以精神鼓励为主"原则的内在辩证性、有机性，从而才能真正持久地激发和展示出劳动者极大的自觉能动本质力量，才能在促进社会主义物质文明建设的同时，大力促进社会主义精神文明建设，最终促进劳动者全面发展的实现。

第四章　个人主义到底是什么[*]

关于"个人主义"，存在着一些不同的解释和看法，归纳起来无非如下几种观点：一种观点是不同意把个人主义和利己主义挂钩，认为个人主义主张人是目的，人人平等，强调个人价值，个性自由，这都是人性解放的产物，是和资本主义市场经济相吻合的一种价值观。这种观点认为，个人主义中的许多内容，对我们今天进行的市场经济建设也很有利。另一种观点认为，个人主义作为一种社会原则有所不妥，但作为人生价值观却是可取的。还有一种观点，是把个人主义和利己主义挂起钩来，认为个人主义虽然并不等于利己主义，但至少包含有利己主义，个人主义和利己主义确有许多不同之处，但在本质上，都强调个人利益、自我价值的至上性，强调以个人为本位，在总的价值目标上最终走向一致。

个人主义到底是什么？个人主义作为一种思潮和作为一个概念，其产生并不是同步的。个人主义思想应当说早在古希腊智者派"人是万物的尺度"的命题中就已有所包含，但作为真正的思想体系迅速成熟起来，还是在近代资本主义发展初期。从文艺复兴一直到启蒙运动，最突出的问题是封建专制、以上帝的名义对人的尊严和权利的剥夺。人道主义和个人主义就是在反对这两种压迫的斗争中应运而生的。人道主义和

＊ 本章内容原载于《中国特色的伦理文化》（河南人民出版社，2003 年）。

个人主义凸显的是人的地位、尊严和权利，关注的是人与人之间的平等而不是等级贵贱。这些思想在促进人的解放和社会进步方面都起了积极作用，也适应了早期资本主义生产关系发展的需要，面对中世纪极端的压抑、专制，资产阶级思想家在针锋相对的批判中，免不了带有相应的极端的性质。

当时一位人文主义者拉伯雷在其《巨人传》中，描写了一个特来美修道院的生活，以此表达他所理想的社会状态和生活原则。在这个修道院里唯一的院规是："想做什么就做什么。"

由此可见，在资产阶级最初发展阶段，人道主义和个人主义一起，形成了一种以人为中心、追求自由平等的观念思潮，但同时也夹杂产生了一些极端利己的个人主义思想。也就是说，差不多从一开始，个人主义思想就在两个层面上予以呈现。有些资产阶级思想家，典型的如霍布斯，从人的利己本性出发论证利己主义的合理性质。在西方，霍布斯的利己主义常被称之为"激进的个人主义"。也有些资产阶级思想家批判这种激进的个人主义，给个人主义注入了更广泛的内容，但大多数启蒙思想家在根本上仍是以利己为出发点和目的的。可见在资产阶级早期思想中，个人主义是在同人道主义思想一同提出并发展起来的，这时期并无准确的"个人主义"概念，人道主义和个人主义交织在一起，两者之间难以准确划清界限，应当说，人道主义思想中提出的人是目的、人人平等、博爱、个性自由解放等，在当时具有积极作用，在今天也仍有合理因素。但在这种个人主义和人道主义交织的思潮中，从中发展出的资产阶级利己主义却是十分有害社会的。这一点，随着资本主义社会的发展，随着个人主义的日趋体系化，人们对个人主义也越来越有新的认识。"个人主义"作为一个概念就是在这种时候提出来的。

"个人主义"作为一个概念，人们普遍认为首见于19世纪法国思想家托克维尔的《论美国的民主》一书。托克维尔创造并使用了"个人主义"（individualism）这个概念，来表示一种同利己主义（egoisme）相区别的思想体系。

英国的《简明不列颠百科全书》是这样界说的：个人主义，一种政治和社会哲学，高度重视个人自由，广泛强调自我支配、自我控制、不受外来约束的个人或自我。创造这个词的法国政治评论家亚历克西·德·托克维尔把它形容为一种温和的利己主义，它使人们仅仅关心自己家庭和朋友的小圈子。作为一种哲学，个人主义包含一种价值体系，一种人性理论，一种对于某些政治、经济、社会和宗教行为的总的态度、倾向和信念。个人主义的价值体系可以表述为以下三种主张：一切价值均以人为中心即一切价值都是由人体验的（但不一定是由人创造的）；个人本身就是目的，具有最高价值，社会只是达到个人目的的手段；从某种意义上说，一切个人在道义上是平等的。下述主张最好地表达了这种平等：任何人都不应当被当作另一个人获得幸福的工具。个人主义的人性论认为，对于一个正常的成年人来说，最符合他的利益的，就是让他有最大限度的自由和责任选择他的目标以及为了达到这个目标的手段，并且付诸行动。另外，作为一种总的态度，个人主义包括高度评价个人自信、个人私生活和对他人的尊重。从消极意义上讲，个人主义反对权威和对个人的各种各样的支配，特别是国家对个人的支配。……个人主义往往把国家看作一种不可避免的弊病，赞赏"无为而治"的口号。个人主义也指一种财产制度，即每个人（或家庭）都享有最大限度的机会去取得财产，并按自己的意愿去管理或转让财产。

在《美国科林大百科全书》中对个人主义是这样表述的：个人主义概念，首先出现在资产阶级革命后的法国，常常是被社会主义者、自由主义者、修正主义者用来描述个人利益的罪恶和反社会冲动的，而在英语中，这个词最初是指美国人所崇尚的利己主义社会哲学，并在罗尔文·瓦尔多·埃默森写于 1835 年的一篇文章中率先得到使用。法国思想家托克维尔在他的《论美国的民主》一书中，以一种轻蔑的口气使用这个词，暗示了一种与自私相类似的对社会的威胁。然而，埃默森和其他一些美国人都从正面使用这个词，用来表示一种对个人第一的乐观信仰。

上述两种权威界定，有一些微小的差异，比如，在谁首创并使用了"个人主义"这个词上有不同说法。但谁最先使用这个概念对我们来说并不重要，关键在于两种说法在下述几点上是一致的。一是个人主义在西方也被认为含有多方面内容，有积极作用，也有消极作用。它明确表达，在价值根源上，个人主义认为个人价值高于社会价值，个人是目的，个人第一，社会只是达到个人目的的手段。这种理论颠倒了个人和社会的逻辑关系，把个人和社会对立起来。它不仅将个人视为不依赖社会即可存在和发展的价值实体，而且认为社会与国家是个人发展的枷锁。二是表明"个人主义"作为概念提出来时，原本含义是指一种利己主义思想。

所以，个人主义包含的内容尽管远远大于利己主义，但由于其出发点和最终目的都立于个人一己价值之上，这就和利己主义在价值原则上很难划清界限。个人主义在最终价值原则上和利己主义走向一致，它最终导致利己主义。正因为如此，"个人主义"最初被提出来时，这个词主要指代当时被认可的利己主义思潮。

个人主义导致或指代的利己主义，随着在资本主义社会的发展显示了越来越多的负面影响。所以，个人主义在西方进一步系统化、明确化的同时，对它的信仰危机和批判也随之开始更多地出现。

西方个人主义的信仰 19 世纪末就开始出现了。在 19 世纪末，经历了法国大革命的法国人产生了一种独特的心态：个人主义并不意味着社会的健康，而是意味着社会病、社会失调、社会反常以及社会空虚感。法国大革命是资产阶级高举着个人主义大旗进行的。它在摧毁封建专制和教会统治的同时，也给法国人留下了社会解体的印象。法国人对个人主义的重新认识是从大革命所引起的社会破坏中反复思考中产生的。尼斯贝特描述了这种观点：从这种观点看，大革命中个人主义把一个有机的社会变成为一个个相互分离的原子式的混乱堆积。在美国普遍发生的这种思想转变是从经济大萧条开始的，个人主义在经济领域中造成的自由竞争、自由生产，最后到了无序的地步而发生经济危机。尼斯贝特说，大萧条使美国传统的个人主义观念大受挫折。1933 年胡佛提出重振"彻底的个人主义"（rugged individualism），但响应者寥寥无几。到了 20 世纪 60 年代，美国人最终不可逆转地改变了对个人主义的信仰。

杜威写了《新旧个人主义》，分析和批判了个人主义的过时内容及其弊端，在没找到一个恰当概念的情况下，使用"新个人主义"一词，以弥补和替换旧个人主义缺陷。尼斯贝特在他《一部偏见的哲学词典》中说，在 19 世纪谈起个人主义信念，使人想到的是开发西部边疆、穷荒探险的开拓精神，今天对个人评论信条的阐述，却只能使人想到在社会中被异化的人们：孤独胆怯的老人和盗窃犯、恐怖分子；它使社会上人们共同的志趣和共同的利益汇集而成的社会团体变成了充其量只不过是一个沙砾场。若从最坏的方面看，个人主义是一片被孤独、邪恶及以掠夺为生的人们所占据的热带丛莽。美国著名学者佛·卡普拉说，人类这种只顾个体不顾社会、只顾片面不顾全面的错误的生存法则，给人类自身造成的祸害用"瘟疫"一词尚不足以描述其严重性。[①] 尼斯贝特则指出：个人主义学说，作为一种信仰从一开始就注定了要失败，它违背众多时代积累和传承的睿智，实际上是违背了一般常识。

总之，西方思想家已越来越多地认识到个人主义和社会有序组织原则的矛盾，看到个人主义不可能成就社会合作。个人主义作为资本主义初期发展的信仰已普遍开始动摇。

个人主义和利己主义是两个层面的词汇，但它在理论和实践方面都包含并导向利己主义却是不争的事实。以个人为本位的个人主义原则，是不可能成为符合社会本质要求的价值原则的。对个人主义要分析清楚，既不能把追求个人正当利益、个人奋斗当作个人主义来批判和否定，也不能因为个人主义中包含有人道主义精神而模糊了其利己、自我中心的实质。许多人把以人为中心以及自由、平等、博爱、个性解放等思想当作是个人主义的内容而大加褒扬，殊不知这些更属于资产阶级人道主义的思想内容，而且，以人为中心、人是目的，表达的是对神性主义的反抗，丝毫不等于个人主义表达的以个人为中心、以个人为目的。

个人主义的实质在于以自我为中心，以个人价值的实现为最高目的原则，在根本价值目的上和利己主义走向一致。它和资产阶级人道主义交织在一起，资产阶级强调人是目的，凸显人的尊严、价值，追求平等、自由、博爱的人性，这一切与其说是个人主义概念的表达，毋宁说它是人道主义的精神内容。在今天，资产阶级提出的人道主义精神，仍有许多表达人类解放愿望的合理内核，通过分析我们是可以接受的。然而，表达个人价值至上、自我中心的个人主义，在本质上是应当给予批判的，至少，作为一种社会价值原则、导向，是绝对不能接受的。

---

① 卡普拉. 转折点. 冯禹，译. 北京：中国人民大学出版社，1989：15-39.

第五章　人的塑造——跨世纪的主题[*]

社会进步的最后"瓶颈"

马克思主义历史观认为，"人们的社会历史始终只是他们的个体发展的历史"①。人是历史的产物，又成为历史的原因，不同的社会历史环境造就出不同素质的人，而正是不同素质的人，改造并推动着社会历史向不同阶段发展。一个时代，一个社会，其发展方向及速度高低，相当程度上取决于那个时代社会的人的素质。我们党和国家一直是把提高全民族素质当作国家发展的根本大计。邓小平同志就多次强调："我们国家，国力的强弱，经济发展后劲的大小，越来越取决于劳动者的素质，取决于知识分子的数量和质量。"②

随着社会文明的发展，尤其是科学技术的发展，人类作为社会生产实践的主体，其认识的内在层次变幻越来越复杂，对实践客体的把握也日趋系统化、整体化，它对每一个人的素质及知识结构提出了前所未有的要求，如果说人类以往的劳动要求劳动者的只是简单的执行，那么现代大生产则要求每一个劳动个体都变成创造过程的积极参加者。人的生

＊　本章内容原载于《新疆师范大学学报》（哲学社会科学版）1994 年第 4 期。

①　马克思恩格斯全集：第 47 卷．2 版．北京：人民出版社，2004：440.

②　十二大以来重要文献选编：中．北京：人民出版社，1986：718.

产技能的基础，主要不再是靠体力，而是靠智力，靠知识和素养，而一个民族、一个国家的发展力量，也更多倚重于这个民族、国家的科学和文化。正因如此，世界各国越来越多地把对人的素质的培养和发展科学文化放在首位。许多国家要在各个领域赶超其他国家，往往都从改革国民教育入手，战后的日本、德国是这样，今天的美国也是这样。克林顿政府的态度是，要振兴经济，关键在于提高社会整体的知识水平。恢复国际竞争力，必须从培养"人"开始。新政权的核心政策就是教育政策。事实上，当前国际范围内的教育竞争，已成为各国政治、经济竞争中的一个重要组成部分。今天，要想在全球性竞争中立于不败之地，就只有狠抓教育科学、文化事业，狠抓人的素质塑造。

搞社会主义市场经济，我国拥有潜力巨大的国内市场和丰富的自然资源，还有丰沛无比的人力资源，但十一亿人口中绝大多数是农民，职工队伍的文化、技术等综合素质也普遍不高。全国总工会新近的一项调查显示：其一，接受调查的 69 万名职工中，大专以上和中专（高中）以上学历分别占 6.5％和 23.6％。其二，高、中级科技人员年龄偏大，知识老化。调查的职工技术人员有高级职称的仅占 4.2％，他们的年龄都在 45 岁以上。许多技术骨干对高科技感到陌生，不会使用引进设备、引进技术，处于被动守机状态。① 我国目前人的整体素质偏低，使我们许多潜在优势在社会主义市场经济建设中难以发挥出来。我们的经济能否再上新台阶，关键取决于人的素质。

越来越多的人已清楚地意识到，经济高速发展存在着一个大前提——交通、石油、煤、电、通信的先行发展。它们是国民经济发展的基础。这些基础设施铺垫不好，经济发展就缺乏持久的后劲，国民经济建设就势必遇到制约发展的"瓶颈"。目前对国民经济做结构调整，加大对基础设施的经济投入，就是为改变以往投资不够、先行落后的格局，为经济建设打通"瓶颈"。然而人们同样应当意识到，对于经济高速发展而言，还有一个比上述基础设施更为基础、更为根本的"瓶颈"所在，这就是从事经济建设的人的素质。千"瓶颈"、万"瓶颈"，人的素质当为最根本的、最后的那个"瓶颈"。如果说基础设施建设形成"瓶颈"，尚能折回头用 5 年、10 年时间来补救，那么树人百年，待到

---

① 人民日报，1993-02-21.

日积月累铸成"人"的"瓶颈"再回头，恐怕就为时太晚。世界经济在竞争，人类社会在发展，到时候的损失恐怕用几十年甚至几百年都无法追补。"百年大计，教育为本"，概括的正是这一规律。

人的素质界定的"新概念"

"人的素质"对文化、技术程度要求有多高？其内在涵盖面有多大？这是目前无法定量界说的问题，但在定性理解中，"人的素质"不是个单一概念，它包容着人的文化知识、技术能力、艺术气质、品格精神以及心理、体质等多方面因素。人对经济建设与社会发展的能动作用的最佳发挥，是通过这个有机体内部多维要素交流和整合实现的。因此具有复杂内涵的人的素质不是仅仅通过识文断字训练就能塑造的，更不是仅有专业技术才能就可替代的。

目前我国义务教育还在抓扫盲、堵盲，这是提高全民素质的最基础的一步。据报道，扫盲工作见诸成绩的吉林省，青壮年非文盲率已达99％，提前8年实现了国家提出的到2000年基本扫除文盲的目标。然而可喜的同时又让人生出忧虑，所剩"1‰"是这样一个数字概念——16万。这意味着仅在吉林一省今天就仍有16万青壮年目不识丁。而"非文盲"的概念界限又仅仅是识得若干汉字，扫盲验收标准仅仅停留于自编《识字扑克》《识字课本》一类扫盲教材的水平上。① 吉林如此，偏远地区状况又如何？扫盲是我们提高全民素质的最基础的工作，但全社会的目光如果不超越《识字课本》，不从面向世界、面向未来的视野中去认识人的塑造这个紧迫的问题，"提高全民素质"就可能永远只是一句赶不上时代发展的口号。

现代世界，知识的高速发展与更新，使"文盲"概念早已失去传统内涵。十多年前埃德加·富尔在联合国教科文组织出版的《学会生存》一书中就已指出："未来的文盲不再是不识字的人，而是没有学会怎样学习的人。"② 这意味着当今时代对"人的素质"已有了更高、更新的

---

① 人民日报，1993-02-04.
② 夏禹龙，刘吉，姚昆田. 教育要面向现代化，面向世界，面向未来. 新华文摘，1984（3）：201.

界定。它对受教育者的要求，已不仅是认识多少字，甚至不仅是学到了多少知识，而更多的是一种驾驭学习的智力能力。如果说传统的"仓库理论"把人的大脑视作"储存知识的仓库"，要求受教育者死记硬背大量知识，那么今天要求一个人死记住他所学过的知识就越来越显得没有意义。有关专家指出，如果知识以现有的速度发展，那么，今天出生的一个孩子，当他达到五十岁时，他所学的知识将有97%是在他出生后发现的。① 据专家测算（以化学学科为例）：到20世纪80年代，全世界每年共发表有关化学化工方面的文献约50万篇，平均每天发表1 370篇，这些文献是用60多种文字发表在一百多个国家的14 000多种刊物上，假如有一位精通数十种不同语言的化学家，从年初开始，每天读文献30篇，读到年底，也只能读完全部文献的1/50，他要想将20世纪80年代某一年发表的化学文献全部读完就需花上50年时间！科学技术的迅速发展使知识陈旧率越来越高。资料表明，18世纪，知识老化周期为80—90年，19世纪到20世纪初，缩短为40年，20世纪80年代至90年代老化周期已缩短到3—5年。20世纪70年代毕业的大学生，到90年代，其掌握的知识几乎90%已陈旧过时。如此，一个人如果工作时间为45年，那么工作中接受"继续教育"获得的知识应占有一生获得全部知识的80%以上，才有可能跟上当今知识时代的发展速度。

可见，使受教育者仅仅拥有一定程度的知识，已不再适应我们直面的时代。这个时代要求人们不仅是"学到什么"，更重要的是"学会怎样学习"。"我不要你的金子，我要你点石成金的指头。"（西方古谚）只有怀着预防"未来文盲"的警惕之心去切实狠抓今天的知识教育，只有带着时代的意识去理解"提高全民素质"这一历史性命题，我们才可能对今天塑造人的事业有较为深刻完整的把握。

与当今世界知识高度发展相适应的是社会化大生产和大经济，大生产、大经济一方面是高度的专业分工，另一方面又是与之相应的高度综合。高度专业分工要求大量精通某具体门类知识的专业人才和技术人才，在这一意义上，社会大力培养有专业技术能力的人才非常必要，但分工越细综合也就越强，社会化大生产、大经济又需要一大批文化功底深厚、能综合各类知识的博学人才，甚至可以认为博学型人才比专业型

---

① 夏禹龙，刘吉，姚昆田. 教育要面向现代化，面向世界，面向未来. 新华文摘，1984（3）：200.

人才更富有深厚的创造力。中国自古不乏能工巧匠之辈，但那种具有判天地、析万物的恢宏博大才能的人却很少，忧思之士早已对此有了反省并发问："我们为何贡献不了一个爱因斯坦？"中华民族的智慧和杰出早已为世界瞩目：在浓缩着现代西方文明的美国，名列少年科学竞赛榜首的人、著名大学中 1/3 的系主任、机械工程学会一半以上的分会主席、"阿波罗"登月工程中 1/3 以上的高级工程师、最大的电子计算机垄断工业——"国际商业机器"公司中 1/3 的高级工程师，以及世界上登上博士阶梯的最年轻的神童，都是我们中华儿女[①]，无一不显示着中国人的智慧能力，但为什么爱因斯坦这样的人没有在中国诞生？一位学者曾分析认为，文化背景和哲学、气质是形成划时代科学伟人的重要条件。除却社会经济和科技发展水平的原因不论，20 世纪初德国高度发达的文化、活跃的哲学思想、繁荣的社会科学和古典音乐的普及等，为造就爱因斯坦做了深厚的铺垫。

世界作为超越一切对立的存在，使哲学、艺术、科学具有一种本质上的相互通约性，我们常说，建筑是"凝固的音乐"，而现代物理学和东方神秘主义又存在着奇妙的平行关系。一个能欣赏古典音乐的人比不懂得音乐的人，似乎具备一种得天独厚的直觉、敏感，一种发现宇宙和谐结构的特质。而一个从哲学那里接受一种崇高感和雄浑浩博气质的人，一定要比其他人多一份"判天地之美，析万物之理"的气度。[②]爱因斯坦酷爱巴赫、贝多芬和勃拉姆斯的乐曲，13 岁就开始研读康德的《纯粹理性批判》。他是个伟大的物理学家，同时又是著名的哲学家和优秀的小提琴手。也许一个康德的哲学命题，一曲巴赫的"钢琴协奏曲"并不能教给我们解开数学猜想的具体步骤，但它们在潜移默化中为我们的素质铺垫底蕴，为我们把握世界的知识与能力提供一种思维方法和理性直觉。

在探索认知世界时，总要以一定的意识形态作为基础或背景，哲学、艺术等就是构成这个意识背景的最主要的因素。人类历史已经证明，缺少哲学、思维艺术细胞的民族是造就不了伟大的科学时代的。

科学技术是第一生产力，这一点毫无疑义，但哲学、艺术作为生产力却还未得到普遍认同。"专业技术能力"差不多成了"人才"的代名

---

①　黎鸣. 艺术、科学、信息和哲学. 新华文摘，1985（2）：116.

②　赵鑫珊. "我们能否贡献一个爱因斯坦？". 新华文摘，1985（2）：115.

词，而哲学、艺术等素养往往被人们忽略不计。也许哲学、艺术离生产经济太远了点，在人的能力中显得太间接了点，但它们对人的塑造确实具有我们看不见、摸不着但却感觉得到并在创造中呈现结果的"魔力"。在某种意义上甚至可以说，它们是创造第一生产力（科学技术）的"元生产力"。

总之，如果我们想要在未来有一个科学技术的突飞猛进，成为一个高素质的民族，那么现在就得在全社会造成一种崇尚哲学、艺术及科学文化的时代气氛。

如上所述，"素质"是一个容纳着许多内容的概念。素质教育不能单纯靠专业技术教育来完成。如果一个具体的个人尚可在专业技术上有所擅长，那么对整个民族国家而言，就不能只具有技术之长。当我们对受教育者施以基础教育、专业技术教育的同时，千万不要忘了为他们创造一个浓厚广阔的大文化环境，不要忘了培养与专业技术知识息息相关的哲学和艺术等方面的素质，这不但不会同专业技能发生矛盾，相反会深得其益。哲学、艺术原本和科学一样，是同一和谐世界的不同表现形式，而且是更接近世界本质的表现。

我们应清楚地意识到，当今时代对人的素质提出了前所未有的标准，传统的"素质"概念，包括"文盲"与"非文盲"的界限已远远落后于今天的社会对我们提出的要求。面对突飞猛进的世界，我们应当树立关于人的素质的新概念，唯有如此，我们今天对人的教育、塑造才会和明天的需要达成一致。严格来说，素质界定还必须考虑品格德性和体质等因素，限于篇幅，在此仅着重强调专业技能素质之外的哲学、艺术等方面素质，有关其他方面的素质当另行理论。

社会主义市场经济中的"超市场"事业

党的十四大明确指出了一条符合我国国情的历史新路——建立和发展社会主义市场经济。新的实践给我国社会主义事业注入了新的活力和生机，但同时也带来了许多需要我们认识和解决的崭新课题：社会主义市场经济究竟是一种什么样的体制结构？教育事业、文化事业在市场经济中处于什么位置？这是在理论上和实践中都急待探索并解决的问题。

教育问题是老话题。"教育为本"已讲了许多年，但对其紧迫感和危机感还未真正达到全国上下的一致共识。在市场经济大潮中，出现了各种各样的"热"，唯独教育还未真正"热"起来。教育经费短缺、教师待遇偏低，仍是目前困扰教育事业的两大难点。

有关专家指出，教育经费的增长率一般应高于国民生产总值的增长率，这是教育投资前序性所要求的。我国这些年的确在不断增加教育投入，但投入增长率同国民生产总值增长率之比，还处在世界较低水平。

与此相连的是教师待遇偏低。许多学校开辟了第二战场，许多教师还有第二职业。教师队伍极不稳定，据统计，截止于 1992 年年底，全国高校 18 559 名教授中，年龄在 56 岁以上的占总数的 78.4%。[①] 十年断代已众所周知，之后又是出国、"下海"潮，如今"教授在退休"，新老教师年龄呈现一种完全颠倒的金字塔结构。教师队伍流失严重，后继乏人。虽然中国知识分子历来的传统不在于聚敛财富，而在于渴求知识，但在市场经济发展、生活水平提高的社会进程中，再用"安贫乐道"去劝慰广大知识分子无异于自欺欺人。

目前存在着一种误解，认为改革教育就是要使教育面向市场经济，把教育变成"应试教育"。教育事业要适应社会主义市场经济体制，但并不能理解为要把市场经济规律搬到教育领域中来。教育是通过培养人来为经济服务的特殊行业，虽然某些方面离不开经济规律的制约，但教育事业毕竟有自身的发展规律。把教育当作商品产业推向市场，这不能不是一个社会的悲哀。

与教育事业密切联系的是文化事业。众所周知，民族素质的提高仅靠学校教育是不能完成的。人的素质塑造必须在一种深厚的文化土壤中才成为可能，这是一个包括教育事业在内的社会系统工程，文化事业（包括基础理论研究、文学、艺术等）是其中一个重要的部分。

经济转轨之后，位于上层建筑的教育事业、文化事业领域也有相应的变化。看到这些领域的运作方式同经济运作方式的内在联系及某些方面的共同性是对的，但更重要的是要充分认识它们自身的规律性和特殊性。简单地认为，在市场经济体制下，一切都应纳入市场经济轨道之中，于是，"史学发展的新方向"就是"从象牙塔到十字街"，"作为商

---

① 光明日报，1993-04-05.

品积极参与市场竞争"，而史学的严肃性和真实性都可以暂放一边。如果说作为一部新编传奇，《戏说乾隆》尚可脱离历史真实去编创些内容的话，那么甲骨文研究当如何变化编创才能迎合广大读者的普遍兴趣呢？迫于市场竞争，有些出版社搞承包，定经济指标，书号当作商品出卖不说，个别出版社已到了不是向世界水平而是向地摊书贾看齐的地步。交响乐、歌剧、芭蕾状况就更不必说。中央乐团差点不姓"国"，早已使艺术家们焦虑不安，而放眼今日文坛，每年还有多少作品能真正经得住时间的锤炼，又有多少人在关心纯文学、关心作家们的状况？

商品大潮冲击下，不加分析地要把一切领域"推向市场"，让市场效益对教育、文化事业进行价值选择，怎么去"推"出一个有利于人的塑造的文化环境？根据（注意：不是迎合）人们的需要进行市场选择是必要的，而国家、社会对人们进行理性引导，对社会进行宏观调控是更加必要的。

应当看到，教育、文化事业的价值不同于市场价值，文化中的许多内容自古以来就不是发财的专业，它们从来都是精神食粮，帮助人类进行创造，进行选择，并熏陶、塑造一代超越一代的人。许多关系着我们民族素质的精髓文化，比如，哲学、艺术、科学的基础理论研究，以及塑造人的素质的过程本身，往往都投入较大，产出却要在一个较长周期中才能间接显示出来，如果完全把它们推入市场竞争，任凭"看不见的手"去调节它们在社会中的位置，结果势必被市场的经济效益规律所排挤，甚至扼杀。因为市场经济所遵循的效率原则，要求以较少支出获得较大的收效。它往往自发追求那些很快见效的眼前利益，而投入大、周期长、看不见直接经济效益的事业往往就被冷落而发生萎缩。市场经济像一把双刃利剑，在通过竞争压力促使经济效益提高的同时，也因其具有的盲目性和短期性而无法对社会整体与局部、眼前与未来进行理性把握。那种主要依靠市场经济这一"看不见的手"去调节社会的自由经济主义，如今已被越来越多的西方国家所放弃。因为它不但砸碎了"人类社会公平的理想"，而且也无法合理支配资源及投入，以保证社会整体和未来的发展。就连代表着自由经济主义模式的美国，如今也因饱尝其积累起的种种社会后果而改弦易张，哈耶克的自由市场观念受到质疑和挑战，而凯恩斯力主以政府投资来摆脱困境的主张则大行其道。

应当明白，市场调节并非万能，许多问题要靠国家和政府对社会的宏观调控才能解决。作为一个复杂机制，社会主义市场经济建设中并不只存在经济市场，还存在着包括哲学、科学、艺术在内的文化及教育、国防等"超市场"事业。这些"超市场"事业没有直接的市场价值，或者至少眼前不具有这种价值，但它们却是使市场价值领域运转起来的前提，并通过转化为人的素质而对市场经济进一步发展赋予主体性的支持。对这些"超市场"事业领域，就必须发挥国家"看得见的手"去做宏观长远的调控和把握。社会主义的市场经济，应当是在国家有效调控下的市场经济，而国家、社会对市场经济发展负有合理支配投入和正确引导的职责。我们今天对"超市场"事业的投入，不会立刻产生经济效益，但它们对人的素质的塑造，对未来社会的意义，用经济公式是无法计算的。我们应当从整体、未来后果的角度审视每一个现在、局部的原因，并不断对此修正和调控，使眼前与未来、部分与整体尽可能协调起来。在这个进程中，有时会有矛盾，为了部分、暂时的利益而放弃对整体、未来的顾及，这如果不是胸怀狭窄、目光短视，就一定是缺乏民族责任心。而那种以为把一切社会领域都可纳入市场规律中的见解，在理论上是对市场经济的庸俗理解，在实践中将带来极不明智的短期行为。

似乎还有一种看法，认为在市场经济发展过程中，文化的暂时性失落是应当的，也是不可避免的。然而历史早已向我们昭示经济与文化不同步发展的可悲后果。如果我们现在放弃了对文化事业、教育事业的投入和建设，我们明天、后天就要为今天的行为付出双倍甚至更多的代价。人类投资千种万种，归纳起来无非两种：一种是立竿见影式的；另一种是效益在短时间内表现不直接、不明显，但具有长远价值的，对文化、教育的投资，或者说对人的塑造的投资正属于后者。

总之，人的素质问题是一个关系千秋大业的问题。放弃对文化事业、教育事业的投资，忽视对人的塑造，无异于在未来发展道路上设置了难以通过的制约"瓶颈"，无异于潜伏下在未来时刻爆炸的炸弹。我们需要气度，需要眼光，需要一种"放长线钓大鱼"的思路，要克服急功近利的浮躁情绪，人的塑造工程当放在优先考虑之列。这不是从某些领域和本位出发，而是为了民族的长久发展，是为了避免对我们的后代犯历史性的错误。

面临社会主义市场经济这一崭新课题，更需要我们把"素质意识"

变为我们全社会、全民族的共识。如果说生产是今天，科技是明天，人的塑造则是后天。21 世纪中国怎么样，我们民族怎么样，谁是未来时代的强者，这一切在相当程度上取决于我们对人的塑造的态度。这份问卷是漫长的，但要求我们从今天答起，因为，人的塑造是一个跨世纪的主题。

第三编

道德原则研究

第一章　要不要坚持集体主义价值导向[*]

《高校理论战线》杂志 1993 年第 4 期刊登的魏新高同志的文章《集体主义与个人主义的伦理思考》提出了这样的观点：集体主义是计划经济的产物，在市场经济条件下，集体主义就失去了赖以存在的基础，集体主义不等于社会主义，个人主义不等于资本主义，建立市场经济新体制，就应按市场规范重建一套与之相适应的道德价值体系。作者在这里提出了社会主义市场经济条件下，还要不要坚持集体主义价值导向的重大问题。这个问题不容忽视，也不能不辨析清楚。

集体主义的基础是社会主义公有制

集体主义赖以存在的基础，是社会主义的公有制，而不是"计划经济"，这是我们必须首先辨析清楚的。

计划和市场都只是经济手段，哪里有社会化大生产，那里就有计划；哪里有分工、商品经济，那里就有市场。正如邓小平同志指出的：计划经济不等于社会主义，资本主义也有计划；市场经济不等于资本主义，社会主义也有市场。计划和市场都是手段。"计划"和"市场"作

---

* 本章内容原载于《高校理论战线》1993 年第 5 期。

为资源配置的不同手段，不反映社会性质，也不会引申出某种特定的价值原则。但是任何一种经济手段都不是孤立存在的，它总是与特定的社会制度结合在一起的。

党的十四大确立的是建立社会主义的市场经济体制，这就决定了我国市场经济所特有的社会主义性质。邓小平同志曾一再强调："一个公有制占主体，一个共同富裕，这是我们所必须坚持的社会主义的根本原则。我们就是要坚决执行和实现这些社会主义的原则。"① 这些本质和原则，决定了我国社会主义市场经济和资本主义市场经济在运用的主体、作用的对象、实现的目的等方面都有本质区别。作为社会主义制度的核心和基础，生产资料公有制从根本上把社会利益和个人利益统一起来。共同占有生产资料这种所有制形式，使得社会个体成员只有在保证实现社会共同利益的前提下，才能实现个人利益。在整体利益和个体利益的逻辑关系中，社会整体的较之社会个体的是更为根本的方面。这就逻辑地决定了在处理社会诸多利益关系中，必须遵循以社会为本位的集体主义原则，在使社会共同利益得到根本保障的基础上，充分实现个人利益的价值原则。可见，集体主义原则是根植于社会主义公有制基础之中的，并非像魏新高同志认为的"是计划经济的产物"。同样，个人主义的价值原则生成于资本主义私有制土壤之中，而不是市场经济的产物。

我国社会主义市场经济体制的特征之一是以公有制为主体，个体经济、私营经济、外资经济和其他经济为补充。这一条不变，集体主义价值原则就是一种客观必然，就必须坚持集体主义的价值导向。

集体主义的目标与共同富裕的目标相一致

公有制是社会主义市场经济的本质要求，共同富裕也是社会主义市场经济的本质要求。因此，思考在社会主义市场经济条件下要不要坚持集体主义价值导向的问题，还必须看集体主义是否与共同富裕的目标相一致。

---

① 邓小平文选：第3卷. 北京：人民出版社，1993：111.

　　市场经济的一般利益原则是等价交换。在市场中，企业之间按市场经济原则建立相互关系，按价值或生产价格进行交换。建立这种市场关系，有利于企业之间开展平等竞争，更好地推动企业提高劳动生产率，不断增进企业的经济效益。但是，不同的社会制度，对市场一般利益原则的运用，其后果是不同的。在生产资料私人占有的条件下，市场的主体是资本家企业，企业创造的经济效益，大头被资本家占有。资本家企业只要通过市场交换，获取了平均利润或超额利润，资本家无偿占有劳动者剩余价值的生产目的就实现了。经过这一轮市场交换，资本主义按资分配也就同时实现了。因此，资本主义的分配原则是完全依靠市场实现的。而以私有制为基础的资本与劳动的分离，通过这一轮的市场交换，就必然导致"两极分化，贫富悬殊"等严重社会不公现象。这是资本主义制度本质冲突在运用市场原则中的集中显现。

　　在公有制条件下，市场的主体是国有企业，企业创造出的经济效益大头归全民所有。通过运用等价交换的市场原则，更有利于社会整体物质利益的创造，有利于实现"多劳多得，不劳不得"的社会主义分配原则。这就能够使企业职工从切身利益来关心和维护国有企业的发展，关心和维护"集体"这个根本。

　　当然，通过市场交换，实现社会主义初次分配的结果，必然会使那些经营状况好的企业和个人先富起来，造成社会成员在富裕程度上的差别，这是与我国现实生产力的发展水平相适应的。在社会主义条件下，只有让一部分地区、一部分人先富裕起来，才能更有效地带动整个社会走向共同富裕。而实现共同富裕的目标，不断缩小地区间和社会成员个人收入上的差距，在社会主义市场经济运行过程中，仅仅通过市场交换的初次分配是不能实现的，公有制的本质必然要求依靠国家对国民收入进行再次分配。这也就必然要求在社会市场经济运行过程中，首先确保国家这个大头利益的实现，使国家能够得以根据全社会整体利益和长远利益，进行宏观调节，统筹规划，统一分配。如果说，在社会主义初次分配中，主要坚持的是效率的原则，那么，在社会主义再次分配中，主要坚持的是公平的原则。社会主义市场经济所具有的以按劳分配为主体，其他分配方式为补充，兼顾效率与公平的基本原则，为从根本上排除"两极分化，贫富悬殊"等严重社会不公现象的产生，并随着社会主义经济的不断发展，逐步缩小地区和个人间在收入上的差距，实现共同富裕提供了可能。如果国家这个大头的利益不能保证，社会主义共同富裕这一目标就不能实现。因此，在社会主义市场经济运行中，协调好国家、集体与个人的利益关系，仅靠市场规范是不可能的，还必须坚持社会主义的分配原则。而这正是以集体利益为根本的集体主义精神在物质利益关系中的体现。只有坚定不移地坚持社会主义分配原则，坚持集体主义精神，才能正确处理好国家、集体与个人三者利益，兼顾好三者利益，才能在各种利益发生矛盾时，坚持以个人利益服从国家和集体利益，眼前利益服从长远利益，局部利益服从社会整体利益。只有确保国家这个大头的利益，社会主义市场经济才能得以正常地运行。因此，只要坚持共同富裕这一条政策，在社会主义市场经济条件下，就必须坚持集体主义价值导向。那种认为搞市场经济就一定要否定集体主义道德的观点，显然是错误的。

第二章　集体主义与社会公正[*]

　　一个相对理想的社会，应当最大可能地满足其所有个体成员的正当利益，并最大可能地使社会共同利益得到最大限度的发展，以进一步提高所有个体成员的利益所得。这是社会合理性的要求，同时也是集体主义内涵的集中表现。然而集体主义并不能仅仅停留在这样一个集中表达的层面上。怎样在有利于提高社会共同利益的意义上，在全体个体成员之间进行合理而又公正的分配，这是社会主义市场经济的现实对我们提出的新问题，也是集体主义原则需要进一步深化的理论问题。其实，社会公正原则是贯彻集体主义原则的内在机制。在这个意义上说，集体主义发展社会共同利益、关心满足其个体成员的正当利益，就可转化为集体、社会按照公正原则在社会成员之间进行合理的利益分配的利益关系。社会公正是集体主义原则的应有之义。不解决公正问题，就不可能使社会主义的集体成为公正的集体，就不可能使人们真正确立集体主义的信念，就不可能真正贯彻集体主义的价值原则。

　　什么是社会公正？社会公正是一种相对的观念，是一个涉及价值判断的问题。在不同时代、不同的人中对社会公正有不同的理解和现实的具体规定。几乎从人猿揖别开始，人类就渐渐有了"公正"的观念。当然原始阶段的公正观念既简单又朴实，它是近乎本能地感悟并遵循着原

　　* 本章内容原载于《中国特色社会主义研究》1998 年第 3 期。

始氏族维系自身共同体存在之要求。原始人的极端平均主义，以及勇敢互助、血亲复仇等，都是原始人对公正的朴实、朦胧的直感意识。

人类社会分裂为不同利益集团后，随着原始平均关系向等级关系的转化，绝对平等的公正意识也随之转化为等级意识。这种"社会公正"论，在中国古代思想家董仲舒的恪守等级、各安其分和西方古代思想家柏拉图的"理念论"中，都得到了充分的反映。

随着自由资本主义的兴起，自由、平等、博爱成了近代资产阶级的一面旗帜和价值标准。社会公正意识一反长期以来的等级观念而突出了社会公正的人性基础，强调人的价值的至高无上，一切有益于人性发展的，有益于每个人的欲望和生命力实现的，就都是公正的，反之就是不公正的。无论是近代英国的经验主义、法国的唯物主义还是德国古典哲学的唯心主义，最终都在这一点上形成共识。当代人本主义、存在主义继续从不同角度诠释了这一主题。

上述自由、平等、博爱的思想意识，虽把社会公正观向真正人类社会理性判断方面大大推进了一步，但总的说来缺乏一种历史现实感，或者说，缺乏一种真正现实的社会概念。

马克思主义从社会现实出发来考虑社会公正问题，从社会历史动态联系中看待人的全面发展。马克思主义始终以自由人的联合体作为社会（公正）的最高价值理想。

"公正"一词，常与"正义""公平"通用，表达一种人类合理性的价值追求。在一般意义上，社会公正往往被理解为"给每一个人他所应得的"。这首先意味着公正是一种应该的、合理的价值选择，这当然不能是某个人或某个集团的，真正的合理性选择必须出自社会全体成员共同的理性判断和选择。在更为根本的意义上，公正应当是人类社会理性的充分体现。

自然选择绝对不可能产生公正。适者生存，不适者淘汰，这种自然法则表达了自然世界某种无情的选择，在自然竞争中或许是一种自然式的"公正"，但这种无理性的公正绝不是社会公正，因为它没有体现出人类主体理性的应然判断与选择，正因为如此，集体主义的公正原则不允许纯粹的自然竞争，以及由自然竞争带来的任何社会两极分化。集体主义公正原则强调，在社会平衡格局中，全社会走向共同富裕。

同时，公正也不是平均主义。平均主义既不等于集体主义的共同富裕，也不代表人类觉醒了的理性判断。集体主义的社会公正所包含的理性，选择最大限度地提高全体社会成员的利益水平，合理地平等对待每一个主体，同时又承担带动全体人民一起进步的责任。集体主义的公正概念，包容着丰实的内涵，归纳起来，有三个相连互补的原则。

其一是平等原则。公正如果在一定意义上表现为"给每一个人他所应得的"这种基本形式，那么它就是在表明每一个人都是平等的。平等在专门的意义上，并不是指权利与财富的程度应当绝对相等，而是指权利不能成为剥夺他人权利的特权甚至暴力。财富不是不能有差别，只是这种差别不能两极分化到一个人可以购买另一个人，使一方沦为另一方的奴隶。

马克思主义批判私有制社会，就是基于社会平等的合理性要求之上。马克思主义的全部理论及其毕生实践，都在为实现这种社会平等而做出努力。在一定意义上可以说，社会平等永远是一个公正社会的最先且最大的共同利益。一个实现了在政治权利面前、在法律面前人人平等的社会，是公正的社会；一个充满阶级剥削和专制压迫的社会，肯定是一个缺乏真正公正的社会。

在一个公正的社会中，公民的平等权是指所有公民根据法律规定，享有同等的权利和承担同等的义务。

这种公正原则在集体主义中表述为每一集体成员人人平等。权利平等，义务也平等。付出如果平等，获得也应是平等的。当然，在另一种情况下，付出不平等，但获得有可能平等，这种特殊意义上的公正在下面"等差原则"中我们再进一步讨论。

平等是一个包含复杂内容的概念，许多事情形式上看是平等的，实质上是不平等的。简单的机会均等也不见得就是平等。所以，平等原则所涵纳的复杂内容，可以这样抽象出来：对于在所有相关的方面都相同的情况，必须同样对待；对于在相关的方面不相同的情况，则必须予以不同对待，而且这种不同对待应对应于相关的不同。这才是集体主义所需要的"平等"。

其二是付出获得对等原则。这个原则的基本意思可以表达为："得所当得。"获得所应当得到的，这是"平等原则"的一个补充。公正不是要求一切平等，公正还要求符合比例的平等，比如说，你尽了一定的义务，就应有一定的权利，你付出了多少，就应得多少回报。集体主义的公正观并不是要人们一味地牺牲、奉献，一味要求你尽义务，在强调行为动机的道德崇高性同时，也强调客观上要求对等原则。从集体主义的社会公正观看来，一个人做出了很多贡献（付出），即使他的动机中并不含有索取报酬的因素，但作为一种社会公正，他应当得到相关的回报，否则就有失公正。

付出获得对等原则在分配奖赏或责罚的场合，表现得最为突出。贡献大、价值大的，就应多得；同样，失误大、造成损害大的也应承担相应的责罚。法律部门就是用强制手段实施公正责罚的典型机构。

付出获得对等原则的实施表明，社会公正允许差别的存在。集体主义绝不主张平均主义，或者说，平均主义、"大锅饭"是对集体主义公正原则的一种曲解。一个社会如果强求绝对的一致和一律的平等，就反而会是一件损害社会进步或至少使社会停滞不前的事。集体主义认为，社会集体有责任使人的才能得到充分实现，有责任使条件基础较好的地区予以充分发展，也只有使资质、条件基础较好的人和地区充分发展起来，才能带动全社会成员和地区共同发展进步。

其三是补差原则。这个原则的基本要求可以说是"以有余补不足"。集体主义允许并鼓励一部分人或地区先发展起来，绝不意味着鼓励社会两极分化。集体主义认为没有一个人绝对应得他在自然天赋的分配中所占的优势。一个条件基础好的地区或部门也不能绝对占有它的优势。贫的越贫，富的益富，是社会集体主义公正要求所不允许的。集体主义的公正观在提出平等原则和对等原则的同时，还提出了补差原则。

一个公正合理的社会，要公正地对待全体成员，不仅要承认人们之间的利益分配差距，而且要承担缩小这种差距的理性责任。平等是对的。所有人都应当分得相等的蛋糕，因为这是公平的。有些人如果分到的蛋糕比别人大一些，那是因为他付出的那部分价值比别人多一些。这样理解集体主义的公正要求，在一定层面上是正确的，但它不代表集体主义公正观念的全部。集体主义公正原则，出于共同富裕的根本目标，在某些特殊情况下，它很可能要求把一块稍大些的蛋糕分给一个并没有相应付出的人。社会利益分配的公正问题远比分蛋糕要复杂得多，但这个例子至少表达了集体主义的公正观念中所包含的补差原则要求。

集体主义认为一个社会或一个集体，有责任去关心和帮助集体中处在最低等差中的那部分人或那部分地区、部门。如果一个社会、集体对其利益获得较差者漠不关心，不负责任，那它就不是一个真实的集体。而且一个社会、集体如果利益分配差距过大，必会损害这个社会、集体的稳定结构和合理秩序，最终使这个较差共同体的利益得不到应有的增进。

在自然状态下，人们的活动会自然而然地产生出差距，产生差别是自然的，而缩小差距却一定要借助社会的理性力量和相应外部手段的不断干涉。干涉不是要抹杀差别，而在于考虑允许哪些差别，而哪些差别不被允许。而且，允许的差别，差别的距离到底多大才更有利于共同富裕而不是破坏共同利益的增进。集体主义共同利益至上性，其中就包含了对社会共同富裕的责任和社会共同进步的根本目的。补差原则就是对那些因各种自然的、历史的、偶然的因素而造成的天赋资质或条件基础较差的社会成员，给予特殊的惠顾，以排除他们事实上所处的不平等的起点和障碍，创造出一种社会的平等。比如，我们现在实行的九年制义务教育政策、"希望工程"、高额累进税制和对"老、少、边、穷"地区实行的特殊保护政策，以及全社会有计划地支持"扶贫"工程等，都是集体主义公正的补差原则的体现和制度保障。

总之，"社会公正"是一个历史概念，不同的社会、理论产生不同的公正观。正如恩格斯所指出："希腊人和罗马人的公平认为奴隶制度是公平的；1789 年资产者的公平要求废除封建制度，因为据说它不公平……所以，关于永恒公平的观念不仅因时因地而变，甚至也因人而异。"① 作为"公正"的理论形式，从来都是不一样的，有平均主义的"公正"，有等级主义的"公正"，有自由主义的"公正"，有功利主义的"公正"。社会主义和集体主义公正观，是对人类社会公正的正确的总结和表达。而社会主义制度及其政策，又为社会主义和集体主义公正要求提供了最有力的外在保障。

---

① 马克思恩格斯文集：第 3 卷. 北京：人民出版社，2009：323.

第三章　集体主义道德原则的
理论与实践[*]

道德原则是道德体系及其价值导向的根本。确立什么样的道德原则，决定着社会发展和道德建设的性质和方向，具有重要的理论意义和实践意义。中国社会主义道德体系以集体主义为道德原则。

一、道德原则问题研究及理论发展

中国社会以及伦理学界对集体主义原则、社会主义人道主义（或以人为本）原则以及社会主义公正原则的认识，是伴随着新中国发展，尤其是社会主义市场经济发展而深化的。

1. "一个原则"到"三个原则"的发展

新中国成立60年来，我国伦理学界一直都在探索和研究道德原则问题。虽然在关于道德原则的具体内涵和价值立场方面稍有理论争论，在社会实践层面，集体主义、个人主义道德取向也存在着这样那样的交锋，但关于道德原则在道德体系中的地位和功能，中国伦理学界一直没

---

[*] 本章内容原载于《新中国60年·学界回眸　伦理学与道德建设卷》（北京出版社，2009年）。

有太多理论分歧，基本认为道德原则就是指构成一种伦理规范体系的核心的、最为概括和抽象的、最具有普遍性的准则，是一定社会调节个人与他人、集体、社会之间利益关系的最根本的道德准则，是道德判断的根本依据和道德选择、道德评价的最后标准。道德原则就是一种道德体系区别于另一种道德体系的根本标志。

学者们还普遍认同，道德原则实际上也是一种规范要求，但它是最核心、最具普遍性的一种规范要求。有学者认为，道德原则具有几个特征：终极性、普遍性、抽象性等。作为终极性，它具有最高、最根本的伦理意义；作为普遍性，它具有底线伦理的意义。在一个社会中，道德原则既应该享有大众的共识，又应该有一元导向功能。合理的社会道德体系是在一元导向下既体现先进性和广泛性，又体现最高原则和底线规范的、多层次的有机复合体系。社会道德体系规范必须有一个基本原则，它是规范体系的灵魂，是整合多层次要求和多样性取向的价值根本。

关于道德原则问题的探索历程，大致可做如下划分：

第一阶段为 20 世纪 50 年代至 60 年代中期，此时期社会主义道德研究处在初步的探索阶段，虽然也有一些论述共产主义道德规范、修养、教育的著述和文章，但把共产主义道德作为完整体系来论述的著述还相对缺乏，或正在思考构建中。道德原则问题就更缺乏专门研究，不过有些文章和小册子，如周原冰《培养青年的共产主义道德》以及苏联伦理学者施什金的《共产主义道德概论》中，已有"集体主义是共产主义道德的核心"的提法。而在 20 世纪 60 年代中期至 70 年代中期这十年"文化大革命"中，伦理学和道德修养被当作封、资、修的理论成为研究"禁区"，伦理学的各种问题包括道德原则问题的研究也就基本中断了。

第二阶段从 20 世纪 70 年代末到 80 年代中期，伦理学研究逐步恢复，罗国杰《马克思主义伦理学》等一批教材、学术著作及文章纷纷面世，苏联伦理学者的教科书或伦理学原理著述也被翻译介绍过来，如上海译文出版社出版的季塔连科的《马克思主义伦理学》、北京大学出版社出版的施什金的《伦理学原理》等。这个阶段主要是在马克思主义伦理学体系或共产主义道德体系构建中表述道德原则的。他们认为，共产主义道德是人类历史上最先进的道德，它是以社会主义公有制为基础的人与人之间关系的反映，共产主义道德的基本原则是集体主义。这是由社会主义制度的性质所决定，也是共产主义道德区别于其他道德的根本标志。① 确定集体主义是共产主义道德和马克思主义伦理学规范体系的基本原则，这几乎没有什么分歧，但在除了集体主义原则之外是否有其他原则，学术界存在不同见解。有一些研究成果认为，除了集体主义原则之外，还存在社会主义人道主义原则和共产主义信仰原则。在当时施什金的《伦理学原理》中，道德原则就被分述为四类："忠于共产主义事业"、"诚实的劳动态度"、"人道主义"和"集体主义"。②

　　第三阶段基本上是改革开放以来的 30 年。20 世纪 80 年代中期，我国开始构建社会主义道德体系。随着社会主义市场经济的发展，国人的道德观念也发生了重大变化，学术界对共产主义道德和社会主义道德的关系展开了研究，重新思考关于社会主义初级阶段的道德原则问题。在构建社会主义道德体系的期间，有些学者继续坚持以集体主义作为社会主义道德体系的基本原则，也有一些学者提出集体主义原则主要解决的是个人与集体的利益关系问题，至于人与人之间的利益关系，则没有明确解决。后者的利益关系要由为人民服务的原则来解决，所以全心全意为人民服务应该是社会主义道德原则。集体主义、为人民服务、人道主义，在伦理学关于道德原则的理论争鸣中都被反复讨论过。在近些年伦理学相关研究中，"社会公正""社会正义"观念也逐渐进入人们的话语系统，被越来越多的学者视为社会主义道德体系应该采纳的原则之一。③

　　与此相应，又连带出另一个讨论话题：在一个道德体系中，道德原则是一个还是多个？有人坚持集体主义的"一原则"说，也有人提出了"多原则"的观点。"一原则"说认为，道德原则是道德规范中最根本的

---

① 刘作民. 二十年来我国道德原则研究综述. 理论学刊，2003（6）.

② 李永庆. 共产主义道德的基本原则是集体主义. 奋斗，1982（3）；王兴洲，徐桂媛. 论共产主义道德原则. 东北师范大学学报（哲学社会科学版），1985（2）；魏英敏. 论共产主义道德基本原则及其层次性问题. 北京大学学报（哲学社会科学版），1985（4）；孙凡德. 关于共产主义道德原则之我见. 辽宁大学学报（哲学社会科学版），1984（3）；郭廷君，刘运和. 试论共产主义道德的基本原则. 齐鲁学刊，1984（6）.

③ 洪德裕. 试论他人主义道德原则. 重庆社会科学，1984（4）；王淑芹. 论社会主义市场经济条件下集体主义道德原则的有关问题. 社会科学辑刊，2000（3）；黄楠森. 论人道主义道德原则在社会主义道德体系中的地位. 学术研究，1997（1）；肖雪慧. 探寻道德原则建立整合模式——中国当代伦理文化建设系列研究. 西南民族学院学报（哲学社会科学版），1998（4）.

也是最高的价值要求，作为根本原则只能是一个而不能有多个。"多原则"论者则指出，集体主义、人道主义、为人民服务、社会公正都是表达社会主义本质的价值取向，它们互为补充，相辅相成，可以共为社会主义道德体系中的基本原则。有人还提出了"五原则"说，即热爱社会主义、集体主义、人道主义、公正和诚实守信。另有学者提出了"三原则"说，认为适应社会主义社会调节个人与个人、集体与集体关系需要的道德原则是社会主义人道主义、热爱社会主义和忠于共产主义。大多数教科书或研究文章都自觉不自觉地采用了以集体主义为社会主义道德体系的基本原则的体系路数。在《公民道德建设实施纲要》等国家重要文献中，集体主义是被作为道德原则而确定的，而为人民服务定位于"社会主义道德体系的核心"。随着改革开放的社会主义市场经济的不断发展，伦理学研究无论在道德体系上还是道德原则探索方面，都有了进一步的提升和繁荣。社会主义人道主义、社会公平正义，都已成为执政党的执政理念内容，成为学界和全社会的价值共识。社会主义道德体系中的道德原则也由一个发展为三个，即集体主义原则、社会主义人道主义（以人为本）原则、社会主义公正原则。

2. 社会主义人道主义（以人为本）原则

（1）中国理论界人道主义认识历程

新中国成立至"文化大革命"期间，人道主义是被当作资产阶级的专有名词来对待的，对它的讨论和研究基本属于理论禁区。20世纪50年代，在讨论一些历史问题和毛泽东《论十大关系》报告时，毛泽东反复强调思想、学术和文学艺术都应该"百花齐放，百家争鸣"。"双百"时期，文艺界和学术界曾有过关于"人情""人性""人道"的讨论，但很快被"人性具有阶级性"的声音淹没了。改革开放后，随着全社会的思想大解放，许多僵化理论和思想禁区被打破，人们又开始了对人性和人道主义的讨论。

"文化大革命"中，阶级斗争及其极"左"路线达到了疯狂的地步，破坏了国民经济、社会秩序和社会人际关系，给社会带来动乱，给国家和众多个人都带来了很大损失及伤痛。"文化大革命"结束后，中国共产党以及全社会都在进行反思，党和国家也开始了政治、经济、教育以及文学艺术等各个领域的全面拨乱反正的工作。社会层面的

"反思"表现在一批被称作"伤痕文学"的作品中。"伤痕文学"对社会阶级斗争氛围下的不正常的人性、人情等社会现象的诉说和揭露，引起全社会的痛定思痛，也给理论界提出了对人性、人道、异化等方面问题思考的要求。现实和文学提出问题，哲学等理论界必须做出答复和回应。

此外，国际社会在二战后积累起的对人道主义的关注和呼唤，尤其是国际社会"西方马克思主义"关于马克思的人性、异化、人道主义等理论的讨论，随着改革开放的时代气息进入中国，也都对中国理论界尤其是哲学界和伦理学界产生了巨大影响。

20世纪70年代末80年代初，我国理论界就人道主义和异化问题展开了一场热烈争论。胡乔木当时在《理论月刊》上发表了题为《关于人道主义和异化问题》的文章，这篇80年代著名的文章指出："社会主义的人道主义，是化为伦理原则和道德规范的人道主义，它立足在社会主义经济基础之上，同社会主义的政治制度相适应，属于社会主义的伦理道德这种意识形态，作为一项伦理原则，它是以马克思主义世界观和历史观为基础的。"① 胡乔木的这篇文章不但认为人道主义是马克思主义的一个基本理论观点，而且指出它具有道德价值原则的地位，在当时被认为是人道主义理论研究的重大突破。

许多理论工作者如周扬、王若水等也都认为，粉碎"四人帮"后，人们迫切需要恢复人的尊严，提高人的价值，应该承认马克思主义是包含人道主义的，认为人是马克思主义的出发点和归宿。他们认为，马克思主张的理想社会是这样一个联合体，在那里，每个人都能得到全面的、自由的发展，人将成为社会的主人、自然的主人、自己本身的主人。

除了哲学界的讨论，伦理学界也展开了讨论。李奇在《道德与文明》上发表文章，对人道主义的历史性、阶级性做了具体分析，并肯定了人道主义所具有的价值原则的地位。她说，因为资产阶级人道主义历史观的出发点是抽象的人性论，由此引申出来的一系列的理论原则都是和马克思主义历史观相对立的、不科学的。但是，作为一项伦理道德原则和规范，是可以批判地继承下来，改造成为社会主义社会生活中一项

---

① 胡乔木. 关于人道主义和异化问题. 北京：人民日报. 1984-01-27 (1).

对待人方面的原则和规范。

　　魏英敏也发表文章强调，社会主义人道主义是一种基本的、具有普遍意义的道德规范。这个道德规范对个人的道德意识情感、婚姻家庭道德、各种职业道德和社会公德都有广泛的指导意义。

　　讨论的焦点还集中在人道主义"是不是马克思主义的世界观和历史观"方面。持肯定观点的学者认为，马克思主义世界观和历史观包含人道主义，因为从实践和主体出发是马克思新唯物主义世界观的基本原则。马克思主义的人道主义在对人的研究的基本思路、实现人的解放或自由发展的路径、建立理想社会的依靠力量上，与其他各种人道主义有根本的区别。他们认为，马克思主义人道主义是唯物史观的重要内容。它在唯物史观中占有重要地位，主要表现在以下三个方面：它提出了人类解放的伟大目标和每个人全面自由发展的基本原则，它提出了优于资本主义生产的社会发展道路的理论，它是唯物史观关于人际关系理论的重要内容。

　　也有些学者持不同观点，认为马克思主义是一种关于自然、社会和人类发展的完整科学理论，人道主义只是一种价值选择。马克思主义虽然采用了人道主义的价值取向，但并不意味着马克思主义就是人道主义。认知判断和价值判断不是一回事。也有学者强调人道主义作为一种世界观或历史观，具有鲜明的阶级性，反对抽象地谈人道主义，认为不能笼统地说马克思主义就是人道主义。只有对马克思主义做出"关于人类解放和自由的科学思想体系"这样的规定，才能确切表达马克思主义思想的实质和核心。这个规定使马克思主义同形形色色的人道主义区别开来，表达出它不同于其他一切人道主义的彻底性、科学性、现实性和革命性。

　　许多年来，理论界就人道主义有过长期的争论。邓小平在党的十二届二中全会上曾针对这个问题做了明确定论，他说："人道主义作为一个理论问题和道德问题，当然是可以和需要研究讨论的。但是人道主义有各式各样，我们应当进行马克思主义的分析，宣传和实行社会主义的人道主义（在革命年代我们叫革命人道主义），批评资产阶级的人道主义。"①

---

　　① 邓小平文选：第 3 卷. 北京：人民出版社，1993：41.

之后，党的十六届三中全会上提出了"坚持以人为本，树立全面、协调、可持续的发展观，促进经济社会和人的全面发展"的新的科学发展观。在执政层面上正式使用了"以人为本"这个概念，并且把它与发展联系起来，称为科学发展观。"以人为本"的社会主义发展理论引起了社会各界的广泛重视和拥护。

（2）"以人为本"的理论内涵

"以人为本"表达了马克思主义的人道主义理论，也表达了中国社会主义发展道路的特色。"人"包括社会全体成员，"本"主要是明确发展的指导思想是确保人民当家做主的地位，以实现人民利益和人的自由、全面发展为经济和社会建设的出发点。"以人为本"、和谐社会的发展理念，首先要求注重每一个人的发展。社会道德理念诉诸公正、平等、责任等价值取向，认为每一个人都应被当作目的而不是手段。一个"以人为本"的社会，最大的善就是社会所有公众利益的实现，这样才能为所有人的幸福和全面发展提供坚实的保障。

"以人为本"的理念还强调要把人作为目的，尊重人的价值和尊严，充分调动人的主体性，发挥人的积极创造力。这种道德理念就要求我们在努力发展经济、创造物质财富的同时更要为其成员提供广阔的发展空间，实现权利和义务的对等，实现机会的均等，尊重每一个人的内在价值，为每一个社会成员尽可能创造公正的社会制度和规范，全面实现每一个人的价值。

"以人为本"是社会主义市场经济发展的重要宗旨，也是我们党执政理念的集中体现。党的十六届三中全会提出了"按照统筹城乡发展、统筹区域发展、统筹经济社会发展、统筹人与自然和谐发展、统筹国内发展和对外开放的要求，更大程度地发挥市场在资源配置中的基础性作用，增强企业活力和竞争力，健全国家宏观调控，完善政府社会管理和公共服务职能，为全面建设小康社会提供强有力的体制保障"①。其中，五大统筹发展，要解决的核心问题就是经济发展与人的全面发展的关系问题。

在党的十七大报告中提出的科学发展观，其核心也是"以人为本"。"以人为本"成了中国特色社会主义建设突出强调的发展理念。党的始

---

① 十六大以来重要文献选编：上．北京：中央文献出版社，2005：465.

终代表中国最广大人民的根本利益的根本宗旨和立党为公、执政为民的本质要求，都在以人为本的发展理念中得到了充分体现。建立以人为本和市场经济社会协调发展的新机制，才可能是可持续的发展，才可能造就全面发展、和谐发展的社会，在这样的市场经济社会发展中，人的全面发展也才成为可能。

以人为本，或者说马克思主义的人道主义，已经越来越被全社会在实践层面所接受，在理论层面也越来越被当作社会道德价值原则得到认可。

3. 社会主义公正原则（和集体主义相融洽的社会公正）

公正问题或公平正义问题一直是人类思想史讨论的核心问题之一。早在古希腊时期，正义就被看作最重要的伦理道德观念。亚里士多德认为，在各种德性规范中，公正是最主要的，"公正不是德性的一个部分，而是整个德性"，"公正集一切德性之大成"[①]。公正在我国的理论探索和实践发展也经历了一个过程，严格地说，"公正"概念及其思想理论的阐述，大多是在改革开放以后尤其是市场经济体制确立后开展起来的。

从理论成果看，明确使用"效率优先，兼顾公平"提法的，最早见于经济学界周为民教授等发表于《经济研究》1986 年第 2 期的《效率优先，兼顾公平——通向繁荣的权衡》一文。该文是 1985 年国家体改部门委托的一项研究课题的主报告。课题主要关注的就是社会公平与社会保障制度改革。课题组认为，研究社会保障问题应从整个经济体制改革逻辑上，从国家经济与社会发展目标的重新定位上立意。[②] 虽然在"优先性"问题上引来一些反响甚至争论，但各学界开始更多地关注"公平—效率"问题的研究，社会主义的公正问题也随之在理论层面、实践层面得到越来越多的关注和认识。

从实践层面看，社会主义公正理念的认识和实践，是以"公平—效率"关系为主轴展开的。党的十二大报告虽然没有直接使用"公正原

---

① 亚里士多德选集（伦理学卷）. 苗力田，编. 北京：中国人民大学出版社，1999：103-104.

② 杨宾. 应当坚持"效率优先，兼顾公平"的原则——访中央党校经济学教授周为民. 前线，2003（8）.

则"的概念，但提出建设有中国特色社会主义，以稳定和完善家庭联产承包责任制为主要任务的农村改革进一步深入，以城市为重点的经济体制改革由试点发展到全面铺开。其中讲分配政策时强调了要扩大企业收入分配自主权、在收入分配中引入市场的新理念。这些理念已经蕴含了以公平为基础同时兼顾效率的思想。

党的十三大报告《沿着有中国特色的社会主义道路前进》中，首次明确提出："我们的分配政策，既要有利于善于经营的企业和诚实劳动的个人先富起来，合理拉开收入差距，又要防止贫富悬殊，坚持共同富裕的方向，在促进效率提高的前提下体现社会公平。""当前分配中的主要倾向，仍然是吃大锅饭，搞平均主义，互相攀比，必须继续在思想上和实际工作中加以克服。"①

在十四大报告《加快改革开放和现代化建设步伐，夺取有中国特色社会主义事业的更大胜利》中，党和国家进一步提出要"兼顾效率与公平"："在分配制度上，以按劳分配为主体，其他分配方式为补充，兼顾效率与公平。运用包括市场在内的各种调节手段，既鼓励先进，促进效率，合理拉开收入差距，又防止两极分化，逐步实现共同富裕。"②

之后在党的十五大报告《高举邓小平理论伟大旗帜，把建设有中国特色社会主义事业全面推向二十一世纪》、十六大报告《全面建设小康社会，开创中国特色社会主义事业新局面》以及相关决策文件中，都一直强调效率优先、兼顾公平的指导原则。但十六大报告中特别强调了"再分配注重公平"以"调节差距过大的收入"的理念。这已经表明社会"公平"问题得到全社会的更大关注。

2003年10月十六届三中全会通过的《中共中央关于完善社会主义市场经济体制若干问题的决定》，基本上是采用"坚持效率优先、兼顾公平"的提法。"完善按劳分配为主体、多种分配方式并存的分配制度，坚持效率优先、兼顾公平，各种生产要素按贡献参与分配。整顿和规范分配秩序，加大收入分配调节力度，重视解决部分社会成员收入差距过分扩大问题。"③

值得关注的是，2004年党的十六届四中全会通过的《中共中央关

---

① 十三大以来重要文献选编：上. 北京：人民出版社，1991：32-33.
② 十四大以来重要文献选编. 北京：人民出版社，1996：19.
③ 十六大以来重要文献选编：上. 北京：中央文献出版社，2005：475.

于加强党的执政能力建设的决定》，以及十六届六中全会通过的《中共中央关于构建社会主义和谐社会若干重大问题的决定》等重要决策文件中，在分配政策上没有再沿用"效率优先、兼顾公平"的提法，并强调要"更加注重社会公平"。

《公民道德建设实施纲要》中提出了"坚持注重效率与维护社会公平相协调"的原则。党的十七大报告《高举中国特色社会主义伟大旗帜，为夺取全面建设小康社会新胜利而奋斗》中，提出"初次分配和再分配都要处理好效率和公平的关系，再分配更加注重公平"，特别强调"合理的收入分配制度是社会公平的重要体现"①。

从上述党和国家的纲领性文件中，我们可以看出社会主义公平—效率观的认识、实践历程。在以往经济建设时期，我们在生产效率发展和分配制度上，曾较多地强调了"公平"的一面，客观上造成了人们吃"大锅饭""干多干少一个样"等平均主义思想，也不利于调动人民群众的生产积极性。改革开放以来，特别是随着社会主义市场经济的发展，我们纠正了以往公平与效率关系把握上的失误，强调效率优先，解放生产力，发展生产力，可以说也是时代提出的任务。当然，在社会主义现代化建设过程中，既应注重效率，大力发展生产力，又要有效维护社会公平。随着我国经济发展得越来越好，就应更多地关注社会公平问题。

正如邓小平同志所说的，贫穷不是社会主义，两极分化也不是社会主义。只有切实做到注重效率与维护公平相协调，中国特色社会主义的和谐发展目标才能真正实现。

从理论层面看，多年来学术界也产生了大量的研究成果。学界在公平的概念和含义界定方面、公平与效率关系方面、公平的实质和表现形式方面、公平正义原则的历史表现形态方面、中西公正思想表达方面以及社会主义公正观方面等，都做了大量讨论。虽然在一些具体问题上存在一定的争论，但都主张要在制度层面和理论层面重视并追求社会公正，在对"公正"应该成为社会主义发展中的一个价值原则方面，并没有太多分歧。学者们普遍认为，公正作为社会伦理的基本原则，体现在人类生活的各个方面。公平是社会公正制度的尺度，也是伦理审视的尺度。社会主义公正原则所包含的理性，选择最大限度地提高全体社会成

---

① 胡锦涛文选：第2卷. 北京：人民出版社，2016：643.

员的利益水平，合理地平等对待每一个主体，同时又承担带动全体人民一起进步的责任。

社会公正原则已经越来越被全社会在实践层面所接受，在理论层面同样也越来越被当作社会道德价值原则得到认可。

总之，在一些理论界著述和教科书中，在论述"道德原则"时，在集体主义原则基础上又添加了社会公正原则和社会主义人道主义（以人为本）原则。社会主义道德体系已从 20 世纪 50 年代的"一个原则"向多个原则发展。

4. 道德原则的一元导向和道德体系中的多样性、层次性

综观 60 年伦理学研究和社会道德实践，在道德原则的一元取向和多样、多层次性问题上，也经历了一个从简单到复杂、从粗浅到深入的理论认识过程。一元价值导向和多样价值取向是一个辩证统一的系统关系。社会道德体系应该既有对不同社会主体的多样价值取向的容纳，又有社会一元主导价值对多样、多元价值取向的统领和整合。但我国的理论观念和道德实践在新中国成立以后前 30 年发展时期，存在着道德价值取向单一化、崇高化的倾向，在个别时期甚至使道德发展经历了一些曲折，这在一定程度上和我国的传统文化有关。中国传统伦理文化中，早期儒家也讲道德层次性，如人格大致可分为士、君子、圣人等，教育过程也讲究从基础德规向圣人大道的渐进。但汉儒以后的伦理思想中则相对简化了道德的层次性，比如，"正其谊不谋其利，明其道不计其功"，"存天理，灭人欲"，道德规范具有一元化和神圣性特征，并最终远离社会生活，失去了应有的层次性和普遍性。

我们在新中国成立以后前 30 年的理论研究和道德实践中，无疑取得了许多成果。但社会主义新中国建设毕竟是一种全新的历史探索，执政党以及包括学界在内的社会上下还没有真正把握中国国情，思想认识在某些方面与我国社会发展实际水平有一定的距离，在理想性和现实性、一元性和多样性关系把握方面，也存在一些问题。甚至在一段时期内，道德体系相对缺乏有效的多样性和层次性，被当作普遍道德对全体人民群众进行规范，甚至一度曾提出"狠斗私字一闪念"的要求。任何一种社会道德体系，都必须是理想性和现实性、神圣性和世俗性、一元性和多样性的统一，否则会最终导致道德失落。这是道德建设发展的规

律，也是我们今天在伦理学研究和道德建设中应充分反省、总结的经验。

把握道德原则一元性和道德价值的层次性、多样性，应当成为我们社会进行道德体系建设的基本思路，事实上，在新中国伦理学发展和道德建设的后 30 年中，尤其是改革开放以来，无论是社会实践还是理论界，人们开始反思并研究构建不同于以往单一道德要求的多层次、多样性的道德体系。市场经济的发展带来了社会道德发展的新课题。市场经济的竞争机制、开放机制决定了社会利益主体的独立性、差别性和多样性，也带来了价值观念、价值选择的差异和多样性。同时，执政党在新时期"执政为民"的理念指导下，也进一步推进了社会主义民主法制等政治文明建设进程，在使人们有更多平等、自主权利的同时，也给予了人们更多自主选择价值取向的自由和空间。改革开放后，西方资本主义市场经济的价值观念和非马克思主义思潮以及社会成员之间存在不同思想觉悟和道德境界的现状，在社会道德价值取向多样化、层次化方面也产生各种不同的影响。①

不仅伦理学理论和社会观念在发生变化，党和国家也在执政理念层面反思以往，与时俱进。1986 年党的十二届六中全会通过的《中共中央关于社会主义精神文明建设指导方针的决议》，就明确提出了思想道德建设必须坚持"先进性和广泛性相统一"这一时代方针。全社会上下认识到，在社会主义初级阶段，我国经济、教育、科学文化还比较落后，社会文明程度的提高有一个从低到高、逐步发展的过程。如果道德标准的目标定得太高，要求过急，就必然脱离实际，脱离群众，甚至会适得其反，影响社会主义道德建设的成效。在避免把道德要求无限拔高的同时，也要防止高标准被低标准所同化、先进性被广泛性所淹没的现象。要把先进性要求和广泛性要求结合起来，既要号召广大党员特别是领导干部带头身体力行共产主义思想和共产主义道德，又要防止要求过高。1996 年党的十四届六中全会通过的《中共中央关于加强社会主义精神文明建设若干重要问题的决议》，进一步强调了道德的广泛性要求，即"鼓励支持一切有利于解放和发展社会主义社会生产力的思想道德，

---

① 鲁丁. 正确认识社会主义伦理道德层次性的根源. 道德与文明，1984（4）；宋希仁. "周礼三德说"与道德层次性. 中国人民大学学报，1996（4）；葛忱，姜键. 论道德的层次性. 社会科学战线，1992（4）.

一切有利于国家统一、民族团结、社会进步的思想道德，一切有利于追求真善美、抵制假恶丑、弘扬正气的思想道德，一切有利于履行公民权利与义务、用诚实劳动争取美好生活的思想道德"①。在新中国成立 50 周年对社会主义精神文明建设进行回顾时提到，"坚持从社会主义初级阶段的实际出发，把先进性要求与广泛性要求结合起来"②，已经成为新中国道德建设的一条重要经验。

2001 年颁布的《公民道德建设实施纲要》再次强调公民道德建设要"坚持把先进性要求与广泛性要求结合起来"，强调思想道德建设要区分层次，着眼多数，鼓励先进，循序渐进。事实上，在近些年来的社会主义道德体系构建和公民道德建设的理论与实践中，人们都在遵循着这一战略方针。

总之，社会的价值多样性在一定程度上是时代进步和市场经济客观要求的体现，是社会主义中国社会文明、政治文明、经济自由、思想文化宽容开放的表现。我们今天提出"构建与社会主义市场经济相适应的社会道德体系"，其中就蕴含了伦理学理论研究和道德体系建设必须充分顾及所面临的社会多样性及其多元价值取向的客观现实。

但是，在上述理论和实践纠正误区的过程中，也有一些人在这个问题上产生了另一种误区，即认为在市场经济条件下对广大群众只适宜提基础层次的道德要求，社会中不宜提倡高层次的道德要求。曾经一度甚至有人嘲笑雷锋精神和有道德奉献精神的人"不合时宜"，认为对社会公众提道德要求是"道德绑架"，认为市场法制经济"不是道德经济"。这种理解是片面的。不能因为现实社会中人们素质参差不齐，许多人达不到高层次的道德境界，就不向全体公民进行先进性道德的引导。我们要建构的社会主义道德体系，必须是一个以社会主义与集体主义原则一以贯之的有机体系，是一个原则要求和规范层次、先进性和广泛性、一元导向和多元取向整合起来的体系。

作为一个有机的多样性社会，无论是多元利益主体，还是多样价值取向，都必须相容在一元价值理性统领下，融汇在有序整合的社会组织机制中。不能因过分强调道德的广泛性而忽略它的先进性，更不能由价值多样性和道德的层次性而走向社会道德价值标准多元化。道德多样性

---

① 十四大以来重要文献选编. 北京：人民出版社，1999：2054.
② 刘云山. 新中国精神文明建设的历史启示. 光明日报，1999-10-01.

和层次性应该由道德原则价值取向的一元导向来指导，否则就会出现社会价值系统紊乱和社会凝聚力缺失的状态。价值取向多样性并不代表允许价值观念无序紊乱。各种价值取向必须在社会总价值体系中寻找自己的存在合理性。强调集体主义道德原则及其一元导向和多元取向的统一，对社会主义道德体系建设至关重要，它对社会道德体系的有机性、系统性及其在现实社会中的功能发挥，对广大社会成员的认同和整合，都具有关键性的意义。

社会主义道德原则的价值取向如何，也决定着社会主义发展方向的"应然"目的理念。市场经济作为一种资源配置和经济活动组织的形式与手段，其本身并无特定固有的价值信念。无论是社会主义还是资本主义，在选择这种经济体制工具与手段的同时，都必须为它建构一个相应的价值方向、理念和规范框架，以使市场经济体制的运作有明确的目的导向和调控机制。社会主义的政治、法律、思想道德等意识形态，就是保证市场经济按照社会主义价值导向发展的重要理念和规范。在这个意义上，社会主义社会道德体系的构建，一方面要从社会多样性的现实出发，包容多样性的价值取向；另一方面必须整合构建起多元价值体系所共同接纳与认同的一元价值原则和标准，并以这种价值原则和标准对多元价值观念进行整合与引导。正如经济利益可以有多元取向，但必须服从于社会主义共同富裕这个一元的社会发展目标一样，多元价值取向如果没有一元价值导向的整合与引导，就会造成人们价值困惑、是非混淆、道德失范的后果，市场经济发展就必然会偏离社会主义方向。①

我们今天提出社会主义核心价值体系建设任务，也是在进一步解决价值一元和多样性的问题。社会主义社会道德体系必须表达社会主义本质，表达全面建设小康社会、实现共同富裕的发展目标。集体主义原则就是社会主义共同富裕理念在伦理学和道德建设领域的表达。多种价值取向和层次必须整合在集体主义导向之下。集体主义价值取向是社会主义发展的本质要求，也是最广大人民的根本利益所在。新中国发展至今，这个问题在理论研究中基本上已获定论，在实践中也基本获得确立。

---

① 魏英敏. 论共产主义道德基本原则及其层次性问题. 北京大学学报（哲学社会科学版），1985（4）.

二、集体主义道德原则的确立

不同的道德原则会构建不同的道德价值体系。集体主义道德原则主张在集体利益和个人利益的辩证关系中，集体利益在逻辑上存在着高于个人利益的质。

1. 关于集体主义的提出

作为概念的集体主义，早在 18 世纪西方论述与个人主义相对应的概念时就存在了。近代西方兴起的个人主义，强调人人平等，"个人是中心"，任何个人的利益都不能被损害。而当时近代西方的"集体主义"则强调"一种唯一的对'共同体'的'公共利益'具有无私或匿名奉献的权利和义务"，"每个人都不应将自己视为追求自己个人目的，并对他人承担义务的个体，而是一个'公共人'，是'共同利益'的一个仆人——在'共同体'中，个人野心、私人财产、个人选择都被认为是罪恶的，'真正'平等是'有道德的'生活的一种必要条件"①。

集体主义被界定为马克思主义价值观，最早见于 19 世纪法国马克思主义者保尔·拉法格的《集体主义——共产主义》一文。拉法格说：我"试图使用'共产主义'这个词来代替原先的'集体主义'这个词，集体主义只是在《平等报》以后在法国成了共产主义的同义词，现在我利用公民马隆给我提供的机会声明，马克思和恩格斯是共产主义者，而不是贝魁尔和科林那种意义上的集体主义者"②。

而作为"社会主义集体主义"概念，第一次把集体主义和社会主义联系起来进行论述并建立起社会主义集体主义理论的是斯大林。在苏联社会主义改造完成后，斯大林根据经济结构、阶级关系变化和新的社会主义价值理念，强调建立社会主义集体主义道德原则，建立诚实劳动、运用科学、爱护国家财产为要求的道德规范体系。

在我国，社会主义集体主义原则的确立具有深厚的历史传统积

---

① 迈克尔·奥克肖特. 哈佛演讲录——近代欧洲的道德与政治. 顾玫，译. 上海：上海文艺出版社，2003：98.

② 拉法格文选：上册. 中央编译局，编，北京：人民出版社，1985：263.

淀。中国传统素有"群体本位"取向，这和中国的"亚细亚历史道路"及宗法血缘社会历史根基有关。无论是儒家伦理的"天下为公"理念，还是中华民族的爱国主义精神、社会责任意识，都是当代社会主义集体主义的历史文化根源。中国近代以来的爱国主义斗争史以及民主革命史，都表现出了中华民族强烈的集体主义精神。在新民主主义和社会主义革命时期，我们党就强调把集体利益放在首位，这是对共产党员最基本的要求，是党组织的要求，也是道德要求。进入社会主义建设时期，集体主义就一直是我党的执政理念，也成为我国国家伦理的重要内容。

新中国成立后，随着社会主义制度的建立，经济、政治、思想文化等各个领域的改造与建设工作也得以蓬勃展开。新中国成立时中国人民政治协商会议一致通过的《共同纲领》，在确立人民作为国家主人应该享有的基本权利的同时，也明确提出了"提倡爱祖国、爱人民、爱劳动、爱科学、爱护公共财物为中华人民共和国全体国民的公德"等集体主义思想。1956 年，在对苏联模式的社会主义进行反思的基础上，我们党讨论并发表了毛泽东的《论十大关系》。该讲话针对我国的"重工业和轻工业、农业的关系""沿海工业和内地工业的关系""经济建设和国防建设的关系""国家、生产单位和生产者个人的关系""中央和地方的关系"，集中阐述了我国建设社会主义的基本思路，即要兼顾经济建设和其他方面的建设，兼顾国家、地方和个人三方面利益，发挥中央、地方和个人的一切积极性。在强调国家、集体和个人三者利益必须兼顾的思想中，毛泽东对集体主义原则做了进一步阐释和确定。1956 年谈农业合作化问题时，毛泽东再次强调要把集体主义原则作为认识、处理人和人之间关系的重要原则。党的八大在《中国共产党第八次全国代表大会关于政治报告的决议》中，强调全党、全社会必须反对主观主义，必须在全体干部和党员中反复进行全心全意为人民服务的教育。至此，集体主义和为人民服务等思想已明确树立。

党的十四届六中全会通过的《中共中央关于加强社会主义精神文明建设若干重要问题的决议》，把我国社会主义道德建设的基本任务和基本内容概括为一个核心、一个原则、五个基本要求和开展三大道德领域的道德教育。一个原则即"集体主义原则"。将集体主义作为道德原则写进中共中央全会的重要决议中去，这在我们党的历史上是头一次。①

2001 年发布的《公民道德建设实施纲要》，再次强调公民道德建设要弘扬爱国主义精神，以为人民服务为核心、以集体主义为原则、以诚实守信为重点，加强社会公德、职业道德和家庭美德教育。此后在党和国家的重要指导决议文件中，一直把集体主义作为社会主义建设中的道德原则来确立。

我国伦理学界对集体主义道德原则的论述，早期较多地体现在"共产主义道德原则"方面的论述，如 20 世纪 50—60 年代初期，李奇、罗国杰、周原冰等一批伦理学的开拓者就都先后在马克思主义伦理学和共产主义道德体系中论证了集体主义道德原则。

改革开放后，个人利益和集体利益之间关系成为社会各界关注的重点。伦理学界也出现一些理论观点上的争论，但在中国社会和中国文化语境下，集体主义原则仍是人们处理个人、集体以及国家利益取向的主流主张。邓小平在谈到这个问题时一再强调："在社会主义制度之下，个人利益要服从集体利益，局部利益要服从整体利益，暂时利益要服从长远利益，或者叫做小局服从大局，小道理服从大道理。"② 反之，"违反集体利益而追求个人利益，违反整体利益而追求局部利益，违反长远利益而追求暂时利益，那末，结果势必两头都受损失"③。

2. 集体主义原则及其实践

（1）集体主义的理论内涵

马克思关于集体主义的思想是和对资本主义的批判一同提出来的。马克思批判了资本主义制度分离个人和社会关系的弊端，提出了个人与社会不可分割的必然原理。马克思指出：个人在社会存在中才能获得本质，也只有在社会、集体中，"个人才能获得全面发展其才能的手段，也就是说，只有在集体中才可能有个人自由"④。所以，社会主义集体主义从它产生起，在理论上就不是简单反对个人利益，而是为更好地实

---

① 夏伟东. 从毛泽东是否使用过集体主义概念谈起——兼论"五四"以来中国革命道德传统中的集体主义概念. 道德与文明，2000（6）.

② 邓小平文选：第 2 卷. 北京：人民出版社，1983：175.

③ 同②175-176.

④ 马克思恩格斯全集：第 3 卷. 北京：人民出版社，1960：84.

现个人利益。

综观新中国伦理学理论，在关于社会主义集体主义内涵方面的研究有一些基本共识。首先，集体主义强调个人利益和集体利益在根本上的统一，集体利益是个人利益的体现，所谓"大河有水小河满"，而每个人正当的个人利益本身就是集体利益一个不可分割的部分。集体利益同个人利益的关系是辩证统一的，在社会主义社会中，国家利益、集体利益同个人利益没有根本对立和矛盾。在 20 世纪 50 年代以及改革开放以后的社会主义市场发展中，党和国家层面一直在强调国家、集体和个人利益三者的和谐统一，把坚持兼顾三者利益作为贯彻国家各项改革政策、进行社会主义价值导向的基本点。集体主义原则从理论本质上说，不是简单的"个人服从集体"，而是"个人与集体的和谐发展"。集体主义原则追求个人利益和集体利益的最大程度的和谐发展。

其次，集体主义主张集体利益对个人利益的优先性。许多学者对此进行了合理性论证，提倡在集体利益和个人利益发生矛盾时，要以集体利益为重。只有维护并发展了国家和集体的利益，个人利益的实现才会有更好的保障。关于这一点，学者们经常引用马克思的观点：只有在集体中，个人才能获得全面发展其才能的手段，也就是说，只有在集体中才可能有个人的自由。许多论证集体主义原则的文章批评个人主义时错误理解了个人和社会之间的关系，把个人利益当作独立于个人所在的共同体而可以得到确定的东西。

再次，社会主义集体在强调集体利益优先性的同时，强调集体必须保障个人正当利益得到满足，促进个人价值的实现。相关学者论证说，社会主义生产的目的就是为了不断满足人民群众日益增长的物质和文化生活的需要，为"每个人的全面而自由的发展"创造条件。

（2）反思集体主义理论的实践

在以往高度集中的计划经济体制下，生产单位集体的经济活动必须服从国家统一经济计划的指令，伦理学理论就这种计划经济体制所规定的集体、个人利益的关系概括为：集体利益高于个人利益，个人利益必须服从集体利益，当个人利益与集体利益发生矛盾时，应当牺牲个人利益，服从集体利益。这种集体主义的理论，维护了计划经济体制下集体组织的权威，但在个人利益和个性自由问题上强调不够，严格来说对马克思主义集体主义的本质理解以及毛泽东兼顾三者利益的正确原则都有片面的理解。

在某些时期，集体主义的内涵被片面理解为：个人服从集体，当个人利益与集体利益发生矛盾时，要牺牲个人利益。这在理论上割裂了集体利益和个人利益的统一，过分强调个人利益和社会利益的对立，忽略了保障个人正当利益和发展社会集体利益之间的辩证关系，对个人利益重视不够，个人利益在一定范围和一定程度上受到压抑，甚至把个人利益等同于个人主义而加以批判。这种对集体主义原则进行的"左"倾化、绝对化的理解，在实践中也造成了长期忽视个人利益，使得人们在一定程度上不信任社会集体，产生集体主义否定个人利益、压抑个性自由的误解。

在有关于此的讨论中，一些学者主张历史地看待这些问题。他们认为，即使是以往较多强调集体利益的做法，在新中国的革命和建设过程中也发挥了重要作用。但同时也指出，如果过分忽视甚至抹杀个人利益，就会违背社会主义和马克思主义集体主义的初衷，并伤害人民群众的生产积极性和利益，这样的"集体主义"会引发平均主义并最终损害人民利益。而且，如果"集体主义"只是机械强调集体利益是实现个人利益的前提这一方面，简单强调集体利益至上性，在观念上就容易推断出集体利益的实现就等于个人利益的实现这一结论，而自我牺牲就成了道德对社会大众的普遍要求。[①] 事实上这种极端的"抽象集体主义"在过去某些时期特别是"文革"中就是这样被推演着，造成所谓"集体""集体利益"与个人、个人正当利益的对立和冲突。这种排斥个人和个人利益的"抽象集体主义"实际上扭曲了社会主义道德所秉持的集体主义原则，在实践上给人们带来了相当大的"左"的义利观的压抑感，集体主义由于被曲解而失去了它应有的魅力。

"文革"结束后，随着党和国家开展的各个领域的拨乱反正工作，伦理学界围绕着集体主义道德原则有没有现实合理性展开讨论。

一些学者开始批判、反思在"文革"期间"狠斗私字一闪念"的所谓"集体主义"，甚至有否定集体主义的观点；也开始论证个人利益的正当性，在义利观问题上展开了相应讨论；一些学者从论证人道主义问题、人性论问题入手，认为人性自私，对现阶段人们获取个人利益的正当性做了人性根据的论证；也有学者从"主观为自己、客观为他人"的

---

① 张晓东. 30年来集体主义与个人主义交锋的理论历程. 福建论坛（人文社会科学版），2008（10）；谢维营，郭祥才. 近两年"集体主义"研究概况. 哲学动态，1992（2）.

角度对利己行为做辩护。但在纠正"左"的偏差的时候，又受到了某些"右"的思想的影响，一些人提出"为个人主义正名"，论证个人主义的合理性。这些理论或把个人和社会集体对立起来，或片面强调个人利益的地位，在社会实践中曾一度造成损人利己、拜金主义、损公肥私蔓延的现象，而社会责任意识、集体意识、他人意识相对被淡化，影响社会主义市场经济健康发展，也从根本上损害了个人利益的实现。

与此同时，许多学者针对集体主义的责难和对个人主义的认同，也有普遍的回应，他们的文章或从正确的集体主义和"左"的集体主义区分的角度，或从"真实集体"和"虚假集体"区分的角度，或从集体主义和个人主义本质对立的角度，或从个人主义危害性的角度等，对社会主义集体主义的现实必要性做了维护和论证。学者们强调，个人主义又叫利己主义，它以个人利益为人生唯一目的和行为的最高准则，是资本主义社会公开推崇的人生观和根本道德原则。① 学者们指出，社会主义集体主义与资本主义个人主义原则之间的对立与争论已超出了一般伦理道德原则的范围，而具有政治制度、经济制度等社会意识形态的对立与争论的性质。在我国意识形态领域里，在价值导向上的个人本位与社会本位之争、个人主义与集体主义之争，已不仅仅是两种道德观和价值观的争论，归根到底，是同走社会主义道路还是走资本主义道路相联系的。只要中国仍然具有社会主义和资本主义两种前途的可能性，社会主义集体主义原则的主要对手，就一定是资本主义个人主义原则。②

3. 个人主义原则的批判与思考

对集体主义的论证是同对个人主义的思考一同展开的。关于个人主义的论证或观点，归纳起来有如下几种：一种观点不同意把个人主义和利己主义挂起钩来，认为个人主义主张人是目的，人人平等，强调个人价值，个性自由，这都是人性解放的产物，是和资本主义市场经济相吻合的一种价值观，而且认为个人主义中许多内容对我们今天进行的市场经济建

---

① 张怀承. 简述马克思对资产阶级个人主义的批判. 湖南师范学院学报（哲学社会科学版），1984（5）；周蔚华. 坚持马克思主义人生价值观反对资产阶级个人主义. 教学与研究，1991（3）；坚持社会主义集体主义的人生价值观. 人民日报，1991-07-26.

② 夏伟东. 集体主义是社会主义道德的基本原则. 红旗文稿，1994（3）；罗国杰. 论个人主义同集体主义的对立. 中国高等教育，1990（10）；许启贤. 对非难社会主义集体主义一些悖谬的辨析. 光明日报，1990-03-12；龚乐进. 略论集体主义. 哲学研究，1990（1）.

设也很有利；另一种观点认为个人主义作为一种社会原则有所不妥，但作为人生价值观却是可取的；还有一种观点是把个人主义和利己主义挂起钩来，认为个人主义虽然并不等于利己主义，但至少包含有利己主义，个人主义和利己主义确有许多不同之处，但在本质上，都强调个人利益、自我价值的至上性，强调以个人为本位，在总的价值目标上最终走向一致。

理论界对个人主义不等于利己主义基本有共识，认为个人主义思想早期在古希腊智者派"人是万物的尺度"命题中就已有所包含，但作为真正的思想体系迅速成熟起来，还是在近代资本主义发展初期。从文艺复兴一直到启蒙运动，最突出的问题是封建专制、以上帝的名义对人的尊严和权利的剥夺。人道主义和个人主义就是在反对这两种压迫的斗争中应运而生的。人道主义和个人凸显的是人的地位、尊严和权利，关注的是人与人之间的平等而不是等级贵贱。

理论界研究了资产阶级最初发展阶段个人主义和人道主义一起产生的过程，研究认为，个人主义最初和人道主义一起强调以人为中心、自由平等的观念，但同时也夹杂产生了一些极端利己的个人主义思想。学者们指出，个人主义从一开始就是从两个层面来表述与呈现的。有些资产阶级思想家如霍布斯，从人的利己本性出发论证利己主义的合理性。在西方，霍布斯的利己主义常被称为"激进的个人主义"。也有一些资产阶级思想家批判这种激进个人主义，给个人主义注入了更广泛的内容，但大多数启蒙思想家在根本上仍是以利己为出发点和目的的。

学界普遍认为，"个人主义"作为概念明确提出，首见于19世纪法国思想家托克维尔的《论美国的民主》一书。托克维尔创造使用了"个人主义"（individualism）这个概念，来表示一种同利己主义（egoisme）相区别的思想体系。英国的《简明不列颠百科全书》和《美国科林大百科全书》都对个人主义进行了专门论述。①

个人主义的实质在于以自我为中心，以个人价值的实现为最高目的原则。在根本价值原则目的上和利己主义走向一致。它和资产阶级人道主义交织在一起，资产阶级强调人是目的，凸显人的尊严、价值，追求平等、自由、博爱的人性，这一切与其说是个人主义概念的表达，毋宁说它是人道主义的精神内容。在今天社会主义市场经济发展中，我们仍

---

① 相关内容参见本书第四章"个人主义到底是什么"。

要坚持正确的集体主义而不是个人主义。当然要在把西方个人主义与利己主义区别开来的前提下，批判地借鉴西方个人主义价值观的合理成分，以克服集体主义的极左表述，确立真正与社会主义市场经济和民主政治互相促进的集体主义价值观。这是一项艰巨的理论工作，需要许多理论工作者的共同努力。①

4. 集体主义理论的完善与发展

20 世纪 80 年代中期尤其是 90 年代以后，理论界对集体主义原则的思考进入深入探索阶段。此时期关于集体主义的讨论主要围绕如下问题展开：一是个人本位和社会本位之争的问题，即在个人和社会的关系中，到底是个人更为根本还是社会更为根本；二是个人利益和集体利益的辩证关系的问题；三是集体主义道德原则的具体内容如何更有效地适应市场经济的健康发展的问题。②

大多数学者认为，社会本位理论更符合马克思主义唯物史观，人的社会性决定了个人不可能真正离开社会成为绝对的独立的个体。个人为本位的观点把个人作为社会秩序和发展的"原点"，是违反了社会发展规律和本质的。

关于个人和集体利益关系问题，罗国杰曾总结说："20 年来，在道德建设领域中，不论是从理论上还是从实践上来看，我们所遇到的最主要、最根本、最核心的一个课题，就是在社会主义的商品经济或社会主义的市场经济条件下，如何正确地对待个人利益和集体利益及其相互关系。"③ 众多学者强调集体主义，主张集体利益高于个人利益，主张追求个人利益不能损害他人利益和国家、社会利益，但也强调要重视个人利益，对以往"左"的"集体主义"所理解的对个人利益的压抑甚至排

---

① 卢风. 简评西方个人主义价值观. 湖南师范大学社会科学学报, 1994 (6)；张培强. 论个人主义的本质及其思想渊源——驳"宣传集体主义有害"论. 郑州大学学报（哲学社会科学版），1990 (1)；钱广荣. 论反对个人主义. 江淮论坛, 1996 (6)；江涛. 不应当提倡个人主义. 真理的追求, 1999 (11)；孙庆平. 集体主义与个人主义本质上一样吗. 高校理论战线, 1993 (6).

② 温克勤. 评"个人本位主义". 社会科学战线, 1990 (4)；陈勇. 人本主义由个人本位到集体本位的转化. 道德与文明, 1990 (2)；赵文洪. 市场经济与社会本位价值观. 哲学研究, 1996 (12).

③ 罗国杰. 罗国杰文集：上卷. 保定：河北大学出版社，2000："自序"1-2.

斥做了反思批评。①

在阐明集体利益和个人利益辩证关系的讨论中，学者们还提出集体概念的界定是正确认识集体主义的前提。他们认为，集体是一个社会关系概念，其理论依据是马克思主义真实的共同体思想。我们所说的集体首先必须是"真实的共同体"。我们既要强调个人利益要服从真实的集体利益，又要强调集体要充分尊重和保障个人的正当利益。

学者们分析，在社会主义市场经济条件下仍然要坚持集体主义，这是与社会主义政治、经济制度联系在一起的，只要社会主义制度不变，集体主义不能丢弃；新时期的问题不在于"要不要集体主义"，而在于"坚持什么样的集体主义"，如何处理个人和集体的辩证关系，如何保证个人利益和集体利益相结合。他们强调对集体主义做出全面、科学的解释，纠正一段时期内对集体主义的误解，指出集体主义在具体的道德要求上可以分为不同的层次，在注重实践一般性道德要求的同时，提倡追求高层次的道德，最终促成全社会道德水平的逐步提高；坚持集体主义与反对个人主义是不可分割的，个人主义是剥削阶级人生观、价值观、道德观的核心，它的错误在于它在处理个人利益与集体利益的关系时，把个人利益作为基础，以个人为中心，甚至不惜危害集体利益，其结果是，不仅危害集体利益，最终也将危害个人利益。集体主义主张正确处理好国家、集体、个人三者利益，并要确保国家的根本利益，只要共同富裕这一条不变，在社会主义市场经济条件下，就必须坚持集体主义价值方向。那种认为搞市场经济就一定要否定集体主义道德的观点，显然是错误的。②

理论界还对社会主义市场经济条件下的集体主义公正观做了论证，认为集体主义共同富裕的价值观不等于平均主义。集体主义的公正观有三个相连互补的原则。其一是平等原则。认为马克思主义批判私有制社

---

① 聂存虎. 对社会转型期集体主义价值观重新建构的几点反思. 探索，2007 (3)；章海山. 关于集体主义的几个理论问题. 现代哲学，1991 (1)；谷文康. 集体主义是人的本质倾向之一. 湖南社会科学，1990 (1)；张晓红. 试论集体主义的科学内涵与本质特征. 江西社会科学，1990 (3)；徐俊忠. 马克思集体主义理论特质探要. 现代哲学，1990 (4)；周道柱. 个人利益 个人价值 个人主义. 科学社会主义，1990 (1)；张培强. 论个人主义的本质及其思想渊源——驳"宣传集体主义有害"论. 郑州大学学报，1990 (1).

② 杨宗元. '97伦理学研究点评. http://www.lw23.com/paper_104642821/；郝清杰. 理解个人主义要正本清源——兼与黄显中同志商榷. 伦理学研究，2004 (3).

会就是基于社会平等的合理性要求。社会主义的公正原则在集体主义中往往被表达为：在集体中每一集体成员人人平等。但不可把平等简化为一种形式而到处套用。大锅饭的不公平，就是因为这种平等抹煞了事实上应有的差别。其二是付出获得对等原则。集体主义公正不是要求一切平等，公正还要求符合比例的平等。集体主义不是要人们一味地牺牲、贡献，一味要求尽义务，在强调行为动机的道德崇高性的同时，也强调客观上的对等原则。在集体主义看来，一个人做出了很多贡献（付出），作为一种社会公正，他应当得到相关的回报，否则就有失公正。社会主义的多劳多得、按劳分配政策可以说充分体现了这种对等原则。改革开放、搞市场经济、允许一部分先富起来，其中也蕴含了这种原则精神。党的十五大报告进一步确立要"坚持按劳分配为主体、多种分配方式并存的制度。把按劳分配和按生产要素分配结合起来，坚持效率优先、兼顾公平"。"依法保护合法收入，允许和鼓励一部分人通过诚实劳动和合法经营先富起来，允许和鼓励资本、技术等生产要素参与收益分配。"[①] 这充分体现了社会主义公正的付出获得对等原则。其三是补差原则。集体主义的公正观在提出平等原则和对等原则同时，还提出补差原则。集体主义允许、鼓励一部分人或地区先发展起来，不意味着鼓励社会两极分化。社会主义社会要公平对待全体成员，不仅要承认人们之间的利益分配差距，而且要承担缩小这种差距的理性责任。学者们强调，社会主义集体主义，是对人类社会公平正义理论的总结和表达。而社会主义制度及其政策，又为社会主义和集体主义公正要求提供了最有力的外在保障。[②]

三、集体主义中的"为人民服务"思想

我们党一贯把全心全意为人民服务看作革命军队和革命工作者的道德要求，是一个高标准的要求。毛泽东把为人民服务当作共产党人的基本要求："我们国家要有很多诚心为人民服务、诚心为社会主义事业服

---

① 十五大以来重要文献选编：上. 北京：人民出版社，2000：24.
② 罗国杰. 道德建设论. 长沙：湖南人民出版社，1999：94；谢洪恩. 论公正及其实现. 道德与文明，1996（6）.

务、立志改革的人。我们共产党员都应该是这样的人。"① 随着中国特色社会主义的发展，为人民服务的思想也拥有了更加丰富和多层次的内涵。

1. 为人民服务思想的提出及发展

"为人民服务"由毛泽东同志最早明确提出。为纪念为革命而牺牲的张思德，毛泽东写下了《为人民服务》一文。他说："我们的共产党和共产党所领导的八路军、新四军，是革命的队伍。我们这个队伍完全是为着解放人民的，是彻底地为人民的利益工作的。"② 在《论联合政府》一文中，他又强调"紧紧地和中国人民站在一起，全心全意地为中国人民服务，就是这个军队的唯一的宗旨"③。

新中国成立时的《共同纲领》（第四十一条）中也规定：中华人民共和国的文化教育为新民主主义的，即民族的、科学的、大众的文化教育。人民政府的文化教育工作，应以提高人民的文化水平，培养国家建设人才，肃清封建的、买办的、法西斯主义的思想，发展为人民服务的思想为主要任务。

邓小平同志进一步发展了共产党为人民服务的思想。他明确指出，人民满意不满意、人民高兴不高兴、人民赞成不赞成，应当成为检验我们一切工作的标准。

社会主义市场经济建设以来，《中共中央关于加强社会主义精神文明建设若干重要问题的决议》提出，社会主义道德建设要"以为人民服务为核心"，首次把为人民服务提到道德建设的核心位置上来；《公民道德建设实施纲要》也指出，为人民服务作为公民道德建设的核心，是社会主义道德区别和优越于其他社会形态道德的显著标志；党的十五大报告中指出："一切为了群众，一切相信群众，一切依靠群众。"④ 十六大报告进一步强调要"以为人民服务为核心、以集体主义为原则、以诚实守信为重点，加强社会公德、职业道德和家庭美德教育"⑤。胡锦涛在

---

① 毛泽东文集：第7卷. 北京：人民出版社，1999：275.

② 毛泽东著作选读：下册. 北京：人民出版社，1986：587.

③ 毛泽东选集：第3卷. 2版. 北京：人民出版社，1991：1039.

④ 十五大以来重要文献选编：上. 北京：人民出版社，2000：48.

⑤ 十六大以来重要文献选编：上. 北京：人民出版社，2005：30.

论述社会主义荣辱观时也将"以服务人民为荣"列入"八荣"之一；十七大报告中再次强调："全心全意为人民服务是党的根本宗旨，党的一切奋斗和工作都是为了造福人民。要始终把实现好、维护好、发展好最广大人民的根本利益作为党和国家一切工作的出发点和落脚点……做到发展为了人民、发展依靠人民、发展成果由人民共享。"[①]

可见，为人民服务已经成为中国共产党的执政理念，成为中国特色社会主义发展的一种根本价值观。始终代表最广大人民群众的根本利益，全心全意为人民服务，是中国共产党的立党之本。为人民服务也是中国社会主义价值观、道德观的核心。

2. 为人民服务与市场利益原则的关系

在我国社会主义市场经济发展过程中，首要问题就是如何把握社会主体自我追求利益与为人民服务要求的关系。一些人对"全心全意为人民服务"的道德要求产生了困惑甚至质疑。[②] 但经过一段时间的讨论，人们很快在为人民服务的先进性和层次性问题上达成共识，认识到虽然全心全意为人民服务仍旧是今天对共产党先锋队的道德要求，但对广大普通民众而言，为人民服务应是一个多层次内容的要求。道德奉献是为人民服务，敬职敬业、做好本职工作也是在为人民服务。我们发展市场经济的一个目的就是要通过市场机制的资源优化配置作用，充分满足人民的物质生活和精神生活的需要。所以，尊重、满足人民群众的利益需要，也是为人民服务宗旨中的内容要求之一。[③]

当然，学者们也强调了市场利益追求和为人民服务的辩证关系，指出尊重、满足个人利益需求，不意味着不要为人民服务精神，不意味着可以无原则地追求个人利益。事实上，在市场经济发展过程中，社会上确实出现了偏重个人利益而轻视社会利益的理论和现象。一些个人、企业甚至地区，为了满足个人、本企业和本地区的利益，不惜损害他人和社会利益，把为自己谋利看得高于一切，尤其是有些国家公务人员，不

---

①　胡锦涛文选：第 2 卷. 北京：人民出版社，2016：624.

②　王长存. 有报酬的劳动算不算为人民服务. 思想政治工作研究，1997（2）；孙芸. 发展社会主义市场经济与提倡为人民服务. 理论学习月刊，1997（3）.

③　柴晓霞. 市场经济与为人民服务. 山西财经大学学报，1997（2）；苗佳瑛. 讲市场就不能讲为人民服务了吗. 北京支部生活，1996（2）；冯俊科. 发展社会主义市场经济必须坚持人民服务的宗旨. 学习与实践，1995（12）.

去服务民众，反而以权谋私，给党和社会主义发展带来很多损失。①

理论界还就"人人为我，我为人人"角度对为人民服务道德原则展开了讨论。列宁曾在 1920 年发表《从莫斯科—喀山铁路的第一次星期六义务劳动到五一节全俄星期六义务劳动》，指出："我们将努力消灭'人人为自己，上帝为大家'这个可诅咒的准则……我们要努力把'大家为一人，一人为大家'和'各尽所能，按需分配'的准则渗透到群众的意识中去，渗透到他们的习惯中去，渗透到他们的生活常规中去。"中文版《列宁全集》第 1 版译为"人人为我，我为人人"，新版改译为"大家为一人，一人为大家"②。学者们认为新译更符合俄文原文。③

学者们提出，就我们今天社会主义市场经济发展而言，为人民服务的价值取向就是以人民群众和他人的根本利益为本，而"人人为我，我为人人"的道德价值取向和目标正好体现了这种本质。"人人为我，我为人人"的核心就是把人人当作了目的，把服务当作了道德价值取向，在彼此互为受惠对象的过程中，体现出人际和谐、人伦协调、对等享用，这正是为人民服务的意旨所在。④

3. 为人民服务中的道德奉献精神讨论

20 世纪 90 年代，人们曾讨论过一个在中国似乎从来不是问题的问题：一位年轻的女出纳员为了 2 300 元公款和歹徒搏斗牺牲了生命，有些人问："难道几千元钱比命还贵？""我们为什么非要以死来捍卫正义？""漠视自己的健康、轻视自己的生命难道就是情操高尚？"当时也有人觉得"这些问题提得很自私，很浅薄"，但这些观点和问题确实代表了市场经济发展后给人们带来的观念困惑。

1982 年 7 月 11 日，第四军医大学学生张华跳进粪池抢救淘粪老农而牺牲，这件舍己救人的好事却在当年的中国引发了"大学生救老农值不值得"的全民大讨论。

---

① 魏英敏. 市场经济与为人民服务. 中国特色社会主义研究, 1996（3）；张发. 把握为人民服务与市场经济的结合点. 北京支部生活, 1995（11）；杨晓宽. 正确认识和处理市场经济中的等价交换原则与为人民服务的关系. 北京支部生活, 1995（5）.

② 列宁全集：第 39 卷. 2 版增订版. 北京：人民出版社, 2017：100.

③ 宋希仁. 关于"人人为我，我为人人". 红旗文稿, 1994（3）.

④ 胡石明. 浅析"人人为我，我为人人"与"我为人人，人人为我". 思想教育研究, 1994（4）.

　　这些讨论和疑问的背后，实际上蕴含着市场经济条件下还要不要提倡为人民服务所蕴含的奉献牺牲精神等问题，当然也有对个体生命价值的新的思考。

　　一些学者也介入了这类讨论，指出：作为一种奉献精神，自我牺牲往往表现为做人的良知和德行境界。它应该是任何一个社会都提倡的精神。当然为人民服务不是一定要牺牲生命，不是要人们为了牺牲而牺牲。为人民服务中的奉献牺牲精神一般指个人为了维护和健全社会整体利益或他人利益，自觉地传诵、牺牲个人利益的高尚品质和崇高境界。奉献是自我牺牲精神的基本特征。在关键时刻舍己救人、舍生取义是一种牺牲精神，而日常生活中的助人为乐、扶贫济困，职业生活中的敬业精神、任劳任怨，公共生活中的谦让、宽容等，也都是为人民服务所提倡的奉献牺牲精神。学者们指出，自觉的奉献精神无疑具有崇高精神，具有最高的道德价值。这一点几乎得到了一切伟大思想家的一致肯定。伏尔泰曾说：无论在何时何地，为公益事业做出最大牺牲的人，从来都被认为是最有道德的人。约翰·穆勒也认为这种牺牲具有崇高价值，"只是在社会组织很不完善的状况下，绝对牺牲自己的幸福才会是任何人促进幸福的最好方法；但是，在这个世界还存在那个不完善状况的期间，我完全承认甘心作这种牺牲是人类最高的美德"[1]。奉献牺牲精神是集体主义和为人民服务道德的普遍要求，即使在今天社会主义市场经济中，仍然需要这种精神。

　　也有人认为，市场经济是一种建立在等价交换、互利经济行为基础之上的商品生产和交换形式，奉献所蕴含的为他人、为社会的不计个人得失的付出，与市场经济所认可的注重实效和等价交换原则是相冲突的，认为奉献牺牲的为人民服务精神不适应于市场经济的发展。

　　学者们就此展开了相应讨论。他们认为，市场经济运作有自己的规律和规则，但它从来不可能脱离社会道德价值的调控和影响。自由竞争、等价交换的市场原则表面上与奉献精神矛盾，但二者具有内在关联。市场经济体制是为了实现经济增长、社会发展，提高人民的生活水平。市场经济社会不但不排斥奉献精神，从社会价值导向的意义上说，还需要奉献精神来化解社会生活中的利益矛盾，提升、丰富人的精神生

---

① 约翰·穆勒. 功用主义. 唐钺，译. 北京：商务印书馆，1957：17.

活。学者们强调，人的生活除了"向钱看"之类的物质追求之外，还有更为难能可贵的精神追求和人格境界。为人民服务的奉献精神调节着个人与集体、社会之间的互利共生利益关系，它要求市场个体主动承担并切实履行自己对他人、社会的职责与义务，拥有服务精神和社会责任意识，在追求经济效益的同时更注重社会效益。所以，为人民服务以及奉献精神对市场经济合法、合道德的规范运作起着重要作用，是市场经济健康发展不可缺少的因素。在任何时候，追求经济效益都不能以损害社会效益为前提，达到效益的目的也不能以牺牲手段正当性为代价。①

---

① 王洪友，况猛. 物质利益原则与牺牲奉献精神的辩证统一. 政工学刊，2005（1）；雷以常，罗芝馨. 发展社会主义市场经济必须弘扬奉献精神. 思想理论教育导刊，2004（10）；唐志龙. 论奉献精神和利益原则的关系. 理论探讨，2004（5）；张建军. 关于奉献精神的哲学思考. 成人高教学刊，1994（3）；邓剑秋. 市场经济与奉献精神. 湖北社会科学，1993（9）；陈海平. 市场经济与奉献精神. 求索，1999（6）.

第四章 哲学视野中的幸福理念 *

幸福观几乎是所有学科都不得不关注的一个问题。在哲学视野里，幸福理念和人性理论及人生价值观密不可分。怎样理解人的需要和幸福，答案还根植于怎样看待人的尊严和价值，怎样认识人的社会性和自然性等。

幸福是什么？无疑这是人类所关心的一切问题中最重要的问题之一。人生的目的和意义，也即我们应当做什么？为什么做？选择怎样的行为？我们希望得到什么？这一切从根本上都受我们所拥有的幸福观的影响。

幸福是人类一种既古老又永远恒新的追寻目标。关于幸福的理解，有许多人生理论观点，很复杂，也很多元。据载，单是罗马尼禄时代就有 200 多种关于幸福的互相矛盾的定义。一切时代的思想家们都做过探究并得出自己的结论。其实人生幸福的探究未必只是思想家们的事，也是每一个现实生活中的人所必须明白的问题。

不论幸福的定义有多少种，对于幸福是人的需求得到满足时的快乐感受和体验这一点，是基本得到人类思想家认可的。人的需求不一样，人生价值设定不同，幸福和快乐的感受也就完全不同。一个百万富翁有可能有很多烦恼与痛苦，幸福感觉却很少，而一个非常渴的人仅仅喝到

---

* 本章内容原载于《人民论坛》2005 年第 1 期。

他要喝的水可能就会体验到莫大的幸福。正是在这个意义上，哲学家们认为，许多时候幸福就在于人的主观感受。当然真正的哲学观点也不主张把幸福完全界定为人的主体感觉，幸福不是一种可以远离自然物质条件而纯粹由主观生成的东西。幸福快乐的感受是建立在所需求的对象获得满足的基础之上，离开了一定的客观条件，奢谈幸福也是不可能的。幸福必须是人的主观感受和客观条件结合的产物，只不过在这个主客体关系中主体是更为积极主动的一面。

哲学家还关注人类所应追求的是物质幸福还是精神幸福。真正的幸福应该使人的物质欲望和精神追求都得到满足，比如生存需要的满足，社会交际生活中人际尊重需要的满足，还有人生价值的实现需要的满足，等等。虽然不同的思想家在诠释自己的幸福观时会有不同的侧重，但多数哲学家都主张幸福是物质快乐和精神快乐的统一。此外，幸福的境界及其量的层次、短暂快乐和持久幸福、幸福与人类至善、幸福的实现途径等问题，也都是哲学思考中被关注的问题。

就哲学视野而言，幸福理念和人性理论及人生价值观密不可分。怎样理解人的需要和人的幸福，这一切根植于对人性的不同理解之中。下面我们介绍几种幸福观。

一种是建立在自然人性论基础上的趋乐避苦的人生幸福观。自然人性论者所追求的"幸福"，是他们意识中的现实感官幸福。古希腊自然人性论者认为，人是自然的产物，人的自然物欲和情欲是人的本性。"一生没有饮宴，犹如一条长路没有旅店一样。"启蒙时期的自然主义人性论，针对中世纪封建禁欲主义，大力宣扬世俗感性幸福，认为人的本性就是趋乐避苦，应当肯定人在任何时候追求幸福、逃避痛苦的合理性。自然人性论肯定人在自然属性方面的需要，把感性快乐和幸福统一起来，有助于清除禁欲主义的束缚。在理论深层上，肯定人们物质生活需求的满足是道德和幸福的基础。然而，"趋乐避苦"的感性幸福原则在强调肉体快乐的时候，混同了人的本性与动物的本性。

一种是建立在理性主义人性论基础上的理智幸福观。理性主义者从人和动物的区别入手，认定是否具有理性是人与其他动物的根本区别。因此，在理性指导下过一种有节制的生活，以理性克制感性欲望，就成为理性主义人生观和幸福观的基本格调。与自然主义相反，在理性主义者眼中，人的感性欲望、人的肉体感官需求是低级的，而人的精神、理性才是高尚的。人在控制自己的欲望方面，不是主人就是奴隶。一个人要想获得真正的幸福，就必须首先克制自己的情欲享受，去追求精神的快乐。人生的意义和幸福恰恰就在于从肉体的情欲束缚中解脱出来。理性对欲望是一种调控与引导，或一种合理的启动。正确的幸福观的作用就旨在使理性对欲望进行合理规范和引导。应当看到，理性主义人性论的幸福观中，包含一种人性自我觉醒中的升华和对人类理想生活的有益引导，对于今天也仍不失其益。正因为如此，以理性调控情欲，过一种节制有度的有尊严的生活，历来被人类思想家普遍崇尚，成为人类的一种主流幸福观，流传下来并渗透在社会观念和文化传统之中。

还有一种是建立在社会人性论基础上的德性幸福观。社会人性论主张人的本质在于其社会性，人生的价值及其幸福在于人们通过人生活动而满足社会和他人需要的积极作用。个人的人生价值和幸福究其实质是个人和社会的相互关系问题，不能离开这种关系孤立、抽象地谈论人生价值和幸福。孤立的个人是没有什么价值和幸福可言的，个人的人生价值及其幸福只有在与社会的关系中才能存在和体现出来。同时，随着社会发展，分工越来越细，生产和生活的社会化程度越来越高，个人的活动、个人的价值实现及其幸福的体验也就越来越依赖于社会的进步和共同体的发展。只有把个人的利益与幸福和他人、公众的利益与幸福结合起来的生活，才是既符合人的本性，又符合道德的幸福的生活。

有什么样的人性观、人生观，就会有什么样的幸福观。人性必须基于生物的、精神道德的、理性意识的、社会的等完整规定性之上。我们应该在综合人性观的基础之上确立我们的幸福观。

人的幸福首先不能仅仅确立在感官快乐上。人来源于动物界这一事实已决定人永远不能完全摆脱动物性，但真正的人不应该让自己的幸福追求永远停留在动物水平上。我们应当追寻一种基于自然物欲又超越自然物欲的、持久的心灵快乐和精神幸福。也就是说，物质幸福和精神幸福应该统一起来。在求生存的生活状态中片面强调人的精神幸福也是不现实的，但当我们有了基本生存保证时，就应该使我们的幸福追求提升一个层次。正是在精神幸福的意义上，我们说幸福的实质不在于物欲享受，不完全取决于客观外在的生活条件。一定意义上它是一种可以由主体自我把握的东西，很多时候我们对物欲要求太多，可能反而会带给我们心灵的纷扰和痛苦。

　　同时，个人的幸福追求必须和他人幸福、社会幸福和谐一致。自己获得了利益与幸福而又不能损伤他人和社会的利益与幸福。比如人为了获得爱，就应当爱他人、爱社会，因为他人、社会是他存在和快乐、幸福所必需的。也就是说，人们的幸福是彼此相联系的。在这个意义上，幸福和人们的德性有关。无论如何，建立在对他人利益和社会利益损害之上得到的快乐不可能是真正的幸福。损人利己历来为人类所不齿，这种和道德的恶连在一起的一己快乐不仅是卑鄙的，而且也不可能使一个真正的人得到真正的幸福。

　　总之，幸福和我们的人性观、人生价值观相联系！和我们建立在此之上的心态和思维习惯有关。在这个意义上，我们自己就是自己幸福的设计者！幸福就在我们自己的掌握之中。

第五章　什么才是积极的幸福观 *

　　助人为乐能够感动中国，是因为这种品质中积淀了我们中华民族仁爱美德的文化基因。中国特有的血缘文化传统，弘扬群体价值取向，强调同胞亲情，"不是亲人胜似亲人"，这种传统文化在今天就体现在社会主义"一方有难，八方支援"的集体主义原则中，体现在东方文化的价值取向之中。

　　助人为乐的道德模范之所以让人感动，是因为这种行为中体现出的是一种难得的坚毅品质和人生习惯。"一个人做点好事并不难，难的是一辈子做好事"；每个人都有"习惯"，但不是一切习惯都会令人感动，康德在论述后天道德教育的作用时，强调"习惯的事情"与"应该习惯的事情"是两回事，道德模范助人为乐的人生习惯是一种和中国特色社会主义核心价值观相一致的"应该的习惯"。

　　助人为乐的美德带给我们的是一种积极的人生观和幸福观。有人认为腰缠万贯是幸福，有人认为位高权重是幸福，有人认为逍遥自在是幸福，但也有人在帮助他人、服务奉献中感受着人生的快乐和幸福。这引发我们对许多社会现象进行另一种思考和对比：社会中有的人可能"贫穷"得只剩下百万物质方面的财富，而道德模范在助人为乐的精神世界里是个富翁。

---

　　* 本章内容原载于《北京日报》2011 年 8 月 15 日。

任何一个个体都生活在一定社会关系中，在助人为乐者的精神世界中，个体"小我"已化在"大我"之中，他人的困难就是我的困难，他人的快乐也是我的快乐。助人为乐者往往在与大爱同行，"快乐着你的快乐，幸福着你的幸福"，用雷锋的话来说，就是"把有限的生命投入到无限的为人民服务中"，在大我、大爱和助人为乐的大德中延展自己的生命意义。

助人为乐的道德精神不仅仅关乎人性品质，也关乎国家发展与社会和谐。胡锦涛同志在会见首届全国道德模范时强调"道德力量是国家发展、社会和谐、人民幸福的重要因素"[①]。市场经济发展中的利益多样化，经济全球化进程中各种政治经济利益、思想文化的碰撞，都对人们的思想意识、人生观和价值取向产生影响。改革开放三十多年来，我国社会获得了极大发展，社会文明和精神风貌主流也是好的，但也存在一些不明是非、不知荣辱、不辨善恶、不分美丑的人生观和社会现象，与社会主义道德精神格格不入。助人为乐精神对于国家发展的道德力量在于，它使社会人际和谐而温暖，在精神关爱与互助氛围中使社会更加凝聚，并得到整合。

和谐社会与人民幸福也需要助人为乐这样的道德精神。和谐社会的重要指标之一，就是让人民群众有幸福感。这是我们国家的责任和目标，但也需要全体社会成员一起努力。助人为乐精神的特征，就在于它使公民以个体的力量关爱他人幸福。许多助人为乐的道德模范，或扶危济困，或志愿服务，或捐资助学，以各种方式和力量对他人、社会奉献爱心，在财力、物力援助的同时，也带给人们人间最宝贵的情感助力和心灵温暖。而且，予人玫瑰，手有余香，在互助互爱的氛围中，人人给予，人人奉献，人人就都可能获得道德的回报。在今天和谐中国和人民幸福的指数构建中，我们很需要助人为乐这种体现人类美德和中国特色价值观的精神力量。

---

① 胡锦涛文选：第 2 卷. 北京：人民出版社，2016：610.

图书在版编目（CIP）数据

伦理学基本理论研究/葛晨虹著. --北京：中国
人民大学出版社，2021.9
（葛晨虹文集；第二卷）
ISBN 978-7-300-29879-5

Ⅰ.①伦… Ⅱ.①葛… Ⅲ.①伦理学-研究 Ⅳ.
①B82

中国版本图书馆 CIP 数据核字（2021）第 187013 号

葛晨虹文集　　第二卷
伦理学基本理论研究
Lunlixue Jiben Lilun Yanjiu

出版发行	中国人民大学出版社			
社　　址	北京中关村大街 31 号		**邮政编码**	100080
电　　话	010－62511242（总编室）		010－62511770（质管部）	
	010－82501766（邮购部）		010－62514148（门市部）	
	010－62515195（发行公司）		010－62515275（盗版举报）	
网　　址	http://www.crup.com.cn			
经　　销	新华书店			
印　　刷	北京联兴盛业印刷股份有限公司			
规　　格	160 mm×235 mm　16 开本		**版　　次**	2021 年 9 月第 1 版
印　　张	19.25 插页 3		**印　　次**	2021 年 9 月第 1 次印刷
字　　数	301 000		**定　　价**	498.00 元（全五卷）

葛晨虹文集　第三卷

礼仪文化与文明礼仪

中国人民大学出版社

·北京·

目　录

第一编　中国礼仪文化

第二编 北京奥运与文明礼仪

第三编 文明礼仪规范与教育

第一编

中国礼仪文化[*]

序

中国具有五千年文明史，礼仪文化作为中国传统文化的重要组成部分，具有十分丰富的内容。

中国古代的礼仪内容非常广泛，包罗万象，一般划分为吉礼、凶礼、军礼、宾礼、嘉礼五大类。吉礼是有关祭祀的典礼，被列为"五礼"之首。凶礼是有关丧葬的礼仪，其中还包括对天灾人祸的哀吊等。军礼是有关军事活动的典礼，包括校阅、出师、献捷、田猎时的礼仪。宾礼是指诸侯对天子的朝觐、各国诸侯之间聘问和会盟时的礼节。嘉礼是古代礼仪中内容最为庞杂的一种礼仪，涉及王位承袭、宴请宾朋、日常生活等多方面的内容，大致包括冠礼、婚礼、射礼、宴礼、立储等。总之，礼仪所涉及的范围几乎渗透于古代社会生活的各个方面，成为维系血缘纽带、协调人际关系和维护社会秩序的重要手段。在长期的历史发展中，中国古代的礼仪积淀成为中华民族的一种心理习惯，正是在这个意义上，中国文化也被称作"礼仪文化"。

"礼仪"，是中国古代"礼"和"礼治"的重要内容，因此，在谈到"礼仪"的同时，我们还要谈谈对"礼"和"礼治"的理解。

礼的历史悠久，最早可追溯到远古时期的祭祀活动，到后来，祭祀之礼被引入宗族社会人们的日常行为规则中，又延伸为区分尊卑贵贱、亲属等级的严格的礼法礼典，进而扩展到政治体制，成为一整套维护统治秩序的系统而完整的社会治理程式。《礼记·礼运》记载孔子论礼的话说："夫礼，先王以承天之道，以治人之情，故失之者死，得之者生……是故夫礼必本于天，殽于地，列于鬼神，达于丧、祭、射、御、冠、昏、朝、聘，故圣人以礼示之，故天下国家可得而正也。"可见，礼不仅是日常生活的行为规范，也是古代社会政治制度、经济制度的体现，礼作为社会规范制度，可以起到维护社会秩序、协和万邦、调理万民的作用，因而修身、齐家、治国、平天下也就成为古人一以贯之的思想体系。在中国古代，礼大体包括三个方面的内容：一是政治、经济等制度的规定，二是道德的核心，三是重要活动和日常生活中的礼节仪式等。

古人一贯认为"礼可以为国"，"礼，经国家、定社稷、序民人、利后嗣者也"（《左传》）。所以孔子认为，一个有道德的人，应当"非礼勿视，非礼勿听，非礼勿言，非礼勿动"（《论语·颜渊》）。礼是人格修养和各种人伦关系的基础，人人践礼而行，就能处理好夫妇、父子、兄弟、君臣、朋友五伦关系，就不会有犯上之举，天下由此和谐太平。所以，一个人道德上的完善，要从日常修养做起，这也就是孔子所特别强调的"克己复礼为仁"。由于在"治国"中强调了礼的重要作用，"礼治"或者"德治"成为中国治国方略的一个重要内容。自西汉武帝始，"礼治"或"德治"就成为封建社会的正统思想。

因此，我们可以说，"礼仪"既是礼的一个组成部分，又是礼在各种礼节仪式中的体现，是礼借以实现的载体。从一定意义上来看，礼仪文化是了解研究中国古代社会的一个重要方面，不了解礼仪文化，就不能全面了解中国古代文化，不能深刻了解中国封建社会的"德治"模式及其社会运行机制。

但很多年来，中国古代礼仪文化并没有得到很深入、很充分的挖掘，研究大多停留在对古代礼制或礼俗生活做梳理性描述的层面，对许多深层的问题，如为什么礼仪文化会成为中国古代历史文化的特色现象、为什么中国古代形成了独特的"礼治"模式等，都还缺乏比较深入的探讨。

研究中国文化、历史，有一个需要高度重视的问题，即我们不但要了解中国文化"是什么""怎么样"，而且要探究我们中国文化"为什么是这样"。也就是说，仅仅知道中国是"礼仪之邦"、拥有独特的东方礼仪文化还远远不够，我们还必须知道造成"礼仪之邦"和东方礼仪文化个性背后的历史原因。对整个中国古代礼仪文化及其历史必然性做进一步的挖掘性探讨，有待于我们大家做出新的努力。葛晨虹同志的论著《中国礼仪文化》就在这方面做了许多积极的探索，例如，中国古代"亚细亚"历史道路对古代礼制模式和礼仪文化形成的决定性作用，礼制与礼仪文化在传统社会中居于中心地位的原因，扭曲的婚姻礼仪文化、慎终追远的丧葬礼仪文化、祖宗崇拜、尊老敬贤、亲宗礼宾等文化现象背后蕴含的思想和社会现实基础到底是什么，作者都做了一些非常有益的探讨。

中国礼仪文化内容丰富，源远流长，是中国思想文化传统的重要组成部分。正像毛泽东同志所说的："我们这个民族有数千年的历史，有它的特点，有它的许多珍贵品质。对于这些，我们还是小学生。今天的中国是历史的中国的一个发展；我们是马克思主义的历史主义者，我们不应当割断历史。从孔夫子到孙中山，我们应当给以总结，承继这一份珍贵的遗产。"[①] 但同时也应看到，中国礼仪文化是在奴隶社会和封建社会中形成的，有着时代的局限和阶级的烙印，既有精华，又有糟粕。江泽民同志在庆祝中国共产党成立七十周年大会上指出，中华民族是有悠久历史和优秀文化的伟大民族，我们的文化建设不能割断历史。对民族传统文化要取其精华、去其糟粕，并结合时代的特点加以发展，推陈出新，使它不断发扬光大。在批判继承传统礼仪文化中，要特别强调，必须以马克思主义的历史唯物主义为指导，对其加以分析，剔除其维护等级制度、宣扬男尊女卑、束缚个性发展的消极内容，根据我们现时代文明社会的礼仪需要，赋予其新的意义。"弃糟取精"是继承礼仪文化，特别是传统文化的一个重要指导方针，它强调继承是经过咀嚼、消化和吸收的继承。

中国礼仪文化中有许多在今天看来也是非常好的内容，如尊老敬贤、孝敬父母、礼尚往来、注重仪容仪表、礼待宾客等，这些都是社会生活中利于人际关系发展的礼仪规则。在阶级社会中，人们是要分为不同阶级的，但同时又在同一个社会中生活和交往，因此，彼此之间就会形成一些最起码的、简单的、人人遵守的社会公共规则，礼仪文化中就有这样一类规则内容。虽然在一定时期内，这些千百年来在人类社会中

---

① 毛泽东选集：第 2 卷. 2 版. 北京：人民出版社，1991：533-534.

形成的礼仪规则被纳入剥削阶级的意识形态中，许多方面又和封建尊卑礼制融合在一起，但是，许多礼仪规范内容仍然是人们赖以生存、发展的一些必要的人和人之间相处的准则，应该得到继承，并应根据新的时代要求加以弘扬。当然，即使是这样一些内容，我们也不是原封不动地拿来，仍然需要采取批判继承的态度，抛弃其时代局限性，赋予其新的意义。

虽然今天礼仪的作用和古代礼仪的作用已有很大差别，但礼仪仍与现代社会文明有着密不可分的关系。培养良好的礼仪教养，协调和谐的人际关系，塑造文明的社会风貌，仍是我们时代的呼唤。在社会主义精神文明建设中，在实行依法治国和以德治国并举的新的历史时期，我们应吸收一切人类文明成果，尤其是民族文化中的营养。

总之，礼仪文化对整个中国社会历史的影响深远广泛，中国古代社会因此成为礼制的社会，成为"礼仪之邦"。所以，探讨中国古代社会的制度、文化、社会生活，必须研究礼仪文化。相信《中国礼仪文化》的出版，对我们比较系统地了解古代礼仪文化，探讨这些东方礼仪文化产生的历史原因和理论元点，都会有一些启示或帮助。

罗国杰

2001 年 6 月 17 日

于北京中国人民大学林园

第一章 导言：来自"亚细亚"的文明

中国是一个具有五千年历史的文明古国，素有"礼仪之邦"的美誉。礼仪作为人们在社会生活中应按各自身份遵循的行为规范，和古代社会的政治体制、教化及其文化融为一体，已积淀成中国传统文化的重要组成部分。在过去漫长的历史年代里，礼作为一种制度规范、思想规范，全面约束着世人的思想言论和行动。"非礼勿视，非礼勿听，非礼勿言，非礼勿动。"（《论语·颜渊》）中国几千年历史，在某种意义上，就可以被看作礼制的历史。而礼仪文化，也充分体现了"亚细亚"文明的中国特色。

问题是，礼仪文化何以成为中国古代历史文化的特色现象？为什么中国古代形成了"礼治"模式，而不像古代西方那样很快走上契约法治的道路？答案要到礼仪文化所产生的社会历史背景中寻找。中国古代礼仪文化和礼制的产生，及其成为中国历史、文化的特色，是有历史必然性的。

一、古代东方社会的"亚细亚"之路

恩格斯指出："在历史上出现的一切社会关系和国家关系，一切宗教制度和法律制度，一切理论观点，只有理解了每一个与之相应的时代的物质生活条件，并且从这些物质条件中被引申出来的时候，才能理解。"① 社会物质生产条件决定着社会生活的方式，也决定着一定的社会思想文化，我们要理解中国特有的礼制历史、中国特有的礼仪文化，就不能不首先深入产生礼仪文化的社会历史背景中去，不得不分析那些特殊的社会历史条件。

我们都知道，诸多著名思想家，在论及人类由原始社会进入文明社会的历史进程时，都不约而同地认为东、西方曾经走了两条不同的道路，即以古代希腊为代表的"古典的古代"道路和以古代东方国家为代表的"亚细亚古代"道路。

具体说来，"古典的古代"发展道路是从氏族到私产再到国家，个体私有制冲破了氏族组织，国家代替了氏族；"亚细亚古代"则是在没有摧毁原始氏族组织的情况下，直接进入奴隶制国家，血缘氏族制同国家的组织形式相结合。

对于这两种不同历史途径，侯外庐先生曾引马克思的话说，"从古代社会产生的路径而言，各式古代的文明小孩，在其出生时也有区别。马克思说，有营养不良的小孩，也有早熟的小孩，也有发育不健全的小孩，在古代氏族中属于此类范畴者甚多；唯希腊人为发育正常的小孩"。侯外庐先生进一步解释说，"古典的古代"是"革命的路径"，"亚细亚古代"是"改良的道路"。前者属于"正常发育"的文明"小孩"，后者则属于"早熟"的文明"小孩"。②

"古典的古代"由于私产打破了氏族土地公有制，就形成了双重所有制的突出特点，也就是说，有着国家土地财产和私人土地财产相对立的形式，"所有制表现为国家所有同私人所有相并列的双重形式"③。而"亚细亚"的所有制形式却有着如下不同的特点：一是以共同占有为基础的土地公有制。马克思反复论述过这种"亚细亚"土地公有制。他指出，在东方的特有形式下，公社成员是公共财产的体现者，"在亚细亚的（至少是占优势的）形式中，不存在个人所有，只有个人占有；公社是真正的实际所有者；所以，财产只是作为**公共的**土地**财产**而存在"④。

---

① 马克思恩格斯选集：第 2 卷. 3 版. 北京：人民出版社，2012：8.
② 侯外庐. 中国古代社会史论. 石家庄：河北教育出版社，2000：4.
③ 同①737.
④ 同①734-735.

二是以自然经济为基础的宗法血缘关系。在生产力水平低下的古老社会形态中，生产劳动只能一方面以公有制生产条件为基础，另一方面"以个人尚未脱离氏族或公社的脐带这一事实为基础"。马克思形象地比喻说："正像单个蜜蜂离不开蜂房一样。"①

可以清楚地看出，"亚细亚"形式的特点是国家所有和个人占有，不存在个人所有；土地公有制为主，宗法血缘关系非常强。"古典的古代"形式的特点是国家所有和私人所有并列，宗法血缘关系非常弱。

问题在于，同是氏族向奴隶制发展，为什么东西方会形成这样两种不同的道路？希腊在古老的氏族时代，同中国古代氏族时期以及其他许多民族步入文明之初一样，是以氏族内血缘自然的人伦关系和原始的公有制作为道德调控基础的。具有决定意义的历史性一步是，中国古代的氏族最终是在没有改变氏族关系的基础上发展了宗法人伦制度，从而进入奴隶制国家的，而古希腊人却没有直接继承，而是瓦解了他们的氏族血缘制度，变氏族制度为城邦民主制度。

东西方这种不同的历史变故有许多特殊条件和具体事件在起作用。比如，雅典在克利斯提尼改革中，用划分地区的原则取代了氏族制度的血缘关系原则，这一划分彻底打破了氏族社会的血缘组织关系，不同氏族不同血缘的人被重新组织在不同地区的城邦里。血缘关系不再延存为组织原则。

按地区划分城邦是一次改革，但这种改革并非某个英明人物的杰作，在它背后有着复杂的历史原因，其中最根本的原因是希腊在由氏族社会进入奴隶制文明的初期，具有了同古代中国完全不同的商品经济发展状况。相对发达的古希腊商品经济，使氏族彼此的商品交换不再局限于部落或贵族之间，而是发展为氏族内部成员之间的普遍关系。

商品经济使氏族成员脱离了氏族血缘的纽带，分化为独立的经济个人，彼此间不再受制于血缘等级的制约，而成为相对平等自由的经济个体。拥有私人商品的人，构成了彼此分离的独立个体。而商品的等价交换本性，也使进入交换领域的人必须平等地承认对方的产品和劳动，从而使他们有了对等的身份和最初的平等观念。

商品经济就是这样，瓦解了氏族原有的血缘关系，创造出与氏族社

---

① 马克思恩格斯全集：第42卷. 2版. 北京：人民出版社，2016：341-342.

会完全不同的人际关系和独立自由的社会个体。

从二者产生的不同途径上说，"古典的古代"是从氏族到私产再到国家的进程，个体私有制冲破了氏族组织，而后国家代替了氏族。"亚细亚的古代"则是由氏族社会直接进入到国家，国家的组织形式与血缘氏族制相结合。① 氏族社会组织直接进入奴隶制国家，氏族显贵同时是奴隶主，而被俘虏来的氏族则整个变成了集团奴隶。从氏族直接过渡到国家，就使整个社会结构有了以血缘为纽带的氏族遗制。这是理解中国古代生产方式、社会制度、思想文化的关键，尤其是研究礼仪文化形成及特点的直接历史根据。

二、中国古代"亚细亚"道路的物质条件

中国古代氏族血缘组织何以没有像西方那样被个体私有制冲破，这需要到历史背景，即当时的物质生产条件中去寻找答案。

物质生产条件是一个综合基础，其中自然条件（或曰地理环境）是最基础的层次，其上则有经济层次（生产方式）以及社会组织层次等。当我们对中国古代物质生产条件进行综合研究时，便会发现，决定中国"亚细亚"历史进程的，是一种区别于开放性海洋环境的半封闭大陆环境，是一种既不同于游牧经济也不同于工商业经济的农业型自然经济，以及被低下的生产力和共同利益需求决定的土地公有制。

"地理环境的特性决定生产力的发展，而生产力的发展又决定经济关系以及随在经济关系后面的所有其他社会关系的发展……"② 所以在探讨中国古代氏族制得以延续的原因时，不能不首先分析一下中国古代社会所处的自然环境。

中国古代先民所生活的地理环境是大陆型的，然而不是中亚一带的大漠大陆型或匈奴、蒙古的草原大陆型，也不是东欧式的森林-草原大陆型，而是大河大陆型。黄河、长江哺育着这片肥沃的土地，大河大陆的自然地理环境首先为中国古代先民从事农业生产提供了决定性条件，对古代中国发展成为以农业为主的农业社会和自给自足的自然经济社会

---

① 田昌五. 中国古代社会发展史论. 济南：齐鲁书社，1992：24.
② 列宁全集：第55卷. 2版. 北京：人民出版社，1990：446.

产生了基础性影响。

自给自足的农业经济产生的社会后果即商品经济发展的滞缓，而商品经济不发达，血缘纽带就难以冲破，私有制度就难以产生。西方古希腊人早期的氏族社会最终被摧毁，正是商品经济发展的结果。而古代希腊发展成为商业、农业、渔业、手工业并重且商品经济相对发达的社会，与希腊所处的山岭、河流、平原及四面临海的开放性海湾的自然地域环境不无相关。

自然经济是与商品经济相对而言的，指生产及产品不是为了交换而是为了满足生产者或经济单位本身的需要。不论把自然经济称作封闭型经济、家庭经济，还是小农经济，实际都从不同角度概括出了自然经济的主要特征。

中国古代氏族社会就属于这种自然经济的农业社会，每个家庭或部族耕作并制造自己食用的生活必需品，没有交换也不需要交换。《老子》中对原始"大同"社会做了描述："使人复结绳而用之。甘其食，美其服，安其居，乐其俗，邻国相望，鸡犬之声相闻，民至老死不相往来。"《颜氏家训·治家》中也说："生民之本，要当稼穑而食，桑麻以衣。蔬果之畜，园场之所产；鸡豚之善，坍圈之所生。爰及栋宇器械，樵苏脂烛，莫非种殖之物也。至能守其业者，闭门而为生之具以足……"这些都直接或间接地反映了中国古代几千年前开始并形成的、缺少社会分工和商品交换的自给自足农业经济特性。正是这些特性阻滞了商品经济发展及私有制的产生，因为商品经济发展及私有制产生的前提条件是生产的社会分工和产品的社会交换。

中国古代社会商品经济不发达，除上述经济生产方式的原因外，与相对封闭的大陆环境也有一定关系。商品经济的发达是同商品的大规模流通分不开的，这就必须有便于流通的物质媒介。相对说来，古希腊所处的地中海沿岸自然环境确为早期希腊人进行商品交流提供了便利的水上交通媒介，对古希腊用私产打破氏族血缘纽带，以"古典的古代"方式进入奴隶制时代间接地起到了促进作用。

可以说，古代中国的自然地理条件，一方面通过所产生的自给自足的农业经济间接阻滞了商品经济和私有制发展，另一方面通过交通条件的不利直接阻碍了商品流通。当然，地理环境不适宜，商品经济固然很难发展起来，但是地理环境适宜了，商品经济未必就能够自然地发展起来。自然条件要和在它基础上产生的生产力、生产方式以及上层建筑等因素综合起来，才会对社会历史进程形成影响。对此，列宁曾概括说："地理环境是**通过在一定地方、在一定生产力的基础上所产生的生产关系来影响人的，而生产力发展的首要条件就是这种地理环境的特性……**"①

但无论如何，历史事实是，古希腊和古罗马由于商品经济比较发达，所以氏族组织、公有体制解体得比较彻底。恩格斯曾经总结说：氏族公社的产品，"越是采取商品的形式……公社就越迅速地瓦解为小农的乡村。东方的专制制度以及东征西讨的游牧民族的不断更迭的统治，几千年来都对这些旧的公社无可奈何；由大工业产品的竞争引起的自然形成的家庭工业的逐渐破坏，却使公社日益瓦解"②。不同的是，马克思在总结东方"亚细亚"生产方式特点时说："这些家庭式公社本来是建立在家庭工业上面的，靠着手织业、手纺业和手耕农业的特殊结合而自给自足。"③

古代中国氏族社会一直保持的自给自足的农业－手工业结合的自然经济没有发展起商品经济，是氏族血缘组织未被个体私有制打破的重要原因。除了上述原因，还有一个更重要的历史条件，即土地公有制的牢固存在。

在自然经济的农业社会，生产都是以既定的社会组织为前提，而作为前提的社会组织又基本是自然发生的。氏族社会低下的生产力以及小农经济的劳动方式，强化了这种社会共同体组织。在那个时代，农业生产主要采取集体劳动的形式。卜辞中说："王大令众人曰劦田，其受年。""劦"字象形，表示三人同力，义同"协"，所谓"劦田"就是一大群人同时耦耕。《诗经·周颂》中也有"十千维耦"的记载。在中国历史记载中，我们可以看到很多有关集体垦荒、集体播种、集体捕蝗的史实，至于集体兴修水利和其他工程的记载，就更是数不胜数。可见，依靠大规模劳动协作进行农业生产，是中国古代特有的环境促成的。

当然，生产力低下、生存环境恶劣，是人类早期原始社会的普遍现象，但是相对而言，中国古代农业为主的社会同西方古代社会还是有着明显不同的。事实上，在最典型的奴隶制社会古罗马的有关文献里，几

---

① 列宁全集：第55卷. 2版. 北京：人民出版社，1990：447.
② 马克思恩格斯选集：第3卷. 3版. 北京：人民出版社，2012：541.
③ 马克思恩格斯选集：第1卷. 3版. 北京：人民出版社，2012：853.

乎看不到像中国这样成千上万人同时耕作的记录。古罗马粮食的种植只占庄园收入的第六位，其最普遍的庄园形式是约六十公顷大小的橄榄园与葡萄园。据史料记载，这样的庄园通常有两个管家和十四个奴隶，农忙季节再临时雇短工。[①]

所以，古代西方商业、农业、冶金业、渔业、手工业并存的社会生产结构，形成了与古代中国不同的社会生产规模和劳作方式。在不利的生存环境中进行农业劳作，古代中国人不可能不采用大规模通力协作的方式，而与此相应，中国氏族社会没能产生私有制保护土地财产。

在氏族社会生产条件下，首先，土地财产按其自然特性无法由孤立的个人占有，只能由一定的社会组织占有。马克思说，在原始部落时期，"孤立的个人是完全不可能有土地财产的，就像他不可能会说话一样……把土地当做财产，这种关系总是要以处在或多或少自然形成的或历史地发展了的形式中的部落或公社占领土地（和平地或暴力地）为中介。在这里，个人决不可能像单纯的自由工人那样表现为单个的点"[②]。

农业劳动的第一种方式是集体耕作土地，这种方式与生产工具的落后相适应。在这个阶段，由于劳动过程集体进行，对土地的占有也是集体的，氏族共同体既是土地的所有者，又是土地的实际占有者和使用者，人们直接以氏族群体面对自然界，"人类素朴天真地把土地当做**共同体的财产**"[③]。因此，以农业生产力主导经济的氏族社会，自身内部就潜具着制约私有制产生的因素。

其次，与土地相联系的另一个制约因素是农业生产对自然条件的依赖。农业主要是植物再生产过程，它在很大程度上要依靠气候、水利等与自然相关条件，而有效利用自然条件，特别是发展对农业至关重要的水利灌溉事业，必然要依赖共同体的力量。

马克思说："社会地控制自然力以便经济地加以利用，用人力兴建大规模的工程以便占有或驯服自然力，——这种必要性在产业史上起着最有决定性的作用……在印度，供水的管理是国家权力对互不联系的小生产组织进行统治的物质基础之一。"[④]

---

① 科瓦略夫. 古代罗马史. 王以铸，译. 北京：三联书店，1957：441，36.

② 马克思恩格斯选集：第2卷. 3版. 北京：人民出版社，2012：737.

③ 同②726.

④ 马克思恩格斯全集：第23卷. 北京：人民出版社，1972：561-562.

恩格斯也指出："政治统治到处都是以执行某种社会职能为基础，而且政治统治只有在它执行了它的这种社会职能时才能持续下去"，在亚洲东方不管兴起或衰落的专制政权有多少，"每一个专制政府都十分清楚地知道它们首先是河谷灌溉的总管，在那里，没有灌溉就不可能有农业"。①

在当时那样的生产力水平上，单个人或分散的部落是不可能承担起大型水利工程的建设和维修的。"由于文明程度太低，幅员太大，不能产生自愿的联合，因而需要中央集权的政府进行干预。所以亚洲的一切政府都不能不执行一种经济职能，即举办公共工程的职能。"② 中国从大禹治水开始，兴修水利一直是国家的一项重要职能，据计，自公元前722 年至公元 1911 年，前后两千六百多年，共有治水活动七千余次。③

由此可见农业社会的中国对水利的依赖与重视。农业对水利的依赖，以及水利工程对社会共同体的依赖，强化了氏族社会共同体的功能与存在。禹创建的夏王朝是向真正意义上的国家过渡的第一个朝代，禹以他主持修建的巨大水利工程为古代农业奠定了基础，他也因此成为古代贤王中传奇的英雄。

照马克思分析，"部落体内部的共同性还可能这样表现出来：统一体或是由部落中一个家庭的首领来代表，或是表现为各个家长彼此间的联系。与此相应，这种共同体的形式就或是较为专制的，或是较为民主的。在这种情况下，那些通过劳动而实际占有的共同的条件，如在亚细亚各民族中起过非常重要作用的**灌溉渠道**，还有交通工具等等，就表现为更高的统一体，即凌驾于各小公社之上的专制政府的事业"④。

马克思对整个亚洲东方"亚细亚"之路的考察分析，是把中国考虑在内的，并且"中国是马克思主义意义上的'亚细亚'社会的最典型的例子"⑤。中国古代农业为主的生产方式，使氏族公共机构职能除了财

---

① 马克思恩格斯全集：第 26 卷．2 版．北京：人民出版社，2014：188.

② 马克思恩格斯选集：第 1 卷．3 版．北京：人民出版社，2012：850－851.

③ 冀朝鼎．中国历史上的基本经济区与水利事业的发展．朱诗鳌，译．北京：中国社会科学出版社，1981：36.

④ 马克思恩格斯选集：第 2 卷．3 版．北京：人民出版社，2012：727－728.

⑤ 翁贝托·梅洛蒂．马克思与第三世界．高铦，徐壮飞，途光楠，译．北京：商务印书馆，1981：117.

政、军事外，主要就是公共水利工程。①

总之，低下的生产力水平和水利农业的共同利益结合在一起，就形成了以土地公有制为基础的公共职能机构和氏族共同组织。如果说商品经济不发达是古代氏族未被私有制打破的一个重要原因，那么，土地公有制是中国古代氏族社会没有走向彻底解体的另一个重要制约因素。正是在这个意义上，马克思和恩格斯都一致强调："不存在土地私有制，的确是了解整个东方的一把钥匙。"②

正是自然经济的农业社会带有土地公有制及商品经济不发达两个主要特征，中国古代在氏族未打破的情况下进入了国家社会。

三、宗法国家（氏族）的特点

"亚细亚"历史道路表明，古代中国所处的自给自足的小农经济、土地公有制，以及低下生产力所必须依赖的社会组织形式，使得国家公共职能在没有完全分化解体的氏族基础上产生。由此，国家的社会结构自然落在了天然的血缘组织上。一般而言，氏族血缘组织与国家政治经济组织是完全不同的，氏族制度同国家制度也存在本质区别。

恩格斯在《家庭、私有制和国家的起源》一书中谈到国家和氏族制度的区别，曾指出氏族制度的基础是血缘关系，而国家则"按地区来划分它的国民"③。对于恩格斯的论断，我们从"国家"一词的含义上可得到某种印证。英文中的 state 或 country（国家），含有地域、乡土等含义，但并没有家庭、家族的含义；而汉语里，"国家"一词是由"国"和"家"组成的，国与家密不可分地联系在一起，中国人历来就把"国"视为大的"家"。不论从"国家"的词源角度看，还是从中华民族爱国如家的心理情感角度看，都反映了中国古代的国家是在扩大了的家-氏族的基础上发展而来的。

对此，侯外庐先生曾分析："古典的古代"是从家庭到私产再到国

---

① 田昌五. 中国古代社会发展史论. 济南：齐鲁书社，1992：340.
② 马克思恩格斯全集：第49卷. 2版. 北京：人民出版社，2016：419.
③ 马克思恩格斯全集：第28卷. 2版. 北京：人民出版社，2018：199.

家，国家代替了家族；"亚细亚古代"是由家族到国家，国家混合在家族里面，叫作"社稷"。① 西人的"country"在中文中叫作"国家"，实缘于家族的血缘关系和政治一体化的宗法性社会政治组织。国家政治体制中带有浓厚的氏族遗制色彩，使得中国古代的社会结构、文化精神、历史进程获得了极大的特殊性。

中国古代的夏、商，都是氏族部落基础上发展起来的宗君合一的宗法性国家，周朝在此基础上实行了分封制。周人本姓姬，原属商朝统治下的一个部落，后灭商建周。为扩大势力、控制广袤领土，周天子把自己的血族亲属分封到全国各地，建立起大小诸侯国，谓之"封建亲戚，以藩屏周"（《左传》）。如此，这些诸侯国同周天子既有政治上的关系，又存在血缘上的关系。《诗经》所说的"溥天之下，莫非王土；率土之滨，莫非王臣"，就反映了这种通过分封建立起的融氏族遗制于国家之中的社会状态。

缘此，君主既是一国之主，又是万民之父，如《尚书·洪范》中说："天子作民父母，以为天下王。"马克思则把"亚细亚"方式中的氏族的更高联合体首领称作"共同体之父"②，这也反映了中国古代国家与氏族的同构特征。

夏虽已建国家，但还带有过渡性，商完成了过渡，至西周达到全盛。禹时虽已建王朝，但毕竟仍具氏族社会性质，当时只有氏族、部落和部落联盟，还没有真正的国家。史书记载此时期之"国"，大抵是在域邦、族邦、诸侯意义上而说，所以夏禹时代有万国之称，"大抵一族即称一国，一国之君，殆一族之长耳"③。氏族正向国家过渡，氏族与国家合二为一，氏族国家的特征此时最为明显。在此时，氏族血缘部落尚未解体，而氏族公共机构在功能上又适应了国家产生的需要，开始履行国家职能。当然那时的中央机构比较简单，《礼记·明堂位》载"夏后氏官百"，足见那时的国家还只是一个雏形。

如此，氏族是作为国家的原型而存在的。国家建立在氏族血缘关系基础上，国家所能借鉴和模仿的统治模式也直接来源于氏族统治模式。氏族部落的统治管理完全基于血缘这一天然的伦理关系，氏族内首领与

---

① 侯外庐，赵纪彬，杜国庠. 中国思想通史：第一卷. 北京：人民出版社，1957：11.
② 马克思恩格斯文集：第8卷. 北京：人民出版社，2009：124.
③ 夏曾佑. 中国古代史. 北京：三联书店，1955：35.

成员皆为亲族，所以不可能动用压迫强制的管理手段。亲亲、互爱的血缘关系，使得用天然伦理规范和礼仪习俗管理氏族成为可能。

关于氏族社会的管理方式，恩格斯曾说：在氏族社会里"没有士兵、宪兵和警察，没有贵族、国王、总督、地方官和法官，没有监狱，没有诉讼，而一切都是有条有理的"，"在大多数情况下，历来的习俗就把一切调整好了"。①

在氏族内部，首领与部落成员之间不存在统治与被统治关系，首领是氏族全体民众推举出的德高望重之人，氏族机构也仅仅是为氏族服务的简单设置。氏族首领及其机构的作用，主要就是亲睦、协调氏族内部成员及各部落关系。《尚书·尧典》云："克明俊德，以亲九族；九族既睦，平章百姓；百姓昭明，协和万邦，黎民于变时雍。"九族指尧的氏族成员，百姓是其他诸部落之长（古代贵族才有姓），万邦指天下各部落。对氏族成员要亲，对氏族长要辨明强弱、公平对待，对天下万国只能协调，没有绝对的政治权威，有的只是德性威望。正如恩格斯所概括的："酋长在氏族内部的权力，是父亲般的、纯粹道义性质的。"②

这样，带有氏族遗制的血缘组织——"国家"，就不可避免地在统治方式上沿用氏族社会的德治、礼治方式，如周朝在社会管理方式中就既需要体现新的政治关系的"忠"与"尊"，也需要体现旧的血缘关系的"孝"与"亲"。诸侯们既要把自己同周天子看作臣与君，又要看作子与父，而各诸侯间既有臣臣关系，也有兄弟关系。

如此，"惟忠惟孝""忠孝合一"，便可维护和治理这种政治关系与血缘关系相合为一的社会。而"忠孝亲尊"等德性观念，只有通过礼才能表现出来，礼是德的具体法则。春秋时期，内史兴在一段对话中谈道："敬王命，顺之道也；成礼义，德之则也。则德以导诸侯，诸侯必归之。且礼所以观忠信仁义也。……树于有礼，艾人必丰。"（《国语·周语上》）可见，礼是德的外在体现。

正因为如此，西周统治者才制定"周礼"，用这种道德礼义规范来协调社会人伦程序。孔子毕生为恢复周礼而奔波，并创立了一整套以强调仁、礼、道德为基本特征的儒家学说。

---

① 马克思恩格斯全集：第28卷. 2版. 北京：人民出版社，2018：116.
② 同①105.

孔子感悟到了当时社会关系的血缘宗法性质，看到了礼仪德治对于国家秩序稳定的重要性，把"齐家"与"治国"提到同等地位。《礼记·哀公问》中鲁哀公问孔子："敢问为政如之何？"孔子答："夫妇别，父子亲，君臣严，三者正，则庶物从之矣。"《易经·家人》也表达了同样的思想："父父、子子、兄兄、弟弟、夫夫、妇妇，而家道正，正家而天下定矣。"《大学》也说："其为父子兄弟足法，而后民法之也，此谓治国在齐其家。"

儒家常考虑如何将孝亲、尊祖等家族伦理礼仪扩展至国家治理范畴，认为如同以伦理礼仪维持宗族一样，也应以伦理礼制维持国家。在他们眼中，孝道是整个社会秩序的支柱，它源于天然血亲之爱，人的爱亲之情、仁爱之心天生就有，人性本善，人道天生。人道即天道在人世的体现。"亲亲、尊尊、长长、男女有别"（《礼记·丧服小记》），既是人道之大，又是天道具相。在逻辑上，得天道者必践"亲亲""尊尊"之人道，这几乎是不言而喻的了。

由此，中国古代思想家引发了一整套天人合德、德性天赋以及仁礼治世的思想，形成了独特的以礼义道德为价值核心的礼制思想和礼仪文化。

从家到社会政治领域的践履看，"天无二日，国无二君，家无二尊"（《孔子家语·本命解》），"君者国之隆也，父者家之隆也。隆一而治，二而乱"（《荀子·致士》），君对国的统治是以父对家的统治为原型的。与让贤的"天下为公"的"大同"社会相对，"天下为家"的"小康"社会实行的是世袭制。在"别子为祖，继别为宗"的宗法制度下，家国合一是与"宗君合一"一致的。国家的君主，必须是家族的宗主，在家为宗，在国为君。

这表明，父家长制是君主制的基础。父家长从生物关系角度看，是子女的父亲，而从社会政治关系角度看，是子女的家尊。子女对家尊的服从就是臣对君的服从，而君主对国家的统治也相当于对子女的统治，所以，"治天下之国若治一家"（《墨子·尚同下》）。

对此，李大钊曾指出："君主专制制度是父权中心的大家族制度的发达体……政治民主主义的运动，才是推翻父权的君主专制政治之运动""社会上种种解放的运动是打破大家族制度的运动，是打破父权专制的运动"。① 由此可见以家为本位的现实观念对中国历史影响深远。从家到社会道德领域的践履看，宗法社会"个体"的确立与造就最开始是在"家"的血缘关系中完成的，"家"既是个体的依归，也是人格生长的母体，"家"的人伦关系是一切社会关系的原型，"举整个社会各种关系而一概家庭化之"②。

家族伦理是社会伦理的本位，社会伦理就是家庭伦理的扩充和延伸。由血缘关系的德化、礼化可知，"孝"是家族道德精神的核心，也是整个社会道德体系的核心，它虽是一种家族道德，但也可直接引申出社会道德乃至政治道德。"孝"是父子关系的规范，它上升为君臣关系时，就可"移孝为忠"。由"父父子子"引申出"君君臣臣"，由亲疏长幼引申出尊卑贵贱，从而形成整个社会的伦理关系与伦常秩序。

人们伦理价值的基本取向是血缘家庭，于是古代中国构成了以血缘家族为根本特性的仁礼价值系统，从而使人们的思维方式习惯于自小家出发归结为"天下一家"，整个社会结成了一个"大家庭"。因此，宗法家族的伦理道德和家风，直接影响到社会的伦理道德和风气，"立爱自亲始，教民睦也；立敬自长始，教民顺也"（《礼记·祭义》），"其家不可教而能教人者，无之，故君子不出家而成教于国。孝者，所以事君也；弟者，所以事长也；慈者，所以使众也……一家仁，一国兴仁；一家让，一国兴让"（《大学》）。

综上可见，中国古代特有的礼制文化、礼仪文明，并不是古人主观选择并杜撰的，而是对中国氏族血缘宗法社会存在的一种现实反映，是"亚细亚"历史道路在政治统治、思想文化领域的另一种延展，在一定意义上可以断言，是"亚细亚"历史道路造就了礼仪文化，礼治由于最大限度地反映并适应了中国独特的血缘宗法社会，而最终成为古代中国的社会治理模式。因此，宗法社会背景下以血缘为根基的"亚细亚"历史道路，是解开中国古代礼治思想和礼仪文化的产生及强大生命力之谜的钥匙。

---

① 李大钊. 李大钊选集. 北京：人民出版社，1959：296-300.
② 梁漱溟. 中国文化要义. 上海：学林出版社，1987：138.

第二章　礼者理也：礼仪界说

中国是世界四大文明古国之一，文化传统源远流长。作为其文化渊源和基质的礼仪，也经历了一个漫长的形成和发展过程。

一、礼仪缘起的释意

关于礼仪起源问题，先秦时期的古人就开始思考了，其中不乏有识之见。

礼缘情欲而生。荀子曾在他的表述中表达了这一见解："礼起于何也？曰：人生而有欲，欲而不得，则不能无求，求而无度量分界，则不能不争，争则乱，乱则穷。先王恶其乱也，故制礼义以分之，以养人之欲，给人之求，使欲必不穷乎物，物必不屈于欲，两者相持而长，是礼之所起也。"（《荀子·礼论》）《礼记·礼运》中对此也有专论："何谓人情？喜、怒、哀、惧、爱、恶、欲，七者弗学而能。何谓人义？父慈、子孝、兄良、弟悌、夫义、妇听、长惠、幼顺、君仁、臣忠，十者谓之人义……圣人之所以治人七情，修十义……舍礼何以治之？"这是说礼起源于人对情欲的制约需要。这种观点认为贪欲是人本性使然，有欲不能满足，就起纷争，为了协调纷争，圣人就制礼以分之，节人之欲，分人之求，社会才能有序无乱。

礼起于男女有别。古人认为"食"与"色"是人本性中最基本的欲求，"饮食男女，人之大欲存焉"（《礼记·礼运》），因此必用礼来别之分之。荀子说："男女之合，夫妇之分，婚姻娉内，送逆无礼，如是，则人有失合之忧，而有争色之祸矣，故知者为之分也。"（《荀子·富国》）古人传说，同女娲结成华夏族第一对夫妇的伏羲"制嫁娶，以俪皮为礼"，从此有了礼。《事物纪原》中是这样说的："《礼记》曰：'礼，始诸饮食。'盖自太昊取牺牲以供庖厨，制嫁娶以俪皮，为礼始也。"可见，古人把男女之礼和饮食之礼共列为最早的礼。

礼起源于饮食。《礼记》说："夫礼之初，始诸饮食。"古人认为，饮食是人最基本的生存需要。所以，礼也应由此开始，"礼经纬为万端，无乎不在，而饮食所以养生，人既生则有所以养之，故礼制始此焉"①。

礼源于自然天道。这是一种把自然天道视作礼仪始基和根源的观念。《左传》有言："礼以顺天，天之道也。"《大戴礼记·曾子天圆》中也说："神灵者，品物之本也，而礼乐仁义之祖也。"《易经·序卦传》中对这个问题有更加明确的解释："有天地，然后有万物；有万物，然后有男女；有男女，然后有夫妇；有夫妇，然后有父子；有父子，然后有君臣；有君臣，然后有上下；有上下，然后礼义有所错。"这种解释反映了古代思想家"天人合一"的观念。天道、人道都是一个道，人之道即礼仪，不过是天道在人伦中的映射而已。

上述几种古代思想家的礼缘说，在古籍史书中都有记载和论说。而今天学者们在探讨礼的起源时，更多倾向于认为礼仪源于远古祭祀神灵的活动。

郭沫若就曾指出："大概礼之起于祀神，故其字后来从示，其后扩展而为对人，更其后扩展而为吉、凶、军、宾、嘉的各种仪制。"② 钱穆也说："礼本是指宗教上一种祭神的仪文，但我们在上文述说过，中国古老的宗教，很早便为政治意义所融化，成为政治性的宗教了。因此宗教上的礼，亦渐变而为政治上的礼。但我们在上文也已述说过，中国古代的政治，也很早便为伦理意义所融化，成为伦理性的政治，因此政治上的礼，又渐变而为伦理上的，即普及于一般社会与人生而附带有道

---

① 孙希旦. 礼记集解. 沈啸寰，王星贤，点校. 北京：中华书局，1989：586.
② 郭沫若. 十批判书. 北京：科学出版社，1956：93-94.

德的礼了。"①

礼起源于蒙昧社会向文明社会的过渡阶段。人们研究中国古代礼的起源，通常会追溯到初民社会的原始宗教祭祀活动。因为自 1899 年甲骨文被发现后，人们知道了"礼"字最初写作"𠀤"或"𠁢"，也有写作"豊"的。据王国维考证，卜辞中的"礼"字像是将两块玉盛在器皿中供奉，以表示对祖先和鬼神的敬意。

无论构形还是读音，"礼"字都与远古初民的祭祀活动相关。在殷代卜辞与西周金文里可以明显看到，"礼"字与"祭"字表示的意义很相近。从东汉许慎《说文解字》卷一对"礼"的解释中也可以得到类似的证明。许慎这样解释"礼"（古"禮"）字："禮，履也。所以事神致福也。从示从豊，豊亦声。"又在《说文解字》卷五中进一步考证说："豊，行禮之器也。从豆，象形。……读与禮同。"这都说明，礼源于人们事神、敬神、祈福的祭祀活动。

远古初民对生存环境中出现的风雨雷电、洪水地震、日食、月食、动植物的生生灭灭以及自身的生老病死等自然现象感到迷惑不解，无法把握、驾驭，便认定冥冥之中存在一种超越现实和自然的力量，即鬼神。一切不可解释的神秘奇迹和一切令人怖栗惶恐的灾祸现象，都被归于鬼神的意志。为了祈求鬼神消灾去祸和降福于人间，远古初民供奉最好的饮食，想方设法使鬼神满意，让鬼神对自己宽容开恩。为了向鬼神表示虔诚恭敬之心，祭祀活动往往庄严而隆重，并形成了一些独属于这种场合的仪式。

据《礼记·礼运》记载："夫礼之初，始诸饮食，其燔黍捭豚，汙尊而抔饮，蒉桴而土鼓，犹若可以致其敬于鬼神。"这段话描述了远古时期最初的礼仪活动。大意是说，最初行"礼"的时候，先要准备好酒和食物，再把黍米放在烧石上烧熟，把猪肉撕开放在烧石上烤熟。在地上掘坑盛水当作酒樽，用捧着的双手当酒杯来喝，用泥土制成鼓槌敲打泥土做的鼓当作鼓乐。用这样的形式，表达人们对鬼神的虔敬之意。

祭敬鬼神时除了供奉食物，远古初民还惯常以玉奉之。王国维在对卜辞中与"豊"字相类的不同字形做了切实的分析后，说："此诸字皆

---

① 钱穆. 中国文化史导论. 上海：上海三联书店，1988：60.

象二玉在器中之形。古者行礼以玉……"并认定"豊"字所从"玨"字即"玨"字。王国维的考证使"礼"事鬼敬神的原初含义更加确定。

另外，从《山海经》和《楚辞》的资料中，也可进一步明确玉是供给鬼神的食物。《山海经·西次三经》中称稷泽白玉和瑾瑜之玉为黄帝和天地鬼神"是食是飨"。《楚辞》中也说，"缘鹄饰玉，后帝是飨"，"登昆仑兮食玉英"。《说文解字》中许慎解释说"豊，行禮之器也。从豆，象形"，但后人考证时提出了异议。王国维指出："惟许君不知玨字即玨字，故但以从豆象形解之，实豊则从玉在凵中，从豆乃会意字，而非象形字也。"①

后人考证得知，"豊"字的构形，实际上是从"壴"而不是从"豆"。"壴"是什么？是"鼓"字的象形初文。郭沫若考证说："壴字……乃鼓之初文也，象形。《泉屋清赏》有古铜鼓二具，上有饰而下有脚，与此字酷肖。"② 如果此考证成立，"壴"字确实为鼓之象形，就与《礼记·礼运》所记载的远古时代祭祀中敲击土鼓敬奉鬼神的活动相吻合了。

"礼"（古"禮"）字从玨从壴，取意于击鼓奉玉以祭神灵。古人对玉有着独特的珍视。早在甲骨文记载中就可看到，殷商时代玉制品就已充当货币换物。卜辞中的"玨"字，取象玉制品贯穿系联之形，并使用了计玉量词："其贞用三玉犬羊……"③ 王国维也考释说："殷时玉与贝皆货币也。……其用为货币及服御者皆小玉小贝而有物焉以系之。所系之贝玉，于玉则谓之玨，于贝则谓之朋，然二者于古实为一字。"④ 古"玨"字在甲骨文中还写作"玨"或"羋"，考古发掘出周代墓葬中有"羋""𦥑"状物出土，可以看出远古时代人们对"玨"的珍视。把最美好最珍视的东西奉献给神灵，以表达对神灵的感激虔敬之心，并以此祈求获取神灵的福佑，消灾去祸，降福人间。这正是远古人们行祭礼的目的。

通过对古"禮"字的考证释义可以确认，礼仪起源于远古初民祭祀鬼神之活动。这种祭祀之礼到夏商两代就逐渐被移入尊卑贵贱的宗法体制之中，大禹建夏之后，铸造了九个被称作"礼器"的大鼎，其目的是

---

①　王国维. 观堂集林. 北京：中华书局，1959：24.

②　郭沫若. 卜辞通纂. 北京：科学出版社，1983：54.

③　徐中舒. 甲骨文字典. 成都：四川辞书出版社，1989：783.

④　同①.

在体制之中区别等级，显示尊卑地位。周代为了防止僭越，维持统治秩序，制定了详尽的礼制礼法。中国礼仪文化从此基本体系化并逐渐趋于成熟，大如王朝官制、法规戒律，小如坐卧行走、容颜衣冠，都有明确规定。

"礼"字的意义演化以及礼仪内涵的扩展，在史书记载中也可找到印证。《诗经》中常有"礼"字出现，而在较早的诗篇中，礼仪的内涵还多是祭祀之事。如在《小雅》"楚茨"章中有"献酬交错，礼仪卒度，笑语卒获""礼仪既备，钟鼓既戒"之句，《周颂》"丰年"章中也有"为酒为醴，烝畀祖妣，以洽百礼"，记述的都是祭祀的场面和仪式。

在《国风》"相鼠"章、《小雅》"十月"章中，礼仪的含义就开始超出祭祀之事，不仅指饮酒筵乐等人际交往活动的仪式和场面，而且有了人与人之间伦理关系的内容，而当"人而无仪""人而无礼"，不如早死的诗句出现时，礼仪就成了人之所以为人的德性标准了。

可见，礼仪祭祀神灵的原义已演化为一种广义的伦理规范，其中人文政治、等级伦理秩序、德性人格等方面的属性，都有了增强。在春秋战国时期，礼已成为强化君权、治理民众、维护等级社会的礼法礼制。礼被看成贯通天、地、人的根本原则，其内涵和外延几乎无所不包。

礼法礼制的产生和确立，从根本上说，是为了维护等级化的社会秩序。用《礼记·曲礼上》中的话来说，就是"定亲疏，决嫌疑，别同异，明是非"。古代思想家管子说得更明确："上下有义，贵贱有分，长幼有等，贫富有度，凡此八者，礼之经也。"用今天的话来说，就是要确立尊卑有异、上下有序、亲疏有渐、贫富有别的社会秩序和人伦关系。

出于这样一种目的，在礼的实施过程中形成了诸多具体的行为规范，社会中的每一个人都只能严格地遵守由自己的社会地位决定的那些规范，按照自己的社会地位，选择适合自己身份的礼仪，违反即为非礼，超出即为僭越。所谓君君、臣臣、父父、子子、兄弟、夫妇，指的就是这种等级序列的界定。

与这种界定相对的，是人们具体的行为规范：父慈、子孝、兄良、弟悌、夫义、妇听、君仁、臣忠。这些规范因而也就成了不同人的具体行动指南，成了不同阶级和阶层之间不许逾越的等级界限。不同等级的人在不同场合的言、行、视、听、喜、怒、哀、乐，以及服饰冠冕、起止姿态、语气言辞、食用器皿、音乐格调等，其形式和标准都有所不同。

古礼所规定的许多行礼的程序和姿态，在今天看来可能是极琐碎甚至极可笑的，但在当时则是衡量人的等级与教养的具体准则，被视作社会秩序建构与维护的重要措施，是极严肃的事情。

礼仪作为一种意识形态的具体表现形式，与任何事物一样，也是适应人类文明步伐而不断更新内涵的。事实上，古人所总结的各种礼仪规范到汉代以后，就变得无法遵从了。尤其是礼仪逐步和各地风俗相结合，正统的礼学在许多方面发生了大大异于往时的变化。

统治者在不断采取强化措施的同时，也对传统礼制做了许多修改。这种修改大致沿着两条轨迹进行。一条轨迹是坚持与强化等级观念。由此，在中国两千余年的封建社会中，作为传统礼学核心的那些内容，比如"君权神授""三纲五常"等，不但没有被削弱，而且随着封建制度的发展一步步被强化了。传统礼制走向僵化与保守，便是这种极端化发展的结局。坚持与强化等级观念，其真正用意，无非是维护封建王权所谓的"正统"地位。另一条轨迹则是进行一些人们普遍愿意接受的变革，即顺应社会发展，革除传统礼制的繁文缛节，使礼仪不断简化、世俗化，比如将婚姻程序中的六礼减少为四礼或三礼等。

由此可见，礼仪内容非常丰富，地位由最初的祭祀活动上升为中国古代社会的基本统治工具，影响也渗透在社会生活的方方面面，在长期历史发展中积累成为中华民族的一种思维定式和心理习惯。正是在这个意义上，中国古代的社会治理模式被概括为"礼治"模式，而中国文化也在特色意义上被称作"礼仪文化"。

二、古代礼仪的内涵

礼的内容非常丰富，从最初的祭祀活动，到宗族制度中的行为规则，又延伸为区分尊卑贵贱、亲疏等级的严格的礼法礼典，并进而由宗族内部扩展到政治体制、日常生活之中，形成了一套严密的制度，成为确立、维护统治秩序的有力工具，即所谓"礼治"。因此，"礼"既是一种政治制度，又在社会治理中具有法律规范、道德规范的意义和功能。

除此之外,那些为准确表达"礼"的不同内容而制定的繁多仪式,以及日常坐卧行止、区别尊卑等级、和谐人际关系等方面的礼节规则,也都容纳在"礼"的内涵之中。

严格地说,"礼"和"仪"实际是两个不同的概念。"礼"更多体现为一种制度、规则,是一种社会观念的体现。"仪"则更多是"礼"的具体表现形式,是根据"礼"的规定和内容而形成的一套系统且完整的程式,不同的礼有不同的形式。"礼"是"仪"的标准、内涵,"仪"则将"礼"具体化、形象化。

今天我们通常在重大典礼、人际交往礼节等狭小层面理解"礼仪"概念。比如,许多事件需要通过公众借助一定典礼形式举行一定的仪式,以表达价值肯定、纪念、敬重或重视之态度。这种典礼通常由于其隆重程度不同,而有一系列不同规格的礼仪程式和细节。

此外,为了使人们之间的交际更加和谐有效,交往行为中需要更多的友好、善意、谦敬甚至交际艺术技巧,需要更多个人风度教养、个人魅力的展现,所以社会中约定俗成地形成了许多礼规和礼节。然而在中国古代,礼仪所涵盖的内容要丰实得多、复杂得多,也笼统、模糊得多。事实上,在传统文化中,在更广泛的文明特色的意义上,礼仪文化是一个包容"礼""仪""礼法""礼制""礼典""礼义"的大文化概念。

统观"礼"字本义及其意义的延展,古代礼仪作为一种特色文化,涵纳如下几部分内容。

第一部分是礼制。经前述我们已知道,"亚细亚"的历史道路造就了中国特有的血缘宗法社会,而随着血缘宗法国家的确立,表达宗法道德关系的礼制也一步步成型并发挥国家治理功能。礼仪文化经历夏、商两代,到殷、周之际已逐渐同社会政治生活、政治统治结合起来,形成正统礼制。

自夏代开始,历代先王初步创设了五礼。相对完备的周礼是在三代之礼的基础上形成的,因此《礼记·礼器》中有"三代之礼一也"的说法。但显然,礼制的完备及其被重视的程度,在夏、商、周三代是不一样的。《礼记·表记》载述:"夏道尊命,事鬼敬神而远之,近人而忠焉,先禄而后威,先赏而后罚,亲而不尊。其民之敝,蠢而愚,乔而野,朴而不文。""殷人尊神,率民以事神,先鬼而后礼,先罚而后赏,尊而不亲。其民之敝,荡而不静,胜而无耻。""周人尊礼尚施,事鬼敬神而远之，近人而忠焉，其赏罚用爵列，亲而不尊。其民之敝，利而巧，文而不惭，贼而蔽。"

在上述这段孔子关于三代之礼异同的论述中，一方面可看出，三代文化观念渐由蒙昧趋向文明，另一方面也可看出，夏、商、周的文化价值重心也在一步步移向礼制。"夏道尊命"，即尊巫觋之命。说明那时民风自然愚野，朴而无文，多德（道德习俗）治而少强制，重赏轻罚，重亲轻尊，而鬼神观念也没有充分发展起来。殷人尊鬼神，迷信天命。纣王称："我生不有命在天乎！"（《史记·殷本纪》）轻视人道之礼，注重严酷刑罚，所以其民表面尊从而内心缺乏亲和，民风荡乱而无序。

周代商而立的变革事实，使周人认识到天命并非"不僭""不易"（不可替换），而认为"天命靡常"，天命以帝王是否保民有德为转移，失德就要受到天帝的惩戒，有德则降神命于其身。周人就是这样解释天命由殷转移到周的道理，天帝因文王敬德保民，命其代殷，受任王权，而殷、夏均因失德悖天而招致灭亡。《尚书·牧誓》所说的"今予发，惟恭行天之罚"，表达的正是武王执行天帝旨意惩罚纣王。殷王重刑罚而亡的教训促使周人尚德尊礼，改行施惠于臣民的礼治。

周公是灭殷兴周、改朝换代的当事人，他辅佐武王伐纣成功，武王病逝后又留佐年幼的成王摄政当国。周公显然悟到了家天下的血缘宗法社会性质，在对周王朝的治理重新做出规划时，他选择以礼治国。周公政治之道的主旨是敬天、明法、慎刑、保民，周公制礼，以礼定制，从治国方策到王位继承、诸侯朝觐、嫁娶、丧祭等方方面面，都做了详备的礼制规定。

由此，中国古代社会的礼制，由夏礼、殷礼发展到周礼，进入礼制最成熟、最完备的阶段。周礼很注重外在形式，所以被解释为"礼经三百，威仪三千"。周礼尚文，丰富多彩，礼仪规定繁缛，等级秩序严明。正因如此，孔子赞美周礼："郁郁乎文哉！吾从周。"（《论语·八佾》）

然而也正因为周礼的繁文缛节，正统周礼在春秋战国时代不断受到冲击破坏，形成"礼崩乐坏"的时代。然而礼制的根本内涵，如维护宗法等级差别、协调社会秩序、重法轻刑、尚亲施善，则由于非常符合中国"亚细亚古代"家国合一的现实需要，而成为德治传统的重要组成部分传承于历史之中。

传统礼制包括封建、职宦、禄田、赋税、田租、军制、学制、宗统与君统、嫡长子继承制、宗庙祭祀、郊祀等，还有冠礼、昏（婚）礼、丧礼、祭礼、乡饮酒礼、射礼、相见礼等，无不贯穿齐家治国的宗法统治中，以礼治国的传统强调"亲亲""尊尊"。礼制中不同层面的礼有不同的规范和形式，但都内含家族伦理和国家秩序的共同意义和目标，和政治融为一体，既是伦理规范又是政治法规，成为中国"亚细亚古代"礼仪文化的重要内涵。

第二部分是礼典。"典"首先指常道或惯常准则，《尔雅·释诂》解释说："典，常也。"其次指制度法则，《周礼·天官·大宰》有"掌建邦之六典"一句，此"典"即法则、制度。再次指重大的仪式仪节，《易经·系辞上》记载："圣人有以见天下之动，而观其会通，以行其典礼。"另外，古代也将掌管礼仪制度之官命名为"典礼"，如《礼记·王制》载："命典礼，考时月，定日，同律、礼、乐、制度、衣服，正之。"可见"典礼"在此是被用作官职的。最后，"典"还意指记载法则、典章制度的重要典籍。

如此，"礼"和"典"字连用，就有了多方面的含义。

常规意义上的礼典常表现为不同序列的礼文、礼法规定，不仅包括礼仪体系中那些根本性的原则制度和行为规范，而且包括一系列与之相适应的具体礼规仪式，其中包含举行各种礼仪活动时陈设的器皿、穿着的服饰、演奏的乐曲等。

礼器是古代礼仪活动时陈设、使用的器皿，按种类可分为烹煮器、食器、酒器、容器等。这些器具与实用器具在造型上并无多大差别，但由于使用于礼仪活动，就具有礼的象征。如在诸多礼器中，作为烹煮器的鼎是统治权力的象征。周礼规定，天子可列九鼎，诸侯七鼎、上大夫五鼎、士三鼎。同理，各种礼器都有数量等级的区分规定。

除陈设礼器外，中国古代还有一整套详备的服饰礼制，不同的礼仪规定穿着不同的礼服：祭服、朝服、戎服、婚服、丧服等。

乐和于礼，是礼典规定之一。有一礼，必有一乐。乐在中国古代不仅是一种供娱乐的艺术，也是一种可使人心性从善的修养工具。礼典中乐和礼不可分离，礼乐合一。正因如此，孔子才用"礼崩乐坏"来感叹当时变动无序的时局。

作为记载礼仪法则、典章制度的礼典，主要指较为系统完整地记载礼仪法则和理论的重要典籍。中国古代的礼仪内容十分繁杂，各种礼制、礼仪都有详尽明确的文字规定。《周礼》《仪礼》《礼记》可被看作中国古代礼仪及其理论的集大成者。

《周礼》是一部反映周代礼制的书，据推算约为东周某人所著，东汉时被列为官学，成为经典。《仪礼》是一部记录战国以前贵族生活各种礼节仪式的专书，一般认为其成书年代是东周时期，但作者是谁已无从查考。《礼记》由西汉今文经学家戴圣把战国末期至汉初儒家有关礼仪的著作共 49 篇编纂而成。《周礼》《仪礼》《礼记》并列"十三经"，被合称为"三礼"。

"三礼"本身文字量并不大，据清人陈宏谋统计，《礼记》99 010字、《周礼》45 806 字、《仪礼》57 114 字，正文总共约 20 万字，但是收在"十三经"中的"三礼"，加上注疏文字，便十倍于正文了。再按《四库全书》所有礼类书的各种注疏、正义、新义、新裁、通解、详解、集说、集证本子统计，总共 236 部、3 000 余卷。

上述与"三礼"直接有关的专门著述还只是一部分，此外，26 部正史中 18 部有礼书、礼志或礼仪志、礼乐志、郊祀志、祭祀志，共137 卷。"十通""会要"和大大小小的类书，也都有专门篇章记述礼仪章法，比如《古今图书集成》一书中，《礼仪典》就有 70 部、348 卷。①这些礼仪典籍为我们研究中国传统礼仪文化提供了充分的资料。

第三部分是礼俗。与礼制、礼典相比，礼俗表现于庶人的民间生活。它不像礼制那样带着明显的政治目的，有严格、规范的法则要求，而只是民间日常生活中约定俗成的习俗。与正统礼制比较起来，它有更多的自在随意性。比如，对于祭祀、庆典、婚丧嫁娶、饮食会客等礼仪活动，正统礼制都规定得十分烦琐一统，但那多是对百官的要求，《礼记》因此有"礼不下庶人"之句，而庶人自有一套服饰、饮食、婚丧嫁娶等的礼俗，而且民间礼俗会因环境不同而形成各种各样的差别。正因为如此，相比官方礼制一统规范，民间有"十里不同风，百里不同俗"的情况。

这里有两个问题需要弄清楚。一是，礼俗所具有的随意性并不表示礼俗可遵可不遵。作为一定群体的习俗，既存在，就有它存在的合理性，而且一经约定，对每一个群体成员来说都是一种来自外部生活的制

---

① 胡戟. 中国古代礼仪. 西安：陕西人民出版社，1994：10.

约，有相当的他律性，因为礼俗是一股群体力量，是群体的共识。人们不可以完全按各自孤立的想法去选择生活，而是依赖传统习俗、参照群体共识来确立生活方式和态度。正是基于这种现实，礼俗才可能调解好百姓的生活矛盾而维持整体的和谐。

二是，所谓"礼不下庶人"并不意味着庶民生活不受社会礼制的约束，而只是表达了传统礼制的等级特性。官方正统礼制赋予贵族等级的特殊礼遇是庶民享受不到的，正如《礼记·曲礼上》所载："国君抚式，大夫下之。大夫抚式，士下之，礼不下庶人。"意思是说，遇见国君据车轼行礼时，大夫须下车示敬；遇见大夫据车轼行礼时，士人须下车示敬。这种君臣之礼是不适用于庶民的。

总之，正统礼制和民间礼俗是礼仪生活的两种形态，二者相互区别又相互渗透。民间礼俗既有较为自在的个性，又体现着同正统礼制在观念上的许多价值共识和追求。同时，统治者也常借助官方行政力量推行礼制教化，如汉、晋、唐、宋等朝，官方都曾多次下诏行乡饮酒礼，使得州县长官每年都亲率地方长幼以礼施行。而在日常行止规范中，更是体现出正统礼制和民间礼俗的共同之处，如《礼记》中《少仪》与《内则》所记载的普通人的一般生活礼俗，就同《仪礼》中封建上层贵族生活礼规相承相通。

社会正统礼制和民间礼俗就是这样相互关联、相互影响，一方面正统礼制在社会德性秩序中不断具体化、风俗化，另一方面，民间礼俗也在生活实践中不断系统化、规范化，以更接近正统礼制要求。这其中，文人阶层起了很独特的作用。中国古代文人是一个很不稳定的阶层，"入仕即为官宦，潦倒则成寒士"[1]。正因如此，他们往往成了沟通正统礼制和民间礼俗的介质。许多正统礼制的执掌和程序的把控，还有民间礼俗的系统化、规范化，都由文人参与完成。

三、古代传统"五礼"

古代礼仪文化从形式类别角度可划分为上述的礼制、礼典、礼俗三

---

① 王琦珍. 礼与传统文化. 南昌：江西高校出版社，1994：26.

大方面，从内容类别角度则可划分为吉礼、凶礼、宾礼、军礼、嘉礼五大类，统称为"五礼"。

吉礼为祭祀的典礼，居"五礼"之首。因为宗教祭祀活动于古代意义重大，关系到百姓与国家的安危。那时候凡关系到国家大事的，都要进行祭祀，即所谓"国之大事，在戎与祀"。祭祀的对象包括天地鬼神、社稷祖宗等。

祭祀等吉礼早在夏朝就开始制度化了，孔子曾讲过："吾说夏礼，杞不足征也。"（《礼记·中庸》）可见孔子是懂夏礼的，但他之所以强调"吾从周"，是因为夏礼的文献不足，虽能说，终不能征验，所以没有对夏礼做过多论述。但孔子非常推崇夏人对祭祀天地的态度，赞赏夏禹要求自己的饮食粗简，而祭品丰盛，自己的常服比较俭朴，而祭天地鬼神的饰服却非常华丽。这一点在《论语·泰伯》中有过记载：夏禹"菲饮食而致孝乎鬼神，恶衣服而致美乎黻冕"。

至殷商时代，祭祀吉礼进一步规范化，内容大致分为祭天神之礼、祭地祇之礼、祭人鬼之礼。其中，祭天神是礼中之礼。因为在殷人眼中，天帝既是自然天地的主宰，又是地上王命之所在，所以殷人非常恭崇天帝，敬仰天帝之命，经常通过占卜和祭祀来沟通天与人的关系。根据卜辞记载，殷王一年三百六十五日几乎无日不举行祭祀，且祭祀礼仪日趋规范。

周天子征服殷商之后，周公制礼作乐，继承了殷商以来的礼，同时吸取了殷亡的教训、经验，使周礼更加适合现实的需要。周代吉礼的基本内容包含祭天神、祭地祇、祭人鬼之礼。那个时候，祭天神被称为祀，祭地祇被称为祭，祭人鬼被称为享。周人对祭拜天地鬼神的吉礼非常重视，充满了恭敬与虔诚。

凶礼，一般理解为丧葬之礼，也包括对天灾人祸的哀吊等。具体可分为丧礼、荒礼、吊礼、聘礼、恤礼等五类典礼。丧礼是按死者去世的地点及哀悼者与死者的不同关系来选择不同的哀悼形式和等级，如服丧时间和过程等，以表达不同程度的哀痛。荒礼是指某一国家或地区发生饥馑、疫病等不幸事件，贵族以减膳等形式表示自己的同情。吊礼是指他国或挚友遭受某一灾祸时，一国派遣使者去转达自己的安慰。聘礼是对被敌国侵犯的同盟国的一种抚慰，通常由主盟国会合诸国筹集财货以补偿损失。恤礼是指当邻国遭受外侮或内乱时，一国给予援助和支持。

这五类典礼中，前三类各级贵族都可以执行，后两类则局限于国家事务，由诸侯和群臣执行。

宾礼是指诸侯对周天子的朝见及周天子款待四方诸侯时的礼节，分为朝、宗、觐、遇、同、会、时聘、殷覜八项。前六项为天子款待四方诸侯来朝时的典礼。天子执政，应巡视四方会见诸侯，若十二年未能出巡，四方诸侯都应同来朝会。朝会的目的，《周礼》称为"亲邦国"，但必须是诸侯王依附天子，尊重王权。会礼则是指当天子觉察某方诸侯不顺服乃至有叛逆之心时，会合各方诸侯兴师征伐。这类典礼因为是缘事而定，所以没有定期。时聘、殷覜是远近诸侯遣使向天子问安的典礼。时聘不定期，使臣为下大夫一级；殷覜每三年一次，使臣为卿一级。

军礼，主要指有关军事活动的典礼，但也包括校阅、献捷、田猎、筑城等需要动用军队的活动。在五礼中，军礼与吉礼同样重要，这是因为诸侯争雄、战乱频繁，大凡诸侯中有不甘臣服者，或者在执行王朝典章制度方面有僭越行为或意图时，周天子就得会合其他诸侯，诉诸武力，迫使其就范，这中间军礼的建立就显得特别重要，因而也特别威严。

军礼也分五个项目：大师、大田、大均、大役和大封。大师之礼用于天子或诸侯的征伐行动，具体程式已无法考定，但从《诗经》《左传》典籍的描述来看，有宗庙谋议、命将出师、载主远征、凯旋献俘等许多内容。大田之礼用于狩猎，古时狩猎即人类谋生的手段，也是一种军事演练、一种富国强兵之法，因而其礼仪也特别隆重威严。

军礼的后三类不属于直接的军事行动，而只是凭借军事力量来管理国家。大均之礼是依仗武力让王在京畿内、诸侯在各自的封邑中，从而使校比户口、订立税赋的工作得以顺利进行；大役之礼是国家进行大规模的工程建设，如筑城建宫、开河修路时依靠军队无偿地征调和役使民夫；大封之礼则是依仗军队勘定各诸侯国之间或私家封地之间的疆界。这三项活动在其开始和结束时都必须举行礼仪活动，这些典礼也是军礼的重要内容。

嘉礼是融和人际关系、沟通联络感情的生活礼仪，分为饮食、婚冠、飨燕、宾射、贺庆等项。但其内容在"五礼"之中却是最为庞杂的，又因为直接涉及广大民众乃至王公、贵族、诸侯，所以在华夏民族中的涉及面也最广。王位承袭、宴请宾朋和日常生活的许多方面，都离不开嘉礼。

传统礼俗中的许多内容与形式大都由嘉礼传承而来，成了最富民族特色的礼仪形式。当然，嘉礼在起初也仅限于上层贵族，久而久之才渐次为下层人民所仿效。

嘉礼各项中，饮食包括各级贵族的饮食之礼；婚冠包括公冠、士冠之礼和贵族的婚礼；飨燕包括天子、诸侯、公卿的宴礼；宾射指的是射箭比赛的礼仪，射事必分宾客、主人，故此得名；贺庆则是凡属可贺可庆之事，均可使人相聚示庆，这和我们今天的人际交往、庆典礼仪已十分相近了。

"五礼"的划分与归纳，充分显示出礼制在社会政治统治秩序中的重要作用。它们的某些具体内容与形式，其意义已远远超出了礼仪本身的范围而成为一种政治层面的具体手段。

总之，中国古代礼仪所涉及的范围十分广泛，几乎渗透于古代社会的各个方面，礼仪的种类和形式也异常繁多、琐细。如果我们抛开中国古代对礼仪的类别规定，那么传统的礼仪大致分为以下几个方面：生育成长礼仪、婚嫁礼仪、丧葬礼仪、祭祀礼仪、宴饮礼仪、社交礼仪、仪态形象礼仪、服饰礼仪、尊老敬贤礼仪等。

第三章　以礼化天下：礼仪的
　　　　　宗法人伦特性

礼仪作为古代社会一种普遍的政治文化现象，有着深刻的人类文化根源和宗法社会基础。以礼治、礼教为核心的礼仪文化，处处维持着"亲亲""尊尊"的等级秩序，体现着血缘宗法人伦特性。

一、宗法人伦的显现

礼仪文化中处处显现着血亲宗法人伦的特点。

在前文我们已知，中国古代所走的是一条"亚细亚"历史道路。这条东方道路最具历史决定意义的一步是，中国古代的氏族最终是在没有改变氏族血缘关系的情形下而进入奴隶制国家的。相比之下，西方古希腊人是在瓦解了他们的氏族血缘制度条件下进入奴隶制国家的。这使得中国古代国家的社会结构自然就落在了天然的血缘宗族组织上。

宗法人伦关系严格说是具有血亲的人之间发生的伦理关系。人伦关系以家庭和家族为纽带，"亲亲"与"尊尊"是和谐、调解人伦关系的规范原则。"亲亲"概指一般的家族血亲关系，"尊尊"则概指包含一般家族血亲关系又超越血亲关系的政治等级关系。

由此，"亲亲""尊尊"之义便既按血缘关系的亲疏，又按政治关系的高下，分成尊贵和卑下两种地位，而且政治地位的尊卑在相当意义上取决于血亲关系的远近。在家族血亲关系中，父子关系是核心，父为尊，子为卑；男女有别，男为尊，女为卑；亲疏有分，嫡为尊，庶为卑。由此衍生出社会政治关系的尊卑：君为尊，臣为卑；皇族为尊，异姓宗族为卑；官为尊，民为卑。

古代的政治地位、等级礼遇，在根本上是和血亲人伦关系联系在一起的，亲疏系列和尊卑系列交叉而并列。于是《礼记·丧服小记》有言："亲亲，尊尊，长长，男女之有别，人道之大者也。"也正是在此意义上，《礼记·大传》总结曰："人道亲亲也，亲亲故尊祖，尊祖故敬宗，敬宗故收族，收族故宗庙严，宗庙严故重社稷，重社稷故爱百姓，爱百姓故刑罚中，刑罚中故庶民安，庶民安故财用足，财用足故百志成，百志成故礼俗刑，礼俗刑然后乐。"宗族亲疏、等级尊卑就这样融为一体，成为中国古代礼制礼规基础和宗法人伦特色。

宗法社会客观上要求能适应血亲制度的人伦规范，礼仪规范必然非常集中地体现其和宗法制度相吻合的性质，它反映宗法特点，并服务于血亲制度的需要。

最为明显的是，中国礼仪文化非常注重维护调节父子关系、君臣关系、夫妇关系、兄弟关系、朋友关系，这些关系都具有家族化特点。国是放大了的家，君臣是放大了的父子关系，国君是大家长，臣与臣之间、朋友之间、兄弟之间，情同手足。

父子关系是家庭、家族延续的核心，所以父子之伦超过其他关系，成为礼的伦理规范的基础。"父子有亲"的血缘关系在礼仪规范中被解释为"父慈子孝"。"慈"是对家族下一代生命延展自然而生的一种道德情感，而"孝"则要求"子"对自己的生命根源表达充分的崇敬和回报。

由于父子辈分等级的不同，有关"孝"的规范内容在礼治为统治方式的古代礼仪文化中具有比"慈"更多的规范内容，"孝"也被看作一切礼仪道德的根本。一个人在家庭中能够善事父母，就能正确地对待他人和社会，就能够对人有"信"，对国尽"忠"。

所以，古人对"孝"的阐释还涉及子女全部行为的发展，包括社会行为在内。也就是说，在宗法社会中只有一切事情都做得合乎规范，才能使父母在精神上获得极大的安慰与满足，才符合"孝道"。"孝"的德性功能因此被扩散于全社会。"孝子之至，莫大乎尊亲；尊亲之至，莫大乎以天下养"(《孟子·万章上》),"人主孝,则名章荣,下服听,天下誉……人臣孝,则事君忠,处官廉,临难死……士民孝,则耕耘疾,战守固,不罢北"(《吕氏春秋·孝行》),"孝者,所以事君也"(《大学》)。

这样,人们的各种社会关系、政治关系都被纳入了血亲人伦关系中,而"孝"不仅是子女对父母长辈的孝养,更是宗族利益、秩序和普遍价值的体现,"孝"成了集中体现宗族血亲礼仪的一个特征。其他一切人伦关系,都可从"孝"这里找到根由。

古代思想家强调孝亲礼规时,认为在家事父母能竭其力,在国事君才能致其身。"兄弟怡怡",才能"朋友切切"。所以,仁与礼的根本,就在于"事亲"。孟子说:"仁之实,事亲是也。"(《孟子·离娄上》)《中庸》云:"仁者,人也,亲亲为大。"《礼记·祭义》更是明确强调:"立爱自亲始,教民睦也。"

"亲亲"是与"尊尊"相关联的两个基本宗亲命题。"亲"是指父系宗亲,不仅有直系父辈关系,还有母系、下辈、旁系和平辈关系,"亲亲"兼重这几类关系。"尊"也是指父系宗亲,但它却特重直系父辈关系,"尊尊"就是突出尊宗这一类关系。父子关系集中体现了既"亲亲"又"尊尊"的原则,在古人那里,宗教观念上的尊祖在伦理观念上就是宗孝,也可以说"以祖为宗,以孝为本"①。

总之,"孝"即代表宗族秩序的礼的第一要义,所以孔子总结说:"夫孝,德之本也"(《孝经·开宗明义》),"其为人也孝悌,而好犯上者,鲜矣;不好犯上而好作乱者,未之有也"(《论语·学而》),"弟子,入则孝,出则悌,谨而信,泛爱众而亲仁"(《论语·学而》)。意思是说,孝是礼仪道德之根本,一个孝敬长辈、友爱兄弟的人,很少或不会去做犯上作乱之事。

纵观礼仪规范,贯穿着对家族和血亲关系的重视。从形式到内容,从仪容服饰到举手投足,亲亲又尊尊规范之严格详备,无不在强化以血缘为中心、以地缘为范围的宗法伦理秩序。所以礼仪文化的一个首要特性,即它的血亲宗法性。

---

① 侯外庐,赵纪彬,杜国庠. 中国思想通史:第一卷. 北京:人民出版社,1957:94.

二、等级尊卑的预设

礼重在区分，历代统治者重视礼，原因就在于礼仪规定使每一种伦理关系都确定在一个等级秩序中，不可混淆，不可僭越，有礼才有秩，有序谓之礼。用古代思想家的话说就是："礼者，继天地，体阴阳而慎主客，序尊卑、贵贱、大小之位而差外内、远近、新故之级者也。"（《春秋繁露·奉本》）《左传·昭公二十五年》也因此才说："礼，上下之纪，天地之经纬也。"《韩非子·外储说右上》引孔子教训子路的话说："夫礼，天子爱天下，诸侯爱境内，大夫爱官职，士爱其家，过其所爱曰侵！"

这就是说，礼意味着各有差等，各安其分，意味着有秩有序，而秩序则意味着合乎仪规要求。在这种意义上，礼就意味着社会中的等级性。或者说，礼规仪法就是把宗法社会的人伦等级合理化、合法化，形成一整套等级森严的礼仪制度。

清代石成金对礼的这种本质认识得可谓比较清楚，他说："自古至今，许大的世界，许多的人民，全凭着一个礼字安排定了。这礼是什么呢？就是所以辨尊卑、上下、长幼、大小的名分了。要知道世人只亏着名分维制，但相安于名分，则在上为纪纲法度，在下为风俗教化，否则小而犯上，大则作乱，无所不为了。"[①]

礼规礼制的这种等级性是中国宗法社会性质的必然要求。进入文明时代以来，古代中国社会一直是以父系血缘联结的，而若干出自同一男性祖先的家族又组成了宗族，所以在中国古代历史上，"宗"就成了血缘关系的特有标志，宗法也就成了血缘群体得以延续的社会制度基础。

从《礼记·大传》的"别子为祖，继别为宗"看，所谓宗法，就是一种以血缘关系为基础、以尊崇共同祖先维系亲情、在宗族内部区分尊卑长幼，并规定继承秩序及不同地位的宗族成员各自不同的权利和义务的制度。这样，在宗法社会中就形成了以父子继承关系为轴心、以"五世亲尽"为外延的血缘宗法家庭，它构成了宗法社会的基本结构。在这

---

① 石成金. 传家宝：上册. 金青辉，阎明逊，点校. 天津：天津社会科学院出版社，1992：23.

种宗法社会中，家族血缘关系主要归结为父子、兄弟两伦。据《尚书·舜典》记载，舜曾对契说："百姓不亲，五品不逊，汝作司徒，敬敷五教。在宽。"汉儒郑玄等人解释，《尧典》所谓"五品"即"父母兄弟子"。

宗法制度中，父子、夫妇、兄弟之间不仅有血缘、亲属关系，而且体现了宗子、宗妇、宗兄、宗弟和承宗之人的关系。这是一种具有等级尊卑的权利义务关系之网。幼者、卑者总是受制于长者、尊者，亲者、近者、内者总是优先于疏者、远者、外者。依照这种宗法关系定位，古代统治者预设了宗法社会中上下、尊卑、贵贱的政治等级秩序，并以礼制礼法的形式把秩序确定下来，血缘宗亲关系和政治等级关系融为一体，人伦道德和礼法政治合而为一，"孝莫大于严父，严父莫大于配天"（《孝经》），在这种宗法等级秩序中，孝父、忠君与敬天成为一统。正如《左传·昭公七年》载文说："天有十日，人有十等，下所以事上，上所以共神也。故王臣公，公臣大夫，大夫臣士，士臣皂，皂臣舆，舆臣隶，隶臣僚，僚臣仆，仆臣台。"

在整个宗法人伦关系网中，以父子关系为核心，分出尊卑、亲疏、长幼、远近、内外等，每个人的尊卑等级及权利义务都是由宗法人伦对应关系与社会地位决定的。人与人之间是不平等的，每个个体没有完整的自我人格可言，每个人都被定位为宗法人伦关系网中的一个点。人们只能在这种秩序网中寻求自己的等级归宿，而不允许脱离这种定位去实现自我。

正是依靠这种等级尊卑之礼分，统治者才得以稳定统治秩序。也正因为如此，古代统治者们才选择了以礼治国的统治方式，礼被视为君王治国御民的纲纪、权柄，在国家政治生活中起着重大作用。

《礼记·礼运》说："礼者，君之大柄也。"《左传·隐公十一年》则记载："礼，经国家，定社稷，序民人，利后嗣者也。"《晏子春秋·内篇·谏下》载晏婴对齐景公说礼："夫礼者，民之纪。纪乱则民失，乱纪失民，危道也。"又说："礼者，所以御民也，辔者，所以御马也。无礼而能治国家者，晏未之闻也。"礼是什么呢？就是御理民众的纲纪，纲纪无序则民乱而无序，这是很危险的。又说，礼对民众的治理作用，就像驾驭马的缰绳一样，没有不运用礼而能治国家者。

正因为如此，历代统治者都把礼制的确立和实施视作头等大事。公元前201年，刘邦征战力灭群雄，天下初定，百废待兴，然而刘邦决定做的首要大事是"命叔孙通制礼仪，以正君臣之位"（《汉书·礼乐志》）。当时也有人持不同意见，说"今天下初定，死者未葬，伤者未起，又欲起礼乐，礼乐所由起，积德百年而后可兴也"（《史记·刘敬孙叔通列传》），认为礼乐之事不是当务之急，天下安定后自然会慢慢兴起，但叔孙通仍在刘邦授意下创立了礼制仪法，使汉王从登基那天起，就感受到了礼制仪法对维护皇权尊贵的必要性。

从古代各类典籍中看，礼的内涵无所不包，但礼的施用对象有等级尊卑的限制。一般平民百姓是不得参与上层社会的各种典礼的。"礼不下庶人""刑不上大夫"是最典型的表述。即使在贵族阶层，礼也是等差有别，不得逾越，这就是《礼记》所书的"以礼防民"。

在礼仪等级构造中，不同等级的名分及其不同待遇，规定得非常具体详细。不同等级定位不仅决定了相应的权利和义务，而且决定了衣食住行的不同规格。比如，大致从汉代起，黄衣就只为皇帝专用。古人视黄色为土，天子衣黄意为贵在有土有天下。布料的类别也依等而分，绫、罗、绸、缎、锦只为有地位之人穿用，平民百姓只许穿布衣。

仪仗阵势大小也有等级名分之别，如天子"大驾"的侍从车队要达"九九"八十一乘，稍小规模的"法驾"也有三十六乘。下层官吏遇见上层官吏出行仪仗必须先让，有时还须下马侧立、让道旁停，至于百姓，遇此情况则必须回避。

总之，等级制的服饰、仪仗、住宅规模等礼数都服务于教臣民事君、维持宗法等级秩序的社会政治目的。其不平等、其烦琐，在今天看来是非常不合理的，但古人却认为这是天经地义的事。

古代统治者和思想家并不认为礼仪等分是世间人为的产物，而认为是天地之法在人世间的投射，他们把封建宗法等级礼制给天道化了。中国的礼制思想是在以血缘关系为基础的宗法社会中产生的，因而在思想观念上不仅把人看作"人伦"整体，而且认为天也是"人伦之道"的另一种存在形式，天、人是一个同构的和谐整体。人有男女之别，天则有阳阴之分，人有君臣上下等级，天则有"天尊地卑"秩序。这样，在天人关系中，人道依存于天道，天道服务于人道；天道成了人道的外化、对象化，人道成了天道的内化。

古代思想家自觉或不自觉地把人世间重人伦道德秩序的人道内容赋予自然的"道"和主宰的"天"，反过来又给人世间的礼仪之道找了一个必然的"天道"本原，从而使宗法社会的人伦礼仪规范有了天经地义的根据，有了一层取法于天的神秘面纱，于是"君为臣纲，父为子纲，夫为妻纲"等礼制礼法也就成了古代封建社会的礼仪信条。

三、与践"礼"相和谐的达"仁"

论礼仪文化，不能不谈对"仁"的追求。"仁"与"礼"是中国传统文化德性价值系统不可分离的两大主题。"礼"的特性及功能，在某一个侧面是同"仁"的实现相联系的。如果说隆礼、践礼的政治目的是"经国家""序民人"，那么其在人格层面上则是要实现"达仁"的理想境地。

仁礼并论的思想在儒家文化中表现得最为集中和突显。

儒家主张以礼治国，孔子一生都在为恢复周礼而奔忙。但儒家对礼的理解不仅仅限于外在事功，孔子要求人们践礼，目的之一在于借礼潜移默化，使人们的内在德性修养日渐显现，从而成就理想人格。同时，儒家要求人们发自内心、自愿自觉地遵循礼规，也要求仁礼和谐，由仁义从礼。

儒家崇尚并塑造圣人君子，圣人君子必须具有仁的品德、达到仁礼和谐的境界。如何获得？仁德只是内心的善质，要体现在具体的行为中，就必须以礼作为规范界定。即仁德的显示以礼为范围，或礼的规范是仁德的注释。所以，当孔子要人们非礼勿视、勿听、勿言、勿动时，就是要使德性善端的呈现以礼为规矩。

孟子的"四心"也多为一种善之端倪。善端要扩充至善德，必须经过礼的实践。孟子对此说："动容周旋中礼者，盛德之至也。"（《孟子·尽心下》）没有践礼，就不可能保持善性本心，所以君子当"以礼存心"（《孟子·离娄下》）。孟子还说："君子所性，仁义礼智根于心，其生色也，睟然见于面，盎于背，施于四体，四体不言而喻。"（《孟子·尽心上》）这里讲的是德性气质的自然外露，但也表达了人的内心德性要展现出来必须借助外在资质的含义。

在孟子看来，"求放心""尽心""尽性"，不是坐在宅中苦思冥想就能完成的，而必须在形体官能、日用伦常中"践形"。能够实践的人，其整修形体的活动必然都合乎礼，而自觉主动发挥本心去践礼就是为义。礼是义的具象，义是礼的本质，礼义在孟子的主张中是不可分割的。义在孟子思想中，是一个统摄内在善端与外在规范于一体的概念。孔子将仁、礼相对，孟子则认为义、礼不是相对关系，而是包含关系。告子认为"仁内义外"（《孟子·告子上》），但孟子认为义虽有外在礼规的一面，但本质发自内在本心，是外含礼又本根于礼的东西，这就把孔子的仁礼统一思想进一步结合了起来。

至于荀子，理想人格是能够制礼并化礼为性的圣人。荀子隆礼，主张人性本恶，但同孔孟一样，认为通过后天践礼完全可以"化性起伪"，养成完善的道德人格。心经由礼义熏陶，再指挥官能依之而动，持之日久，无行不善。所以，"积善成德，而神明自得，圣心备焉"（《荀子·劝学》）。

总之，儒家主张理想人格必须达到仁礼和谐、义礼统一、性伪一致，主张人的内在仁德通过践礼习礼而呈现。正因如此，孔、孟、荀都特别强调践礼的主动性、自觉性。孔子要人们"克己复礼"，从培养仁德的角度说，是希望借礼的潜移默化复发人的良知本能，在践礼时要注意掌握礼的精神，而不是刻意奉行礼的形式，被动机械地做礼的奴隶。徒具礼仪形式而失却礼的精神"仁"，就不可能有真正的"礼"。孔子曾叹："人而不仁，如礼何？人而不仁，如乐何？"（《论语·八佾》）礼是为了表达仁，抽却了仁，礼也就失去真正的意义了。

孔子主张以仁定礼，在礼和仁发生冲突时，仁是具有最终决定权的。孔子复周礼但并非全盘照搬而是有所损益地选择。比如，《论语·子路》记载："叶公语孔子曰：'吾党有直躬者，其父攘羊，而子证之。'孔子曰：'吾党之直者异于是，父为子隐，子为父隐，直在其中矣。'"孔子以"子为父隐"为直道，就因为它在礼与仁的冲突中体现了仁的根本（孝）。孔子特别用"权"的范畴指称那种依仁变更礼的行为主动性，认为"可与适道，未可与立，可与立，未可与权"（《论语·子罕》）。"权"按朱熹注即"秤锤也，所以称物而知轻重者也"（《论语集注》）。孔子说，能立于礼还不是道德实践的极致，最后必须懂得权衡轻重，依仁为准，灵活判断，这才是"从心所欲不逾矩"的境界，也才可显示道德的主体性。

孟子同孔子一样，以仁德来解释礼的合理，也主张用"权"处理礼与仁的矛盾。如孟子肯定"男女授受不亲"的礼，但谴责死板拘礼而不救溺水嫂嫂的人无异于禽兽。"淳子髡曰：'男女授受不亲，礼与？'孟子曰：'礼也。'曰：'嫂溺，则援之以手乎？'曰：'嫂溺不援，是豺狼也。男女授受不亲，礼也。嫂溺，援之以手者，权也。'"（《孟子·离娄上》）人应当根据自己的"良心"对礼规进行权衡变通，孟子对孔子不曾做过表述的权变原则，做了进一步解释，认为权变之道在于比较价值的轻重。比如在人如果执礼就必会饿死的情况下，保存生命的价值比执礼的价值大，人就可以不拘礼；但如果情况相反，逾礼过分到要扭断兄长手臂而夺取他的食物时，则当然以牺牲食物守礼为重，因为手足亲情具有更高的仁义价值。

荀子"礼"学不认为"仁"德是先天存在的，而认为是后天习得的。人只要学习，受教育，循规习礼，就可"化性起伪"，达到"成人"。荀子特别强调循礼，但也反对拘礼盲从，认为人虽无先天善性，但人人都有识礼的才质和正确循礼的条件，所以人应当依从理性"正义而行"。荀子常常将义、礼并称，但有时也分而解说，把礼看作一种等级制度、外在规范；把义看成适宜"循礼"，或对礼的能动自觉。

荀子"隆礼"但"贵义"，在践礼过程中强调主动灵活而不是盲目服从。在处理人际道德关系中，要依不同对象行不同的礼，认为拘谨盲目遵循的礼不一定就是真正的德性。他说："入孝出弟，人之小行也。上顺下笃，人之中行也。从道不从君，从义不从父，人之大行也。若夫志以礼安，言以类使，则儒道毕矣。"（《荀子·子道》）这实际是说，遵"礼"还得循"义"，否则臣从君命，不一定是忠；子从父命，不一定是孝。真正的德行应当既循"礼"又适"义"。

古代思想家所期冀的仁礼（义礼）和谐境界要求人们把握礼规精神的实质，而不拘于礼的形式，对外在道德规范有一种主体理性的自觉。同时，依仁义从礼还要求践礼必须完全出于自愿。被迫循礼蹈规只是表面从礼，不是真正践礼，圣人君子的践礼必须达到自觉与自愿。孟子说："人之所以异于禽兽者几希，庶民去之，君子存之，舜明于庶物，察于人伦，由仁义行，非行仁义也。"（《孟子·离娄下》）这里讲的也是这个问题，出于仁义而不仅仅合乎仁义。

这里实际包含了动机与效果的伦理学问题。

完满的德性和真正有道德的境界，必须有一个纯正的动机、自觉的主动。没有良好动机和主动意愿，再标准、再合于礼的效果和行为都不是真正的德行，都不是圣人君子之所为。"仁"中体现的即发自内心的自觉自愿，儒家斥责"乡愿，德之贼也"（《论语·阳货》），就因为"乡愿"没有任何内在德性，却又要窃取他人的喜欢。

真正的德行应当既合于礼，又出于礼。换句话说，即理想人格要求圣人、君子的是内发于仁义之心，外合于礼义之规，是动机与效果、目的与手段、内在与外在的和谐统一，如此才算达到了理想人格境界。儒家所设定的理想人格概括了道德境界的完满追求，反映了道德的自律本性与人的道德主体性，对于后世乃至今天进行道德教育、提高道德修养、追求崇高人格，都具有深刻的意义。

四、践履于日用伦常

实践性、知行合一体现了中国礼制文化的功能特性。

一如上文我们反复论证的，礼制、礼法进而形成的礼仪文化，是古代中国特有的宗法人伦意识形态的反映。统治者及思想家认识到，维护宗法秩序只能依靠等级分别、严整的礼制礼法以及人伦践履。在宗法条件下，社会领域的家、国、天下都是人伦的同构载体。家，就是划分父子、兄弟、夫妇、上下、尊卑秩序的宗法家庭；国，就是由家延伸出政治等级的宗法家国；天下，就是君王世袭所有的宗法家天下。从一般意义上说，宗法社会人伦践履就是宗法家族人伦践履的扩大，只要亲身体验到家族人伦的践履，也就将礼仪人伦践履知行合一了。

这种礼仪人伦践履还是以"仁""礼"为模式的，"仁"的核心是"爱人"，同时涵括了所有德行，但"仁"最根本的是要符合"礼"的宗法等级标准，这样，"爱人"就在有差等的君君、臣臣、父父、子子等社会人伦关系中得以知行合一。"克己复礼为仁"成了社会人伦践履的最后依归，且还是以"忠恕"为机制的。在古人看来，"修身""为己"的"行"，同时就是在社会人伦关系中如何做人的道理。"己欲立而立人，己欲达而达人"（《论语·雍也》）和"己所不欲，勿施于人"（《论语·卫灵公》)的"忠恕"之道,就是知与行的具体践履。一切从自身日常生活体验出发,就"能近取譬"推己及人,做到"修己以敬""修己以安人""修己以安百姓"(《论语·宪问》),总之,修己以"博施于民而能济众"(《论语·雍也》),最终实现社会人伦关系的稳定与和谐。

礼治的践履性在理论上是用"知行合一"来表现的。需要指出,中国古代文化主要是以礼义道德实践来统领知行的,而不是对外部客观世界的认识与实践,"知"是德行之知,"行"是德行践履。与其说儒家"知行合一"是认识论问题,毋宁说它是一个伦理道德问题。儒学本来就不认为知行问题只是认识论问题,而认为知行问题之所以重要,是因为它关系到修养问题。礼义践履的"行"是儒家知行观的出发点与目的。

孔子极重人的笃行,教导人们要"讷于言而敏于行",说"古者言之不出,耻躬之不逮也"(《论语·里仁》)。道德践行是至上的,只在践行之余学习一些文化知识,即"弟子入则孝,出则悌,谨而信,泛爱众,而亲仁,行有余力,则以学文"(《论语·学而》)。知的目的即行,认识了而没有实行,"虽得之必失之";空发言论而不实行,不如不发言,否则即是"佞人"、"巧言令色"之人,这样的人少有能成"仁"。光有理性思维而无躬行践履,不能成为仁者。孔子自己就"欲无言",以至于他的学生子贡说:"夫子之文章,可得而闻也,夫子之言性与天道,不可得而闻也。"(《论语·公冶长》)因为孔子认为性与天道从根本上说不是一个如何认识的问题,而是一个如何实践的问题,所以孔子之所以无言,并不是真正无言,而是主张像无言之天那样,通过行事以践其言。

古代思想家也重视在学习经典中获得知识,但学经典是为了教人实行。如孔子主张学《诗》,因为古人言谈以引用《诗经》为时尚,"不学诗,无以言";孔子也主张学《礼》,礼是仁的具体内容,不学礼不会做人,"不学礼无以立"(《论语·季氏》)。学习经典知识为用、为实践,也只有在实践中才能学好经典知识。

孟子提出了"心之官则思"(《孟子·告子上》)的命题,以及"尽心知性知天"(《传习录》)的理性认识过程,对人的理性思维做了进一步认识和肯定。但思是为了立,"先立乎其大者"(《孟子·告子上》),而尽心之学要通过"存心"的实践功夫去达到,"尽心"与"存心"最终落实在"存心养性事天"的道德实践上。"存心"即存道德之心，修养道德意志，而修身养性的过程就是道德实践——"践形"。能否"践形"，是区分君子与小人的标尺。孟子认为"惟圣人然后可以践形"（《孟子·尽心上》）。在孟子这里，"践形"是思维的根本原则。

儒家期冀圣人君子所应做到的，即超越世俗发扬德性，而又不离人伦日用，这一期冀在《中庸》"极高明而道中庸"的命题中表现得尤为突出。"极高明"是人的内在精神所能达到的境界，"道中庸"则是人伦日用的行为准则，理想人格应达到此二者的统一。"极高明"求"内圣"，但不能发展到"空灵""空性"的地步，儒家实践理性的理想人格，要求在现世现实中达到精神的升华。从哲学角度说，"内圣而外王"（《庄子·天下》）、"极高明而道中庸"实际包含了这样一种基本哲理：寓伟大于平凡，寓抽象于具体，寓理论于实用。

荀子在儒家中算是重智的思想家，他在《正名》《解蔽》等篇章中提出了关于认识的一些规律。他提出以心"知"道的命题，但仍未脱离先秦儒家践行至上的倾向。他认为："不闻不若闻之，闻之不若见之，见之不若知之，知之不若行之。"可见，闻、见和知虽然重要，但不如行重要，"知之而不行，虽敦必困"。行是学问的目的，"学至于行之而止矣"。圣人之所以不同于他人，不在于"能偏知人之所知之谓也"，也不在于"能偏辩人之所辩之谓也"，而在于"本仁义，当是非，齐言行"，从而完成这种人格修养，"无它道焉，已乎行之矣"（以上引文均见《荀子·儒效》）。所以，只有实践才是最根本的。

以伦理知识礼义实践等同于知识全部，这在儒者著述中有所反映："子所雅言，诗、书、执礼，皆雅言也""子以四教：文、行、忠、信""子不语怪力乱神"（《论语·述而》），"务民之义，敬鬼神而远之，可谓知矣"（《论语·雍也》）。

孔子主张的"六艺"——礼、乐、射、御、书、数，基本属于人文知识，即关于社会文化历史方面的知识，而他致力整理传播的"六经"——《诗》《书》《礼》《乐》《易》《春秋》，皆为礼义政教之属。于是，《春秋》是史书，《尚书》是上古政典的汇编，至于《礼经》《诗经》，则都与周代礼制即礼义政教有直接关系。

而孟子常常直接就把人的"思诚""反身而诚"等修身养性内容当作人认知、实践的全部。孟子认为"良知良能"即"不虑而知""不学而能"的内在潜能，只要尽量发挥本心作用（"尽心"）就能得到应有的知识。因此，求知的根本要求就是"存心"，即"求放心"，"学问之道无他，求其放心而已矣"（《孟子·告子上》）。因此，孟子的理论体现了认知与修养的一致，更准确地说，他是以修养论解说认识论的。

总之，推崇礼治文化的儒家思想体系从未建立在"为知而知"的纯粹认识论基础上，"即使是在自然哲学中关于物质结构的气论、阴阳五行说，从一开始就与论道经邦、燮理阴阳，与社会的政治、伦理紧密联系"[①]。"为知而知"的理论取向在儒者眼中是不可取的"无用之学"。主张改造自然的荀子，也曾直接批评注重理论逻辑的名家"不法先王，不是礼义，而好治怪说，玩琦辞，甚察而不惠，辩而无用，多事而寡功，不可以为治纲纪"（《荀子·非十二子》）。在儒家看来，名家的概念论没有直接的礼治实践效用，"言而无功""辩而无用"是不可取的。

"礼"的践履性从"礼"字的起源、构形与从音中也可得到印证。在上面我们曾探讨得知，"礼"字构形，从"珏"从"壴"，取意为奉珏击鼓以祭而成礼。

《荀子·大略》这样界说礼："礼者，人之所履也。""履"字本义为鞋的一种，衍生出足踏、踩的意义，后又进一步引申为执行、践行之义。《礼记·仲尼燕居》载："子曰：'礼也者，理也。'"《乐记》篇也说："礼也者，理之不可易者也。"古人以履或其引申之义，释礼为履、为理。在这个意义上，礼同履、同理。

以"履"字释"礼"字，既会意又形声，由此也可从一个侧面考证出礼的践履本性。

---

① 张立文. 传统学引论. 北京：中国人民大学出版社，1989：240.

第四章　德治之用：礼仪的功用

东方特有的血缘宗法社会，造就了东方特有的礼仪文化，并进一步以礼化天下，让礼仪文化在社会生活各个层面，都以它特有的方式发挥功能。

一、为政治国

礼的规范内容，与社会政治目的密切联系，制礼、行礼有明确的政治功能。《礼记·祭统》以祭礼为例列举数礼的意义说："夫祭有十伦，见事鬼神之道焉，见君臣之义焉，见父子之伦焉，见贵贱之等焉，见亲疏之杀焉，见爵赏之施焉，见夫妇之别焉，见政事之均焉，见长幼之序焉，见上下之际焉。此之谓十伦。"

这种等级性渗透在各个方面，其本质在于通过礼的规范约束，区分各个不同的社会层次，以便组织一个严密有序的社会。荀子总括说："礼者，贵贱有等，长幼有差，贫富轻重皆有称者也。故天子袾裷衣冕，诸侯玄裷衣冕，大夫裨冕，士皮弁服。德必称位，位必称禄，禄必称用，由士以上则必以礼乐节之，众庶百姓则必以法数制之。"（《荀子·富国》）这就意味着，礼的作用在于显示区分，在衣冠色彩样式等具体的事项中表现贵贱、贫富、轻重。差等意味着秩序，秩序则意味着合乎礼治的精神。

某种意义上，礼就意味着社会中的等级性。由此看来，礼的规范内容所维系和调节的人伦关系是一种差等关系，或者说，礼将人伦关系中不合理的部分规范化了，社会伦理秩序建立在这种规范基础之上。

正是由于统治者及其思想家认识到礼仪等级秩序是治理宗法社会最适用、最有效的方式，所以上上下下才都那样重礼、隆礼，主张礼治。

中国古代的官学儒家尚礼、创礼，主张以礼治天下，孔子反复讲"为国以礼"（《论语·先进》），"道之以政，齐之以刑，民免而无耻。道之以德，齐之以礼，有耻且格"（《论语·为政》）。又说，"上好礼，则民莫敢不敬"（《论语·子路》），"上好礼则民易使也"（《论语·宪问》）。

荀子更强调礼的治国之用，他的政治思想的全部内容基本上都是围绕国家"礼治"展开的。荀子这样论礼的治国之用："礼之于正国家也，如权衡之于轻重也，如绳墨之于曲直也。故人无礼不生，事无礼不成，国家无礼不宁。"（《荀子·大略》）

礼治除了以礼分等级尊卑之外，还在于反对"暴"与"虐"，提倡"宽猛相济"的德治方法，认为"民之于仁也，甚于水火"（《论语·卫灵公》），"不教而杀谓之虐，不戒视成谓之暴"（《论语·尧曰》）。季康问政于孔子："如杀无道，以就有道，何如？"孔子曰："子为政，焉用杀？子欲善而民善矣。"反对用杀戮手段治国理政，甚至还希望取消诉讼之事，"听讼，吾犹人也。必也使无讼乎！"（《论语·颜渊》）

当然，孔子也不是完全取消刑罚，只是强调礼治所应把握的是以宽为主、"宽猛相济"的方法："善哉！政宽则民慢，慢则纠之以猛。猛则民残，残则施之以宽。宽以济猛，猛以济宽，政是以和。"（《左传·昭公二十年》）孔子的德治不仅含有"为政以德"的一面，还含有"礼治"的一面，"为政先礼，礼其政之本与！"（《礼记·哀公问》）

"仁"是"礼"所蕴含的内在精神。孟子在礼治上充分发展了"仁政"的一面，把"仁政"提到了极端的高度。"三代之得天下也以仁，其失天下也以不仁。国之所以废兴存亡者亦然。天子不仁，不保四海；诸侯不仁，不保社稷；卿大夫不仁，不保宗庙；士庶人不仁，不保四体。"（《孟子·离娄上》）因此，他极力主张"施仁政于民，省刑罚，薄税敛，深耕易耨"（《孟子·梁惠王上》）。孟子的"仁政"是以人性善为基础的，所以他认为君王有不忍之心，才能施不忍之政："人皆有不忍

人之心。先王有不忍人之心，斯有不忍人之政矣。以不忍人之心，行不忍人之政，治天下可运之掌上。"（《孟子·公孙丑上》）

施"仁政"的根本，主要是"君子所性，仁义礼智根于心"（《孟子·尽心上》），为此孟子大胆提出了"正君心"的口号："君仁，莫不仁；君义，莫不义；君正，莫不正。一正君而国定矣。"（《孟子·离娄上》）在君民的礼治关系上，荀子与孔孟一样，对上，要求君王严格照礼义标准"正己""修身"，为民做出表率，"主者，民之唱也；上者，下之仪也"（《荀子·正论》）。主倡民就，上行下效，才能治理好国家，"上宣明则下治辨矣，上端诚则下愿悫矣，上公正则下易直矣"（《荀子·正论》）。当然，对下，荀子也积极主张"以礼教之""以礼化之"。

与父子血缘人伦关系一样，在君臣关系上，儒家在强调封建等级的同时，注重双向的德性关系。"君使臣以礼，臣事君以忠"（《论语·八佾》），忠与礼互为条件，否则臣可离君而去，"事其大夫之贤者"（《论语·卫灵公》）。孟子更是不为君权的威严而转移，"君之视臣如手足，则臣视君如腹心……君之视臣如土芥，则臣视君如寇仇"（《孟子·离娄下》）。

在君民关系上，儒家虽仍以父子关系附会，但由于人人被赋予了人性之礼义善端，所以"自天子以至于庶人，壹是皆以修身为本"（《礼记·大学》），因而民不单是政治的被动体，民对君忠是以君对民德为条件的。因而在儒家看来，民是礼治国家的"国之本""君之本"，"民为贵，社稷次之，君为轻"（《孟子·尽心下》），"用国者，得百姓之力者富，得百姓之死者强，得百姓之誉者荣。三得者具而天下归之，三得者亡而天下去之"（《荀子·王霸》），"民弃其上，不亡何待"（《左传·昭公二十三年》），"君者，舟也；庶人者，水也。水则载舟，水则覆舟"（《荀子·王制》）。可见，礼治文化中"民贵君轻"的思想是相当明确的。

由此，儒家把人们的政治关系纳入社会礼仪德性实践之中，那么对这个德性主体的统治方式也只能是德治，孔子就此总结历史统治经验，认定"尚力"者不得善终，"尚德"者终有天下。道之以德，齐之以礼，天下才可有治有道。

传统思想文化中，法家政治思想主张"以法治国"。其实除了《商君书》某些篇章对礼有所批判外，多数法家认为礼与法本质是一致的。

如《管子》中就明确表达了对礼的重视。

《管子·君臣下》说："礼孝弟则奸伪止。"《形势解》说："礼仪者，尊卑之仪表也。"《任法》说："群臣不用礼义教训则不祥。"这些观点都认为礼是治国所不可缺少的。

荀子的"礼治"是以性恶论为基础的，"凡古今天下之所谓善者，正理平治也；所谓恶者，偏险悖乱也"（《荀子·性恶》）。可见，他说的"善"就是"正理平治"，"恶"就是"偏险悖乱"。这样，荀子就把德性的"善""恶"与政治的"治""乱"融为一体，"故古者圣人以人之性恶，以为偏险而不正，悖乱而不治……故为之立君上之执以临之，明礼义以化之，起法正以治之，重刑罚以禁之，使天下皆出于治，合于善也。是圣王之治而礼义之化也"（《荀子·性恶》）。

受到管仲学派的影响，荀子的"礼治"中还含有"法"的因素，"礼者，法之大分，类之纲纪也"（《荀子·劝学》），"法者，治之端也"（《荀子·君道》），认为礼和法都需要，只是作用不同，"听政之大分：以善至者待之以礼，以不善至者待之以刑"（《荀子·王制》）。但从本质上讲，荀子还是把"礼义"视为"道德之极"（《荀子·劝学》），"非礼，是无法也"（《荀子·修身》），"有道德之威者，有暴察之威者，有狂妄之威者""道德之威成乎安强，暴察之威成乎危弱，狂妄之威成乎灭亡也"（《荀子·强国》），他主张的是"道德之威"。"正国"的根本仍在"礼义"，"国无礼义则不正。礼之所以正国也，譬之，犹衡之于轻重也，犹绳墨之于曲直也，犹规矩之于方圆也，既错之而人莫之能诬也"（《荀子·王霸》）。事实上，在古代中国，由于礼治思想无所不在，就连法家思想所强调的"法"也被礼化成为东方社会特有的"礼法"。

法律关系礼化，意味着法律关系中涵纳着宗法伦理的关系因素。施仁政的政治主张落实到治国手段上，就是一种依礼法而治的方式。在中国古代仁政礼治的模式中，人与人的法律关系是隐设在"亲亲""尊尊"的伦理关系之中的，法便是以特有的形态——礼法、伦理法而存在的。在那里，人与人之间不存在严格意义上的法律关系。或者说，在中国古代人们的法律关系也被礼化了。

礼是儒家遵从倡导的规则范式。儒家经典中，关于礼的性质的观点可以说是混沌的，它是古代道德、宗教、法律、习俗等规范的综合体。子产说"夫礼，天之经也，地之义也，民之行也"（《左传·昭公二十五年》）；《礼记·乐记》说"礼者，理之不可易者也"。"礼者，天地之序也"，在很多时候，《礼记》就是视"礼"为"法"的。比如说，"政不正则君位危，君位危则大臣倍小臣窃。刑肃而俗敝，则法无常，法无常而礼无列""诸侯以礼相与，大夫以法相序"（《礼记·礼运》），这里都很明显是把"法"与"礼"当作同一层次的概念在使用。《礼记》还说，"夫礼，先王以承天之道，以治人之情。故失之者死，得之者生"（《礼记·礼运》），把礼当作治国的纲要法纪，"逆古礼而乱国"（《礼记·曾子问》）。

《礼记》的另一段话中也明确道出了礼治国家犹如法治国家一般的观念，"礼之于正国也，犹衡之于轻重也，绳墨之于曲直也，规矩之于方圆也。故衡诚悬，不可欺以轻重；绳墨诚陈，不可欺以曲直；规矩诚设，不可欺以方圆"。可见在古人心目中，礼与法是不分开也不可分开的。"礼"就是"法"，在宋人李觏那里表述得更加直接："礼者，圣人之法制也。"①

古代思想家以礼代法、礼法不分，明确反映了中国古代礼治模式的德主刑辅特征。法在这里被礼化、德化了，法的关系实质就是伦理关系。礼法的内容是礼仪道德，只是具有法的外在强制性形式而已。

国家是社会发展到一定阶段的产物，"这种从社会中产生但又自居于社会之上并且日益同社会相异化的力量，就是国家"②。一般来说，国家表达的是人们阶级对抗的一种政治关系，但具体到古代中国，国家这个政治实体是出自宗法家庭的血缘实体。一方面，宗子在家为宗、在国为君，血缘关系与政治关系交融合体，为政治关系的礼化奠定了宗法血缘的基础；另一方面，国家的子系统就是宗法家族，宗法家族是当时唯一的社会组织，宗法国家所能借鉴和模仿的治国模式也就只有宗法家族的治家模式。

因此，家族中以父子为轴心的孝治主义，就直接转变为以君臣为轴心的礼治主义。孝治就是家族的礼治，礼治也就是国家的孝治，孝治主义和礼治主义在家国合一的宗法社会中是相互贯通的，连黑格尔都认为古代中国的国家特性便是客观的家庭孝敬。③ 这种礼仪与政治的统一、

①　李觏. 李觏集. 北京：中华书局，1981：11.

②　马克思恩格斯全集：第28卷. 2版. 北京：人民出版社，2018：199.

③　黑格尔. 历史哲学. 王造时，译. 上海：上海书店出版社，2006：62.

孝治与礼治的统一，对古代中国治国模式和礼仪文化特性之形成，起到了决定性的作用。

总之，研究中国古代礼仪文化一定要充分注意到它在中国古代社会政治中所起的独特作用，把握住礼仪文化为政治国之用。

二、礼法模式

礼治文化的一个重要特征即以礼义德性手段作为管理国家、调控社会的主要手段。最直接的表现是用礼义道德、伦理纲常直接调控社会。这种直接调控是通过下列途径实现的：通过高度重视的道德教育，使纲常伦理内化为人们心性中的良知良能，最终使人们"从心所欲而不逾矩"。

通过圣贤理想人格对人们的召唤，呼唤出人们"本心"中的圣贤潜能。"人皆可以为尧舜"的信念支撑着人们努力修养心性、完善人格，做崇德尚义的君子，鄙弃见利忘义的小人，使道德舆论形成一种强大的社会外在压力，从而防范人们的无德行为。

礼义道德、伦理纲常在一个礼治社会中直接发挥着巨大作用，但这还不足以完全表现出礼治文化的最大特性。最大特性是"礼治"所动用的法的手段里也充满了礼义道德内涵，这种礼义道德内涵和法的形式的结合体一般被称作"礼法"，也可以称为"伦理法"。

在此我们应当追问的是，人类历史大都是由道德走向法律，然而中国何以没有像西方那样由伦理法走向成熟形式的独立法？又是怎样在"德主刑辅"的礼治模式中发生法与礼的结合的？礼法是中国传统法的基本形态，这种被德化的礼法，几千年来一直在中国传统社会起作用。

解答这个问题，需要讨论一下西方促使法律向独立形态发展的几个历史因素，以及中国没有走出礼法形态的历史因素。

"契约精神"深植于西方传统中。在西方，明文规定的契约概念大概是在古罗马法中出现的，但作为一种精神，却可上溯到古希腊。古希腊的思想家们在渐渐意识到人与自然的分离后，就不再像中国古代哲人那样，用自然的"天道"来说明社会"人道"的来源，而是用契约来解释人类社会规范的起源。我们在智者文化中，在苏格拉底、伊壁鸠鲁等人的思想中，都能感受到西方人很早就存在的契约意识。

《圣经》作为一种宗教经典，是西方传统文化的重要源流之一。在《圣经》中，神圣契约是一项重要内容，在《旧约》《新约》中，"立约"之举随处可见，不仅上帝与人之间立约，人与人之间也不断立约。立约的内容从人与万物的存亡祸福到人间统治者的确立，甚至婚姻的成立与日常的买卖借贷，无所不包。《圣经》中的契约精神还包括对履约的强调，一切人、一切事都必须接受契约的约束。《圣经》通过记载许多事件和寓言明确传达了这样一种观念：违约者必遭报应。因此，受基督教文化熏陶的西方人注重立约、习惯守约。

中国古代儒家文化也强调守信，"信"甚至被作为"五常"之一被确定下来，但儒家的"信"更多是在"诚信"意义上提出的，并不似西方的"契约"。契约必须两方以上主体共在，否则达不成共同的约定，而诚信则完全可以是单一主体的行为。

诚信作为个体的一种道德品质，诉诸自律的良知，而契约则更多诉诸外在制裁力量。在儒家诚信伦理中，违反信诺更多受到的是良心的自责，而不像西方基督教文化那样，违约者要遭灾祸和惩罚。事实是，在正义的神圣化身——上帝的强大制裁力量面前，人们养成了立约并守约的契约习惯。

西方契约精神并不仅仅停留在古代的法和宗教文化中，还被作为一种社会政治概念运用到政治制度和社会管理手段中。这一点在近代西方尤为凸显，17、18世纪的西方政治思想中，社会契约思想几乎占据了主导地位，并激发了社会改革和革命。在这一时期的政治理论中，契约被解释为社会和国家及其法律起源的合理根据，也被理解为政治权威的合法基础。

契约精神的一个重要特点即规则由多方主体共同约定，而中国古代的法，则少有众人共约的。礼法不由众人约定而出，而要么是"天道"，要么是"圣人作法"。"无法"就是"无天"，表现了天理和法的直接关系。国法常被理解成王法，其中就表达了"圣人作法"的观念。《尚书》有"文王作罚"之说，孔子认定"礼乐征伐自天子出"。《礼记》更是明白地说，"非天子不议礼，不制度不考文"，"制度"即立法。甚至法家代表作《管子》也主张"法政独制于主而不从臣出"。王法观念的另一种表达是"刑不上大夫"，这一切完全不同于契约精神所要求的共立约、共守约的原则。

可以说，西方传统的契约精神是西方法律最终脱离伦理法走向形式化的重要背景因素。而中国古代，"法自天出""圣人作法"的观念使中国法律失去了来自契约精神的内在推动。

在上文中，我们曾探讨了西方"古典的古代"不同于"亚细亚古代"的历史状况，雅典公民不再按血缘氏族划分部落，而是按地区划分若干区域性组织，从而进行政治和宗教活动。这一改革在限制了贵族特权的同时，也打破了氏族社会的血缘关系；在发展起奴隶主民主的同时，也发展出了摆脱血缘束缚的自由个体。与雅典民主制相适应，形成了相对平等的观念。

在基督教文化中，人与人是平等的，每个人都享有同样的人格和尊严。据《圣经》解释，这是因为人类都是亚当、夏娃的后代，都是上帝的子民，无论贫富贵贱，在上帝面前一律平等。这种解释来源于宗教典故，但实质上它是古希腊开启的奴隶主民主制度和个体平等社会关系在宗教观念中的反映。尽管西方古代并未实现真正的"平等"，尤其是奴隶并不享有民主权利，但雅典的奴隶主民主制以及西方的哲学、宗教文化中已产生了后世"平等"观念的种子和基因。

而中国古代的历史，并不同于西方古希腊的历史。中国古代氏族制瓦解的过程中，有反对贵族特权的斗争，也不是没有一点商品经济，但最终由于商品经济发展程度不够，氏族内部的商品交换没有普遍发展起来，从而没有形成使血缘组织消解的现实土壤。氏族贵族篡权争霸，虽然改变着氏族宗法制度，却也没能且不可能摧毁宗法人伦这个血缘根基。

在氏族部落基础上发展起来的宗君合一的宗法国家，其政治体制中不能不带有浓厚的氏族遗制。西周的分封制在延续氏族贵族统治的基础上，进一步巩固和发展了血缘宗法关系，它用严格区分嫡长一系为大宗、侧室旁支为小宗的办法，确立了世袭王权的至上地位，又形成了有血缘和姻亲关系的诸侯分别统治各地的亲缘一统的局面。血缘宗法组织关系就这样被保留在了漫长的封建历史时期中。

宗法组织关系并不只存在于封建贵族统治阶层中，由于血缘关系未被打破，整个社会的基本组织模式仍以宗法家族为主。农民、手工业者等在中国古代都以家族为本位从事社会活动。家族以血缘关系维护自身的团结统一，形成有力的生存团体，而家族内部的秩序主要靠族长、家长、父权、夫权等层层权威来治理，靠人们之间的血缘人伦情感来维系。一方面是宗族等级的绝对权威，是上下亲疏贵贱的层层等级；另一方面是一家人的亲融和谐、"亲亲"又"尊尊"，这就是宗法人伦社会的治理模式。

在这种社会组织基础上，形成了中国典型的家族本位文化，一切人与人的关系，包括超越家族关系的行业关系和其他社会团体关系，都只有被纳入宗法人伦关系，或类似的亲缘、地缘、业缘等人伦关系，才让人觉得可靠并有可能被有序治理。任何一个超越血缘关系的社会团体形式，如帮会、起义队伍等，也是按家族方式结合并统理的。

在整个文化和心态中，人们又形成了牢不可破的等级观念，论大小、排座次、讲辈分、分亲疏。人与人之间不平等，也不可能平等，从出生那天起，人就被镶嵌在宗法人伦等级关系的社会之网中。在宗法社会基础和封建宗法文化当中，上下尊卑是"天道"安排好的，讲人与人的平等简直就是一种大逆不道的僭越。血缘宗法人伦社会的土壤，没有造就西方那种平等观念，这是"德主刑辅"礼治模式形成的根本历史原因。

先秦时代，中国也曾出现过思想文化的繁荣局面，在百家争鸣中，也曾有对历史和自我的深刻反思和个体觉醒，但最终未被历史选择成官方意识形态。统治者对某种学说的取舍只是表层现象，在一种思想被选择的背后，有着深厚的历史必然根源。墨家讲的兼爱，缺乏现实基础，不可能被中国古代社会接受；道家的个体主义和无为思想也和宗法人伦的社会基础格格不入；法家的主张曾一度被统治者奉为治国经典，但秦亡的教训很快使统治者认识到治理宗法等级社会真正需要的是一种什么样的学说和方式。

"亲亲""尊尊"的宗法等级观就是这样，随着汉统治者"独尊儒术"变成了中国官方的统治观念，并随着儒学德性思想成为中国文化的主流，等级观念也深深植入中国古代传统文化中。

我们都知道，法不同于道德的最主要的一点即法的普遍性原则，这个原则不允许任何个体或团体具有法律以外的特殊身份和特殊权利。也就是说，法律的普遍性原则要求它所面对的必须是平等同一的对象，"法律面前人人平等"表达的正是这种原则特性。

恩格斯对此曾分析说："只有能够自由地支配自己的人身、行动和财产并且彼此权利平等的人们才能缔结契约。"① 中国传统法律一直以礼法性质而不是契约法性质而存在，深层的缘由在于中国古代社会关系没有提供一种平等自由的法律关系。所以，在礼法中，处处可见渗透着"亲亲""尊尊"现实和观念的内容。比如，宗法礼义注重伦理亲情，所以法理中往往兼顾情理。"子为父隐"是孔子的孝道主张，父亲犯了罪，儿子应当帮着隐瞒而不是揭发，这是孝。这一礼义主张明显表现在关于"亲隐"的立法之中。而法律在判案中对因尽忠孝而复仇的行为的宽容，也反映出中国法律的礼义倾向。这种对礼义情理的包容，直接排斥了法治所要求的技术化、形式化和普遍化。

在中国传统法律中，某些罪责的区分特别细致，这种细致不是出于基本性要求，而是出于对犯法者社会地位和身份的考虑。这种考虑在西方法律制度中几乎没有市场，但在中国传统法律中却是定罪施罚的重要步骤。比如，同一种杀人罪，会因为杀人者和被杀者的血缘身份、社会地位的不同而规定出不同的刑罚。这样的律例在《唐律》和《大清律例》中随处可见。

此外，由于尊卑伦理的影响，传统礼法中还设定了允许某部分人具有特权的"八议"程序。"八议"源于《周礼》，渐入律例。根据"八议"制度，没有皇帝的特别批准，一定级别的官吏及其近亲属不受法办，此可谓"刑不上大夫"。古代礼法以认可等级的方式，在法律对象上划定了法律面前人人不平等的鸿沟。

给予同一罪行不同刑罚规定的还有根据动机进行裁决的"原心定罪"原则，也就是说，判案必须根据行为者的动机善恶而裁定。法律是一种客观事实的理性判决，将行为者的动机善恶置于判罪首位，这是典型的道德评价方式。

上述几方面明显表现了中国古代法律关系的礼化。总之，西方"古典的古代"历史道路在治国实践方面走向了伦理法阶段，发展出形式化的独立法。中国"亚细亚古代"的历史道路，在治国方式方面，采用了"德主刑辅"的礼法模式。中国古代的法律始终没有突破礼法，这和上述几方面历史原因及儒学思想观念有着直接的关系。

---

① 马克思恩格斯全集：第 28 卷. 2 版. 北京：人民出版社，2018：98.

说法家思想对中国传统法律没有持续的影响，这是不公正的。各个朝代都有成型的法律，并都以刑法作为主要内容，虽然法家思想中有一些思想在古代法律中有所表现，但在漫长的封建时代，真正体现中国古代法律特点的是法律关系的礼化，具体说，是儒家所倡导的礼的精神甚至是礼的具体规范，被直接写入了法典，与法律融合为一。

法律礼化的过程始于汉代，并在随后几个世纪中逐渐深化。正如研究中国传统法律的学者所指出的："研究中国古代法律，必须礼书、法典并观，才能明其渊源，明其精义。"① 从历史现象上看，的确是儒家礼义观念深深渗入法律之中，使传统礼法未走向独立法，而走了一条德主刑辅、法律礼化的道路。然而，观念的选择、模式的造就，都要到历史存在的现实基础中挖掘原因。从历史深层来看，则应当说，宗法历史造就了礼制文化，选择了礼制文化，从而造就了礼法，选择了德治的治国模式。

中国传统法制发展到今天已有了根本改变，中国特色社会主义法制在短短几十年里已基本具有独立的形态，基本建构起新时代的社会主义法律制度，但法制建设仍需努力。纵观整个人类法制发展史，存在过的法律形态无非分属于"混沌法""伦理法""独立法"三大类。"混沌法"作为人类早期不完全自觉的规范系统，是集道德、宗教、法律、风俗礼仪、习惯为一体的混沌状态。"伦理法"则是人类觉醒和社会经济发展处在农业社会的产物。随着人类文明向工业社会、商品经济社会发展，法律也将向更独立、更完善的形态发展。

不过，任何社会意识形态都有自己的独特的发展模式，不是所有民族、所有同一社会发展阶段的法律都要走同一发展道路，上层社会意识形态也不是经济形态的简单对应物。在普遍规律之下，还有历史传统、文化个性等非常复杂、特殊的因素在起决定作用，所以每一个社会、民族的法律发展，既有共同规律，又有特殊个性。

中国传统礼法肯定已不能适应现代社会的需要，现代社会需要形式上更加完善、更加独立的法制体系。我们必须从传统礼法中走出来，使法律和礼义道德分离为两个相对独立的领域，使法律拥有更独立的形态和更完善的规范形式、技术手段。

① D. 布迪，C. 莫里斯. 中华帝国的法律. 朱勇，译. 南京：江苏人民出版社，2003：21.

法律若不能恰当地形式化，对其本身及道德价值目的等，都会带来损害。但法律形式化、独立化建设不能建立在简单搬移其他民族、其他国家独立法系的基础之上。西方某些国家的法律很早就走出了伦理法阶段，拥有更独立的形态，但借鉴其规范形式和技术手段是可行的，全盘移植过来则是绝对不现实也不可能成功的。在一定意义上，法律和礼义道德等其他意识形态一样，永远应当且必须建立在传统文化、民族个性的基础之上。

况且，西方多年来发展起来的独立形态的法律，在许多意义上也有其缺弱之处，并非人类法律发展的最理想形态。法律诞生于伦理道德的历史事实和逻辑，因而永远应有一种对伦理价值目标的追求。所以，法律发展一方面应从伦理道德中逐渐分离出来，另一方面应该在深层根本上蕴含伦理价值，同伦理道德保持内在一致。人类法律如果不同德性理想价值这一目标紧密联系，就完全有给人类带来灾难的可能。20 世纪上半叶，纳粹德国的法制化暴行，就是一个需要人们深思的事实。

对今天的中国来说，有一个如何对待礼制传统的问题。社会主义法制实践早已建立起一套独立于礼义道德的法制体系，但由于几千年来的礼法传统模式的影响，我们仍面临在观念上、理论上、制度上、实践上进一步完善法制的任务。这种完善取自两条途径。一条是使法律在规范形式和技术手段的层面上与道德相分离，进一步明确法律规范和道德规范的领域和界限，某些法规中要加大道德含量，某些道德规范则应更多发挥独立的作用。另一条是建立既出自人类价值理想，又符合中国特色社会主义市场经济现实的道德价值体系，使法制完善所必须依赖的德性价值目标更科学、更合理、更现实。

总之，使法律和伦理道德既保持内在契合，又保持外在张力；既有彼此独立的形式，又有相互联系的内在，建立法治和德治共同发挥调控作用的社会治理模式。

三、人文教化

以礼教万民、以礼化天下的德治教化是中国古代礼仪文化具有的一种功能特性。传统主流教化思想以古代的"性善""性可教养"思想为理论基础，也就是说，古人认为礼义德性教化是可能的。

古代思想家，尤其是儒家学者认为人性可以通过后天教养而德化、礼化。孟子直接肯定仁、义、礼、智"四德"就存于人的本心之中。从人性具有善端这一前提出发，孟子主张"人皆可以为尧舜"（《孟子·告子下》）。但善端并不等于善德本身。孟子比喻说，土地都有生长的（先天）能力，然而播种在同一块土地上的麦子，会有收获多少之别，其原因在于"地有肥硗雨露之养，人事之不齐也"（《孟子·告子上》）。人具有先天善性，不等于人的所有天生本能生来都善，后天环境浸染加之主观不努力，就会丧失善性。

可见，人善与不善，有后天人为因素在其中。"岂无仁义之心哉？其所以放其良心者，亦犹斧斤之于木也，旦旦而伐之，可以为美乎？"（《孟子·告子上》）这一点也体现了孟子重后天社会教养的思想。

儒家认为，由于善性本"根于心"，所以"尽心""知性""存心""养性"可保持、扩充天赋的善性。又由于"根于心"的仅是"四心""善端"，"求则得之，舍则失之"（《孟子·尽心上》），人如果"失其本心""放其良心"，则为不善矣。所以孟子主张"求放心"，通过后天主观努力而发扬本心善性。

孔子自称"天生德于予"，体现了德性来源的先验论倾向，但同时又强调"学以致其道"，强调"性相近，习相远"，孔子的人性观点并不是像孟子那样明确提出先天性善，也不和荀子一样走向性恶论。在孔子眼中，善恶为后天习成，但他思想中包含德性天赋的倾向，比如基于血缘亲子之爱的仁爱之心，以及忠恕之道中含有的由己及人的普遍道德能力，都是人向善的可能性。而正是基于人可以为善的先在向善可能性，孔子大力要求人努力向善，修养成德。

荀子主张"性恶"，当然这只是指人的自然本能，在其社会性本质上，荀子主张人皆可达到德化。后天教育和德性修养能够改变人的先天恶性，荀子把这叫作"化性起伪"。实际上荀子的性恶论并不彻底，他也承认人之本性有向善的可能，有"欲善"要求，"人能思虑"而后"正义而为"，这一点是先天的，"材性知能，君子与小人一也"（《荀子·荣辱》），"化性起伪"就是基于人性中向善的"质"（本质）、"具"（条件）的。这是荀子的"性善"倾向。人都能认识"仁义法正之理"，都有成善成圣的可能，故荀子同孔、孟一样，也主张涂之人也可为圣人。

尽管在"性善""性恶"德性的"先天""后天"方面，先秦儒家学者们有所争议，但他们在"性可教养"上是达成一致的，"求放心"也罢，"化性起伪"也罢，人的社会德性本质是可以达成的。儒家一方面断定人的本质（人之为人）在于礼义德性，另一方面说明这种礼义德性通过后天"修养""教化"是完全可以获得的。人本质在善，人本质可以善，这是不是一种放大了的"性善"理论可再斟酌，但至少表现了儒家思考人性、人本的德化视角，表现了其最终对人本质的德性的规定。

总之，孔子的人性论中包含了人既有向善可能性，也有向恶可能性的思想。孟子、荀子从不同侧面发展了孔子的这种人性论，孟子向内发掘了人的德性本能，但正如上面已分析的，孟子性善论并不表示人生而具有的一切都是善，因此孟子的道德理论并没有因德性（善）先验论而走向宿命论，恰恰相反，他肯定了德性实践上的主观能动性，从而为他的道德修养论提供了前提条件。

荀子则向外发展了孔子"习相远"的思想，并进一步完善了孔子的道德修养论。尽管儒家人性论脱离人的社会生产实践而多从人伦实践角度考察人性，具有一定的片面性，但无论如何，儒家强调了人同禽兽的分别，做了"人心""心之官则思""化性起伪"的论证和归纳，强调了人性可以修养教化的能动可能。

与此同时，对万民进行礼教德化又被儒家认为是以礼治世的根本手段。

在古代思想家看来，礼本身就是道德的外在具象，礼仪在某种意义上就是修身、齐家、治国、平天下的根本。他们认为，礼不仅是天地、自然、人类社会的基本法则，而且本身就是宗法社会当然的治国工具，所以对臣民进行礼仪教育本身就是在抓治国的根本。

礼仪教化是古代礼仪文化的一个重要方面。古代思想家认为，人的礼仪之性必须通过后天教化才有可能习成。要使礼治发挥功能，不仅可以诉诸礼制、礼法等外在强制力量，更重要的是诉诸臣民百姓内心对礼的自觉服从。通过对礼的伦理规范的敬畏，人们进一步认同并服膺礼规礼法。

礼，甚或礼制、礼法，虽然外在上使用了强制形式，但是一如我们反复论证的，礼的内在基本精神是"亲亲""尊尊"，礼的践行要求内在的恭敬之心。没有内心对礼规的恭敬诚服，则"民免而无耻"，不能真正使礼治得以发挥。只有在人内心培养起庄重和礼敬，才能使臣民百姓对人伦关系的尊卑、亲疏、长幼等产生敬畏感，使人发自内心地臣服于礼。人人"有耻且格"，礼治才可能大道流行。

古代思想家在讨论礼的本质、精神时，曾简明扼要地提出恭敬辞让原则。《礼记·曲礼上》开宗明义："《曲礼》曰，毋不敬，俨若思，安定辞，安民哉。"《孝经》引孔子言："礼者，敬而已矣。"《礼记·表记》载："子曰：'恭近礼，俭近仁，信近情，敬让以行。'"《左传·僖公十一年》也说："敬，礼之舆也，不敬则礼不行。"《孟子·公孙丑上》则说："辞让之心，礼之端也。"礼的"亲亲""尊尊"伦理规范，就是要求个体以"敬"来表达对人伦差等格局的自觉认同。朱熹认为，礼注重内心的"敬"，而"敬不是万虑休置之谓，只是随事专一，谨畏不放逸耳。……整齐收敛这身心，不敢放纵，便是敬。尝谓敬字似甚字，恰是个畏字"（《宋元学案·晦翁学案》）。

这段话说穿了礼"敬"的实质是畏，也就是一种诚惶诚恐、臣服之感。正因为礼仪教化对贯彻礼治非常重要，所以历代统治者及思想家都特别重视礼仪教育，尤其重视对少年儿童的礼仪教育。自周秦以来，特别是宋代以后，以启蒙少年知礼、守礼为目的的蒙学读物就相当普遍。《三字经》《弟子规》《小学》《童子礼》《蒙养礼》《礼仪蒙求》等，都属于这类蒙学读物。

古代思想家、教育家认为，启蒙教育必须使人从小懂得一些进退之节，学会一些仪容之则，了解一些父子有礼、君臣有义、夫妇有别、朋友有信、长幼有序的道理。在古代，格物致知等高深事理及礼仪规范的道理，是放在"大学"阶段去考究的。一般情况下，一个人不论是否接受"大学"教育，"小学"的礼仪教育是一定要接受的。《大戴礼记·保傅》记载："古者八岁出就外舍，学小艺焉。履小节焉。"《汉书·食货志》则说："八岁入小学，学六甲、五方、书计之事，始知室家长幼之节。"古代思想家认为，"养蒙莫先于礼"，只有在幼年时期对其进行礼仪教育，使之言行举止有所循持、有所检束，长大之后方可能行圣贤之事，止邪于未形。

诸多"蒙以养正"的读物中，大都贯穿着为人处世、待人接物、治学修德等很多琐细的礼仪规范，从言行举止、容服视听，到父子兄弟、长幼师生，都有具体详尽的细节规定。比如，在仪容仪态方面，要求"冠必正，纽必结，袜与履，俱紧切"，"步从容，立端正，揖深圆，拜恭敬"（《弟子规》）。在尊师敬长方面，要求"或饮食，或坐走，长者先，幼者后"（《弟子规》）。在处理人伦关系方面，教以"父子恩，夫妇从，兄则友，弟则恭，长幼序，友与朋，君则敬，臣则忠"（《三字经》）。

为了真正实现教化目的，使人达到有礼有德，古代教育者还归纳出许多实施礼仪教化的辅助手段，比如，在儒家那里教化手段被总结为"六经"之教，即《诗》《书》《易》《乐》《礼》《春秋》。"六经"之教被看作成就人格的必经之途。儒家的理想人格必须具备德、智、美等全面素质，不仅要有智慧、德性，还必须要"文之以礼乐"。没有礼乐方面的修养和艺术境界的文饰，就不可能达到教化所为的真、善、美合一的成人境地。

在"六经"教化中，又以诗教、乐教与礼教的关系最为紧密。由此孔子曾说："兴于诗，立于礼，成于乐。"（《论语·泰伯》）孔子经常教导弟子学习《诗》《乐》："子曰：'小子何莫学夫诗？诗可以兴，可以观，可以群，可以怨。迩之事父，远之事君。'……子谓伯鱼曰：'女为《周南》《召南》矣乎？人而不为《周南》《召南》，其犹正墙面而立也与？'"（《论语·阳货》）小子指门人弟子，伯鱼是孔子的儿子，《周南》《召南》都指当时的古诗。这段话的意思是要弟子们多学诗，诗可以感发志意、展现社会风俗的盛衰，可以作为人们交流沟通的手段，还可以"引臂连类"地谏刺现实，使言者无罪、闻者足戒。诗就有这样的作用，近可以事父母，远可以事君。孔子还让儿子伯鱼熟读诗，比喻说不熟识诗的人就好像面前有一堵墙一样无道可行。孔子甚至说："不学诗，无以言。"（《论语·季氏》）

诗教的同时，还必须进行乐教。对造就真、善、美兼具的理想人格而言，乐教确实是一种能够感化人心、使人在美感享受中升华道德情感的手段。

古人对乐的理解、探究，有许多精深微妙之处，许多古籍中都有专门篇章论乐。《礼记·乐记》解说："乐者，音之所由生也。其本在人心之感于物也。是故其哀心感者，其声噍以杀；其乐心感者，其声啴以缓；其喜心感者，其声发以散；其怒心感者，其声粗以厉；其敬心感者，其声直以廉；其爱心感者，其声和以柔。"基于这种对乐的理解，古人认为听其音就能知其心，通过对一个社会的音乐的了解，就能感知其世道的现状，正所谓"治世之音安以乐，其政和；乱世之音怨以怒，其政乖；亡国之音哀以思，其民困。声音之道，与政通矣"（《礼记·乐记》）。

在古人心目中，乐是人心有感而发之声，反过来又极能感人心志。乐是人们心灵情感的流露，但乐不能顺应人的情感完全自然流露，在流露情感的同时，还要对情感加以节制。如果乐只是顺应人们的情感放纵流露，而忽视"礼"的引导与节制，就会产生奸声邪音，产生使人纵欲的"淫乐"。所以"正乐"必须发自人的心灵情感而又节于礼义，乐而有节，乐而不乱。

古人还要求君子"耳不听淫声，目不视女色，口不发恶言"，因为"奸声感人而逆气应之，逆气成象而乱生焉"，而"正声感人而顺气应之，顺气成象而治生焉"。如此，则"唱和有应，善恶相向"。所以，君子应谨慎选择，择其"正乐"听之，"以钟鼓道志，以琴瑟乐心"，"其清明象天，其广大象地，其俯仰周旋有似于四时。故乐行而志清，礼修而行成。耳目聪明，血气和平。移风易俗，天下皆宁，美善相乐"（《荀子·乐论》）。

也正因为如此，古代统治者都把乐教当作一种治世手段而予以特别重视。《礼记·乐记》由此说："是故先王慎所以感之者，故礼以道其志，乐以和其声，政以一其行，刑以防其奸。礼乐刑政，其极一也，所以同民心而出治道也。"乐是"礼乐刑政"治国工具中必不可少的一个。

总之，古人讲究修身、齐家、治国、平天下，礼教、乐教能修身养性，由此成了治国工具。

我们今天所处的社会早已远离了"以礼治国"的年代，但礼教、乐教仍是不可缺少的社会教育内容。礼仪教养使人文质彬彬、礼貌高尚，艺术教养能够提升人的美感境界，使人在日常生活举手投足间养成一种自尊及高雅的人格气质。中国文化已习惯把礼仪教养和一个人的品德素质联系起来，"有失礼节""无礼""违礼"这些概念，差不多已成为一个人粗俗、缺乏教养的代名词。礼仪教养中的仪表仪态也不是简单的可以忽略的生活小节，而实际成了一个人良好德性教养、优美气质风度的窗口，甚至是一个时代、一定社会进步与文明的象征。

　　此外，礼仪教育在今天也发挥着润滑社会关系、梳理社会秩序的作用。在任何社会中，人与人之间只有互尊互爱才可能形成和谐愉悦的人际关系，缓和及避免某些不必要的感情对立与障碍。一般来说，社会上讲究文明礼仪的人越多，这个社会便越和谐、安定、有序。从这一点评价，礼仪对社会起着政治、法律所起不到的作用。如果我们每一个人都教养有素、礼貌待人、处事有节，我们的生活就会更多一些愉悦，我们的国家、社会就会更多一些有序与文明。

　　古代礼仪教材及礼仪教育是中国礼仪文化传统的一部分，虽然其中有些规范太烦琐，有些具有浓厚的封建尊卑的成分，但是诸如蒙学读物的许多礼仪典籍反映了中国传统礼仪教化的内容、特点和规律，折射了"亚细亚"东方人伦宗法社会的文化特性，呈现了特定的知识价值和道德修养价值。因此，研究中国的礼仪文化，批判继承这一特有历史遗产，对于把握中国传统文化，以至加强今天的道德教育、礼仪教育，都非常有意义。

　　中国当代著名学者周谷城先生，在给《传统蒙学丛书》写的序言中曾说："产生和流传于封建社会的蒙学书，同样属于封建文化的范围，其局限性和落后性自不能免。"但是，"有的蒙学书能够长久流行，为社会长期接受，在传统传授基本知识、进行道德教育、采取易于上口易于记忆的形式等方面，确实有其长处和优势，是不能也不应一笔抹杀的。仅仅在这一点上，即自有其文化史和教育史的价值"。事实上，我们今天的道德教育，完全可以从传统礼仪教育的好的经验中汲取养分。

　　长期以来，由于客观的、主观的原因，我们实际上忽视了这一古代的文明财富。相当长一段时期内，社会、学校基本没有重视礼仪教育，或者说重视得远远不够。所以我们在此说古道今，强调中国传统的礼仪文明，一方面是为了使"东方古国"的"礼仪文化"不至失传，另一方面也是由于今天文明时代对我国提出了客观要求。我们应当重视礼仪文明，重视对人的礼仪文明的教育培养。相信这一宝贵的古代遗产在今天的改革开放和社会主义现代化建设中，对提高人的素质、协调人际关系、维护社会秩序、促进社会文明，将产生极其重要的作用。

第五章　宗族情结：生养成长礼仪文化

生养成长礼仪是古代礼仪习俗中非常重要的内容。它包括一个人在生命历程中，进入各个不同发展阶段而举行的仪式，因而在民俗学中有人把它称作"通世礼仪"。它在人的心目中占据十分重要的地位，对人类的影响也十分深远。生养成长礼仪是人生礼仪的重要组成部分，除此之外，人生礼仪还包括婚嫁礼仪和丧葬礼仪等。有关婚丧嫁娶的礼仪内容，在后面将另辟专章论述。按照人生历时的顺序也是逻辑的顺序，我们在此先来探讨人生礼仪文化中的生养成长部分。

人生不同阶段的礼仪活动为人的一生增添了色调，也充分体现了中国传统文化的个性。在种种礼化俗成的官方或民间礼仪生活中，我们可看出挥之不去的宗族情结。

一、生养礼仪与家族主题

要理解中国礼仪文化特有的家族情结与主题，不能不深入古代中国以家族为本位的社会历史深层中去。

家族，就其一般意义讲，是文明社会的细胞形态，根据这种形态，我们可以研究文明社会内部充分发展着的对立和矛盾的本来性质。家族是"以缩影的形式包含了一切后来在社会及其国家中广泛发展起来的对立"①，这表明家族是国家、社会的原型。但是，由于中西方历史条件和历史道路不同，社会中个人、家庭、国家之间的相对独立性和依附性也就不同。

恩格斯在《家庭、私有制和国家的起源》中曾分析过产生这种差异的根源和实质，认为这种差异主要是国家产生过程的差异，就家庭、私有制和国家这三项来说，"古典的古代"是从家族到私产到国家，国家代替了家族；"亚细亚古代"是家族到国家，国家混合在家族里面。中国的国家虽然产生很早，但宗法社会的私有观念还仅限于宗法家族的程度，因此是从家族直接进入国家。如果说古希腊是"城邦"式的国家，那么古代中国就是"家邦"式的国家，即实际是一个家国同构体。

家在这种结构中，不仅是基本的社会单位，而且是国与社会的同构体。从这个意义上讲，宗法家族是宗法小社会，宗法社会是宗法大家族。"家"就是人伦践履之本，"四海之内若一家"（《荀子·儒效》），"今大道既隐，天下为家，各亲其亲，各子其子。货力为己，大人世及以为礼，城郭沟池以为固，礼义以为纪。以正君臣，以笃父子，以睦兄弟，以和夫妇"（《礼记·礼运》）。

在"天下为家"的"小康"社会里，血缘家族是人伦实践最基本的载体。社会中的人首先是家族的成员，然后才是社会的成员。任何人都是首先依附于家族并作为家族的组成部分而存在的，只有通过家族才能与他人、社区、国家和社会发生联系。同时，国家也依附于家族，因为宗法家族的职能不仅面面俱到，而且相当发达，广及政治、法律、经济、道德、宗教等领域。这些国家和社会承担的职能，均以宗法家族的同构式承担为基础，这就赋予了家族人伦践履以社会性意义。韦政通认为，从家族社会孕育而成的儒家思想，一开始就跳出了个人与国家的对立思考，而把这种关系转化为个体与个体的人伦关系。在家庭组织内，个体与个体是父子，政府组织内，则是君与臣。② 在以家族为本位的社会结构中，个人与国家、社会的关系和社会人伦践履，只有通过家族人伦践履才能实现。

从家族到社会道德领域的践履看，宗法社会中个体的确立与造就最

---

① 马克思恩格斯全集：第21卷. 北京：人民出版社，1965：70.
② 韦政通. 中国的智慧：中西方伟大观念比较. 长春：吉林文史出版社，1988：30.

先是在家族的血缘关系中完成的，家既是个体的归依，也是人格生长的母体。家族的人伦关系是社会一切关系的原型，"举整个社会各种关系而一概家族化之"①。

任何一个个体生命生存意义的延续，都只能通过家族完成。对每一个人来讲，家族就是自己的生命，就是自己全部的意义所在、情结所在。

来源于血缘宗法文化，中国人对宗族血缘有着不同于西方文化的高度认同。西方走的是不同于东方"亚细亚古代"的另一条文明道路——"古典的古代"。

"古典的古代"历史道路的本质特点就是社会在从氏族进入奴隶制国家时，由于种种历史原因而冲破了血缘关系，进入一种以契约维持关系的状态。由此，无论是政治关系，还是经济关系，甚至是家庭关系，都以契约关系为本质特征。卢梭曾在他的《社会契约论》中这样论述："一切社会之中最古老的而又唯一自然的社会，就是家庭。然而孩子也只有在需要父亲养育的时候，才依附于父亲。这种需要一旦停止，自然的联系也就解体。孩子解除了他们对于父亲应有的服从，父亲解除了他们对于孩子应有的照顾以后，双方就都同等地恢复了独立状态。如果他们继续结合在一起，那就不再是自然的，而是志愿的了。这时，家庭本身就只能靠契约来维系。"②

可见，东方华夏民族的家庭结构走上了一条完全不同于西方的道路，西方社会中的"契约家庭"在古代中国并不占主流。卢梭所说的西方家庭有血缘但不依赖血缘，实质上更多依赖于契约。

从家族到社会经济领域的实践，经济关系也同样和家族血缘关系交织在一起。古代中国是典型的农业社会。农业的基本生产资料就是土地，而土地的所有形式又是家族共有的，"父母存……不有私财"（《礼记·曲礼上》），"子妇无私货、无私畜、无私器，不敢私假，不敢私与"（《礼记·内则》），"异居而同财，有余则归之宗，不足则资之宗"（《仪礼·丧服》），土地这一共有财产又是无法流动的，只能世代相传。生产资料的共有性质和静态性质，决定了人们只能以家的形式群居在一定的区域。而农作物的生产，必须以家为单位，靠个人的力量是难以务农为

---

① 梁漱溟. 中国文化要义. 上海：学林出版社，1987：138.
② 卢梭. 社会契约论. 何兆武，译. 北京：商务印书馆，2003：8-9.

生的。

在这种经济形态下，家的重要性超过个人，成为自下而上维持个人生存的主要工具。农业经济从其产品形式上看，不是为了交换，而是为了满足家这个经济单位的自给自足。

冯友兰认为，用以家庭为本位的生产方法从事生产可转为生产家庭化，而用以社会为本位的生产方法从事生产可转为生产社会化。在生产家庭化的社会中，一个人生活于家庭，也工作于家庭，其同事即其家庭成员，一个人的工作宿食、生老病死皆离不开家庭。可以说家庭就是一切，没有家庭则无法生存，所以人们无论做什么事情都要以家庭为本位。①

宗法社会的存在也依赖于自给自足的家庭小生产，国家存在的经济体现就是捐税，而赋税和徭役的主要承担者就是家庭。以家庭为本位的生产方式维护了父家长制，维护了小农家庭的稳定，同样也就维护了君王的统治和社会的稳定。

不仅如此，家庭还是基本的教育单位、法律单位、宗教单位……总之，以家庭为本位的人伦践履是宗法社会的重要内涵，并盛行于整个古代中国。这种由家庭到社会的人伦践履，使价值观念家庭化。在中国，君王称"天子"，百姓称"子民"，又有"天公""雷公""师父""仁兄""弟子"等称谓。中国人还常将家庭内的人、物或事冠以"家"字，如对家庭内的人称"家父""家母""家兄""家弟"等，对家庭内的物称"家业""家舍""家畜""家禽"等，对家庭内的事称"家福""家丑""家信"等，都表明中国人将家庭内的一切看作家族整体的一部分，处处突出家族整体。②

总之，宗族、家庭是古代中国宗法社会使宗族血缘关系得以延续的唯一环节。家庭的功能不论有多少，在中国传统文化中，其终极目的就是宗族的繁衍。具体到每一个家庭中，人们便会产生对生儿育女，尤其是生育法定继嗣的企盼。关于这种传宗接代的宗族主题，我们在古代人生礼仪活动中经常能感受到。

中国古代是宗法社会，又是农业社会，家庭是这个社会的基本细

---

① 冯友兰. 新事论//民国丛书：第五编. 上海：上海书店，1996：57.

② 封祖盛，林英男. 开放与封闭：中国传统社会价值取向及其当前流变. 石家庄：河北人民出版社，1987：167.

胞，经济关系结构、农业生产发展，都要通过这个细胞单位去完成。财产要通过血缘继承代代相传，农业生产和经济收入取决于家庭人丁兴旺的状态。

基于这种深层背景原因，中国古代人对生儿育女、添丁加口等传宗接代之事倍加重视，甚至把它视作家庭生活、人生历程的一个永远的主题。子孙后代不但是农业生产的有生力量、后备军，而且是家族产业的继承人。

二、孕育礼俗

正如上文我们已了解的，中国古代的婚姻目的及家族主题主要是传宗接代，所以古人对生儿育女十分看重。一个家族要是有生命力的话，就必须一代一代地接续"香火"。子孙是上一代和宗祖生命的延续，是生生不息的生命运动的象征。个体的生命是有限的，但血脉不断，"香火"有续。相反，"断子绝孙"是中国人传统心态中永远拒绝接受的恶毒事实。

此外，在以农业劳动为主体的古代中国，劳动力的多和少也有其重要意义。因此"不孝有三，无后为大"的封建伦理观念以及注重宗族血缘的文化心理，都使人们早生贵子、多子多孙的观念变得非常强烈。在生活中形成的"祈子礼""诞生礼"等，都是这种文化心态的结果。

"祈子礼"即祈求子孙的表示，从给女儿准备嫁妆时就已经开始了。嫁妆中的物品，如箱笼、被面镂刻或刺绣的花纹图案里，必有麒麟送子、龙凤呈祥等内容。结婚时请来为新人铺床的，也必是三至四位全福女客或全福夫妇。全福即福寿双全、子孙众多。铺新床时要唱祝歌，歌中内容也必是祝愿新人子孙满堂。

如果婚后长时间不能得子，人们就要祈求神灵送子。先秦时，人们一般向传说中的人类始祖——女娲祈祷，也有人赶往孔子的诞生地尼山祈祷。后来信仰趋于多元，北方人信奉碧霞元君，华中地区信奉送子观音，南方人求助于临水夫人和金花娘娘，福建一带则请求全知全能的妈祖。古人认为麒麟是吉祥、仁义之兽，求拜麒麟可生育儿子，"麒麟送子"的吉祥语由此而生。

　　孕育礼俗中还有关于胎教的一些习俗要求。关于胎教最早的记录见于《大戴礼记》，具体要求母亲怀胎三个月时，要避免各种不好的感官刺激。唐代"药王"孙思邈在《备急千金要方》中，根据"外象内感"的原理，对胎教做了较为详细的叙述："凡受胎三月，逐物变化，禀质不定，故妊娠三月，欲得观犀象猛兽、珠玉宝物，欲得见贤人君子盛德大师……居住简静，割不正不食，席不正不坐，弹琴瑟，调心神，和情性，节嗜欲，庶事清净，生子皆良，长寿、忠孝、仁义、聪慧、无疾，斯盖文王胎教也。"也就是说，母亲怀胎期间，对胎儿的性格气质影响很大，所以做母亲的要特别注意，要多看美好的事物，多接触有德有才之人，注意饮食起居，保持愉悦心情，这样胎儿才能向健康方向发展，并接受良好胎教。

　　胎教既反映了古人在宗族血脉延续思想影响下盼子、爱子的心理，又有着因科学不发达而蒙上的神秘甚至迷信的色彩。胎教的内容多为禁忌，不准吃某些食物，不准听某些音乐，不准做某些事情。科学发展到今天，人们早已认识到胎教的实质在于孕妇注意心理、生理的卫生，揭开了旧日笼罩在胎教上的神秘面纱。但是，我们对禁忌的分析也应该采取辩证的态度。禁忌现象除与迷信有关外，还有不少属于社会生活中总结出的经验，有一定的科学道理。

　　传统的传宗接代观念使得子成为一件大喜事。得子前，人们千方百计地祈求早得贵子；一旦生下来，又兴高采烈地进行庆祝。诞生礼俗大致有诞生、满月、百日、周岁等内容。由于古代人们认识水平有限，对受孕、分娩缺乏科学认识，因而祈子、胎教的活动中弥漫着神秘色彩。婴儿诞生以后，整个诞生礼的氛围便转为喜庆。吉祥神秘的诞生礼俗，标志着人生旅途的开端。

　　当一个新生命呱呱落地时，诞生礼俗便随之开始了。诞辰也叫生日，新生儿降生时，通常都要遵循独特的礼俗，一为产妇驱邪，二为孩子祝福。比如《礼记·内则》记载，若生了男孩则"设弧于门左"，即在门的左面挂上一张木弓——弧，以象征男子的阳刚之气；若生了女孩则"设帨于门右"，即在门的右面挂一幅佩巾（手帕），以象征女子的阴柔之德。

　　新生命诞生后，婴儿的父亲要到祖宗神灵面前上香祭告，此外便是到外婆家报喜，俗称"送喜果"。报喜时，婴儿的父亲要携带荔枝、龙眼、花生及蛋壳染成红色的鸡蛋（红蛋之数是生男为单、生女为双）等，并通知第三日洗儿。外婆家接礼后，马上备喜蛋、衣裙等物回送，所送喜蛋之数按所受之数加倍。接到外婆家送的喜蛋，要按男单女双之数分送亲友，亲友也以火腿、桂圆等物回报。

诞生礼中最隆重的是第三天的庆祝。《礼记》中记载了国君生子第三天的庆贺仪式。生子后第三日，由专人抱出孩子，弓箭手用弓箭射天地四方以示昭告，再由保姆抱过孩子交掌管家务与家奴的官员，由其给孩子赐束帛。礼毕再交专人去喂养。显然，这些礼仪中频繁地显示弓矢的作用，反映了远古先民以游猎为生存手段的特点。人要发展，掌握最基本的生存手段就显得特别重要，无论从猎取食物还是从抵御外来侵略上说，这一点都有着不可忽视的意义。后人虽不再过游牧猎食生活，但作为一种风俗仪式、一种表达对新生儿智慧和能力的祝福，弓矢的作用在礼俗中流传了下来。这一仪式后来发生了很大变化，但"洗三"这一规矩，至今还在民间广为流传。"洗三"之日，亲友中女客都来送礼，如鸡（吉）、蛋（俗称"子"）、红糖、小米等，既谐吉庆之音，又为产妇补身体。最后生子之家还要给亲友近邻送涂了红色的鸡蛋和龙须面，这也是取多子和长寿之意。

诞生礼的第二个高潮是"满月"，这是孩子出生整一个月时要举行的庆典。"满月"这天，近亲至友都来祝贺，给孩子送衣帽鞋袜，或长命锁、金银手镯、项圈、铃铛，意在将孩子圈牢锁住，以保其平安长寿。

"满月"之后相继是"百日""周岁"。在传统礼俗中，"周岁"非常隆重。据考证，古时候没有过生日的习惯。中国开始庆祝生日的习俗，始于南朝江南小儿满周岁时的"试儿"。

"试儿"也就是人们常说的"抓周"，是婴儿满周岁生日时，用来预测其将来前途和职业的一种礼俗。据《颜氏家训》记载，在孩子满周岁那天，把孩子洗换干净，然后在他面前放很多具有象征意义的物品，比如弓箭、纸笔、算盘、饮食、珍宝、玩具等物，女孩子面前要加上剪刀、尺子、针线，任孩子抓取，预测他将来的意向志趣。《红楼梦》中的贾宝玉，在"抓周"时净抓些脂粉钗环，贾政由此认定他没出息，从此不大喜欢他。据说钱锺书先生也曾有过"抓周"的试验，而且一伸手就抓起一本书，钱先生后来确也成了大作家、大学问家。或许可以说，一个人的爱好与其遗传基因等先天条件是有关的。但"抓周"活动中也有许多偶然性，有的人在后来碰巧应了"抓周"的所谓预示，也有很多人的人生道路和"抓周"预示的完全相反。所以一"抓"定终身是没有必然道理的。

有些地域在婴儿周岁时还有系"长命锁"、戴"百家锁"的习俗，认为这可"锁"住生命，保障儿童健康。坠饰物通常为锁状、如意状，上面多刻有"长命富贵"等吉利话语，挂在婴儿颈上。

总之，周岁是人生命周期中的第一个高潮，以后便是每年一次的生日。人一生要过好多个生日，生日的过法也伴随着时代的发展而不断推陈出新。但不论形式怎样不同，吃面条、贺以吉祥祝福，是中国式传统生日礼俗。如今，生日活动越来越丰富多彩，生日可以是一帧彩照、一篇日记，也可以是一桌家宴、一次郊游；在《祝你生日快乐》的乐曲声中吃奶油蛋糕这一西方传来的礼俗，也已成为普遍的生日仪式。生日，作为人生道路上的里程碑，既具有促使人不断成长的催化作用，又在多姿多彩的庆贺气氛中表现出人与人之间的真情和友谊。

三、成年礼仪及其文化失落

成年礼是世界上许多民族都有的一种人生礼俗。在原始社会，男女青年跨入成年阶段，必须通过"成丁礼"（又名"入社礼"）仪式。受礼过程中，一般要经过离家独立生活、不得接近异性、实行斋戒等特定培训，有的还要接受过火、文身、割礼等考验，然后再由部落头领对他们进行毅力和智力考试，看他们是否具备充当部落正式成员的条件。若能通过，他们便可穿上成年人的服饰，拥有氏族成员的权利，当然也必须履行生产劳动和保卫本部落安全等方面的义务。

成年礼的主题是让年轻人经历磨难，一方面要考察年轻人在身心、能力等方面能否经得住考验，另一方面也是为了通过成年礼仪形式，给人留下终生难忘的深刻烙印。通常考验都比较严峻，人类学家这样分析严峻考验的象征寓意：儿童将由温馨的女性集团怀抱转入严酷的男性集团队伍，迎接他的将是责任、重负和种种生活的艰难、危险。一个人从儿童转向成人，也可以说意味着人的又一次新生，在这个意义上，成年礼带有重生的寓意。比如在有些部落，成年男子在即将通过成年礼之前，除了要经历一些严格训练，还要将全身涂以白色，象征儿童阶段已经死去。在仪式中，他们再一次复活，获得新生，从此成为强有力的正式部落成员。人类学家称这种习俗为"拟死再生"①。

在中国传统文化中，生育礼、婚礼、丧礼、家庭人伦之礼等礼仪规范，传袭不止，而成年礼在中国历史文化生活中，并没有成为一种明显的传统流传下来。事实上，在上古时候成年礼十分隆重，而汉以后就渐渐变得无足轻重了，以后在世俗生活中基本失传。其中缘由我们在后面再分析，在此，先看一下秦以前曾非常受重视的汉民族成年礼。

中国古代的成年礼，被称作"冠礼"和"笄礼"，最早是从原始社会的"成丁礼"演变而来。

据《礼记》记载，古代男子的 20 岁为"弱冠之年"，要举行加冠礼。行礼前，先要由专门负责占卦的人选择吉日佳期，行冠礼这一天，受冠者身着童子服（以彩色大花纹的锦为料子的衣服）率先出场，朝南站立。参加冠礼的宾主互相施礼揖让后，受冠者便跪坐在席上。跪坐一旁的专行冠礼的人——大宾，把受冠者的发式梳理为成年人的式样，并用黑绸带将发髻包起来。这时，加冠者放声祝愿：在今天这个良辰吉日，为你加冠，从此，你就是一个成年人了，你要摈弃幼年习气，成就你的德性，祝你福如东海、寿比南山。说完，大宾会为受冠者戴上布冠（一种特制布帽）。然后，受冠者回到房中，换上与帽子相配的衣裳、鞋子，向所有参加典礼的人亮相，表示自己在外表和举止行为上已是一个合格的成年人了。

初加仪式后，还有二加、三加。仪式和初加大同小异。几次三番把成年人的服装加到身上，希望受冠者在仪表、风度、言谈举止上更加自律，意识到自己在此后的人生道路上要上新的台阶、有新的发展。传统的冠礼随着时代发展渐渐衰变，逐渐融合在婚礼中，一旦结婚，就被当作成人看待，不再单独举行成人礼，但我国一些少数民族仍保留着这一风俗。

与男子成年行冠礼相对，古代女子成年要行"笄礼"。"笄"指女子插在挽起的发髻上的簪子，"及笄"是说女子已到了盘发插笄的年龄。

---

① 张铭远. 中国人的人生曲线. 北京：中国人民大学出版社，1988：48.

《礼记·内则》称女子"十有五年而笄",即 15 岁就到了可以出嫁的年龄,要行笄礼,表示成年。

笄礼由笄者的女性家长(祖母或母亲)主持,行笄礼者也都是女性。行礼时,将冠和笄放在一只盘内,盘上蒙巾帕。大宾讲完祝词后,便为笄者梳理成年妇女的发髻,再用黑布包住,叫作"上头"。后来,便简化为女子在出嫁上轿前,由母亲"上头"。笄礼全部程序与男子冠礼相比省了三加,表明古代女子的社会活动与社会责任有别于男子,从一个侧面体现了男尊女卑的封建观念。

少数民族的成年礼仪具有较特殊的形式。例如纳西族的风俗,男孩到 13 岁时要举行"穿裤子礼"表示成年,可以和异性建立阿注婚姻关系。云南瑶族男青年有"度戒"的仪式,用以划分一个人童年与成年的界限,仪式期间只允许饮少量净水,不吃食物。度戒前不能谈恋爱,度戒后就成为成年人了,可以自由恋爱,直至结婚。高山族的少女在成人礼这一天的傍晚要自备一块黑头巾,到族长家集合,由族长的妻子为她们缠头,而后手持火把将她们带进歌舞晚会的会场。高山族阿美人的成年礼中还增加了竞堆沙堆和捕鱼竞赛,以培养竞争意识。

举行成年礼,一是为了郑重庆贺,二是一种教育手段。通过严肃认真的仪式使年轻人获得一种"成人"的意识,更加意识到自己对社会的责任、义务。这种仪式会增加人的成熟感、自律意识,并在隆重的气氛中,体味人生道路上这一重要里程碑的丰富内涵。抛却传统成年礼中陈旧烦琐的程序仪式,作为一种强化成人责任意识的手段,这种礼节在青少年成长的教育过程中还是有积极意义的。

古代冠礼、笄礼的进程和要求相对温和,但即使是这种比较温和的成年礼,也随着时代的发展渐渐衰变,汉代以后基本上看不到冠礼和笄礼的倡行与实施了。

问题是,成年礼在原始部落时代几乎是全世界人类的普遍现象,何以在中国社会生活中逐渐消失了呢?这里面所蕴含的深层文化缘由到底是什么?

我们也知道成年礼的意义之一是想通过一定的礼仪程序(有时这些礼仪形式非常严酷野蛮),让人们体验到一个人从儿童转向成人的质变,经历"拟死"的过程,感受作为成人的"再生"。让人们在走向成人的转折点上,充分体会成人的艰难、重负和责任。童年的摇篮式生活告终，新的成人生活将充满险恶、禁忌，需要足够多的勇敢和智慧。

成年礼的另一层意义在于，它标志一个人从自然状态的人向社会状态的人的转化。这种转化当然是相对的。广义上讲，人从一出生就生活在社会群体中，但进一步区分，儿童、少年走向成年，则可理解为一个人从家庭走向社会。

上述成年礼的意义所在，和部落人的生存环境及需要分不开。而这种生存环境和需要，在中国古代并不具有普遍意义。当我们对中国古代生存环境进行考察时会发现，决定中国"亚细亚"历史进程的，是一种既不同于游牧经济方式，也不同于工商业经济方式的农业型自然经济方式。

自然经济与商品经济相对而言，是指生产及其产品不是为了交换而是为了满足生产者或经济单位本身的需要。不论把自然经济称作封闭型经济、家庭经济，还是小农经济，实际都从不同角度概括出了自然经济的主要特征。

中国古代氏族社会就是处于这种自然经济的农业社会中，每个家庭或部族耕作、制造自己需要的生活必需品，没有交换也不需要交换。没有生存的险恶，也没有游牧部落所强烈需要的骁勇和善战，人们的生活平静、独立而有规律。

自给自足的农业经济方式，加上比较优越的自然生存条件，使得生活在古代中国的儿童，尤其是汉民族的儿童，基本上躲过了成年的严酷考验，也没有产生其他许多民族、部落那样严峻的成年礼习俗。原始社会生活中遗留下来的成年礼也只是以较温和的冠礼、笄礼这种形式延存了一段时间，再往后就渐渐失传了。因为对中国古代人来说，童年期和成人期并没有什么质的不同，从前、现在、将来，人都生活在自己的家族里。儿童到成人是一个连续的进程，其中不存在任何生活方式的断裂，也不存在任何"拟死复生"的礼俗需要。

东方社会特有的家族血缘特性使一个人从小到大都生活在亲族关系之中，而在此基础上形成的任何孝道，都是教导人们终生孝敬父母、和父母生活在一起，"父母在，不远游"的道德信条也不赞成年轻一代独立创业，三代同堂、四世同堂和谐生活在一起的大家庭是传统楷模。

一般来说，中国古代传统习俗中没有明确的成年标志，人们通常是以结婚为分界。但即使结了婚，也仍然可以和父母亲族居住生活在一起。

　　这种由血缘家族维系的"亚细亚"式经济生活方式，使一个人可以从出生到老死都生活在"家"中，不但不需要强化个体成年后独立于父母怀抱的心理，而且要强化对血缘家族的维系。童年期转入成人期，并不意味着人将由温馨的母爱摇篮转入严酷的男性集团，加上农业生产的稳定和有规律，使一个人的成年并不意味着此后将迎接种种生存的险恶和艰难。也就是说，童年期和成人期生活方式的转变并没有大到必须采用一种礼仪来强化人们的差别意识和心理准备。

　　正是基于这种社会存在和文化意识，有人称古代汉民族是"一个缺乏成年意识的民族"①。也正是由于东方社会这种独特的宗族存在和文化背景，中国古代的成年礼没有像其他礼俗那样传袭下来，而最终在文化传统中失落了。

---

　　① 张铭远. 中国人的人生曲线. 北京：中国人民大学出版社，1988：52.

第六章　性爱的扭曲：婚姻礼仪文化

任何一个民族的婚姻礼仪，无论内容还是形式，都是其文化的反映，也是这个民族风俗习惯的具体体现，并表现出民族的独特价值观念。中华民族的婚姻礼仪，亦是如此。

从历史发展角度看，中国历史文化中的婚姻礼仪既作为文明发展的有机组成部分，又随着历史的发展不断推陈出新。文化哲学的观点认为，广义的文化包括物质层面、社会制度、风俗习惯、精神价值等，而礼仪属于深层价值观念，根深蒂固，是很难变化或变化比较缓慢的部分。一部人类发展史即一部文化史。因此，我们今天的男女婚姻之礼无疑是历史的继承，是过去的发展。历史是一面镜子，我们从中可以看到昨天，了解今天，展望明天。

一、婚姻礼仪文化的社会功能诠释

在古代中国，婚姻是作为社会生活中的大事来进行的，其礼仪规定也是格外详尽周密。从服饰、神态、器皿，到规格、程序、方位，都有整套严格的具体规定。这在中国古代浩瀚的典籍中随处可见，有关婚姻庆典之礼的史料繁多而详尽。

婚姻之礼成为传统礼仪之大端，并被赋予繁杂细密的仪式规程，这同中国传统文化及婚姻本身的社会功能分不开。

中国文化以儒家思想为主体，儒、释、道互补，构成了丰富灿烂的华夏文明。就其特点来看，中国文化是一种伦理性文化，即在社会生活的诸多方面都重视人际关系、人伦关系之理。儒家的五伦观念，是一种相当普遍的价值选择，在婚姻礼仪方面，也可看出这种文化特点、伦理观念的体现。

世界上恐怕没有哪个民族的婚礼能够比中国古代的婚姻礼仪烦琐，因为婚姻在中国古代是和家族存续、血缘联结、子孙繁衍乃至社会秩序等大事紧密联系的。在古代中国男耕女织、自给自足的小农经济条件下，一个个小家庭就是宗法封建社会坚实的基础。于是，表现男女由性爱、情爱、美德缔结而成的婚姻，就成了一件关系宗族情结与社会稳定的大事。

在传统文化中，修身、齐家、治国、平天下是一而二、二而一的事，也就是说一个人欲治国、平天下，就必须先修身、齐家。于是人们就在初构家庭时的婚姻礼仪上大做文章，以求家族关系巩固的严肃性，婚姻礼仪的意义被拔高到"礼之本"的高度。《礼记·昏义》中是这样表述婚礼的意义的："敬慎重正而后亲之，礼之大体，而所以成男女之别，而立夫妇之义也。男女有别而后夫妇有义，夫妇有义而后父子有亲，父子有亲而后君臣有正。故曰：昏礼者，礼之本也。"荀子也强调："夫妇之道，不可不正也，君臣、父子之本也。"（《荀子·大略》）可见，婚姻礼仪成了以礼治国的一个极重要的组成部分。

在宗法社会条件下，作为人伦组织的家庭、国家和天下，均是宗法制度的同构载体。因而，人们在社会中的一切关系也就主要表现为以血缘为纽带的宗法人伦关系。

最初进入文明时代时，中国古代社会一直是以父系血缘联结的，而若干出自同一男性祖先的家族又组成了宗族，所以在中国古代历史上，"宗"就成了血缘关系特有的标志，"宗法"也就成了血缘群体得以延续的社会制度基础。

从《礼记·大传》的"别子为祖，继别为宗"看，所谓宗法，就是一种以血缘关系为基础，以尊崇共同祖先维系亲情，在宗法内部区分尊卑长幼，并规定继承秩序及不同地位的宗族成员各自不同的权利和义务的制度。这样，在宗法社会中就形成了以父子继承关系为轴心、以"五世亲尽"为外延的血缘宗法家庭，它构成了宗法社会的基本结构。

在这种宗法社会中，家族血缘关系主要归结为父子、兄弟两伦。据《尚书·舜典》记载，舜曾对契说："百姓不亲，五品不逊，汝作司徒，敬敷五教，在宽。"汉儒郑玄等人解释，《尧典》所谓"五品"即父、母、兄、弟、子。

随着氏族过渡到国家，血缘关系融入政治关系，人伦关系也随之扩大到社会关系领域。孔子提到君臣、父子、兄弟、朋友四伦关系，要求"事父母能竭其力，事君能致其身，与朋友交言而有信"（《论语·学而》），"朋友切切偲偲，兄弟怡怡"（《论语·子路》）。到孟子，人伦关系发展到五伦，"教以人伦：父子有亲，君臣有义，夫妇有别，长幼有序，朋友有信"（《孟子·滕文公上》），从血缘关系中已引申出夫妇一伦。

夫妇关系是通过婚姻而结成的姻亲关系，是社会切入血缘家庭的人伦关系。殷周时期，家庭只强调父子、兄弟的血缘伦常关系，"夫也者，以知帅人者也"，"妇人，从人者也"（《礼记·郊特牲》）。由于夫妇关系极不平等，"夫妇不和"就会严重冲击封建宗法秩序，因此古人强调夫妇关系，并把"夫妇和"视为血缘家族兴旺发达的重要条件。

然而传统礼仪倡行的"夫妇和"并不是以男女性爱为促进因素，恰恰相反，传统婚姻观念从来都是淡化甚至抹杀性爱，将其当作婚姻稳固和家族稳固的重要手段。一方面传统社会在礼仪观念上规定夫妇要"相敬如宾"，另一方面又把某些性行为定性为"淫"，并深恶痛绝地认为"万恶淫为首"。这种观念思维是耻于对性爱大谈特谈的，只能将其隐秘在心理、精神的最底层，人因而备受压抑。而对性爱的压抑和扭曲增强了人们对性普遍的罪恶感和神秘感，这给中国人的人生和心理都带来了极大影响。

从夫妇有别，推及男女有别，至形成"男女授受不亲"的两性伦理准则，这种文化观念进一步导致了社会中异性关系的对立倾向。正如鲁迅所针砭的那样，性爱由于被压抑而被扭曲，致使看到男女接触就会联想到"淫"，看见裸露的胳膊就会想到裸体和性。最终，性爱在相当程度上变成了一种罪恶。

当然，性爱作为人的一种本性，是不可能真正被抹杀的。所以在世俗社会生活中，性爱是在婚姻礼法之外扭曲着进行的，比如，封建贵族与三妻四妾、风流文化与青楼妓女、民间的"偷情"等成了性爱压抑文化中的扭曲补充。

如果说婚姻中还必须保留一点"性"，那也完全是服从于繁衍家族后代的功能需要。正如上面所说，家族虽然以同姓的垂直联结为主轴，但所有的家族又都是由婚姻的结合和繁衍而产生。在后面的婚姻嫁娶的礼仪中，我们会看到，传统的婚礼内容大部分和生育有关。在男女结婚时，许多礼俗不是祝福他们相亲相爱，而是祈望他们多生儿女、早生儿女，为他们的家族添丁加口。

这种有"性"而无"爱"的婚姻关系，常给夫妇生活带来种种尴尬。而且也由于对男女之爱的漠视和否定，旧时在婚礼举行之前，夫妇双方根本不了解对方甚至未曾见过面，全凭"父母之命，媒妁之言"。"男女非有行媒，不相知名"（《礼记·曲礼上》），"男女无媒不交，无币不相见，恐男女之无别也"（《礼记·坊记》）。婚姻完全成了一种外在强制，没有一点主体性爱自由。如果有谁不经过媒妁之言而自己寻找意中人，那必定是要遭世人唾弃和否定的。这一点在古代典籍中是这样解释的："妇人之求夫家也，必用媒而后家事成……求夫家而不用媒，则丑耻而人不信也。故曰：自媒之女，丑而不信。"（《管子·形势解》）孟子则说，倘婚姻"不待父母之命，媒妁之言"，"则父母国人皆贱之"（《孟子·滕文公下》）。

在这种没有性爱自由的枷锁婚姻中，夫妻双方是否相爱、情趣是否相投都不重要，重要的是他们能在一起生育家族后代。而且，通过异姓姻亲可以扩大宗族，男女个人的幸福在传统婚姻的家族维系和繁衍功能面前显得微不足道。这种婚姻在男性一方来看就是要个生育工具，而女性也只有认命，"嫁鸡随鸡，嫁狗随狗"，没有男女之爱，也没有婚姻幸福，个人的婚姻是实现宗族利益的手段和工具。

可见，男女夫妇之事是完全服务于宗法社会需要的。"君子之道，造端乎夫妇。及其至也，察乎天地"（《中庸》），只有遵循"夫敬""妇听"的规范，才符合"取妻如之何？必告父母"（《礼记·坊记》）和"父母其顺矣乎"（《中庸》）的孝道。以孝为道德纲领，协调好家庭的三伦关系，整个群体就会"父子笃，兄弟睦，夫妇和，家之肥也！"（《礼记·礼运》）

总而言之，宗法婚姻关系是完全服从于维系家族群体存在与繁衍需要的。而原本应成为婚姻主题的男女性爱、情爱因素，在中国传统婚姻礼仪文化中是不占有基础地位的。

这种封建宗法的婚姻目的以及与此相应的礼法规定，不知制造了多少婚姻悲剧。人性被扭曲了，人的尊严被抹杀了。这种有"性"无"爱"的婚姻设定，是传统婚姻之礼中最显然的文化糟粕。

二、婚姻礼仪的变革

从人类文明发展的角度讲，古代中国婚姻礼制尽管烦琐并有许多尊卑等级观念和不平等因素，但较之远古的原始血缘氏族婚姻，这种新型婚姻礼制的出现，仍有着进步意义。

中国氏族社会也经历过血缘群婚阶段，《吕氏春秋·恃君》记叙，上古之时，"其民聚生群处，知母不知父，无亲戚兄弟夫妻男女之别，无上下长幼之道，无进退揖让之礼"。另一处比较典型的记载是在《周礼·地官·媒氏》中："中春之月，令会男女，于是时也，奔者不禁。"可见当时男女婚前性生活是相当随意的。

我们知道，一定的婚姻形式，总是和一定的历史文明发展阶段相对应。对此恩格斯曾指出："群婚制是与蒙昧时代相适应的，对偶婚制是与野蛮时代相适应的，以通奸和卖淫为补充的专偶制是与文明时代相适应的。"[①]

在人猿相揖别的远古时期，人类初民群居穴处、茹毛饮血，只是依赖本能的性欲和性爱来完成繁衍任务。进入氏族社会后，人类渐渐发展出一定的婚姻关系，甚至有了一种并不很牢固的个体婚姻，大约最晚在周代也逐渐注意到了"娶妻避其同姓"（《国语·晋语》）。两性婚姻有了最初的禁忌。

从群婚到族外婚，然后到同姓不婚，种种婚姻之礼的禁忌是很有进步意义的。因为这些礼规建立在这样的认识上："男女同姓，其生不蕃"（《左传·僖公二十三年》），"同姓不昏，惧不殖也"（《国语·晋语》）。这可看作最早的对优生优育的认识。正是从这个环节开始，人类可以说

---

① 马克思恩格斯全集：第 28 卷. 2 版. 北京：人民出版社，2018：92—93.

跨入了文明时代，开始了以礼为规约的一夫一妻制婚姻。

这种两性婚姻关系在古代关于伏羲、女娲的神话中也可看到痕迹。

传说中伏羲、女娲是兄妹俩，中国文化观念中，阴阳两性往往被看作万事万物生成的根本原因，"一生道，道生阴阳，阴阳生万物"。所以人很容易认为两性婚姻是天地之始、万物之本。伏羲、女娲兄妹夫妻创世造人的神话表明了这一点。在古代文物图案中，我们常可见到人首蛇身对偶神（伏羲和女娲），他俩一手执规，一手执矩，形象地表达了两性的结合不但创造了世界，而且预设了维系新世界有序发展的规矩。①

中国的人文传统十分看重这种男女夫妇之礼。婚姻之礼的诞生意义非常重大，不仅是因为古人认为男女之事很重要，必须借礼之形式对其加以强化和肯定，而且表明古人在漫长的历史中产生了最初的生命科学意识，感悟到了血缘近亲生育繁殖的遗传恶果，便以礼规来进行约束。在长期历史发展中，从"民知其母，不知其父"（《庄子·杂篇·盗跖》）的群婚，过渡到"大道既隐，天下为家"，靠"礼义以为纪……以和夫妇"（《礼记·礼运》）的配偶婚。

兄妹通婚的神话表明，婚姻之礼还比较原始，带有浓重的血缘家庭性质，但至少已摆脱了最初的乱婚状态而组建早期的血缘家庭了。大致来说，首先出现的是父母和子女的婚姻禁忌，而后扩展到禁止不同血缘辈分间的婚姻关系。

婚姻之礼也是最早出现的礼仪文化中的一种。古人说："饮食男女，人之大欲存焉。"（《礼记·礼运》）意思是说人欲众多，但最基本也最重要的，当数"食"与"性"。饮食男女是人之常情，也是人之本性，"食色，性也"（《孟子·告子上》）。但古人很快就意识到，人的天性、欲望是需要加以节制的，于是制礼予以节控。

有关上述认识，荀子曾做出理论性概括："男女之合，夫妇之分，婚姻娉内，送逆无礼，如是，则人有失合之忧，而有争色之祸矣，故知者为之分也。"（《荀子·富国》）

《事物纪原》这样解释礼的起源："《礼记》曰：'礼，始诸饮食。'盖自太昊取牺牲以供庖厨，制嫁娶以俪皮，为礼始也。"婚姻之礼和饮食之礼被并列为最早的礼。

---

① 张铭远. 中国人的人生曲线. 北京：中国人民大学出版社，1988：96.

从语义学的角度来看，"婚姻"二字在古代本作"昏姻"或"昏因"，多指嫁娶的仪式。汉代郑玄《诗经·郑风·丰》笺中说："婚姻之道，谓嫁娶之礼。"唐代孔颖达在疏中解释："男以昏时迎女，女因男而来，……论其男女之身谓之嫁娶，指其好合之际谓之婚姻，嫁娶婚姻，其事是一，故云婚姻之道，谓嫁娶之礼也。"这就是说，婿于昏时迎妻，妻因昏时入夫家，所谓"娶妻之礼以昏为期，因名焉"。因此，我国历代都非常重视婚礼仪式，认为去掉这种仪式，就不能算作真正的婚姻，得不到社会的承认。

中国最早的婚姻礼仪大概要从伏羲开始。唐代杜佑在《通典》中说："遂皇氏始有夫妇之道，伏羲氏制嫁娶，以俪皮为礼；五帝驭时，娶妻必告父母；夏时亲迎于庭；殷时亲迎于堂；周制，限男女三年，定婚时，六礼之仪始备。"伏羲氏时代人们以狩猎为生，所以结婚时，男方要向女方送两张鹿皮，即所谓的"俪皮之礼"。再往后，除了送"皮"还"必告父母"。至夏商，又进一步多了"亲迎于庭"的礼。周代的时候，人们对婚姻日趋重视，渐渐约定俗成地形成了一套完整的婚姻礼仪，《仪礼》称之为"六礼"。

历史地看，"六礼"的完整模式形成于西周初年，尽管以后各个朝代的婚礼都有一些变化，地域之间也存在差别，但"六礼"的基本内容，却始终存在于历代的婚礼习俗之中，所不同的仅是程序的减少而已。如做媒提亲，至今仍在许多地方延续，而"聘礼""彩礼""财礼""定礼"等，也都是由"纳征"传到后世的。正是"六礼"的这些基本内容，构成了独具特色的中国传统婚礼。就这个意义而言，"六礼"奠定了中国传统婚姻仪式的基础。

那么，"六礼"包括哪些内容？它对我国古代婚礼的演变起了什么样的作用呢？

婚礼，是男女结成夫妻的仪式。由于各个民族的文化、习俗不同，婚礼仪式也各有不同，而且随着历史的发展，婚礼的习俗也产生了相应的变化。但不管如何变化，各个朝代乃至现代的婚礼都或多或少地折射出"六礼"的影子。"六礼"形成于周代，根据《仪礼·士昏礼》记载，当时的婚礼很烦琐，从议婚到完婚有许多礼节，正式婚礼和婚礼之后都有一系列礼俗仪式。

三、婚姻嫁娶之礼

婚姻嫁娶之礼大致可分为婚前礼、正婚礼、婚后礼三部分，再广义些，也许还可泛指家庭之礼。在此，我们重点了解一下在生活中已约定俗成的一些婚姻礼仪程式。

1. 恋爱礼俗

在人类历史上，各个时代会形成什么样的恋爱风俗习惯，并不是由人们的主观愿望，而是由当时社会的经济状况决定的。

在原始社会，人类作为大自然的奴隶不能掌握自己的命运，只能被动地任由大自然摆布。两性关系多是生理上的需要而不是情感上的要求，它绝不是男女之间的恋爱之情。上文提到，《吕氏春秋》中曾对人类初期男女之间的群婚状态做了描述。群婚是原始社会男女两性结合的习俗，是未开化的民族生活惯例。对偶婚姻出现之后，以正统礼学为基础的封建婚姻制度才显示出其在人类文明史上的价值与地位。

奴隶社会是阶级对立的第一个社会形式，奴隶是完全依附于奴隶主阶级的"会说话的工具"，终生从事着极为繁重的劳动，过着非人的生活，因而没有人身自由，更没有婚恋的权利。奴隶主阶级可以过着妻妾成群的糜烂生活，而奴隶则只能由主子指婚，这是奴隶婚姻形式的阶级特性。

同时，在奴隶社会中存在着原始婚姻生活的某些残余，如男女之间也存在着自由交往的形式。但那只是早期社会男女约会习俗的描述，在之后的社会传统中不可能形成男女之间进行婚前交往的风俗习惯。相反，这种萌发于异性之间的"爱"和"情"还会被强大的社会力量摧残，作为大逆不道的"悖德""乱伦"之事而被扼杀。

在宗法势力强盛、等级森严的封建社会里，"男女授受不亲"既具有法律的强制力，又具有道德的约束力。整个社会的礼法条规紧紧地束缚着人们的言行举止，"父母之命，媒妁之言"成为风行的习俗和规范。

在封建社会里，未婚的青年男女之间没有任何自由交往的权利与条件，即使男女之间偶尔有交往的机会，并产生爱慕之情，也常常遭遇"棒打鸳鸯"的厄运，终究会被强行拆散。整个封建社会的恋爱习俗与道德始终被"男女有别""男女无媒不交、无币不相见"的伦理规范制约。

随着社会发展进步，今天两性之间的相爱婚姻已成为现实，由此初步形成了婚姻领域的新风俗、新德新貌。男女恋爱自由已成为今天社会通行的原则，父母包办、强迫婚姻则受到谴责和批判。在恋爱领域立自由恋爱之新风，易男女授受不亲、父母专权做主之旧俗，兴尊重人格、两性平等之新德，破歧视、压迫妇女之旧习，已成为今天社会主义精神文明建设的重要内容。

2. 婚前礼

婚前礼就是婚姻筹划、准备阶段举行的礼仪，即所谓纳采、问名、纳吉、纳征、请期、亲迎等"六礼"。

一是纳采，这是婚姻程序的开始，即男方家请媒人到女方家提亲。纳，是送致的意思，将彩礼送到女方家，表示求婚。采即采择的意思，通常指选择媳妇。古代婚姻大事多由父母做主、媒人说合，所以媒人在纳采过程中起主要作用。媒人奉男方父母之命去女方家提亲，带上礼物转达媾婚意图。

纳采的礼物用雁，这与原始先民的田猎生活有关。按《周礼》记载，雁是大夫用的礼物。用活雁作为礼物，主要有三重象征意义：其一，雁是候鸟，冬天南飞，春天北归，来去有时，从不失时节，象征恪守信义；其二，雁为随阳之物，飞行时成行成列，象征妻从夫和、夫妻有序；其三，雁雌雄一配而终，象征忠贞和白头偕老。后来，纳采品类繁多，除雁之外，还用羔羊、白鹅、合欢、胶漆等物。总之，都是象征婚姻美满、牢固和甜蜜的礼物。

纳采的仪式是男方家请媒人带上礼物前往女方家说明来意，献上礼物，并且将男方家世、姓名、年龄等通告女方。

纳采必须通过媒人进行。媒人作为婚姻的中介，既是沟通双方的使者，又是婚姻关系的证人。古诗曾说："取妻如何？匪媒不得。"（《诗经·豳风·伐柯》）又说："取妻如之何，必告父母。"（《诗经·齐风·南山》）《战国策·燕策》也说："处女无媒，老且不嫁。舍媒而自衒，弊而不售。"

在纳采一环中，媒人的使命主要是互通双方情况，先将男方家世、姓名、年龄等通告女方，然后将女方姓名、排行、出生年月日问清，再回告男方父亲。后来发展为换门户帖子，先是男方用红纸具列籍贯及曾祖、祖父、父亲三人的名字、存亡、功名、居处，装入红封套中封好，再贴上红纸签，签上着一"喜"字，再在封套上写上求亲儿的姓名、年岁、功名等。女家回帖格式大体相同，只是不写女孩姓名、年岁等项。门户帖也叫小帖，不似庚帖重要。换帖后，双方可自行证实所书真假、好坏，不过被问者多不肯道实情，所以俗语有"宁拆十座庙，不破一桩婚"之说。经过一番核实，双方同意之后，便约定日子相看。相看多为偷看。相反，女方相看男方则正式得多，一般是背着男女双方的媒人进行，以示郑重，这是婚姻上的一大进步。但由于婚姻不能违背父母之命及各种原因，也常常造成老夫少妻、佳人痴儿等种种婚姻悲剧。

二是问名。纳采相看之后，双方中意，紧接着是问名。这时，媒人再次带上礼物上门，问名于女方。问名一般是女子姓名、排行、出生年月日，女子生母的情况也包括在内。此礼后代演变成换名帖和出生的年月日、生辰八字以及门第、财产、职位等。

三是纳吉，现在叫订婚。问名的目的，是为纳吉做准备。男方问名之后，以龟甲来占卜男女双方生辰八字，定婚姻吉凶。若得到吉兆，将占卜吉利的结果报告女方，称为纳吉。这时，男方媒人仍然要带上礼物到女方家，仪式同纳采。占卜虽是一种迷信，但在当时也有对婚姻的谨慎恭敬之意。唐宋之后，封建迷信盛行，出现了以算命为取舍准则的"合婚"形式。这时，问名、纳吉逐渐合并为一个程序，相继出现了"报婚书""过细帖""相亲"等诸种形式，以至于后来又有"传庚""换帖"之说。在古礼中，纳吉是婚姻成功与否的关键，因为男方要借此核对男女两命是否相合，是否妨碍到长幼亲族、家业财富等。因此，这一环节备受重视。纳吉礼是婚礼中比较关键的环节，意味着男女双方正式订立婚约。这时，男方通常给女方送首饰、彩绸等少量彩礼，作为订婚的信物。同时，女方也要回赠给男方一些鞋帽和文房用品等礼物。

四是纳征，又称下聘礼，是男方向女方赠送彩礼，包括饰物、绸缎、牲畜或现金等物。征是成的意思，纳征以后，标志着婚姻进入正式的准备阶段。纳征分两步进行。先择良辰吉日，男方送上聘礼，并在礼物上写一些吉祥话语。然后，男方按照选定的日期与时辰和媒人到女方家，将聘礼交上，女方受礼后也要回礼或将聘礼中的一部分退回。

早期，聘礼基于这样一个朴素道理：女方家嫁女儿到男方家，失去了劳动力，因而给予女方家合理的经济补偿。礼物虽少，却蕴含着丰富的意义。但是后来聘礼越送越重，与礼相去甚远，与爱情毫不相干，婚姻中朴素的补偿变成了变相的勒索，使婚姻具有了买卖性质。

纳征在婚礼程序中意义重大，它标志着婚姻进入了正式准备阶段，表示双方的关系已确定。

五是请期，即男方家向女方家询问迎娶的日子。一般是男方定好结婚日期，备礼到女方家征得同意。实际上，迎娶日子早在纳吉礼中已初定，纳吉礼既已依据双方出生年月日卜定吉凶，便大致看出了宜嫁娶的日期。后来，请期礼一般从简，近代通常用红笔写迎娶日期时辰，有的口头通知女方，有的在送聘礼时一同决定迎娶日期。日期定后，请期礼便结束。

六是亲迎，即新郎亲自将新娘接回男方家的迎亲仪式，属于婚礼中的主要过程。婚期即定，男方按约定的日子在黄昏时分到女方家亲迎。婚姻的"婚"字原为黄昏的"昏"字，就是源于这一礼俗。在古代礼仪中，"婚礼"也因之称为"昏礼"。后为区别于黄昏的"昏"字，才加上表示人事的"女"旁写成"婚"字。

亲迎当天，男方在新房外盛设婚宴，出门迎亲。这时女方家设祖宗牌位，女子要祷告祖宗。父母在送别女儿时一般要嘱咐她对婆家恭敬、谨慎，早起晚睡，不要违背公婆的意愿。迎亲后来多用花轿、喜车、彩船等。六礼中，亲迎的场面最有喜庆的气氛。

六礼程序随着社会发展而不断变化。一方面，因程序烦琐，人力物力消耗巨大又颇费时间，所以不断简化；另一方面，统治者把行六礼视为特权，限制平民百姓行六礼，因此民间的婚庆活动中，六礼程序又派生出许多适应平民百姓生活的礼俗，例如请期后的做铺盖、送妆、铺床、压床，迎娶后的下轿、迈鞍子、拜天地、闹洞房，婚礼后的回门等。

婚礼较之施用于社会秩序与政权建构的正统礼制，带有明显的世俗色彩。也正因为如此，它具有更为蓬勃的生命力，在长期的社会发展中成了人类文明与进步的一种重要的形式、一个重要的方面。正是借助这种礼俗，人类确立了稳定的婚姻关系，建立了相对稳定的家庭，而又由无数家庭共同组成了庞大的体系，使国家得以充分发挥其管理职能，也使人类在生生不息的繁衍中不断发展进步。

3. 正婚礼

亲迎结束后，婚礼便进入正婚礼。《仪礼·士昏礼》中记载，结婚当天傍晚，新娘要穿上结婚礼服——系有浅红色花边的丝质衣服，头戴编好的假发套，向南站在房中。当身着礼服的新郎和墨车（新郎用车）、袸车（新娘用车，设有帷帘）等迎亲队伍来到新娘大门外时，女方家主人亲自出门迎接。至堂前，新郎向岳父行过稽首礼后，新娘从房里走到东阶上的父亲面前。父亲告诫今后要时刻小心、恭敬、谨慎，不要违背公婆的意愿。之后便将一件衣服（或簪子）给她，作为告诫证物。随后，新娘再走到西阶上的母亲跟前。母亲给她在腰间系上一条带子，并结上佩巾，告诫要勤勉、恭敬，好好完成公婆吩咐的家务。接着，新娘随新郎下堂来到大门口，披上外套坐到袸车上，从新郎手中接过驾车的带子。新郎驾着袸车待车轮转了三圈后，才将车子交给车夫，自己乘墨车先走，以便在自家门前迎候新娘，初次接待刚离开父母的新妇。正婚礼包括沃盥、酒筵、合卺、闹房等，是婚礼中最主要的部分。

沃盥，沃是浇水、盥是洗手。新娘被接到男方家后，新郎要引导新娘一起入室。新娘风尘仆仆而来，入室后，先要行一个净手的洗礼，以洗去风尘，保持身洁。

酒筵，即现在所说的喜酒，是婚礼必不可少的内容，通过设喜酒使新郎新娘的婚姻得到家人朋友的认可。酒筵上，为新人专设一席婚筵，使其相对而坐，依一定礼规饮用饭菜酒食。最有象征意味的仪式是合卺，即新郎新娘将葫芦剖作两半，各持一半，相对饮酒。把葫芦一分为二，表示新人原为二体；一体相连，象征婚姻把两个人的命运连在一起了。亲人们也会借此祝愿新郎新娘互敬互爱、亲密无间。到近代，新郎新娘多以交臂方式饮酒，表示相亲相爱、白头偕老。

闹房，是新郎新娘在新婚之夜接受亲友祝贺、嬉闹的礼仪。民间有"新婚三日无大小""闹喜闹喜，越闹越喜"的说法，因此，闹洞房时无论长辈、平辈、小辈，都聚在新房里嬉闹。闹房由于毫无禁忌，有时成了不文明的恶作剧，甚至会造成身残人亡的恶果。

4. 婚后礼

新婚后，为了表明新娘已正式成为丈夫家族中的成员，依常例有妇见舅姑、妇馈舅姑、舅姑飨妇、舅飨送者、姑飨送者等礼，新郎也要回门。只有举行了这些礼仪，婚礼才算圆满完结。

妇见舅姑，舅姑指的是新娘的公婆，新娘在新婚的第二天要拜见公婆。这种妇见公婆的礼仪，放在婚后进行是因为先有夫妇关系，才有舅姑和儿媳的关系。后来，妇见舅姑礼发生了变化，其仪式逐渐改在新婚之夜举行。先拜天地，再依次拜见公婆和尊长亲戚，最后夫妻对拜。其间，拜与被拜双方常常互赠礼物。

妇馈舅姑，新娘见公婆后，还要亲手准备一席酒宴孝敬公婆，表示遵守妇道，尽孝养义务。

舅姑飨妇，婚后第三日早晨，公婆正式招待媳妇，以隆重礼仪向新娘敬酒，表示新娘从此具有接替婆婆做一家之主的资格。

舅飨送者，姑飨送者，公公、婆婆分别招待新娘家送亲的男眷、女眷，同时赠送束帛等物。

回门，又称拜门、会亲，是新娘出嫁后与丈夫第一次回娘家探亲的礼仪。回门的日期各地不一，一般在成亲后的第三天。新婚夫妇清晨起程上路，岳家设宴款待后，夫妻双双于日落之前返回夫家。

如上所述，一场婚礼要经历婚前礼、正婚礼、婚后礼等十几道程序。其间还要穿插许多节目，众人张罗，热热闹闹。但显而易见，这些传统婚礼仪式中也包含着许多糟粕，如烦琐的仪式、男尊女卑的观念、"父母之命，媒妁之言"、诸多的聘礼、大操大办等，尤其是豪门权贵，更倚仗权势竞相奢靡，影响到百姓，对社会带来许多不利影响。

在封建社会，六礼基本上成了权贵富豪结婚时争风斗阔的一种炫耀。刘邦给儿子办婚事，彩礼中仅黄金就近两万斤之多。王莽当上皇帝后，竟以三万斤黄金、数以万计的珍宝作为聘礼。古代也有个别明智君主看到六礼之弊，企图改革。南齐武帝就曾明文规定，婚礼只用枣、栗、干肉，"其余各物皆停"，但在封建时代，这种改革不可能有什么根本的作用。

虽然传统婚礼确有许多需要抛弃的东西，但尊崇家庭的观念也反映了中国古代文化中好的一面。今天我们应客观地分析、辩证地看待中国古代的婚姻礼仪文化问题。特别应该注意其中一些值得借鉴的内容，例如倡导婚事俭办，不可铺张浪费、大摆排场，"嫁娶之家，丰俭称赀，不得计论聘财妆奁，不得大会宾客，酒食连朝"（《王阳明全集·南赣乡约》）。

　　知古论今，如今现实生活中也有大办婚事、铺张浪费、收受大宗礼品，败坏民风、世风的现象。我们应当去除封建婚姻礼仪中的糟粕，吸取那些在今天仍有价值的观念与形式，使之同现代文明相结合，新事新办，使婚礼这件人生大事既郑重、喜庆，又不致庸俗、奢靡。

　　此外，古代婚礼还大力提倡孝敬公婆的思想，这里面虽含有封建家长制及男尊女卑的思想，但孝敬二老一说，还是值得今人吸取的。这也是中国古代婚礼中比较有价值的思想。

第七章　岁时节令：节日礼俗

岁时节令礼俗，是社会生活和民族文化相结合的产物，在创造发展和不断传承的进程中，其内涵越来越丰富，从中折射出中华民族生产、生活、心理、宗教信仰、文化智慧等各方面内容，已成为中华民族传统文化的重要组成部分。

一、春节礼俗

春节是我们最盛大、最热闹的一个古老的民间传统节日，又称"元旦""新年"等。元旦，原指农历正月初一。"元"者始也，"旦"者晨也，元旦即一年的第一个早晨。《尚书正义》说："正月旦，岁之始，时之始，日之始，月之始，故云四始。"据《诗经》记载，每到农历正月初始，民间有喝"春酒"、祝"改岁"的习俗，庆贺一年丰收，并祝来年五谷丰登。到了汉代，正月初一被正式列为节令，并加以祭祖敬神的仪式。"元旦"这个节日之称，是从南北朝开始的。1911年辛亥革命后，我国改用大多数国家通用的公历，为了区别农历、公历两个"新年"，就把农历正月初一叫作"春节"，而"元旦"则成了公历1月1日的专称。

人们常把春节称作"过年"。"年"同我国古代农业社会生活相关，古书对"年"还有不同的称法，有叫"载"的，指更新之意；有叫"岁"的，表示冬去春来。无论叫什么，都和农作物生长的周期循环以及天文、历法的认识相联系。古文中有"年，谷熟也"的说法，以谷熟为一年。另外，"年"和"稔"字有字源关系，"稔"就是谷熟丰稔的意思。从周代开始，一年一度欢庆农作物丰收的活动渐渐演变成固定的节日——春节。汉、唐以后，过"新年"的习俗就加入了越来越多的喜庆、娱乐和礼仪形式。

过"新年"是从除夕就开始的。除夕指的是一年的最后一天，在这天晚上，人们要宴饮庆贺。除夕年宴中，按北方习惯必吃饺子。"饺子"源于古代"角子"，也有称之为"扁食""水点心"的，距今已有近两千年的历史。清朝史料记载说，元旦子时，盛馔同家，如食扁食。名角子，取其更岁交子之义。又有记载说，每逢年初一，无论贫富贵贱，都用白面做饺子吃，并在饺子馅中包糖果或小钱，富贵人家则以金银小锞及宝石等藏在饺子中，以卜吉利。吃到包有糖果钱物者，则预示新的一年里将会顺利、富有。

古人相信桃木能够避邪镇鬼，故每逢除夕便在桃木板上画神荼、郁垒二神像或直书二神的名字，以期驱鬼压邪，这就是人们常说的"桃符"。唐末以后，又增加了钟馗等新的门神。后来人们开始在桃符上写一些吉利的、避邪的联语，故而桃符逐渐演变为春联。无论贴门神还是立桃符，必须每年一换，而且都是在除夕之夜、新旧年交替的时刻进行。王安石《元日》一诗云"千门万户曈曈日，总把新桃换旧符"，描述的就是这种情形。宋代以后，题写春联逐渐成为春节的必要礼俗。

春节还有燃鞭炮、点焰火的习俗。过年放爆竹已有两千多年历史，最初的时候，人们不是放鞭炮，而是烧竹子，借竹子燃烧时发出的噼里啪啦的响声驱吓鬼邪妖魔。爆竹避鬼之说始于汉代，见于东方朔的《神异经》。书中记载："西方山中有鬼焉，长尺余，一足，性不畏人；犯之令人寒热，名曰山魈。以竹着火中，火扑哗有声，而山魈惊惮。后人遂象其形，以火药为之。"人们相沿成习，除夕夜燃爆竹送旧岁，元日清晨庆新年。后来其形式由燃真竹子改为用纸卷火药制作鞭炮，人们习惯称之为爆竹。实际上，到后来燃放鞭炮已不纯为驱鬼逐怪，很大程度上变成了一种为节日增添喜庆、热闹气氛的娱乐礼俗了。

伴随爆竹声迎来新年第一天，拜年互贺的礼数也开始出现。拜年之礼起于汉代，有正式文字记载的见于宋代。南宋吴自牧《梦粱录》中说："正月朔日，谓之元旦……士大夫皆交相贺，细民男女亦皆鲜服，往来拜节。"除了走访亲友、携礼相贺，也采取投帖送柬方式，即遣专人送帖送柬以表贺节。接到贺柬者，也要以贺柬回拜，这算是早先的贺年卡了。

拜年之礼到今天仍在延续，它是人们相互拜访、祝贺节日、表示辞旧迎新的一种形式，也是人们利用节假日交流思想、联络感情、通融关系的一种手段。拜年是一种传统礼节，但要注意避免那些借拜年之机请客送礼、豪吃狂饮的不正行为。

二、元宵节礼俗

正月十五是新的一年中的第一个月圆之夜，也是过新年的最后一个余兴。这一天夜晚天上明月高挂，地上悬灯结彩，形成了中国独具特色的元宵节。

据史书记载，元宵节的起源和西汉年间元月十五日汉文帝平定叛乱有关。汉文帝决定每逢此夜都出游、与民同乐。民间正月十五闹元宵，是传统过新年的高潮。这一晚，到处灯火通明，热闹非凡，家家户户盛饰灯彩，供人观赏游玩，久而久之成为名副其实的"灯节"。元宵节的娱乐活动也越来越丰富，挂彩灯、猜灯谜、耍龙灯、放焰火、扭秧歌、跑旱船等，灯火锣鼓，热闹非凡，成为中华民族节庆文化的一个侧影。

过元宵节一定要吃元宵，元宵也叫糖元、汤圆，取其圆形、圆音，寓意全家团圆、平安、吉利、美满。古人多在元宵节出游观灯归来后吃元宵。元宵制法南北不同，北方先用白糖、芝麻、果仁做成馅团，然后用糯米粉滚裹起来，南方则先将糯米粉调制成皮，再将糖馅包制起来。随着时间推移，元宵不再只是元宵节食品，而成为一种四时皆备的点心小吃。

三、清明节礼俗

每年 4 月 5 日前后，即农历三月上旬，是我国另一个传统节日清明节。从节气上看，清明是我国传统历法中二十四节气之一，也是唯一演变为节日的节气。清明节有禁火、扫墓、踏青等许多风俗活动。

清明节禁火习俗的来历据传和纪念介子推有关。春秋时期，介子推跟随晋文公重耳在外流亡十五年。有一次迷路，重耳饥饿无食之时，介子推割取自己腿上的肉烤熟为重耳充饥，重耳感动言报。介子推说不求报答，但求重耳日后做一个清明的国君。重耳回国做国君后，封赏功臣时忘了介子推。介子推对晋文公感到失望，隐居绵山不肯复出。后来，晋文公为使介子推出山受封，下令烧山，介子推却身靠柳树死于火中，身后柳树的洞中留有一封忠告晋文公清明勤政的血书。晋文公十分感慨，于是为纪念介子推，下令每年的这一天禁用烟火，寒食一日。由于寒食日在清明节气的前一天，后来民间形成了清明节前后三天禁火的习俗。

清明节还有上坟扫墓的习俗。到墓地祭祖先，起初并不只在清明节。西周时，三月上、七月半、十月朝等日，都可祭祖上坟。一直到唐宋时，清明节扫墓才成定俗。时至今日，清明节寒食的习俗已渐消失，但祭祀祖先、追忆亡人、缅怀英烈、寄托哀思，都成为传统礼俗，一直延续下来。

清明节气一到，草木萌动，春光明媚，所以清明节又有踏青郊游、插柳植树的习俗。

四、端午节礼俗

端午节也是民间普遍流行的传统节日，亦称"粽子节""端阳节"等，时间在农历的五月初五。关于这一节日的起源众口不一，但民间普遍认为与纪念著名爱国诗人屈原有关。据史书记载，楚大夫屈原遭谗言而被流放在外，闻楚国被攻陷，痛不欲生，五月初五投汨罗江自尽。楚人得知后争相用舟楫拯救，后来五月初五龙舟竞渡习俗由此而生。楚人为了哀悼这位爱国士大夫，还在每年五月初五这一天将竹筒装米后用丝带包楝树叶于竹筒口，投江以祭屈原，后由此演变出端午节吃粽子的习俗。

如今，端午节的许多内容已渐渐成为一种传说，但吃粽子、话屈原、龙舟竞赛等仍一直沿袭。

五、中秋节礼俗

中秋节也称"仲秋节""团圆节""八月十五节"，时间在农历八月十五，因为这一天恰是三秋之半，故名"中秋"。中秋节兴起于周代，"中秋"一词始见于《周礼》。古有秋日祭月的习俗，《汉书·武帝纪》中说："天子春朝日，秋夕月。朝日以朝，夕月以夕。"是说古代帝王春天拜日，秋天拜月，拜日在晨，拜月则在夜晚，这可视为中秋节的雏形。

晋代已有中秋赏月之举，而真正定名为"中秋节"则是在宋代。到了清代，中秋之夜举家团坐，摆上酒宴果品庆祝，使这一节日逐渐演绎出了合家团圆的含义。

中秋节最重要的是吃月饼。月饼原是供奉月神的一种小甜饼，古已有之。"月饼"一词，最早见于南宋吴自牧的《梦粱录》。在宋代，月饼的花样已十分丰富。不过民间还流传着另一种关于中秋节吃月饼的传说，相传元末高邮人张士诚为抗击腐败的元朝统治，利用中秋向亲友送月饼之机，在月饼中夹上起义传单，人们见字起义，从此，每至中秋，人们吃月饼以庆胜利。

中秋节现在已成为团圆节。中秋夜，人们共坐饮酒、赏月、分食月饼，取团圆合和之意。

六、重阳节礼俗

农历九月初九，是我国传统的重阳节。重阳节也有"登高节""重九节""茱萸节""菊花节"的别称。《易经》认为九为阳数，而九月初九是两九相重，所以是"重阳"。九月重阳，秋高气爽，人们在这一天登高、饮酒、赏菊、插茱萸、吃重阳糕，后渐成习俗。

秋日饮酒赏菊的风俗据记载在秦汉之际就有，然而人们普遍认为南朝梁吴均《续齐谐记》中的"桓景避难"是重阳节的起源。书中记载，一位叫桓景的东汉人随仙人游学多年，一日，仙师告知九月初九其家有大难，他遂从师言，率家人臂系茱萸袋，登山饮菊花酒，果然逢凶化吉，家中灾祸都由鸡、犬、牛、羊代受。此后，人们为了趋吉利、避灾祸，每逢农历九月初九便登高、饮菊花酒、插茱萸，后经历代相沿，渐成传统节日礼俗。

我国诗人对重阳佳节历来有感情，留有许多抒发情感的诗词歌赋。王维的七绝《九月九日忆山东兄弟》就在抒情中描述了重阳节的风俗："独在异乡为异客，每逢佳节倍思亲。遥知兄弟登高处，遍插茱萸少一人。"

如今，重阳节已成为我国人民非常喜爱的节日，金秋重阳之际，人们登高郊游，饮酒赏菊，十分舒爽。

七、庆典之礼尚合宜

中华民族素来注重用仪式表达人们的内心情感，遇重大事情一般都有活动。如获得丰收要欢聚庆贺；遭到灾祸要祈求神灵保佑；辞旧迎新，春天伊始，秋高气爽，都有所庆贺；逢寿诞，待贵客，也必有庆典仪式。种种仪式或纪念庆贺，或表达盛情，久而久之，就形成了许多节日及庆典礼仪，如春节、元宵节、端午节、中秋节、重阳节、冬至、元旦、除夕等节日，又如冠礼、贺庆礼等特定礼俗。

春节，民间有"扫尘"的习俗。十二月尽，不论贫富，家家俱洒扫门闾，去尘秽、净庭户以祈新岁之安。"扫尘"反映了中华民族讲究清洁卫生的美俗。又如"拜年"，佳节时分，亲朋好友，走家串户，登门相拜，互致节日祝贺。这是人们融通关系、表达友好的一种方式，一直沿袭至今。但近些年，拜年之礼大兴，更有甚者，借拜年之机请客送礼，大吃大喝，有伤传统节庆文明，是一种应当戒除的不良风气。

又如，庆祝诞辰的礼俗由来已久。诞辰，俗称"生日"，记录着人生的时间历程，因而古人多以仪式活动来表示纪念和庆祝。庆祝诞辰，一般六十岁前多称"过生日"，六十岁后称"做寿"。古人比较重视给老人做寿，以祝愿老人长寿并安慰老人的晚年心境。如果不是具有一定社会地位和社会影响力的人，则寿庆多是亲友家人自己团聚庆祝一番。

古人各种节庆礼仪丰富多样，不再一一细述。这里着重提一下有关庆典之礼的一些有价值的思想。

中国传统注重庆典之礼，并非认为仪式举行得越隆重越好、越奢靡越合礼，反之，儒家就主张庆典之礼贵适宜，过奢过俭都不是得体之举："奢自文生，文过则为奢，不足则为俭。文者称实而为饰，文对实已为两物，奢又文之过，则去本远矣。俭乃文不足，此所以为礼之本。"（《二程集·程氏外书》）可见，礼之本质在于得当，适当的文饰是必要的，但过分则奢侈浪费，偏离礼的要求。当然，过于吝啬、妨碍到礼仪的实行也是不得体的。

在礼仪的形式、规模大小的问题上，古人有许多深刻精辟的见解值得我们研究借鉴。如《礼记》说："礼有以多为贵者：天子七庙，诸侯五，大夫三，士一。………有以少为贵者：天子无介，祭天特牲。………有以大为贵者：宫室之量，器皿之度……"

礼有时以多为贵，如天子可拥有七座祖庙用于祭祀，而诸侯只能有五座，大夫三座，士只有一座。礼有时以少简为贵，天子祭天只用一头牛。有时以大为贵，宫室、器皿都以大为好。也有以小为贵者，"宗庙之祭，贵者献以爵"，"爵"是容量为一升的酒器，"贱者献以散"，"散"是容量为五升的酒器。《礼记》说："有以高为贵者：天子之堂九尺，诸侯七尺，大夫五尺，士三尺。""有以下为贵者，至敬不坛，扫地而祭。"最高的祭祀反不设坛，在地上清扫出一块地方就可以了。

"礼有以文为贵者：天子龙衮，诸侯黼"，天子朝服上饰有美丽的龙纹，而诸侯礼服上只能有一种黑白相间的斧形花纹。但礼又有"以素为贵者，至敬无文，父党无容"，去见父辈长辈，不装饰打扮，素朴无文才更显恭敬。以素为贵还表现在"大圭不琢，大羹不和，大路素而越席"（《礼记·礼器》），天子用于祭日月的圭反而不加雕琢，天子贡奉用的羹不能加盐等调料，祭祀用的大车朴素到只铺草席。

《礼记·礼器》还分析了礼之多少的不同意义，"礼之以多为贵者，以其外心者也。德发扬，诩万物，大理物博，如此则得不以多为贵乎？故君子乐其发也"。礼以多为贵的原因是用心于外，德辉发扬，遍及万物，理大而物博，这样则必须以多为贵，所以君子有时候需要用心于外，借物博而达德理。而"礼之以少为贵者，以其内心者也。德产之致也精微，观天下之物无可以称其德者，如此则得不以少为贵乎？是故君子慎其独也"(《礼记·礼器》)。礼有时之所以以少为贵,是因为用于内心。天地之德,精深微妙。天下之物,没有可以表现天地之德的。所以以少为贵,圣人君子往往全心全意地去敬仰天地之德。

　　总之,古人认为"内之为尊,外之为乐,少之为贵,多之为美"(《礼记·礼器》)。多少、内外各有所贵,并非越多越好。古人这种见解非常精辟,对我们今天的礼仪文明具有指导作用。那种一味追求礼大礼美的倾向,一方面容易"过而奢",另一方面也是缺乏礼仪教养,没有真正领悟行礼的真谛。

第八章　慎终追远：丧葬礼仪文化

　　丧葬礼仪是古代礼仪的重要组成部分，它包括不同民族、不同地域对死者举行的殓殡祭奠方面的礼节，也包括人类出于对自己的祖先、大自然及周围事物的敬仰、崇拜而采取的祭祀仪式。古代"五礼"中列有凶礼，《周礼·春官·宗伯》曰："以凶礼哀邦国之忧。以丧礼哀死亡，以荒礼哀凶礼，以吊礼哀祸灾，以禬礼哀围败，以恤礼哀寇乱。"是说人的死亡、疾疫、灾害、失败、寇乱等五方面都属凶险之忧，需要设立相应的礼仪形式，以消灾理乱、安慰人心。

　　而在凶礼各项中，最重要的是丧礼。几乎所有的古代重要典籍，都涉及丧葬之礼。《礼记》中的《檀弓上》《檀弓下》《曾子问》《丧服小记》《丧大记》《奔丧》《问丧》《服问》《丧服四制》《三年问》等篇目是专讲丧葬之礼的重篇。《仪礼》中的《丧服》《士丧礼》《士虞礼》《既夕》等篇，也专讲丧葬之礼。这两本古籍记载了我国古代丧葬礼仪的种种规定和风俗，使我们能够详细了解古代丧葬礼仪及其文化。葬祭风俗同社会其他礼仪文化一样，是一定社会经济生活的反映，也是不同时代、不同文化观念的表达。

一、丧礼的起源与演变

　　人死称为丧，对死者遗体的处理称为葬。丧葬礼仪，是人结束一生后，由亲属、邻里、好友等进行哀悼、纪念、评价的仪式，同时也是殡殓祭奠的仪式。由于我国地域辽阔，民族众多，各个地区、各个民族产生了不同的治丧、送葬方式，形成了各具特色的丧葬礼俗，人们用不同的方式表达对死者的哀悼和怀念之情。

人类治理丧葬的活动可以上溯到原始社会。初始，人类大多将死者的遗体置于荒野，古籍记载："古之葬者，厚衣之以薪，葬之中野，不封不树。"（《易·系辞传下》）这是说，只用些树枝柴草类东西堆积在遗体上，既不用土埋，也没有在周围种树木。后来渐渐有了土葬等葬式。考察出土的古代墓葬可知，至少在两万年以前就已经有丧葬礼仪了。从两万年前的墓葬遗址看，死者旁边放有装饰物、食品、各种原始生产生活用具，可以证明当时已经为安慰死者的"灵魂"、安排死者生活举行过相应的仪式。

墓葬中死者放置的方向一般为头西脚东，表示灵魂寄托西方。在有了瓮棺后，常见到在棺的顶部凿一个小洞口，幻想着死者灵魂可以自由进出。随着灵魂不灭迷信思想和物质生产的发展，陪葬物也有了新的变化。到了奴隶社会时期，厚葬之风盛行。用人做殉葬品是奴隶社会极端野蛮、极端残酷的社会习俗，其目的是让奴隶到阴间继续为奴隶主贵族效力。

封建统治者惯常的奢葬，对社会风气产生了极为恶劣的影响。在《皇览冢墓记》中记载了秦始皇的奢葬："始皇冢在骊山之右。中以水银为百川，金银为鸟雁，机相轮，上具天文，下具地理。以人鱼膏为烛，度久不灭，其葬时，后宫无子者皆葬殉，从死者甚众。"后世皇帝，无一不搜刮民脂民膏为自己建墓筑陵，墓中殉葬物尽揽天下奇珍异宝。而平民百姓由于受统治阶级宣扬的封建迷信和封建道德观念的影响，也"重殓厚葬"，甚至负债厚葬。否则，儿孙就要背上"不孝"的恶名。

据传汉武帝时的杨王孙反对厚葬之风，临终前他告诫儿子"布囊盛尸"，从俭"裸葬"。这使他的儿子陷入两难境地，遵从也不是，不遵从也不是，"欲默而不从，重废父命；欲从之，心又不忍"（《汉书》卷六十七）。最后还是遵父命进行俭葬，"裸葬"其身。此举在当时引起惊世骇俗的轰动，如果不是杨王孙力主此事，其子必定要被世人责为"逆子"。

虽然在古代不乏反对奢葬之人，但丧葬礼仪仍是日趋复杂烦琐，铺张浪费之风也是愈演愈烈。随着佛教的"生死轮回""因果报应"观念深入人心，封建丧葬礼俗也变得更加烦琐。

与此同时，同宗法等级制度相适应，丧葬礼仪也有了严格的等级分别，仪式日益繁杂。仅《仪礼》《礼记》两本记载古代礼仪的专著中，讲丧礼的篇幅就各占百分之二十六和百分之三十，加上祭祀祖宗的礼规，篇幅就要分别占到三分之一。可见丧葬礼仪在古代礼仪中所占据的分量。

而从考古发掘看，"丧葬礼制"也的确体现出等级制度的特点。据考证，大汶口文化晚期厚葬之风盛行，随葬品都很丰富。但龙山文化墓葬的随葬品普遍都很少，有些大墓出土的随葬品非常精美，可考墓主生前无疑是富有之人，他们应当有厚葬的能力，但随葬品的数量却很有限，如龙山文化最大的墓地 M32，只有三十二件随葬品，大墓 M10 则只有九件，这说明社会礼制和葬仪规定不允许他们厚葬。可见，社会等级礼制是渗透在各个生活方面的，由此丧葬礼制也等级化、政治化了。

今天我们"破千年旧俗，立一代新风"的丧葬观念已经形成，礼仪烦琐的鄙俗旧习已得到根本改变。治丧肃穆而俭简，悼念形式变为对逝者的纪念、评价和对生者的教育活动。当然，旧的丧葬习俗在今天某些文化水平比较低的地方还没有绝迹，进一步根除落后习俗、形成文明社会习俗要靠全社会一起努力。我们今天了解古代传统丧葬礼仪，也是为了更好地分辨哪些是陋习、哪些是可以存留的丧葬礼俗。

传统礼制中的丧礼较婚礼等其他礼规，有着更强烈的官方正统色彩。正统婚礼的各个程序在世俗生活中可由人们恣情发展，但丧礼方面的改变却总是很难有什么突破。不要说平民百姓不敢斗胆改变丧礼传统的一礼一规，即使是高高在上的帝王，要想改革丧礼也是阻力重重。

汉文帝与其子汉景帝在位期间，实行轻徭薄赋、与民休息的政策，一时"海内殷富，兴于礼义"（《史记·孝文帝本纪》），史称"文景之治"。

从体恤民情出发，汉文帝大胆改革了丧葬礼仪。他反对厚葬奢风，明令修自己的陵墓一切从简："治霸陵皆以瓦器，不得以金银铜锡为饰，不治坟，欲为省，毋烦民。"（《史记·孝文帝本纪》）遗诏的内容充分反映了汉文帝的开明与自节自律："朕闻盖天下万物之萌生，靡不有死。死者天地之理，物之自然者，奚可甚哀。当今之时，世咸嘉生而恶死，厚葬以破业，重服以伤生，吾甚不取。且朕既不德，无以佐百姓；今崩，又使重服久临，以离寒暑之数，哀人之父子，伤长幼之志，损其饮食，绝鬼神之祭祀，以重吾不德也……天下吏民，令到出临三日，皆释服。毋禁取妇嫁女祠祀饮酒食肉者。自当给丧事服临者，皆无践。绖带毋过三寸，毋布车及兵器，毋发民男女哭临宫殿。宫殿中当临者，皆以旦夕各十五举声，礼毕罢。非旦夕临时，禁毋得擅哭，已下，服大红十五日，小红十四日，纤七日，释服。"（《史记·孝文帝本纪》）

相对于传统丧礼中君丧三年的服丧期，三十六天即释服的确使百姓轻松很多，但这样一种为百姓着想的开明义举，却遭到后人的抨击。《唐鉴》说："君丧三年，自古以来未之有改也。汉文率情变礼，薄于丧纪，始令吏民三日、群臣三十六日释服，虽欲自损以便人，而不知使人入于异类也。自是以后，民不知戴君之义，而嗣君遂亦不为三年之服。""为国家者，必务革汉文之薄制，遵三代之隆礼，教天下以方，丧三年，则众著于君臣之义矣。"

二、古代丧葬礼仪

在古代礼仪中，丧礼属于凶礼的范畴。其程序既严格又特别烦琐，且透露出浓厚的宗法等级观念和封建迷信色彩。

按古籍的记载，古代丧礼主要有如下一些程序。

一是初终礼。《礼记·丧大记》说："疾病，外内皆扫，君大夫撤县，士去琴瑟，寝东首于北牖下。……废床，彻亵衣，加新衣。体一人，男女改服，属纩以俟绝气。男子不死于妇人之手，妇人不死于男子之手。"这里所说的是人病危至气绝时的礼仪，因为要准备接待宾客来探视或吊祭，所以要打扫干净室内室外。倘若国君与大夫病，便应撤去乐悬，士病则撤去琴瑟，将病者头朝东放于北窗下。人之将死，要将他从床上移放到地上，这是因为人是依地而生存的，人们希望生气能通过地重新进入他体内使之复活。气绝之后，四人各抬一手或一足，将其遗体重新置于床上。这时，男女都要更衣，并将新绵置于死者口鼻之上，试鼻息，如丝絮不动，即为断气，称"卒"，诸侯称"薨"，天子称"崩"。男人不能死在妇女手中，反之亦然。

二是哭丧礼。《礼记·丧大记》说："始卒，主人啼，兄弟哭，妇人哭踊。"哭是为了表达对死者离去的哀痛。但古人对哭也有礼仪上的不同规定。"主人啼"，是因为主人是丧家的主事者，应当最哀痛，哀痛至极则欲哭无声，哭而无声谓之啼。且主人还要准备操持后事，也不能放声大哭而失去理智。"兄弟哭"，哭而有声，表达的是兄弟间的情谊。"妇人哭踊"，妇人在此时要哭而不能啼，不只是哭，还要边哭边跺脚，表示悲痛至极。"踊"在《说文·足部》中的解释为"跳也"。

啼哭中，要有亲近者上屋顶或其他高处，挥动逝者衣服，向北长号三声，男人呼其名、妇人呼其字，这是在招魂复魄，呼唤其归来。《仪礼·士丧礼》称其为"皋某复"。

上述仪式都表示要尽生者的爱心，祈祷逝者假死而复生。《礼记·檀弓下》解释其为"复"，曰："复，尽爱之道也，有祷祠之心焉。望反诸幽，求诸鬼神之道也。北面，求诸幽之义也。"

三是吊丧礼。家人痛哭过后，要安排凭吊活动。众亲友接到讣告后，应来吊丧。吊丧者要以亲疏等级划分，站立的位置与哭吊的方式都有一定的规矩。在吊丧礼仪中还有一种"奔丧"的礼规。也就是听到长者亲属逝去的消息，不论远近，都要从外地赶回来。《礼记·奔丧》说："奔丧者，以其居他国，闻丧奔归之礼。"

四是小敛礼。小敛为次日的重要仪式，主要是为逝者穿寿衣。穿好之后，要在堂上以酒食祭奠，奠时丧家主妇也要哭踊。小敛礼这一夜，厅堂中的灯火必须彻夜不熄。

五是大敛礼。这是第三日的重要仪式，主要是入棺。将棺木和为逝者准备的一应物品陈列于堂上，众亲友一同"哭踊"，进行大敛礼仪式。

六是出殡礼。选定葬所后，在安葬前一日，要进行祭祖仪式。有祖庙的一般都将灵柩送移祖庙，并进行祭奠。在这之后，主人可接受亲友的送葬馈赠，馈赠的物品有束帛、钱财等。安葬时，主人与宾客送灵柩到墓地，举行简单仪式后即下葬。葬礼要求棺木下穴时都不能哭，下棺之后才大哭大踊，以表达悲痛的感情。

七是服丧礼。葬礼之后，要行守丧之礼，即"服丧"。服丧也是生者对逝者的一种孝敬、怀念方式，即为了哀念死者，应在家中守丧，不理外事。一般为死者晚辈亲人行服孝之礼。据《礼记》记载，服丧三日之内不能进食，三月不能梳扮，三年不能欢娱，"非丧事不言"。当然实际执行中时间长短上也有松动的余地。

这里所介绍的只是古代丧礼的主要程序，典籍中的详细记载则要繁杂很多。比如，仅丧服一项，就有五个级别和类型，不同辈分不同亲疏的人穿哪一种丧服，都有严格规定，从最粗生的麻布到最细熟的麻布共五个等级，即斩衰、齐衰、大功、小功和缌麻，称"五服"。通常规定，与逝者关系越亲，其丧服形式越粗糙。

五服制度是遵循亲亲、尊尊、长幼、男女有别的等级原则而订立的，同时也是注重血缘关系的一种表现。五服之内为一家的观念，对于中国古代宗法血缘制度的巩固非常有利。

上述葬礼程序主要是以土葬形式为根据。除土葬外，还有若干不同形式的葬俗。史籍记载了四种形式，"死者有四葬：水葬则投之江流，火葬则焚为灰烬，土葬则瘗埋之，鸟葬则弃之中野"（《南史·扶南国传》）。

土葬多为汉民族普遍采用的葬式，这可能与汉民族世代农耕相关。土地是生命之源的观念，使人们认为将逝者身体深埋于土中是使灵魂得以安息的最好方法。最初的土葬以土坑为主，地面不设明显的坟丘，如周文王、周武王的墓地都"与平地齐"（崔寔《政论》）。坟丘的出现大概在春秋后期。据考证，南方坟丘出现较中原地区更早。南方因雨水较多，所以多采取平地埋尸，上面累丘为坟。后来，南北文化交流融合，葬俗也互相影响，便形成了普遍的丘形坟墓。

火葬是将逝者身体用火焚化的葬式。火葬在我国古代也由来已久。最早始于原始社会，多见于边远地域的部落中。随着民族生产和生活方式的变化，尤其是在外来佛教文化的影响和渗透下，人们的观念随之变化，火葬也就渐渐在一些地方推行开来。佛教有死后焚身的传统，唐宋两代时，佛教比较盛行，人们的丧葬观念因此受到影响，火葬的习俗开始流传到民间。据记载，河东地区即大约现在的山西，因地狭人多，所以亲人死后多采用焚烧的葬俗，而江南水乡由于水多地少，火葬风俗也很普遍，"浙右水乡风俗，人死，虽富有力者，不办蕞尔之土以安厝，亦致焚如"（《清波杂志》）。《马可·波罗游记》也曾记载，可看到中国北至宁夏、西至四川、东达山东、南及浙江的广大地区实行火葬的情景。

然而火葬在封建统治者官方律令中是被禁止的。元朝的《元典章》、明朝《大明律·礼律》以及后来的《大清律例》，都有严禁火葬的规定。正因为如此，火葬形式到了明、清两代逐渐衰落。

水葬多为古代聚居于山泽水畔的少数民族的葬俗。这些民族世代以水为生，和耕农不一样，这里的人视江河湖泊为生命的源泉与归宿。水葬在举行简单仪式后，多从江河急流处将逝者身体投入水中。大概是由于人们渐渐感觉这样做污染河水，妨碍沿岸的人饮水，水葬在江河沿岸一带才逐渐被舍弃。但在海边生活的一些人仍有实行水葬的风俗。

天葬也称鸟葬、野葬，是将逝者遗体置于鸟类出没之地，让猛禽啄食，并以是否被啄食干净来判断逝者是否进入天堂。这种葬式主要流行在以游牧为主的少数民族地区，如藏族聚居区，藏民认为神鹰猛禽能够帮助逝者进入天堂。

风葬也称树葬，是天葬的一种演变形式，在我国东北地区的鄂温克族和鄂伦春族中盛行。早期多以柳条，近代多以松木板和圆木掏空为棺，包上桦树皮、芦苇等，在林间选择几棵高大松树，在离地面两米处截断为桩，桩上架以横木，将尸体安放于上面，任其自然腐烂。实行这种葬法的人认为，死者受日光照射和风吹雨打，会变成天上的星星，为人间带来光明。

悬棺葬流行于我国福建、云南、四川、贵州等地的少数民族中，是将逝者遗体放于棺内，再置于悬崖上风化。棺材一般放于天然岩面、岩洞、岩缝内，距离地面低的有二十多米，高的有一百多米。据说福建悬棺葬年代约在夏代之前，距今已有三千多年，历史最为久远。当今四川省珙县留存的悬棺遗迹最多。这种悬棺葬法，至今仍属未解之谜。福建武夷山地区还发现有一种岩葬（亦称船棺葬）的葬式，将死者置于船形棺椁之内，安放在百尺悬崖上的石洞中，有考古学家认为此为古越人葬俗。据猜测，散布在绝壁上的悬棺，表达了人们对逝者的崇拜与护卫。

随着时代发展，土葬、火葬、水葬、天葬、风葬、悬棺葬等葬俗有的已经绝迹，有的只能作为远古文化的残余，有的虽存在着，但形式也发生了巨大变化。

三、慎终追远的丧礼文化

古代丧礼极其隆重而繁杂，人们对丧礼如此重视的原因，一方面是封建统治者的大力倡导，另一方面是封建宗法等级观念的影响。除此之外，对鬼神的敬畏和迷信也是不可忽略的一个原因。

历史地看，古代的丧葬礼仪在相当程度上是古代人"孝"的观念的反映，"孝"的观念最早形成于对父母祖辈的赡养与祭祖活动，包括多方面内容：一是追述先祖之宗亲而行孝，二是为了表达恭敬之心而行孝，三是追随先祖之志而行孝。这是"追孝"所表达的内涵。

早期"孝"的观念中尊祖和敬宗的成分更多一些，随着宗法礼制的完备，人们逐步把对先祖的"追孝"转向了父母。"孝"成了界定宗族人际关系的法则，"孝"的基本精神转向了尊亲卑己，由父尊子卑的基本家庭、家族关系决定，带有古人"重人道"的思想。

古人一贯提倡"生有所养，死有所葬"，"少有所依，老有所终"，认为死是生的一种延续。只重生而不重死，这在古人看来是不合人道的。荀子就这样论说过："礼者，谨于治生死者也。生，人之始也；死，人之终也。终始俱善，人道毕矣。故君子敬始而慎终。终始如一，是君子之道，礼义之文也。"（《荀子·礼论》）荀子还说："事生，不忠厚，不敬文，谓之野；送死，不忠厚，不敬文，谓之瘠。君子贱野而羞瘠。"（《荀子·礼论》）所以，对生者要敬要厚，对死者也要敬要厚，不能因为生者有知、死者无知而薄待死者，做人应当敬事生而慎事死。

生死是每一个人都要经历的始与终。"事生，饰始也；送死，饰终也"，生死都侍奉得无可挑剔，那样，"孝子之事毕矣，圣人之道备矣"。

丧礼中一系列烦琐礼式，相当多是出于孝道考虑的，其中对父母行丧礼的规定，是最多最重的。应当说，人们在遵从父母丧葬之礼时，大多是为了表达对父母的情感和爱意。《诗经·蓼莪》说："父兮生我，母兮鞠我。拊我畜我，长我育我。顾我复我，出入腹我。欲报之德，昊天罔极！"父母生我养我，其恩德生前难以报答，只有通过丧礼的隆重铺陈以及对自我的苛责节制来表达了。

荀子在解释"三年之丧"时也说"齐衰，苴杖，居庐，食粥，席薪，枕块，所以为至痛饰也"（《荀子·礼论》）。丧失亲人悲痛之极，只有以孝衣素食简居来与之相适应。

丧礼和祭祖之礼一起，构成了行孝父母、追念宗亲的礼制文化观念。丧祭之礼中，处处表达出对父母及先祖的感激与敬顺，表现出子孙不忘家庭、家族之恩德的感念。每一次丧礼、祭礼，都使参加者又一次直接感受到先辈、宗族在礼仪中所象征的意义，使人伦关系、宗亲秩序和宗族利益观念在参加者内心中得到又一次认同和强化。

历代思想家也都对丧礼规定的合理性做过论证。荀子在论述"三年之丧"的缘由时就说："三年之丧，何也？曰：称情而立文，因以饰群别、亲疏、贵贱之节，而不可损益也，故曰无适不易之术也。"（《荀子·礼论》）《诗经·大雅·既醉》中有一段周公告诫成王的话，可以看作古代礼制文化对孝行本质的表述："威仪孔时，君子有孝子。孝子不匮，永锡尔类。其类维何，室家之壶。君子万年，永锡祚胤。"这是称颂君子有孝德，同时特别强调了孝行对宗族的意义。

古代思想家反复论证服丧礼的必要性与合理性："凡生乎天地之间者，有血气之属必有知，有知之属莫不爱其类。今夫大鸟兽则失亡其群匹，越月逾时，则必反铅，过故乡，则必徘徊焉，鸣号焉，踯躅焉，踯躅焉，然后能去之也。小者是燕爵，犹有啁噍之顷焉，然后能去之。故有血气之属莫知于人，故人之于其亲也，至死无穷。将由夫愚陋淫邪之人与？则彼朝死而夕忘之，然后纵之，则是曾鸟兽之不若也，彼安能相与群居而无乱乎？"（《荀子·礼论》）荀子认为，鸟兽动物尚且对同类失亡有哀伤不舍之状，何况比鸟兽更有血气良知的人呢？人若对逝去的亲人朝死夕忘，不能久久伤怀感念，岂不连鸟兽都不如？在一个注重血缘亲情的社会里，丧亲悲痛之极，岂能少了与此悲情相契合的"三年之丧"礼规？

荀子还特别强调臣民对君主坚守三年丧礼对于维护君臣之道及社会等级秩序的必要性。"君子丧所以取三年，何也？……曰：君者，治辨之主也，文理之原也，情貌之尽也，相率而致隆之，不亦可乎？"（《荀子·礼论》）。

君主是万民之父母，其恩德之大，既包含又超过亲生父母所能给予的。三年之丧，是民对君至情至文的表达。从民对君的服丧礼仪的执行中，能看出君主与臣民的关系。君丧三年之礼实行与否、实行得如何，是关系到天下"治"与"安"的重大问题。

正是基于丧葬之礼在孝道以及宗族维系中所起的特殊作用，历代官方才都用舆论和法律的力量来保证其推广和执行。

法律规定，不为亲服三年丧者，不得选官。陈汤就曾犯此律条，因为等待升迁，没有举父丧，被判狱论处，还连累推举他的张勃被汉元帝下诏削去二百封户。① 一般情况下，父母亡逝，都要在家服丧三年。有官位的要去职，有公事的必须告假服丧，且三年内不得办喜事。如果因为某种原因无法奔丧、服丧却隐瞒服丧之事，则要以刑法论罪。《唐律疏议·职制》中讲："诸闻父母若夫之丧，匿不举哀者，流二千里……闻期亲尊长丧，匿不举哀者，徒一年。"可见，古代法律是把闻丧不举作为不孝之重罪来处罚的。

在这种注重丧礼的法律压力下，服丧之礼愈演愈烈，以致失去了行孝初衷。一些儿孙不在父母在时尽孝道，而在其死后治丧服丧过程中不马虎。后世的思想家洪仁玕在《钦定军次实录》中说："更可怪者，为人之子，以在生父母为可有可无之亲，而死后骨骸，视为求富贵之具。"②

可见，在古人看来，丧礼的意义没有其他特别之处，就是为明生死大义，表述生者对逝者的哀敬之思。所以古代的丧礼往往比其他礼仪更为烦琐冗长。哭丧中的"招魂"，入殓之后钉棺侍葬的"殡礼守灵"，都带有生者对死者的眷恋之情，不愿死者即刻离去。服丧也是对死者的一种怀念方式，为哀念死者，在家中守丧，不理外事。

用丧礼表示对死者的哀敬、寄托生者的哀思，合情合理，但古人通过仪仗规模、棺椁等级、敛衣丧服的规格等严格区分人的尊卑等级，就有封建等级制的成分了。而且对服丧之人行止的规定，也不利于人之身心健康，不利于社会工作的正常进行。对丧礼中的封建迷信色彩，我们就更应加以批判。但在古代丧葬礼仪中，也有一些值得我们吸收的礼节。比如古人认为"送死不及柩尸，吊生不及悲哀，非礼也"（《荀子·大略》），送葬不及时，或者悼念死者却又未表达应有的悲哀，这样是失礼的。古人所说的"吉行五十，奔丧百里"，就是强调丧葬一定不可不紧不慢，误了葬期是缺乏肃敬之心。

服丧期间要遵循的另一项原则是："丧礼，与其哀不足而礼有余也，不若礼不足而哀有余也。"这同祭礼一样："祭礼，与其敬不足而礼有余也，不若礼不足而敬有余也。"（《礼记·檀弓上》）这些要求是有道理的，哀敬主要在于发自内心，而不仅仅是外在礼仪形式。

此外，人未死却赠送助丧之物，即使出于好心，也是非常失礼的。

---

① 胡戟. 礼仪志. 上海：上海人民出版社，1998：435.
② 胡戟. 中国古代礼仪. 西安：陕西人民出版社，1994：49.

《左传》记，天子派大臣宰烜去给"未薨"的仲子送助葬之物，"豫凶事，非礼也"（《左传·隐公元年》）。

另外，《礼记》记载的举行丧礼时必须遵从的一些规定，也是我们应当注意的。《曲礼上》规定："邻有丧，舂不相；里有殡，不巷歌。适墓不歌，哭日不歌。""临丧则必有哀色。"还规定："适墓不登垄，助葬必执绋，临丧不笑……望柩不歌，入临不翔。"这是要求，如遇邻家有丧，舂米时就不要伴歌（"相"），邻里有殡，就不要在巷道里高声而唱。除此之外，到了墓地或在葬礼期间，以及看见棺柩，都不能放声歌唱。而在墓地登上人家坟顶，或举丧中不哀而笑，进入丧家走路轻快舒展，也都是丧礼所不允许的。《礼记》还规定，举丧期间，人们应当"颜色称其情，戚容称其服"（《礼记·杂记下》）。脸色表情要同悲哀的心情相称，哀痛的面孔应当与丧服一致。

这些礼节，也都是我们在今天参加葬礼时所应具备的基本礼节。我们未必要学古人着丧服时讲究"五服"，但参加葬礼时还是以穿深暗色系的正规服装为好。表现哀情也不一定非得捶胸顿足（"辟踊"），但容色表情必须肃穆哀敬。穿着色彩鲜艳的奇服异饰，高兴地去参加葬礼，是缺乏教养且非常失礼的举动。

第九章　祖宗崇拜：祭祀礼仪文化

在前面我们已了解到，古礼可分为五类：吉礼、凶礼、军礼、宾礼、嘉礼。其中，吉礼以祭礼为首，是非常重要的一种礼仪。《礼记·祭统》中指出："凡治人之道，莫急于礼。礼有五经，莫重于祭。"

一、祭礼的起源与宗教崇拜

祭礼历史悠久，恐怕是所有礼仪中最先发展起来的。自然界不可思议的力量和现象，使远古先民对天地自然产生一种敬畏和崇拜，而灵魂不死的观念，也使古人对鬼神采取了虔敬的态度。人们往往把吉凶祸福依托于天地鬼神的帮助或惩罚，所以常常要进行祈求保佑、表达崇敬的活动。

祭祀是在社会生产力水平低下、人们无法解释生活中的吉凶现象下形成的，是人们屈服于自然力的表现，也是人们不能掌握自己命运的表现。祭祀文化研究者泰勒指出："巫术是建立在联想之上而以人类的智慧为基础的一种能力，但是在很大程度上，同样也是以人类的愚昧为基础的一种能力。"①

---

①　泰勒. 原始文化. 蔡江浓，编译. 杭州：浙江人民出版社，1988：122.

与西方文化或其他民族文化相比，中国礼仪文化在宗教崇拜方面有一种独特的现象，即没有自生出严格意义上典型的宗教。宗教信仰是以祖宗崇拜为表达形式的，祭祀的对象很快就从天地自然转移到了宗族祖先。典型意义的宗教通常由自然崇拜发展为超自然的彼岸神灵信仰，而中国宗教崇拜的祭祀对象则不是彼岸异于人类的超然力量，而就是现实此岸的祖先。为什么作为人类普遍历史文化模式的宗教类型没有在中国产生？这种现象很值得探讨。

中国文化有其独特的系统和特质，上述问题同许多问题一样，只能在中国历史和文化的整体内在结构中寻找原因。原因是很复杂的，中国的宗法伦理实践和儒家德性文化独特的理论思维从根本上左右了中国宗教崇拜的类型与走向。

儒家德性思想中天人合一的天道观，性情、灵肉合一的人性观，是影响宗教崇拜的一个文化因素。

天人合一在中国古代表达的是人与自然的非对立关系。在古人眼中，"天"既不是与人道无涉的纯粹客观的自然存在，也不是神性主义人格神的绝对主宰，而是一种与世事人道具有同一性的客观存在。

古代思想家感受到在天地万物日生日易的背后，有一种超越感性世界的秩序、规律和目的性，即天道。在宗法社会以"敬德"为核心的礼制思想中，德性和政治是联系在一起的，并进一步同受命于君的上天联系在一起，认为天人是可以相互感应的，天命是根据地上帝王是否有德而转移的，有德则降神命于其身，失德就要受到天帝的惩戒。对"天"进行德化的把握而不是纯自然的理解，这同血缘氏族的祖宗崇拜有关，这一点我们后面再继续探讨。

如此，"天"是和"德"具有同一性的存在。把德性秩序的"人道"内容赋予自然的"天道"，从而给"人道"找了一个必然的"天道"本原所在，古代思想家或自觉或不自觉地完成了这个"天人合一"的逻辑过程。天道和人道既是同一、合一的，天地自然也就既不成为西方那样被人征伐改造的对象，也不会是人匍匐顶礼的神灵了。

这是中国古代不以自然神灵为宗教崇拜对象的重要文化原因。

就人类进化的客观进程来讲，人最先崇拜的不是别的什么东西，而是与人类生存密切相关的自然力量。恩格斯曾指出，在历史的初期，被人们歪曲地反映为神灵的，"首先是自然力量"，在此后的进化中，自然力量"在不同的民族那里又经历了极为不同和极为复杂的人格化"①。而在中国古人世界一元的观念意识里，天、地、人、万物都内含着毫无本质差异的内在统一性，天道和人道是合一的，人与自然是统一的，甚至人本身就是天地根本的某种外化。

在华夏神话传说中，我们很难分清人与天地之初谁创造了谁。西方基督教文化中，是天帝（自然力量的代表）创造了人类的祖先，而在中国古代神话中，是人类祖先——盘古开辟了天地。所以，天地从一开始就与人的生命紧密相连。金文中"天"写作"夨"，恰恰是人的形象。从古老的象形文字中，我们可以看到古代中国人对宇宙天地的认同感，以及人的生命与天地合一共存的一元世界观。

中国古代的祭祀礼仪，就是为求祖先神灵护佑、赐福而举行的活动。文化人类学研究表明，祭祀礼仪是原始文化的主要内容。远古祭祀文化，对以后政治、宗教、伦理、科技、艺术等方面的孕育和发展，都起着重要作用。

原始祭祀礼仪文化也有它的发展过程。早期专职事神的人员是和一般人明确区分开的，即民神不杂、民神异业。专门从事人神沟通交流的是有道法、权威和影响力的人，他们的言辞、举止、容貌、威仪代表着鬼神的意志，从而具有无上的神圣威力。事实上，后来社会产生分化，氏族部落首领、夏商周三代的创始人，他们的所作所为都带有职事鬼神、执掌祭祀鬼神的超自然能力色彩。

随着祭祀文化的发展，社会生活中人与神的沟通渐渐普遍化、世俗化。人人自行举行祭祀，任意迎接鬼神，民神杂糅，民神通位。大兴祭祀之风的靡费，引发许多社会经济问题，更重要的是导致上下同位、秩序紊乱。于是，生活在宗法等级秩序中的人们恢复了民神不杂、不准僭越的秩序，即绝地天通。

宗教祭祀活动中的绝地天通，是宗法等级社会礼制文化的必然发展。

专职事神的人，古时称巫觋。"巫"字甲骨文中写作"𢽾"，有人考证说这表示两玉相交错。而许慎在《说文解字》（巫部）中则有另一种解释。

---

① 马克思恩格斯全集：第 26 卷. 2 版. 北京：人民出版社，2014：334.

许慎说："巫，祝也。女能事无形，以舞降神者也。象人两亵舞形，与工同意。""无形"指鬼神，"亵"即长袖，事无形即事神。在古卜辞中，"舞"字写作"夈"，后讹变为小篆写法的"巫"，所以，有人据此考证认为："舞巫既同出一形，故古音亦相同，义亦相合，金文舞無一字，说文舞無巫三字分隶三部，其于卜辞则一也。"① 从"巫"字的字源上看，其与当时的降神舞蹈仪式密切相关。

另外，从事事神活动的人员有男有女，其在中国古代文化中的称呼略有不同，女称"巫"，男则称"觋"。许慎释"觋"为："能斋肃事神明也，在男曰觋，在女曰巫。"（《说文解字》巫部）觋能斋肃事神明，巫是"以舞降神者也"。当然，在近代文化人类学研究中，男女事神者统称为巫。

巫觋所使用的咒语和特有的舞式活动被称作"巫术"，古代先民认为这种咒语和舞式能够召唤神的出现并帮助人达到一定的目的。

宗教巫术活动有一整套仪式。献以牺牲，做以舞蹈，还有祈祷、念唱咒语。古人认为人通过歌舞可以娱神，以便尽快和神沟通，获得神赐附的神秘力量。"人嗜饮食，故巫以牺牲奉神；人乐男女，故巫以容色媚神；人好声色，故巫以歌舞娱神；人富言语，故巫以词令歆神。"② 祭祀礼仪就是从上述祈神的巫术活动中演化形成的。

祭礼在远古时代对象很广，从天地自然到精灵鬼魂，从远古祖先到动植物，都可被奉作祭祀的对象。但随着人们理性的觉醒，尤其是血缘宗法社会的形成和发展，祖先崇拜压倒了天神崇拜，即使后来仍有对天地自然的祭祀，也多和祖先崇拜联系在一起，此时先王先祖和天地自然是合为一体的。至周代，祭祀之礼的种类已很丰富，其仪式也已非常繁杂。

祭，简单地说是通过一定的仪式，把规定的祭物献给崇拜的对象。祀，原先专指对祖先的祭祀，后来也泛指祭祀。

在中国古代，不论哪个朝代，祭祀都是国家的头等大事，对象从自然界的天地日月、山林川泽，到冥冥中的祖宗鬼神，无所不包。祭礼分为大、中、小三种：大祭指对天、地、先王的祭祀，中祭指对日月星辰、社稷、五岳的祭祀，小祭指对专司风雨山川的风师、雨师等神祇的

---

① 陈梦家．商代的神话与巫术．燕京学报，1936（20）：537．

② 瞿兑之．释巫．燕京学报，1930（7）：327．

祭祀。祭礼数目繁杂，而且有许多礼制规定。比如，周礼把祭祀和宗法制度结合起来，规定了天子祭天地、诸侯祭山川、大夫祭五祀、士祭其先人的制度，不得僭越。所以，祭祀不只是民间活动或自发的宗教活动，而很早就开始和宗法社会的政权、神权、族权等结合在一起。

祭祀之礼完备于周代，周代的祭祀礼制对后世产生了巨大影响。秦汉以后，宗法社会进一步稳固，血缘观念进一步增强，随之祖宗崇拜、祭祀先祖的活动也更多地融入社会生活中。唐代以后订立了祀典，祭礼更加完备。到了宋代，仅大祭之礼就增为四十二项。及至明清祀典，宗祖祭祀更是遍及乡里，周代规定的许多祭祀礼规已不再有严格的约束力。先秦时代，在一个宗族内部，只有取得了一定地位的族长，才有主持祖宗祭祀的资格，而到了明清，祭祀的资格和权力已不再有那样严格的限制条件了。

总之，祭祀之礼是礼仪中最重大的一种古礼，它对中国古人的生活方式及文化观念都产生了很大影响。有些祭祀已逐渐发展成为我国传统节日中的祭祀节日。如扫墓上坟以祭祀先人的清明节、五月初五祭奠屈原的端午节等。

二、祭祀天地与天人感应

古人以祭祀为头等大事。《礼记·祭统》所说的"礼有五经，莫重于祭"，就准确概括了祭礼在礼仪文化中的地位。归纳起来，古代祭祀大约可分为三大类：祭祀先祖、祭祀天地、祭祀鬼神。

研究中国古代的祭祀礼仪，必须同天人感应的文化背景联系起来。

中国古人观念中的"天地"，并不完全似西方古代那样做纯粹的、自然的理解，而是把它人道化了。在中国古代"天人合一"的观念中，自然天地被理解为和人类无异的此岸实体，而在西方古代天人对立的思维中，自然被异化为彼岸的神秘力量。正因为如此，西方产生了信仰彼岸神灵的典型宗教而中国则产生了祖宗崇拜。即使祭祀的对象是天地山川，中国古人也是把它们作为和人道相感应、相合一的德性对象来理解的。

依《诗经》与《尚书》所载，西周初期就已有"天"的观念，如

"天命靡常"（《诗经·大雅·文王》），"宛彼鸣鸠，翰飞戾天"（《诗经·小雅·小宛》），"兹殷多先哲王在天"（《尚书·召诰》），等等。《诗经》《尚书》中"天"虽有不同含义，但各含义彼此关联，划分起来，无外乎两类：一是具有人格意志的至上神，二是自然意义上的"苍天"。

西周"天"的观念从殷商的"帝"转化而来。"帝"具有无上的权威，但其意志难以捉摸。它随意降"堇"（饥馑）或降灾，祸福降临与人事行为不存在必然因果联系。人神关系是间接的，人们只通过神职人员作为占卜的媒介，了解"帝"的旨意。

周代商而立的变革事实，使周人认识到天命并非"不僭""不易"（不可替换），而认为"天命靡常"。天命是以地上帝王是否有德而转移的。失德就要受到天帝的惩戒，有德则天降神命于其身。周人就是这样解释天命由殷转移到周的，天帝因文王敬德保民，命其代殷，受任王权，而殷、夏均因失德悖天而招致灭亡。《尚书·牧誓》中的"今予发，惟恭行天之罚"表达的也是武王执行天帝意旨征伐纣王。

周人这些理论，包含了"天人感应"的思想。"天人感应"的核心即"德"，天命帝令是围绕"有德"与"失德"展开的。可以说随着殷人的"帝"向周人的"天"转变，神性的"天"有了人的德性（人道）内涵，开始出现"德化"的端倪。

"有德"或者"失德"本是人道之事，但在社会伦理实践中，周人反思、觉醒，把德性同政治统治联系在一起，并进一步同受命之君的神相联系，认为天帝有德性并抑恶扬善。天降命于有德，实质上是说，"天"是一个和"德"具有同一性的至上主宰。所以与其说天是超越祖神的形而上的存在，不如说天是道德的化身。这实际上已开始把人的德性对象化给具有神性意义的"天"。当然，这还不是真正意义上的"德化"，而仅仅是"德"把"天帝"与人事联系了起来。"以德配天"给天人之间安了一个因果的逻辑。

由此，一种新的"天人关系"产生了，"天"仅以"德"择人，且以"德"赋人。"天"的内涵不仅有外在宗教性，而且有了德性的沟通。对天地自然做人道化理解，这一点在古代思想家的论述中也可看出。

孟子论天没有像西方宗教哲学家一样，由天神观念对天做一种超自然的肯定，从而发展出一套宗教神学，相反，孟子转化了天的神性意义。从孟子给"天"的界定可以看出，他已把传统的"天"的神性含义，转引向一种不以人的意志为转移的必然性上，"天"已基本是在"命""运"含义上讲了。孟子说"莫之为而为者，天也；莫之致而至者，命也"（《孟子·万章上》），这样的"天"和"命"已不完全是传统观念的人格神，而是将人格神的神性主宰去掉，代之以事势命运的解释。这里包含了对"天"的哲学抽象阐释，"天"是必然、固然者，是自然生成、不假人为的东西。

孟子在"天"的事势必然中加了更多自然的而非神性的性质，并由此出发，给自然的必然之天一种德性的解释。《孟子·尽心上》说："夫君子所过者化，所存者神，上下与天地同流。"此"与天地同流"中的"天地"，有自然天地之义，但孟子将其与君子的存神教化类比，就使得天地自然运行、生物化育，不仅是纯粹的自然现象，而且是具备德性的表现。"唯天为大，唯尧则之"（《孟子·滕文公上》）中，尧所效法的天原是在自然意义上说的，但在赞美尧法天而成其德时，孟子间接表示此天本身有德性在内。《孟子·尽心上》所说的"仰不愧于天，俯不怍于人"也潜含着天有德在其中的意思。自然天地若为纯粹客观外在，就无所谓"愧对"；对天言"愧"，并且相对"不怍于人"而论，显见此"天"与人有同样德性。《告子》篇中，孟子在谈到"天爵""人爵"的区分时也强调仁、义、忠、信等天赋德性，是与天同性、依天而有的尊贵。

在孟子看来，"天生万物""天生丞民"，正因为天德、人德同为"一本"，"知性知天"才成为可能。他说："尽其心者，知其性也。知其性，则知天矣。"（《孟子·尽心上》）孟子还说明心性为"此天之所与我者"（《孟子·告子上》），把心性与天联系起来。从知性知天的思想看，可以说孟子肯定了人性人德与天道天德的同一。

《易经》对天的进一步德化，主要表现在把"人伦"秩序作为宇宙自然的有机构成，提出了一个天道与人道合一的宇宙伦理模式。《易经》把男女、夫妇、父子、君臣的宗法等级关系的产生，统一于宇宙生成的自然过程之中。不仅如此，还认为社会之所以有上下礼义之制，是因为由天地所生。这是因为天地本身就具有尊卑贵贱之义，即所谓"天地之义"。《易经》认为天、地、人各有其性命之理，"昔者圣人之作易也，将以顺性命之理。是以立天之道曰阴与阳，立地之道曰柔与刚，立人之道曰仁与义"（《易·说卦》）。人道、天道都是阴阳之道的体现，这也就意味着，天道阴阳具有仁义之性。圣人最高的道德境界，就是达到"与天地合其德"(《易·乾卦》)。

汉代哲学家董仲舒给天地阴阳五行运转制定了一个循环系统，循环系统中"物物比相生"，"天有五行，木火土金水是也。木生火，火生土，土生金，金生水。水为冬，金为秋，土为季夏，火为夏，木为春。春主生，夏主长，季夏主养，秋主收，冬主藏。藏，冬之所成也。是故父之所生，其子长之；父之所长，其子养之；父之所养，其子成之"(《春秋繁露·五生对》)。宇宙人事就这样相辅相生地循环着。

依董仲舒看，整个大一统政治体制的秩序代表一种"宇宙秩序"，大一统政体的政治权力在于护持与巩固整个社会秩序跟宇宙秩序之间的和谐。董仲舒用类比的方式使这两种"秩序"具有统一性："天之道，春暖以生，夏暑以养，秋清以杀，冬寒以藏……圣人副天之所行以为政，故以庆副暖而当春，以赏副暑而当夏，以罚副清而当秋，以刑副寒而当冬……故曰：王者配天，谓其道。天有四时，王有四政，四政若四时，通类也，天人所同有也。"(《春秋繁露·四时之副》)天人是可以互相"感应"的，这一点很重要。传统天人观中，天生民生德，人当"法天"，都表达了人道来自天道的思想。

天可以赏善惩恶，如果说这是早期的"天人感应"思想，那么，这个"感应"只能是单向的，人只能被动地顺应天道，只能是天感应人，人此时对天的主动只在于自觉能动地配应天道，履行人道。而董仲舒的"天人感应"比传统前进了一大步。一方面，"人副于天"。人道来自天道，人事行政必须顺应天地阴阳运行次序，不可悖逆，悖逆则天下多事、动乱。另一方面，物物相生相克的封闭循环系统给人对天的作用(感应)留下了一席之地。在这个系统中，没有绝对至高无上者，天、君、民、自然、阴阳、五行，一环生一环，一环克一环，循环往复。

董仲舒把传统中具有无上权力的"天"纳入与人同等的地位，它们都是封闭循环系统中的一环。

同时，董仲舒把自然宇宙人格化，给自然的"天"赋予人格意志和情感，这里表现的是他的神学目的论的一部分。但由于他将孔子仁学中的情感心理原则及道德规范输入了这个系统，自然宇宙就人情化、道德化了。尽管给"天"添加了荒谬的神学色彩，但它已不再是宗教观中的至上神了。

董仲舒用阴阳五行和道家的自然因素去构造宇宙图式，使天道有了客观自然性质。但"天"又不像古代西方所认定的那种超乎人外、与人事无关的客观外在，而是与人事内在德性有关的存在。了解了中国古代文化中"天地"的概念，以及天地与人事的感应关系，就很容易理解何以中国古代对祭祀天地那样重视了。

对天地自然的祭祀，只有天子才有资格。祭祀天地，一是报告自己治理天下的功绩，二是祈求天地保佑天下太平，赐福万民。所以，凡新君即位，改朝换代，首先要做的就是祭祀天地，即举行封禅典礼。"封"为祭天之礼，"禅"则是祭地之礼，通过这种典礼禀告上天，已受天帝命令改朝换代，并祈求上天庇佑江山社稷安泰万年。

祭祀天地的典礼在远古就有了。据古籍记载，上古时代的伏羲、神农、炎帝、黄帝、颛顼、帝喾，以及尧、舜、禹、汤等，都举行过封禅典礼。

古代皇帝往往认为五岳中泰山最高，离天更近，所以常选择泰山作为祭祀天地的场所。除了上述古代帝王，秦始皇、汉武帝、唐高宗、宋真宗等都曾登顶泰山行封禅礼。举行封禅之礼，祭祀天地，这对历代皇帝都是一件非常重要的事。秦始皇、汉武帝在泰山封禅时，退开众人，独自向天神地祇发愿祷告，这两位皇帝不愿将自己的祷告公之于世，因而他们封泰山的祭祀内容就成为历史的秘密了。唐高宗也因循先例，将告天的文书玉牒用土封埋，没有公布。

唐玄宗认为"朕今此行，皆为苍生祈福，更无秘请。宜将玉牒出示百僚，使知朕意"，一向秘不示人的祭天玉牒这才开始公之于世。

历史上曾有唐高宗率皇后武则天及唐中宗率韦皇后行封禅礼，而后人提出妇人参与祭天地有悖天理，会招致灭国之祸。《通典》记载："以宫闱接神，有乖旧典，上玄不祐，遂有授命易姓之事，宗社中圮，公族诛灭，皆由此也。"又记："以妇人升坛执笾豆，亵渎穹苍，享礼不洁，未及逾年，国有大难。"后人把武后参与祭献视作后来她革唐代之命的祸根；把唐中宗日后被毒死，韦后死于李隆基政变，都归咎于韦后亚献。从此以后，皇后助祭天地之事就被禁绝了。

可见，祭天地的封禅之礼具有强烈的政治功利色彩。除了泰山祭天典礼，天子也常代表万民祭祀天地神明，祈求庇护天下生灵，使人间风调雨顺、五谷丰登、六畜兴旺。这种祭祀因场所多选在郊外，故又称"郊祀"。

郊祀中最隆重的要算祭日。太阳和农业息息相关，又是万物之灵，日神在华夏民族的神话中具有至高无上的地位。人们感谢太阳、赞颂太阳、祈求丰收，故要祭祀日神。祭日由于多和农事相连，祭祀的时间多在春天。据《礼记·月令》记载，天子在郊祀后还要亲临郊外安排农事生产。

对从事农耕的人来说，除了太阳，没有比风调雨顺更重要的了，所以郊祀中的另两种重要祭祀活动是"雨祭"和"星祭"。

雨祭是古代祭神求雨的仪式。古人对自然之雨加以神化而祭之，以求风调雨顺。祭雨神的形式多样，奏乐、歌舞，或设坛以祭，或燃柴以祭，甚至在某些朝代、某些地区有以人祭雨的。雨祭礼中实际也包括避除水灾的内容，无论旱灾还是水灾都是人们所祈求避除的。这种祭神求雨的风俗至今还在某些地区保留着，如水族的"怀雨"祭，哈尼族的"水祭""龙祭"，佤族的"敬水祭"等。

星祭也和农事相关。按照传统天文观念，星体及其位置都是有说法的。不同的星座掌管人世间不同的方面，如灵星主谷、箕星主风、毕宿八星主雨。对天体星座的认识并不纯粹是宗教迷信，古人把天体分作二十八个天区，用以表示日月群星在天空中的位置，也称二十八星宿，并用星宿的位置变化来判断季节。祭拜星宿无非也是希望各路司主能降恩于人，使百姓在这一年有大丰收。民间有"灵星现，苍龙始，春耕始"的说法，这里面有一定的科学道理。

宋代以前，祭天地和郊祀是分开的。祭日月星辰可在郊外举行，但祭祀天地一定要按古礼上泰山进行。历代皇帝无论远近，都要亲临泰山顶举行封禅典礼。但千里迢迢到泰山顶又非常辛苦，渐渐就淡化了泰山祭拜的严格形式。后来南宋偏安江南，山高水远，也就没有哪个皇帝肯千辛万苦登泰山了。可是天地还必须祭拜，于是渐渐把封禅与郊祀合并起来，所以从南宋后，封禅的形式就废止了，只保留了祭天地的内容。后来明成祖迁都北京，就在当时的南郊设天地坛合祭天地。到嘉靖年间，又进一步将天地分祭，皇帝将原先南郊的天地坛建为天坛，在北郊又新建了地坛，以后就沿袭下来，在天坛祭天，在地坛祭地。

祭祀天地自然之礼一般都很隆重，这和古代以农业为主的经济有关。百姓的丰足、国家的强盛、府库的充盈、天下的久安，都依赖于农业的发展。人们无力面对种种威胁生存、影响农业生产的自然变异，更无法解释它、左右它，所以只有匍匐于自然力量面前，杀牲设祭，以一定仪式沟通天人，以丰盛的祭品献给神明，并以虔敬的祝祷企望得到上天的帮助与恩典。这种祭祀礼仪充分反映了古人的蒙昧意识。祭祀天地活动之所以受到统治者的隆重对待，也是因为天地祭祀是一种权力的象征和炫耀。

三、祭祀鬼神

鬼神祭祀是古代宗教迷信的一种表现形式，即为了祈福消灾、驱赶恶鬼而将超自然神秘力量视为有神力的对象加以崇拜的礼仪活动。

先民根据自己的原始经验和思维水平，来解释大自然中一切他们所无法理解的现象。大自然的风雨雷电、旱洪灾害、生与死，都被理解为受种种超自然神秘力量的指使。在古代先民的思维中，自然世界充满了一个个奇形怪状的"神"。

有鬼神崇拜，就有祭祀鬼神之礼。古代鬼神祭祀一般分作两大类：鬼魂祭祀与神祇祭祀。

鬼魂祭祀源于原始社会的灵魂不死观。在远古时代，人们还完全不知道自己的身体构造，于是受梦境的影响，产生了一种观念，即人的思维和感觉不是一种身体活动，而是一种独特的、寓于这个身体之中并在人死亡的时候离开身体的灵魂活动。由此，原始人不得不思考这种灵魂与外部世界的关系。既然灵魂在人死时离开肉体而继续存活，那么活着的人就应很好地对待鬼魂。

在解释生与死的现象时，原始人最先找到了人死后到哪里去的"答案"。人的梦启示了他们，让他们认为人睡着后仍可照常进行醒时所做的一切。同时，人们还会在梦中"看"到一些似人非人的幻形，据此幻化出形形色色的鬼魂。古人把灵魂不死和鬼魂幻想结合起来，就形成了鬼魂崇拜的宗教迷信。在他们看来，这是因为人的身体里有一个可以离开肉体的小人，睡眠状态是灵魂暂时离开身体，死亡则是灵魂永远离去。

在中国古代，人们把活人身体中看不见的小人称作"灵魂"，而人死后离开肉体的小人就是"鬼"，《礼记·祭法》说："大凡生于天地之

间者皆曰命。其万物死皆曰折，人死曰鬼。""鬼"字在甲骨文中写作
𢳆，从象形看就像脸上盖着东西的一具死尸。[①]

古代先民相信，本氏族的人死后变作鬼，仍会护佑着自己的部落。
认为本氏族的鬼是不会加害本氏族人的，而敌对部落的鬼则会寻找敌对
部落报仇。这是一些恶鬼、厉鬼，所以人们时刻不忘对鬼的祭祀。祈求
部落善鬼保护自己，也祈求恶鬼、厉鬼不要降祸于身。

后来古人在给鬼魂排座谱时，渐渐也把一些有名的历史人物排进
去，祭祀的对象也就越来越宽泛了，甚至创造出一些神话人物，如盘
古、女娲等。大多数人死后成为鬼，但也有一些人死后转化为神，如
"精卫填海"中那位炎帝的女儿死后变为了神鸟。

"神"，指天神。《说文》："神，天神，引出万物者也。"古人认为神
是宇宙万物的主宰。具体地说，神是指：第一，"天神谓玉帝及日月星
辰也"；第二，泛指各类神灵；第三，山林、川谷、丘陵，能出云，为
风雨，见怪物（指一切不常见的现象），皆曰神；第四，"三神，天地人
也"。

此外，阴曹地府的想象给鬼魂崇拜加上了一层恐怖神秘的色彩。
通过祭祀，人们期望能用祭品讨得鬼魂开恩，降福消灾，不要施恶于
自己，当然更多的是想通过祭祀，使死去的亲人的鬼魂在冥府仍旧能
过得好。

鬼魂崇拜是一种迷信，是远古人们愚昧无知的表现。随着社会的文
明进步，人的理性逐渐觉醒。在今天，鬼魂观念已经没有太多市场了。

神祇祭祀中最重要的是祭祀神。很多时候人们直接把社神等同于土
神，对土神的敬重表现了农业民族对土地的特殊依赖。社神往往和稷神
一起被祭祀。古人认为，社为土神，稷为谷神，祭祀土神、谷神是祈求
五谷丰登、国泰民安。

相比较而言，社稷之祭没有什么特别的权力限制，左邻右舍相聚一
处，凑足祭物，就可歌舞、饮酒，相祝庆贺，用这种祭祀活动来表达他
们的欢愉和对土谷二神的感激与报答。

神祇祭祀中还有一类是山川河流等自然神，祭品多用美玉珍品和五
谷六畜。古时，为了取悦于神祇，某些地方甚至用年轻女子祭河神，

---

① 王景琳. 鬼神的魔力：汉民族的鬼神信仰. 北京：三联书店，1992：6.

"河伯娶媳妇"的传说就反映了这种河祭现象。人们愚昧地以为，这样就能使河神不发怒、不再兴风作浪，从而消灾免祸。然而实际上，年年祭河神，年年有水害。

除了河流，古人还对山陵有着一种崇敬。他们视山岳为神灵，认为山川丘陵能给人以祸福。天子皇帝到山顶祭天行封禅大礼后，也不忘再对山神进行祭拜。人们把丝帛玉币埋入山地，把宰杀的六畜悬挂树梢，以此敬飨山神，求山神护佑。

这种祭祀礼俗至今还在某些少数民族的习俗中保留着，如哈尼族每年三月举行祭山活动。羌人也有每年三月或五月祭山的习俗，致酒献牲，感谢山神赐福。同时还有"空山"的习俗，即在春天的特定日期，禁止人们上山挖药、猎兽。这一习俗中，包含了保护生态环境的道理，春天确实应当禁止挖掘、狩猎，以使大山在孕育生命的季节不受伤害。

除此之外，灶神、门神、财神等也都是民间祭祀的对象。鬼和神在超自然力量方面没有什么本质区别，所以鬼神作为祭祀对象，名称虽不相同，但性质其实差不多。许慎《说文解字》中曾对一些鬼神关系做了解释："凡鬼之属皆从鬼。古文从示。魌，神也。"所以中国古代对鬼神常统而言之。

关于鬼神，在中国文化中还有另外一种特点，即无论神鬼，皆为人化。即使是那些原初的自然神，到后来也渐渐演变为人化神了。

同西方文化中的神相比，中国的神鬼往往不是人类的异己力量，而是人类自身的升华。这种文化现象同中国古代天人合一的观念相关，也同祖宗崇拜不无关系。一些祭礼，陆续发展成为我国传统节日中的祭祀节日，还有一些纪念性节日也含有祭祀的内容，如冬至后一百零五日，为纪念不言禄、隐绵山、被烧死的春秋廉士介子推而禁火的寒食节；寒食后第三日，扫墓上坟祭祀先人的清明节；五月初五招魂纪念屈原的端午节（又称端阳节）；七月十五超度亡魂的中元节，也是施报亲恩的盂兰盆会；腊月二十三、二十四日到腊月三十送灶神上天和迎新灶神的祭祀；年三十祭祖守岁；等等。

总之，鬼神祭祀活动及其礼仪充满浓厚的宗教迷信色彩，它是社会生产力水平低下、人们理性觉醒程度有限的产物，是在人们无法解释生活中出现的吉凶福祸以及偶然发生的自然现象的情况下形成的，它反映了人们无力主宰自己的命运，不得不屈服于外在自然力的消极一面。人类早在原始低级智力状态就学会了在思维中把那些他们发现了彼此间联系的事物结合起来，但事实上他们曲解了这种联系，得出了错误的结论。

鬼神祭祀礼俗具有历史渊源性、世代传递性和形式多样性等特点。随着社会文明的进步，人类理性不断觉醒，科学技术不断发展，人们已经或正在从愚昧迷信的束缚下解放出来。旧社会遍布城乡的对鬼神的祭祀以及对自然现象的祭祀已不是普遍现象，科学、文明、健康的新生活方式正在更多地取代那些愚昧、落后、腐朽的传统习俗。

第十章 "垂衣裳而天下治"：
服饰礼仪文化

中国古代服饰礼仪最突出的文化特征即服饰已不仅仅是服饰，而成为中国礼制社会的一种标志。历史地看，中国古代的服饰礼仪已成为传统礼仪文化不可缺少的一个方面。

一、服饰发展与礼制演变

自从人类的祖先告别蒙昧状态，踏进文明社会的门槛之后，衣着服饰也随之进入了文明时代，从满足蔽体御寒的需要逐步进展到满足审美的需要，并开始为人类交往服务。不可否认，衣着服饰在人类相互交往中发挥着重要的作用。它能联结人的感情，缩短交往的距离，愉悦人的心灵，美化人的生活。不同时代、不同国家、不同民族，形成了丰富多彩、风格多样的服饰文化。服饰已成为一种社会交往工具，人们总是不断地以这种工具传递和汲取信息。

服饰中孕育着几乎所有人类文化的内容。著名学者阿那托比·法朗士曾说，假如我死后百年，还能在书林中挑选，你猜我将选什么？……在未来的书林中，我既不选小说，也不选类似小说的史籍，我将选取一本时装杂志，看看我身后一个世纪的妇女服饰，它能显示给我的未来人类文明，比一切哲学家、小说家、预言家和学者能告诉我的都多。

我们知道，服饰的形成发展，总是与当时的社会制度、生产生活水平相联系的，并受到当时制度的约束和认可。可以说，有什么样的社会制度和经济发展状况，就有什么样的服饰礼仪制度。

在茹毛饮血的原始社会，人类只是用皮毛、树皮、树叶等作为最简单的防寒品和遮羞物。原始社会没有剥削，没有压迫，所以这一时期的服饰没有等级之分，人们只能按照当时各自的所得来装饰和打扮自己。据考证，距今几十万年的"北京人"已懂得将兽皮披在身上保护身体，取暖御寒，这可以说是人类最初的"服装"。

随着生存的需要和发展，特别是骨针的发明，人类按照自己的构想制用服装的愿望得以实现，开始用骨针将不同形状的兽皮缝缀起来。因而在原始人类的生存活动中，出现了服装的设计、剪裁和缝制。考古学家们曾在北京周口店龙骨山原始人遗址中，挖掘出一枚长约8厘米、直径约3毫米的骨针。骨针圆锐，经过复杂刮削和磨制而成。周口店山顶洞人的生活年代距今约两万年，可以确证那时已开始缝制衣服。

原始农业出现后，衣料不再仅限于兽皮。在长期的生产实践中，人们发现了野麻等植物纤维可经过原始加工捻成细绳、织成麻布。在由母系氏族社会进入父系氏族社会后，出现了家蚕饲养与丝绸纺织，这使中国古代服饰进入了一个新的历史阶段。到殷商时期，出现了较为华丽的服装，衣料的来源也不仅限于麻、葛和兽皮了。商代的甲骨文里已出现"桑""蚕""丝""帛"等字，可见丝绸纺织在当时人们的生活中已占据重要位置。

自商开始，奴隶主统治阶级内部形成了较复杂的等级制度，阶级的差别与等级制度的形成，反映到了当时的服饰上。到了周代，随着封建宗法等级制度的完善，服饰发展形成了较为完备的制度。中国古代著名的"三礼"，即《礼记》《周礼》《仪礼》，对当时的服饰有非常详尽的记载，从这些记载中可以看出上尊下卑的等级制以及服饰相应的礼仪功能。从此，在漫长的封建社会，服饰的发展与封建礼制的演变紧密相连。

周朝时，除朝服、祭服有明文规定外，深衣是最早的男式服饰之一。据记载，深衣用途广泛，不但"圣人服之""先王贵之"，庶人平民也可以作为礼服穿用。春秋战国时期，诸子百家的学说对人们的衣冠服饰也产生了影响。如孔子主张衣冠必须符合礼仪；墨子主张衣冠服饰只求"尚用"，不必过分豪华，更不必拘泥于烦琐的等级制度；韩非崇尚自然，反对修饰。这些思想对当时的服饰观念都不同程度地产生了影响。加上当时的诸侯各自为政，使得各诸侯国的衣冠服饰大不相同。

秦统一后，推行了中央集权制，统一了各种制度，其中也包括衣冠服制，但尚不完备，只在服装的颜色上做了统一规定。完整的服饰制度在汉代才得以确立。

汉代服饰继承先秦礼仪，一直把袍服当作礼服，妇女的礼服以深衣为时尚。此外，随着各民族的交流，少数民族的胡服进入中原并在全国上下盛行。南北朝时期，民族融合，中华服饰进入了一个新的交流融合阶段。北方游牧民族在中原定居后，服饰受到汉族风格的影响，汉族的服饰也同样受到北方游牧民族的影响，这促进了服饰制度的改革。

到了隋唐，各民族服饰相互交流，出现了兼收并蓄、缤纷灿烂的兴盛时期。唐代既是中外服饰大融合大发展的时期，也是服饰观念最为开放的时期，这一点典型地体现在女子的服饰上。当时的妇女可展现体态美，穿袒胸露背的"时装"，这在中国封建社会是少有的。

宋代由于统治者推崇程朱理学"存天理、灭人欲"的思想，而一改唐代的服饰制度，主张服饰不应过分豪华，应崇尚简朴，这导致了宋代服饰样式、颜色变化不大，而整体显出拘谨、质朴的风格。宋代服饰制度恢复了森严的等级礼制，各种服饰规定不仅对统治阶级内部有效，对平民百姓则更有约束力。不但贵族与百官必须严格遵循服饰制度，平民百姓也必须按各自本行本色穿戴。

明朝也十分重视区别等级的服饰制度，禁止胡服，恢复"汉官之威仪"。清朝统治时期，服饰制度的规定最为繁杂。清朝统治者一方面用武力强迫其他民族一律改穿满族服装，推行改冠易服；另一方面仍然接受几千年的封建礼制，不仅依旧重视传统服饰中的等级式样，并且将其进一步深化，在维护和巩固清王朝政权的前提下，保留了汉族服饰的一些特点。

中国服饰制度虽然有封建宗法礼制的重要内容，它的形成和发展也与封建宗法礼制的演变相关，但中华服饰作为民族的审美艺术，所体现的礼仪精神，是我国这个古老国度源远流长、博大精深的历史文化所构筑的。

中国是一个多民族国家，少数民族的服饰尤其灿烂多彩。据调查，仅云南省境内各民族的服饰就有 1 200 多种。中华民族的历史本来就是多民族不断融合的历史，正是各民族各种文化的长期交融大大促进了中华服饰的发展，大大丰富了中华服饰的内容，也正是这些风格迥异的民族服饰组成了中华服饰绚丽的艺术长廊。

二、服饰礼仪与亲尊等级

服饰礼仪，是一种非语言的交际工具，中国古代非常重视它的社会作用，以至于在封建社会历朝历代的史书中都有被奉为服饰礼仪经典的舆服志、章服品第等。基于等级森严的封建宗法制度，人的衣着穿戴有着严格的规定。不同身份、地位的人，衣着服饰的花色、品种、质料、造型以及颜色各不相同，这反映着人际交往中恪守等级的封建礼制要求。因此，当时的服饰是不能随便穿戴的，否则将招致灾祸。

帝王将相的龙袍和官服与平民百姓的服装不仅在样式上有严格区分，质地也有尊卑之分。社会地位高的官吏穿丝绸，平民百姓则只能穿布衣，因而，"布衣"一直是我国社会平民百姓的代名词。

此外，衣着的颜色也有着严格的等级规定。早在西周时，奴隶被称为黎民，黑色被看作低贱的颜色，因此奴隶只能穿黑色衣服。"满朝朱紫贵，不是种田人"，就是对以服装划分等级的真实写照。朱、紫是高贵的服色，只有朝廷高官才能享用，否则就会被认为是僭越礼制。后来，黄色成为皇家专用的颜色，因为封建帝王认为黄色象征着神圣、权威、庄严，是智慧和文明的象征。历代封建统治者对此都做了明确规定。

不同的礼仪活动，规定穿着不同的礼服。祭祀时着祭服，朝会时着朝服，婚嫁时有婚礼服，服丧时着丧服。与礼制相配合，中国古代形成了一整套礼仪服饰制度，以至于在古代王宫中，有专门掌管礼服的职官——司服。《周礼·春官》记载说："司服掌王之吉凶衣服，辨其名物与其用事。"司服的责任，就是根据不同的礼仪活动，为天子安排不同的礼服。

根据礼制典籍记载，皇帝的冕服以十二章纹样为图饰。这从"三代"以前就这样规定了，此后几千年袭承古礼，一成不变。所说十二章，即日、月、星、山、龙、雉鸡（也称华虫）、藻、火、粉米、黼（斧形）、黻（亚形）、宗彝（杯形祭器）。

此十二章图纹象征意义在于：日、月、星光照大地，山能兴云雨，龙能灵变，雉鸡象征华丽多彩，藻寓意文采，火象征兴旺，粉米象征饮食，黼象征权力，黻意味着向善背恶，宗彝表示不忘祖先。[①] 十二章图纹中，龙纹为皇帝服饰所特有，其他人不得僭越穿着，民间也明令禁止织造，违者处以重刑。

秦汉以后，不仅服饰图纹有亲尊等级之分，服色也有了区别。尤其官服颜色，规定甚为严格，基本可以使人以服色辨官品。服色成了官职的代名词，唐代甚至制定了以服色分辨官品的制度。

古人常以黄、紫等色为贵。黄色易让人联想到阳光、黄金，还有丰收的景色，因而历代皇帝大都贵尚黄色。唐高宗曾规定，黄色为皇帝专有，臣民一律不得着黄色。在此之前，民间也有着黄服者，自唐高宗始，黄服就非庶人所用了，除非皇上亲赐。据《清稗类钞》载："皇子得服金黄蟒袍，诸王则非特赐者不能服。"[②] 民间是禁止着黄色的，如有，则要被视为有"谋反""篡位"之野心而治罪。

除了服式、服纹、服色，古代服饰礼制中还以佩玉来区别等级身份。

古人极重玉，赋予玉制品一种珍贵的特质，从而使它与君子温然之品性自然地取得了象征性联系。《诗经·秦风·小戎》中说："言念君子，温其如玉。在其板屋，乱我心曲。"郑玄笺："念君子之性温然如玉，玉有五德。"君子必须佩玉，"君子无故，玉不去身"（《礼记·玉藻》）。

按古礼规定："天子佩白玉而玄组绶，公侯佩山玄玉而朱组绶，大夫佩水苍玉而纯组绶，世子佩瑜玉而綦组绶，士佩瓀玫而缊组绶。"（《礼记·玉藻》）这是说，皇帝佩戴用黑色丝绳串联的白玉，公侯佩戴用红色丝绳串联的山青玉，大夫佩玉用纯色丝绳串联，世子佩玉用杂色丝绳串联，士人佩玉则用赤黄丝绳串联。不同等级，玉质及串玉丝绳的颜色都有严格区分。

除此之外，头冠、腰带，手中所持的笏（手版，用于书言记事），

---

① 龚斌. 宫廷文化. 沈阳：辽宁教育出版社，1993：60.
② 张紫晨. 中国民俗与民俗学. 杭州：浙江人民出版社，1985：79.

甚至脚上的靴、履等，都对应不同等级官品，有不同具体规定。由此形成古代礼仪服制中的重要内容。

用衣着的样式、质地和颜色等表示贵贱等级，是封建宗法社会价值观念的深刻反映。中华服饰作为封建礼制的重要内容，其形成和发展也是与封建礼制的演变相关联的。作为人们生产生活实践中的审美艺术，它所体现的礼仪文化精神，是与我们这个古老国度的悠久历史和博大精深的文化传统相关联的。

三、服饰礼仪规范

服饰的礼仪规范是以服装为中心内容的。"衣"指的是保护身体躯干部分的遮蔽物。《释名》："衣，依也，人所依以蔽寒暑也。""裳"，在古代也是"障蔽"的意思。"衣"是上衣，以保护上体部分；"裳"是下衣，以保护下体部分。下裳只从腰遮到膝部，保护膝到小腿部分的是一种叫"行縢"的裹腿，后来又有了"套裤"。短衣、短裙、裹腿、套裤都是商周时代最常见的服装。

周代改革了上衣下裳的形式，将其连成一体，称为"深衣"，形成了周代的便服。人们一直是按气候冷暖配置衣物的，所以就产生了单、夹、棉、皮衣的区别。"无里曰单"，"有里曰复"，复衣就是夹衣。《论语》说"衣敝缊袍"，是装旧絮的袍子，《礼记》载"纩为茧"，是装新絮的袍子。"裘"就是皮衣。同时，又分出了许多类型，也有了内衣、外衣、罩衣的区别。《论语》记载，我国商周时代流行"表而出之"加罩衣的习俗，"缁衣羔裘，素衣麑裘，黄衣狐裘"，或穿"裼"这种敞衣的习俗等。

服装一方面是封建礼制的一个重要内容，另一方面，其发展又取决于当时的生产力发展水平，因此，通过它可以直观地看出人的阶层、身份、职业、性别和民族的差异，这就形成了许多有关服装的礼俗。

服装有性别礼仪规定。中国自古以来，男女在礼仪上就有重要性别差异，在服装上也有重要差别。以周代王室服装为例，按阴阳之别、男女祭仪之差，把天子之服定为九种，祭服六种，常服三种；王后之服定为六种，祭服三种，常服三种。由于王与后在祭祀仪礼上的区分，王后没有天地、山川、社稷这三种祭服。王后女服的三件常服中，第一种"纬衣"是黄色，表示亲躬养蚕的意思；第二种"展衣"是白色，是国王宴客时王后出来见礼的服装；第三种"绿衣"是黑色，是深居闲处时的便服，取其"至阴不动""大质无华"的含义。古代公卿、大夫、士的夫人也是这种穿法，以标志女性。

历代服装的发展，不仅依据了男女在礼仪上的差别，也依据了男女分工的不同，在民间尤其注意依据男女生理上的不同需要，使服装有所差别。如古代男女都穿裙，即"裳"。随着服装使用上男女的不同需要，男子淘汰了裙，发展出了古代的"褰裳"，形成现代的裤子，女子则在生活中始终保持穿裙习惯。只有中原和北方的妇女才裙、裤合用，或袍、裤合用。西南各少数民族的妇女，以穿裙为主，保存了女服的古俗。

服装礼俗的形成，和社会生活的许多因素都有关系。

有来自职业方面的规定。在传统的服装礼俗中，人们穿着衣物是以从事职业活动的便利为要求的，服装的构成原料往往也与自己的职业有一定关联。比如，猎户的猎装既要适应自己狩猎的需要，又常常是用猎来的兽皮制成。《水浒传》中描写猎户解珍、解宝的穿着时，就有"穿了豹皮裤，虎皮套体"的记述。现代北方猎装多用耐磨耐寒的皮装，冬狍皮做冬猎装，夏狍皮做春秋装，翻毛皮袍做打猎伪装。渔家有渔家穿戴，牧人是牧人的装束，工匠有工匠打扮，商人、屠户、厨师……各行各业的服装都有自身的特殊标记或样式，我国僧、道服装尤其具有特色。

别具一格的职业特征是服装的社会礼俗之一，它成为各种职业者的鲜明标志。我国有史以来，就形成文职与武职的分工，相应地也分出了文人服装与武人服装。武人服装具有适应战争活动需要的特点，现代化武装部队的军人仍沿袭这种特点，保持独特的军服样式。

有些服装礼俗是由用途构成的。在服饰习俗中，人的穿着打扮还受到社会生活需要的制约。从个人生活需要出发，有内衣、外衣的区分；从个人活动需要出发，有便服、常服、劳作服、礼服的区分；从社会礼仪需要出发，又有冠、婚、丧及各种节日的专用礼服，如在以前的旧式婚礼中，新郎常以长袍、马褂、呢礼帽为礼服，新娘则以凤冠、霞帔等古代女服为礼服，这些装束只用于婚礼，而日常生活中早已不再穿用。

另外，还有一些特殊用途的服装，比如蓑衣是古代防雨的草衣，而古代斗笠原用于防暑，后来也兼用于防雨了。

还有由地位构成的服装礼俗。随着宗族制度、社会制度的变化，身份的尊卑、地位的高低促成了服装礼俗的变化，形成了不同地位、等级人的穿戴相应不同的特点。在原始社会末期，许多部落或部族已经在衣服上区分了部落酋长和普通成员。到了阶级社会，这种区分就更加鲜明了。"锦衣"与"布衣"、"丝绸"与"葛麻"，标志着等级贫富。有的虽然穿着质料相近，但从样式上同样可以分出地位高低。

在我国传统服饰中，封建等级制度在服制上有严格的规定，这些规定在整个封建社会相沿成俗，其中官服最能体现封建社会尊卑有序、等级森严的社会特征。在西周时，已有王以下的百官服饰。它不但有别于诸侯，而且自身也有严格的等级差别，即不同的官职品位有不同类型的官服。秦汉以后，百官服饰日趋烦琐，至隋唐完备。其中官服颜色最能体现官职品位的高低，服色甚至成为官职的代名词。

之所以会出现以衣服颜色辨别官阶的现象，自然与等级制有关。秦朝自以为得水德，衣服尚黑。汉袭秦制，亦尚"缥玄之色"，不但文官穿黑色的衣服，连皇帝也穿黑色的衣服。但这样从上至下都穿黑衣，从服色上就很难分辨大小、尊卑，于是到了北周，周宣帝始制"品色衣"。以官服颜色辨别官品的制度在唐以后的宋、元、明各代，原则上均被沿用。

以服色辨官品在唐代表现得最为明显。据《隋唐嘉话》说："旧官人所服，惟黄、紫二色而已。贞观中，始令三品以上服紫。"以后又进一步确定：文武官员三品以上穿紫色官服，四品穿深绯色，五品穿浅绯色，六品穿深绿色，七品穿浅绿色，八品穿深青色，九品穿浅青色。

文武百官均有规定的服色，这确实有利于从外在秩序与内在心理上强化人们的等级观念和尊卑意识，同时还可以刺激大小官员"往上爬"的仕途心理，以达到维护封建宗法制度的目的。

对祭服、丧服的规定是古代礼服中另一重要礼制内容。《礼记·礼运》中记载："以养生送死，以事鬼神上帝。"古代祭服和丧服的礼制就逐步产生于对生者和死者以及天地的祭祀礼仪活动之中。

在各种祭祀活动中所穿戴的服饰是不同的。周朝专门设了一个名为"司服"的官职，这个官员的任务是掌管皇帝的各种礼服，根据不同的祭祀活动安排不同的衣服。所有参加祭祀活动的人均着冕服，当时冕服似乎已成为专用祭服。以后，秦汉至明清，祭服一直为人们所重视。由于"祖先崇拜"的遗风，人们对丧葬之礼十分重视。根据丧礼的规定，祖辈死后，其后代都必须按礼行事，在这一过程中，最能体现祖先崇拜观念的当推丧服。

中国古代丧服分斩衰、齐衰、大功、小功、缌麻五种类型，称为"五服"。根据古代封建家礼，如果嫡孙的父亲早亡，在祖父或曾祖父、高祖父遇丧时，要承担主持丧祭与宗庙活动的重任。嫡孙为祖父、曾祖父、高祖父丧祭，服制为斩衰三年，就是在三年里穿着斩衰丧服。这种丧服用最粗的生麻布制成，布的断处外露，不用缉边。如果小辈早亡，长辈也得为小辈穿丧服，不过规格要低得多。这些丧服规定仅限于有血缘关系的祖孙之间，父母与儿女之间更加郑重。凡父亲去世，儿子、女儿都必须为父亲服斩衰三年，这是最高的规格。凡母亲去世，儿女也得为母亲服齐衰三年，礼仪上较父亲低一辈。

总之，产生于祭祀活动的祭服和丧葬礼仪的丧服，都已超越了自身的实用功能，成为一种礼仪，包含着家庭宗法观念与国家封建权力等级的文化内涵。

除此之外，在冠巾、佩饰、鞋履等方面也有礼仪规定。

"冠"是指帽子，这在今天看来并不十分重要。相比之下，古人对帽子要重视得多，不但非戴不可，而且在如何戴的问题上颇有讲究。如《古今谈概》中，就讲述了一位官员因帽子戴歪而丢了官位的故事：元代胡石塘应聘入京，在元世祖忽必烈召见时，没发现自己所戴的帽子歪斜着。元世祖问他都学些什么，胡石塘答："治国平天下之学。"元世祖笑说："自己的一顶帽子都戴不端正，还能平天下吗？"由于一顶帽子戴歪了，便丢了官，听起来像笑话，但和古人对衣冠与人品相关的观念联系起来，就完全可以理解了。从这个故事中可见帽子在古代服饰中的重要地位。

古时候的冠，一般是指贵族所戴的帽子。它不仅是区别于平民百姓的标志，也是达官贵族的代称。贵族男子满二十岁，必须戴冠，并要为此行"冠礼"，就是说要举行一次戴冠的仪式，这是一种烦琐、正规的礼节。男子一旦举行过戴冠的仪式，社会和家庭就要按成人的标准要求他，他的一举一动也就必须遵守封建道德礼仪规范。所以，在古人眼里，戴冠不仅是成人的标志，而且是一种"礼"的标志。

冠在汉代已是分门别类，等级鲜明，仅收进"舆服志"里的就达十八种之多。这里只举几种具有代表性的："长冠"，又称孔氏冠，规定贵族爵位没有"公乘"以上者不能戴，也就是说，只有那些可以乘公家车子的人才能戴；"委貌冠"，是汉代公卿诸侯大夫参加礼仪时所戴的帽子；"法冠"，是汉代执法者所戴的帽子；"武冠""鹖冠"，是汉代武官所戴的帽子。清代虽废除了延续几千年的汉制冠帽，但仍然将冠帽作为区别官阶的重要标志，只是样式有所改变。如"顶戴花翎"，"顶"指官员冠上的顶子，多用金、铜和珠宝制作，"花翎"是由孔雀尾的翎羽制成。清代冠帽上的花翎最富有"辨等威，昭品秩"的功能，它是以冠帽上翎眼的多少标识等级的。

"巾"属于平民百姓的"头衣"。贵族男子满二十岁时戴冠，而平民男子二十岁成人时只能戴巾。这个"巾"就是庶民裹头的幅巾，汉末"黄巾起义"的起义军就是以黄色头巾为标志的。汉代的少数民族大多无冠无巾，而中原地带则是贵族戴冠、平民戴巾，两者界限分明。但到魏晋时冠巾分明的服制被打乱了，出现了"乱世冠巾杂"的局面。

佩饰礼俗在古代也很讲究。在人类拥有第一件衣服之前，恐怕就有了第一串项链，这些用兽齿、鱼骨、贝壳、石块串起来的项链，就是人类最早的佩饰。当然，远古人类佩戴饰物，并不仅仅为了装饰，它也是勇敢的象征、光荣的标志、避邪的镇物、狩猎或捕鱼丰收的纪念。

随着社会的进化，佩饰逐渐走向规范，逐步分为"德佩"和"事佩"两大类。前者指佩玉，后者指佩小刀、钻火石等生活用品。在前面我们已知道古人对佩玉非常重视，玉成了最重要的佩饰。佩玉也成为礼仪，成为制度，成为规范。

《礼记》中专门记述了佩玉的各种礼制。《礼记·玉藻》载："古之君子必佩玉，……进则揖之，退则扬之，然后玉锵鸣也。故君子在车则闻鸾和之声，行则鸣佩玉。"君子"凡带必有佩玉"，而且"君子无故，玉不去身，君子于玉比德也"。古代君子必须佩玉，行动起来可以发出悦耳的叮咚声；凡是衣外系带，带上必有佩玉，君子无故是不能摘去佩玉的。这是对君子，即士以上身份的人的普遍要求。古代君子佩玉的方式是在外衣腰的两侧各佩一套，每套佩玉都用丝线串联。

腰带上除了佩玉，还有插于带间的"笏"。笏是百官朝见皇帝时所执的手版，用于记事。大臣执笏向天子奏事，入朝前和退朝后则将笏插于朝服的大带上。周代时，不但百官朝见皇帝要执笏，儿子侍奉父母也要执笏。汉以后，笏礼更重，下属见上一级官长，也被要求执笏以表尊敬，而且进官府时，不许垂臂执笏，必须双手执笏至鼻间高度，毕恭毕敬地作鞠躬状，这才合乎上尊下卑的礼仪。

唐宋时，除以官服颜色辨识官阶品位高低外，"佩鱼"也是重要的标志。凡五品以上官员都发给鱼袋盛放鱼符，以便系佩腰间。宋时不用鱼符，只留鱼袋。鱼袋上用金、银饰鱼形。清代更重视佩饰，身上的佩服挂件越来越繁多，借此炫耀身份和地位。

鞋履方面也有礼俗规矩。在古代，与头衣相对的是足衣。顾名思义，足衣就是人足之衣，也就是今天的鞋与袜。古代的鞋有屦履、舄、屐等。周代时，人的衣饰被正式纳入礼仪范畴。周朝还设有名为"屦人"的官职，负责掌理国王和王后各种颜色衣服所应配穿的鞋子。凡四时的祭祀，各按照尊卑等级穿着礼仪规定的鞋子。舄为双底鞋，以革为底，以木为重底，类似今天的胶底鞋，可以走湿地而不透水，鞋面多用绸缎制成。诸履之中，舄是最为尊贵的，专用于同朝服、祭服相配。什么人在什么时间什么场合应该穿什么鞋，均有一整套严格的规矩。

周代凡登堂入室，必须把鞋子脱在户外，这不仅同古人席地而坐有关，而且与礼节有关。大臣见君主，不但要脱鞋，而且要脱袜。不脱鞋袜入堂拜见尊者，是非常失礼的举止。汉以后，脱下鞋袜赤脚入朝上殿虽不见明文规定，但进祠上殿必须脱袜已成为人们的习惯礼节，尤其是在祭祀先祖、拜见尊长时必须遵循古礼。直到唐以后，这一习俗才逐渐改变，除祭祀活动外，大臣朝会上殿可以穿鞋。

古人对鞋履非常重视，自古以来就有装饰鞋履的风尚，在皇室贵族那里达到了十分奢侈的地步。《晏子春秋》中就记载了以黄金、白银、润玉、宝珠装饰鞋履的事情。贵族所穿的鞋子一般有"丝履""锦履""皮履"等，相比之下，平民百姓的鞋履多为麻鞋、草鞋。由于生活贫困，不少穷人百姓甚至世代赤足，即使有鞋可穿，也必须遵循封建礼教的规定，不能随意穿戴。如魏晋时期就有这样的规定：士卒百工在鞋的颜色上限于绿、青、白三色；奴婢侍从限于红、青两色。若有违犯，便要治罪。

古代女子因裹足而出现的女鞋畸变，更突出反映了封建礼制对妇女的人身摧残。裹足源于唐宋时期，意为最大限度地限制妇女的活动和自由。当时，裹足之风遍及全国，这种不健康的畸形服饰，直接源于我国封建社会男权主义对女子的严重束缚。这些都是我国古代礼俗中的糟粕。随着封建制度的灭亡，这一礼俗已被彻底抛弃。

社会发展到今天，用衣着服饰表示社会地位的等级观念已被冲垮，这是社会文明进步的标志和象征。但衣着服饰作为中华民族长期以来人际交往中的一种重要礼仪形式被保留了下来，并继续发挥着它作为交际工具的作用，更多地体现着是否自尊与尊人。

衣着要整齐、干净、美观、合宜，是我们民族长期以来形成的审美情趣、生活态度和价值取向，它是"礼仪之邦"的具体体现形式。衣冠不整是一种既不礼貌又失自尊的行为，被认为是人际交往的大忌。因此，我们不仅要注意衣着仪表，而且要学会穿戴打扮自己，以便在社会交往中更好地衬托自我形象，有效地达到交往的目的。

第十一章　礼尚往来：社会交往礼仪文化

中华礼仪文化不仅体现在庆典婚丧、官场等重大场合，也体现在人们日常生活中的相互交往、待人接物、迎宾待客等方面。虽说这些方面的要求没有像祭、冠、婚、丧那样，形成一套隆重而严格的"嘉礼""凶礼"等，但人们在实际交往中约定俗成了不少规矩。照"礼"行事，以"礼"待人，成为中国古代社会的共识。当然，古代礼仪仍免不了烦琐之嫌，但其中也体现了中国文化彬彬有礼、热情好客、仁爱、忠恕等方面的内容。

一、交往礼仪与仁爱、忠恕之道

中国古代的社交礼仪是和它的血缘宗法文化分不开的。由于血缘关系和原始经济的限制，人们的社会交往起初是相当狭窄的，多限于家庭和血缘氏族内部。随着社会交往的发展，也随着人们群体自觉的增强，家庭与家庭、部落与部落之间的交往中，就产生了许多礼仪。后来礼典中有关朝聘交往、祭祀乐舞、盟会、军队征伐等礼仪规定，大多来自氏族部落联盟的交往活动。而与此同时，人与人之间的交往之礼也逐渐明确。

正是由于古人的社交礼仪是在血缘宗法社会发展的基础上形成的，

它就不可能不带有中国血缘文化的特征。换句话说，中国古代的社交礼仪充满血缘文化亲亲、尊尊的等级仁爱观。

描述中国古代的社会礼规容易，但要想真正把握古代交往礼仪和中国传统文化的关系，就必须深入了解贯穿于其中的仁爱精神与恕道原则。

在中国文化中，"仁"的解释很广泛。在整个社会中"仁"无所不包，无所不在，并都在人伦关系形态之中。可以说，人们的社会人伦践履，包括社会交往，都是在"仁"与"礼"的文化基础上进行的。

从"仁"的基础结构看，它的主要功能是"爱人"，因为"爱人"是血缘社会人际交往的基本出发点。但是，在宗法等级社会里，无差等的普遍的爱显然是无法实行的，它和讲究亲尊等级的礼制有明显矛盾。儒家文化实现了"仁"与"礼"的结合，使"爱人"和"亲属"等级的矛盾统一起来。孔子对中国文化的贡献之一，即"纳仁入礼"，对周礼进行了"损益"。

由此，中国文化中所强调的仁爱，就不再单纯是一种主体的情感与追求，而成为一种与等级秩序相关联的德性要求。"礼"是人际交往的外在规范，"仁"是主体的内在能动，"仁"的达成要合乎"礼"。这样，中国文化中的仁爱，就同西方基督教"上帝之爱"的泛爱论，以及墨子的兼爱论有着明显的不同了。仁爱之爱是建立在亲亲、尊尊基础之上的有差等的爱。

社会人际关系的仁礼实践始于血亲之爱。爱亲是中国文化血缘"人伦之爱"的起点，"天下为家，各亲其亲，各子其子"（《礼记·礼运》）。人和人之间要做到相亲相爱，必须从血亲之爱开始，不爱自己父母的人，就谈不上真正去爱他人。这就是儒家常说的"亲亲"才能"仁爱"，"君子笃于亲，则民兴于仁"（《论语·泰伯》）。

血亲之爱是"仁"的血缘心理基础，"爱亲"之心，从根本上讲，适应了以宗法血缘人伦关系为特征的社会结构和社会生活，使社会人伦践履不仅具有立足于时代和历史的根基，而且具有具体的家本位基础。在家庭"父子""兄弟""夫妇"三伦关系中，"父子""兄弟"为天伦关系，"夫妻"为天人合伦关系，家庭的伦序实际已包含了建构整个社会的人伦关系原理，即人伦依据天伦向社会扩展。

费孝通认为，"伦"就是从自己推出去的和自己发生社会关系的那一群人里所发生的一轮轮波纹般的差序。在"差序格局"中，所有的价值标准都不能超脱差序即人伦而存在。这在差序社会里不觉得是矛盾，因为人们可以根据不同的对象拿出不同的标准。① 而这种不同的标准，就是人们在"礼"的规定下，不同的名分所应遵循的准则。这就是"仁""礼"在社会人伦践履中的契合点。

比如，从"仁""礼"的双重规定看，天伦中"父子"和"兄弟"的基本规范是"孝悌"，"孝悌"既符合"仁"的"爱亲"的主观自觉，又符合"礼"的等级名分的克己。从父子兄弟的亲情之爱，推及亲爱朋友和其他人。《论语·学而》有"泛爱众而亲仁"，这里的"泛爱众"与"爱亲"相比，已不仅仅是家庭人伦之爱，而扩展为社会人伦之爱了。泛爱众就是广泛地爱众人，而不是爱一小部分人，"能行五者于天下，为仁矣"（《论语·阳货》）。

这种广泛的"人伦之爱"要得到具体的实现，就必须依据"父子""兄弟"的天伦以及"孝悌"准则，向"仁爱"涉及的人际关系引申和附会。"君君、臣臣、父父、子子。"（《论语·颜渊》）"朋友切切偲偲，兄弟怡怡。"（《论语·子路》）"教以人伦：父子有亲，君臣有义，夫妇有别，长幼有序，朋友有信。"（《孟子·滕文公上》）"君臣、父子、兄弟、夫妇，始则终，终则始，与天地同理，与万世同久。"（《荀子·王制》）

父子关系引申出君臣关系，父慈子孝，也就有了君义臣忠；兄弟关系引申出朋友关系，兄友弟悌。依次类推，也就有了朋友有信、君民上下、长幼有序。而夫敬妇听关系又包括了一切男女关系。按照这个同心圆式的伦常普遍引申，所有人都可在"仁""礼"编织的人伦网上找到自己的位置。"父慈、子孝、兄良、弟悌、夫义、妇听、长惠、幼顺、君仁、臣忠"（《礼记·礼运》），在这种社会人伦践履模式中，人和人之间关系的原则不是外在的权力和利益，而是内在德性的责任和义务，人们日常践履的是普遍的"仁爱"。

如此，人们在政治、经济、文化等领域的实践活动，都是交织在人伦践履活动之中的，都是以社会人伦践履的形式表现出来的，并相应形成各个领域以伦理为特征的模式。因此，就实践主体而言，既有人格的

---

① 费孝通. 乡土中国. 北京：三联书店，1985：25-35.

个体差别，又有整体和谐，既合乎温情（亲亲），又合乎理性（尊尊）。用儒家的话来概括，便是一种"和而不同""不同而一"的人际关系践履模式。

在处理社会人际交往方面，儒家文化还强调"忠恕之道"，把它作为处理人际关系最具有活性机能的操作方式。只要处理好"己"与"人"的关系，社会的一切关系都会和谐有序。

"恕"就其内容理解，包含着"宽恕""容人"的意思。孔子所提倡的"以直报怨，以德报德"（《论语·宪问》）、"不念旧恶，怨是用希"（《论语·公冶长》）的品德就很好地表达了"恕道"的内涵。对于"恕道"，孔子做过明确的解释："其恕乎！己所不欲，勿施于人。"（《论语·卫灵公》）强调的是从"恕道"出发，在社会人伦实践中自己不乐意的事情，不要施加给别人。

总之，"恕"就是毫无害人之意。这就要求在处理社会人伦关系时，必须将心比心、设身处地，以己之欲求去测度他人的欲求，即由内及外、由己及人的具体操作方式。自己所不愿做的事情，别人也一定不愿去做；自己所喜好的事，别人也一定会喜好；自己所欲求的事，别人也一定希望得到。子贡曾问孔子："君子亦有恶乎？"孔子答曰："有恶。恶称人之恶者，恶居下流而讪上者，恶勇而无礼者，恶果敢而窒者。"（《论语·阳货》）孔子的思想中贯穿"施诸己而不愿，亦勿施于人"（《中庸》）的精神，这就是"恕道"的具体运用。

"恕道"的运用，不仅是"由己及人"的过程，也是"由人及己"的过程，这种过程的基础是"人同此心"。因为在古人看来，人人都具有先天的良知良能，人与人能够相通，就在于良知良能是人们共同具有的。这种建立在性善论基础上的"恕道"，与实现"人伦之爱"的人伦践履相一致。因此，"恕道"也就不失为一种人人都能操作、便于日常之用的简易而朴实的社会关系处理方法。

正如费尔巴哈所评价的那样："从许多由人们思考出来的道德原理和训诫中，这个素朴的通俗的原理是最好的、最真实的，同时也是最明显而且最有说服力的，因为这个原理诉诸人心，因为它使自己对幸福的追求服从良心的指示。当没有了你所希望的东西，当你幸福的时候，你不希望别人把你不愿意的事施之于你，即不要对你做坏事和恶事，那么你也不要把这些施之于他们。当你不幸时，你希望别人做你所希望的东西，即希望他们帮助你，当你无法自助的时候，希望别人对你做善事，那么，当他们需要你时，当他们不幸时，你也同样对他们做。"因此他认为，"恕道"是一种"健全的、纯朴的、正直的、诚实的道德，是渗透到血和肉中的人的道德，而不是幻想的、伪善的、道貌岸然的道德"。①

"恕道"的运用主要出于一种内心的自觉，但由于它还停留在利己、达己的层次上，因而与"忠道"相比，在社会人际关系实践中，还是一种相对被动的方法。

儒家所说的"忠"，在一开始并非后世那样专指臣对君的"愚忠"，"临之以庄，则敬；孝慈，则忠；举善而教不能，则劝"（《论语·为政》），"君使臣以礼，臣事君以忠"（《论语·八佾》）。"孝慈，则忠"，指的是君王要以"上孝于亲""下慈于民"作为臣民忠诚的条件，臣君、民君的人伦关系是均等互为的。因此，"忠"的含义是广泛的，"主忠信""与人忠"，忠与信是相关联的品德。这样，"忠"就是真心诚意、积极为人的意思；"忠道"也就是在处理己与人的关系时，要忠诚信实而非虚情假意，要尽己以待他人。

与"恕道"相比，"忠道"要高出一个层次，在社会人伦实践中不但要利己、达己，而且要完全为他人，这是一个积极主动的方法。孔子本人虽然没有对此做出明确的解释，但根据宋儒对"尽己之谓忠"的解释，一般均把"己欲立而立人，己欲达而达人"（《论语·雍也》）释为"忠道"。"忠恕之道"把社会人伦实践中的德性精神和行为结合了起来。

总之，"忠恕之道"就是无论对人还是对事，"忠"即重在尽心，对任何事情都竭诚去做，尽力而为，从"己"的角度尽到应尽的责任；"恕"则是指重在关心，无论对人还是对事，都要细心体察。对"己"而言，"忠"是重在发挥自己主观的努力，而"恕"则重在迁就适应各种不同的情况。从社会人际关系而言，"忠"重在设身处地，有诚恳为人之心，成人之美；"恕"则由己推人，不成己之恶，无丝毫害人之意。这样，"忠恕之道"就通过"己所不欲，勿施于人"和"己欲立而立人，己欲达而达人"两个角度、两个层面的操作，"由内而外""由己及人"，

---

① 费尔巴哈. 费尔巴哈哲学著作选集：上卷. 荣震华，等译. 北京：三联书店，1959：577-578.

成为处理社会人际关系的根本途径和方法。

了解了中国文化中爱有差等的仁爱精神，以及由己及人的忠恕之道，我们就可以更深层地理解中国文化何以有那样充厚的"礼"内涵。中国古代的人际关系无不处在血缘等级网络之中，由此生成亲亲、尊尊、仁爱、忠恕的人际关系处理原则，而社会交往中烦琐的"礼"，就成了仁爱、忠恕不可不有的表达方式和途径。

下面各种具体的人际交往之礼，都从不同侧面表现着古代亲亲尊尊的仁爱精神。

二、待人接物之礼

古人十分重视待人处世之道，在这方面，有许多耐人寻味的经验之谈，无论过去还是现在，都给人们以引导、启迪。待人最要紧的是循礼求和，按礼行事，应以和平宁静为本。

礼貌是促进人际交往友好和谐的道德规范。讲求礼貌，遵循礼貌，其目的是与他人和睦相处、友好沟通。待人应该热情并友爱，以和为贵，从而在根本上消除人与人之间的隔阂与防备、摩擦与障碍，进而互敬互爱，友好相处。正因如此，《论语》开篇《学而》中就强调说："礼之用，和为贵；先王之道，斯为美。"当然，孔子的学生接着又说，仅仅为了和平宁静而盲目求和、不用"礼"来引导节制，不可能达到真正的和谐。

要想协调人际关系，就要做到从内心到外在的恭敬一体。如果表面上恭敬热情，而内心虚诈无实，一来不是君子所为，二来不是人之所交。关于这一点，孟子在几千年前就说："食而弗爱，豕交之也；爱而不敬，兽畜之也。恭敬者，币之未将者也。恭敬而无实，君子不可虚拘。"（《孟子·尽心上》）可见，如果外表恭敬而没有实意，给人东西吃却无爱意，无异于把人当猪一样对待。对人虽有爱意而不存其敬，这种爱意最多达到兽畜的水平。真正的恭敬之心在送币礼之前就应当有了。

《礼记·表记》也说，君子"不以色亲人，情疏而貌亲"，即不以虚假表情取悦于人。外表看起来亲亲热热，而内心情感生疏，如此无异于

"穿窬之盗也"。"穿窬之盗",指穿壁逾墙之贼。《礼记》还说,言辞表达当然应措辞得当,但更重要的是"情欲信",即内心情感的真实。因此,与人交往定要恭敬实诚。

"恭敬而无实"除了不为人所交,还有一个致命的不利,即不能被人尊重,得不到他人之心。孟子因此又说:"仁者爱人,有礼者敬人。爱人者人恒爱之,敬人者人恒敬之。"(《孟子·离娄下》)对此荀子也曾说:"体恭敬而心忠信,术礼义而情爱人,横行天下,虽困四夷,人莫不贵。"(《荀子·修身》)"四夷",此处指四方各地,意即人只要恭敬,真诚待人,走遍天下都会受人敬诚相待。

古语有云"四海之内皆兄弟",这句话一方面告诉人们应当善待他人,待人如己亲,把普天之下、四海之内的人,皆视作自己的亲人,另一方面,它还有更为具体的含义,出自《论语·颜渊》:"君子敬而无失,与人恭而有礼,四海之内皆兄弟也。"也就是说,只有当你对人真正恭敬有礼时,天下之人才会对你犹如兄弟一般。

因此,待人恭敬乃孔门第一义,彻头彻尾,不可顷刻间断。"敬只是此心自做主宰处。……敬非是块然兀坐,耳无所闻,目无所见,心无所思……无事时,敬在里面;有事时,敬在事上;有事无事,吾之敬未尝间断也。且如应接宾客,敬便在应接上;宾客去后,敬又在这里。若厌苦宾客而为之心烦,此却是自挠乱,非所谓敬也。"(《朱子语类》卷十二)

《朱子语类》中的这段话,一方面强调了对人恭敬的重要性,另一方面强调敬不应冷冰冰"块然兀坐",而应同耳闻、目见、心中情感联系在一起。也许有人迎宾送客处处合礼,让人挑不出失礼之处,但若其心中没有真诚热情,那么这样的"合礼",并不是真正的"敬"。

荀子曾说过一段话,对敬人之道做了分析。荀子说:"敬人有道:贤者则贵而敬之,不肖者则畏而敬之;贤者则亲而敬之,不肖者则疏而敬之。其敬一也,其情二也。"(《荀子·臣道》)贤者敬人是由于尊重对方,而不肖之人敬人则是由于畏怕对方;贤者敬人而与人亲密,不肖者敬人则会生疏远离。同样是敬人,表面一样,但内在情感完全是两样。所以待人仅仅敬而无失、恭而有礼远远不够,还必须做到亲而有爱、真诚热情。

三、与人为善

与人相处，为善当先。对你所遇见的所有人都友善恭敬是尊自己为君子，因为只有小人才会因时、因地、因人地待人，也是在给他人以价值肯定的同时，得到他人对自己的价值认可。

这里表达的是极为简单的道理，能够尊重他人的人才可能尊重自己的人格，而只有尊重他人，他人才会给予你应有的尊重。这些道理是从与人相处的经验中抽象出来的，这一点，早在古人那里就已被注意到。古人说："人必其自敬也，而后人敬诸。""人必自侮，然后人侮之。"前一句出自汉朝扬雄的《法言·君子》，后一句出自《孟子·离娄上》。汉朝刘向也说："好称人恶，人亦道其恶；好憎人者，亦为人所憎。"（《说苑》）这是从尊人的反面来说的。

中国古代类似这样的格言警句很多，在此不一一引述，由此可见自尊和尊人的问题古人是十分注意的。

尊重他人，亦应彻底平等，不能分三六九等、贫富贵贱，孔子就很注意这一点的身体力行。《论语·子罕》记载："子见齐衰者、冕衣裳者与瞽者，见之，虽少必作；过之，必趋。"孔子见了老者、瞽者以及身穿丧服之人，不论其年老年少，也不论其贫富贵贱，都同见了身着官服的人一样"必作""必趋"。"作"，站起来；"趋"，快步走，二者都表达敬意。但是也有人以富贵贫贱取人，也有"无知之人，不能一概礼待乡曲，而因人之富贵贫贱，设为高下等级，见有资财有官职者，则礼恭而心敬，资财愈多，官职愈高，则恭敬又加焉。至视贫者贱者，则礼傲而心慢，曾不少顾。殊不知彼之富贵，非我之荣，彼之贫贱，非我之辱，何用高下分别如此"（《袁氏世范》）。

对此荀子也早有忠言：人当"虽能必让"，"高上尊贵不以骄人，聪明圣智不以穷人。""穷人"意即使人难堪。"齐给速通不争先人，刚毅勇敢不以伤人。""齐给速通"指能言善辩，反应敏捷。"不知则问，不能则学，虽能必让，然后为德"，"遇君则修臣下之义，遇乡则修长幼之义，遇长则修子弟之义，遇友则修礼节辞让之义，遇贱而少者则修告导宽容之义"（《荀子·非十二子》）。人可以对不同的人施不同的礼仪，但不可因贵贱贫穷智愚而"骄人""伤人"。

王符在其《潜夫论·交际》中也力告待人应一视同仁:"富贵未必可重,贫贱未必可轻,人心不同好,度量相万亿。……未可以富贵骄贫贱,谓贫贱之必我屈也。"这是说,人不可以视他人贫富贵贱而定轻重。反诸己身而言,也不可因自己富贵而自恃骄人,认为贫贱者该屈从于我。

关于这一点,古人在对儿童的启蒙教育中就非常注意,如治学读物《四字经》中说:"凡是亲戚,一样人情,人有贵贱,不必区分。"实际上每个人虽贫富不等,但在人格尊严上是平等的。尊贵不在于财富地位,也不在于能力才华,任何一个在人格上自立的人都是值得尊敬的。即使对于人格上有缺陷的人,古人也主张对其"修告导宽容之义"。

人若对人一视同仁,始终为善尊敬,在以后的生活中也许会惊奇地发现,自己也会被善待被尊敬。当你有难时,会有人相助,而这帮助你的人,只是因为曾经受过你的礼遇。人都是善良的,受你礼遇的人将对你永远难忘。为此,荀子说:人若"无不爱也,无不敬也,无与人争也,恢然如天地之苞万物,如是则贤者贵之,不肖者亲之"(《荀子·非十二子》)。相反,只对权贵献其"礼敬"之人,以财势取人,以利益交人,最终是得不到他人敬重的。

与人尊而有礼、敬而无失,首先要尊重他人的意愿,体谅他人的需求与禁忌,不能强人所难。不苛责别人实现达不到的目标,不强求别人做不能做的事,不要求别人接受不喜欢的东西。不过分苛求别人,尽可能在体谅、理解和宽容中达到互尊互容,即古人所希望的:"不责人所不及,不强人所不能,不苦人所不好。"(《文中子·魏相》)进一步说,待人须将心比心,彼此间平等对待,自己不愿做的事,不要强迫他人去做;不愿接受的东西,不要强加于人,这就是孔子所说的"己所不欲,勿施于人"。

与人恭敬还有适当顺从别人的意思。中国有一句古话,叫作"恭敬不如从命",是说想表示自己对人的恭敬,还不如顺从别人的意思。比如当别人执意相邀的时候,除非自己确不能从,一般不便断然拒绝。即使推辞,也应委婉谢绝、说明原因,以免使对方尴尬无适。

总之,与人为善的思想虽然最终不可能从根本上改变封建等级观念,但在古代思想家表达的有关人际关系的美好愿望中,可见仁爱、宽恕思想之含义。

四、严己而宽人

在处理人际关系方面，还有一个同与人为善紧紧相连的处世准则，即唐代韩愈在《原毁》中所说的："古之君子，其责己也重以周，其待人也轻以约。"也就是严于律己，宽以待人；克制自己，尊重别人。先为别人着想，然后顾及自己。"君子贵人而贱己，先人而后己。"（《礼记·坊记》）实际上就是古人"恕"道的一种表达。

"恕"道作为一般人际交往的准则，同当时不断壮大的新兴地主阶级要求平等的愿望有关。它要求人们在家族以外的人际交往中互相尊重理解，互相宽容体谅。这也是中国文化中的中庸思想在处理人际关系方面的反映。所以古代的思想家并没有简单地把它看作一种技巧，而是提高到了和谐社会的"恕"道高度。《礼记·坊记》说："善则称人，过则称己，则民不争。善则称人，过则称己，则怨益亡。"古人非常重视严己而宽人，把它看作君子必备的德性之一。墨子说："君子自难而易彼，众人自易而难彼。"（《墨子·亲士》）君子跟普通人不一样的地方就在于此。

宽人严己首先要学会克制自己，凡事对自己要求严格。如果自己没有做到就苛责别人做到，不能叫宽以待人。进一步说，假使自己做得很好，是不是就有理由去挑剔别人呢？古人对此一直是斥而戒之的。王符指出："无之己而责之人，有之我而讥之彼；己无礼而责人敬，己无恩而责人爱。"（《潜夫论·交际》）自己对人无礼却要求别人礼敬自己，自己对他人不付出情感却要求他人爱自己，无论怎样，都已经远远偏离仁爱、宽恕之道了。宽厚之人不应使己有所倚仗，精明的人不应使人无地自容。

宽人严己其次需要一些牺牲忍让精神。"人不知而不愠"（《论语·学而》）是一种宽人严己；"宁可负我，切莫负人"也是这样一种精神；及至"不念旧恶""以德报怨"，就更是需要忍让牺牲自己而对人宽恕了。当然，这种宽恕思想也不是要人一味牺牲忍让，孔子就反对不加分析就"以德报怨"。《论语》记载，有人问"以德报怨，何如"时，孔子说："何以报德？以直报怨，以德报德。"（《论语·宪问》）以怨恨来报怨恨是不符合孔子的仁爱精神的，但以恩德回报怨恨未免也有失公道，而且会导致"成人之恶"的客观效果。所以孔子的主张是有道理的，即拿公平正直回报怨恨。

然而如何对待怨恨，并不是一个简单的问题。有人对你产生怨恨，你应自我反省一下，问一个"为什么"。对此孟子有言："有人于此，其待我以横逆，则君子必自反也，我必不仁也，必无礼也。"（《孟子·离娄下》）有人对我横暴无礼，君子必反省，我一定有失礼失仁之处，否则为何会有这样的事出现？"其自反而仁矣，自反而有礼矣，其横逆由是也……君子曰，此亦妄人也已矣。"（《孟子·离娄下》）待到君子自省后觉得自己并没有失仁礼，也无不忠，但仍有人对自己粗蛮无礼时，则只能判定此人粗俗野蛮了。对如此之人，"有何难（责难）焉"。

对待失礼之人，古人一般也是主张宽而恕之的。"人善我，我亦善之；人不善我，我则引之进退而已耳。"（《韩诗外传》）别人善待我，我当然要善待他；而别人待我不好，我就应引导他，无非是同他接近或疏远罢了。这一格言倡导的仍是与人为善，即使人不善我，也不必以恶报之。

上述思想中包含着自律精神，即一个人无论做什么，只应按自己该做的去做，不必计较功利。你给了别人十分，不要求别人也回报十分。别人应当怎么对待你的给予是另一回事，而你不应在给予时就包含功利的动机。古人认为："君子之自行也，敬人而不必见敬，爱人而不必见爱。敬爱人者，己也；见敬爱者，人也。君子必在己者，不必在人者也。"（《吕氏春秋·孝行览》）"见敬"，指得到别人尊敬；"见爱"，指得到别人回报的爱。这是教导君子待人应以自律为要，否则有失君子德性。

有一点应指出，古代思想家主张宽以待人，包括宽恕不入君子之流乃至是小人的人。但这并不完全等同于怂恿小人，姑息养奸。宽容小人是为了引导他，同时也为了保持君子的德性。在同人交往中，容小人并不等于亲近他，而且在古人眼中待人同用人是两码事。

总之，严以律己宽以待人，实行起来需要一种品德素质，需要有最深厚的同情、人性、智慧及德性。我们每一个人都应学会宽以待人，没有宽容，就没有持久的敬与爱，没有和谐的人际环境。不宽容待人，就得不到别人的宽容。以怨报德，以怨报怨，都将使我们陷于无止境的报复与痛苦之中，于己、于人、于社会都是无益的。在一个十分看重人际关系的文化系统中，如果人人都按仁爱、忠恕之礼交往，则社会关系必会多一分和谐。

五、迎宾待客

中华民族可谓好客的民族。"有朋自远方来，不亦乐乎。"好客不仅要礼貌待客，还要做到使人宾至如归。因此，古人十分重视宾客之礼，遇有宾朋到来，热情迎于门外，相互施礼，互致问候，然后引其入堂室。入门也有礼规，古礼规定："凡与客入者，每门让于客。"（《礼记·曲礼上》）凡遇门则让客人先进，这是主人向客人表达敬意的一种方式。

入席之后，在座次安排上也讲究礼节。中国古代一般以东方、南方为尊，帝王于殿堂之上，往往坐北朝南，意为自己尊于群臣，在万民之上。至于家人堂室，有的还以居东朝西的座位为尊，这要视堂室的门厅、方位而定，宾客当然要被请于尊位落座。除去东、南方位，古人还习惯以右为贵，引客人入堂室时，多请从右边入门。而作为客人，入席之间要注意从西边行，以示自谦。

在传授礼仪教养的读物中是这样概括的："日听呦呦歌鹿鸣，嘉宾相见即相迎。主人肃客右边入，客逊主人西上行。拜坐毕时当举问，酒汤初进合亲呈。席终礼送详宾顺，恭敬周旋在至诚。"（《蒙养诗教》）另在《闺训千字文》中则这样教导幼童女子省宾客之事："宴宾集客，款曲盘桓。婚丧吊贺，礼数优全。整顿器皿，摆列华筵。肴馔丰盈，蔬菜新鲜，挈壶劝饮，酒饭频添。贪鄙啬吝，惹耻招嫌。"教诲之中，充溢着待客的礼貌周到与盛情、诚意。

如果来客的职位、身份较主人低一些，则必须"执食与辞"，端起食物向主人致辞。而主人则"与辞与客"，向客人答辞。然后大家落座。席间，在客人面前，"宜慎咳唾，不敢叱狗，骇客于座"，也不能"怠情放肆，叱咤挥物"，否则显得"张狂无教，败德无尊"。招待客人，还讲究"盘盏洁净，茶少堪称，是菜是酒，不可浊混"。顺便提一句，中国古代饮酒吃茶讲究"茶七、饭八、酒十分"，茶饭不能太满，但酒要满盈，以示心诚。

　　古人还很注意宴席间的气氛。宾朋好友坐在一起，宾主不仅要相互敬酒，畅叙友情，还要"对酒设乐""雅歌投壶"（《后汉书·祭遵传》），既显示盛情之意，又营造了席间轻松愉快的气氛。席间游戏在《礼记》中被编录为一种宴席礼仪的必要程序，"投壶"是其中一种。《礼记·投壶》记载，席间主人会拿出矢（一种似箭的一头尖的棍），盛邀宾朋："某有枉矢、哨壶，请以乐宾。"客人则答谢道："子有旨酒、嘉肴，某既赐矣，又重以乐，敢辞？"然后依次把分发之矢投向壶口，投入多者为胜。除了投壶，古人还有其他种种助兴取乐的游戏，如行酒令。由于游戏助兴，宴饮中气氛活跃融洽，一时无高下尊卑之分，宾客也因此而感到如归家中。

　　待客如此讲究敬诚盛情，是主人之礼。席间如果"主人未辩，客不虚口"，意即客人应当等候主人吃毕再行漱口。作为客人，到了别人家，也要注意礼敬主人，尊重主人的生活习惯。《礼记·曲礼上》为此说："入竟而问禁，入国而问俗，入门而问讳。"进入别国之境，应当询问异国法令禁止之事；进入他乡，应当询问当地风俗习惯；进入别人家，则应了解对方的习惯和避讳。按主人安排的地方就座，"卧房橱下，不可乱行"。

　　客人在主人家不能不顾时辰地久坐，应及时告辞。送客一般要送至大门之外，施礼辞别。客人有礼，主人才会与他再交，乐意再邀。古之周谚有言："山有木，工则度之；宾有礼，主则择之。"（《左传·隐公十一年》）反过来说，主人盛情礼周，宾客朋友才会满座。

六、朝会礼

　　朝会礼主要指古代社会诸侯国、藩邦和外国的使臣朝觐会同时的礼仪。

　　朝会最早是各国诸侯朝见天子的活动，后演化为在特定重大时日，文武百官及外国使臣拜见皇帝的一种仪式。每逢皇帝即位、大婚、册立皇后等重大政治活动和特定节日都要举行朝会。

　　朝会礼在周代规定十分细致，不同季节、不同目的、不同朝会使臣，其礼法不尽相同。在《周礼·春官·宗伯》中对此有具体记载，可看作比较经典的说法："以宾礼亲邦国，春见曰朝，夏见曰宗，秋见曰觐，冬见曰遇，时见曰会，殷见曰同，时聘曰问，殷覜曰视。"随时因具体某事而会，叫作"时见"；众多诸侯同时觐见天子，叫作"殷见"；而多国外邦使者同时聘问，则称作"殷覜"；"时聘"指不定时遣派使臣存问看望。

朝会礼有比较规范的制度规定。不同季节的朝会所议主题也大致有分。《周礼·秋官·大行人》记载："春朝诸侯而图天下之事，秋觐以比邦国之功，夏宗以陈天下之谟，冬遇以协诸侯之虑。"

在不同的朝会中，仪式礼规也有所不同。如朝会中的会同之礼，就不同于朝觐之礼。朝觐礼属于君臣之礼，因而诸侯对天子的礼规相对严格一些。朱熹对此有过解释。《朱子语类·仪礼·觐礼》中说："觐是正君臣之礼，较严，天子当依而立，不下堂而见诸侯；朝是讲宾主之仪，天子当宁而立，在路寝门之外，相与揖逊而入。"《礼记》也有记载："觐礼，天子不下堂而见诸侯。下堂而见诸侯，天子之失礼也。"（《礼记·郊特性》）《汉书》在解说各种不同礼制的目的成因时指出，人性有男女之情，所以要制婚姻之礼；人的生活有交接长幼之序，所以要制乡饮之礼；人有哀死思远之情，所以要制丧祭之礼，而臣民"有尊尊敬上之心，为制朝觐之礼"（《汉书·礼乐志》）。

可见，朝觐之礼的目的主要在于肃君之义，强化君臣关系和臣对君的尊尊意识。这一点在《礼记·祭义》中有说明："朝觐，所以教诸侯之臣也。"《礼记·乐记》也说："朝觐，然后诸侯知所以臣。"《礼记·经解》则说："朝觐之礼废，则君臣之位失。"

朝觐之礼通常还有比较规范的礼仪程序。礼仪程序分为以下几个方面：郊劳、赐舍、朝觐、享献、请罪、赐车服。

郊劳即当诸侯、使臣到达京城边界时，天子派官员前往郊外迎接、慰劳。派官员远迎是为了表达热情欢迎之情。

赐舍是指诸侯、使臣到达目的地后，先引导宾客入城下榻，安顿休息好之后再安排觐见事宜。这种礼节实际上在今天也仍在使用，远道而来的客人，理应先安排好休息处所。

朝觐是指天子派官员安排朝觐。届时，来宾在门外等候片刻，通报天子后才可进入；来到天子面前，要行觐礼，即跪地叩首行拜。

享献是接下来的一道程序。即来宾向天子敬献礼品，多以玉帛、马匹为献。

请罪是献礼之后的一道程序，纯属仪式。诸侯、使臣往往要"肉袒请罪"，即露出右臂，表示自己辜负了天子的期望。尔后天子往往说一些安抚和鼓励的话，要诸侯、使臣回去后更好地辅佐治理国家。

赐车服是朝觐礼仪的最后一项。大多是在朝见完后，天子派人给来宾赠送车马、服饰等，并设酒食欢宴宾客。最后，在融洽又不失威仪的气氛中，天子送诸侯、来宾离境回国。

朝会礼中的会同礼，和上述朝觐之礼稍有不同。《周礼》中有"时见曰会，殷见曰同"之说，可见会同主要是各方诸侯会聚一堂的活动，有别于天子接见一方来朝的诸侯时的朝觐活动。会同之处可在京师，也可在其他地点。少数情况下是诸侯会同于天子，但主要是列国会盟。

盟誓礼仪是会同礼中的重要内容。通常，会盟誓约不是在天子和诸侯之间，而是诸侯彼此订立的，天子与会而不与盟。各诸侯因为不敢轻易相信彼此，所以要立约盟誓，取信为凭。《淮南子·氾论训》解释说："盟者，杀牲歃血，以为信也。"当然到后世，也有君臣之间订立誓约的。如汉高祖当初就曾和诸臣约曰："非刘氏王者，天下共击之。"（《史记·吕太后本纪》）

盟誓仪程在不同朝代做法各有不同。但从各地出土的有关盟书的文物看，仪式通常是在玉片或石片上用朱砂写下誓文，深埋坑中，杀牲以祭，表示誓约各方取信于鬼神。除此之外，各方另有收藏备案的盟书。①

周代有关朝会礼仪的规定，维护了贵族统治阶级的等级关系，对后世影响很大。先秦以后，诸侯之间、华夏民族与周边少数民族之间，都逐渐形成了朝会礼仪。至唐代，朝会礼制更加完备，规定也愈加详细具体。按规定一年四季都要觐见皇帝。一年四季的朝觐之礼，实际是通过仪式表示对君王的臣服。享献也不再是一种献礼仪式，而成了一年一度的"朝贡"。各地贡品的种类和数量都有明确规定，地方官每年秋冬之际派使者入朝进贡，交纳贡品差不多等同于向皇帝报告政绩。

在朝会中，外国君王来访会受到更隆重的接待，在接见地点、鼓乐

---

① 胡戟. 礼仪志. 上海：上海人民出版社，1998：382-383.

仪仗、宴会和赏赐等方面比使节、番客有更高规格的安排。

中国古代朝会礼中浸透着"中央王国"的观念和内容，这一点突出表现在外国首领和使者来访朝觐时必须向中国皇帝行跪拜礼。

随着封建统治者的腐败，朝会礼愈加烦琐迂腐。朝见皇帝要在天不亮时就等候在宫门外，所以参加朝会的远道官员，天不亮就要赶路上朝。天黑路急，策马赶路，免不了不小心掉在沟坎中的。《唐会要·朝望朝参》中就有相关记载。到达目的地长时间等候后，疲惫至极仍得强打精神，行礼时更要小心谨慎，不能出现一点差错，有一点超越礼规就会被视作对皇上不尊不忠。朝会现场有纠仪官严密监视，有的就因为"误踏衣袂"而扑倒在地，因"跪拜失仪"而"交刑部治罪"。

可见周代的朝会礼在后代越来越发展为一种压抑束人的封建威仪形式，程序也变得冗长不堪了。

七、聘问礼

聘问礼也是周代制定的一种礼规，主要用于诸侯国之间的来往。

周朝建立初期，周武王替各部族划定了各自的势力范围。各诸侯国虽通通臣属于周室，但都已具有相对独立的国家的特征。比如，各诸侯国一般都有管理本国内政邦交事务的行政组织机构，都拥有明确的疆界和相对独立的主权，内政不容其他诸侯国干涉，等等。所以，各诸侯国之间必然要发生各种联系，这差不多相当于我们现在的外交关系。当时各诸侯国为了维系自己的生存和发展，在争夺、兼并、交往等复杂频繁的环境中，逐渐形成了一些交往礼节和制度。不同诸侯国之间，为了表示友好信义或相互牵制，常常互派使节甚至国君的公子相互往来。聘问礼就是这种友好往来的一种礼仪形式。

一开始，聘问礼是周天子为各诸侯订立的制度，规定他们每年派大夫互相聘问，每三年派卿互相聘问，以礼来修相互之好。这样诸侯国之间就不会相互欺凌争霸了。

行聘问礼时，郊劳也是少不了的礼节。主人一方要派专人到边境地迎接并慰劳。到达后主君要亲自在大门内迎接，拜受使者所赠礼物后感谢对方国君的好意。《礼记》说，如果国与国之间能经常这样以君子之礼表达敬意，相互谦让，就不会频频发生互犯的战事了。接待来宾使者时，一般都要国君亲力而为以示重视。接见后要以欢宴招待客人，之后往往还要盛情挽留来宾居住一段时日，居住期间还要举行几次不同规格的宴会。

聘问礼中一个重要的环节是赠聘礼，多以财物相赠。但不论送什么财物，玉圭是绝对不能少的。送玉圭往往是一种形式，聘问结束后，主君要退还玉圭，代表轻视财物而重视礼仪。

聘问礼中非玉圭不可，是因为玉圭为凭信，象征德行，希望各国国君像君子一样友好相处。

聘问礼的目的在于建立睦邻友好的邦交关系。而古代统治者及思想家也非常懂得交国必须德威并用，要在各国纷争中立于不败之地，必须有充实的国力，即经济实力和军事实力。孔子对此就曾有精辟论述："有文事者必有武备，有武事者必有文备。"（《史记·孔子世家》）武备不是用于侵略他国，而是为了使他国慑于其威，从而免受侵略，达到"制胜于未战而诸侯服其威"（《淮南子·兵略训》）的目的。

但同时，注重德治礼制的先秦统治者又把"交国以礼"放在诸侯邦交的重要地位，认为以仁爱的精神对待他国，才能使远近邻国向往之，与之和睦共处。孟子就此曾和齐宣王讨论过这一问题："齐宣王问曰：'交邻国有道乎？'孟子对曰：'有。惟仁者为能以大事小……惟智者为能以小事大……以大事小者，乐天者也；以小事大者，畏天者也。乐天者保天下，畏天者保其国。'"（《孟子·梁惠王下》）也就是说，大国对弱国以仁爱相处，小国对大国以敬爱相待，才能使大小强弱不同的各个国家和平共处。

总之，聘问礼就是古代邦交修好、以礼交国的一种具体方式。

八、相见礼

相见礼是古人日常交往相见时的一种礼节，既是双方致意的形式，又在其中表现出浓厚的尊卑等级色彩。

有跪拜礼。"拜"指低首折腰，古人认为低首躬身更显谦卑与尊人。"跪"则是双膝着地、腰臀部欠起的姿势。行跪拜礼是表示特别敬重的礼节。跪拜在不同场所、不同对象面前所要求的姿态也有所区别。为此《周礼》规定了九种跪拜礼：稽首、顿首、空首、振动、吉拜、凶拜、奇拜、褒拜、肃拜。这之间差别细微，极其烦琐。

跪拜礼源于原始社会。在原始社会，人们都是席地而坐，跪拜很方便，因而成为相互间致意问安的姿势。进入阶级社会后很长一段历史时期内，人们仍习惯席地而坐，因此行跪拜礼也很方便。随着封建等级制度日益森严，跪拜礼作为一种区别尊卑的礼仪，被制度化、复杂化到了无以复加的地步。不同等级不同身份之人，有着不同的跪拜礼。卑者如果行了尊者、贵者之礼，就被视为"越礼"，而越礼在古代是大逆不道的行为。

跪拜礼由于要使人屈膝卑躬，有损人的独立人格，所以随着近代对封建等级礼教的反对而渐渐被人们抛弃。据说太平天国就坚决废除了跪拜礼。辛亥革命后，孙中山先生宣布取消跪拜礼，再稍后，相见大礼被改为鞠躬礼。

作为一种社会交往礼节，跪拜礼已完成了它的历史使命。当然，作为历史的遗迹，它还有残留于现代社会的痕迹。有些地区的群众往往用跪拜姿势表达感恩戴德、乞求宽恕、祈求保佑的虔诚情感，如在神像、偶像、祖宗牌位面前，人们往往有这样的举动。跪拜的最终消失，还有赖于进一步提高人的思想观念和文明意识。

日常相见礼中，还有一种是作揖与拱手。作揖的姿势最初是双手抱拳前举，这是模仿前有手枷的奴隶，意思是甘愿做对方的奴仆、为对方服务，在礼节上表示尊重对方。

就这样一个作揖礼，在封建社会也要体现出等级尊卑亲疏来。《周礼》中规定，对无亲属关系的，拱手时要稍低，称"土揖"。对异性，拱手要平，称"时揖"。而对同一血缘家族的，拱手要高，称"天揖"。久别相见时，揖手时间要持久些，这叫作"长揖"。如果要行揖手礼的对象有很多个，则要分等级而视。若对方是尊贵之人，则重行"特揖"，即一个一个地作揖。若对方是低一等级之人，则可以行"旁三揖"，即对众人笼统地作揖三下。如果面对的是不同等级的众人，则要按等级分别作揖。

封建社会的等级尊卑亲疏观念之强固，由揖手礼可见一斑。

除此之外，古人还有"绍介""辞让""奉赞""复见""还赞"等相见礼节。绍介即介绍，古人不尚自我介绍，为尊敬他人起见，互相不认识的人初次交往，需要有人中间引荐，这也是为了不给别人带来贸然造访的不便。辞让是初次见面必须说的一些客套话。奉贽的贽，指的是携带的礼物。奉贽即见面后把礼物奉上。复见是要求有回拜。客人拜访主人后，主人要安排回访，来而不往，就失礼了。古人讲究"礼尚往来"。复见时，主人应把以前来宾执送的礼物归还，这叫还贽。还贽礼节表示重礼而轻财之道。古人讲究"君子之交淡如水"，友情清纯，不掺杂任何财物和功利。这一点确实是我们现在也应当记取的。

上述朝会礼、聘问礼及相见礼都是礼仪制度的一个部分，它一方面制造了君臣上下地位不可僭越的庄严气氛，在维护封建等级政治制度中起到了独特的作用；另一方面也为中国古代传统增添了许多尊人、敬人、注重礼节的内容。

九、礼尚往来的中国文化

礼尚往来是中国礼仪文化中待人接物应奉行的一条重要准则。根据这一准则，接受别人的恩惠，必须给人以同样的报偿。

如此，人际间交往才能平等友好地在一种良性循环中持续下去。古人说："礼尚往来，往而不来非礼也，来而不往亦非礼也。"（《礼记·曲礼上》）只有往没有来，不合礼仪；只有来没有往，也不合礼仪。别人送我桃子，我报答给他李子；别人给我好处，我报答他以好处。这一思想早在《诗经·大雅·抑》中就有准确的表达："投我以桃，报之以李。"友好融洽的人际关系建立在平等往来的基础之上，收下别人的礼物，给予同样的报答，以表示回敬、感谢和友好的愿望。用《诗经》的诗意表达，即"非报也，永以为好也"（《卫风·木瓜》）。

"受恩必报"是中国礼仪文化的要求。关于如何报答，古人也做了许多思考。往来之礼贵在适宜。送礼本为敬重答谢之意，并非答礼越多越好，有意义的轻礼更使人珍惜，因此才有名句："千里送鹅毛，礼轻情义重。"那种依赖厚礼维持友情的关系是长久不了的，古人一贯倡导"君子之交淡如水，小人之交甘若醴"。

因此，"币厚言甘"历来为"古人所畏"。古人还认为："多货则伤于德，币美则没礼。"（《仪礼·聘礼》）这一点对生活在今天的我们仍十分重要，往往越是"币厚言甘"越应提防是否有行贿之嫌。

古人尚重礼而轻财物，所以玉就成了最高贵的礼品。"君子珍玉"，古人看重玉并不是因为它稀少，而是因为玉身上包含人全部的美德。强调玉的贵处在于：玉温润而有光泽，象征仁；致密而坚实，象征智；有棱角而不伤人，象征义；悬垂则附下，象征礼；叩击玉，声音悠长，最后戛然而止，象征乐；玉的瑕疵不掩盖玉的美质，玉的美质也不掩盖玉的瑕疵，象征忠诚；玉色晶莹通明，光彩通达四旁，象征信；玉的光气如长虹，象征天；玉的精气显现于山川之间，象征地。古人认为玉恰好象征了"道"，所以天下人爱它。爱财物是小人之举，爱玉却是君子的品性。

礼物之轻重要得体、有意义。清朝王有光《吴下谚联》卷二说："宝剑赠与烈士，红粉赠与佳人。"烈士，为刚直志士，给其送锋利的宝剑才有意义，而红粉胭脂赠给美丽佳人才更为适宜。礼物各得其宜，才会更令人珍惜。送礼还应量力而行，为此古人说："贫者不以货财为礼，老者不以筋力为礼。"（《礼记·曲礼上》）勉强为礼就失去了以礼表达敬重友情的目的了。

礼既表达人们之间的情感，那么，代表人们情感的形式就应当是多方面的。除去物质上的礼，精神上的礼也可以。如古人在感情互酬中，你修一封书信，他答一首诗词，常常比丰厚的物质之礼更能联系彼此的友情。

对受恩者来说，"滴水之恩，当以涌泉相报"。古人眼中没有比忘恩负义更有伤仁德的了，孔子指责忘恩负义之人说："以怨报德，则刑戮之民也。"（《礼记·表记》）意即以怨报德的人是该处以刑杀的人。《礼记·曲礼上》说："太上贵德，其次务施报。"可见，中国古代非常看重来而有往，有恩必报。

然而从施恩者方面看，古人又主张惠而无望。要求别人感谢自己的恩德、礼物，就歪曲了恩惠往来的本来意义。给予别人恩惠，却又要求别人还报，还不如不施为好，讨还"人情债"会产生怨气。因此，清朝冯班说："为惠而望报，不如勿为，此结怨之道也。"（《钝吟杂录·家戒上》）如果施惠者自恃有厚恩，强迫受惠者做其不愿做的事，则更近乎要挟而丧失施惠的好意。这种"等价交换"的思想作为商品交换原则是可行的，但把它作为待人接物的礼仪规则，则是不适宜的。

在今天的社会生活中，我们应继续奉行中国古代助人为乐的传统美德，抛弃索取回报的思想习惯。

除此之外，古人在礼尚往来方面还提出了其他一些礼节。如孟子所说，"却之却之为不恭"（《孟子·万章下》），即一再推却、拒绝他人的礼物是有失恭敬的。再如，"赐人者不曰来取，与人者不问其所欲"（《礼记·曲礼上》）。赠送别人礼物不好叫别人前来拿取，而送了人的礼物就不要问人家打算如何处置，等等。

总之，礼尚往来是形成良好持久人际关系的必要前提，很难设想一个只想得到而从不付出的人会有真正的友谊。然而礼尚往来又不是互为利用、施惠、酬答的原始动机，应当是一种感情的表达。施惠于人者是在帮助他人的行为中得到一种情感、精神上的满足，受惠者则应有回报酬谢的礼仪教养，如此才能使人际交往顺畅美好，人际关系和睦有情。

综上所述，古代待人接物的传统礼仪规范，给我们留下了丰富的思想和有益的借鉴。除上述几方面外，还有其他诸多礼仪，如《弟子规》教诲："用人物，须明求。倘不问，即为偷。借人物，及时还。""人附书信，不可开折沈滞"，"凡入人家，不可看人文字"，"凡吃饮食，不可拣择去取"，"见人富贵，不可叹羡诋毁"，等等。这些礼仪规定对我们今天的待人接物仍具有现实意义。

第十二章　文质彬彬：言谈举止礼仪文化

礼在社会生活方面体现为人际关系秩序，在个人方面则表现为一种礼仪教养。在中国传统文化和历史生活中，正统的礼制礼规与现实生活的礼仪教养，是联系在一起的。礼仪既是上层社会用来处理血缘社会人际关系的手段，又是各阶层的人都应当具备的修养。所以，在个人行止言谈方面，也形成了种种约定俗成的礼仪规定，这方面的礼仪规定，无论从其内容还是功能来看，都和"亲亲""尊尊"的中国血缘宗法文化相关联。

一、威仪形象与古代理想人格

在一定社会制度和文化环境中，出于当下时代的现实需要，人们的利益、要求、期望、价值观念集中在某一楷模（人格楷式）身上，就凝聚为理想人格。就其与社会、思想文化的关系而言，理想人格是某一社会、某种思想文化中，人们最为推崇的人格典型，它体现了该社会及其思想文化的基本特征、价值观念，以及对人的本质、人的价值的最终理解。

中国文化中传统人格不是单一的，儒、墨、道、法各家，都铸就了与自家学说相吻合的理想人格。儒家以圣王、君子为理想人格模式，在圣王、君子身上，凝聚了德性理论的思想内涵及价值观念，并充分体现了对人德性本质的思考与价值高扬。这可以说是一种对主体理想模式的构造。

和西方比较起来，中国以儒家为主流的文化是把人本质上规定在德性范围内的，但毕竟它在中国思想史上第一次认识到了人之为人的根本在于理性（德性）、在于社会性（礼义）。古代思想家把思考的主题放在了社会人伦方面，并由此超越人的动物性走向了社会德性本质。这可看作中国古代思想史上从自然到人的第一次转折，在人类认识自我的发展史上做出了极有价值的贡献。同时，把德性作为人的内在本质，则赋予人之德性、人格尊严极高地位，儒家所树立的理想人格就是一种充分体现人的德性本质的圣人模式。

儒家文化树立的人格最高层次为"圣人"。"圣人"是理想人格的最高代表，然而又不是超凡脱俗的纯理想人物，而是生活在此岸的现实的人。内在超越现存又在外部现存中实现，这种境界被概括为"内圣外王"。

"内圣外王"最早见于《庄子·天下》，但它更适合表达儒家文化的人格理想。《大学》一开始就说："大学之道在明明德，在亲民，在止于至善。""明明德"即要把人内在所有的德性发挥出来，这是一种修养内德（内圣）的功夫；"亲民"表达推己及人，由内在德性推至外在表现（外王）；"止于至善"则是理想的实现与完成。"八条目"是指格物、致知、诚意、正心、修身、齐家、治国、平天下。前五项属内在功力，后三项可属外在功夫。

这里所包含的意蕴实际是，理想人格的崇高德性要向内用功、要修心养性，"求已""尽心""求放心"，但又不是脱离现实生活、外在事业的空性修养，不是渡越到彼岸世界。儒家的理想人格是要在现实中实现的，即"明明德"是一己之事，但必须通过由己推人而外达于事；内圣是理想人格的境界，但没有外在事功的体现便不可能达到。换句话说，完全脱离外在事功、追求一己心灵纯粹超越的"人格理想"，不是儒家所追求的境界。由此看，"内圣外王"是儒家理想人格同一而不可分割的两个方面。这种关于理想人格的理解，在孔子思想中首先被表达出来。

孔子重"仁"，认为要成为一个君子，就在于具备"仁"的品德，终身行"仁"而不违，哪怕仓促之间、颠沛之际，都须致力于"仁"。"君子无终食之间违仁，造次必于是，颠沛必于是"（《论语·里仁》），这就是说，仁德的内圣要通过外王去显现，去证实，去修养，去获得。德性的发扬离不开人伦日用，这一期冀在《中庸》的"极高明而道中庸"命题中表现得尤为突出。

在这种"内圣外王""极高明而道中庸"的德性人格实践中，个人外在的仪表仪态修养，也就成了内在的德性本性的必修之道。传统礼制文化认为，有美好的仪表仪态，举止庄重，进退有礼，仪容可观，执事谨慎，文质彬彬，才可能保持个人的威严而获得他人的尊敬，而且有助于进德修业，有利于人的道德境界的提高，还会对社会产生积极的影响。正因如此，传统德性文化中对人的容貌、颜色、视听、坐卧、行止、饮食、衣冠、周旋揖让等，都进行了详细规定。内容虽然不免有些烦琐，但对今天个人仪态修养来说，还是很有积极意义的。

传统礼仪在个人仪表上的种种规定虽然琐细，但也不是无章可循。简而言之，这一系列的仪表仪态规定受以下原则支配：

其一，仪者，万物之程式；仪表者，万民之法度。容貌动作合于礼仪，才可能进退有仪、政令通行。

其二，仪表仪态，人之符表。符表正，性情才可治，仁义德行才可显著。所以，威仪谨慎、齐明盛服，是良好德行的必要条件。

其三，个人的外在仪表仪态要以内在的德行为本。有诚敬之心，才会有庄重、恭谨之色。忠信存于内，才能显于外。否则，个人仪表仪态的修养就会流于虚伪。

其四，内在的素质与外在个人仪表仪态的文饰要配合得恰到好处，既不能只讲朴实而不要外在的仪表仪态，也不能只讲仪表仪态而压抑或扭曲个人的天然素质。这就是所谓"文质彬彬，然后君子"。

其五，个人仪表仪态的修养要以中庸为原则，不可过，也不可不及。这就是所谓"狎甚则相简，庄甚则不亲"。如果拘泥于仪表仪态之节，而丧失了生活中的欢乐和人际间的亲密融洽，也就违背了传统道德的宗旨。

此外，古人在讲庄敬而修礼的同时，也讲合群宾客之礼。具体来说主要有，待人要热情诚恳，对一切人都应当礼让尊重，对老者、长者、残疾之人尤应如此；不应以伪善取悦于人，更不可以富贵骄人；待人礼敬还要做到入乡随俗，尊重他人他国的喜好和禁忌；和善宽容，严以律己，宽以待人，与人为善。应该说，这几个原则在今天仍有一定的指导意义。

二、君子重仪表仪态

古人无论是在社会交往还是在家庭生活中，都十分注意仪态举止的文明合"礼"。注重仪表仪态是君子必备的品性，"文质彬彬，然后君子"。"文"指一个人的外在仪容，"质"指一个人的内在德行。内外并具，才可称君子。

古人注重仪表仪态，是认识到了言谈举止同内在品性的关系。古人说："夫容貌者，人之符表也。符表正，故情性治；情性治，故仁义存，仁义存，故盛德著。"（《中论·法象》）可见古人把言行举止这样属于个人修养的事提高到了齐家、治国、平天下的高度。荀子两千年前就谈到了这个问题："宜于时通，利以处穷，礼信是也。凡用血气、志意、知虑，由礼则治通，不由礼则勃乱提僈。食饮、衣服、居处、动静，由礼则和节，不由礼则触陷生疾。容貌、态度、进退、趋行，由礼则雅，不由礼则夷固僻违，庸众而野。故人无礼则不生，事无礼则不成，国家无礼则不宁。"（《荀子·修身》）意思是说，既适宜顺境又适宜困境的，只有礼和信。一个人的身心，依礼而行就会通顺，不依礼而行就会违背事理、思路错乱、心神怠惰，人就会变得庸俗而粗野。礼对于做人、做事，对于国家治理都至关重要。

同时，古人也看到了仪容谨慎所表现出的威严无比的力量。早在《诗经》中就有"淑人君子，其仪不忒；其仪不忒，正是四国"（《诗经·曹风·鸤鸠》）的说法。

管子也以此告诫施政者："言辞信，动作庄，衣冠正，则臣下肃。言辞慢，动作亏，衣冠惰，则臣下轻之。故曰：衣冠不正，则宾者不肃。仪者，万物之程式也。法度者，万民之仪表也。……故动有仪则令行，无仪则令不行。故曰：进退无仪，则政令不行。"（《管子·形势解》）正因如此，历代统治者在制定礼仪时，都不忘"冕服采章以旌之，佩玉鸣璜以声之"，为的是显示尊贵与庄严。

《左传》载有关于"威仪"的议论，认为坐君位的，如果没有威仪，百姓就没有效法的准则。何谓威仪？"有威而可畏谓之威，有仪而可象谓之仪。君有君之威仪，其臣畏而爱之，则而象之，故能有其国家，令闻长世。臣有臣之威仪，其下畏而爱之，故能守其官职，保族宜家。顺是以下皆如是，是以上下能相固也。"（《左传·襄公三十一年》）社会各个等级、各种身份的人都该有自我应有的威仪修养，并且这种威仪修养就表现在人的进退周旋、德行气度之间。

古人并非只重表，而是主张表里一致。"威仪文辞，表也；德行忠信，里也"（《法言·重黎》），圣人必须表里齐一。孔子则说："质胜文则野，文胜质则史。"（《论语·雍也》）所以君子必文质彬彬。古人认为，只有美服而缺乏有礼举止，只有容止而缺乏言谈教养，只会喜言谈而无德性，或只有德性而不体现在行为之中，都应是君子所以为耻的。漂亮服饰必须与美德相称，否则"服美不称，必以恶终"（《左传·襄公二十七年》）。只有德性动于内，仪礼动于外，才可能显示君子的气质风度。

三、仪容仪表整肃庄洁

仪容仪表指一个人的外在形象。古人衣着穿戴讲究冠正仪整、容颜庄肃，成年男子出门不戴冠或戴冠不正，都会被视为有失礼节。仪容仪表是同内心德性联系在一起的。因此古人说："服不成象，而内心不变。内心修德，外被礼文，所以成显令之名也。"（《说苑·修文》）仪表不像样，内心就一定还未被礼化；若内在注意修养，外在就一定会修饰以整，呈现出美好的形象。"是故皮弁素积，百王不易……既以修德又以正容。"（《说苑·修文》）因此，古代君王上朝的常服百年不衰，为的是严格仪容，更为的是修养德性。

孔子也说："正其衣冠，尊其瞻视，俨然人望而畏之。"（《论语·尧曰》）可见古人把外在仪容修养的重要性提到了君子之道的高度。"君子所贵乎道者三：动容貌，斯远暴慢矣；正颜色，斯近信矣；出辞气，斯远鄙倍矣。"（《论语·泰伯》）严整自己容貌，端正神色，出语考虑言辞和声调，就可远离粗俗鄙卑。

仪容外表是人的德性修养的外在显示，以至古人认为凭一个人的容颜外表就能判断其才能品质。《说苑·修文》说："君子衣服适而容貌得，按其服而象其德，故望五貌而行能有所定矣。"虽说人的外在同内在并不完全是一回事，但一个德性教养良好的人，一定内外交合，表里齐一。

古人所要求的注重仪容仪表，并非奢衣巧扮，而只要做到容貌端庄肃整便可。"先要身体端整，自冠巾衣服鞋袜，皆须收拾爱护，常令洁净整齐。"（《童蒙须知》）这是为人的基本仪表要求。如果"丝绩粗率，肌肤腌臜，发蓬鬓垢"，就会显得"气蠢形慌"。穿着奢俭好坏是次要的，关键要整洁如新，只要"心怀深厚，面露平和。裙衫洁净，何必绸绫"。

古人对衣冠仪容适中得体做了许多详细规定，穿衣要使衣服挺直，结系束捆之处都应紧正无偏。上自发鬓，下及鞋履，都应当加以修整，使之与容礼相称。"晨兴即当盥栉，以饰容仪。……栉发，必使光整，勿散乱，但须敦尚朴雅，不得为市井浮薄之态。"（《童子礼》）。

古代还讲求仪容神态的端庄得体，比如，即使是笑，也不能显出轻率放浪，而应笑不露齿。"凡人大笑则露齿本，中笑则露齿，微笑则不见齿。"（《礼记·檀弓上疏》）古人"笑不露齿"的要求在今天看来未免过于迂腐，但正常的微笑确实是使人倍感亲切并表现出良好教养的最佳神态。遇到乐事我们不妨开怀大笑，但如果在许多正规场合动辄张嘴哈哈大笑，未免会影响形象。

此外，面部表情可以说是内心的一面镜子，不同神情会表达不同心态。如"瞠目结舌""眉飞色舞""怒目圆睁""愁眉苦脸"都是面部表情，古人善于通过察言观色来了解、判断一个人。

概而论之，古人讲究君子神态端庄安详、清明柔和。但由于神态因人因时表现复杂，也就有了细分，各种不同的神态表达着不同的内心气质，而不同的人也应有不同的神态。荀子说："俨然、壮然、祺然、蕼然、恢恢然、广广然、昭昭然、荡荡然，是父兄之容也。"意即庄重、严肃、安详、宽容、豁达是父兄长辈应有的神态，而"俭然、恀然、辅然、端然、訾然、洞然、缀缀然、瞀瞀然"，即恭谨、矜持、亲近、柔和、谦敬，则"是子弟之容也"。荀子还指出了君子所不应有的"槐容"（丑容）是傲慢、淡漠、惊慌、沮丧、呆滞、凶恶、迷乱和轻薄（《荀子·非十二子》）。荀子有关神态的分析，即使在今天，对我们的仪容教养也有值得借鉴之处。

大而言之，一个时代的穿着打扮反映着一个民族的文化素养、精神文明和物质文明的发展程度。小而言之，仪容仪表等外在形象又是一种无声的语言，它能反映出一个人的社会地位及文化教养，也向人们传递着一个人对自尊、尊人以及对整个生活的内心态度。虽说时代不同了，穿着习惯及讲究也同古代大不一样，但古人对仪容仪表的重视及整洁的仪容要求，仍是今天我们追求文明形象所应吸取发扬的。

四、仪态庄重

一个人的德性教养，从举止姿态中就能体现出来，所以包括坐立行走在内的仪态举止在中国古代也极受重视。

一般而言，古人认为君子仪态贵庄重。孔子说："君子不重则不威，学则不固。"（《论语·学而》）这是因为，只有庄重才会有威仪，有威仪然后才有敬。因此，"临之以庄则敬"（《论语·为政》）。《礼记·祭义》曰："致礼以治躬则庄敬，庄敬则严威。""外貌斯须不庄不敬，而慢易之心入之矣。"所以人应当与人忠、执事敬、居处恭，平时生活中的容貌仪态端正庄严。然而要人庄重严肃并不是令人望而生畏，而是严肃却不失温和，威严却不令人可怕，庄敬而又安详。《论语·述而》就是这样描述圣贤孔子的："子温而厉，威而不猛，恭而安。"《论语·子张》也谈道："君子有三变，望之俨然，即之也温，听其言也厉。"

具体而言，古人主张坐立行走都得有式有度，"站如松，坐如钟，行如风，卧如弓"。如何做到？就需要"心时时严正，身时时整肃，足步步规矩，念时时平安，声气时时和蔼，喜怒时时中节"。如此时时习礼，则会面容厉肃，视容清明，立容如山，浩然正气充分体现出来。

站要有站相。《礼记·曲礼上》规定："立必正方，不倾听。"《幼仪杂箴》等蒙学读本也训导幼童：足要并立齐正如植，延颈引领，手恭垂自然。其中也敬，其外也直。不东摇西晃，进退有式。如此，将来会有圣贤之立相。站立时颈项上引，双臂自然下垂或放于身体前后。古人要求人的站姿挺拔笔直、舒展俊美，而如果站立时探脖、塌腰、耸肩、歪斜，会给人留下不好的印象。

坐与站一样也必须有规矩。古人要求："坐如尸，立如齐。""尸"是古代祭祀时端坐代为受祭之人，"齐"指祭祀之时庄正有仪，要求人坐时要如祭祀时一样恭敬严正。"仰为骄，俯为戚。毋箕以踞，敧以侧。"（《幼仪杂箴》）"箕踞"指坐时臀部着地，如簸箕一样分开两腿而坐。

古人坐姿同现代不同，那时没有椅凳，常"席地而坐"，双膝着地，跪坐在脚上，但如果"箕踞"而坐，则是一种轻视对方、傲慢无礼的举动。战国时，荆轲行刺秦王未遂，便靠着柱子"箕踞以骂"，采取的正是这种坐相，以表示对秦王的鄙视。

除了不能箕踞而坐，古人坐时还不可"交胫摇足"，双腿交叠或晃腿摇足都被认为是缺乏教养的不雅坐相。在庄重严肃的场合下，尤其在朝廷官府中，古人很注意正襟危坐，端然不动。日常生活中，人虽可以身体稍前或稍后，但也不应有违庄严沉静之相。古人的坐相是从孩童时就受训而成的，《养蒙便读》这样规训幼童："坐必端正，齐脚定身，偃仰敧斜，都非坐形。勿伏几席，勿横两臂，敛手静心，正念所事。"

古人重坐立之相，也重走相。"矩步引领，俯仰廊庙，束带矜庄，徘徊瞻眺。"（《千字文》）这是说，走路要合规矩，抬头挺胸，挺拔身姿，或俯或仰，要如同在朝庙中一样庄重。穿着齐整，行走目视前方。《礼记·玉藻》说："行容惕惕，庙中齐齐，朝廷济济翔翔。……君子之容舒迟，见所尊者齐遬。"大意为，走路要身体挺直，步伐快。在庙中祭祀时步态要显恭正，在朝廷上要庄重安舒，快步而行，君子步态应看上去舒雅从容，见了尊者要显得恭敬谨慎。

古人不仅对走路姿势有所讲究，对行走速度也做了规定。《释名》记有四种走相：两足进曰行，徐行曰步，疾行曰趋，疾趋曰走。见老者应"趋而进"，这在古代是对尊者及行朝拜礼时表达敬意的一种走相。虽然"趋"是一种礼敬，但也不是随时随处都应"趋"，如《礼记·曲礼上》规定："室中不翔。""翔"指舒展如张翅之鸟，快步行走。因此，不同场合采取不同走相才能不失礼。《尔雅》指出："室中谓之时，堂上谓之行，堂下谓之步，门外谓之趋，中庭谓之走，大路谓之奔。"意思是，室内走动如徘徊一般慢，堂上走动步子也不可太急太大，到了门外，就可以快走了，在宫廷里走步要更快些，而上了大道，速度可加快如奔跑一般。

有关睡相，古人认为四仰八叉的卧相总是不雅观的，主张侧卧如弓为好。这种姿态一方面雅观，另一方面符合让身体得到休息的科学。当然在睡相上，因是私下场合，古人并不十分苛求。

五、举止有礼有度

举止一般是表达某种意义的体态动作，如见面致意行礼，也包括一些日常生活中常见的礼貌动作。

举止有礼首先表现在行礼上。古代有各种用于交际的拜礼和揖礼。按《周记·春官》记载，大约在周代，仅拜礼就已有好几种。一曰稽首，为跪拜礼，先跪，然后双手合抱按地，头伏于手前触地，停留片刻后起身。二曰顿首，较稽首礼轻，也是跪地叩首，只是头触地则举，不用停留片刻。三曰空首，同稽首、顿首差不多，但头并不接触地面，触及手后便起身。四曰振动，拱手身体向前弯，不跪地，多用于非官方场合及途中相遇。五曰吉拜，与顿首相似，用于祭典等活动。六曰凶拜，先行跪拜，起身后再行拜礼，主要用于丧葬之仪。七曰奇拜，曲一腿、跪一腿，行拜礼。八曰褒拜，即再拜之意。九曰肃拜，跪地但不俯身引首，只是举手致礼。

除九拜之礼外，鞠躬礼、揖首礼、拱手礼也都是日常生活中表示敬意的一般礼仪。

古人三叩九拜烦琐迂腐，因而早已不为今人所用，但古人对拜礼致意的重视从中可见一斑。我们对其中表现封建等级关系的礼的形式应当剔除，但从古代演化而来的鞠躬之礼、点头致意之礼以及某些举手之礼，已作为今天许多场合特有的礼节而沿用下来。作为现代具有文明教养的人，类似这种致意的礼貌动作是必须掌握的。如向长者、尊者行鞠躬礼；欠身或弯腰，表达自谦之礼；用于距离较远时招呼致意的点头礼、举手礼，以及起立、鼓掌等礼节，都属于礼貌举止。

有关举止的礼度方面，古人还强调凡动作应安详沉静、缓慢从容。《弟子规》说："缓揭帘，勿有声。宽转弯，勿触棱。""凡遇事须安详和缓以处之。若一慌忙，便恐有错。"举止慌慌张张，毛毛躁躁，便有失礼仪风度。

其次，在与人相处时，举止应合礼有度。举动过分亲密，就会显得有些轻慢；举动若太庄严，则又显得不够温和可亲。这就是古人所说的："狎甚则相简也，庄甚则不亲。"（《说苑·谈丛》）所以君子的举动应当彼此亲密而又不失礼节，彼此恭敬而不妨亲近。其他，如不轻浮嬉笑，不窥视别人文字，在客人面前不叱狗、不"喧乱作鸦鸣"；进入家门时"户开亦开，户阖亦阖"，后面有人进来，就不要随手关门；"毋践履"，不要踩别人鞋；"毋踖席"，不要穿鞋踩踏席子；"衣毋拨"，不要掀动摆弄衣裙；并坐不横臂膀；向人施礼必须离开座位；"进剑者左首"，向人进剑，剑柄向左；"进戈者前其镈，后其刃"，递人戈，要戈柄向前，锋刃向后，也都是举止方面的礼节要求。

在与人交往方面，人还应当"不失足于人，不失色于人，不失口于人"。"足"，此处指人的姿态举止。"色"，即容貌神态气质。所以古人主张君子"貌足畏也，色足惮也，言足信也"（《礼记·表记》），是说君子应当不失容节于人，使人敬畏而又信任。这是对人的品性要求，也是尊重他人的一种表现。比如，衣装整洁本身就意味着对别人迎宾待客或前去做客的尊重，虽属小节，也不可忽略。

尊重人，就不能随意戏弄别人，开玩笑取乐。交往中的幽默与善意文雅的玩笑往往令人轻松愉快，但玩笑相戏太随便，不注意就会伤害到他人。比如，中国人历来视姓名为自己的一种人身符号，因此在诸多礼俗讳禁中姓名讳禁被列为首位。为了不与圣人、伟人名字相同，历史上有不少更改姓名的，如因孔子名丘，所以姓、名及地名中的"丘"改为"邱"字，古书中有此字处，也改为缺笔字或添笔字。

以别人姓名为笑料，或给别人起不雅的绰号，都是十分不敬的。南北朝时颜之推就曾对此种不敬气愤而言："遂以相戏，或有指名为豚犊者，有识傍观，犹欲掩耳，况当之者乎。"（《颜氏家训·风操》）拿别人戏弄开心，指人家名字为猪为牛，有点教养的人在一旁都听不入耳，何况被戏弄之人呢？

综上所述，古人之所以对仪容仪表、举手投足如此重视，是因为整洁得体的外表及中节有度的举止都是内心德性的外发，仪容仪表之教养又关系内心的修德之功。古人认为，讲求衣服、饮食、举手投足之礼不是身体本该如此，而是主礼貌之心的严敬之思，又认为，"敬贱动静"

"敬兼内外"，静态也好，动态也好，外在也好，内在也好，它们"浑然纯一"，皆是为了体现敬和礼。德性正乎内，威仪正乎外，所以古人修德修身，必顾及身心内外。古人的这种认识很有价值，在这方面的礼仪文明，也是很值得今天的我们来借鉴的。

六、言辞谈吐之礼

语言是人们日常生活中最主要的交往工具。言辞文明是中华礼仪文化的重要组成部分。古人说："言为心声，语为人镜。"语言同人的仪表仪态一样，也是内心德行的显现。

对于言辞之美，《礼记》中写道："言语之美，穆穆皇皇。"即语言之美在于谦恭、和气、文雅。《诗经》中的"辞之辑矣，民之洽矣。辞之怿矣，民之莫矣。"是说辞令的重要性。辞令彬彬，人民就团结；辞令动听，人民就安定。可见语言在古人心目中的地位。

基于言辞的重要性，古代思想家在这方面做了许多论述。传统的言辞谈吐之礼中，蕴含着一种对己对人高度负责与尊重的态度，值得我们借鉴和继承。其中也有一定明哲保身的消极因素，这是时代局限性所造成的。

言贵诚实，因此言谈守信就成为言辞礼仪的第一条。"丁一确二"，一句为一句，关系一个人的"立诚"。《易经》说："修辞立其诚，所以居业也。"立诚是立业的根基。

语言诚实还显示着一个人的真诚品德。巧言令色是小人的品性，而说谎欺骗是君子所不容的。古时有位以直言参政而闻名的鲁宗道，一次他穿上百姓服装私去酒馆饮酒，逢宋真宗急诏，使者很久才找到他。使者劝他另找理由，以免皇上怪罪，鲁宗道却如实上告。宋真宗最终因他诚实无欺而免其迟到之罪，可见在古人眼中言语诚实的重要。

言谈还贵在守信。对别人许下诺言必须兑现，这样才可能赢得别人的信任。"言必信，行必果"（《论语·子路》），这是古人对君子的基本要求。君子应当言行一致，但许多人的言论和行为不一定一致。孔子说："始吾于人也，听其言而信其行。今吾于人也，听其言而观其行。"（《论语·公冶长》）正因如此，古人轻易不出言，唯恐许诺后做不到。

孔子因此说："古者言之不出，耻躬之不逮也。"还说："君子欲讷于言而敏于行。"（《论语·里仁》）古人一再说："凡与人言，即当思其事之可否，可则诺，不可则无诺。若不思可否而轻诺之，事或不可行，则必不能践言矣。"因此，"一言不可以轻许人"。

古人往往由一个人言语是否诚实可信而判断其内在品性，这几乎成了鉴定人的一个标准。朱熹也曾说："若是无耻底人，未曾做得一分，便说十分矣。"（《朱子语类》卷二十七）"今人轻易言语，是他此心不在。"（《曹端集》卷七）意志不坚定的人，说话就华而不实；不守道德的人，行为就很虚伪，即所谓"神越者，其言华，德荡者，其行伪"（《淮南子·俶真训》）。"言不妄发"，人家才会相信你，这是对他人负责也是对自己负责，是重人而又自重，是君子必具之德。

言辞得体、慎言、谨言、戒多言，也是传统文化中一贯的思想。在这方面形成的格言、警言、箴言、成语多不胜数。

古人重慎言，一方面是因为"言必信、行必果"，估计能做到才可出言，这是出于对他人、国家负责的态度；另一方面，则是由于人们往往通过"听其言，观其行"而评判一个人是否君子，出于对自己负责也不可轻易出言。再则，是基于"言多必失""祸从口出"的经验教训。这里就有一点明哲保身的味道了。

关于谨慎言辞，古人用"一言兴邦，一言丧邦"来说明言语对他人、对社会的重要性。古人还把"口"比作关卡，把"舌"比作兵器："口者关也，舌者机也，出言不当，驷马不能追也。口者关也，舌者兵也，出言不当，反自伤也。"（《说苑·谈丛》）言犹射箭，箭既离弦，"虽有所悔焉，不可从而退已"（《说苑·谈丛》）。这是要人说话慎重，不可轻言妄语。

说话谨慎合理还意味着注意身份，不失分寸。徐幹说："君子必贵其言。贵其言则尊其身，尊其身则重其道，重其道所以立其教。言费则身贱，身贱则道轻，道轻则教废。故君子非其人则弗与之言，若与之言，必以其方。"（《中论·贵验》）在这里，言谈、尊严，以及德性教养被联系在了一起。

此外，人在说话时，还要明白自己的身份及场合，在不同的场合、对不同的人，应说恰如其分的话。"言未及之而言，谓之躁；言及之而不言，谓之隐；未见颜色而言，谓之瞽。"不该说时急于言说，是急躁；

该说又不开口，是隐瞒；不看别人脸色一味地说，就如同瞎眼之人了。

孔子还说："可与言而不与之言，失人；不可与言而与之言，失言。"（《论语·卫灵公》）所以，当默而默，当语而语，这应视具体情况而定。《仪礼·士相见礼》在谈到言谈之礼时说："与大人言，言事君。与老者言，言使弟子。与幼者言，言孝悌于父兄。与众言，言忠信慈祥。与居官者言，言忠信。"

对今天的我们来说，说话也应分场合、分对象。如果在秃发人面前大谈头发之美，在跛子面前谈跳舞兴致勃勃，都是不合适的。如果不分场合、对象一味自顾自谈，人就会厌其言、烦其人。《诗经·大雅》中说"诲尔谆谆，听我藐藐"，说者不厌其烦，听者却无心倾听，说的也是类似情景。总之，言语适当得体，"非教养之有素者不能也"。

出言谨慎合理还要求言语文明有礼。古人要求"言语必谨，致详审，重然诺，肃声气。毋轻，毋诞，毋戏谑喧哗。毋论及乡里人物长短及市井鄙俚无益之谈"（《程董学则》）。在《训蒙辑要》等蒙学读物中，也是这样教导幼童少年的：刻薄语，秽污词，市井气，切戒之；诸生一言一动，俱要端分，不许学市井下流事，亦不许说市井下流话。

言谈礼仪还要求人们善称人所长而不责人之短。古人说："君子不责人所不及，不强人所不能，不苦人所不好。""誉人而人亦誉之，则是自誉矣；毁人而人亦毁之，则是自毁矣。"出言不善不仅伤及他人，而且伤及自己。古人反复告诫人们要出言为善："凡论人，必先称其所长。"（《资治通鉴·晋纪》）善称人所长，不是阿谀，是与人为善的一种表现。与人交谈时，尽量不说刻薄、挖苦、挑剔等有可能刺激或伤害对方的话，这是一种分寸，也是一种教养文明。

待人要"情欲信，辞欲巧"，这里的"巧"即是说措辞恰当、言语友善，而不是叫人都做巧言令色之徒。古人对阿谀之举历来深恶痛绝，视之为小人之品，"戒谄谀之言"也是众多思想家谆谆教诲的内容之一。

善言与谀言的不同在于，后者是不顾客观事实而一味吹捧，不惜丧失自己应有的人格操守而大献其媚；而善言要求的则是友好地找出他人身上所具有的长处并加以赞扬，对可能会使他人尴尬、受刺激的话题避而不谈。此外，阿谀奉迎一般都是"口是心非""面从而后悖"，花言巧语当面说尽，背地则多出恶言、谗言与讦言。而善称人善的君子则总是表里、前后如一。善言人所长不单纯是一种谈话技巧，它更多地要求人从心底里对别人有一种善意的理解及仁和的宽容。

七、称谓与敬语

称谓是社会生活必不可少的语言工具。古人非常注重语言的文明，交往中往往谦称自己、敬称对方。同时，在一些常用例语上也体现着谦敬有礼。

使用谦称来称呼自己，表现了说话者的谦逊和修养，也是对对方的尊敬。古人常用的谦称有愚、鄙、卑、小等，表示自己愚笨无知、才疏学浅、地位低下等意思。不论是否真的无知无能，如此谦卑可抬高对方的才能、地位。例如"愚生""鄙人""卑职"，还有"不肖""不才""晚生""小生""在下"等词。老人自谦时，常用"老朽""老拙""老夫""老身"等，以表示自己衰老无用。即使是皇帝，也常以谦辞如"孤家""寡人"等自称是不高明之人。

谦称自己的同时，古人又以敬称方式称呼对方。诸多敬称中，有陛下、殿下、阁下、圣等。如"圣"，表示德性高尚、智慧超群，如孔子被称为孔圣人，帝王被称作圣上、圣驾。"陛"是进入廷殿必经之路，皇帝升朝时，近臣侍兵常要站在陛的旁边。群臣向帝王上言，自称"在陛下者"，由此，"陛下"逐渐成了皇帝的代称。而"殿下"则因帝王在殿堂接待群臣而来。"阁"较"殿"小，但也为达官贵人所拥有，所以"阁下"是对有一定社会地位的人的敬称。

此外，子、令、尊、贤等也常用来敬称他人。"子"是古代对有学问、有德行的男子的尊称。孔子、孟子、老子、庄子等，都是尊称。"令"表示善与美，一般在称呼前加一"令"字，表示恭敬之心，如令堂、令史、令郎、令侄等。"尊"字也是常用敬称。《颜氏家训·风操》说："凡与人言，称彼祖父母、世父母、父母及长姑，皆加尊字。"即可称尊祖、尊翁、尊夫人。"家"也是一个表示敬意的词。一般用于称呼比自己辈分高的亲人，如家父、家慈、家兄等。"贤"字表示德才之能，如贤弟、贤侄等。

除了称谓，古人在日常用语中还有许多表示恭敬、客气、文雅的词语。初次见面称"久仰"，久别重逢称"久违"，看望他人称"拜访"，招待远客称"洗尘"，宾客到来称"光临""惠顾"，求人办事称"拜托""鼎助"，陪同客人称"奉陪"，中途退走称"失陪"，请人评论称"指教""斧正"，求人给方便称"劳驾""借光"，请人原谅称"包涵"，谦称己见为"浅见"。

在我国古代礼貌用语中，有专门表敬的副词。这一类副词常用于对话中，一般并无具体含义，只是表示对人的尊敬或者对己的谦卑，在人际交往中起敬让礼貌作用。如："楚王曰：'善哉！吾请无攻宋矣。'"（《墨子·公输》）这里的"请"字不必作"请求"解，只是表客气。"愿大王幸听臣等。"（《汉书·文帝纪》）这里的"幸"字也只表示尊敬、客气的意思。尊人的表敬副词除"请""幸"之外，常用的还有"谨""敬""惠"诸字，它们的意义虽有不同，但作为礼貌用语则起着同样的作用。

我国古代用语中讲究谦辞、敬辞，充分表现了人们在交往中的文明程度，反映了社会的精神风貌和人际伦理道德规范。直到今天，我们在人际交往中还保留了一部分谦辞、敬辞。如"请"及多用于书面的"恭""敬""谨"等。

见面打招呼，互相问候，是人类进入文明阶段的表现，各种语言中都有专门的问候语。我国作为世界文明古国，早在上古时期就已出现问候语的萌芽。起初，问候带有一定实际意义，所表示的往往具有相当的重要性，从而成为人们相见伊始首先要说的话。最早的有："无它乎"（它，指一种毒蛇）；"无恙乎"表达人们互相关心和互相交流的愿望，后来引申为"无忧乎"，如："齐王使使者问赵威后，书未发，威后问使者曰：'岁亦无恙耶？民亦无恙耶？王亦无恙耶？'"（《战国策·赵策》）问候语的特殊意义是表达关切与尊重，后来问候的实际内容并不十分重要，而是借此形式致意。

交际中祝福语的运用会创造出友好、祥和、欢乐的气氛，对增进双方的感情起到良好的效果。祭祀与酒有着密切的关系，因而古人常在饮酒时使用祝福语。如长寿是人们最大的愿望，故最常见的祝福词是"为……寿"。"为寿"也叫上寿，成为古代给尊长献酒并祝长寿的礼节。

敬称也罢，谦称也罢，都是为了表示尊敬有礼。古代的谦辞、敬辞不胜枚举，雅俗有别。古今不同，许多古代复杂的称谓、敬辞由于在今天已不适用，在此不再一一列举。但古人在言辞中对称谓及其他敬语的讲究，却是我们所应具备的教养之一。许多人在同别人打交道时，不惯于使用谦敬之辞，认为客套之语有做作虚伪之嫌，这些看法都有失片面。

要养成使用敬语的文明习惯，首先必须在心里存有敬人之心，如此才可能在语言上表示出对别人的尊敬，心有所存才能口有所言。

八、中国文化中的语言避讳

语言是人们进行社会交往、思想交流的工具，同时又是民族文化的一部分。语言避讳指的是在语言交际中躲开一些不吉利或禁忌的字眼，以免给别人带来不快甚至痛苦。避讳的原则基于方言特色和语言风俗，但不外乎出于礼教、吉凶、功利、荣辱、保密等种种考虑。

人的名字本来只是一种符号，就像地方有南京、北京之名，街有新巷、旧巷之称一样，不过是语言代码而已。但是，古人认为名字是具有某种超人力量的符号，是自己灵魂与人格的代表，再加上政治礼教的色彩，人的名字就具有了神秘意味。帝王是一国之君，百姓的名字不可与之重合，遇到帝后及其父、其祖名字时要避讳。有改地名者，如因秦始皇父名子楚，则地名改楚为荆；有改人名者，如王昭君的名字为避晋文帝司马昭讳，被晋人改为王明君。

司马迁写《史记》，因其父名"谈"，所以凡遇"谈"字便改为"同"字；六朝时有人为避家讳"桐"字，把梧桐改称白铁树；二十四节气中的"惊蛰"原称"启蛰"，因避汉景帝刘启的名讳便改为惊蛰；清朝刘温叟，因其名"岳"，竟终身不听"乐"。直至今天，晚辈仍不习惯直呼长辈的名字，称呼长辈时，必以辈分称谓代替。因此才有"子不言父名，徒不言师讳"的俗语。

在人际交往中，古人往往也不直呼其名，否则会被认为是不礼貌的人。有权势的官宦和皇帝还把自己的名讳制定成法度。例如，州官田登，因避讳"登"（灯）字，在颁布"元宵节放灯三天"的布告时，改"放灯"为"放火"，于是留下了"只许州官放火，不许百姓点灯"的典故。许多人名避讳还被写入法典，如元朝法典中回避字样竟多达一百六十个。为了达到避讳的目的，通常运用改字法，改用形近字或同音字、同义字，或另造他字。

这种过分的人名避讳是封建迷信与礼教的产物，未必需要学习，但其中体现的对人名字的敬慎，则可以吸收借鉴。名字作为人的一种符号代表，随便贬读或用于戏谑都有失礼貌，因为这涉及对人的恭敬态度。在人际交往中，尤其要注意这个问题。

此外还有凶祸词语的避讳。古时候人们希望过太平吉利的日子，相信说出不吉利的话，灾难就会降临。所以，言语中很忌讳与凶祸有关之词。比如"破""碎"是不吉之语，而"帆""陈"分别同"翻""沉"谐音，这类字词不可随意说，其他如"死""伤""残""病""离""散"等具有不祥色彩以及其谐音不祥的都要加以回避。民间有"说凶即凶，说祸即祸"的畏惧心理，唯恐因此而招致凶祸真正来临，因而在喜庆之日尤要慎忌。

死亡是人们最恐惧、最忌讳的事，所以"死"字是不能随便说的。中国语言中有许多代替"死"的语词，如"驾崩""溘逝""谢世""去世""卒""没""寿终""牺牲""千秋""百年""作古"，等等。

在语言避讳中还有一种对人耻、短的回避。比如，对别人的短处应避而不揭，对别人身体的缺陷更要加以避讳。如与盲人说话，避免说到眼睛；对方脸有麻点，则少提"麻"字。从古到今，为了表示对残障人士的同情与尊重，为了不引起他们内心的痛苦与不快，人们常用"耳背""重听"代替"耳聋"的说法，用"失明""盲"代替"眼瞎"的说法。

中国古代的语言避讳是非常复杂的，在此仅举一二。许多避讳从鬼神迷信和封建礼教中衍化而来，因此属封建文化的糟粕。但有些对凶、祸之事的避讳，包含着人们求吉避祸的传统心态，至少是希望在自己的心理、精神上求得一种慰藉与安宁。对发生在别人身上的祸事及缺陷的避讳，则表现了对他人的关心、尊重。因此，从避免引起听者不快、受刺激等意义而言，中国传统中的某些语言避讳不乏积极的一面。

第十三章　亲宗礼宾：飨燕宴饮礼仪文化

　　古时行庆典婚丧之礼，仪式中必有宴饮一项。或庆贺欢娱，或致谢慰问，或盛待贵客，或聚叙亲情，古人都离不开饮酒飨食。各种宴礼从座位排列到举筷捧盏，都有相应的礼仪规定。

　　但飨燕宴饮礼仪在中国古代文化中，不能单作为宴饮礼仪去理解。作为礼制体系的一个方面，它是以维护亲尊长幼贵贱人伦等级秩序为目的的。对此古人曾这样解释："以嘉礼亲万民。以饮食之礼，亲宗族兄弟……以飨燕之礼，亲四方之宾客。"（《周礼·春官·宗伯》）《左传·成公十二年》中强调："享宴之礼，享以训共俭，宴以示慈惠。"强调了飨燕之礼的政治作用。所以，飨燕之礼说到底是中国礼制文化实行德治的一种方式。

　　飨燕礼仪有官方的也有民间的。官方礼仪在礼典上多有明细规定，依人身份地位的尊卑贵贱而有仪节繁简多寡的区别。民间的礼仪则与风俗融合在人们的日用伦常之中。

一、乡饮酒礼

　　乡饮酒礼和朝会礼的宴会一样，都是嘉礼的一道程序，所不同的是乡饮酒礼用于乡里摆酒宴的群众聚会。乡饮酒礼并不像有些人理解的那样，因为无法禁酒而为饮酒制定的一些礼规。从古籍记载看，乡饮酒礼是封建统治者教化万民的一种方式，为了在每年举行的几次饮酒礼仪活动中使乡民循礼蹈规、尊老敬贤、礼让和睦。所以乡饮酒礼本身就是官方礼制的一部分。

"乡"字甲骨文作"卿"，金文作"卿"，看上去都是二人相向共食之状，故引申为饮酒之义。从早骨文和金文中的古字演化看，鄉即饗，皆为"乡"的古字。《礼记·王制》载曰："元日，习射上功，习乡上齿。"郑注曰："乡，谓饮酒也。"

古人十分看重乡饮酒礼这类以尊贤尚齿为教化之本的礼仪实践，《仪礼·乡饮酒礼》十分烦琐地规定了乡饮酒礼的规定，在其中加入了贵爵、尚齿、尊贤的德治内容，使这项普及到朝廷以外县乡民间的礼仪，成为教化的手段。

具体而言，古代乡饮酒礼有许多约定俗成的仪式。

既为礼仪，就有一定程序。行乡饮酒礼之前要做准备工作，乡里掌管事务的人，要先到德高望重的长辈那里商议乡饮酒礼仪中的主宾。这在礼序中叫"谋宾"。主宾是乡饮酒礼中的贵客，人选多为德高望重又年长的人。人选谋定后，主人即掌管乡里事务的人，要亲自去邀请主宾。主宾要辞谢一次再答应，以显谦让之德。然后主人要安排陈设座席、器皿及食物等。宾客的席位座次都有详细规定，为的是体现尊卑之礼。

乡饮酒礼多半在乡里学校内举行，一是这个场所易于集聚众人，二是注重教育效果。宾客进门之后要行三次揖让之礼，到达座席前要再揖让三次后才落座。这样再三彼此揖让，无非是主宾之间相互表示尊重和谦让。饮宴前要行洗手、洗杯之礼，以示清洁。然后要举行献、酢、酬之礼，即主人代表乡人敬宾客酒，相互拜谢后干杯。通常先由主人取酒爵到宾客席前进献，叫作"献"；次由宾客取酒到主人席前还酒，叫作"酢"；再由主人把酒注樽，先自饮，而后劝宾随饮，这叫"酬"。在礼仪中，这三个步骤又合称为一献之礼，对尊者要三献、五献乃至九献。

一道道礼序，无非是古人为了充分表达彼此的敬意、尊重和谦让。《礼记·乡饮酒义》说，如果人们在礼让中互相敬重、谦让，就不会起纷争，没有纷争就没有诉讼，这样就可以免于人祸。

乡饮酒设席置酒肉，目的不是专门吃喝，宾客为了尊重主人，尝一口肉，是"尝礼"，饮一小口酒，是"成礼"。《礼记》说这就是"贵礼而贱财"的义理。"先礼而后财，则民作敬让而不争。"（《礼记·乡饮酒义》）乡民们若是形成了先礼而后财的观念，彼此和睦有礼地相处就更容易了。

乡饮酒还在礼仪中渗透着敬老尊贤的内容。《礼记》记载："乡饮酒之礼，六十者坐，五十者立侍，以听政役，所以明尊长也。六十者三豆，七十者四豆，八十者五豆，九十者六豆，所以明养老也。民知尊长养老，而后乃能入孝弟。民入孝弟，出尊长养老，而后成教，成教而后国可安也。君子之所谓孝者，非家至而日见之也。合诸乡射，教之乡饮酒之礼，而孝弟之行立矣。"（《礼记·乡饮酒义》）

按照礼规，"六十者坐，五十者立侍"，五十岁的人已不年轻了，但在长者面前仍须站着侍奉，听候差遣，这是表示敬长的礼节。同时在不同年龄层次的人面前，设置的盛食物的器皿"豆"的数量也是不一样的。六十岁的人有三只"豆"，七十岁有四只，八十岁有五只，九十岁有六只。这是为了表示尊敬老人，越年长的人吃的食物就应越丰盛。

乡饮酒礼的目的就是这样，百姓在行礼中懂得尊重奉养老人，然后才能孝顺父母，善事兄长，出外才可能敬老尊长，然后教化才可能成功，"成教而后国可安"。这也就是传统文化中讲求的"修身、齐家、治国、平天下"的德性之道。所以，古人认为，教化不是到每家每户去宣扬，也不是天天训诫，只要不时地把乡民集中起来，教给他们乡饮酒礼，德行也就建立起来了。正是在这个意义上，孔子说："吾观于乡，而知王道之易易也。"（《孔子家语·观乡射》）

乡饮酒礼并非严肃拘谨。仪礼中有一项重要的内容即声乐歌颂，由专门歌乐之人吹颂。所以，乡饮酒礼讲究的是和谐欢乐而不失礼。

封建统治者希望通过乡饮酒礼使百姓得到教化，等级秩序得到安定，这里面固然有统治阶级维护等级制度的政治目的，但其中所包含的尊老敬长、谦让有礼的内容，以及寓教育于生活的德育方式，都是我们今天应当分析参考的。

二、宴饮礼规

中国古代的宴饮之礼早已有之。《诗经》中就有这样的诗句："朋酒斯飨，曰杀羔羊。跻彼云堂，称彼兕觥，万寿无疆！"（《诗经·豳风·七月》）这是说，用双壶酒款待客人，宰杀小羊，聚集在堂屋，举起酒器，祝愿万寿无疆。这是宴饮的基本礼节，到后来作为嘉礼之一而成为一种礼仪制度被规定下来。

宴饮礼规之所以会被当作一种制度郑重地确定下来，是因为宴饮形式除了大家坐在一起吃喝，还有更深的文化意义。《周礼·春官·宗伯》中讲："以饮食之礼，亲宗族兄弟。"吃喝本身并不重要，重要的是借宴饮形式把宗族、亲朋聚在一起，晓以亲情，明以亲尊、长幼秩序。对此《礼记·大传》曾概括说："合族以食，序以昭穆。别之以礼义，人道竭矣。"

与讲究亲亲尊尊、昭穆亲疏相联系，宴饮之礼还有许多其他具体的要求。

《礼记·曲礼上》是这样规定的："共食不饱，共饭不泽手，毋抟饭，毋放饭，毋流歠，毋咤食，毋啮骨，毋反鱼肉，毋投与狗骨，毋固获，毋扬饭……毋嚃羹，毋刺齿。"用我们今天的话来说就是，和别人一起吃饭时，不要只顾自己吃饱，也不要用汗手或不洁的手取食。不能直接用手抓握食物，也不要把已拿在手中的食物又放回饭器中。饮宴中不要不停地喝酒，吃饭时也不要啧啧有声。不要当着众人大啃骨头，更不要把吃剩的鱼肉放回盘中、把骨头顺手扔给狗、专横霸道地取食物，以及翻捡饭菜。这些都是有失礼节的。而大口喝汤、当众剔牙，也都为不雅之举。除此之外，众人未入席动筷之时，不要一个人入席先吃，"主人未下箸，不得在前椅"（《王梵志诗校辑》卷四）。

古人十分注意饮食礼节，把它看作每个人都应从小接受的基本教养。因此，饮食之礼的要求在《训蒙辑要》《童子礼》《幼训》等蒙学书中体现得非常全面而具体。如要求"凡饮食，须要敛身离案，毋令太迫……毋致急剧，将肴蔬拨乱。咀嚼毋使有声。亦不得恣所嗜好，贪求多食。安放碗箸，俱当加意照顾，毋使失误坠地"，还要求吃饭时"毋先，毋后，毋择，毋翻，毋数……毋他顾，毋含食与人语，毋遗粒……嚼无声，咽无疾，啜无流。食毕，敛齐两箸，及起"。

而假如两人对食一簋（古代盛食物的器皿），"则分为两面，居右箸毋入右，居左箸毋入左，三人则三面，四人则四面，箸毋妄入"。这是要求人们夹取食物时只夹自己这一面，不要把菜盘吃空食光，更不要主动要求添菜饭。席间忌脱衣服，也不要松腰带。夹菜时不要夹太多，不能频频夹取一种菜，也不能对不合口味的菜不吃不顾。这样的食用之礼既文明又卫生。

古人还特意强调了饮酒之礼。"酒宜少吃，不可多饮，当吃三杯，只饮二巡。恐防醉后，心不清宁，不可缠酒，说话不清。"喝多喝醉，不光是乱了德性，也有损形象。"无故莫饮酒，偶饮须戒醉。不惟防乱性，亦恐威仪累。"还有，宴客时要注意酒壶、茶壶的壶口不要对准客人。

可以说，现代宴饮中基本的礼仪要求，在古代差不多就已具备。这表明了我们中华民族礼仪文明的悠久与完备。如果说有些传统礼仪需要批判后抛弃，有些礼仪应当分析吸收，那么，上述饮宴之礼中许多文明规定是"拿来"即可用的。

三、宴饮座次

宴饮中不同身份的人落座何处是有讲究的，座次首先要确立"上座"，以上座为尊。在古人看来，一般来说，首先室以东向为尊，即在西墙前铺张席子，坐在席子上面向东。其次是在北墙前铺张席子，面向南而坐。再次是南墙前铺张席子面向北而坐。最卑的位置是东墙面朝西的席位。

但并不是一切场合都以面向东为尊。有心的人会发现在许多古籍记载中，往往以面向南为上座。

要搞清古人的座次尊卑到底怎样确定，必须和具体场所的方位联系起来。古人建造房屋，正房一般选择坐北朝南，既采光又避风。这样的房屋，属东西走向，当然以朝南为上。一般皇宫也多采用这种建筑方位，皇室宝座就坐北朝南而设。"南面称王""北面称臣"即由此而来。而如果房屋的走向不是东西，而是南北，则往往以坐西朝东为上。故《礼记·曲礼上》才说："席南乡北乡，以西方为上；东乡西乡，以南方为上。"这里的"乡"意即"向"。南北走向的席子，其尊位坐西面东，而东西走向的席位，则当然是坐北向南为尊了。

确立了上座之后，按身份尊卑排位就是了。唐宋以后，人们不再席地而坐，筵席多采用八仙桌，八人一桌。

如果人多到要设两桌以上，则应尽可能安排出一至两桌主桌的座次，其余可以不排座次。如果是两桌主桌，则要注意主宾尊卑的交叉安排。

这种座次礼仪表达了对贵宾的尊敬，所以一直流传下来，成为中华民族宴饮礼仪文化的一部分。

四、饮食忌讳

传统礼俗中有不少饮食忌讳，这一类忌讳中有的是关于举止教养的。例如，要求人们在席间注意自己的吃相和举止，具体内容在前面"宴饮礼规"中已做了介绍。另一些则属于民俗禁忌，不同民族往往会有一些独特的忌讳。

我们知道宗教祭祀活动常常渗透到农业、狩猎、捕鱼等生产活动中，也影响到人们的饮食习俗。按照传统的习俗，人们在获得丰收或捕猎到食物后常常要先把食物献祭给祖先神灵，以感谢保佑，之后才可自己食用。

有些民族在这方面禁忌非常严格。如佤族是在举行迎谷神、棉神、小米神和瓜神仪式前，禁吃任何新收获的粮食和瓜果。景颇族认为谷子也是有灵魂的，因此通过举行宗教仪式把谷魂叫回来，并征得各神同意后，才能食用。鄂温克族不吃当日猎取的鹿、犴、狍子等，也不能切断其食道口。还有一些少数民族，如藏族、蒙古族等，喝酒前要用手指从杯里蘸一点洒向空中、大地，表示敬献神灵，而后才能饮用。

传统礼仪一向主张尊重不同民族的礼仪习俗。《礼记》中对"入境随俗""入门随俗"做了专门强调，要求人们到某地某家做客，要先弄明白当地饮食习俗，切不要犯了主人的忌讳。

除此之外，中国古人在长期的生活实践中，还从阴阳两性的角度出发，为食物分出了热性、凉性及温性等性质。某些食物久食会上火，某些久食则生寒，都需要根据情况区别对待。

第十四章　立敬自长始：尊老敬贤礼仪文化

　　中国社会的政治伦理关系是以氏族、家庭的血缘关系为纽带的，故在家庭内尊祖、尊父，在社会上尊长，就成为一种历史必然。中国古代社会推崇"礼治"和"仁政"，故敬贤也就成为一种历史的要求。"养老"与"尊贤"在古人眼中是同等重要的，因此常被相提并论。《孟子·告子下》说："养老尊贤，俊杰在位，则有庆……土地荒芜，遗老失贤，掊克在位则有让。"年有贵尊，贤以德叙。家有老，世有贤，在古人眼中是国之祥瑞。古代这种尊老敬贤的传统，对于形成温情脉脉的人际关系以及有序和谐的伦理关系，起着重要的作用。

　　古代的尊老敬贤之礼，名目繁多，规矩分明，细致到举手投足、眼神揖让都有一系列烦琐的规定。许多规定在那个时代是合宜的，但在今天，已显得迂腐不堪。我们研究传统的尊老敬贤之礼，不是要恢复古人尊老敬贤的细枝末节，更不是效仿其跪拜周旋，而是要继承传统礼仪中尊老敬贤的内在精神，因此笔者在择取材料时，着重选择了在今天仍有普遍意义的内容。在所述内容中，传统的尊老敬贤之礼是把尊老与孝亲、敬贤及尚德紧密联系在一起的。对于老者、长者，必养、必敬、必让、必安；对于贤者，必重、必尊、必举、必任。古人把能否尊老敬贤看成一个人是否有仁德、是否有修养的首要标志。

一、尊老尚齿的中国文化

说到尊老，这是中国传统文化的一大特色，古代文献中有大量关于寿命意义和老年价值的论述，更有许多对尊老敬老事迹的记载。在类书文献中，更有专集专部论及老年问题，如唐代的《艺文类聚》、宋代的《太平御览》、清代的《古今图书集成》等，其中都设有老年问题专部。而且，没有哪种文化像中国文化这样有许多关于"老"的名称：六十以上为"耆"，七八十叫"耋"，八九十称"耄"，百岁叫"期颐"。而"期颐"，据专家解释，"期"是"要"，"颐"就是"养"。意思是，人到了百岁，身体衰弱，能力减退，需要后人"尽养之道"。其他如"古稀""花甲"，也都是对老年的称呼。语言文字中丰富的老年指称概念，反映了中华文化对"老"的重视。

尊老，在礼仪文化中演变为对老年人的一种普遍孝敬。孝敬自己的父母及家中老人当然是人的本分，关键还必须孝敬天下所有老人。孟子曾说："老吾老，以及人之老；幼吾幼，以及人之幼。"（《孟子·梁惠王上》）这是说，孝敬别的老人应该像孝敬自己家的老人一样。《礼记·祭义》在解释"贵德""贵老"时也提出："贵老，为其近于亲也。"就是说，尊老的原则是直接从孝亲推演而来。一个真正懂得孝道、诚心孝敬双亲的人，一定也是诚心孝敬其他老人的人。《礼记·曲礼上》这样要求年少之人："恒言不称老。""年长以倍，则父事之；十年以长，则兄事之。"平常不要总称"老"字，如果对方比自己年长，就要像对待自己的父亲一样奉养他，如果长约十岁，则应当像对待兄长一般待他。不要称"老"，一则"老"是一个受尊敬的称字，非年轻人可随便妄称。在中国，从来都是把"老"当作光荣称号。比如，为人师者，不论年纪多大都称作"老师"，因为教师在古人眼中是值得尊敬的。而在今天，敬称某人为"某老"，也一定是带了极崇敬的心情，而能被称作"某老"的人，一般来讲，也是众人眼中德高望重之人。

二则是怕老人"伤老"之心。"父母老，常言不称老，为其伤老也。"上述《礼记》中的敬老之礼也是告诉晚辈，如果不会在自己父母面前自称"老"字，那么对别人的长辈亦应如此。这一点在古代幼童的启蒙教育中也是特意强调的，《养蒙便读》中就告诫说：凡是父母的朋友，都必须视为可尊敬的长辈，而上了年纪且具备德性的人，即"有齿有德"之人，就更应视为人之长而加倍敬顺。

总之，敬顺长者、老者，是中国古代的礼之首，"礼"的精神力量在于"敬"。古人深深认识到，有了"敬"，才可能有"顺"，统治者正是期望通过万民的"敬"而达到万民的"顺"。而要立敬，则必须从敬长开始，由孝敬父母推及孝敬天下之长，进而敬顺天子。如此，才可能有一个顺而有序的天下。《礼记·祭义》引孔子话说："立敬自长始，教民顺也。"这句话可谓道明了古代统治者力倡"尊老""尚齿"的根本目的。又说："居乡以齿，而老穷不遗，强不犯弱，众不暴寡，而悌达乎州巷矣。"这意思也是说，如果在社会生活中均以"齿"（年龄高低）视尊卑，"州巷"这样一些基层社会，也会充满友爱亲情，社会将安定长久。

也正因如此，历代君主及思想家都大力提倡对长者老者的孝敬尊顺。"尚齿"几乎成为各朝代的共同风尚。"昔者有虞氏贵德而尚齿，夏后氏贵爵而尚齿，殷人贵富而尚齿，周人贵亲而尚齿。虞、夏、殷、周，天下之盛王也，未有遗年者。"（《礼记·祭义》）"尚齿"，是指以年长者为尊为上。虞、夏、殷、周朝代更替，各朝各代"贵"风不同，虞氏看重德行，夏氏看重爵位，殷人崇尚富贵，周人则以亲情为重。但无论以何为贵，以年长者为尊为长是一致贯通的。凡盛王之业，没有对年长者忽视不顾的。

中国传统文化如此看重孝尊老人，是有其深刻历史缘由的。

东方"亚细亚"的历史道路表明，中国氏族群体自给自足的农业经济使得血缘群体内部的分化十分迟缓，并且，私有个性未得到充分发展就进入了文明社会，因此文明社会的结构只能落在天然的血缘之网上，人们的各种社会关系也就交织在血缘人伦关系之中了。

这样，作为人伦组织的宗法家庭、宗法国家和宗法天下，均成了宗法制度的同构载体，随着氏族过渡到国家，血缘关系融入政治关系中，人伦关系也随之扩大到社会关系领域。

古人认识到，在所有人伦关系或社会政治关系中，父子血缘关系是最根本的。它集中体现了家国同构的宗法社会特征，以及"亲亲"又"尊尊"的德治原则。

由于殷周宗君合一的影响，春秋时政治仍未超脱血缘的束缚，因而代表宗法秩序的礼制的第一要义便是"孝"。"孝，礼之始也"，中国古代的礼仪文化，自然也把"孝"视为血缘人伦关系的基本规范。所以孔子说："夫孝，德之本也"（《孝经·开宗明义》），"其为人也孝悌而好犯上者，鲜矣；不好犯上而好作乱者，未之有也"（《论语·学而》），"弟子，入则孝，出则悌，谨而信，泛爱众，而亲仁"（《论语·学而》）。在家能行孝，对国便能尽忠。

所以，孝道不能仅仅理解为子女对父母养育之恩的回报，在更为根本的意义上，由于家国同构、宗君合一的特殊结构，孝道是一种治理宗法社会的根本大道。统治者大力推行尊老敬老，是有其深刻的社会根源和政治考虑的。《孝经》由此专门论证了"顺可移于长""孝可移于君"的道理。《吕氏春秋·孝行览》也说，抓一而能带来百善、祛除百邪的，唯有孝。孝是君王的"本务"、万事的纲纪。"立敬自长始，教民顺也"，由孝父推到尊长直至敬顺君王，这便是天下"和顺"的体现。《礼记·祭义》也称："先王之所以治天下者五：贵有德，贵贵，贵老，敬长，慈幼。此五者，先王之所以定天下也。"

所以，中国具有老人政治的传统。孝敬老人、尊崇宗祖的伦理要求，就这样被纳入宗法社会治国平天下的政治治理制度中。由于这种缘故，历代统治者大力提倡尊老尚齿也就完全可以理解了。也正因如此，尊老敬老不仅是一种礼仪文化要求，而且作为治理社会的制度被确立下来。

家国同构、宗君合一的宗法制度，对老年人在宗族社会中的权威地位也起了强化作用。在宗法制度下，家族的最高权威当然由家族中辈分最高、年龄最大、有一定能力的老年人担任。这些被称作"宗子"或"族长"的家族首领，对家族中的人或事拥有绝对权威。宋代苏轼曾说："使族人相率而尊其宗子，宗子死，则为之加服；犯之，则以其服坐。贫贱不敢轻，而富贵不敢以加之，冠婚必告，丧葬必赴，此非有所难行也。"与此相适应的宗法、家法，使老年人对家族拥有极大的控制权力。

固然，统治者提倡尚齿之风有其便于统治社会的目的，但中国古代尊老文化中，也有把老人看作有德有识有功之"宝"而加以敬顺的习惯。长者在养育后代、发展生产、促进社会进步等方面，都做出了一定贡献，他们付出过，所以理应受到后代社会的孝尊。

此外，中国传统农业社会并不会使老年人积累的经验、智慧很快过时而失去作用，相反，老人的经验、智慧，会给年轻人提供必要的指导与帮助。老年人见多识广，经验丰富，年迈有齿于是成了经验、智慧的同义词，国老、元老都是国家的精英财宝。

孔子也认为，一个人的智慧与德性是伴随着年龄而增长的，三十"而立"，四十才"不惑"，五十达"知天命"的知理程度，七十才能对世事、世理真正融会贯通，"从心所欲而不逾矩"。因此，历代帝王喜欢重用年高、望重之人。这种文化习惯在今天社会生活中仍有一定影响，人们习惯地认为年轻人气盛，有欠"老成持重"，"嘴上无毛，办事不牢"几乎成了一条经验教训。

总之，尊老敬老是中华传统文化的一大特色。尚老观念虽然同等级观念一起，在封建社会形成了一种过分强调顺从的文化氛围，一定程度上抑制了人的个性心理，客观上也可能影响年轻人才的产生与发展，但就其尊重长者、孝敬老人这一面而言，仍是我们今天社会应大力发扬倡导的。

二、古代尊老礼制

中国古代，尚老敬老并不是只停留在思想观念和说教上，也并不仅止于州巷乡里百姓生活中，从帝王到整个国家都身体力行，并且形成了一套敬老之规矩、养老之礼制。

据《礼记·王制》记载，养老之礼制大约要上溯到虞、夏、殷三代。"有虞氏养国老于上庠，养庶老于下庠。夏后氏养国老于东序，养庶老于西序。殷人养国老于右学，养庶老于左学。"

"庠""序""学"等不同名称，指中国古代的学校。"上庠"指大学、太学。古代"大学"不是现在我们所理解的"大学"，但也算是国家的最高学府，由于初始设立在国之东部，或位于国之右边，所以也把"大学""上庠"称作"东序""右学"。"下庠"显然为"小学"别称，在国之西部，故"西序""左学"是其别称。"上庠""下庠"是虞代学校之称，"东序""西序"是夏代学校名称。

"国老"指退位的公卿大夫、有爵位的老人。"庶老"指普通百姓中的老人。

唐代杜佑在《通典》中，把"养老"的对象分为四种：一是养"三老五更"；二是子孙为国死难者；三是养致仕之老；四是养庶老之老。其中的"三老五更"，一种解释说"三老"指国老，"更"为叟。之所以名"三""五"，据说是取于吉祥三辰五星。另一种解释认为，所谓三老是指"老人知天地人事者"，五更则是指"老人知五行更代事者"。而"致仕之老"指离退官位的老人。四个种类，实可分为两个等级："国老"之养与"庶老"之养。

关于"养"，我们一般把它理解为赡养、奉养，但古代养老之礼所讲的"养"，并不只是日常生活中的侍奉，它还成为一种礼仪，一年中只能在适宜时举行几次。而"养老于学"，也不能理解为把老人集中奉养在学校里，而指一年中为数不多的几次养老礼仪往往是在学校中举行的。

《礼记》对这种学校举行的养老之礼的过程场面曾做过详细记载：天刚亮，国学里敲起征召学士的鼓，提醒大家快集合。全体到达，然后天子驾到，于是命令教官开始行事。先举行礼，祭祀先师先圣，然后举行养老之礼。天子到达东序，向去世的三老五更行祭奠之礼，然后布置三老五更及庶老们的席位，检视看馔，省察酒醴及养老珍馐之具。接着奏乐，天子退而酌酒，以献诸老。这就是天子所行的孝养之道。

敬献之后，诸老返回席位，再由乐工登堂演唱诗歌之类。歌毕，天子与诸老谈理说道，以成就养老之礼。他们论说的都是君臣、父子、长幼的道理，同演唱的诗歌中所咏的文王道德之音相合，达到了德的极致。这是养老礼中最重要的部分。众学士以行养老之事，定以通达神明，兴起德性，从而明确君臣地位、贵贱等级，使上下尊卑之义通行。最后司仪报告乐舞结束，天子就命令诸侯百官回去都要在国学举行养老之礼。

上述过程生动地展示了养老之礼在古代的盛大隆重。之所以要把如此隆重的礼仪放在学校举行，一则恐怕是因为学校在那个时代是唯一可以集合众民的场合，二则只能理解为统治者借养老之礼的操演而对百官百姓尤其是学士后生实行敬老教育。

由于受当时等级制的影响，养老之礼也有不同等级。五十岁以上者，养老之礼只能在乡小学进行，六十岁以上者则在国之小学举行，而七十岁以上者，养老之礼就可在太学，即国家的大学里举行。这也就是古人所说的"五十养于乡，六十养于国，七十养于学"（《礼记·王制》）。

除了上述一年数度养老之礼的隆重举行，古时对有爵有功的老臣还实行"赐杖"的礼制。"杖"即手杖。君王常对有功、有德、有爵之七十岁以上老人赐以手杖，或称王杖，以示优待礼遇。

《礼记·王制》说："五十杖于家，六十杖于乡，七十杖于国，八十杖于朝。"意思是，五十岁以上的老人可由家人敬奉手杖，六十岁以上的老人就由乡里敬送，七十岁以上的老人则由朝廷颁发，而年龄在八十岁以上者，则由天子亲赐手杖。九十岁以上的老人，天子就要携珍品前往其家中问候了。

不同的年龄，由不同级别的官府颁发手杖。手杖虽小，却体现着一种礼遇与荣耀，年龄越大，所享受的待遇越高。

在这里还要提及的是，某些朝代赠送手杖的对象还包括老年妇人。唐玄宗曾下诏："俾伸恩于几杖，期布惠于乡国。九十以上宜赐几杖，八十以上宜赐鸠杖……其妇人则送几杖于其家。"在男尊女卑的封建社会，妇女无论在家里还是在社会中，都是没有地位的，单对老年妇女另眼相看，享受同老年男人一样的待遇，这在当时社会是非常难得的。由此也可看出古人对"尚老"的重视。

中国古代的尊老尚齿，还表现在朝廷官府对老年人的重用。中国封建时代的政治制度中，有关于老年人离官退休即"致仕"的明确规定。《礼记》说"七十曰老而传"（《礼记·曲礼上》），就是说，人到七十已很衰老了，应当还禄于君王，把职权交给年轻人。但事实上朝廷任用的多是七老八十者，"崇敬黄耇，先代通训"（《册府元龟》卷五十五《帝王部·养老》）。周宣王时，贤臣方叔年龄很大了，但仍以元老的资格留处职位。西汉时，大将赵充国虽已七十，该离官退禄，但因其"明乎典故"且德行高尚，君王"许其縶维"，仍让他掌握管理大权。

对老年人的尊崇以及重用挽留，固然有年老之人通古知今，有丰富经验和"老谋深算"的智慧，对君王的统治管理具有政治价值的原因，但其中也不乏对年老之人的照顾与回报。史载北魏孝明帝曾专门对此下诏书说："今庶寮之中，或年迫悬车，循礼宜退，但少收其力，老弃其身，言念勋旧，眷然未忍。"（《册府元龟》卷五十五《帝王部·养老》）表达了朝廷对年老之人的无限眷顾之情。

年纪大了，按照规定该退身归家，但为君王为朝廷为国家做了一辈子的事，有功有劳，如果老了不能再如少壮时贡献力量，便被遗弃不顾，确实不应该也不合情。因此，"或戴白在朝，未尝外任，或停私历纪，甫授考级，如此之徒，虽满七十，听其莅民，以终常限。或新解县吏，或外任私停，已满七十，方求更叙者，吏部可依令闻奏。其有高名峻德，老成髦士，灼然显达，为时所知者，不拘斯例。若才非秀异，见在朝官，依令合解者，可给本官半禄，以终其身，使辞朝之叟，不恨归于闾巷矣"（《册府元龟》卷五十五《帝王部·养老》）。

对德高望重的人士要尊敬而重用，自不用说，即使对一般年老官员，也都要妥善安置。"戴白""甫授考级"，都是古代对老人的尊敬别称。对这样一些人，如果他们愿意继续出力，也应"听其莅民"。"莅"，掌；"莅民"即掌民之事，指有官位。即使才能平平者，也可设法在适当位置为其安排一官半禄，以使辞去朝廷官职的年迈官员不致因空寂而不情愿归于闾巷。"闾巷"泛指乡间故里。古时二十五家为一"闾"。

三、敬养恭让之礼

上述"养老之礼"主要是一种定期举行的特定仪式。除了这种"养老"，在日常社会生活中，对老者的侍奉敬养也受到特别重视。年少晚辈对老人自然是要孝敬礼奉的，乡党州里乃至朝廷命官也都必须遵循敬老养老的规定，即使是封建社会至高无上的君主，对老人也应采取敬而养之的态度。除了给有爵有德之老者亲赐几杖，或亲为有齿之国老主持"序庠"典礼，对普通高龄老人也要谦恭地尊敬。《礼记·王制》规定："九十者，天子欲有问焉，则就其室，以珍从。"活到九十，在天子面前也有了权力资格，天子如有所请教，也必须带着时鲜珍品亲临其家，登门拜访。《礼记》中规定，对八十岁以上的老人，天子每月应派人问候，对九十岁的老人，则该每天都送食品。当然，《礼记》中的规定属古代思想家理想中的政治制度，未必全部都能在现实生活中实行，但对老人尊敬的程度可见一斑。

古代君王以至整个社会，都对老人关怀体恤。《礼记·祭义》记载："古之道，五十不为甸徒，颁禽隆诸长者。""甸"通"田"，指田猎。意思是说，五十岁以上的老人就不必亲往打猎，但在分配猎物时反而要使他们得到优厚的一份。

孟子在陈述盛王之道时，也表述了古代思想家对老人的特殊优待。"五亩之宅，树之以桑，五十者可以衣帛矣。鸡豚狗彘之畜，无失其时，七十者可以食肉矣。百亩之田，勿夺其时，数口之家可以无饥矣。谨庠序之教，申之以孝悌之义，颁白者不负戴于道路矣。老者衣帛食肉，黎民不饥不寒，然而不王者，未之有也。"（《孟子·梁惠王上》）

孟子在这里向我们描绘了一幅田园生活的理想画面，其中五十老者应穿好衣，七十老者应常有肉吃。老年人的生活水准成了当时社会盛衰的标志。在当时的物质生活条件下，能使百姓黎民不饥不寒就已经很不错了，能常食肉、有衣帛确属一种较高的生活享受。这是由于古代农业社会缺乏肉食，食肉才成为一种特权。

《礼记》对老人的这种赡养方式也有专门的记载和规定。《王制》篇说：五十岁以上的老人"异粮"，即应吃一种比较精细的粮。六十岁以上的老人"宿肉"，即应常备肉食。七十"贰膳"，即单独准备膳食。八十"常珍"，即常有时鲜备奉。九十"饮食不离寝"，可把饭食送至床前，甚至"膳饮从于游可也"，也就是说，九十岁以上老人外出游走时，饭食要随时供应于左右。

除了膳食方面的礼规讲究，古人敬老养老还体现在其他社会政策上。如，"五十不从力政"，"力政"即劳力苦役，五十岁以上的人可免去体力劳役。"六十不与服戎"，即六十老人可不参加兵戎之事。"七十不与宾客之事，八十齐丧之事弗及也"（《礼记·王制》），七十高龄之人行动不便，宾客应酬之事也可省去，而八十老人，即便是丧祭这样严肃重要的事也可不参与了。人的体力会随着年龄的增长而衰减，这是自然规律，对老人免去体力之苦，这确实表明了当政者的明智与仁德。

人老体衰，其体力、精神生活都同少壮之时不相同。古人认识到了老年人的特殊状态，认为人五十始衰，六十非肉不饱，七十非帛不暖，八十非人不暖。意思是，老人最怕孤独，没有人关心便不心暖，而到了九十高龄，"虽故人不暖矣"。所以，古人认为仅让老人吃饱穿暖还不够，还应用亲情爱心去温暖老人的心。唐代徐坚在《初学记》中谈到奉养老人时就说："《周书》曰：忠爱以事亲，欢以敬之，尽力而不固，敬以安之，忠孝者也。《礼记》曰：曾子曰，孝子之养亲也，乐其心不违其志，乐其耳目，安其寝食者也。"除了"安其寝食"，还必须做到"乐其耳目""欢以敬之"。

除了养老，尊老礼仪文化还要求恭让。

在古代中国，人们的社会地位主要由官阶、爵位决定，这是封建等级社会的必然现象。但由于尊老的缘故，年龄往往会成为排列地位的一个依据，如果官职爵位相当，则要依年龄大小排尊卑高低，即《礼记·祭义》所说的"同爵则尚齿"。因而，年迈之人相对于年轻人，自然在各方面都有一种特权和尊贵，在社会生活中，也就形成了一系列年轻人对年迈之人的礼节规矩。其中有许多礼节表现了尊老传统中优秀的一面，体现着社会对老人的照顾关怀与感恩礼让，这种敬老文明是应继承并遵循的。

前面所讲的"养老之礼"，可说是君主、朝廷或国家对老人礼敬的一种仪式表达。除此之外，敬老之礼作为人的行为规范，深入乡礼、射礼、冠礼、婚礼及日常起居等社会生活的各个方面。

在上述较正式的礼仪活动中，古人对老者的礼遇是十分明显的，而在日常生活中，对老人的礼节规定也非常具体。任何时候，只要坐在一块的人在五人以上，就必须给老人另设一座席，"群居五人，则长者必异席"（《礼记·曲礼上》），以示对长者的优待。

同老者一同行路，晚辈不可与之并肩而行，只能跟随在后面走，时间（年龄）在后，空间（位置）亦在后。若在路上碰到老者，无论是乘车还是步行，都应避到一旁，待老者先过去，即使你根本不认识这位老者，也必须这样做。《礼记·祭义》规定："行，肩而不并，不错则随，见老者则车、徒辟，斑白者不以其任行乎道路，而悌达乎道路矣。"

如若跟随老者一起走，不可抢越而与他人说话，这显得没礼貌。而如果是在路上见到相识的长者，就应"趋而进"，快步上前，"正立拱手"，与老人施礼。长者与你交谈你就谈，不与你交谈则应快步退开。在谈话或相见时，"长者与之提携，则两手捧长者之手"（《礼记·曲礼上》），长者同后辈握手，晚辈应用双手捧握才对。还有其他礼节是"尊长于己逾等，不敢问其年。燕见不将命。遇于道，见则面，不请所之"（《礼记·少仪》），即尊者辈分比自己高时，不要问其年龄。私下拜见尊长时，卑幼者不敢用宾主之礼让人传话。路遇长辈尊者，如果对方不说，不好问长者要到哪里去。

另外，"父之齿随行，……轻任并，重任分，斑白不提挈"（《礼记·王制》）。"父之齿"，指父亲的朋友，也指同父亲一样年纪的人，在此泛指老人。这段话表达的礼节是说，同父辈一起走，年少者应把年老者的担子并起来挑，如果东西很重，则与老人分担，头发花白的老人是不应该负重物走路的。

古人认为，如果在行走时也注意对老者的礼节，则"悌达乎道路矣"。

除却走路，同长者交谈、起坐都有各自礼节。长者若向少者提问，少者必谦辞后再回答，可以陈述自己见解，但用词必须恭敬谦和。对长者可称自己名字，但谈及长者事时，不能随便称呼其名，要避讳尊长姓名；回答长者问题，要表现出专心，不要东张西望，"问起对，视勿移"（《弟子规》）。长者谈话中没有提及的事，少幼之辈不要插嘴乱说。长者要少幼做什么，就赶紧去做，勿迟延。

长者赐给少幼东西，少幼必须恭敬接受，不可辞拒。在长者面前，坐要端正，切不可跷脚摇足，衣服不整。此外，"长者立，幼勿坐。长者坐，命乃坐"。在启蒙读物中，甚至对长者说话时的语调声音都有所要求，"侍于亲长，声容易肃，勿因琐事，大声呼叱"。在尊长前，说话声音要低，但"低不闻，却非宜"，低到听不清，就不合宜了。

总之，上到君王国家，下达庶人百姓，都要求遵循一定的礼节规定，从而用各种形式表达对长者的孝敬之意。当然，古代的养老敬老礼规要求包含了一些古代思想家，尤其是儒家学者为代表的古代思想，并不是思想家自己杜撰出来的，其中许多是当时社会历史的总结和反映。从古代典籍中可以看出，中国古代的统治者及整个社会还是崇尚并倡行尊老敬老的。

敬老礼规是用形式表达对老年人的尊重，通过这些礼仪礼规，一方面使天下老有所依，另一方面使百姓万民尊长敬老、有礼有德。我们应客观认识敬老文化的作用，把它当作中华文化优良传统来分析继承，以增添老年人的幸福和天伦之乐，增进社会的温暖与和谐。

四、举贤敬贤与德治文化

在古代中国，与尊老同时提倡的还有"敬贤"。"尊老""敬贤"在古代社会常被相提并论，这两条治国原则几乎是所有思想家对当政者提出的治世之道。如果统治者能做到"养耆老以致孝，恤孤独以逮不足，上贤以崇德，简不肖以绌恶"（《礼记·王制》），这个社会就一定能治理有序，太平长久。

举贤、敬贤是"国之纪，人之望"。《大戴礼记·保傅》说："无常安之国，无宜治之民。得贤者安存，失贤者危亡，自古及今，未有不然者也。""贤"与国家政治安危息息相关，自古帝王皆以此作为国之安危的决定因素，而历代思想家也都以能否举贤、任贤、敬贤来评判君王是否仁德、明智。《初学记·贤》说："信贤而任之，君之明也。"

总之，"贤"是国家的栋梁。举贤任贤被提高到治国之纲常的地位："凡治国有三常：一曰君以举贤为常，二曰官以任贤为常，三曰士以敬贤为常。"（《初学记·贤》）《说苑·尊贤》也说："国不务大而务得民心，佐不务多而务得贤俊。"

可以说，封建社会重贤举能礼制的形成，有一个漫长而曲折的过程。远在原始社会，就有了"选贤与能"的习俗，"与"在古文中通"举"，"与能"即举荐贤能的意思。

在原始社会，推举首领的办法是"选贤与能"，由原始部落成员，通过民主选举，把那些具有组织才能、富有经验的劳动能手推为部落的领袖。进入夏朝以后，国家形成了奴隶主贵族的世卿世禄制度。但奴隶主贵族为了更好地管理国家，仍需"贤能"之才辅佐。于是，伴随世卿世禄制度出现了"奉贤才"的礼制。

春秋战国时期，人才的选用成为各国兴衰成败的关键。于是不利于选贤任能的世卿世禄制度便被废除，兴起了招贤养士的风气。

"士"是当时兴起的私学培养出的众多知识分子，"养士"指各国国君和贵族招揽天下有才干的士人，供养起来以备需用。当时齐宣王在国都设学官，以招各方人士。燕昭王筑黄金台，礼聘天下贤士。著名的战国四公子——魏信陵君、赵平原君、齐孟尝君、楚春申君，每家养士皆达数千人。由此可见，古时重贤招贤已达何种程度。

历代思想家都引经据典，告诫当政者举贤任能的重要性。墨子说："故古者圣王甚尊尚贤，而任使能……贤者举而上之，富而贵之，以为官长。"（《墨子·尚贤》）总之，"国之宝器，其在得贤"（《隋书·苏威传》）。《资治通鉴·唐纪》也总结说："与其多得数百万缗，何如得一贤才。"《初学记·贤》中，用类似的语言表达了同样的观点："得地千里，不如得一贤士……黄金累千，不如一贤。"

墨子认为，一个国家如果不对知识分子体恤、关注，这个国家就必定灭亡。平时得贤不重视，到了紧急关头，贤能之才就不会为国分忧、出力，不是贤才不为君王着想，而是国家"缓贤忘士"，如此"而能以其国存者，未曾有也"（《墨子·亲士》）。

引贤入政也是管仲礼论思想中的重要内容。他曾比喻道："一年之计，莫如树谷；十年之计，莫如树木；终身之计，莫如树人。一树一获者，谷也；一树十获者，木也；一树百获者，人也。我苟种之，如神用之；举事如神，唯王之门。"（《管仲·权修》）树人可以收"一树百获"之利，这是君王实现外王事业、称霸天下颇具神效的门径和方法。

"贤"的重要性已被古人充分认识到，但古人认为仅"见贤""奉贤"还不能真正达到招贤用能的目的，还需要"尊贤"。尊贤，可被称作"致贤之路"。古史记载："夫致贤之路，历代不同。大凡王者不以至尊轻待臣下，不以己能盖于凡器，折节下士，卑躬礼贤，天下仰知圣意，贤能之人方出。"（《李相国论事集》卷五《论任贤事》）可见，王者不可以自己的至尊无上而轻怠下士。对贤能之士，应持屈尊的态度。天下有才之人看到了君王的诚心诚意，才可能情愿效力。

《白居易集·尊贤》有一段话更具体地阐明了这个道理："致理之先，先于行道。行道之本，本于得贤。得贤之由，由乎审礼。若礼之厚薄定于此，则贤之优劣应于彼。……展皮弊之礼，尽揖让之仪，则大臣之才至矣。"这是说天下行道治理国家的根本，在于得贤才辅佐，而得贤之途径，在于王者对礼的实施。此处的"礼"一指物质待遇，一指尊敬揖让。王者应"展皮弊之礼，尽揖让之仪"，贤能人士才可能趋至前来。从这个意义上说，"礼之厚薄定于此，则贤之优劣应于彼"（《白居易集·尊贤》）。

据记载，周公具圣德之质，非常爱才，对人才谦恭周到，"一沐三握发，一饭三吐哺"，是说周公正在吃饭时，听闻贤士到，立刻停止吃饭而接待贤士，"哺"指含在嘴中的食物；在沐浴时，就手握散发前来应见，唯恐有一步怠慢而失天下贤人，于是"天下贤人归之"。而假如周公恃骄居傲，待士吝啬，那么人才肯定"高翔远走，能至寡矣"。

《史记》中也记载说，文王礼下贤者，每日不厌其烦随时随刻接待贤士。"待士不敬，举士不信，则善士不往焉。"总之，君主显贵不以礼待贤，就得不到贤才。

重贤用贤差不多成了中国封建时代重要的统治原理。因为贤才能人可以为朝廷效力，也可能成为反朝廷的力量，所以，历代统治者都尽力做到"无遗贤"。

应当说，德与才是贤能之人必备的两个素质，缺一为憾。今天我们应发扬古代的敬贤之礼，为当代的新人才观服务。

当然，古代所说的"贤"包含才智与品德两方面。"知"在很大程度上是针对礼而言的。《礼记·经解》就说："隆礼、由礼，谓之有方之士；不隆礼、不由礼，谓之无方之民。""方"在此为道、知之意。所以，德性实际上是贤才的首要素质。古人认为，"才德全尽谓之圣人，才德兼亡谓之愚人；德胜才谓之君子，才胜德谓之小人"（《资治通鉴·周纪》）。

古代统治者和思想家们之所以如此重视奉贤、敬贤，和血缘宗法社会的德治观念分不开。

宗法社会把人们的政治关系纳入社会德性人伦实践之中，那么对这个德性主体的统治方式也只能是德治。就此，孔子曾总结历史统治经验，认定"尚力"者不得善终，"尚德"者终有天下。所以，"为政以德，譬如北辰居其所而众星共之"，"道之以政，齐之以刑，民免而耻；道之以德，齐之以礼，有耻且格"（《论语·为政》）。

孟子作为孔子的传人，更多地发挥了孔子德治主张的仁政方面。而荀子，首创"礼法"概念，造就了一种将伦理道德和法律纳入同一个框架的伦理法模式。这种礼法可以说是直接继承和改造周礼范式的结果，后来的中国古代法几乎只是这种理论模式在实践中的落实和展开。

德治反对"暴"与"虐"，提倡"宽猛相济"的方法。古代思想家认为"民之于仁也，甚于水火"（《论语·卫灵公》），"不教而杀谓之虐，不戒视成谓之暴"（《论语·尧曰》）。季康问政于孔子："如杀无道，以就有道，何如？"孔子说："子为政，焉用杀？子欲善而民善矣。"孔子反对借用强硬的手段治国理政，甚至还希望取消诉讼之事。"听讼，吾犹人也。必也使无讼乎！"（《论语·颜渊》）当然，孔子也不是主张完全取消刑罚，只是强调德治所应把握的是以宽为主、"宽猛相济"的方法。"善哉！政宽则民慢，慢则纠之以猛。猛则民残，残则施之以宽，宽以济猛，猛以济宽，政是以和。"（《左传·昭公二十年》）孔子的德治不仅主张"为政以德"，而且含有"礼治"的一面。"为政先礼，礼其政之本与！"（《礼记·哀公问》）

古人还认为"为政在人"，将统治者个人的行为品性和道德修养作为整个政治关系的支点，使政治关系归入一种德性的自我约束机制。"政者，正也。子帅以正，孰敢不正？""君子之德风，小人之德草，草上之风，必偃。"（《论语·颜渊》）"其身正，不令而行；其身不正，虽令不从。"（《论语·子路》）

与此同时，随着私有制的发展，宗法国家内部矛盾加剧，"宗君合一"的政治体制逐步被以皇族为核心的文官官僚体制替代，政治关系中的血缘色彩也有所减退。在这种政治体制的变革时期，儒家对社会政治关系德化的思想，一方面仍以宗法等级为基础，并以父子关系附会君臣关系为基点，另一方面为适应新的社会变革，又赋予政治主体普遍的德性，即只要努力"修身"，人人都可上达于天。由于将德性赋予人人皆有的人性之中，并将它转换到德性认识的自我完善层面，人们的政治关系也就化解为一种日常的德性实践。这样，既维护了旧有的宗法秩序，又为新兴阶级和贤能参政入仕找到了出路。

因此，"举贤才"就成了封建德治主义的重要内容。

古代所谓"贤才"即有德之人，长于德行的称为"贤"，长于道艺的称为"能"。孔子颂扬尧舜的"禅让"，就是为贤人参政找出的历史根据。"舜有天下，选于众，举皋陶，不二者远矣。汤有天下，选于众，举伊尹，不二者远矣。"（《论语·颜渊》）只有"选贤于众"，才能使"枉者直"，使"不仁"者难立足，这样才能"有天下"。

孟子认为，治国理政，只有善于用人，选拔贤能之士参政，使其担任礼治的社会重任，才能使"天下之士皆悦，而愿立于其朝矣"，才能"无敌于天下"（《孟子·公孙丑上》）。

荀子也主张，"贤能不待次而举"（《荀子·王制》），即起用"贤能"之人，不必照顾等级次序、血缘亲疏。

总之，选贤举能相对打破了"亲亲""尊尊"的原则，使"不避亲疏"的举贤原则开始行于社会礼治中。当然，能够承担礼治实践的贤人，首先必须是符合礼义要求的杰出人才。

贤人入政不是一个只关乎选人用人的简单举措，而是预示着古代社会尚贤观念开始产生，正统礼制中亲疏、尊卑等级森严的社会结构从内部开始变动。但终而言之，它是宗法中国德治模式的相应产物。举贤敬贤，让贤人入政，使其承担德治的社会重任，是礼法实践得以实现的关键因素。

第十五章　礼仪文化与现时代

　　中华民族的祖先留给后人的文化遗产丰富多彩，而且有极强的生命力和传承力。这一方面是因为中华民族文化源远流长，另一方面则是世代相袭的"礼"起了重要作用。礼的最大效能，是以其强劲的观念形态，规范人们的行为及生活程序，为维护传统社会秩序起了巨大作用。所以历代君王圣贤，都把它视为安邦之宝、治国之器。在五千年历史传统中，有的只是循礼程度不同，没有哪个朝代弃礼而不用。而"礼"的施行是要借助"礼仪"的表现形式的。

　　礼是制度内容，礼仪则是表现礼制内容的形式。没有礼仪，礼就不可能运行操作。在这个意义上可以说，封建社会稳固地持续了如此之久，传统礼仪文明起了相当大作用。而中华民族文化之所以能传承不辍，礼仪文化的完备与具体实行是一个重要原因。无形的内容是靠有形的仪式才得以凝聚并具有生命的。

　　但礼仪文化和一切传统文化一样，都存在一个现时代如何对待它的问题。如何处理礼仪传统和现时代的关系，取决于我们今天如何对待传统文化遗产这一大的观念态度。在这个问题上，中国近现代历史上经历了复杂曲折的过程。一些民族虚无主义和复兴儒学、全盘复古的错误倾向，都曾广为流行。改革开放的今天，同样要防止"全盘西化"和"全盘复古"的倾向，同样存在如何批判继承传统文化的问题。这就需要我们立足现实，了解历史，反思历史，洞察国情，坚持马克思主义的立场、方法和观点，汲取适应当前社会的优秀文化传统，更好地为建设中国特色社会主义服务，使之不断发扬光大。

一、文化传统传承的必然性

毛泽东同志指出："我们是马克思主义的历史主义者，我们不应当割断历史。从孔夫子到孙中山，我们应当给以总结，承继这一份珍贵的遗产。"[①] 历史是不能割断的，传统并不意味着静态的过去，文化传统不仅肇始于过去，而且融合于现在并预示着未来。

中华民族既有五千年悠久的历史，更有举世瞩目的灿烂文化，以儒家礼制思想为主导的传统文化，代代传递着华夏民族特有的道德观念、生活情理，体现着中华儿女的信念、良心与善，至今仍具有强大的生命力。而由于没有完全消除封建宗法思想的影响，我们在现时代必须正视这一传统文化遗产，而不是简单地肯定或否定。

传统文化并不等同于"过去的文化"。传统文化本质上是一种观念，是一种价值取向，是始于过去、融透于现在、直达未来的一种意识趋势和存在。一种意识趋势和存在成为一种传统，就意味着它有了世代的持续性。"世代"的概念是相对的，它只是表示传统延续的一种方式，可能是几年，也可能是几千年，但至少，一种行动范畴或观念、信仰要成为传统，必定有一个代代相传的过程。

并不是任何实质性内容都可以成为传统，一种思维模式、思想观念、生活方式之所以成为传统而代代相传，必定有它传承下去的理由。礼仪文化作为文化传统中的重要内容被传承了几千年，这同与之相适应的血缘宗法社会历史相联系。以血缘为根基的中国历史造就了强调礼制的儒家德性文化，且历经世代而传承。先秦诸子百家争鸣，最终也只有儒、道两家在传统文化中占据了要位，可见传统的形成及延续是有其历史必然性的。

传统代代相传的历史必然性，在逻辑上并不意味着传统不可改变，我们没必要认为传统都是应该接受的。时代在变革，没有一个社会中的

[①]　毛泽东选集：第2卷. 2版. 北京：人民出版社，1991：534.

人可以完全、长期受传统观念支配。接受传统文化，并把它视作在每一种环境中都完全适用的判断依据和价值标准，这并不符合人们的需要，也不能解决现时代的新问题。

传统和非传统永远交织在社会文化发展中。一方面，传统文化无时不在影响着人们，塑造着社会生活，因为毕竟传统会在社会机体和人们的心理结构中积淀下来，规范并支配人们的思想和行为。不具备这一点，也就不可称为传统了。另一方面，人们在既定文化传统中保存、更新着传统文化内容，这一过程也就是传统文化不断延续流传的过程。传统并非一成不变，其代代相传的生命力就在于它是在变化中得到传承的。

每个民族都有构成本民族精神凝聚力和价值取向的文化传统，不同的民族传统，与造就它们的不同历史背景相联系。普列汉诺夫曾总结说，每一个民族的文化，都是由它的精神本性决定的，它的精神本性是由该民族的境况造成的，而它的境况归根到底是受生产力和生产关系制约的。[①] 正是中国古代建立在血缘根基之上的独特社会历史条件，形成了我们民族的精神本性和性格、心理，铸造着中华民族迥异于其他国家、民族的重礼仪的德性文化传统。

中国是一个文明古国，历史悠久，文化遗产丰厚。这样一种历史文化遗产已成为一种强大的传统，成为过去、现在以至未来的客观存在，它"不为尧存，不为桀亡"，如同历史不能割断一样，传统文化对今天的影响也是不能人为消除的。曾几何时，人们用强制手段从外部加以破除，而事实证明人为地消除传统是不可能的，只要现实社会中还有历史在延续，那么，在历史文化中形成的传统就仍会被传承。

新的时代会有新文化出现，但新文化并不是和传统文化必然对立的。传统文化是一种动态的系统，它永远包含着新、旧文化的磨合与变更。传统的延续、文化的积淀就是在这种动态系统中形成的。历史一旦造就出某种文化，就会被保存下来而不会轻易消失，即人类文化学家所说的"文化的惰性"。新文化中包含与旧文化的对立，但是任何一种新文化都不是完全独立的，就如传统文化必然时时与新时代结合一样，新文化也必须同一定的固有文化结合起来。人类的文化就这样得以积累并

---

① 普列汉诺夫. 普列汉诺夫美学论文集：I. 曹保华，译. 北京：人民出版社，1983：346，350.

越来越丰厚，否则，任何文化都不可能有今日的辉煌。

对一个民族而言，文化的累积标志着民族文化根底的雄厚。"一个社会在某个时期所有文化累积的总量谓之文化基础，凡文化基础成熟的时候，发明就有着不得不产生的趋势。"① 从这个意义上看，传统文化越悠久、越深厚，对社会新的"发明"、文明进步就越有推动力。可见，传统并不总是阻碍现代发展的，在一定程度上，完全可以认为正是传统文化推动着社会发展。

恩格斯说："因为问题决不是要简单地抛弃这两千多年的全部思想内容，而是要对它们进行批判，要把那些在错误的、但对于那个时代和发展过程本身来说是不可避免的唯心主义的形式内获得的成果，从这种暂时的形式中剥取出来。"② 世界文明史表明，任何一种悠久的传统文化，虽然具有宗教的、伦理的或是科学的某一特质，但都包含着关于自然、社会和人的观念体系，都是现代文明的源泉，都具有各自永恒的价值。儒家礼制文化，正是内具这种"实践－精神"的特质，才得以绵延流长，成为中华民族现代文明的精神基础。

传统的礼学特质，在天人之际赋予了中华民族注重现世伦常和生活实用的智慧与思维。践礼的主体既没有因为最终会永远消失在神秘的、渺茫的永恒宇宙中而消极厌世，也没有因为彼岸信念与现实理性的相互消损，使得人与自然、肉与灵没有处在深刻的矛盾中，而是在现实生活中自觉完成个人道德修养和社会人伦践履，以达到"天人合德""与天地同流"的合一境界，使传统的民族精神避免了历史的创伤。

这种智慧与思维铸造了中华民族"参赞天地之化育"的天人和谐精神，及自强不息、注重践履的现世人道精神。

传统礼仪文化的德性特质，强调社会中人与人之间、个人与社会之间的义务和责任，不仅使我们的民族具有了巨大的凝聚力，而且对今天以及将来的社会文明发展和精神进步都是有益的。这一点西方人也十分清楚，著名学者佩奇直言道："我本人非常敬佩中国人民及其属于世界上最悠久和最灿烂的人道文明。中国具有卓越的文明史、发明史、哲学史和平衡与协调史。中国将产生巨大的影响，这倒不是因为它的物质、军事、技术或工业力量的强大，而是它给我们带来了关于目标、时间甚

---

① 孙本文. 社会学大纲//民国丛书：第四编. 上海：上海书店，1992：118.
② 马克思恩格斯全集：第26卷. 2版. 北京：人民出版社，2014：526.

至速度方面的新观点和新视线。"① 西方人尚且清楚，又何况我们中国人自己呢？因此，民族虚无主义是不可能在中国立足的。

但是，历史已步入21世纪，中国社会也早已建立起以公有制为基础的社会主义制度，中国文明已成为世界文明的重要组成部分。产生于宗法、封建社会的传统礼制文化失去了存在的基础，就是撇开社会历史方面的原因，传统礼制文化本身也有其内在的矛盾和缺陷。正因如此，自近代以来，它一直面临着严重的挑战。所以，我们不能因有灿烂的优秀传统文化而故步自封、因循守旧、把糟粕当精华，以至一概排斥世界其他优秀文化传统和文明成果。

传统礼仪文化就其社会性质而言，一直在以血缘为基础的宗法、封建社会制度下存在和发展，并与宗法、封建统治密切结合。这样，它所主张的人的义务与责任吸附了宗法、封建等级的思想观念，相互对等的礼制义务和责任就蜕变为对政治等级的隶属和屈从。人伦纲常的确立，逐步淡化了传统礼仪文化中固有的道德伦理形态和功能，强化了政治的、宗法的形态和功能，对主体能动、自觉的人性，起着一种压抑作用。因而，在长期的人伦践履中，也伴随着自我压抑、自我否定的一面。正是在这个意义上，鲁迅先生曾愤慨地说："所谓中国的文明者，其实不过是安排给阔人享用的人肉的筵宴。"②

就传统礼仪文化自身而言，它是一种以礼仪道德为主的价值尺度。这就势必将外部世界对主体多元的规定与主体价值活动的多元倾向相对单一地归于德性礼仪价值的框架内，从而使人的生命创造力受到严重的阻碍，导致传统文化对价值活动产生负面影响。特别在汉儒、宋儒的影响下，传统文化对礼制践履以外的知识文化都采取排斥、轻蔑的态度，以致出现了知识与礼仪道德的脱节、人文道德理论与自然科学脱节的倾向，使传统思维趋于封闭和自足，并且在人自身与社会领域，忽视了礼仪实践过程中人的自然本性的实现，具有压抑人性和束缚主体精神的消极面。

礼制文化传统中，"存理灭欲"、义利对立的倾向在社会实际生活中也造成了"以理杀人""以理窒人"的恶果。受这种礼制文化对道德境

---

①　奥尔利欧·佩奇. 世界的未来——关于未来问题一百页. 王肖萍，蔡荣生，译. 北京：中国对外翻译出版公司，1985：66.

②　鲁迅，等. 灯下漫笔. 北京：中国社会科学出版社，1995：38.

界的无限追求和对物质生活的过分贬低的传统影响，社会人伦践履与社会物质生产实践以及与此相关的传统观念相脱离，严重阻碍了社会物质文明的发展。这是近代中国生产力和经济落后、遭受外敌侵辱的一个重要原因。

二、批判地继承与继承地批判

对待传统要批判地继承，是个老问题，但又永远是个新问题。归纳起来，这个问题是由两方面构成的，一个是继承什么、批判什么，另一个是如何继承、如何批判。相对于前者，后者是更应该先弄明白的问题，解决了批判地继承的方法、原则，下一步继承什么、批判什么就容易理清了。

对传统文化进行批判性继承，人们已基本达成共识，这一点也已成了人们反思传统文化的一个原则。当然不可能原封不动地传延传统文化，任何一个社会自觉不自觉地都在历史的变迁中接受着传统的变化。批判地继承的态度，表达的是我们对传统和传统文化自觉的把握。选择什么、继承什么，我们这个社会应当有一种理性的意识。五千年的中国传统文化，有很多方面已经非常陈腐了，不以现时代批判的眼光进行反思，就难以革除传统文化中的糟粕，难以消除其对今天的负面影响。

所以，在对待传统的问题上，我们首先要注意防止崇古、厚古的倾向。这种倾向折服于中华传统文化的伟大、丰富，充满了对中国古代文化的崇敬之情。中国传统文化确有伟大、精深之处，代表我们民族与个性的传统文化理应得到重视和崇敬，但这种重视和崇敬不能到绝对化的地步。国粹主义、厚古论，都是我们在对待传统文化时所应当避免的文化绝对主义。传统文化中优秀的东西当然应当流传下来，但是封建阶级的思想，以及不适应今天时代的东西，也要受到批判。

总之，对传统文化要批判地继承。然而，批判不是最后的目的，批判是为了更好地将传统与现代结合起来，使现代出于传统又比传统进步。

其次，在批判地继承传统文化问题上，还要防止另一种重批判、轻传承的倾向。有些人认为传统文化作为封建主义的东西，在整体上已过时了，和我们今天的新时代新社会已格格不入了，应当用批判的眼光全面审视过去的旧文化。他们甚至认为，任何社会文化都是一个有机的系统，任何文化成分或要素都属于特定的文化系统，无不打着那个社会、那个文化系统的烙印，认为封建主义的传统文化是一个大系统，要想变革旧系统的文化，就必须进行全面批判和消除。有些人总是自觉不自觉地采用了更多的批判眼光，总认为中国的传统文化或这样或那样地妨碍了现代化进程。他们不断地对比着西方比较先进的科学技术和现代物质文明，更多地论证着我们"应当"达到的现代文明阶段和类型，用另一种文化参照系观照我们的传统文化。他们当中不乏关心民族前途之人，但问题在于，我们对历史、传统应保持一种什么样的理智的、现实的头脑？

历史并非完全受盲目力量支配，随着主体意识的觉醒，人类可以更自觉地书写历史、改造社会。人类的这种主体意识使今天的我们在一定程度上可以选择历史并选择自己的未来，但同时，不要忘了我们还必须接受历史的选择。历史并不仅仅意味着过去，历史同时就是现在、就是未来，是由过去走向未来的动态过程。

对待传统文化也是这样，一方面我们要对之进行分析批判，有选择地传承、改造，另一方面我们所创造的现代文化也不得不接受历史的选择。

接受历史的选择，意味着任何超越传统文化的现代文化都必须出自传统文化，和传统文化融合在一起。只有那些生于传统、长于传统的现代文化，才可能具有真正的生命力。

五千年的传统文化，作为中华民族的历史成果，是我们今天文化建设的基础，不意识到传统文化的历史必然性，就会走进割断历史文化积累的发展误区。所以，我们对传统文化的反思、批判，从某种角度说应当建立在对传统的传承过程中。对于文化发展，我们需要设定一个"应当"的理想，但这个"应当"，绝不能是脱离传统文化的空洞理想。我们对历史、对传统文化，需要一种理性的、现实的态度，这一点非常重要。

理性、现实的态度要求我们一方面在批判中继承传统，另一方面在继承中进行批判。如果说前者强调的是"继承"的方式，那么后者更多的是在强调"批判"的方式。批判并不是简单地否定，不是扫地出门。

好的东西我们要保存、弘扬下来，不好的糟粕要努力地改造它或抛弃它，但传统文化中有许多东西不能简单地被分为精华或糟粕。

不同的民族文化有自己独特的根基和个性，东方民族文化和西方民族文化有许多不同，孰长孰短、孰优孰劣，是不好简单对比的。有些传统文化内容完全属于中国文化、东方文化的特质，如果由于同西方文化有差异而对之进行否定，那就好比连根拔掉民族文化之大树一样，既困难又不现实。比如，血缘观念在有些人的理论中属于落后的、不利于市场经济发展和现代化建设的传统观念，因为血缘观念使氏族社会走向宗法等级社会，使中国古代的个体化进程滞缓，而市场经济要求高度的民主、法制、平等、自由，这一切在某些方面都有赖于社会高度个体化。

我们可以认为，传统的血缘观念对社会主义的民主、法制未必是一个有利的因素，我们可以对其中不好的因素进行批判，但这种批判必须建立在现实的态度上，在批判的同时还得接受它在相当长的历史时期会继续传承下去的现实。更何况，血缘观念也带给中国文化那么多的和谐和凝聚力。

血缘关系作为中国社会历史的根基，造就了中华民族的个性，造就了给人类带来天人和谐的充分价值理性，塑造了崇尚人格精神的德性文明，以及富含温情的亲亲、尊尊、老老、幼幼的礼仪文化。在一定意义上，消除了血缘观念的中国文化就不再是中国文化了。血缘关系是中国历史的起点，也是造就中国文化的缘由和土壤。

所以，对待传统要有一种理性现实的态度。继承和批判是同一过程的两个方面，一方面在批判中有选择地继承，另一方面直面现实，在传统的传承中分析批判。只有这样，传统文化的继承才有可能是健康的、变革发展的，而传统文化的批判也才可能是现实的而非形而上的。

三、批判继承传统礼仪文化

许多人在研究传统文化时，注意的常常是那些思辨、智慧、哲理方面的内容。而传统礼仪文化，因和社会日常生活太贴近，常常同民俗风情渗融为一体而遭忽略。现如今著述文章对孔孟、老庄、佛禅、典章等，都有大量深入的研究，成就斐然，而对古代礼仪文化则涉及不够，或在思想文化史中轻描淡写，或在民俗博览之书中略有提及。如果我们认真对礼仪文化进行一些探索，就会发现，各种礼仪形式，不论是吉礼、凶礼、宾礼、嘉礼等重大礼仪，还是饮食起居、服饰举止等日常礼仪，背后及深层无不蕴含着中华文化的全部精神。

因此，研究古代思想历史，继承传统文化遗产，都必须把礼仪文化当作其中重要的部分。换句话说，只有深入挖掘并理解古代礼仪制度及其形式，对以"礼"为核心的中国古代文化才可能有进一步的领悟。

对礼仪文化的研究与继承，有一个同对待其他一切文化遗产一样的问题，即如何分析其中的两个方面：精华与糟粕。就传统礼仪文化而言，有许多礼仪或仪规同封建等级制度紧密相连，直接为尊卑等级秩序服务，如繁杂的跪拜礼就是这样一种礼节。

上古时候人们席地而坐、双膝着地，身体坐于脚踵之上，这种坐姿行跪拜礼是出于自然。及至后来有了桌椅，不再席地而坐，仍行跪拜礼就显得不适宜了。然而由于这种跪拜含有臣服敬上的意思，又适应专制等级制及封建迷信的需要，便被统治阶级长期保存了下来。

跪拜礼十分烦琐，场合不同，施礼、受礼者身份不同，使用的拜法有各种区别。就一个跪拜，统治者能把它规定为九等九式。行这种礼的往往只是臣民、卑下者，他们匍匐长跪，久之产生顺服、屈从的自卑心态与习惯。类似这样的礼节，就属于必须坚决批判和否定的传统文化糟粕。其他如祭祀之礼、驱鬼避邪的封建迷信之礼，也都有应加以剔除的成分。

另外，也有部分礼仪规定是古人在长期社会生活基础上形成并总结出的良好经验。如许多具体的宾客宴饮之礼要求人们真诚热情地待客，文明礼貌地宴饮，这是诸多民族都崇尚的礼节。许多对人们仪表仪态的讲究，要求人们的外在表现与内在德性相称，要求人们在交往中自尊而尊人，这对于今天提高人的素质教养具有直接的现实意义。

除此之外，大量礼仪文化遗产都处于精华与糟粕并存的状态。如古代的"养老之礼"表达了社会对老年人的关怀与眷顾，要求晚辈孝敬、帮助长辈，这些都是值得今人学习的。但过分尚老在一定程度上压抑了年轻人的个性及能力发挥，同时，当它和等级制度、尊卑观念糅合在一起的时候，无形中就成了封建统治阶级驱使人民的工具。历史地看，这种礼仪制度同当时的封建社会相适应，故而是那个历史时期的必然。但对今天而言，有些则已失去生命力而为时代所不容了。

有关礼器、礼服的规定也是如此，借助一定的礼器、礼服来表达礼仪活动的郑重和不同意义，是可以理解的，但把它们作为区分高下贵贱的标志而严加规定，并不可"僭越"，就是应舍弃的内容了。并且礼器规定琐细到以鼎、豆数量及排布方位象征礼的轻重程度，礼服规定烦琐到以图案、色彩、款式甚至饰珠几颗来区分官级品位，让人感到简直是在浪费精力。至于丧服，更是烦琐得让人不耐烦。这些礼仪也都是应加以批判的。其他如葬礼之冗长、婚礼中的男尊女卑，也都应舍弃。

总之，任何民族文化都是作为一个整体而存在的。我们对礼仪文化的精华与糟粕进行区别也只是相对的，很难说哪些是绝对的精华、哪些是绝对的糟粕。我们应当抱着分析批判的态度，取其精华，去其糟粕，具体细致地加以鉴别。在思想文化领域应当如此，在社会生活中更应如此。几千年来，礼仪文化的糟粕所形成的影响不可低估，旧时代的沉渣是不会轻易自行消退的。现在社会上有些人大操大办婚事、索要彩礼，丧葬在某些地区也越办越大，大有死灰复燃之势，这都是我们在对待民族礼仪文化遗产时应加以深思的问题。

此外，中国传统文化博大精深，思想文化史料浩如烟海，各类著述中关于礼仪的材料异常丰富，本书在选择内容时，对那些明显为统治阶级、尊卑观念服务的内容，以及具有时代局限、不适合现时代的繁文缛节，没有做大量的描述，而从浩如烟海的材料中，筛选了在今天仍不失其宝贵价值的内容。其中大多数属于古人在长期共同的社会生活中，在处理各种社会关系、和谐社会秩序中形成的经验结晶，这些结晶是我们民族和人类共同的财富，具有一定的历史普遍性。

当然历史文化资料毕竟反映的是古代社会的现实与意识，即便我们在描述古人的礼仪文明，尤其在偶然涉及封建腐朽之礼时，做了一些分析点评，在引述古人思想时也注意了具体分析，但学习吸收时仍应做进一步的辨析。

在这里还必须一提的是，我们今天介绍总结古老的礼仪文明，并非要求在今天的社会生活中因循守旧，简单模仿古人的一招一式，而应重在领悟传统礼仪中的文明精神，从而丰富我们今天文明社会生活的价值内核。

概而言之，礼仪文化对整个社会历史的影响广泛而深远，中国古代社会因而成为礼制的社会，中国因而成为"礼仪之邦"。时至今天，礼仪仍在现代生活中与人们有着密不可分的关系。虽然今天的礼仪与古代的礼仪已有很大差别，但仪容有整、礼貌待人、互敬互爱、尊老敬贤、培养良好的个人素质、协调和谐的人际关系、塑造文明的社会风貌，仍是我们时代的呼唤。在今天的社会主义精神文明建设中，我们应吸取一切人类文明优秀成果，尤其应当吸收本民族文化中的营养。

文明礼仪是中华民族的传统美德，是东方文化的宝贵财富。我们应当发扬民族文化，振兴礼仪之邦。

总之，对中国传统礼仪文化，要运用历史唯物主义的分析方法，要把传统文化和它生于斯、长于斯的历史根基联系起来理解。东西方由于历史的原因，从一开始就走上了两条不同的道路，文化也具有了许多不同的特质。西方文化固然有其特长，比如认知科学、理性的发达使西方近代以后拥有了更为先进的科学技术，在征服自然、创造物质文明方面取得了更多的成就，但也正是科学技术过分地征服自然，造成了对西方社会乃至整个人类社会的损害。在许多时候，西方这种崇尚科学理性的文化传统，就像一把双刃的犁，在深深翻开人类文明沃土的时候，也划伤了人类自己。

类似情景在很多文化中都能找到，中国礼仪文化也存在着这种"双刃之犁"。所以，我们没必要出于对中国传统文化某些弊病的厌恶而作践传统文化，也没必要因对现代科技文明的倾慕而向往西方文化。毋庸讳言，随着近代以来世界所发生的深刻变化，以及人们对世界自身认识的发展，民族传统文化的痼疾及其封闭体系，正遇到严重的挑战。它确有一些与我们社会主义市场经济的现代化进程不相适应的地方，但传统礼仪文化毕竟是民族历史发展中世代相传的部分，它把我们民族的过去、现在和未来紧紧地联系在一起，显示出我们民族在发展中的同一性和个性。

因此，任何民族在走向现代化的过程中，都不能忽视"民族自我"。对自我、对自己文化传统缺乏自信心的民族，是一定无法从过去走向未来的。我们强调从民族文化的特质及历史根基的现实出发，就是为了更好地使中华民族、中国文化走向未来，走向现代化。我们应当坚持历史唯物主义的基本原理，把握传统文化的动态系统，区分精华与糟粕、优点与缺点，根据时代的需要和社会主义市场经济的要求，变革传统，继承传统文化的生命力，实现传统向现代的转变，使中华文明在未来的世界文明中再度灿烂辉煌。

第二编

北京奥运与文明礼仪

第一章　奥运成功从市民礼仪开始[*]

他人意识和礼让精神是文明礼仪涵养的一个核心，很多生活中的不和谐就是因为缺乏他人意识。实际上大家多一点他人意识，多尊重对方一点，很多人际关系就会更人性化、更融洽。了解相关礼仪知识并不难，难的是将其化为心态和习惯。仅仅停留在礼仪知识上不是我们的目的，我们应该把重点放在如何养成文明礼仪的教养习惯上。

我很高兴有机会和大家一起探讨奥运礼仪问题。

想提三个问题。第一，为什么说"北京奥运成功从市民礼仪开始"，奥运成功和市民文明礼仪形象有什么关系？第二，礼仪形象有哪些基本要求？第三，如何养成文明礼仪的教养习惯？

一、北京市民礼仪形象与奥运成功的关系

怎样才算是一届成功的奥运会？办奥运会并不是我们唯一的目的，我们还有一个更大的目的，就是要通过北京奥运会向世界展示今天的中国人，展示我们现代的、文明的中国。

许多国家都把奥运会当作当今世界最重要的一种形象展示活动。正

---

* 本章内容原载于《北京周末社区大讲堂集萃》（同心出版社，2008）。

如北京奥运会组委会一位相关负责人所说："成功创造 2008 年北京奥运会的视觉形象，是整个奥运会成功举办的重要标志。"可以说，场馆建设与比赛组织只是资格赛，观念形象展示才是正式的比赛。事实上历届奥运会举办方都是把奥运会既当作体育盛会，又当作文化盛会，同时当作国家形象展示会。

世界上有很多国家的人对中国的了解很有限。有些外宾目睹了中国的现状，对中国有一定了解，但还有相当多的人没有来过中国，没有亲身感受过现代文明下的中国，这样就会有很多误解。有一个例子可以说明这个问题，前两年我们曾带几位学生去美国参加一个国际道德教育师生交流会。会中交流时，某些国外学者和学生提出了一些很令我们吃惊的问题。他们问："现在中国男人还留大长辫子吗？"还有人问："现在中国农村女人是不是还裹小脚？"这对我们来说是很好笑的问题，但笑过之后值得深思。

还有一些情况也需要引起我们注意。中国改革开放以来，人们生活水平逐年提高。大量富裕起来的中国游客，在走向各国观光旅游的同时，也把中国人的形象带给了世界。许多没到过中国的外国人是从中国游客身上直观感受中国人和中国的。可以说中国游客在国外成了外国人了解中国的一个窗口。但由于一些中国公民在旅游活动中行为不够文明，带来了一些不应该有的负面影响，直接影响了中国人和中国的形象，也引起了海内外舆论的广泛关注和批评。

中国这些年发展很快，举世瞩目，但是经济发展的同时，国人的文明素质也应跟着一起得到世界的认可。大多数中国人是文明的，但是如果其中一部分人没有良好的文明习惯，就会给中国人的形象造成一些负面影响。

曾经有外国留学生问中国老师："中国有的老人为什么会不穿衣服就上街？"并在作业中这样写下对中国的最初印象："一下飞机上了出租车，觉得出租车很脏，司机随便往窗外吐痰。"

2008 年 8 月全世界的目光都会聚焦北京，如果到那个时候北京市民还有这样那样的不文明小毛病，让大家感觉中国人随地吐痰、乱穿马路、穿着不得体、餐桌上浪费、公共场合没有起码的公德，这样不文明的表现怎么可能向世界人民展示中国人是高素质的，中国是文明的、文化悠久的国家？我们可以为奥运会投入巨资，可以在短时间内修建四通八达的城市交通，可以建起一个个代表世界先进水平的比赛场馆，我们可以营造一个绿色的奥运、科技的奥运，但是，人这道景观如果塑造不好，就会使我们的 2008 年奥运会在世界面前大煞风景。可见，北京市民身负重任，不仅决定着奥运会运转、服务的品质，而且决定着北京奥运会和中国人的形象。在一定意义上，我们每一个北京市民都是奥运会的"形象代表"。

二、仪容仪表仪态与市民礼仪形象塑造

仪容仪表仪态是最基本的礼仪要求，打造必要的礼仪教养应该从此入手。

首先我们来看仪容形象。在此不讲很多，重点强调清洁感。清洁感是仪容礼仪的第一要义。清洁感是较普遍的问题，从面容到整个身体都有一个清洁感的要求，一个教养有素的人绝对不会允许自己不整洁。前两年我们出国访问，其中一位学者很有学问，但在仪容教养方面稍有欠缺，比如他穿的西服衬衫不够清洁，身体异味非常明显。人应该天天洗澡，天天换衣，天天洗发，身体不能有任何异味，这应是现代社会交往中基本的文明习惯。许多地市文明办在清洁卫生方面还出过"六勤五不"等相关文件。"勤洗澡、勤换衣"是常识问题，却还要作为一种要求去提，按理说不应该，但这些问题还是存在。在奥运会期间和外宾打交道的时候，我们要特别注意这个问题。

其次强调仪表。仪表礼仪的要义是着装得体，即服装要因时因地因场合而异。正式场合要着正装，正装分男士正装和女士正装。男士的正装无非三大类：西装礼服、民族服装和夹克装。这三大类作为正式着装是可以通用的，但也有区别。在场合比较庄重、不需要凸显民族特色的时候，我们可以选择西装礼服。夹克装一般在工作场合穿着。

男士正式场合的礼服以深冷色为主，突出严肃和沉稳，浅色礼服适合轻松娱乐的场合。西装礼服作为通用正装的时候，对衬衣、领带、口袋这些细节的要求很多。比如，得体的西服上衣长度以盖住臀部为宜，不允许短袖衬衫和西服外套搭配，等等。关于西装礼服对衬衣、领带、色彩的细节要求，我们可以做更多的了解。

女士礼服的要求比较宽泛，但也有要领原则。比如日礼服和晚礼服应有区分，日间活动不要随便穿晚礼服出席。再比如不论西服套裙、晚礼服，还是其他款式的裙装，裙长基本要求齐膝。其他如鞋袜、首饰的搭配等问题，我们都应该再做进一步了解。

最后是仪态形象。仪态包括姿态、神态、心态和语态。姿态好理解，坐卧行止都是姿态。雅典奥运会上有一位中国志愿者回国后写了一篇文章，题目是《不要把手插在口袋里》，这位志愿者在累了或空闲的时候，习惯把手插在口袋里，有希腊志愿者同事就告诉他"不要把手插在口袋里"。他后来明白是因为把手插在口袋里悠闲地倚着靠着，是一种非职业非工作状态。在北京开过的一个奥运研讨会上，国际奥委会的一位官员在对中国大学生志愿者表示充分肯定的同时，也指出大学生志愿者在大会服务期间的行为还有待改进，比如看到空饮料瓶在地上并不捡起来，空闲时抄手靠坐在窗台、办公桌上等。我想将来在奥运会期间，大量市民都可能去做志愿者，在这方面应该要注意和有所准备。神态也非常重要，有外国朋友反映说中国人太严肃。韩国在准备奥运会的时候，曾开展了一次全民微笑运动。我们也提出了相关口号："志愿者的微笑是北京最好的名片。"我觉得奥运会期间，我们也应该用微笑面对世界，这对北京城市形象的树立、中国形象的树立非常有利。

以上这些并不代表社交礼仪的所有知识点，但代表了社交礼仪中基本的形象问题。你的形象是否到位，既涉及自尊，也涉及尊人。礼仪是小节、细节，但也可以说：礼仪无小节，礼仪无细节。所有的小节或细节都体现出我们的素养，这也是马克·吐温强调人可以犯错误，但不能有一个失礼的举动的原因。

三、如何养成文明礼仪的教养习惯

在对北京市民进行的一个相关调查中，礼仪知识的知晓率已经高达90％。掌握基本的礼仪知识并不难，但礼仪教养重在养成。

1. 培养到位的形象塑造意识

形象塑造在任何时候都来自多方面，知觉印象＝视觉印象＋听觉印象＋味觉印象＋感觉印象！你的外在仪表仪态塑造着你的形象，你的言谈举止、为人处世的方式，也在塑造着你的形象。一个潇洒帅哥会引人注目，但当你看到他随地吐痰时，他的光彩形象会顿时黯然无色。礼仪教养要求我们内在、外在必须统一，秀外慧中。文明礼仪知识能帮助我们在形象塑造方面获得成功，但首先我们必须拥有足够的形象塑造意识。人们塑造形象的意愿有多高，形象塑造的成功程度就有多高。电视台有一句广告词："思想有多远，我们就能走多远。"就这一点而言，我们的形象意识有多到位，我们对自己的要求、自己的努力才会有多到位。

2. 培养分寸意识

培养礼仪教养习惯重要的不在于掌握多少礼仪知识，而在于掌握行为和态度的分寸感。有了知识还要有举一反三的感悟能力。比如握手，通常讲究女士先伸手、长者先伸手、地位高的先伸手，这是把握手与否的主动权交给了尊贵的一方。这是知识要求，而实际操作起来需要应变。我们面对长者和女士的时候，有让对方优先主动选择的意识，但在大多数表示友好的时候，人们会同时伸出手来，这其中的分寸感需要自己领会。再比如握手的力度和方式也是这样，有些人握住对方几个指尖，轻轻一握即松开，分寸感就把握得不是很好，这会令对方感觉不到你应有的热情、诚恳和自信等。进电梯时，如果电梯间已经有数人，你是请别人代劳按楼层电钮得体，还是越过你面前的人的肩膀，手伸很长去按电钮得体呢？这些都是分寸感的把握问题。包括在餐桌上既要吃饱又要吃得有涵养，也都有分寸感的学问在里面。

礼仪素养的分寸感，还表现在应对涉外活动等不同文化背景下发生的礼仪冲突时，往往需要我们动用感悟能力和应变能力。不同的民族、国家有不同的社会文化背景，而不同的文化背景会带来不同的思维模式及风俗习惯，在礼仪文化方面也会形成一定的差异。学习和实践涉外礼仪必须和具体国家、民族的社会文化背景联系起来，否则就会由于文化冲突而造成以礼失礼的结果。

比如送礼，给外国友人送礼一定要了解有关风俗习惯，以免赠礼与对方生活习俗相违背。按照中国传统习惯，受礼后一般不当客人面拆解礼物并做出评价，这是一种自尊又尊人的表示，因为在中国文化中，不急于打开礼物正是表示自己重视送礼这一行为而不是礼品本身。但在西方许多国家，接受礼物一定要当面打开并表示出非常喜欢和感谢才不失礼。

还有，按中国饮食文化，菜肴丰盛表示对客人的热情和尊重，故而有时明知吃不了也会准备一大桌饭菜，而外国朋友很可能无法理解，觉得很浪费。席间敬酒也是中国酒文化的一个内容，执意敬酒在中国酒文化中往往被理解为对待客人热情、诚恳，不醉不归是朋友们喜庆聚餐时常有的事。而在西方饮食文化中，喝酒是一种品位或一种享受，饮酒适量，举止不失态，才是教养有素之人应有的风度。

总之，礼仪由于文化共性而具有许多通约之处，但也由于文化多元性而存在一定的差异。涉外礼仪的应用要则之一，即一定要考虑到具体的文化背景。这就需要我们去把握它的分寸感，在什么情况下、对多大年龄的长者，需要"长者优先"，而在何时需要"女士优先"。在国际活动中，我们应考虑到这些分寸问题。

3. 培养他人意识和礼让精神

他人意识和礼让精神是文明礼仪涵养的一个核心。很多生活中的不和谐是因为缺乏他人意识。比如"扰邻"问题，养狗会有噪音和其他惊扰，邻居难免受影响。如果我们都以自我为中心、缺乏他人意识，就不可能协调好人际关系。我们在飞机上经常会碰到有些人不征求后座意见而直接把座椅背向后倒放的情况，自己宽松舒服了，却没有考虑后座的人是否受到影响。

我看到过一位中国留学生写的一篇文章，讲述他在国外留学时邻里之间相互不干扰的一些做法和感受。一天，留学生在住处电梯旁看到一张告示说周末某房间要开一个 Party，征求大家意见，当然一般情况下邻里彼此都会给别人行个方便。到了周六深夜，他听到门外有轻微动静，出来一看，十多个年轻人从另一房间出来，结束了周末聚会。他感慨，整个晚上其实并没有听到什么大动静。通过这件事，他觉得国内有些人以自我为中心，缺乏他人意识。实际上大家多一点他人意识，多尊重对方一点，很多人际关系就会更人性化、更融洽。

4. 注重培养规则意识

我们应养成尊重规则、遵守规则的习惯，而现在很多人习惯把规则放在一边，视而不见，我行我素。很多人不遵守交通规则，这就是规则意识比较淡薄的结果。前些日子我到国外开会，在一日游活动中，与两位刚到国外的留学生同行。我们一起到一个地方参观，导游宣布给大家一个小时自由活动时间，这是此行的规则。时间较紧，但大家都克服困难在规定时间内赶了回来，或没来得及买饭，或少看一个景点，两位年轻人却迟到了半个多小时。大家都在等，两位年轻人却先发制人，一上车先对导游不依不饶，谴责导游时间安排得不够用。规则既然定下来了，你就得遵守。如果因为某些不可克服的原因迟到，上车后应该为自己迟到向全车人致歉，而不是违规了还振振有词、强词夺理。这些现象从一个侧面反映了部分人规则意识欠缺。

5. 注重"养成"文明习惯

许多人不是不知道礼仪知识，而是没有养成"下意识"的习惯。在关于文明礼仪的相关研讨会上，我就看到个别礼仪专家也会犯一些常识性错误，比如手机铃声不断响起，不断接听电话，旁若无人，这是因为他"下意识"中没有养成文明习惯。我也曾看到一位亲临雅典奥运会的作者写过这样一篇文章说不要让手机铃声再给中国人丢脸。是因为在一场击剑比赛中，一些中国人的手机铃声不断响起，引来场上许多观众不满和侧目，也令作者非常汗颜，故而写文奉劝大家不要再让手机铃声给中国人丢脸。可见，了解相关礼仪知识并不难，难的是化为心态和习惯。仅仅停留在礼仪知识上不是我们的目的，我们应该把重点放在如何养成礼仪教养的习惯上。

总之，在迎接奥运的过程中我们要不断提高文明素质并改善社会风气，不能一边讨论文明礼仪一边随地吐痰。每一个北京市民都应该从自我做起，"迎奥运、讲文明、树新风"，为塑造文明的中国人形象贡献自己的一份力量。

第二章　强化奥运志愿者礼仪素质[*]

一、奥运志愿者要树立强烈的"形象奥运"意识

一本名为《奥林匹克 100 年》的书籍中提及："奥运会不仅吸引着世界上最伟大的运动员创造最好的成绩，而且吸引着世界上最伟大的设计师创造出最伟大的作品。"在这个意义上，北京 2008 年奥运会已不仅仅是一项体育赛事，而成为一个举世瞩目的作品展示舞台，许多国家都把奥运会当作当今世界最重要的一种视觉形象展示活动。

2008 年北京奥运会即将到来，我们应该把这个体育盛会同时当作"中国形象"的展示会。而向世界展示中国的历史文化和现代文明，不能仅停留在媒体宣传上，要使"听说的"变为"亲眼看见的""亲身体验到的"。在这里，"感知"是关键，我们需要让北京奥运会变成一个可视可感的大窗口。

在北京召开的"北京 2008"奥运会视觉形象设计研讨会上，来自国内外的设计界精英、奥林匹克专家和文化界人士，曾就北京奥运会的

---

　　* 本章内容原载于《志愿北京——2005 "志愿服务与人文奥运"国际论坛成果集》（人民出版社，2005）。

"形象与景观工程"展开了很好的陈述和设计讨论，但城市和国家的视觉形象展示应该是全方位的。仅有城市景观标准还不够，城市景观必须和人这道景观共同构筑人文奥运的风景。每一个生活在北京的人，尤其是奥运志愿者都应该有强烈的"形象奥运"的意识，并使自己成为构筑北京乃至中国形象景观的最优美的那根线条、最亮丽的那片色彩！

二、奥运志愿者必须是北京奥运的形象代言人

中国将给世人留下什么样的印象，北京人的素质形象将起到非常重要的作用。而奥运志愿者在其中应当是一道最突出的风景。

何振梁先生曾在央视的《对话》节目中表达了自己对 2008 年北京的两个关注，一个是中国在 2008 年北京奥运会上将展现什么样的姿态，另一个就是中国的志愿者能否担起应有的责任。奥运体育场馆工程，北京城市景观整顿、建设，我们都可以在短时间内高水平地实现，甚至在这些建设中我们可以引进一流的设计和技术，但一流的奥运组织、协调和服务以及一流的志愿者队伍是无法引进的。

举办奥运会离不开大量的志愿工作人员，而且由于志愿者是不计报酬自觉奉献和参与其中的，志愿者行动充分散发出了道德人性及人文关怀的光辉，其所表达的奉献、进取、和平的意蕴就是奥林匹克精神的某种体现和诠释。可以说志愿者参与奥运会这件事本身已成为当今奥运会的重要标志。奥运志愿者的素质和服务水准也因此成为奥运会成功与否的一项重要指标。在这个意义上可以说，高素质的奥运志愿者队伍是成功举办高水平奥运会的重要因素。

三、着力打造奥运志愿者的礼仪素质能力

志愿者的工作渗透在奥运工作的方方面面。奥运会对志愿者专业技能的要求也是多元的：要有不同专业知识特长和技能素质，要具备出色的英语及其他相关语言能力，除此之外，还要有强烈的爱国心、奉献精神和责任感，有积极的团队合作精神，诚信友善，礼貌周到，当然还要

有健康的身体和良好的心理素质。在一定意义上，志愿者的这种德行礼仪素质比专业技能素质更重要。

提供优质的服务是奥运志愿者当然的、基本的职责，但奥运志愿者的功能远不止于此，他们还承担着展示北京奥运会形象，甚至中国形象的历史重任。他们是北京奥运会的服务工作人员，同时也是北京奥运会和中国人的形象代言人。

所以，对奥运志愿者这支窗口队伍的礼仪素质要着力打造。除了要求志愿者学好外语及奥运知识、中国历史文化基本知识、各国文化习俗等相关知识外，还要专门对他们进行礼仪素质培训。如果到了2008年，我们的有些志愿者还不懂得怎样自尊和尊重别人，不会礼貌周到地提供各种优质服务，不知道怎样穿着是体面，怎样的举止言谈是文明，甚至随地丢弃杂物、随地吐痰，那北京奥运和中国人形象就会因此而受到严重损害。

可见，奥运志愿者任重而道远，他们必须从内在德性精神和态度，到举止气质形象，都有不同于一般人的素质水准。然而这种礼仪素质培训千万不要流于表面，不要仅仅只了解礼仪知识，而且要唤起志愿者心中对礼仪素质的真正向往和追求，培养起礼仪教养感觉。只有这样，志愿者们才可能在纷繁复杂的奥运会事务中，具备面对不同对象需要、周到应对各种随机而来的服务需要的能力。切忌把礼仪培训等同于礼仪讲座课。礼仪是一种知识，但它更是志愿者具有的一种文明教养能力和变通能力。除了做基本的礼仪知识培训，还应配备系列的人文素养和道德素养方面的素质培训，相关部门还应在礼仪素质训练的实践活动方面多下功夫。奥运志愿者不是到2008年才介入工作，从现在起就要投入奥运的准备中，有计划、有规模地在社会各方面进行志愿服务实践。

只有在志愿服务实践中才能培养起我们所需要的真正的志愿服务能力，也只有在日常志愿服务中完全合格的志愿者，才能获得2008年奥运志愿者的资格。

第三章　形象奥运*

　　我国为申办奥运付出了很多努力，单纯办好奥运会不是唯一的目的，让世界人民通过奥运会了解进步、善良、友好的中华民族，使中国成为世界人民友好的伙伴，全面促进中国经济发展、社会进步才是最大的目的。

　　"让全国分享奥运会带来的机遇，全面促进经济发展、社会进步和对外开放，为中国及世界体育史留下独特的遗产"，是我国举办奥运会的重要方针。要实现这些战略目标，首先要让世界人民了解中国、认识中国，其次要使世界各国人民对有着几千年文明史的中华古国产生亲和度。

　　同时，在筹备 2008 年奥运会时，我们要具备这样一种意识：让世界感知中国、感觉北京。这就要研究如何把这一切变成可感知的东西。"人文奥运"在一定意义上是一种社会氛围，它不能仅仅只停留在口头上或者报纸上、宣传资料上。正如有些学者提出的，要变"听说的"为"亲眼看见的""亲身体验到的"，要让北京变成一个可视的、可感知的大窗口，"感知"是关键。

　　如何展示我们文明北京、文化中国的形象？如何把许多理念的、观念的东西变成可感知、可视的东西？可以通过许多方面，比如城市景观

---

　　*　本章内容原载于《北京规划建设》2004 年第 3 期。

的塑造等，其中有一个重要方面，就是通过北京人的文明形象，展示文明北京和文化中国。当 2008 年世界各国宾客云集北京的时候，如果我们有些北京市民还不懂得怎样尊重他人和自尊，不知道怎样穿着才是体面、怎样的举止才是文明，那我们就没有机会在世界面前证明我们是一个文明的、文化的中国。

奥运体育场馆工程和北京城市景观整顿与建设，都可以在短时间内实现，甚至在这些建设中我们可以引进最先进的设计和技术，但人的素质提高是一个"百年工程"，而且是无法引进的。所以提高公民素质是人文奥运中的一个重要内容，当务之急是提高北京市民的素质。然而提高北京市民素质应从何入手呢？文明礼貌素质教育、公德教育就是北京人素质提高的一个有效起点和突破口。所以，作为北京形象、中国形象塑造工程的一部分，我们应该重点启动"文明北京人形象塑造工程"。

一、当前北京市民文明素质现状

北京市民公德素质现状如何，在全国乃至全世界处于什么水平？如果以 2008 年奥运会定位作为参照系，北京市民公德素质存在哪些问题？我们应该从中选出难点，并以此为突破口，有针对性地进行研究，制定并实施对策。

《北京晚报》曾列举了通过调查得出的北京市民的十二个毛病：随地吐痰、加塞儿、"规则意识"淡、下车难（出地铁车厢、公交车难）、过马路心太切、出租车宰客和拒载、"京骂"、缺乏微笑、随便指路（指路不负责任）、没有说"对不起"的习惯、对老外比对外地人好、话太多且说话声气太粗。当然，北京市民在文明素质方面存在的问题也许不是这些能够概括全的。

说到中国人的"小毛病"，不由得让人想到以下轶闻：清朝大臣李鸿章在出使俄国时的一个公开场合，恶习发作，随地吐了一口痰，结果被外国记者大肆渲染，加以嘲弄，很丢中国人的脸。一个世纪前，孙中山先生在一艘外国轮船上目睹了一位脑后拖着长辫子的同胞把一口浓浓的黄痰吐到了鲜红的地毯上，不由感慨万端，一直铭记在心并以此为戒，下决心要唤起民众觉醒。然而一个世纪过去了，这一陋习仍在一些人身上保留着。所以，这是小毛病但又是可以因小失大的大毛病。

北京电视台《国际双行线》栏目曾举办"给北京人画像"活动，外国嘉宾在谈到北京人好的方面的同时，也谈到了许多不尽如人意的地方，包括衣着随意、随地吐痰、乱扔垃圾、打听隐私、盯视、不让座等。

我们可以为奥运会投入巨资，可以在短时间内修建四通八达的城市交通，可以建起一个个代表世界先进水平的比赛场馆，也可以营造一个绿色的奥运、科技的奥运。但是人这道景观如果塑造不好，就会使我们的 2008 年奥运会在世界面前大煞风景。人文奥运的一个重要内容就是要塑造展示中国人的风采。一位著名导演在拍申奥宣传片时说："我觉得，人文色彩不仅仅包含我们通常理解的文化或建筑特色，它更多的是人的精神。我们这部片子要拍出人文色彩，就要反映出中国人良好的精神风貌。"可见，树立北京市民良好形象是人文奥运系统工程的题中之义，甚至是重中之重。

二、呼唤北京市民文明素质

应该说，大多数北京市民的文明素质还是比较高的，但整体看来参差不齐。整体提高北京市民的公德素质是必须的。因为如果 99 个北京市民素质行为都到位了，有 1 个北京市民素质行为不到位，那么他的行为、形象就很可能败坏掉这 100 个中国人的整体形象。在这个问题上，一个人的消极负面影响完全有可能抵消 99 个人的积极影响。在进行市民公德教育时，我们要有这种意识去把握。我们每个北京市民也要有这个意识，不要让自己成为破坏北京形象、中国人形象的那个会以小失大的消极因子。

在对北京市民进行整体公德素质培养的基础上，对窗口行业人群应该进行重点素质培训。人文奥运一个重要的内容就是要研究如何最好地展示北京，使中国通过奥运变成可感可视的中国。服务行业是窗口，所以应该被当作重点来抓。公民道德教育课题中一项重要实践工作就是对从事窗口行业的人员进行有效培训。要研究如何培训以及培训的内容是什么。对翻译人员、艺术工作者、文化使者、服务行业人员、行政部门公务人员、出租车司机等一些"窗口人群"进行重点人文素养和文明礼貌方面的教育与培训，普及基础英语，以便他们在更好地进行服务和文化交流的同时，展示我们文明北京、文化中国的形象风貌。

提高北京人素质是适应 2008 年奥运会的需要，它是目的又是过程。它既是奥运的目的，又是我们一个长期的甚至永远的任务、目标。它既是奥运的需要，也是加入 WTO、参与世界永久进步发展的需要。正如北京市委在《关于贯彻落实〈公民道德建设实施纲要〉的意见》中指出的，首都公民道德建设的重要目标是建首善创一流，全面提升首都公民道德建设水准，以一流的市民道德素质、一流的服务质量、一流的人文环境展示北京新形象，迎接新奥运举办，使首都北京成为国内外一流的文明城市。

总之，2008 年奥运会需要我们北京有良好的人文环境，要求北京市民有良好的公德素质形象。这就需要我们共同努力，从自我做起，为建设新北京、新奥运贡献自己的一份力量。让我们每一个北京市民都成为北京奥运会时中国展现给世界的美丽景观中最耀眼的亮点、最绚烂的色彩！

第四章 全世界人民的共同追求：相互了解、友谊、团结和公平竞争[*]
——弘扬奥林匹克精神对话录

举世瞩目的第二十九届奥运会即将在北京举行。奥运会承载着世界人民的共同希望和追求，寄托着国际社会向往和平、向往进步的情愫，是不同国家、不同信仰、不同肤色、不同种族的人们共享的文明成果和共有的人文财富。奥林匹克精神包含哪些内涵？如何维护和弘扬奥林匹克精神？近日，记者就这些问题采访了有关的专家学者。

一、奥林匹克精神：多方面体现了人类的美好追求

主持人：提起奥林匹克精神，人们通常想到的是"更快、更高、更强"的奥林匹克格言，实际上奥林匹克精神有着更为丰富的内涵。请各位专家具体阐释一下奥林匹克精神。

葛晨虹：奥林匹克精神从一个侧面反映了人类文明的发展以及对真善美理念的追求。现代奥运会在创建时就带有这样的美好愿望，即通过奥林匹克所弘扬的精神理念，消除人类的压迫、隔阂和战争，为创建一个和谐和平的世界而努力。一个世纪过去了，奥林匹克精神已成为人类

---

[*] 本章内容原载于《人民日报》2008 年 7 月 9 日，作者：吴珺、何民捷。对话的三位嘉宾为中国人民大学教授葛晨虹、北京体育大学教授黄亚玲、北京市社会科学院研究员马仲良。本章将葛晨虹教授的访谈单独摘录出来。

追求自强、公正、宽容与和平的象征。我们可以从三个层面来解读奥林匹克精神。

一是更快、更高、更强的自强精神。奥运会不是单纯为了体育竞技而竞技，其真正意图在于推广崇尚健康体魄和高尚品行的理念。现代奥林匹克运动的创始人顾拜旦在《体育颂》中就表达了这一点："你塑造的人体变得高尚还是卑鄙，要看它是被可耻的欲望引向堕落，还是由健康的力量悉心培育。"奥林匹克不仅要促进人的健康发展，而且要教育和培养人的德性品质；奥林匹克精神的培育对象不仅是体育运动员，还包括普通民众。

二是公平、公正、竞争的伦理理念。在奥运赛场上，人们期望建立一个没有任何歧视和压迫的平等世界，强调在平等条件下所有人公平竞争，并企求通过奥林匹克运动规则，培育起公平竞争、和谐共处的世界秩序。这种"相互了解、友谊、团结和公平竞争"的精神，倡导人们以宽广的胸怀相互理解、尊重差异、求同存异，共创和谐和平的世界。

三是友爱、和平的价值原则。这个价值原则表达了人类企盼远离战争、建立和谐和平世界秩序的追求。顾拜旦认为，奥林匹克精神应该完全独立于各种国际利益，不受任何政治、经济和其他社会因素的干扰。实际上，国际奥委会就是这样一个超越各种国际纷争和利益因素的机构。国际奥委会的职责之一是用忠诚和公正保证奥林匹克理想与原则的实现，奥林匹克的章程要求参与奥林匹克运动的所有人和国家超越任何政治因素与经济利益因素。

可以说，奥林匹克运动的宗旨体现了人类对世界秩序的关怀和对真善美理念的追求。奥林匹克运动是世界人民通过体育盛会实践美好理想、传播和平意愿、学习运用真善美理念的最好学校，它为世界各个民族和国家树立了一个公平对待、宽容学习、和平友好的样本。人们期望通过奥运盛会，体味并实践人类的真善美理念，把和平的火种传遍世界每一个角落，让它化为一代又一代人的内心信念，最终把以自强、公正、和平为原则的价值理念推广到世界各个领域。

奥林匹克旗帜以圣洁的白色为背景，用五色五环作为标志，不仅象征不同肤色、信仰、语言、价值等多元的五大洲的团结，而且要求人们以和平纯洁之心对待奥运。而奥运会吉祥物，或友好、或纯真、或可爱、或善良，都旨在传达欢乐、友好、和平的信息，成为历届奥运会不可或缺的精神伙伴。雅典人认为，奥运圣火采集仪式中最高女祭司人选的标准不依据美貌而依据气质和神态，是因为人们相信在采集圣火的那一刻，只有绝对高雅、宁静、圣洁的人才能采来真正的真善美火种。而圣火传递活动，实际上就是在全世界播撒奥林匹克友好和平种子的一种方式。

在北京奥运会圣火采集仪式上，希腊奥委会主席基里亚库致辞说："我们怀着真挚的友情，将圣火交给中国，期待着圣火的全球传递，将和平、友谊、人类彼此尊重的信息和奥林匹克理想传递到全世界，它所到之处都会让人产生敬仰、自豪之情，坚定人们追求完美理想和价值的信念。"这段发自圣火采集地奥林匹亚的声音，表达了圣火传递的意义和价值。

二、北京奥运会：弘扬奥林匹克精神的新机遇

主持人：北京奥运会日益临近。我们应当怎样借助这个大舞台更好地弘扬奥林匹克精神？

葛晨虹：历史圆了中国人民的百年奥运梦想，北京奥运会也在实践、弘扬奥林匹克精神方面做出了积极努力和突出贡献。奥林匹克运动的生命力就在于世界人民的广泛参与、在于奥林匹克精神的广泛普及，占世界人口近 1/5 的中国人民正在亲历和实践着"参与比取胜更重要"的奥林匹克精神。北京奥运会提出的"绿色奥运、科技奥运、人文奥运"理念和"同一个世界，同一个梦想"口号，既体现了当今世界对和谐发展的共识，又对奥林匹克精神做了新的诠释和丰富。奥林匹克运动所倡导的沟通世界、尊重差异的功能，在北京奥运活动准备过程中正逐步显现着，"让世界了解中国、让中国走向世界"的初衷也在以更深层的方式实现着，奥运的教育功能更是在提升中国人民的自信、自强和文明素质方面起到了重要作用。北京奥运的理念、实践、目的和成果，必将在奥林匹克精神发展历程中留下一笔宝贵的财富。

奥运的圣火不会熄灭，它将永远燃烧下去。"我们准备好了！"微笑、自信的中国人民在欢迎世界热爱体育与和平的八方来客。可以充分相信，北京奥运会将和历届奥运会一样，在践行奥林匹克精神、推动世界公正秩序与和平发展方面获得巨大成功。

第五章　切实加强文明礼仪教育 *

　　北京 2008 年奥运会不仅仅是一项体育赛事，更是一个举世瞩目的展示中国形象的舞台。正如北京奥组委一位相关负责人所说："成功创造 2008 年北京奥运会的视觉形象，是整个奥运会成功举办的重要标志。"在这个意义上，场馆建设与比赛组织只是资格赛，观念形象展示才是正式的或真正的比赛。事实上历届奥运会都把奥林匹克既当作体育盛会，又当作文化盛会，同时又是国家形象的展示会。成功创造 2008 年北京奥运会的视觉形象，有赖于城市景观和人文景观共同构筑的北京风景。因此，北京市民文明礼仪素质对奥运北京的形象展示将起到非常重要的作用。当 2008 年世界各国宾客云集北京的时候，如果我们有些北京市民还不懂得怎样尊重他人和自尊，不知道怎样穿着是得体、怎样的举止是文明，那我们就没有机会在世界面前证明我们是一个文明的、文化的中国。而作为北京形象、奥运形象塑造工程的一部分，文明礼仪教育是北京市民素质提高的一个有效起点和突破口。

　　许多调研报告表明，北京市民的整体公德意识还是比较强的，但是要真正形成与 2008 年奥运会要求相适应的国际水平的文明素质，还有相当一段距离。而且在公德认识与公德实践之间还存在较大差距。比如，几乎所有人都认为不应该随地吐痰，但真正吐到手纸里扔到垃圾箱

---

* 本章内容原载于《前线》2005 年第 3 期。

里的只是很少一部分人；大多数人会认为随手扔垃圾不道德，但很多人仍有随手扔掉手中废弃物的习惯。

就北京市民目前礼仪素质看，我们面临着时间紧、教育任务重的现实。关于北京市民礼仪素质教育，相关部门一直在抓，也有一定成效，但现在 2008 年即将到来，还需要有更明显的成效。目前市民礼仪素质教育，多选择宣传、讲座培训、发放学习手册等方式，这都是必需的，但还必须探索新的社会立体培育模式，探索如何寓素质教育于各种管理之中、如何通过环境氛围的营造对市民产生积极道德暗示，探索如何激发市民对文明生活质量和方式的主动追求。这样才可能在有限的时间里使公民礼仪素质获得更普遍更有实效的提高。

我认为，以下几个方面尤其值得注意。

第一，要注重对北京市民整体进行普遍的文明礼仪教育。应该说，大多数北京市民的文明素质还是比较高的，但整体看来参差不齐。北京市民礼仪素质问题是一个需要尽可能整体普遍提高的问题。99 个北京市民素质行为都到位了，有 1 个不到位，他的行为、形象就很可能在 2008 年败坏掉这 100 个人的整体形象。在进行市民礼仪教育中我们要有这种整体意识，我们每个北京市民也要有文明北京人的意识，不要让自己成为破坏北京形象、北京人形象和中国人形象的消极因素。

第二，在对北京市民整体进行普遍文明礼仪素质教育的基础上，对窗口行业人群的礼仪素质应该进行重点培育。人文奥运的重要内容之一就是要最好地展示北京。窗口行业人群文明素质应该当作重点来抓。要针对不同行业制定相应的培训方式和培训内容。对出租车司机、翻译人员、艺术工作者、文化使者、服务行业人员、行政部门公务人员等一些"窗口人群"，重点进行人文素养和礼仪文明方面的教育、培训，同时普及基础英语，以便在更好地进行服务和文化交流的同时，展示我们文明北京、文化中国的形象风貌。

第三，应该关注来京务工人群文明素质教育问题。2008 年展示我们文明北京、文化中国的形象风貌，切不可忽视对生活在北京的务工群体的素质培养。这是塑造北京市民文明形象的另一个重点。目前在这方面的教育和管理还不到位。由于北京市城市建设的需要，越来越多的外地务工人员进入北京，并且不少已经扎根北京，为北京城市发展做出贡献的同时也发展了自我。但许多人由于各种原因，生活方式相对落后，文化素质教育也相对滞后。要提高北京人整体素质，他们是不可忽略的重要群体，有关部门应设立专门的教育机构，建立专项基金来提高来京务工人员的文化水平和文明素质。

第四，市民文明礼仪教育要与社会管理相结合。市民礼仪素质的提高离不开宣传和教育，但要使礼仪教育得到更好的发挥，还需要相应的社会管理机制作为保证。我们一直比较重视市民公德教育，但公德礼仪的社会管理机制在有些方面还没有完全配套。正因如此，市民素质教育中存在着投入大、收效微的现象。只有把礼仪教育和社会管理机制作为"软""硬"两手协同作用，市民礼仪文明素质的提高才能获得理想的效果。以交通规则和秩序为例，在缺乏相应硬性规则管理的状况下，如果希望仅靠自觉自律市民就会普遍遵行交通秩序，显然是不现实的。实践证明，哪里的城市管理搞得好，哪里的市民礼仪水平就相应高，这已经成为一条规律。新加坡等国家社会文明秩序的成功管理经验也充分证明，离开制度管理，文明秩序和文明市民是不可能形成的。礼仪文明可以运用规则、制度的权威性和强制力，对违反规章制度的行为进行惩处，从而起到教育的作用。礼仪教育与社会管理、自律与他律相结合，才可能在 2008 年奥运会前的有限时间内，使市民礼仪教育收到事半功倍的效果。

第六章　北京奥运与国民文明素质提升[*]

许多国家都把奥运会当作当今世界最重要的一种形象展示活动。但形象展示应该是全方位的，仅有城市景观标准还不够，城市景观必须和城市服务以及人这道景观结合起来共同构筑人文奥运的风景。北京奥运会将会给世人留下怎样的印象，公众的文明形象将起到非常重要的作用。

一、奥林匹克运动的教育功能与国民文明素质的提高

奥林匹克运动企求通过和平友好、公平竞争的体育规则，培育起进取与和谐的世界秩序。《体育颂》这样赞颂奥林匹克运动："体育，你就是和平，你在各民族间建立愉快的联系。……让全世界的青年学会相互尊重和学习，使不同民族特质成为高尚而和平竞赛的动力。"它为世界各民族和各国树立了一个公平相待、宽容学习、和平友好的样本。奥林匹克运动在这个意义上，是世界人民通过体育盛会实践美好理想、传播和平理念、提高精神素质的最好的学校。

可见，奥林匹克不仅要促进人的健康发展，而且要教育培养人的德

---

　* 本章内容原载于《红旗文稿》2008 年第 14 期。

性品质；奥林匹克精神的培育对象不仅是体育运动员，还包括所有民众。

因此，在这个意义上，培育公众文明素质一方面是直接为北京奥运和国家形象增光添彩，另一方面我们又不能仅仅把目标锁定为奥运形象一时之需这一短期需要上，它同时也是实践奥林匹克主义的宗旨理念、发挥奥林匹克运动教育功能的需要，培育公众素质本身就是举办奥运的题中之义，而提高国民文明素质更是中国发展的一个长期任务。

二、培养文明素质需把握的若干"意识"

近些年全社会上下一起努力，中国公众尤其是北京市民文明素质总体看有明显进步，礼仪认知的问题已基本解决，但以奥运会定位作为参照系，国民文明素质还存在一些不尽如人意的问题。无论是着眼于即将到来的北京奥运，还是着眼于中国发展软实力的长效目标，我们都必须注重对国民文明素质提高做持续不懈的努力。在目前普及文明礼仪知识初见成效的基础上，还应注重强化如下几方面素质意识。

第一，进一步强化形象塑造意识。文明形象塑造在任何时候都来自多方面：一个形象印象可能和视觉印象、听觉印象、嗅觉印象、感觉印象都相关！你的外在仪表塑造着你的形象，你的言行举止、为人处世的方式，更在塑造着你的形象。一些人会注意自己外在仪表形象，但对自己的行为形象是否文明、是否符合社会公德要求不够注意。而人的文明素质形象指数往往取决于他的言行举止和行为选择。

第二，着力培养他人意识和礼让精神。他人意识和礼让精神是文明素质的核心所在。很多工作、生活中的不和谐和不文明都与缺乏他人意识有关。有境外媒体描述中国游客在景点拍照时缺乏"他人意识"，不注意"速战速决"。出行中的各种交通纠纷、宠物或噪音"扰邻"问题等也都如此。如果我们都以自我为中心，缺乏他人意识就不可能协调好人际关系，不可能使生活文明愉快和谐有序。如果人人多一点他人意识，生活中不和谐不文明现象就会少很多，且一个人心中处处存有他人意识，才能在各种情境下做到自律礼让。所以，是否具有他人意识是衡量一个人是否教养有素的一个基准。

第三，注重涵养分寸意识和感悟能力。有了文明知识一定要有举一反三的感悟应变能力。怎样为人处世才能体现我们教养有素？怎样的言行举止才算得体？"女士优先""长者为上""职位高者为上"如何变通？宴请客人如何既丰盛不失热情而又符合绿色饮食理念？中国酒文化如何与西方酒文化相融合？赠礼如何与对方生活习俗和文化背景相衔接？这一切都与我们的教养分寸和感悟能力有关。文明教养的分寸感以及应变把握能力是在长期生活工作中日积月累养成的，如果我们只注重一些具体知识的了解，忽略文明教养的分寸感的培养，就不可能有真正的文明教养能力。

第四，刻意培训规则意识。很多人习惯把规则放在一边，视而不见，我行我素。要强化尊重规则、遵守规则的意识习惯，这是保证社会公共生活文明有序的基本前提。一些人没有养成遵守交通规则的习惯，这和他们规则意识比较淡薄相关。许多国家和城市的居民，在遵守公共生活规则方面，比如严格遵守交规、实行垃圾分类等方面，都有令人叹服的自律表现。而无论是中国公民境外旅游暴露出的问题，还是国内调研得出的结果，都表明部分中国人规则意识相对淡薄。所以在抓公共秩序的规则建立和管理的同时，一定要刻意培训国民尤其是青少年的规则意识。

第五，大力培育德性素质意识。许多人把文明素质理解为礼仪素质，有偏重礼仪知识而轻视德性素质打造的倾向。其实文明素质根本上是一种德性品质的外在显现。在中国古代文化中"礼仪"概念和今天有所不同，"礼"和"仪"实际是两个不同的概念。"礼"更多体现一种道德内容，表达一种社会意识观念和价值取向。"仪"则更多是"礼"的具体表现形式。它是根据"礼"的规定和内容所形成的一套系统而完整的程式和礼节形式。比如，礼要求敬长，但如何敬长，就必须借助许多形式仪规来表现。不同礼的内容，有不同的形式。"礼"是"仪"的标准、内涵，"仪"则将"礼"具体化、形式化。所以，人的文明气质必须和德性素质结合起来，内外统一，秀外慧中。

三、开发多元立体培育方式，提升国民文明素质

针对北京的一个调研表明，北京市民的礼仪知识知晓率已高达

90％，但礼仪知识水平不完全等于礼仪素质水平。注重文明礼仪知识的宣传教育，而忽略日常生活方式的引导培养，可以说是我们文明素质培育方式中一个从认识到实践的缺憾。解决知行距离，在继续进行宣传普及教育的同时，还应注重日常生活养成，注重开发新的更多元立体的社会培育资源和方式。

第一，注重日常生活中的引导培育。人的行为习惯首先是在日常生活中形成的，具有文明生活方式和行为习惯的人，在公德领域和职业领域会表现出他的文明习惯，而在不文明的日常生活中养成不文明行为习惯的人，在公德领域和职业领域往往也会表现出相应的不文明方式。所以，解决公德领域的文明失范问题，必须找到根源所在，即日常生活中文明习惯的养成。

现代城市里的人们日常主要在社区中生活，社区是不该被忽略的培育人们文明生活方式的最基本场所。社区不仅是居民生活栖息的地方，也是居民文明行为习惯和文明生活方式赖以养成的空间。如果一些居住区有些居民随地吐痰、乱扔垃圾、乱占场地、噪音扰邻、不讲究卫生、利己损人等现象比较严重，身处这种不文明不卫生不讲公德的生活环境中的居民，自身也难以养成文明行为习惯，同时还会影响其他居民文明生活习惯的养成。不良环境会给人以消极的暗示，如果我们不在社区文明生活方式的管理和引导方面下功夫，居民的文明生活习惯就很难养成，而人们在日常生活中如果不能养成文明生活习惯和行为习惯，在社会生活的其他方面如公共生活中，文明素质就不可能在短时间内有相应改观。对文明生活方式规导而言，目前许多社区在管理理念、队伍建设、制度建设、管理方式以及社会评估体系等方面都还存在明显缺失。

城市居民是这样，农村居民也是同样道理。从生活方式着手引导改变，通过有效的管理、引导和建设，使居民在日常生活中不知不觉接受并养成文明生活方式，改变、远离不文明的行为习惯，这可能是我们目前有效提高公众文明素质的一种新思路。

第二，重点发挥公众明星在社会文明素质教育中的作用。公众明星或公众人物指具有较高社会知名度的人物，这个群体对社会有不同于一般民众的影响力，是一笔影响社会风气的"无形资产"，在社会文明教育中有非常重要的价值。文明教养如果成为公众明星社会形象的重要组成部分，必会引导大众尤其是追星族对文明素质的关注和认可，成为大众追随的时尚选择。目前社会对公众明星的商用价值和社会新闻价值都有了充分意识和利用，但对于其在社会教育方面尤其是在文明素质和风气培育方面的影响价值还没有充分认识。应该更有效地开发明星资源，让明星效应在影响社会、塑造文明方面发挥更多更有利的作用。媒体等相关平台应该有意识地发掘和运用公众明星的文明影响力资源；相关系统和部门还应建立起相应激励机制和公众明星承担社会责任的引导机制，以此规导公众人物的社会影响力资源向有利于文明素质和文明风气培育方向发展，使公众明星群体在发挥独特艺术价值、商业价值、新闻价值的同时，更多地发挥文明素质的引导教育价值。

　　第三，以管促教，向管理要国民文明素质。解决国民文明素质方面的知行差距问题，在现阶段还要注重加强管理建设，改变某些"有规则无管理"的现象。管理可以在当下快速扭转或消除人们的违规行为，人们往往会因惧怕违规带来的责罚而遵守规则。责罚措施能够发挥有效的威慑作用，在预防违规方面取得显著效果。在规范管理中，人们切身感受到遵守规则于己于人有利，不遵守规则得不偿失，这样才能在潜移默化中养成遵守规则的文明行为习惯。管理首先要做到细化规则，只有规则明确，才能为人们提供切实可行的规导；要注意提升管理者素质，明确责任。许多国家的严格管理之所以能得到落实，很大程度是由于拥有一支责罚严明的管理队伍；还要加强社会监督管理，建立"文明"档案，有效、长效地规导人们选择文明行为；要特别注意建立管理式教育的养成机制。许多国家都非常注重使孩子从小养成文明习惯，采用了寓管理于教育的体制。学校有内容繁多的校规校纪，如通过统一服装、统一零用钱数额培养孩子平等相处的心态习惯，外出活动中对零用钱"谁花得最好"进行评估，引导孩子们合理花钱、文明花钱。这种寓管理于教育的体制，利用管理手段保证文明素质教育受制于各种生活实践指导，从而使德性的文明教育不流于说教。

第七章　城市文明为北京奥运成功带来什么[*]

（上海高安路　何明亮）问：从媒体的各类报道中得知，刚刚过去的北京奥运会在交通出行、志愿者服务、市民素质等方面取得了丰硕的文明成果。那么，能不能说北京奥运的成功是由城市文明带来的？在提升城市整体文明程度上，北京做了哪些努力，有哪些可以作为上海筹办世博会学习借鉴的基本经验？

（葛晨虹）答：北京奥运会是一届出色的体育盛会，更是成功塑造和展示中国文明形象的平台。一项"奥运会留给人最深印象"的调查显示，长久留在人们心中的不是开幕式，不是运动场馆，不是金牌数和奥运纪录，而是举办城市的"表情"和这个城市的人的风貌。对于城市文明和市民素质在奥运会中所起的作用，国际奥委会也曾明确表示，历届出色的奥运会，必定有令人称道的城市服务和志愿者。

城市文明和民众素质不仅决定着奥运会的品质，也决定着国家的形象。2008 年北京奥运会，能给世人留下"奇迹"和"成功"的感叹，优质的城市基础设施和体育场馆等是一个因素，城市的整体文明水平和公众素质的提升等则是另一个重要因素。北京奥运会的成功，与城市文明有着非常明显和重要的联系。

举办 2008 年奥运会，是北京加强城市精神文明建设的切入点和着

　＊　本章内容原载于《解放日报》2008 年 9 月 8 日。

力点。为此，从申奥成功以来，北京市在文明建设方面就一直在做工作，积累了一些基本经验。

一是中央和北京市政府的认真投入和积极筹备。中央和北京市政府不仅在工程建设、经济和科技研发上给予财政支持，还从一开始就重点支持精神文明建设。中宣部、中央文明办和北京奥组委等部委，在紧密沟通的基础上，联合开展了"迎奥运、讲文明、树新风"的活动。北京市政府和奥组委等相关部门则积极展开合作，结合交通出行、人际交往等内容，具体部署了全市范围的文明建设工程。

二是围绕"礼仪北京，人文奥运"主题，营造浓厚舆论氛围。在确定"礼仪北京、人文奥运"的主题后，北京市及时开展了文明礼仪宣传教育活动和实践攻势。全市各类媒体积极联动，先后推出了生活礼仪、社会礼仪、赛场礼仪、职业礼仪、校园礼仪、涉外礼仪等六个方面的主题宣传，充分利用立体、平面、视觉、听觉等手段，做到每两月集中开展一个方面的宣传，重点解决突出的城市和市民文明问题。为了放大文明礼仪的宣传效果，有关方面还发布了诸如"我参与、我奉献、我快乐""微笑北京""文明中国"等朗朗上口的口号。此外，在文明气氛的营造中，北京还非常注重发挥大大小小"讲师团"的作用，使各种奥运和礼仪知识讲座在全市遍地开花。舆论观念先行，是一个重要的基本经验。

三是通过各种主题活动带动城市文明风气。各种主题活动，如排队推动日、让座日、与奥运同行健身活动、文明出行行动、文明观赛行动、旅游文明行动计划、美德在农家、志愿者队伍建设工程、文明啦啦队建设工程、市民素质提升工程等，不断丰富着"迎、讲、树"活动。这些主题活动有的以学习和鼓励为主，有的则以规范约束乃至惩罚为形式。但不管怎样，都是力图通过公共活动实现对市民个人言行的影响和约束。应该说，各种主题活动起到了推广奥运和文明理念的作用，也让"大大咧咧"的北京市民开始意识到文明和自律的重要性。

四是注重吸引公众的积极广泛参与。无论是奥运吉祥物、奥运徽章、奥运口号、主题歌，还是征选志愿者等种种创造性活动，都非常注重吸引民众参与。这一方面可以延揽人才、集纳民众智慧，另一方面也是一种便利的大众自我教育方式。在参与过程中，普通人感受到了奥运与自己的关系，从而会更加主动地关心奥运、奉献奥运，并更加自觉自律地成为文明中国人。

此外，北京还注重通过市民广泛参与的测试性活动，让每一位市民都能从中感受到自己文明行为的社会价值和效应。在"好运北京"系列测试赛中，北京市民感受到了"天蓝路顺人心畅"，也测出了"我参与、我奉献、我快乐"的心态。测试期间，机动车实行单双号出行制，这意味有200多万人要乘坐公交、地铁出行。虽然给许多人带来不便，但市民普遍表示理解和赞同，在拥挤时段和路段中，市民也显示出了比以往更多的秩序和礼让。

五是通过"志愿者行动"带动全社会的文明奉献精神。志愿者是北京奥运会成功举办的重要因素。志愿者的微笑和优质服务作为北京最好的名片，已经把中国的友善形象传递给了全世界。志愿者行动还是一种有效的培训方式和精神文明推广方式，百万志愿者本身得到了锻炼和提高，其中的"80后""90后"更是经历了一场重要的文明"成人礼"。更重要的是，志愿者还能通过提供服务把文明友善的精神传递给身边的人，他们就像一个波纹中心，把文明一圈圈地在社会中荡漾开来。

六是各项工作力抓细节。在"迎、讲、树"活动中，北京聚焦不排队、乱穿马路、随地吐痰、乱丢垃圾、乱穿衣、"京骂"等细节问题。在赛事筹备过程中，在组织和服务、场馆系统稳定性、信息通报流程、突发事件处理等方面，有关部门做了专门研究、培训和演练。此外，加强城市公共环境整治，依法纠正私搭乱建、乱摆私卖等顽症，实施清洁城乡工程，实施绿化美化工程，也是北京力抓的细节。

第八章　人文北京的理论意蕴[*]

全面实践首都北京科学发展、和谐发展的战略部署，理念和思维先行是一个先决条件。"思想有多远，我们才能走多远。"目前，人文北京、科技北京、绿色北京的发展目标已经确立，但相关的理论支持及思维模式还需要进一步到位。如何构建整体、协调的发展理念，如何充分运用人文理性在社会发展中的软实力资源，是现代理论讨论的一个热点，也是我们今天实践科学发展观、构建和谐北京所必须先解决的思维理念层面的问题。

一、人文北京与社会发展中的人文理性智慧

在诸多相关研究中，我们必须先从理论形态层面对影响社会发展的两种理性进行探讨和把握。人文理性作为与科技理性相辅相成的社会发展因素，对社会和谐发展、可持续发展至关重要。发展科技北京、绿色北京，必须注重发展人文北京，这三个目标理念本身就是对两种理性的实践诠释；在北京发展理念中，一定要把握好两个理性的关系。

理性是人认识世界、创造人类生活的主体能动力量。认识世界、探

　＊　本章内容原载于《人文北京　科技北京　绿色北京论集》（同心出版社，2009）。

究自然、发展运用科学技术，是人的一种理性能力；研究社会、认识自己、给社会设定人文价值目的并给自己立法，也是人的理性能力。人们通常把以科学技术为研究对象的理性称作"认知理性"或"科技理性"；把以人的愿望、目的、追求、价值选择等作为研究对象的理性称作"人文理性"。

这两种理性在马克思的话语系统中被表达为关于人类实践的两种尺度。科技理性属于马克思所说的物种的尺度，而人文理性属于表达人类主体选择的人的内在尺度。科技理性主要回答世界"是什么""怎么样"的问题，人文理性主要回答人类世界"应当是什么""怎样才更好"的问题。人文理性在认识、改变客观现实的活动中，用人的尺度去引导和把握物的尺度。没有人文理性驾驭，没有人文关怀，纯粹的科技理性将可能成为盲目的力量而把人引向非人，把人类社会引向不和谐甚至毁灭。

我们要发展的和谐社会，不仅要符合社会发展客观规律，而且要合乎社会主体的愿望需要。也就是说，任何一个社会要想和谐发展，就必须在充分运用科技理性的同时，充分运用人文理性。科学发展观要求我们在社会发展过程中，要做到人与自然的和谐、人与人的和谐、人与社会的和谐、人人身心和谐、社会公平合理。而要在实践中做到这一切，就要求我们在思维和理论层面把握好上述两种理性的关系。社会发展本来是也应当是科学与人文的统一，是真与善、美的统一，对这两种理性和谐关系把握失当，就一定会影响社会的和谐发展、可持续发展。

具体而言，人文理性要求我们充分认识政治、经济、文化、生态四个文明协调发展的必要性。社会发展应当既不破坏人与自然的关系，又有利于人类幸福；既给人创造丰富的物质财富基础，又不使人的精神家园失落；既要树立追求科学技术及财富效率的观念，又要与追求社会理想与社会公平的理念结合起来。一个社会仅靠经济增长并不必然达到共同富裕，经济增长中产生贫富差距是实然的，而不产生差距一定要借人文理性的应然力量进行调控。

我们只有保持人文价值追求方面的清醒，使人文理性和科技理性之间始终保持适度的张力和合力，才可能确立一种完整而不片面的理性观念，从而真正指导我们和谐的社会发展实践。可见，只有解决了科技理性和人文理性的关系问题，在完整理性观念指引下，社会和谐持续的发展才成为可能。

　　作为社会发展中表达"应当是什么"的人文理性，不仅关乎一般社会"应当"怎样发展，也和北京城市的"应然"发展息息相关。北京作为国际化大都市，作为国家首都，应当如何规划发展前景？如何部署发展战略？如何协调好各种利益关系和公平制度？如何挖掘运用文化软实力？如何打造政治、经济、文化的协调发展模式？具体而言，人文北京、绿色北京、科技北京的关系如何把握？这一切首先取决于我们对人文理性和科技理性的关系的良好把握和运用。事实上，北京现在提出的人文北京、科技北京、绿色北京发展思路，就蕴含了人文理性和科技理性的同构指向。人文北京意味着要在大力发展科技理性的同时，着力发展人文理性，而绿色北京中本身就蕴含着两个理性和谐的理念结果。

二、人文北京与城市发展软实力

　　人文力量是一个国家、民族发展的重要软实力。一个国家的综合国力，既包括经济、科技、军事实力等表现出的硬实力，也包括文化、价值理念、发展模式及生活方式和制度取向体现出的软实力。人文软实力作为现代社会发展的精神力量、智力支撑和无形资源，越来越成为社会凝聚力、创造力和竞争力的重要元素。正因如此，党的十七大报告中才把"激发全民族文化创造力，提高国家文化软实力"作为重要的战略部署确定下来。

　　城市在某种意义上相当于一个国家的缩影，也就是说，上述国家软实力同样也是构造北京城市和谐发展、持久发展的重要元素。北京在当今时代能否和谐发展、能否在当今中国乃至国际城市中立于前沿发展地位，在相当程度上取决于我们对人文理性及文化等软实力的认识、打造和运用。

　　城市文化和城市精神在当今社会不仅是展现城市形象和魅力的主要元素，也是一种战略发展资源。这种无形的软实力资源对一个城市的发展至关重要。在许多相关研究中我们都已发现，无论是国内还是国际，衡量一个城市是什么级别的国际都市，主要不是仰赖它的规模与"硬件"，而是它的"软件"。

这些城市的"软件"包括公共文明和秩序水平，也包括制度文明和城市管理能力，还包括城市居民具有的民主精神、法治精神和道德精神。它们构造、涵育着深厚的城市文化底蕴和城市精神。正因如此，研究城市社会学的学者才达成共识，"将一个城市和一座乡村区别开来的，不是它的范围和尺度，不是它的人口，而是它与生俱来的城市精神和城市文化"。

北京作为一个古老而又日新月异的首都城市，更必须是上述人文底蕴最浓厚、城市精神最丰满的地方。唯有如此，北京的城市发展才有可能具有科技与人文力量俱在的最丰厚的发展资源和持久竞争力。

北京的发展当然离不开科技优势。城市进步和经济发展依靠科技进步，北京要进一步依靠科技创新，增强城市的自主创新能力，推进高新技术成果在城市管理与生活中的应用，努力构建一个现代的科技北京。北京还要把城市发展建设与改善生态环境紧密结合起来，努力建设生态文明，加快资源节约型和环境友好型城市建设。无论环保基础设施的建设，节能技术、循环经济的发展，还是绿色生活方式和消费方式的倡导，都是北京城市发展中要遵循的绿色北京理念。

但对于北京城市发展而言，最重要的价值理念，莫过于人文北京发展理念。人文北京要求我们要把握好政治、经济、文化、生态等四个文明的和谐发展；妥善协调城市发展中各个方面的利益关系；不断提高城市居民形象和城市文明水平；深入发掘古都丰厚的文化历史资源，大力发展文化事业和文化产业，充分展现北京的城市精神和文化魅力。正是这种关乎应当怎样发展的人文理性，表达并设定了北京的城市价值取向和理想目标，引导了北京的城市发展方向和发展目标，调整和把握着各个方面的利益关系及合理性。这些人文价值取向和城市发展目标深深渗透在北京的政治、经济、文化、生活等各个领域，无处不在发生着作用，规导着北京城市和谐、持久地向前发展。

三、人文北京独特的历史人文和时代人文定位

北京是一个历史古都，又是一个现代首都城市，作为全国政治、文化、经济的发展中心，其独特的历史地位和时代功能，决定了它不仅要

使和谐北京发展模式在全社会产生积极影响，也要在城市发展方面挖掘和创造丰厚而独特的人文历史和时代人文，展现名副其实的历史古都和现代政治、文化、经济中心内涵，并在全社会的人文建设和发展中，发挥真正的中心辐射和引领作用。

北京首先是一个历史古都，大量物质的、文化的、品牌符号的人文历史积淀于此。所以，人文北京发展中首先有挖掘、保护、传承人文历史遗产的任务。随着社会变迁和时代发展，历史城市都会发生古都保护与现代建设间的矛盾。北京作为历史城市，也存在着类似的矛盾。事实上我们在古都城市与传统文化保护方面，确实经历了一些曲折的认知过程。人文北京的提出，就包含了曲折认知后的新的认知理念。北京被确立为首都城市是和古都城市的历史功能分不开的，古都的历史人文也应该发展成为首都现代文化的组成部分。在继承古都历史人文传统基础上构建现代首都，才能够实现真正的人文北京定位。

北京其次是我们国家的政治、文化中心。政治中心意味着北京作为一个大城市不仅有自身发展的目的和需要，还承担有国家和社会发展中枢的功能任务。而北京成为文化中心，既具有其历史和时代的必然性，也因为城市功能本身所具有的必然性。

就功能而言，城市本身就是社会发展中一个重要的文明、文化发源中心。虽然古代人们把城市理解为一种人口聚集的"城郭"地域，但今天人们已经不认为城市仅仅是许多人或一些管理机构的简单集合体，而将其视为一种独特的社会文明中心。著名城市学家刘易斯·芒福德明确说："我们与人口统计学家们的意见相反，确定城市的因素是艺术、文化和政治目的，而不是居民数目。"[1] 在《西方的没落》这本书中，作者也指出了城市具有的独特功能："人类所有的伟大文化都是由城市产生的……世界史就是人类的城市时代史。国家、政府、政治、宗教等，无不是从人类生存的这一基本形式——城市中发展起来并附着其上的。"[2]

可见，城市在人类文明史上本身就具有独特而重要的地位。社会文

---

[1] 刘易斯·芒福德. 城市发展史——起源、演变和前景. 宋俊岭，倪文彦，译. 北京：中国建筑工业出版社，2005：132.

[2] 奥斯瓦尔德·斯宾格勒. 西方的没落：上册. 齐世荣，等译. 北京：商务印书馆，1963：199-200.

明的集中发展、文化的积累和传递，历来都是历史古都突出的功能特点，即使在今天这样的信息化时代，城市仍然延续着它千百年来的文明中心作用，以及对社会的文明辐射作用。

作为国家首都，北京必须比其他一般城市更理性地意识到自己担负的社会中枢功能和文明辐射功能。它以人文为统领、与科技相协调的发展模式，不仅影响其他的城市，也辐射全国的农村，不仅向国内也向世界展现和传播中国主流意识与文化。这是北京城市必须承担的和其他城市不同的使命，对于北京这样被历史和时代赋予独特使命的城市，发展思路可能应当比其他城市更凸显一些人文元素、更多一些人文意识。

总之，北京发展理念中一定要坚守人文理性和科技理性和谐发展的思路，要注重打造并发挥人文价值理念以及文化等软实力因素，在本质意义上甚至要用人文理性统领科技理性，真正构建起人文北京、科技北京、绿色北京，使北京形成独特的首都城市发展模式，更好地成为和谐社会发展中的政治、文化、经济中心。

第九章　回望：我们的奥运记忆与感受[*]

百年期盼，七年准备，十六天辉煌，整整一个世纪，我们仿佛一起走过；中国人实现了奥运梦想，也以最好的方式实践和诠释了奥运精神。

恐怕没有哪一届奥运会能像第 29 届这样全民热情参与。奥林匹克的独有魅力和中国人的民族心、爱国心以及自信心，使 2008 年奥运成了名副其实的全民奥运。媒体发布的一项对北京居民的调查显示，超过 99％的人表示自己以各种形式参与了奥运。我想这其中，有我们中国人民大学人文奥运研究中心，也有我。

国际奥委会于 2001 年 7 月 13 日宣布第 29 届奥运会举办城市是中国北京，其实在 2000 年 10 月，时任北京市委书记、北京奥组委主席的刘淇同志就把"人文奥运"的诠释任务交给了中国人民大学。从那时起，我还有我们的人文奥运研究团队就已经开始运作了。这个团队是个志愿者团队，冯惠玲副校长作为总领队率先垂范，金元浦教授作为执行领队一直志愿坚守在人文奥运一线，其他如魏娜、宋小荣、李树旺、郑小九、沙莲香、彭永捷、曾繁文等老师，还有大批学生，都在我们这个人文奥运研究中心做了大量志愿工作。我很高兴我是其中一员，也很积极地为奥运尽自己所能地做志愿工作。

---

[*]　本章内容原载于《我们与奥运一起走过》（中国人民大学出版社，2010）。

我们走过的奥运历程还可以追溯得更早些。1908 年，《天津青年》杂志就提出了中国人的奥运期盼："中国何时能派一名选手参加奥运会？中国何时能派一支队伍参加奥运会？中国何时能举办奥运会？"相对于百年梦想，七年筹备仿佛弹指一挥间，但回望时刻却发现有那么多的亲历、景象还有感受留在记忆深处。

奥运让我们有了太多的感受。它让我们体验到，奥运不仅仅是一次世界体育盛会，奥运的生命力其实在于大众的广泛参与。奥林匹克精神及其教育功能也随着奥运的普及而得到推广和落实，占世界人口五分之一的中国人民践行了"参与比取胜更重要"的奥林匹克精神，顾拜旦《奥林匹克理想》一书中表达的奥运原则推广到了中国文化、生活、志愿者活动等各个领域。北京奥运提出的"绿色奥运、科技奥运、人文奥运"理念，"同一个世界，同一个梦想"口号，都既体现了当代世界和谐发展的共识，又对奥林匹克精神做了新的诠释和丰富。奥林匹克所具有的沟通世界、尊重差异的功能，在北京奥运活动过程中逐步显现，"让世界了解中国，让中国走向世界"的初衷都以更深层的方式得到了实现和表达。

顾拜旦认为奥林匹克主义的基本功能是社会教育。第 29 届奥运给予了中国一个机遇，也见证了中国社会的全面发展、国家实力和公众文明素质的成长。

顾拜旦从创建现代奥林匹克运动会起，就坚决反对将其看成纯粹的体育竞技。他明确指出："体育具有高度的教育价值，是人类追求完美的最重要因素之一。"他提出奥林匹克主义最实质的内容就是体育与文化教育的结合。他在《致各国青少年运动员书》中说："奥林匹克主义能建立一所培养情操高尚与心灵纯洁的学校，也是发展体育耐力和力量的学校，但这必须在强化身体练习的同时不断加强荣誉观念和运动员大公无私精神的条件下才能做到。"他认为奥林匹克主义的基本功能就是社会教育，恢复现代奥运会的主要目的就是通过体育活动来教育大众。

人们期望通过奥运盛会，体味并实践人类的真善美理念，把和平的火种传遍世界每一个角落，让它化为一代又一代人的内心原则，最终把以自强、公正、和平为原则的价值理念，推广到世界其他各个领域。

顾拜旦的《体育颂》还强调了人的德性素质的塑造："你塑造的人体变得高尚还是卑鄙，要看它是被可耻的欲望引向堕落，还是由健康的力量悉心培育。"奥林匹克不仅要促进人的健康发展，还要培养人的德性品质和文明素质；奥林匹克精神的培育对象不仅是体育运动员，还包括所有民众。北京奥运践行和弘扬了奥林匹克的这种精神和宗旨，中国在出色举办奥运会的同时，促进了社会政治、经济、文化全方位的发展，也明显提升了城市文明和国民文明水平。

筹办奥运会的七年，也是北京城市发展和人们文明素质显著提升的七年。我们的人文奥运研究中心举办了大量的奥运知识和文明礼仪培训讲座，仅我本人就承担了其中近百场讲座工作。在中心承担的部分北京奥组委统编教材中，我负责主编的是《北京奥运会窗口行业员工读本》。2005 年来，中心还连续三年从各方面进行文明状况调查，并连年向社会发布"北京市民公共行为文明指数"。指数表明，三年共提高了 8.17 个百分点。北京经过多年准备、多方努力，终结硕果。事实上它已经成为奥运遗产中一部分重要的内容。想到我们中心以及我本人在其中发挥了应有的作用，奥运硕果中有我们的一份汗水，心中就充满了快乐。

亲历奥运圣火在海外传递，那些天身在异国的我，成了和"80 后"一起热切迎接和维护奥运圣火传递的"50 后"；事实证明北京奥运会是一届有特色、高水平的奥运会，在展示中国形象、践行奥林匹克精神、推动世界公正秩序与和平发展方面也获得了很大成功！

2008 年我赴韩国做一个项目研究，恰逢圣火传递到首尔。那天我和许多在韩国工作学习的中国人一样，高兴地去迎接火炬，见证并护卫圣火传递。大家很遵守秩序，留学生们还自发地带了垃圾袋，捡拾现场丢弃的垃圾。沿途不时有韩国人微笑着向我们打招呼说"中国"并做支持的手势，但个别反华分子和个别留学生制造的小摩擦，仍让我感觉到一丝和奥运精神极不和谐的杂疵。

面对奥运圣火海外传递中出现的一些不应发生的场面，我当时曾产生过一时的困惑甚至愤怒：奥林匹克精神一直强调奥运具有超越政治和国界的属性，倡导人们相互理解，尊重差异，求同存异，共创和谐世界，我们在用实际行动践履着这种理念，但为什么有些人和团体那样置奥运精神于不顾，甚至破坏、亵渎奥运圣火？

国际奥委会主席罗格的就任宣言中，在原有"更快、更高、更强"的格言基础上，提出了"更干净、更人性、更团结"的奥林匹克新格言。新格言旨在更多凸显奥林匹克运动会对利益纷争的超越，以及远离战争和政治的真善美理念诉求。尽管国际政治利益、经济利益以及意识形态的冲突一直存在，尽管奥林匹克精神遭受玷污和利用，但奥林匹克运动为全世界传播、培育和平与公正理念而做出的努力和成就仍一直存在着。奥运圣火拥有它所代表的全人类的神圣和尊严，奥运是一个和政治无关的干净的体育盛会，这一切，已经成为全世界一切爱好体育、热爱和平的人民的共识。

北京奥运圣火最终风雨无阻地回到了它的举办地，微笑、自信、宽容的中国人民也热情真诚地欢迎了世界热爱体育与和平的八方来客。中国人民不仅在物质、科技等硬件方面准备好了，在心态和国家形象方面也有了相当的准备！北京奥运会期间，无论是城市服务还是赛场观赛，中国人都表现出了东道主应有的和平、友好与热情。我们在奥运筹办和举行过程中，体验着参与奥运的快乐。虽然奥运前夕体验了一些风雨，但对于自己的大国身份和处境，对于各种不希望看到、不习惯听到的现象和声音，对于如何以一个开放、友善、包容的中国心态和世界对话，对所有这一切，我们都有了更深透的理解和把握。

北京奥运的成功将中国推向了真正的大国地位，但我们也感受到，决定中国是不是一个真正大国的，是国民的素质心态和国家的精神品格。中国人意识到，大国就应该有大气大度的风范。大气大度不仅是一种对世事宽容涵纳的品格，也是一种理性智慧和分寸掌握能力，更是一种自信心态的体现。

北京奥运最终举办得非常成功，我们有幸始终和北京奥运一起走过，我们欣慰这个成功的奥运中有我们的参与和奉献。我想，"我参与、我奉献、我快乐"，不仅是北京奥运会征集采纳的口号，也已经成为我以及我们人文奥运研究中心全体志愿者的心声和感受！

第十章　北京城市精神中的包容 *

　　一个国家需要一种精神，一个人、一个城市也要有自己的精神。北京是首都，就更需要有它的城市精神。城市精神是一座城市气质和灵魂的体现，北京的"首善"定位和国际大都市的魅力，相当程度上源于它的文化精神和人文品格。城市精神在当今不仅是展现城市形象和魅力的主要因素，还是一种无形的发展资源。衡量一个城市是怎样级别的国际城市，主要不是依据它的规模与"硬件"因素，而是它的城市文化、城市精神等"软件"因素。城市社会学认为，"将一个城市和一座乡村区别开来的，不是它的范围和尺度，不是它的人口，而是它与生俱来的城市精神和城市文化"。北京是历史古都，又是首都城市，其独特的历史地位和现代社会功能，决定了北京的城市精神要在整个社会产生积极影响和引领辐射作用，所以北京更要发展出名副其实的历史古都和现代政治、文化中心的精神内涵。

　　北京很大气，有容乃大，这和它的包容性格分不开。北京的包容精神蕴含着中国传统文化的"和合"价值基因。

　　北京的包容首先表现在它海纳百川、兼收并蓄的文化品格上。不论是西方文化，还是中国天南海北的各地域文化，都能在北京落地生长。从徽班进京到京剧的产生，就是北京文化包容性最好的历史诠释，而首

---

　　* 本章内容原载于《北京精神百家谈》（北京出版社，2011）。

都文化中心的繁荣景象，也使我们深切感受到多样文化在北京的"跨文化"发展。

北京的包容精神其次源自中国人尤其是北京人的热情、开放和自信的心态情怀，外乡人、外国人在北京都能找到宾至如归的感觉。有人说"北京不是北京人的北京"，也表明了北京的包容。北京奥运会很成功，微笑、自信的北京人民热情欢迎八方来客，向世界展示了北京人民、中国人民的精神风采。

最后，北京包容精神中还流动着大爱情怀。北京人民热情、乐于助人，往往在自我生活的同时会对邻里甚至陌生人付出关爱；首都的志愿者活跃在各行各业，我们每天在北京街头看到的交通"文明引导员"，不少都是志愿者。城市中蕴存的互助关爱和志愿者行为，在带给人们直接帮助的同时，也带给人们最宝贵的情感助力和心灵温暖。予人玫瑰，手有余香，北京的包容精神就是在这种大爱氛围中营造出来的。

在今天和谐中国和人民幸福指数构建中，我们很需要这种体现北京历史文化与现代中国特色的价值观和以包容为特征的北京城市精神。

第十一章 "文明之路"贵在四个维度谋发展[*]

一、内涵式发展：城市要让生活更美好

正如三明市总结的，城市发展思路之一是突出内涵、抓"创城"。在纷纷建设"大都市"的趋势中，发展思路显得非常重要，城市不再求大，发展不再简单看速度，不为政绩所左右，不为数据所左右，不是追求形式化的外延式发展，而是关注质量、回归城市本质，内涵式发展"创城"。三明市 30 年"创城"发展中，找准了定位，以人为本，全面发展，把文明创建过程同时变成了改善民生、惠民利民的过程。解决好了民生，市民心平气和，认同政府所为，自然会激发出市民爱三明、建三明的主体积极性。在这个意义上，向民心要文明共建和文明自律，向民心要素质自觉提高，是三明模式的经验，也是城市文明创建的一种新思路。

---

　　* 本章内容原载于《光明日报》2014 年 12 月 6 日。

二、持久式发展：万变中的不变

许多人把三明市的文明成就归为"贵在坚持"。30 年前，三明市成为全国"五讲四美"精神文明建设的摇篮，30 年来一直是文明城市创建中的一面旗帜，这不是偶然的。三明市城市文明建设活动之所以如此具有生命力，和它执着不变地建美好家园的理念目标息息相关。在"五讲四美三热爱"倡导发布 30 周年之际，回顾三明城市建设历程，深感数十年持之以恒有多不易，更感"贵在坚持"经验的可贵。

三、文化式发展：文明创建中的三明城市精神

总结三明经验，其中一条是管理者很注重"以科学的理论武装人"，他们深明思想理论在营造城市文化精神和社会风气中的基础作用，"开明、清明、文明"也很好地诠释了三明精神。正是这种对思想理论、本土化价值和文化自觉的重视，让城市文明建设获得了深厚的思想理论支撑和精神能量空间，让三明市成了中国现代城市文明发展的一个可复制的样本。

四、综合式发展：现代治理体系和治理能力的体现

三明市的文明创建工作自 30 年前被纳入城市发展规划后，就没有离开过总体布局。精神文明建设、文明城市创建，始终与经济建设、民生保障、城市治理等工作统一部署，统一考评。三明市的政府管理职能也在文明创建工作中，向综合治理与社会服务转变。借着精神文明建设资源，三明市各项建设的能量被很好地释放出来，使一个自然条件先天不足的城市，在投资环境、总体满意度等指标的评估中，超过许多发达城市。而综合发展建设，把文明创建和城市发展规划、日常工作结合在一起，建立长效工作机制，是三明市文明创建的经验特点，也是治理体系和治理能力现代化对文明创建和城市管理者提出的新要求。

第三编

文明礼仪规范与教育

第一章 修身之道：雅与俗慎重对待

——谈培养高尚的情操[*]

有人用琴棋书画陶冶情操，有人因珍奇古玩中箭落马；有人为天下苍生忙碌奔波，有人流连于声色犬马不能自拔；有人严于律己、审慎结交朋友，有人官商勾结、沆瀣一气……情趣爱好就像一把双刃剑，关键就看如何对待它。18世纪法国唯物主义哲学家狄德罗说："如果道德败坏了，趣味也必然会堕落。"讲操守、重品行，生活正派、情趣健康应成为领导干部八小时内外的必修课。

一、追求健康生活情趣

生活情趣是个人品行和修养的直接体现。人都有自己的生活情趣，列宁喜欢对弈；爱因斯坦爱好拉小提琴；朱德喜爱种兰花；毛泽东喜欢游泳，并多次"万里长江横渡"，显示出他那"不管风吹浪打，胜似闲庭信步"的宽广胸怀和坚定信念。良好的生活情趣可以放松紧张的情绪，驱赶身心的疲惫，享受生活的美好，陶冶高尚的情操，甚至可以提升人格魅力。对领导干部而言，生活正派、情趣健康，讲操守、重品行，注重培养健康的生活情趣，保持高尚的精神追求，既是必备的基本

---

[*] 本章内容原载于《领导干部从政道德启示录》（中国方正出版社，2013）。

素质，也是廉洁从政的起码要求。

生活情趣看似小事、小节，但小中见大，不可小觑。领导干部的生活情趣反映了其日常生活中的价值取向，影响着他们的人生抉择和事业发展。领导干部有什么样的生活情趣、生活格调和生活品位，可以从一个侧面反映出他们的世界观、人生观、价值观。从一个人的兴趣爱好，既可以判断他的境界、品位和气质，又可以看出其对工作、对事业的基本态度，对党和人民是否忠诚，人格是否高尚。那些贪图安逸、沉湎酒色、留恋牌桌的干部，很难在事业上有积极向上的态度和责任感，很难有全心全意为人民服务的理想追求，往往会因消极颓废、追求享乐的人生态度而丧失为人的道德底线，丧失共产党员的基本原则，坠入腐化堕落的深渊。随着社会生活越来越丰富多彩，人们的生活情趣、个人爱好也越来越多样化，领导干部在这个问题上尤其要保持高度警惕。

情趣有雅俗之分、高下之别。健康、高雅的生活情趣有益于开阔视野，提高境界，鼓舞斗志，更好地为党和人民的事业工作，同时也有益于娱情养性，保持身心健康。邓小平同志很早就对桥牌情有独钟，但他没有单纯追求牌局玩乐，在他看来，桥牌既可以休闲，使身心得到放松调节，又可以训练逻辑思维，提高洞察力和应变力，增强记忆力。他晚年常说，我能游泳，说明我身体还行；我能打桥牌，说明我脑子还行。邓小平同志将桥牌与公事分得一清二楚，无论何时何人，都约定打牌就是打牌，不谈国事家事。反观一些腐败分子，由于自身情趣低下，贪图物质享受，往往经不起"酒色财气"的诱惑，沉溺于灯红酒绿、吃喝玩乐之中，流连于低俗甚至色情场所，败坏党风政风，走向腐化堕落。厦门远华走私案主犯赖昌星腐蚀拉拢领导干部，就专门从其兴趣爱好入手，"不怕领导不好交，就怕领导没爱好"，由此把一批领导干部拉入腐败深渊。再比如，某省原副省长何某在异地任职，夫妻两地分居。不法商人发现何某爱好女色，经常安排女性为其提供"特殊服务"，慢慢地将他"拉下水"。何某最终成为这些不法商人的傀儡，因受贿罪被判处死缓，教训极其深刻。

领导干部的生活情趣不是私事，而是会影响到单位、部门、行业乃至全社会的风气，正所谓"上有所好，下必甚焉""楚王好细腰，宫女多饿殍"。南宋权臣贾似道有一个特殊的爱好是斗蟋蟀，于是，许多官员为了迎合他，便带着自家的蟋蟀前来较量。这斗蟋蟀不仅是游戏，而且是金钱的赌博。那些所有来较量的蟋蟀，无一例外地大败而归，贾似道又多了一条发财的门路。当然，那些故意斗败输钱的官员，不过是变换一种送礼的方式而已，他们也都分别依输钱多少得到了相应的好处。可见，为官理政者一定要"慎好"。各级领导干部的兴趣爱好有很强的示范性，会对周围的干部群众产生较大影响，在兴趣爱好方面如果不能以身作则，严于律己，就管不住、管不好下面的干部，甚至可能带坏一个地方、一个部门的风气。对此，领导干部必须高度重视。

我们党一贯要求党员干部加强道德品行修养，保持高尚的道德情操，培养高雅的志趣爱好。许多老一辈革命家的高雅情趣被人们传为佳话，比如，陈毅同志一生酷爱下围棋。20世纪50年代，刚刚出任外交部部长的陈毅同志正在寻找打开中日外交局面的突破口，恰逢日本围棋代表团访华，他抓住这一机会，亲自前往设在北京饭店的赛场与日本棋手对弈，并在之后举行的宴会上提出，中日两国围棋界今后可以进行交流。从此，拉开了中日两国"围棋外交"的序幕。陈毅同志把自己的爱好和革命事业结合起来，为自己的工作增加力量，为自己的人生增添光彩。可见，健康的生活情趣对事业发展能够起到促进作用。领导干部培养健康的生活情趣必须下大功夫，注重内外兼修，从点滴做起。

提升思想境界是培养健康情趣的基础和前提。道德情操与生活情趣是密切联系在一起的。许多腐败分子走上犯罪道路，大多是从操守不严、品行不端、道德败坏开始的。因此，要大力加强思想道德建设，引导党员、干部自觉践行社会主义荣辱观，培养高尚的道德情操和健康生活情趣，始终保持蓬勃朝气、昂扬锐气、浩然正气，用自己的模范行为和高尚人格感召群众，引领社会风尚。高尚的思想境界有利于正确对待物质生活和精神生活，志存高远、志趣高雅才能培养出健康的生活情趣。对共产党人来说，最不可缺少的就是积极健康、乐观向上、丰富多彩的精神生活。那些只顾追求物质利益、为物所役的人，难以保有高品位的人生。

提高文化素养是培养健康生活情趣的重要保障。"腹有诗书气自华"，文化素养高的人往往能够远离低级趣味，保持高雅的情趣追求。著名学者王国维论述过治学的三种境界。第一种境界是"昨夜西风凋碧树，独上高楼，望尽天涯路"；第二种境界是"衣带渐宽终不悔，为伊消得人憔悴"；第三种境界是"众里寻他千百度，蓦然回首，那人却在灯火阑珊处"。这三重境界既是提高文化素养的途径，本身又是培育生活情趣的方法。毛泽东同志一生酷爱读书，他的床上、办公桌上、饭桌上，都放着书，一有空闲就手不释卷。他总是一手拿着放大镜，一手按着书页。每当沉浸在书中，他就忘记了吃饭，工作人员催促他，他总是笑着说："还有一点，看完再吃。"他一生读了多少书，无法估计。晚年时，他每天都躺在特制的带双床头的木床上读书，有时一读就是 5 个多小时。在推动社会主义文化大发展大繁荣的今天，领导干部更应该让读书成为生活的一部分，努力提高自己的文化素养，成为精神领地的思想者、耕耘者；用高品位的精神食粮不断充实自我、提升自我，超越物质享受而追求情操的高尚。

把握业余爱好是培养健康生活情趣的重要内容。古人曾说："知之者不如好之者，好之者不如乐之者。"养成良好的个人爱好，仅有认知还不够，还得"好之"，有"偏好"，最好是"乐之"，即达到知、情、意统一的境界。领导干部培养高雅的情趣，要追求健康的生活方式，远离声色犬马等低级趣味。琴棋书画等高雅爱好有利于熏陶人的心灵，净化人的思想，提升人生价值，促进领导干部成为生活正派、情趣健康的引领者。一定要"爱"之得当、"好"之有道，认识到领导干部的爱好演变成癖好，可能会成为别有用心之人公关的突破口，进而被"拉下水"，最终落得痛悔的人生下场。因此要加强品行修养，时刻检点自己的个人生活，及时扫除思想上、人品上沾染的灰尘，不沉湎感官刺激，不追求物质享受。在拜金主义、享乐主义、极端个人主义和灯红酒绿的侵蚀面前，做到工作时间和业余时间一个样，有监督和没有监督一个样，坚持一身正气、一尘不染，始终保持共产党员的政治本色。

身为领导干部，越是身居高位，个人的情趣操守和道德水准越要高于普通干部群众而严格要求自己。要成为良好社会风气的倡导者和先行者，学会选择、克制个人的喜好，养成健康的生活情趣，保持高尚的精神追求。唯其如此，才能带头树立党和政府的良好形象，带出一支清正廉洁的干部队伍。

二、彰显高尚人格力量

人的品德分成高低不等的格，这便是人格。人格是一个人性情品质的集中反映，是一个人灵魂的折射。人格内涵丰富，包括人的性格、气质、修养、能力等诸多方面，反映一个人整体的精神面貌，决定人对事的态度和行为方式。其最大特点就是具有稳定性，"江山易改，本性难移"，说的就是这个道理。人格的这一特点，决定了它是更带有普遍性和规律性的深层次心理特质，对人的思想、情感和行为等都具有重要影响。

人格是安身立命之本。高尚的人格是一种理想标准，是身心各要素的完美统一，使人的才能得以充分发挥。高尚的人格有着巨大的力量，能够产生广泛的影响。山东省寿光市三元朱村党支部书记王乐义多年来一直向农民传播大棚种植技术，把自己的果园当成试验田，试验成功就传授给大家，失败了就自己承担损失。全村在他的带领下，很快脱贫致富。群众很感激他，他却说："光顾自己，不能当支书。自己身不正，肚量不大，没有替别人着想的心，怎么能让人家服气？当干部的只有堂堂正正做人，心里时时装着大家，才有号召力。"他之所以受到人们的爱戴，不仅是因为他创造了大棚蔬菜种植的奇迹，也是因为他具有高尚的人格和无私奉献的精神。领导干部是各方面都比较优秀的一个社会群体，更应该具备高尚的人格。

领导干部保持高尚，能够焕发人格魅力。人格魅力是一种基于信任、敬佩与诚服而形成的吸引力和影响力。孟子有言："以力服人者，非心服也，力不赡也；以德服人者，中心悦而诚服也。"西方成功学家拿破仑·希尔博士曾说："真正的领导能力来自让人钦佩的人格。"对领导干部而言，人格魅力可以转化为领导力和执政能力，有利于赢得社会公众的普遍认可和尊重。现实中我们不难见到，有的领导干部在干部群众中口碑很好，他们清廉实干，认认真真为群众办事，干事创业一呼百应，得到人民群众的真诚拥护和真心爱戴。四川省南江县纪委书记王瑛同志心系百姓，时时把人民群众的冷暖放在心上，处处与人民群众同甘共苦，最终积劳成疾，倒在了工作的第一线。当王瑛同志被紧急送往县城医院救治时，村民们用竹架轮流护送，用身体挡石，涉水而行。她去世时，南江县万人空巷为她送行。"你把人民捧在心里，人民就把你举过头顶。"人民群众如此爱戴王瑛，是因为她全心全意为人民服务，以她的人格魅力在党与人民、干部与群众之间架起了一座连心桥，在人民群众心中铸成了一座不朽的丰碑。事实证明领导干部的人格越高尚，越能在群众中享有威望，越具有亲和力、凝聚力和感召力，就越能有效地带领广大人民群众前进。

高尚人格是领导干部清正廉洁的重要支撑。塑造高尚的人格，有助于领导干部坚定信念，坚守自己廉洁的意识，不随波逐流，不受腐败思想的侵蚀。而且，这种高尚人格一旦形成，就会将廉洁的思想、情感和行为融为一体，持久地发挥作用，不会因时间、地点等外在环境和情绪等内在条件的变化而改变。新时期我们党非常重视倡导高尚的人格，胡锦涛同志曾深刻指出，全党同志特别是领导干部都要讲党性、重品行、作表率。抚今追昔，一代又一代党的领导干部，在不同的工作岗位上，用自己的实际行动展示着高尚的人格，成为社会的中坚力量、干部群众学习的榜样。

但也要看到，一些党员干部在人格方面表现出严重的错位和扭曲，严重损害了党的形象，令群众深恶痛绝。他们或人格低劣，流连于声色之中，或以权谋私，追逐权力、地位、财富而放弃人格尊严。2002年，某市原市委书记张某因贪污、受贿罪被判处刑罚。他私生活糜烂，曾同多名女性发生不正当关系。张某案发时，调查人员从其住处查获黄色书籍22本和淫秽光碟12盘。群众讥讽他"从上到下，从外表到内心，都是一个肮脏不堪的'病毒携带者'"。这样的人不要说做一名领导干部，就是做一个普通人也不合格。手握权力的领导干部，首先要做一个合格的人，一个人格独立、明辨是非的人。倘若没有独立健全的人格，权力就有可能被滥用，就有可能滋生腐败。

人格部分地受先天遗传的影响，但更多地要通过后天的修养、锻炼，才能不断获得提升和发展。良好的人格品质是知、情、意、行等要素的和谐统一。对领导干部而言，培养拒绝腐败的健全人格，是推动廉洁从政的重要因素。面对改革开放和社会主义市场经济的新形势，面对形形色色的诱惑和错综复杂的考验，各级领导干部必须充分认识保持高尚人格的重要意义，不断加强自身人格的锻炼和修养，始终保持蓬勃朝气、昂扬锐气、浩然正气。要通过人格的自我塑造，对权力、地位、责任与利益等因素形成正确认识，进而提高自身素养，以高尚的人格力量促进自己拒腐防变、廉洁从政。

要加强自身人格修养。人格修养是一个人通过自我修炼，使自己的人格不断达到更高水平的过程。孟子说过："天将降大任于是人也，必先苦其心志，劳其筋骨，饿其体肤，空乏其身，行拂乱其所为，所以动心忍性，曾益其所不能。"新时期领导干部承担着带领人民群众推进中国特色社会主义事业的历史重任，要想有所作为，必须加强人格修养，提升道德境界。要善于反省，荀子说："君子博学而日参省乎己，则知明而行无过矣。"通过反省，能够发现自己的缺点和不足，及时加以改进，锻造优良品行；要见贤思齐，向时代先锋、道德模范学习，善于学习他们的优秀品质和崇高风范，激励自己奋发进取的精神和以德从政的情操；要严于律己，尊重自己的人格，珍惜自己的名誉，不做违背党纪国法及共产党员标准的事，不做有损领导干部形象的事。

人格高尚是最好的表率，能够产生强大的吸引力和感召力。我们党是一个思想上、政治上保持先进性，具有伟大真理力量的党，也是一个保持高尚道德情操、具有伟大人格力量的党。领导干部要想在群众中享有威信，受到群众的拥戴，除了靠真理的力量，还要靠道德感召力。这方面主要表现在坚定的理想信念、牢固的宗旨意识、求真务实的作风、清正廉洁的气节、健康高雅的生活情趣等。各级领导干部的一言一行代表着党的形象，在人民群众中起着示范、引导作用。党员领导干部的人格修养是与党的形象、党的威望、党的事业息息相关的大事。邓小平同志讲过，为了促进社会风气的进步，首先必须搞好党风，特别是要求党的各级领导同志以身作则。领导干部必须加强道德修养，在人格方面发挥表率作用，以此感化、熏陶和启迪干部群众，引导干部群众自觉仿效。只有这样，才能在全党全社会形成良好的风气，产生共同推进全面建成小康社会伟大事业的强大精神力量。

三、正确对待朋友交往

"同门曰朋，同志曰友。"朋友是我们人生的宝贵财富。因志趣相投而结下的友情会给人们带来共鸣与激情，因共同的理想而结下的友谊，会闪烁着伟大的道德和理性光辉，是巨大精神力量的源泉。正因如此，真挚的友情、崇高的友谊，历来为人们所推崇。春秋时期俞伯牙与钟子期的故事脍炙人口，千古传诵。伯牙善鼓琴，子期善聆听。后来，钟子期因病亡故，俞伯牙悲痛万分，于是破琴绝弦，认为天下再不会有人像钟子期一样能体会他演奏的意境，决定终生不再弹琴。正因为这一故事，人们把真正了解自己的人叫作"知音"，用以喻指心意相通的挚友。

我国传统文化历来讲求"交友之道"。孔子主张要交"益友"，远"损友"："友直、友谅、友多闻，益矣；友便辟、友善柔、友便佞，损矣。"意思是说，与正直、宽容、博闻的人交朋友，对自己有益；与逢迎献媚、奉承恭维、巧言令色的人交朋友，对自己有害。孟子在交友方面也有自己独到的见解，他说："不挟长，不挟贵，不挟兄弟而友。友也者，友其德也，不可以有挟也。"也就是说，交友不能倚仗年龄、地位、势力等方面，不要带有功利主义色彩，交友的目的在于帮助彼此增进道德修养。诸葛亮有一篇专门论述交友的文章《论交》，备受后人推崇。文中这样说道："士之相知，温不增华，寒不改叶，能四时而不衰，历夷险而益固。"意思是说，真正的朋友，不随时令变化而变化，始终如一，经历艰险反而更加牢固。我国传统文化还留下了许多交友方面的成语和典故，比如莫逆之交、刎颈之交、杵臼之交、贫贱之交、布衣之交、患难之交、金兰之交、金石之交等，用来描述友情的深厚和珍贵，至今广为流传。

良好的朋友和珍贵的友谊是事业发展的"助推剂"。革命导师马克思与恩格斯持续终生的伟大友谊，为后人所敬仰。从 1842 年初次相识起，在漫长的 40 年时间里，他们在领导国际共产主义运动的伟大斗争中，团结一致，患难与共。为了支援清贫的马克思一家，使马克思能专心致力于革命理论的研究，恩格斯违背自己本来的意愿，从事他所厌恶的商务活动。他们几乎每天都要通信，交谈各种政治事件和科学理论问题，共同指导着各国的无产阶级革命运动。而从 1883 年马克思逝世时起，整整 10 年，恩格斯放下自己的工作，全力从事马克思《资本论》后两卷手稿的整理、出版，使《资本论》全文得以问世。尽管做出了巨大牺牲，但恩格斯始终认为，能够同马克思并肩战斗 40 年，是一生中最大的幸福。对马克思与恩格斯之间的这种崇高的革命友谊，列宁赞扬说，它"超过了古人关于友谊的一切最动人的传说"。

我们党的老一辈革命家在交友上也为我们树立了典范。毛泽东同志在青年时期曾发出了有名的"二十八画生征友启事"，专门征求志同道合的学友。周恩来同志在交友问题上，最脍炙人口的一句话便是"与有肝胆人相处，从无字句处读书"。他在长期的革命生涯中，与许多爱国民主人士结下了肝胆相照的深厚友谊。这些交友原则和方法，直到今天仍有极强的现实意义，值得我们学习和借鉴。

领导干部作为社会的一员，交朋结友是人之常情。然而，怎么交朋友、交什么样的朋友，需要认真对待。当前，市场经济条件下的人际交往非常复杂，一些居心叵测的人和领导干部交朋友是假，想利用领导干部手中的权力为其谋取私利是真。特别是有少数领导干部受贪欲驱使，主动结交能给自己带来"好处"的"朋友"，热衷于和"老板""大腕"称兄道弟，成天与他们吃喝玩乐，堂而皇之地出入声色场所，毫无顾忌地享受奢侈"服务"，需要引起注意。从查办的违纪违法案件看，因为交友不慎而走上犯罪道路的大有人在。"厦门远华案"中落马的公安部原副部长李某忏悔说："赖昌星等人，看中的是公安部副部长的职位和权力，他们想方设法地巴结我，给我送钱送物，就是想利用我手中的权力。接受了他们的钱物，必然会在为他们办事的过程中失去公正、公平，甚至会拿原则和权力做交易。我就是这样当了他们的俘虏。"可见，一朝交友不慎，可能遗恨终生！

我们党对领导干部交友问题极为重视。江泽民同志曾经语重心长地告诫各级领导干部，领导干部手中有权，来求办事的人多，遇到的诱惑和考验也多，无论什么情况下都要把握住自己，洁身自好，清廉自守，千万不要干"一失足成千古恨"的蠢事。胡锦涛同志明确提出，各级领导干部要慎重对待朋友交往，坚持择善而交。每个领导干部手中都掌握着一定的权力，这些权力都是人民赋予的，只能用来为人民群众谋利益，而不能用来为少数人谋私利。因此，领导干部一定要站在党和人民事业发展的高度，从履行职责、拒腐防变的角度出发，正确认识和处理交友问题，注重净化自己的社交圈，慎重对待朋友交往，把好交友关。

要注意择善而交。古人云："与善人居，如入芝兰之室，久而自芳也；与恶人居，如入鲍鱼之肆，久而自臭也。"交什么样的朋友，对一个人的成长进步关系重大，不可不慎。三国时有个著名的"管宁断席"

的故事，讲的是管宁和华歆坐在一张席子上读书，门外有官员仪仗喧哗而来，华歆跑出去看热闹，管宁则听而不闻专心念书。为此，管宁断然将座席割开，与华歆分座表示要远离这样的朋友，免受其影响。领导干部交友，必须有一定的政治标准和道德标杆，不能不分对象，不辨良莠，什么人都交，什么人都敢交。某县原县委书记张某人称"麻将书记"，一帮人经常奉陪左右，且故意输钱，久而久之，这些"麻友"都被他委以重任，成了他的"麻将常委"，搞得当地乌烟瘴气，民怨沸腾，最后"麻将书记"也因腐败问题被判刑。领导干部要从中吸取深刻教训，多交益友、诤友，带头营造纯洁向善的人际交往氛围。

要坚持君子之交。庄子说："君子之交淡若水，小人之交甘若醴；君子淡以亲，小人甘以绝。彼无故以合者，则无故以离。"意思是说，君子的交谊淡得像清水一样，小人的交情甜得像甜酒一样；君子淡泊却亲和，小人甘甜却利断义绝。大凡无缘无故而接近相合的"朋友"，也会无缘无故地离散。现在一些领导干部周围不缺吃吃喝喝的"酒肉朋友"，不缺阿谀奉承的"马屁朋友"，也不缺哥们义气的"江湖朋友"，甚至还被他们引为知己莫逆。但这种所谓的"友谊"，看似甜甜蜜蜜，却是建立在互相利用的基础上，不可能长久。胡长清最要好的"大款朋友"周某就是这样的"朋友"。在胡长清案发后，周某说："游鱼贪食，钓者诱之；人皆为鱼，我则钓者。"领导干部如果放松警惕，交上这样的"朋友"，悲剧的发生就在所难免。因此，各级领导干部一定要从工作出发，从事业出发，从党和人民的利益出发，以德会友，近君子远小人。通过结交君子，净化心灵、陶冶情操，做到保持一颗平常心，固守一种淡泊志，永葆共产党人的政治本色。

领导干部一定要牢记，在权力与友情之间有一条不可逾越的鸿沟，如果逾越了这条鸿沟，不但会毁了友情，而且会害了自己。交友理应做到人情之中有原则、交往当中有政治，要注意把握分寸，不能忘记自己的特殊身份，做到交友有道、处友有度，不能把个人交往与行使公权混在一起，感情用事，拿原则做交易。对那些所谓的"感情投资"、形形色色的公关和不善之友，要当机立断，拒之千里，净化"交往圈"，管好"生活圈"；要注意时刻检点自己，坚持原则，恪守信念，不该办的事情坚决不能办，不该拿的东西坚决不能拿，不该去的地方坚决不能去，不断增强抵御风险和诱惑的能力，筑牢拒腐防变的思想道德底线。

第二章　做自己健康的主人 *

一、健全人格的含义

　　我们在这里使用了"健全人格"这个概念。做自己健康的主人同塑造健全人格有什么关系呢？这实际是要我们回答健全人格同健康是什么关系。这里所说的"健康"是一个大的健康概念，是一种属于新时代的健康概念。在以往的时代，人们一般认为，人的健康是指身体有无不适或有无疾病。这种观念仅是从人的生物角度去认识人的健康。现在看来这是片面的，因为人是一个极其复杂的高级生命体，不仅是生物的，而且是社会的，有身体的生理活动，更有心灵的精神活动。对于人来说，身体健康和心灵健康是缺一不可的。因此，现代意义上的健康概念，包含身与心两个方面。也就是说，健康意味着不仅没有身体疾病，而且具有健全的心理与心灵。为此，整个医疗保健事业正在实现着由"生物医学模式"向"生物-心理-社会模式"的转变。健全人格，或者说健康人格，就是在这种新的健康意识中产生的概念，它比"健康"一词更能反映并涵盖人而不是动物应具有的各方面的内容。

---

　　* 本章内容原载于《学生健康指南》（九州出版社，1997）。

什么是健全人格呢？

我们常说的身体健康、心理健康、心灵高尚（健康）等，都包括在人格健全的概念中。为了更好地理解健全人格的内涵，我们先来看看"人格"到底意味着什么。

人格这个概念我们并不陌生，但人格的确切含义到底是什么，却存在着众多解说。我们现在使用的"人格"一词是近代从日文中引入的，而日文的"人格"又是对英文 personality 的意译。这个词来源于拉丁文 persona，原义即"面具"，指的是在戏台上扮演角色所戴的脸谱，代表着戏中角色的身份。传说最初是一位罗马演员为了遮蔽他不幸伤残的眼睛，灵机一动戴了面具，此后，演员们纷纷仿效，面具从而渐渐成为戏剧舞台"角色"的代名词。再以后，人们开始借用"面具（角色）"这个词表达在生活舞台中的身份地位、社会角色。"面具"一词经过多种应用并产生了不少演变之后，包含了这样的含义：人所具有的特质及显现在他人眼中的身份角色或者形象。也就是说，社会生活好比大舞台，人生活在社会中。为了适应生活这出"戏"，人就需要装扮自己、戴上各种各样的面具扮演自己的角色。人格面具就是用人类文化、社会规范去装扮生物的、本能的人，使生物的、本能的人成为社会文化所要求的人。在这个意义上，人格就是人所必备的、人之为人的界定。换句话说，是人作为人的资格特质。人之所以不同于一般动物，就因为人有社会、文化的本质，有人格。人格就是人的本质存在状态，是人之为人的规定性。

作为人的本质规定性，人格成了众多学科研究的对象。据说有学者曾统计了一下，人格的定义有一百多个。的确，人格是个大概念，差不多所有研究人的学科都在研究人格。人创造了文化，也创造了解释人自身的种种思想体系，哲学、心理学、社会学、伦理学、美学、法学、医学、生物学等，都在解释着人，也都在解释着人格。

我们先来看看几种主要的学科从怎样的角度研究人格。

医学，尤其是精神医学，多从身体发育的正常与否、智商高低、神经系统是否健康的角度来研究人格，相对来说，对人的生理状态关注更多。

在法律上，人格被认为是人所享有的法律权利及所承担的法律义务。法律人格与法律所保护的人格主体是不可分的，始于出生，终于死亡。法律中的人格权包括生命权、健康权、姓名权、名誉权等。对人格权的侵权行为，法律规定了具体的制裁方式。

心理学，主要是人格心理学，特别注重人之心理的内在组织与活动。其中精神分析学说注重对人的精神心理进行分析，而类型学说根据人的体液及身体类型对人格分类做了比较深入的研究，然而人格研究的趋势是对人格进行综合研究，即把人格看作一个身心统一的整体。

在伦理学中，人格通常被当作道德品德的同义词。一般认为，道德人格是一个人在一定社会中的尊严地位的前提。缺乏道德人格的人，在社会中是不可能有真正的尊严的。

美学也研究人格。一是研究人格对艺术风格的影响，"风格即人"就是这种研究的一个命题；二是研究人自身的美，美是人的一种完美境界，心灵的健康、智慧的力量、德性的崇高是人的内在美，而人的仪表仪态（面具）等外在美也是完美人格所不可缺少的部分。

通过上述对人格缘起的考察和主要学科对人格的不同解释，我们对到底什么是人格应当有了综合的概念。作为人的存在状态，人格不可能只是某一方面的特质，它是人所具有的各方面要素的整合。人格的要素是什么呢？自然生理性要素是其中之一。人是一种生物，躯体、遗传、相貌、身体健康是人存在的生理基础。人的行为活动中，必然包括作为自然人所必须完成的生理行为，如饮食、睡眠等。自然生理要素是人格规定的重要内容之一。

社会精神因素是人格规定的另一个更为重要的内容，其中又包括下列几个要素。

一是心理要素。人类在动物进化过程中，感官和大脑渐渐发展起来，产生了不同于一般动物的心理现象。人的心理是人类社会实践的产物，和动物心理的质的不同在于，它有自觉的能动性。没有心理活动的人，要么思维不健全，要么是植物人，不可能是具有真正人格的人。

二是道德要素。人格中的道德要素主要表现为一个人的良心和尊严，良心是一个人的自我道德判断。如果你是一个有良心的人，那么当你做了合乎社会理性要求的事，内心就会感到自豪、宽慰和愉快。而当你做了不符合社会理性要求的事，内心就会产生不安、内疚甚至羞耻。社会理性要求我们善良、宽容，而如果你做了一件恶事，你的良心就会使你自责不安。良心是什么？就是一个人心中被内化为道德自律心理的社会理性声音。而人格中的尊严不是指人处在群体关系和等级关系中的"面子"、"体面"或"身份"，而是一个人内心对自己精神主体的自觉与自主。一个意识到自己尊严的人绝不会盲目被动地适应或屈辱地服从某一外在要求，必定要主动地、自觉自愿地去适应、服从，在服从中不是奴隶，而是自己的主人。一个人有良心有尊严，才会具有真正的道德人格。而一个有道德人格的人，才算得上有理性的、真正的人。

三是审美要素。人格中的审美，主要不是指人作为主体从审美角度欣赏评价客体，而是指人格自身的美。人格应当是完美的、无瑕的，时刻向周围的环境散发着自身的美。人格的美通过内在美和外在美体现出来，如果你身体健全、心理健康、心灵高尚，那你散发出的是美的人格信息。健康的气色、良好的仪表仪态、得体的言谈举止以及善意的行为，都透露着美好人格的内在本质并成为完美人格的组成部分。总之，美的人格包容了人格中所有美好的方面。

综上所述，人格是以一定的生理特征和生物本能为基础，以社会要素为本质，以某种身心统一方式活动着的人的相对稳定的存在状态。

人格的界定是这样，那么理想健全的人格应具有哪些特征呢？

理想健全的人格首先各要素应当是平衡的。各要素之间的关系应是良性互促、协调发展的，也就是我们常说的"全面发展的人"。然而人格各要素都有自己相对独立的性质，因而也就有自己发展的规律。人格各部分的发展，往往会出现不平衡的现象。这种不平衡往往有两种情形：一种是人格分裂，会引起人格结构的倾斜、断裂或解体，从而产生精神医学意义上的病态人格或畸形人格；另一种是某个或某几个人格要素片面发展，其他人格要素未得到发展。比如，体格健全但心理不正常，这是"片面生理型人格"。如果心理非常正常，但心灵格调不高或身体不健康，只能属于"片面心理型人格"。

人格要素发展的全面、平衡并不意味着"等量相加"。一个优良的个体人格系统，其人格要素可以是"均等态"，即各要素的地位均等；也可以是"优势态"，即各要素中的某一要素具有突出的地位，但要素间的联系必须是整合而不是分裂，突出的要素应带动其他要素相应发展，例如，心理健康者应当积极锻炼身体，并加强自己的品性修养、审美意识，提高个人的整体素质。

我们强调人格的健全完善，这当然是在理想意义上而言的，一定时代、一定的人往往要塑造出一些理想人格模式作为健全人格的最高尺度。如耶稣、释迦牟尼是宗教理想人格的代表，圣人、至人分别是儒家、道家的理想人格，而"全面发展的自由的人"，是马克思理想中的人格状态。有人也许会问，强调人格要素的全面性，那些残疾人难道就不算有健康人格了吗？这里有一个健全人格的相对性与绝对性的问题。要知道，各要素在人格结构中的价值地位是不一样的。健全人格内部有一个结构，这个结构是由人的不同素质组成的有机体。其中，文化的、道德的素质是它的主干，影响着人格的性质。心理素质介于社会精神与自然生理之间，或者说，心理素质由社会精神与自然生理两方面构成。心理因素中的情绪、性格、认知、意识、气质、个性等部分，在许多情况下也会左右人格的性质。身体素质是人格得以正常发展的原始条件、外在基础。

上述人格结构中的人格素质，有些属于内在人格，有些属于外在人格；有些是自然生理人格，有些是社会精神人格。其中内在的、社会精神要素的质，相对来说要高于外在的、自然生理要素的质，也就是说，社会心理的、道德的、审美的人格要素属于高质要素，自然的、生理的要素相对而言属于低质要素，因为人的本质在于社会性而不是生理性。人应当怎样把握身体、心理与心灵的关系呢？要想做一个完整的人，必须全方位地修身养性。如果只注意身体健康而放弃或忽视心理、心灵的培养，那就不成为真正的人，因为没有把握并体现那些决定一个人的高质要素。相反，许多身残志不残的人，心理健康、心灵崇高而美丽，在他们身上，散发着人性的光辉。完美健全的人格是理想、是目标，但并不意味着达不到完美就不算健全人格。从理论上说，人格结构中的各个要素应当全面平衡发展，但实际操作起来情况要复杂得多。由于人格要素在一定时间内所接受的外部刺激并不一样，很难做到时时刻刻均衡发展。因此，关于健全人格还有个相对标准问题。在特定的环境中，由于某种外在原因，我们也许没有在人格的所有方面都得到完全的发展，也许有的人身体有了残损，这种不完美是我们的主观愿望所不愿发生也无力改变的，这时最关键的是看在人格结构中占高质层次的心理、道德、审美等要素是否健全。如果健全，那么，这样的人仍具有相对健全的人格。在这方面，我们可以举出许多如保尔·柯察金、张海迪等身残志坚的人物为例。但社会发展的目的绝对不在于造就一批身残志坚的人，保尔、张海迪在生理人格上是有缺陷的。有一些生理的、由外在条件造成的不健全，是人自身无力把握的，但追求健全人格的力量完全掌握在自己手中。如果积极锻炼身体、注意生理卫生与心理卫生，加强心灵、精神的修养，我们就有可能更多地接近理想的健全人格，成为有完整人格的人。

二、健全人格的塑造

我们应当把健康概念和做人联系起来理解，把塑造健全人格视作自我实现的一部分，视作人生的目的之一。

塑造健全人格，首先要重视身体的健康完整。生理状况是人格形成的物质条件。身体是我们进行活动、思维的物质基础，身体状况的好坏，不仅直接影响到人的体力、智力，对人的气质、性格、情绪等内在因素影响也很大。营养不良、发育不好或有疾患的青少年，在人格成长中会遇到许多障碍。身体健壮的人往往精神饱满，性格积极乐观。人若体弱多病，往往会影响心理情绪和品性趣味。有一位女孩曾说她总是周期性情绪不稳定，有一段时间她会充满自信，感觉生活美好，走路都昂首挺胸、面带微笑，而有时内心中却充满自卑。一个人阶段性地出现烦躁、忧郁、萎靡消沉、悲观狭隘，同生活境遇的变化有关，往往也同此阶段人的身体生理状况相关。

此外，人格的成长成熟，与身体发育也是相联系的。一般来说，人到 18 岁左右，才能形成比较稳定的人格素质，而少年、童幼期的人格是很容易变化的。在人格发展过程中，外部环境的刺激以及身体内部生理特征的变化，会使成长中的人格发生方向转变。例如，一个少年在患一场大病或肌体受到较大外在伤害后，很可能会整个改变自己的禀性。

毛泽东同志是一个特别重视身体素质的人。他年轻时曾在一篇题为《体育之研究》的文章中对体、智、德等人格素质的关系做了一个巧妙的比喻，他说："体者，为知识之载而为道德之寓者也，其载知识也如车，其寓道德也如舍。"可见，他当时把"体"放在"智""德"的载体（基础）的位置上。

总之，身体素质是心理、心灵、内在人格的承载物，是做人的物质基础。正在发育成长的青少年，应当对自己的身体投以关注，养成符合卫生标准的良好生活习惯与饮食习惯，对青春期常见卫生问题与疾病，要治更要防，要具有安全与自救意识，同时还要积极锻炼身体，为自己的健全人格打下良好的身体素质基础。

塑造健全人格，其次要特别注意心理卫生及内在精神的修养。心理卫生不如生理卫生那样易得到人们重视，倘若身体患有疾病，我们会主动求医、积极治疗，但如果有人胆怯腼腆、郁郁寡欢、喜怒无常、缺乏自信，却难以意识到这也是一种不健康——心理不健康。20 世纪是生活急速发展的世纪，科技进步、信息爆炸，因而对人的神经、心态提出的要求也日益增多，人的心理健康被越来越多地同社会因素、社会问题联系起来，健康概念越来越明确地容纳了心理健康的内容。事实上，心理不健康的人，在身体方面也难以真正健康。心理因素的致病、治病与防病作用，古人早就有所发现。中医远在先秦时期就有心理与疾病的关系理论，"怒伤肝，喜伤心，思伤脾，忧伤肺，恐伤肾"就是古人对心理与疾病关系的一种直接总结。据专家统计，现代大城市一般门诊就医的病例中，60％以上的病人易伴有心理疾病或由心理疾病导致的生理疾病，以至于整个医疗事业如不从"生物医学模式"向"生物-心理-社会模式"转变，就不可能从根本上完成医疗事业的使命。

最后，比心理因素更能代表社会特质的是道德因素。我们已知道德因素是体现人之为人的社会性规定，它之所以在人格要素中位于高质层次，完全是因为把人本质中的崇高性清楚地显示了出来。人的良心、人的尊严，使人更像一个人，而且对人格心理因素产生极大影响，并通过心理媒介对生理产生作用。心理疾病往往依赖积极乐观的人生态度去调整。我国古代医学思想中，就有"心疗""意疗""情疗"等治病方法，都强调通过改易心态、变换人生态度来达到移精变气、治病养生的目的。健康长寿的秘诀中首要一条便是乐观豁达的精神状态。所以，树立积极乐观的人生态度，修养健康的道德人格，调理适应社会、人生的良好心态，并养成符合社会要求的生活方式与交际方式，不仅能使我们在社会生活中如鱼得水，而且会使我们得到一味使身心健康的"灵丹妙药"。

健全人格并非生来就齐备。人格中有些因素是先天的，但整体实质上是后天的社会的产物。人先天的生理、心理、心灵、精神，只提供了人格发展的可能性与基础载体，而环境和教育才赋予人格发展的现实内容。如果不经过社会教育、不经过个体的努力修炼，人初始的人格因素就不可能发展成健全人格。比如初生婴儿，他有人格，但他的人格更多是遗传素质和先天本能，健全成熟的人格只有待他在社会中学习、成长后才能塑造，这需要一个过程。这个过程大体可分解为三个阶段。

第一个阶段属于人格的滋生与形成期，这主要发生在人的未成年期。人离开母体降生到世界上，他的生长发育可分为两个基本过程：自然生理过程和社会化过程。其中，后一过程是完整人格形成的决定性过程。一个天生素质非常好的婴儿如不在社会环境中生活、学习，就很可能不具有人格。国内外相继报道的狼孩、熊孩，便是非常有力的例证。婴幼期的人格塑造过程主要通过亲人直接接触及幼儿园环境实现，此时的人格学习过程缺乏组织性、计划性和系统性。

第二个阶段属于青少年人格发展时期。青少年的人格塑造过程主要通过学校教育进行，其间还逐渐增添不同渠道的社会教育（朋友、同学、公共宣传媒介等社会因素的影响）。青少年时期是人一生中的关键时期，在这个时期里，身高、体重、骨骼、肌肉及各个器官都处在生长发育阶段，这时候注意营养、加强锻炼、讲究卫生、预防疾病，比以后任何时期都重要。成人后是否拥有健康身体，就看此阶段的健康意识和健康习惯如何。

青少年时期生理上的急剧变化会带来心理上的变化，日后在漫长人生中能否应付自如，能否具有良好的适应社会需要、经受生存考验的能力，这一切都依赖于我们在青少年阶段能否调理出健康心理状态。

第三个阶段属于成人人格发展时期。中国有句古语，叫作"三十而立，四十而不惑，五十而知天命"。从人的社会化过程讲，"三十而立"就意味着人的"社会化过程"已基本完成，人格内容进入了相对"确立"的阶段。但社会在发展，人也在不断学习，个人的社会化进程在生命终止前一直在进行，某些个人的特殊经历也会渗透到人格中，使曾成定式的人格内容发生改变。

人格塑造过程从历时状态看，可分为上述三个阶段，而从共时状态看，则可分解为人格简单状态、人格双重状态、人格理想状态三种。

人格简单状态主要指人的内在状态与外在状态没有区别、浑然一体。婴儿不会掩饰真实自我，不懂羞耻，表里如一。幼儿也没脱离内在、外在简单统一的状态，缺乏注重营养、锻炼身体、讲究心理卫生与心灵美德的自觉意识。除婴幼儿外，某些精神病人也处在一种简单统一中。这种简单人格的浑然一体，在人格性质上当属低质层次。

人格双重状态是指个体人格的内在和外在存在差异。一个人在社会中学习、成长，学会了用社会理性去说话，学会了用社会规范去"装扮"感性的自我本能，于是就有了内在的以及外在的双重存在状态。很多人会将"双重人格"理解为"虚伪""畸形"，实际上人格的双重性是人类的一种必然存在状态。任何一个生活在社会中的人，都会自觉不自觉地按社会要求进行一种"文明的装扮"，去扮演各种社会所需要的角色。会用理性克制自我的许多欲望、冲动，用社会规范制约自己的思想行为。这就好比我们的躯体，很真实但必须用好看的外衣包裹。人格就是文明给人的生理-精神所穿的服装，在这个意义上，人格本身就具有双重性。人格的这种性质在它的词源含义中就已表达出来了——人格就是"面具"。婴幼儿、精神病人以及智力障碍者不会戴"面具"，他们往往会把内在的自我真实无保留地表达出来。因此，在心理学中，过分漠视穿着、形象、防护，往往意味着心理障碍的开始。正常人在大多数情况下都是戴各种各样的"面具"的，"面具"有其存在的客观性和一定的合理性。当然，"面具"也在一定程度上造就了人的虚伪性，这就需要我们把握好人格双重状态的张力程度。

人格理想状态是指在社会条件下全面发展的、内在与外在和谐统一的人格境界，这是对人格双重状态的一种超越。当人的外在"面具"被长期运用从而逐渐内化为内在人格时，当外在人格与内在人格的差异缩小甚至消失时，完整人格的塑造也就实现了。当然，人格理想状态是人们对完美人格的一种终极价值表达。在目前社会中要求每一个人都达到理想人格的绝对统一状态是不现实的，但我们可以也应当向着人格理想状态努力，尽力接近理想状态。古训"从心所欲而不逾矩"，表达的就是这样一种理想人格状态。

人格是需要塑造的，塑造是要有过程的。了解上述人格塑造的阶段、状态，其意义一是懂得青少年时期是人格塑造的决定性阶段，人能否像他人一样拥有健全人格，完全取决于此时期的健康意识和健康习惯如何。一个有头脑的青少年，应当有这种自我觉醒。二是了解在人格塑造过程中，有一个由外向内，即从人格简单状态到双重状态，再向理想状态发展的过程。其中人格双重状态实际就是人格社会化过程的一种表现，是人对自我人格的意识与自觉。所以，人格双重状态从某种意义上讲，是人格塑造过程的必经阶段。懂得了这一点，我们就应特别注意接受社会环境给我们的教育，自觉主动地按社会要求塑造自己。社会的法律、道德规范、文明生活方式与交往方式以及医疗保健事业，都在为我们创造良好的人格塑造环境。我们应该按照这些要求塑造自己，哪怕一开始先塑造出外在人格，穿戴好社会赋予我们的"外在装扮"，再由外在人格向内在人格转化，最后使之合二为一。

总之，我们应当把健康概念提到人格的高度去理解，把它看作人之为人的资格标准。我们要做一个人，做一个真正的人，就必须追求健全的人格，要有强健的体魄，还要有能适应社会的正常心态，更要具备最能表达人类理性的德性品格，向人格理想状态努力，做自己健康的主人。

做拥有健全人格的人，是人类尊严的要求，也是现代社会的呼唤。我们的社会已经发展到这样的一个历史阶段，在这个阶段如果没有人格素质的现代化，社会生产和社会生活的现代化就显得不可思议。一个国家可以从其他国家引进先进的科学技术和管理方法，但如果这个国家的国民素质缺乏赋予这些东西生命力的现代人格素质，那么再先进的东西也是无用的。青少年是现代化的未来，希望就寄托在其身上。每一个青少年，都应将塑造健全人格视作自己现阶段的大事。

第三章 成功与魅力从礼仪开始：
访葛晨虹*

礼仪在人们生活中的重要性是不言而喻的。从个人修养的角度来看，礼仪是一个人内在修养和素质的外在表现。从交际的角度来看，礼仪是人际交往中适用的一种有利于和谐的方式，是人际交往中约定俗成的、以尊重和友好为原则的习惯做法。从传播的角度来看，礼仪是人际交往中相互沟通的技巧。作为父母，我们都希望孩子有一个成功的未来，那么就听一听葛晨虹教授关于礼仪和成功之间关系的见解吧。

礼仪说到底就是教人怎样做人做事、怎样处理各种人际关系，这些都不是智力因素所能解决的。

弓立新（以下简称弓）：成功需要具备多方面的素质，在现代社会，礼仪素养对成功的影响似乎越来越大。您觉得是这样吗？

葛晨虹（以下简称葛）：是。一个人的成功取决于许多因素，从礼仪素质角度看，他必须无论是内在人格还是外在形象，都有吸引人的魅力和能力，有利于树立良好形象的品质。总之，不能是一个在社会生活或人际交往当中缺乏魅力、人见人厌的人。从这个意义上讲，成功与魅力息息相关。

现在，父母和学校多侧重孩子的智力开发，实际上，一个人的素质

* 本章内容原载于《少年儿童研究》2006 年第 6 期。

才能应该是全方位的。卡耐基讲过，若促使一个人成功的能力为100％，那么智力因素占20％，另外80％是非智力因素，包括心态、德行、教养，也包括人际交往能力。礼仪说到底就是教人怎样做人做事、怎样处理各种人际关系，这些都不是智力因素所能解决的。当今时代对人才有全面的要求，仅靠智力开发和知识灌输是不能塑造真正的人才的。现在提出的事业发展"新概念"表明，成功不仅靠资金、财物、知识，还要靠广泛的人际资源，即人际资源也是今天个人事业发展的有力工具。

如何获得人际资源、经营社会关系网呢？这就需要一个人在掌握专业知识以外，必须有高超的人际合作和交往能力。20 世纪末在北京曾召开过一个国际研讨会，各国著名中学校长聚集一堂，探讨 21 世纪需要培养什么样的人才。其中谈到，新世纪的人才必须是和各种各样的人打交道都能成功的人。

弓：看来，个人魅力也是一种能力。

葛：确实如此。有的人不善于交往，有性格、心态的原因，也有礼仪素质的原因。礼仪就是得体地处理各种各样的人际关系，用和谐的、令人愉快的方式待人接物。有礼仪素养的人，交往能力通常也比较强。

在应聘工作面试时，用人单位除了看应聘者的知识水平，也要看他的礼仪素质。在强调合作和人际资源的今天，后者通常更是素质中重要的板块。人的能力通常和他的素质整体情况相关。在这里我想引用"木桶原理"来说明这一点，木桶原理是说，木桶的容纳量不取决于最长的板子，而取决于最短的板子。人际交往能力也是如此。无论你有多少长项，如果礼仪素质不到位，其他的长项就很难发挥作用。

弓：生活中处处都需要礼仪，有人将礼仪划分为很多类别，比如涉外礼仪、餐桌礼仪等，您同意吗？

葛：这种划分是相对的，我实际上不赞成机械的划分方法。礼仪是一种渗透在生活各方面的规范行为，不能以场所的不同来做实质性划分。礼仪是从自尊尊人的角度处理各种人际关系，一个教养有素的人在家庭生活中会表现出相应的文明素养，在公共场所自然也会表现出良好的礼仪风范。礼仪是一种有教养的生活方式，严格地说不好划分。一个在家庭中有文明素养的人，在工作岗位上也会把这种教养体现出来。

言谈举止坐卧行、待人接物都是礼仪，父母应该培养孩子全方位的礼仪素质。

弓：家庭是培养孩子礼仪最重要的场所，父母可以从哪些方面入手呢？

葛：家庭生活中的任何事情都可以是教导孩子的时机，比如吃饭前养成洗手的卫生习惯，吃饭时不抢着吃、不随意翻盘子里的菜等，都是在培养礼仪习惯。此外，有一些是在任何场合下都不能养成的坏习惯，比如吃饭时发出嚼东西的声音、嘴里边嚼东西边说话等。现在的父母过于迁就孩子，好吃的都让给孩子，有时就没有注意贯彻餐桌礼仪。当然，礼仪是要变通的，强调举一反三。在自己家吃饭时站起来夹菜是可以的，但在公共餐饮场合，这样就很失礼了。父母要对孩子讲明这些，因为在公共场所自律一些，更能表现出对他人的尊重。

社交活动用餐时要注意餐桌仪态，要谨记到这里来是为了社交公务，吃饭是次要的，不能不管不顾地吃，千万不能给别人留下一个印象——我很贪吃。有的专家说，在比较重要的社交公务用餐中，哪怕因为某种原因没有吃饱，结束后再到小餐馆加餐，也不能在餐桌上显出贪吃的样子。当然在私人空间可以自由些，但是应教育孩子在别人家吃饭要适当，不要表现出特别贪吃、缺乏教养的样子。

弓：教育孩子讲礼仪时，是不是父母首先要懂得相关知识，不然就没法指导孩子呢？

葛：是。父母必须有意识地学习礼仪知识并运用在家庭生活中，比如穿着就有很多规矩。家长首先必须知道着装礼仪，才可能教会孩子。正式场合必须穿正装礼服，到公共场所不能穿内衣随意出入。人们经常会由于礼仪常识不足而犯错误，曾有一位老师穿着唐装参加纪念孔子的活动，门口保安不让进去，理由是没有穿正装。保安不了解民族服装和西装一样，同是正装的一类，所以会出现礼仪失误。当然，穿民族服装还是西装礼服，要根据场合而定。纪念孔子是一项传统活动，穿唐装可以。如果是商务谈判，穿西装就更能表现出职业特色。

北京已经成为国际大都市，2008 年奥运会即将到来，届时全世界的镜头都会聚焦北京，所以生活在北京"大窗口"的人，在穿着方面就不能太随意。曾有外国留学生问我：中国的老人为什么会不体面地不穿衣服上街。了解后得知，她所说的"不穿衣服"是指只穿背心和短裤。

在留学生的礼仪常识中，穿内衣是不能出门的。而我们有的人认为穿汗衫就是穿衣服了，穿自制大短裤也可以外出。其实制服短裤和内裤还是有区别的，就像睡衣和吊带衫、太阳裙都是有区别的。

弓：可能一些父母并不知道这样穿不对。

葛：所以要让更多的人了解这些常识。况且，如果父母缺乏礼仪知识，孩子就很容易出现问题。还有，卫生习惯直接关系个人形象。在仪容礼仪中，清洁感很重要。有些人很多天不换衣服，虽然这些和生活条件有关，但是每个人一定要尽量养成卫生的生活习惯，可以朴素，但最好要讲卫生。

国际卫生组织提倡的健康新概念中有一条是每天都要洗头洗澡。事实上我们很多人在生活中因为各种原因可能没有做到，但要知道这是文明生活方式的要求。虽然一时达不到，但至少要有意识努力达到。在需要展示良好礼仪的场合，我们必须把最好的形象，包括清洁感留给别人。

总之，我们不能因为生活条件差就降低文明生活的一般要求，不能容忍在有条件的情况下还脏乱差。现在很多人要么不知道，要么觉得和自己无关，缺乏这种文明的努力和追求。而我们的目标是做清洁文明的人。

> 中国文化中特别讲究称谓，对身份不同的人要有不同的称呼。不称呼人就讲话是非常不礼貌的。

弓：现在有的孩子直呼父母的姓名，父母也并不特别在意，觉得是一种平等的表现。您怎么看待这种现象？这算不算缺乏礼仪呢？

葛：这与文化氛围和文化传统有关。中国文化中特别讲究称谓，身份不一样，就要有不同的称呼，例如父系亲属和母系亲属的称呼是不一样的。而西方人平等自由的意识比较明显，对直接称呼名字习以为常，并不觉得是一种冒犯。克林顿来到中国的幼儿园，小朋友都说"欢迎克林顿爷爷"。克林顿不习惯，觉得自己没有那么老。结果有一个孩子说："你好，比尔。"克林顿很高兴，把他抱起来照相。人是有不同文化心态的，中国人在称谓上不能随便越界，中国的家庭要按中国的传统，而和西方人打交道则可以称呼名字。父母如果接受西方思想，不介意被直呼名字，在家里也可以如此，但是一定要让孩子明白和其他人交往时不能这样，称呼不得体是非常失礼的。

关于称谓的问题，我们要养成言必称呼的习惯，不能"哎，你告诉我……"。现在一些人有搭白话的习惯，这应该改。现在没有形成一个普遍通行的称呼，有时候容易造成一些尴尬的场面。"同志"是我们多年来的一个普遍称呼，但是总有一些场合叫"同志"不合适，其他如"小姐"之类的称呼也有类似问题。但是，不管怎么说，我们要尽量用合适的称呼与对方说话。

弓：除了称呼的问题，我们生活中还有一些规矩和西方是不同的，比如收到礼物时是否要当场开封等。

葛：对。收受礼物的礼仪要分场合和对象，和西方人打交道要按他们的习惯，当面打开礼物表示喜欢，对方会很高兴。和中国人就要看熟悉程度，越是陌生的、年长的人越要按中国传统的方式。面对现代年轻的朋友时，当场拆开礼物欣赏一下，表示高兴也很好。但中国人不习惯当面打开礼物，原因是：不当面打开礼物，恰恰表明了注重的是情意，而不是礼物本身。当然，礼仪是可以变通的，原则就是自尊尊人，多一些他人意识。

弓：现在人民生活水平提高了，外出就餐的情况比较多，在座位的排序上，怎么才能显得最有教养呢？

葛：中国和西方的座位排序方法是不同的。在中国，通常是以面向正门的位置为上座。如果门比较偏，或者房间不是很规则的话，就要考虑把有主背墙或视野最好的位置作为上座。确定主背墙的依据是有主装饰物，或者是背靠这面墙环视大厅比较方便。中式排座的特点是有一个上座和一个下座，下座在上座的对面。从上座到下座，按客人的重要性依次排下来。西方则不同，不管是长形桌还是圆桌，第一主人在上座，第二主人在他的对面。1号贵宾在第一主人旁边，2号贵宾在第二主人旁边。这样轮流排列，给人的感觉是没有明显的上下座。此外，还有一个明显的区别是，中国人习惯于夫妻合座，或者男坐一桌、女坐一桌。西方则要求男女分开排座。

> 礼仪是从自尊、尊人的角度处理各种人际关系，父母要培养孩子的他人意识。

弓：礼仪的内容涉及生活的方方面面，父母也需要不断学习才能逐步完善。您觉得礼仪素质中核心的原则是什么呢？

葛：他人意识和礼让精神是礼仪素质的第一原则和要领，许多规矩归纳起来就是礼让别人。因此，道德养成是礼仪养成的根基，内心有良好的道德，就能自然流露出来。一个人小的时候，没有养成真善美的品质，大了以后仅仅学西装怎么穿、微笑露几颗牙，是不可能真正达到教养有素的，弄不好还会给人留下"伪君子"的印象。

礼仪的规则数不尽数，任何书都不能囊括所有礼仪。掌握礼仪的一些基本原则和规范后，就应该举一反三。从这个意义上讲，家庭要从孩子的道德品质入手，培养孩子文明的生活方式，对人有礼貌、有爱心，学会礼让。这样，孩子到社会上才会考虑别人。真正的礼仪不是那些外在的形式和技巧，而是和人内在道德品质结合起来的素质。

弓：有些父母会觉得礼仪太限制自己，所以在家里不是特别在意礼仪，日常的举止和穿衣等方面都特别随意，您觉得这对孩子有什么不良影响吗？

葛：在私人空间里不讲究礼仪而浑然不觉，在公共场所肯定会出现问题。从教育方式讲，家庭是最好的学校，父母的言传身教很重要，父母应该率先培养自己的礼仪素质。同时，我觉得虽然是在家里，也有一个自尊、尊人的问题。有些父母在家里太不注意自身的衣着，那么在其他家庭成员心目中的形象就可能会打折扣，孩子在家庭中对父母的尊重也和父母的自尊表现有关。总之，礼仪在这个意义上是教人自尊和尊人的。古人说，人自尊而尊之，自尊和尊人是相辅相成的。

弓：您是大学老师，接触了很多学生，从他们身上，能看出一些礼仪教育上的问题吗？

葛：一些大学生他人意识淡薄，有的人不知道如何做才是有他人意识。有一次在我上课时，一个漂亮女生走进来，坐第一排，摆好笔记本电脑，然后离开座位把电源线插在墙上，并旁若无人地整理自己的东西。我觉得奇怪，迟到了怎么还在课堂上这样无所顾忌？课间一问才明白她不是班里听课的学生，只是因为别的教室都没有空的电源插座，才到这个教室自习。我问道："怎么能随便进入上课的教室呢？"她说："我又没有妨碍你们，你上你的课，我看我的资料。"听了让人哭笑不得。还有学生对我抱怨："我和宿舍其他人格格不入，他们各方面表现都不好，我不愿意降低自己的品位。"我认为，有些时候的确是自己对而别人不对，但是如果大多数人都和你格格不入的话，你就要反省自己有没有问题了。在学生当中，有些行为是大家都做得不好，有些是自己的问题。很多学生并没有恶意，就是缺乏他人意识。

弓：非常感谢葛教授的指教。

第四章 风度优雅谁家女 *

　　美丽的女性应当气质优美，唯有具备优雅的谈吐与举止，仪态亲切端庄、落落大方，才称得上气质优美。专家研究表明：人际交往的效果20％取决于有声的语言，80％取决于无声的语言——表情与体态。一动一静，无声胜有声。

　　无论穿着多么讲究、打扮多么时髦、发型多么精致，若姿态不雅或举止粗鲁，都会破坏形象。尽管一个人从1岁起就学会站了，却很可能一辈子都没有学会正确优美的站姿。优美的站立姿态应给人以挺、直、高的感觉。人体直立，挺胸收腹，背一定要直。脖颈向上引，连同腰节也拔起来，就好像有一种来自天空的力向上牵引你的头。引颈但要微收下颌，勿耸肩，勿凸腹，勿僵硬。上述要点如果你都做到了，你的站姿就一定是优美的。

　　坐，多半为了休息。你可选择任何一种你感觉舒服的坐姿，但不是任何场合、任何时候都可以这样。比较正式的场合坐时上身应端正挺直，但勿正襟危坐。坐姿与站姿一样也显露你的教养。

　　你的行走应和你优美的站姿一样自然大方，踏着碎步会使人觉得做作，迈着八字步摇摇晃晃又是另一种忌讳。生活中不能如时装模特般走步，但如果你心中想象自己行走在一条直线上，那对改进你的步态是极

有益的。

初次见面给人留下印象最深的是神态。它是人内心世界的外在显露。面带微笑会给人以美感，并带来令人愉快的信息。顺便提醒你，不要有皱眉习惯，眉头竖纹形成后无时无刻不在展示你的愁苦，有了"愁眉"必有"苦脸"。记住"眉开"才能"眼笑"。

不要竭尽全力扯大嗓门。在公共场合你常旁若无人地大声说话吗？经常愚蠢地"咯咯"傻笑或发出尖声怪叫吗？这可不太好。有涵养的女性从不粗声大气地同人讲话，尤其在公众场合。一位外国朋友对宋庆龄的由衷赞美之一便是："你从不提高声音说话。"

有许多小动作，在许多场合许多时刻也是应当加以注意的。如剔牙、剔指甲、掏耳朵、挖鼻孔、挠痒等。这些"私事"别人无权干涉，但如果在大庭广众之下做，就会有损你的形象。如果你还有随地吐痰的习惯，那可就更糟了。

总之，如果你愿意成为一个受欢迎的人，那就应当关心一下自己的言谈举止、仪表仪态。愿你今天行动，明天变成优美女性！

第五章　德性素质教育从礼仪开始[*]

一

礼仪文明起源于人类社会交往之中，是人类在长期社会生活中逐渐约定俗成的。社会交往是一个复杂而又充满冲突的过程，为使人们在社会生活中和谐有序地愉快交往，人类形成了法律、政治、宗教、道德等需要共同遵守的许多规范和礼仪习俗等。西方礼仪专家说，礼仪看上去有无数的清规戒律，但其根本目的在于让世界成为一个和谐、愉快的地方。

"礼"和"仪"最初是两个不同的概念。"礼"更多体现社会道德观念和价值取向，"仪"是"礼"的具体表现形式。"礼"是"仪"的标准、内涵，"仪"则将"礼"具体化、形式化。在今天，"礼仪"已成为表达道德要求的具体形式。如，尊老敬长是道德要求，具体如何操作，则必须借助具体敬老礼仪形式来实现，因此，我们说德性素质从礼仪教养开始。

礼仪有千百礼规细节，但也有其核心原则和特点。礼仪讲究"礼序等级"和"对等原则"，强调"尊重原则"和"他人原则"。

---

* 本章内容原载于《中国教育报》2010 年 12 月 1 日。

二

礼仪涵养对个人而言，是文明教养的标志，更是一种素质能力。现代文明社会不仅需要很高的才智能力，还需要很强的人际交往能力。在社会交往和竞争日益激烈、人际关系日趋复杂微妙的现代生活中，无论是在工作还是生活中，每个人都需要学会处理各种公共关系或人际关系，而礼仪素质是人际沟通最基本的艺术手段或能力。

人际形象力与人的素质能力相关。全新的事业公关概念告诉我们，现代社会最有力的事业发展工具是人际资源，而且，人际资源不在于你认识谁，而在于谁认识你、怎样认识你。这就意味着我们必须展示给他人、社会良好的人际形象。礼仪教养是帮助我们改善人际关系、塑造形象、展示魅力、获得成功的一种重要素养。作为现代人才，每一个人都必须具有基本的人际沟通能力，具有一定的形象力或人格魅力。许多时候，形象力或人格魅力会直接转化为人的能力。

人才素质的"木桶原理"告诉我们，人的能力大小往往取决于素质是否全面。一个人的素质板块比较整齐，其素质综合指数就会比较高；如果素质板块参差不齐，素质整体能量就会因为有短板而大为降低。因此，决定一个人能力大小的，有时候并不在于拥有哪一项特长，如果其他素质有短缺之处，其特长就会像木桶上那根最长的木板一样，成为一种"多余"。素质能力的研究表明，人的能力的发挥，只有 20％取决于知识智力因素，80％取决于人的人际交往等非智力因素。

三

德性素质教育应该从礼仪教育开始。一个缺少礼仪教养的人，如果没有起码的卫生、文明习惯，言行粗俗，举止粗鲁，对人缺乏基本的礼貌和尊重，那就不可能让人感受到他的道德内在。同理，道德教育如果缺少了礼仪教育，就会言之无物，使品德教育缺少具体基础和表达形式。中国古代智慧认为"养蒙莫先于礼",只有对未成年人首先进行礼仪教育,使之言行举止有所循持,有所检束,止邪于未形,方可能使之成人之后行圣贤之事,成为有德性的人。

礼仪无小节,品德教育必须注重礼仪细节培养。人们说,细节传递教养,细节体现品质,细节决定成败!礼仪细节之所以这样备受注重,一是因为失礼不易被人原谅,人际尊重是最基本的人格需要,二是因为礼仪品质是做人最起码的教养。中国文化已习惯把礼仪教养和一个人的品德素质联系起来,"有失礼节""无礼"这些概念,差不多已成为一个人粗俗、缺乏教养的代名词。所以,礼仪涵养实际上是素质木桶底部的一块板子——它在素质整体中具有最关键的权重。

总之,礼仪是行为规范,礼仪是教养,礼仪是交往艺术,礼仪是一种素质能力。社会和谐文明与礼仪同行,个体成功与魅力从礼仪起步,德性素质培养也必须从礼仪教育开始!

第六章　人际交往能力
与现代人才素质 *

现代社会的发展，对人才的基本素质和智能结构的要求越来越高。具备怎样素质的人才算符合现代人才素质要求？按照科学人才观，"高素质"并不简单等同于"受过高等教育"，而必须是德才兼备、具有实际操作能力的人。社会人际交往能力就是人的实际操作能力中的一种重要的、基本的能力素质。

一、人际交往能力是一种重要的人才素质

全新的事业成功概念告诉我们，现代社会最有力的事业发展工具之一就是人际网络，人际关系已成为我们今天事业中的一种重要发展资源。在现代社会生活中，并不只有专职公关人员才需要具备社交公关的素质，不管在社会中从事什么工作，都需要处理各种社会交往关系的能力，需要和各种对象合作的能力。因为现代社会已经成为一个"关系"社会，几乎任何一件事都和各种人际的或社会的"关系"有关。要理顺各种关系，连接各种有利资源，并和各种关系合作、协调好，就必须具有良好的人际交往素质和能力。一个没有交际能力的人，犹如一艘陆地

---

* 本章内容原载于《中国人才》2004 年第 8 期。

上的船，永远也不会漂泊到人生大海的彼岸。

21世纪来临之际，曾有百位世界著名中学教育工作者聚集在北京，共同研讨21世纪需要具备怎样素质的人才。在诸多观点中，有一点达成了共识，即新世纪需要的人才应该是同时和多种人打交道都能成功的人。据相关人力资源部门反映，目前用人单位通常首选的也是那种既有专业才智，又善于合作、有良好人际沟通能力的人才。而在专业才干和人际沟通能力不能兼得的情况下，大多数部门通常会倾向于选择后一种素质。

事业成功概念还告诉我们，人际沟通能力是一种对人要求很高的素质。它是一种才智，又必须建立在人的德性涵养之上。一个仅仅具有专业才智而缺乏德性涵养的人，是不可能具有真正人际沟通能力的。人际沟通成功的关键不在于你认识（沟通）了多少人，而在于多少人认识你、怎样认识你，即这些认识你的人是欣赏你还是反感你。在人际交往中，如何认识对方，如何判断、评价对方的素质和品性，是关系交往双方是否愿意进一步沟通合作的重要环节。我们可能会认识许多人，但如果我们在别人的感知中是一个缺乏基本道德教养、举止无礼、毫无诚信可言的人，就不可能拥有与他人合作成功的机会和资本。所以，开发挖掘社会人际资源和培养良好德性素质，很多时候犹如一枚硬币的两面，是二而一的问题。在这个意义上，人际沟通能力既要求我们具备才智能力，又要求我们具备德性素质能力。

二、人际交往合作中的"一票否决"

现代社会交往频繁，竞争激烈，许多机会转瞬即逝。在许多机会面前，我们往往会面临被"一票否决"的结果。

目前许多人尤其是青少年在人际沟通能力方面，与现代社会要求还有一定差距。人们在尊重礼让他人、关爱他人方面，在与人积极合作、协调组织方面，都不同程度地有一些欠缺。还有些人由于成长过程中的种种原因，在待人接物、言辞表达以及形象展示方面都还缺乏基本的训练，这些因素已经成了今天人才竞争和发挥才干的瓶颈。

我们所处的时代，社会分工越来越细、越来越复杂，对人和事物的方方面面要求越来越高，许多事物不再是模糊的、可以有缺陷的，一个环节的错误就可能导致满盘皆输。现代社会已越来越多地运用"一票否决"的机制。人们在工作竞争中往往会遇到人际沟通的"一票否决"，许多机会很可能就因为我们在人际沟通中的某一点疏忽或者某一点缺陷而与我们失之交臂。许多时候人们的素质才能、努力程度可能达到了99分，但很可能就因为人际沟通时1分的细节疏忽，把那99分都丢掉了。在这个意义上，人际沟通能力已成为现代人的一种必要的素质能力了。也就是说，人际交往能力已被认为是现代人生存和发展的基础条件，是一个合格人才进入社会的基本通行证。

三、人际交往能力与人的素质整合

生活中有些人会让我们感到其特别有能力、有素质，他们在工作中成功率比较高，你做不了的事，他们一做很可能就能够成功；你处理不了的复杂关系，他们轻而易举就理顺了。这是为什么？原因很多，其中一个重要的方面就是他们有足够的生活教养，懂得足够的人际沟通技巧和艺术。他们是处理各种社会关系的专家，懂得展开良好社会交往的技巧和艺术，让你在不知不觉中同意他们的观点，愉快地选择与之合作，甚至自愿帮助他们完成任务。

所以，作为现代人才，你必须具备基本的人际交往素质，必须深谙人际关系的奥妙，懂得处理各种复杂微妙关系的技巧和方法。还有，你必须具有非常的德性魅力，因为人的德性魅力在许多时候会直接转化为人的能力。

针对人的能力的研究表明，人的能力的发挥，只有20%取决于智力因素，而80%取决于人的非智力因素，这些非智力因素包括人的心理素质、情感性格特征、人际沟通能力以及德性教养等方面。人际沟通能力属于一种典型的非智力因素。

人的能力的大小，有时候取决于你的素质是否全面。素质越全面，能力就越强。一个真正素质高的人，素质整体中应当没有什么明显缺陷。你的素质中真的、善的、美的因素应全面具备。你有能力运用你的专业知识，同时也必须很善于赢得社会和他人的认可、称许，善于获得良好的人际关系。卡耐基曾针对人的素质能力因素有过一种划分，认为如果人的能力和成功以 100％ 去衡量，那么知识只占人的能力、成功的 20％，而那其余的 80％ 在于人的交际能力。

四、人际交往能力与素质教育

从适应时代要求来看，培养人才只强调传授知识、培养智力能力显然是不够的。新的科学的人才观特别强调人的全面发展和人的实际能力的培养。所有高质量的人才必须具备全面的高素质。高素质可以促进知识与能力的进一步扩展和增强，但更重要的是它可使知识和能力得以更好地发挥。知识、德性、能力、素质这几者之间是辩证统一的，素质应居于最高地位。

素质教育是一个大概念，它包括培养学生正确的思想意识、价值观、人生观，培养学生的创新精神和实践能力，也包括培养学生的人格品质和审美情趣。对大学生进行这种高质量素质培养，要进一步加强人文素质教育，在培养专业知识的同时，注重提高他们的文化品位和格调，提高他们的人格水平和教养层次，培养他们的人际沟通能力，造就真正"有理想、有道德、有文化、有纪律"、德智体美劳全面发展的人才。

目前教育体系进行的人文素质教育，多半局限在文学、艺术、历史、文化、哲学、思想品德等学科中，对学生社会化过程中起至关重要作用的人际合作和沟通方面则没有给予应有的重视。

上述几方面文化素质教育，在培养未来人才较高文化品位、精神境界及内在品格修养，积极向上的人生观、价值观，以及人性情感和个性等方面都具有非常重要的作用。但这些教育多注重人的内在理性和内在精神的修养，如果缺乏由内而外的转化和践履，受教育者的人文知识、人生观、价值观等教育往往就会停留在知识层面，而难以转化到日常生活层面。譬如，我们的德育一直受到社会的重视，受教育者学到了许多相关理论和知识，但在日常社会生活和工作中往往缺乏良好的或基本的操作能力，这和我们的德育及人文素质教育缺乏相关内容的训练是分不开的。

　　总之，在诸多素质教育内容中，人际交往能力应被视为其中必不可少的一个方面。全社会都应该注重有效培养人才的人际交往与合作能力，每一个人都应要求自己清楚了解人际交往的社会规则，做一个自尊而又尊人的受人欢迎的人，一个善于沟通和与人合作的人，一个能够有效运用各种社会关系资源的人。只有掌握了社会交往必备的这种沟通合作能力，才可能掌握打开社会大门、人际资源大门的钥匙，成为德才兼备、有真正实际能力的合格人才。

第七章　从社交礼仪看国民素养[*]

一、个人素质有时代表一个国家的形象

我们都知道，不管是办世博会，还是办奥运会，实际上办会不是唯一目的，更大的目的是通过办会让世界人民了解今天的中国，把办会当作当今世界最重要的视觉展示窗口和平台。

我在和其他国家的学者交谈时，感觉他们对我们的了解是很有限的。一部分外宾到中国目睹现状后，对中国有一定了解，但相当部分的外国人不可能亲自到中国，这样就会有很多误解。

改革开放这些年，国人富裕了，境外旅游频繁，留给外国人的印象有好的方面，但也有很多不好的方面。

今天我就讲讲这些不好的方面。我从媒体上看到，有外国人说，怎么从东方人中辨认出中国大陆人呢？你看到随地吐痰的多半是中国大陆人；随地扔垃圾的是中国大陆人；在公共场所大声喧哗、抽烟的是中国大陆人；飞机刚落地就开始打手机的多半是中国大陆人；节假日背着大包小包旅游，脖子上挂着相机但是穿着西装革履的多半也是中国大

---

*　本章内容原载于《新华日报》2008 年 6 月 11 日。

陆人。

听到这样一些说法，我心里会很不舒服，但实际也清楚不是一点道理没有。在国外，我还看到有资料说一些中国留学生居住或中国游客比较多的地方，会在垃圾桶的上方或者卫生间的某些地方用中文提示语标明"请把杂物投在垃圾桶里""便后请冲厕所"。还有一些地方专门用中文赫然写着"请不要随地吐痰"。当你看到这些中文提示时，你会怎么想呢？

中国这些年发展得很快，举世瞩目，但是经济发展的同时，我们中国人的素质也应该跟着一起得到世界的认可。著名作家马克·吐温说："人可以犯错误，但人不能有一个失礼的举动。"意思是失礼的行为是非常不应该的。

二、礼仪是道德内涵的外在体现

社交礼仪，不管从哪个角度去讲，都是我们的素质能力当中非常重要的一个部分。现代社会最有利于事业发展的工具是什么？在以往，我们可能会讲是资金，而现在的新概念是，最有利于事业发展的工具是人际网络、人际沟通的能力、人际合作的能力和人际资源开发的能力。

我记得有一年在北京开了一个国际研讨会，研讨下一个世纪的人才应该是什么样的。当时达成了很多共识，其中有一个观点给我印象非常深，即 21 世纪我们培养的人才不仅要能够掌握相关的技术知识，还要能够用各种语言和人打交道。不是像过去说的学好数理化走遍天下都不怕，现在在掌握知识技能的基础上，一定要培养人际沟通合作的能力，你才可能去开发利用对自己事业发展非常有利的各种各样的人际关系网络。研究表明人的能力发挥只有 20% 取决于知识智力因素，80% 取决于非智力因素。20% 的知识智力因素是拉不开多大距离的，但是 80% 的非智力因素区别就大了。其中有一个很重要的问题就是社会交往能力问题。

我用一个大家比较熟知的比喻来强调社交能力。我们经常说木桶原理，即木桶的容量和大小不取决于木桶最长的那块木板，而是取决于木桶最短的那块木板。在这里我想说，如果一个人的十块木板中，九块都很长了，但是社会交往能力这一块很短，那么其他九块板的优势就会丧失。

礼仪教我们要建立一个良好的形象。一个缺乏教育、缺乏素质的人，一定是被人远离、被人抛弃的人。礼仪实际上是道德内涵外在的体现，它是通过良好的方式去建立自己对外人的形象展示。

注意自己的礼仪形象，也是对自己的事业发展负责。因为有了礼仪素质，你的社交能力、你的整体的"木桶"才能够得到一个有效的整合。有一句广告词"思想有多远，我们就能走多远"，我非常认可这一点。对礼仪素质也可这么说。

三、仪容仪表仪态与礼仪形象塑造

仪容形象，首先需强调清洁感。从面容到整个身体，都有一个清洁感的要求。清洁感是仪容礼仪的第一要义，一个教养有素的人绝对不会允许自己不修边幅。

前两年我们去台湾地区访问，其中有一位上海学者，年龄蛮大的，很有思想、很睿智，但在仪容教养方面稍微有点欠缺。这位老师的衬衣不是特别整洁，且连穿了两三天都没有换。也许这是一个习惯问题，但和人打交道的时候，被看见污垢是很失礼的。特别要注意国际活动中清洁感绝对是第一要义。

现在我们都知道"爱牙日"，还有这个日那个日的。世界卫生组织还提出了一个新的健康口号，叫"头发要天天洗"。实际上头发绝对是表达我们清洁感的重点，虽然头发看不见什么污垢，但两三天、三四天不洗，就会感觉非常不清爽了。有时有些人穿得很整洁，但总给人一种不清爽的感觉，严重点说有种不洁感，很多是头发的问题。

另一个重点是衬衣。人应该天天洗澡天天换衣，在国际活动当中更要遵从这个习惯。国外对这个问题非常重视，我的一位校友写了一本书叫《体验美国礼仪》，里面也提到在很多讲究文明的国家，这已经成为一个基本的生活习惯了。在国际交往当中，我就发现我们很多学者包括很多翻译人员在这方面不大注意。外国学者就非常注意这一点，有的时候连外衣也时常换。

其次需强调的是仪表礼仪问题。在不同的场合按照着装要求穿不同的服装,这就叫着装得体。着装得体并不一定要穿名牌,也不一定要穿得多漂亮时髦,而是要因时因地因场合而宜。着装得体是非常重要的礼仪,正式场合要着正装,正装分男士正装和女士正装。男士的正装无非三大类,正式的西装礼服是第一大类。第二大类是中山装,这是汉民族的服装,可以作为正装。民族服装也可以作为正式场合的礼服,比如开"两会"的时候,可以着民族服装作为正装。第三大类是夹克装。这三大类作为正式着装是通用的,但也有区别。在规格比较高、不需要凸显民族特色的时候,我们最好着西装礼服。

女士的礼服不像男士的礼服那样容易划分类别,女士礼服比较宽泛,但也有要领原则。第一是日礼服和晚礼服的区分,以日落为线,通常晚上的活动比较轻松愉快,晚礼服的设计可以比较多地袒胸露背,展示女士的性感美,日礼服则需要展示女士的认真严肃、职业特色。第二个要领是裙长,不论是西服套裙还是晚礼服,裙子都不能短于膝盖。第三个要领是女士一定要穿带跟的皮鞋出席正式场合。如果和便鞋搭配的话,就会不和谐。另外,不可以穿凉鞋出席正式场合,香港有位专家说不要穿"空前绝后"的鞋子,就是指凉鞋。另外,成熟的职业女性要穿长袜,避免暴露自己裙鞋之间的那一段皮肤,增强女性的性感美。袜子在颜色方面,以肉色为宜。

仪态包括很多东西,有姿态、神态、心态和语态。姿态很好理解,行卧都是姿态。雅典奥运会上有一位中国志愿者,回来后写了一篇文章,题目是《不要把手插在口袋里》,运动会上志愿者并不是每时每刻都有工作可做,累了又空着的时候,把手插在口袋里,悠闲地坐着,是一种非职业的状态。

2005年在北京开了一个有关奥运的研讨会,国际奥委会的一位官员在对中国大学生志愿者表示充分肯定的同时,也提出了问题,他认为大学生志愿者的热情虽然很高,但责任感、职业状态方面还需要进一步培训。比如看到空饮料瓶滚到地上也不捡起来,空闲时候抱着手臂或者手插在口袋里靠着窗台或者坐在窗台上等。这些都是礼仪的细节问题。

神态也是非常重要的。我在国外的时候,发现外国朋友表现出来的神态一般都是愉悦和友好的,面带微笑。这点中国人有所欠缺,也有外国朋友反映中国人太严肃，老是板着面孔。韩国在准备奥运会的时候曾开展了一次全民微笑运动。

我说到的这些并不代表社交礼仪的所有知识点，只代表了社交礼仪中基本的形象，你的形象到不到位，有个自尊的问题，也有个尊人的问题。礼仪都是小节，都是细节，但是关于礼仪有个约定俗成的名言："礼仪无小节，礼仪无细节。"所有的细节都表现我们的素养。

四、礼仪教养，把握好分寸是关键

培养礼仪教养重要的不在于掌握多少知识，而在于掌握分寸。有了知识还要有举一反三的悟性，比如握手通常应该谁先伸手，通常女士先伸手；长者先伸手；地位高的先伸手。一般把握手与否的主动权交给地位比较尊贵的一方，这是理论上的，而实际操作起来会有变化。大多数时候为了表示友好，大家会共同伸出手来。

我认为，这不是我们需要追究的细节，但有些分寸感需要自己领会，比如握手的力度、握手的方式。有些人握住对方的几个指尖，轻轻一握，随即就松开了。其实这种分寸感就把握得不是很好，这会令对方感到你缺乏应有的热情、诚恳和自信等。通常职业性的握手应该是握满整个手掌的。

有人会问，和女士握手不是应该握她手指尖的吗？在西方传统的礼仪当中有一个对女士行吻手礼的习惯，现在如果你不行吻手礼的话，那么职业性的握手应该是握满手掌并有一定的力度。进电梯时，通常不好意思让别人代劳按电梯按钮，但如果电梯里面已经有很多人了，你是请别人代劳更得体，还是穿过你面前的人的肩膀、手伸得老长去摁按钮得体呢？这些都是分寸感的把握问题。包括在餐桌上既要吃饱又要吃得有涵养，这都是分寸感。在掌握分寸感的时候，"女士优先"和"长者优先"在某种程度上会出现不同文化背景的冲突，这种情况下就需要我们动用礼仪的感悟能力。

这里我可以举个例子。有一次出国，同团的一位老师由于身体状况不是很好，年纪也大了，所以领导特地派了一位年轻的女同志照顾他。结果下了飞机在出美国机场的时候，女孩把老师的行李一一拿下，放在行李车上然后推着跑在前头，而那位老师两手空空轻松地走在后面。这时候有位机场工作人员在旁边叽里咕噜地说着，经过翻译才知道，原来是在说一位先生甩手走路让一位女士推着这么重的行李不合适。这个问题在中国是很能理解的，长者为先。但是西方文化是女士优先。长者优先和女士优先在这种情景下撞车了，这就需要我们去把握它的分寸感。在什么情况下，对多大年龄的长者，我们需要"长者优先"，而在何时需要"女士优先"，在国际活动中都要照顾到这些问题。

许多人不是不知道礼仪知识，而是没有养成"下意识"的习惯。在讨论文明礼仪的相关研讨会上，我就看到个别礼仪专家也会犯一些常识性错误，比如手机铃声不断响起，不断接听，旁若无人，这是因为他"下意识"中没有养成这个文明习惯。

我还看到一个从雅典奥运会回来的人写的一篇文章，题目是《不要让手机铃声给中国人丢脸了》，讲的是在雅典奥运会击剑馆内手机铃声不断响起的事。显然这是一个需要安静的场合，场内响起了"中国人""中国人"的起哄声。作者当时很气愤，心想凭什么说是中国人发出来的噪音！但后来他东张西望，发现八成是中国人干的。其实，很多国家已经不会有人犯这样常识性的错误了。但很多中国人并不是不知道这样的常识，而是知而不做，没养成习惯。仅仅停留在礼仪知识上不是我们的目的，我们应该把视点放在如何养成礼仪教养的习惯上。

第八章　文明素质需要培育[*]

北京是中国形象展示的窗口，北京市民礼仪文明形象对奥运形象将起到非常重要的作用。经过近年全社会的共同努力，城市文明和市民文明素质总体可说是不断进步，北京市民的礼仪知识知晓率、认可率已高达 90％，礼仪认知问题有了基本的解决。但在许多领域仍存在不尽如人意的方面，尤其参照 2008 年北京奥运会的要求，我们在提升市民文明礼仪素质方面，成效还不够到位。

目前面临的任务和难点，一是时间紧，任务重，面临 2008 年，北京市民文明礼仪素质提升需要有更明显的成效；二是市民素质培育方式仍存在一定的单一化特点，目前主要运用宣传和培训的教育方式，还需要探索并实施更立体、更多元、更有效的培育方式。

一、开发社区对市民文明素质的培育功能

许多调研指出，市民文明素质的"重灾区"表现在公德领域。公德领域文明素质不到位的根源在于市民文明礼仪素质和行为习惯不到位。究竟是什么造成市民文明或不文明的素质习惯？是他们的日常生活。具

＊ 本章内容原载于《北京观察》2008 年第 4 期。

有文明生活方式和行为习惯的人，在公德领域和职业领域会表现出自然的文明习惯，而在不文明的日常生活中养成不文明行为习惯的人，在公德领域和职业领域也会表现出相应的不文明方式。目前人们的日常生活主要落在社区生活中，在这个意义上，社区是培育市民文明生活方式最基础的场所。

从社区着手，通过有效的社区管理和对居民文明生活方式的引导、建设，使居民在社区的日常生活中不知不觉地接受、养成文明习惯，改变、远离不文明习惯，这是目前提高北京市民文明素质的一种新的培育思路。

市场可以在文明生活方式中，学习养成文明心态和行为习惯。从市民职业生活、社会公共生活以及社区（家庭）生活三大领域来看，对其生活方式影响最大的不是职业单位，也不是公共场所，而是市民在社区的日常生活。单位和公共场所对市民生活方式及行为习惯虽有一定影响，但主要是在职业方面，市民的身份、角色以及公共生活又多是临时或随机的。显然，市民心态和行为方式是在社区日常生活中形成并定型的。社区的文明程度及管理水平，在很大程度上塑造着市民的文明水平和行为方式，文明社区是培育市民文明生活方式的基地和摇篮。

社区必须承担起塑造居民文明生活方式的重任。社区必须通过制度建设和生活管理，直接或间接地改造居民不文明的生活方式，如不讲卫生、乱堆杂物、不遵守社区规则、与邻里不能友好相处、缺乏他人意识、缺乏社区奉献精神等，引导居民接受并追求健康文明的生活方式。在这方面，武汉百步亭社区在短时期内有效培育了百步亭居民文明的生活方式和行为习惯，成为荣获首届"中国人居环境范例奖"的唯一社区。这里的居民具有强烈的规则意识且言行文明，从拄杖老人到学步孩童，几乎每个人都注意保护环境卫生，瓜子壳会放在塑料袋里，烟头会丢在垃圾箱中，看到社区内的垃圾也一定会捡起收拾到垃圾箱内。这里的居民邻里之间关系和谐，充满关爱，生活方式文明健康。百步亭社区居民的文明生活方式和行为习惯主要得益于社区卓有成效的全方位管理。

北京文明礼仪教育和社区文明建设有很大成就，但在社区管理和居民社区生活方式中还存在一些问题，主要表现在环境卫生、公共秩序和文明礼貌三个方面。

在环境卫生方面，随地吐痰、乱扔垃圾、宠物粪便问题仍然是社区文明的顽疾；在公共秩序方面，一些社区乱堆杂物、噪音扰民等不文明现象仍比较严重；在文明礼貌方面，一些居民缺乏文明的礼仪素养和言行习惯，其他如衣着不得体、缺乏他人意识和规则意识等现象也比较严重。

身处这种不文明、不守秩序的社区中的居民，自身很难养成文明习惯。美国政治学家威尔逊和犯罪学家凯林曾提出有名的"破窗理论"：如果有人打坏一栋建筑的一块玻璃，又没有及时修好，别人就可能受到某些暗示性的纵容，去打碎更多的玻璃。"破窗理论"体现的是一种社会生活和道德教育中的不良环境的消极暗示作用。如果我们不在社区文明生活方式的管理和引导方面下功夫，居民文明生活习惯就很难养成；如果日常生活中不能养成良好的生活和行为习惯，在社会生活的其他方面也就不可能期望市民的文明素质水平有彻底改观。

二、社区管理中的问题及对策

一是社区建设理念和管理不到位。在管理理念上，许多社区还停留在为居民提供物质居住空间的层次上，没有承担起社区应有的多方面社会功能；表现在社区家园建设上重物质家园建设、轻精神家园建设，在精神家园建设中，用文化建设代替心灵家园建设，重楼房建造、设施配备以及商业性管理和服务等硬件方面的建设，对社区文明生活方式、伦理关怀以及情感凝聚方面关注不够。这种理念不可能在给居民提供好的居住环境的同时，带给他们文明的生活方式和生活品质。

对策：发挥社区培育市民文明素质的功能，进一步树立"以人为本"和"双重家园"管理理念，让居民真正视社区为家，增强主人翁责任感，自觉建设维护生活环境的文明秩序，自觉改进生活方式和行为习惯，从而实现自身文明素质的提高。

二是社区缺乏一支高素质、有责任、能战斗的管理队伍。许多社区管理者不能适应新形势下加强社区管理、建设文明社区、培育社区居民文明礼仪素质的需要，他们面对日益复杂的社区管理工作时往往力不从心，管理者不作为的现象在一些社区比较严重，责权不明确使管理者不能完全进入角色，以致在社区各个管理环节上常常出现管理空场。

对策：建设高素质、有作为的管理队伍。抓社区管理，首先要抓管理者队伍。选择有"作为"的管理者来管理社区，只有这样，才可能推动社区管理走向规范，从而为提高社区管理水平和居民文明礼仪素质奠定组织基础。

三是社区管理制度不健全，不同程度地存在不文明行为管理"无法可依"的局面。尤其是有关文明社区管理和居民文明生活方式管理的规章制度未及时建立健全，以致许多社区管理者面对不文明行为"无法可依"，最后只好不了了之，比如对于乱占公共用地在楼道乱堆乱放的行为，有些社区管理者由于找不到管理制度依据而只好听之任之。这些问题直接导致居民不文明的行为习惯和生活方式的形成。

对策：建立健全社区文明生活方式管理制度。把改造引导社区居民文明生活方式的目标用制度形式固定下来，使社区管理的各个环节落到实处，通过社区日常管理规范居民行为，使社区居民养成文明的行为习惯和生活方式。

四是相关社区评估指标体系未凸显对居民文明生活方式的引导。各级文明社区的评价标准存在重物质标准、轻精神标准，重硬件建设、轻软件建设，重外部环境建设、轻人心环境建设的指标设定倾向，没有体现对社区居民文明生活方式的引导，因而难以发挥塑造居民文明礼仪素质的导向作用。

对策：进一步完善社区评估体系，发挥评估指标对居民文明生活方式的导向作用。

三、开发公众明星在市民文明礼仪教育中的作用

公众明星泛指具有社会影响力或知名度、与社会公共利益密切相关的人物，也可称作公众人物。公众人物的言行对社会有着不同于一般民众的影响力。公众人物在整个社会文明礼仪教育中有非常重要的价值，是一笔非常丰富的无形资产。

公众明星往往是社会精神文化的代表，是社会的精神品牌。文明素质作为构成社会正面形象的重要方面，如果受到公众明星的重视，必然

会引起大众尤其是追星族对文明礼仪素质的关注，从而使提高文明礼仪素质成为大众的选择。因此，明星的社会价值在文明礼仪教育过程中具有非常重要的作用。

基于明星本身的特点和公众对待明星的态度，公众明星有着非常重要的商业价值、教育价值和社会新闻价值。应该看到，明星们不仅只是时尚和物质生活方式的代表，还应该是文明形象的代表和道德的榜样。虽然公众明星群体存在着巨大的教育资源和教育价值，但目前全社会对明星的教育价值尤其是文明礼仪素质培养方面的影响价值，还没有真正认识到。作为大众舆论导向的媒体对明星在文明礼仪教育中的价值的认识也比较模糊，还没有将这种认识上升到自觉的水平。在目前迎接奥运的特殊时期，完全可以重点开发明星群体对公众在文明礼仪素质方面的教育和影响，有许多社会责任感很强的明星活跃在社会公益事业当中，社会及相关政府部门应该对公众明星的公共生活进行必要调控，即有意识地运用公众人物这种社会资源，比如，建立相关的机制，约束或激励公众明星，使更多的明星加入公益事业，将明星被动参与公益活动变为自觉的行为，从而使公众明星的正面教育作用得到更有效的发挥。

四、在管理中提高市民文明素质

社会管理对于社会生活非常重要，在保障社会秩序的同时，也塑造、培养着公民的素质和习惯。

通过管理培育公民的规则意识。真正解决市民文明素质方面的"知而不行"问题，在现阶段要加强"硬"环境建设，要改变某些方面"有规则无管理"的现象，使每个市民切身感受到遵守规则于己于人有利，不遵守规则得不偿失，从而在日常管理中潜移默化地养成遵守规则和文明行事的习惯，最终从内心深处培养出公德意识、文明心态，做一个自觉遵守社会规则和文明礼仪的公民。

严格管理和落实责罚措施。严明的责罚措施可以在当下快速扭转甚至消除人们的违规行为，还可以发挥有效的威慑作用，在预防违规方面取得显著效果。以乘车自觉购票为例，在德国的公交车里醒目地张贴着告示，写明逃票行为将会被罚款 30 欧元，这是最低票价的几十倍，且还将产生不良记录；在新加坡随地吐痰最高可罚款 1 000 新元，乱停车最高罚款 1 000 新元，乱丢垃圾罚款 1 000 新元，入公厕不冲水，初犯罚 150 新元，再犯罚 500 新元……种种高额罚款使人们不敢轻易以身试法，此外还有鞭刑等其他严厉的责罚形式。

提升管理者素质，明确责任追究。规则制定出来后，能否取得预期效果，很大程度上取决于管理者管理理念的先进与否和能力的高低。许多国家严格的管理之所以能得到落实，起到应有的威慑作用，很大程度是由于拥有一支责任严明的管理者队伍。只有管理者自身首先确立"规则权威不可侵犯"的刚性意识，同时注意对违反者加以提醒、纠正，才能起到以罚止犯、以罚促改的效果。

加强社会监督管理，建立"文明"档案。管理者再严格，也会百密一疏，且管理本身也存在一定的局限，只有发挥社会监督力量，建立一个更大更长期的约束空间，才能更有效防止不文明行为的发生，引导人们提高文明素质。许多国家对公民采取个人档案制度管理，这项制度在欧美发达国家已有 150 多年历史。档案中记录的材料在人员招聘、发放贷款、注册公司、市场交易时都要被调阅参考，不良记录者经常为此付出沉重代价，因此这些国家的公民自然将档案记录视为自己的第二生命。由于个人档案是社会和他人认识、评价个人自身的重要依据，对个人行为的约束和规范就是长期有效的，因为一旦留下不良记录，个人将为此付出巨大代价，往往得不偿失。

建立管理式教育的养成机制。养成文明素质，仅凭说教式教育不够，必须将管理纳入教育中，建立"管理式教育"的养成机制。以青少年教育为例，日本学校有统一服装的要求，对学生零用钱数额也有明确统一的规定，为的是养成学生平等相处的心态和习惯。外出活动中比赛谁的零用钱花得最好，这种比赛可培养和引导孩子们合理花钱、文明花钱。这种道德教育管理体制，利用管理手段保证文明素质教育严格受制于各种生活实践指导，保证道德教育不流于说教形式。与新加坡比较严厉的法纪教育不同，韩国也同日本一样，更注重在日常生活中进行潜移默化的教育，使学生耳濡目染，深受其益。

第九章　学会感激[*]

感激在许多时候是一种感恩的心情。

我们感到大自然有恩于我们，父母有恩于我们，我们所在的社会以及周围的人们都有恩于我们。有时候，我们觉得映入眼帘的一切，哪怕是一棵树、一朵花、一汪清水、一片绿地，都值得怀着感恩的心情去对它们微笑。

很多时候，感激这种心情会带来一种良好的人生感觉，使我们感到愉悦和温暖。心存感激，生活中才会少些怨气和烦恼；心存感激，心灵上才会获得宁静和安详。心存感激地生活，才会敬畏地球上所有的生命，珍爱大自然的一切惠赐；心存感激地生活，才会时时感受生活中的"拥有"，而不是"缺少"。

感激就是这样，既简单又复杂。一段时间以来，在抗击"非典"的斗争中，千千万万无私奉献的人，许许多多感人肺腑的事，使我们思考，也给我们启示：感激不只是一种心情，而且是一种素质；我们不仅应当心存感激，而且需要学会感激。

感激是一种爱的表达。感激之中一定蕴含着一份做人的谦虚和真诚，一种对他人的感谢与尊重。从这一点上看，感激不是每个人都能自然拥有的；在这个意义上说，感激实在是一种美德。

---

[*]　本章内容原载于《人民日报》2003 年 6 月 17 日。

感激也是一种做人的责任。从美德角度而言，感激是一种"应当"的回报。但这种回报不是一种简单的来往，不是一种外在的负担，更不是一种讨价还价式的交易。真正的感激应该从美德和真情中生成，表达爱的愿望和善的回声。"投我以木桃，报之以琼瑶。匪报也，永以为好也。"感激就是这种回报，它不是简单的投桃报李，而是为了永修友好。

自私自利的人往往很难怀有感激的心情，也缺乏感恩的美德。崇德重礼的孔子曾把忘恩负义之人斥为"小人"。在他看来，回报有这样几个层次和方式：以德报德、以怨报怨、以德报怨、以怨报德。不能容忍的是"以怨报德"，值得提倡的是"以德报德"。当然，孔子也不主张"以怨报怨"或者"以德报怨"。千百年来，忘恩负义之人之所以遭人鄙视和唾弃，就是因为他们自私自利、自负傲慢、缺乏爱心，与人之美德相悖，与人之良心不符，带给生活的不是互助互爱，带给人性的不是美好完善，带给社会的不是和谐公正，而是相反的东西。

对一个人来讲，做人、处世以及交往、生活，应该讲求感激和回报，讲求良心和道德。对一个社会来讲，又何尝不是如此呢？一个倡导与人为善、助人为乐的社会，必然要求人们在享受一切社会有益成果的同时，对社会承担相应的责任并做出贡献。如果不是这样，久而久之，就会形成一种恶性循环，有德者默默奉献而少有回报，无德者坐享其成却心安理得。奉献社会的人得不到应有的尊重和报答，有德就会成为有德之人的负累，缺德倒可能成为无德之人的便利。借用经济学中的一句话，"劣币驱逐良币"，其结果必然导致社会风气败坏，人际关系恶化。

一个人自觉自愿地奉献社会、服务他人，也许并不希求对等的回报，但承受奉献的一方却有责任对做出奉献的一方给予回报。这是道德公正和社会公正的必然要求。其实，社会越是回报个人的奉献，个人就越乐于奉献社会；个人对社会的奉献越多，社会为个人提供的权利、保障和幸福也就越多。这也正是我们应当心存感激、需要学会感激的道理所在。

社会是一个集体，生活像一条河流。学会感激，以感激的心情去把握生活，用感激的心情去回报社会，我们的生活便会显出更多的善意和爱心，我们的社会便会增添更多的和谐和公正。

第十章　我们为什么应该尊老敬老[*]

　　从古至今，敬养老人都是一种最基本的社会礼仪和道德要求。中国文化历来"尚齿"，史载北魏孝明帝曾在一份诏书中强调要孝顺老人，"今庶寮之中，或年迫悬车，循礼宜退，但少收其力，老弃其身，言念勋旧，眷然未忍"，意思是老人为家庭为社会做了一辈子的事，有功有劳还有苦，如果老了不能再如少壮时贡献力量便遭遗弃，实在不应该，人们也于心不忍。

　　社会礼仪和道德之所以要求人们必须尊老敬老，首先因为老人是一个需要子女和社会去关怀、照顾的群体，在生理意义上老人是这个社会的"弱势群体"，无论是在家里，还是在社会各种公共场所，他们都应该得到年轻一代的敬养、尊重和礼让。

　　其次，老人倾其心血抚养子女，为子女、家庭辛劳一生，理应安享晚年，仅仅为了报答老人的养育之恩，子女都必须孝敬老人，所以敬养老人必须是家庭道德中的一条基本规范，也正因如此，它也同时是我们社会的一条法律规定。

　　最后，老人在长期社会实践中积累了丰富的知识和经验，在某种意义上是家庭也是社会的一笔宝贵财富。老年人见多识广，经验丰富，"年迈有齿"有时候是一种经验智慧的同义概念，所以我们应该把老人

---

　　* 本章内容原载于《北京日报》2015 年 1 月 14 日。

看作有德有识有功之"宝"而加以敬顺。

老人对养育儿女后代、生产发展、社会进步等方面，都做出了一定贡献，他们付出过，年迈之时理应受到家庭后代和社会的敬养、尊重与礼让。乌鸦、羔羊尚知"反哺""跪乳"，何况我们人类！

第十一章　学生文明素质始于校园礼仪[*]

礼仪素质既表明一个人的文明教养，也表明良好的人际沟通能力，是每一个学生都必须具备的素质。现代文明社会对学生的素质要求越来越全面，不仅需要其拥有较高的才智能力，而且需要较高的文明素质和社会交往能力。一只木桶的容量不是取决于那块最长的木板，而是取决于那块最短的木板。缺乏一定的礼仪教养，就等于素质板块上有了短板，那其他素质长项就有可能成为发挥不出作用的多余。这是人才素质问题中的"木桶原理"。有知识不等于教养有素，不等于具有人际合作的能力。除了知识才智，学生还需要开发培养德性品质、文明教养及良好人际合作能力。校园礼仪实践就是培养学生这种素养的最有效的教育方式。

古人认为，"蒙以养正""而养正莫先于礼"，只有在少幼时期对其进行礼仪教育，使之言行举止有所循持，有所检束，长大之后方可能行圣贤之事，止邪于未形。学生生活是青少年身心成长发育最关键的阶段，学校是培养学生德智体美素质最重要的环境。在校园学习生活中，除了实现知识传递，我们还必须完成人的德性人格和文明素质的塑造，而且素质教育在相当程度上取决于校园礼仪的实践养成。校园礼仪要求学生遵纪守法、努力上进、尊师敬长、团结同学、仪表得体、讲究卫

---

[*]　本章内容原载于《北京日报》2005 年 10 月 31 日。

生，这种生活实践能够有效培养学生遵规守纪的规则意识、举止文明的教养习惯、自尊尊人的人格气质、诚信礼让的人际沟通能力和品质。

　　礼仪规范的特点就在于它的践履性和操作性。在这个意义上，学校的素质教育必须落实在校园礼仪生活中，学生文明素质的养成应该从实践校园礼仪开始。

第十二章　创新社会管理的成功实践[*]

北京市开展公共文明引导行动是个新事物，在北京奥运筹备过程中，在人文北京的建设中，是一个创举，是创新社会管理的实践成果。在公共文明建设中，这种化管理为引导的做法非常有意义，它意味着一种新的建设思路、一种新的管理方式。这也应该是今后我们工作的一种思路，城市管理应该在调动市民自律性方面多做文章。

如何进一步去加强公共文明引导？

首先，公共文明建设要在舆论引导方面做文章。城市人的文明习惯和城市营造的文明氛围息息相关，北京的公共文明按照更高要求来看，舆论引导或社会宣传解释的力度还应加强。

其次，抓公众明星的引导。要善于借用明星拥有的社会影响力资源。明星名人正面的尤其是公德素质的言传身教，可能会对社会产生良好的积极向上的示范引导作用。

再次，应该抓志愿者和身边榜样的引导。身边的榜样更有传递感染道德的力量，对引导大众是一个非常好的渠道。抓"小手拉大手"的引导，他们的说服效果有时候可能比成人更有说服力，做引导员的过程也是一种很好的自我教育过程。

最后，要注重硬管理的引导。软硬兼施，文明引导效果才会更好。

---

[*]　本章内容原载于《光明日报》2012年1月13日。

人们的社会公共行为是否文明，许多时候存在一种博弈的过程，如果社会管理严一点，人们的行为就会更自觉一点。现在抓交通堵塞和酒驾等专项治理，交通秩序方面大有好转，人在遵守交规方面的意识也明显提高了。社会有许多规则，但没有人严格管理执行的话，规则秩序就会流于失范，所以要大力抓规则的"执行力"，公共文明建设在抓引导的时候，应当软硬兼用。

第十三章 启动社区培育市民公共文明素质的功能[*]

城市文明重点往往表现在公共文明领域。造成公共文明问题的原因有多方面，其中一个重要根源在于市民文明素质和行为习惯不到位。是什么造成市民文明或不文明的素质习惯？是他们的日常生活。具有文明生活方式和行为习惯的人，在公共领域会自然表现出他的文明习惯，而在日常生活中养成不文明生活习惯的人，在公共领域就会表现出不文明行为习惯。所以，解决城市公共领域文明失范问题，必须从培育市民日常生活文明习惯着手。目前人们的日常生活地点主要在社区。在这个意义上，社区是培育市民文明生活方式最基础的场所。

一、市民文明习惯当从社区生活方式抓起

随着市场化进程中"单位人"向"社会人"的转化，社区在社会管理和社会运行中的基础地位日渐凸显。社区不仅是市民生活栖息的主要场所，也是现代社会管理和运作的基本单位，还是居民文明行为习惯和文明生活方式养成的温床。事实上，许多社区在市民公共文明素质培育功能上尚存在很大发挥空间。

---

[*] 本章内容原载于《世界城市与公共文明》(北京出版社，2011)。

　　培育城市主体文明素质的一个新思路是，从社区文明生活方式着手培育市民公共文明素质。

　　依人的素质形成规律看，提高市民文明素质，首先须着眼于使市民养成文明生活习惯。人的行为习惯是在日常生活中养成的，而目前城市居民日常生活主要集中在社区生活中，社区就成了培育市民文明生活方式最重要的场所。因此，从社区着手，通过有效的社区管理和文明生活方式引导、建设，使居民在社区的日用伦常生活中不知不觉地接受文明生活方式，改变、远离不文明的行为习惯，这是我们目前提高北京市民文明素质的一种新的培育思路。

　　培育文明生活方式是提高市民文明素质的元点。在文明生活方式中，我们应学习养成文明心态和行为习惯。文明生活方式，不仅是培育个人文明素质的母体，也是市民公德素质、职业素质的元点。因为市民在公共场所、职业生活中的行为表现，往往就是他们日常生活方式的折射和反映。在相关调研报告中，社会公德领域常被锁定为不文明现象的"重灾区"，但市民在公共场合表现的不文明行为，和他们在日常生活中已经形成的不文明生活方式、习惯密切相关。我们要想改变社会公共场合的不文明现象，除了抓公共场合的管理，还必须直接深入社区建设和管理中，从培育居民文明生活方式和生活习惯这个元点抓起。只有使市民养成文明的生活习惯，才可能从根本上提高他们的文明素质。

　　社区是培育市民文明生活方式的基地和摇篮。显然，对市民心态和行为方式影响最大的是社区中的日常生活。市民的衣食住行、喜怒哀乐、生活方式都与社区息息相关；社区的文明程度及其管理水平，在很大程度上决定着市民的文明水平和行为方式。

　　加强社区文明生活方式的管理是强化居民文明素质的基本途径。从德育规律看，人的文明素质及行为习惯，是通过"知""情""意"三个环节完成的。文明之"知"教育相对容易，而"情"和"意"的实践养成则需要下足功夫。社区必须承担起塑造居民文明生活方式的重任。社区必须通过制度建设和生活管理，直接或间接地改造居民的不文明生活方式，如不讲卫生、乱堆杂物、不遵守社区规则、与邻里不能友好相处、缺乏他人意识、缺乏公共生活意识等，引导居民接受并追求健康文明的、适应城市公共生活特性的生活方式。

　　在这方面，社区管理可从制度建设、环境建设、心灵建设以及管理规划等方面入手，营造一个管理有序、亲情有余、心灵有依、和谐温馨、健康文明的公共生活家园，使社区居民切身体会文明生活方式带来的生活质量的提高，适应城市社区的公共生活方式，从而在社区日常生活中不知不觉地戒除不文明生活习惯，接受并养成文明习惯。

下面我们来看百步亭样本，这是一个可复制的社区育人模式。

武汉百步亭社区是全国文明社区示范点。社区居民普遍具有较高的文明素质，他们在社区生活中短时期内接受并有效养成了公共文明的生活方式和行为习惯。调研表明，居民文明素质完全可以通过培育文明的生活方式和行为习惯来实现质的提高。可以说，百步亭社区已经为我们提供了一种培育居民文明生活方式和行为习惯的成功范例。百步亭样本可看作一个可复制的成功的社区育人模式。

武汉百步亭社区是唯一荣获首届"中国人居环境范例奖"的社区。自开发建设以来，百步亭社区建设无论是硬件还是软件方面都已成为全国文明社区建设的一面旗帜。如今的百步亭社区，公共文明和居民文明生活方式和谐，治安良好，环境怡人，整洁干净；社区多次举办大型晚会，几千人观看散场后不留一片果皮纸屑；居民具有强烈的规则意识和公共生活意识，言行文明，从老人到孩童都会注意环境卫生，瓜子壳会放在塑料袋里，烟头会丢在垃圾箱中，偶尔看到社区内的杂物也会捡起收拾到垃圾箱内。这里的居民邻里之间关系和谐，充满关爱。李长春同志考察了百步亭社区之后做出了这样的评价："这里能够有这么好的管理，能够有这么好的人文环境，能够有这么多的关爱，我看是我见到的头一个社区。"

百步亭在文明生活方式和公共文明培育方面的成功，给城市建设各方面都提供了一些有益经验。就市民文明素质培育而言，百步亭居民之所以具有较高文明素质和公共文明意识，最根本的原因在于他们在社区生活中接受并养成了文明生活方式和行为习惯，培育出了公共生活的意识习惯。而居民文明生活方式和行为习惯来自社区卓有成效的全方位管理和规导。

在管理理念上，百步亭社区坚持把居民文明生活方式的培养摆在突出位置。社区管理认真严格，规范居民的日常行为。百步亭社区拥有一支高素质、有责任感的管理队伍。管理者在社区管理中注重"亲情管理、用心服务，从小事做起，从好事做起"，躬行"三个必到，五个必访"，这样的管理者威信高，号召力强。每一位居民都能认同社区管理的目的，也信服管理者的威权，从而自觉服从社区管理，包括文明生活方式的引导，形成了社区良好的文明生活氛围。

社区在管理体制上实行居民自治，充分发挥居民在建设文明家园中的主体作用。百步亭社区有健全的居民自治委员会、居民代表大会、业主委员会，有完善的社区自治运行机制，人人都有参与社区管理的权利和机会，也愿意履行自己应尽的义务。从社区治安、环境的维护到文明生活氛围的营造，都积极调动起了社区居民自觉的主人翁意识。这是纯粹的行政管理模式所不能比的。

社区日常管理到位。百步亭社区建立了一套以"全方位、全天候、全过程"为特色的社区管理体系，做到了"事事时时有人管"。建立热线电话和信访中心，做到小事不过夜、大事不过天，件件有记录、事事有回音，解决了包括夫妻吵架、宠物狗扰邻等许多公共生活问题。通过严格而具体的社区日常管理，引导居民自觉遵守社区公共生活的规章制度，进而养成文明的行为习惯和公共生活方式。相对于北京一些城市社区存在的缺少"作为"甚至"不作为"现象，百步亭社区给了我们非常有益的启示。

二、当前北京城市社区居民文明生活方式现状及原因

北京城市社区文明建设有很大成就，但在建设、管理、规导居民文明生活方式和公共生活方面，都还存在一些问题。

目前不同社区居民文明素质发展不平衡，一些北京市民从平房搬到楼房，居住方式变了，但城市文明生活方式并没有随之养成。在卫生方面，随地吐痰、乱扔垃圾、宠物粪便问题仍然是部分社区环境文明方面的顽疾；在社区公共文明方面，乱占公用场地、噪声污染等不文明现象仍比较严重；在公共人际交往方面，一些居民缺乏尊重他人等文明礼貌的素养和习惯；其他如说脏话、衣着不得体、不讲个人卫生等现象也比较严重。

身处这种不文明、缺乏公共生活规导的社区氛围中的居民，就很难养成文明习惯和公共文明意识。如果我们不在社区文明生活方式管理和

规导方面下功夫，城市居民的文明素养和习惯就很难养成，那样我们在城市公共文明中，就不可能期望市民文明素质在短时间内有大的改观。

目前社区管理在营造、规导居民文明生活方式方面存在的问题如下。

一是在管理理念上，许多社区还停留在为居民提供物质居住空间的层次上，没有承担起社区应有的多方面社会功能。表现在社区建设上，重视楼房建造、设施配备以及商业性管理和服务等硬件方面的建设，而在文明生活方式规导、公共生活秩序管理方面，"作为"不够。

二是在管理队伍方面，一些社区缺乏一支高素质、有责任、能"作为"的管理者队伍。许多社区的管理队伍不能适应世界城市建设中管理、培育社区居民文明素质的需要。如有的是机构编制及人员配置不到位，队伍结构不合理，一些管理者是离退休人员，文化程度和综合素质离世界城市发展中社区管理的要求有较大差距，他们面对日益重要的社区管理工作往往力不从心；管理者不作为的现象也不同程度地存在，由于缺乏应有约束机制和激励机制，一些管理者由于责权不明确而未能完全进入角色，以致一些社区各个管理环节上常常出现管理缺位。

三是一些社区管理制度不健全，存在社区管理者面对不文明行为"无法可依"的局面。社区制度建设相对滞后，尤其是有关社区公共生活管理和居民文明生活方式管理的规章制度未能及时建立和健全，由于"无法可依"，只好不了了之。比如对于乱占公共用地在楼道乱堆乱放的行为，有些社区管理者由于找不到管理依据而只好听之任之，这些问题直接导致了居民不文明行为习惯和公共生活意识缺乏现象的存在。

四是许多社区管理制度落实不到位，管理环节出现空场。目前一些社区的管理制度很大程度上没有付诸实施，如《北京市禁止随地吐痰、随地丢弃废弃物管理规定》中明确对随地吐痰者罚款 50 元，但在实际管理中我们很难看见这一规定的真正执行。有章不循状况会促使居民养成规则意识淡薄的心态、习惯，而这些心态、习惯一定会自然带到城市公共生活的文明领域中去。

五是相关社区评估指标体系未凸显对居民文明生活方式的考评引导。各级文明社区的评价标准大多存在重物质标准、轻精神标准，重硬件建设、轻软件建设，重外部环境建设、轻人心环境建设的指标设定倾向。这种评估标准，由于没有凸显对社区居民文明生活方式的指标引导，难以发挥塑造居民文明素质的导向作用。

三、提高社区居民文明生活方式培育能力的对策建议

切实加强社区管理，发挥社区提高市民文明素质方面的功能。一要进一步树立并凸显社区文明生活方式规导的管理理念。社区是一个培育城市居民文明素质的基地，社区管理理念中必须纳入明确的规导文明生活方式和社区公共生活秩序的管理目的。

二要建设高素质、有责任、能作为的管理者队伍。社区管理水平的高低，归根结底取决于社区管理者队伍素质的高低和工作主动性的程度。抓社区管理，要注重抓管理者队伍，从而为提高社区管理水平和居民文明素质奠定组织基础。

三要建立、健全社区管理制度，使社区管理各个环节都"有法可依"。好的管理制度可以让文明居民得到益处，让不文明居民改正不良习惯。当前最重要的是针对社区出现的各种新情况新问题，抓紧建立健全与社区管理和提高社区居民文明素质相关的各种规章制度，把引导社区居民接受文明生活方式的目标用制度形式定下来，使社区管理的各个环节尤其是文明生活方式引导和管理真正落到实处。

四要抓实、抓细社区管理，把社区各项规章制度尤其是文明生活方式规导落实到日常管理之中。在社区日常管理中规范居民行为，使居民养成文明习惯和公共生活方式。

五要进一步完善社区评估体系，发挥评估指标对居民文明生活方式尤其是公共文明生活的导向作用。评价标准尤其要突出重点地把居民文明生活方式及公共生活规则作为评价文明社区的重要指标。

图书在版编目（CIP）数据

礼仪文化与文明礼仪/葛晨虹著. -- 北京：中国
人民大学出版社，2021.9
（葛晨虹文集；第三卷）
ISBN 978-7-300-29879-5

Ⅰ. ①礼… Ⅱ. ①葛… Ⅲ. ①礼仪-文化研究-中国
Ⅳ. ①K892.26

中国版本图书馆 CIP 数据核字（2021）第 187014 号

葛晨虹文集　第三卷
礼仪文化与文明礼仪
Liyi Wenhua Yu Wenming Liyi

出版发行	中国人民大学出版社				
社　　址	北京中关村大街 31 号		**邮政编码**	100080	
电　　话	010－62511242（总编室）		010－62511770（质管部）		
	010－82501766（邮购部）		010－62514148（门市部）		
	010－62515195（发行公司）		010－62515275（盗版举报）		
网　　址	http://www.crup.com.cn				
经　　销	新华书店				
印　　刷	北京联兴盛业印刷股份有限公司				
规　　格	160 mm×235 mm　16 开本		**版　　次**	2021 年 9 月第 1 版	
印　　张	20 插页 3		**印　　次**	2021 年 9 月第 1 次印刷	
字　　数	310 000		**定　　价**	498.00 元（全五卷）	

葛晨虹文集　　第四卷

公民道德建设

中国人民大学出版社
·北京·

目　录

第一编

公民道德素质

第一章　公民道德中的爱国与守法 *

一

爱祖国是"千百年来巩固起来的对自己的祖国的一种最深厚的感情"。爱国主义作为热爱祖国、忠于祖国的意识和情感，集中表现为强烈的民族自尊心和民族自信心，以及维护祖国尊严和国家利益的使命感、责任感，表现为热爱祖国的河山和物产资源、祖国的历史传统和文化、祖国的一切物质财富和精神财富，尊重并热爱本民族的宝贵传统和共同语言，把自己的前途、命运同祖国的前途、命运紧密联系在一起。

爱国主义就是对这一切深厚感情的深刻认识和理性总结。

热爱祖国是人类早已存在的一种古老的感情，是自从人类社会出现阶级和国家以来，不同民族和国家的人民在自己民族、国家生存发展的历史长河中，逐渐形成的一种极其深厚的感情。对自己祖国的热爱不是偶然的，它是人们对生养自己的土地所产生的依恋之情，是为祖国的统一、独立、繁荣、富强而努力奋斗的责任精神，任何一个民族和国家都倡导这种对祖国的热爱之情。在我国历史上，爱国主义精神一直是促使

　＊　本章内容原载于《中国教育报》2001 年 11 月 14 日。

中华民族团结统一的强大的凝聚力和向心力。

热爱祖国，是《中华人民共和国宪法》中规定的公民基本义务之一，是每个公民都应遵守的道德规范和法律规范，也是每个公民应该有的对祖国的情感。祖国不仅是我们每一个人生于斯长于斯的物质地域环境，也是指包括多个民族全体居民在内的社会共同体。

祖国是我们世代生息的地方，也是我们生存发展所仰赖的精神母体。中华民族对自己的祖国历来有深厚的情感，这种爱祖国的情感经过世代相传，不断加深，逐步形成为一种热爱祖国、忠于祖国、维护祖国利益的文化传统、信念和准则，并在民族和国家的文化传统、民族心理中积淀下来，渗透到一切社会层面和意识形态中，成为一种复杂的、丰富的、历史的社会现象。因此，中华民族对祖国的深厚情感，历经磨炼，已成为情感与理性相融一体的信念和准则。

爱祖国是我们中华民族的光荣传统和崇高品德。中华民族用自己的智慧和劳动，创造了灿烂辉煌的古代中华文明，在令全世界瞩目的同时，也令中华儿女为之骄傲。在祖国陷入外敌侵略的危亡时刻，中华儿女、志士仁人奋起反抗，进行了不屈不挠的斗争，涌现出无数可歌可泣的民族英雄和革命领袖，建立了惊天动地的伟业。百年苦战，百年抗争，终于在中国共产党的领导下，推翻了"三座大山"，建立了伟大的中华人民共和国。

在社会主义的历史条件下，我们提倡的爱祖国，主要表现为热爱伟大的中华人民共和国，热爱祖国的疆土、资源、文化、语言和民族优良的历史传统，具有民族自尊心和自信心。在今天，爱国主义已成为我们这个时代的主旋律，成为我们社会主义建设的凝聚力。它可以把一切热爱自己祖国的人感召团结起来，一切热爱祖国、关心祖国繁荣富强的公民，一切维护祖国统一、拥护祖国统一的爱国者，包括台湾同胞、港澳同胞和海外侨胞在内的各族人民，都结成了最广泛的爱国统一战线，为维护统一、振兴中华而努力奋斗着。

在今天，爱国主义同社会主义有机地统一于建设中国特色社会主义的伟大实践中，它不仅是团结全国人民同心同德为祖国奋斗的巨大凝聚力，也是实现民族振兴的雄厚的力量资源。同时，作为一项政治原则，已以法律的形式固定下来，成为我们每一个公民对国家应尽的义务和应有的责任使命。我国《宪法》第二章写到，中华人民共和国公民有维护祖国的安全、荣誉和利益的义务，保卫祖国、抵制侵略是中华人民共和国每一个公民的神圣职责。

是否爱祖国，不仅是衡量人们德性品格高低的标准之一，也是确定一个人是否具有国家公民资格的一项基准性原则。正因为如此，《公民道德建设实施纲要》（以下简称《纲要》）才把爱祖国确定为每个公民必须具有的基本品德要求。

爱祖国，就应该进一步增强心中的祖国意识。要强化祖国意识，就要全面了解祖国的历史和现状，了解她几千年来创造的灿烂文化和遭受的屈辱苦难，同时也了解祖国今天的新发展。对祖国缺乏了解和理性分析，爱国之情就无从产生。所以我们必须在全社会加强爱国主义教育，尤其是对青少年的爱国主义教育。江泽民同志指出，现在，有不少的年轻人，对于我们国家和民族过去饱经忧患的历史，争取独立和解放的斗争历史，不了解，不熟悉，甚至有些年纪大的人也渐渐淡忘了，这就给我们提出了一个任务，必须向人们特别是青年人，加强爱国主义、社会主义教育。

爱祖国，就应该担负起更多的对祖国的责任和义务。爱国不能停留在口头上，而是要落实在行动上。要把对祖国的感情化为建设祖国的动力。这就要求我们在自己的工作和生活中，时时处处维护祖国的利益，以祖国大局为重。热爱社会主义祖国，还要拥护中国共产党的领导，坚定社会主义信念，把爱国的精神和行动集中到以经济建设为中心的现代化建设中去，落实到每日每时的工作职责和社会生活中去，为建设中国特色社会主义强国而作出自己应有的贡献。

爱祖国，还要有民族自尊心、自信心。党的十四届六中全会决议强调指出，要在全社会发扬自尊、自信、自强的民族精神。自尊自信是民族脊梁、民族之魂，是任何民族都必须居于其中的精神家园。一个爱祖国的人，会为作为一个中国人而自豪，会对民族繁荣和昌盛充满信心。

总之，爱国主义精神是我们民族团结的巨大凝聚力，也是每个公民的道德人格的起点。爱国主义是我们今天的也是永恒的主旋律，每个公民都应该焕发出振兴中华的紧迫感，以及建设祖国的责任感和使命感，积极投身社会主义现代化建设，使我们的民族更加强盛、祖国更加富强。

二

《纲要》在提倡公民热爱祖国的同时还强调了公民守法的道德义务。守法，是要求中华人民共和国的每个公民，都必须按照中国现行法律的规定和要求行事。守法，首先是遵守宪法法律，其次是遵守国家的行政法规和地区性法规，最后也包含遵守劳动纪律、技术规范和一些群众自治组织所制定的乡规民约等。

公民之所以必须守法，是因为宪法法律是全国公民意志和利益的集中体现，是实现公民权利、惩罚犯罪、保护国家安全的有力武器，也是调整社会关系、排解民间纠纷、稳定社会秩序、保障和促进社会主义建设事业顺利进行的重要工具。公民守法是社会存在发展的基本保证。只有全社会公民自觉遵守宪法和各种法规制定的行为准则，我们的社会才能处在一种良性的法制秩序中，从而保证全社会公民意志和利益的全面实现。

守法不仅仅是公民道德的基准性要求，不是完全依赖公民守法的自觉意志的问题，不是可做可不做的事，守法本身就是一种法律要求和法律义务。《宪法》第五十三条明确规定："中华人民共和国公民必须遵守宪法和法律。"这是作为公民的基本义务被法定下来的。因此，对我们每一个公民来说，必须遵守宪法、法律和一切法规制度规定的准则，必须懂得依法办事，依法从事各项活动，自觉地使自己的行为和我国法律法规要求相一致，同一切违法行为作斗争，做守法护法的好公民。

《纲要》把守法强调为公民个人基本道德要求之一，也是为了通过道德的手段，使公民更好地履行守法的义务，一方面要求公民将守法视为自己应尽的道德义务，另一方面通过守法使公民更好地做一个尽义务的有道德的公民。可以说，在《纲要》中提出守法规范要求，无论对提高公民的道德意识和法律意识来说，还是对德治、法治来说，都具有非常重要的意义。在实行依法治国和以德治国相结合的治国方略中，有了好的符合道德理性的法律规范，这只是实现我们社会有法可依的第一步。依法治国还要求有法必依，做到这一点，就必须培养公民的守法意识和守法道德习惯。"法律能见成效，全靠民众的服从"，"邦国虽有良法，要是人民不能全都遵循，仍然不能实行法治"。可见，公民的守法意识和守法道德，是实现法治的必要条件。只有通过守法意识、守法道德，使法律这种外在强制性的他律要求，同时也变成人们自觉内在的自律要求，我们的法治才能真正有效地实行，而这也是德治与法治相互支持、相互融合的一个具体表现。

总之，在《纲要》中提出的二十字公民基本道德规范中，爱国守法是其中最基本的一项。公民道德建设的一个重要任务，就是要引导培养每个公民热爱祖国，自觉履行宪法法律规定的各项义务，勇于承担公民对国家民族应尽的社会责任，把公民个人的前途命运和伟大祖国的前途命运联系在一起，做一个合格的公民、有德性的公民，为祖国长治久安、为社会主义现代化建设作出自己应有的贡献。

第二章 爱国奉献何以可贵*

坚守需要信念，奉献需要情怀。不久前，习近平总书记对王继才同志先进事迹作出重要指示强调，王继才同志守岛卫国 32 年，用无怨无悔的坚守和付出，在平凡的岗位上书写了不平凡的人生华章。我们要大力倡导这种爱国奉献精神，使之成为新时代奋斗者的价值追求。

爱国奉献精神的价值诠释

王继才等楷模的事迹，看似平凡，却令我们感动。因为在时代楷模的事迹中，蕴含着可贵的精神——爱国、敬业、责任、奉献等。楷模榜样是具体人物，但他们的事迹体现出的并非仅仅是"一个人的精神"。中国共产党人的精神品格、社会主义核心价值观、中华传统美德、人类的普遍良知，几乎都能在他们身上看到，他们构筑了中华民族的脊梁。

爱国奉献是情感，也蕴含理性，它体现为民族自尊心和自信心，以及维护祖国尊严和国家利益的使命感、责任感。爱国，就应当担负起更多对祖国的责任和义务。祖国的命运和党的命运、社会主义的命运是密不可分的。只有坚持爱国和爱党、爱社会主义相统一，爱国主义才是鲜

---

* 本章内容原载于《光明日报》2018 年 10 月 12 日。

活的、真实的，这是当代中国爱国主义精神最重要的体现。只有把爱国精神落实到我们的工作职责和社会生活中，才能为建设中国特色社会主义作出自己应有的贡献。在这个意义上，爱国和奉献是一枚硬币的两面，一个心中有爱国责任和爱民情怀的人，才可能具有奉献精神。

新时代更需要弘扬爱国奉献精神。热爱祖国是中华民族的历史传统和优秀美德，它不仅是团结全国人民同心同德为国家发展奋斗的凝聚力，还是公民道德人格的起点、公民应有的法律责任，是新时代价值取向的主旋律。我们应在全社会大力弘扬爱国奉献精神，强化社会责任意识、奉献意识，并使之成为培育践行社会主义核心价值观、推进社会主义精神文明建设的重要内容，从而为实现"两个一百年"奋斗目标、实现中华民族伟大复兴的中国梦提供强大精神力量。

爱国奉献精神与国家社会发展

一个好社会，不仅要物质丰富、制度合理、人际和谐、文明有序，也要能够成就富有美德的公民。反过来讲，富有美德的公民也会成为国家富强发展、人民生活幸福、社会治理文明有序的重要力量。中国传统文化历来注重道德在社会治理中的作用。古人总结说：国无德不兴，人无德不立，礼义廉耻，国之四维，四维不彰，国乃灭亡。诺贝尔经济学奖获得者道格拉斯·诺思认为，即使在最发达的经济体系中，制度规则也只是决定行为选择总体约束中的一小部分，人们行为选择的大部分空间是受道德习惯、文化传统、价值观念等因素影响和约束的。在现代社会治理中，我们仍然需要这种品德力量，而这种力量往往是通过社会集体人格或公民普遍道德来体现和生发的。

在诸种道德中，爱国是最基本的德性，也是最基本的公民责任和义务。我国宪法规定："中华人民共和国公民有维护祖国的安全、荣誉和利益的义务，不得有危害祖国的安全、荣誉和利益的行为。"祖国不仅是我们生于斯长于斯的地域共同体，也是我们生存发展所仰赖的精神文化共同体。中华民族对祖国的深厚情感，历经磨炼，已成为情感与理性相融一体的信念和准则。公民道德建设的一个重要任务，就是要引导培养公民热爱祖国，自觉承担公民对国家民族应尽的责任义务，把个人的命运和祖国的命运联系在一起，做合格的公民、有德性的公民，为国家、民族的发展，为社会主义现代化建设作出应有的贡献。

很多学者还从理论层面探讨了公民个体的道德力量在国家发展和社会治理中的作用。美国伦理学家麦金泰尔指出："在美德与法则之间还有另一种关键性的联系，因为只有拥有正义美德的人，才可能了解如何去运用法则。"结构功能理论注重"秩序、行动和共同价值观"在社会中的地位，强调研究社会治理和秩序必须研究秩序中人的行为、人的思想情感意识，由是，共同价值观和人的行为意识就变成社会秩序的结构性因素了。我国学者指出，任何一个社会都要有目的、有计划地把自己的核心价值观灌输给每个社会成员，促使他们形成共同的价值观；都要通过自己的核心价值观告诉人们能做什么、不能做什么，从而为人们的社会活动、日常生活提供规则、标准和模式。这些理论把人的日常行为和宏大社会治理内在连接起来，强调公民道德力在社会治理中的作用，为现代社会治理提供了富有启示意义的思路。

时代楷模的影响力与社会价值取向

精神的力量是无穷的，道德的力量也是无穷的。今天，无数像王继才一样的时代楷模在自己的工作岗位和生活中，自觉践行爱国奉献精神，自觉将个体"小我"化入国家和人民的"大我"之中，将个人的人生价值融入民族复兴的伟大梦想。

习近平总书记指出，伟大时代呼唤伟大精神，崇高事业需要榜样引领。时代楷模及其爱国奉献精神的树立，具有榜样引领作用，对全社会树立爱国奉献的价值取向也具有积极的正能量。时代楷模的示范作用，在感动社会、打动人心的同时，会激发起更多的人树立正确的人生观、幸福观和价值观，把个人幸福和人民幸福结合起来考量，把个体人生同国家社会的发展结合起来思考。

社会需要爱国奉献精神，也要对这种精神美德给予相应的肯定和回报。习近平总书记指出，对王继才同志的家人，有关方面要关心慰问。对像王继才同志那样长期在艰苦岗位甘于奉献的同志，各级组织要积极主动帮助他们解决实际困难，在思想、工作和生活上给予更多关心爱护。

时代楷模感动中国。感动，本身就是道德培育的一种有效方式。被高尚感动的人们，将与高尚同行。"高山仰止，景行行止，虽不能至，心向往之"。我们每一个人都应该向时代楷模学习，做一个新时代的有大爱、大德、大我的人。只要人人都有爱国奉献的可贵精神，我们的国家、民族、社会和人民，就一定会有更加美好的未来。

第三章　青少年健全人格的塑造[*]

一、健全人格的含义

"健全人格"是一个表达人的本质存在状态的新时代概念。以往的时代，人们一般认为，人的健康与否是指身体有无不适，或有无疾病。这种观念仅从人的生物性角度去认识人的健康。现在看来这是片面的，因为人是一个极其复杂的高级生命体，不仅是生物的，还是社会的；不仅有身体的生理活动，还有心灵的精神活动。对人来说，身体健康和心灵健康缺一不可。因此，现代意义上的健康概念，包含着身与心两个方面。也就是说，健康意味着：不仅没有身体疾病，还要具有健全的心理与心灵。为此，整个医疗保健事业正在实现由"生物-医学模式"向"生物-心理-社会模式"的转变。健全人格，或者说健康人格，就是在这种新的健康意识中产生的概念，它比"健康"一词更能反映并涵纳作为人的而不是动物的健康所应具有的各方面的内容。

我们常说的身体健康、心理健康、心灵高尚（健康）等，都包括在健全人格的概念中。为了更好地理解健全人格的内涵，我们先来看看

＊　本章内容原载于《面向新世纪的品德素质教育》（中国统计出版社，1999）。

"人格"到底意味着什么。

人格这个概念我们并不陌生，但人格的确切含义到底是什么，却存在着众多界说。我们现在使用的"人格"一词，是近代从日文中引入的，而日文的"人格"又是对英文 personality 的意译。personality 来源于拉丁文 persona，原意即"面具"，指的是在戏台上扮演角色所戴的脸谱，代表着戏中角色的身份。传说最初是一位罗马演员为遮盖他不幸伤残的眼睛，灵机一动戴了面具，此后，演员们纷纷仿效，"面具"渐渐成为戏剧舞台"角色"的代名词。再以后，人们开始借用"面具"（角色）这个词表示人们在生活舞台中的身份地位、社会角色。"面具"一词经过多种应用并产生了不少演变之后，包含了这样的含义：人所具有的特质及显现在他人眼中的身份、角色或形象。也就是说，社会生活好比大舞台，人生活在社会中，为了适应人类生活这出"戏"，就需要装扮自己，戴上各种各样的面具扮演自己的角色。而人格面具就是用人类文化、社会规范去为生物的、本能的人"化装"，使生物的人成为社会文化所要求的人。在这个意义上，人格就是人所必须具有的、人之为人的界定。换句话说，是人作为人的资格特质。人之所以不同于一般生物，就是因为人有社会、文化的本质，有人格。人格就是人的本质存在状态，是人之为人的规定性。

作为人的本质规定性，人格成了众多学科研究的对象，差不多所有研究人的学科都在研究人格。人创造了文化，也创造了解释人自身的种种思想体系，哲学、心理学、社会学、伦理学、美学、法学、医学、生物学等，都在解释着人，也都在解释着人格。

医学，尤其是精神医学，多从身体发育的正常与否、智商高低、神经系统是否健康的角度研究人格，相对来说，对人的生理状态关注更多。

在法律上，人格被认为是人所享有的法律权利以及所承担的法律义务。法律人格与法律所保护的人格主体是不可分的，始于出生，终于死亡。法律中的人格权包括生命权、健康权、姓名权、名誉权等。对人格权的侵权行为，法律规定有具体的制裁方式。

心理学，主要是人格心理学，特别注重人之心理的内在组织与活动。其中精神分析学说注重对人的精神心理进行分析，而类型学说在根据人的体液及身体类型对人格进行分类方面做了比较深入的研究。然而，人格研究的趋势是对人格进行综合研究，即把人格看作一个身心统一的整体。

在伦理学中，人格通常被当作道德品性的同义词。一般认为，道德人格是一个人在一定社会中的尊严和地位的前提，缺乏道德人格的人，在社会中是不可能有真正的人的尊严的。

美学也研究人格。一方面，研究人格对艺术风格的影响，"风格即人"就是这种研究的一个命题，另一方面，美学还研究人自身的美。美是人的一种完美境界，心灵的健康、智慧的力量、德性的崇高，是人的内在美，而人的仪表仪态（面具）等外在美，也是完美人格所不可缺少的部分。

通过上述对人格缘起的考察和主要学科对人格的不同解释，我们可以得出结论，作为人的存在状态，人格不可能只是某一方面的特质，它是人所具有的各方面要素的整合。自然生理性要素是其中之一。人是一种生物，人的躯体、遗传、相貌、身体健康是人存在的生理基础。在人的行为活动中，必然包括作为自然人所必须完成的那些生理性行为，如饮食、睡眠等。自然生理性要素是人格规定的重要内容之一。

社会精神性要素是人格规定的另一个重要内容，其中又包括下列几个要素：

一是心理要素。人类在动物进化过程中，感官和大脑渐渐发展起来，产生了不同于一般动物的心理现象。人的心理是人类社会实践的产物，和动物心理质的不同在于，它有自觉的能动性。没有心理活动的人，要么是思维不健全，要么是植物人，不可能是具有真正人格的人。

二是道德要素。人格中的道德要素主要表现为一个人的良心和尊严。良心是一个人的自我道德判断。如果你是一个有良心的人，那么当你做了合乎社会理性要求的事，自己的内心就会感到自豪、宽慰、愉快；而当你做了不符合社会理性要求的事，自己的内心就会产生不安、内疚甚至羞耻。社会理性要求我们善良、宽容，如果你做了一件恶事，你的良心就会使你自责不安。良心就是一个人心中被内化为道德自律心理的社会理性的声音，人格中的尊严不是指人处在群体关系和等级关系中的"面子""体面"或"身份"，而是一个人内心对自己精神主体的自觉与自主。一个意识到自己尊严的人，绝不会盲目被动地适应或屈辱地服从某一外在要求，他必定要主动地自觉自愿地去适应、服从，在服从中他不是奴隶，而是自己的主人。一个人有良心有尊严，才会具有真正的道德人格。而一个有道德人格的人，才算得上是有理性的、真正的人。

三是审美要素。人格中的审美，主要不是指人作为主体从审美角度欣赏评价客体，而是指人格自身的美。人格应当是完美无瑕的。人格时刻在向周围的环境发散着自身美的或丑的信息。人格的美通过内在的美和外在的美体现出来。如果你身体健全、心理健康、心灵高尚，那你给人们发散的是美的人格信息。健康的气色、良好的仪表仪态、得体的言谈举止以及善意的行为，都透露着美好人格的内在本质并成为完美人格的组成部分。总之，美的人格包含了人格中所有美好的方面。

综上所述，人格是以一定的生理特征和生物本能为基础，以社会要素为本质，以某种身心统一方式活动着的人的相对稳定的存在状态。

二、健全人格的理想状态

理想的健全人格，人格各要素首先应当是全面平衡的。各要素之间关系应是良性互促、协调发展的，也就是我们常说的"全面发展的人"。然而人格各要素都有自己相对独立的性质，因而也就有自己发展的规律，人格各部分的发展，往往会出现不平衡的现象。这种不平衡一般有两种情形。一种是人格分裂，人格发展不平衡就会引起人格结构的倾斜或断裂、解体，从而产生精神医学意义上的病态人格或畸形人格；另一种是某个或某几个人格要素片面发展，其他人格要素未得到发展。比如，体格健全，但心理不正常，这是"片面生理型人格"。如果心理非常正常，但心灵格调不高，或身体不健康，都只能属于"片面心理型人格"。

人格要素发展的全面、平衡并不意味着"等量相加"。一个优良的个体人格系统，其人格要素可以是"均等态"，即各要素的地位均等；也可以是"优势态"，即各要素中的某一要素具有突出的地位，但要素间的联系必须是整合而不是分裂的，突出的要素应带动其他要素相应发展。例如，对心理健康者来说，应当积极锻炼身体，并加强自己的品性修养、审美意识，以提高个人的整体素质。

我们强调人格的健全完善，这当然是在理想的意义上而言的，一定时代一定的人往往要塑造出一些理想人格的模式，作为健全人格的最终尺度。如耶稣、释迦牟尼是宗教理想人格的代表，圣人、真人分别是儒家、道家的理想人格，而全面发展的自由的人，是马克思认为的理想的人格状态。

有人也许会问，强调人格要素的全面性，那残障人士难道就没有健全人格了吗？这里有一个健全人格的相对性与绝对性的问题。要知道各要素在人格结构中的价值和地位是不一样的。健全人格内部有一个结构，这个结构是由人的不同素质组成的有机体。首先，文化的、道德的素质是它的主干，规定和影响着人格的性质。其次是心理素质，它介于社会精神与自然生理之间，或者说，心理素质由社会精神与自然生理两方面构成。心理素质中的情绪、性格、认知、意识、气质、个性等部分，在许多情况下也会左右人格的性质。最后是身体素质，它是人格得以正常发展的原始条件、外在基础。

上述人格结构中的人格素质，有些属于内在人格，有些属于外在人格；有些是自然生理人格，有些是社会精神人格。其中内在的、社会精神要素的质，相对来说要高于外在的、自然生理要素的质，也就是说，社会心理的、道德的、审美的人格要素属于高质要素，自然生理的人格相对而言属于低质要素，因为人的本质在于他的社会性而不是他的生理性。要想做一个完整的人，就必须全方位地修身养性。如果只注意身体健康而放弃或忽视心理心灵的培养，那你就不能成其为真正的人，因为你没有把握住并体现出那些决定你成为一个人的高质人格要素。相反，许多身残志坚的人，心理健康，心灵崇高、美丽，在他们身上，散发着人性的力量与光辉。

完美健全的人格是理想、是目标，但并不意味着达不到完美就不算健全人格。从理论上说，人格结构中的各个要素应当全面平衡发展，但实际操作起来情况要复杂得多。由于人格各要素在一定时间幅度内所接受的外部刺激并不一样，它们很难时时刻刻均衡发展。因此，关于健全人格有个相对标准问题。在特定的环境中，由于某种外在原因，人们也许没有在人格的所有方面都得到完全发展。比如有的人身体有了残障，这种不完美是他们的主观愿望所不愿发生也无力改变的，这时最关键的，是要看在人格结构中占高质层次的心理、道德、审美等要素是否健康。如果是健康的，那么这样的人仍具有相对健康的人格。在这方面，我们可以举出许多如保尔·柯察金、张海迪这样身残志坚的人物为例。有些生理的、由外在条件造成的不健全，是我们无力把握的，但追求健全人格的力量，完全掌握在我们自己手中，如果我们积极锻炼身体，注意生理卫生与心理卫生，加强心灵、精神的修养，就有可能更接近理想的健全人格，成为有完整人格的人。

三、健全人格的塑造

我们应当把塑造健全人格视作自我实现的一部分，视作人生的目的之一。

塑造健全人格，首先要重视身体的健康完整。生理状况是人格形成的物质条件。身体是我们进行活动、思维的物质资本，身体状况的好坏，不仅直接影响到人的体力、智力，对人的气质、性格、情绪等内在因素影响也很大。营养不良、发育不好或有疾患的青少年，在人格成长中会遇到许多障碍。身体健壮的人往往会精神饱满，性格积极乐观。人若体弱多病，则往往影响到他的心理情绪和品性趣味。

人格的成长成熟，与身体发育成熟相联系。一般来说，人到18岁左右，才能形成比较稳定的人格素质。而少年、童幼期的人格是很容易变化的。在人格成长过程中，外部环境的刺激以及身体内部生理特征的变化都会使成长中的人格发生方向性的转变。

此外，身体素质本身又是构成健全人格的组成部分。身体素质发展不正常，虽然不会从根本上动摇人格结构的性质，但毕竟会使人格不完整、不健全。身体残障，在一定程度上妨碍了人格目标的实现，妨碍了人格结构的完美。

塑造健全人格，还要特别注意心理卫生及内在精神的修养。心理卫生不如生理卫生那样易受到人们的重视，倘若身体患有疾病，我们会主动求医、积极治疗，但心理上有弱点，却难以意识到这也是一种不健康的人格。21世纪是生活急速发展的世纪，科技进步，信息爆炸，因而对人的神经、心态提出的要求也日益增加，人的心理健康越来越多地与社会因素、社会问题联系起来，在健康概念中将越来越明确地容纳心理健康的内容。事实上，心理不健康的人，在身体、心灵方面也难以真正健康。心理因素的致病、治病与防病作用，古人早就有所发现。我国的医学远在先秦时期就记载有心理与疾病的关系理论。"怒伤肝，喜伤心，思伤脾，忧伤肺，恐伤肾"，就是古人对心理与疾病关系的一种直接总结。据专家统计，现代大城市一般门诊就医的病例中，60％以上的病人伴有心理疾病或由于心理疾病而导致的生理疾病，以至于整个医疗事业如不从"生物-医学模式"向"生物-心理-社会模式"转变，就不可能从根本上完成医疗事业的使命。

比心理因素更多地代表社会特质的，是道德因素。我们已知道道德因素是体现人之为人的社会性规定，它之所以在人格要素中位于高质层次，完全是因为它把人本质中的崇高性清楚地显示了出来。人的良心、人的尊严，使人更像一个人，而且对人格心理因素产生极大影响，并通过心理媒介对生理发生作用。心理疾病往往要依赖积极乐观的人生态度去调整。我国古代医学思想中，就有"心疗""意疗""情疗"等治病方法，都强调通过改易心态、变换人生态度来达到移精变气和治病养生的目的。健康长寿的秘诀中首要一条便是乐观豁达的精神状态。所以，对青少年来说，树立起积极乐观的人生态度，修养成健康的道德人格，调理出适应社会、人生的良好心态，并养成符合社会要求的生活方式与交际方式，这一方面能使我们更好地适应社会生活，另一方面也无异于得到一味使身心健康的"灵丹妙药"。

健全人格并非生来就齐备。人格中有些因素是先天的，但整体实质上是后天社会的产物。人先天带来的生理、心理、心灵精神因素，只提供了人类人格发展的可能性与基础载体，而环境和教育才赋予人类人格发展的现实内容。如果不经过后天的社会教育，不经过个体的努力修炼，人初始的人格因素就不可能发展成健全人格。比如初生婴儿也有人格，但其人格更多的是遗传素质和先天本能，健全成熟的人格只有待他在社会中学习、成长后才能塑成，这需要一个过程。这个过程从历时状态看大体可分为三个阶段。

第一个阶段属于人格的滋生与形成期，这主要发生在人的未成年期。人离开母体降生到世界上，其生长发育可分作两个基本过程：自然生理过程和社会化过程。其中，后一过程是完整人格形成的决定性过程。一个天生素质非常好的婴儿，如不在社会环境中生活学习，也很可能不具有人类的人格。国内外相继报道的狼孩、熊孩事件，便是非常有力的例证。婴幼期的人格塑造过程主要是通过亲人直接接触及幼儿园环境实现的。此时的人格学习过程缺乏组织性、计划性和系统性。

第二个阶段属于青少年人格发展时期。青少年的人格塑造过程主要是通过学校教育进行的，其间还逐渐增添不同渠道的社会教育（朋友、同学、公共宣传媒介等社会环境影响）。青少年时期是人一生中的最佳时期。在这个时期里，身高、体重、骨骼、肌肉及各个器官，处在生长发育阶段，这时候注意营养、加强锻炼、讲究卫生、预防疾病，比其他任何时期都重要。成人后是否拥有健康身体，就看此阶段的健康意识和健康行动如何。

青少年时期生理上的急剧变化会带来心理上的变化，日后在漫长人生中能否应付自如，能否具有良好的适应社会需要、经受生存考验的能力，都依赖于我们在青少年阶段能否调理出健康的心理状态。

第三个阶段属于成人人格发展时期。古训说得好，"三十而立，四十而不惑，五十而知天命"，从人的社会化过程来说，"三十而立"就意味着人的"社会化过程"已基本完成，人格内容进入了相对"确立"的阶段。但社会在发展，人也在不断学习，个人的社会化进程在生命终止前一直在进行，某些个人的特殊经历也会渗透到人格中，使已形成定式的人格内容发生改变。

人格塑造过程从历时状态看，可划为上述三个阶段，而从共时状态看，则可分解为人格简单状态、人格双重状态、人格理想状态三种。

人格简单状态主要指人的内在状态与外在状态没有区别，浑然一体。婴儿不会掩饰真实自我，不懂羞耻，表里如一。幼儿也没有脱离内在、外在简单为一的状态，缺乏注意营养、锻炼身体、讲究心理卫生与心灵美德的自觉意识。除婴幼儿外，某些精神病人也处在一种简单统一中。正常人人格的内在、外在，在某些场所某些时刻也许会有一定程度的简单统一。简单人格处在一种他律人格状态中，这种简单人格的浑然一体，在人格性质上当属低质层次。

人格双重状态是指个体人格内在和外在的差异存在状态。一个人在社会中学习、成长，学会了用社会理性的声音去说话，学会了用社会规范去"装扮"感性的自我本能。于是这个人就有了内在的以及表现出来的双重存在状态。人格的双重性是人类的一种必然存在状态。任何一个生活在社会中的人，都会自觉或不自觉地按社会要求进行一种"文明的装扮"，去扮演各种社会所需要的角色，用理性克制自我的欲望冲动，用社会规范约制自己的思想行为。这就好比我们的躯体，很真实，但必须用好看的外衣把它包裹起来。人格就是文明给人的精神所穿的服装。在这个意义上，人格本身就具有双重性。人格的这种性质在它的词源含义中就已有所表达——人格就是"面具"。婴幼儿、精神病人以及智力障碍者不会戴"面具"，他们往往会冲破一切障碍，把内在自我真实毫无保留地表达出来。因此，在心理学领域，过分漠视穿着、形象、防护，往往意味着心理障碍的开始。正常人在大多数情况下都是"戴着"各种各样的"面具"的。"面具"有其存在的客观性和一定的合理性。当然，"面具"也在一定程度上造就了人的虚伪性。这需要调整、把握好人格双重状态的尺度。

人格理想状态是指在社会条件下全面发展的、内在与外在和谐统一的人格境界。这是对人格双重状态的一种超越，当人的外在"面具"经过长期运用逐渐内化为内在人格时，当外在人格与内在人格的差异逐渐缩小甚至消失时，完整人格的塑造也就实现了。当然，人格理想状态是人们对完美人格的一种终极价值表达，在目前社会中要求每一个人都达到理想人格的绝对统一状态是不现实的，但我们可以也应当向着人格理想状态努力，尽力接近理想境地。

人格是需要塑造的，塑造是要有过程的。了解上述人格塑造的历时状态和共时状态，其意义在于：一是懂得青少年时期是人格塑造的决定性阶段，我们能否像他人一样拥有健全人格，完全取决于此时期我们的健康意识和健康行动，作为一个有头脑的青少年，应当有这种自我觉醒；二是了解在塑造人格过程中，有一个从人格简单状态到双重状态，再向理想状态发展的过程，其中人格双重状态实际就是人格社会化过程的一种表现，是人对自我人格的意识与自觉。所以，人格双重状态从某种意义来讲，是人格塑造过程的必经阶段。懂得了这一点，我们就应特别注意接受社会环境给我们的教育，自觉主动地按社会要求塑造自己。

总之，我们应当把健康概念提到人格的高度去理解，把它看作人之为人的资格确定。我们要做一个人，做一个真正的人，就必须去追求健全的人格，不仅要有强健的体魄，还要有能适应社会的正常心态，更要具备最能表达人类理性的德性品格，向完美人格状态努力。

做拥有健全人格的人，是人类尊严的要求，也是现代社会的呼唤。

我们的社会已经发展到这样一个历史阶段，在这个阶段，如果没有人格素质的现代化，社会生产和社会生活的现代化就显得不可思议。一个国家可以从其他国家引进先进的科学技术和管理方法，但如果这个国家的国民素质缺乏赋予这些东西生命力的现代健全人格素质，那么再先进的东西也是无用的。青少年是现代化的未来，每一个正常的青少年，都应把塑造自己的健全人格视作现生命阶段的大事。

第四章　诚信是一种社会资源[*]

相对于社会发展中的物质资源、人力资源，诚信也可以算是一种社会资源。诚信属于道德价值要求，但这种价值要求体现在社会各个领域的存在结构及发展模式中，在社会经济、政治、文化及其他一切社会生活中扮演着极其重要的角色。诚信这种道德资源是一种比物质资源、人力资源更为重要和宝贵的社会资源。

社会信用危机与诚信资源稀缺

目前社会与经济发展中的一个严重问题，是市场、社会的信任危机。社会上大量存在的假冒伪劣和欺诈行为的背后，本质上是"诚信"的危机。诚信不足给市场经济及社会发展所造成的危害非常严重。

首先，它极大阻碍了信用作为支付手段的功能的发挥。信用的缺失造成了企业生产成本的提高和投资预期的不确定性，加大了投资风险，从而使企业和银行的投资活动趋于谨慎和收缩，降低了交易效益和资金使用率。由于担心交易对方的欺诈，一些企业不得不使用现金交易，甚至退化到以货易货等原始实物交易方式。信用资源的缺失，严重阻碍了

＊ 本章内容原载于《江海学刊》2003 年第 3 期。

我国市场经济发展中虚拟资本的发展。虚拟资本完全是社会信用发展的产物，没有信用，金融债券、股票等信用交易就不可能产生，市场经济也就难以向高度化方向发展。现代化的信用支付是完全建立在信用机制之上的。没有信用，任何人都寸步难行，没有信用，不会有人借钱给你，没有信用，连合伙人都找不到。在许多国家，如有过良好借贷记录的，再借贷就比较容易，没有借贷记录的反而难以得到贷款。信誉记录是最好的借贷资本证明。

其次，我国目前信誉资源的缺失，还大大破坏了企业形象，使企业失去了长久发展的生命力。信用作为一种无形资产，是关系到企业形象及其生命力的重要社会文化资源，企业失去了它应有的信誉，就等于失去了品牌竞争力，其生存发展就不存在任何可能。美国可口可乐公司总裁曾声称自己公司即使在一夜之间化为灰烬，第二天仍可在银行获得足够的贷款。这份自信源于公司拥有良好的商业信誉和品牌价值。可见，企业失信无异于自掘坟墓。

同时，企业文化是否以诚信为共享价值观，还关系到企业内部人力资源的真正开发与挖掘。诚信资源并不直接等于人力资源，但它是人力资源转化、实现为价值的最重要的因素。社会学家科曼主张，除了人的技能和知识外，人力资本还有很重要的一个部分，那就是个体与他人共事的能力，而这种能力不仅在经济生活中极为重要，在社会生产的每一个层面也都举足轻重。当然，回过头来看，社团中的成员是否具备与他人共事的能力，又必须由这个社团共享规范和价值观的程度以及社团能否将个体利益融进群体利益来决定。在那些共享的价值观中，信任就是其中之一。事实证明，社团中人们的彼此信任蕴含了更广大而且更明确的资源价值。

信用环境的恶化，还增加了企业生产成本和投资风险，并导致企业之间互相拖欠货款和恶意逃废债务。由拖欠导致的连环拖欠（三角债），破坏了信用，扰乱了经济秩序，使企业资金周转受阻，生产不能正常进行，有的企业甚至被拖垮。一些经营管理差而且债务多的企业，甚至把破产、兼并、债转股等当作逃债废债的机会。银行作为依靠信用进行经营的机构，大量信贷资本本息无收，利益完全得不到正常保证。信用环境恶化，使守信的企业和银行深受其害，出现"劣币驱逐良币"的不公正现象，也破坏了银企双方的信用关系，影响了银企双方的正常发展。

最后，信用资源的短缺，还加大了我国参加国际竞争的成本。经济全球化和加入WTO，都要求我国必须接受国际市场经济的游戏规则，否则将在竞争中被淘汰出局。在贸易、投资、金融等各类国际交易中要讲求信用，注重商业信誉，这是国际商务管理中的首要信条。社会信誉环境的好坏，是我国国际形象的最重要组成部分，也是国际投资者衡量我国投资环境的重要尺度。我国有巨大的市场潜力，这是我们参加国际竞争的优势所在，但目前这种优势受到了信誉环境缺陷的破坏。在为加入WTO而进行的艰苦谈判中，我国不得不在贸易条件方面对发达国家作出种种让步，也和国内信誉环境的缺陷相关。

信用危机不但影响经济发展，而且正在向全社会各个领域和层面蔓延开来。这种诚信资源的稀缺，不仅增大了经济领域中的道德风险，也影响到整个社会风气和秩序。人与人之间、企业与企业之间、百姓与某些政府部门之间，都充满了不信任，人们陷入彼此需要防备的怪圈之中。正因为如此，信用已经成为中国社会目前的稀缺资源。当失信由个体行为逐步演变成社会普遍行为时，就会造成社会秩序紊乱、道德教育失范，从而影响整个社会的健康发展，信用危机甚至可以转化为社会危机和民族危机。市场经济呼唤诚信，诚信建设必须作为市场经济建设的题中应有之义来加以强化。

东西方"诚信"差异及其现代整合

诚信规范作为社会主义市场经济提出来的一种要求，具有不同于传统小农经济条件下、资本主义市场经济条件下以及计划经济条件下的诚信范畴的内涵，它是一个具有时代规定性的新要求，具有新的规范内容。

诚信在中国文化中古已有之，而且是占有核心地位的一个道德范畴。"诚""信"两个字在中国传统文化中的理解，本义上是相同的，许慎《说文解字》说："诚，信也"，"信，诚也"。诚的本义是真实无妄，"信"的本义为"人言"，"人言为信"，其含义也是诚实不欺。可见"诚""信"二字在意义上是相通的。我国传统文化中的诚信规范，其内容有一个不断发展的过程。综合看来，基本内涵可以表达为如下几点：

首先，诚信是立身之本。没有诚信，一个人在社会上就无法立足、无法做人。诚信是一个人品质修养的必具要义。古人认为，"养心莫善于诚"，强调"言必信，行必果"，如果不讲信用，就不是君子而是小人了。孔子更是把诚信视为做人的三大德之首要，"人所以立，信、智、勇也"。诚信是人之为人的本质体现，人的尊严、人格都是建立在诚信基础之上的。不诚实不守信的人没有信誉，也无人格可言。

其次，诚信又是人伦交往的基本准则。朋友有信是中国传统文化历来主张的一个原则，"与朋友交，言而有信"。在社会生活中，诚实守信才会有持久的人际关系，而社会人际关系在现代已成为一种促进事业成功的重要社会资源，一般而言，一个人的社会资源、事业能力、政治经济地位，往往和他的信誉程度联系在一起。关于这一点，古人也是这样认为的："人先信而后求能。"

最后，诚信还是治理国家的基本准则。国"无信不立"，社会的诚信危机会导致社会风气败坏，民心散失，最终导致国家的无序和混乱。当年学生问孔子如何治理政事时，孔子的回答是："足食，足兵，民信之矣。"（《论语·颜渊》）当问及不得已而必须去掉一个时先去哪一个，孔子说去兵。再去哪一个？去食。"信，国之宝也。"对治理国家来讲，"信"是重之又重的。

可见，诚信是中国传统文化中历来强调的一个道德信条。然而在传统文化中，诚信本质上更多的是一个修身养性的根本原则，是区分君子小人的人格标准。在"仁、义、礼、智、信"伦理五常中，诚信被看作仁、义德性的自然延伸。诚信在中国传统伦理中，和德治文化相联系，更多的是一种德政和德性品质要求。受中国血缘宗法社会历史及其德性文化决定，传统文化中的诚信属于一种由人格信任、亲缘（熟人）信任构成的德性范畴。

相对来说，西方的信用概念更多的是建立在人们的契约法律关系和观念之上的，可以说守信的概念就起源于现实中的契约利益关系。由于历史发展道路的不同，西方社会进入奴隶制国家时冲破了血缘关系，建立了个体契约关系社会。作为契约，个体双方或多方在立约时就约定，大家都出让一部分权利和利益，同时又交换回自己的权利和利益得到实现的保证。在这种契约关系中，大家都必须信守承诺，如果我违背了使对方利益得到实现的承诺保证，对方也就会取消对我的利益实现的保证，结果是两败俱伤。于是在利益交换的现实生活中，人们发现合作最符合他们的长期利益，成员之间自愿遵守社会契约。自我利益，加上契约的法律机制，就会弥补社会成员之间所欠缺的相互信任。

和中国在血缘根基上生长出的信任机理不同的是，契约成员群体完全可以由陌生人组成，在认同利益实现的基础上，任何时候都可以运用契约规则组成团体。所以，在相对意义上，西方的守信更多出于一种对自我利益的追求而不是对人格的追求，在本质上是一种外在规则守信而不是内在德性诚信。西方的诚信观念和西方的契约关系紧密联系在一起，信用建立在利益互惠的基础之上。

中国传统的德性诚信机理和西方契约性质的互惠信诺机理的不同，造成了东西方诚信概念的另一个差异。由于中国的诚信规范建立在人格自律基础上，守信与否更多依赖于人格良心，相对来说，缺少必要的外在利益制约力量保证。即使一定的人际群体会构成一定外在制约，但从根本上说，那也只是亲缘关系基础上亲友、熟人之间的一种非强制性的情感制约和道德制约。这在根本上是不同于西方外在契约的制度性强制制约的。

西方的信诺观念不仅受制于外在利益关系和契约关系，而且还和基督教文化观念联系在一起。在《圣经》中到处都可以看到人与上帝立约。如果违反约定，就要受到上帝制裁。上帝无所不在、无所不察，是最高的外在权威。如果说在中国传统文化中，诚信规范要求人们要有"慎独"的自律精神，那么在西方传统文化中，守信的品质更多受制于他律的利益制约和上帝的外在制裁力量。

有人认为，为了适应社会主义市场经济的要求，传统的建立在亲缘基础上的人格德性诚信必须向制度或规则诚信转化。诚然，中国传统的人格德性诚信未必能完全满足现代市场经济的要求，市场经济运作需要保证利益关系实现的外在诚信机制或规则诚信机制。然而西方的契约规则信用机制也未必是我国社会主义市场经济诚信要求的全部要义。与今天社会主义市场经济相适应，我们提出的诚信规范应当是既表达对做人的德性要求，又表达对社会各种利益关系的协调保证机制。诚信必须具有一种内在德性价值，同时又具有保证利益关系有序的外在功能。诚信的内在道德性和外在规则功能应该是也必须是统一的。

社会诚信资源的优化

诚信作为社会要求，既有道德价值又有社会资源价值。开发优化诚信资源价值，改善社会信誉环境，是一项系统工程，需要全社会共同努力。目前至少要从以下几个方面着手做起来。

要注重营造一种弘扬诚信的社会氛围。诚信能够形成一种社会资源，但这种社会资源的基础是社会成员普遍具有诚信的情操，光是个别成员的诚实守信不可能形成资源价值。一位经济学家说，在普遍没有信誉的情况下，如果一个人童叟无欺，有可能会赚很多钱，因为他掌握了市场经济最需要与最稀缺的资源。但也可能正好相反，因为他所在的社会环境没有任何信用可言，人们对市场缺乏信任，独立的诚信就会受到很大的损害，就很难生存并长久下去。

"以德治国"的理念，以及党的十六大报告再次强调社会道德建设要"以为人民服务为核心、以集体主义为原则、以诚实守信为重点"，为社会信用的呼唤和改善营造了良好的社会舆论氛围。

各行各业都应该以讲信誉作为突破口，切实加强道德建设。要注重对人们进行教育培训。在许多发达国家，各行各业都高度重视员工培训工作，除了进行技术技能性的培训，还进行企业文化、价值观和行业发展战略方面的培训。被誉为"生产人才专家"的韦尔奇，每年都要召回世界各地的高级管理人员到本部培训，其主要内容就是讲企业文化和诚信问题。有人曾问过韦尔奇："在通用电器公司，你最担心什么？什么事会使你彻夜不眠？"这位在全球备受推崇的企业家回答："诚信。"

要使人们从思想上充分认识不讲诚信的危害性，认识到诚信是社会道德建设的基石，也是整个市场经济建设的基石。诚信是做人的人格标准，也是市场经济、社会文明发展的基本保证。要强化诚信意识，宣传诚信理念，提倡和实践"阳光下的利润"。

建立良好的社会信用体制，不仅要靠教育和宣传引导，还要靠法律和制度去规范。要用严密的法律、严格的制度来规范各种信用关系。对政府公务员、企业管理人员、执法人员、财会人员等，建立具有法律效应的信用档案制度和资格认证制度。如建立企业（法人）信用身份认证系统、建立社会个人信用代码等。资格认证，以及一个人的信用记录，可以大大制约不讲诚信的行为，会用外在强制的形式和力量引导人们向诚信行为靠拢。要在全社会尽快建立完整的信用机制。正如《国务院关于整顿和规范市场经济秩序的决定》中所要求的，要尽快"建立健全符合市场经济体制要求的社会信用制度"。

除此之外，各行各业，甚至每一个人，都应当从自身做起，呼唤诚信并传播诚信。诚信是可以传播和相互传递的。建立诚信的过程中最重要的是各级政府部门、各行各业的领导率先成为具有诚信素质的人。如果他们都能重视自身的信誉，同时重视抓本部门、本行业的信誉，信誉就会在该部门和该行业确立起来。所以各行各业都要把信誉当作资本来经营。

总之，全社会要把信用作为社会道德的底线来对待。对一个合格公民来讲，这是最起码的人格要求。对企业来讲，信誉不仅是企业宝贵的精神财富与无形资产，也标志着企业文化的高层水准与企业人格的成熟。

第五章　提高诚信素质也要有两手 *

　　美国学者弗朗西斯·福山在《信任》一书中曾预言，21 世纪是信誉的世纪，哪个国家的信誉度更高，哪个国家就会赢得更广阔的市场前景。诚信在市场经济及社会发展中的地位，就好比人们所比喻的，是多米诺骨牌中起首的那一张。诚信建设已成为我国经济发展、社会发展中的重要问题。整个社会都在呼唤公民个人、政府企业组织和市场的诚信品质。在诚信建设这个全方位系统工程中，公民诚信素质是需要重点打造的工程。提高诚信素质，仅有诚信教育是不够的，必须和社会法治、制度安排及社会管理结合起来。

　　人的品德素质发展的基本规律，是一个由他律向自律发展的过程。或者说，一个人的品德素质的提高与成熟是靠内在自律引导和外在他律制约共同培养而实现的。我们在打造公民诚信素质时也要有两手，一手着眼于诚信理念教育及内在自律引导，另一手着眼于外在强制性规则和制度安排的他律性制约。

　　教育当然是必要的。要使每一个公民都从思想上充分认识到诚信资源稀缺的社会危害性，认识到诚信是整个市场经济建设的基石，也是社会文明发展的基本保证。同时，还应当教育人们树立追求诚信的信念。有时候，诚信的信念必须超越功利目的，诚信在许多时候是做人的人格

---

　　* 本章内容原载于《前线》2004 年第 5 期。

标准。许多学者提出应对诚信教育价值进行重新审视，意义正在于此。这是当前诚信教育应该注意的一个问题。

此外，诚信教育也不能仍旧停留在诚信观念的普通教育层面，要加强诚信素质专业化教育。应该训练出一大批现代社会所需要的从事信用管理的专门人才。有学者指出，目前国外许多大学的经管学院和商学院中，已有信用管理课程的设置，而我国，信用管理的专业化教育还基本处于空白状态。诚信教育的专业化，既是教育内容的深化，也是营造诚信养成环境中不可缺少的硬件因素。如何让诚信教育更加全方位地渗透到社会生活的方方面面，贯彻在一个人从小到大的整个人生过程中，是养成诚信民族素质必须从整体来布局的问题。

打造公民诚信素质，不仅要靠教育和宣传引导，还要靠法律、制度及社会管理去规范。可以说我国目前基本还处在一个缺乏必要的信用制度和信用机制的状态。所以不论是从市场秩序角度，还是从公民诚信素质培养角度，建立健全社会的信用法规体系、信用记录档案体系、信用奖惩机制以及信用监管机制，都已是诚信建设中的当务之急。

经常会有人对某些国家公民的守信素质感慨不已，比较之中，对提高国人诚信素质的焦虑迫切之情也不时溢于言表。相对来说，许多国家的信用状态在相当程度上是建立在法规、制度及社会管理基础上的。可以说西方守信的概念就起源于现实中的契约利益制约之中。在利益交换的现实生活中，人们发现守信合作最符合彼此的长远利益，于是成员之间自愿选择了遵守信用契约。自我利益，加上信用的法规制度、社会管理机制，就会弥补社会成员之间所欠缺的相互信任。

作为一种利益投机行为，信用缺失者在进行"失信"还是"守信"的选择中，往往是因为计算出守信的成本远远高于失信的成本，所以才会屡屡自觉或不自觉地选择失信。所以我一直主张不要只是一味地批评公民素质的低下，在许多时候，公民素质低下和社会相关制度安排不合理有关。如果社会加大对失信行为的约束性惩罚，使信用缺失者在失信、守信的"博弈"中深切体会到失信带来的风险和成本太高，就会引导和迫使他们放弃失信而选择守信。比如一位在德国学习的中国留学生的经历就很能说明这一点。这位学业优良的留学生，毕业时向许多需要其所学专业的公司投交了求职资料，但屡投不中。后来才得知不被录用的原因是在他的信用记录档案上有关于"逃票"的记录。如果知道逃票行为的失信成本如此高，那么人们是不会轻易选择逃票行为的。在这个意义上，是外在强制性的制度和规矩"教育"失信者"学会"选择诚信，并在这种实践"学习"中逐渐养成守信的素质。

所以，我们今天要想营造好我们的信用社会，要想培育出我们公民的诚信素质，也必须在构建诚信的外在机制保障方面下功夫。构建外在诚信制约机制，目前可以从建立具有法规效应的信用档案制度和资信认证制度入手。比如，建立企业（法人）信用身份认证系统，建立社会个人信用档案。据悉，上海大学 2003 年已开始设立"大学生信用档案"，并且整个上海市的个人信用联合征信体系也已启动。

启动征信系统会改变失信与诚信之间的"劣币驱逐良币"的不正常现象。它为守信者建立诚信记录档案，使诚信者因为诚信在社会生活中享受信誉优待；它对失信者更要进行信用记录，并要依此对其进行直接惩罚或间接惩罚。比如，对造假者给予必要的处罚，就是一种直接惩罚。但现在许多学者认为目前我国信用惩罚往往是补偿性的，处罚太轻，失信成本很低，不足以阻止失信行为，应该对失信者及其行为进行惩戒性处罚，加大失信成本和风险，使其自动放弃失信行为选择。间接处罚就是通过放大失信处罚范围、加长失信处罚时间，对失信者进行的更高风险、更高成本的处罚。

但这并不是征信系统建立信用档案的全部意义。征信系统的信用记录，还能在维持市场秩序方面发挥巨大功能，有了征信系统和机制，人们在市场交易之前，就能够对交易对方的资信情况进行了解和调查，减少交易双方由于信息不对称而导致的失信和欺诈的可能。

总之，社会诚信奖惩机制的建立，会大大制约人们不讲诚信的行为，这种外在强制的形式和力量会引导人们向诚信行为发展，帮助社会公民养成诚信素质。所以公民诚信素质是一个教育的问题，更是一个在社会法治、制度安排及社会管理中逐渐养成的问题。

第六章　对失去诚信的人应严厉惩罚[*]

　　当前中国社会诚信如何建设，大而化之地说，有三个环节，教育、制度、管理。首先要把症结锁定在制度和管理缺位上。从中国文化和西方文化的差异性来讲，缺乏诚信源于制度对中国更加重要。说到缺位，不是说一点没有社会管理、没有制度，而是说制度管理形成的机制还不是一个诚信的良性导向的机制。如果社会导向是劣币驱逐良币，那怎么能够引导大家做诚信的人呢？所以，对失去诚信的人严厉惩罚，我完全赞同。在很多国家，直接的惩治是处以高额的罚款，间接的甚至长期的惩治就是给予你终身的不良记录，用一系列的配套制度对你进行长期的制裁。在这种情况下，人在比较当中、计算当中当然要接受诚信。

　　除了制度、管理的缺位，还有一个症结是舆论环境的缺位。舆论不正确，有了歪风邪气的东西，人的身体里有了邪气就一定会生病，社会也是一样，邪气一定要刹住。媒体造势的因素之外，跟生活舆论的引导培育也有关。主旋律的东西怎样作为价值体系，落到世俗文化当中，诚信建设也是其中的一个具体问题。除此之外也和社会榜样有关，老百姓老说上梁不正下梁歪，现在社会大力树诚信正面榜样是有必要的，就像广西警官高等专科学校这样一个点，带出来辐射的作用、影响的作用，也是榜样的作用，这种典型都是非常好的。

---

　　[*] 本章内容原载于《人民论坛》2010 年第 34 期。

此外，从文化根源来说，中国的诚信属于一种人格诚信，是德信范畴。西方诚信更多地建立在信用概念上。实际上西方的诚信起源于契约诚信，契约信任直接关系到利益。这种契约信诺背后的制裁机制有一整套的东西管制着人们，人们的利益要实现，就必须要诚信。中国和西方的信诺不同，不是利益基础，而是德信的承诺。在这个基础上，我们了解自己文化的位置，发挥中国文化当中诚信好的资源，在他律的制度建设方面确实是不到位的，吸取一些他律的文化因素，尤其是在现在的文化建设当中着力于他律的建设，为社会建造一个既有积极的教育引导，又有一个很好的管理、制度教育和引导的格局。

第七章 诚信缺失背后的
社会机制缺位*

信任是社会关系及其运转和谐有序的基础，社会诚信的必要性早已成为人类共识。社会如果处于"低度信任"结构中，运行和治理成本就会大大增加，社会秩序、人际关系以至于人性塑造也会发生一定紊乱和变异。中国当前的诚信缺失状态，成因错综多维，但制度机制方面的种种缺位是一个基础性成因，加强诚信建设中的制度设计和安排，是改变目前社会诚信危机状态的有效途径之一。

现状点击："低信任度"的社会境遇

改革开放以来，中国社会在政治、经济和社会生活方面取得了全面进步，国家实力得到了迅速增强，既有硬实力的增强，也有软实力的增强。但有人说，中国目前是经济巨人、道德侏儒，物质财富剧增的同时，道德文化和精神文明明显出现短板。

诚信危机在中国社会许多领域和层面出现，增大经济领域中道德风险的同时，也影响了整个社会风气和秩序以及政府公信力。目前我国政府公信力正面临种种挑战，表现为每每"事"起，公众便会质疑

---

* 本章内容原载于《人民论坛》2012 年第 5 期。

政府的应对方式和诚意。公众对社会问题产生了越来越多的不安、怀疑和指责，网络流行这种说法，老百姓成了"老不信"，"你信不信"，"反正"大家都"不信"了，一定程度上反映了社会信任缺乏的现状。

诚信缺失的社会现实成因考察

诚信缺失问题不仅是道德问题，也是社会问题。首先，诚信缺失问题和市场经济发展过程有关。相对于西方市场经济发展几百年的历史，中国的社会主义市场经济发展才几十年，是"摸着石头过河"探索过来的，制度规则秩序也在建立过程中，许多与信用相关的法律规范、制度机制还没有建立完善；以往市场经济发展存在"一手硬""一手软"的问题，在市场经济"效率至上"的追求引导下，社会诚信价值观、理论体系，尤其是社会管理、制度建设等方面的跟进不同步；在张扬个性、个人利益以及竞争理念时，对他人利益和社会公共利益强调不够，在强调权利的时候，对义务和责任强调不够，出现了种种为达个人利益而不择手段的诚信缺失现象。

其次，许多假冒伪劣、缺德失信问题也和社会管理机制不完善、监管不给力有关。如食品安全、质量安全问题和无良逐利者有关，和一些管理者的腐败及无能有关，但也和制度机制不健全、不完善以及社会管理资源配置不合理有关。在许多管理系统中，从产品质量监管到公共领域治理，存在着多头管理的机制障碍，以及社会监管成本过大、执行力相对不足等问题。如果机制没有理顺，所谓的"齐抓共管"，落实到操作层面就会出现很多问题，给不法商人或不道德之人留下可乘之机。在公共权力的制约和建设方面，还存在许多漏洞，责权机制不合理、不健全造成权钱交易、腐败、渎职、不作为、乱作为等现象。

最后，诚信缺失还和市场、社会唯利是图的文化生态有关。改革开放后，新旧价值观更替，社会利益与价值取向多元化，新旧道德交锋，中西价值观碰撞，价值标准多层次和多样化发展，导致现实中是非善恶标准模糊，荣辱错位，追求利益最大化被一些人理解为是市场经济的本质，利己主义、拜金主义、实用主义气息同时弥漫。在信奉

"利己主义"和"拜金主义"的社会环境下，谈论道德素质、道德力量，往往显得苍白无力。加之与快速发展的市场经济相适应的道德体系并没有完全建构起来，以人为本在某些时候变成以我为本，权益概念增长有时多于责任义务的领悟。带有浓重拜金主义、消费主义、物质主义、利己主义价值取向的市场文化侵蚀着社会道德，加剧了诚信缺失和社会精神失落。

中国传统诚信文化的反思

诚信在中国传统伦理中，和德治文化相联系，更多的是一种德政和德性品质要求。受中国血缘宗法社会历史及其德性文化决定，传统文化中的诚信属于由人格信任、亲缘（熟人）信任构成的德性范畴。这和西方语境有所不同，中国人重视熟人基础上的人格信任，西方人则强调法律关系上的契约信任。中国人的诚信重感情、重情理，西方人则往往重法理，以法律为依托，追求契约平等和利益互惠。在这个意义上，西方守信的本质是对外在规则的信守，建立在追求自我利益的基础上，而非人格追求。西方的社会信用有足够的契约法律和制度做支撑，社会信用建立在利益互惠的基础之上，对失信者的责罚是契约信用制度的重要组成部分，契约法律使失信者必须为自己的失信行为承担责任，付出代价。中国人的诚信则往往诉诸主体的主动实践，仅仅是隐藏着一种希望得到回报的期待，希望良心上心安理得。而西方人借助契约，强调双方能够平等地履行契约，追求切身利益的获得。

造成中西诚信语境和机理差异的原因，首先是缘于中西方信用产生的社会历史传统不同。中国自古以来的重农轻商传统，使得人们的交往范围狭小，局限于家族或一定的地域内，是熟人间的信任或信用，而西方自古以来的商品经济、商业贸易发达状况使得契约诚信出现有充分的条件。其次，中西方信用产生的理论文化基础不同。西方人多从人性恶的角度设计规范，注重对不诚信进行外在制约，中国人则多从人性善的角度设计规范，注重主体的内在自律制约。这就造成中西方在信用、信仰和法制文化等方面的明显差异。

我们今天建设诚信，一方面可以继续发挥道德自律的功能，另一方面则一定要更多诉诸社会制度和机制的刚性约束。当代社会主义市场经济条件下的诚信重建，应该既着眼于对诚信理念的内在挖掘，又要致力于诚信的外在制度机制安排和他律强制性规则的建设。

诚信建设中的制度设计

现代社会，诚信已不再仅仅是一个哲学或伦理问题，我们的诚信观必须由传统道德概念向法律概念转型，或二者兼而有之。作为法律范畴的诚信，强调法律行为主体在经济活动中信守承诺、诚实无欺，必须在不损害他人利益的前提下追求自己的利益，这个原则在民法中常被奉为"帝王条款"，在西方则具有"万民法"的重要地位。我国失信问题的治理，必须在加强教育和舆论引导的同时，切实关注制度设计和机制建构，加大对失信行为的法律或制度的责罚力度。

建立具有法规效应的信用档案制度和资信认证制度。比如，建立企业（法人）信用身份认证系统，建立社会个人信用档案。建立诚信记录档案，既使诚信者在社会生活中享受优待，也使失信者受到相应惩罚。同时，加大失信风险，提高失信成本，增强惩罚力度，是制度设计的重要方面。

完善现有的相关管理机制。治理"多头监管"困局，优化管理资源配置，随着社会发展不断更新和细化监管标准。

积极建设信息公开机制平台。目前我国失信状况与信用信息的不透明有很大关系。信息的不对称性往往会为欺诈行为创造条件。信用信息公开化，则可以使欺诈手段无处藏身。比如可以建立查询系统平台，制定信息披露制度，积极开发建立社会大众监管机制，构筑大众监管防线，形成部门监管和法律惩戒之外的第三种力量。

提高政府公信力，加大政府问责机制建设的步伐。政府公信力问题、腐败渎职、权钱交易、欺瞒舞弊、不作为或乱作为，都和公共权力缺乏应有的制约和问责有关。所以，进一步加大以制约腐败和问责为中心的政治机制的改革势在必行。走出目前我国"低信任度"的社会怪圈，首先是重塑民众对政府的信心。

社会诚信建设需要教育和文化舆论的引导，更需要社会管理和制度的硬性规导。失信责罚机制的全面建设，会提高失信的成本，从而大大制约人们不讲诚信的行为，这种外在强制的形式和力量会规导社会诚信秩序的建立，引导和帮助社会公民在社会法治、制度安排及社会管理中逐渐习惯选择诚信。

第八章　新时期弘扬以"仁义礼智信"为主要内容的中华民族传统美德的意义 *

中华民族有几千年悠久历史，形成了博大精深的传统文化。中华民族以"仁义礼智信"为主要内容的传统美德文化，已成为举世瞩目的东方智慧的重要资源宝库，在东方乃至全世界都日益受到重视。在中国特色社会主义和谐社会建设事业中，更需要利用好这份宝贵财富，并赋予其时代内涵。在新时期弘扬以"仁义礼智信"为主要内容的中华民族传统美德文化，对于深化公民道德建设、构筑民族精神家园、增强民族凝聚力、增强中华文化的国际竞争力，具有重要现实意义和深远历史意义。

弘扬以"仁义礼智信"为主要内容的传统美德是历史必然要求

以"仁义礼智信"为主要内容的传统美德文化，作为中华民族几千年的文化积淀，是我们今天道德建设的历史基础和道德根基。认识不到中华传统美德文化传承的历史必然性，就会走进割断历史文化积累和发

---

* 本章内容原载于《思想政治工作研究》2007 年第 6 期。

展的误区。毛泽东同志指出："我们不应当割断历史。从孔夫子到孙中山，我们应当给以总结，承继这一份珍贵的遗产。"① 传统文化并不意味着是"过去的文化"。以"仁义礼智信"为主要内容的中华传统美德本质上是一种价值取向，是一种始于中华民族历史、融透于现在并指向未来的理念趋势和文化存在。

并不是任何文化内容都可以成为传统，一种价值理念之所以成为传统而代代相传下来，必定有它传承的理由。以"仁义礼智信"为主要内容的传统美德文化传承了几千年，这同适应于它的中国社会历史相关，也同它所蕴含的德性智慧相关。不同的民族传统，与造就它们的不同历史背景相联系。正是中国古代建立在血缘根基之上的独特社会历史条件，铸造了中华民族迥异于其他民族的以"仁义礼智信"为主要内容的美德文化传统。而它历经时代传承下来，也是由中华民族生存和发展的历史必然性与文化必然性决定的。它"不为尧存，不为桀亡"，是不能人为消除的。

新时代必然会产生新的道德，但新时代的道德并不必然与传统美德相对立。传统美德包含着新、旧道德的传承与变更，中华传统美德文化的积累就是在这种动态系统中形成的。在某种意义上，正是传统美德文化激发着我们现时代道德文化的产生。世界文明史表明，任何一种优秀传统文化，都是现代文明的源泉，都具有各自永恒的价值。

以"仁义礼智信"为主要内容的中华民族传统美德传承的历史必然性，并不意味着传统美德不可创新。对传统文化进行"批判地继承"，是我们反思传统的原则。批判继承的原则，表达了我们对传统美德的自觉把握。但批判不是目的，批判是为了更好地将传统与现代结合起来，使现代出于传统又创新于传统。在批判继承传统文化问题上，要防止重批判轻传承的倾向。今天我们建设超越传统美德文化的现代道德文化，必须注重与传统美德文化相衔接。只有在"仁义礼智信"为主要内容的传统美德基础上，才可能创建出中国特色的现时代道德，也只有那些生于传统长于传统的现代道德，才可能具有真正的生命力。

---

① 毛泽东选集：第 2 卷. 2 版. 北京：人民出版社，1991：534.

弘扬以"仁义礼智信"为主要内容的
传统美德有助于深化公民道德建设

公民道德建设，是提高全民族素质，形成良好社会道德风尚，促进物质文明、政治文明与精神文明协调发展，全面推进建设中国特色和谐社会的重要举措和内容。公民道德建设的一个重要原则，就是要求道德建设在与社会主义市场经济相适应、社会主义法律相协调、人类道德发展相一致的同时，还必须与中华传统美德相衔接。我国《公民道德建设实施纲要》提出的道德要求，既反映了社会主义市场经济条件下思想道德建设的客观规律，体现了中国先进文化的前进方向，又发扬了我们党和人民在长期革命斗争与建设实践中形成的优良道德，并借鉴了各国道德建设的成功经验和先进文明成果，同时，也继承了中华民族传统美德的精华。《纲要》提出的"爱国守法、明礼诚信、团结友善、勤俭自强、敬业奉献"等规范，就蕴含着"仁义礼智信"等中华传统美德的主要内容。

以"仁义礼智信"为主要内容的中华民族传统美德，强调宽厚爱人、正义责任、尊规礼让、明辨事理、诚实守信等。正是这些强调道德智慧与和善理念的传统美德，使中华民族在长期历史、文化发展中，衍生出相应的美德价值观和民族精神，如"天下兴亡，匹夫有责"的社会责任感，"位卑未敢忘忧国"的爱国情结，"己所不欲，勿施于人"的律己信条，"礼尚往来"的人际准则，"人无信则不立"的诚信品格，爱好和平、救贫扶弱的德性情怀，以及"自强不息、厚德载物"的精神气质，等等。"仁义礼智信"作为这些传统美德的集中概括，为我们今天进行公民道德建设与和谐社会建设提供了丰厚内涵。没有对中华民族传统美德的继承，公民道德建设就会成为无根之萍、无本之木。

当前，公民道德建设已引向社会主义荣辱观建设的更深层次。社会主义荣辱观建设，是与科学发展观和构建社会主义和谐社会紧密相连、有机统一的价值理念，是社会科学发展、和谐发展的必然前提。它要求全社会注重加强共同价值观和道德感的建设。在目前的社会现实生活中，确实存在着某些价值观不确定、善恶不辨、荣辱错位的现象。而在一个缺乏共同价值观、善恶荣辱不辨的社会环境中，是不可能有效建设和谐社会的。"仁义礼智信"所代表的中华传统美德，为我们构建和谐社会，尤其是社会主义荣辱观建设提供了一个可直接借鉴的宝贵道德资源。我们应该充分珍视和利用好这份传统美德文化资源。

弘扬以"仁义礼智信"为主要内容的传统美德有助于构筑民族精神家园

以"仁义礼智信"为主要内容的中华传统美德，积几千年精华，根深叶茂，已成为我们中华民族安身立命的精神支柱和精神家园。

一个民族必须有它的家园，不同民族栖息生活的地方及其国家就是不同民族的家园。但这只是一种地域意义的"自然家园"，一个民族还必须拥有它的"精神家园"。缺乏自然地域家园的民族，必将在世界上四处漂泊，最终在历史进程中消亡；而失落精神家园，民族的精神灵魂同样会居无定所、漂泊遗落。世界文明史已向我们昭示，没有精神灵魂和民族文化的民族必将走向衰亡。人类、民族就是这样，永远必须生活在自然的、精神的双重家园之中。任何一个真正自觉的民族，都会非常重视本民族精神文化的弘扬和发展。

当前社会上存在不少"社会病"：社会风气浮躁，缺乏对真善美的追求，现实利益成为许多人的生活支柱和追求。有些人争名于朝，争利于市，急功近利，不择手段；有些人心理空虚，精神迷茫，对人生价值甚至生命都产生了困惑。一个社会，如果浮躁、迷茫、物欲取向、急功近利成了普遍现象，这个社会就一定会出问题，这个民族的精神品质就必须进行反思。事实上许多社会问题都和传统道德理想人格的缺位有关，和迷失或失落精神支柱以及精神家园有关。

精神支柱或精神家园是人类普遍的需要。当然，不同民族精神家园的构筑和依托形式有可能不同，比如，许多民族是到上帝、天堂那里寻找精神寄托和终极归宿，而几千年来中国人是在人伦亲情归属和道德人格处落实精神归宿和心灵家园的。中国人可以"一箪食、一瓢饮、在陋巷"而精神充实，有着"富贵不能淫、贫贱不能移、威武不能屈"的精神气概。可以说，以"仁义礼智信"为主要内容的中华民族传统美德，就是我们中华民族栖息自我的精神家园，弘扬传统美德文化是历史赋予我们的重任，也是新时代向我们提出的现实要求。

弘扬以"仁义礼智信"为主要内容的
传统美德有助于增强民族凝聚力

以"仁义礼智信"为主要内容的中华民族传统美德，是我们民族的精神支柱和纽带，对于凝聚民族力量具有重要意义。传统美德既是民族文化中的核心内容和精华部分，又是民族历史过程的一种浓缩。它生于民族历史发展长河中，积淀着共同历史背景下广大民众的共同利益和价值取向，又在长期的民族共同生活中，影响、浸润、塑造着该民族的共同价值信念和生活方式。它收聚人心、传达共识、汇聚民族信念和共同价值理念。文化理念的共性能够促进民族的内在聚和，而文化的差异在分裂人们的意识时也会分裂其心态距离和内在聚和。民族文化所传达的民族共性，能够使民族成员认识到自己是所在民族群体的一员，这种民族文化归属感还能激发人们对本民族的积极认同。以"仁义礼智信"为核心内容的道德价值观，可以把我们民族成员的价值取向和精神意志统一起来，为实现共同的民族利益和目标而奋斗。

民族国家的自我认同，离不开物质利益基础，但更需要观念意识层面和精神心理层面的基础。如果人们对自己民族的价值取向、精神文化不认可，就谈不到真正的民族凝聚。"仁义礼智信"作为中华民族传统伦理文化的核心价值理念，能够强化我们民族在美德价值取向、文化精神追求等方面的共性，以此产生对本民族的内在感召和纽带连接，使民族成员产生永久的向心力和民族认同。比如，海内外华人可能分属不同国家，但由于具有永远抹不去的同宗血缘关系和同一民族的文化认同，就被宗族和文化纽带紧紧连接在了一起。如果我们丢弃了以"仁义礼智信"为主要内容的中华民族传统美德精华，无疑就失去了凝聚我们民族的最重要的一条精神纽带。

一个民族在发展过程中，会伴随产生相应的血缘、亲缘和地缘关系，民族凝聚有赖于一定的血缘、亲缘和地缘纽带。但真正凝聚一个民族群体的，是这个民族长久以来所发展的民族文化。中华民族只有真正以文化自觉的意识来把握自己的民族精神和价值理念，大力弘扬以"仁义礼智信"为主要内容的中华民族传统美德，才可能产生真正强大和持久的民族凝聚力、向心力。

弘扬以"仁义礼智信"为主要内容的
传统美德有助于增强中华文化的国际竞争力

以"仁义礼智信"为主要内容的中华民族传统美德，既是一种美德规范，也是中国传统美德核心价值观的集中表达，同时也体现着人类普遍美德的价值追求。以此为价值核心的中华民族传统美德，构成了一种独特的美德体系。它充满道德智慧，强调人际和谐与社会责任，强调物质与精神的和谐，强调人所应有的道德人格精神，它使我们产生了伟大的中华民族精神，也为人类提供了一种把握世界的德性智慧和视角。这一点就连西方学者也高度肯定。著名学者佩奇在他的《世界的未来——关于未来问题一百页》中直言："我非常敬佩中国人民及其世界上最悠久和最灿烂的人道文明……中国具有卓越的文明史、发明史、哲学史和平衡与协调史。""中国将产生巨大的影响，这倒不是因为它的物质、军事、技术或工业力量的强大，而是因为它给我们带来了关于目标、时间甚至速度方面的新观点和新视线。"①

全球化在推动世界统一性的同时，也为多元民族主体提供了更多参与机会和展示自我的平台。这种态势增强了世界各民族和国家的自信与自我觉醒。许多民族国家在充分意识到经济、政治竞争重要性的同时，也越来越看到了民族文化在竞争中的地位。在全球化时代背景下，对中华民族传统美德与民族文化的继承弘扬更要格外重视，需要反思我国传统文化对于中华民族的意义。有人指出，我国传统文化一度染上了"失语症"，文化认同一度松懈无为，一些人感到精神迷茫和精神家园无处安放，更有人"以西人所言唯是，以西例为理政之所循"。我们应该吸

---

① 佩奇. 世界的未来——关于未来问题一百页. 王肖萍，蔡荣生，译. 北京：中国对外翻译出版公司，1985：130-131.

取世界一切文明优秀成果，但不能迷失在否定自己民族文化的误区中。

以"仁义礼智信"为主要内容的中华民族传统美德，是我们民族文化的个性特色，也是中华民族文化的竞争力所在。全球化给我们带来机遇，也带来挑战。事实上，全球化本身伴随有西方发达文明影响发展中国家的进程，在文化方面也带有不同程度的西方强势文化影响特征。这就要求我们反对文化上的霸权主义，承认和接受多元文化，充分理解和尊重人类各民族文化的多样性和差异性，拒绝对民族文化采取轻视或虚无的态度。面对更加开放的国际环境和文化竞争，我们必须激发对民族文化的自觉意识，唤起对中华民族传统美德的关切，发挥自己传统美德的优势，增强文化竞争力。唯其如此，中华民族文化方能与世界各民族文化相互取长补短，中华民族传统美德方能与各民族美德价值观达成共识，并融汇为人类共享的道德文化资源。因此，我们在发展经济、参与世界竞争的同时，还要有一种理性的民族文化定位，应清醒认识到：以"仁义礼智信"为主要内容的中华民族传统美德，将大大提升中华民族的竞争力，有助于中华民族持久屹立于世界民族之林。

总之，无论是民族文化传承的必然，还是民族力量的凝聚及其精神家园的建造；无论是全球化背景的要求，还是公民道德建设和构建社会主义和谐社会的实践需要，我们都不可能离开中华民族传统美德的大力弘扬。任何民族在走向现代化的过程中，都不能忽视优秀文化和传统美德的传承，不能忽视"民族自我"。对自我和文化传统缺乏自信的民族，是无法从过去走向未来的。在新时期，我们只有大力弘扬以"仁义礼智信"为主要内容的中华民族传统美德，才可能使中华民族走向现代化，走向世界，走向未来。

第九章　实践雷锋精神在今天是否必要和可能[*]

　　虽然历史在发展，时代在变化，但雷锋精神在今天依然受到称颂和传扬，我们的社会也一直不断涌现着雷锋式的先进人物。当然，关于雷锋精神，在今天也存在着另外一种声音。有人认为雷锋精神已经过时，学雷锋已纯粹成为一种形式主义，认为在建立社会主义市场经济体制的今天，没有必要学习雷锋，也没有可能让人们真正像雷锋那样去做人和生活。雷锋精神和社会主义市场经济存在着矛盾。

　　产生对雷锋精神在社会主义市场经济条件下存在的必要性和可能性的质疑与不信任，主要有以下几方面原因。

　　第一，对雷锋精神的本质缺乏全面的理解和把握，认为雷锋精神是计划经济条件下的产物，市场经济已抽掉了雷锋精神赖以存在的基础。比如，有人提出，市场经济已使我们进入消费时代和竞争时代，雷锋精神中的勤俭节约以及螺丝钉精神就失去其存在的基础和弘扬的必要了。有些人否认雷锋精神在今天的现实必要性，认为学雷锋的倡导和活动没有实质意义，仅仅是在走形式，或者不理解、不相信雷锋精神存在的可能，以至于有人对许多像雷锋那样做好事、做奉献的人的动机提出质疑：难道他们这样做就没有一点捞政治资本的个人目的吗？

　　我们应该认识到，雷锋是社会主义时期一大批优秀人物的典型代

---

　　* 本章内容原载于《高校理论战线》2003 年第 3 期。

表，由此提升出来的雷锋精神并不仅仅是雷锋的个人品质，而是社会主义时代精神和中华民族优秀传统的有机结合，同时，雷锋精神作为爱人助人、敬业奉献的一种道德要求，也蕴含着人类对人所应有的精神品质的理想价值取向。在这个意义上，雷锋精神中蕴含着许多永远不会过时的中华民族优秀传统和人类共存的价值追求。

当然，不是说上述共存的价值因素具有一成不变的形式和内容，雷锋精神也有一个随着社会、时代的发展而与时俱进的问题。今天学习雷锋精神，不是邯郸学步，亦步亦趋，而是发扬其中所蕴含的精神原则。雷锋精神在不同时代也有不同的体现。比如，今天发扬雷锋精神中的螺丝钉精神，不是说要让人们放弃人才流动和职业竞争，而是要倡导爱岗敬业的职业精神。今天提倡雷锋的勤俭节约精神，也不意味着我们不可以提高生活水平，仍要穿补丁叠补丁的衣服，而是要求我们有一种不铺张浪费的生活习惯和品格。生活水平的提高，也不意味着要人们去追求非必要的浪费性的高消费或奢侈消费。现代人类已达成共识的环境保护观念中重要的一条，就是节约资源。况且我国正在发展中，更需要勤俭建国。

所以，在今天，只要我们的社会主义市场经济建设还需要艰苦奋斗、敬业奉献的精神，需要助人为乐的精神，雷锋精神就仍是时代的需要。同时，只要我们的社会仍旧是一个健康向上的文明发展的社会，只要我们还对做一个文明的有德性的人有所追求，我们的社会中就会出现一个又一个属于这个时代的新的"雷锋"。雷锋精神的发扬在今天不仅是必要的，也是完全可能的。

对雷锋精神在社会主义市场经济条件下的必要性和可能性存疑的第二个原因，是许多人对社会主义市场经济有一种片面的观念，以为建立社会主义市场经济体制就是一切都要用经济规律或功利尺度去计算，对超越功利的雷锋精神自然会产生怀疑。其实，市场经济社会除了讲求经济效益，也还要讲求社会效益；除了个人利益追求，还有社会责任的承担；除了功利计算关系，还存在非功利计算的社会关系。一个社会需要来自多方面的凝聚调控力量。雷锋精神实质上要表达的，就是社会发展中超越功利计算的那种精神凝聚力量。

第三个原因，是在我们学习雷锋的实践中，确实在某些地方、某些时候存在着形式化和简单化的问题，以至于一些人对学雷锋的活动形式产生逆反心态，从而对雷锋精神也产生疑问和不信任。在这个意义上，不存在要不要学习雷锋精神的问题，而是怎样学习雷锋精神的问题。学习雷锋不能仅仅停留在纪念活动上，它应该是一项长期的宣传引导工作，应该具有多种多样的结合实际的形式。事实上，今天全社会普遍开展的"志愿者活动""奉献爱心活动"等，都是学习、实践雷锋精神的非常好的新形式。

总之，雷锋精神凝结着中华民族优秀传统以及社会主义时代精神，是我们宝贵的精神遗产和道德财富，也已成为一种人类的共享价值。在社会主义市场经济建设中，需要继续弘扬雷锋精神。我们相信在各条战线上，有许多兢兢业业工作、默默奉献的建设者，我们也相信，在我们的社会中会有越来越多的人崇尚雷锋精神、学习雷锋精神，使雷锋精神持续发扬下去。

第十章　我们今天如何弘扬
雷锋精神[*]

雷锋是一个具体人物，但雷锋事迹体现出的不仅仅是一个人的精神。雷锋是社会主义时期优秀人物的典型代表，由此总结出来的雷锋精神并不仅仅是雷锋的个人品质，在雷锋精神中，集蕴着可贵的中国精神。这种精神里有中华民族传统美德的成分，有社会主义理念和时代的反映，有中国共产党人的特色，当然也存有人类美德的印记。当今时代弘扬雷锋精神，重建中国社会道德生态环境，需要全社会多方位共同努力。

一、道德影响力营造：一种"社会认同原理"

要让人们认同雷锋精神、崇敬道德楷模，让雷锋等道德榜样的形象和精神在全社会产生积极广泛的影响，这个社会首先得有赞扬、崇尚道德榜样的风气和舆论环境。如果这个社会的舆论环境让人们感到"做好人难"，做了善事往往还要受到各种质疑和讥讽，那普通人如何会积极学雷锋做好事？所以，道德的舆论环境在弘扬雷锋精神中扮演着重要角色。今天我们想要切实弘扬和践行雷锋精神，就必须在整个社会舆论的

---

[*] 本章内容原载于《道德与文明》2012 年第 2 期。作者：葛晨虹、袁和静。

扬荣贬耻氛围上下功夫。

我们进行社会主义核心价值观建设，树立"道德楷模"，宣传"身边的好人"，都是在营造社会舆论环境。社会心理学中的"社会认同原理"告诉我们，人们通常会根据他人行动的特征取向来决定自己应该怎样办，这也是人们常说的"从众效应"或"行为模仿"。不管有没有意识到，社会中总会有相当多的从众行为，人们往往会参考周围人的行为来决定自己应做些什么，事实上我们的行为常自觉或不自觉地接受着他人行为的暗示和影响。因此，我们应该让社会更多一些关爱和礼让氛围，让更多的好人好事影响更多人的行为选择。

大力宣传雷锋精神，让雷锋精神"穿越"时代回到今天的社会吧，让它扎根在我们这个时代。雷锋精神体现的不是一个人的精神，在雷锋精神中，还集蕴着可贵的中国精神。让公众媒体和公共机构更多地宣传社会道德楷模吧，赞扬身边的好人，让好人感动中国，感动我们。感动本身就是道德培育的一种有效方式。感动不是说教而是默默地打动你，人在被打动的同时，主体性也就发扬出来了。现在道德教育的一个问题就是没有把对象当作主体，如此化育效果必然不佳。社会去发现感动、传递感动，在心灵和情感之间进行社会传播，将有助于在社会中营造起道德、阳光、积极向上的社会风尚。因此，感动正是道德良知和社会风气的储备，"被高尚感动的人，将与高尚同行"。虽不能期望人人都成为道德楷模，但社会必须歌颂高尚，引导人们向善而行——"虽不能至，心向往之"。人心向善，并相互影响，社会道德才能蔚然成风。

二、舆论引导：公众媒体应多只"慧眼"

在信息化时代，媒体因其公共话语权和特有的社会影响力，在社会舆论营造、对社会公众的影响方面，其功能和责任都极其关键。按照美国媒体文化研究者波兹曼的说法，"公共媒体的意义和能量，有时候超出了人们的想象"，信息时代"人们已经被媒体控制"。如何理性规导社会舆论、如何减少恶性事件渲染引起的负面影响对公众心灵的"二次损害"，都是媒体应认真思考和践行的问题。目前社会舆论一方面高扬主旋律文化，雷锋精神也一直在主旋律中飘扬，但另一方面，不利于道德健康生长的消极舆论氛围也在一些领域不同程度地存在。在社会弘扬道德和雷锋精神的同时，质疑雷锋精神、嘲笑或排斥道德的声音不绝于耳。"小悦悦事件"中陈阿婆的行为表现了广大百姓身上的道德良知本能，竟也受到一些人认为其"想出名"的质疑。事实上对许多慈善、良知行为以及雷锋精神的无意或恶意的质疑，已成为我们社会舆论中的一种明显的声音。经过一些媒体的聚焦放大，客观上对社会舆论起了一种不利于雷锋精神传播以及道德普及的负面作用。许多人不是不愿学雷锋做好事，但做了好事反被嘲笑或质疑的后果，让他们心存疑虑。此外，种种质疑还会导致公众对道德良知的更多不信任。

专家曾断言："恶性事件过多渲染易加剧公众恶劣感受。"也有网民曾留言建议："加强网络舆论监督，不要让那些为了提高关注度而丧失道德标准的文章在社会上任意蔓延。"在这个意义上，负有独特道德舆论责任的公众媒体应该比常人更多一只"慧眼"，能"看透"纷乱社会现象后的本质，能把握局部、支流和全局、主流的区别，理性掌握舆论宣传的效果和分寸，在积极、阳光的社会舆论营造中发挥作为。从目前看，各媒体还要加大社会扬荣贬耻的力度和权重，诸媒体尤其是新型媒体，必须改变以"收视率""点击率"为主导的市场化取向。须知社会价值文化产品和其他产品不同，如何定位"文化事业"和"文化产业"的性质和分寸，都应从长计议，而公共媒体在雷锋精神的弘扬和社会践行中，在社会价值文化建设中，任重而道远。

三、立法立则：加强扬善抑恶的"刚性"规导

弘扬雷锋精神，建立一个人心向善的道德的社会，不仅要靠教育、宣传和文化影响，还要靠法律和制度的刚性规导。扬善的同时也必须抑恶，仅靠道德本身的力量，还无法从根本上杜绝道德缺失和良知淡化问题的发生。相对来说，西方许多国家的良好社会秩序和道德风气是建立在法规、制度及社会管理基础上的。反思起来，中国传统文化资源一定程度上是把社会道德寄予在对"人性本善"的期望上。西方传统文化较多强调"人性恶"，注重诉诸法规强制管制的力量。

当社会制度安排不能有效维护道德取向时，当学习雷锋做好事变成

一件有可能被讥讽、被质疑的事时，当救人风险成本太高时，"道德冷漠"和不道德现象就会普遍出现。社会法制管理一定要有利于社会中的扬善抑恶，之前社会中出现的各种"彭宇案"，经法律判定后又经过一些媒体的渲染，让当事人做好事寒心之余，也"教育"更多人不敢救助老人等。"小悦悦事件"引发的社会讨论中，问题之一就是对于"立法"的制度呼唤。如果一个社会让救助者或学习雷锋的奉献者吃亏，导致德行与幸福的二律背反，同时做缺德事得不到社会的抑恶责罚，"卑鄙是卑鄙者的通行证，高尚是高尚者的墓志铭"，久而久之在社会道德生活中就一定会形成一种"劣币驱逐良币"的恶性循环状态。

我们今天对人们的普遍道德期待，可以建立在学习道德榜样和良知自律的内在引导上，但同时也一定要诉诸社会法律和机制的外在规导。如果我们的社会一方面弘扬雷锋精神，宣传"道德楷模"和"身边的好人"，另一方面又有社会规则的刚性制止，使好人做好事不再有负重之忧，那么社会中的坏人坏事一定会越来越少，而向雷锋学习的好人好事将会越来越多。

四、每个人的道德责任和每个人的影响力

无论如何，一个有精神、有希望的社会是应该崇尚美德、向往真善美的，一个真正的人应该具有道德良知，期望做一个"好人"。应该像雷锋那样，从自我做起，从身边的小事和平常事做起，有一分光就发出一分热，像雷锋那样认识自己的道德责任。雷锋在日记中写道："如果你是一滴水，你是否滋润了一寸土地？如果你是一线阳光，你是否照亮了一分黑暗？如果你是一颗粮食，你是否哺育了有用的生命？如果你是一颗最小的螺丝钉，你是否永远坚守着你生活的岗位……"[①] 可见雷锋精神就孕育在平凡的生活和工作中，在雷锋精神中，我们领悟到了古人所说的"勿以善小而不为，勿以恶小而为之"的哲理。此外，不要因为社会中还存在着无良之人和缺德现象，就放弃自己的道德取向和道德责任，只有人人都从自我做起，不去归因他人的责任、群体的责任，社会

---

① 雷锋. 雷锋日记. 北京：中国青年出版社，2019：1.

才不会受"平庸的恶"的侵蚀和破坏。如果每个人都注意并发挥了自我的道德影响力——事实上道德总会这样或那样地感动、感染他人和社会，每个人都发挥一点好人好事的积极影响力，每个人都献出一点爱，这个世界就一定会变得更加美好。

五、心向往之：我们怎样学习雷锋精神

雷锋精神可能带有个体风格，但我们向雷锋学习不是简单模仿他的事迹举动，不是纠结于他的行为细节，更不要把学习雷锋精神做形式化甚至庸俗化的理解，而是要学习雷锋精神中蕴含的美德和品质，或者说，像雷锋那样，有一颗崇尚真善美的心灵。中国古人所说的"虽不能至，心向往之"，就包含了对人所应有的向善精神取向的肯定。孔子说："知之者不如好之者，好之者不如乐之者。"仅有道德认知还不够，还得"好之"，有"偏好"，最好是"乐之"，到"乐之"则到达知情意统一的境界了。没有情感取向，人就可能知而不行。社会应该存在道德理想的期望和真善美取向的激励，但"一个人能力有大小，但只要有这点精神，就是一个高尚的人，一个纯粹的人，一个有道德的人，一个脱离了低级趣味的人"[①]。

雷锋精神以雷锋的名字命名，但雷锋精神体现的是中华民族传统美德与时代精神，是社会主义核心价值原则和价值取向，彰显着由为人民服务、勤俭奋斗、爱岗敬业、爱心奉献、快乐向上、积极进取等精神凝聚而成的社会品质。这些精神品质抽象出来就是中国社会主义核心价值理念的内容，而这些社会主义核心价值中的美德内容，又应该落实并体现在千千万万个社会个体身上，在当今中国社会涌现出的无数个郭明义式的"道德楷模""身边的好人"身上，在千千万万个志愿者身上，我们都能看到雷锋的影子。事实上一个企业要想成功，也需要有像雷锋那样的爱岗敬业的好职员，而一个人要获得人生幸福和快乐，也不能缺少雷锋精神中助人为乐和奉献社会的幸福观。

总之，社会转型时期的时代发展，需要我们继续弘扬雷锋精神，丰

---

① 毛泽东选集：第2卷. 2版. 北京：人民出版社，1991：660.

富与扩展其思想特质，以新的内涵和形式表达雷锋精神在当下的丰富色彩，并落实到人们的思想与行动中来。我们相信，在未来的道德建设中，雷锋的事迹和精神依然会有持久的生命力、感召力与推动力，会在我们国家的未来道德建设中发挥核心和引领的道德价值功能。

第二编
公民道德环境

第一章　论道德环境建设[*]

　　"道德环境"一词近年来常常出现在各种报刊上，越来越引起人们的关注。道德作为社会的上层建筑，除了受到经济基础的影响以外，还会受到其他上层建筑的影响。换句话说，道德的存在受整个社会环境的影响。从系统论的角度来讲，环境是指在系统之外对系统产生影响的其他系统。道德作为一个开放的系统，同样要与一定的客观环境相依存。道德环境是指由影响道德存在的各要素组成的环境，是道德活动赖以发生、发展、传递的基础和条件。据此，我们将对我国的道德环境的现状、问题及建设作一些分析。

一、我国当代道德环境现状及其问题

　　道德的存在、传递以及发展受到周边环境的影响，而在我国过去的道德发展和道德传递过程中，人们更多的是对道德教育本身的重视。仅仅从教育本身来谈道德，这使得道德教育的工作往往事倍功半。我们必须反思我们的道德教育方式和途径，反思我们的道德环境是否有利于道德教育。具体来说，我国当前的道德环境存在以下两方面的问题。首先

---

　　[*]　本章内容原载于《中国特色的伦理文化》(河南人民出版社，2003)。

是人们对道德环境存在必要性和建设的忽视。长期以来我们都将道德看成相对孤立的系统，或者说，在把道德建设看成一个社会系统工程方面，做得还不够到位。道德建设的发展和传递，确实要靠教育，但也不能完全依赖于教育。同时还需要法律、政策、规章制度、相应的社会回报机制及社会各方面的共同努力，为道德的建设、教育和传递营造一个良好的社会环境。

社会成员不是孤立的静态的主体，每一个人的道德活动都是在社会生活中进行的，社会各种力量对个体道德行为的定位和塑造往往会产生非常大的影响。此外，在社会生活中，存在着各种各样的思想和价值取向，社会公民在接受国家的道德意识教育的同时，也在接受着来自社会方方面面的不同的价值观和意识的影响。为什么我们经常会感到，社会中很多人说的是一套，做的却是另一套呢？就是因为社会公民接受的道德教育是一套，然而社会生活实践教给人们的又是不完全一样的道理。比如在市场竞争过程中，我们受到的教育要求我们公平竞争、讲求信誉，但在社会生活实际操作过程中，如果市场的运行机制包括市场的政策法规不能保障人们进行公平竞争，不能堵塞不公平竞争和投机倒把的漏洞，在现实生活实践中各种失信行为反而能够畅通无阻，那么我们在道德教育中受到的那些正面影响就会被社会现实生活的教育消解得干干净净。

其次是当前道德环境存在着一定的复杂性。我国当前处于特定的转型时期，出现了道德多元化的局面。改革开放在给我们带来经济增长的同时，也给我们带来了许多非经济方面的困惑和冲突。旧的体制由于不能适应新的环境而逐步退出历史舞台，但新的健全的体制还没有产生，于是这当中产生了多种体制并存的局面，同时各种文化、思想、理论的传入和发展，也造成了社会文化、思想、道德的多元性。

道德环境建设存在的问题使我们深刻认识到，为了确保达到道德教育预期，我们必须从整体宏观的社会力量着手来改善我们的道德环境。所谓整体宏观的社会力量包括社会风俗习惯、制度以及法律。具体来说，可以从这几个方面来使我们的道德环境日趋完善：加强道德建设中的法律支持和政策导向，建立相应的道德回报机制和伦理制度，营造良好的社会道德氛围。

二、加强道德建设中的法律支持和政策导向

如前所述，道德环境的建设，除了进行道德教育以外，还需要社会各方面的力量共同努力。加强道德建设中的法律支持和政策导向就是重要途径之一。制度、政策和法律能够控制人们的行为，它们就好像是一个社会的游戏规则，是为了决定人们的相互关系而设定的一些制约。在本质上，制度、政策和法律不过是对人们的行为进行约束、激励的规则和机制。这些规则和机制通过颁布准则提出普遍性要求，对人们的行为及思想意识进行调控，从而对人们自发的盲目的内在冲动进行约制和引导，达到使社会和谐有序、合理发展的目的，也达到塑造和提升社会成员道德意识与素质的目的。

法律支持和政策导向可以为我们提供一个更好的道德环境，使道德建设取得事半功倍的效果。法律是国家制定的，并由国家强制执行。道德作为一种非强制性的行为规范，其诉诸的力量相对法律的强制力量而言是有限的，它往往只能对那些尊重道德、信任道德的人发生作用，而对那些对道德缺乏尊重感、信任感的人，是起不了多少作用的。当一个人说"道德值几个钱"时，道德对他是没有任何约制力量的。

法律拥有的这种道德所缺乏的国家强制力量，可以让我们通过法律的支持来弥补道德在这方面的不足，运用法律强制力量来维护道德的尊严。法律和道德在作用方式上有很大的不同，但二者作为社会调控手段，却存在着深刻的一致性。在其根本意义上，道德是自觉的法律，法律是强制的道德。法律是上升为国家意志的最低限度的道德。在改革开放中，在社会转型时期，都会出现不可避免的价值冲突，这就更需要对社会道德赋予权威力量和硬约束，运用法律的力量扶正祛邪，使公民明确国家社会提倡什么、保护什么、禁止什么、允许什么，从而使道德要求得到一种外在强制力量的支持和保障。事实上，人们的道德意识和道德素质的培养与形成，也需要借助一定的外在强制力量。人的道德自律不是天赋的，而是在后天社会化过程中形成的。一个社会要培养人们的道德素质和道德觉悟，一方面要通过正面的教育和引导，另一方面也必须通过外在强制手段才能使道德内化为个体内心的自律。而在这样一个

过程中，社会对缺乏道德自律的人给予一定的法律制裁，是使道德内化的有效手段。法律规范作为一种强大的外部压力，使人们在社会生活中不得不慎重考虑自己所选择的行为及由此产生的后果，一个表达善和道德的取向的法治环境，会促使人们改邪归正、弃恶从善。

如何使法律对道德产生相应的支持和保障呢？主要可通过两个方面来实现：一是加大执法力度，严格执法，健全法制，使法律更有效地治理社会；二是在法律规范中加大道德的成分。这并不意味着要把道德变成法律，而是使法律规范和道德规范在对社会的管理方面、价值取向方面有更多的一致性，是通过立法手段来树立道德的权威，促使道德调控与法律调控相辅相成。

总之，在人们的社会道德意识还没有普遍达到自觉自律的情况下，用法律形式树立道德规范的权威性很有必要，借助法律的力量可以使道德规范的制约力量进一步加强。那种认为社会道德不是法律、忽视和否定它的外在强制性的观念是不对的。在社会成员道德觉悟发展的初始阶段，道德他律的力量尤为重要。

现实生活中，法律只是社会生活的最低限度调控保证。在法律之外还有很大的空间需要各项社会政策来调控。我们可以看到社会政策对人们的价值取向、道德行为的直接影响。所以任何地区、任何部门在制定政策的时候，无论是经济政策还是其他领域的各项政策，都要注重经济和社会事业发展的需要，要充分体现我们这个社会价值取向、精神文明和道德环境建设的要求。要防止和避免因为具体政策制定不当或者失误给社会带来消极后果。也就是说，要为道德环境建设提供正确的政策保证和导向。

在市场经济的实际运行过程中，在企业和政府管理中，如果我们的经济、社会政策和我们的道德要求是两张皮，如果我们实行的政策规范和准则缺乏伦理道德的依据，或者至少缺乏明确"应当"包含的道德成分，那我们的政策导向就会很不利于道德环境的建设和发展，不利于公民道德素质的提高。

所以，如果我们的经济、社会政策所体现的伦理内涵不到位，就会可能使经济活动与道德要求分离开来，就会伤害到人们对道德规范的信任感，对应当遵循的道德规则失去信任。久而久之，在市场实际操作过程中，就会形成以不道德手段谋取利益作为普遍行为准则的现象。我们的各项经济、社会政策，既要保护所有通过正当合法手段获取个人和团体利益的行为，又要提倡和奖励多为他人、为社会做奉献的道德高尚的行为，在这个意义上，一个公正的社会尤其应该给予道德的行为更多的政策保护和政策鼓励。一方面要防止和避免因具体政策的不当或失误给社会带来消极的后果，另一方面要通过政策倾斜积极引导人们的行为向合法、合道德方面发展。

可以说，一个社会想要在全体公民观念当中形成什么样的意识、形成什么样的价值观念取向，除了进行教育灌输之外，运用社会政策加以引导也是重要手段之一。比如说，我们的政策允许和鼓励一部分人通过诚实劳动和合法经营先富起来，允许和鼓励资本、技术等生产要素参与收益分配。但社会主义的道德又要求我们兼顾公平，集体主义原则认为一个社会和一个集体有责任去关心和帮助集体中相对弱势的那部分人或那部分地区，那么我们的社会就要有相应的倾斜政策。比如按照兼顾公平的原则，我们的国家是否有必要通过教育方面的立法和相关的政策，实施一定程度的免费义务教育和补助金政策，使贫困中的儿童得到和同龄儿童大致同等的教育，使他们不致因家境贫困而失去受教育的机会。我们现在实行的九年制义务教育政策、"希望工程"等，都是这方面的政策体系。

总之，一个社会的政策制定如果忽视了道德的要求和内涵，政策要求就会因为失去了道德的支持而变得缺乏合理性，而如果单方面地强调道德力量，道德的作用就会因失去政策的力量保障而变得软弱。我们必须认识到，有了一个合理的制度环境和政策支持，公民道德要求和道德环境的建设才会变成一种现实的力量，成为一种促进社会良好发展的伦理资源。

三、建立社会奉献与回报机制

除了加强道德建设中的法律支持和政策导向，还需要建立相应的道德回报机制，即一个能营造扬善抑恶氛围的道德环境，使尽义务的人得到公正评价和回报，使不尽义务的人受到谴责和惩处，改变社会环境中"劣币驱逐良币"的不合理状态，使道德奉献得到社会应有的承认。

道德奉献和道德回报实际上是道德义务和道德权利的关系问题。以往我们更多关注的是道德义务，强调集体主义，对道德权利比较忽视，在一定程度上压抑了个人利益的追求。在现实生活中强调道德义务无可厚非，但如果忽视道德权利，就必然导致社会道德评价与道德赏罚的不公，导致义务与权利、奉献与报偿、德行与幸福的二律背反。久而久之，在社会道德生活中就会形成一种恶性循环状态，德行成了有德之人的重负，缺德倒成了无德之人的通行证。奉献社会的人得不到应有的尊重和报偿，"劳模"在某种缺乏正气的环境中反倒成了一种压力。有些人不履行道德义务，甚至见死不救，而见义勇为的人却会因为住院治伤费用而大伤脑筋。诚实守信、公平竞争的有德之人，却给了不正当竞争者以投机取巧的机会。有德者默默奉献，无德者不履行义务反而占有、享有他人的奉献，"劣币驱逐良币"。一个社会如果陷入这样一种不合理状态中，那么，社会风气败坏、人际关系恶化、个人品质堕落就会成为一种必然，道德环境也就无从谈起。所以，道德环境建设的一个重要课题，就是要建立完善的奉献与回报机制，用相应的制度和机制去保障良好的道德环境。

道德义务和道德权利与其他的义务和权利具有相同的一面，即义务总是和权利联系在一起的，但又有着不同，这种不同表现在道德义务对于道德权利的先在性和主体自律性。道德义务从产生时起就不以获得某种权利为目的。道德义务的价值取决于它相对独立自在的目的性，道德义务的特殊性就表现在它本质具有的自律性。也就是说道德义务的自律性之所以有价值，就在于它更多地体现了行为主体的自由选择和高尚的意识。道德义务一旦内化为道德主体的道德责任感，就完全摆脱了一般义务所具有的那种消极他律性，而成为道德主体意识中的一种自由选择，并从中升华出人性觉醒的耀眼光辉。

尽管履行道德义务不以获取道德权利为目的，但绝不意味着道德义务是脱离道德权利的孤立的义务。道德义务的先在性、道德行为的非功力动机性，不应当在理论上成为无视甚至否认道德权利的理由。道德权利在道德行为中不应成为道德主体的主观动机和目的，但作为一种受动、客观的权利，则永远和道德义务一同存在。

道德权利当然不是道德义务的简单对应物，但从结果上来看，道德主体在履行了一定的道德义务后，客观上理应收到相应的权利回报。尊重他人的人，应当受人尊重；奉献社会的人，应该得到社会的承认。如果一个社会中，德行只是某些人的负担，权利或幸福则是另一些人的特权，或者，真正尽道德义务的人，都得不到社会的公正回报，而不尽义务甚至不讲基本道德的人，却占有权利享受贡献。这样的社会有失公正与合理，社会风气必定败坏，良好的道德环境的建设就很难真正有成效。事实上，社会越是回报个人的奉献，个人就越愿意为社会自愿行动，而且，个人越是履行对社会的义务，社会为个人提供权利保障和幸福实现就越有可能。

我们社会需要使有德者得其所得，即使作出奉献的公民自己并不期望得到相应的酬报，但作为承受并倡导道德精神的社会，也有义务回报奉献者，使履行道德义务的公民、作出奉献的公民，在这种社会回报中客观上获得他所应有的道德权利。

社会回报的形式可以是多种多样的，可以是精神奖励，也可以是物质奖励；可以使他拥有某种社会地位，也可以为他创造某种有利的机会。比如为奉献者建立相应的基金和奖励机制，规定其相应的待遇和资格，通过社会传媒的报道，使奉献者的形象得到树立，使社会成员感受到奉献者的地位。同时，我们还可以给奉献者一些特殊的机会，以有利于他们的自身发展，比如学习深造的机会、发挥个人才干的机会等。在选拔有才干、有知识、有经验的能者时，注意考虑他们的德行，这样不仅可以在一定程度上预防腐败的产生，同时还可以使奉献精神得到更广泛的传播。无论我们采取何种方式，我们的目的只有一个，即建立一个良好的道德环境，让有德者得到社会的承认。

建立并完善奉献与回报制度和机制，是完善道德环境的关键之举，也是一条有效的道德教育途径。这种道德教育比我们从书本上所受的道德教育更具说服力。社会切实奖励德行义举和奉献者，对公民的德行施以精神和物质的奖励，凭借道德的外在机制，可以强化人们的道德动机，激化公民的道德行为，在全社会弘扬正气、抑制邪气。

与此同时，我们还应该建立相应的抑恶机制，对懒惰、假冒伪劣、不正当竞争、腐败等有害于道德环境建设的行为进行相应的惩处，使无德者、不履行道德义务者受到相应的惩罚。这样在一定程度上也凸显了有德者，是对道德回报机制的一种补充。

总之，道德义务和道德权利的特殊关系，决定了我们在实践中应该建立相应的道德回报机制，扬善抑恶，这样我们的社会才会进入善善相生的良性循环中，这是我们进行道德环境建设所必需的。

四、加强社会道德氛围的营造

仅仅有法律支持、政策导向和道德回报机制是不够的——如果我们的整个社会没有道德氛围，那么法律、政策、制度的支持和保证也只能事倍功半——我们还必须通过社会各方面的道德传递和实践，优化社会公共环境，创造良好的道德氛围，使法律、政策、制度的道德支持在现实中得到更好的实现。

家庭、学校、单位在原来的计划经济下曾经可以较为独立地完成对个体进行道德人格塑造的功能，在今天日益开放的市场经济条件下，它们虽已不可能再单一地发挥作用了，但仍是道德教育最基本最重要的阵地。家庭是道德教育的摇篮，父母是孩子的启蒙老师。一个孩子在幼时所受到的影响往往会伴随他的一生，甚至决定他的未来。"教子当在幼""养正当在蒙"，家长不但要言传，还要身教，要注意自己的日常言行，起好的示范作用，创造一种健康、和谐、高尚的家庭氛围，以给孩子潜移默化的影响。

孩子除了在家庭中培养基本道德情感和初步道德认识外，还要在学校里进行几年甚至十几年的系统的道德培育。所以学校和家庭一样，是道德教育养成的重要渠道和环境。

学生离开学校进入社会后，会进入具体的工作部门，这是人们人际交往最密切、最持久的地方，也是人们获得道德认识、道德习惯、道德理想并在实践中对其进行检验的环境。工作部门对人们的道德教育还体现在职业道德的传递和养成上，如敬业、诚实、守信、勤劳、公正、助人等。如果各行各业的人都能遵守职业道德规范，就会在全社会形成互相信任、互相关心、互相尊重的良好社会风气，提高整个社会的精神文明水平。

但是，家庭、学校、单位都只是社会大系统中的子系统，或者说是微观系统，在开放性和流动性日益增强的现代社会，仅有上述渠道和环节对道德教育和道德发展来说已远远不够，道德环境的宏观系统的建设越来越重要，微观系统的道德环境建设如果不能同宏观系统相互融洽、相互作用、构成一体，就很难达到理想的效果和目的。除了家庭、学校、工作部门等道德教育、传递及建设的系统外，在社会大系统中，还存在多种其他社会道德教育和道德建设的渠道。

首先是广播、电视、报纸、刊物等大众传播媒介。它们是社会主义精神文明建设的重要阵地，在社会道德环境的建设中，其作用也是举足轻重的。大众传媒通过大力宣传符合社会主义道德风尚的新事物和新典范来教育、引导、说服、感召群众；关注社会上的热点道德问题，贴近生活，实事求是，入情入理，以正确的舆论引导人们，帮助人们提高认识；发挥媒体特有的道德舆论监督功能，对社会上的假恶丑现象进行无情的揭露、批判和谴责；发动群众参与媒体的宣传，一起营造扬善抑恶的道德舆论氛围。

其次是各种文学艺术作品，如电影、电视、戏剧、小说、诗歌、音乐、美术、舞蹈等。这些文化产品能以各种形式充分展示人民群众的良好道德风貌，弘扬积极向上的时代精神，在满足人们追求快乐、美感和知识的过程中，陶冶人们的情操，净化人们的灵魂，塑造一个民族的道德品格。

再次是群众性道德实践活动的开展。我们可以通过以"献爱心"为主题的各种社会公益活动来弘扬团结友爱、平等互助、扶危帮困的社会主义道德风尚。也可以利用中华民族传统的节庆日、纪念日来进行道德情操的陶冶，围绕这些重要的节日开展庆祝活动、宣传活动，培养人们的爱国情怀、民族气节、道德理想。对公民进行礼仪教育同样是群众性道德实践活动不可缺少的一环。礼仪是人类为维系社会正常生活而要求人们共同遵守的最起码的道德规范，它既是一个人的思想道德水平、文化修养的外在表现，也是一个国家社会文明程度、道德风尚的反映。在我国全面走向世界、走向开放的大背景下，礼仪素质也成为道德环境建设中的一个指标。

最后，随着信息领域高新技术的发展和计算机的普及，网络已经成为人们尤其是青少年生活中不可或缺的一部分。由于强大的传播与交流功能，它也就不可避免地成为思想道德建设的新阵地。网络给人们提供了更广阔的空间，提高了信息的传播速度，创造了更多的机会，但是由于网络所具有的匿名性和虚拟性的特点，它也给我们的道德环境建设提出了新的问题。人们面对这样一个虚拟的社会，同样应该遵循现实社会中的基本原则。与此同时，我们可以用网络来传播道德规范、准则，使人们在网络世界中也感受到道德的气息。

必须提到的是，要搞好道德环境建设、提高公民的道德素质，还要先提高领导干部的素质，尤其是他们的道德素质。领导干部的表率具有重大的社会引导价值。他们代表人民执掌权力，集多种角色于一身，职责重大，万众瞩目。他们在党的建设中、在两个文明的建设中都应起排头兵的作用，也应是道德环境建设中的先锋与表率。

以上各点可以说是社会道德氛围建设的软件，而硬件建设对于道德环境的优化作用也不容忽视。良好的生活和居住环境也能陶冶人的情操，提高人的道德素质。在道德环境的建设中，我们应不断优化我们的社会公共环境。比如，图书馆、博物馆及各种纪念馆在让人们吸取知识、了解历史的同时，也让人们受到无形的道德教育。在与优美的自然风光、各具特色的古迹、精美的艺术作品进行交流的过程中，个人得到艺术享受的同时，心灵也得到净化。良好而融洽的社区环境，能让人们更深切地感受到人与人之间的亲密关系，感受社会的融洽。当然现在我们的自然风光、人文环境、社区环境的建设还不尽如人意，这是摆在我们面前的问题，同时也是一种机会。我们可以调动全社会的力量来共同营造更好的社会环境、人文环境和社区环境，在这一过程中，人们不仅可以与自然、人文景观更亲密地接近，也能更珍惜这些由他们的努力所创建的环境。

总之，道德环境建设是一项复杂的工程，不仅是国家政府的事，也是全社会的事，和我们每一个公民都有关系。道德环境是处在变化发展中的，它可以强化道德教育，促进、推动社会道德向理想的方向进步和发展。在大力加强公民道德建设的过程中，我们一定要注重社会道德环境的优化和建设，只有在良好的社会道德环境条件下，公民道德水平的提高、社会道德的进步发展，才能得到良好的保证。

第二章　爱心回馈应与奉献同在[*]

"有奖让座""道德银行"等现象引发的讨论，焦点集中在如何把握德行与功利、奉献与回报的关系问题上。我认为，功利回报永远不应成为德行主体行为选择的主观动机和目的，但道德回报作为一种客观、受动的结果，则应和道德奉献同在。

应该说，道德奉献和回报的关系，的确具有不同于其他领域付出、获得关系的独特性质。这种独特性首先表现在德行从它产生起就不以获取某种功利为目的和前提，德行的价值取决于它相对独立的目的性。其次，德行的特殊性还在于其自律性：出于主动自觉的道德奉献，其价值显然要高于仅仅出于道德义务的行为。

但这并不意味着道德奉献是脱离道德回报的孤立的奉献。道德回报在道德行为中不应成为主体主观的动机和目的，但作为一种客观、受动的结果，则永远应当和道德奉献一同存在。

我认为，对德行进行客观回报不会影响美德的价值，无论这种回报是精神范畴的还是物质范畴的。因为，这种回报并不是道德主体主动索取的，而是一种客观的社会补偿激励。一个人自觉自愿地奉献社会，献出爱心，也许他并不企求对等的回报，但承受道德奉献的一方有绝对必要回报作出奉献的另一方。比如，让座的人可能并不在意是否有奖励和

---

　　[*]　本章内容原载于《人民日报》2005 年 5 月 20 日。

回报，但作为一种道德激励机制，社会应该褒奖让座的人。只要这是一种客观的回报而不是奉献主体的功利目的所致，就不会影响道德奉献的道德性质。"受恩必报""知恩图报"也是人类千百年道德实践中总结出的"金规则"。

如果一个社会中，奉献只是某些人的负担，利益获得则是另一些人的特权，或者，真正做道德奉献的人，得不到社会的公正回报，而不尽义务甚至不讲道德的人，却占有权利享受贡献。久而久之，道德奉献就成了有德之人的重负，缺德倒成了无德之人的通行证。社会风气败坏、个人品质堕落就会成为必然。反之，社会越是回报个人的奉献，个人就越会为社会而自愿自觉地奉献；社会越对德行进行褒奖和制度引导，人们就越会在道德激励下追寻道德。

爱心的回馈无论采用什么形式，目的都只有一个，即要使人们在道德赏罚公正的环境里感到做有德者高尚、做奉献者光荣。这样，才能真正体现出道德奉献的价值导向。

第三章　关于高校德育实施机制的思考*

　　随着世界格局与人们思想观念的变化，世界各国都把学校的素质教育当作首要问题来进行探索。许多国家直接提出德育是关系 21 世纪命运的关键。我国高校德育面临着同样的问题。培养德才兼备的"四有"新人，是世界性国际竞争和我国社会主义现代化建设的需要。在培养大学生知识才能的同时，应重视大学生思想道德素质的教育和培养。

一、正视目前德育中存在的问题

　　高校德育工作的成效要通过学校的系统教学来实现，但道德教育又是一个独特的系统工程，德育目标的实现必须和学校课堂内外的管理及整个学校德育环境联系在一起，就目前高校德育状况而言，主要存在下面一些问题。

　　第一，德育教学内容、形式和现实有所脱节。目前的德育教材比较注意体系的完整性，在思想性、理论性、科学性方面注意得比较多，但在时代性、针对性、现实性、实践性方面结合得还很不够。在内容、形

　　* 本章内容原载于《中国高等教育》2002 年第 9 期。

式、体系上还比较缺乏实质性的改革和突破，非常需要整合社会主义市场经济条件下的多元文化价值，提高在多元文化价值条件下的针对性和有效性。与此同时，在教材章节安排以及语言描述方面，也都较生硬、晦涩，一定程度上脱离了教育对象的实际需要。许多大学生认为，读类似美国学者卡耐基的《人性的优点》《人性的弱点》等哲理书，有时会比读国内的一些德育教科书获益更大。

第二，一些教师讲授课程内容个性化、随意化，也一定程度上对大学生的思想道德取向产生了负面的引导和影响。高校的思想道德教育已有明确定位，对大学生的思想道德教育应有别于学术研究。在学术研究中我们可以"百花齐放，百家争鸣"，但对思想道德教育来说，应始终坚持正确的价值观引导，在课堂上教师可以通过讨论启发学生思考，对问题有更多的深入了解和分析，但最终教师必须把大学生的思想认识引导到正确的价值取向上去。然而目前在许多高校，许多课程包括德育课程，都存在着教师课堂讲授随意化、个性化的问题。部分教师置统一教学大纲于不顾，完全按自己的观点讲授课程，引导学生，这在一定程度上使大学生本来就困惑的思想意识变得更加模糊、混乱，偏离了我们的教育原则和目的。

第三，德育专职教师队伍建构不到位。目前高校德育教师队伍已基本形成，但长期以来，学校重视智育、忽视德育是一种比较普遍的现象。有的教师热衷于钻研讲授专业课程，但对德育课程则疏于投入，许多学校甚至没有一支专门的思想品德课的教师队伍，德育专门课程往往由学校党政干部兼职讲授。党政干部由于工作比较繁忙，缺少专业基础知识的学习和积累，缺少授课经验，因而难以取得良好效果。而即使有少部分德育课程专职教师，也存在着师资不稳定的现象。

第四，缺乏"大德育"理念和机制。高校是培养有理想、有道德、有文化、有纪律的"四有"新人的基地，应该充分发挥学校教育的职能以及一切综合优势的作用，在进行知识培养的同时，也要着力培养大学生的思想道德素质。如果德育仅仅停留在德育课程层面，不同整个学校管理、建设以及其他综合德育渠道结合起来，对大学生思想道德素质的教育和培养，就很难奏效。高校的德育效果一直不尽如人意，缺乏综合德育理念、缺乏整体德育实施机制，应是一个重要原因。

二、树立"大德育"理念

为使高校德育达到预期目的，必须改变传统德育思路和模式，树立新的"大德育"理念，优化德育系统，在加强领导、理顺体制、完善机制、建设队伍、增加投入和营造氛围等综合德育实施机制方面，做更多的工作。

第一，要把德育和学校管理结合起来，把握好对学生的培养教育与日常管理的关系，让德育内容和方式渗透到学校管理的所有环节中去。教书是育人，管理也是育人。学校的德育工作，不仅仅是党政系统辅导员和德育老师的事，也不仅仅是课堂上的事，而是所有管理部门和管理人员的事。比如，教师队伍的管理建设、大学生品行纪律及生活的管理、教学环节的管理、校园环境的整治管理和校园文化的建设等，都和学生的道德素质养成有关。所以，在制定和执行学校各项管理制度时，要充分考虑到如何更有利于大学生的德行素质的培养。高校应该依据新的形势，堵塞漏洞，制定完善的学校管理规章制度，使学校的管理合理而有序、协调而统一。

第二，加强德育队伍的建设与管理。对专门的德育课程来说，并不是任何一个教师或任何一个党政干部都可以随便去讲授的，德育专职教师需要经过专门的学习和研究，需要具有良好的教学经验。高校应该有计划地配备相应编制，培养并提高德育专职教师队伍的整体素质。与此同时，还要充分发挥高校所有教师的德育作用，对大学生的思想道德素质教育，不仅仅是一部分专职德育工作者的事，也是全体教育工作者的事。德育的内容和任务必须渗透在任何一个教师的任何一门学科的教学当中。

第三，拓展德育渠道，形成更全面的育人机制。大学生思想道德素质的塑造，仅仅通过教师的教育还远远不够，除了上面所强调的管理与建设外，还需要通过大学生活中各种各样的载体、渠道去实现。

思想道德教育具有较强的实践性，应该结合现实生活中特别是市场经济发展中带给大学生的思想困惑和热点问题，采用启发式、导向式、渗透引导式的讲课方式，更多采用课堂讨论、专题讲授、观看相关录像、参加社会实践等多种形式，使德育课内容更加贴近学生的特点与变化规律，引发学生的兴趣，使他们积极投入富有特色的德育课程学习中来。同时高校还应通过开发内容健康、形式多样的活动来推动校园文化建设，营造思想道德教育的良好环境氛围。要充分调动班主任、共青团及各种学生社团所具有的独特作用；发挥学生团支部、党支部的组织作用，带动大学生形成一种积极上进的氛围；有选择、有计划地组织各种专题讲座和讨论；开展各种有利于大学生身心健康发展、有利于大学生良好思想品德塑造的校园实践活动，如青年志愿者活动、献爱心工程活动、"希望工程"活动、社会调查活动、评优创先活动、素质教育竞赛活动、文艺演出活动等，以形成丰富多彩、健康高雅的校园德育环境。

还可以考虑结合学校管理体制的改革，建立一套行之有效的大学生学习生活考评体制，使大学生毕业时不但有一张学业考试成绩表，还拥有一系列思想品行素质方面的考评成绩。除了"三好生"、优秀团员、优秀毕业生，以及其他各种奖学金中包含的对学生思想品德素质的认证，还可以考虑用积分的形式对大学生的品行进行记录。

第四，开拓社会、家庭德育资源，实现学校、家庭、社会道德教育一体化。《公民道德建设实施纲要》明确指出，家庭、学校和社会在道德教育方面各有侧重、各有特点，是相互衔接、密不可分的统一整体，必须把家庭教育、学校教育和社会教育紧密结合起来，相互配合，相互促进。在当今时代，高校道德教育是一个开放的系统，它与社会环境有密切的关系。市场经济条件下的社会大环境对高校德育产生着各种各样的影响，信息社会的各种传播媒体以快速、新颖、刺激为特点，它们以各种方式引导大学生接受市场经济社会的各种价值观念和道德观念。社会和家庭引导的无序性、失范性会在一定程度上抵消高校德育的力度，所以单一化的高校德育模式已不再能适应新的社会现实。《公民道德建设实施纲要》强调实施全社会公民道德建设，对高校的意义就在于它将会优化社会环境，强化社会的德育功能，从而使家庭、学校、社会形成功能互补的合力机制。

第四章　激励应更加制度化[*]

个人自觉自愿地奉献社会，也许并不要求对等的回报，但社会应当对其有所回报。受恩必报是人类千百年道德实践总结出来的积极准则，社会越是回报个人的奉献，个人就越会自愿地为社会奉献。

回报的形式是多样的，既可以是精神上的，也可以是物质上的。比如，为奉献者设立相应的基金和奖励制度，规定其相应的待遇和资格；通过媒体的传播赞颂使奉献者的社会形象大放光彩，使之感受到奉献者、有德者的高尚光荣；为奉献者创造一些特殊的、有利于其进一步发展的机会和条件，如学习深造的机会、发挥才干的平台等；在选拔有才干、有知识、有经验的能者的同时，注意优先考虑那些力行奉献、道德高尚的人，充分体现道德素质方面的"优胜劣汰"。如此种种，无论采用什么形式，目的都是一个，即使人们感到奉献者高尚、奉献者光荣、做奉献者大有作为。此外，奉献激励机制的建立，应该和法规、制度结合起来，使之更加规范化、制度化，真正形成一种社会强化机制。

总之，奉献激励机制的建立和完善有助于全社会形成"善善相生"的良性循环。这样，我们所弘扬的奉献精神才可能对社会成员产生强大的感召力，并在社会主义市场经济条件下焕发出持久的道德魅力。

＊　本章内容原载于《人民日报》2003 年 8 月 11 日。

第五章 从青少年生命漠视现象
看社会德育环境*

青少年中存在着生命漠视和生命困惑现象，表现为近些年青少年的自杀与他杀等极端社会问题呈现上升趋势。这种现象和青少年所受的生命、生存、生活教育及人生成长中社会大环境价值取向有着必然的联系。我们必须对今天所处的社会大教育环境，尤其是青少年成长过程中"三生"教育欠缺存在的问题进行认真反思。

一、社会教育中缺乏必要的生命教育

20 世纪 60 年代始，一些国家青少年吸毒、自杀、他杀等社会问题高发，人们开始反思并首次提出了生命教育的思想，在世界范围内人们开始关注青少年的生命教育问题。近些年在我国，无论是屡屡发生的杀人案件，还是残忍虐待动物的事件，或是对生命的价值意义感到迷惘的"活着没意思"的感受，都暴露出青少年身上存在的对生命的不珍重。

教育应当使每一个人关注生命、认识生命，从而敬畏生命、热爱生命。对生命缺乏应有的尊重和敬畏感的人，无论对自己的生命和人生，还是对动物的生命，甚至对他人的生命，都会采取漠然、轻视的态度，

---

* 本章内容原载于《云南教育（视界综合版）》2009 年第 6 期。

甚至会在残虐生命中寻找发泄和快感，在生活中也一定不懂得尊重他人、同情他人、关爱他人。这种人在人性上是单面的、畸形的。所以，无论是学校，还是家庭和整个社会，都应该重视生命教育等基本的人性启蒙教育。

我们现在开始关注青少年的生命教育，有学者说是"迟来的教育"，但也正说明青少年生命教育任务十分迫切。我们也庆幸地看到，近些年一些地区或学校已经开始注重对青少年的生命教育。然而，要让青少年树立正确的生命意识、热爱生命、珍视生命，除了基本的生命教育外，还必须加以生存能力的培养和正确人生价值观的教育引导，热爱生命必须和热爱生活、具有良好生活能力结合在一起，才能够达到相辅相成的最优教育效果。云南省教育厅提出的"三生教育"理念，涵盖了生命、生存、生活等相关内容，应当说比单纯的"生命教育"更符合教育规律和教育目的需要。事实上我们在对青少年进行生命意识塑造时，除了进行必要的生命认知外，还必须进行其他方面的人生观教育；除了正面进行教育引导外，还必须对社会中存在的负面影响因素加以制约，以使各种对青少年的不良影响降低到最低限度甚至被杜绝。

二、社会应更加注重爱心教育

一个真正有爱心、自爱、爱人、懂得尊重他人的人，才不会有作践自己、仇视残害他人的冷僻阴暗心态，然而我们的爱人尊人教育显然还不到位。从家庭教育看，普遍存在的问题有：一是过分溺爱子女，"小太阳"在家里唯我独尊，说一不二，对父母亲长缺乏起码的尊敬和爱心，"长不长""幼不幼"，必会养成任性执拗、自私自大的不良品性；二是对孩子过分压制，不论出于对孩子望子成龙的心态，还是对孩子缺乏应有的爱心和耐心，动辄严加训斥甚至打骂，在这种环境中未成年人极易形成冷漠和仇恨的情态。

近几十年学校在常规教育中存在着"重智轻德"的价值倾向。在应试教育的导向下，许多学校教育重心在知识智力教育和精英培育上，一方面爱心教育、尊人教育基本不占什么分量，另一方面某些学校、教师在分别对待优、中、差不同学生时，不自觉地采用不同的关爱态度，这很容易使部分非优学生产生心理失衡，放弃自我，自暴自弃。

生命、生活教育应该从日常生活中的爱心培育开始，自爱，也爱自己的父母家人，爱身边的人，爱生活中的动植物。一个内心充满爱的自尊而尊人的人，是不会漠视自我生命和他人生命的。所以，生命意识塑造中一个重要的任务，是从培育爱心开始。

三、社会教育中欠缺人际沟通、人际合作素质的培育

人际沟通、人际合作素质不仅是现代人竞争、生存、发展的重要能力，也是保证人的心灵完整和健康生命意识的一道防线。如何克服当代青少年所处的"独生"环境的不良影响，引导、培育他们超越"自我中心"感和孤独感，这可能是今天青少年素质培育中的一个新课题。社会教育应使每一个人具备起码的"他人意识"和沟通能力，尊重他人，关爱他人，与他人和社会沟通顺畅、和谐相处，在人与人之间建立互爱、信任的开放友好的关系。"三生教育"理念，就是把"生存能力"教育当作生命意识教育中必不可少的环节来加以强调。许多对生命的漠视和困惑，就是由青少年生存能力欠缺而导致的。

沟通合作等生存能力培育的意义还在于，一个人只有保持一种与他人和社会和谐愉快相处的开放心态，才可能防止由内向、孤僻、自我封闭而引起的种种心理扭曲和病态。分析诸多变态、有心理疾病及人格扭曲的人，其童年经历中甚至成年后都缺乏与他人甚至亲人和睦相处的能力。一个孤僻、封闭甚至仇视他人和社会的心灵中，很难生长出热爱生命、尊重并关爱他人、有责任感、积极乐观的人生态度和情感。

四、消除"暴力文化"在青少年成长中形成的误导

全社会要积极进行正面教育引导，但同时也要注意抑制社会环境中不良的负面的诱导因素。青少年处在由无知不成熟向有知成熟方向发展的阶段，成长过程中好奇心、求知欲都很强，可塑性也非常大。近些年社会存在的许多网络游戏内容以暴力为主题，孩子们在游戏娱乐间把

"打""杀""消灭对手"意念不知不觉灌输到了脑海和心灵中。多起青少年杀人犯罪案例研究表明，罪犯就是在暴力游戏中诱发了"对神秘杀的崇拜"，而幻想"成为一个神秘杀手"，最终走上犯罪道路。孩子们在游戏、电视、网络上潜移默化地了解到的生活概念，是用武器和凶器而不是其他沟通方式来解决矛盾和冲突。所以，加强对青少年的正面教育，阻止暴力文化泛滥，使之不受"暴力形象"和"暴力规则"的误导，是全社会今天应充分重视并采取措施的重要问题。

另外，虚拟世界的非真实性、隐匿性，使人们在网络行为中可以随心所欲，极尽想象和创意，当然就会在某些方面不守规则，任意行事。在网络行为中可任意打杀而不负法律责任，人也可以死而复生，虚拟世界的这一切使人们体验到的是另一种"游戏规则"，不完全成熟的青少年往往容易混淆这两个世界，不自觉地把虚拟世界中的随心所欲和不负责任的行为、意识带到现实生活中来，在现实真实世界也做出随意践踏人的生命的事情。因此，社会应对网络文化和网络生活加强管理并进行必要的教育干预，这一点对青少年健康成长尤为重要。

总之，社会上出现的种种青少年生命漠视和生命困惑的现象，以及种种青少年不健全心态和畸形人格方面的问题，和整个社会教育理念及其生活环境相关。所以，改善以往教育概念，在全社会树立"三生教育"理念，是其中一个很关键的方面。同时，"三生教育"不仅是教育系统的任务，也是全社会的事，是全社会长期的系统工程。家庭、学校以及社会应该一起努力，重视"三生教育"，改良社会教育大环境，为青少年营造一个健康良好的社会成长环境！

第六章 追问与思考：道德状况 怎么看[*]

改革开放与市场经济进程中，我们一直力主"两手抓"、"四个文明"协调发展的思路，精神文明和道德建设取得了显著成绩。从当前道德热点问题引发的讨论看，公众对道德问题的基本判断和价值诉求主流是健康的，但社会中确也存在诸多道德问题，有些问题还很严重。如何看待社会道德现状、道德"社会病"症结何在、如何根治，已成为我们必须思考和回答的问题。

现实点击：道德问题怎么看？

越来越多的人无意简单地在"滑坡论""爬坡论"上争论不休，而主张对社会道德现状作全面而辩证的分析。

我们的社会一方面是一个彰显着大爱的社会。近些年中国发生了很多大事，见证、彰显了中国人民具有并在成长的道德精神。比如，与"汶川地震""动车事故"大灾大悲同在的，是一方有难八方支援的团结互助精神；与北京奥运会的成功一起写入历史的，是中国人的爱国情结和我们这个时代特有的"我参与、我奉献、我快乐"的道德精神。另一

---

[*] 本章内容原载于《中国教育报》2012 年 5 月 4 日。

方面，这也是一个发生了恶劣现象的社会，食品、药品、交通安全等人命关天的问题，以及道德冷漠、权力腐败、"楼脆脆"、"桥垮垮"、"路塌塌"等，已成社会热议的话题和坊间"关键词"。而"小悦悦"的遭遇更使全社会上下受到震动，有良知的人们在被刺痛的同时，也有一种自己"受伤"的感觉。

可见，在今天的社会道德现象中，有"最坏的"，也有"最好的"；有"小悦悦"事件中的冷漠路人，也有"最美妈妈""最美女孩""最美交警"；存在着许多假冒伪劣甚至一些极端无良事件，但慈善组织、志愿者行动也如雨后春笋般生长，助人为乐者及道德激情也在生长。一方面是无良逐利者和种种缺德事件，另一方面也有众多有识之士、有德之人在痛心、忧虑之余，为社会的不道德现象和缺德之人进行着"道德救赎"。这些有良知的人永远是中国社会的"脊梁"，他们的道德行为也给我们和社会提供着积极向善的力量与信心。

对于社会道德中存在的问题，我们必须追问和思考：人们真的很"冷漠"和"缺德"吗？是什么使人不敢"扶老人"？是什么让假冒伪劣大行其道？社会为何会陷入"低信任度"的消极循环中？

原因追究：道德为何失范和缺位？

（一）市场经济发展过程成因

我们不能把信任危机、人性冷漠等道德缺失问题简单归结为市场经济的必然产物，但经济活动中客观自发的规律作为"看不见的手"，往往使市场经济社会处于自在、盲目和无序的状态，必须用社会道德和法律等"看得见的手"，去修正市场的自发功能性缺陷和紊乱。我国社会主义市场经济是"摸着石头过河"探索过来的，秩序和规则在一步步地建立，还有许多秩序漏洞和缺陷需要进一步完善。另外，在市场经济发展中确也存在"一手硬一手软"的问题。在诚信规制以及社会扬善抑恶机制方面还缺乏有力的社会外在制约手段。

（二）民众素质心态和社会舆论氛围成因

在我国社会发展中，精神文明和国民素质等许多方面都得到了提高，但整体看，公众素质参差不齐也是明显的事实。而社会在弘扬道德的同时，一些质疑道德、排斥道德的声音也不绝于耳。事实上，许多对善举、良知行为的无意或恶意的质疑，已成为社会舆论中的一种负能量。做好事反被嘲笑或质疑的后果，会使人们对选择行为心存疑虑。种种质疑还会误导公众对良知不信任，生成道德失望和坏事归因的思维逻辑。同时，在"人们被媒体控制"的信息时代，如何让所有媒体更多地发挥积极营造道德舆论场的功能，是传媒应认真思考和践行的问题。而树立社会"道德楷模"、宣传"身边的好人"，也是营造社会舆论生态的必要方式。我们应该让社会更多一些道德"正能量"氛围，让更多的好人、好事、好舆论，影响更多人的行为选择。

（三）制度安排与社会管理方面成因

当社会制度安排不能有效维护道德良知取向时，当救人有可能被讥讽、质疑甚至反诬时，当选择良知的成本太高、唯利是图违规成本又过低，无良无德现象就会频频出现。社会法制和制度管理一定要有利于扬善抑恶。今天，对人们的普遍道德期待，一方面可以建立在良知自律的内在引导上，另一方面一定要诉诸社会制度和机制的刚性约束。

（四）理论文化交错影响方面成因

市场经济发展进程会自发助长商业文化，而商业文化又易导向消费主义、奢华主义、享乐主义，导向拜金主义和利己主义。如果利己主义、拜金主义等理论文化留有市场，如果社会文化价值导向不明确，是非、荣辱、美丑不分，人们的观念心态就会出现道德淡漠甚至缺德行为取向。而物质主义和享乐主义，会在引人沉迷于物质享受和物质攫取的同时，失落精神家园，在物欲追逐中遗忘或迷失人生意义和人格尊严。可以说，有什么样的理论，就有什么样的文化和社会风气。反观我们的理论文化建设，一是有些理论不确定并储备不足，许多理论被"破旧"但又未完成"立新"；二是理论解释力不足，一些创新确立的理论在社会解释和大众化方面还很不到位；三是理论文化主旋律和社会文化生态还相对缺乏合力。

再思考：我们要什么样的现代化？

德国学者科斯洛夫斯基说："我们不想生活在一个'公正的'社会中，在这个社会里什么也买不到；我们也不想生活在一个'有效率的、富裕的'社会里，这个社会把它的金钱用于道德上受到指责的目的。"①孟德斯鸠曾强调："共和国需要品德。"他描述了一个国家当"品德消逝的时候"，就会弥漫物欲、野心、贪婪、权力和放肆，公民的幸福就都不可能实现。

今天的中国已成为一个世界大国。我们不能像有些人所说的，是经济巨人、道德侏儒。面对种种社会道德问题，我们应该全面反思：我们要建设什么样的现代化中国？在社会发展和国家建设的全方位部署中，硬实力和软实力、物质建设和精神建设、理论文化建设、公民教育、以媒体为主导的社会舆论导向建设，以及法制建设、制度管理和大众监督等，一个都不能少。

---

① P. 科斯洛夫斯基. 资本主义的伦理学. 王彤，译. 北京：中国社会科学出版社，1996：5.

第七章 德之不厚，行将不远

——论社会道德价值观的重建*

目前许多领域中普遍存在的假冒伪劣、欺诈、腐败现象，成为严重影响经济和社会发展的瓶颈问题。人们感叹，经济上去了，道德失落了。在假冒伪劣和欺诈无信的背后，本质上是社会道德危机、道德价值观迷失、道德氛围营造不力、相关制度建设不到位。

现实告急：道德底线"失守"

近年来相继发生的"毒奶粉""瘦肉精""地沟油""彩色馒头"等恶性食品安全事件，就中国社会目前的诚信道德问题给出了一种"滑坡"诠释。相关调研表明，近七成人对中国的食品安全状况感到"没有安全感"。人们感叹，连关系人身健康甚至性命的食品、药品都敢去假冒伪劣，可见这些人的良知缺弱到了何等地步，也在一定程度上意味着社会道德底线在某些领域已被击溃！与此同时，"掺沙大米""隔年月饼""医生红包""被卖肾""学术不轨""官员腐败""钓鱼执法""潜规则""反猫眼""易容面具""道德冷漠"……各种热词不断刺激人们的眼球，也表明无德行为和缺德事件在社会许多领域已普遍存在。还有一

---

* 本章内容原载于《人民论坛》2011 年第 23 期。

些社会现象和社会心态更引人担忧：科技与才智被用来非法牟利，利益链条背景下集体造假、规模作案；许多人面对道德失范现象见怪不怪，视为常态；许多人做无德、缺德事时脸不红心不跳，堂而皇之造假，越来越多的人不再有心理障碍，不再有良心自责，只要能赚钱，只要能成名得利，一切皆无不可！当社会道德底线失守，个体"缺德"现象蔓延为社会常态，当"逐利"成了全民行为取向，这个社会一定会"生病"！

长久以来，尤其是市场经济发展中，道德诚信缺失问题一直存在，其他不道德现象和社会问题也不同程度地存在，如许多人规则意识淡薄，知而不行，禁而不止，随意违规，大大增加了社会秩序的治理成本，甚至有些时候或某些领域出现"法不责众"的无奈结果。一些人社会责任感不够到位，缺乏一个公民应有的责任担当。一些人缺乏他人意识和公德意识，一事当前以自我为中心，甚至缺乏基本的对他人的尊重和对公共生活规则的遵守，"以人为本"在他们的意识中落实为"以我为本"。众人一再呼吁要增强公民"权利"意识的同时，往往忘记强调每一个自我的"责任"意识。除此之外，利己主义、实用主义、拜金主义在理论上和现实中都不同程度地存在。

在建设中国特色社会主义市场经济的当下，必须同时强调市场经济的道德基础，在激励国人创造物质财富的同时，使其遵守基本的道德操守和职业规范。这是未来市场经济可以健康发展的必要条件。道德缺失给市场经济及社会发展所造成的危害非常严重。假冒伪劣、欺诈等行为，给广大群众带来不同损失甚至致命伤害；诚信道德作为企业发展的无形资产，是其竞争力和生命力的决定因素，失信于社会和消费者，如同自绝前程。除此之外，诚信道德危机在影响经济发展的同时，也影响了整个社会的风气和秩序，人与人之间、企业与企业之间、百姓与某些政府部门之间，都充满了不信任，人们陷入彼此需要防备甚至产生敌意的怪圈之中。

我们今天的中国已成为一个世界大国。中国社会经过改革开放四十多年的发展，国家综合实力显著增强。但是，目前道德失范、价值观迷乱的状态直击当代中国人的良知承受底线，也激发全社会上下关注并呼唤，要"增加中国人血液中的道德浓度"，必须加强社会道德建设。

原因追究：道德为何缺失和滑坡

道德已成目前中国社会的稀缺资源之一，"道德滑坡"已成全社会上下比较普遍的共识。分析社会道德缺失或滑坡的原因，有下面几个方面。

一是市场经济本身发展还有需进一步成熟和完善的地方。道德缺失不能简单归结为市场经济的必然产物，但经济活动中客观、自发的规律作为一只"看不见的手"，往往处在一种自在、盲目、无序的状态，需要道德、法律等理性规则加以调控和规导。社会道德理性和法律共同作用，通过对市场的引导调控，可以修正市场的自发功能性缺陷和紊乱。道德等"看得见的手"，一方面支持经济规律本身带来的高效率，另一方面注重对经济活动进行合乎人类理想的价值引导和调控，为人们提供一种尊重人性与尊严的生产、生活方式，以及道德合理的经济发展秩序。中国经济正处于高速发展阶段，由粗放经济向集约或精细经济转型，道德缺失与发展过程中的阶段性有关。中国社会主义市场经济是摸着石头过河探索过来的，规则秩序也是一步步建立起来的，并有进一步完善的需要。另外，在我们的市场经济发展中也存在一手硬一手软的问题，长久以来人们在市场经济"效率至上"原则的引导下，对社会和对消费者的责任规导不力；在张扬个性和个人利益时，对他人利益和社会公共利益强调不够；在强调权利的时候，对义务和责任强调不够，出现了将个人利益凌驾于他人、集体和社会利益之上的行为，出现了种种为达个人利益而不择手段的现象。

二是制度和机制层面的成因。当社会制度安排不能有效维护道德取向时，不道德现象就会普遍出现。例如，利益追求主体在进行"失信"还是"守信"的道德选择中，如果计算出守信成本远远大于失信成本，就会选择失信。如果社会加大对失信行为的约束性惩罚，使道德缺失者在失信、守信的"博弈"中深切体会缺德失信带来的风险和过高成本，就会规导他们放弃选择失信。在一定意义上，是外在强制性的制度和规矩"教育"失信者"学会"选择诚信道德。除制度安排存在问题外，社会资源未能有效充分优化、管理机制规模较小等机制障碍也是主要原因。

三是传统道德资源存在一定的内在局限。儒家文化把社会道德置于"人性本善"的基础之上，道德往往带有某种超功利性的要求，人格取向和意志自律是其主要依据力量。相对来说，许多国家的道德信用状态在相当程度上是建立在法规、制度及社会管理基础上的。比如诚信道德，西方守信的概念起源于现实中的契约利益制约之中，如果说中国传统诚信规范要求人们有"慎独"的自律精神，则西方传统文化中，信用的品质更多受制于他律的利益制约和上帝的外在制裁力量。可见，我们今天对人们的普遍道德期待，一方面可以建立在品质自律内在引导上，另一方面一定要建立在社会制度和机制的刚性约束上。当代社会主义市场经济条件下的道德创新，应该既着眼于对道德理念内在引导的挖掘，又要致力于道德的外在制度机制安排和他律强制性规则的建设。

四是目前社会现实中多元价值观的交错影响。转型期利益与价值取向的多元化、新旧道德的交锋、中西价值观的碰撞以及道德价值标准多层次和多样化的趋势，导致社会现实中是非模糊、善恶不明、荣辱错位。近代以来，物竞天择、优胜劣汰的进化论几乎重塑了后发展国家人民观念的哲学基础。为了生存和更好地发展，人们必须参与竞争并在其中获胜，以取得尽可能多的物质资源，胜负标准取代了是非标准，因此功利主义大行其道。政府唯 GDP 的政策、社会风气的退化，都与此有关。在"利己主义"和"唯金钱论"的社会语境下，谈论道德素质、道德力量，往往就会显得苍白无力。例如，青少年在接受学校道德教育的同时，也在接受着来自家庭和社会的不同价值观的消解，有些教育工作者因此比喻说"5＋2＝0"。社会中实际盛行的多元道德价值观，尤其是"唯利是图""利己主义"等价值观，必会影响国家的正面道德教育，必会导致社会成员尤其是青少年道德素质的培育乏力。

关注重建：共筑社会道德价值生态

重建中国道德价值观，打造社会道德环境，是一个系统工程，需要全社会上下共同努力。

第一，要进一步加大道德教育和社会道德弘扬力度。要使每一个社会主体充分认识道德缺失对个人、对社会和国家的危害。要让全社会上下都深感道德建设已成为我国经济发展、社会发展中的重中之重。要宣传道德理念，强化道德意识，提倡取财有道，实践"阳光下的利润"。各行各业都应该以讲信誉作为突破口，加强道德软实力建设，要深信"缺德"的企业一定是走不远的。审视世界各个成功的品牌企业，除了重视产品质量、重视对员工的技能培训，无一例外都特别重视道德信誉的教育培训。

第二，要反思我们社会的价值观现状和价值导向，关注社会道德文化的建设。在市场经济发展以及多元价值观氛围中，弥漫着物质主义、享乐主义、拜金主义、利己主义等观念和思潮，它们在经济发展和社会文化发展中产生了种种消极作用。物质主义使人们在经济活动中陷入对物质财富的攫取和崇拜中，在沉迷于物质享乐的同时，失落了人的精神家园。在物质主义、享乐主义引导下，人们远离了人所应有的精神追求，人生的意义和人格尊严都遗忘在物欲和享乐的追逐之中。弗洛姆指出，"19世纪的问题是上帝死了，20世纪的问题是人死了"，他批判现代西方物质主义文化使人沦落成一种物欲动物。[①] 利己主义的谬误在于，在人性理论上否认人的社会性本质，认为"趋利避害"、利己自保是人的自然本能，它以优胜劣汰的"丛林法则"来描述人与人之间的竞争关系，主张个人本位、个人利益至上，他人被当作实现自我利益的工具，这种理论和观念必然导致人们不择手段地追求一己私利。一个流行拜金主义和利己主义价值观的社会，必会导致企业追求利益最大化，个体追求个人利益，地方政府以GDP增长为指标，一切向"钱"看齐，甚至为了利益而不择手段。在一个人人逐利的社会，道德一定缺失和滑坡，而一个只讲自我利益，不讲对他人和国家的责任、奉献的社会，是没有未来和希望的。所以，要想让人们身体中"流淌更多的道德血液"，改变"道德滑坡"这一社会现象，就必须对物质主义、享乐主义、拜金主义、利己主义等理论和价值观进行社会性反思批判，切实关注并加强社会道德文化的建设。

---

① 弗洛姆. 健全的社会. 欧阳谦，译. 北京：中国文联出版公司，1998：370.

第三，要进一步加强国家对各行各业的社会监管，完善相关立法和制度建设。建立良好社会道德秩序，不仅要靠教育和宣传引导，还要靠法律和制度的规导。仅靠道德本身力量，无法从根本上杜绝道德缺失问题的发生。对造假、欺诈、腐败等失德者不仅应给予"直接责罚"，还应让其承担"间接责罚"，可通过建立社会主体的道德资质评估机制，建立道德品质状况的"黑白名单"，使有德者因道德享受回报。同时，道德失信"记录"由于放大了责罚范围和时间，加大了缺德成本和风险，使无德者对"间接责罚"后果"望而生畏"而放弃违规和不道德的选择。道德资质记录还能在维持市场秩序方面发挥巨大作用，有了道德资质评估机制，人们对市场各方资信情况能够清楚了解，也会减少人们由于信息不对称而导致的被失信和被欺诈的可能。另外，还要加强技术监管，运用技术手段加强管理，使产品质量信息健全公开，有利于大众监督。事实上消费者的质量意识和能力，会逼迫企业生产者关注自己的产品安全和质量，形成部门监管、法律惩戒之外的第三种力量。当然，成熟的市场主体应有更理性、更长远的发展思路和品牌目标意识，要有一套自己的产品监管机制和道德风险防范机制，才能够真正做大做强做久。

结　语

总之，假冒伪劣、欺诈腐败等道德缺失和滑坡现状，在拷问人们道德良心的同时，也暴露出社会道德现状的严重性，暴露出道德文化建设和制度建设的漏洞。

第一，我们应该深度反思目前社会道德问题及其根源，纠正市场经济和社会现实中全民"逐利"的行为取向，要在全社会大力加强道德文化建设，批判利己主义、物质主义、唯利是图等错误价值观，弘扬社会主义核心价值观。

第二，要注重营造以讲道德为荣、不讲道德为耻的社会氛围，如果我们所处的社会环境出现道德信任危机，道德冷漠，良知丧失，"劣币"就会驱逐"良币"，社会道德就会受到根本损害，"道德滑坡"就难以止住。

　　第三，要大力加强相关法规和制度建设，形成强有力的道德支撑和社会强制规导，从根本上铲除唯利是图、假劣欺诈、贪赃枉法等道德滑坡的土壤条件，从软、硬两个方面共同打造讲道德、重责任、有良知的社会环境基础。

第八章　矫正失衡的道德天平*

道德建设是我国社会主义现代化建设的重要内容。近几十年来，我国大力推进道德建设，取得明显成效。从目前社会热点道德问题看，公众对道德问题的基本价值判断是积极健康的，但社会中仍存在不少不道德的现象，这就需要我们进行必要的思考与回答。

道德天平出现失衡

近年来，"毒奶粉""瘦肉精""地沟油""注水肉"等食品安全事件相继发生；劣质水泥、沙料、钢材和工程，造就了"桥垮垮""楼脆脆""路塌塌"；而"小悦悦"遭遇冷漠路人、老人倒地不敢扶、电信科技成欺诈"帮手"、利益链条背景下群体造假与规模作案等，使人们感到社会道德的天平在失衡。

道德天平失衡的后果非常严重，不仅影响经济发展，而且影响社会秩序和社会风气。同"中国式过马路"一样，"法不责众"现象并不少见，这在增加社会秩序治理成本的同时，也引发人际间的不信任、怨气和矛盾。现实社会的某种"低信任度"，也表现在政府公信力面临的种

---

* 本章内容原载于《人民日报》2013 年 2 月 17 日。

种挑战中。逢官必疑、腐败推定的质疑心态，使社会陷入越解释越不信的怪圈之中。

也应看到，一方面道德缺失事件在刺激人们的良知神经，另一方面大量有识之士、有德之人也在积极构筑社会道德的美丽风景："最美妈妈""最美女孩""最美交警"，呈现着中国社会的"最美"景象；志愿者行动、慈善组织、助人为乐与道德激情，正在蓬勃生长。我们既应充分估计道德失范问题的严重性，也应看到社会道德、公民素质的发展和进步。

道德天平缘何失衡

转型期是发展黄金期，也是问题凸显期。研究表明，社会在迈向中等收入阶段的时期，也是易出现问题和风险的时期。这一时期贫富分化加速，两极分化矛盾凸显，大众权利意识和差异性诉求增多，而社会主体和制度机制还没做好跟进准备，社会秩序容易出现冲突和矛盾。可以说，经济加速发展的时期，也是社会动员加速的时期。在此时期，人们想干的事远多于能干的事。因此，这个时期是最活跃、最进取的时期，也是矛盾频发和风险凸显的时期。在社会主义市场经济条件下，如果对市场主体的规制不力，对资本权利和公共权力的制约不够，就会引发种种唯利是图和权力腐败问题。

制度安排不到位，易导致"劣币驱逐良币"。当社会制度安排不能有效维护道德良知取向，当选择德行的成本太高，不道德现象就会丛生。如果一个社会让有德人、救助者吃亏，导致德行与幸福的二律背反，而坏人做缺德事又得不到社会的责罚，久而久之在社会道德生活中必定形成"劣币驱逐良币"的恶性循环。社会诚信缺失、假冒伪劣大行其道有多方面原因，但制度漏洞和监管不力是其中重要的原因。如果加大对无良行为的制度责罚，使人在无良与"守德"的"博弈"中深切体会到"缺德"带来的风险、过高成本，就会规导人们放弃"缺德"的选择。在许多时候，是外在强制性制度"教育"缺德者学会选择道德。但目前制度安排、管理机制还不完善，制度执行参差不齐，制度还不能有效落实。

　　腐败现象易发多发，会引发社会心态失衡。腐败容易引发公众心态不平。近年来，许多调研显示公众对腐败现象不满。这也是世界普遍存在的引发社会矛盾和心态躁动的重要根源。研究表明，许多时候人们并非只因为穷而不满。一些人因贫生怨，也有一些人会因为腐败而愤懑。所以，不仅要关注民生问题，也要关注引起民怨的腐败问题。党的十八大报告指出，一些领域消极腐败现象易发多发，反腐败斗争形势依然严峻。当腐败影响了政府的公信力，政府怎样做都会受到公众的质疑和批评。

　　社会价值多元，造成"价值消解"。随着市场经济的发展，市场自身的弱点及其消极影响，诱发了消费主义、物质主义、拜金主义和极端利己主义的传播与扩散。特别是当前，我国正处在改革发展的关键时期、社会转型的深入时期，社会利益分化，社会价值多元，使一些不良思想占据了一定市场，对人们的思想观念、道德价值产生较大冲击，出现了部分人是非、荣辱、美丑不分的现象。主流价值观和社会环境价值观出现冲突，就会产生"价值消解"。因此，道德建设必须坚持明确的价值导向，要消费但不能走向消费主义和享乐主义，要物质但不能走向物欲主义，要坚持物质文明、精神文明两手抓，两手都要硬。

营造良好社会道德生态

　　需完善"制度细节"。缺少落实的机制和途径，常使好政策或走样变味，或有头无尾。有学者认为，社会秩序是一个博弈过程，在社会存在大量不法无德行为的情形下，在社会成员自律素质有待提高的情况下，制度的硬性制约对社会秩序极为重要。党的十八大报告强调指出，要把制度建设摆在突出位置。有了好的制度，有配套的执行细则，再加上有执行能力和水平的人，社会秩序、道德风气就能开创新的良好局面。

　　让权力"在阳光下运行"。腐败是影响党群干群关系和政府形象的重要因素。如果制度规章不严密，公权力就会走样，必须制定科学严密的规章制度来约束公权力。要把权力关进制度的笼子里，坚持"老虎"

"苍蝇"一起打，有腐必反、有贪必肃，用优良党风促政风带民风。

推进社会主义核心价值体系建设。文化在当今社会中的作用越来越凸显。思想文化领域，先进文化不去占领，落后文化、腐朽文化就会去占领。加强道德建设，必须大力发展社会主义先进文化，尤其是注重社会主义核心价值体系建设，积极支持健康有益文化，坚决抵制腐朽落后文化。这是促进经济社会发展的必然要求，也是社会主义文化发展的规律。

第三编

公民道德教育

第一章　当代中国小公民德育环境中的
　　几个问题[*]

小公民道德教育是全社会公民道德建设中的未来工程，也是基础工程。社会造就合格的公民主要不是在成人阶段实现的，而是在小公民成长过程中养成并造就的。在小公民道德建设中，德育环境是一个必须重点考虑的问题。

一、道德教育与社会综合环境的道德传递

道德教育与整个社会环境的影响以及社会道德传递是分不开的。道德作为一个开放的系统，必然要与一定的客观环境相依存。我们可以把影响道德存在的各要素所组成的环境叫作道德环境。它是道德作为活动赖以发生、发展、传递的基础和条件。

道德教育和传递是通过整个社会环境产生、发展的。长时期以来，人们更重视青少年学校道德教育，而忽视社会环境的传递和影响作用。仅仅从学校德育本身来促进青少年道德成长，这使得青少年道德教育的工作往往事倍功半。

小公民的成长教育，要靠学校教育，但也不能完全依赖学校教育。

＊　本章内容原载于《道德与文明》2004 年第 1 期。

小公民不是孤立的静态的主体，每一个小公民都是生活在社会生活中的，社会各种力量对小公民素质塑造具有非常大的影响作用。在社会生活中，存在着各种各样的思想和价值取向，小公民在接受学校正规道德教育的同时，也在接受着来自社会方方面面的不同价值观的影响。如果社会道德环境和学校教育脱节，那么我们在学校道德教育中进行的那些正面教育就会被社会现实生活中的负面影响所冲抵。

在社会转型期，道德环境结构内部的诸要素之间、传统因素与现代因素之间的位置和关系远没有理顺、整合，带有转轨期特有的新旧要素的矛盾冲突。各种道德标准共存，人们的道德觉悟、价值观念和道德意识参差不齐，使得道德环境呈现出多元性、多层次性和多变动性。人们需同时面对各种不同的社会现存道德取向，这导致社会道德环境显示出一定的复杂性。

由于道德环境建设存在着上述问题，我们不得不重新反思以往的道德建设的途径是否正确。单一的学校道德教育是行不通的，在加强学校道德教育的同时，为了确保道德教育和道德建设能达到预期的效果，我们还应该重视道德环境的建设，营造有利于小公民成长的良好的社会道德环境。

道德环境的建设，需要社会各方面的力量共同努力。要通过法律支持和政策导向提供更好的道德环境，还需要建立相应的道德奉献-回报机制，以营造扬善抑恶的道德氛围。对小公民道德成长而言，就是要使社会环境潜移默化的引导和影响与学校教育、家庭教育结合起来，即通过社会全方位的道德教育和实践，使小公民在现实中得到更好的成长。学校教育、家庭教育及社会环境的影响，是小公民道德教育的三个彼此相互影响又必须相互结合的领域。

二、关于小公民学校德育环境的问题

长期的德育实践使我们一直在反思一个问题，我们有很好的价值取向的教育内容，为什么德育总不能达到所期望的结果？一方面，我们的德育教材还没有完全跟上社会发展的步伐，在新的市场经济条件下，德育要探索适应新条件下的价值观念和道德内容，我们的教材内容及形式要进一步改革完善；另一方面，也是更重要的，恐怕是应该对我们的传统学校德育方式进行更多的反省。

应该看到，以往那种以课堂灌输和说教为主要方式的传统学校德育模式，已不能适应新形势下的要求。然而许多学校目前还缺乏一种综合教育的"大德育"理念和机制。这是造成学校的德育成果一直不尽如人意的一个根本原因。许多教师认为，德育只是思想品德修养课程的任务，是德育课教师和辅导员的事，在讲授专业知识课程时，对德育的责任比较忽略，只关注"教书"，而忽视了"育人"这一更为重要的目的。

学校对小公民的教育要达到预期目的，必须改变传统德育思路和模式，超越传统"小德育"概念，树立新的"大德育"理念。

首先，要充分发挥学校所有教师的德育作用。对学生的思想道德素质教育，不仅仅是一部分专职德育工作者的事，也是全体教育工作者的事。任何一个教师，无论讲授哪一门专业课程，都会在传播知识的同时，自觉或不自觉地传达一定的思想观念和价值取向，都会对学生的思想意识、情感行为产生很大影响。教师的"教书"与"育人"是不能截然分开的。若一个教师培养出的学生，学业优等，思想品德却属于劣等，他就绝不是一个称职的教师。所以，德育的内容和任务必须渗透在任何一个教师的任何一门学科传授当中。同时，教师作为学校教育的主导因素，其言传身教对学生的德育熏陶作用也不可忽视。在一定意义上，一种道德价值观念的传递，取决于传递者的权威。如果教育者在受教育者心目中的人格权威和知识权威形象是可信服的，那么价值观念传递与教育就容易成功。因此，教师们首先要做到为人师表，言传身教，这也是德育工程中的一个部分。

其次，要把德育和学校管理结合起来，让德育内容和方式渗透到学校管理的所有环节中去。教书是育人，管理也是育人。学校应该通过开发内容健康、形式多样的活动来推动校园文化建设，开展各种有利于学生身心健康发展、有利于学生良好思想品德塑造的校园实践活动，形成丰富多彩、健康高雅的校园德育环境。

最后，还可以考虑结合学校管理体制，建立一套学生学习生活考评体制。学生毕业时不但有一张学业考试成绩表，还应拥有一系列思想品德素质方面的考评成绩。应该对学生做出更具体、更详细的日常品德考评和认证，比如，参加"小公民志愿者"等活动、做了比较突出的好事、有比较突出的奉献的同学都应当得到一个由学校或相关部门颁发的正式证书，并可以考虑用积分的形式对学生的品行进行记录，建立档案。建立这种品行考评认证体制，将有利于学校的德育工程建设。

三、关于小公民家庭德育环境的问题

家庭在今天日益开放的市场经济条件下，已不可能再单一地发挥作用了，但仍是道德教育最基本、最重要的阵地。家庭是道德教育的摇篮，父母是孩子的启蒙老师。一个孩子在幼时所受到的影响往往会伴随他一生，甚至决定他的未来。我国古代的"孟母三迁教幼子"已成为千古流传的佳话，如果孩子在幼儿时养成了不良的道德习惯，长大以后是很难改变的。

在家庭教育中，有许多教育内容和教育方式方面的问题可以探讨，但在此想强调两个当前要特别注意的问题。

第一，当前家庭教育中要特别注意家长的素质传递作用。因为孩子的模仿能力比较强，所以，家长一方面要注意正确的"言传"，另一方面还要注意"身教"，要注意自己的日常言行，起示范作用，创造一种健康、和谐、高尚的家庭氛围，给孩子潜移默化的影响。父母是孩子心目中从小就树立起的权威的代表，会对孩子成长形成最重要、最直接的素质传递，这些传递有可能是积极的，也可能是消极的。这在相当程度上取决于父母的素质及其言传身教。心理学家说，孩子的优点是父母的，孩子的缺点也是父母的，道理即在于此。许多家庭因为教育不到位，客观上消解了学校德育的成效。

就父母、家庭对少年儿童的言传身教作用而言，一方面要求家长要具有正确教育孩子的意识和理念。许多家庭对孩子的教育缺乏全面认识，注重"养"而忽略"育"，使孩子在家庭环境中处于一种"自然"成长状态。另一方面，也要求父母的自身素质尤其是品行方面的素质必须提高。在这个意义上，"父母素质工程"应该是一个需要提到道德建设日程上的问题，是一个和小公民道德建设结合一体的问题。

第二，就家庭教育内容而言，孝亲教育是一个值得关注的问题。一个人成长后是不是一个有爱心、有人际和谐能力和责任感的人，在相当程度上取决于家庭的孝亲教育。目前人们普遍感到许多青少年缺乏应有的责任感和爱心，原因当然是多方面的，其中一个重要方面即从小缺失孝亲教育。爱心情感是在长期成长过程中慢慢培养起来的，如果从小没有培养出爱心，长大成人后就很难在心中生出这份情感来。一个不爱父母、家人的人，就不可能滋生出爱他人的真正情感。同样道理，一个对父母、家人都缺乏责任心的人，就不可能指望他对他人、对社会有足够的责任感。

人的责任感不是天生带来的素质，它是一种个性品质和心理习惯。责任感的形成需要一个长期的后天培养过程，而幼时的心性奠基过程对于人的心性形成又是一个至关重要的阶段。孩子从小学会了爱人、尊重人，成长出健康的人性情感和与人相处的素质能力，懂得得到和付出回报，他才可能成长为一个有责任感、有充分情感和人际关系协调能力的人。人成长后的素质基础是在家庭这个"第一学校"中萌生和培育出来的，而且开始于孝亲教育。

四、关于小公民社会德育环境中的问题

除了学校、家庭道德教育环境外，还存在多种其他社会道德教育的环境。

广播、电视、电影、报刊及各种文学艺术作品等大众传播媒介和文化产品是社会精神文明建设的主阵地，在社会道德环境的建设中起着举足轻重的作用。

但是，当前大众传播媒体和大众文化产品也存在一些不尽如人意的问题。一定时期内相当部分社会大众道德选择和道德自律水平还处在较低层次，加之市场经济中的商品化导向，导致大众文化在某种程度上为投其所好而过分强调其娱乐、游戏特征。某些大众文化作品产生着消解主旋律、消解道德人格追求和人性完善追求、消解艺术美感的负面作用。这些倾向尤其会对正在成长的青少年群体产生非常大的负面影响。

大众传媒和文化作品，应该通过大力宣传符合社会积极道德风尚的新事物和新典范来教育、引导、感召受众，提高、完善人们的精神世界，塑造公民的道德品格。媒体应以它特有的舆论监督功能，对社会上的假恶丑现象进行无情的揭露、谴责，还应该发动公民参与媒体讨论，一起营造扬善抑恶的道德环境。这种环境对青少年的成长非常重要。

随着计算机的普及，网络已经成为人们尤其是青少年生活中不可或缺的一部分。由于强大的传播与交流功能，它也就不可避免地成为思想道德建设的新阵地。网络给人们提供了更广阔的空间，提高了信息的传播速度，但由于网络所具有的匿名性和虚拟性的特点，它也给我们的道德环境建设提出了新的问题。作为一种全球化、开放性的虚拟系统，网络将不同文化价值观念和生活方式呈现给人们，社会意识不再单一、固化，而是完全多元和开放的。网络的虚拟性、隐蔽性又给人们尤其是青少年逾越社会规范创造了空间。青少年如果一味陷于网络虚拟社会中，就会混淆虚拟世界和现实社会，就会把虚拟世界中的自由任意、不负责任等观念和方式带到现实生活中来。所以，社会应该研究并实施行之有效的方式和手段，加强网络管理，保证网络生活的健康运行和基本秩序。

除此之外，开展多种多样的社会公益实践活动、优化硬件环境，也都是营造良好社会德育环境的因素。

总之，要开拓社会、家庭德育资源，实现学校、家庭、社会道德教育一体化。家庭、学校和社会在道德教育方面各有侧重、各有特点，是相互衔接、密不可分的统一整体。在今天这个时代，学校道德教育是一个开放的系统，它与社会环境有密切的关系。市场经济条件下的社会大环境对学校德育产生了各种各样的影响，单一化的学校德育模式已不能适应新的社会现实。优化社会综合环境，学校、家庭和社会教育良性互动，对小公民品德的养成至关重要。

第二章 人文奥运与北京市民公德教育*

一、北京市民形象与塑造"形象奥运"

奥运会不仅吸引着世界上最伟大的运动员创造最好的成绩，而且吸引着世界上最伟大的设计师创造出最伟大的作品。在这个意义上，北京2008年奥运会已不仅仅是一项体育赛事，而成为一个举世瞩目的作品展示舞台，许多国家都把奥运会当作当今世界最重要的一种视觉形象展示活动。

在北京召开的"北京2008"奥运会视觉形象设计研讨会上，来自国内外的设计界精英、奥林匹克专家和文化界人士，就北京奥运会的"形象与景观工程"展开了很好的陈述和讨论。奥运会发展了一百多年，每个举办城市都准备了一套很成熟的视觉设计体系，但视觉形象展示应该是全方位的，是一项系统工程。仅有城市景观标准是不够的，城市景观必须和人这道景观共同构筑起人文奥运的风景。北京奥运将给世人留下什么样的印象，北京市民素质形象将起到非常重要的作用。

同时，在筹备2008年奥运会过程中，我们要具备这样一种意识：

---

* 本章内容原载于《与时俱进的中国人文社会科学》（中国人民大学出版社，2002）。

要让世界感知中国、感觉北京，就要研究如何把这一切变成可感知的东西。"人文奥运"在一定意义上是一种社会氛围，它不仅仅停留在人们的口头上或者报纸上、宣传资料上。正如有些学者提出的，要变"听说的"为"亲眼看见的""亲身体验到的"，要让北京变成一个可视的可感知的大窗口，"感知"是关键。

如何展示、表现我们文明北京、文化中国的形象？如何把许多理念的、观念的东西变成可感知、可视的东西？可以通过许多方面，比如通过城市景观的塑造，但有一个重要方面不容忽视，就是通过文明北京人的可感、可视的形象，展示文明北京和文化中国。当2008年世界各国宾客云集的时候，如果有些北京市民还不懂得怎样尊重他人和自尊、不知道怎样穿着是体面、怎样的举止是文明，那我们就没有机会在世界面前证明我们是一个文明的、文化的中国。

奥运体育场馆工程，北京城市景观整顿、建设，我们都可以在短时间内完成，甚至在这些建设中我们可以引进最先进的设计和技术，但人的素质提高是一个"百年工程"，而且是无法引进的。所以，提高公民的素质是人文奥运中一项重要内容，当务之急是提高北京市民的素质。然而，提高北京市民素质应从何入手呢？文明礼貌素质教育、公德教育就是北京人素质提高的一个有效起点和突破口。所以，作为北京形象、中国形象塑造工程的一部分，"文明北京人形象塑造工程"应该重点启动。

二、当前北京市民公德素质现状与重点

北京市民公德素质现状如何？在全国乃至全世界处于什么状况？如果以2008年奥运会定位作为参照系，存在哪些问题？我们应该从中选出难点，并以此为突破口，有针对性地进行研究并制定实施对策。

《北京晚报》曾列举了通过调查得出的北京市民的十二个小毛病：随地吐痰、加塞儿、"规则意识"淡、下车难（出地铁车厢、公交车难）、过马路心太切、出租车宰客和拒载、"京骂"、缺乏微笑、随便指路（指路不负责任）、没有说"对不起"的习惯、对老外比对外地人好、话太多并说话声气太粗等。当然北京市民在文明素质方面存在的问题也

许不是这十二点能够概括完的。

说到中国人的"小毛病"，会让人想起一个故事，清朝大臣李鸿章在出使俄国时的一个公开场合，恶习发作，随地吐了一口痰，结果被外国记者大肆渲染，加以嘲弄，很丢了中国人的脸。一个世纪前，孙中山先生在一艘外国轮船上，目睹了一位脑后拖着长辫的同胞，把一口浓浓的黄痰吐到了鲜红的地毯上，不由得感慨万分，一直铭记在心，并以此为例，下决心要唤起民众觉醒。然而一个多世纪过去了，这一陋习仍在一些人身上保留着。所以，这是小毛病，但又是可以因小失大的毛病。

我们可以为奥运会投入巨资，可以在短时间内修建四通八达的城市交通，可以建起一个个代表世界先进水平的比赛场馆，我们也可以营造一个绿色的奥运、科技的奥运，但是，人这道景观如果塑造不好，就会使我们的 2008 年奥运会在世界面前大煞风景。人文奥运的一个重要内容就是要塑造和展示中国人的风采。一位著名导演在拍申奥宣传片时说："我觉得，人文色彩不仅包含我们通常理解的文化或建筑特色，它更多的是展现人的精神。我们这部片子要拍出人文色彩，就要反映出中国人良好的精神风貌。"可见，树立北京市民良好形象，是人文奥运系统工程的题中应有之义，甚至是重中之重。

三、提高北京市民公德素质应注意的几个问题

提高北京市民公德素质要从多方面同时入手，如宣传、教育、法治管理、社会氛围的营造等。要研究、借鉴国外公民道德教育的好经验，研究总结改革开放以来出现的文明城市、文明地区的公民道德教育经验和方法。但在此想着重提出两点应注重的问题。

一是要注重对北京市民进行普遍整体的公德教育和素质提高培训。应该说，大多数北京市民的文明素质还是比较高的，但整体看来参差不齐。这里有一个问题，北京市民的公德素质整体普遍提高是一个重要的问题，我们可以用"木桶原理"来说明其中的道理。木桶的容量不是取决于其最长的那块木板，而是最短的那块。人群的整体形象展示也是这样一个道理。人群的整体形象的方方面面很像组成木桶的块块木板，整

体形象综合指数应当比较整齐，如果参差不齐，则整体感觉就因为有所缺陷而使其形象指数大大降低。

同时，在许多事情上，一个环节的错误就可能导致全盘失败。一个不和谐音完全有可能破坏一曲完整的优美的乐章，一根线条或一片色彩也完全可能使一幅美丽的画面大大逊色。所以，有些事可能做模糊认定、主流认定即可，有些事却要求尽可能整体到位。"零缺陷要求"讲的也是这个道理。北京市民公德素质问题就是这样一个需要尽可能整体普遍提高的问题。99 个北京市民素质行为都到位了，有 1 个北京市民素质行为不到位，他的行为、形象就很可能败坏掉这 100 个人的整体形象。在这个问题上，一个人的消极负面影响完全有可能抵消 99 个人的积极影响。在进行市民公德教育中，我们要有这个意识。我们每个北京市民也要有这个意识，不要让自己成为破坏北京形象、破坏中国人形象的那个因小失大的消极因子。

二是要在对北京市民进行整体普遍公德素质教育培养的基础上，重点培训窗口行业人群的素质。人文奥运一个重要的内容就是要研究如何最好地展示北京，使中国通过奥运变成可感可视的中国。服务行业是窗口，所以应该当作重点来抓。公民道德教育课题中一项重要实践工作，就是对窗口行业进行有效培训。要研究培训的方法以及培训的内容。对翻译人员、艺术工作者、文化使者、服务行业人员、行政部门公务人员、出租车司机等一些"窗口人群"，重点进行人文素养和文明礼貌方面的教育与培训，普及基础英语，以便在更好地进行服务和文化交流的同时，展示我们文明北京、文化中国的形象风貌。

提高北京人的整体素质是 2008 年奥运会的目的和需要，但它既是目的又是过程；是奥运的目的，又是我们一个长期的甚至永远的目标；是奥运的需要，也是加入 WTO 的需要，还是参与世界永久进步发展的需要。正如北京市委在《贯彻落实〈公民道德建设实施纲要〉的意见》中指出的："首都公民道德建设的重要目标是，建首善，创一流，全面提升首都公民道德建设水准，以一流的市民道德素质、一流的服务质量……一流的人文环境，展示新北京形象，迎接新奥运举办，使首都北京成为国内外一流的文明城市。"

总之，2008 年奥运会需要我们北京有良好的人文环境，要求北京市民有良好的公德素质形象。这需要我们共同努力。作为理论工作者，我们会积极配合北京市相关部门来探讨和制订公民文明素质提高的实施计划，在教育、提高北京市民公德素质方面做我们能做的事。作为北京市民，更应该从自我做起。我们不能一方面在申奥长卷签上自己的名字，一方面却又在日常生活中我行我素。我们应该一起努力，建设北京，建设新奥运。同时，让我们每一个北京市民，都成为构筑北京乃至中国美丽景观的最美丽的那根线条、最亮丽的那片色彩！

第三章　也要重视人的心灵秩序建设[*]

　　在国家治理体系中，法治是基础之维、治国重器、善治前提，但依法治国不能陷入"唯制度主义"单边思路中，在强调外在法制、制度治理的同时，我们不能忽略精神文化的德治引导以及人的心灵秩序建设。正如《中共中央关于全面推进依法治国若干重大问题的决定》所强调的，要坚持依法治国和以德治国相结合，国家和社会治理需要法律和道德共同发挥作用。德治、文化治理是社会治理体系中的重要一维，而核心价值体系、社会价值共识在德治和文化治理中具有重要功能。

　　软实力理论强调，社会治理的多维因素中，有些因素是硬性或显在的，如政治制度和法律体系等正式制度体系，有些因素是软性或潜在的，如社会意识形态、共同价值观、传统文化、道德要求等。就社会治理能力而言，政治制度和法律的硬性治理必不可少，但价值共识、精神信念及道德力量产生的非强制性约束，对社会治理、对引导公民自觉接受社会规约，具有更积极的作用。

　　另外，中国理论、核心价值观及其文化，同中国的政治、经济、军事一样，面临着全球化带来的种种机遇，也有来自其他文化的竞争。当今世界正处在大发展大变革时期，文化、价值观在综合国力竞争中的地位和作用更加凸显。中国经济总量已居世界第二，但有人说中国是"经

---

　　[*]　本章内容原载于《中国社会科学报》2015 年 1 月 26 日。

济巨人、道德侏儒"。

国家软实力建设是世界各国竞争力的"硬道理"。而软实力中的核心问题就是一个国家的理论意识、价值观及文化的建构和实践。中国要想在世界竞争中立于不败之地，就必须格外重视国家思想理论和文化价值观等软实力的打造，重视中国特色社会主义核心价值体系建设，重视理论和文化的建构，重视核心价值观的大众化和社会化。

核心价值观的形成有利于社会的文化整合。社会整合通过多种维度和方式实现，但文化系统在其社会功能理论中占有突出位置。文化包含的内容很多，其中价值模式最为核心，它决定文化系统的性质，为社会制度、规则秩序的合法化提供最直接的论证。一个社会系统，既组织社会运转，也调控个人或群体进行社会互动。社会成员有无同心同德的凝聚力、行动目标或动力方向，都和他们拥有的价值观相关。

处在转型期的市场经济冲击了中国传统的社会结构。传统家族、地域共同体、计划经济时代的单位组织，都被解构或淡化了，而新社会组织、公民团体，还在零散生长，尚未完全建构起来，社会因此呈现某种碎片化状态。而碎片化的、多元的价值状态，会带来诸多社会失序问题。能否构建起社会核心价值观，并通过"内化"使社会成员共享这些价值观，使其更好地整合社会，是一种重要的国家治理能力。

我们应建设心灵秩序、公共精神以化解道德困境。关于现代社会治理，有一些人特别强调制度建设及其功能，但问题在于，我们在强调大力发展外在制度性规范建构的同时，往往忽略了现代人的内在心灵秩序。须知外在制度秩序必须和内在心灵秩序相结合，才会生成真正的社会秩序。

转型期人的心灵往往面临前所未有的挑战。市场经济、现代化带给人们诸多物质满足的同时，也带来某些心灵秩序的碎片化和"无意义感"。伦理思想史上提出三问：什么样的生活才是好生活？应该如何行为？成为怎样的人？现代人比较关注的是"应该如何行为"，而非"成为怎样的人""什么样的生活才是好生活"。在此基础上产生的规则功利主义导向，往往使人忘记了人性的高贵、美德的意义，丧失了人的精神家园。某种意义上，正是现代市场经济片面"物化"的发展模式忽略甚至放逐了人对精神家园和意义世界以及高贵人性的追求，社会才会出现大量道德问题。

　　另外，随着现代市场转型中传统社会结构的解构，人际关系建立在一种非血缘的、陌生人的、个体化了的利益关系基础上，交往活动不再囿于亲缘范围而发生在陌生人之间，体现为一种现代性的公共交往。这种交往模式，在很大程度上有赖于友爱德性即公共精神的普遍化，其中就包含着对陌生人的友爱和他人意识、责任意识。在转型期，原有血缘关系的社会基础和精神文化被冲淡后，新的契约法制关系和适应陌生人际的公共精神还未形成，就容易出现"道德冷漠""低信任度"等社会问题。显然，转型后的现代公共生活中，陌生人之间的人际相处需要更多的他人意识和公共精神。

　　对一个"好社会"而言，仅有物质不够，仅有制度也不够，要想建立真正公平而和谐的社会，在制度正义、依法治国基础上，还需要核心价值观、社会德性、公共精神作补充。所以，我们在大力强调依法治国、制度治理的同时，千万不要忘了人的心灵秩序的建设。社会秩序应该是制度秩序加上"心灵秩序"，才能真正产生。

第四章　铸造科学发展的强大道德力量[*]

荣辱观是一个社会对荣与辱的根本看法，体现了社会道德的价值要求。而道德作为一种价值理性，是一种关于人类社会"应当怎样"的智慧。它表达并设定一定社会价值取向和理想目标，引导社会发展方向，规定社会发展目标。胡锦涛同志提出的"八荣八耻"，集中体现了社会主义荣辱观，涵盖了爱国主义、集体主义和社会主义思想，对中国特色社会主义的道德价值理念作了高度概括。

"八荣八耻"是构建和谐社会的基本保证

"八荣八耻"是社会发展和时代进步的反映。当前，社会生活中确实存在着一些价值观不确定、善恶不辨、荣辱错位的现象。在一些领域和部分人的观念中，享乐主义、违规投机意识还有一定的市场，勤俭美德有时还被一些人的奢华浪费排场意识挤对，假冒伪劣一度成为严重的社会问题；正义与邪恶观念模糊或错位，个别地方歹徒在光天化日之下公然行凶、抢劫，观望者有余，而见义勇为者不足，甚至出现了"英雄流血又流泪"的现象。"八荣八耻"的提出，抓住了社会变革和经济发

＊　本章内容原载于《解放日报》2006 年 4 月 17 日。

展中突出的善恶是非问题，对于全社会普遍确立正确的荣辱观和价值观，具有重要的现实意义。

我们要建设的社会，是一个公平正义、充满活力、安定有序、人与自然和谐相处的和谐社会。在影响社会和谐发展的诸多因素中，有些因素是硬性或显在的，如社会的政治制度和法律体系；有些因素是软性或潜在的，如社会意识形态、共同价值观念、民族文化传统、伦理道德要求等精神文化层面的内容。就对社会治理的作用而言，前者可理解为法治，后者即为德治。古人言："道之以政，齐之以刑，民免而无耻；道之以德，齐之以礼，有耻且格。"构建社会主义和谐社会，法律和道德缺一不可。只有让老百姓明德知耻，自觉守法、自律遵德，才能实现社会真正的和谐有序。一些国家的现代化经验也表明，物质文明的发展离开了政治制度的文明、精神文化的文明，就不可能有真正可持续发展的后劲。离开了人的素质的全面发展，以人为本的和谐社会发展就会成为一句空话。

构建社会主义和谐社会，需要和谐统一的价值理念的系统支撑，而在一个缺乏共同价值理念、价值是非不明、善恶荣辱不辨的社会环境中，是不可能有效建设和谐社会的。因此，确立社会主义荣辱观的价值感召力和执行力，是和谐社会发展对我们提出的新任务和新要求。

荣辱观是道德观中的一个重要理论范畴，荣辱观建设也是道德建设中一个不可或缺的领域。不同时代、不同社会及不同民族，可以具有不同的荣辱观内容，但荣辱观作为社会导向和社会评价的标尺，是任何一个社会都不可能缺少的。众所周知，社会道德作用的发生通常建立在自律和他律的引导、约束机制中，但无论哪种机制发生作用，其前提是个人和社会必须有善恶荣辱分明的道德共识、道德感。缺少了荣辱观建设这个标尺和环节，社会道德文化建设以及公民道德教育就会事倍功半，社会道德水准就会下降。

社会主义荣辱观是保证我们的事业健康发展的基本价值理念。人是生活在社会群体中的，社会群体的评价是形成个体名誉的直接媒介。人的社会归属感使人需要得到社会群体的接受肯定而不是贬斥否定，社会形成的荣辱观共识会让个体感受到来自社会群体的强烈的褒扬或贬斥，从而形成强烈的荣誉感或耻辱感。荣辱感在本质上是主体对荣誉的一种追求及对耻辱的一种厌弃。荣辱感培养是公民形成自尊自爱道德素质的必要环节。羞耻心是人们不做恶事的心理保证，人只有知耻，才能做到自律，才能自觉地追求荣誉而避免耻辱。一个人如果缺乏这种道德感或道德良知，荣辱感淡漠，不以耻为耻，不以荣为荣，甚至以耻为荣，那么道德律令对他来讲就不可能发生任何效力。社会明荣辱之分，行褒荣贬耻之风，才能真正培养公民尤其是未成年人知荣弃耻的品行素质。

在中国传统文化中，知耻历来被视为立人之第一要义，也是关系民族和国家兴亡之大节。"知耻而后勇"，"士皆知有耻，则国家永无耻矣，士不知耻，为国之大耻"。中国传统文化强调"礼义廉耻，国之四维，四维不张，国乃灭亡"。在西方传统文化中，知耻也被看作社会普遍追求道德高尚生活的基础动力。全社会如果没有形成一个善恶荣辱分明的价值观环境和社会风气，道德力量就无从实现，道德对社会的约束和引导就会苍白无力，形同虚设。全社会只有在荣辱观上达成共识，形成共同价值观，人人都以危害祖国、背离人民为耻，以愚昧无知、好逸恶劳、损人利己、见利忘义、违法乱纪、骄奢淫逸为耻，"无耻之徒"才会减少，社会才可能形成积极向上的良好风气。

树立社会主义荣辱观重在环境建设

树立社会主义荣辱观，是构建和谐社会不可缺少的重要任务。"八荣八耻"已明确指出基本的价值规范，当前关键在于如何营造舆论环境、如何加强荣辱观建设。

首先，要注重营造社会外在的、明确的荣辱观氛围。要注意在全社会形成舆论合力，不能发生主渠道价值导向和其他渠道价值导向相互解构、消解的现象。就社会主义荣辱观建设而言，要一手抓主渠道荣辱观宣传和教育，一手抓生活中促使大众形成正确荣辱观的舆论引导。大众舆论是社会生活的重要表现，是大众的意识观念、心态和经验表达。它包括社会思想观念、价值观念、道德意识及社会荣辱观等。社会成员的荣辱观是在社会生活中形成的，荣辱观舆论的大众性对社会公民的荣辱感具有很大的影响力和渗透力，有什么样的大众荣辱舆论，就容易生成什么样的个体荣辱观。所以，荣辱观建设不仅要力抓主渠道的道德价值导向，还要注意培育社会生活中的大众荣辱观舆论氛围。虽然大众舆论氛围的发生、成长具有很强的自发性，但可以通过积极有效的引导培育起来。

其次，要注意加强知耻教育。要加强公民尤其是青少年的知耻教育。中国传统文化历来重视启蒙教育，认为只有在幼年时期对其进行道德教育，使之言行举止有所循持、有所检束，长大成人后方能行圣贤之事，止邪于未形。同时更认为，教之耻为先，养蒙莫先于知耻达礼。荣辱感是青少年道德素质养成的重要心理机制。青少年以及社会公民的知耻心并非与生俱来，它是通过后天教育和培养形成的。我们一直在抓教育，但知耻教育这种"治教之大端"是否已经到位还需进一步思考。如果人们的荣辱感淡化甚至泯灭，道德要求就会丧失其社会功能。所以，荣辱感教育应当走入课堂、走入家庭，全方位走入社会生活。

最后，要使一种价值观念真正化为社会风气，还应注重加强赏善罚恶、褒荣贬耻的制度建设。在一个缺乏扬荣抑耻的制度安排的环境里，道德选择和道德行为得不到应有的扬善机制保障，不道德选择和不道德现象得不到应有的抑恶机制制约。服务人民、诚信守法成了一些人的负担，唯利是图、虚假违规反而为另一些人提供便利；或者，行道德的人得不到社会的荣誉肯定，不道德或不以耻为耻的人，也得不到社会的耻辱贬斥。这种荣辱评价不明、道德赏罚不公的氛围，久而久之必然会导致德行与社会回报、荣誉与耻辱的二律背反，并在社会生活中引发不利于社会道德建设和和谐发展的恶性循环。

总之，全社会需从教育、观念舆论和相关制度等方面建立全方位的社会荣辱导向机制，以此来加强社会主义荣辱观的建设，强化荣辱观的社会价值和功能，使公民切实感受到做有德者高尚光荣，有所作为；无德者受贬耻辱，无路可行。只有营造出这种褒荣贬耻的环境，社会主义荣辱观建设才能获得一个强有力的支持保障系统，我们的社会也才可能形成善善相生的良性循环局面。

第五章　青少年道德养成教育研究的力作：评陈延斌新著《播种品德　收获命运：未成年公民道德养成的理论与实践》[*]

　　道德素质重在养成、积淀，目前国内就青少年德育进行一般研究的成果不少，但研究道德"养成"的不多，从养成具体过程层面进行操作创建的就更少。近日读到陈延斌教授撰写的《播种品德　收获命运：未成年公民道德养成的理论与实践》（中国社会科学出版社，2011）一书，深感这是一部洋溢时代精神，努力探讨、攻克这一问题的力作！

　　第一，形成了未成年公民道德养成可操作性研究的完整体系。之前学界虽已有不少研究青少年德育的成果，但多涉及其中的某些领域、某些部分，在系统性和全面性方面相对缺乏，尤其是理论探讨较多，内容较抽象，在实践指导性、可操作性层面研究相对较弱。该书从实现中华民族 21 世纪培养德才兼备高素质人才的历史任务视角，对中外历史上未成年人道德养成理论和实践进行了总结分析，对我国未成年人道德素质现状进行了深入调研。在此基础上，提出了与未成年人道德形成和发展实际相吻合、分阶段的道德意识和道德行为习惯养成的内容与基本指标，探讨了未成年公民道德素质养成的基本规律、基本原则、作用机制，养成环境营造和优化，养成的实际途径、可操作方法，形成了一套实用的培养方案及具体的道德品质测评方法，使得这一成果不仅形成了比较系统的理论和实践体系，在青少年道德养成问题上也具有一定的开

　　＊　本章内容原载于《道德与文明》2012 年第 3 期。

拓性和创新性。

第二，努力探索通过"养成训练"培育未成年人道德素质的实践路径和方法。该书的另一特点是运用理论与实践相结合的原则，抓住青少年道德"养成"这一关键环节加强理论研究和实践探索，力求突破一般道德教育著作理论与实践相脱节以及偏重理论说教、忽视可操作性实践的倾向，为青少年公民群体道德品质的培养和道德人格境界的提升，提供既符合品德形成规律，又在实践中具有可操作性并行之有效的具体方式、方法。

陈延斌教授率领的课题组，通过数年的调研和实验，探索出了通过"养成训练"培养未成年人基本道德素质的一系列有效方法。道德养成训练是指家庭、学校、社会根据个体道德的生长规律，通过有计划、有组织地对受教育者施行反复训练和体验，使之形成稳定的行为习惯，从而将社会道德规范内化为个体的道德心理，凝聚为道德品质的一种道德教育观和道德品质培养方法。道德养成训练是训练、体验感悟与素质积淀的统一。该书为我们展示了道德养成训练活动的相关步骤和训练方案。更值得关注的是，由于该成果调研创建的德育方法所具有的实效性，作者所在的徐州市文明办、徐州市教育局五年前就联合发出文件，在徐州市中小学、幼儿园全面推广该训练方法。据了解，研究成果的推广和实践产生了良好的社会效益。

第三，在攻克青少年道德养成诸多理论和实践难题方面取得了突出成绩。为使研究成果对青少年道德养成教育具有更强的实际指导作用，作者加大了对相关重点、难点的研究力度，对道德养成理论和实践中的一系列难题作了突破性研究和创建。比如，道德习惯养成中的具体途径以及有效的方法和手段；道德品质测试方法及实施中的可操作性；未成年公民道德养成的具体实施机制；如何做好道德素质养成中的家校（园）互动；如何营造和优化养成的社会德育环境；等等。

笔者希望并相信，该书的出版将对我国未成年人道德教育和社会道德建设产生积极的促进作用。

第六章　道德建设转向具体务实[*]

社会公正、自由、和谐等目标理念的实现，依赖于公民道德建设工程的实施。只有真正建立起扬善的社会机制，才能改变道德义务和道德权利、德行与幸福的二律背反现象。依法治国和以德治国，离不开公民成熟的政治素质，也离不开公民的社会道德品质。

以德治国：增加权重，走向具体

当前道德建设问题已成社会关注热点，党的十八大报告强调，要坚持依法治国和以德治国相结合，表明国家在"五位一体"发展思路和布局中，公民道德建设工程及社会德治具有了更多的权重和更加具体的思路推进。

不仅如此，公民道德建设及社会德治也有了新的务实思维方式要求。事实上，党的十八大报告中提出的实现中国特色社会主义现代化国家目标，离不开依法治国和以德治国的路径保障。在"三个倡导"中，社会公正、自由、和谐等目标理念的实现，要依赖于完整系列的程序公正等制度机制保障，依赖于公民道德建设工程的实施。所以，社会道德

* 本章内容原载于《中国教育报》2013 年 3 月 1 日。

建设要从宏大叙事风格转向具体务实思路，社会道德建设要在"怎样做"上做文章。

社会结构理论认为，在构成社会总运行系统的因素中，公民人格、文化"意义"系统及"共享价值观"，在社会运行系统中占有重要位置。软实力理论则指出，在影响社会发展的诸因素中，公民素质和道德建设、共同价值观、文化环境等软性因素，比制度、法律等硬性因素，在许多时候对现代社会发展具有更加积极的作用。人们行为选择的大部分空间是由道德习惯、文化传统、价值观念、意识形态等因素影响和约束的。可以说，在一个缺乏共同价值观、德治不明、公民道德素质缺乏的社会环境中，是不可能实现社会和谐、公民幸福的。

怎样扬善：建立道德回报机制

社会德治离不开扬善，而扬善又有赖于道德回报机制的建立。一个公正的社会应使有德之人得到公正评价和回报，使无德之人受到谴责和责罚，改变道德义务和道德权利、德行与幸福的二律背反现象。只有真正建立起扬善的社会机制，与依法治国相结合的以德治国，才能真正发挥出其特有的作用。

社会生活中如果只强调道德义务，不强调对德行和奉献的回报，必会导致道德评价与道德赏罚的不公，久之，在社会道德生活中就会形成一种恶性循环状态。如果奉献社会的人得不到应有的尊重和回报，学雷锋在某些环境中反成压力；如果有些人缺乏德行甚至见死不救，而见义勇为者却"流血又流泪"；如果有德者默默奉献，无德者不但不履行义务，反而享受他人的奉献，久之，"劣币就会驱逐良币"。一个社会如果陷入这样一种道德不公状态，那么，社会风气败坏、人际关系恶化、个人品德堕落就会成为必然。

扬善还需在舆论生态上下功夫。树立"道德楷模"、宣传"身边的好人"，是对德行者的价值肯定与精神回报，也是在营造社会舆论环境。人们往往根据他人行动的特征取向来决定自己应该怎么办，即所谓"从众效应"或"行为模仿"。因此，公众媒体应更多地宣传好人好事以影响更多人选择向善，让好人感动我们。感动本身就是道德培育的一种有效方式，是道德良知和社会风气的储备。只有建立起道德回报机制和扬善抑恶的舆论生态，我们的社会才可能形成善善相生的良性循环。

怎样抑恶：刚性规导要给力

当社会制度安排不能有效维护德行取向时，不道德现象就会普遍出现。博弈论认为，具有功利理性的人在博弈互动中会做出趋利避害的行为选择，而制度机制可以规导人们放弃不道德的选择。例如，市场利益主体在进行"失信"还是"守信"的博弈选择中，如果计算出守信成本远远大于失信成本，就会选择失信。如果社会加大对失信行为的制度性约束惩罚，使道德缺失者在失信、守信"博弈"中深切体会缺德失信带来的风险和过高成本，就会规导他们放弃选择失信。在一定意义上，是外在强制性的制度和规矩教育失信者学会选择诚信道德。

扬善必须抑恶，仅靠道德本身的力量还无法从根本上杜绝道德缺失和良知淡化的发生。许多国家的社会秩序和道德风气是建立在法规、制度及社会管理基础上的。目前我国在制度机制规导方面还存在一些设计、构建的空间，如各种道德问题需要相关立法来解决。之前出现的各种"彭宇案"，让当事人做好事寒心之余，也"教育"更多人谨慎实施扶老人等救助行为，"小悦悦事件"引发的社会讨论中，焦点之一就是对"立法"的制度呼唤。也有一些道德失范与社会中有法不依、执法不严现象密切相关，社会在制度监管方面还存在某些缺陷，监管程序存在的随意化和弹性状态，需进一步刚化和细化。规则制度的刚性如不能完整体现出来，不法分子和无良者就会有投机违规和选择缺德行为的机会、环境。

除了制度安排，社会管理资源优化方面也存在一些问题，如质量安全管理中，就存在多头管理的机制障碍，需进一步理顺厘清。对衣食住行这样关乎人身安全的产业，国家应更加完善并硬性实行重点监管、严格责罚的制度。此外，管理机制规模也存在一定问题，社会道德监管往往成本过大，执行力相对不足，从食品安全到交通秩序以及公共文明领域，都存在管理面太广、成本太大而管不过来的问题。当然，疏于管理等不作为问题在一些地方和部门也明显存在。

立德树人：树德莫如滋

我们的社会已进入彰显公民主体性的时代，无论是制度自信还是道路和理论自信，最终都要落实于公民对制度、道路和理论的自觉。依法治国和以德治国，离不开公民成熟的政治素质，也离不开公民的社会道德品质。

孟德斯鸠在谈到国家体制和建设时曾强调："共和国需要品德。"他描述了一个国家当"品德消逝的时候"，就会弥漫物欲、贪婪、野心和权力的放肆，国家的发展、公民的幸福都不可能实现。党的十八大提出了富强、民主、文明、和谐的国家发展目标，提出了自由、平等、公正、法治的社会建设理念，这就非常需要具有爱国、敬业、诚信、友善品德的公民素质力量。它们是三个"倡导"中的核心价值关键词，也是公民应具备的基本道德素质。

党的十八大提出了公民道德建设工程和立德树人的任务，可以说，公民品德素质及其地位、功能，已在国家发展思路和总体布局中凸显出来。多年的公民道德教育和社会道德建设，已在以德立人方面积累了诸多成效和经验。但"树德莫如滋"，在这方面我们可以更多地借鉴他国"隐性"教育和"实践性"培育方式的经验。如美国、英国、韩国和新加坡很注重借助社会力量和公共资源，借助学校、家庭、社会以及大众传媒等，形成人们观念和习惯的德育环境。这些实践经历在升学和求职时，都会有积极的参照价值。

第七章　当前中国社会道德问题
与道德重建[*]

　　中国社会市场经济发展至今，变化巨大，但也在发展中出现了诸多社会道德问题，有些问题已相当严重。如何评估当前的道德状况？造成社会道德问题的症结在哪里？如何根治或如何重建？带着这些全社会上下都广为关注的热点问题，中国人民大学伦理学基地于 2011 年 12 月 17 日至 18 日组织召开了"当前中国社会道德问题与道德重建"专项研讨会。本次会议邀请的学者覆盖伦理学、经济学、社会学、法学、管理学等专业领域，周孝正、竹立家、刘光明、杨义芹、张海涛、张傅等一批在各个专业领域各有建树的学者参加了会议，伦理学基地的葛晨虹、龚群、肖群忠、李茂森、曹刚、郭清香、杨伟清、张霄等研究员，部分杂志和实际工作部门的专家也都参加了会议。会议旨在汇聚各方相关专家，切实"会诊"社会道德问题，集思广益，诊断病根，开出具有建设性的社会道德问题治理"药方"。会议讨论热烈而深入，主要围绕下列三个方面的问题展开。

一、望闻问切：评估中国当前社会道德状况

　　专家们列数近年来相继发生的"毒奶粉""瘦肉精""地沟油""彩

---

　　* 本章内容原载于《道德与文明》2012 年第 1 期。作者：葛晨虹、袁和静。

色馒头""隔年月饼""掺沙大米"等恶性食品安全事件，以及"道德冷漠""被卖肾""体坛黑幕""权力腐败""潜规则""楼脆脆"等各种热词，这些事件在显示无德行为和缺德事件在社会许多领域普遍存在的同时，也刺痛了人们的良知神经。专家指出，当食品安全、质量信用、责任良知等社会道德底线失守，"缺德"现象频频出现，当逐利成了许多人的行为取向，这个社会一定会"生病"！专家们主张要正视现在的问题，充分看到社会道德问题的严重性。当然一些专家也强调，不能由此将社会道德状况简单概评为"道德滑坡"，主张从大历史角度看待中国道德问题，"小悦悦"事件中有冷漠路人，但也有"最美妈妈"们，后者往往没有报道宣传出来。社会中的极端事件多了，但慈善组织、志愿者也是如雨后春笋般地生长，助人为乐者及道德激情也在生长。虽然现在道德问题很多，但不要在"滑坡论""爬坡论"上争论不休，这种争论本身也有不科学之处——道德状况的评估要量化，对道德冷漠、缺德现象、慈善情况、公民素质、志愿精神、城市文明、职业精神等，要用道德指数来说明和分析。

二、症结探究：诊断社会道德问题病根所在

在社会道德问题的成因探究方面，专家指出了若干原因，并提出目前道德问题不仅是道德问题，也是社会问题。

首先，许多道德缺失问题是市场经济发展过程中的问题。专家指出，相较于西方成熟的市场经济体制，中国的社会主义市场经济还处于探索期，许多环节的法律法规、制度规范还处于建立和完善过程中，尤其是对"效率至上"原则的过分追逐，导致社会上出现了不少为获得个人利益而不择手段的不道德现象。中国社会转型期中市场经济在快速发展，经济发展放开后各方面的管理机制和管理能力没有跟上，专家指出这犹如高铁在高速中转弯，而运行管理机制和人的制控能力等软件因素相对缺位，这样的高速发展一定会出问题。专家强调，道德缺失不能简单归结为市场经济的必然产物，但客观自发的经济规律控制下的经济活动，大多处于自为和无序状态，因而亟须经济主体人及其制定的相关规则的影响。中国经济三十多年来处于高速发展阶段，而许多管理环节、

软件因素没有同步跟上，所以许多道德问题和发展过程中的阶段性有关。学者们据此强调了社会硬件、软件和谐跟进发展的问题，对"我们到底应该要什么样的现代化"等问题也作了探讨。

其次，许多道德问题和社会管理机制不完善、监管不力有关。如质量安全问题，和无良逐利者有关，和一些管理者的腐败及无能有关，但也和制度机制不健全不完善有关。除了制度设计方面存在问题，社会管理资源优化方面也存在一些问题，如在许多管理系统中，从产品质量监管到公共领域治理，就存在着多头管理的机制障碍、社会监管成本过高、执行力相对不足等问题，在公共权力的制约和建设方面，也还存在许多漏洞。现行用人体制问题、责权机制不合理不健全等问题，也是造成权钱交易、腐败、渎职、不作为、乱作为等现象的一个重要根源！

最后，与市场经济社会唯利是图的文化生态有关。专家认为，改革开放后，以往的价值观被抛弃了，新的价值文化建构又没有跟上。转型期利益与价值取向的多元化、新旧道德的交锋、中西价值观的碰撞以及道德价值标准多层次多样化的趋势，导致社会现实中是非模糊、善恶不明、荣辱错位，追求利益最大化往往被人们理解为市场经济的本质，利己主义、拜金主义、实用主义气息弥漫，社会现实中的多元价值氛围深深影响了社会主流道德教育。在利己主义和"唯金钱论"的社会现实语境下谈论道德素质、道德力量往往显得苍白无力。专家指出，相对于快速发展的市场经济而言，与之相适应的道德体系还没有完全建构起来，过分竞争扭曲了人际关系，以人为本在许多时候变成以我为本，个人本位扭曲了社会解构，权益概念的增长多于责任义务的领悟。从市场经济中生发出的市场文化、广告文化带有浓重的拜金主义、消费主义、物质主义、利己主义价值取向，它们不同程度地导致社会道德失范、社会精神失落。

三、"药方"建议：道德问题重在多维度治理建设

一是要更加注重建构价值理论及其文化生态。专家们强调指出，价值理论是社会发展的灵魂，拜金主义、物质主义、功利主义、个人主义等理论文化，会使社会放弃或远离对道德精神的追求，会使人唯利是

图，忘记对他人、对社会、对国家的责任，社会中存在的道德冷漠、自私甚至戾气都和利己主义有关，而把人等同于"经济人"的理论，会导致自我逐利成为必然选择的价值观思维，导致对人的精神人格和美德人性的不确定。当前在文化大发展的战略部署中，全社会上下尤其是学术界、理论界、决策层，一定要充分认识到价值理论建构是文化大发展的核心基础。与此同时，要继续注重全社会的主流价值观引领和舆论氛围建设问题，反思社会现行的道德教育方法、机制以及核心价值观如何大众化的问题。

二是要在经济改革进程中加大政治机制改革的步伐。专家提出，许多年来社会在经济体制改革方面步伐很大，但在社会运行中关于管理主体人及其责、权、利的机制规导方面建设有限。当前社会中的大量假冒伪劣、坑蒙欺诈等不良现象都和管理监督环节失范有关，而腐败渎职、权钱交易、欺瞒舞弊、不作为或乱作为等现象，也都和公共权力缺乏应有的制约和问责有关。所以，进一步加大以制约腐败和问责为中心的政治机制的完善和改革的步伐势在必行。

三是要健全并细化各种相关法制及其他管理制度。目前社会上许多问题还存在法律和制度规范缺位的现象。当扶助老人会有被讹的后顾之忧，当选择道德反而会背负"守德成本"，人们的道德热情、社会的道德风气一定会因"伤不起"而发生变化。而一个社会如果不对缺德行为进行抑恶责罚，就会助长缺德的生态氛围。总之，当社会制度安排不能有效维护道德取向时，不道德现象就会普遍出现。

四是全社会应该有计划地开展行业、领域的专项调研和整治。与会学者充分肯定了当前我国逐步开展的法制部门"净网行动"、"打黑除恶"专项斗争，以及在公安交通领域、广电媒体等行业开展的各种专项行动，提出企业等其他行业领域也应在政府主导下成系统地进行质量安全和企业诚信的重点治理。学者们强调专项整治不是"搞运动"，而是期望对目前道德问题严重的环节进行集中关注，查找漏洞和薄弱环节，进而推进设计和完善制度机制。

总之，社会道德问题很大很复杂，上述问题是与会各方专家、学者对道德问题及其治理建设的一些思考和建议，但相当程度上也表达了目前学界对社会道德问题成因的积极思考和"诊治"建议。

第八章　中国大众文化构建及其道德引导[*]

现阶段，中国大众文化已经成为我国文化领域的重要组成部分，对我国社会各方面的发展起着重要的作用。特别是作为一种文化形式，中国大众文化体现和影响着我国社会及社会大众普遍的思想意识状况和价值观念取舍，这是关系一个国家发展的重大议题。下面将结合以上对中国大众文化的认识和产生的相关结论，给中国大众文化的发展以适当的价值规范和道德引导，使之成为中国文化领域的优秀组成部分，成为促进中国社会发展的思想文化阵地之一。

一、避免媚俗：构建健康的大众娱乐文化

由于中国大众文化具有娱乐性和商品性，其生产者可能会为了谋取利益，而一味迎合社会大众的自发欲望需求，因而给社会大众带来内容低俗、浅薄无聊的"媚俗文化"。这些文化往往没有伦理道德的底线，不断降低着文化中的"真善美"追寻和人们的文化意识、审美品格，打着文化的旗号走向反文化的道路。因而在保持和构建健康的中国大众文

---

* 本章内容原载于《国家文化中心与公共文明》(北京出版社，2013)。作者：葛晨虹、赵思佳。

化的同时，如何避免其过分媚俗便是一个重要的议题。

（一）建设雅俗共赏的健康大众文化

社会大众的文化审美需求是多层次的，不同地域、不同阶层、不同文化程度的人，其文化需求是各不相同的。同时，个人的需求也是多方面的，既有"超我"的追寻，也有"本我"的需要。因而作为反映和影响社会大众精神生活的文化也大致可以分为雅文化和俗文化两类。一般来说，雅文化有着比较严肃的主题，含有较为深刻的义理，形式上也大都较为庄严；俗文化则内容通俗，充满着浓郁的日常生活气息，形式上也较为简单明了。

在中国历史上，这两种文化的区别历来就有。例如，《诗经》中就有雅乐和郑声之分，代表庙堂文化的被视为雅音，得到文人的肯定；流行于民间的音乐则被视为俗乐，被斥为靡靡之音。自古以来中国的文人志士大都将雅文化视为高雅情趣的象征，认为其品位格调远高于俗文化，对雅文化采取无上推崇的姿态，对俗文化则极力批判和打压。而文化的雅俗之争实际上是"理"与"情"之争，雅文化往往代表了理性和约束，俗文化却更多的是对人的本我的体现，表现人的自发情感和需求。从人性的角度看，这二者均有其存在的必然性和必要性，因为必要的理性和必要的情感欲望都是人类精神世界不可或缺的一部分，失去理性约束的情感欲望泛滥以及缺乏生命动力的彻底理性都是病态的表现。因而在文化发展上，我们应当充分认识到雅文化和俗文化分别反映和代表了社会大众不同方面的文化审美需求，应当尊重二者共同有度发展。

同时，还应注意的是，雅文化和俗文化之间并没有彻底清晰的界限，在不同的历史阶段，雅文化和俗文化的内容并不完全一样。例如，明清小说在当时被看作不登大雅之堂的"里巷杂说"，但随着历史的发展，其中一些已经成为中华民族文化史上的经典之作。因而雅俗文化是可以相互转化的，我们在称赞、保护雅文化的同时，对俗文化应抱以宽容的态度，允许其有度发展。当然我们也还要看到，中国社会的雅文化往往是民族文化长期积累和发展所凝练出的精华，优秀的雅文化继承着民族的优秀文化传统，体现着民族所达到的艺术高度，因而应当对其持有更为肯定的态度，并进行大力宣传和保护。至于俗文化，虽然它体现着广大社会大众的精神文化状态，但是由于其缺乏规范性，完全出于自发，因而可能带有一些恶俗或不健康的内容，所以对待俗文化，我们应该批判地发展，使其健康的、合理的部分得到发展，同时杜绝其中恶俗或不健康的内容。通过这样的方式使文化可以"雅俗共赏"，让文化中的"理"与"情"平衡发展。

在确定了对待雅俗文化的应有态度的基础上，我们看到，中国大众文化虽然在本质上是一种商业文化，从根本上遵循市场规律，为了满足市场的需要，往往以迎合大众的喜好为生命线，以消费者的审美趣味为自己的审美趣味，来赚取经济利益，但是由于社会大众的文化需求和喜好因不同的文化背景、生活环境、经济条件等客观因素形成了多方面、多层次的格局，这其中既有充满了世俗味道，对日常生活的、本能的、感官的和物质的欲望的追求，也有对伦理道德的遵循、人生意义的追寻等严肃议题进行探讨的需求。因而，对于中国大众文化，我们不能简单地将之定性为俗文化或雅文化。加上雅俗文化可以相互转化，我们更应当意识到中国大众文化的复杂性，无论论以什么样的形式出现，都应当透过现象看本质，大力宣扬雅文化的发展壮大，给予合理的俗文化发展空间。

应当引起重视的是中国大众文化在市场经济的支配下，为了完成尽可能多的大众文化消费，它会迎合甚至故意引导人们"本我"的释放，将一切人类社会的重大议题或稀释——以轻松娱乐甚至搞笑的方式表达出来，或忽略——从不将之放入大众文化的内容和形式中，而只是描绘、抒写和满足大众的世俗生活、感官、物质需求，甚至是低俗的欲望。如很多书籍、影视作品将历史以荒诞的方式"戏说"，其中有的尚能表达对真善美等道德伦理价值的追求，另外一些则随意扭曲历史和历史人物，将历史改编成"爱情小说"，对历史人物进行是非颠倒的描述。有一些书刊随意登载公众人物的隐私，甚至捏造事实。这些大众文化中的恶俗部分给整个社会和社会大众带来极为恶劣的负面影响，特别是使社会大众失去正确的道德观念，形成畸形的价值判断。因而要建立健康的中国大众文化，应当重视其俗文化部分的负面因素，并予以杜绝，在此基础上，一方面弘扬其中的高雅文化，另一方面充分发展合理的俗文化，使其既充满生命力，又以正确的价值观方向为引导。

（二）加强社会媒体对大众文化的道德引导

中国大众文化的产生和发展是建立在现代化传媒基础上的。现代化传媒一方面作为载体使中国大众文化的传播速度加快，传递到的范围也大大增加，另一方面赋予了中国大众文化更为广泛的表现形式，如电视、电影等表现手段具有强冲击力的视听效果。更需要特别注意的是，在市场经济下，一些大众传媒已经开始成为大众文化的一种类型，它们不再以"报道""引导舆论"为责任，而是为了自身的生存和发展也开始迎合大众，努力培养社会大众对媒介的消费欲望。在这样的改变下，一些中国大众传媒也出现了中国大众文化所存在的弊端，对社会大众的物质生活消费进行过分诱导，一味地迎合社会大众的感官享受。例如，一些传媒大肆宣扬奢华的生活方式，并以能否享受这样的生活对人群进行分层；还有一些传媒抛弃对艺术、体育本身的宣扬，大肆报道各路"明星"生活隐私，甚至故意迎合人们的低俗趣味，编造一些奇闻逸事、事故灾害。同时，一些大众传媒宣传的主体形象也从"英雄人物"转变到了各路"偶像"，不再关注人物成功背后的奋斗和努力，以及高尚的品格等人内在的主体性，而是过分强调、称赞人物的华丽衣着，报道他们的私生活。

从道德伦理的角度来看，中国大众传媒的这种变化有着极大的效应。中国现代大众传媒已经广泛地深入人们的生活中，它不但决定着将体现怎样的伦理价值观念的大众文化传递到社会大众中去，而且直接对社会大众的个人认知、行为方式以及价值判断施加影响和诱导，因而对中国社会道德价值的构建具有十分重大的意义。

基于中国社会发展目前的现实情况，我们一方面要尊重大众传媒追求经济效益、含有娱乐性的合理特征，另一方面应当充分重视大众传媒所应有的伦理责任。首先，作为大众文化的传播手段，大众传媒对大众文化的传播要具有选择性，应当宣扬含有社会公正等正确伦理价值目标的大众文化，摒弃一味追求物质享乐甚至低俗趣味的"文化"；其次，作为大众文化的一种类型，大众传媒本身应当具有自身正确的价值判断，确立起自身的伦理尺度，重视社会公共利益和公共理性，营造一个健康的社会道德理性氛围。

（三）加强政策对大众文化的规范和引导

我国正处在经济高速发展、社会转型的时期，在这样的阶段，社会的价值体系必然会出现一些不稳定的因素。其中表现和影响社会大众精神生活状况的文化体系应当积极担负起高扬正确道德规范、引导社会理性价值发展方面的责任。而我国现阶段的文化现状是一个立体的体系。其中，内容和形式的丰富以及对社会大众心理需求的满足，使得中国大众文化具有旺盛的自发生命力，迅速形成并在中国文化系统中占据了举足轻重的地位，很快成为最靠近和最能够影响中国社会大众的文化形态，在不知不觉中使社会大众深陷在大众文化的温床上，将主导文化和精英文化边缘化，甚至走出人们的生活和视野，最终形成一个大众文化的霸权局面。由于大众文化的商品性、娱乐性和世俗性，如果不对其进行一定的约束，它将有可能会发展到一个极端媚俗的方向上，走向低俗。因而对于中国大众文化的发展方向以及整个中国文化体系的建构，都应当给予政策上的适当干预和引导，否则中国文化体系所应负的道德价值将可能遭到丢弃。

一方面对于弘扬社会主义精神风貌的主导文化，以及体现优秀审美情趣、表达高尚伦理道德观念、凝结民族精神精华的高雅文化，包括中国大众文化中承载着人民大众合理需求、包含着正确价值判断的部分，应从创造到传播给予政策的支持和规导；另一方面对于过分宣扬物质欲望、低俗趣味的文化产品，应当限制或阻止其生产和销售，从而保证中国大众文化向着积极向上的方向发展，保证整个中国文化体系拥有承载社会伦理责任和担负道德导向的能力。

（四）加强法规对大众文化的监督

在市场经济条件下，还应当加强文化市场的立法，制定合理健全的文化法规来规范大众文化的内容和形式，使其具有一定的底线伦理，并用法规的方式明确下来。中国大众文化在发展过程中，大的方向是符合我国社会主义精神文明建设的基本要求的，对于这一部分，我们应当持宽容的态度。而对那些单纯为了获取经济利益而迎合大众庸俗心理、充满低级趣味、内容腐朽反动的文化产品，则应当坚决打击。这个时候，仅仅运用政策引导的方式给予规范是不够的，应当有更为有力和有效的方式对其设定严格伦理道德界限，对于越过界限的，必须严格取缔，防止其扩散，避免其侵蚀整个社会良好的文化环境和正确的道德价值。当然，在这个过程中，我们应当把握适当的尺度，现实地认识到社会大众对于文化的需求层面，不能过高地估计、拔高大众的文化需求，如对社会大众合理的物质需求、娱乐休闲应当持宽容的态度。

二、追寻真善美：确立大众文化的价值方向

中国大众文化由于其自身特点所引起的可能对中国传统价值观的丢弃，以及使人们迷失在多元的价值选择中等问题，都是其面临的伦理道德上的消极困境。但是中国大众文化作为一种文化形式，是中国社会文化系统的重要组成部分，是中国社会价值体系的一部分，是中国大众思想意识的体现者和引导者，它所反映的价值观将深刻地影响中国社会方方面面的发展，因而我们必须促使中国大众文化的思想内涵和价值观念不背离基本社会核心价值理念，并具有最基本的社会良心。这就需要对中国大众文化进行及时有效的规范，确立大众文化的价值坐标。

（一）定位中国大众文化的道德价值坐标

正如上面已经论述过的，中国大众文化尽管是市场经济的产物，但是作为一种文化形式，它与其他一般商品是不同的。人类的一切文化都蕴含着社会意识形态，表达着人们对真假、善恶等道德问题的评判，其文化的价值和责任也不仅在于体现社会形态和人们的生存状态，而且应该成为向人们告知和宣扬真善美的精神力量。作为来源于中国社会大众的中国大众文化也不例外，它反映了中国社会大众的审美标准和价值取向，因而其本身必然负载着一定的伦理价值观念，以及作为一种文化形式所应有的文化责任和文化价值。

同时，文化不仅体现社会意识，同时还对社会大众的思想行为方式具有反作用，将自身所带有的价值观念和道德评价传播到社会大众中去，加强、改变、影响着社会大众的道德价值理念。而中国大众文化由于其开放性、全球性等特征，更是包含着更为广泛的价值理念。对中国社会大众来讲，中国大众文化所带来的各种各样的价值观念对他们造成了巨大的冲击，甚至是革新式的影响，因而我们说中国大众文化深刻地影响和塑造着中国社会道德价值体系。这些都是中国大众文化不同于其他一般商品的地方。至于中国大众文化发展的价值定位，绝不能是狭隘地获取经济利益，而应站在文化的道德责任的角度，为整个社会弘扬正

确的价值观和道德感。并且，中国社会正处在一个价值多元、思想激荡的时代，选择什么样的人生观、价值观是整个社会都需要不断思考和建构的问题。在这样的社会情况下，中国大众文化作为对中国社会及其民众影响最为广泛的一种文化形式，负有巨大的社会责任，因而更要为自身确立一定高度的价值定位——宣扬真善美，对社会大众起到正确的价值引导作用，塑造出健康向上的中国社会伦理价值观念。

（二）培育大众文化的道德理性

为避免中国大众文化的价值虚无，给其建立正确的价值定位，就需要培育中国大众文化的道德理性，使其在获取合理、适当的经济利益的基础上，遵循、体现、宣扬正确的价值观念。

培育中国大众文化的道德理性，首先应当注重和强调中国大众文化创造者和生产者的道德责任感。一般来讲，文化作品必然反映出作品创造者的道德取向和伦理情感，但是随着大众文化作为商品文化不断向前发展，一些大众文化创造者为了获取经济利益，而将道德伦理从文化作品中摒弃，甚至将一些扭曲错误、颠倒是非的价值观念塞入大众文化之中，传达给社会大众，丧失了文化工作者的道德使命和责任。这就使得中国大众文化不可避免地走向价值虚无和道德沦丧。与此相反的是，一些具有良好道德素养、追寻伦理价值的文化创造者，他们创作出的中国大众文化往往可以做到以社会大众喜闻乐见的内容和形式为载体，向社会大众传递出社会应普遍恪守的价值原则和道德理性。因此，强调中国大众文化创造者的道德责任是培育中国大众文化道德理性的第一步。

其次，应当用社会主义的优秀精神文明去影响和引导中国大众文化的发展。中国大众文化的世俗性和商品性使其并没有追求真善美的必然自觉性，相反容易滑向"唯商品化""唯娱乐化"的极端，成为平面的、丧失价值评判功能的伦理道德销蚀剂，这就对整个社会的道德氛围形成一种极大负面作用。在这样的情况下，就需要通过外部优秀的价值理念的道德理性对其进行影响和引导，使之始终有一个前进的方向，不会偏离所应当具有的道德理性。

（三）培养社会大众的审美观和道德感

确立中国大众文化的价值定位——追求真善美，避免其价值虚无，最根本的是要培养中国社会大众高尚的审美情趣、崇高的伦理道德感以及社会责任感。中国大众文化来源于社会大众，反映社会大众的精神现状，同时大众文化还以迎合社会大众的需求为目标。因而，当社会大众的精神追求具有了一定的高度，具备了较为高尚的审美情趣以及崇高的伦理道德水平时，一方面中国大众文化将有更加优秀的内容、形式来源，另一方面，中国大众文化中低俗趣味、毫无意义的部分将因缺乏市场而从根本上渐渐消亡。因而，可以说，提高中国社会大众的精神文化风貌将是建立以追求真善美为目标的中国大众文化的"治本之方"。

由于中国社会处于迅速发展阶段，中国社会大众的文化需求具有相当大的层次差距，尤其是在市场经济的冲击下，人们的道德价值观、审美情趣都发生着比较大的变化。在这个过程中，要培养中国大众良好的审美观和道德观，就应当在肯定中国大众对美和价值等内在追寻需求的基础上，用高雅的文化和高尚的价值观去引导，将大众过分的物化倾向和低俗的审美要求渐渐去除，最终形成一个积极健康的社会大众文化需求。

三、塑造完整人性：自然性和社会性的结合与统一

如前所述，由于中国大众文化商品性、技术性的特征，作用于社会大众时，有可能造成社会大众个性与自由的丧失，以至于物化。因此，在中国大众文化促进社会大众从价值一元、合理物质需求被扼制的境遇下走出来的同时，我们应当防止它将人们推向另一个极端：被现代技术，特别是现代传播技术包围捆绑，被物质欲望吞噬。这就需要我们在中国大众文化发展的过程中，合理肯定其满足人的自然属性的同时，时刻规范大众文化不沦落为人性的异化机器，表达和弘扬人不仅仅是生物性的存在，还有着其之所以为人的社会属性，坚持对生命意义和终极价值的不断追寻，保持作为人的主体性，对外部世界及自身进行不断的反思。

（一）个性自由发展与社会整体进步的统一

中国大众文化是多元的，它广泛吸收了中国民间文化、外来文化等

众多文化种类的内容和形式,将它们转化为自身的内容和形式。在这个过程中,由于它开放、多层的姿态,使得其他文化形式中所蕴含的价值观念也同时被吸纳进中国大众文化的内核之中。同时也因为中国大众文化将"知情权""发言权"交给了社会大众,并在思想上给予其开放、多元、民主的态度,因而在中国大众文化中,我们看到的是"百花齐放"式的多样的价值观念的汇集和碰撞。正是中国大众文化包含多种价值观念,并以民主的态度对待这些价值观念,使得它成为中国社会思想意识多元民主的文化推动力。在中国过去的历史中,集权统治的力量强大,往往导致一元的价值观在社会中占有绝对的统治地位,无论是思想文化还是社会政治话语权、参与权,均被控制在少部分人的手中。随着中国社会政治文明和经济建设的不断向前发展,社会各个阶层民主意识开始觉醒,中国大众文化既是这种意识的体现,又是这种民主意识的推动力,它给予不同的价值观平等发展的平台,尊重其中每一个合理的理念,有效地推动了社会民主的发展。从伦理道德的角度来看,中国大众文化的这种态度给予中国社会价值体系不断完善、创新和合理化发展的内容源泉与原动力。

在中国大众文化的这种宽容和民主的思想氛围下,伴随着市场经济和政治文明的发展,中国社会中的个体意识开始觉醒,每个个体的独立、自由和价值实现的愿望越来越突出,并得到大众和社会的普遍重视。在现代社会中,这一点是可贵的和无可厚非的,但是,我们同时应当看到的是,在中国社会中,由于物质丰富、价值观念多样,出现了过分强调个人,将个人的需求和利益摆在至高无上的地位,无视他人和整个社会,甚至以牺牲他人和社会利益来满足私己欲望的现象,这种极端的个人主义理应受到强烈的批判。但由于大众文化迎合大众的属性,它不会自觉地纠正这种价值取向,相反,为了满足社会大众的需求,大众文化甚至会纵容和刺激这种价值观。因此,我们应当通过一定的法律规范和道德规范,给中国大众文化的价值一个明确的导向:提倡在个体个性多元发展和社会价值之间营造一个适当的空间,让个性在不妨碍他人正当利益和社会进步的基础上自由发展。

(二)弘扬大众文化的人文精神

由于大众文化商业性、娱乐性、世俗性的特征,中国大众文化容易陷入单纯的娱乐消遣，导致片面追求感官刺激，显现出拜金主义、享乐主义和游戏化的特征。这些表现将人性中的重视物质和感官享受的自然属性体现得淋漓尽致，但是却忽略了人性中同样重要的另一个方面——对人生意义、终极价值的追寻。这在无形中降低了关于人性的品位，使社会大众的人性异化，使本应在灵与肉、道德与欲望、社会性与自然性中保持平衡发展的人性成为单边维度。对中国大众文化的这种倾向，若不加以正确的引导和规范，极有可能会导致理性精神的萎缩和道德理想素质的滑坡，因此我们应当大力弘扬中国大众文化的人文精神，使其不会成为社会大众人性异化的机器。

人文精神体现着人最本质的精神倾向，是对人性及人的生存意义、终极价值的最高展现，它贯穿于人类文化的各个角落。可以说，关注人文精神就是关注人性。弘扬中国大众文化的人文精神，就是要求中国大众文化不仅要关怀人们的世俗欲望，还应当对人类的终极价值予以重视，将责任、道德看作大众文化不可或缺的题中之义，这是人区别于动物、人之所以为人的最根本之处；弘扬中国大众文化的人文精神，还在于对大众文化中对人性中"本我"过度释放的纵容甚至怂恿，以及不进行价值判断、彻底迎合人性中"假恶丑"的现象给予强烈的批判。只有通过对中国大众文化中人文精神的弘扬，才有可能避免大众文化对人的异化，从而追求人性的复归，使大众文化承载起人性中"真善美"所宣扬和赞美的文化道德责任、正义感，从而成为塑造社会大众健康人性的文化土壤。

四、宏观调控：加强文化发展的整体战略设计

中国大众文化是我国文化系统中的一个重要部分，为了中国大众文化的健康发展，以及我国文化系统的稳定前进，从而满足中国社会大众日益增长的文化需求，并提升社会大众的审美情趣、道德情操，就要按照中国特色社会主义文化建设的总体要求，规范和繁荣中国大众文化以及中国文化系统。因而对我国大众文化乃至文化系统的发展作出总体规划，进行宏观调控，使各种形式的文化互相取长补短，共同发展，使中国大众文化健康有序发展。

（一）实现主导文化、精英文化与大众文化的沟通

现阶段，中国文化领域大致存在三种文化形态：一是意识形态文化——主导文化；二是知识分子文化——精英文化；三是本章所探讨的大众文化。这三者之间相互影响，共同构成了丰富的中国文化系统。

主导文化为整个社会建立了"主旋律"，在中国现阶段，它广泛地宣传为人民服务、爱国主义、集体主义、社会主义等道德价值理念，为整个社会明确指明价值观的方向，旨在体现国家和人民的根本利益，因此在中国文化领域处于不可动摇的主导地位。

精英文化承担着挖掘、弘扬、创造和研究人类知识与精神财富的责任，它以学术和艺术的形式追求理想的真善美，旨在推动社会不断进步，创造更多的物质文明和精神文明。在中国文化领域，精英文化成为社会深层次的精神追求。无论是主导文化还是精英文化，它们在内容上都距离社会大众的日常生活较远，有时甚至因"过于高深"而难以靠近"寻常百姓"；在形式上，它们又往往显得很严肃，也就相对不容易走进社会大众的日常生活之中。比较而言，大众文化具有它们所缺乏的"亲民性"，因而成为中国社会大众生活中精神文化方面的"顶梁柱"。

在中国现阶段，主导文化、精英文化和大众文化三者之间既有区别又相互联系、相互影响、相互竞争，共同组成了中国的文化系统。主导文化从国家意志的高度对大众文化有着深刻的影响，它处在国家文化领域的支配地位，对民众施加影响，并对大众文化进行强势引导，同时主导文化有时会借用大众文化的形式，将自身的价值观糅合在大众文化中，从而在大众中广泛传播，也更容易得到大众认可；精英文化对大众文化则起到了十分重要的推动作用，精英文化作为社会独立思想的主力，积极地推动了社会民主化，它们主张的自由、民主等思想为大众文化获得思想和经济的土壤起到了至关重要的作用。

主导文化和精英义化对大众文化的态度有一些相似的地方，它们都希望借用大众文化的影响力和形式对大众进行影响，但同时又与大众文化保持距离，并进行批判，约束大众文化的发展。而反过来，大众文化对主导文化和精英文化既有积极的影响，为它们提供更为多样的形式和内容，但更多的是对这二者的反叛和消解，对主导文化的正统价值观、精英文化的高深旨趣采取一种直言不讳的挑战姿态，提出自己多元的、

反传统的价值观念和生活方式。

在中国现阶段，社会大众有着不同的分层，对于文化有着多元的要求，既需要主导文化作为社会主导价值观的负载引领社会大众的思想意识，也需要精英文化冷静地对社会进行反思和监督，对社会大众来说更需要大众文化这样通俗易懂、贴近生活、体现自身生活状态和价值判断的文化形式。三种文化形态之间有时候并不是完全界限分明的，它们在相互影响中共同发展，其中主导文化占主导地位，精英文化处于反思的地位，大众文化则满足和迎合了大多数社会民众的文化需求。

在中国文化系统的这种格局下，我们应当建立主导文化、精英文化与大众文化之间通融的互动机制。首先，这三种文化形态在很多方面具有不同之处，而正是这些不同之处，使得它们之间形成一种互补的关系，满足不同社会大众的文化需求。其次，三种文化形态可以相互取长补短，主导文化和精英文化可以引导大众文化，为其注入优秀的价值理想和道德追寻，而主导文化和精英文化可以借鉴大众文化的活泼内容和形式，使其能够在社会大众中传播得更为广泛，例如，中央电视台的《百家讲坛》等节目，就经常通过大众文化的传播方式，将中华民族优秀的传统雅文化传播到社会大众中去，并收到了良好的效果。总之，主导文化、精英文化和大众文化的相互影响，可以使不同文化形态不断完善，共同发展，最终产生出更为健康的文化作品，使得社会大众的审美意趣得到提升、道德修养得到完善。

（二）规范大众文化市场健康发展

要大力发展我国健康向上的大众文化，就需要适应我国现阶段的具体国情，适应市场经济的规律，去发展大众文化的产业化，同时，大众文化作为反映和影响社会大众精神状态的文化产品，又需要符合正确的价值观，满足我国精神文明建设的要求。因而，我们需要综合运用各种手段，把握大众文化产业化的分寸，规范大众文化市场。

首先，对待大众文化市场，政府应当既做好服务，又做好监管。我国大众文化的发展存在着良莠不齐的状况，在这样的情况下，一方面，对待优秀的大众文化应当给予政策上的大力扶持，采取有益于其发展的经济投资、信息传递、服务环境、法律服务等全方位的系列政策，做好优秀大众文化发展的服务工作；另一方面，对于低俗甚至下流的大众文化产品，应当运用政策法律手段和行政干预手段予以坚决打击、取缔，从生产、传播到经营上规范大众文化市场，使整个大众文化市场保持在健康的轨道上文明有序地前行。这里应当指出的是，由于我国现阶段大众文化市场尚不成熟，一些配套的法律法规尚不能完全到位，在这样的情况下，恰当地使用经济调控手段将会起到有效的效果。例如，可以对那些体现高尚审美情趣、崇高道德情操的大众文化，从题材规划到创作生产都给予一定的经济扶持，而对那些哗众取宠、低俗无聊的大众文化产品，特别是与社会主义精神风貌背道而驰的文化产品的创造者、生产者和传播者，进行一定的经济处罚。

其次，对待大众文化市场，应当给予其正确的舆论导向和价值判断标准。一方面，从政府到社会，都应当大力宣传中华民族优秀的文化传统、高尚的道德情操，给予大众文化市场正确的舆论导向；另一方面，应当为大众文化市场建立一个明辨"真善美"与"假恶丑"的标准，这就需要主导文化和精英文化时刻保持对大众文化的合理批判，使大众文化的生产者、经营者、消费者都能够在时代精神的引导下，融入文明健康的大众文化活动中。

（三）中国大众文化的前进方向

中国大众文化是在中国社会发展到 20 世纪 70 年代末期时产生的文化形式。它建立在商品经济的基础上，在社会思想意识趋于解放、传媒手段现代化的促进下，从中国传统文化和外来文化中汲取养料，面向中国社会大众。

中国大众文化的发展从时间上来看是相对较快的，在短短的几十年时间内，它从无到有，从有到大，作为一种文化形态，不仅表现着中国的社会状态和价值体系，还表达着中国社会大众的生存状况和思想意识，更重要的是，它以其强大的生命力和吸引力，成为我国文化系统中的重要组成部分，甚至成为我国社会大众生活的一部分，开始广泛地影响到我国社会发展过程中的各个方面。

我们看到，作为富于市场经济特色的文化形态，中国大众文化具有其自身的特征，而这些特征是它区别于其他文化形态的独到之处，同时也赋予了中国大众文化在价值上的积极意义和消极困境，这样的价值两面性都深刻地反作用到中国社会发展的进程中。而为了我国社会的持续进步和良性发展，我们必须对其采取合理的批判态度，宽容地对待中国大众文化的积极因素，规范中国大众文化的消极之处，使中国大众文化既能够满足中国社会大众的文化需求，又能承载起中国社会对于真善美等道德价值进行不断追寻的文化伦理责任，最终成为我国社会更加文明与进步、个人实现价值与自由的动力源泉！

第九章 韩国青少年德育状况考察及思考[*]

众所周知，韩国社会德育效果相对较好。韩国青少年道德教育由社会、家庭和学校共同承担，但相对来讲家庭道德教育功能更为凸显。在韩国问及如何进行道德教育时，人们习惯回答来自家庭教育。在韩国人看来这是一个自明的问题——青少年在家庭的成长过程中，通过家庭教育和生活熏陶，其身心和道德品质会自然而然地发展和成长起来。父母注重做人做事的言传身教，青少年的品德习惯也就逐渐养成了。而当问及韩国家庭中父母为什么会非常重视道德教育时，他们认为父母辈就是这样教育自己的。韩国的道德教育就是这样在家庭生活中一代代传递下来的。

在韩国，传统道德文化相对来说保留较好，家庭中道德伦序明显存在，家教普遍较严格，父母长者对孩子不仅有说教，身教意识也非常强，父母以身作则，是道德习惯，也是给子女做榜样。许多父母认为孩子的做人品质和身体健康同等重要，如果自己的孩子被邻人指责没家教，那是很没面子的事，而且不利于孩子将来成才立业。韩国社会对人才的道德期望比较高，企业选择人才很注重了解其家教背景。与名牌学校毕业比起来，韩国更重视人才的家教背景，这其实是对其家教品质进行考察，足见韩国家庭发挥着重要的道德教育功能。

---

[*] 本章内容原载于《光明日报》2008 年 12 月 30 日。

人们常说"孩子的缺点是父母的",孩子的品质往往会折射出父母的品质。家庭是未成年人的第一所"学校",70％的道德教育是在未成年阶段的家庭生活中完成的。此外,道德教育的传递也和教育者的权威有关,这种"权威"不一定是某种权力,而是心理上和情感上都最有威望的人,在家庭是父母长者,在学校是好老师。同样一句说教,可亲可信赖的父母告诉他和其他人告诉他,孩子接受起来不一样。而如果教育者是孩子反感的人,那么可能会对其教育内容也产生反感,这是道德教育的一个规律。如果家庭这个最重要的"学校"和父母这个最权威的"老师",在孩子成长的关键阶段没有发挥应有的教育功能,那么孩子的道德素质养成和成长就会受到严重影响甚至失败。当问及学校德育对学生有多大效果时,韩国学生普遍认为学校给的更多的是"知",而化成行为品性习惯更多的还是家庭影响。

当今中国存在着学校德育和家庭、社会德育脱节甚至相互消解的现象。之所以如此,与家庭这个重要德育"学校"弱化、这种道德传递最有效的方式没有完全启用十分相关。研究未成年人道德教育问题时,家庭教育功能和资源如何进一步利用,必须认真研究。韩国等其他国家未成年人道德教育方法和模式中好的做法,可以认真借鉴。

第十章 《中国社会道德发展研究报告2011—2012》导论*

马克思说:"问题就是时代的口号。"① 当下时代和社会给我们提出了诸多问题,我们的理论研究就应该具有现实社会的"问题意识"。《中国社会道德发展研究报告2011—2012》确定的若干问题,都是社会公众关注的问题。道德风气如何建设提升? 社会心态中的焦虑感、压力感、无意义感以及不公感和某些怨气,如何理解、如何疏导? 食品安全中诚信道德问题出在哪里? 如何保障食品等关乎生命、生活的基本产品的安全? 引发社会不公感和民怨的公共权力腐败问题如何得到硬性、软性的进一步遏制? 程序公正如何更好地实现? 社会正能量环境如何全方位营造? 尤其是社会媒体应怎样在社会语境建设中,真正发挥出"中国好声音"的作用,承担好社会舆论建设的主导功能,引导文化、社会舆论生态在中国特色社会主义理论和核心价值观指导下发展? 这些都是民众关心的重要问题,当然也是社会和时代提出来需要解决的问题。马克思主义哲学说,理论的任务不仅仅在于认识世界,更重要的是改造世界;歌德说,"理论是灰色的,而生命之树常青"。这些道理在中国语境中的表达就是"理论联系实际"。直面社会问题,关注民众忧心的热点问题,深入研究并解析各种道德问题背后的成因,找出社会道德问题的

---

  * 本章内容原载于《中国社会道德发展研究报告2011—2012》(中国人民大学出版社,2013)。

① 马克思恩格斯全集:第40卷. 北京:人民出版社,1982:289.

症结所在，给出初步药方，探讨解决问题的思路进而激发更多思考，为社会提供资政参考，这是任何一个理论工作者的应有责任，更是作为重点研究基地的中国人民大学伦理学与道德建设研究中心必须承担的理论任务。

一

本报告由中国人民大学葛晨虹教授主持，是中国人民大学研究报告系列之一。《中国社会道德发展研究报告2011—2012》旨在依托中国人民大学伦理学与道德建设研究中心平台，集人大多学科优势，整合全国高校和相关实际工作部门道德研究力量、成果资源，对中国社会道德发展状况进行年度专题研究。报告以全面性、领域性、专题性、持久性社会问题调研为特色，既可对中国社会道德发展状况进行宏观审视，也可根据不同年度不同社会热点锁定某领域或某些突出道德问题展开分析。如本报告就锁定了中国当前社会心态透视与伦理学分析、当前中国公务员道德状况及其伦理分析、政府公共权力治理的调研分析、他国伦理委员会建设经验及其借鉴、我国食品安全问题的伦理反思、当前中国传媒责任与职业道德状况研究等专题。报告期望以年度报告的形式为国家决策部门和理论界提供相关实证研究成果、理论支撑。

在研究思路和方法上，课题组注重从现实问题调研、问题成因分析和对策研究思考三个维度交织展开。课题调研不仅强调对中国当前某些社会问题尤其是道德失范问题进行实证把握，而且强调在理论-实践的分析框架中研究问题产生的社会背景和具体原因，并在"怎么看"的评价分析基础上，针对问题应该"怎么做"展开探讨。就已发表的各类调研报告看：一类是调查性原始数据的客观报告或展示，另一类是调查基础上的研究性报告。本报告属于后者——研究性调研报告，即注重对调查现象进行成因分析和对策建议的研究。具体而言，首先是对中国社会道德发展的重点现象进行扫描定位并展开相应调研；其次是着力探讨这些社会道德问题的症结何在，成因分析是本研究报告的重点所在，也是特色之一；最后，报告从问题意识出发，提出相关治理思路和具体对策。

课题组在前期做了专项的问题调查，采用了问卷加访谈的调研方式。在问题设计中，没有采用对所有社会道德问题做全面"模块式"普查调研的方法，而是带着明确的问题意识，侧重对一些公众重点关注的问题如社会心态、公共权力治理、社会传媒责任等进行重点调研。可以说，这是一个问题补充性和专题性较强的调研，重点在于抓住近些年出现的新问题，或其他调研中较少涉及的问题。课题组选取了北京等12个省、市、自治区实施调研，对被调查者身份也做了合理分布，所调研数据为研究报告提供了最直接有效的资料数据支持，许多数据也对已有社会调研的内容做了相关补充与完善。

另外，在本研究报告中，课题组调研的第一手资料数据并不是我们分析研究的唯一依据，其他已公开发表的各个道德调研报告也为我们的研究提供了诸多数据支撑。本报告依据的调研数据与资料支持主要来自四个方面：一是课题组搜集的调研数据；二是已发表的相关道德报告数据资料，如东南大学樊和平教授主持的《中国伦理道德报告》《中国大众意识形态报告》，清华大学吴潜涛教授主持的《当代中国公民道德状况调查》，北京市委党校鄠爱红教授所做的专题调研数据等；三是有效利用信息时代的资料数据共享资源，本报告对网络、报刊、电视等媒体中的典型案例、道德热点现象讨论、民意调查结果、权威资料发布与系列数据结果进行直接或间接的采用；四是文献调研和采用，依托国内外的成果文献，为研究报告提供基本的学理支持。

课题组选择了北京、天津、广东、浙江、江苏、河南、河北、山东、黑龙江、广西、云南、新疆等12个省、自治区、直辖市，对中国当前某些社会道德重点问题展开了调研。调研采用问卷和访谈结合的方式。本次调研在12个省、自治区、直辖市共发放问卷5 000份，收回4 238份，其中有效问卷3 826份。在对问卷的样本分析中，从性别分布来看，男性占59.01％，女性占40.99％（见图1）。

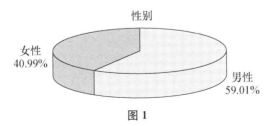

图1

从年龄分布来看，18～30 岁占 34.18％，31～40 岁占 29.29％，41～50 岁占 21.94％，51～60 岁占 10.00％，61 岁以上的占 4.59％（见图 2）。

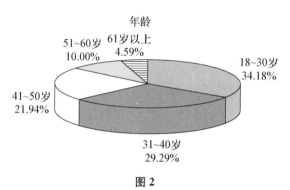

图 2

从职业分布看，国家机关公务员占 10.31％，事业单位职工占 13.98％，国有企业员工占 13.06％，民营企业员工（含个体工商户）占 22.65％，农民（含进城务工人员）占 9.90％，学生占 24.39％，其他占 5.71％（见图 3）。

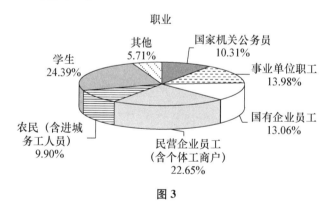

图 3

从学历分布来看，高中及以下学历的人员占 39.29％，大专学历的占 33.57％，本科学历的占 22.04％，研究生及以上学历的占 5.10％（见图 4）。

从月收入来看，1 000 元及以下占 20.10％，1 001～2 000 元占 20.10％，2 001～3 000 元占 28.06％，3 001～4 000 元占 17.76％，4 001～5 000 元占 9.08％，5 001～10 000 元占 4.49％，而 10 000 元以上者仅有 0.41％（见图 5）。

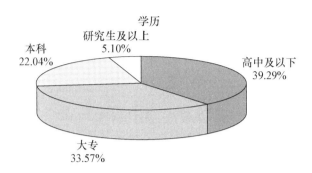

图 4

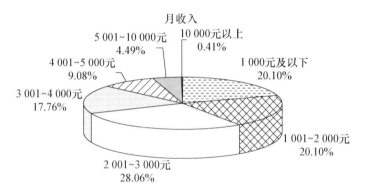

图 5

从政治面貌来看，中共党员（含预备党员）占 35.61%，共青团员占 12.96%，民主党派占 2.55%，而群众（无党派）占 48.88%（见图 6）。

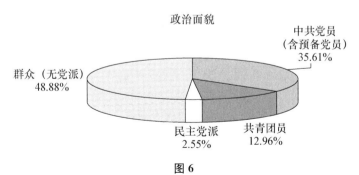

图 6

二

本研究报告在问卷调研基础上，就社会重点、难点问题进行了分析研究，对社会道德相关典型案例进行了搜集整理，根据实地调查、数据采集和案例搜集情况展开了深入分析。课题组主要就精神追求与人生目的、社会归属感、满意度与幸福感、精神文明与公民道德素质、社会治理与媒体舆论建设等若干重点问题做了实际调研。

（1）在关于精神追求与人生目的的调研中，在"您认为信仰对社会或个人重要吗"的问题中，选择"很重要"的占 42.55％，选择"比较重要"的占 27.45％，选择"不重要"的占 5.71％，而选择"说不清"的占 24.29％（见图 7）。

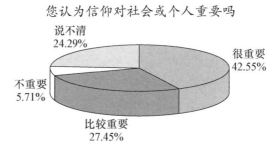

您认为信仰对社会或个人重要吗

图 7

调研中，信仰宗教的选项占 19.80％，信仰宗教的主要原因在于"民族传统及其宗教文化的影响"、"家庭因素及身边人传教影响"和"生活压力大，需寻求精神寄托和心理安慰"，分别占 32.99％、27.15％和 23.54％（见图 8）。

在"您认为当前中国人在理想信仰方面存在的主要问题是"的调研中，选择最多的三项依次是"社会价值观混乱"、"人们太重物质生活，轻精神信仰"和"马克思主义理想信念社会树立不够"，分别占 84.69％、78.78％和 66.33％（见图 9）。

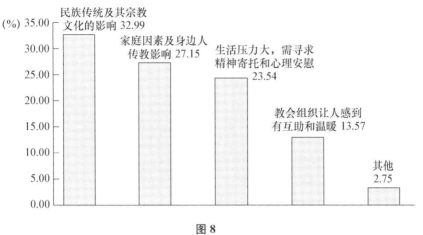

您觉得人们信仰宗教的主要原因是

图 8

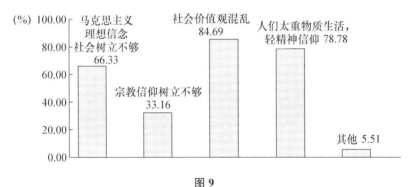

您认为当前中国人在理想信仰方面存在的主要问题是
（选三项并排序）

图 9

在"有些人对社会主义信念有所动摇，您认为产生这一问题的主要原因是"的调研中，86.22%的人选择"中国社会中腐败现象严重"，85%的人选择"现实生活中两极分化严重"（见图10）。

（2）在关于社会归属感的调研中，"在生活中遇到困惑和困难时，您是否想到找工作单位（学校）帮助"的问题中，选择"不会，依靠家人或朋友帮助"的最多，占37.65%，选择"不会，自己面对和解决"的占27.55%，选择"会找单位或组织"的仅占22.35%（见图11）。

有些人对社会主义信念有所动摇，您认为产生这一问题的主要原因是（选三项并排序）

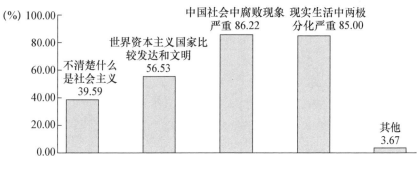

图 10

在生活中遇到困惑和困难时，您是否想到找工作单位（学校）帮助

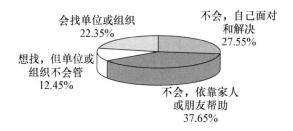

图 11

其中，选择"会找单位或组织"的人中，国有单位人员①占27.15％，而私企及个体人员②仅占17.96％；选择"不会，自己面对和解决"的人中，私企及个体人员占37.13％，国有单位人员占27.45％。

问及"您在现实生活中的社会（家庭、单位、某团队、某组织）归属感或依赖感怎样"时，选择"完全没有，感觉很孤单"的占22.65％，选择"越来越没有"的占12.96％，而选择"有归属感，不孤单"的仅有21.63％（见图12）。

---

① 国有单位人员包括国家公务员、事业单位职工和国有企业员工。

② 私企及个体人员包括民营企业员工（含个体工商户）和农民（含进城务工人员）。

您在现实生活中的社会（家庭、单位、某团队、某组织）归属感或依赖感怎样

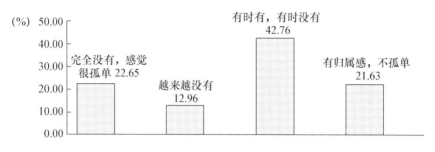

图 12

在"有归属感"的选择人群中，国有单位人员的选项比例（54.55％），要高于私企及个体人员的比例（31.82％），学生及其他人员占 13.63％。在"很孤单"的选择人群中，私企及个体人员占 61.54％，国有单位人员占 23.08％，学生及其他人员占 15.38％。

在"您和您的邻居相处怎样"的调研中，选择"相处融洽，互相帮助"的占 36.02％，选择最多的是"认识，偶尔来往"，占 44.29％，"基本不来往"的占 12.55％（见图 13）。

您和您的邻居相处怎样

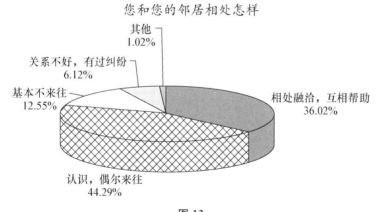

图 13

（3）在关于满意度与幸福感的问题调研中，问及"您对自己的当前生活是否满意"时，选择"满意"的占 12.35％，选择"比较满意"的占 28.98％，而选择"一般"的占 43.27％，选择"比较不满意"和

"不满意"的共计 15.40％（见图 14）。

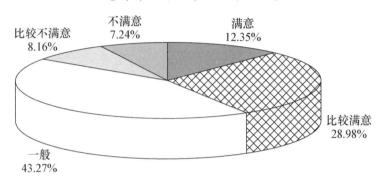

您对自己的当前生活是否满意

比较不满意
8.16%

不满意
7.24%

满意
12.35%

比较满意
28.98%

一般
43.27%

图 14

在"改革开放以来，您的生活状况在下列各方面进步最大的是"的
调研中，认为进步较大的是"衣食住行等基本生活方面"和"旅游娱乐
等休闲生活方面"的，分别占 51.53％和 20.51％（见图 15）。

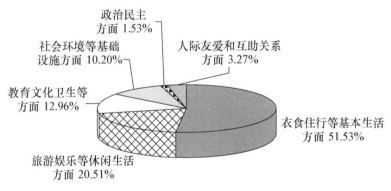

改革开放以来，您的生活状况在下列各方面进步最大的是

政治民主
方面 1.53%

社会环境等基础
设施方面 10.20%

人际友爱和互助关系
方面 3.27%

教育文化卫生等
方面 12.96%

衣食住行等基本生活
方面 51.53%

旅游娱乐等休闲生活
方面 20.51%

图 15

在"与三十年前相比，您身边人的生活幸福感增加了吗"的调研
中，认为"明显增强"的占 13.88％，"有所增强"的占 46.63％，而认
为"有点降低"和"明显降低"的共占 28.47％（见图 16）。

与三十年前相比，您身边人的生活幸福感增加了吗

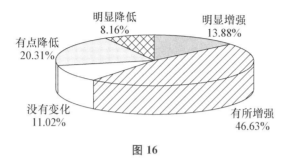

图 16

在"请选择您当前的幸福感程度"的调研中，9.18%的选择"幸福"，18.27%的选择"比较幸福"，选择"一般"的占29.07%，选择"比较不幸福"的占24.35%，选择"不幸福"的占9.09%，选择"说不清"的占10.04%（见图17）。

请选择您当前的幸福感程度

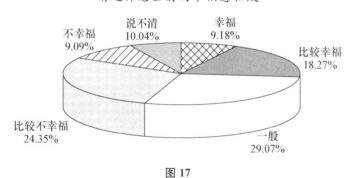

图 17

通过以上两个问题的比较，可看出，大多数人认为"身边人的生活幸福感增加"了，但对自己的幸福满意程度却没有那么高。

调研显示，不同年龄段和不同职业身份的人幸福感有一定差异，如我们就"幸福"和"不幸福"两个选项做了进一步年龄相关因子分析，对选择"幸福"的人群进一步分析显示，年龄偏小（40岁以下）人群的幸福感（占58.33%）要大于年龄偏大（40岁以上）人群（占41.67%）。而深感"不幸福"的人群中，40岁以上的占60.37%，40岁以下的占39.63%。

而在同职业身份相关因子的分析中，显示"不幸福"选项的比例，

私企员工及农民工群体 (74.82%), 高于国有单位人群 (25.14%)。

在"当前一些人生活幸福感较低, 您认为最主要原因是"的调研中, 选择"没找到人生意义, 精神空虚"的占30.53%, 选择"对社会不公现象不满"的占30.44%, 而选择"物质生活没得到满足"的则占23.68% (见图18)。

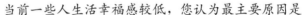
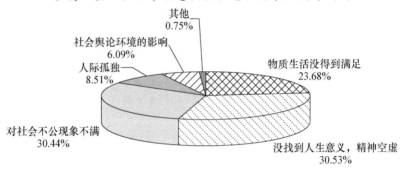

当前一些人生活幸福感较低, 您认为最主要原因是

其他 0.75%

社会舆论环境的影响 6.09%

人际孤独 8.51%

物质生活没得到满足 23.68%

对社会不公现象不满 30.44%

没找到人生意义, 精神空虚 30.53%

图 18

(4) 在"您认为当下影响人们社会公正感的主要因素是"的调研中, 排在前三位的分别是"权力和金钱的腐败问题"(88.57%)、"贫富分化问题"(81.02%) 和"机会公平不够"(63.37%) (见图19)。

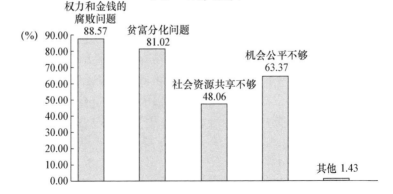

您认为当下影响人们社会公正感的主要因素是

(选三项并排序)

权力和金钱的腐败问题 88.57

贫富分化问题 81.02

机会公平不够 63.37

社会资源共享不够 48.06

其他 1.43

图 19

（5）在"物质生活达到一定满足后，您最关心和期待的问题是"的调研中，排在前三位的分别是"养老、医疗、教育、就业等问题得到更好的解决"、"能有更多的精神、娱乐等休闲生活"和"社会公平公正进一步提高"，所占比例分别为83.88%、59.08%和58.37%（见图20）。

物质生活达到一定满足后，您最关心和期待的问题是
（选三项并排序）

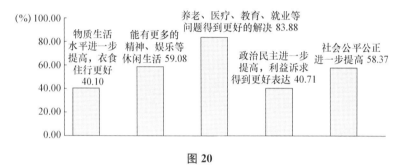

图20

（6）在"您认为社会中人们存在焦虑感吗"的调研中，选择"普遍存在焦虑感"的占66.02%，"部分人有焦虑感"的占22.35%，仅有6.53%的人认为"多数人生活安定、幸福，没有焦虑感"，可见社会中大多数人存在不同程度的"焦虑感"（见图21）。

您认为社会中人们存在焦虑感吗

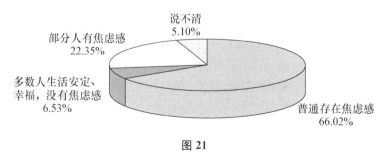

图21

而在"您认为当今社会人们焦虑的最主要原因是"的调研中，排第一位的是"生存问题尤其是物质生活压力大"，占86.94%，其次是

"人际关系和社会竞争太紧张"，占 81.22％，而"精神空虚，缺乏人生意义感"位居第三，占 63.78％（见图 22）。

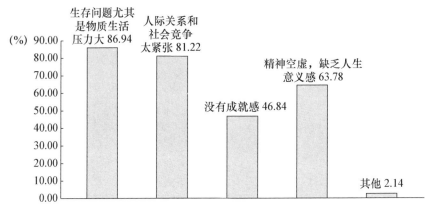

您认为当今社会人们焦虑的最主要原因是

（选三项并排序）

图 22

（7）在"您是否会为节省数十秒时间而闯红灯"的问题中，选择"基本不闯红灯"的占 55.10％，10.92％的人选择"其他人闯会跟着闯"，选择"有急事偶尔闯"的占 31.12％，只有 2.86％的人选择了"经常闯"（见图 23）。

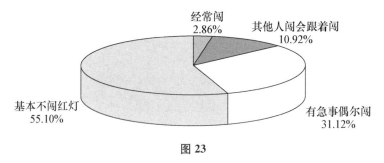

您是否会为节省数十秒时间而闯红灯

图 23

（8）问及和社会归属感相关问题"您参加公益性的社会活动吗"时，仅有 7.96％的人选择"经常参加"，33.05％的人选择"偶尔参加"，38.88％的人选择了"愿意参加，但没有方便的途径参加"，说明社会归属感和公益活动的建设还有很大任务和空间（见图24）。

（9）在"您做人的标准是"的调研中，选择"多做对社会和他人有益的事"的占45.62％，选择"做好自己的本职工作即可"的占36.53％，选择"利己但不危害社会和他人"的占15.10％（见图25）。

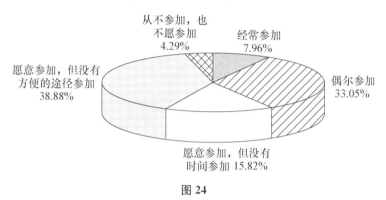

您参加公益性的社会活动吗

图24

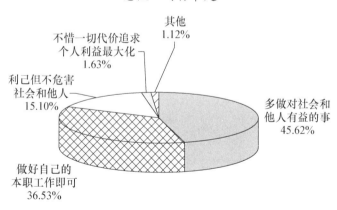

您做人的标准是

图25

（10）在"现在社会上有人为买房、分房获取经济利益，夫妻间假离婚，请问您怎么看这种现象"的调研中，选择"为了现实利益，必要时自己也会这样做"的占26.33％，选择"社会不能鼓励这种'唯利是图'的手段和心态"的占37.65%，认为"政策和法律设计问题，无所谓道德或不道德"的占32.45%（见图26）。

（11）在"您认为目前中国人最缺乏的道德素质是"的调研中，选择"责任和奉献"的占83.06%，其次是"诚信"，占81.94%，选择"爱心"的则占55.00%（见图27）。

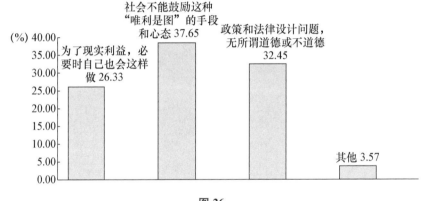

现在社会上有人为买房、分房获取经济利益，夫妻间假离婚，
请问您怎么看这种现象

图26

您认为目前中国人最缺乏的道德素质是
（选三项并排序）

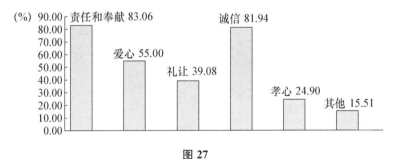

图27

（12）在"您认为近十年来中国人文明素质是否有提高"的调研中，选择"有一定提高"的占62.55%，有16.02%的人认为"没有提高"，

而 15.51％ 的人认为"有倒退"（见图 28）。

您认为近十年来中国人文明素质是否有提高

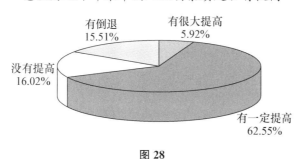

图 28

（13）在"您认为当前社会缺乏见义勇为的最主要心态原因是"的调研中，选择最多的是"担心带来不必要的麻烦"，占 45.71％，而认为"缺乏社会保障机制，英雄流血又流泪"的占 44.08％（见图 29）。

您认为当前社会缺乏见义勇为的最主要心态原因是

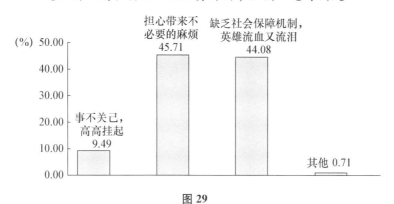

图 29

（14）在"您认为当前我国社会道德问题存在的主要原因是"的调研中，选择"社会舆论对社会道德风气营造乏力或不得法"的占 53.98％，选择"一些领导干部不率先垂范"的占 50.92％，选择"法制不健全，执法不严"的则占 48.27％（见图 30）。

您认为当前我国社会道德问题存在的主要原因是

（选三项并排序）

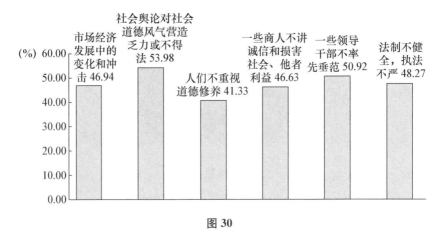

图 30

（15）在"您认为中国当前社会现实中实际流行的价值取向是"的调研中，排在前三位的分别是功利主义（84.80%）、个人主义（77.76%）和拜金主义（71.73%）（见图 31）。

您认为中国当前社会现实中实际流行的价值取向是

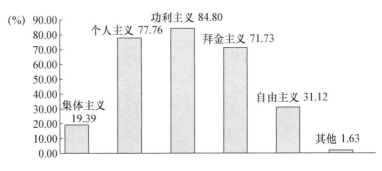

图 31

（16）在"您认为社会对其主体（如部门、企业、个人等）的行为最具约束力的因素是"的调研中，排在前三位的分别为"法律政策"（84.49%）、"社会舆论"（77.45%）、"媒体监督"（59.49%），而选择"家庭影响"的占 45.71%，选择"乡规民约"的占 17.76%（见图 32）。

您认为社会对其主体（如部门、企业、个人等）的行为
最具约束力的因素是
（选三项并排序）

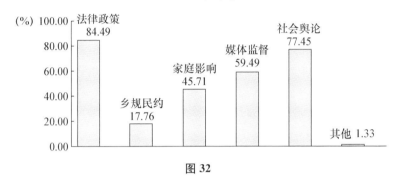

图 32

（17）在"在您成长中得到最大道德影响的环境是"的调研中，选择"家庭"的占 46.12%，其次是"社会和身边的人"，占 34.90%，而"学校"仅占 13.47%（见图 33）。

（18）在"您对我国社会道德建设前景的态度是"的调研中，选择"非常有信心"的占 7.96%，选择"比较有信心"的占 39.08%，选择"说不清"的占 5.10%，选择"一般"的占 36.74%，选择"没有信心"的占 11.12%（见图 34）。应该说大多数人对我国道德前景还是比较有信心的，当然全社会上下还需做更多努力，以使那些选择"一般"和"说不清"的人更多回归到"有信心"群体中。

在您成长中得到最大道德影响的环境是

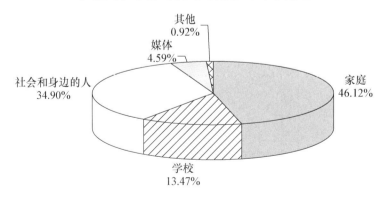

图 33

您对我国社会道德建设前景的态度是

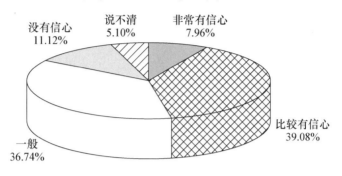

图34

（19）在"您最关心的社会热点问题是"的调研中，选择"民生问题"的排在第一，占 66.33%，选择"腐败问题"的排在第二，占 58.06%，选择"政府公信力"的占 55.71%，选择"社会道德风气"的占 48.88%。可见，民生和权力腐败仍是公众高度关注的热点问题（见图35）。

在"您认为现在社会不公现象最突出地表现在哪个领域"的调研中，选择最多的是"经济收入的分配"，占 46.84%，其次是"公共权力的分配"，占 26.32%（见图36）。

您最关心的社会热点问题是
（选三项并排序）

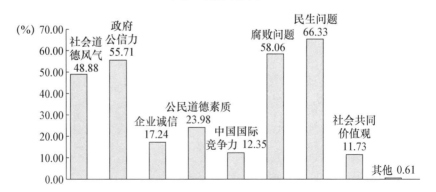

图35

您认为现在社会不公现象最突出地表现在哪个领域

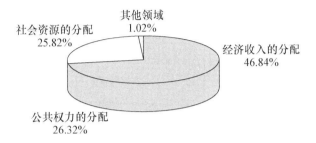

图 36

在"您认为如何改变社会不公现象"的调研中，选择"进一步加强和完善各类制度建设"的占82.24%，其次是"加强舆论监督"（67.65%）和"加强程序公正建设"（65.31%）（见图37）。可见人们对制度规制的期望，也说明在人们心目中，许多问题是由制度不完善和管理不严格等造成的。

在"您认为是哪些人群在社会道德风气方面起了不好的影响作用"的调研中，选择"部分有特权的官员"的占86.43%，位列第一（见图38）。

您认为如何改变社会不公现象
（选三项并排序）

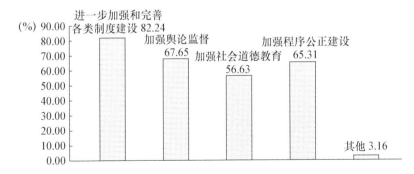

图 37

您认为是哪些人群在社会道德风气方面起了不好的影响作用
（可多选并排序）

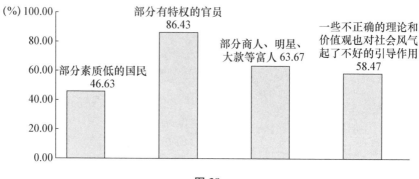

图 38

（20）在"您对当前我国媒体履行社会责任和公信力状况是否满意"的调研中，认为"满意"和"比较满意"的仅为 24.69％，而选择"一般"、"不太满意"和"很不满意"的则占 75.31％（见图 39）。

您对当前我国媒体履行社会责任和公信力状况是否满意

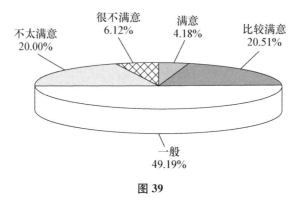

图 39

（21）在"您认为目前我国媒体的问题突出表现为"的调研中，选择"媒体公信力不够"的占 66.22％，选择"商业广告太多"的占 64.69％，"关注民生不够"排第三，占 50.31％（见图 40）。

您认为目前我国媒体的问题突出表现为
（选三项并排序）

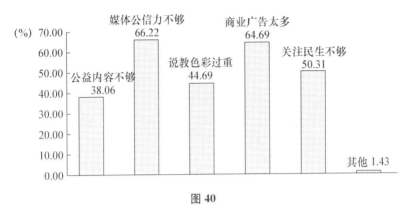

图 40

三

（一）关于中国当前社会心态的透视与伦理分析

民众社会心态是中国社会转型期的一个新问题。社会心态由于潜于深层，又长期未受到应有关注，在今天主体性越来越彰显的时代，民心、社会心态的正向建设力和负向破坏力都非常强烈，所以社会心态问题已经成为必须引起全社会尤其是决策者高度关注并着力纠偏、弥补和建设的问题。本报告关于社会心态调研的重点如下：一是"望闻问切"，摸清社会心态状况；二是"把脉诊断"，分析社会心态的背后成因到底是什么；三是提出对策性思考。

课题报告把测定社会心态的指标论域设定为压力感、安全感、心理失衡、质疑心态、无意义感、孤独感、焦虑感、社会怨气以及幸福感九个方面。

课题组通过各种调研资料和数据，对上述各类心态分别做了现象扫描和实质解读。如关于幸福感，调研显示多数人对生活的满意度相对较高，对身边他人的幸福感在增加的认同率也较高，但在另一对照问题"请选择您当前的幸福感程度"的调研中，对自我幸福的"主评"和对他人幸福的"他评"，存在一定差异。

调研中，绝大多数人认为社会普遍存在焦虑感，而"生存问题尤其是物质生活压力大"是人们焦虑的首要原因，位列第二的选项是"人际关系和社会竞争太紧张"，位列第三的选项是"精神空虚，缺乏人生意义感"。

我们对孤独感和社会归属感也做了专门调研，在相关题目测定中，12.55％的人和邻居"基本不来往"，6.12％的人和邻居"关系不好，有过纠纷"，44.29％的人和邻居"偶尔来往"，22.65％的人自认"很孤单"，12.96％的人感觉自己的归属感"越来越没有"，42.76％的人对归属感选择了"有时有，有时没有"。总体看，人们的归属感比较缺乏。而人非常需要社会归属感，如果社会不能提供足够的群体组织容纳他的归属需求，他就会产生孤独、无助、苦闷、焦虑甚至无意义感。当人不能平衡、适应生活环境时，心理学称之为心理失衡。人们在这样的心态感觉之下，很难有安全感、幸福感和人生意义感。当下诸多社会心态问题，如人生方向感不明、抑郁低迷、焦虑不安、怨气充斥、暴力冲动、高自杀率等，和很多因素有关，但和社会归属平台缺失、孤独感陡生关联更加密切。课题还对无意义感、社会怨气、信任危机与质疑心态做了调研。

报告着力在"为什么"的层面发问，努力找出问题症结所在，重点对造成这些心态问题的根源做了分析。一是社会转型期矛盾凸显引发了多样心态，转型期各种经济发展变量变化剧烈，政治结构、社会结构也在发生快速变化和重新组合，贫富分化矛盾开始凸显；二是公民也在转型，人们有了更多个人利益方面的追求和竞争，也对社会公共事务以及自我生活有了更多新的自觉，生活主体性、个体性表达开始变得强烈起来，精神领域也有了更为多样的价值取向和诉求，所以，当下社会矛盾多发，社会心态焦躁而复杂，和客观社会改变、生活压力有关，也和公民主体的觉醒有关；三是现代社会和市场经济解构了传统血缘社会、计划体制，随着社会结构和人际关系的"碎片化"，个体拥有了更多独立和自由，许多人成为原子化了的、没有归属和依赖的个体，一些人的孤独、不安和不适感也随之产生，形成碎片化后的"身份焦虑"和"自由的焦虑"，报告同时还对现实中存在的"找组织"和人际孤独现象做了相关分析；四是社会不公及腐败问题引发民众心态失衡；五是"鸭梨山大"下的心态失重问题；六是"精神世界"失落带来的无意义感问题；

七是社会制度缺失和失序环境带来的某些心态问题；八是理论文化环境跟进不力等问题。

报告在"怎么做"的环节也做了积极思考。一是解除生存焦虑，改善民生，缩小贫富差距；二是让制度促进公正与秩序，刚性规导要给力，公序良俗还需制度作为保障；三是必须重塑政府的公信力；四是社会归属感的交织构建，注重从家庭归属感建设、社区归属功能建设、单位组织的归属性建设、社会组织的归属功能建设等方面展开，还要注意"心理社群"的建构；五是积极建造中国人的精神家园和意义世界；六是幸福心态建设；七是反思并建构社会价值文化生态。价值观生态从社会理论建构开始，理论大众化是一种必要的国家能力，要借鉴他国润物细无声的"隐性教育"方式，主流价值观还要注意接大众文化之"地气"。在舆论规导方面，公众媒体应多双"慧眼"，在社会价值文化建设中、在社会心态的引导和建设中，发挥更多正能量。

（二）关于当前中国公务员道德状况及其伦理分析

报告从四个方面对当前中国公务员道德现状进行了调查，即公务员道德价值观、公务员道德规范、公务员道德品德与公务员道德文化。调研显示，在公务员行为选择中功利主义占主导地位，在某些领域，道德感、荣辱感、是非观念模糊成为当前公务员道德价值观念状况的基本事实和基本问题。关于公务员道德价值观的影响因素的调查说明：家庭教育、学校教育、政治和经济的发展都会对道德产生重要的影响；社会风气和腐败是对公务员道德产生负面影响的两大因素；权力腐败和贫富分化被认为是影响人们社会正义感、道德信念的主要因素。现实生活中，事实与价值、实然与应然之间存在较大反差，使公务员在道德选择中陷入冲突和困惑之中。

日前现有道德规范虽然比较完善，但可接受性和执行性并不是很理想，执行效果并不显著。调查显示，大多数公务员赞同对违反公务员道德规范的行为给予惩治，但以法律和行政命令的方式颁布伦理准则并不被公务员认同。把伦理领域的问题转到法律领域，以强制的手段解决伦理问题，这种策略不利于培养公务员的责任感。伦理准则并不仅仅要求简单遵从，还要求公务员在现实中做出判断，并为自己的决策担负主观和客观的责任——这是伦理准则与法律的区别所在。

在公务员道德品德层面，层级较高的公务员在行政活动中考虑道德因素较多，层级较低的公务员考虑道德因素较少。调查显示，对公务员职业道德的评价，公务员与公众之间也存在差异。

在公务员道德文化层面，组织文化与社会文化主流是健康的，但一些不健康、不利于公务员道德培育的文化正在侵蚀健康道德文化。组织文化中集团利己主义、作秀、唯上不唯下的文化正在取代传统的集体主义、谦虚谨慎、服务人民的文化；公众的监督意识、社会期望等有益于公务员道德文化养成的环境也正在改善。

公务员道德建设是一个系统工程，需要综合研究、综合治理、综合提升。报告在理论层面和实践层面，分别提出了公务员道德建设应加强的制度和文化培育机制。在组织策略方面，强调应重点发挥领导的榜样作用和正面激励方法，把道德管理、伦理培训与公务员发展结合起来。

（三）关于政府公共权力治理的调研分析

报告在各种资料和数据基础上，总结出当前我国权力腐败主要表现在以下层面："一把手"腐败现象；腐败主体趋向集团化或链条化；权钱交易与买官卖官现象；权力寻租与权色交易现象；高官落马与大案要案现象；基层政权腐败与乱作为现象。

报告从多维视角分析了权力腐败的成因。一是"官场文化"侵蚀公共权力机制，"官本位"思想严重，公共权力滥用或误用获得了官场文化的支持，使腐败等用权方式渗透到了某些权力行使者的观念和行为中，加之市场经济发展引发的功利心态，个别无德官员甚至以腐败作为默认价值观，羡腐心理膨胀。二是某些权力主体的自由裁量权限模糊，自我认知错位，而权力自由越位又缺少应有的监控和程序机制监督，造成对公共权力的滥用或误用，形成某些"特权"。在调研中大多数公众认为正是这些"特权"对社会道德风气产生了负面影响。三是制度存在"漏洞"与缺陷。很多权力运用问题可能处于法规制度的"漏洞"和罅隙中，对应于社会万象变化，完全依靠立法与制度解决公共权力行使的一切问题显然不够。四是机制存在"僵化惰性"与不足，对公共权力的使用与执行缺少一个长期监控和反馈的机制。权力腐败和官员德性相关，但关键在于社会制度的正当与严密。报告着重讨论了权力体制中存在的用人机制和监督机制薄弱的问题。五是结合公共权力具有的公共性、人民性、强制性、责任性、服务性、异化性，以及扩张性、交换性、工具性、等级性等特征，提出了公共权力治理的实践模式。

报告对公共权力治理提出了初步思考：一是以权力治理权力，提出政府内部的权力制约和分权制衡思路，使多主体之间的权力相互约束；二是以社会治理权力，发挥社会不同领域的力量，如民众、网络、媒体、其他政党团体等社会力量，对公共权力构成非强制性制衡，加强对公共权力运用的社会大众监管；三是以道德治理权力，加强政务诚信、商务诚信、社会诚信和司法公信建设，并通过道德教育、人才道德评价指标等方式，提升公共权力执行主体的道德自律；四是以制度治理权力，建构法制化、体系化、程序化的政府公共权力运行与治理制度；五是以责任治理权力，强化责任理念与建立问责机制；六是以制度程序治理权力，政府应以严密的制度程序设置对公共权力运行过程进行控制和监管，通过设置程序规定保证公共权力运行的正当性和规范性。

（四）关于他国伦理委员会建设经验及其借鉴

报告对其他一些国家建设伦理委员会的状况进行了总结研究，对我国构建伦理委员会及其程序正义建设具有非常好的借鉴意义。

目前世界上最典型的伦理委员会有医学伦理委员会、行政伦理委员会和企业伦理委员会。医学伦理委员会发展最早，功能相对突出，组织相对完备，主要包括以下几类：一是医院伦理委员会，它为医患间在医疗实践和医学科研中发生的伦理问题提供教育、咨询和指导；二是医学科研机构中的伦理委员会，主要对相关科研、试验计划的制订实施、成果发表等问题进行道德审查；三是政府及国际医学机构中的伦理委员会，主要对某些重大医学科研、卫生政策、法规等问题从伦理方面加以讨论和把关。行政伦理委员会没有确定的模式，是政府内外成立的针对有关政府官员的道德制定法规和标准的机构。以美国为例，有三种行政伦理委员会：政府伦理办公室，在行政运作中防止政府雇员的利益冲突和不当作为；立法机构伦理委员会，分为众议院伦理委员会和参议院伦理委员会；司法机关伦理委员会，制定司法机关公务人员行为守则，并提出咨询和建议。企业伦理委员会始于 20 世纪 80 年代，就机构而言，主要是公司的伦理委员会和伦理办公室。企业伦理委员会的设置要考虑到企业的不同情况，大型企业设置有公司伦理委员会，下面再设置相应的伦理办公室。规模较小的企业一般只在人力资源部设立伦理职位，由专门的伦理管理人员来制定和执行公司员工守则、培训并提高员工的道德水平以及处理公司不同级别的员工包括领导层的利益冲突问题等。

报告总结了伦理委员会的四大功能：咨询建议功能、审查监督功能、教育培训功能、规则制定功能。报告以科研机构伦理审查委员会为例，探讨了伦理委员会成员要求。伦理委员会一般由三类人组成：专家、普通民众和相关利益人代表。成员必须具备三种道德能力：无偏私、规则意识和责任心。在伦理委员会审查程序中，当事人应包含如下具体程序性权利：参与权、信息知情权、要求审查者中立的权利、平等对待权、要求审查者为决定说明理由的权利等。

中国从 20 世纪 80 年代起在一些领域引进伦理委员会机制，经多年发展有的领域已具较成熟形态，但整体看，中国伦理委员会的建构还有不少缺陷：一是发展不均衡；二是伦理委员会的功能没有得到有效发挥，缺少制度性保障；三是伦理委员会建构机制的研究在我国还没有得到充分重视。

伦理委员会是程序公正建设的一部分，也是民主法制社会必要的机制和环节。我国应尽快关注伦理委员会的建设问题，通过制度设计与创建，逐步建立起伦理审查监督机制和问责机制，制定专门的伦理审查法律，规范伦理委员会的设立和运作，让伦理委员会在各个领域建立起来并发挥作用。

（五）关于我国食品安全问题的伦理反思

当前食品安全问题越来越成为我国的一个重大问题。食品安全问题是社会道德状况的一个缩影。报告从伦理角度分析了我国当前的食品安全以及其他产品安全问题，同时提出如何解决我国产品安全问题的参考建议。

食品安全问题是世界性问题，我国目前的状况尤应引起关注。报告重点分析了食品安全道德问题产生的成因。问题成因是多方面的，从食品原料到消费，每个环节都存在道德缺失问题。转型期的中国社会转向以经济建设为中心，这一转变激发了人们追求财富的动能，从而加速了经济社会发展。但同时，在现实层面和价值观领域也出现了一些偏移和错位，如价值标准、评价体系趋于功利，诚信缺失普遍化等。这些现象在一定程度上导致道德与法律在人们的行为规范中失去了应有的尊重和约束，食品安全以及其他道德失范问题也表现出多发状态。企业社会伦理责任缺失、政府行政机制中伦理缺失、科学技术市场化过程中的伦理失范、某些媒体市场利益与道德责任的失衡等，这些都是必须重视的社会道德问题。

食品安全问题和市场主体有关，只有企业、政府、消费者、科技人员以及媒体等利益相关者高度重视食品安全问题，加强制度监管链条的建设，自觉履行食品安全的道德责任，才能杜绝食品安全事件的发生。也要加强制度监管建设，政府必须坚持以人为本，从伦理层面健全行政监管体系，发挥法规扬善惩恶功能。同时，还要提高消费者的道德主体意识，形成强大的大众市场监督力量，积极维权，督促、引导企业生产追求质量安全，提高科研人员的道德职责意识。总之，发挥各方制约力量，积极发挥第三方力量的作用，如公共媒体、行业协会、非政府组织、社会检测机构、食品安全监督的民间组织等，在全社会构建层层监管防线，才能确保食品安全。

（六）关于当前中国传媒责任与职业道德状况研究

直击当今传媒领域道德问题，挖掘问题成因，理性面对发展困境，为打造负责任的传媒业提供某些思考是本报告的目的之一。

媒介化社会给社会带来诸多福音，也带来诸多问题，表现如下：媒体政治属性式微；媒体在公民政治参与过程中权利异化；媒体政治宣传不能与时俱进，且媒体政治责任感不强，其政治宣传缺乏"受众观"；传媒"双重体制"身份，不仅导致传媒改革陷入瓶颈，也会因路径依赖产生更多既得利益集团；过度市场化带来道德风险和媒体公信力缺失；传媒消费主义对消费文化的过度传播；"愚乐世界"、"三俗"风盛行；传媒后现代主义对传媒价值观的消解；一些传媒"助推"风险化社会感受；传媒公共利益角色缺位，传媒职业道德状况令人担忧。

反思当前大众传媒责任失范成因，有如下几个方面。一是媒介化社会来临，新媒体如"双刃剑"，推动了民主政治进程，也易诱发网络群体极化；加强了舆论监督，也促发了网络暴力；加快了网络商务发展，也形成了灰色利益链条；丰富了人们的文化生活，也造成了低俗文化的泛滥；带来了社会交往的便利，也出现了侵犯权利的现象；拓宽了信息获取的渠道，也导致了虚假信息的滋生和蔓延；培养了公众主体意识，也形成了部分极端人格。二是改革中出现的某些传媒转型代价，政府、市场、社会、媒体责任关系的某些失衡，影响了传媒市场化发展。三是当前中国传媒发展存在缺陷，如责任制度机制和相关法规缺失；传媒主体角色不清，出现责任推诿或责任多头现象；传媒经济形态的改变使传统监管陷入捉襟见肘的局面；传媒责任伦理理论研究相对薄弱。四是传媒主体道德素质缺失，表现为主体责任意识淡薄、道德责任缺位等。

如何准确定位媒介主导地位、如何构建传媒责任，报告认为应从以下层面重点入手：深化传媒体制改革，创新管理体制；回归公共属性，明确传媒责任目标；加快和完善传媒法治建设；加强传媒责任制度构建；激活媒体内部问责机制；建立受众监督反馈机制，拓宽受众反馈渠道；加强公民德性的培养，新媒体环境下每个参与者都应对自身公民责任和社会义务具备清晰认识，并在媒介互动中发挥责任等德性力量。

结　语

无论在报告中集中捕捉了多少问题，我们都必须在宏观思路上有一个清醒的判断。目前存在着包括道德失范在内的诸多社会问题，有些问题还很严重，但要看到，许多社会问题已进入触底反弹的阶段，社会改革也渐渐进入"深水区"，越来越多的举措被提上国家各个领域和各个层面的议事日程，道德呼唤和道德实践者也越来越活跃。中国改革开放几十年积累了越来越多的经验、理性和制度体系基础，全社会上下尤其是决策层和社会理论层面已具有了越来越清醒的问题意识，十八大报告中也表达了执政党和国家深化改革、解决各种社会问题的决心、态度和承诺。在我们调研中设置的"您对我国社会道德建设前景的态度"的问题，被调查人群选择"非常有信心"的有 7.96%，选择"比较有信心"的占 39.08%，选择"说不清"的占 5.10%，选择"一般"的占

36.74%，选择"没有信心"的只有 11.12%。可见大多数人对我国道德前景还是比较有信心的。我们也仍需做更多努力，以使那些选择"一般"和"说不清"的人增强"信心"。

十八大报告已经根据社会现实问题提出了新的"五位一体"发展布局思路，可看出举国上下越来越具有对中国社会发展的自觉，当然也有越来越坚定的道路自信、理论自信、制度自信、文化自信。我们不仅要有不断增长的 GDP，也要有合理的 CPI（Consumer Price Index，意为物价指数），还要有自尊自信、理性平和、积极向上的社会心态，更要有加强道德建设、提升社会风气的信心、努力和具体举措。坚持依法治国和以德治国相结合，推进公民道德建设工程，加强社会公德、职业道德、家庭美德、个人品德教育，弘扬中华传统美德，弘扬时代新风。目前，中央领导已从新政新风开始为全党全社会带了好头，相信在"五位一体"发展思路总体部署下，在全社会上下的齐心努力下，诸多社会问题包括伦理建设在内会得到综合解决，唯有如此，社会道德现象才会蔚然成风！

第十一章　中国当前社会心态 透视与伦理分析*

　　中国经济和社会发展至今，政治、经济、文化、社会、生态等各方面都发生了巨大变化，也给我们提出了许多时代问题：这是一个怎样的时代？这个时代的生活和大众心态呈现出什么样的特征？我们该如何看待这个时代？应该说，中国一直在贯彻"两手抓""五位一体"协调发展思路，从目前道德热点引发的社会讨论看，公众对社会问题的基本判断和价值诉求主流是健康的。但社会中确也存在许多问题，《人民日报》曾发文指出："市场经济的冲击余波未了，全球化、民主化、信息化的浪潮又不期叠加。分配焦虑、环境恐慌，极端事件、群体抗议，百姓、社会、市场、政府的关系进入'敏感期'。"事实上，引发各种关系进入"敏感期"的，以及我们看到的许多道德失范问题、群体冲突问题，还有党群、政民之间的不信任、怨气和矛盾问题，背后都有复杂的社会心态在起作用。如何看待道德现状、如何解读当下复杂的社会心态，道德"社会病"症结何在、如何治理，社会心态如何疏导和培育，都是我们必须思考和回答的问题。十八大报告在"五位一体"总体布局中，特别提出要注重人文关怀和心理疏导，培育自尊自信、理性平和、积极向上的社会心态。应该说，中国社会心态现状是一个亟待调研和重点关注的问题。

---

　　* 本章内容原载于《中国社会道德发展研究报告 2011—2012》（中国人民大学出版社，2013）。

一、现实扫描：中国当下社会心态状况

（一）论域锁定：社会心态如何反映和测定

社会心态是一个多样、复杂的大问题，心态现象更是数不胜数，如何把握，需要厘清若干"问题域"或测定维度，在这里我们把测定社会心态的指标论域设定在以下几个维度。

1. 压力感

在网络语境中也被描述为"亚历山大"或"鸭梨山大"，压力来自物质层面也来自精神层面，还来自攀比后的"计较性"对比。

2. 安全感

多数人对食品缺乏安全感；许多人不仅在生活质量、安全方面有隐忧，对人际关系也有不安感；穷人有温饱和老有所依的安全需求，富豪被"仇富"情绪裹挟，有更复杂一些的安全感问题，不同阶层有不同的安全感节点。

3. 心理失衡

集中体现在网络语言中的"羡慕嫉妒恨"，更普遍的还有"仇官"和"仇富"心态。

4. 质疑心态

逢官必疑，老百姓成"老不信"，与之相伴的是普遍的防备心理，折射出社会中存在着相当多的信任危机。

5. 无意义感

生活目标不明确，人生意义迷茫，许多心理疾病、精神疾病，甚至让人触目惊心的自杀问题，都和生活中的无意义感相关。

6. 孤独感

社会归属感缺弱，身份失落和焦虑，阶层自我认同偏低，无助、抑郁或偏执，自发"找组织"现象，都表现了市场经济下社会中"原子化"个体的社会组织归属需要。

7. 焦虑感

与"鸭梨山大"、社会信任感低、无意义感、孤独感同源，上述原因都会引发人们的焦虑感。

8. 社会怨气

表现为激愤、怒气与泄愤，网上抱怨、牢骚、"吐槽"盛行。有文章问："中国人为什么那么爱生气？"也有网友发表意见说："网上戾气太重。"就连一些文人，也开始斯文扫地地"约架""砸场子"，网络暴力"从线上打至线下"，除此之外，现实中种种"医患冲突""劳资冲突""群体冲突事件"，以及"仇官""仇富"心态，怨气比比皆是。记者采访一位路人对油价调整的看法时，该路人因一句"我能说脏话吗"，被网友封为"愤怒哥"而走红。"愤怒哥"的走红表明，他的心态和民众对很多事"无话可说"的怨怒心态产生了共鸣。

9. 幸福感

"幸福指数"近几年成了各地各级政府发展目标和政绩中的关键词，说明社会生活目标已超越温饱开始向"幸福"进发，大家也认可物质生活水平提升了，但许多人的幸福感不升反降，也反映出复杂的社会心态。

总之，我们认为上面锁定的这些心态维度，可反映当下社会心态的基本状况。我们课题研究的重点问题有三：一是"望闻问切"，把握社会心态整体状况；二是"切脉诊断"，分析社会心态因素与诸多社会问题的因由关系，分析造成这些社会心态的成因到底是什么；三是提出问题的解决思路或开出初步"药方"，更多思考问题意识下举国上下究竟应该怎样做。

（二）社会背景：道德"天平"有所失重

近年来相继发生的"毒奶粉""瘦肉精""地沟油""注水肉"等食品安全事件，显示出社会道德严重失范，劣质的水泥、沙料、钢材和工程，造就了"桥垮垮""楼脆脆""路塌塌"等新概念，与此同时，"低信任度""腐败""道德冷漠""潜规则""学术不轨"等各种热词不断刺激着人们的眼球。而"小悦悦"遭遇冷漠路人、老人倒地不敢扶、电信科技成欺诈"帮手"、利益链条背景下群体造假与规模作案，更让人感到社会道德在发生"失重"。一些人缺乏他人意识和责任意识，"以人为本"在他们心目中落实为"以我为本"，呼吁权利的同时，忘记强调自我的责任；也有人做缺德事脸不红心不跳，不再有心理障碍和良心自责，只要能赚钱，只要能成名得利，一切皆无不可！当社会道德失重，缺德现象不再是"个别"，这个社会一定会出"问题"！

当然也应看到，一方面是无德之人、缺德事件在刺激人们的良知神经，另一方面也有大量有识之士、有德之人，痛心之余在为社会缺德现象进行"道德救赎"，他们在灾难来临时表现出的社会良知，也在积极构筑另一道社会道德的美丽风景，"最美妈妈""最美女孩""最美交警"在编织中国社会中的"最美"现象，志愿者行动、慈善组织、助人为乐与道德力量也在到处生长。我们看到了社会道德、公民素质和社会健康心态的发展、成长，但也应充分估计和认识道德失范问题的严重性。所以，社会心态问题已成为一个必须引起全社会高度关注并着力纠偏、弥补和建设的问题。

（三）网络热词折射社会热点和民众心态

"网言网语"既是互联网时代的语境表征，也是民众心态状况的一个晴雨表。这几年网络上开始多了"年度热词"，一些词语在千言万语中"脱颖而出"被推选为年度流行热词，绝不是简单和偶然的。

在2011—2012年各种版本中的"年度热词"中，出现频率较高的大致有如下热词："伤不起""鸭梨山大""坑爹""羡慕嫉妒恨""神马都是浮云""围观""高铁体""咆哮体""你懂的""亲""肿么了""有木有""杜甫很忙""包大人很忙""躺着也中枪""逆袭""高富帅、白富美""约架""吐槽""给力""hold住""正能量""元芳你怎么看""你幸福吗"，等等。一些网站还推出了以事件为主的"热词"，如"表叔""房姐""郭美美""晒三公""官微""故宫十重门""PM2.5""地沟油""楼脆脆""桥垮垮""小悦悦""乔布斯""占领华尔街"等。

不要小看这些"热词"，每一个热点概念的出现，都有它必然的社会原因。在网络语境中，我们社会当下的几乎所有问题和心态特征，都以"热词"方式被凸显出来。

（四）幸福感现状扫描

《幸福了吗?》，著名主持人白岩松一本著作的题目所表达的主题发问很有代表性。我们在课题2012年12月的最新调研中，特意设置了一些有对比度的问题，比如，在幸福感问题上，设置了"与三十年前相比，您身边人的生活幸福感增加了吗"的调查问卷，13.88％的人选择了"明显增强"，46.63％的人选择了"有所增强"，11.02％的人选择了

"没有变化"，20.31％的人选择了"有点降低"，8.16％的人选择了"明显降低"。结果显示，认为他人幸福感增加的占多数。

还有一些对照问题，比如"您对自己的当前生活是否满意"，12.35％的人选择了"满意"，28.98％的人选择了"比较满意"，43.27％的人选择了"一般"，8.16％的人选择了"比较不满意"，7.24％的人选择了"不满意"。调查结果显示，人们对生活的满意度相对高于不满意度。许多人也认为改革开放后人们的物质生活和娱乐休闲生活水平得到了极大提高。

而在另一个对照问题"请选择您当前的幸福感程度"中，9.18％的人选择了"幸福"，18.27％的人选择了"比较幸福"，24.35％的人选择了"比较不幸福"，9.09％的人选择了"不幸福"，还有29.07％的人选择了"一般"，10.04％的人选择了"说不清"，其中的意味值得分析。幸福还是不幸福，相当多的人选择了不明确的表达，说明这些人认为自己不属于不幸福的群体，但又没有感觉自己属于较幸福一类，其中存在着复杂的心理权衡因素。

对比以上三个问题，一是说明所有的人或分化为不同阶层的人，对幸福的感受和标准是不一样的。二是表明在人们的心态认知上，认为改革开放以来人们的生活水平和幸福感比以前还是有提高，但没有达到自己所期望的幸福程度。三是表明人们对自我幸福的"主评"和对他人幸福的"他评"标准不同，从中还可延伸出对幸福感的更多理解：与他者对视评估也可成为关于自我幸福的一种标准，在比较评估中，人人都有不幸福的理由，"但在彼此对望中又都是幸福的'他者'"。用两种指标分别来看自己和看他人，这也是造成人们心理不平衡的一个重要原因。但延伸出的意义是，它反映出人们对自我的"幸福期望值"往往会更高一些，且人们的不幸福感许多时候和切身体验有关。实际上，每个人在他人眼中都属于"比自己幸福"的人，"幸福在他处"和"熟悉的地方没有风景"是一个道理，属于自我和他者比较的心理学原理。如果了解了这种自我评估和他人评估的差异性，知道每个人在他人的幸福评估中分值都比自我高，依次类推，自己在他人眼中也是更幸福的，这可能也有助于更好地寻求一些心理平衡。四是说明随着物质生活水平的提升，人们的幸福感并没有得到同步提升。

总的来看，幸福指数已成为各级政府的施政诉求，但如果社会心态失衡，处处是怨气或"羡慕嫉妒恨"，又谈何幸福感？专家表示，近些年人际冲突频发，暴力事件增多，与背后人们的消极社会心态关系密切。从心理学角度说，社会转型期矛盾多、问题多，如不及时解决，人们的幸福感当然就会大打折扣。

（五）焦虑感状况扫描

社会焦虑，主要是指社会成员中普遍存在着一种紧张不安的心理状态，近些年成为越来越频繁出现在我们眼前的一个词语。在我们2012年的最新调研中，当问到"您认为社会中人们存在焦虑感吗"，66.02％的人选择了"普遍存在焦虑感"，22.35％的人选择了"部分人有焦虑感"，只有6.53％的人选择了"多数人生活安定、幸福，没有焦虑感"，5.10％的人选择了"说不清"。

可以看出，绝大多数人认为社会中存在社会焦虑感。问卷中我们跟踪问及"您认为当今社会人们焦虑的最主要原因是"时，86.94％的人选择了"生存问题尤其是物质生活压力大"。在另一个题目中，这方面的担忧再次得到了印证：当问及"物质生活达到一定满足后，您最关心和期待的问题是"时，列第一位的是"养老、医疗、教育、就业等问题得到更好的解决"（83.88％）。从中折射出"养老、医疗、教育、就业等问题"仍是大多数人排在首位的忧虑，市场经济机制使这些人生大问题和钱的实力挂钩，如果让个人全部承担这些负担，将会增加人们的不安和焦虑感。这说明国家、政府和社会必须考虑如何解除民众的生存后顾之忧，加快完善社会保险制度，解决"看病难、看病贵"、"养老困境"（中国已进入老龄化社会）、"教育不公平"等问题。

关于"您认为当今社会人们焦虑的最主要原因是"的问题，列第二位的选项是"人际关系和社会竞争太紧张"（81.22％），列第三位的选项是"精神空虚，缺乏人生意义感"（63.78％）。可见，人际压力、孤独感、无意义感，也都是引发当下中国人焦虑的原因。

（六）安全感状态扫描

处于剧烈变革期的中国，许多问题变得不确定，从生育到养老，从物价到政策，人们处在变化和担心之中。从食品添加剂到空气质量，从药品安全到电信隐私安全，从教育问题到养老问题，从衣食住行到人际信任，从"彭宇案"到"小悦悦"事件，从幼儿园虐童和砍杀事件到环保群体冲突……这些问题尤其是一些恶性或极端的事件、消息，在信息化社会和现代媒体中被自觉或不自觉地放大后，也使不断受到事件、消息刺激的民众，产生危机四伏的不安感。

如果日常生活环境的体会、耳濡目染的社会信息，都让我们感到整个社会氛围变得不可信，感到人际的功利和乖戾，我们的内心必然会受到莫名的冲击，防备、不安也会转变为一种日警夜防的压力。而生活中原有的各种压力，都会直接或间接地转化为某种忧虑和不安感。再加上传统价值底线被冲破，原有价值观变化，旧的被打破，新的又没有完全建立起来，价值观念多元多样，也会让人们产生无所适从的不确定性和不安感。

（七）孤独感状况扫描

人本来是惧怕孤独的，因为人是社会性动物。唯有与他人或一定群体建立了关系，人的身心才会具有归属感。归属感对人很重要，有了归属感，才不会孤独无助、无所依靠。中国传统文化讲究"安身立命"，有了某种归属，心才会有所定，精神才不再漂泊，"立命"问题也就解决了。事实上社会归属是通过多个层面体现的，包括你的国家，你的民族，你的乡土地域群落，你的文化社群，你的家族、家庭，你的朋友，你的职业、单位，你所在的种种社会或民间组织。在灾难中，中国人感受到人间大爱和国家的力量，感觉到"在我身后有一个强大的祖国"，这就是归属感给我们带来的安定。

但在现代市场经济社会进程中，中国传统血缘关系社会被市场社会解构了，"后单位时代"又终结了计划经济条件下人们"单位如家""爱厂如家"的归属感，人变成了原子式的个体，个体化的社会环境以及利己主义取向在许多时候和许多领域使一些人陷入无归属、无助的孤独境遇中。人是社会性动物，"人在其本质上是一种社会性综合"，如果社会不能提供充足的群体、组织、平台容纳其归属需求，人们就会产生孤独、无助、苦闷、焦虑甚至无意义感，就会感到无所适从。

随着现代化和城市化进程的加快，人们的生活方式和居住环境也改变了，社区化尤其是新型商业化物业管理模式的出现，使许多社区成了仅供人们居住而缺少社会交往结构的楼群居所。有的社区住户相邻但"老死不相往来"，都说"远亲不如近邻"，然而很多人感觉当今社会邻里关系越来越冷漠了。

2011 年《中国青年报》社会调查中心通过民意中国网和搜狐新闻中心，对 4 509 人进行的一项调查显示，40.6％的人不熟悉自己的邻居，其中 12.7％的人"根本不认识"自己的邻居。调查中，80.9％的人感觉与十年前相比，当下的邻里关系越来越冷漠了。当下邻里关系变得冷漠的原因是什么？排在前三位的原因依次是："人们对陌生人的戒备心理增强"（52.0％）、"居住环境改变，邻居难得见面"（43.0％）、"人们越来越重视隐私了"（41.6％）。其他原因还包括"人们更看重物质，无暇顾及邻里情感"（38.7％）、"工作压力大，无暇顾及邻居"（36.9％）、"现代人流动性加快，房子经常换人"（35.1％）、"社区活动少"（26.5％）、"物业等服务机构兴起，邻里互助需求减弱"（18.9％）等。①

徐惟诚先生在一次调研座谈会上说，社会在巨变，现在社会主体"人也变了"，温饱满足后的精神需求、心理需求也在变化。如何应对改变后的人及其生活方式，如何给市场竞争中的原子个体应有的社会组织归属、解除人们的孤独感，是转型期社会特别要关注的问题。

（八）无意义感状况扫描

近些年心理学家在我们的社会中越来越重要并稀缺，媒体上的各类心理访谈节目也成了收视率极高的节目之一。心理学家问："中国病人为什么越来越多?"他们所说的"病人"并非指患有生理疾病，而是心理或精神疾病。"鸭梨山大""郁闷""焦虑""伤不起""没意思"等被人们越来越多地挂在嘴上或成为流行热词。富士康员工"连连跳"的可悲遭遇更是勾画出了一组不堪世事决绝离去的自杀群像。一些极端恶性事件，如"马加爵案""邱兴华案""药家鑫案""幼儿园惨剧"、上海机场儿子刺杀母亲事件等，都有心理或精神疾病的因素在其中作乱。自杀率问题中还包含着"向低龄化发展"的问题。

在第九个"世界预防自杀日"来临之际，记者采访了相关部门，负责人表示，自杀已成为我国人群第五大死因，是 15 岁到 34 岁的青壮年人群的首位死因。② 心理学认为导致自杀的精神或心理原因有多种，但

---

① 韩妹. 80.9％的人感觉邻里关系越来越冷漠. 中国青年报，2011－11－22. http://zqb. cyol. com/html/2011－11/22/nw. D110000zgqnb_20111122_3－07. htm.

② 徐晶晶. 中国成为高自杀率国家　每年约有 25 万人死于自杀. 北京晨报，2011－09－09. http://news. sohu. com/20110909/n318826191. shtml.

排在第一位的是抑郁症。大多数走上自杀绝路的人都伴有抑郁、焦虑、孤独、恐惧等心理障碍，这已成为众所周知的常识。但还有一个最关键的因素，就是精神空虚和人生意义感的混乱、缺失。忧郁也罢，焦虑也罢，都和无意义感连在一起。一个人如果精神空虚，找不到生活的意义，就一定会抑郁苦闷，最终会失去生活信心，引发悲观厌世情绪。中国经济高速发展数十年，成就瞩目，人们的物质生活水平也得到了极大提高，但如果物质富足后陷入拜金主义、物欲追逐中，就会遭遇"意义世界的失落"而充满空虚和无意义感。如何在全社会建构精神的价值意义世界，对国家、对个人都十分重要。

（九）社会怨气状态扫描

近些年我们都能感觉到，社会中尤其是网络中表露出的怨气、怒气越来越大，社会冲突似乎也多了起来，从商业纷争、医患关系不和谐到各类群体冲突，从个人恩怨到家庭不和，亲情友情消失，纠纷反目常见。《法治在线》和《调解室》之类的节目几乎成了调解纠纷和普法的专用平台。人们渐渐发现，社会中人们脾气越来越暴躁，有矛盾动辄用暴力解决，从"医闹"到打死小偷、打伤日系车主，从底层人际暴力到文人"约架"，甚至有人会为"抢座"等小摩擦而伤人乃至杀人。网络推选的"伤不起""吐槽""羡慕嫉妒恨""咆哮体""灭门""躺着也中枪""我能说脏话吗"等年度热词，也透露出民众身心疲惫，怨恨和愤怒情绪需要发泄。

社会怨气大，原因很多。社会不公引发的不满，社会低信任度以及假冒伪劣产品引发的不安、失望和愤怒，还有孤独心态引发的冷漠与防备心理，导致有些人对他人和社会缺乏友善、耐心，对生活失去信心，在最后的孤独中，一些人走向抑郁甚至自杀，一些人自暴自弃或铤而走险，还有一些人会遇到甚至是寻找"岔口"来发泄心中的愤懑。所以，社会怨气大很危险，会连带出其他公众心态问题。如幸福感在冲天怨气下会被消解，社会矛盾会在仇官、仇富情结下激发，心态方式凸显社会矛盾的同时，也会进一步激发更多的矛盾冲突。

生活中有抱怨，有"羡慕嫉妒恨"，不足为怪，人是有理由生气和有权生气的，但如果一味生活在怨气和仇恨中，久而久之会积累出不同程度的精神或心理疾病。"幼儿园惨案"等事件中，罪责者常以一种无端而又极端的病态方式发泄。而那些最终选择弃世而去的人，有些也和长期积怨或焦虑有关。

怨气和暴戾如果成为社会普遍的心态，对社会和谐稳定、国家发展、公民生活幸福而言就是极大的隐患。如一些普通的经济纠纷或刑事案件，甚至如飞机延误等状况，都能转化为群体冲突事件，这使得近十年来中国社会的群体冲突事件呈现增长趋势。群体性冲突和社会管理、执法队伍水平有关，也和社会怨气有关。相关调研资料表明，群体性冲突起因相当多为维权性事件，但这些事件中有些也存在着"非直接利益"的冲突，即其中掺杂着诸多由怨气、焦虑和不公感累积起来的负面情绪。有些人卷入某个目标事件后，会不自觉地激发出愤怒情绪并发泄，再加上群体情境的感染和激发，常会发生更过分的激愤行为。法国心理学家古斯塔夫·勒庞在《乌合之众》一书中说："个体一旦参加到群体之中，由于匿名、模仿、感染、暗示、顺从等心理因素的作用，个体就会丧失理性和责任感，表现出冲动而具有攻击性等过激行为。"[①]如果人们怨气满腹，"羡慕嫉妒恨"，外加失望，又谈何"同心同德""万众一心"？怎么指望让人们讲奉献、讲道德，和谐相处？现在社会信任度低，人际竞争激烈并深感"鸭梨山大"，党群关系、政民关系时有紧张，这些问题都和社会心态环境恶化有内在关系。

气由心生，中国人的心态似乎越来越浮躁了。凤凰网这样评论中国人越来越大的"火气"：随便一点小事儿，只要不合心意开口就骂、动手就打，当戾气成了习惯、成了自然，施暴者便容易误入"从武力中获得畸形宣泄"的歧途。[②] 这不是个别人的现象，而是集体无意识的急躁。

对此，全社会上下已多有关注，"社会心态"被写入"十二五"规划，媒体也纷纷开出专题栏目讨论国人的负面情绪和过激行为，为执政者应对复杂群体心态出谋划策。十八大报告把注重人文关怀和心理疏导，培育自尊自信、理性平和、积极向上的社会心态，作为大政方针中的任务之一置于国家社会发展布局中。期望全社会上下尤其是整个执政系统对社会心态失衡问题，给予更多重视和理解。

---

① 古斯塔夫·勒庞. 乌合之众——大众心理研究. 冯克利，译. 北京：中央编译出版社，2017：11.

② 中国人，你为什么爱生气?.（2012-10-18）. http://news.ifeng.com/opinion/special/shengqi/.

（十）信任危机与质疑心态扫描

"信任危机"在一些社会领域和生活中普遍存在，假烟酒、"毒牛奶"、"地沟油"、"美容米"，假证、假票、假药、假新闻，劣质的水泥、钢材和工程，屡屡发生的大桥、新楼垮塌事件，还有电信科技成欺诈"帮手"，亲人为争利反目成仇，不一而足。人们在问：我们究竟还敢信任什么？

信任危机引发的心理不安全感甚至恐慌，会激发压力、焦虑甚至暴力。心理学者武志红在一次媒体采访中说，从心理学的角度讲，某些事情发生时，会产生共振效应，你头脑里不知道发生了什么，但你的潜意识会跟着一起共振。这几年，这个倾向越发明显。我们的内心变得越来越焦躁，越来越不安，所有的食品都不敢吃了，人与人之间的信任也降到了最低。大家怀着强烈的不安全感，且人的底线被不断地一次次刷新，不安全感加上愤怒，处理不好，就会产生强大的攻击性。马加爵案就是一个典型。

此外，政府公信力也在面临种种挑战，表现为每每"事"起，公众就会质疑政府的应对方式和诚意，官方发布信息的权威性常受到质疑，民众舆论"一边倒"，而对腐败和渎职现象的痛恨，又加重了民众对某些公共部门或资源部门的"不信任感"。

相关民意调查中，民众对中央政府与地方政府的信任程度有所区别。2007年中国社会科学院社会学研究所对全国28个省市居民的随机抽样调查显示，民众对中央政府信任度最高，地方政府次之。绝大多数受访者表示相信中央政府，超过70%的受访者认为一些地方政府存在着"隐瞒真实情况，报喜不报忧"、不作为和乱作为的现象。

社会低信任度，"逢官必疑""腐败推定"的质疑心态，更使我们社会原本就不多的信任，陷入越质疑就越无可信的恶性循环中。

二、"社会心态病"症结何在

如何看待上述社会心态状况？造成这些心态问题的症结究竟在哪里？清楚成因，才可能"对症下药"，有效进行社会心理疏导和心态建设。

（一）"成长中的烦恼"：转型期"矛盾凸显"引发多样心态

许多研究表明，社会在人均 GDP 处于 1 000～3 000 美元的时期，是走出低收入国家并向中等收入国家迈进的时期，是各种经济发展变量变动最剧烈的时期，是城市化、工业化进程加速发展的时期，也是政治结构和社会结构发生快速变化并重新组合的时期。有研究强调，这一时期社会进入由传统社会向现代社会转型的过程。

这个结论是在国际经验基础上总结出来的。虽然不同国家在经济发展水平上存在着国情差异，加上美元汇率变动，价格数据会有偏差，不同国家在 1 000～3 000 美元阶段表现出的社会状况也有所不同，但大体看来，人均收入达到这个阶段，社会将进入转型期并相应表现出一些突出发展情况。因此一些学者把这个阶段易出现的问题和风险称作"中等收入陷阱"。

此时期的社会信用规模和状况与人均 GDP 存在密切关系。有人根据国际研究得出结论：人均 GDP 在 300～500 美元时，信用的作用还不十分明显；人均 GDP 在 500～1 000 美元时，信用被大肆践踏；当人均 GDP 达到 3 000～5 000 美元时，是整个社会信用的重整阶段。此时，社会诚信就成为需要高度警醒的问题。

此时期是贫富分化明显加剧的时期，两极分化矛盾开始凸显；社会大众的自我权利意识逐渐觉醒，差异性诉求增多，而传统特权秩序无论是制度主体还是制度客体，都还没有做好放弃特权、应对日益凸显的民主意识和诉求的准备，社会政治秩序也出现变化和矛盾。

这个时期也是生活质量标准主体性、个体性表达开始变得强烈的时期。经济学研究表明，人均 GDP 在 3 000 美元以下时，生活质量更多取决于物质，所以质量指数"与人均 GDP 的联系比较紧密"，而达到 3 000 美元水平以后，生活质量诉求多样化、主体化，物质决定关系就不再是决定性的了。这也是"物质生活水平提高了，但幸福感却不升反降"的富裕困惑的一个原因。

变革和变化既是发展的机遇时期，也是各种问题的多发期，人作为社会主体，必然会随着社会变动而在心态上发生共振，所以上述社会心态问题也是"成长中的烦恼"的一部分。

2003 年是中国经济增长的一个重要台阶，中国这一年的人均 GDP 跨过了 1 000 美元的平台，这也意味着中国进入了发展黄金期和矛盾凸显期。举国上下尤其是决策层开始从战略上高度重视"中国经济发展进入转型期"的问题。据报道，2008 年我国人均 GDP 已达 3 000 美元，所以有学者说，人均 GDP 3 000 美元的中国，开始进入了"社会风险高发期"。

首先是贫富差距带来的若干社会矛盾。关于一个国家的收入差距，国际社会多采用基尼系数来衡量其是否合理。基尼系数是一个 0 到 1 之间的数值，基尼系数越趋向于 0，说明收入分配越平均；基尼系数越趋向于 1，说明贫富差距越大。国际上一般认为，基尼系数在 0.2 以下为绝对平均，0.2～0.3 为收入差距偏小，0.3～0.4 为收入分配合理，0.4～0.5 为收入差距偏大，说明存在较严重的不公平，0.5 以上说明收入差距过大，0.6 以上表明已经出现两极分化。可见，基尼系数为 0.4 是收入分配公平与否的一个分界线，因此通常将其定为国际警戒线。

1978 年，改革开放之初我国基尼系数为 0.33，2006 年达到 0.46。① 在世界银行 2005 年发展报告中，中国基尼系数排位接近某些贫富分化严重的拉美和非洲国家水平。② 国家统计局公布的数据显示，自 2003 年以来，我国基尼系数一直处在全球平均水平 0.44 之上，2008 年达到最高点 0.491，之后基尼系数呈回落态势，2012 年我国基尼系数为 0.474，较上年略有下降，但仍高于全球平均水平。多年来我国基尼系数都在 0.4 警戒线以上，足以说明问题的紧迫性。值得注意的是，随着收入差距的扩大，财富差距即社会财富日益聚集应当引起更大的警惕，因为财富聚集会产生富者愈富、穷者愈穷的"马太效应"，从而加剧贫富分化。

更值得注意的是，贫富差距现象引发了社会心态的某些失衡。贫富差距扩大除了影响经济发展和社会和谐以外，还会引发各类社会矛盾和心理失衡，潜伏着影响社会稳定的风险。

除此之外，贫富差距如果使底层群体进一步"弱势化"，就会引发更多的社会发展成本。林毅夫在这个意义上强调："收入差距扩大是中国内部失衡的最重要表现，内部失衡造成了外部失衡，收入不平等也已成为影响中国经济可持续发展和社会长久稳定的关键因素。"③ "短板效

---

① 楼继伟. 关于效率、公平、公正相互关系的若干思考. 学习时报，2006-06-19.
② 樊纲，王小鲁，张泓. 收入分配状况与社会公共政策. 上海证券报，2005-12-26.
③ 徐佳豪. 林毅夫：收入差距扩大是改革最大成本. (2010-01-13). http://finance.sina.com.cn/roll/20100113/02047233363.shtml.

应"理论也表明，一个社会的稳定与否并不取决于经济增长速度和社会财富总量增加的状况，而是取决于社会底层群体的风险承受力和生活改善状况。幸福学研究者说："中国实现真正的幸福在哪里？在穷人的幸福里。这是在中国'普及幸福'的一条捷径，对以小康生活为起点的人而言，他们的收入对增加幸福的效应是会逐步递减的，而贫困阶层收入增加一些会使他们感到幸福了很多。"[①] 底层社会群体如果不能共享社会发展成果，会因为生活困境而对国家和社会失去信任与向心力，执政党以及国家和政府的社会基础就被削弱了。而由于太穷，这个群体缺乏生存空间和弹性，其温饱生存线的承受能力又太脆弱，于是社会冲突和危机风险就出现了——不在贫困中沉沦，就在贫困中爆发不满。底线的挣扎更易使他们对现有社会秩序产生不满。

现有的社会管理体制在一些方面不能完全适应快速的工业化、城市化、市场化、国际化和信息化的进程，出现了很多新情况、新问题、新挑战，旧的管理体制已不能适应新情况。转型期出现的贫富差距、生存困难等问题，若处理不当，就会激发社会危机。如近年来一些地方频发的群体性事件，起因多为劳资纠纷、城市化进程中由征地拆迁引发的社会冲突、由社会不公或以往改革中出现的下岗失业等问题引起的追溯性维权矛盾以及贫富差距拉大后的心态失衡等。

总之，这个时期容易出现各种问题或风险，如经济失调、社会失序、生活压力大、心理失衡、人际关系紧张、伦理失范、群体冲突时现、危机潜伏等。

（二）耗散结构理论视野下的社会转型期

转型期的特点之一是旧有秩序向新秩序过渡，其中有一个"由有序走向无序"的过程，在此过程中，无序—变动—不稳定呈现客观必然态势，这是一个必然的过程。不要接受不了"过程论"，更不要不允许说"过程问题"。在耗散结构理论视野中，社会变化就是从有序到无序再到新的有序的发展过程。

德国物理学家鲁道夫·克劳修斯首次提出"熵"概念，用来表示物理学上热量转化为功的程度。"熵"概念的提出，是 19 世纪科学思想的

---

① 刘耿. 幸福脆弱吗?. 瞭望东方周刊, 2010（50）: 14-17.

一个巨大贡献，据称它的意义可以和"进化"概念相媲美。普利高津根据熵原理提出了耗散结构理论，提出了"非平衡是有序之源"的著名论断。人们习惯地认同有序而反感无序，视无序与混乱为同义词。耗散结构理论则揭示了无序性也是世界构成和发展的一个本质要素。这一理论区分了"静态有序"和"动态有序"，强调事物通过物质和能量的交换而进化、发展。只有动态有序的事物才能够变化发展而不僵化在一个结构里。这一理论认为一种"活"的结构是需要不断进行交换的，依靠能量的耗散才能维持其有序状态。

耗散结构理论被从物理、化学、生物学延伸到了哲学、社会学领域。作为一种事物发展过程和规律、作为一种方法论，耗散结构理论强调辩证地、过程性地看待事物"从有序到无序"，又"从无序到新的有序"的发展状态。我们经常说面临危机也是面临机遇，讲的就是这个道理。

当下中国社会，就处于一种由计划经济向市场经济、由传统社会向现代社会、由农业社会向工业社会、由同质单一性社会向异质多样性社会、由封闭性社会向开放性社会的社会转型发展的历史时期。

关于社会转型期，曾经一度存在争论。有些学者主张要慎提"中国社会进入转型期"，有些认为中国的改革仍处在社会主义制度性质下，不存在社会转型。事实上，我们说社会进入转型期，主要指我国从社会生产方式、经济体制、社会内在结构，到人们的生活方式、精神文化、价值观念等各方面的转变。有学者指出，转型期一是指体制转型，即从计划经济体制向市场经济体制的转变；二是指社会结构的变动，其具体内容是结构转换、机制转轨、利益调整和观念转变；三是指社会形态变迁，即指中国社会从传统社会向现代社会、从农业社会向工业社会、从封闭性社会向开放性社会的变迁和发展。这也意味着人们的行为方式、生活方式、价值体系随社会发展而发生变化。

总之，社会从原有的"有序"走向新的"有序"过程时，会处于一种阶段性"无序"过程中，社会阶层和结构剧烈变化，社会政治、经济、文化等领域都发生深刻变革，伴随着社会矛盾的相互交织，社会问题也大量涌现。各种改制、变化，旧有的秩序走向耗散中的无序，使社会充满变数。

在经济体制转型初期，中国经济就出现了快速增长的势头，同时，在一些地区和领域也出现了经济发展过热和失调的现象。这些问题引起了研究者和中国政府的高度关注。温家宝同志在十届全国人大二次会议上所作的政府工作报告中，就列举了这些问题：农民增收缓慢，区域发展不平衡，资源环境压力增加，盲目投资比较严重，违法违规占用耕地现象比较突出，社会事业发展滞后，等等。研究者也指出，一些地方把"发展是硬道理"误解为"增长是硬道理"，GDP 成了一切工作的中心指标。在这个过程中，往往忽略了人，带来了贫富分化、社会不公等负面效果。应该说"GDP 崇拜"曾是世界上新兴市场经济国家的"共发症"。亚洲开发银行驻中国代表处首席经济学家汤敏曾说，中国改革开放最初若干年，一直奉行以经济建设为中心的路线，这也是大多数发展中国家为迅速摆脱落后状态普遍选择的道路。

中国政府也看到了发展中的问题。在 2003 年十六届三中全会上就提出，要坚持以人为本，树立全面、协调、可持续的发展观，促进经济社会和人的全面发展。这是国家决策层面首次明确提出科学发展观的概念。在第二年的政府工作报告中，我们也看到了中国经济将从高速车道进入平稳快速轨道的思路部署。2007 年的十七大报告，又进一步把科学发展观提高到同马克思列宁主义、毛泽东思想、邓小平理论和"三个代表"重要思想并列的理论指导地位，成为中国特色社会主义发展的新指导方针和战略思路。科学发展观内涵丰富，可用几个核心关键词来概括：以人为本、统筹兼顾、可持续发展。科学发展观在十八大报告中，作为中国社会"五位一体"总体发展部署中的指导方针，得到了执政党和国家更加自觉和具体的把握。

中国改革开放从"摸着石头过河"，到道路、理论、制度的自觉自信，有一个发展过程，也必须有这个发展过程。事实上，我们在历史态势上把握社会变化和发生的一切，包括"过程"中出现的所有"问题"，才是一种历史的、辩证的、哲学的态度，才会有一个新的思路视野和理论高地，才会拥有"战略上藐视""战术上重视"的胸怀和智能。

中国当前社会从生产力到生产关系，再到文化价值观和社会心态，都在发生转型，原有计划经济向市场经济转型，生产关系和分配关系在转型，阶层在分化转型，生活方式和文化价值观在变化转型，市场主体和公民主体也在转型、觉醒和成熟。社会转型不必担忧，令人担忧的是对这种转型变化视而不见或不愿正视。

（三）公民在转型：市场主体的觉醒和变化

中国改革开放进程中凸显的许多问题和矛盾，如幸福感不升反降、人际疏离、政民矛盾、社会冲突、心态失衡等，与社会机制发展不完善、不成熟有关，也与公民主体的觉醒和诉求多样化、个性化有关。人们的生活诉求多了，期望值、满意度标准也提高或多样化了，个性自由度提高了，而主体的某些"感觉"相对下降，也是符合逻辑的。

首先是市场利益主体的觉醒。市场经济促进社会成员个性意识、竞争意识和维权意识的觉醒，马克思在《资本论》中指出，市场中的商品交换体现着市场主体的意志，"每一方只有通过双方共同一致的意志行为，才能让渡自己的商品，占有别人的商品"，这种权利关系是由商品交换关系决定的，在商品交换过程中，"人们是作为这种关系的承担者而彼此对立着的"。① 这是市场关系中人的经济交往本质。路斯和莱法曾从博弈论逻辑出发，将其定义为："在两种可供选择的方法中，博弈者将选择能产生较合乎自己偏好结果的方法，或者用效用函数的术语来说，他将试图使自己的预期效用最大化。"② 这一特征决定了市场交换中的"经济人"总是自利的，他所追求的利益最大化是自己的利益最大化。按照经济理性的逻辑，某种手段如果更能增加个人利益，那么这种手段将会成为"经济人"的必然选择，即使采取的手段不道德。

经济理性与古典经济学的"经济人"假设相关。该理论认为人的行为核心就是追求自身利益最大化，"经济人"即使做出利他行为，也是因为经过计算认为利他行为所获得的收益会更大。如何在激烈的市场竞争中胜出，是每一个经济主体面临和关心的现实。

与市场经济发展相随，很多理论开始为个人利欲追求的合理性作辩护。孟德维尔的"私恶即公益"、爱尔维修的"合理的利己主义"、边沁的"道德算术"等理论，都随中国改革开放的大潮裹挟而来。此阶段的一些伦理学理论还为市场运作必需的社会条件如社会平等、法治、等价交换和信守契约等道德规则作了独特辩护，一些人在为"个人主义正名"，市场经济向个人行为提出的道德要求也得到讨论。理论的论证和辩护，使

---

① 马克思. 资本论：第1卷. 2版. 北京：人民出版社，2004：103.

② Luce R. Duncan and Howard Raiffa, *Games and Decisions*：*Introduction and Crititcal Survey*（New York：John Wilev & Sons），1957：50.

个人利益价值取向进一步合理化并深入民众，得到民众的支持和拥护。

显然，经济理性促成了经济繁荣，因为经济主体为了实现自身利益最大化，必须提高生产效率，尽可能提升投入产出比，从而增加国民财富。在经济理性的作用下，我国国民经济快速增长，人们物质生活水平稳步提高。与此同时，人的竞争意识、效益观念、财富观念也在变化，也就是说，市场主体在市场不断培育下，利益主体逐渐觉醒。需要看到的是，伴随着市场利益主体的觉醒，人们对自我利益有了更多觉醒和诉求。不光是经济利益，其他社会利益的权利意识也渐渐觉醒。"我"已经越来越成为这个时代的主语。

尽管无私奉献、积极工作仍然是中国社会的公认准则，但人们也越来越强烈地发出了重视休息权利的呼声。有学者也说，近年来中国传统诉讼观念已经发生了重要的变化，多数人已不再抱有"贱讼"和"耻讼"的观念了，我国公民利用法律保护自己的权利意识有了不同程度的提高。

在"碎片化"的社会，原子化了的个体越来越不满足于"被安排"的命运，他们希望过自己想过的好日子，过上令人羡慕的生活，希望得到他人的尊重与信任。国家也意识到了这一点，提出要让人民群众过一种有尊严和体面的生活。随着人们权利意识的提高，个体独立性也有了很大程度的提升。中国人的政治文化生活逐渐活跃并呈现多样形态。一方面是一些人明哲保身，对政治冷漠，计划经济时代对集体政治生活的热情淡去了，取而代之的是对自我利益和生存的关注；另一方面又有很多人表现出对社会公共管理的主体性，不仅关注自身的合法权利，也开始关心国家大事、社会热点问题，关注普通人的生活、生命和尊严，积极参与政治生活。社会改革也促使政府职能发生转变，由全能式"大政府"变成"小政府"，有媒体将2008年称为中国"公民社会元年"。在这一年，中国公民在大灾大难和大爱中，让世界看到了中国人的责任意识以及参与国家社会事务的自觉性。

中国人的主体意识是随着改革开放的发展而发展的。最早是媒体组织了关于"潘晓来信"的社会大讨论，在讨论中人们对人生意义做了新的思考。彰显主体性意识的"人性论""价值观"哲学讨论，也在学界和社会中展开，社会开始"讲述老百姓自己的故事"，人们开始"跟着感觉走"。一切都表明，中国人的主体意识随着市场经济的发展在不断觉醒和提升。存在主义的"我们"死了，"我"站起来了，其寓意正在中国社会现实中演绎着。

需要注意的是，权利意识的苏醒，使人们具有了更多对个人利益的追求和竞争意识，也对国家发展、社会公共事务以及自我生活状态有了更多新的自觉，在精神生活领域也有了更新、更多样的价值取向和诉求。一方面是利欲主义的蠢蠢欲动，另一方面是精神理想的坚守；一方面是集体主义原则的坚守，另一方面是个人主义的"正名"。英雄主义和平民草根情结不期而遇，精英文化和大众俗文化争夺市场，于是有人说这个年代的人是分裂和矛盾的。随着人们的"诉求"多样化，心理需求、价值观念也变化了。幸福感不仅建立在物质温饱基础上，幸福的标准也提高并多样化了。

在主体意识和个人诉求提高的同时，不满足感也在逐渐增加，而竞争意识和客观存在的竞争关系，在促进效率和财富的同时，也带来诸多利益矛盾和人际紧张。时下网络流行语所说的"羡慕嫉妒恨"，大概就表明了某种竞争关系和意识中的民众心态。

所以，当下人们的幸福感降低，社会矛盾频发，社会心态有些焦躁而复杂，不仅和客观的社会改变、生活压力有关，也和公民主体的觉醒有关。由"觉醒"变化带来的利益竞争和幸福感降低的问题，就有一定的阶段"相对性"了，在某种意义上，意味着小到生活情趣、幸福主张，大到国家发展、社会治理，中国人都有了更自我、更高的要求。人们的期望值和要求提高了，就会对现状产生不满甚至焦虑感。我们应该辩证地、过程性地、多视角理解和看待转型期的社会矛盾与心态状况。

（四）孤独感成因：社会碎片化解构人的社会归属感

"镜子镜子告诉我，我是谁"，这个寓言问题的哲学隐喻是对自己身份定位的发问。传统社会向市场社会转型的一个基本特征就是社会的"碎片化"。"碎片化"是后现代文化的一个关键词。其概念界定为：社会阶层的多元裂化，并导致大众个体化、个性化，价值观多元化，消费需求多样化、细分化，媒介小众化，信息零散化、非线性，出现"碎片化思维"。传统的社会结构和人际关系、文化价值和精神家园、话语方式和生活方式，都在变化中被碎片化了，人则在自由市场中被原子化、个体化了。"我是谁"的问题折射的是个体的人对社会本质或者说社会归属的诉求。

1. 社会结构的"碎片化"

现代化和市场经济进程中的利益分化、复杂化、阶层分化，文化市场开放，思想文化价值观多元化，形成了中国社会的"碎片化"。实际上，碎片化也是社会多元化、个性化的另一种指称。

现代社会首先对传统社会结构进行了解构。市场经济需要的参与主体是独立的、平等的和自由的个体，当市场经济来临时，人们从传统血缘和计划经济关系中解放出来，个体自由空间扩大，个人尊严和感性得到凸显，"为个人主义正名"的思潮出现。计划经济下的"单位人"或"公家人"转变为市场个体，以传统血缘为重点的人际关系转向了契约关系。

传统中国以血缘关系为纽带，以家庭为中心。传统人际关系重亲情和人际间的情感内容，随着社会经济的发展，"差序格局"的传统人际关系模式转变为"团体格局"的契约模式。当血缘的情感、人际关系被利益化后，人际间少了给我们温暖感和依赖感的情感归属，疏离、冷漠和孤独就会出现在我们的生活中。而人在远离故土、远离家庭和亲人，置身在陌生的跟自己没有关系的地缘环境和社会环境的时候，当感觉被朋友、组织和社会抛弃时，会产生自己的人生不知在何处的困思，也会发出"我是谁"的身份焦虑疑问。

信息时代的技术进一步强化了大众方式的碎片化进程。处在互联网中的受众，个体处理信息的能力，个性化的信息需求、信息传播方式甚至生活方式，都表现为碎片化状态。新媒体时代使每一个碎片都带有全新的信息，个体完全可以生活在自我和网络构筑的世界中，与那些不关心或想回避的议题相隔绝。"宅男""宅女"普遍化，社会人际关系随之弱化。宅在自己的世界中，只向自己喜欢和愿意接触的个性化世界深入，躲避在自己的虚拟世界里，认为信息时代提供的学习社会和虚拟世界完全能够让自己生活得"充实"。殊不知，在虚拟社会生活惯了的人，在现实生活中会出现许多问题。当虚拟社会的法则用于真实社会，就会出现"马加爵案"等事件，"虚拟婚姻"及其观念、"网瘾君子"的生活，在现实中给家庭、给社会都会带来各种负面问题。互联网中碎片化生活的"宅男""宅女"，好像是作为一个陌生人处于一个陌生的世界中，彼此隔膜，彼此孤独。

2. 碎片化后的"身份焦虑"

随着社会结构和人际关系的碎片化，个体越来越拥有更多独立和自由，各种传统的社会组织和群体，如传统的家族和地域共同体、计划经济时代的单位和组织，都瓦解了。而新社会组织、公民团体，还在零散生长，尚未建构起来。于是，在计划经济体制退出、人们获得身份自由"下海"弄潮的同时，许多人的孤独、不安和不适感也相随而生。市场竞争中一切都要靠自己，许多人被抛到市场社会中，成为独立自由的、原子化了的、无所归属和依赖的个体。"这种世俗时代的原子化个人，他孤独地面对整个世界，而这个外部世界，也主要就是一个以利益为轴心的市场世界，缺乏温情。市场的残酷竞争，使得原子化的个人，失去了任何共同体的保护，不得不独自面对一切来自社会的压力，而所有的社会问题也被化约为个人的生存能力，让个人独自去承担。在80年代，个人的独立曾经是人人羡慕的解放力量，而如今却成为弱势个人不堪承受的巨大压力。"①

在计划经济时期，从上学、工作、住房到医疗、养老，职工个人的生活总和一定的单位相联系，农民也与一定的公社、生产队相联系，人们都有基本的安全感和归属感。转型开始后，计划经济转向市场经济，社会整体利益结构开始调整分化，社会成员或群体的关系、位置也在市场经济中被重新"洗牌"。千万人下岗，分配制度、就业制度纷纷改革，"铁饭碗"被打破，来自工作和就业的焦虑迅速在全社会扩散。与此同时，城乡差别、户口、教育、社保等问题，都带来新的焦虑。人们生活的不确定性因素增加，在人们心中转化为一种压力或焦虑。

引发身份焦虑的因素还包括社会尊重的缺失。心理学认为人们往往在他人和社会的尊重中感受自己的位置与身份。原子化的个体被抛向市场社会后，原来的工人阶级"老大哥"的光荣消失了，代之以下岗工人的身份，随之而来的是失业、底层生活的困境、无助的生活际遇以及人际尊重的缺失。一个人如果仅仅是物质生活困难，尚好应对，而如果处处遭受他人和社会的"白眼"，得不到应有的尊重，他的挫折感、失败感、孤独感等，以及与社会身份需求相关的自尊，就会被激发出来。而自尊被反复、普遍打压的话，焦虑、不适甚至愤懑就会被激发出来。在心理底线弹性上，人可以忍受贫穷，但不能忍受人格屈辱。

虽然近些年全社会都在强调以人为本、社会公正、尊重人格，各级

---

① 许纪霖. 当代中国人的精神生活//唐晋. 大国软实力. 北京：华文出版社，2009：77.

地方政府都在强调并努力将公共服务覆盖更多外来人口，但无论如何，社会阶层分化和人群"排斥"现象并未从根本上改变。网上曾集中报道和讨论农民工坐公交车时面临的一些歧视。2012 年 7 月，江苏省南京市一辆 28 路公交车上，一吴姓男子因嫌上车的两位农民工身上汗味太重，竟赶农民工下车。采访中一位农民工说，已习惯别人躲闪。2012 年 12 月，重庆市一辆 825 路公交车上，一名穿着时髦的老太太呵斥身旁风尘仆仆的农民工："你穿得这么脏，就不应该坐公交车，应该自己走路回家！"指责其"影响市容"。好在当时车上其他乘客对这名老太太的话都感到愤怒，认为真正影响市容的是这名老太太。在这些事件中，农民工因生存条件和辛勤劳动而导致的尘灰衣装，会被个别人解读为"影响市容"，暴露了阶层分化后的人际歧视和不尊重人格。

在郭于华教授负责的调查报告中，新生代打工者中，58.4％打算未来留在城市而非回农村发展；48.7％认为自己是工人而不是农民；85.7％会上网，但年度结余仅 9 683.78 元。这些数据显示，今天的"农二代"渴望融入城市但不被接纳，在城乡进退之间，生活压力和身份焦虑愈加沉重。

农民工年年翻着花样讨薪，无奈之举背后有多少辛酸和艰难，农民工的权益在"讨薪"道路上被本末倒置，这样的处境除了"辛酸""愤怒"，如何谈得上有归属感、尊重感和幸福感？事实上，许多暴力事件或群体性冲突事件，原因复杂，有时也有久在社会底层被忽视、被屈辱、人格被压抑而激发出的愤怒。

尊严和幸福感密切相关，幸福感是衡量人生的重要标准，也是最终的标准之一。十八大报告指出要培育理性平和的社会心态，这和培育自尊自信的人格心态息息相关，在和谐社会建设中，在幸福感心态建设中，人际尊重环境和氛围的营造也非常重要。

3. 碎片化个体与"自由的焦虑"

"自由与焦虑难解难分"，这是存在主义的观点。存在主义认为人注定是自由的，人有认知、有觉醒就必定有自由，不是人选择了自由，而是自由选择了人。人就是在不断选择中不断成就自己的人生。人进行了选择，就要承担相应的责任，于是有人想要逃避自由。然而不选择也是一种选择，所以人不可能逃避得了选择的责任。逃避不了便会产生焦虑。克尔凯郭尔在《恐惧的概念》中认定，人如受到限制而不能实现选择目的就会产生"无法实现"的焦虑,而想要实现自己的选择和害怕实现自己的选择之间也会产生一种相互矛盾的焦虑。于是便有了弗洛姆所说的"逃避自由"。

在中国市场经济社会中也是这样,自由的个体变多了,但自由会带来另类的"自由的烦恼"。人们希望有更多的选择自由,但当社会体制改变了,给了人们更多的自由身份,也就给了人们更多的"责任自负"。有了更多选择,就意味着你要为自己的选择和未来的生存承担责任。事实上许多人在市场自由中获得解放和活力,创造了新的社会身份和生活境地,也有许多人感觉自己是被"抛"到市场社会中来,不论愿意还是不愿意,都得为自己的人生和生存负责。比如,"下岗工人"不得不另行择业,毕业生必须自己找工作,员工必须用心经营自己的工作岗位,所有人都得为生存、为发展而奔波劳作。市场经济打通了全中国甚至全世界的边界,人们可以走得更远、选择更多,但也可能因为被迫选择而不适应,从而产生焦虑。如果远离自己熟悉和依赖的社会归属(家庭、家乡、国家),就可能会产生不安和焦虑。

从心理学角度看,一个人感到和客观环境不适应时,就会产生焦虑。焦虑是一种心理不适感,在存在主义伦理学中这种"不适感"也被象征性地称作"恶心"。萨特甚至写了一部名为《恶心》的小说,来表达人在外部世界的种种不适感和无奈感。萨特认为人常常会无缘无故地被抛到世上。他曾在剧本《苍蝇》中写道:"一旦自由在一个人的灵魂里爆发了,神明对这个人也无能为力了。"

4. 社会归属解散后的人际孤独

人具有社会归属需求。心理学家马斯洛提出著名的需求层次理论,将人的需求分为生理需求、安全需求、社交需求、尊重需求和自我实现需求等五个层次,人的需求逐级递升,生理和安全的较低层次需求相对满足了,就会生成对高一层次需求的追求。该理论指出,人都有自我能力和成就得到社会承认的需求,无论是"内部尊重"的自尊,还是"外部尊重"的他人、社会的评价,都需要发生在社会关系结构中。这种尊重和自我价值实现的需求,在某些方面就表现在人对自己的社会位置和归属的确定上。

需求层次理论认为,社会归属的需求,即融入某些社会团体的社会需求,是人最基本的心理需求之一。这种社会感心理需求在哲学上被亚里士多德表述为"人是天生的政治动物"，离不开群体的、城邦式的政治生活。在马克思的理论中，则表述为人的本质在其现实性上是一切社会关系的总和，即人性本质就在于其社会性。中国儒家把人的本质定位为"性本善"之德性，人必须知礼义、知荣辱，生活在伦理关系中，否则就不成其为人。在仁义礼智信的核心理念中，也少不了"朋友有信"的原则，说明维系社会的重要原则中一定有一种是关于互助友爱关系的。儒家强调朋友之道的"友直、友谅、友多闻"，传统重友情的文化价值和社会氛围给了人们许多精神依归和支撑。如今许多人感慨，朋友称呼还在，朋友却无处可寻。

在我们课题组的问卷调研中，问及"改革开放以来，您的生活状况在下列各方面进步最小的是"，29.18%的人选择了"政治民主方面"，位居第一；位居第二的就是"人际友爱和互助关系方面"（28.37%）（见图1）。从这里可看出两点：一是人们对社会友爱和互助很在意，说明人们需要友爱和社会互助的氛围；二是人们认为改革开放以来社会在这方面进步还不够。

改革开放以来，您的生活状况在下列各方面进步最小的是

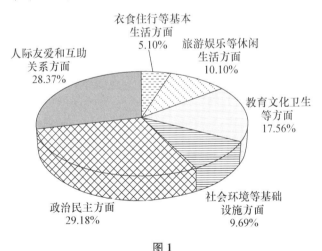

图1

许多时候我们需要友善和社会互助，需要对他人或一定群体的依赖，这种依赖或对友爱的诉求实际就是人的社会性本质的一种表达。友爱互助不仅能凝聚社会人际，也是支撑人的心灵世界、给人社会归属感的重

要因素和力量。人是社会的动物，离不开国家、社会等政治结构中的契约结盟，离不开市场生产和交换中的契约结构，也离不开市场"陌生人"中的合作伙伴。在道德和宗教中，这种社会归属感往往表现为人的情感依赖，即爱和友善。所以，爱和友善，就是人的社会本质在情感层面的表现，是人性中须臾不可或缺的元素。在这个意义上，有学者说，人际友善的匮乏显示的是伦理危机以及社会关系的竞争化、疏离化。

在我们课题组有关社会归属感和孤独感的调研中，在问及"您在现实生活中的社会（家庭、单位、某团队、某组织）归属感或依赖感怎样"时，只有21.63％的人选择了"有归属感，不孤单"，42.76％的人选择了"有时有，有时没有"，选择"越来越没有"的占12.96％，选择"完全没有，感觉很孤单"的占22.65％。以上数据表明相当数量的人认为自己生活中或多或少存在孤独感。一个社会，若有大量的人没有归属感或依赖感不确定，说明社会归属感严重缺位。

而当问及"在生活中遇到困惑和困难时，您是否想到找工作单位（学校）帮助"时，只有22.35％的人表示"会找单位或组织"，27.55％的人选择"不会，自己面对和解决"，37.65％的人选择"不会，依靠家人或朋友帮助"，还有12.45％的人表示"想找，但单位或组织不会管"。

而在"近年来您常参与哪类社会交往活动"的调研中，90％的人把"家人、朋友的聚会"摆在第一位（见图2）。在"您和您的邻居相处怎样"的调研中，则显示约一半的人和邻居相处不错。

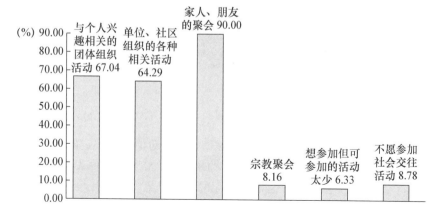

图 2

在"您认为当今社会人们焦虑的最主要原因是"的调研中,"生存问题尤其是物质生活压力大"(86.94%)位列第一,而位列第二的就是"人际关系和社会竞争太紧张"(81.22%),表现出人际不和谐或孤独因素在人们生活压力中的权重很大。而人际压力中就有孤独感以及社会归属感和依赖感相对有限的问题。从中也可反观出社会依赖感的缺乏。

值得注意的是,现实社会中还存在着"找组织"现象。如上所述,市场经济使传统社会结构解体,群体个体化,社会组织建设的缺失使人际产生疏离感,但人们需要社会归属感,因此能看到社会中有许多人在自发地"找组织"。例如家庭教会发展较快,据调查其参加者有"三多":白领多、单身人士多、女性多。家庭教会在某种意义上也是一种社会组织形式。白领多,意味着解决了温饱等物质生活的人群需要精神生活,寻找有精神信仰的生活,有一部分人找到了家庭教会这种社会组织形式。单身人士多,表明单身的人缺少家庭归属,转而寻找社会归属。家庭教会提供宗教的精神支柱,有的也有家庭般的温暖。调研中曾访谈过一些家庭教会人员,他们喜欢家庭教会的原因之一就是"有温暖""有互助""有亲情",一人有难,教友会共同帮助,且定期组织活动。一些被访谈者坦言是因被身边亲友带去参加教会活动后,感受人际温暖而加入。而女性多,则因为女性往往会有更多的"无助感",更需要寻找归属和依赖,更易在教会组织中找到温暖、归属和依赖。从这里可看出,我们的社会若没有提供这种"温暖""互助"的组织平台,人们就会自发地"找组织"。

我们还能从其他方面看到人们对社会归属和社群精神的呼唤与需求。从各种生活中的朋友群体,到形形色色的网络虚拟社区,人们在以各种方式寻求与他者和外界的联系,或寻求帮助,或相互倾诉,或在网络世界向社会展示自我才智和价值,或表达自己对他人以及社会公平正义的关切。总之,人们在广义的社会联系中寻找自己的社会位置和社会存在感,许多人是在"被他人和社会需要"的感觉上寻找幸福感和价值感。

一方面是孤独、寂寞带来的无助和无意义感,另一方面社会显示出自发的全体精神需求,而当下社会,许多领域和地方恰恰缺乏这种承载碎片化个体的社会组织平台。有调研说,大量新兴中产阶级和白领阶层自发自愿组织起来做公益活动,他们有更多的精神需求和社会价值实现的需求，许多志愿者组织演化为新型的"社会群体"。

人们的身份焦虑，往往通过自我在群体中的位置来寻求依赖和确定意义感。血缘关系和"集体"解体后，表面看是个体获得了更多自由和自主，但变成市场社会个体的人往往需要凭自己的力量而非群体力量，来独自应对各种挑战和压力。建构社会组织、提供群体归属感刻不容缓。

另有资料表明，一些地方、领域由于缺乏相应的社会组织，使一些新的市场群体或利益群体在进行利益表达时往往"找不到组织"，如很多外来工或农民工有苦无处诉，找不到组织表达。某城市的农民工人大代表说，工作和生活中感觉"心理压力大，找不到归属感"，"我们每天待在厂里，每天过的就是上班、吃饭、睡觉这样简单又枯燥的生活，在深圳找不到归属感"，"我们也买不起房"，"连孩子上学都有问题"，他们希望提高工资，社会能给他们多一点关爱。归属感往往和关爱相联系，没有归属的安定，没有关爱，人就会孤独，生活中就会有孤独、寂寞等人际压力。

有社会学研究者称失去社会归属的个体，面临的往往是一种"社会性的丧失"。人在社会中一定要有正常的社会关系和社会支撑群体，如上述农民工，如果是与亲戚、邻里、熟人一起外出打工，彼此可以相互照应和倾诉，在异乡也就能有"家"的感觉。若没有乡亲、亲友结伙外出打工，像在一些企业，即使同住一个宿舍彼此也无交往，遇到麻烦和苦恼其他人也不知道，可以说就没有正常的社会生活，处在"无根"的状态。

许多人际孤独、道德冷漠现象，跟一定"小社会"环境中缺乏归属和团体依赖感有关。如"小悦悦事件"的发生地广佛五金城，是一个在市场经济中快速发展的五金集散交易商城。事后，一位店铺老板在接受采访时说，这里"人情关系的确很冷漠"，除了进出货、对账、去银行，没有其他的人际交流和社会组织活动。商业利益和地域是他们之间沟通仅有的纽带，一位店铺老板说，在长达6年的时间里，她跟相邻两家店铺的人从未说过一句话。

无独有偶，在另一个城市，曾有一个身处五金城中民营企业的党小组，苦于缺乏社会组织活动机制，自行找到邻近高校院系党组织，希望结对开展活动。五金城的特点之一是各地人"分散"而又"聚集"在一起，以利益联系为主，缺乏其他社会组织和文化建设，久而久之必定形成各顾各的自私氛围。许多人处于这样的人际疏离环境中习以为常，"各扫门前雪"，自私自利，更有甚者损人利己。在社会发展中，有许多这样的"社会单元"，它们缺乏社会情感依赖、组织依赖，关心互助道德氛围当然也会相对缺失。所以，"小悦悦事件"中显现出来的极端"冷漠"，并不表明中国人良知普遍丧失，它和相关环境长期缺乏社会性组织建设有关。如何重视市场经济发展中的"小社会"组织建设，恐怕也是"小悦悦事件"带给我们的重要思考之一。

市场经济中人际社会关系的解构，还表现为血缘社会的传统大家庭解体为小家庭，传统的家族结构和观念改变了，人们需要适应小家庭的简单和节奏，但利益和财产在许多时候也会瓦解亲情，在身边、在媒体上我们常见亲人们为财富和利益反目成仇。许多人过上了不愁温饱甚至富有的生活，但家庭的种种不和甚至矛盾，以及周边人际群体的疏离感，让人们越来越感到孤独。

中国经济快速发展三十余年来，少有人从归属感问题关注中国人的孤独感和生存状态。切实期望我们的国家、社会、决策层和研究者，更加充分地关注这个问题。在"社会建设"视域中，规划"归属感建设"工程领域，给被市场经济原子化了的个体，提供足够的社会归属感落地平台。要认识到当下存在的许多社会问题都和人们的孤独感、心理失衡有关，缺乏社会归属感的落地，会引发更多的问题。比如，农村人渴望通过寻找工作机会融入城市、改变身份，但城市生活的压力，再加上不被城里人接纳，会引发个人权利的被剥夺感。在这个意义上，"归属感建设"是一个重要的民心建设、社会心态建设工程。

所以，现代社会个体化了的人，如何获得组织依赖感和社会归属感，社会如何消除归属感的机制缺失，国家和社会如何更自觉地给个体化的人创建有效的归属组织平台，给予人们更多的社会归属和群体依赖，化解孤独，缓释人际或身份焦虑，如何在发挥好单位、企业、家庭和社区的社会归属平台作用的同时，建设好各种社会组织，是当下政府、社会必须重点研究的问题。

（五）社会不公：引发社会心态失衡的重要因素

没有什么比社会不公更能够引发心态失衡了。近些年有诸多针对社会不公和腐败的调研数据，无一不显示公众对此的不满和怨气。

在我们课题组 2012 年的最新调研中，在"您认为当下影响人们社会公正感的主要因素是"的调研中，88.57％的被调查者一致选择了"权力和金钱的腐败问题"，位居第一；在"您认为是哪些人群在社会道德风气方面起了不好的影响作用"的调研中，86.43％的人选择了"部分有特权的官员"，位居第一；在"有些人对社会主义信念有所动摇，您认为产生这一问题的主要原因是"时，排在第一位的是"中国社会中腐败现象严重"（86.22％），排在第二位的是"现实生活中两极分化严重"（85％）。

而在另一对照问题"当前一些人生活幸福感较低，您认为最主要的原因是"的调研中，"对社会不公现象不满"和"没找到人生意义，精神空虚"这两个选项基本并列第一，前者比后者只差 0.09％。

各种调研或相关对照选项中，问题都指向了特权和腐败问题。可见腐败等公权私用问题不仅是影响社会和谐、影响社会主义信念的重要原因，也是影响社会心态让人们产生社会不公感的重要原因。事实上，时下存在的心态失衡中的许多问题，如怨气、愤怒感、无意义感、焦虑感都和社会不公相关。社会不公是中国许多社会问题的成因，也是世界普遍存在的心理失衡和躁动的社会原因。

普京胜选后，有反普者举行游行。在俄罗斯的权威调研中，这次反普游行者大多是无党派、无候选人的大众，他们也不想要候选人。他们发出声音的主要目的，就是为了让新一届普京政府进行更深入的社会改革和反腐败。调查显示，他们中大多数可以买得起电视、冰箱等但买不起汽车，28％的人可以买得起汽车但还想买更多东西，5％的人"什么都买得起"。也就是说，他们不是真正的穷人，多为中产阶级，但他们对俄罗斯社会中的腐败现象很不满，他们想要的是反对腐败，追求社会公平，包括参政议政。①

再反观美国的"占领华尔街"运动。金融危机爆发后，美国经济萎靡，失业率居高不下。一些组织提议以占领华尔街为标志举行和平集会活动，以此来反抗目前美国金融大鳄和政治人物在解决经济危机中作为不够、金融腐败以及政治和利益交易的现象。但活动一经展开，就迅速

---

① 方亮. 反普京示威运动与俄罗斯的未来. 中国改革，2012（2）：94-98.

蔓延到美国 120 多个城市。美国以外的诸多国家也都举行了各自规模不同的"占领活动"。抗议民众谴责美国政府向银行机构提供大规模援助，要求政府将更多资源投入保障民生的项目中去。他们的抗议目标直指华尔街的金融腐败，同时也指向大企业利用金钱影响政治——利益阶层和白宫政治的交易。

发起这个运动的《广告克星》杂志说，抗议者意欲透过"占领"本身形成一场对美国体制进行反思的运动。相当多的抗议者来自中下阶层民众，他们不仅抗议就业问题，还抗议社会的不公。从示威者高举的标语中可以看出他们的诉求："99％的大众再也不能容忍 1％的少数人的贪婪和腐败了"；"抗议美国政客只关心公司利益"；"谴责金融巨头利用金钱收买政治"；"呼吁重新夺回对美国政经决策的影响力"；"超级富豪的末日到了"；等等。

抗议者们说，"我们组织这些抗议活动就是要告诉民众，美国目前的体制已经行不通了，必须找到解决的办法"；"政府对工会所代表的普通人的权益视而不见，一直站在有钱人一边，让社会贫富分化日趋严重"；"在美国，1％的富人拥有着 99％的财富。我们 99％的人为国家纳税，却没有人真正代表我们。华盛顿的政客都在为这 1％的人服务"；"我们之所以发起本次抗议行动，是因为感觉美国已经到了必须改变的时刻。很多人失去了工作，无家可归，整个国家都在受伤害，而造成这些后果的那些人却置身事外，没有受到任何惩罚"。[1] 另外，环保、人权等也是此次运动的诉求内容。民众不能容忍的是，造成 2008 年金融危机的华尔街大佬们，未因自身的贪婪而受到惩罚，反而得到政府救援。华尔街不但未能和普通民众共度时艰，反而热衷于内部分红，这使积蓄已久的民怨最终爆发。"占领华尔街"的抗议诉求表达了民众对美国高失业率以及社会不公的强烈不满。

值得分析的是，民众不满主要因为两个原因：一个是贫富差距悬殊和就业问题，另一个是社会不公。所以，并不是只有发生基尼系数问题才会导致民众心理失衡，即使没有达到 0.4 的警戒线，如果社会存在不公平，也必会引起民怨，而且，由不公、腐败引发的愤怒可能比真正的基尼系数危机还要严重。

---

① 百度百科. 占领华尔街运动. http://baike. baidu. com/view/6589417. htm.

普京当选后反对派的游行以及由美国开始的"占领华尔街"运动，参加者中有许多是知识分子、白领和中产阶级。社会心理学研究表明，许多时候，人们并非因为穷才产生不满。虽然民生问题是引起社会不满的一个主要原因，但是人们并不会因为不穷而没有怨气。一般情况下，人们心中的不平是由社会不公引发的，而最大的社会不公就是权利、资源分配的不公。公共权力的腐败永远是使人愤怒的一个缘由。许多人因贫困而生怨，更多人会因为社会不公和公共权力腐败而愤怒。所以，国家、社会要关注民生问题，缩小贫富差距，这是社会公平的基础工程，但切不可忽略引起民怨的社会不公问题，这可能比其他问题更能引起民众不满。许多人不是因为穷才有怨言，或者社会中怨言最多的不见得都是底层的穷人。曾有人在研讨会上问，底层百姓生活困难有怨言，可以理解，但为什么许多知识分子和白领甚至中产阶级，不愁吃穿，也怨气冲天？所以，基尼系数是引发社会失衡的一个问题维度，现在要思考的是，是否存在另外的社会失衡"系数警戒线"？

在中国社会转型过程中，腐败已成重要的社会问题。因权力造成的不公现象越来越多，造成了人们的极大不满。对腐败的痛恨已成民众共识，社会上表现的"逢官必疑"心态和对官员的"腐败推定"思维定式，也体现了民众的反感程度。官方的数据被质疑有假，年轻干部提拔被怀疑是"官二代"，官员晒承诺、表现勤政也会引来质疑。

古罗马政论家塔西佗说过："当政府不受欢迎的时候，好的政策与坏的政策会同样得罪人民。""塔西佗陷阱"作为西方政治学的一个定律，用在政府公信力问题中可表达为：当政府不受信任的时候，政府无论怎样做都会受到公众的质疑和批评。

在我国当前社会心态和舆论现象中可看到，越来越多的公众对一些官员及其部门工作，产生了越来越多的不信任、怀疑和指责，人们习惯把屡屡出现的衣食住行质量和安全问题，把市场某些无序环节造成的种种"乱象"，都惯性地归因于官员和政府失职。网络出现的流行语言——老百姓成了"老不信"、"你信不信"、"反正大家都不信"，对政府公信力的"塔西佗陷阱"做出了网络体的诠释。年轻人则借"元芳，你怎么看"这句台词，用属于他们的经典句式，表达着某种质疑思维。

几乎所有相关社会科学都认定，信任是社会关系及其运转和谐有序的基础。没有信任，社会中人与人之间、群体之间、党群之间、警民之间、政府与民众之间就不会有相互信任和合作，社会矛盾冲突就会频发。当年学生问孔子如何治理政事，孔子回答道："足食，足兵，民信之矣。"（《论语·颜渊》）当问及不得已而必须去掉一个时先去哪一个，孔子说去兵。再去哪一个？去食。"信，国之宝也。"可见在中国智慧中，"信"在国家治理中占有多么重要的地位。如果质疑成了民众的普遍心态和思维习惯，社会处于"低度信任"结构中，社会运行和治理成本就会大大增加。在所有的"不信"中，政府公信力的责任很关键。而公共权力被滥用、责权利不明、腐败问题严重，是影响政府公信力的根本原因。所以，如何保证公共权力在"在阳光下运行"，就成为重中之重。

以詹姆斯·布坎南为代表的公共选择学派这样解释权力腐败：如果制度规章不严密，一些政府官员就会像其他"经济人"一样，利用公共权力采取权力寻租的腐败行为而实现个人利益的最大化。[①] 因此，必须制定并完善有关规章制度来约束握有公共权力的人。我国体制改革过程中，由于政治体制与经济体制改革不同步或不配套，且各级政府又掌握着某些资源并有权力配置这些资源，一些干部可能就会利用手中权力寻租，搞权钱交易，获取"灰色收入"。权力寻租的腐败行为造成了各种资源、机会分配的不公。调研和分析都表明，腐败是导致我国社会不公感的重要原因，也是引发"信任危机"的社会根源之一，而公信力危机一定会削弱民众信心。

对腐败、不公、不信和民心之间的逻辑关系，人们已有所认知并开始大声疾呼。2012年《长江日报》曾发表题为《赶紧收拾人心》的社评，强调诸多群体性冲突是政府在攸关民众利益问题上，表现出对民意的轻视与傲慢、蛮横与霸道，与民心渐行渐远的后果。经济发展的成就，不能等同或代替合法性资源的获取。合法性资源不是可以无限透支，修复合法性的时间也不是无限多，等等。[②] 这些声音都表现出社会对腐败、不公和民心问题的危机感。

（六）制度缺失和失序环境造就机会主义心态

在转型期，我国制度建设在破旧立新过程中存在许多问题。制度、法制建设与经济发展程度远远不匹配，基本表现在以下两方面。

---

① 王振贤. "经济人"假定的演变与发展. 中共天津市委党校学报，2002（2）：74-77.
② 刘敏. 赶快收拾人心. 长江日报，2012-07-31.

一是制度和管理的某种缺位。无论是社会诚信失范问题，还是质量隐患、安全事故问题；无论是政策走样问题，还是专项治理问题，一旦揭开问题表面，进入事件过程中，就会发现许多问题隐患普遍而又长期存在，要么制度细则不健全、可操作性差、执行力衰减，要么缺乏部门有效管理——有些管理部门形同虚设，更糟糕的是许多人已经见怪不怪，习惯性违规违法。人们在说，假如这些东西一开始就有部门管，有法律管，出现一起纠正一起，怎么可能形成这样失范和无序的状态？

在转型期的确存在"过程中"的无法可依、有法不依、执法不力问题。如果制度逐渐细密起来，管理逐渐严格起来，许多问题就会在制度和管理制约下有序起来。比如，交通整治，有了酒驾、醉驾入刑的法律制度，有法可依，交警们又勤于执行管理，交通秩序就大为改观了。又如企业不诚信以及恶意欠薪问题，也缺少细则规制，这使得我们对某些假冒欺诈、恶意欠薪的对象缺少必要的司法手段或执法力度。此外，市场经济条件下，我国对污染河流和空气、过度砍伐森林、过度捕捞渔业资源等行为，都还缺乏明确有效的制度细则加以制约。制度缺乏，责权利不明，还会产生经济学中常提到的"公地悲剧"。由美国学者哈丁提出的"公地悲剧"，其实质是无制度制约地利用公共资源的灾难。当公共资源或财产产权不明晰，由许多人共同拥有，每个人都有权使用资源，而又没有制度限制这种开放的使用，谁都可以"搭便车"，谁都不为之"买单"，由此必然导致资源过度使用和沦为"公地悲剧"。

制度缺失还表现为没有形成应有的链条体系。大多数制度规定属于"亡羊补牢"或"头痛医头，脚痛医脚"式的下游堵截治理性质，没有建立起从源头预防治理到中间阶段监管责任，再到责惩治理的制度链条体系。管理的"程序性"缺失，加上规章制度不健全，各种管理部门之间缺乏协调统筹的机制，导致到底有多少制度、此制度和彼制度是否冲突，许多部门和管理者并不清楚。

二是制度执行力参差不齐。当下许多社会问题和有法不依、执法不力相关，制度本身的可操作性不强、相关部门的监管和执行力度不够、缺少一套严格的执行制度、执行水平不够等，导致一些制度或政令不能得到有效落实，一些政策则是目的和手段发生异化。我们形成了一些好的理念、好的规章制度，但由于缺乏相应的落实执行而成了纸上、墙上的制度和"休眠法规"。比如，为了维护农民工合法权益，制约恶意欠薪，2011 年我国《刑法修正案（八）》已将恶意欠薪入罪，但执行仍有待加强。欠薪多、入刑少，恶意欠薪治理道路仍很漫长。农民工王斌余有一句话让我们深思："我知道有保护我们农民工的政策，但下面人不执行，我们的权利还是得不到保障。"不少政府部门对民工维权感情冷漠、行政无力的背后，是价值取向和工作职责的偏离。

由于社会管理方式以及政府管理责任心和能力存在一些问题，比如管理思维僵化，工作方式简单粗暴，质量监管等需要健全的制度缺乏刚性执行力，一些需要细化、柔性管理的人心民心工程，却往往工作方式僵硬。许多时候制度或政策理念不错，但执行过程中目的和结果却发生了变异。如某省的"平坟运动"，初衷是合理利用土地、推进殡葬改革及保护生态环境，但执行方式和过程过于粗暴化、运动化、强制化，结果变味、走样，积下了民怨。又如，维稳是为了社会和谐稳定，为了人民群众利益得到保障，政策初衷也是让各基层解决好百姓的困难和问题，化解矛盾，但维稳结果往往与目标偏离或背离。一些地方官员或基层组织，不是认真解决问题，而是采用管卡压方式或围追堵截方式，压制群众维权和上访，老问题没解决，新的权利侵犯问题又产生了，随之而来的还有大量的民怨心态。有时候会使一些地方政民情绪更加对立，陷入媒体所报道的"越维越不稳的怪圈"之中。

此外，制度和管理的缺位会导致机会主义和投机心态盛行。一个制度及管理运行不严密的社会环境，再加上一些人的投机钻空子行为，就会产生"劣币驱逐良币"的社会运行怪圈。美国国家科学院院士奥斯特罗姆认为，社会秩序是一个博弈过程，在社会存在大量不遵守法律和公共道德现象的情形下，在社会成员自律素质有待提高的情况下，制度的硬性制约对社会秩序来说就变得极为重要。在一定意义上，无法可依、有法不依、执法不力的问题，会成为社会乱象的重要根源。同时，如果一部分暴富阶层，不是勤劳致富、创新致富，而是通过投机获得财富，"卑鄙成了卑鄙者的通行证"，就不但破坏了经济秩序和社会秩序，还会破坏人际信任和人们的道德心态。

十八大报告已强调，要把制度建设摆在突出位置。报告在经济建设、政治建设、文化建设、社会建设、生态文明建设等"五位一体"的总体发展布局中，几乎在每一个领域都对诚信管理和制度机制建设做了专门强调。2013 年 1 月 7 日召开的全国政法工作电视电话会议也特别指出，政法工作任务越来越繁重，执法环境越来越复杂，对政法队伍提出的要求越来越高，与党的十八大提出的新要求和人民群众对公平正义的新期待相比，政法工作还存在一些不适应，强调在加强制度建设的同时，要着力打造一支忠诚可靠、执法为民、务实进取、公正廉洁的高素质执法队伍。

（七）"鸭梨山大"：网络语言折射社会焦虑心态

调研表明，当下人们普遍感到的压力之一是生存和物质欲求的压力，除此之外，还包括距离感带来的压力，以及来自社会归属消失和精神家园失落的压力，具体表现如下。

1. 来自生存和物质欲求的压力

人人都有焦虑感，因为家家都有一本难念的经。买房是人们必须面对的功课，老老小小一家人有房才踏实，而房价很贵，又频频上涨，于是大家都有做"房奴"的压力；大学生还没毕业就开始背负找工作的压力；老人为身体以及养老而发愁；穷人担心看不起病，富人担心投资缩水和赢利亏本；公务员抱怨工资偏低，农民工总奔波在讨薪的路上；蓝领、白领忙在加班的工作压力中，农民则一年到头都在操心收成好坏和收入怎样才能提高一点。电视剧《蜗居》中有段台词说，每天一睁开眼，就有一串数字蹦出脑海，房贷6 000，吃穿用2 500，冉冉上幼儿园1 500，人情往来600，交通费580，物业管理三四百，手机费250，还有煤气水电费200。也就是说，从"我"醒来的第一个呼吸起，"我"每天要至少进账400，这就是"我"活在这个城市的成本。虽然剧中人物生活在一线城市，但确实能代表相当一部分中国人的感受。

此外，几乎所有的人都在抱怨物价涨得太快，而工资涨得太慢。也有许多人看见同事、朋友的成就，以及别人的名车豪宅，心理上也就感受到了"压力"。于是人们戏说，时下社会"瘦猪哼哼，肥猪也哼哼"。

而中国人的压力多来自物质生活的生存境地，也有很多是源于膨胀的欲望与现实的差距所构成的压力。现代化生活往往使人陷入一种无休止的物质追求之中。人们在巨大的物质追求中往往忘记了对高贵人性的追求，在日益高涨的物欲推动下，功利主义和利己主义四处弥漫，经济活动成了人生意义的终极依托，追求人性神圣的德行成了多余的东西。市场经济中"看不见的手"往往不在意精神和人文世界的发展，它关心的是经济利益如何最大化，"经济学帝国主义"在这里称霸，市场经济需要并培育出的经济理性人，充满了物欲追求的思维。人所置身其中的自发的市场世界，是一个以利益为轴心的环境，充满了物欲和竞争。人们的存在方式被引向物欲、赚钱、竞争和消费的框架中，与之匹配的是商业广告无孔不入的声音和画面，在广告的商品化和物质化引导下，高贵、至尊、品位只和豪宅豪车豪华名牌相关。许多人把消费品牌和自我形象等同起来，把金钱财富跟成功、荣耀、实力、尊贵、身份、自由、理想、人生价值和意义联系起来。事实上这是一种物欲偏导后的压力，充其量算是"相对压力"。

2. 距离产生压力：来自与他人攀比的焦虑

距离产生美，在现实生活中也会产生"比较性"的压力。贫富差距过大一定会影响社会心态。中国当下现实中，一方面是"炫富""拼房""拼车""拼包"，甚至"拼爹""拼孩子"的肆意攀比，另一方面是在攀比中许多人的心理开始失衡，严重的失衡甚至引发了部分民众"仇富"的心态。

中国经济快速发展三十余年间，社会结构发生了重大转变，阶层分化后又重组，带来社会利益多元化和不均衡，给人们的心态带来这样或那样的心理失衡，而利益分配机制不完善、不公正，以及社会成果共享机制的缺失，则进一步激化了利益分配失衡、心理失衡引发的人际紧张甚至社会冲突。

市场经济发展带给中国诸多巨变，物质生活水平极大丰富，"让一部分人先富起来"的理念和政策，拉开了社会贫富的距离。与此同时，自由、改革、观念变化、创新的环境，也激活了众多中国人的个性追求。现代社会以个性精神复苏为标志，中国在改革开放走向现代化的过程中也在经历着个性复苏的阶段。苏醒后的个体看到了"外面的世界很精彩"，紧接着也产生了"外面的世界很无奈"的感觉。大市场流动中，人们看到了人与人之间物质生活水平的差别、文明素质的差别、生活方式的差别、阶层差别、城乡差别，发出"人与人之间差别咋就那么大"的感叹。生活境地的差别反映到心理上，就成为心理落差。

一方面是节日的促销和人们的购物狂潮，成为市场社会中固定的商业风景，另一方面是来自房子、车子、票子的"压力山大"的焦虑。社会中弥漫的物欲主义和"经济学帝国主义"的理论模式，又促进着拜金主义和消费主义的此消彼长。当物欲主义遭遇攀比心态，就导致了许多人的心理失衡。

心理失衡表现出两个负面结果。一是更加疯狂地为物欲目标奋斗。"有房有车"成了征婚启事中的要求或优势，贷款买房买车已成为许多人的共识和行动。"不差钱"和"海外购物狂潮"也成了中国大众令世界瞩目的消费形象写照。物欲主义和物质生活方式的攀比，让许多人更加迷失了人应有的精神追求和人生目标，实现不了的物欲追求会在心理上转化为失败感、相对剥夺感以及越发强烈的焦虑心态。

二是仇富心态的滋长。改革开放初期社会流行"红眼病"，现在的网络流行语言则将之称为"羡慕嫉妒恨"。失衡后的心态，会放大或扭曲人们对富人的仇恨。仇富心理，就是当中国社会几千年以来的"等贵贱，均贫富"的传统观念被打破后，人们对富贵阶层，特别是一夜暴富者所表现出的怀疑、迁怒、嫉妒、蔑视、不屑、愤懑、仇恨等复杂的心理状态。如果只是对一些取财无道的非法暴富者或"为富不仁"的腐败现象产生愤恨，还是一种可以理解的社会心态，但泛化后的"仇富"心理，即对一切富裕者都怀有愤懑和仇恨，就会夹杂许多扭曲的社会负能量在里面了。有人说"仇富"是"爱富"的一种延伸，许多人"计较的不是不公平，而是自己不是受益者"。

所以，我们说贫富差距会影响社会心态。事实上这种影响极其复杂，通常与人们的认知和心理承受力联系在一起。在我国，由于儒家"不患寡而患不均"的观念影响深远，"大锅饭"的分配制度又带来平均主义的观念，因此中国人对贫富差距的心理承受能力相对有限，尤其是一些人的腐败和非法致富行为，更会造成人们的强烈不满，使人们在心理上将现实中的贫富差距进一步放大。基于此，就引发了很多社会问题：一是导致了贫富群体之间的利益冲突，使得我国社会结构因此逐渐演变为最不利于稳定的两极化的社会结构，各阶层间关系紧张，缺乏合作和友善精神；二是导致弱势群体"相对剥夺感"显化，使部分社会成员由此对政府和改革产生怀疑；三是会导致一些人以冲突方式甚至犯罪行为来宣泄对社会的不满，表达对富人的仇视。① 这些问题无疑会威胁

---

① 孙辉. 贫富差距对社会和谐稳定的影响及其对策. 思想战线，2005（6）：8-13.

到政治的稳定与社会的和谐，也影响社会道德风气的走向。事实上现在许多表面看起来属于道德建设领域的问题，如人际信任度低、道德滑坡、人性冷漠、个体或群体冲突增多等，深层次上都和人们的仇富心态有关。

还有一点值得一提，心理失衡尤其是仇富心态在影响社会和谐的同时，还会严重影响人们的自我满足感和幸福感。这就是我们的调查问卷中会出现逻辑怪圈的原因之一。在我们课题组调研的一组相关对比问题中，出现了逻辑矛盾的数据比照。

当问到"您对自己的当前生活是否满意"时，12.35%的人选择了"满意"，28.98%人选择了"比较满意"，相加后大致41.33%的人属于比较满意。另有43.27%的人选择"一般"，只有15.4%（8.16%选择"比较不满意"、7.24%选择"不满意"）、约占被调查者总数七分之一的人选择的是"比较不满意"或"不满意"。而在问及"您认为社会中人们存在焦虑感吗"时，却有66.02%的人认定焦虑感普遍存在，另有22.35%的人认为焦虑感部分存在，只有6.53%的人认为自己没有焦虑感。

生活水平提高了，自我满意度也不低，但焦虑感反而普遍存在。在这种又满意又焦虑的逻辑反差中，应该有心理不平衡甚至泛化的仇富心态在发生作用。

综上所述，我国转型期的贫富分化和市场物欲导向是一个严重问题，中国人的攀比心态也是一个问题。我们要正确看待这一现象，既要看到贫富差距以及物欲导向的历史必然性和存在合理性，又要看到它所带来的负面效应，要重视"富裕后的问题"，即物欲化的社会以及"仇富"心态中不利于社会发展、人际和谐的问题，采取积极应对的态度和举措。

3. 孤独感：来自社会归属消失的压力

许多人不知是否意识到，在自己所面临的"鸭梨山大"中，有一部分是来自孤独感。

人是社会性动物，人的社会本质决定其需要社会归属感。各种社会关系就是把个人与社会联结起来的纽带，而社会生活就是国家政治秩序和经济秩序以及人性、情感交织在一起的一个复杂系统。每一个人，不仅需要在社会中有一个位置（表现为具有某个国家、民族和社会组织或单位组织的身份，至少必须有一个家庭——社会细胞单位——的身份），还需要有一份来自他人或群体的温暖和扶助力量，否则就会产生孤独，有时还会伴有不安、焦虑和郁闷。许多人会有"身份焦虑"，也有许多人总在寻找"我是谁"的答案，其实就是在躲避孤独、惧怕孤独。在"我是谁"的问题中，暗含着的是对社会归属的发问。人的安定感、意义感和幸福感，许多时候是和社会归属感联系在一起的。

生活共同体可以表现为国家和民族，也可以表现为某种社会组织，某种事业、文化共同体，还可以表现为社区或家庭。每一个个体都生活在一个或多个社会共同体中。置身于一定的共同体中，你会因为与他人以及群体有共同感受、共同价值观文化、共同的组织归属，而产生出强大的力量感和依赖感。比如，当中国进入紧急的"汶川时间"，迅速举全国之力投入抗震救灾、重建家园，这令每一个中国人都体会到了国家、社会共同体的力量，来自灾区的一首诗句表达了人们的感受："那一刻，我感觉自己的身后，有一个强大的祖国！"而你的精神和心灵价值秩序也会被共同体的共振所重置或放大，他人和群体对你的需要所产生出的"被需要"的意义感，也会放大你对人生的价值感和幸福感。

如果没有社会归属，没有人需要自己，人们在社会、单位、组织甚至家庭中都找不到自己的位置，所有他者的存在都是陌生和不可信的，都像是生活的竞争对手，这种"他人就是地狱"的感觉就会带给人一种人际孤独压力。孤独感对人的幸福感会产生负面影响。这些年人们物质生活水平有所提高，但幸福感不升反降的心态，精神疾病、自杀率增多现象，都和孤独感有关。许多自杀者就是因为无法摆脱最后的孤独而选择放弃一切包括生命。

马斯洛说："在晚期现代性的背景下，个人的无意义感及那种觉得生活没有提供任何有价值的东西的感觉，成为根本性的心理问题。"[①]诸多精神抑郁者甚至自杀者、诸多生活悲剧的主角，其实都是孤独的"病人"。改革开放的一个重要影响就是"后单位时代"的到来，这个时代单位和集体不再为个人负责，市场中的原子个体必须自己为自己负责，就业从"分配工作"变成了双向选择，每个人都凭借一张唯一的身份证获得市场社会的流动资格，身份从单位人变成了个体，每个人都获

---

① 林方. 人的潜能和价值. 北京：华夏出版社，1987：400.

得了更多的身份自由，却产生了新的身份焦虑。

4. 无意义感：来自精神家园失落的压力

社会归属感消失，孤独的人不被某群体接纳和需要，这是对具有社会性的人产生的一种本质压力。同时，人心中的价值感、精神家园的失落，也会成为无意义感以及人生压力的一个来源。

许多人在商品化、物欲弥漫的世界里，会迷失和忘却生活的本来意义，人的精神被放逐后，就会被物质欲望充满，物欲的特性就是永远不会有满足的时刻，而越不满足就越是要去追求。当人类过多地占有被征服的物质世界的领地，就会同时失落自己的精神家园，这已经成为人类追求物质财富生活的一种谶语。一位生态学家的话道出了现代人的感叹，他说，越研究自然生态问题，就越感觉到这实际上是人类内在精神危机的外部表现。失去精神内在的人才会去疯狂追逐外在物质，而越是追逐外在物质，就越是失去人的精神家园。网络上流传有一则帖子，描绘出了关于幸福、钱财与心态的矛盾：口袋里没钱、心里也没钱的人，不痛苦；口袋里没钱、心里却有钱的人，最痛苦；口袋里有钱、心里也有钱的人，最烦恼；口袋里有钱、心里却没钱的人，最幸福。

市场经济自然状态中，精神世界"漂移"或精神家园"不在场"经常发生。自然状态的市场经济讲的是物的法则，往往会忽略人文精神世界的建设。生活于其中的人，如果没有了精神家园和意义支撑，就会感到生活的虚无。上述紧张不安状态再加上意义虚无、信仰缺失，"精神危机"就会来临。

有学者在分析社会问题时说："信仰缺失导致社会成员的焦虑。"信仰对于人生意义的作用就在于它是人的精神支柱或精神家园，也是人的终极价值所在。

所以，造成生活"鸭梨山大"和怨气纷纷的原因往往来自多方面。除了上面所说的生存压力和社会不公外，还有缺乏安身立命的精神支柱。精神支柱提供的是超越现实困难的心灵秩序和主体性力量。由于客观现实和主观理想存在着矛盾，现实社会有很多困境和局限，人们的理想和愿望往往要受外在条件制约。人生的许多矛盾仅靠"在外者"是解决不了的，必须靠"在我者"即心灵精神来调适解决，也就是说，客观现实中的许多局限和矛盾，需要靠价值意义构建和精神信仰去超越。从古希腊开始，哲学、伦理学、政治学等就开始探究：什么是我们想要的好的生活？为了好的生活我们应该怎样做？人应该成为怎样的人？这些问题中都隐含着"应然"这个价值范式。人类的好的生活应当由人类主体来定义，今天中国"应然"的好的生活，应由现代中国人来定义。在这里我们想表达的是，有什么样的价值标准，就有什么样的意义世界、什么样的幸福感。如果社会和人的精神世界不去构筑价值、意义，价值虚无，意义失落，精神出现危机，人在物质世界就一定会出问题。正因为如此，有人说，现在中国人的物质生活富有了，精神却贫穷了。

在社会的某一侧面，我们会看到关于心灵自救的图书、"心灵鸡汤"和培训讲座开始流行起来，媒体上"心理访谈""谈话"类栏目也开始占用更多版面或节目时段了，网络上的"灵修"和运势预卜页面，更是点击量很大。一方面是精神支柱不在场，另一方面是对心灵依托和解救的外力的寻找，这表明社会对精神危机补救的需求。

现代化发展的一个通病，是在着力发展社会经济、制度规范建构的同时，往往忽略人的精神世界的建设。在发展中普遍都有唯 GDP 的经济发展思维取向，都有外部制度建设权重有余而心灵秩序建设权重不足的问题。在我国社会主义市场经济发展过程中，虽然理念上强调"两手都要抓"，但在一些阶段和一些领域，实践中也常出现"一手硬一手软"的现象。国家已意识到了这些问题，强调要注重人文关怀和心理疏导，培育积极向上的社会心态，从社会心态这一新的角度强调了"精神家园"的建设问题。

（八）社会意识对社会存在的跟进与整合不力

对一个社会共同体来说，能够存在和发展的关键，取决于三个条件：一是具有成系统的制度机制，二是具有理性自觉的主体群体，三是具有能够将一个社会凝结成统一共同体的价值文化纽带。所以，一个结构严密、整合有序的共同体，必须形成一种占优势地位、彰显主体自觉自信的文化和意识的共同体。

反观中国近些年发展过程，理论、文化发展和市场经济发展是不适应的或滞后的。市场经济初期，社会进行了理论大反思，提出"实践是检验真理的唯一标准"的大讨论，旧价值体系被思考甚至被变革，新的理论和价值体系在建立，竞争意识、金钱意识、"时间就是金钱"意识、个人利益和权益意识等，都有所发展。市场理性也在生长，效率优先、兼顾公平一度成为我们国家的发展方针，社会的改革开放也在"摸着石头过河"中不断修正自己的路线和方略。十八大报告对公平效率关系做了更明确的强调：要坚持社会主义基本经济制度和分配制度，调整国民收入分配格局，加大再分配调节力度，着力解决收入分配差距较大问题，使发展成果更多更公平惠及全体人民，朝着共同富裕方向稳步前进。但社会理论也存在建设滞后的问题，社会提出"建立与市场经济相适应的道德体系"任务，构建得还不够好，许多理念提出来了，但"有题目而缺少故事内容"，"科学发展观"与"和谐社会"的理念都很好，但百姓不清楚和自己的生活有什么关系，为什么要坚持马克思主义、社会主义，许多人也并不清楚，因此，理论在建构和社会解释方面还任重道远。

道德可以对人们的行为产生某种直接的约束，许多时候在法律不能到达的地方，就需要道德去填补。道德还能对社会共同价值观进行整合，因此麦金泰尔才说"美德是人类共同生存的纽带"。但麦金泰尔之所以看重德性伦理，或者说社会需要道德哲学的原因，是因为"道德理性"能弥补"工具理性"给社会带来的某种缺陷。工具理性往往导致实用主义、功利主义、物欲主义的泛滥，还导致人的"单面"发展。人的物欲膨胀或畸形发展，必然导致现代人的精神空虚、无意义感、苦闷焦躁等精神和心理不适，进而引发社会规则失范、秩序紊乱、矛盾凸显等诸多问题。

许多年来，我们的社会中时不时存在一种道德虚无主义的声音。唯利是图、拜金主义大有市场，讲雷锋、讲道德，有时候反会遭遇阻力。当社会中有人对某现象进行道德批评时，就有声音指责说是"挥舞道德大棒""占领道德制高点"；有媒体人集体倡导崇高价值观，就有人给贴上"伪崇高"的标签；总有人忽略或不屑道德的社会功能，总有人反感道德，"躲避崇高"。在讨论某些违反道德底线的行为和现象时，网上有人直接倡导"宁做真小人，不做伪君子"，为不道德行为辩护、开脱。缺乏德性不可怕，可怕的是在观念上认为道德是"坏"东西，要让他人和社会都远离道德。社会不可能要求每个人都道德崇高，但社会应有崇尚道德的价值取向。社会舆论如果容忍甚至鼓励不道德行为，"劣币驱逐良币"就会同样发生在道德生活领域。道德虚无主义甚至反感道德的声音强了，社会正能量价值观、道德观，就会在"沉默的螺旋"规律中沉默下去。如此，道德败坏，人际疏离，矛盾四起，公序良俗不再，精神良知无存，社会就真的危险和可怕了。所以，整顿社会秩序，收拾人的精神心态世界，还必须从道德价值观的社会树立开始。

十八大提出了"文化强国"思路，在文化发展中首先就是要把握好文化价值观的构建，把握好文化产业建设和文化价值观建设的分寸。目前在我国文化建设上还存在某些没把握好分寸的问题，表现为在市场经济发展中商业文化过分繁荣，"经济学帝国主义"盛行。而商业性文化往往易导向消费主义、享乐主义、拜金主义和利己主义。有媒体说，"这是一个没人关心'文化'但所有人关心'产业'的时代"，"文化造富"正演绎着新一轮的悲喜剧，"如果有一个行业目前可以用'人傻，钱多，速来'形容，那一定是文化产业"。而产业化的文化在信息媒体时代的表现就是文化产品的"眼球率"和收益率导向。文化的产业发展不等于文化产业化，应有分寸把握。比如，要娱乐，但不能娱乐至死；要物质，但不能是物质主义；要消费，但消费主义不能代替全部文化，消费文化中还应有节俭、有"低碳"，消费也有物质消费和精神消费之分，精神消费还有低俗和高雅之分。综上，文化、理论、核心价值观、道德观，一定要让它们在"五位一体"发展布局中，各在其位，各司其职。

三、如何做：从理念到建设实践

相信没有哪一个社会在发展过程中会没有问题，何况中国这样一个处在改革开放进程中的大国。我们国家正在经历转型期和机遇期，目前在发展过程中还会存在这样或那样的问题，但成熟的社会和理性的公民，不会仅仅停留在焦虑、怨气或消极的指责中，即便批判，也应是辩证的、富有建设性的理性思考。常言说"方法总比问题多"，重要的是勇于面对"问题"，且在"为什么"层面发问，社会某个方面出"状况"了，应努力找出问题的根源所在，找出症结所在，才能对症下药，并进一步在"怎么做"的环节着力。

（一）解除生存焦虑：改善民生，缩小贫富差距

根据以上分析，社会焦虑的根源之一是来自物质生存、贫富差距过

大的"压力"，这些因素同时也导致社会不公感增加、幸福感下降，还是引发焦虑、怨气的根源。从这些年不同的调查报告看，民众最关注的社会问题之一就是贫富差距，而调查显示民众在温饱解决后新的担忧中，排在第一位的仍是养老、医疗等生存问题。事实上中国式贫富差距中，还包含着底层民众生活过于困苦的问题。所以，对症下药的第一味药，就是进一步解决民生问题，增加底层民众共享改革开放成果的比例，缩小贫富差距。通过改善民生问题，让人们对自己的物质生存不再有那么多的后顾之忧，生活不要有那么大的压力，社会心态的普遍焦虑、怨气也就会得到减缓和改善。

关于贫富差距问题，我国在 1993 年时提的口号是"效率优先、兼顾公平"，这在当时有很强的针对性，即针对在计划经济时代长期存在的平均主义"大锅饭"思维，主张"让一部分人先富起来"，以激发人们的市场积极性，这是改革开放搞活经济的一部分。事实上市场经济的确活跃起来了，经济发展非常有效。

在十五大报告中延续了以往的发展概念，提出的仍是"坚持效率优先、兼顾公平"，允许和鼓励一部分人通过诚实劳动和合法经营先富起来。

在 2001 年的《公民道德建设实施纲要》中，则提出了要在全社会形成注重效率、维护公平的价值观念。效率"优先"的思路开始改变。

在 2002 年的十六大报告中，对公平效率关系做了这样的表述：初次分配注重效率，再分配注重公平。这也是针对社会中不断显现的贫富分化现象而做出的新的思路性调整。

十七大报告的表述发生了新的变化，提出：初次分配和再分配都要处理好效率和公平的关系，再分配更加注重公平。

从这些阶段性、纲领性文件提法的变化中，我们能感受到社会和时代的发展、收入分配改革核心的变化，以及公平与效率观念的改变。正如经济学家林毅夫所说的，国家把初次分配也要体现公平的问题提上日程，意味着广大低收入者的收入增长将会提速，低收入者往往只有自身的劳动力可以作为获取财富的来源，而富有者除了劳动力，还有资本。提高劳动报酬在初次分配中的比重，将使那些只能凭劳动力赚取收入的低收入者更多地分享到经济发展的果实。

十八大报告再次重申了执政层面对社会公平的坚持。报告提出，实现发展成果由人民共享，必须深化收入分配制度改革，努力实现居民收入增长和经济发展同步、劳动报酬增长和劳动生产率提高同步，提高居民收入在国民收入分配中的比重，提高劳动报酬在初次分配中的比重。初次分配和再分配都要兼顾效率和公平，再分配更加注重公平。

十八大报告还第一次明确提出了我国居民收入倍增的目标，向民众公开承诺，实现国内生产总值和城乡居民人均收入比 2010 年翻一番。对此，十六大报告提出的是，2020 年国内生产总值力争比 2000 年翻两番，十七大报告提出的是，2020 年人均国内生产总值比 2000 年翻两番。从追求"国内生产总值"到承诺"人均收入"，这种改变充分体现了执政党力促社会公平和成果共享的发展思路。

比以往更进一步的，不仅是有了具体的承诺，十八大报告中还提出了更具体的实践举措，指出要加快健全以税收、社会保障、转移支付为主要手段的再分配调节机制。深化企业和机关事业单位工资制度改革，推行企业工资集体协商制度，保护劳动所得。多渠道增加居民财产性收入。规范收入分配秩序，保护合法收入，增加低收入者收入，调节过高收入，取缔非法收入。增低者、节高者，目的是更好地缩小收入差距，否则"收入倍增"，贫富差距会更加大。

当然，"翻一番"的问题还和 CPI 有关。网上有人笑言："你可以跑不过刘翔，但一定要跑过 CPI。"表达了人们对物价增速和工资增速比率的担心。"豆你玩""糖高宗""蒜你狠""姜你军"等新词，表现幽默才智间也透露出人们的无奈。事实上影响人们幸福感的，不光是收入问题，还有通货膨胀的问题。

在我们课题组最新的调查中，关于"您认为当今社会人们焦虑的最主要原因是"，排在第一位的是"生存问题尤其是物质生活压力大"（86.94％）的选项，"人际关系和社会竞争太紧张""精神空虚，缺乏人生意义感"依次排第二、第三位。说明虽然物质生活已经得到很大改善，但民生问题在民众心目中仍是最有压力并需要解决的问题。

中国主张的是集体主义价值理念，共同富裕是社会主义的本质要求。社会公正理念中就暗含有"补差原则"，这个原则可以说就是"以有余补不足"。社会主义市场经济允许或鼓励"一部分人先富起来"，绝不意味着鼓励两极分化。一个公正合理的社会，不仅要承认"多劳多得"的利益分配差距，而且要承担缩小这种差距的责任。一个社会或一个集体，有责任去关心和帮助弱势群体、弱势地区。"补差原则"就是对那些因各种自然的、历史的、偶然的因素造成的天然资质或条件较差的成员，给予特殊的照顾，创造出一种事实上的社会平等。社会主义市场经济要讲效率，也要讲公平。我们今天追求的小康社会、和谐社会，都要求我们在注重市场效率和竞争的同时，更加注重公正中的"补差原则"。关注弱势群体，不仅全社会要伸出援手，还要在国家和社会的各项制度、政策的安排中，体现公正补差，实现社会主义的"成果共享"。

我们经常会听到"弱势群体"这个词，市场经济重新洗牌后，拥有财富、权力和知识的群体成为公众心目中的"强势群体"，以贫困农民、打工者、下岗失业者等为主的群体则成为"弱势群体"。他们或在教育资源、健康医疗、住房、就业、生存环境等方面机会不平等，或在利益表达机制、社会话语权方面处于弱势。《春天里》这首歌被两位农民工一不小心唱红网络："如果有一天我老无所依，请把我留在那时光里；如果有一天我悄然离去，请把我埋在这春天里。"歌词把他们弱势群体的悲凉境地和对春天的渴望突出出来，歌声里的那种悲怆和伤感就如那群弱势者的写照，打动人，也让人心痛。

应该说，国家提出关注弱势群体不是一天两天了，2002 年政府工作报告中就正式使用了"弱势群体"概念。实践中我们的国家、社会也在逐步扩大社会保障范围，不断进行收入分配改革，在改变弱势群体生存状况方面也做了许多工作。但十余年过去了，我们仍然觉得在关注弱势群体方面做得还不够。关注弱势群体不能停留在理念和呼吁层面，要用制度"hold 住"。而即便有了法律和制度，也还得有配套制度细则，才可能有执行力。

另外，缩小贫富差距，还应注意为分化阶层的社会身份、政治地位的"平等化""尊严化"努力。正如上面所分析的，幸福感、焦虑感、怨气等不好的心态，都和尊重感缺失有关。如果社会上铺天盖地的商业广告把"豪宅""豪车"和人生的"成功"联系在一起，把"奢华""名牌"和人的"尊贵"联系在一起，如果社会服务以及公共资源只向富有和权贵阶层倾斜，底层"草根"百姓处于被边缘化、被忽略甚至被鄙视的境遇中，社会贫富分化和对立就会更加明显。所以，国家和社会应当在营造和谐、均衡、公正和人人受尊重的社会氛围方面下点功夫。

（二）让制度"hold 住"公正与秩序

1. 公正维护：刚性规导要给力

当社会制度安排不能有效维护社会公正时，公正失范和心态恶化现象就会普遍出现。当扶助老人会产生"后顾之忧"，当"卑鄙成了卑鄙者的通行证"，社会风气和人们的良知一定会因"伤不起"而发生"恶化"。博弈论认为，具有功利理性的人在博弈互动中会做出趋利避害的行为选择，而制度机制可以规导人们放弃违法和不良行为的选择。

哈耶克曾经提到，整个社会秩序的实现不但依赖于个人行动者之间的互动，而且由行动者与表现为一般性抽象结构的社会行为规则之间的互动而形成。

目前中国的制度体系在细节方面还存在某些空缺，有题目梗概而无故事情节，宏大叙事有余，过程细节不足。所以如上文分析过的，常常是党和政府理念方针很好，但现实中缺少落实的机制、举措、途径和程序，致使好政策或走样变味，或半途而废。

奥斯特罗姆提出过"制度细节"概念，认为制度就必须注重细节的制定，否则就缺乏操作性和执行力，形同虚设。奥斯特罗姆指出，主张中央管制的人没有告诉我们，中央机构应该按照什么方法来组织，它应该拥有何种权威、应该如何维持对这种权威的限制，它将如何获得信息，它如何选择代理人、如何激励他们做好工作以及如何监督、奖励或制裁他们的工作。如果不注重制度细节，就相当于提出了"无制度"的制度。只有制定完善的和可操作的制度细则，才能够对"搭便车"、规避责任的行为进行规制，也才能对机会主义心态进行他律性纠正。当然，还要有一支具有一定政策水平和执行力的管理队伍。

制度管理中的执行力缺弱，也是现今中国一些领域政策总得不到落实的瓶颈问题，所以，要进一步推进责任追究，严格落实责任"买单"制度，以制衡有关部门与责任人不作为或乱作为的现象。比如，通过责权利挂钩制度机制的设置，使失职或不称职的责任部门和责任人，受到相应的监督、惩罚或制裁。事实上许多政民矛盾、群体性冲突，往往和具体部门与具体责任人不作为、乱作为有关，如果真想从根源上解决这些矛盾，任务之一就应从具体执行部门的政策水平和责任能力入手。当然这一点又需要发扬"制度细节"精神，制定出配套的细节规则。比如，就积累民怨的"讨薪难"问题而言，可做"恶意欠薪"专项治理和制度建构。就思路而言，可要求所有相关职能部门系统清理已有规章制度，查找到底有哪些影响执行力的漏洞和薄弱环节，并研究出配套的细节制度和规则，推动落实社会公正机制，使弱势群体得到有效的制度救助。

总之，公民权利的平等保障、制度等公共品的优质提供，是无数政治家、法学家、伦理学家和社会学家对于责任政府的共同愿景，是社会主义本质和执政理念的体现，也是今天我们实现和谐社会的根本之策。而且这也会消解部分由"制度不作为"引发的冲突和问题，有利于降低社会管理成本，更有利于社会心态的疏导和建设。

2. 公序良俗还需制度"扶住"

社会心态和社会秩序、道德风气息息相关，如果社会和谐有序，人们的心态就会平和，所以，"扶住"社会心态需从源头做起。

事实上，若想从根本上杜绝道德冷漠和社会戾气的发生，必须要建立起相对完善的法规、制度和管理机制。

当问及"您认为如何改变社会不公现象"时，排在第一位的是"进一步加强和完善各类制度建设"（82.24%），可见制度建设在公众眼中已成为最重要的社会"不公"原因和最急迫的建设任务。

而目前我国在制度机制设计和执行方面还存在很大空间，诸如"彭宇案""小悦悦事件"所反映出的立法缺陷，正是"制度"的呼唤。在调查问卷中，也体现了人们普遍的后顾之忧：当问及"您认为当前社会缺乏见义勇为的最主要心态原因是"的问题时，绝大多数（89.79%）的人选择了"担心带来不必要的麻烦"（45.71%）和"缺乏社会保障机制，英雄流血又流泪"（44.08%）。

此外，有法不依、执法不严也是导致社会上一些道德失范行为的重要原因。这一点我们课题组调研时也在公众共识那里得到印证。在"您认为当前我国社会道德问题存在的主要原因是"的调研中，六个选项中，排在第三位的就是"法制不健全，执法不严"。

监管力量和手段的有限，在一定程度上制约了社会制度监管的效力。同时，监管程序的进一步刚化和细化问题也凸显出来。可见，只有制度完善与程序细化相结合，才能营造良好的社会氛围和环境。

另外，还应举全国之智，设置具有相对共识的社会观测体系，如政府效率指标、清廉指标、公正指标、公众生活满意度和幸福指数、诚信档案、道德资质等全方位指标体系，利用信息社会的技术功能优势，定期测评，定期发布，并使这些指数结果和各种利益、激励方式以及人才考核发生关联。同时也应启动部门监管、法律惩戒之外的第三种力量，即社会力量，构筑社会大众的多维监管防线，除了媒体监督外，各个社会组织和"公民记者"也可积极发挥社会检测功能，在社会管理中发挥理性的正能量。

针对公序良俗建设而言，当前在社会综合治理的基础上，恐怕还应对问题突出的行业或领域启动专项治理和整顿，如食品生产领域、医疗行业、工程监管行业、文艺界、网络、商业服务领域等。

公众对我国法制、管理等部门已开展的"交通整治""净网行动""打黑除恶"等专项治理，给予了充分肯定。学者们提出对企业等其他行业领域也应在政府主导下成系统地进行质量安全和企业诚信的重点治理。重点治理、专项整治不是"搞运动"，而是查找漏洞，有的放矢，推动制度、机制的设计和完善。比如，对食品、药品这样一些关乎人的生命健康安全的特殊产业，社会应建立并实行重点监管、严格责罚的制度，零容忍，零风险管制。

（三）重塑政府的公信力

建立政府公信力，首先须从廓清政府职责边界和权力制衡开始。政府的职责，在于维护社会公平正义，保护国家安全，为公民提供制度层面的合理分配和矫正，从制度层面保证公民生存和发展的机会平等、起点平等，包括向弱势群体提供社会最低受惠值的结果公正。这些基本职责从亚当·斯密到罗尔斯，无数政治家、经济学家、伦理学家和社会学家都在反复陈述。无论有多少"小政府大社会"的关系理论，政府的责权有三点必须明确。第一，要明确即便政府是"守夜人"，责任政府也有是否严格履职的问题，如果没有履行"守夜人"的职责使命，那就是"不作为"。第二，要明确政府的权力是有边界的。计划经济条件下形成的"大政府"或"全能政府"的管理模式和思维习惯，使政府"管了许多不该管、管不了也管不好的事"，其中也包括作为不当甚至乱作为的问题。第三，要明确目前我国政府在许多地方存在权力制衡机制缺失的问题。事实上公共权力"不作为"、"作为不当"和"乱作为"，责权利不挂钩的问题，也和权力制衡机制缺失有直接关系。要"把权力关进制度的笼子里"，这一点对执政权力的公信力至关重要。

其次，要让政府走出"低信任度"的社会怪圈，还要重建民众对政府的信心。

建立政府公信力是一个国际命题。2007 年联合国曾举办过一个关于政府创新的国际论坛，主题就是"建立对政府的信任"。在党的十六届六中全会通过的《中共中央关于构建社会主义和谐社会若干重大问题的决定》和党的十七大报告中，都强调要提高政府公信力；在国家"十二五"规划中，更是把提高政府公信力作为创新政府管理和进行行政体制改革的落脚点；十八大报告中提出了"建设廉洁政治"概念，并强调了"健全反腐败法律制度"的任务。

政府公信力是政府取得社会公众信任的能力。它实质上显示的是国家政府在社会公众中的权威和执政能力。影响政府公信力的要件复杂多样，简而言之可分为四个维度：一是政府的施政理念是否获得民众认同；二是政府制度及公共政策是否公正合理；三是政府职责能力和执行力是否到位；四是政府公共形象是否具有德望。可见，执政理念取向、政策制度状态、政府执行能力和政府道德形象，这四个要素相互影响、相互作用，都和政府公信力联系在一起。在市场经济进程中出现的利益多元、城乡分化与贫富不均等不公现象，政府提供公共产品和公共服务时出现的执行缺位或越位现象，公共决策失误问题，都会影响民众对政府的信心，但行政腐败和舞弊问题会更多地损害政府形象。

影响政府公信力的因素多样，重塑思路也应多维展开。一是要在打造透明清廉政府上下功夫。政务公开、权力运用透明是一切政府成就公信力的要则。近些年，我国已从国家层面出台了政务公开以及反腐等多项要求和举措，一些政府部门也陆续向社会公开"三公"经费、预算投资等政务信息，反腐工作也在步步推进。相信随着政务信息公开制度的建设和完善，政府部门的财政机制、职责机制和防腐机制都会随之得到进一步推动和完善。透明清廉政府建设还意味着要为公众知情、参与和监督创造条件。在公共政策制定和实施过程中，要有更多、更有效的听证、提案等公众参与机制，有更多的民众监督平台。要注重政府与民众的互动，信任、尊重群众，走"群众路线"。一定意义上可以说，政府公信力与政府对公众的信任也有关。

二是要注重公共信息的"开诚布公"。现在常常是不信假话，真话也得不到信任，质疑成惯性心态。要走出公共信息的"塔西佗陷阱"，就必须走"诚信信息"道路。相关民意调查显示，公众认为，面临公共事件，一些相关部门首先采取隐瞒或否认态度，在与公众的信息不对称或"躲猫猫"的博弈中控制事态、推诿责任，影响了公众心目中的政府形象。目前，新兴媒体已改变了信息传播的社会状态，微博异军突起，"公民记者"遍地，如果政府部门遇"事"不能及时给出事态真相，人们就会寻找信息，猜测分析。民间自发信息不仅鱼龙混杂，各种谣言还可能引发社会混乱，政府公信力更会随之失落。问题是，政府公信力丧失后带来的不仅是公众的"不信"，还有离心离德以及敌视心态和坏事归因的逻辑。因此，开诚布公是公共政策的最优选择。诚实的政府才可能是勇于负责任的政府，才能获得社会信任。

三是要加强政府公共政策和公共事务的解释力。新的制度、政策确立的理由和合法性是什么？一个和民众生活密切相关的决策或项目因何要确立？有些矛盾和困难为什么得不到解决？问题和困难在哪里？等等，都要向社会大众反复解释和宣传。某些事情公众不知道就"被实行""被改变"了，会产生被愚弄的反感甚至愤怒。我们已进入现代社会，信息时代的社会联系、民众的公共参与要求，都使民众主体性越来越成为不可忽略的要素。知情权、参与权，尤其是牵涉民众自身权益的问题，政府都有向民众解释清楚的义务，而目前这一切做得还很不够。加强政府解释力，除了加强宣传力度和道理的清晰度以外，还要求每个公共权力代言人慎待自己的公共话语权。因为当个别代言人解释不力或言语不当时，往往会被放大为政府意见而酿就舆论风波，损害政府形象，也损伤民众对政府的信任。

四是要注意提高各级政府的责权意识和服务职能。政府作为公共权力机构，负有独特的公共责任，而且公共权力和职责之所以独特，就在于"公共权责比天大"。权力是人民赋予的，要完全用于人民。每一个政府部门，每一个公共权力执掌者、代言人，务必善待甚至敬畏手中的权力，把它化为沉甸甸的责任。唯有这样，才可能获得人民的信任。服务水平也是关系政府公信力的重要因素，要彻底改变"脸难看，门难进，事难办"的政府形象。在各国政府都在进行"政府再造"的全球大背景下，我们更应积极变革传统行政范式和观念，探索政府公共管理与服务的新范式。工作的程序化、细致化，问责制度、监督和绩效考评制度，以及新的责权观念，对诚信政府建设来说，一个都不能少。政府公信力不仅应当建立在诚信自律等道德基础上，还要建立在制度和机制的规约基础上。

（四）社会归属感的交织构建

如上所述，现代社会是一个"碎片化"的时代，在价值碎片化、诉求个性化的同时，传统群体也个体化、碎片化了。和传统社会不同，市场社会更多是由"陌生人"组成的社会，社会交往方式和公共生活都发生了根本变化。集体主体的"碎片化"在一定意义上体现的是"个性化"，这正是后现代社会"碎片化"现象让人又爱又恨的地方。大众"个性化"表明公民自我意识的觉醒，也表明社会的自由、平等、宽容和解放。但社会如果只有"碎片化"而没有"整合"，个体性过强而社会共同体过弱，社会就会趋向散沙一盘。相对而言，建立在地缘和亲缘关系上的传统"熟人"社会交往方式，以及计划时代的"单位人"交往方式已失去功能，现代市场社会需要一种新的适应"碎片化"个体和"陌生人"的社会交往与结构方式。

1. 家庭归属感建设

从社会组织形态及其功能分类来看，除了国家、民族这样大的社会归属以外，还有各种政治组织、单位组织、社区、其他民间组织等，再就是基础的社会组织单元——家庭。家庭存在着由生育形成的血亲关系、两性结合形成的婚姻关系以及供养关系，三种关系组成家庭核心结构。家庭是一个即便在"陌生人"的社会中也能为人们提供爱和温暖的港湾。外界社会无论怎样"陌生"、怎样竞争和冷漠，家庭往往都会因为它特有的关系、结构，用爱和责任为人们搭建起地域归属和精神心理归属的空间。

东方血缘社会的历史道路使中国的家庭模式及概念和功能，都获得了不同于西方社会的极大的特殊性。对此梁漱溟先生曾专门分析，他认为在东西方社会结构中家庭的社会地位和作用有很大不同。简单讲，西方社会往往以个体为中心，家庭地位和功能相对次要，而中国传统社会往往以家庭为中心，家庭是社会生活的基本单位或细胞。费孝通在《乡土中国》中分析中西方社会结构时曾说，西方社会结构是像田里柴捆一样的个体集合体，而中国社会格局不是一捆一捆扎清楚的柴，而是好像把一块石头丢在水面上所发生的一圈圈推出去的波纹的差序格局，这和西方的团体格局大不相同。在差序格局中，社会由不同个体按亲疏关系组成网状关系，是放大了的"家"。侯外庐先生说西方的"country"在汉语中叫作"国家"，就是因为家族血缘关系在国家社会关系中扮演着重要角色。

把家庭和谐作为社会和谐的基础，把家庭成员之间的义务和责任建立在亲情仁爱的基础上，这是中国特色也是中国家庭传统文化中积极的因素。而西方的家庭模式相对而言更强调个体的独立性。美国社会学家马克·赫特尔在其《变动中的家庭——跨文化的透视》中，谈到西方社会老人赡养问题时指出，西方社会"老年人处境每况愈下的一个主要因素"，是"个体化核心家庭权利的扩大"。① 而且西方社会更强调个人自由，社会治理模式和理念也不同于中国传统齐家治国的路数，社会秩序与和谐多寄托在社会契约和法制力量基础上。

以血缘为根基的中国历史造就了强调"家国同构"的传统文化，随着历史变迁，"家国同构"作为政治关系状态已得到根本改变，但作为一种注重血缘亲情和注重家庭和谐的历史传统，在今天中国特色社会主义和谐社会建构中，仍旧发挥着独特而强大的文化影响。有学者说，中国人对于"家"几乎负有无限责任，这在客观上有利于社会矛盾问题的缓解。无论房价飞涨，还是生活际遇困难，都能够在家人的物质和亲情支持下共渡难关，在某种意义上这会缓减社会成员因各种困局而产生的焦虑甚至怨恨，从而在一定程度上防止社会矛盾问题的加剧。

家庭对于中国人而言，除了生存和繁衍发展的功能外，还是人生不可或缺的精神寄托和身心归属所在。因此，中国建立和谐社会，进行人文关怀、社会心态建设，不能像西方社会那样完全寄托于契约法制的力量，而是要诉诸中国特有的血缘传统和"家"文化。"家庭为本"的生活方式及"家"文化，不仅能够培养家庭成员对家庭的责任感和归属感，也能引导中国人树立起对国家、民族、社会的道德责任感。今天在中国特色社会主义市场经济发展中倡导共同富裕，和执政党的理念有关，更和中国特有的"家"文化取向有关。

---

① 马克·赫特尔. 变动中的家庭——跨文化的透视. 宋践，等译. 杭州：浙江人民出版社，1988：313.

时代在变革，传统的"家"文化当然也要接受现代社会的选择。中国传统家庭模式中严格的差序代际关系已逐渐平等化和简化，传统家庭的功能也随着社会需求和家庭本身的性质发生着变化。但中国"家"文化中那些表达中国人情感甚至人类情感的因素会传承下去，那些有利于人的归属感、幸福感和社会和谐的因素会积淀下来，成为中国人重要的价值要素。在和谐社会和平和、幸福心态建设中，我们一定要把"家"的建设放在一个重要基点上。

2. 社区归属功能建设

社区在一定意义上是现代社会城市结构的基本单位组织，是社会居民生养栖息的主要场所，也是一定生活群体的精神共同体。

社区是社会发展带来的新事物。随着传统农业社会向工业社会发展，传统社会家族血缘纽带被冲散，城市社区逐渐成为社会运行中的一种基本地区组织单位。计划经济体制下的单位管理模式也发生了重大变革，原本由政府和企事业单位统包统揽的社会管理与服务职能，逐渐向社会和市场分离转移。一方面政府管理重心下移，行政单位社会职能逐渐淡出，另一方面社区在城市管理、国家社会管理以及社会心态建设中的地位逐步凸显。在市场化、社会化进程中，"单位人"身份属性逐渐向"个体人""社会人"过渡转化。一种新的社会基础单位——社区开始形成，从家庭、政府和单位转移分离出来的各种社会职能转由社区承担，社区在社会运行和管理中的基础性地位日渐凸显。许多关乎国家管理和社会建设的工作，都必须从社区做起。

社区建设在居民身心归属意义上可表达为家园建设，但家园建设绝不仅仅是一个居住场所的概念。居住栖身是社区家园的重要功能，所以家园建设当然要努力建造舒适方便的物质硬件空间。同时，家园还意味着一种人的精神心理归属所在。这就要营造人们对社区的心理情感方面的归属感和依恋感，为人们提供一个心灵情感的生活空间。就家园意义而言，人的需求就表现为对物质家园和精神家园的需要。只有建立在双重家园需要的满足的基础上，人的家园归属感才会真正产生。

目前我国一些社区建设，从房地产开发商到管理服务理念，大多还停留在为居民提供居住场所的目的层次上，较注重楼房建造、设施配备、制度性、商业性的管理和服务等硬件建设，对社区文化氛围、人文关怀、情感凝聚以及心灵归属方面关注不够。在现代社会经济发展水平下，建造物质的、科技的生活空间已不难，但让居民真正找到家园归属感并不简单。很多社区的社会组织功能还没有完全挖掘出来，社区功能萎缩成一个单一的住房区域，楼群相接，住户相邻，但社区生活单调甚至冷漠。面对市场个体人的孤独和人际竞争环境，社区还不能很好地承担起社会归属和心理港湾的功能。

如果说建立在"双重家园"基础上的家园归属感是人类的普遍需要，那么中国人的家园感寻求可能更为突出。这和中国以血缘家族为根基的社会历史相关，和"生于斯长于斯"的中国文化相关，这一切已积淀为我们民族和文化的一个特征。中国传统社会的家庭生活模式采用亲情的、德治的方式，已孕育出了带有浓厚血缘亲情特征的中国传统文化，并已作为我们民族的生活和心理习惯深深积淀下来。家庭成员对家庭具有充分的依赖感和归属感。这其中有经济关系和物质利益的依赖，更有一种心理和情感方面的归属感。和西方人相比较，中国人特别注重亲情，这是血缘亲情根基的文化心理延展，也格外注重家园，家园具有中国人的心灵归宿的意义。西方人可以到上帝即彼岸天堂那里寻找精神寄托和归宿，中国文化没有自生出典型意义上的彼岸宗教，中国人几千年来习惯于从"家"中落实归属感和精神依赖。

构成家园的因素可以是多方面的，但最核心的一点是亲情氛围。所以社区精神家园营造要从亲情入手。目前我国的城市社区生活，存在一些城市化过程的问题，居住环境的高层化、别墅化和单元化常使人们过着"不相往来"的生活。加之许多社区服务过于商业化，缺乏应有的人文伦理的关怀。

可见，物质的社区家园建设富有成效，相对来说，精神的、心灵的社区家园建设还应得到更多关注和努力。纯粹的市场化管理服务有时候会让人感到冰冷和疏离，缺乏人们所需的人性化亲情关怀和心理精神的依归，这样的社区不能发挥情感凝聚和精神依归作用。

中国的社区归属感建设思路，必须按照两条路线展开：一是体制、组织及管理、服务等机制方面的建设，二是亲情化管理和精神家园的建设。研究表明，社区影响居民归属感主要有三个方面：一是居民对硬件环境的满意程度；二是居民对社区环境的价值文化认同程度；三是居民对社区的情感依赖和人际依赖程度。所以在社区建设中，要以人为本，突出人文关怀，从而加强居民对社区的归属感和家园感。著名的百步亭社区服务中既有商业运作，又有亲情服务，能够满足居民物质家园、精神家园的需要，居民在这里找到了家园归属感。用社区居民的话说，百步亭社区"温馨得让人不忍离去"。

社区建设要有新的立意高点，要真正落实"以人为本"，围绕满足人的精神需求和心理归属需求展开，使社区既成为居民的安身之地，又成为居民的心灵家园。中国的社区就应该采用"大家庭"模式的亲情管理思路进行建设。

传统中国具有家国一体的特征，中国人历来主张爱国如家，在"单位制"管理体制中，人们往往"爱厂如家""爱单位、组织如家"，家庭人、单位人转变为"社区人"后，必然转化为"爱社区如家"。而爱社区如家，才可能爱社区组织和社区中的邻居，才有党群关系、物业与业主关系、邻里关系中的爱心传递和互动，并由此生发出爱社会、爱政府、爱党、爱国家的情感和意识。在这个意义上，在公民道德建设中培育爱国主义思想情感、增强民族凝聚力的工作任务，都可以从社区这个社会基础平台做起。

我国许多典型现代社区已有很好的寓管理于家园感营造的经验和做法，在这些社区考察调研，能够感受到"大家庭"式的亲情管理方式和思想政治工作效果。许多示范社区形成了"一人有难大家帮"的互助互爱氛围。武汉市百步亭社区一户居民面临孩子辍学困难，兼任党组织书记的社区管理者说："只要有社区组织在，就不能让一个孩子辍学。"有这样的党组织和社区管理组织，居民怎么可能不对社区产生归属感和家的感觉？此外，社区居民往往就是在日常生活中，通过社区生活感受来感知党、政府和国家。社区居民对党、政府、国家、社会的向心力和凝聚力，就是这样由社区的向心力、凝聚力而引发起来的。

总之，要让社区承载应有的社会组织的归属功能，要着力在"精神家园"层次上努力营造，把它当作创新社会管理、加强人文关怀和心态建设的一个着力点，这是现代社区建设和新型管理模式的一个新的工作思路。我国许多城市的示范社区，率先进行了社区建设的探索和实践，积累了丰富的经验。但大多数社区在提供社会归属感方面还做得很不到位，在思路和方式上还停留在行政管理习惯或商业运作模式中，而中国现在正需要能够提供"归属感"和"精神家园"的新型社区。

3. 单位组织的归属功能建设

单位组织曾经为中国人提供了最大的归属感保障，"单位如家""爱厂如家"在今天依然是中国人心理归属需要的一种资源。东方社会非常重视群体生活取向，就企业管理模式而言，形成了带有浓厚东方色彩的Z形管理模式。Z形管理模式不同于西方的"科学管理模式"，该理论创建者威廉·大内对管理做了亲情化、人道化的探索。该理论强调企业单位团体的力量和成员间的尊重、信任、亲密性、微妙性与和谐合作，使企业组织形成一种"和谐亲密的工作环境"，只有在和睦、友善、信任的环境中工作，才能有更好的发展和更高的效率。威廉·大内强调说："在某种意义上，日本人的集体主义价值观很自然地适应它的工业环境，而西方的个人主义者经常引起矛盾。"[1]

西方社会在工业革命后，沉浸在物化高效和对人的忽视中，威廉·大内的理论让人们更多地关注人性需求，人们需要亲密、信任的关系，需要工作组织的"归属性"。东方管理模式往往具有一种独特的企业文化和价值理念，它包括群体合作价值取向、年功序列工资制、长期雇用制度，以及尊重、信任与亲密人际关系的组织氛围。对单位管理者来说，在工作过程中绝不能把职员当作机器工具，要充分尊重、信任和关爱企业单位的所有员工，更多运用"亲情式管理"。

中国在"家国合一"的社会结构和文化中，各种群体组织就像是"家"的延伸，中国人的"同胞"亲缘文化使人们习惯用"亲情""缘分"来维系彼此关系，其中也包括工作关系。这是中国文化心态不同于西方文化心态的重要方面。这种不同的文化冲突和观念错位有时候会表现在中外合资企业的管理中，如某外资企业的管理者根据其在本国同类企业中的一贯做法，规定企业员工下班时一律开包检查，如检查人员遇到可疑者，则可要求其接受进一步检查。此举一出，引起企业中中国员工的强烈反对，认为是极大的人格侮辱。该企业的管理者想不通的是，为什么同样一个规定，在中国的员工中会导致如此强烈的不满。这就是中国血缘文化特色和中国人家园归属心理在单位组织中的体现。

4. 社会组织的归属功能建设

除此之外，还必须加强其他各类社会组织的归属功能建设，如志愿者组织、公益组织、娱乐健身组织、社交组织等各种各样的活动组织，必须看到其中蕴含的中国"家"文化特色和心理归属功能。在今天现代

---

[1]　威廉·大内. Z理论. 朱雁斌，译. 北京：机械工业出版社，2007：43.

市场充满竞争、生活追求越来越高、商业氛围浓厚、人情越来越淡的社会中，各类社会组织完全应该承担起更多的亲情落地和满足归属需求的功能。人们通过各种社会组织，使"陌生人"变成"熟人"或朋友，从中获得关爱和帮助，交流感情，分享思想。通过社会组织，原子化的个体可以找到自己的社会归属感和精神家园所在，在这里会"心有所定"，摆脱人际孤单，感受社会应有的"共同体"的温暖。同时也通过这些社会组织及其活动，实现个体的社会价值感和人生意义感。

事实上社会中出现的种种"找组织"现象，自创组织、自主结社等现象，都和人们寻找归属感的需求有关。人必须有一个社会归属组织或归属社群关系。中国改革开放和现代化发展，使社会经济分层，社会结构、组织形式、利益关系、人际关系都发生巨大变化，"小政府大社会"模式渐成趋势。传统群体结构式微，人与人之间的信任感、个体的归属感大大降低，在新形势下，全能政府的社会管理模式已不适用，需要新的社会管理方式。政府也发觉了这种社会变化和需要。在十六届六中全会通过的《中共中央关于构建社会主义和谐社会若干重大问题的决定》中，就提出要完善培育扶持和依法管理社会组织的政策，发挥各类社会组织提供服务、反映诉求、规范行为的作用。当然这里更多是指社会管理模式的创新，还没有明确强调个体化的人群所需要的社会组织的归属功能和心态建设功能。十八大报告提出了心态建设任务，但如何进行心态建设、社会组织建设在心态建设中的作用如何，都还需决策层以及全社会的更多认知和研究。

大量个体化了的人需要新的社会组织"接应"，但目前我国社会组织建设还存在一些困境。比如，整个社会决策系统对社会组织发展的概念和社会需要不匹配，对现实中出现的"找组织"现象、心态失衡现象、幸福感失落现象和社会冲突现象，许多人并没有意识到这些现象和归属感失落之间的"社会逻辑"。所以社会组织建设遭遇的，有些是客观问题，有些则是观念方面的问题。

目前，政府职能的转变还在进行中。国家目前在扶持社会组织建设方面的政策还没有得到很好的理解和落实，这是社会组织建设遭遇的客观问题。应该进一步树立转变政府职能的思路，让社会组织参与提供公共服务，同时也让社会组织因地适时生长，"接应"个体的社会组织归属需要。

　　困扰社会组织建设的另一个问题是资金支持问题。在体制改革中叫停了某些对社会组织的政府拨款，因此一些社会组织处于"无米下锅"的困局中。社会组织建设还缺乏自我创建和自我管理运行的法律依据。许多社会组织找不到挂靠单位即主管单位，或无法登记生存，或无实力开展活动，处于休眠状态，名存实亡。这与现实中人们"找组织"现象背后的需求显得极不相称。在治理结构方面，中外社会治理研究的学者们多在强调国家与社会组织的协同，即社会组织有利于政府建设，同时有效的行政体制会为公民参与提供一个有利的环境，而协同的关键是政府与社会组织之间的"互补"和"嵌入"。

　　社会组织生存困局，在某些时候与一些地方负责维稳同志的维稳思路相关。他们认为非政府组织、民间团体越少，不稳定因素也就越少。这在一定程度上妨碍了社会组织的发展。事实上社会组织发展若能和社会需求相适应，会弥补社会存在的归属"空场"问题，缓解由此引发的各种失衡的社会心态，起到帮助政府缓解社会冲突和人际紧张的作用，政民、党群的紧张关系也会从而得到缓解。

　　研究政治学颇有成就的诺齐克在《无政府、国家与乌托邦》一书中强调了"社团"即社会中介组织的作用。在诺齐克看来，只有社团才能在国家权力之外继续维持人们之间的认同和纪律，在小社会团体内的交往互动中培育人们的责任意识、他人意识和互助精神。所以，与"全能政府"变身相匹配的，是社会组织的生长。建构起来的各种社会组织在协同社会公共服务和社会管理的同时，也会给人们带来社会归属感。

　　齐格蒙特·鲍曼强调社会组织作为共同体应有的意义。其《共同体》一书的副标题是"在一个不确定的世界中寻找安全"。书中指出："共同体是一个'温馨'的地方，一个温暖而又舒适的场所。它就像是一个'家'，在它下面，可以遮风避雨；它又像是一个壁炉，在严寒的日子里，靠近它，可以暖和我们的手。""在共同体中，我们能够相互依靠对方。如果我们跌倒了，其他人会帮助我们重新站起来。没有人会取笑我们，也没有人会嘲笑我们的笨拙并幸灾乐祸。如果我们犯了错误，我们可以坦白、解释和道歉，若有必要的话，还可以忏悔；人们会满怀同情地倾听，并且原谅我们，这样就没有人会永远记恨在心里。在我们伤心失意的时候，总会有人紧紧地握住我们的手……我们的责任，只不过是互相帮助，而且，我们的权利，也只不过是希望我们需要的帮助即将到来。"①

5. "心理社群"及其建构

除了上述社会组织机制的归属感救助以外，还有一种常被人们忽略但实际上非常需要的归属感落点，即文化心理层面的"共同体"。

丹尼尔的社群理论认为，现代化使得社会日趋原子化，因此如何建构相应的社群纽带是新的社会治理的大问题。丹尼尔认为社群存在三种类型，即"空间社群""记忆社群""心理社群"。也就是说，社群共同体不仅意味着是血缘的、地域的，还可能是文化价值观的、情感的和心理意义的。由此，社会归属也可分为物质领域的、人际领域的、精神领域的。在精神领域意义上，归属感要解决心灵归属问题，即人的精神和心灵有无居所。安身立命要解决什么？就是解决身份归属和心灵归属的问题。很多时候，社会性要求不仅表现在对群体生活的认同与依赖，也会表现为精神文化的认同与归属，且文化认同与归属会增强共同体的凝聚力。而越凝聚就越认同，身份归属感也就越强，反过来又加深了文化认同和归属。

精神分析学家、哲学家弗洛姆在《逃避自由》一书中从心理学角度分析了自由给现代人带来的独立、孤独无助、焦虑感，以及人逃避孤独的行为选择。许多人摆脱社会群体后缺乏群体依赖感，如果又没有找到任何精神支柱、信仰归宿，就一定会心无所定，产生"纯粹自由"后的孤独感和焦虑。

许多人可能身居繁华都市的豪宅中，但精神空虚，缺少心灵归属，仍有"无家可归"的感觉。在"精神流浪"、孤独压力的心态基础上，是无法生成人的"幸福感"的。自杀率、抑郁症、社会怨气增多、社会冲突增多，不是担忧和阻止就能解决得了的。我们必须正视社会归属、心理归属的社会"空场"状态，必须重视解决社会归属感需求的"社会组织建设"问题，构建能为人们提供空间归属、心理归属的各种形态的社会组织。

此外，还要关注"心理群体"的建设问题，在全社会营造价值共识、文化共识、舆论共识等心理共同体，心理共同体能给人们提供心理归属感。心理群体产生的归属感除了共同价值观和舆论共识，还有相互

---

① 齐格蒙特·鲍曼. 共同体. 欧阳景根，译. 南京：江苏人民出版社，2003：3-4.

信赖。

目前的中国社会，许多学科在研究社会组织功能时，往往更注重社会组织对社会的整合与推动作用，即便研究其社会协调功能，也多在行业协会、职业团体、公益组织等方面讨论，对精神心理建设的关注太少，对社会归属对于人的重要心理和精神支柱需求的认知、研究还很不够。我们的社会，尤其是现代"碎片化"了的社会，一定要给个体的人提供一种归属感和依赖感，让人们心有所定、身有所安。这个归属和依赖所在，可以是社会群体组织——表现为单位、社区、民间团体等各种社会组织，也可以是心理群体——由理想信念、精神支柱、共同价值观和文化圈构成的心理群体。

总之，大力发展各类社会组织，可在更大程度上满足人们交往的需要、社会归属的需要，缓解中国人的亲缘情结和归属乡愁，有助于解决或弥补转型期市场社会中的归属感"空场"问题。

（五）建造中国人的精神家园和意义世界

无论在现实感受中，还是在调研数据中，我们都能看到社会中存在的焦虑、迷惘和某些精神危机。社会治理、国家和谐，是一个系统工程，社会、文化、经济、政治相互交织，但在上述维度中，看不到对社会大众心态问题的应有关注。精神文明建设中应该包括对心理需求的关注和建设，但遗憾的是社会上下并没有重视人们的精神心态建设，而这正是"以人为本"命题中的重要因素。

在现代"碎片化"过程中，文化价值也呈现多样价值分歧，按照马克斯·韦伯的说法，现代化也是一个世俗化的、祛魅的、价值多元的时代，是一个以工具理性替代价值理性的时代。也如麦金泰尔所说："所谓的当代道德分歧，不过是些相互对立的意志的冲突而已，每一意志都是由它自己的某些武断选择所决定的。"① 共同价值观"碎片化"后，社会就会因价值相对主义、虚无主义而产生这样或那样的精神危机，表现为生活的无意义感或幻灭感，尤其是物质生活得到一定满足后，更易产生人生意义上的困惑，即人们所说的"富裕后的迷惘"。经济学这样解释这种现象：当人处于贫困线时，生活质量更多取决于物质，所以生

---

① A. 麦金泰尔. 德性之后. 龚群，等译. 北京：中国社会科学出版社，1995：11.

活目的和意义往往与物质获得紧密联系，但当人均 GDP 达到 3 000 美元左右的水平后，人们对生活质量的评价标准就会呈现出多样化状态，这时，物质需求的决定性意义就不存在了。所以，不仅贫穷、苦难中的人需要精神力量的支撑，富裕后的人也需要精神支柱和人生动力。

人和动物不一样的地方就是人需要过有价值意义的精神生活。人如果没有精神支柱，就会深感"身无所安、命无所立、心无所属、情无所托"而处于精神危机中。

事实上，在人类思想史上，人们的精神生活中一直都有着一种超越现实的价值存在。现代化尤其是后现代主义的一个显著特征，就是"价值碎片化"、"去中心化"和"深度意义的解构"。在精神生活走向世俗化的同时，那些普遍的、共同的价值和意义也随之消解了，取而代之的是世俗的、个体的多元主义。丹尼尔·贝尔在其《资本主义文化矛盾》一书中曾讨论了"距离感的消失"问题，他将"距离感的消失"分为三种情况：社会距离的消失、心理距离的消失、审美距离的消失。他说："社会距离的消失，意味着礼俗的消失、文明礼貌的腐蚀，这已经使人与人之间的接触容易处理了，而且允许个人有自己的'步伐'。"①

学者分析说，表面看起来，当代文化是平民文化、多元文化，个人完全可依照个人兴趣和意志自由选择。然而一个充满物欲追求的"理性经济人"，陷于物欲追求和市场标准引导的同时，也就失去了个人的价值标准，被"匿名的权威"任意摆布。

在当代中国社会，商业文化和大众文化展现给人的是一个万花筒式的样态。人们可享受多样的文化商品，可选择不同的生活方式。一些文化创作会表达"躲避崇高"的取向，一些作品不再推崇负有"载道""言志"的责任。传统价值观在失落，社会价值理性逐渐转向现代市场社会的工具理性。生活和行动的重心，有可能不再是对超越意义和神圣价值的追求。而物欲主义和消费主义盛行以及对人们日常生活的渗透，加速了精神价值和意义世界的解构。

精神价值和意义世界逐渐消解，人们生活在工具理性和生存竞争的压力中，会产生很多精神需求或疾病。许多人抱怨"工作单调乏味"，上班工作几乎是他们生活的全部内容。

---

① 丹尼尔·贝尔. 资本主义文化矛盾. 赵一凡，等译. 北京：生活·读书·新知三联书店，1989：167.

网络上有许多描写工厂员工生活状态的文章，当看到"甩不掉的寂寞，离不开的工作""园区单调，新进大学生不出三月几走光"的标题时，我们能感受打工者的身体疲惫和精神空虚的心灵挣扎。人们在分析富士康"连连跳"背后的原因时，也看到了工作紧张和压力的因素。

社会生活水平变了，社会主体变了，许多人看到了温饱解决后要注重精神生活的解决，国家也强调要满足人民群众日益增长的精神文化需求，但我们有没有真切看到精神生活需求的新的表现方式？"精神文化"的满足不光是提供文化产品，更重要的是精神支柱或信仰不要"空场"。没有精神信念和信仰，犹如没有灵魂，再多的文化产品也撑不起人的精神世界需要，而如果提供的文化产品又多为商业的、娱乐的和低俗的，那就更适得其反了。

人有意识，他必须要思考自己的生死问题和"为什么活着"的问题。而休谟的"是"与"应是"法则，亚里士多德与黑格尔的实践理性和纯粹理性，康德的"头上星空与心中道德律"，马克思的"认识世界与改造世界"，儒家的"安身立命"，其核心问题，无不在探讨人应该怎样活以及人生的意义问题。

哲学社会科学一直强调一个国家、民族和社会，必须要树立一种理想信念。理想信念就是要解决我们人的意义所在和精神归宿问题，也要解决国家民族意义上"向何处去"的问题。一个民族社会有"应然"的理想目标，就不会灭亡，就会发展兴盛；一个人心中有理想信念，就会心有所定，无论漂泊在哪里，心中有理想就不会焦虑。

《千年一叹》和《行者无疆》是余秋雨在多国之旅中的感慨与思考的结集，在书中他探讨了两河文明、阿拉伯文明、印度文明、古埃及文明、希伯来文明等衰落的原因。在CCTV《文明之旅》节目的一次采访中，当主持人问，我们有令我们骄傲的辉煌文化，但今天又时常觉得没有文化，为什么？余秋雨说，文化分"道"和"术"，如茶具、旗袍、金字塔等，传留下来容易，这些文化物体是"术"，但关键是文化的"道"如何流传下来。①

失落了"道"的文明一定会走向衰落，正是这些东方智慧和民族精神铸就了中华民族的精神家园。

---

① http://jishi.cntv.cn/C30810/classpage/video/20110517/100008.shtml.

一个民族必须有它的家园。自然家园很重要，而精神家园对一个民族尤为重要。古罗马帝国在盛世之后的衰落、古巴比伦文明的消亡、古埃及文明的衰败，都和其精神文化的衰落有关。在一次关于中国文化自觉、自信、自强的研讨会上，有学者感慨地说，现在许多文化缺乏骨头。骨头就是"道"，没有"道"的文化就没有骨头，没有精神没有"魂"。任何一种文化都凝结着一定的价值理念，它就是文化的灵魂，或者说文化之"神"。守护文化之"神"，就要把握凝结在文化之中的精神实质——价值理念，从而把握文化立场、文化取向和文化选择，这是文化自觉的根本要求。① 核心价值体系的建设，就是在坚守创建属于中国的文化之"道"和"精神家园"。

中国文化讲"安身立命"。安身取决于立命，立命取决于立心，"立心"就是给自己寻找并落定一个精神支点、一个精神家园归宿。中国文化没有给出典型宗教的世界观，这和中国历史道路有关，和"天人合一"文化有关。在天人无分的思维世界里，很难产生那种无所归依、受强大异己力量压迫的孤独意识和宿命意识。"万物皆备于我"的天人观念使人与自然之间不是紧张的对立，不是征服对立异己，而是"赞天地之化育"，"与天地参"。个人在面对外部世界时，没有与之抗衡的异己性和被压迫感。正是在这个意义上，西方学者韦伯说，儒家把人对于世界的紧张感减轻到绝对的最低限度。西方文化主张人与自然相分，也就主张人的精神实质和自然本性，即灵与肉相分，并导致把人的世界划分为尘世和彼岸。西方历史道路也打破了血缘关系，没有归属依托的个体在上帝或其他神祇那里找到依归，最后发展出有完整体系的宗教文化。

建立在血缘社会根基上的祖先崇拜，也对中国信仰方式的形成产生了根本影响。祖先崇拜之所以很难发展成典型宗教，是因为人们所崇拜的对象不存在于外在彼岸，而就在此岸世俗生活中。祖先崇拜的本质是宗族群体的求生精神，同宗共祖的宗族群体成为人们的生存与情感依托，对群体的依赖感超过了对一切外力的寄托，崇拜外在力量的典型宗教就难以取得滋生和信仰的市场。②

中国人有"根"的追寻，有很强的血缘家族归属感，"家"文化、

<hr>

① 朱贻庭. 守护文化其"神". 道德与文明，2011（3）：9-14.

② 葛晨虹. 德化的视野——儒家德性思想研究. 北京：同心出版社，1998：267.

群体共存取向，就是中国人的精神家园。精神家园在这个意义上就是中国人的心灵居所，就成为我们身份认定的依据。中国人永远要求有家有亲人，它们是人们心中永远的精神依赖和归属所在。

（六）幸福是一种心态：社会心态建设

精神世界发生了危机，后果之一就是幸福感降低。人们常说人类历史从某种角度看，就是追求幸福的历史。古希腊"三问"中"如何才能过好的生活"背后的潜台词，就是怎样才能幸福。近些年的中国社会，随着各地建设"幸福地区"、"幸福城市"和"幸福社区"的施政导向，"幸福"已成热词。但要改变上述物质生活水平提高但幸福感相对低落的问题，除了物质水平进一步提高，贫富差距和社会不公进一步调整、制衡外，从心态和观念上加强建设也是不可忽略的任务。

"相对收入理论"和"社会比较效应"在解释收入提升和幸福感提升不同步的原因时，认为人们的主体幸福感常常取决于与其他人的幸福相比较而得到的满足或失落。叔本华曾说，世上最大的悲剧是，人们"很少想到我们有什么，可是总想到我们缺什么"，这也许比历史上所有的战争和疾病引起的苦难都多。有人曾问亚里士多德："为什么心怀嫉妒的人总是心情不快呢？"亚里士多德回答说："因为折磨他的不仅是他本身的挫折，还有别人的成就。"所以，引导人们正确面对贫富差距，脱离"攀比心态"和"羡慕嫉妒恨"的怪圈，幸福感落差就不会那样明显。这是心态建设的一个方面。

此外，把握好物质财富与生活意义的关系，也是心态建设中的重要内容。

物质财富是人们生活的重要基础，但不是生活的全部价值所在。如上所述，如果精神不"在场"，纯粹的物质追逐一定会带来关于人生意义的迷茫、困惑和焦虑。物质财富和精神相结合才有幸福和意义。正如弗兰克·隆巴多在《富裕后的生活》中所说："我完全相信物质财富只有在其他财富——身体上的、情感上的、精神上的和心灵上的——都具备的情况下，才会有意义。"

谈谈财富和幸福感问题，会让我们想起郭明义的快乐。郭明义朴素而坚定地认为慷慨助学助困是他人生的本来部分。他在帮助他人、爱岗敬业和奉献国家中感受着人生的快乐与幸福。郭明义的财富观、人生观和幸福观启发我们对许多社会现象有了新的思考与对比：社会中有的人可能精神"贫穷"得只剩下万贯家财，而郭明义在精神世界里是个富翁。在麦金泰尔批评当今西方社会物欲横流、呼唤回归人类精神美德时，郭明义的形象给这个时代抹上了一片亮色。

当下社会引导消费、张扬奢华的商业氛围，一方面是成为"房奴"的大众群体，另一方面是在铺天盖地的房地产广告中，"豪宅""奢华""品牌""公馆""顶级享受"，已和"高尚""品位""尊贵"等词联系起来。在这种氛围中，豪宅等物质享受就这样和人的高尚、尊贵联系起来，引导人趋向物质追求，也让社会人群产生更多的"鸭梨山大"。所以有人说"每次看到这些广告，我都有深深被刺痛的感觉"①，而专家则认为，炫富广告会放大社会分化效应。这样的商业文化如果太浓重，就会对人们的社会压力和心态产生负面影响。

如果社会大力倡导正确的财富观和人生观，如果人们能像郭明义一样，把自己的生活意义同国家和他者联系起来，就会在共同体中的"大我"中体会到自我更多的力量和快乐。美国学者加德纳也讲，真正的幸福是指一个人能够充分发挥自己的力量和才能。

幸福感建设还和对"小我""大我"的意义把握有关。"小我""大我"是中国传统儒家文化的概念，在主张天地人合一的传统文化中，儒家强调个体应该把个体自我和群体大我结合起来，在为生民立命，为万世开太平的价值取向和情结中，我们能感受中国文化的"大我"胸怀。克尔凯郭尔曾在"自我隔离"（self-seclusion）理论中提出"魔性的"（demonic）概念，纠正"魔性的"孤立、孤独的方子，就是爱他人，并用责任和爱对待你的群体。

纵观思想史，许多思想家不约而同都把爱当作核心价值的关键词，爱在黑格尔理论体系中实际就是"伦理关系""伦理实体"的必然要求，在马克思主义理论中就是"为全人类求解放"的大爱情结。从情感之爱到社会互助大爱，从感性自然之爱到理性应然之爱，众多思想家和各种理论为什么都在强调社会之"大爱"？理论依据之一即人是社会的人。亚里士多德在论述城邦起源和目的时提出了这样一个命题："人类自然是趋向于城邦生活的动物（人类在本性上，也正是一个政治动物）。"在

---

① 叶铁桥，郭姗姗. 房地产炫富广告刺痛都市. 中国青年报，2007-05-14. http://zqb. cyol. com/content/2007-05/14/content_1758436. htm.

他看来，人不可能以独立个体而存在，人总是处在一定的家庭、村落或城邦之中。① 费尔巴哈也认为："孤立的、个别的人，不管是作为道德实体还是作为思维实体，都未具备人的本质。人的本质只是包含在团体之中，包含在人与人的统一之中。"② 马克思更是强调说："人的本质不是单个人所固有的抽象物，在其现实性上，它是一切社会关系的总和。"③ 人生活在社会关系中，社会本质决定人不同于动物的地方在于从"小我"上升为"大我"。客观上社会人群必须有"大爱"支撑或调解，否则将在"丛林法则"中生活。正如亚里士多德所指出的："我们见到的每一个城邦（城市）各是某一种类的社会团体，一切社会团体的建立，其目的总是为了完成某些善业——所有人类的每一种作为，在他们自己看来，其本意总是在求取某一善果。"④ 人的社会性本质在弗洛伊德、弗洛姆那里，被称作"社会性格"，强调病态的精神病人是没有"化"好社会性格的人。事实上，不论人们是否意识到，社会之"爱"是人实现自我社会性本质的一种方式，是人生存和实现自我价值的一种能力，也是社会存在方式需要的一种精神黏合剂。

所以，无论理性还是感性，无论人的自然还是人的自觉，都要求人类必须有德性之爱，这个广义上的爱，在理性上体现为责任等道德规范，在制度上会落实为某些基本的法律义务，比如对父母的赡养和对子女的抚养义务。无论法律还是道德文化价值观，都必须落实到社会群居及其社会关系的本质上，都"软硬兼施"地要人们实现"爱"的"必须"。

如果一个人没有社会大爱中的"大我"，没有精神追求，仅仅生活在物欲或者个体"小我"之中，就一定会感到孤独和心灵的困顿。

马尔库塞在《单向度的人》中对发达工业社会压制人们的内心精神进行了批判，敏锐地指出许多人生苦痛事实上都和精神世界的失落有关。事实上马尔库塞的理论代表了西方社会对现代社会所创造的物质"单向"发展的世界的反思。人在这个"物化"世界中被定格在物质层

---

① 亚里士多德. 政治学. 吴寿彭，译. 北京：商务印书馆，1965：7.

② 路德维希·费尔巴哈. 费尔巴哈哲学著作选集. 荣震华，译. 北京：商务印书馆，1984：185.

③ 马克思恩格斯选集：第1卷. 2版. 北京：人民出版社，1995：56.

④ 同①3.

面，不再信守和追求精神层面的价值，沦落为物欲工具而失去了人不同于动物的精神生活本质。失落了精神家园和社会归属感的人，会因缺少精神支柱、人生信念而出现某种物质和精神的"分裂"，这样的人是一定找不到生活的意义感或者幸福感的。

心理学家由此创建了积极心理学（positive psychology）。积极心理学是20世纪末西方心理学界兴起的一个新的研究思潮。其创始人是美国当代著名心理学家马丁·塞里格曼、肯农·谢尔顿和劳拉·金。该理论认为积极心理学是致力于研究普通人的活力与美德的科学，也就是说，心理学不仅应对人的精神损伤、心理缺陷进行研究和修复，也应对人类自身拥有的潜能、力量进行研究和发掘。积极心理学对人类的贡献在于：它看到了人类积极的品质（包括社会的善德、理性思维和良好心态）在促进社会发展、使个人和人类走向幸福方面的建设性功能。心理学家认为它是利用心理学方法，研究人类潜能和美德等积极方面的一个心理学思潮。

积极心理学强调关注人的主观正向体验，即人的幸福感、满足感和乐观主义心态及获得途径，强调那些关乎幸福感、满足感和乐观主义的个人素质，即爱的能力（甚至比工作能力还重要）、人际交往能力、毅力、宽容、创造性、乐观等品质力量；在群体层面上研究公民美德和使个体成为具有责任感、他人意识、职业道德和公共品质的"社会组织"，包括健康家庭、和谐社区，有效能的企业、学校和单位，以及有共同价值观的社会等。积极心理学还提出了积极建设或预防的思想。它主张在修复人的心理病态的同时，要积极构建有利于健康心态生长的环境，认为在一个孕育抑郁、物欲、焦虑或精神分裂等问题的环境中，阻止人的心理缺陷或精神问题是很困难的。

可以说积极心理学也给我们提供了幸福感建设的新思路。心态建设在某种意义上就是要从心灵世界的环境氛围建设起，也就是说，从那些能给我们带来正能量和积极心理的美德、信念、心灵感受、正确人生观的潜能入手。"此心安处是吾乡"，"心"在哪里，人的归属和精神家园也就在哪里，从而，意义感和幸福感也就在哪里了。

因此，我们的社会应该构建并倡导一种积极、有意义的价值观和人生观，来对人的生活观念及心态进行积极解读和现实塑造，以此激发出人类自身存在的积极品质或正能量，用人类思想史已积累的"超越性"

文化智慧，解读人生面临的生与死、理想与现实、物质与精神、个体与他人及社会的矛盾难题，用大我、宽容、友善、自信、平和、乐观、自强、信仰等积极和建设性情绪来感受生活，化解那些来自小我、狭隘、愤怒、恐惧、焦虑及"羡慕嫉妒恨"等消极心态的负面压力，用好心态建设出生活的意义感和幸福感。在这个维度，我们所说的人文关怀、爱人、友善、幸福感、意义感和心态建设等，都是一回事。

幸福心态建设还包括生命意义感的培育。生命意义感是心理学家弗兰克尔存在分析理论的核心概念，他甚至把自己的理论称为"存在分析"。戈登·欧伯在评价弗兰克尔《活出生命的意义》一书时说：弗兰克尔体验过痛苦的如影随形、无所不在，也面对过邪恶的力量，但他却认定人类有足够的潜力来超越困境，他发现了一个能提携其成长的真理。弗兰克尔的"意义疗法"，就是一种针对生命无意义感和心灵空虚进行治疗的方法，它强调用正确的价值观，引导人们发现生命的意义，从而治疗心灵缺陷。在他的"意义价值群"中，有一个中心概念即"态度性价值"，他认为，对命运的选择完全取决于人的精神态度或价值观念，即使是面临无法抗拒的命运或客观困境，人也能用态度价值的力量驾驭生活从而超越困苦。所以，弗兰克尔"意义疗法"的重心不是心理、生理层面而更多是社会价值观层面的。弗兰克尔认为构建、培育正确的生活意义信念和目的，也是心理建设的一个应有之义，正如他所说的，"意义治疗学是建立在一种详尽的生活哲学基础之上的"，他认为人类的基本动机就在于追求生命的意义与目标，生命意义感影响着工作、创造和承受苦难的能力。[①]

在心理学看来，希望和目标的缺乏、生命意义感的丧失是导致心理症状产生的重要因素。社会心态问题和人生价值观、意义信念息息相关，一个人如果人生意义不明，就会感到人生困惑和精神空虚，并可能引发焦虑、苦闷、抑郁等各种心理不适。

我们所说的精神家园问题，涉及的就是人的精神归宿和终极意义所在，究其根本即"人为什么活着"的问题，人明确了自己生活的意义，其精神就有了"终极归属"。

---

① 古尔德. 弗兰克尔：意义与人生. 常晓玲，翟凤臣，肖晓月，译. 北京：中国轻工业出版社，2000：14.

（七）反思并建构社会价值文化生态

十八大报告提出了文化强国的战略部署，全社会上下一定要充分认识价值建构和理论批判在文化大发展中的地位，改变当下理论储备相对不足和理论阐释不到位的状况，关注社会舆论氛围"不成系统"的问题，反思社会现行道德教育方式以及理论如何大众化等问题。社会心态建设和中国道德价值观息息相关，而打造社会道德环境，是一个系统工程，需要全社会上下共同努力。

1. 价值观生态从社会理论建构开始

社会心态需要营造良性社会环境和道德生态，这需要对诸多理论、价值观进行反思和清理。理论是社会发展的思想灵魂，有什么样的理论，就有什么样的价值观和文化，就有什么样的发展模式和社会风气。理论为社会价值观生态提供思想底气或支撑。营造正能量的社会理论生态，基本思路可从以下几个维度出发。

一是构建中国自己的理论范式和体系。总体看，我们国家的理论已有基本的框架和体系，国家层面对国际竞争中文化实力的重要性已有越来越多的自觉意识。但在具体层面，仍有许多领域还缺乏应有的成熟理论和论点，许多问题还没有调研透。在当前文化强国战略部署中，我们应充分认识到价值理论的批判和建构的重要地位，要关注并改变我们理论储备相对不足的状况，在打造中国理论软实力中，中国特色的理论构建应当是重中之重。

二是要对诸多理论、价值观进行反思和把握。厘清各种理论思潮能更好地把握社会价值导向。市场经济发展决定了社会利益主体的独立性和多样性，现代社会给予了人们选择多元、多样价值的自由和空间，开放的社会也带来了西方世界形形色色的思潮和价值观。但无论是多元利益主体，还是多元价值取向，都必须包含在一元价值理性统领下，相洽在有序整合的社会组织机制中。如果对各种社会思潮缺乏总体了解和透视，就不可能主动驾驭社会价值导向。如物质主义、消费主义和享乐主义，易使人在沉迷于物质享受和物质攫取的同时，失落人的精神家园，在物欲追逐中遗忘或迷失人生意义和人格的尊严。而"经济人"理论，则导致自我逐利将成为必然选择的价值观，导致对人的精神人格和美德人性的不确定。

三是做好舆论和大众化的理论阐释。理论阐释力本身也是理论构建和正能量的一部分。当前社会存在着一定的理论阐释力不足的问题。要关注理论如何大众化的问题，在解释的力度和广度上、在大众文化建设上，都要做足功课。大众文化是社会核心价值体系的重要承载媒介，对于文化这样具有价值意识属性的特殊领域，国家应承担起其发展的更多责任，不能简单走"市场化""产业化"道路，文化领域的改革要和社会主义核心价值体系建设结合起来通盘考虑。如果社会一方面在意识形态领域大力强调核心价值理念，另一方面又不在意其在大众文化中的语境引导，大众文化最终就会远离社会核心价值理念。目前在社会传播和教育传递中，存在着"话语系统"进一步向大众和日常转换的问题，存在着如何进一步"讲实话""讲短话"的问题。目前存在着三种话语方式，即文件规范话语方式、理论学术话语方式以及大众日常话语方式。三种方式各有其必要性与合理性，但在落实核心价值体系大众化问题时，要考虑理论、价值形态的语言、文风转换问题，学会运用时代和大众的语言方式做解释和表达，提高理论的阐释能力。

四是注重解决核心价值观引领和舆论氛围的"合成系统"问题。目前社会主要教育渠道和大众生活环境教育存在一定的"5＋2＝0"现象，即学校课堂教育、主流媒体的"主旋律"，往往被来自家庭和社会生活的"教育"消解掉了。大众舆论是大众的意识观念、心态和经验的表达，它本身就是社会个体思想和观念互动的一种合力。在一定意义上，大众舆论对大众具有一种潜在导向和教育作用。大众舆论发育具有一定的自发性，但也可以通过自觉调控和引导培育起来。

2. 理论大众化：一种必要的国家能力

有这样一个故事：一位父亲在思考明天的演讲，为了不让五岁的儿子影响其思考，他将一本杂志上的世界地图撕碎，交给儿子："你把这张世界地图拼对还原，咱们就开始做游戏。"没过几分钟，儿子说地图已拼好。父亲去看，果然地图已完整拼好摆在地板上。儿子说："地图背面有一个人的头像，人对了，世界就对了。"

人对了，世界就对了。这样的哲理，许多人用其他话语方式也曾表达过。马克思说："批判的武器当然不能代替武器的批判，物质力量只能用物质力量来摧毁；但是理论一经掌握群众，也会变成物质力量。理论只要说服人〔ad hominem〕，就能掌握群众；而理论只要彻底，就能说服人［ad hominem］。所谓彻底，就是抓住事物的根本。但是，人的根本就是人本身。"① 毛泽东说："代表先进阶级的正确思想，一旦被群众掌握，就会变成改造社会、改造世界的物质力量。"② 在一定意义上，我们可以说，打造国家软实力，凝聚民心，整合社会力量，须从理论意识和核心价值观的大众化抓起。

事实上许多国家都将国家价值意识教育作为国民教育的重要组成部分，以此建构社会思想理论支撑，整合社会共同价值观。韩国政府一直坚持将道德课作为学校教育的主课程，其内容随社会发展而不断完善，但始终将韩国价值意识教育作为最核心的内容。美国也很注重向国民推行具有美国特色的现代资本主义社会意识形态和价值观体系。美国政府通过稳定的主导机制、灵活的组织形式和完善的评估体系等途径，向美国国民尤其是青少年灌输国家价值意识，进而培养美国公民的国民精神。美国政治学家罗伯特·达尔说："美利坚是一个高度注重意识形态的民族。只是作为个人，他们通常不注意他们的意识形态。因为他们都赞同同样的意识形态，其一致程度令人吃惊。在表达对民主意识形态信仰方面，美国人比世界其他任何民族都更一致。"③

可见，任何国家都有一整套适应其社会发展的意识形态教育系统，而国民意识形态教育的核心内容就是进行社会核心价值观的灌输和教育。因为只有这样，才能真正实现社会一元主流价值观对多元价值取向的引领和整合，才能保证国家的共同价值观。

核心价值观的大众化有个"如何化"的问题。曾有学者提出，意识形态教育应该变成"文化意识形态"教育，即"理论武装"不是让百姓都变成理论家，而是让理论"化"在文化中。关于这一点，需要研究一下西方国家在长期的公民教育过程中形成的隐性、渗透性的教育方式。隐性教育重视公民教育的广泛性和渗透性，注重在"无意识"的境界中开展教育。此教育方式的特点主要是不简单采取灌输教育，而是主张借助于无意识心理学理论，使受众在无意识中去感受和体味价值观、道德观、政治观等教育内容，潜移默化地接受教育，增强思想政治教育的实

---

① 马克思恩格斯选集：第1卷. 2版. 北京：人民出版社，1995：9.
② 毛泽东文集：第8卷. 北京：人民出版社，1999：320.
③ 杰里尔·A. 罗赛蒂. 美国对外政策的政治学. 周启朋，等译. 北京：世界知识出版社，1997：354.

效。隐性教育重视公民教育的广泛性和渗透性，注重感化。

葛兰西认为，在意识形态是历史所必需的范围内，它们是"心理学的"，实现"文化领导权"的方式是采取"弥漫式的""毛细血管式的"长期渗透和潜移默化，因此由文化价值观和意识形态构筑的是"一道具有威力的防线"。① 阿多尔诺则说，意识形态的功能完全可以"由文化工业——电影院、剧场、画刊、无线电、电视、各种文学形式、畅销书和畅销唱片——来实现"②。

一些国家对公民进行核心价值观教育，注重借助社会各种文化力量和利用公共资源，营造一种价值观教化的大社会环境，进行实践性教育。教育不仅在课堂和书本上，也在各种形式的社会实践活动中进行，如美国等国家，通过组织社会考察、志愿服务、教会义工等方式，使人们相互感染，也受到自我教育。

韩国的价值观教育更是明确提出了"体会式"教育，许多中学都设有志愿者社会服务或实践课程，实践课程是必修课，有课时要求。学生每年有若干个小时的社会服务课程，在升学的时候会有考核。现在学生越来越自愿参加社会服务，有的学生每年参加志愿者活动达百余个小时。

许多国家公民教育方案的具体实施一般都由公民教育委员会、社会道德委员会或类似专职机构负责，以指导公民教育的方向、目标、规范内容、课程体系等，监督、考核与评估公民教育的实施过程和效果。

有一位留学生曾给我们介绍过这样一堂美国价值观教育课：美国某大学对留美学生的第一课是读《追风筝的人》这本小说，并请作者在课堂上做互动报告，运用小说语言和情节分析，告诉你美国是怎样一个自由的、伟大的和宽容的国家。美国的价值观就在不知不觉中传递给了留美学生。所以，我们在研究核心价值体系大众化方式中，应注重借鉴并挖掘他国隐形的渗透式的教育方式。

3. 主流价值观要接大众文化"地气"

大众文化是一种商业文化、消费文化，每个人都是参与大众文化的主体，都可根据自我立场对任一大众文化进行解读。网络的出现，更是

---

① 葛兰西. 实践哲学. 徐崇温，译. 重庆：重庆出版社，1990：36-64.
② 霍克海默，阿多尔诺. 启蒙辩证法. 洪佩郁，蔺月峰，译. 重庆：重庆出版社，1990：119.

使大众拥有了前所未有的自由表达空间和途径。信息复制技术和市场机制，使得大众文化产品同其他商品一样，必须不断地制造流行时尚才能获得商业利润。如约翰·芬特兰所说："要给畅销书的思想或社会效益做普遍性的结论，或者概括畅销书在文学上的价值是荒诞不经的。从具体内容上看，畅销书很难进行划一的界说。有文化垃圾，也有一些畅销书堪称精品。什么都可以上排行榜——即使是纯文学，只要销得出去。"① 商业性及其利润导向会使大众文化产品中的道德价值或多或少地淡出，也使大众在快餐文化中越来越关注当下的感官享乐。大众文化对有些受众瞬时感官享乐的迎合，有时候就可能对文化作品做出"深度消解"的选择，这可能意味着对社会永恒价值的远离。

一些先锋作家用调侃方式将一些崇高的或在传统价值中具有永恒意义的东西重新解读。他们"调侃生活中的虚伪和投机，也调侃生活中的严肃和残酷；调侃人生的无意义，也调侃人生的有价值；调侃悠然自得的看客，也调侃一切忙忙碌碌的实干家；调侃别人，也调侃自身；既不肯定什么，也不否定什么；不管是欢乐还是痛苦，不管是理想还是崇高，一概化为笑料。文学除了语言技巧之外，仿佛什么也不是了，名之为'玩文学''玩艺术''玩电影''玩深沉'"。② 而一些"新新人类"的行为更是集中体现了当代大众文化解构意义、自由和感性快乐甚至媚俗的特征。

在一些"新新人类"的文化和行为中，表达的是个体感受的自由，追求的最高目标是自身的快乐和轻松。所有带来痛苦的因素都被剔除，所有沉重和压抑都被排斥，快乐是一切行为的原因和目的。因此，当代中国的大众文化是激情与颓废、浪漫与怀旧、理想与商业世俗的混合体。人们在这样的大众文化包围下，"就是静不下心来，对周围发生的事情和自身所处的位置缺乏透骨的敏锐，看什么都是'像雾像雨又像风'，一抬脚就不由得'跟着感觉走'，一思索便觉得'你别无选择'，于是乎只有随着大流跑，盯住时髦追，这山望见那山高，打一枪换一个地方，整日里坐卧不安，焦虑不安，恨不得'过把瘾就死'！"③

在审美解放召唤下，许多大众电影、电视、网络文章、数码图像、

---

① 许文郁，朱元忠，许苗苗. 大众文化批评. 北京：首都师范大学出版社，2002：163.
② 刘登阁. 全球文化风暴. 北京：中国社会科学出版社，2000：102.
③ 解思忠. 盛世危言——民风求疵录. 北京：中国档案出版社，1994：178.

流行音乐等都以各种娱乐方式，刺激着大众的神经、满足着大众的感官需要。正如伊格尔顿所说："大众文化的技术方式满足人们绝对的享乐主义本质，使力比多的身体受制于经济的要求，所以在这个时代除了有劳动的身体、欲望的身体之外，更多的是一些残缺不全的身体，这就是大众文化中身体的普遍形态。"① 通过感官欲望的满足和游戏化的心理经验帮助人们克服心理上的焦虑，使人们暂时忘却生活中的忧伤和悲哀，沉醉于大众文化制造的幻想世界中。大众文化通过轻松流畅的"无情节""无意义"的作品，给人创造一个自由想象的场景，让人们在没有深度的故事情节中消遣娱乐，释放压力，修补现实中的心理创伤，将人们的日常生活演绎得唯美动人，让大众含蓄地释放心中无意识的冲动。它通过摇滚乐等通俗音乐唤起人们的积极性和对生活的热情。正如舒斯特曼所说："像摇滚乐这样的通俗艺术启发一种回归肉体的快乐和美感，它是人类价值领域中被哲学长期压制了的权力。"② 可见，大众文化的这种感性解放功能，在消除社会对人的异化，消除人的紧张感、焦虑感和压抑感，缓解人的精神压力方面，具有很大作用。大众文化的生命力就在于它能够不断地生产和再生产审美快乐，而大众对审美解放的无限需求又构成了大众文化发展不竭的动力。但后现代大众文化这种对文化审美功能、道德功能和价值导向功能的抑制，以及意义深度的消解，走得太远也是有问题的。这些或商业利益取向，或对感官快乐的过度追求，会导致当代中国社会出现价值观混乱、道德缺失的状况。

大众文化的一些理论和产品，过多强调"去意义""深度解构"，加之商业时代带来的消费主义和享乐主义倾向，使一些大众文化的娱乐功能越来越呈现出媚俗化的趋势。身体、暴力和绯闻成为某些网络平台的主题，低俗取代了严肃的生活意义，感官刺激覆盖了精神价值的超越，许多大众文化作品都有对现实生活远离价值和意义的描述，甚至对社会严肃规范的"应当"取向加以调侃，对传统价值进行解构，对道德价值和生命意义进行消解。但是，"失却了审美精神与人文理想制衡的文化是可怕的，文化陷入单边主义和商业实用主义是危险的。这种可怕的背

---

① 傅守祥. 审美化生存——消费时代大众文化的审美想象与哲学批判. 北京：中国传媒大学出版社，2008：162.

② R. 舒斯特曼. 通俗艺术对美学的挑战. 罗筼筼，译. 国外社会科学，1992（9）：36-42.

后是非人化与物化,这种危险的内里隐藏着自我的失落和意义的虚无"。① 如此,文化不再是人类生存的内在基础,而成为形象的游戏,这样的大众文化只能带人们走进价值虚无的道德困境。

大众文化已经成为当代中国大众生活的重要组成部分,也是当代中国大众获取价值观和意义感资源的重要载体。当代中国大众文化一定程度上反映着我国精神文化的总体水平和发展态势。对当代中国大众文化进行"意义建构",让中国特色社会主义核心价值观同大众文化对接,接"地气",也是重要的文化建设任务。

构建中国大众文化,必须坚持中国理论和文化的指导,以保证大众文化的正确发展方向,只有这样,才能保证社会主义文化主旋律在当代中国大众文化中的弘扬。大众文化建设还应确立道德理性的引导地位,并在其指导下寻找到大众文化的商业利益和社会利益的最佳契合点,使公正、关爱、友善、诚信等道德原则,化入当代中国大众文化构建中,使大众文化起到引导人、塑造人、鼓舞人的积极作用。当代中国大众文化的健康发展,既取决于文化大众的态度和素质,也取决于大众文化工作者的使命感和道德责任感。当代中国大众文化不仅要满足社会大众的文化需求,而且承载着社会道德教育的重要功能,承担着修复和弥补人们"心灵"的"心态建设"任务。加强大众文化中价值导向机制建设,也是一个文化建设的着力点。大众文化在我国是新兴文化形态,尚有待于建立起更加规范的文化市场秩序,文化的价值评估机制和标准也应进一步建立。我国目前已有基本的影视作品评估和审批程序,对确保文化作品符合社会主流价值观发挥了重要作用。但还需要借助大众文化批评、大众传媒等社会力量对大众文化进行管理。正确的文化体制和文化政策,也是保证当代中国大众文化健康发展的重要方面。

4. 舆论规导:公众媒体的道德责任

在信息化时代,媒体因其公共话语权和特有的社会影响力,在社会舆论营造中、在对公众的价值影响中,其功能和责任都极为关键。按照美国媒体文化研究者尼尔·波兹曼的说法,公共媒体的意义和能量,有时候超出了人们的想象,信息时代人们已经被媒体控制。如何理性规导

---

① 阿多尔诺. 否定的辩证法. 张峰,译. 重庆:重庆出版社,1993:362.

社会舆论、如何减少恶性事件渲染引起的负面影响对公众心灵的"二次损害",都是媒体应认真思考和践行的问题。专家曾断言:"恶性事件过多渲染易加剧公众对社会的恶劣感受。"有网民曾留言建议:"加强网络舆论监督,不要让那些为了提高关注度而丧失道德标准的文章在社会上任意蔓延。"因此,负有独特舆论责任的公众媒体应该比常人更多一双"慧眼",能"看透"纷乱社会现象背后的本质,能把握局部、支流和全局、主流的区别,理性掌握舆论宣传的效果和分寸,在积极、阳光的社会价值观正能量营造中发挥更大作为。

公共媒体应积极发挥应有的道德影响力。社会认同原理告诉我们:社会中的从众行为还是普遍存在的,我们的行为不可避免地会受到他人行为的暗示和影响。因此,公众媒体和公共机构要更多宣传社会道德楷模,赞扬"身边的好人",让更多的好人好事影响更多人的行为选择,让好人感动中国、感动我们。人心向善,人们的心态才可能积极向上,心有所定、身有所安、情有所属,才可能在全社会建构起和谐、友善而有意义和有幸福感的生活。

5. 再思考:走什么样的道路、需要什么样的核心价值体系

今天的中国已成为一个大国,但中国不能像有些人所说的,是"经济巨人,道德侏儒",不能被他人评论为"不是世界大国,因为你的价值观没有影响世界"。中国面对复杂世界格局中"文明的冲突"或"文化领导权"的竞争,面对种种社会现实问题,必须全面反思,中国要走什么样的道路、要建设什么样的现代化中国、需要什么样的核心价值体系。

中国社会处在变革发展中,它需要正确的符合中国国情的价值指导,需要有序的而不是紊乱的思想文化价值秩序,需要大众对执政理念的认同和支持,需要中国特色的共同价值观。"每一社会都有其独特的社会精神气质,它因社会的经济方式、政治理念、文化传统而形成,反映社会的价值需要、价值目标和价值追求,涵盖社会的理想信念、精神风貌、道德规范,构成社会的核心价值体系。任何社会都有自己的核心价值体系,在社会意识形态中处于统摄和支配地位,对经济社会建设、社会进步和人的发展发挥着引领和主导作用。这是一定的社会系统得以运转、一定的社会秩序得以维持的基本精神依托。"①

---

① 袁贵仁. 建设社会主义核心价值体系. 中国社会科学,2008(1):4-8.

十八大报告特别指出：社会主义核心价值体系是兴国之魂，决定着中国特色社会主义发展方向。可以说，核心价值体系是社会意识形态的主体和灵魂。马克思主义指导思想、中国特色社会主义共同理想、以爱国主义为核心的民族精神和以改革创新为核心的时代精神、社会主义荣辱观，构成社会主义核心价值体系的基本内容。它们从不同侧重点表达了社会主义本质的价值取向。而十八大报告中提出的三个"倡导"——倡导富强、民主、文明、和谐，倡导自由、平等、公正、法治，倡导爱国、敬业、诚信、友善，表达了中国追求的社会目标和最核心的价值观理念。

国际关系历史和现实都反复证明，文化冲突或意识形态竞争"就在那里"，不同文化之间的竞争，本质上就是各自代表的核心价值体系的竞争。当今世界正处在大发展、大变革、大调整时期，世界多极化、经济全球化深入发展，世界范围内各种思想文化交流、交融、交锋更加频繁和激烈，文化、价值观等软实力、巧实力的重要性，已被各国达成共识并争相纳入本国国际战略大思路中。中国特色的价值观文化在综合国力竞争中的地位和作用如此重要，增强国家文化软实力、中华文化国际影响力的要求如此紧迫，我们怎能对此还毫无感觉？怎能自觉或不自觉地充当被美国等西方国家巧实力利用的负面力量？怎能不积极参与到构建中国特色社会主义核心价值体系的任务中来，担当一份责任，发挥一份"正能量"？

中国道路需要主导理论和价值文化。中国正处于改革发展的重要时期，社会从单质化向多质或异质化转型，从简单向复杂化发展，各种思想文化在激荡，人们思想的独立性、多元性、差异性显著增强。中国秩序的整合，民族精神和民族凝聚力的增强，社会政治文明、精神文明、物质文明、生态文明的协调发展，都离不开来自共同价值观的维系和支撑。改革过程中原有的、传统的观念被打破，而新的价值观念体系发育成熟还需要一个过程，这种状况容易在社会某些领域和群体中，造成一定程度的价值观念的失序或紊乱。但中国不能允许社会价值观领域长期"空场"，这就要求我们必须加快社会主义核心价值体系的建设步伐。社会要明确定义我们这个时代应有的善恶美丑价值理念，确立社会评判是非的标准和界限，这对于在全社会形成正确的价值观、提升全民思想文化与道德素质、培养良好的社会风气，具有重要意义。在一个缺乏共同价值理念和共同理想信念的社会环境中，是不可能有效建设文明而和谐的社会的。

因此，十八大报告特别强调，要深入开展社会主义核心价值体系学习教育，用社会主义核心价值体系引领社会思潮、凝聚社会共识。推进马克思主义中国化时代化大众化，坚持不懈用中国特色社会主义理论体系武装全党、教育人民，深入实施马克思主义理论研究和建设工程，建设哲学社会科学创新体系，推动中国特色社会主义理论体系进教材进课堂进头脑。广泛开展理想信念教育，把广大人民团结凝聚在中国特色社会主义伟大旗帜之下。大力弘扬民族精神和时代精神，深入开展爱国主义、集体主义、社会主义教育，丰富人民精神世界，增强人民精神力量。

总之，中国特色社会主义核心价值体系建设任务的提出，是全党全国在时代发展新阶段中对中国道路、中国理论及其制度建设的更加自觉、自信的把握，也是走中国特色发展道路的核心任务和基础工程。在今天中国经济建设、政治建设、文化建设、社会建设和生态文明建设"五位一体"发展部署思路中，经济发展速度等硬实力和思想文化等软实力，物质文明建设和精神文明建设，社会政治秩序、理论文化建构、文化生态、共同价值观、公民素质、国家精神等，一个都不能少。因为这一切作为与硬实力同等重要的软实力的构成要素，都是必要而又独特的国家能力！

第十二章 《中国社会道德发展研究报告 2014》导论[*]

中国已进入治理体系和治理能力现代化的新政思路中，十八届四中全会《中共中央关于全面推进依法治国若干重大问题的决定》（以下简称《决定》）的主题，也表明举国上下在治国方略和执政定位方面已进入依法治国的语境之中。习近平总书记在系列讲话中对文化强国也做了着重强调，指出提高国家文化软实力，关系"两个一百年"奋斗目标和中华民族伟大复兴中国梦的实现；提高国家文化软实力，要努力夯实国家文化软实力的根基，努力传播当代中国价值观念，努力提高国际话语权。正因为核心价值观文化如此重要，《中国社会道德发展研究报告2014》结合"中国当代主流价值文化研究"和"公民思想道德素质与现代社会文明发展程度研究"相关课题的调研，锁定在社会主义核心价值观及其主流文化的大众化和现实构建领域，对社会公众在社会主义核心价值观及主流文化的认知认同状况、存在问题及构建思路进行了相关研究。

一

国家颁布的《关于培育和践行社会主义核心价值观的意见》（以下

---

[*] 本章内容原载于《中国社会道德发展研究报告2014》（中国人民大学出版社，2015）。

简称《意见》），对社会主义核心价值观及其文化的培育践行提出了全方位的任务。《意见》指出，培育和践行社会主义核心价值观，是推进中国特色社会主义伟大事业、实现中华民族伟大复兴中国梦的战略任务。十八大报告提出，倡导富强、民主、文明、和谐，倡导自由、平等、公正、法治，倡导爱国、敬业、诚信、友善，积极培育和践行社会主义核心价值观。这与中国特色社会主义发展要求相契合，与中华优秀传统文化和人类文明优秀成果相承接，是我们党凝聚全党全社会价值共识作出的重要论断。面对世界范围思想文化交流交融交锋形势下价值观较量的新态势，面对改革开放和发展社会主义市场经济条件下思想意识多元多样多变的新特点，积极培育和践行社会主义核心价值观，具有重要现实意义和深远历史意义。

社会主义核心价值观是社会主义核心价值体系的内核，体现社会主义核心价值体系的根本性质和基本特征，反映社会主义核心价值体系的丰富内涵和实践要求，是社会主义核心价值体系的高度凝练和集中表达。在核心价值观和核心价值体系主导下形成的主流社会文化，我们可视之为核心价值文化或主流价值文化。

（一）核心价值观及其理论文化具有国家发展道路的指向功能

中国要走适合自己的发展道路，就要坚守自己的核心价值原则。我们选择了走社会主义道路，就必须以马克思主义为理论指导。同时我们的民族精神和传统文化不能丢，这是中国特色发展道路的本原和文化之根。还必须信守法律和道德规范所体现的社会基本价值内涵，这是社会法治和德治的基本价值规范。社会主义核心价值体系就是上述各种维度的价值理念的系统表达。

核心价值观及其理论文化体系，是一个国家、民族的精神和灵魂，是社会发展道路的旗帜，"一种特有的思想先导作用，尤其是在社会转型或社会危机时期，意识形态常常成为社会动员人们向既定的方向和目标前进的一面思想旗帜"。① 一个国家的意识形态或核心价值观，有一个引领文化、理论和发展道路的问题。理论文化的"百花齐放，百家争鸣"，不等于任由各种价值观杂乱无序地发展。

---

① 安东尼·唐斯. 民主的经济理论. 姚洋，邢予青，赖平耀，译. 上海：上海人民出版社，2005：96.

中国社会处在变革发展中，它需要正确的符合中国国情的理论指导，需要有序而非紊乱的思想文化价值秩序，需要大众对执政价值理念的认知和认同，需要中国特色的共同价值观。

在当前中国文化强国战略部署中，要关注中国特色的理论构建和文化建设。文化尤其是社会科学理论文化是有价值属性的，汤林森在《文化帝国主义》中探讨了文化属性问题，指出资本主义文化的确有使世界同质化的倾向，而文化的同步化也是一个前所未有的"全球现代性的特征"。但资本主义是一个经济-文化二元复合体系，其经济基石是财产制度与商品生产，其文化的要素则是一种无孔不入、商品化了的交换关系。资本主义文化中那些全球"同质化"的东西，如环境理念、效益理念、诚信道德、艺术文化等，都是人类的共同价值财富，中国文化在参与共建的同时也可吸收借鉴，但汤林森所揭示的资本主义本质属性的那些关乎道路选择的东西，我们就不能不加辨析地照单全收。中国价值观文化及理论构建中不仅要张扬中华民族文化的特色和传统价值，还要凸显社会主义道路的价值主张。诺贝尔奖得主缪尔达尔就"价值中立"主张也曾指出："努力逃避价值观念是错误的，并且注定是徒劳的和破坏性的，价值观念和我们在一起，即使把它打入地下，它们仍然指导我们的工作。"① 社会政策研究资深学者蒂特马斯也指出："以中立的价值立场讨论社会政策是没有意义的事情。"②

中国改革开放的持续发展，使社会经济结构和阶层发生了深刻变迁，全球化背景也使各种理论、文化的交流或碰撞更加活跃，中国社会各界思想观念发生了多样变化，涌现出各种理论和思潮。理论的活跃是文化大发展的表征，一个国家的现代化程度也表现在对多元文化的包容程度上，但包容多元性文化和多样性价值观，不等于说不要社会理论的主导，不要共同价值观原则。一个国家、社会要想有序发展、和谐发展，就必须在多样性价值观和多元性理论文化中，找出"最大公约数"，确立起符合中国实际的主导的理论体系，即构建出核心理论基础和共同价值观，因为它是社会成员整合凝聚、社会秩序运转的精神根源，是社会发展的方向和目的的理论指导。

---

① 缪尔达尔. 亚洲的戏剧——对一些国家贫困问题的研究. 谭力文，张卫东，译. 北京：北京经济学院出版社，1992：13.

② 蒂特马斯. 蒂特马斯社会政策十讲. 江绍康，译. 长春：吉林出版集团，2011：15.

（二）核心价值观及共同价值观具有社会整合功能

社会整合实际是通过多种维度的方式实现的，如政治制度、法律制度、经济制度的整合，社会功能机制以及社会文化、价值规范的整合等。社会价值的凝聚整合，必须建立在全社会上下的共同价值观基础之上。诸多社会整合理论都在推崇核心价值及其文化的整合功能，认为社会"共意"存在即使社会成员认同、共享这些价值观，是一种重要的国家能力。社会功能学派代表人物帕森斯认为，社会体系的整合依赖于共享价值理念及其文化系统。文化系统在帕森斯理论中占有突出的位置。帕森斯认为正是社会成员认同且受其影响的共同价值观，能产生一种强有力的凝聚力将社会成员整合在一起。在他的《社会体系和行动理论的演进》中，我们看到了几个关键词："社会秩序""公民素质""共同价值观"。

（三）核心价值观及其文化为国家和社会提供精神家园、文明之"道"

在世界文明发展进程中，有古代中国、古埃及、古巴比伦、古印度等四大文明发源地，唯有中华文明发展绵延不绝，一直传承而未有中断。这在世界文明发展史中，已成为一个引起众多学人兴趣并想要探究其中原委的突出现象。究其根源，最重要的是中华文明不但有文化之"术"，即辉煌的文化形式和器物的积累，还有深厚的文化之"道"的创造和流传。正是东方智慧和民族精神铸就了中华民族的精神家园和文明之"道"。核心价值体系的建设，就是在坚守创建属于中国的文化之"道"和"精神家园"。

法国社会学家涂尔干在研究社会问题时指出，价值失范是引发社会无序、松散，人们迷茫困惑、不安甚至自杀的重要原因。在社会发展变迁过程中，在传统社会旧有的生活习俗、道德规范、信仰变化瓦解的同时，新的价值观如果还没有完全跟进建立，就会出现令人不安和困惑迷茫的社会阶段。美国社会学家默顿进一步把"社会失范"的含义由"无规范"诠释为"规范冲突"，认为社会价值观结构的不同组成部分之间的冲突以及文化蕴含的价值目标，同当下社会的制度和环节之间的游离，是造成社会失范的原因。

（四）核心价值观倡导的道德取向有利于培育心灵秩序和社会公共精神

现代社会治理中，政治精英、制度学者容易强调制度建设及其功能，这是对的，没有制度和法治，国将不国。但问题是许多社会治理理论和我们社会在强调大力发展外在制度性规范建构的同时，往往忽略了现代人的内在心灵秩序问题。须知外在制度秩序必须和内在心灵秩序相结合才会生成真正的社会秩序。

转型后的现代公共生活中人与人之间的相处，需要更多的他人意识和"共在"意识。转型期中国面临诸多问题，重要问题之一即如何应对"碎片化"、个体化、陌生化了的市场社会。存在主义学者穆尼埃在强调人与他人关系的重要性时曾说，古典哲学常常令人奇怪地对这个问题置之不理，如果你数一下古典哲学研究的主要问题，你会看到这些问题：认识、外在世界、自我、灵魂与肉体、心灵、上帝和来世。在古典哲学中，与"他人的关系"所产生的问题从未获得与其他问题同等的主要地位。在此种问题意识中，我们应能够更多理解"商谈伦理学"、"主体间性"理论的重要性。核心价值观强调的富强、民主、文明、和谐、自由、平等、公正、法治、爱国、敬业、诚信、友善，就是在解决人与国家、人与社会、人与他人的和谐关系问题。所以，"好社会"不仅拥有一定的物质基础，还需要完善的制度保障，更需要核心价值、社会德性、公共精神等的有益补充。

总之，多维复合式的国家治理体系和能力中，文化治理是重要维度，而核心价值体系和社会价值共识在文化治理中具有重要功能。我们必须切实树立文化强国的战略思维，重新审视并定位中国特色价值观及其主流文化的社会治理功能。在一定意义上，核心价值观等主流文化，是当今中国发展与治理中的一种重要的国家政治资源。换句话说，在治理体系和治理能力现代化的新思路中，必须有充分的文化强国、文化治理的意识。

二

核心价值文化及社会价值共识可以为中国国际竞争打造软实力和影

响力。中国文化及其价值观在国际竞合中应当发挥更大影响力，这是公众的期待，也是现实问题。在相关调研中，大多数公众认为我国当前主流价值文化的国际影响力还不够，仍有较大提升空间。中国理论、价值观及其文化和中国的政治、经济、军事一样，既面临全球化带来的种种机遇，也有来自国际文化竞争的挑战。国际文化竞争首先表现为文化产业和文化市场的竞争，但作为国际竞争的一部分，文化竞争历来还包含着价值观和思想意识的较量。十七届六中全会对此强调，当今世界正处在大发展大变革大调整时期，文化在综合国力竞争中的地位和作用更加凸显，维护国家文化安全任务更加艰巨，增强国家文化软实力、中华文化国际影响力要求更加紧迫。

近些年许多人在使用"文化安全"概念，事实上对文化安全进行关注首先是从美国开始的。冷战结束后，一批国际政治学者和美国政界人物率先研究新格局下的新问题，亨廷顿提出了著名的"文明冲突论"，认为冷战后文化价值观的冲突将会占据国际政治问题的中心，和美国等西方文明产生冲突的主要是儒家文明与伊斯兰文明。亨廷顿的文明冲突理论引起了全世界对文化安全问题的关注，冷战结束后的状况也使西方国家普遍认识到，国家安全问题已由传统的军事领域扩展到了经济、文化、生态等领域。事实上我们已看到，软实力理论在美国近年的国际事务和外交路线中，变成了巧实力思路。

可见，思想理论实力或意识形态的影响力在国际竞争中发挥了越来越大的作用。邓小平同志早就指出过："西方国家正在打一场没有硝烟的第三次世界大战。所谓没有硝烟，就是要社会主义国家和平演变。"①

布热津斯基作为美国前总统的安全顾问，超越军事和经济领域，开始关注和考虑如何布局"文化"棋子，确因当今世界，文化已成国家安全问题中的重要因素，这一点在美国"9·11"事件后更成为西方世界的共识。布热津斯基在其《大棋局》中提出了"文化统治"概念，在美国全球"大棋局"布局中，美国的文化战略正通过电影、电视、音乐、语言、互联网、教育以及生活方式的影响而全面展开。②

中国经济总量已居世界第二，但外媒说中国是"经济巨人，道德侏

---

① 邓小平文选：第3卷. 北京：人民出版社，1993：344.
② 布热津斯基. 大棋局：美国的首要地位及其地缘战略. 中国国际问题研究所，译. 上海：上海人民出版社，2007：35-38.

儒"，也有人说中国不是世界大国，因为它没有向世界输出文化价值观。《纽约时报》曾载文说："决定美国资本主义命运和前途的是意识形态，而不是武装力量。"这种论断不仅适合美国，也适合中国等一切国家。

在这个关注文明冲突、文化统治及思想影响力的国际竞争时代，在世界多元价值体系和世界意识形态的复杂格局中，中国应怎样关注自身的国家安全问题，在国家安全问题中文化安全具有怎样的地位，中国应走什么样的社会发展道路、坚持什么样的理论文化和价值观，我们都必须有清醒的目的和自觉意识。可以说有什么样的思想理论、有什么样的核心价值及其文化，就有什么样的国家发展道路、有什么样的发展实力。

应当说，举国上下也意识到了这一问题。《意见》对此也明确强调：面对世界范围思想文化交流交融交锋形势下价值观较量的新态势，面对改革开放和发展社会主义市场经济条件下思想意识多元多样多变的新特点，积极培育和践行社会主义核心价值观，对于巩固马克思主义在意识形态领域的指导地位、巩固全党全国人民团结奋斗的共同思想基础，对于促进人的全面发展、引领社会全面进步，对于集聚全面建成小康社会、实现中华民族伟大复兴中国梦的强大正能量，具有重要现实意义和深远历史意义。

目前在国际文化竞争中，中国在话语权上并不占优势。有人说："在宣传上花1美元，其效能等于国防上花5美元。"尼克松在《1999：不战而胜》中说："如果我们在意识形态斗争中打了败仗，我们所有的武器、条约、贸易、外援和文化关系都将毫无意义。"美国中央情报局艾伦·杜勒斯曾说，如果我们教会苏联的年轻人唱美国的歌曲并随之舞蹈，那么我们迟早能够教会他们按照美国所需要他们采取的方法思考问题。① 政治学学者彼得·伍德曼在研究美国在拉美国家的文化战略后说，文化帝国主义控制和西化了第三世界国家人民的心理，使他们与美国帝国主义利益保持一致。文化帝国主义产生了不可思议的作用，原因在于它从内部控制了人民，装扮成了他们的自由意志。文化帝国主义的作用是控制第三世界居民的精神，形成政治上顺从的民众，在人民中间唤起消费主义的愿望，以能为西方的商品培育丰富的市场。文化帝国主义的目标强烈地针对年轻人，因为他们是理想的观众，社会敏感度强，

---

① 王晓德. 美国文化与外交. 天津：天津教育出版社，2008：226.

易于适应变革。

文化帝国主义是否存在？在 1977 年版的《哈珀现代思想辞典》中，文化帝国主义被界定为"运用政治和经济力量，在牺牲当地文化的同时宣扬并传播外来文化的价值和习俗"。1982 年，法国文化部长雅克·朗把文化帝国主义界定为"不再夺取领土……但却改变意识、思维方式和生活方式的帝国主义"。① 美国历史学家小阿瑟·施莱辛格在研究美国传教历史时也用了文化帝国主义概念，并指出传教士在传播中没有使用经济或政治方面的权力，但是他们的传教行为反映出美国文化对其他民族的思想和文化的有目的的侵犯。②

中国文化有自己的价值观，有中国历史积累的传统文化和民族精神，有自己坚信的马克思主义和社会主义理念及其理论。中国文化建设必须有中国的核心价值观，在国际多元价值意识竞争背景下，我们更应强化对中国特色价值文化建设的自觉意识，注重构建中国核心价值观理论及其文化软实力。

三

关于中国核心价值文化如何大众化、如何取得公众认知和认同，如何形成社会合力、形成社会共同价值观，也是一个需要重点调研的问题。

核心价值文化和主流文化建设要从理论构建开始。

十八大报告中提出了文化强国的发展理念，这本身就表明中国在发展战略层面有了更多的文化理论自觉。理论及其价值取向，是一个国家、民族的精神和灵魂，是社会发展道路的旗帜，一个国家必须要有成熟的理论或核心价值观，引领文化发展，指导道路选择。中国要走适合

---

① Gienow-Hecht, "Shame on US? Academics, Cultural Transfer, and the Cold War-A Critical Review," *Diplomatic History*, Vol. 24, No. 3, Summer 2000, 472; Robert Arnove (ed.), *Philanthropy and Cultural Imperialism* (Bloomington: Indiana University Press), 1982: 2; Arthur M. Schlesinger Jr., *The Cycles of American History* (Boston: Houghton Mifflin), 1986: 156.

② Arthur Schlesinger Jr., "The Missionary Enterprise and Theories of Imperialism," in John K. Fairbank (ed.), *The Missionary Enterprise in China and America* (Cambridge: Harvard University Press), 1974: 363−364.

自己的发展道路，就要构筑并坚守自己的理论基础和价值信念。

目前我国社会理论环境以及国际意识文化竞争格局处在复杂多变的状态中，理论工作者更应承担中国理论构建和传播的责任，在理论构建、理论把握、理论教育中，增强对理论和文化的价值"自觉"。理论工作者由于其独特的工作性质和职责身份，在理论建设和理论教育方面任重而道远。学者的理论、观点及教学研究，会自觉或不自觉地在理论层面、价值观层面影响着学生和社会公众。这意味着理论工作者或学术群体首先要对自己的职责身份有一种"自觉"，即意识到自己的研究既要出于自我个体的学术兴趣，又要考虑对国家社会发展以及教书育人的理论责任。所以一方面我们应提倡"百花齐放，百家争鸣"，鼓励学者进行自由的、创新性的研究，另一方面也要对中国特色核心价值和传统文化做"自觉"的把握和分辨。文化尤其是社会科学文化，是有价值属性的。理论创新不等于抛弃核心价值观和国家主流价值文化。

打造中国核心价值文化，要注重对各种理论和价值观进行反思、把握，厘清各种文化思潮，更好地把握和引导社会价值导向。中国处于改革发展转型期，社会从单质向多质或异质化转型，各种文化思潮互相激荡，人们思想的独立性、差异性显著增强。改革中原有的价值观念被打破，新的价值观念体系亟须构建。中国市场经济发展决定了社会利益主体的多样性，现代社会给予了人们价值选择的自由空间。但价值主体的多元化及价值取向的多样化，都必须有序整合，并相洽于一元价值原则下。正如《意见》所强调的，要用社会主义核心价值观引领社会思潮、凝聚社会共识。深入开展中国特色社会主义和中国梦宣传教育，不断增强人们的道路自信、理论自信、制度自信，坚定全社会全面深化改革的意志和决心。

构建中国核心价值文化软实力，舆论和大众化的理论阐释也是很重要的工作。如果公众不了解、不认知核心价值观及其文化内容，又如何对它们产生"认同"的期望？所以，理论大众化的解释力度和广度、建设和宣传方式，都是必须要做好的工作。

《意见》中也强调了大众文化载体对培育、践行核心价值观的重要性，指出要发挥精神文化产品育人化人的重要功能。一切文化产品、文化服务和文化活动，都要弘扬社会主义核心价值观，传递积极人生追求、高尚思想境界和健康生活情趣。提升文化产品的思想品格和艺术品位，用思想性、艺术性、观赏性相统一的优秀作品，弘扬真善美，贬斥假恶丑。加强对新型文化业态、文化样式的引导，让不同类型文化产品都成为弘扬社会主流价值的生动载体。加大对优秀文化产品的推广力度，开展优秀文化产品展演展映展播活动、经典作品阅读观看活动。完善文化产品评价体系，坚持文艺评论评奖的正确价值取向。完善公共文化服务体系，提供均等优质的文化产品，开展多姿多彩的文化活动，丰富群众精神文化生活。

大众文化是传播社会主义核心价值观的重要载体，应大力发展文化事业和文化产业，推进文化体制改革。文化建设从理论到大众文化，如不同国家核心价值观保持同一取向，社会共同价值观就无从形成。商业市场导向导致的许多大众文化产品中道德内涵和价值意义的淡出，许多时候也意味着对真善美等社会价值文化的远离或否定。一些文化产品不再强调通过完整主题和故事的"中心思想"给人以启迪和价值观教育，而是采用"消解深度""娱乐游戏"的方式，迎合大众感官口味，消解文化作品深度。在商业利润和迎合大众感官享乐的驱动下，一些大众文化往往"远离"或放弃了社会价值观的引导和教育功能。问题不在于要不要大众文化及其娱乐和感性快乐，正如美国著名传播学者尼尔·波兹曼在《娱乐至死》中指出的："我们的问题不在于电视为我们展示具有娱乐性的内容，而在于所有的内容都以娱乐的方式表达出来，这就完全是另一回事了"①，而"如果一个民族分心于繁杂琐事，如果文化生活被重新定义为娱乐的周而复始，如果严肃的公众对话变成了幼稚的婴儿言语，总而言之，如果人民蜕化为被动的受众，而一切公共事务形同杂耍，那么这个民族就会发现自己危在旦夕，文化灭亡的命运就在劫难逃"。② 所以在文化发展以及大众文化发展中，我们要掌握意识形态工作领导权和主导权，坚持正确导向，提高引导能力，壮大主流思想舆论。

提高国家文化软实力，要注重展示中华文化独特魅力。文化是民族的血脉，是人民的精神家园。文化强国要注重传承文明之道，守望精神家园，构筑"中国梦"。历史表明，失落了"道"的文明定会走向衰落。世界文明进程中，四大文明发源地中唯中华文明绵延不绝，就是因为中

---

① 尼尔·波兹曼. 娱乐至死. 章艳，译. 桂林：广西师范大学出版社，2004：114.
② 同①202.

华文明蕴含有深厚的文化之"道"。中国特色社会主义理论以及中华民族精神和传统文化，就是我们今天文明传承发展的重要文化之"道"和文化之根。核心价值体系及其文化的建设，就是在坚守并创建属于中国的文化之"道"和精神家园。

在中国价值文化建设中，要注重解决核心价值观引领和舆论氛围的"合成系统"问题。对此《意见》特别指出，培育和践行社会主义核心价值观要从小抓起、从学校抓起。坚持育人为本、德育为先，围绕立德树人的根本任务，把社会主义核心价值观纳入国民教育总体规划，覆盖到所有学校和受教育者，构建大中小学有效衔接的德育课程体系和教材体系。完善学校、家庭、社会三结合的教育网络，引导广大家庭和社会各方面主动配合学校教育，以良好的家庭氛围和社会风气巩固学校教育成果，形成家庭、社会与学校携手育人的强大合力。

核心价值观及主流文化的认同和落实，需要相关社会制度的匹配与支撑。《意见》强调：要确立经济发展目标和发展规划，出台经济社会政策和重大改革措施，开展各项生产经营活动，要遵循社会主义核心价值观要求，做到讲社会责任、讲社会效益，讲守法经营、讲公平竞争、讲诚信守约，形成有利于弘扬社会主义核心价值观的良好政策导向、利益机制和社会环境。与人们生产生活和现实利益密切相关的具体政策措施，要注重经济行为和价值导向有机统一、经济效益和社会效益有机统一，实现市场经济和道德建设良性互动。建立完善相应的政策评估和纠偏机制，防止出现具体政策措施与社会主义核心价值观相背离的现象。要把社会主义核心价值观贯彻到依法治国、依法执政、依法行政实践中，用法律的权威来增强人们培育和践行社会主义核心价值观的自觉性。

改革开放以来，人们的生活条件得到了极大改善。但群众的民生期望与政府的实际作为之间仍存较大的落差，许多群众在生活中还面临着诸多困扰。我国民众迫切关注的问题——住房难（贵）、上学难（贵）和看病难（贵），已成为当代社会转型期我国三大新民生问题。如果主流价值话语体系远离群众日常生活，不关注群众的现实困难，仍在缺乏鲜活生命力的概念上兜圈子或自言自语，而不能在经济高速发展的同时解决群众的民生问题，那么它就很难避免事实上的"非主流"命运。上述民生问题如果不能很好地解决，将直接影响民众对核心价值体系的认同。所以，核心价值体系建设不是仅停留在理论层面和口号中的东西，在理论构建和价值观宣传的同时，要特别注重坚持以人为本的社会生活发展实践，从解决群众最迫切、最关注的利益诉求入手，始终关注民生、不断改善民生和切实保障民生，使核心价值体系所倡导的价值取向，真正落实在现实生活中，才能从根本上解决民众对社会主义核心价值体系的认同问题。

在社会"合力"中，传媒的责任和效能要得到进一步重视。对此，《意见》强调，新闻媒体要发挥传播社会主流价值的主渠道作用，牢牢把握正确舆论导向，把社会主义核心价值观贯穿到日常形势宣传、成就宣传、主题宣传、典型宣传、热点引导和舆论监督中，弘扬主旋律，传播正能量，不断巩固壮大积极健康向上的主流思想舆论。要注意建设社会主义核心价值观的网上传播阵地，适应互联网快速发展形势，把社会主义核心价值观体现到网络宣传、网络文化、网络服务中，用正面声音和先进文化占领网络阵地，集聚网上舆论引导合力。构建和发展现代传播体系，提高传播社会核心价值主流文化的能力。

总之，主流文化及其核心价值取向，是一个国家、民族的精神意识。一个国家必须要有成熟的理论或核心价值观。可以说，有什么样的思想理论、有什么样的核心价值及文化，就有什么样的国家发展道路、国际竞争能力和影响力。十八大报告强调，道路关乎党的命脉，关乎国家前途、民族命运、人民幸福。中国要建成富强民主文明和谐的社会主义现代化国家，全党应有坚定的道路自信、理论自信、制度自信。道路自信必须建立在理论自信和文化自觉基础之上，中国社会核心价值体系及其文化建构，对坚守中国的道路自信、理论自信和制度自信，对中国特色共同价值观、公民思想道德素质与国家精神培育以及提升中国的国际影响力等，都具有重要的理论意义和现实意义。正如《意见》所强调的，培育和践行社会主义核心价值观的指导思想是：高举中国特色社会主义伟大旗帜，以邓小平理论、"三个代表"重要思想、科学发展观为指导，深入学习贯彻党的十八大精神和习近平同志系列讲话精神，紧紧围绕坚持和发展中国特色社会主义这一主题，紧紧围绕实现中华民族伟大复兴中国梦这一目标，紧紧围绕"三个倡导"这一基本内容，注重宣传教育、示范引领、实践养成相统一，注重政策保障、制度规范、法律约束相衔接，使社会主义核心价值观融入人们生产生活和精神世界，激励全体人民为夺取中国特色社会主义新胜利而不懈奋斗。

第十三章　中国社会治理视域下的家庭建设*

　　家庭建设是当下国家、社会重点强调的建设任务之一。家庭建设同时也是中国当下多维社会治理体系中的重要维度。党和国家提出了推进国家治理体系和治理能力现代化的任务。对治理体系提出了新的任务和改革要求，是一种思路方略高度的新提法。概念微变后面体现的是我们党和国家对改革开放三十多年来经验和理性的总结，表明中国对社会发展规律、国家发展和治理有了更自觉的认识和把握。"家"在中国社会有着不同于其他民族、国家的独特历史根源和社会地位，与此相关，中国也才形成了浓厚的以"家"为核心与基础的传统文化。在中国，"家和万事兴""修身齐家治国平天下"等，是中国独特历史根源和社会基础所形成的一种文化表达。中国在新时代国家治理体系现代化的进程中，在中国特色社会主义核心价值观的弘扬培育中，家风家教和家庭建设已经获得了国家和社会的极大重视。

一、现代化治理体系中的家庭建设地位

　　家是中国社会的历史起点，也是中国社会结构的原点所在，还是中

---

　　* 本章内容原载于《中国社会道德发展研究报告2016——家教与家庭家风建设研究报告》（中国人民大学出版社，2018）。

国人的心灵归宿与精神依托所在。家文化、血缘文化已成为中国传统文化中的基因，且在长期历史发展中，中国传统文化也积淀了深厚的传统家庭美德内容。历史割不断也不能割断，我们今天建设现代中国，培育社会主义核心价值文化，实现国家治理体系和治理能力现代化任务，在建设思路上绝不能忽略或离开家庭建设这个重要基点和维度。

治理理论是一种全新的政治分析框架，相对来说，传统政府管理是自上而下线性运作，现代治理更强调在社会各主体各因素互动中实现治理。完善和发展中国特色社会主义制度、推进国家治理体系和治理能力现代化，是坚持和发展中国特色社会主义的必然要求，也是实现社会主义现代化的应有之义。摆在我们面前的一项重大历史任务，就是推动中国特色社会主义制度更加成熟更加定型，为党和国家事业发展、为人民幸福安康、为社会和谐稳定、为国家长治久安提供一整套更完备、更稳定、更管用的制度体系。

国家治理体系和治理能力是一个国家的制度和制度执行能力的集中体现。我们的国家治理体系和治理能力总体上是好的，有独特优势，是适应我国国情和发展要求的。同时，我们在国家治理体系和治理能力方面还有许多亟待改进的地方。国家提出社会治理体系与治理能力的现代化，是对传统治理方式和治理理论的超越与发展。现代治理体系不同于传统管理-服从的二元模式，它强调治理主体多元、治理因素多维互动。除了政府、市场机制外，还应有第三方社会组织力量。现在人们讲社会治理主体多强调这三个因素，其实还应有公民个体的主体性力量和家庭的社会治理资源。尤其是对具有家国同构历史发展阶段的以家文化为特色的中国社会治理来说，更不能忽略家庭建设在社会治理体系中的作用和地位。

家庭是社会的基本细胞或基本单元，是每个人的基本生活场所，家风家教和家庭建设在社会存在、发展中的功能是多方面的，也是很重要的。"天下之本在家"，这种判断对中国人、对中国社会来讲尤其如此。家庭建设是关乎我们每个人生活幸福的基础因素，是关乎人口生产、人才培育成长的关键场所，是中国人安身立命的精神家园，也是关乎国家建设、民族兴盛、社会文明和谐的基础工程。中国人自古以来就重视家庭、重视亲情，中国传统文化中形成了浓重的家文化。家庭建设在新中国、新时代也一直得到重视，20 世纪 50 年代，国家就组织开展了评选

"五好家庭"活动，在全社会倡导尊老爱幼、男女平等、夫妻和睦、勤俭持家、邻里团结的新风尚。至 90 年代，"五好家庭"进一步明确为"五好文明家庭"，评选标准在与时俱进。无论名称和标准如何改变，重视家庭建设是中国社会发展建设中的一项重要内容。随着中国社会文明发展以及对社会治理体系、能力的进一步自觉，家庭建设逐渐被提上国家的议事日程。

在 2015 年春节团拜会上，习近平总书记的讲话主题就是"家庭建设"。家庭是社会的基本细胞，是人生的第一所学校。不论时代发生多大变化，不论生活格局发生多大变化，我们都要重视家庭建设，注重家庭、注重家教、注重家风，要发扬中华民族传统家庭美德，使千千万万个家庭成为国家发展、民族进步、社会和谐的重要基点。2016 年中央文明委发布了《关于深化家庭文明建设的意见》，并组织了首届全国文明家庭评选活动，要求全社会要充分认识家庭文明建设的重要意义，以注重家庭、家教、家风为着力点，推动国民素质和社会文明程度显著提高。要动员社会各界广泛参与家庭文明建设，推动形成爱国爱家、相亲相爱、向上向善、共建共享的社会主义家庭文明新风尚。中国的国家发展和社会治理，离不开家庭建设这个基点。

家庭在中华文明发展中具有独特的地位，中国因此形成了浓厚的以家为核心的传统文化。事实上，人类进入文明社会后，家庭便作为社会基本细胞在社会发展中发挥着重要作用。应该说，依赖家庭生活、重视家庭建设，是人类共同的生活方式和社会追求。国际家庭日的建立，表明家庭建设的重要性也已成为世界共识。

国际家庭日产生于 20 世纪 80 年代，此时期全世界普遍面临以下问题：家庭规模日趋缩小，离婚率普遍上升，"老有所养"问题已成为世界性难题，人们的家庭观念也在普遍发生变化。这些问题引起了国际社会的关注。1989 年第 44 届联合国大会做出决定，宣布 1994 年为国际家庭年，并确定其主题为"家庭：变化世界中的动力与责任"。国际家庭年的宗旨是提高各国政府和公众对家庭问题的重视，也呼吁全世界共同关注家庭建设。之后联合国大会又在 1993 年做出决定，将每年的 5 月 15 日设为国际家庭日。国际家庭日设立以来，在提高人们普遍认识、促进各国政府制定与家庭有关的政策、推动家庭健康发展方面，取得了显著成效。

从国际家庭年、国际家庭日的设立，可见从东方到西方家庭都有一些亘古不变的普遍的价值内容和意义。但东方尤其是中国，家庭更具有不同于西方生活和文化的独特价值意义。

二、"家"在中国历史及传统文化中的特有地位

一个国家选择什么样的治理体系，是由这个国家的历史传承、文化传统、经济社会发展水平决定的，是由这个国家的人民决定的。我国今天的国家治理体系，是在我国历史传承、文化传统、经济社会发展基础上演化发展的结果。理解和解决中国问题及其发展、治理中国和建设中国，思路上必须从对中国特有的"家"的历史、文化，及中国人"家"情结的民族心态的认知开始。抓家庭建设，首先必须解决思想认知自觉问题。家庭、家族、家文化，能在中国获得独特地位和价值取向，与中国走过的独特社会历史道路分不开，与中国特有的血缘根基、历史、传统文化分不开。我们今天建设和谐中国、幸福中国、现代中国，思路上绝不能忽略或离开家庭建设这个重要基点和视域。

（一）中国传统家庭模式及血缘社会根基

血缘关系是人类社会共同的历史起点，血缘氏族的彻底解体与历史性保存，分别使西方和中国走上了两条不同的文明之路。而这一历史性的分界，终使血缘关系成为中国特有的以家庭为核心基础的"家"文化的逻辑起点。中国固有的这一同步于历史的逻辑起点，造就了中国传统独特的血缘宗法社会，以及与此相应的一整套宗法制度和以血缘人伦为基础的"家"文化传统。中国儒家传统"修身齐家治国平天下"的德性思想，就是站在维护治理传统血缘社会的立场上，对古代中国"亚细亚"的宗法社会存在所做的一种历史性总结。历史造就了儒家的德性思想，历史最终又选择了儒家，使儒家的"家文化"得以历史地延续，并成为影响整个中国文化、历史进程的思想原点。

中西传统家庭模式和文化的差异，根植于中西方不同的历史发展模式。许多著名学者在论及人类由原始社会进入文明社会的历史进程时，都认为东西方曾经走了两条不同的历史道路，即以古希腊为代表的"古

典的古代"和以古代东方国家为代表的"亚细亚的古代"。简单说，"古典的古代"发展道路是从氏族到私产再到国家，个体私有制冲破了氏族组织，城邦国家代替了氏族；"亚细亚的古代"则是在没有摧毁原始氏族组织的情况下，直接进入奴隶制国家，血缘氏族制同国家的组织形式相结合。进一步说，"亚细亚的古代"的特点是基本不存在个人所有，以土地公有制为主，宗法血缘关系非常强；"古典的古代"的特点是国家所有和私人所有并列，宗法血缘关系相对比较弱。恩格斯在《家庭、私有制和国家的起源》中谈到城邦国家和氏族制度的区别，指出国家"按地区来划分它的国民"，而氏族制度的基础是血缘关系。① 梁漱溟先生认为，家庭在东西方社会中的地位和作用大不相同。相较于西方松散的家庭关系，中国家庭所构成的社会，形成了网状的"差序格局"。对此，侯外庐先生曾分析："古典的古代"是从家庭到私产再到国家，国家代替了家族；"亚细亚的古代"是由家族到国家，国家混合在家族里面，叫作"社稷"。② 西方人的 country 在中文中叫作"国家"，实缘于指称家族的血缘关系和国家的政治关系一体化的宗法性社会政治组织，国家政治体制中带有浓厚的氏族遗制，使得中国古代的社会结构、文化精神、历史进程获得了极大的特殊性。

（二）家国同构格局中的"家国文化"取向

中国传统社会属于"家国同构"的社会历史模式。这是中国特有的历史模式。"亚细亚"历史道路表明，古代中国所处的自给自足的小农经济、土地公有制，以及低下生产力所必须依赖的社会组织形式，使得国家公共职能在没有完全分化解体的氏族组织基础上产生起来。由此，国家的社会结构自然就落在了天然的血缘组织上。在一般意义上，氏族血缘组织同国家政治经济组织是完全不同的，氏族制度同国家制度也存在本质区别。

家国同构的社会历史模式在政治理念上往往把"国"当作"家"来治理，而在家庭观念中则把治家和治国放在同等重要的地位上看待。儒家文化就是感悟到了当时中国社会关系的血缘宗法性质，看到了忠孝德治对于国家秩序稳定的重要性，才把"齐家"与"治国"提到同等地

---

① 马克思恩格斯全集：第 21 卷. 北京：人民出版社，1965：194.
② 侯外庐，等. 中国思想通史：第 1 卷. 北京：人民出版社，1957：11.

位。鲁哀公问孔子："敢问为政如之何？"孔子答道："夫妇别，父子亲，君臣严，三者正，则庶物从之矣。"《易经》表达了同样的思想："父父、子子、兄兄、弟弟、夫夫、妇妇而家道正，正家而天下定矣。"《大学》也说："其为父子兄弟足法，而后民法之也，此谓治国在齐其家。"

中国传统文化把孝亲、尊祖等家庭伦理扩展至国家治理，认为同以孝道伦理维护宗族一样也应以忠孝伦理维持国家，孝道是维系整个社会秩序的支柱。而孝道源于天然血亲之爱中，爱亲之情、仁爱之心天生就有，人性本善，人道天生。人道即是天道在人世社会的体现，仁爱既是人道之大，又是天道具相。在逻辑上，得天道者必践"亲亲""尊尊"孝忠之道，这几乎是不言而喻的了。

（三）"家"是中国人安身立命的精神家园

中国人的心灵家园不像西方文化那样把精神家园置于宗教信仰中，中国文化有一种独特现象，即没有自生出严格意义上的典型的高级形态宗教。这种现象不得不引发我们思考，为什么作为人类普遍历史文化模式的宗教没有在中国产生出来？中国文化有其独特的系统和特质，这个问题同许多问题一样，只能在中国历史和文化整体的内在结构中寻找原因。原因很多，但中国血缘宗法伦理实践和家文化传统，是从根本上影响中国宗教信仰地位和走向的根源性原因。

探讨典型宗教没有在中国产生的原因，不能不考察华夏民族的祖先崇拜文化。人类自发的宗教和对超然力量的崇拜分不开。应当说，大自然崇拜是人类早期比较普遍的一种崇拜。原始人感觉到自然界有一种异己的强大力量，便把它作为一种神秘力量加以崇拜。除大自然崇拜外，原始人还存在着灵魂崇拜和祖先崇拜。对中国古代民族来说，祖先崇拜是最重要的崇拜，这和中国古代特有的血缘宗法社会根基相联系。宗族首领作为智慧、能力、德性方面出色的长辈，生前给部族带来繁荣和强大，人们当然幻想其去世后不死的灵魂仍会在暗中保佑自己的部落和子孙后代，所以那些有德有功的祖先就从先祖中凸显出来，成为崇拜对象。西方文化在彼岸神灵的天国寻找灵魂寄托，而中国传统文化中，"家"以及家国就是使我们安身立命的永远的情结所在。

正是由于家庭在中国社会中有着独特的政治、文化地位，是独特的精神寄托，这使"家"概念对中国人而言有了极特殊的含义，没有哪一个民族的家文化，能够像在中国文化中这样凸显和丰富，没有哪一个国家的人，对家的依恋能够像中国人这样强烈。在中国家文化观念中，家的地位和意义超越了个体，在人生中甚至具有"根"的意义。家就是那个我们生于斯长于斯的世代相传的"生根"的地方，是可以永远依赖和寄托我们身体、心灵的居所。对大多数中国人来说，人生道路上如果没有一个家，在精神上就会永远处于"居无定所"的心理感觉中。正因为如此，"乡愁"成为中国文学一个亘古常新的永恒主题。

席慕蓉的《乡愁》说："乡愁是一棵没有年轮的树，永不老去。"对家乡的眷恋可以说是人类共同而永恒的情感，但尤以中国人的乡愁心理最为浓烈，远离故乡的游子无论身在何处，老了之后总希望能叶落归根。余光中的《乡愁》说："乡愁是一弯浅浅的海峡，我在这头，大陆在那头。"艾青的《我爱这土地》说："为什么我的眼里常含泪水？因为我对这土地爱得深沉。"市场经济和城市化进程中，人口流动成为常态，但乡愁之情仍弥漫在人们心头。中国人注重过春节，春节的另一个含义就是"回家"。春节回家是每个在外工作、学习的中国人一年中最大的期盼。这就是中国人，中国人的乡愁就是这样浓。家或家乡已成为中国人的一种永远的情结。

中国形成了以"家"为核心的传统文化，也形成了特有的社会治理理念。在中国，"百事孝为先"，"家和万事兴"，"修身齐家治国平天下"，是中国历史实践的经验规律总结，更是中国独特历史根源和社会基础所导致的文化特征的一种显现。当下中国文明建设和现代治理进程中，国家一再强调家庭建设的重要性，根源即在于此。

三、中国传统家庭模式及现代家庭应有功能

历史是割不断的，在今天中国特色社会发展模式中，我们也必须十分重视家庭的独特社会地位和独特功能。一种模式和文化成为传统是有其历史根源的。

家对中国社会和中国人来说是一个基本的原点单位，除了生存归属单位外，还是教育单位、秩序单位，是独特的社会保障单位，当人生旅途中遭遇失利和风险时，家就会成为人们最好的避风救险的

港湾。

（一）家的归属感功能与和谐幸福家庭

人是社会性情感动物，有归属感需求。社会归属或生活共同体，是个体对国家、民族、某种社会组织、文化共同体等的依赖。个体在与他人及群体的共同感受中，产生了强大的力量感。而家庭正是中国社会中最重要的共同体。在诸多现代性心灵困惑和心理危机问题中，用家庭建设解决心理孤独和归属感承载问题，是一个必须重视的治理、建设思路。市场大潮中，无论在哪，有家就有心灵归宿，就会心有所定。习近平在接见首届全国文明家庭代表时也强调了这一点："家庭不只是人们身体的住处，更是人们心灵的归宿。"

家庭幸福指数之一即老有所养。习近平在 2015 年春节团拜会上以家庭为主题的讲话，强调要促进家庭和睦，促进亲人相亲相爱，促进下一代健康成长，促进老年人老有所养。中国传统形成的大家庭模式及其文化，使老年人生活在亲子家庭中，这对于养老问题无论在物质生活方面还是亲情关爱方面都有积极的社会意义。在中国社会，家庭和谐始终是社会和谐的基础，将家庭成员间的法律义务和责任建立在亲情基础上，无疑是中国传统家庭文化中的积极因素。以至于一些西方社会学家把中国这种传统的家庭双向扶养模式，当作单向扶养模式的西方社会的一种有重要价值的参照。

要提高人民的福祉，过"好日子"，这个目标要落实在千千万万的家庭幸福上。习近平在接见首届全国文明家庭代表时说清了这一点：国家富强，民族复兴，人民幸福，不是抽象的，最终要体现在千千万万个家庭都幸福美满上，体现在亿万人民生活不断改善上。所以，幸福中国与幸福家庭息息相关，家庭建设很重要。

（二）家庭教育功能与家风家教建设

家还是人生的起点，是人生的第一所学校，家庭建设还直接关系到家庭教育，关系到下一代的成长问题。无论时代发生多大变化，我们都要重视家庭建设，注重家教问题。习近平在接见首届全国文明家庭代表时强调，家庭教育涉及很多方面，但最重要的是品德教育，是如何做人的教育。广大家庭都要重言传、重身教，教知识、育品德，帮助孩子扣好人生的第一粒扣子，迈好人生的第一个台阶。

　　注重家教，首先要注重创新现代家庭教育理念。随着社会历史变化和家庭关系结构的变化，家庭教育等一些传统家庭功能也在弱化。许多家庭教育只是学校教育的配角，养而少教、养而不教的现象并不少见。对儿童和青少年来说，家庭是人生的第一所学校，父母是人生的第一任老师，儿童社会化的最初阶段都是在家庭中完成的，即便在其进入学校和社会后，家庭仍然发挥着不可替代的教育功能。要创新家庭教育观念，就要注重早期教育。早期教育是儿童情商、性格、习惯、意志品质形成和发展的第一关键期，专家称之为"黄金期"。同时，在教育内容和导向上，要注重以德-智教育双线展开。改变重智轻德现象，改变家庭过于偏重"成才"教育而忽视"成人"教育的现象。

　　其次，家庭教育和家风息息相关。家风是一种无言的教育，潜移默化地影响着家庭成员。家风是一个家庭或家族在长期生活中，逐步形成的共同遵循的生活方式、生活习惯、价值观念的总和。中华传统注重家风建设，积累了厚重的传统家庭美德和家训文化，其中的精华都是我们进行家风建设的资源。古代家训中有许多名作，如诸葛亮的《诫子书》、司马光的《训俭示康》、颜之推的《颜氏家训》、朱柏庐的《朱子家训》等，都有丰富的价值和内涵。西方文化中有"三代培养一个贵族"的说法，贵族爵位生而有之，但真正的贵族——有优良素质的人需要"三代培养"，这里强调的就有家风和家庭教养的重要性。

　　传统家风在道德人格涵养方面的作用极大，"有家教"往往是人格和道德素质底线的代名词。古人强调"积善之家，必有余庆"，民间俗语"传儿金银，不如教儿做人"，说的都是良好家风的重要性。中国传统文化讲究行善积德，讲福报，事实上这个福报不是简单的因果报应，而是善善相循的结果。好的家教和家风，可以培养一代又一代人的优良素质。习近平在接见首届全国文明家庭代表时说，家风好，就能家道兴盛、和顺美满；家风差，难免殃及子孙、贻害社会。家风是家族子孙代代恪守家训、家规而长期形成的具有鲜明家族特征的家庭文化，是一个家族最宝贵的财产。对于领导干部这样一些重点群体，家风建设尤其重要。

（三）领导干部群体尤其要注重家风建设

　　党员干部是运行公共权力的主体群体，党性素质和独特职责素质是党员干部应有的底线素质。公共权力大于天，公共权力的特殊性在于，它承载的是公共权力、公共利益、公共服务和公共责任，因而公共权力在运用过程中，具有强烈的公共性质，绝不能运用公共权力为权力个人或权力集团牟取利益。所以要把权力关进制度的笼子里，强调领导干部的家风建设。公权力规约靠制度，更要靠权力主体的本色自律，即修身慎行、怀德自重、清廉自守，永葆共产党人的政治本色。这一点对运行公共权力的党员干部来讲尤为重要。

公共权力的职业道德要求一般来说比较高，而共产党不同于一般政党的地方，就在于除了政治信仰之外，还必须有较高的品德素质要求，即德性素质的要求。所以党员干部在有坚定明确的政治信仰和职业素养的同时，还要有很高的道德要求、自律要求。他们拥有公共权力，是关键少数。全面从严治党，既需要全方位发力，也需要重点发力。

习近平强调家风重要，更强调要重点抓好领导干部家风建设。他在十八届中央纪委六次全会上强调，每一位领导干部都要把家风建设摆在重要位置，廉洁修身、廉洁齐家，在管好自己的同时，严格要求配偶、子女和身边工作人员。我们党历来重视从严治家。毛泽东、周恩来等领导人对自己的家庭历来从严治理；陈毅在诗中告诫后人"手莫伸，伸手必被捉"；习仲勋也反复教导子女要艰苦朴素，平等待人，权为民用，不谋私利。这些都是领导干部的表率。领导干部是群众的表率，也是家庭成员和身边工作人员的表率。领导干部作为公权力运行者，必须要处理好八小时内外的关系，把从严治家当作从严治权的一部分来抓。

在接见首届全国文明家庭代表时，习近平强调，广大家庭都要弘扬优良家风，以千千万万家庭的好家风支撑起全社会的好风气，特别是各级领导干部要带头抓好家风。继承和弘扬革命前辈的红色家风，向焦裕禄、谷文昌、杨善洲等同志学习，做家风建设的表率。各级领导干部要严格要求亲属子女，教育他们树立遵纪守法、艰苦朴素、自食其力的良好观念，明白见利忘义、贪赃枉法都是不道德的事情，要为全社会做表率。总之，家风可以聚为民风、世风，净化优化社会环境。

在今天我们建设现代中国、幸福中国，除了好的政治制度和好的社会法制外，还要诉诸中国特有的家庭建设和家文化取向。"家和万事兴"，家庭和谐是构建中国特色和谐社会的重要基点和资源。一般来讲，家庭和睦则社会安定，家庭文明则社会文明，家庭幸福则社会祥和。以家庭为本的生活方式及家文化，在血亲情感取向基础上，会培养出辐射到社会人际"波纹"中的仁爱情感文化；在培育起家庭责任取向的同时，也培育了中国人和中国文化中对他人和对国家、民族、社会的责任感。这些东西已成为凝聚中华民族的重要文化元素。

四、如何建设家庭以及家庭文化①

立足新时代社会背景，注重家风、家教和家庭建设，是国家治理体系和治理能力现代化的一项重要任务举措，也是落细落实中国特色社会主义核心价值观的具体抓手。全社会上下要注重创新、落实，把家庭建设作为一项系统工程全面推进。

（一）抓认识：提高全社会对家风、家教、家庭建设的认知自觉

思想先行是一种建设规律，推动中国文明家庭建设，推动社会主义核心价值观的落细落实，建构现代性的社会治理体系，必须提高对中国家庭的社会结构地位的深刻认知。

要引导全社会上下深入理解家庭在中国社会中的独特地位，理解家庭建设对于幸福生活、和谐社会的重要性，切实推动家庭教育宣传实践与家庭建设行动。家庭由社会经济关系决定，是家庭成员之间感情、生活、文化和价值观诸方面因素的综合。家庭具有生育、教育、休养生息、心灵归属、养老等功能，家庭功能的正常发挥离不开家庭建设。家风家教具有的教育、调解、导向、舆论监督功能，不仅是维系家庭和睦幸福的重要因素，也是社会公德和职业道德形成发展的基础，是影响社会风气与民风世风的重要因素。中国社会从古至今高度重视家庭建设和家庭美德建设，倡导"孝老爱亲""慈孝""勤俭""家和万事兴""家齐天下平""老吾老以及人之老、幼吾幼以及人之幼"等传统家庭美德，这和家庭在社会和谐、生活幸福中的重要作用是分不开的。

要引导家庭和家庭建设工作者学习并了解中国传统家庭美德思想内容，推进家庭文化建设和家庭教育宣传实践。中华民族传统美德是在漫

---

① 本部分参见葛晨虹负责的首都文明办课题"弘扬培育社会主义核心价值观，发扬光大中华民族传统家庭美德的思考"相关内容。

长历史进程中，随着社会变迁以及文明的不断推进积累并发展的，家和万事兴、孝老爱亲、修身齐家治国平天下的思路，孝悌忠恕的仁爱精神，谦和好礼的价值取向，为人处世的诚信品质，克己奉公、先义后利的家国情怀，律己修身、身体力行的修为精神，艰苦奋斗、勤劳节俭的治家传统，笃实宽厚、推己及人的致和思想，威武不能屈的民族气节和立志报国的爱国主义民族精神，等等，都是中华民族传统家庭美德的瑰宝，值得后人不断学习。相关部门应着力挖掘、整理和精选家庭美德文化内容，编辑成册，或通过各种媒体渠道广为传播，使其对家庭和家庭建设工作者产生影响。

中华民族传统家庭美德博大精深，不仅是日常家庭生活行为规范，也是维护家庭和谐幸福的道德基础。哪个家庭保有传统孝老爱亲的家庭责任感和道德家风，哪个家庭就会和谐幸福。所以应切实发挥文明办、妇联、教委、共青团等职能部门的协同联动作用，注重家庭文化建设，引导家庭以及家庭建设工作者深刻认识中华传统家庭美德在今天的家庭建设中的历史根基和现代意义，这是现代家庭建设的动力基点，是中国特色社会主义核心价值观落细落实的重要途径，也是社会治理体系与能力现代化建设的重要维度。

（二）抓文化：传承中国传统家风家教文化，创建新时代中国特色家庭文化

传统家庭文化在转型期存在某些被解构、被祛魅的现象，新时期中国特色家庭文化的相对缺位也是当下家庭建设不够到位的原因之一，要想真正做好家风、家教、家庭建设，就必须创建与之相应的家庭文化。转型期文化及其价值观带来的变化，既对传统文化产生某种冲击，也对传统文化的更新创新提出呼唤，传统家庭文化在这个时期需要和现代家庭观念结合并创新出既有传统特色又有现代精神的中国特色家庭文化。

要挖掘传承中国传统家风家教文化的美德内涵。中华民族历来重视家庭教育，家书、家信、家教、规训等更是林林总总，经过数千年实践和总结，形成了中国特有的家教文化。中国传统家教文化的内涵与特点具体表现在以下几个方面。一是中国传统家风家教文化始终以爱国主义、民族精神为主题，多层面对子弟进行立报国之志、成忠义之才的爱国尽忠教育。传统爱国家训以及仁人志士以生命铸就的忠义之举，对家

庭和子女的爱国情愫培养，产生了深刻影响。二是中国传统家教文化多以仁义、和睦、亲邻、善邦为核心内容。中国文化主张的"和合"及其衍生出的"以和为贵"的价值观，一直是中国家教文化对子弟进行家族观、群己观、国家观教育的核心内容。三是中国传统家风家教文化特别高扬志存高远、自强不息的人格精神。传统家教立志勤学自强不息的教育，在培养塑造识体务实、努力学习、积极上进、自强自立的理想人格和民族栋梁之材方面起了巨大推动作用。四是中国传统家风家教文化非常重视俭德教育。许多家训典籍都有"勤俭"专论，许多治家言论已成为古代乃至现代人们关于勤俭节约、艰苦奋斗的座右铭，也是涵育今天家教家训文化的丰富资源。

要创新现代家教理念。做到这一点，要克服家庭教育功能弱化的现象，注重把家庭教育作为与学校教育同等重要的事情来做。一是在教育定位上，要坚持家庭教育、学校教育和社会教育并重。要在全社会形成家庭教育、学校教育、社会教育"三位一体"的格局，把家庭教育摆在与学校教育同等重要的位置，不能使家庭教育仅仅成为学校教育的延伸和附庸。二是在教育内容和导向上，要以素质教育为主线，树立正确育人观。要重视并花大力气改变重智轻德、重知轻能、过分宠爱、过高要求等现象，同时要改变家庭过于偏重成才教育而忽视成人的教育，过多偏向个体发展，而忽视社会责任等单向度、不全面、短视、失谐的内容和模式。三是要强调家长在家庭建设中的主体地位和榜样作用。家长是否以身作则、言传身教，给孩子树立良好榜样，为孩子提供良好生活教育环境，对孩子成长极其重要。要教育家长学会使用合理的教育方法。因材施教是家庭教育的理论基础和养成教育规律，古人强调通过言传身教、因人而异等方法进行家庭道德教育。各地文明办、教委、共青团等职能组织要注重多举措提高家长素质。利用多种媒体，使家长掌握家庭教育基本理念和方法，在家长中普及家庭教育知识，实施家教队伍辅导等举措，开办家长成长课堂；开展调研，对家庭教育中的问题以及经验进行研究，解决问题，推广经验。四是积极发挥社区作用，办好家长学校、家教指导中心，定期对家长进行培训，宣传家庭教育成功经验，更新家庭教育观念，使家长获得具体有效的家教知识，并借鉴学习国内外家教和家庭建设经验，使家庭、学校、社区教育有机结合起来。

坚持以德立家、以德育人，涵育优良家风。家风是一种无言的教育，潜移默化地影响家庭成员。坚持以德立家、涵育优良家风是构建中国特色社会主义家庭文化与和谐家庭的重要途径。传统家风在人格涵养方面作用极大，"有家教"往往是人格和道德素质底线的代名词。要注重家庭美德教育和社会公民教育相结合，培育家庭成员认同遵守传统美德与社会共同价值观，不仅有利于个体自身成长，也有利于家庭和谐与社会和谐。

（三）各职能组织要协同联手推动家风、家教、家庭建设

发挥妇联职能优势，引领妇女和家庭自觉建设家风、家教、家庭建设。应根据《中共中央关于加强和改进党的群团工作的意见》要求，充分发挥妇联组织优势，引领妇女在家庭建设中发挥应有功能。习近平总书记在同全国妇联新一届领导班子成员集体谈话时强调，注重发挥妇女在弘扬中华民族家庭美德、树立良好家风方面的独特作用，这关系到家庭和睦，关系到社会和谐，关系到下一代健康成长。广大妇女要自觉肩负起尊老爱幼、教育子女的责任，在家庭美德建设中发挥作用，帮助孩子形成美好心灵，促使他们健康成长，长大后成为对国家和人民有用的人。广大妇女要发扬中华民族吃苦耐劳、自强不息的优良传统，追求积极向上、文明高尚的生活，促进形成良好社会风尚。一要以"妇女之家"为阵地，搭建平台，创新载体形式，引领妇女和家庭学习、传承、践行中华民族传统家庭美德；二应常态化开展评选"最美家庭"活动，切实使广大妇女和家庭在全过程参与中，深化对中华民族传统家庭美德的认识和把握；三要发动妇女群体的家庭建设优势，发挥家庭主妇在和谐家庭建设中的功能。主妇在家庭生活方式和家风形成中的作用至关重要，母亲对子女的教育更是影响终身。要培养引导妇女群体家庭建设的能力。

发挥文明办职能优势，以文明家庭建设为抓手，带动家庭建设行动计划实施。文明办作为文明家庭建设的核心职能部门，可有效调动成员单位职能优势和积极性，找准工作结合点和着力点，促推相关领导小组体制和协同工作机制的完善与实效力量，力推形成合力谋事、共同成事的社会化工作格局。此外，要注重把家庭文明建设纳入城市文明创评和相关工作的考评机制，如建立家庭文明建设相关评价指标，拓展利于领导重视的工作规导和利于群众参与的争创渠道，使家庭文明创建成为工

作创新、工作成效、领导重视、群众认同的重要工作评价激励的过程。

注重启动家风、家训、家族荣耀史的挖掘，共同推进家庭美德传播行动。各相关部门、组织要引导、推动千万家庭注重挖掘本家族历史或历史人物的典型事迹，激发现代人对家族荣誉的认可和自豪感，激发培养个人道德的原发性。重视挖掘家庭传统资源既有利于良好家风、家训和家教的传递，也是社会主义核心价值观落细、落小、落实的方式和途径。

注重家对个人成长的原发功能的引导，共同推进家庭教育阵地建设。不管时代怎么变，家庭作为个人生活、成人教育的功能并未发生根本改变。家庭是人生成长中的一个重要的教育阵地，也是社会治理中培育现代文明素质公民的一个重要基地。

（四）延展构建学校-家庭一体化教育机制

扩展学校指导、服务和责任内容。各中小学和幼儿园要坚持立德树人根本任务，将社会主义核心价值观及传统家庭美德融入未成年人的大教育机制中，和家庭、家长形成联动教育机制，营造良好家校关系和共同育人氛围。

发挥好家长委员会的教育协调功能。学校以及各级教育部门要采取有效措施加快推进中小学、幼儿园普遍建立家长委员会机制。中小学、幼儿园要将家长委员会纳入学校日常管理，制定相关章程，将家庭教育指导服务作为重要任务。家长委员会要邀请有关专家、学校校长和相关教师、优秀父母组成家教指导队伍，面向广大家长定期宣传国家教育方针、相关法律法规和政策，传播科学的家庭教育理念、知识和方法，组织开展形式多样的家庭教育指导服务和实践活动。

要健全家庭教育工作格局和工作机制。各级教育部门要切实加强行政区域内中小学、幼儿园家庭教育工作的指导，推动形成政府主导、部门协作、家长参与、学校组织、社会支持的家庭教育工作格局。要统筹家长委员会、家长学校、家长会、家长开放日、家长接待日等各种家校沟通渠道，逐步形成以分管德育工作的校长、幼儿园园长、中小学德育主任、年级长、班主任、德育课老师为主体，专家学者和优秀家长共同参与，专兼职相结合的家庭教育队伍。将家庭教育工作纳入学校、幼儿园工作总体部署。

要构建家庭教育社区支持体系。各地教育部门和中小学、幼儿园要与相关部门密切配合，推动建立街道、社区（村）家庭教育指导机构，利用节假日和业余时间开展工作，每年定期组织开展家庭教育指导和家庭教育实践活动，将街道、社区（村）家庭教育指导服务纳入社区教育体系。有条件的中小学、幼儿园可以派教师到街道、社区（村）挂职，为家长提供公益性家庭教育指导服务。如常规举办育人咨询服务和亲子实践活动，开展先进教育理念和科学育人知识指导。定期开展家长和学生共同参与的参观体验、专题调查、研学旅行、红色旅游、志愿服务和社会公益活动。以重大纪念日、民族传统节日为契机，通过丰富多彩、生动活泼的文艺和体育等活动增进亲子沟通、交流。举办经验交流会，通过优秀家长现身说法、案例教学发挥优秀家庭示范带动作用。

共同办好家长学校。各地教育部门和中小学、幼儿园要配合妇联、关心下一代工作委员会等相关组织，在队伍、场所、教学计划、活动开展等方面给予协助，共同办好家长学校。中小学、幼儿园要把家长学校、家教队伍建设纳入学校、幼儿园的工作部署中。中小学家长学校每学期至少组织一次家庭教育指导和一次家庭教育实践活动。幼儿园家长学校每学期至少组织一次家庭教育指导和两次亲子实践活动，将学校安排的家庭教育指导服务计入工作量。

强化家教专兼职队伍建设。学校和社会要通过制订切实可行的计划和措施开展家庭教育知识普及活动，鼓励带动各类家庭教育社会组织发展。针对家教队伍不够专业化和规范化的问题，要常态设立或引入家庭教育公益项目，引入专业社工服务，共同推进家庭教育工作进一步规范化、专家化、职业化。借助社会资源，开展"家庭教育公益大讲堂""家庭教育进乡村""家庭教育校园行"等系列活动，根据社区、学校和家庭的需求，定期举办健康讲堂、心理咨询、热线咨询、家教面询等服务。针对远郊区县和贫困家庭以及流动儿童等特殊儿童群体的家庭教育资源较为匮乏等问题，促进优质家庭教育资源、产品、服务惠及更广泛人群，有效推进家教指导和家庭服务的规范发展。

（五）加强对不文明尤其缺乏孝道的家庭问题的纠错与规导管理

构建家庭建设体系，必须考虑把建立健全家庭不文明尤其是缺乏孝道行为的纠错与规导机制作为重要内容。只有全社会都积极参与到家庭不文明尤其是缺乏孝道行为的纠错与规导中来，现代家庭文明建设才能更有成效、更加和谐。

一要严格要求父母依法履行家庭教育职责。关键在于提高父母的素质和他们实施积极家庭教育的能力，"养不教，父之过""孩子有问题，父母来'吃药'"，已经成为全社会的共识。为此，千千万万个家庭的父母应始终坚持以子女为本，不断认识自我、认识孩子，不断强化把培养孩子作为一种崇高事业的理念，加强学习，尊重子女的合理需要和个性特点，把握家庭教育的规律和要求，始终把教育、抚养子女作为自身的法定职责，依法履行对子女的教育、抚养职责。同时要注重提升自身素质和家庭教育能力，积极发挥言传身教、榜样示范作用，重视与学校、社会共同形成教育合力，避免教而不当，切实增强家庭教育的实效性。

二要不断提高市民和农村居民的法律素质。城市社区和地方乡村政府应加强法律法规的宣传和教育，深入社区、乡村向广大市民和农村居民宣讲《中华人民共和国婚姻法》及《中华人民共和国老年人权益保障法》，宣传家庭暴力和虐待老人是违法行为以及给家庭成员带来的危害。要发挥舆论监督作用，在报刊、电视、广播等社会媒介上及时地曝光和谴责残害、虐待老人的暴力行径，从而使虐待过老人的子女从思想上转变观念，自觉树立尊重老人的意识；让受过虐待的老人懂得子女虐待自己是违法行为，可以通过法律手段来维护自己的正当权益，提高自我保护意识。

三要动员全社会的力量，为中国特色家庭文化建设创造良好的社会环境。执法部门要认真履行受虐老人的投诉接待工作，根据投诉、举报，主动深入调查分析，最大限度维护老年人的合法权益。有关部门要建立预防青少年违法犯罪的联席会议制度，研究制订青少年法制教育计划，指导学校法制副校长队伍建设，加大青少年法制教育力度。同时要加强对学校周边环境的治理，学校附近的游戏厅、录像室、网吧等不健康场所，要坚决关闭，其他青少年娱乐场所要从严管理，规范运作，政府部门要主动干预。要建立社区、农村预防家庭暴力组织体系，尤其是反虐待工作机构，积极发挥政府及其相关部门在预防和制止虐待老人中所起的主导作用，及早介入干预虐待老人事件。充分发挥群团组织协调功能，妇联组织要充分利用自身密切联系群众的优势，积极救助受虐老人，帮助他们维护自身的合法权益。

四要坚持以法助德的家庭建设制度规导思路。中国古代注重制度、政策和财力导向对家庭建设的保证作用。《礼记·内则》记载有"凡养老，五帝宪"，表明自五帝始就为社会养老制定了制度和宪令。《王杖诏书令》记载，年龄七十以上老人，朝廷赐王杖，享优待权力，其社会地位相当于俸禄六百石的官吏。古代朝廷的"举孝廉""孝悌力田""孝廉方正"等选官入仕政策，是对人们做孝子、守孝行的政治和财政的支持与鼓励，可看作我国古代最早的社会养老保障机制，也是现代家庭建设中需关注和运用的原则。当前家庭建设方面的制度规导，在注重强化家庭教育、家风建设环节的认知和家庭成员的自觉努力的同时，要注重从家庭外部社会环境的影响和制度方面进行引导。要充分利用法制力量和政府行政力量，给出利于和谐家庭、文明家庭建设的政策规导。应在政策规导方面积极创新思路，使孝老爱亲等传统家庭美德的落地获得政策支撑。既维护家庭建设软环境，也提供家庭建设的良性制度保障环境，把推进依法治家与以德立家结合起来，引导社会各界共同参与，逐步培育形成家庭建设社会支持体系，真正推动家庭建设。

（六）构建家庭建设的社会支持和保障机制

家庭建设是全社会的事，需要合力聚力构建家庭建设的社会机制。相关部门应当将其当作工作重心之一来力抓力推。相对而言，妇联、文明办、学校、关工委等部门应该对家风、家教、家庭建设以及核心价值观的家庭落实负有更多工作责任。齐抓共管的协同工作格局，必须在核心职能部门牵动促进下才能真正有效发力和全面推进。要建立各级党组织领导、行政支持，人大、政协、文明办、工会、共青团、妇联、企事业单位协同，社区居民积极参与的社会化开放式保障体系，形成社会各方齐抓共管的工作格局和机制。

发挥好组织的领导和指导作用，把家庭建设纳入工作规划和布局中。各级组织要依据各地、各单位、各民族精神文明建设规划，结合培养践行社会主义核心价值观的要求，把家庭建设纳入本地、本单位精神文明建设、文化建设、党建工作中，制定规划、目标、实施方案以及考核标准、机制，明确责任、奖惩措施，狠抓落实，以实证能力推进家庭建设。要加强顶层设计，合理安排部署家风、家教、家庭建设工作。有了工作建设目标理念，有了文件精神和主体工作原则，各级组织部门和社会平台就必须跟进实施细则进行"顶层设计"。各级组织要结合各单位、各部门、各地区正在推进的家庭建设工作思路，就培育和践行社会主义核心价值观，做好家风、家教、家庭建设，做出具体安排部署，确保顶层设计完善可行、层层落实至"0公里处"，成果预设可见可测。

依据百姓生活所需与工作实际，逐步形成家庭建设社会支持体系。家庭建设工作中一定要急家庭所急，做面上工作的同时，不忘深入家庭，解决百姓的生活困难，树立做锦上添花工作的同时也注重做雪中送炭工作的思路。比如，在激励褒扬"最美家庭"的同时，也要对"最困难家庭"给予帮扶解困，且这种帮助"最困难家庭"的工作应成为家庭建设工作的常态思路，因为帮困解忧"最困难家庭"，不仅是社会主义扶贫开发工作的一部分，也是帮扶困难家庭走出困境，走向和谐家庭、文明家庭的基础性建设。核心价值观和传统美德的宣传教育有多种形式，其中开发开展家庭服务、急群众所急、提供群众所需服务，是对党和国家倡导的社会主义核心价值观以及传统美德的最好诠释和宣讲。要及时给予困难家庭、问题家庭尤其是孤寡老人、问题儿童等更多关爱、帮扶、救助。各地教育部门和中小学、幼儿园要与家长签订责任书等形式，指导、支持、监督家庭切实履行家庭教育职责；要特别关心流动儿童、留守儿童、残障儿童和贫困儿童，鼓励和支持各类社会组织发挥自身优势，以城乡儿童活动场所为载体，广泛开展适合困境儿童特点和需求的家庭教育指导服务与关爱帮扶；要求主管部门履行社会责任，力排解决困难家庭尤其是孤寡老人困难，力保家庭建设中的底线管理原则。

总之，要跟进举措细节，多方开发家风、家教、家庭建设的方法途径，形成顶层设计、主管力抓、政策规导、宣传引导、活动实践、社会支持的家风、家教、家庭建设格局。

（七）抓氛围：将家风、家教、家庭建设行动纳入社会媒体传播系统

现代信息社会是一个媒介化社会，各类传媒要立足各地精神文明建设需求，设置必要议题，发挥应有功能。相关部门要对相关媒体提出家

庭建设宣传教育的"规定动作"，推进家庭美德传播行动、家教知识普及和宣传实践活动。要注意强化大众传媒的主体责任意识，媒体作为社会宣传的重要工具和平台，承担着十分重要的职责，必须守土有责、守土负责、守土尽责。

发挥主流媒体与新兴媒体作用，统筹运用宣传舆论资源，汇聚传递文明家庭建设正能量。电视台、广播电台、平面媒体等主流媒体应与家庭建设主题相配合，开设富有特色、群众喜闻乐见的专题和专栏等宣传平台，用好各地文明办、妇联等阵地，用好各类论坛、博客、微信、微博、微视频、微电影、手机报以及城市大屏、楼宇电视、地铁公交广告等传播渠道，播放家风、家教、家庭建设相关公益广告，开设家庭文明专栏，扩大家庭建设的感染力、影响力。

社会宣传中要注重发挥典型家庭的引领示范作用。媒体应对具有良好家风、家教和家庭文明的典型家庭进行大力宣传，加强榜样引领。榜样的力量无穷，通过榜样引领示范，引导人们"见贤思齐"。大力宣传和谐与文明家庭典型，加强示范引导，传播和谐文明家庭理念，推动良好家风培育，让家庭典型的榜样力量引领社会主义核心价值观在家庭建设中落地生根。

图书在版编目（CIP）数据

公民道德建设/葛晨虹著. --北京：中国人民大
学出版社，2021.9
（葛晨虹文集；第四卷）
ISBN 978-7-300-29879-5

Ⅰ．①公… Ⅱ．①葛… Ⅲ．①公民教育-社会公德教
育-研究-中国 Ⅳ．①D648.3

中国版本图书馆 CIP 数据核字（2021）第 187016 号

葛晨虹文集　　第四卷

公民道德建设

Gongmin Daode Jianshe

出版发行	中国人民大学出版社		
社　　址	北京中关村大街 31 号	邮政编码	100080
电　　话	010 - 62511242（总编室）	010 - 62511770（质管部）	
	010 - 82501766（邮购部）	010 - 62514148（门市部）	
	010 - 62515195（发行公司）	010 - 62515275（盗版举报）	
网　　址	http://www.crup.com.cn		
经　　销	新华书店		
印　　刷	北京联兴盛业印刷股份有限公司		
规　　格	160 mm×235 mm　16 开本	版　　次	2021 年 9 月第 1 版
印　　张	17.75 插页 3	印　　次	2021 年 9 月第 1 次印刷
字　　数	274 000	定　　价	498.00 元（全五卷）

葛晨虹文集　第五卷

现实道德问题研究

中国人民大学出版社
·北京·

目　录

第一编　市场经济社会与道德理性

第二编　政治伦理与核心价值观

第一编

市场经济社会与道德理性

第一章 导 言*

经济与道德、经济与伦理的关系问题，自古以来一直受到人们的关注，是伦理学的基本问题，也是当代应用伦理学的一个重要研究领域。正如亚里士多德所说，"一切技术、一切研究以及一切实践和选择，都以某种善为目标"①。本课题"市场经济与道德理性"，就是从善的维度审视、研究市场经济社会的发展问题。课题论域可以说属于经济伦理学的研究领域，也可以说是从伦理学视野对道德理性在市场经济社会发展中的地位、功能进行探讨。

一、经济伦理及其视域界定

有关经济伦理的思想可以说源远流长，但作为一门新兴学科，经济伦理学产生于 20 世纪 70 年代，并很快在美国、日本以及欧洲等地发展起来。进入 20 世纪 90 年代，随着我国改革开放和市场经济的发展，经济伦理越来越成为我国学界的一个重要理论视域。

"经济伦理"概念在学界大致有两种理解：一是从伦理学角度理

---

* 原载国家社科基金项目"市场经济与道德理性"（编号 00BZX034）结项报告。
① 亚里士多德. 尼各马可伦理学. 北京：商务印书馆，2003：1.

解的经济伦理，主要研究经济活动、经济行为在伦理应然方面的合理性、正当性，研究经济制度、经济秩序的合理性，以及经济主体的伦理关系状态；二是从经济学角度理解的经济伦理，主要指规范经济学对经济制度，平等、效率等经济范畴，以及个人消费等经济行为的价值判断和问题设定。本课题侧重从伦理学视野研究、把握各种经济伦理问题。

经济伦理学研究可以从三个层面展开。一是宏观层面，主要是对社会经济制度、经济体制、经济运行机制、经济秩序以及经济发展理念等方面提出伦理审视，看一个国家或社会提出的经济发展目的和意识是否有利于社会的整体、长久发展，是否有利于人性的发展解放，是否公正合理并符合道德理性的应然价值取向。二是中观层面，对经济活动中的生产、分配、交换、消费等环节进行考察，对生产的目的和手段、分配的原则和方式、交换的行为和过程以及消费的目的和形式进行道德合理性方面的审视与规范；也可对社会经济组织的经济行为提出伦理考量，比如如何处理企业之间、企业内部各环节之间的关系，如何确定经济组织的经济效益和社会责任。三是微观层面，主要是对经济活动的具体过程，或个体经济主体的经济行为提出伦理要求。本课题侧重从宏观层面把握道德理性与市场经济社会发展的关系。事实上当把经济活动、市场经济的发展和整个社会的发展作为一体进行研究把握的时候，我们就获得了一种相对广义的经济伦理学视角。

目前，人们对"经济伦理"概念以及经济伦理学的内涵和学科性质都还存在一些不同理解。有人认为经济伦理学是关于经济制度伦理及市场经济社会形态发展合理性的学说，有人认为经济伦理学是研究对经济行为合理性的价值论证的科学，有人认为经济伦理学是经济活动中伦理精神和价值观念的理论化形态，或者说是从道德角度对经济活动进行审视，经济伦理学为人们解决发生在经营活动中的道德问题提供了更加系统的方法以及工具。简言之，有的学者仅从经济活动本身展开经济伦理学研究，有的学者则在社会发展这个更宏大视域中思考经济活动和市场经济的价值"应然"。

本课题认为，经济伦理学应该建构在经济学和伦理学交叉结合的基础上。"一方面是符合伦理学的经济理论和伦理制度及规则的经济学的，另一方面与经济的伦理学也是相符的，正如政治经济学一样，这门学科具有双重意义"①。同时，在论域中既应包括狭义的经济伦理视野，也应包括广义的以社会发展为背景的经济伦理视野，以期为人们解决市场经济社会发展的道德"应然"问题提供思考。

二、经济伦理学的兴起、发展和走向

无论在古代中国还是在西方，经济和道德关系问题研究都源远流长，但作为新兴学科的经济伦理学却只有数十年的历史。

1. 经济伦理学在西方的兴起与发展

现代经济伦理思想明确表述于 18 世纪亚当·斯密的思想中，他在《国富论》和《道德情操论》两部著作中提出了著名的"斯密难题"。从此，经济伦理作为一个问题而成为现代伦理学和经济学共同面对的基本课题。20 世纪德国思想家马克斯·韦伯在《新教伦理与资本主义精神》一书中第一次明确提出"经济伦理"概念，为经济伦理学学科的形成奠定了基础。

经济伦理学作为一门学科，是在 20 世纪 70 年代至 80 年代的美国最终形成的。20 世纪 70 年代，美国大公司的经济丑闻频频曝光，引起社会震惊和公众的极大关注。在这样的背景下，一场经济伦理运动在美国开始兴起。1974 年美国堪萨斯大学发起召开了首届经济（企业）伦理学讨论会，参会论文后来汇编成《伦理学、自由经营和公共政策：企业中的道德问题论文集》一书出版，这本书通常被视作经济伦理学学科诞生的标志。

20 世纪 70 年代西方经济伦理学研究总体上还处于起步阶段，研究地域多限于美国和日本。在此期间，美国学术界首先就企业的社会责任问题进行了广泛探讨，从而引发了"利润先于伦理"还是"伦理先于利润"的争鸣。日本在发展市场经济的过程中，十分重视家庭伦理传统的现代转换，并把它应用于企业发展实践中。同时，美国和日本在构建企业伦理模型的过程中注意取长补短、相互借鉴，如日本充分借鉴了美国

---

① 科斯洛夫斯基. 伦理经济学原理. 北京：中国社会科学出版社，1997：3.

注重明确责、权、利的伦理模型，美国企业界和学界则十分关注日本将家庭伦理传统应用于企业实践的做法。

20 世纪 80 年代以后，西方经济伦理学迅速发展，经济伦理学或者经济与道德关系问题研究从美国和日本迅速扩展到加拿大、澳大利亚以及西欧等地。这一时期，经济伦理学研究机构纷纷建立，如美国、加拿大以及西欧的近 30 所大学建立了经济伦理学的专门学术机构或应用伦理研究中心。1987 年，欧洲学术界和企业界联合建立了欧洲经济伦理学网络，经济伦理学的专门刊物也正式创刊。经济伦理学作为一门选修课甚至必修课进入了各国的大学。

这一时期的经济伦理学理论和实践都取得了较大进展，对市场经济活动与社会发展的道德合理性展开了广泛讨论。在一些国家，企业甚至开始建构符合本国实际的企业伦理模型，有的专门设立了相关伦理委员会，在企业决策和评价企业行为中加入了道德合理性的论证。

20 世纪 90 年代以来，西方经济伦理学进入了全面发展的新阶段。这一时期，经济伦理方面的研究机构、出版物、课程、讲座如雨后春笋般涌现，使经济伦理学的研究、交流、教学工作得到全面发展，经济伦理学日益发展为一门更加成熟的学科。

特别值得一提的是，1989 年，由美国与欧洲一些有志于经济伦理研究的学者和企业家创办的国际性学术团体"国际企业、经济学和伦理学学会"成立了。学会的宗旨是"促进和支持世界经济伦理的发展"，每四年召开一次世界大会，被称为"经济伦理学的奥运会"，已成为目前最具影响力的国际经济伦理学研讨会。1996 年在日本东京、2000 年在巴西圣保罗、2004 年在澳大利亚墨尔本成功举行了三届世界大会，有力地促进了国际经济伦理学的发展。

总之，国外一些经济学家和伦理学家对社会经济伦理问题给予了许多关注与研究。如美国政治学家、伦理学家罗尔斯（John Bordley Rawls），还有美国新制度经济学家诺思（Douglass C. North）等，对经济正义与社会正义之关系、伦理价值取向与资本主义经济发展之关系、伦理文化与经济制度变迁、经济效益之关系等宏观和微观方面，都做了许多比较深入的研究。

西方经济伦理学在获得大好发展机遇的同时也面临着严峻挑战。这主要表现为，随着经济全球化趋势日益增强，学术界对国际经济伦理问题的研究稍显迟滞。虽然在经济伦理研究领域，越来越多的学者开始关注国际经济伦理问题，但由于各国文化传统、意识形态、宗教信仰不同，经济发展特色各异，对于人类需要什么样的国际经济伦理、能否建立以及怎样建立应有的国际经济伦理等问题，歧见迭出。此外，学术理论与市场经济实践活动如何进一步有效沟通，各个国家如何解决形形色色尖锐复杂的经济伦理问题，如何改变经济伦理学发展滞后的状态，都需要进一步的解决。

2.　经济伦理学在中国的兴起与发展

中国古代和近代都有十分丰富的经济伦理思想，但现代的经济伦理学研究到改革开放以后才兴起。我们可以把中国的经济伦理研究大体分为三个阶段。

20世纪70年代末至80年代中期为第一阶段，是中国经济伦理学的萌芽时期。1978年十一届三中全会以后，中国进入了改革开放的新时期。以经济建设为中心的基本路线，有计划的社会主义商品经济的发展，促使人们对经济与伦理的关系进行新的思考。这种思考在理论上主要集中于从哲学、伦理学层面考察经济与道德的关系、义利关系、奉献与索取的关系等问题。这一时期人们对经济伦理问题的关注、思考，与作为一门独立学科的经济伦理学的研究还存在很大差异，但为后来经济伦理学的形成提供了理论启动。

20世纪80年代中期至90年代中期为第二阶段，是中国经济伦理学的形成时期。1984年中国经济改革进入了新的阶段。人们对经济伦理问题的思考和研究主要集中在商业伦理、管理伦理和经济学的伦理问题等方面，围绕经济改革和道德建设、商品生产和道德进步、按劳分配和道德理想的关系等问题展开了热烈的讨论与争论，推出了一批有较大影响的经济伦理学的著作和论文。其中代表性的成果主要有：王小锡的《经济伦理学论纲》、张鸿翼的《儒家经济伦理》、许崇正的《人的全面发展与社会经济——伦理经济学引论》、张婉如和王福霖主编的《财经伦理学概论》、王昕杰和乔法容合著的《劳动伦理学》、刘光明的《商业伦理学》，以及温克勤、任健雄、李正中等人主编的《管理伦理学》等。同时，一些经济学家也开始关注和研究经济伦理学，著名经济学家厉以宁的《经济学的伦理问题》就是这一时期经济伦理学领域的代表成果之一。值得一提的是，1995 年德国汉诺威大学哲学院与中国社会科学院哲学研究所合作，共同在北京召开了一个国际经济伦理学研讨会，并出版了经济伦理研究丛书，对中国经济伦理学的形成产生了重要影响，促进了中国经济伦理学研究和国际经济伦理研究的沟通。

20 世纪 90 年代中期以来为第三阶段，是中国经济伦理学的发展时期。在这一阶段，社会主义市场经济体制建立，提出了社会主义市场经济的伦理辩护、经济活动中的道德理性、国有大中型企业在改革中的伦理问题，建立与社会主义市场经济相适应的道德体系等一系列重大课题。几乎所有市场经济发展中的伦理探讨，无论宏观视域，还是中观、微观环节，大到社会主义市场经济体制的合理性论证、市场经济秩序中的道德规范问题，小到职业伦理、商业伦理、管理伦理，以及个体主体经济行为的道德问题，等等，都被集中在"经济伦理学"的名称下进行研究，经济伦理学的学科体系进一步发展。

随着社会和学界对市场经济社会发展中种种伦理问题的关注，专门的经济伦理学研究机构以及各种形式的学术研讨在我国相继出现。1999 年上海社会科学院成立了经济伦理研究中心，并出版了《经济伦理学大辞典》《发展中国经济伦理》，以及系列丛书"当代经济伦理学名著译丛""经济伦理新探索丛书"等，2000 年河南省经济伦理学研究会成立，同年 6 月第一次全国经济伦理学学术研讨会在南京举行，2002 年上海发展中国经济伦理国际研讨会成功举办，2003 年中国人民大学伦理学基地和南京师范大学共同成立了经济伦理研究所，2010 年中国伦理学会经济伦理学专业委员会（简称"中国经济伦理学会"）成立，等等。各种类型的经济伦理研讨会逐渐成为学界频次较高的研讨活动。

在研究内容上，这一时期从经济伦理学的性质、功能到经济伦理学学科体系的构建，从中国传统经济伦理思想到西方传统经济伦理思想，从马克思主义经济伦理思想到当代西方经济伦理思想，从经济制度、经济政策到经济活动的各个环节，从跨国公司的伦理问题到国际经济伦理问题，从企业伦理到市场道德，从公平与效率的关系到诚信等具体美德研究，都取得了许多重要成果。如厉以宁的《超越市场与超越政府——论道德力量在经济中的作用》、陆晓禾的《走出"丛林"——当代经济伦理学漫话》、万俊人的《道德之维——现代经济伦理导论》、章海山的

《经济伦理论——马克思主义经济伦理思想研究》、周中之和高惠珠的《经济伦理学》、乔法容和朱金瑞主编的《经济伦理学》、王莹和景枫的《经济学家的道德追问——亚当·斯密伦理思想研究》、陈泽环的《功利·奉献·生态·文化——经济伦理引论》、刘光明的《经济活动伦理研究》、陈宝庭和刘金华编著的《经济伦理学》等。此外，一些高校已经把经济伦理学设定为选修课，一些哲学、伦理学甚至经济学的硕士点、博士点设置了"经济伦理"方向招收硕士、博士研究生，经济伦理专业研究队伍不断壮大。

三、当前经济伦理研究的局限与本课题论域

总体说来，国内外学界在经济伦理研究方面取得了许多重要成果，但有些问题及其研究视野还需要进一步深化。

目前许多研究处于分门别类的研究状态。经济学界像厉以宁先生那样从经济学和伦理学综合视角探讨经济与社会发展问题的并不多见；伦理学领域的相关研究，虽然也有比较深入的研究成果，但更多是在社会一般伦理道德层面展开研究，在研究视野上比较缺乏经济学和伦理学有机的学科结合。真正深入市场经济本质发展中揭示经济理性与道德理性之内在联系的研究尚属薄弱，对市场经济社会的发展状况及其与道德理性的关系进行全景式理论探讨和把握，更是非常需要。

此外，经济伦理相关研究大多分布在若干热点问题上，对市场经济理性本质及其与道德理性的关系进行系统研究，对整个市场经济社会做宏观把握，都还相对缺乏。而对市场经济中的经济理性、道德理性进行把握，对两者的关系及其在市场经济社会发展中的作用进行系统的、深层次的研究与论证，无论在理论上还是在实践中都非常必要。

鉴于此，本课题选择从社会价值理性的角度，对市场经济秩序以及市场经济社会的客观存在和发展进行本质的把握。市场经济社会发展在本质上应受经济规律和社会价值理性共同支配，道德理性是表达社会应然价值理性的一个重要视角。在本质意义上，无论人们的生产活动、交易活动和分配制度，还是社会经济体制和形态的发展，都是人们"理性化"的认知活动和实践活动。一方面，人类主体必须积极遵从客观的市

场经济规律，恪守利益、效用的原则，体现对市场经济规律把握的"认知理性"；另一方面，人类主体对市场经济规律的自觉把握，又必须体现合乎人道、正义、善目的的"价值理性"。善理念或道德理性作为社会价值理性的集中表达，对市场经济运作的经济制度和规则进行价值设计与价值选择，对市场经济社会发展中的一切根本问题，如社会公平正义问题，社会可持续发展问题，人性发展问题，等等，都要求与我们的社会发展目标和道德价值理念相一致。无疑，道德价值理念是一切合理有序的市场经济活动，以及市场经济社会发展的价值目标和理性基础。

本课题希望在已有大量经济伦理研究成果的基础上，从如下五个方面对市场经济社会与道德理性的关系问题做宏观的、本质的进一步研究。

第一，努力对市场经济社会及其发展与道德理性的关系做更为系统的把握。现有研究成果对个别的、局部的、微观层面的经济伦理问题进行专门研究的较多，如经营伦理、商业伦理、金融道德、企业伦理，以及市场主体经济行为等方面；但相对而言，对市场经济社会与道德理性进行宏观的、系统的研究相对较少。本课题着力从理论层面对市场经济社会发展中经济理性与道德理性的本质关系，进行较为系统的全景探索与揭示。

第二，努力对市场经济社会与道德理性问题做本质层面的把握。在经济伦理研究中，许多研究多在某些具体道德范畴或原则的应用层面展开，如信用问题、公平效率问题、竞争道德、企业责任问题等，这些具体应用层面的研究非常重要；但相对而言，对道德从"理性"层面进行一般抽象的研究不是很多。本课题从人类理性的本质及功能切入，对人类具有的两种理性做了独特的分析，并用"道德理性"这种理论形态对市场经济、市场经济社会及其经济理性进行关系研究，期望对认识、把握市场经济社会与道德的关系做出积极的理论贡献。

第三，努力对经济伦理中的若干"两难"问题进行更为有机的整合性研究。许多问题在单纯的经济学研究中和单纯的伦理学研究中都有涉及，但还需要得到更为有机的整合性研究，如公平效率问题、社会贫富分化问题、消费与节俭问题、物欲与人性发展问题等，这些问题在经济学和伦理学领域的解答或侧重点是有所不同的，本课题努力综合运用经济学和伦理学的方法视角，对相关问题进行整合性研究。在实现经济学视点和伦理学视点的有机结合方面做积极探索。

第四，努力对市场经济社会与道德理性问题做更开阔视角的把握。课题在探讨道德理性与市场经济之关系时，努力突破"就市场经济谈论市场经济"的局限，力图从更开阔的视野，把市场经济放大到一种社会形态来把握，即以整个经济-社会协调发展、可持续发展，以及经济-社会与人的解放发展的宏观视角进行审视，以期对"市场经济社会与道德理性"这一主题做内部和外部的全方位的理论把握。

第五，本课题的研究力图对市场经济社会与道德理性的关系提供合理性的理论向度。道德理性及其善价值取向的论证，也对建立与市场经济社会发展相适应的道德规范体系提供充分的理论依据，期望对我们建设成熟的社会主义市场经济，对落实科学发展观、构建和谐社会，能够提供积极的理论意义和现实意义。

本课题主要研究思路大致为：第一章"市场经济社会中道德理性功能定位"，探讨了人类具有的两种理性形式，以及两种理性的功能和内在本质关系，研究道德理性与经济理性的本质到底是什么。人类是以真、善、美三种方式把握世界的。人类在认识、改造世界的过程中，构成了以研究客体自然为中心的认知理性，也即体现"真"的实然的科学理性，也形成了以研究人类及其社会应然规划为中心的人文价值理性，也即体现"善"的应然的道德理性。两种理性各具特性和独特功能，共同构成人类认识、改造世界的理性能力。

两种理性在本质上是合一的，在市场经济社会发展中也应当整合起来发生作用。在此理论基点上，本课题进一步探讨了体现人类善价值取向的道德理性在社会发展的经济、政治、法律、文化等各个领域的功能体现，尤其探讨了道德理性在市场经济领域的功能定位和体现。由此展开了道德理性和经济理性的本质及关系的研究，对道德理性在市场经济发展中的功能做了基本的理论定位。

需要强调的是，本课题视域是把市场经济放大到"市场经济社会"这个层面展开的。"市场经济社会"是一个特定概念，它和"市场经济"既有联系又有区别。市场经济往往被人们在狭义和广义两个层面使用。一般狭义的"市场经济"概念多指一种经济运作体制和模式，一种与政治、文化相对应和区别的特殊的经济活动领域。广义的"市场经济"概念更多强调市场经济的社会时代形态，它包括具体的市场经济活动和领域，但更凸显整体社会发展形态。本课题许多问题的研究，都是站在"市场经济社会发展形态"这个宏观高度展开的，许多问题不是就市场经济论市场经济，而是把市场经济社会作为一种社会发展形态去考察，许多相关问题是放置在整个社会立体的、和谐的、可持续发展的层面展开的。

在这个意义上，市场经济社会既包含着又超越了具体市场经济活动领域，当我们把市场经济当作整体社会发展形态的表达来考察的时候，就需要有更多宏观层面的社会把握。这个社会形态在发展市场经济的时候，怎样保证社会公平和共同富裕，怎样把握资源生态和消费等关乎人与自然的问题，把人性发展放在什么地位，怎样有利于人性完善而不是物化变异，这些问题貌似和具体的（狭义上的）市场经济有些远离甚至无关，但恰恰是今天研究经济伦理和市场经济需要更多探讨的理论问题，也是目前我国学界经济伦理研究比较欠缺的方面。比如本课题第五章、第六章、第七章讨论的问题，"道德理性与社会和谐发展"（如何调控社会贫富分化，走向共同富裕），"道德理性与人类可持续发展"（如何掌控经济增长的"双刃"之剑），以及"道德理性与人的全面发展"（把握经济发展与人性物化问题，使人性在市场经济社会得到全面发展），似乎超越了具体的市场经济活动领域，有些已经上升到哲学层面，但把研究对象放在一个社会形态而不仅仅是市场经济运行领域，这恰恰是本课题的一个重要的、独特的视点。希望课题所做努力为整体、超越、多维、透彻地把握市场经济社会与道德理性问题，提供一些更开阔的理论视野。

第二章"市场经济中的自利与互利"，重点探讨了市场经济中存在的各种不同的自利与互利规范要求，对经济规范、法律规范、契约规范、道德规范中自利与互利要求的异同做了分析，对个人主义、自由主义、集体主义等几大不同道德原则在市场经济运行中的理论境地与现状进行了相关分析、探讨。课题强调，社会理性对市场经济具有必要的制约调控作用，市场经济运行所依靠的经济规范、法律规范、契约规范、道德规范，从不同角度表达社会理性的调控要求，要求自利性和互利性在市场经济运行中有良好的互动与结合。

课题强调，经济规范和契约规范中的互利性要求更多是自利性要求的手段而永远不是目的，而道德理性所要求的互利往往是手段和目的的统一。在许多时候，道德理性要求人们把利他或互利不仅仅当作利己的手段，互利本身就应该是目的；同时，经济理性所含的互利性要求成分往往具有自发性质，是一只"看不见的手"，这只"看不见的手"在许多时候会把市场经济引向失控，从而反过来损害市场经济秩序和最大利益化目的的实现。此外，市场经济或经济理性出于利益最大化目的而有自发的互利性要求，这个利益最大化是市场个体主体的利益最大化，而道德理性所要求的利益最大化往往是个体和全社会甚至全人类持久的利益最大化。

第三章"道德理性与市场主体行为"，主要探讨了道德理性与市场主体行为的关系，通过对市场与市场主体间的、市场主体与市场主体间的社会伦理关系的分析，对市场主体的目的性与手段性关系做了相关论证。在这一章，我们分别对市场主体获利、消费、投资、交易等环节的行为过程、道德调控问题做了分析和论证，并在相应问题环节对如何实现道德调控做了对策性研究。从对市场经济的基本性质、运行机制的社会本质的分析中我们可以知道，市场经济作为人类社会的创造物，尽管其表层的商品与货币令人眼花缭乱，但其深层本质是人的利益和人的活动。市场经济行为是市场主体之间平等、自由的生产、交往行为。商品不能自己到市场去交换，所以，我们必须找寻商品所有者。市场主体不但是追求自身利益的"经济人"，而且是具有社会性、组织性、伦理性的社会人。所以，研究市场经济及其道德理性功能，不能不研究市场主体行为。

第四章"道德理性与社会公平"，从经济效率与社会公平的界定，公平与效率矛盾的本质，公平与效率的辩证关系及其历史演变，我国公平效率问题状况及其思考等多重角度，对公平效率问题做了分析论证。其中着重探讨了道德理性与社会公正的关系问题，梳理了公平效率关系的历史内涵和变化，分析了市场公平与政治公平、道德公平的不同取向，对我国的"效率优先、兼顾公平"原则，以及"注重效率、维护公平"原则做了实践层面和理论层面的分析，可以说对公平效率问题从总体上做了现实的、辩证的系统把握。

课题认为，公平与效率的矛盾关系主要有以下两种体现：第一是经济理性与道德理性之间的矛盾，具体表现为经济理性的利益取向与道德理性的某些不同；第二是在资源分配问题上，存在着人类理性在市场公平与政治公平、道德公平之间的冲突。公平与效率由于能够满足人类生存、发展的需要而成为人类理性追求的两大目标取向。从本质上看，平等是人的精神与物质的双重需要，但更多诉诸人的精神需要，更多出于人类的应然道德"价值理性"的考虑，而效率则更多诉诸人的物质需要，更多出于人类科学"认知理性"的考虑。整个人类社会的历史发展，既是在不断提高效率的基础上追求人对物质的满足，也是在不断提高物质资料生产的基础上实现由不平等向平等的靠近；既是人类科学认知理性的实践表达，也是人类道德价值理性的实践表达。本课题强调，在终极意义上，人类的科学认知理性及其社会物质生产、经济发展，应该服从于人类道德价值理性的规范和引导。

第五章"道德理性与社会和谐发展"，设定在了道德理性与社会发展这样一个视角层面。市场经济不仅是关乎经济或市场本身的事，也是关乎整个社会和谐发展的问题。所以，课题在探讨道德理性与市场经济的关系时，不是局限于"就市场经济论市场经济"，而是从整个社会协调发展、共同富裕目标的宏观视野审视市场经济。该章重点探讨了道德理性与经济、社会和谐发展的关系，尤其对贫富分化的理论问题、共同富裕的理论问题，以及我国社会发展面临的相关现实问题，进行了分析研究。贫富分化与社会的公正程度、收入分配的道德合理性密切相关，贫富差距问题如果处理不当，将直接影响社会经济建设的顺利进行和社会的稳定发展。贫富分化问题已成为当今中国经济学、社会学和伦理学领域的共同课题。

贫富分化不等于两极分化，本课题主张正确认识我国当前的贫富分化，应看到这一现象产生的历史必然性，同时还必须看到这一问题的严重性。这一章还对当代世界各国经济-社会协调发展战略的演变过程进行了研究，最后对我国社会协调发展战略的确立及目标的实现，做了建设性分析和论证。

第六章"道德理性与人类可持续发展"，将研究视野放在了道德理性与人类可持续发展这样一个问题域，努力对市场经济社会与道德理性问题做更开阔视野的把握。除了把市场经济放在社会协调发展的横向视野考察外，还需要从纵向可持续发展视野对它进行考察研究。该章重点对道德理性在经济-社会可持续发展中的地位、作用进行了充分论证，对经济增长中的社会利弊、人与自然的关系、鼓励消费与节约型社会等辩证关系做了系统梳理和理论把握。

第七章"道德理性与人的全面发展",重点论证了道德理性在市场经济社会中对人性发展的价值设定。本章的研究思路是,把市场经济社会纳入经济发展与人的解放的宏观视野进行审视。经济发展、社会发展的最终目的都应该是人的解放和人的全面发展,离开了"人是目的"这个永恒主题,市场经济社会发展的道德合理性就失去了最重要的价值参照系。要想对"市场经济社会与道德理性"这一论题进行更全面、更有深度的理论把握,就必须把这一问题置入人性发展的坐标系统中进行考察研究。

事实上无论在理论上还是在现实生活中,人们许多时候会陷入市场经济对人的物质需要的满足,而忘记了经济-社会发展的终极意义中人性完善发展的目的。本课题在最后一章用道德理性的应然价值视角,把市场经济社会发展的轨道设定在"人是目的""人性完善发展"这一目标向度上,某种意义上也是出于理论逻辑的考虑。本课题对人的全面属性进行了系统和本质的把握,对人性在社会历史尤其是现代社会中的"单面"发展状况进行了分析研究,对道德理性与经济理性又从人性角度进行了相关透视,强调并论证了市场经济发展必须与社会全面发展、与人性全面发展相一致,这是经济发展、社会发展的应然目标,也是道德理性对市场经济所做的审视和把握。

第二章　市场经济社会中道德理性功能定位[*]

市场经济不仅包括人类生产、交换、分配、消费等经济活动，作为社会发展所选择的一种体制模式，它也和人类社会发展目标以及人性发展等根本问题相联系。作为人类社会"理性化"的认知活动和实践活动，一方面，它要求人类主体积极遵从市场经济规律，恪守利益、效用原则，体现人类主体对市场经济规律把握的"认知理性"；另一方面，人类主体也要对市场经济规律及其发展目标做"价值理性"的把握。道德理性作为社会价值理性的集中表达，对市场经济运作的经济制度和规则要进行道德考量与价值设计，同时还要关注市场经济与社会和谐发展的相关性，关注人性在市场经济发展中是全面发展而不是"单面"或"物化"发展。总之，道德理性在市场经济及其社会发展中起着重要的"应然"审视和规定作用。

一、人类的两种理性

人类在认识、改造世界的过程中，构成了以研究客体自然为中心的认知理性，即科学理性，也形成了以研究人类及其社会应然规划为中心

　＊　原载国家社科基金项目"市场经济与道德理性"（编号 00BZX034）结项报告。

的人文价值理性，即道德理性。两种理性各具魅力和独特功能，共同构成人类认识、改造世界的理性能力。两种理性在本质上是合一的，在人类经济和社会发展中应当整合起来发生作用。

1. 认知理性与价值理性

理性是人类认识、把握世界，创造人类生活的主体能动力量，是人在本质方面的重要特征。理性是人独有的自觉意识和能力，认识世界、探究自然，是人的一种理性能力；研究社会、认识人自己，给社会设定理想价值目的并给人自己立法，也是人的一种理性能力。

马克思等经典作家认为，人类是通过真、善、美三种方式把握世界的①。"真"是以客体规定为主要方面的把握方式，而"善"和"美"是以主体规定为主要方面的把握方式。"真"的特性从根本上说是由客体规定的，而"善"和"美"的特性从根本上说是由主体规定的。

认知理性或曰科学理性，主要回答世界"是什么""怎么样"的问题，它探究自然规律，并能动地运用这些已掌握的规律，创造出为人类服务的科学技术及物质财富。相对而言，科学理性驾驭的世界是一个"真"的领域，这是一个不以人类意志为转移的领域。"善"和"美"是人类应然价值理性诉诸的领域，主要研究世界"应当怎样"的问题。人类的世界和自然的世界完全不同，在这里有许多种甚至无数种可能性，需要人类利用理性智慧去权衡、去判断，并做出符合人类善和美的理想愿望的明智选择。道德理性在本质上就是这样一种代表善价值判断和选择的人类理性智慧。

在此，相对于两种理性能力的功能目的的区别，我们把人类的理性分作两种：一种是科学认知理性，另一种是应然价值理性。

人类高出其他动物的标志之一是：人类不是被动地适应生存环境，而是积极主动地认识、利用、改造生存环境；人类并非只要自己的生存需求得以满足就够了，人类一方面认识客观自然、探究规律，另一方面又在认识、利用客观自然的过程中，自觉不自觉地把自己的意图、愿望投射进去，自觉不自觉地给事物以意义和评价。人在自己的活动中追求合自己目的的结果，在不违抗自然必然性的范围内，总试图在自己所把

---

① 马克思恩格斯选集：第2卷．3版．北京：人民出版社，2012：701.

握的选择范围内做出最好的选择，这就是人类理性的功能。

在认识自然、积极顺应自然客观规律的活动中，发展出了求真的科学技术和认知世界的理性能力；在追求合人类目的、合主体理想的过程中，发展出了善、美等代表人类主体选择的价值应然理性。如果说前一种理性表达的更多是一种客观必然性，后一种理性则更多表达了一种主观善价值的合理性。

这两种理性在某种意义上也就是马克思等经典作家所强调的关于人类生产的两种"尺度"，认知理性属于马克思所说的"物种的尺度"，而价值理性则属于表达人类主体选择的"人的内在尺度"。在西方思想史上，人们也曾把认知理性称作"纯粹理性"，把价值理性称作"实践理性"。在中国思想史上，虽然没有明确提出"理性"这个概念，但儒家提出的"力命""义命"之不同关系范畴中已内在包含了人的两种理性能力。

2. 科学理性与道德理性

两种理性的目的功能有区别，研究的对象领域也有区别。认知理性由于注重研究世界"是什么"，往往以客观规律为主要研究对象，在自然科学研究领域表现得尤为集中而突出，所以人们往往又把认知理性称作"科学理性"。价值理性由于注重研究世界"应当是什么"，往往以人类主体的善的、合理的理想追求等社会应然价值为主要研究对象，由于伦理道德是最集中表达善理念的学科视角，所以有人把应然价值理性称作"道德价值理性"或"道德理性"。

道德理性从人类世界"应当是什么""怎样才更合理"的视角考虑问题，它主要给科技物质成就丰硕的世界一种善和美的价值引导，给认识、征服、开发、利用自然的活动一种合理的、可持续发展的愿景规划。同时，人类要认识自然，也要认识从自然中产生的自己，要控制自然对象，也要把握自己的命运，让自己发展得更完善，生活得更美好。这一切都需要有一种体现人类善和美的理想目的的价值理性。人类的道德价值理性正是在认识、改变客观现实活动中，在用"人的尺度"去引导、把握"物种的尺度"的能动过程中，逐渐发展起来的。没有道德价值性，没有人文关怀，人类的科学理性将会发展为一种盲目的力量，这种有缺陷的力量往往可能把人引向非人，把人类社会引向毁灭的边缘。

也就是说，我们要驾驭开发自然，要让自然为人类服务、做贡献，但我们同时也需要得到自然的同意，在用人类主体尺度来权衡一切时，也必须学会使用客体的尺度。人不能仅仅从单方面发号施令，而应学会和自然对话。在发展经济和保护资源、环境之间，在追求物质财富和追求社会道德公正之间，在今天和未来的代际利益之间，有很多孰先孰后、孰大孰小等需要权衡的问题，人类必须运用理性去比较和选择，这就是道德价值理性所要完成的任务。

人类的世界既不是纯粹的客观自在，也不是纯粹的主观理想。人类应有的世界恐怕是：不仅符合客观发展的规律，而且合乎人类自身的需要，也即不仅是"真"的，而且包含了人类"善"的、"美"的理想愿望，包含了主体需要的价值存在。人类的世界作为体现主客观统一的结晶，应当体现客观规律事实的、客体的尺度，同时也必须、必然包含人的本质力量和主体的尺度。在发展科学理性的同时，应发展道德价值理性，反过来说，在发展道德价值理性的同时，也应发展科学理性。人类的世界本来是也应当是真、善、美的合一，是科学与价值的统一。

当然，这种本质要求和必然反映并不始终是被人类自觉把握的。在人类早期朴素思维中，人们多直观地把它们结合在一起。当中国古代先哲强调"天人合一"时，古希腊大思想家柏拉图在他的理念世界构筑了以善理念统领真、善、美学科的"金字塔"理念体系。天人不分也罢，以善理念统领真、善、美也罢，都暗含了人类科学理性与道德理性重合的悟性要求。然而，古代朴素的两种理性合一的思路，并非始终以一种相合的状态存在着、发展着。事实与价值、科学理性与道德理性，在人类理性发展长河中，有时是结合统一的，有时则是分离开来的。

3. 从道德理性视角反省科学理性

没有科学技术和科学理性的发展，人类不知要蒙受多少愚昧和无知带来的不幸。但科学技术并不是万能的，并不能代表人类生活的全部意义，尤其不能满足人性精神、灵魂层次的需要。人性的占有和实现，人类生存的价值和意义，人所应有的发展，都不是单靠科学技术就能解决的。市场经济的发展和科学理性相关，但更离不开道德理性的引导和规制。

在单纯的科学理性文化及其带来的市场经济和巨大物质财富中，我们找不到人类真正赖以存在的信仰支柱或精神家园。人的信念、人格、尊严以及人生价值和意义、灵魂深处的需要等，是从宗教、伦理道德、哲学、艺术这些人文价值理性文化中吸取养分的。同时，人与自然的和谐、人对社会的关怀、人对物欲的超越把握，也都只能在道德价值理性指引下完成。

随着科学理性带来越来越多的成果和胜利，崇尚科技万能的文化理念渐渐成了近现代社会的文化倾向。科学技术完成了工业化，创造了无比丰厚的物质财富，为人类社会发展带来了巨大进步。但与此同时，随着对物质世界的征服、创造，科学理性越来越成为"工具理性"，人在片面征服自然界的过程中，把自己由主人、目的变成了奴隶、工具。

实际上，科学理性本身是无辜的。认识、利用自然并不是人类的错，人类的失误在于未能和谐地把握科学理性与道德理性的关系。倘若我们一直用道德理性对科学理性和自然科学目的进行合理的判断、比较、选择，使对自然的攫取和对自然的给予一样多，使对人文精神的追求和对经济物欲的追求一样努力，那么，人和自然的对话将是温和的，关系将是和谐的，人在创造美好物质世界的同时，也将发展出持久的、美好的人性与人类生活。

在今天，科学、人文发展的不平衡，及其造成的精神家园的失落、人性单面或畸形发展，已成为人们普遍关注的焦点。如何使科学技术和追求善目的的道德合理性摆脱分离、重新结合起来，寻找丧失了的整体文化理念，成为 20 世纪中期以来现代人讨论的一个热点。

许多有识之士已普遍认识到，科学理性成功地为人类提供了科技文明手段和物质财富，但却未必能成功地为人类提供善价值的合理性。随着征服自然的节节胜利，随着现代工业文明和市场经济的迅速发展，出现了人与自然的不和谐。并且，人性在从自然力量束缚中解放出来的同时，又陷入了物欲主义及单纯科技信仰的桎梏之中。人们越来越多地占有了自然物质世界领域，因而越来越失去自己的精神家园，越来越异化了自己的人性本质。人类已开始反省以往的思维误区和实践失误，历史已走到要求人们进行一次新的觉醒的时代。在科学理性极度发达的科学主义时代，人文价值理性开始了新的觉醒。

所幸人类并不是在完全空白的理性世界寻找人类世界的合理标准，东方以道德理性统领科学理性的思维体系，以及主张"天人合一"的文化传统，为人们尤其为西方世界提供了可资借鉴的另一种理性参照系统。东方儒学传统中道德价值理性和科学理性的从未分离，以及这种"合一"文化所少有的危机和拥有的生机，使许多思想家找到了解决困惑和危机的出路，汲取东方文化精髓，使人文价值体系和科学理性结合起来。1988年1月，全世界诺贝尔奖得主在巴黎集会，他们发表宣言说：如果人类要在21世纪活下去，就必须回到2 500年前去汲取孔夫子的智慧。这种思想表达了现代人对人类两种理性结合统一的新的认识和觉醒。

东方"天人合一"及真、善、美统一的文化智慧，使它在高扬主体价值理性的同时，完全包容了科学理性发展的空间和可能。当然，就目的性而言，价值理性和科学理性地位是不一样的。儒学文化中有关科学的思想是服从于伦理价值目标的。这种思想关系在近代历史发展中可能被认为是"落后的"，在某些人的意识中，可能是一种反现代的文化阻力，但对于现代，特别是对于未来而言，它很可能是一种超前的智慧。

中国文化成为世人注目的焦点，但我们在为古老而充满智慧潜力的中国文化骄傲的同时，切勿忘记儒家强调德性价值的文化中缺乏科学认知理性这一事实。我们不是要执迷于善价值理性统领的世界，现代社会需要的是充满善价值和客观物理相统一的世界。把善价值理性淹没在科学理性之中，或把科学理性溶解在善价值理性之中，是人类文明的失误，也是人类文明历程的某种历史自发表现。

发展科学技术，发展生产力，发展市场经济，走向明天，走向现代化，需要更多的科学理性精神。但是，我们今天在市场经济发展中更多地发展科学理性，并不意味着我们拥有的道德价值理性不再拥有现代价值，不再成为中国社会主义市场经济发展的一种财富。从本质上说，科学理性的发展并不必然以丧失道德价值理性为代价。那种认为我们在市场经济发展中，必须先失衡再平衡、先物质后精神、先污染后治理的观念，在理论上缺乏一种真、善、美统一的完整理性的把握，其方法、手段也偏离了人类理性的本质，既不科学也不合理。生态破坏了再治理不易，水土流失了再也找不回来，物种灭绝了就再也没有了，核武器制造了再根除很难。在经济和科学发展中，有些代价可以弥补，有些则永失无法复得。

4. 道德理性与科学理性的整合

经济与社会发展应当既不伤害自然，又有利于人类幸福，这种和谐发展才是人类理性的正确选择。也只有人类的道德理性才能帮人类做出这种选择，单纯的科学理性是提供不了这种功能的。我们应当确立一种正确的市场经济社会发展道路，在道德理性智慧引导下，大力发展科学技术及科学理性，一手抓物质文明，一手抓精神文明，科学发展，协调发展。我们应当保持人类善价值追求方面的清醒，在道德理性与科学理性之间始终保持适度的张力。人类两种理性的存在实质上表明，经济与社会发展不仅要符合客观发展的规律，而且要合乎人类主体的需要，也即不仅是真的，而且包含人类善的、美的理想愿望，包含主体需要的善价值取向。马克思主义认为，人类能够按照真的尺度规律建造世界，也能够按照人所具有的内在尺度即善的和美的价值尺度建造世界①。爱因斯坦也指出："科学只能断言'是什么'，而不能断言'应当是什么'，可是在它的范围之外，一切种类的价值判断仍是必要的"②。人类世界本来就应当是真、善、美的合一，科学实在与伦理应然的统一。在真、善、美的理性系统中，道德理性所表达的善的尺度在某种意义上说更加重要，因为它引领着人类发展的善的方向、合理的方向。

科学理性只能表达人类求"真"的能动本性，"善"和"美"的能动本性必须通过道德理性去显现。我们需要消除人类历史中片面发展起来的理性思维误区。经济与社会发展本来就应当是主体应然价值与客体实然规律的统一，道德理性与科学理性本来就应当合二为一，科学理性从来都是在道德理性指导下才有益于人类，也只有在人类主体的善价值选择中，科学及其物质成果才有合理的存在理由。因此，在最终意义上我们必须肯定，道德理性因为关乎人类生活的根本方向，关乎人类存在的历史命运以及本真状态，所以应是更高层次的理性。

道德理性与科学理性的"合一"，不是简单地1＋1。在根本意义上，应当由道德价值理性统领认知科学理性，为认知科学理性设定方向、规范轨道。科学理性好似动力、工具，道德理性是旗帜、指南针，是科学理性的合理性保证。没有指南针，只有动力，历史航船就会迷失方向。

总之，两种理性文化的整合，是人类之主体能动性的必然反映，也是人类世界存在和发展的本质要求。在本课题的问题域中，经济理性严格说来属于一种反映市场经济客观规律的认知理性，与实证经济学不

---

① 马克思恩格斯全集：第42卷. 北京：人民出版社，1979：97.
② 爱因斯坦文集：第3卷. 北京：商务印书馆，1979：182.

同，当规范经济学研究市场应然问题时，已经运用了道德价值理性。总之，"真"的和"善"的、"美"的在终极本质上是不能分开的。不论社会发展还是市场经济发展，都应当是真、善、美的和谐统一，人类两种理性也应当在经济与社会发展中完整地结合在一起。

二、社会发展中道德理性的功能体现

道德作为一种关于人类"应当怎样"的社会理性智慧，表达并设定一定社会的价值取向和理想目标，引导社会发展方向，规定社会发展目标，把握和调整着社会各个方面的善及其合理性。这些价值取向和理想目标深深渗透在政治、法律与文化等社会生活的各个领域，无处不在地发挥着作用。

1. 政治领域的道德理性体现

在任何一个时代和社会，政治和道德都不可能分离。

首先，政治作为表达社会管理目标和方略的一种动态范畴，本身就包含道德理性及其调控手段。我们知道，国家管理从行政组织目标的确立、行政决策的制定和实施，到行政管理目标的实现，都离不开道德理性的价值取向和价值评价，人们各种利益关系的调控、整合，经济效益和社会公正关系的正确把握，人与自然的和谐相处，以及社会各项制度、法规的"合理性"论证，都只能靠代表社会核心价值取向的道德理性来进行。在这个意义上，一个社会的政治管理活动的起点和目标，与该社会的道德价值理性的目标方向在本质上是完全一致的。任何一项制度和决策，如果和社会既定的道德原则、道德规范相冲突，就失去了道德合理性和价值正当性。在西方思想史上，无论古希腊的柏拉图、亚里士多德，还是中世纪的宗教哲学家，以及近代的洛克、卢梭等思想家，都无不在强调和论证社会政治及其管理的道德理性的应然基础。

伦理学理论中研究的"制度伦理"问题，也从一个侧面反映了道德理性在政治生活领域的渗透与结合。制度伦理研究的一个主要问题是，制度安排、制度设计如何体现道德正当性和合理性，制度的创制体现着一种价值选择和价值取向，反映着一定社会的理性观念。比如，"共同富裕"是一种政治理念，又是一种包含着社会公正等伦理原则的思想观念。国家在制定利益分配制度、税收制度以及社会福利等种种制度的时候，就必须充分遵循、体现上述思想观念。我国是社会主义国家，社会政治制度及各项政策的实施，更必须符合人民群众的最大利益要求。国家意志的执行必须与人民大众的意愿一致，不可能追求单纯的管理效率和经济效率，必须与社会主义道德理性追求的社会和谐有序的目标一致。中国共产党提出了"三个代表"重要思想，在强调党必须是先进生产力的发展需求和先进文化的前进方向的代表的同时，特别强调了必须是最广大人民的根本利益的代表。

其次，道德理性在政治领域的体现，还表现在对执政管理主体的道德要求方面。手中掌握着一定权力的执政主体，既是人民利益的代表者，又是人民意志的体现者和决策者。执政者如果缺乏社会责任感，缺乏廉洁奉公的道德精神，甚至充满利己之心，就很容易导致执政行为变异和人民大众利益递减。行政道德研究的一个重要问题就是，如何对执政管理主体及执政过程进行有效的监督和制约。行政管理和执政过程中是否具有良好的工作效率与质量，在相当程度上取决于执政管理人员道德素质的高低。党和国家历来在对执政管理人员进行法律制约的同时，也对全体党员干部进行道德自律的教育和要求。在廉洁、勤政、务实、高效的要求中，廉洁自律应是第一位的，没有廉政，就谈不上勤政、务实和高效。道德理性在这个意义上就表现为以德治政，以德治党。

此外，执政管理人员由于身居要位，往往为公众所关注，他们的思想和行为已超出个人的范围，在社会中发挥着示范和导向的作用。执政道德的好坏往往关系到社会风气的好坏。古人曾说："君子之德风，小人之德草。草上之风，必偃"（《论语·颜渊》），意思是说，为政者的道德作风好比风，老百姓的道德作风好比草，风往哪边吹，草就往哪边倒。所以，德治廉政是扭转社会风气的关键。正如毛泽东所指出的："只要我们党的作风完全正派了，全国人民就会跟我们学。党外有这种不良风气的人，只要他们是善良的，就会跟我们学，改正他们的错误，这样就会影响全民族"①。

---

① 毛泽东选集：第3卷. 2版. 北京：人民出版社，1991：812.

2. 社会法制领域的道德理性体现

对于一个国家的治理来说，德治与法治从来都是相辅相成、相互促进的。两者范畴不同，但其地位和功能都是非常重要的。德治的实施必须以法制为前提、保证，这是不争的定论，但法制的实施也绝对离不开道德理性，在一定意义上甚至可以说，道德理性就是法制的内在需要。

首先，法律可以动用外在权威手段对社会成员进行强制制约，但如果缺少道德理性及其规范的内在引导和自律约束，就很难使社会成员做到自觉履行法律，做到"有耻且格"。仅仅出于对法律的盲从或迫于法律的威慑而产生的结果，绝不可能达到那种出自对法律的信服而产生的效果。

其次，法律可以逐步趋向健全完善，但不可能穷尽所有社会行为领域，在许多法治达不到的地方，就需要道德去调整，这即所谓"法律之所遗，道德之所补"。

最后，法律的建立是以道德理性为内在价值取向的。任何立法过程及其结果都内含立法者的理念，并体现一个社会的道德价值取向。封建社会的法律充满着亲尊等级、男尊女卑的道德理念，而社会主义的法律体系则必须同社会主义道德价值取向一致。道德理性本质上是一种社会理性取向的表达，法律追求的正义和道德理性体现的正义，在根本上应当服从于同一社会理性价值目标。法制不是不需要道德理性，人类的法律体系如果不同道德理性目标保持一种内在一致性，就很难成为真正合理的、善的"良法"。正是在这个意义上，西方一位著名法学家指出，"法律的生命力在于永远力求执行在法律制度和法律规则中默示的实用的道德命令"[①]。也正因为如此，我们今天在法制建设和道德建设中，一再提出道德建设要进一步获得法律支持，而在法制体系建设中也应当进一步加大道德含量。

现代社会应当在大力加强法制建设的同时大力加强道德建设，建立起法治和德治共同发挥调控作用的社会治理模式。

3. 社会文化领域的道德理性体现

人类理性的创造物就是文化。相对于人类的科学理性与道德理性的

---

① 麦考密克. 制度法论. 北京：中国政法大学出版社，1994：226.

划分，人类实际上拥有两大类理性创造物，即自然科学理性文化与道德价值理性文化，前者更多反映的是实然世界的认识成果，后者更多表达的是应然世界的创造成果。

文化是一种意识形态的重要组成部分，这决定它和政治理念、思想道德价值观等领域有着密不可分的关系。文化也是表达、传递社会道德价值导向的重要领域，如果我们的制度法规、道德要求表达的是一种价值导向，而文化领域表达是另外的东西，则会对社会凝聚起着消解作用。所以，文化领域历来是表达、传递社会道德价值导向的最重要的媒介。文化和道德都属于上层建筑，文化不可能不表达一个社会的思想道德和价值观念，一个社会的道德价值观往往引领这个社会文化的导向。文化往往是一个复杂系统。一定道德价值观是一定文化系统的核心。受不同道德价值观决定和影响，不同时代、不同民族会形成不同的文化体系，不同的文化体系一定具有不同的核心价值观念。所以，文化具有多元性特点。文化渗透于人类社会发展的各个方面，直接或潜移默化地影响着人类社会的发展。不同道德价值导向的社会文化对于人类发展进步而言，具有有利于人类进步发展和不利于人类进步发展两个方面的功能。

在正确的、先进的道德价值引导下的社会文化，应该是推动人类社会进步的理性动力，通常定位在有利于一定社会和谐发展和人类可持续发展及人类幸福这一评判标准上。在中国特色社会主义建设中提出的"先进文化"理论以及核心价值观的建设任务，就是对文化的价值本质及其发展规律的总结性认识，体现着一种现时代的文化自觉。

一个社会的核心价值观构成它所特有的文化价值取向和意识形态，反过来，一个社会的文化价值取向和意识形态又为该社会提供重要的精神文化土壤。比如，我们今天要建设社会主义和谐社会，在相当程度上就必须依赖社会主义核心价值观引导下的思想文化建设，以之作为整个社会发展的基础和支撑。

社会文化是否需要价值导向，是否需要意识形态，这是有争论的问题，但主流观点认为，一个社会、民族、国家必须要有一个相对统一的文化价值系统，自由主义、无政府主义文化只能破坏社会机体，使社会处在各行其是、一盘散沙的状态。社会、国家必须是一个有机组织系统，绝不能是一个涣散无序或自发紊乱的系统。除了各种组织机制和制度安排的整合外，文化价值导向起着不可缺少的凝聚整合作用。文化价值导向就像灵魂把握着这个社会，使各种组织机制、制度、规定、政策法规组成一个统一的、和谐的而不是矛盾的、冲撞的有机系统。

我们社会现在提出了社会主义核心价值观的建设任务。社会主义核心价值观体现着传统美德和时代精神，体现着社会主义道德和世界道德文明的基本要求。爱国、守法、诚信、友善、责任、敬业，应该是我们这个时代国家和社会的基本道德理念。爱国：表达公民热爱祖国的情感和维护祖国利益及尊严的义务，强调民族自尊、民族自信和对祖国的责任感。守法：强调公民将遵纪守法视为自己应尽的道德义务，使法律外在他律变成内心自律。诚信：表达对人们真实无妄、诚实无欺的社会要求，这是立身立国最重要、最宝贵的社会资源。友善：表达爱人、明礼、宽容、感恩、团结、合作等要求，既体现中华传统仁爱美德特色，又表达社会团结合作现实要求，还涵盖现代文明所要求的人际礼仪和社会宽容因素。责任：强调主体对他人、社会、国家以及人类的责任感，涵盖对自我、家庭、单位、社会的责任要求，是道德主客体双向互动关系本质要求的体现。这些基本道德理念既表达着我们社会主义社会的善价值理念的共同取向，又是构成社会主义核心价值观和荣辱观的基本内容。可以说，缺少社会主义道德理性的共同价值取向，就不可能构建社会主义核心价值观和荣辱观，而没有核心价值观和共同荣辱观的社会文化，就不能凝聚、打造民族精神，无法形成全社会成员的共同理想和共同价值观。

核心价值观能够统一民族思想，凝聚整合民族力量，引领塑造着民族的共同价值信念、心态思维和生活方式，表达全社会成员在今天的共同价值取向和所认同的核心理念。文化方面的共性能够促进人们之间的合作与内在聚和，而文化方面的差异在分裂人们的意识时也会分裂人们的内在聚和。道德价值理性引导下的文化，可以把所有社会成员的价值取向和精神意志统一起来，鼓舞全社会成员为实现共同的利益和目标而奋斗。文化所具有的这种凝聚力和应然理性力量，能够在整合民族意志、形成民族精神、打造民族精神支柱方面发挥巨大作用。

三、市场经济需要道德理性调控

道德所特有的理性智慧及功能，决定了道德理性在市场经济发展中不可或缺的地位。如同市场经济必须在法律调控下运行一样，市场经济也必须在道德理性调控下发展。

1. 经济理性及其"看不见的手"

所谓经济理性，有学者把它理解为"市场运行中的市场规律"，但经济理性应当被理解为一种"经济人"理性，在相关经济学辞典中，经济理性的准确含义是：在典型状态中，"经济人"即经济行为主体具有完全的、充分有序的偏好（在其可行的行为结果的范围内），以及完备的信息和无懈可击的计算能力。在经过深思熟虑之后，"经济人"会选择那些能够比其他行为更好地（或至少不会比现在更坏地）满足自己需要的行为。理性的经济行为主体总在寻求讨价还价，从不付出比他需要付出的更多，或得到比在一定价格下他可以得到的更少①。简言之，经济理性是一种试图用尽可能少的付出获得尽可能多的收益的理性。"纯粹的理性经济人"会不择手段地进行任何一种边际收入大于边际成本的活动。道德理性认为，这种对成本与收益的单纯经济理性计算，有可能使欺诈、逃避义务、假冒伪劣、偷窃抢劫等损人利己的行为方式泛滥于社会经济生活的每一个领域。

对市场经济活动而言，经济理性主要依靠利益驱动、价值规律的杠杆来促进经济增长，借以实现社会资源的优化配置和组合。利益驱动能保证经济的高效率，但又有它的局限与缺陷。它仅仅限于从效率角度解决经济冲突，而不对经济目标的合理性做出评价和选择，最后造成市场机制紊乱乃至经济危机。单纯依赖经济理性，片面追求经济效率，还会放纵人的占有欲，会造成消费的巨大浪费，容易导致收入和财产的差距，造成社会的贫富分化，使社会失去公平和正义；容易把人与人的全面、丰厚的社会生活关系简化扭曲为商品交换关系、金钱及经济利益关

---

① 约翰·伊特韦尔. 新帕尔格雷夫经济学大辞典. 北京：经济科学出版社，1996：57.

系；容易把本应全面发展的人变成单面的、物化的"经济人"，使人在摆脱自然经济条件下"人的依赖关系"的同时又陷入"物的依赖关系"，甚至沦落为物的奴隶。

古典的经济理性是由亚当·斯密提出并加以阐述的。他认为人的本性是自私的，这是他的一贯观点，无论在《国富论》中还是在《道德情操论》中，都是如此。人们通常认为在《国富论》中斯密认为人性自私，而在《道德情操论》中则认为人性利他，其实这是一种误解。《道德情操论》的立论基础仍然是人性自私，而且他的目的恰恰是希望通过这部著作来发扬人的同情心，克制自私的欲望。在对人类情感的分析中，亚当·斯密不时地表现出对人性自私的基本判断，他明确地指出："每个人生来首先和主要关心自己"①。至于人性自私与公共利益之间的矛盾，亚当·斯密是通过他著名的"看不见的手"理论来解决的。"看不见的手"理论是斯密对资本主义市场经济制度所做的描述。它的充分展开是在《国富论》中进行的，但它的最初提出则见于《道德情操论》，它是这样表述的："富人只是从这大量的产品中选用了最贵重和最中意的东西。他们的消费量比穷人少；尽管他们的天性是自私和贪婪的，虽然他们只图自己方便，虽然他们雇用千百人来为自己劳动的唯一目的是满足自己无聊而又贪得无厌的欲望，但是他们还是同穷人一样分享他们所作一切改良的成果。一只看不见的手引导他们对生活必需品作出几乎同土地在平均分配给全体居民的情况下所能作出的一样的分配，从而不知不觉地增进了社会利益，并为不断增多的人口提供生活资料"②。在《国富论》中，亚当·斯密这样表述"看不见的手"理论："他通常既不打算促进公共的利益，也不知道他自己是在什么程度上促进那种利益。……由于他管理产业的方式目的在于使其生产物的价值能达到最大程度，他所盘算的也只是他自己的利益，在这场合，像在其他许多场合一样，他受着一只看不见的手的指导，去尽力达到一个并非他本意想要达到的目的。也并不因为事非出于本意，就对社会有害。他追求自己的利益，往往使他能比在真正出于本意的情况下更有效地促进社会的利益"③。这一理论无论在经济学上还是在伦理学上都有重要的意义。在

---

① 亚当·斯密. 道德情操论. 北京：商务印书馆，1997：101-102.
② 同①229-230.
③ 亚当·斯密. 国民财富的性质和原因的研究：下卷. 北京：商务印书馆，1974：27.

经济学上，它是经济自由主义的理论前提，认为不同的经济主体在完全竞争的条件下寻求自己的个人利益，可以通过"看不见的手"实现社会资源的最优配置，对经济干预最少的政府是最好的政府。在伦理学上，它是经济理性的理论前提，它预设了个人利益与社会利益的和谐一致，从而为在社会经济生活中一切以个人利益的追求为指针铺平了道路。

值得注意的是，亚当·斯密在凸显"经济人"的自利特性时，显然也觉察到了社会经济活动中存在着一种不同于经济理性的另类理性因素，即某种社会情感和其他不是出于经济理性的各种动机。但他并没有总结或认识到这就是表达善价值的道德理性！他把这种关心他人幸福的善价值理性，直觉地归结于人天生具有的社会情感。他认为"无论人们会认为某人怎样自私，这个人的天赋中总是明显地存在着这样一些本性，这些本性使他关心别人的命运，把别人的幸福看成是自己的事情，虽然他除了看到别人幸福而感到高兴以外，一无所得"①。斯密由此还思考到了善的、好的社会制度和政治制度的意义。判断良好的社会制度和政治制度将能够给那些既有益于个人完善又有助于其他人幸福的品质提供培养与发挥作用的环境，同时，又能够有效地控制那些损人利己的恶劣品质和行径。但是，任何良好的、善的、合理的社会制度和政治制度都离不开人类真、善、美追求中的善价值理性。人类通过真、善、美三种方式把握世界，道德理性作为一种集中表达善价值的合理性的视角，为社会制度和政治制度设定价值取向，论证它们是否合理、是否良好。斯密感觉到了道德理性在社会发展以及市场经济活动中的这种功能，但没有对之做出的概括和分析。

在亚当·斯密古典"经济人"理性的基础上，经济学家对现实生活中的人进行了再一次抽象，提出了新古典"经济人"，把人类在日常生活和谋生实践中最有力、最坚决地影响人类行为的自利动机抽象出来作为最一般的动机，并把它作为对人类行为做出统一解释的坚实的理论基础与起点。新古典"经济人"主要具有如下伦理特性：第一，"经济人"是自利的，追求自身利益最大化是人的经济行为的根本动力；第二，"经济人"的自利行为具有理性特征，理性一方面体现在精明、准确的算计上，另一方面体现在谋利行为必须受法律、制度、规范的制约。

---

① 亚当·斯密. 道德情操论. 北京：商务印书馆，1997：5.

事实上，正如理查德·布隆克（Richard Bronk）在他的《质疑自由市场经济》一书中所指出的：这种狭隘的认为个人是自我利益效用最大化的实现者的观念却成为自由市场经济学关于"经济人"的"理性"行为的重要理论基础。正如我们所看到的，自由市场经济学声称它可以证明：只要在自由竞争的条件下，追求自我利益的行为就可以促进公众利益的增长。这种认为自我利益是个体唯一的重要动机的狭隘观点，哪怕是分析一下经济运作本身，就可知道是难以令人信服的①。布隆克认为这种单纯的经济理性——唯经济利益所造成的对社会组织的破坏比对经济增长能力的损害更应引起人们的关注。首先，团队精神丧失，这是20世纪晚期显著的特征之一，并且导致了社会风气的恶化。人类世世代代一直生活在一系列集体、团体之中，如家族、村庄、地区以至国家。但现在，许多人周围没有一个可靠的生活圈子，他们独立一人，有的只是自我意识和相关信条。人们把个人在物质上的成功看作主要目标，把社会义务和集体责任抛在一边，通过危害社会的行为来取得个人利益。而经济理性又使这一切得到了强化。其次，人们生活于其中并且约束人们追求自我利益的道德框架已经支离破碎。一方面是宗教信仰淡化，另一方面是客观道德价值信仰逐渐坍塌。在道德上，当人们从信仰客观的道德真理转向信仰不同类型的主观主义时，严格的道德标准的重要性被削弱了，一些人甚至接受了道德相对主义观点，道德的约束力和作用大大减弱了。

2. 道德理性及其"看得见的手"

从根本意义上说，"看得见的手"指向的应是一种充分发挥经济主体道德理性的市场调控机制。它一方面支持经济规律带来的高效率，另一方面注重对经济活动进行合乎人类理想的价值引导和调控，为人们提供一种表现真正的人性与尊严的生产关系方式和文明合理的经济生活方式。

所谓道德理性，是指人们在社会生活实践中从善的视角形成的对社会本质、人的本质、社会与人和谐发展规律的认识，以及据此对社会做出价值设定和善恶判断的理性智慧。

---

① 理查德·布隆克. 质疑自由市场经济. 南京：江苏人民出版社，2000：170.

人的经济活动固然离不开经济理性的指导，但如果仅仅把这种理性理解为"自我利益的最大化"，并作为行为合理的唯一依据，那么它便使人的活动丧失了社会的和善价值的基础，而沦为纯粹的"经济人"甚至动物性的活动。事实上经济活动在任何时候都不是摆脱社会价值的纯粹经济活动，人的经济行为也不是完全独立的"自我"活动。因此，在人的经济活动中生成的不仅是那种只追求利益最大化的"经济理性"，更主要的是那种将自身的生存和发展与他人和社会的利益及命运共纳于认识、选择之下的社会理性和道德理性。康德指出："人生有比幸福（或享乐）更崇高的目的，理性的真正使命，就在于保证实现这个目的"①。理性的培养，"在于增进它的最主要的、无条件的目标，即产生一个善良意志"②。康德的理性主义有唯心的成分，但他对理性的道德意义的强调却把握住了人类理性的真谛。

3. 道德理性与经济理性的统一

道德理性与经济理性本质上是一体的，在实践中是不可分割的，这是由人们经济活动的性质和目的决定的。

一方面，经济活动作为人们从事物质生产的社会实践，存在着两重关系，即自然关系和社会关系。作为自然关系存在的是指人使自然界对象化、客体化，使自然界为"我"而存在，形成主-客体关系；作为社会关系存在的是指人们的经济活动，离不开个体之间的相互交往与合作，离不开主-主关系的建立，而人们相互交往与合作形成的社会关系在根本上又是一种物质利益关系。有合作就要有协调，有物质利益关系就会进一步形成思想关系，道德正是这样一种在社会物质生活过程中基于一定物质关系而形成的、用于协调相互利益关系的价值关系。

利益是道德的基础。人们在生产、交换、分配、消费等经济活动中应该如何、不应该如何，不是凭主观臆想与任性，而是由现实利益决定的，在人改造外部世界的对象化活动中，在人与自然关系的背后，深藏着的是人与人之间的利益关系。正是人的这种对象化活动背后的利益关系，使得经济活动同时具有道德属性，并可以对之做道德评价和价值引导，这正是道德理性存在于经济活动之内并可以指导经济活动的客观

---

① 周辅成. 西方伦理学名著选辑：下卷. 北京：商务印书馆，1987：355.
② 同①.

依据。

另一方面，经济活动作为人的有目的的创造过程，其目的具有双重性：它既有客观的、对象化的目的，又有主观的、善的价值目的。两者的统一才构成人们经济活动的根本的目的选择。人是自己的创造物，包括经济活动在内的人的实践是人的对象化存在的感性活动，它既是人的本质力量的确证，又是人的存在方式。诚如马克思所揭示的，在人的这种对象性活动中存在着两种尺度，即物的客体尺度和人的主体尺度。物的客体尺度是指外部自然世界的本性与客观规律。人的主体尺度是指人的存在及其意义、人的活动的目的。包括经济活动在内的任何人类实践活动都存在这两种尺度的相互渗透、交互作用，人们认识世界、追求真理、遵循外部自然的客观规律、对物的尺度的揭示，是为了按照人自身的需要、目的、利益去能动地改造自然，是为了人自身尺度的现实化。因此，人的以物质生产劳动为基本内容的实践，既是存在的又是价值的，既是实然的又是应然的，是存在与价值、实然与应然的统一。只有铁的客观规律而无人的尺度的实践是无主体的，因而是虚幻的；只有人的主观意志与自身尺度而无视对象本性、不按客观规律办事的实践，是无客体的、无根无基的，因而同样是虚幻的、不真实的。双重目的、两种尺度的存在与统一，不仅揭示了对经济活动能够做价值评价和价值选择的最深刻的依据，而且揭示了这种价值评价和价值选择原来是实践主体于实践过程中的自我评价、主动选择，它内生于并存在于实践之中。经济活动内在地包含建立在价值评价基础上的价值选择与价值指导，这正是道德理性的功能。

道德理性与经济理性的根本区别在于它们遵循着不同的法则。道德理性遵循的是道德法则，经济理性遵循的是经济法则，两者属于不同的领域。但道德作为一种善价值尺度，存在、渗透于一切现实社会领域。当经济由抽象变为现实的经济活动时，就由于实践主体的目的、动机与手段选择、行为态度、彼此关系评价等而内在地包含道德因素。现实的经济活动不是纯经济的，它同时也是道德的。另外，道德法则尽管贯穿于人类一切现实的活动领域，但它的存在并不排斥和否认它存在于其中的具体活动领域的具体法则。就经济活动而言，经济法则反映的是经济活动中纯粹的经济-技术理性内容，而道德法则反映的是经济活动中人的利益关系和善价值目的。正是在这个意义上，在同一具体实践形态中又有经济与道德之别，经济理性与道德理性担当着不同的社会功能。只看到经济活动中的经济法则和经济理性，或者只强调经济活动中的道德法则和道德理性，都可能导致认识和实践的混乱，从而使人的理性成为不完整的、残缺的，导致事实上的无理性。

在市场经济条件下，从事经济活动应当具有市场精神，这是经济运行机制的内在要求。然而，市场精神是纯粹的经济活动的精神，它仅适用于经济领域；是纯粹的经济运行的自发取向，而非社会道德应然价值要求的提炼。即使在经济领域，人们的活动也不是纯经济的，市场精神不能反映人的全部精神。在市场经济中，人的精神还有更深层次的内容。

人们很可能根据哲学唯物史观的基本结论，以为既然社会意识是对社会存在的反映，既然市场经济自身之运行灵魂如此，那么市场精神就应为道德理性所反映，并成为市场伦理的基本内容。这种推论在逻辑上似是而非。这里需要搞清楚的是反映什么，怎样反映。确实，道德理性作为社会意识是对以物质生活为基本内容的社会存在的反映，但是，它并不是描述性的实证科学的反映，而是以应然方式出现的价值性反映，因而又是具有批判性的对事物发展本质的反映，它不是简单的对物的映照，而是透过物的存在揭示人的存在，揭示人应有的行为方式。这恰如制造武器与使用武器之差别一样，制造武器关心的是武器的技术性能与杀伤力，使用武器关心的则是如何让武器的使用为善的目的服务，尽可能地减少不必要的人员与财物损失。不过，道德理性确实又以自己的方式在更深层次上反映市场经济活动，从市场精神中提炼出某些合理的价值要求与价值原则，从而形成市场经济的伦理精神。市场精神中的利润至上、等价交换，经过熔化、提炼，可以成为真正具有革命性意义的人文、伦理精神：务实态度与平等精神。在这个意义上可以说，市场精神不过是人文、伦理精神得以产生的原料，人文、伦理精神是市场精神熔化、提炼后的精华。人们也可能认为，历史发展表明在市场经济基础上产生出自由、平等、民主的人文精神，自由、平等、民主就是市场精神的现实内容。这同样是一种似是而非的观点。确实，市场经济打破了封建宗法等级关系，市场经济唤醒了人们的主体意识，市场经济中的自由、等价交换实践滋生出了自由、平等、民主等精神要求，然而，值得注意的是，市场经济的直接目的是利润，而非自由、平等、民主，市场经济要求自由、平等、民主原则作为其社会基础并提供支持，自由、平等、民主在本质上属于社会伦理政治生活领域，是人与人的关系状态，而市场精神则是纯粹的经济关系，并非人与人的关系，因而，自由、平等、民主就只能是在市场经济基础上产生出的人文、伦理精神，而非市场精神的直接内容。

健康的市场经济应当以具有现实必然性的伦理精神为最基本的价值指导。完整的经济理性应当是包括狭义的经济理性与道德理性在内的社会整体理性；或者说，经济活动中人的理性应当是包括经济理性与道德理性在内的社会整体理性。

4. 市场经济发展中的道德理性自觉过程

西方市场经济的发展经历了一个从自发到自觉的过程。自由市场经济的最初倡导者亚当·斯密在研究国民财富的性质和原因时研究过人的道德情操，他的《国富论》和《道德情操论》成为西方经济学史著作与伦理学史著作必谈的经典。可以说从那时起，人们便开始了为市场经济寻找道德理性根据和价值坐标的探索历程。这个过程，从 18 世纪后期到 20 世纪 70 年代，大体上经过了三个阶段：

第一，中世纪后期，生产领域开始的工业革命给才建立起来的工业资本主义方式开拓了巨大扩展的可能性。以亚当·斯密为代表的古典经济学主张建立放任自由的市场经济，强调经济活动的内在动力是个人的利欲冲动。斯密认为，人类的行为是自然地由六种动机推动的：自爱、同情、追求自由的欲望、正义感、劳动习惯和交换——以物易物以及以此易彼的倾向。确定这些行为的动机，每个人自然是自己利益的最好判断者，因此应该让每个人有按自己的方式行动的自由。人类行为的各种动机经过细致平衡，能使一个人的利益不至于和其他人的利益对立。假若他不受干预的话，他不仅会达到他的最高目的，而且有助于推进公共利益。由此，亚当·斯密提出了他的著名论断：每个人在追求自己的利益时，都被一只"无形的手"引导着去促进并非属于他原来意图的目的，即社会公共利益。

在这个阶段，伦理思想的主流是为个人利欲冲动的合理性做理论上的辩护，从而为市场经济的合理性做辩护。像孟德威尔（Bernad Mandeville）的"私恶即公益"、法国启蒙思想家的"合理的利己主义"、边沁的"道德算术"等，都是如此。此外，伦理学还对市场运作所必需的社会条件（社会和平、法治）和道德理性规则（等价交换、信守契约）做了独特的辩护，并在此基础上讨论了市场经济对个人行为提出的道德要求。19 世纪末及 20 世纪的前 30 年，经济学界用"边际效用"论代替了古典经济学的劳动价值论，把放任自由的市场经济学说推到一个新的阶段。

第二，20 世纪 20 年代末，一场震撼整个西方世界的经济危机宣告了古典经济学"市场神话"的破产。于是，从 20 世纪 30 年代起西方经济学家开始全力分析市场的缺陷，深入探讨国家干预的必要性和合理性。福利经济学和凯恩斯革命等国家干预主义思潮成为西方经济学的主流。福利经济学以外部经济论（或称外部性）为基础，成为揭露市场缺陷的一个重要阵地。外部性是生产或消费的副作用，这种副作用独立于市场机制，是市场机制容许生产者或消费者在做出决策时可以忽略的事情。对造成这种副作用的利益创始者，市场并未给予报酬，对造成损失的创始者，市场并不予以惩罚，这在正统经济学中是典型的"市场失灵"。一些福利经济学家认为，既然经济中存在着"市场失灵"现象，市场对一些经济问题，包括市场本身的一些问题，就会出现无能为力的情况，那么，要达到帕累托最优状态，就必须依靠国家的力量。通过国家对经济生活的干预，不仅强迫外部性的生产者和消费者将因此而增加或减少的成本担负起来，使私人成本与社会成本相等，而且可以解决市场机制不能解决的问题。由于国家是代表全社会的唯一决策机构，是强制性的社会理性力量，因而它能够将所有的个人利益统一起来，校正对社会福利的偏差，弥补市场的缺陷，以实现全社会福利的最大化。

1936 年，凯恩斯发表《就业、利息和货币通论》，引起了西方经济学领域的"凯恩斯革命"，标志着西方经济学说的一大转折，由崇尚自由放任转向崇尚政府干预。凯恩斯认为，资本主义的常态宁可是小于充分就业的状态，或者有效需求不足的状态，也即存在多余生产能力的状态。对资本主义来说，总需求无论是大还是小，社会总能生产出与其相等的供给量，所以是需求创造自己的供给。资本主义的危机是因为有效需求不足。因此，他主张国家运用财政政策医治危机，即通过财政政策改变国家的消费和投资，从而改变国民收入。他强调刺激消费，刺激投资，反对传统预算平衡的观点，主张实行财政赤字，扩大商品与资本输出等。

凯恩斯的经济学说尽管与古典经济学说有很大的不同，但两者一样，都力图从人的自私本性中寻找经济发展的动力。凯恩斯认为，只要运用人类强大的自私动力，就可以使经济得到发展。他直言不讳地讲：至少在一百年内，我们还必须对己对人扬言美就是恶、恶就是美，因为恶实用，美不实用；我们还会有稍长一段时间要把贪婪、高利剥削、防范戒备奉为信条。只有它们才能把我们从经济必然性的地道里引领出来见到天日。面对世界范围内的经济萧条，凯恩斯曾想预测我们孙子一代可能发生的经济状况，并断言人们离富有的日子不会太远，到那时人们将会再一次把目的看得重于手段，宁愿追求善而不追求实用。

第三，20世纪70年代，西方国家普遍出现了高失业率与高通货膨胀率并存的现象。像20世纪20年代末的大萧条打破了古典经济学的"市场神话"一样，"滞胀"打破了凯恩斯主义的"国家神话"和福利经济学的"福利国家偶像"。这一时期经济学界转而揭示政府干预的缺陷和局限性，要求重返亚当·斯密的古典经济学传统。新自由主义认为，过去人们在批判市场缺陷的同时把国家完美化了，在纠正古典经济学片面性的同时又陷入了新的片面性。他们把国家假定成超凡脱俗的社会组织，把政府官员假定成毫无私利的社会利益的代表。这种假设是根本不成立的。因为国家和政府都不是神灵，都不可能具有无所不能、正确无误的禀赋。国家也是一种人类组织，在其中进行活动与制定决策的政府官员同样是被个人私利所推动的普通人，他们不比其他人好，也不比其他人坏，所谓社会共同利益归根到底不过是大量权力之争的结果。国家运行的结构与原则并不比市场机制更完善。因此，在揭露市场缺陷的同时，必须揭露国家的缺陷。

公共选择学派认为，国家是"集体的资源行动的各个社会成员的总和"，政府仅仅代表个人的意志，并"不能假定为最大化什么东西"，也不能有效地操纵社会福利函数和社会成本。因此，福利经济学的观点是十分荒谬的，福利国家的目标只能是一个"稻草人"。一个鲜明的例证是，它们都不能最终解决"外部性"问题。布坎南（James M. Buchanan）曾说明："任何取代或修正具有严重外部性的现存市场情况的企图，都将导致一种本身包含有不同于先前存在的，但十分相似的外部性结果"①。因为在某一试图矫正外部性的经济政策的形成过程中，基于多数投票规则以及出于自身利益的考虑，多数人完全可以将费用支出强加于少数人，就像污染环境者将污染强加于他人一样，所以，政府的努力终将归于失败。当然，人们也可能将自身利益与集体利益视为一体，亦即在私人行动中考虑到社会成本和收益，但如此一来，政府的干预也就失去了必要性。新制度经济学指出，西方世界日益严重的空气污染、噪声、交通拥挤、海洋滥捕等，不在于缺少国家干预，而在于在这些领域缺乏明确的产权，因而出路不是加强国家控制，而是在这些领域建设新的产权，使那些目前难以归个人所有的权利进一步私有化。

在这一时期，伦理学界的自由主义权利论者同经济学家交相呼应，力图申明自己的主张。美国当代著名伦理学家诺齐克（Robert Nozick，又译"诺奇克"）就明确指出，个人权利不可侵犯是选择制度体系时最基本的考虑，我们能创造一种广泛的市场体系，在这种体系中个人的私有财产权受到尊重，家的作用只限于实施契约和防止暴力、偷窃与欺诈。任何用国家和强制力量来减少不平等，甚至让一些人交税来让另一些人得到体面的最低受惠的做法，都会侵犯对私有财产的基本道德权利②。

这三个阶段的演变表明，以市场经济为基础的西方工业化国家经历了一个由放任自由到政府干预的转变，一个由弱政府到强政府的转变。自由经营和政府宏观调控相结合成为现代市场经济的一个重要特征。在这里，人们实际已察觉到市场经济必须同时依赖超越市场经济的社会理性力量加以调控，而社会理性力量的调控根据相当多就来自道德的"应然"理性。国家为什么要宏观调控？依据什么原则进行调控？怎样进行调控？这一切问题都要从真、善、美中的道德理性视角得到指导。各种现代经济学说都力求对政府干预和市场的关系做出自己的说明，提供对策，并从伦理上论证这种关系的合理性。许多伦理学家也参与其中，从道德理性视角论证自己的经济和政治主张，由此不断加深人们对市场经济的道德理性思考。当然，这时期的道德理性有其特有的时代内容。

---

① 安东尼·B. 阿特金森. 詹姆士·布坎南对经济学的贡献. 经济学译丛，1988：3.
② 罗伯特·诺齐克. 无政府、国家与乌托邦. 北京：中国社会科学出版社，1991：16.

四、社会主义市场经济中的道德理性

社会主义市场经济是前所未有的创举，它和已有的市场经济既相同又不同，它比已有的任何一种市场经济模式都更要接受道德应然理性的引导和调控。社会主义市场经济中的道德理性有其特有的内容和要求。

1. 道德理性与社会主义市场经济相适应的问题

正确把握社会主义道德价值理性在社会发展中的地位，是社会主义市场经济发展的需要，也是建立与市场经济相适应的社会主义道德体系的需要。

道德理性具有理想性和历史性相统一的性质。道德理性具有应然的理想性质。它立足于现实生活又超越于当下现存状况，内蕴着对价值理想的不懈追求。它引导人们克服人的自然惰性和对现存事实的消极默认，为人和社会走向新的目标与理想提供了可能性。它拒斥"现存的就是合理的"，而要求"实然"必须超越现状，趋向更合理的"应然"。但人类行为是在特定历史条件下发生的，所以道德理性的价值要求只能是相对的、历史的，人们对道德理性的理解和探求是在历史理性的探究中实现的。也就是说，道德理性对价值理想的追求总是深深地根植于每个时代人们的实践之中，这一理想和追求也总是在具体的语境中赋予自身现实的、历史的内涵。道德理性首先要立足于现实，在现实的基础上通过实践提升现实。所以，道德理性的具体价值要求必须是与时俱进的。

一方面，道德理性这一特性决定了道德理性要与时俱进，社会主义道德理性要求要与社会主义市场经济相适应。社会主义道德理性的建立要与市场经济的现实要求相适应。市场经济发展中产生了新的现实要求，社会主义道德理性也需要与时俱进。在社会的快速变化、发展中，人们的思想观念、道德观念也都在发生变化。如何在新形势下立足于建立社会主义市场经济基础，进行道德理论创新和实践创新，建立一种与社会发展相适应的道德理性，是我们面临的重大现实任务。这里第一个相适应当然是重新审视、反思以往的道德体系，弄清楚哪些内容已不适应新的市场经济发展现实，哪些内容需要做新的阐释和新的补充，故而应对许多规范重新给出意义。所以，要在实践中确立与社会主义市场经济相适应的道德观念和道德规范，为改革开放和现代化建设提供强大的精神动力与思想保证。

但另一方面，我们不要忘记，道德理性的价值理想性决定了它还具有一定的历史超越性。道德理性作为一种人类理性智慧，作为社会上层建筑的重要组成部分，从来不可能也不应当只是被动地适应社会现存基础。在这个意义上，道德理性对社会现实的适应，同时必须以社会现实对道德理性的适应为补充。这就意味着，社会主义市场经济发展还存在一个与社会主义道德价值导向相适应的问题。要避免现在许多人在认识上的误区，似乎只要不适合市场经济规则的就是过时的、不合时宜的。要避免把市场经济现实作为至高的衡量尺度去剪裁社会道德体系，要避免把"相适应"简单理解为道德理性单方面地、被动地与市场经济相适应。

市场经济作为一种资源配置手段，在不同的价值引导下会形成不同的市场经济。社会主义市场经济有自己的发展目标和价值导向，我们的市场经济发展必须与社会主义发展目标和价值原则相适应，而不是一味地让道德理性迁就和被动地适应市场经济现存基础。现存的并不等于合理的。

许多人对"市场经济是道德经济"的提法有异议，觉得市场经济与道德无涉。实际上市场经济有效配置资源，但也带有很大的自发性和盲目性，市场经济对经济利益的本能追求容易导致金钱至上、物欲主义和极端个人主义。所以，市场经济如果不加以社会调控，便会自发导致社会贫富两极分化、社会保障缺位、环境污染等社会问题。

科学发展观强调"坚持注重效率与维护公平相协调"的原则。市场经济是一个追求经济效益的机制，要实现社会公平的价值主张，就必须依赖社会道德理性的调控干预。在市场经济的自然状态下，人们的经济活动会自然而然地产生贫富差距。产生差距是自然的，而不产生差距却一定要借助社会道德理性力量和相应外部手段的不断干预。干预不是抹杀差距，而是考虑哪些差距要允许，而哪些差距不能允许，而且允许的差距到底多大才更有利于社会共同富裕而不是破坏共同利益的增进。这一切都是道德理性所要思考和选择的。建立与市场经济相适应的社会主义道德体系，其中就包含了对社会共同富裕的责任和社会共同进步的根本目的。

2. 道德理性在市场经济中的手段功能和目的地位

社会主义道德理性是市场经济发展秩序的保障。道德对市场经济起规范化、秩序化的作用。市场经济是法制经济，也是道德经济。有如诚信，是经济规则，更是道德规则。市场经济活动中必须存在道德理性力量的调控。在这个意义上说，道德对市场经济具有手段功能。然而，千万不能忘了社会主义道德理性在市场经济发展中的目的地位。

许多年来，人们都在自觉不自觉地强调道德理性的手段作用，认为道德是被用来为市场经济服务的一种工具。道德工具论思想可以追溯到古希腊罗马时期。早在古希腊时期，人们就提出"人是万物的尺度"，确立了人的中心和主体地位。一切包括道德都是为人服务的。幸福论伦理学的著名代表伊壁鸠鲁则认为，道德就是达到幸福和快乐的手段。他明确宣称："一切善的开端和根源都在于肚子的快乐，连智慧和修养也必须归因于它"①。至文艺复兴时期和近代资产阶级启蒙时期，道德只是人的工具的思想已被思想家们广泛接受。如霍布斯认为，人们的自我保存、利己需要是目的，人对人像狼一样，而道德等自然法的一切条文都是为此目的服务的工具。约翰·穆勒也认为，人及其快乐是道德的目的，道德就是要满足人们的需要，给人们带来快乐。到了当代，实用主义也认为，善只是满足人的需要的工具，道德就是达到成功的工具性手段，凡是有利于人们适应环境的东西就是道德的，反之，就是不道德的。

道德工具论强调人的需要、人的利益在道德生活中的重要地位，揭示了人在道德生活中作为主体的创造性作用，突出了作为主体的主导地位，有一定的历史进步作用。同时，道德工具论强调道德在历史发展中的工具地位，使道德从至上本体走向现实生活，也有积极的现实意义。此外，在调整道德与历史发展的关系中，强调道德理性对社会发展的手段地位具有符合一定阶段历史发展要求的一面，但只强调道德理性的手段性和工具性，也容易造成对道德作用所含社会历史地位和内容的歪曲，否认道德所具有的目的性这一重要特征，而且没有看到道德在人的

---

① 罗国杰，宋希仁. 西方伦理思想史：上卷. 北京：中国人民大学出版社，1985：118.

主体人性发展中的作用——人应当全方位发展，德性应该是人性中的一部分。道德工具论如果对个体利益需要做出让步，就必然使道德成为个体利益需要的工具，这实质上又否认了道德内容的客观规范性，容易导致个人主义、道德相对主义甚至道德虚无主义。

把道德建设在市场经济发展中的目的与地位手段化、工具化的倾向，是造成市场经济发展中道德建设及道德功能弱化现象的一个重要原因。我们要防止这一倾向。市场利益驱动机制追求经济效益，这一切都有效地促进了社会经济发展。若干年来，我们强调以经济建设为中心，这是对的。但以经济建设为中心，不等于说经济增长就代表社会发展的全部要义。许多地方和领域把社会发展简单片面地理解为 GDP 增长率，甚至以牺牲环境、牺牲公平、牺牲人的素质为代价来提高 GDP 指标。党的十六届三中全会提出，"坚持以人为本，树立全面、协调、可持续的发展观"①。这意味着经济不是社会发展的唯一目标，社会发展和衡量标准也不能是单一的 GDP 指数。一个社会单一以经济为指标、为目标，就会出问题。

事实上许多年来，正是因为没有很好地重视发展道德理性，在相当长的历史时期，任由科学理性和经济理性极度扩张，结果使人与人、人与自身（肉体与精神）、人与自然之间的各种矛盾更为尖锐，人际关系异化，人性单面发展，人类与自然环境的紧张状态反过来又威胁着人类。

正是鉴于道德理性工具化对人类的危害，有识之士反复强调，道德理性的工具化及其极端发展，会使人类处于一种疯狂状态，最终将使人类走向毁灭。"人类进行毁灭的能力是如此之大，如果这种毁灭力实现了，整个地球就会成为一片空地"②。道德理性工具化的危害不仅表现在人与自然之间的关系上，更表现在人与人之间的关系上，"被约束的市场经济，既是理性现实的形式，也是破坏理性的权力……随着经济体系的发展，私人集团对经济机构的统治使人们分裂了，由理性统一地确定地维持自我生存，各个资产者对象化的欲望，都表明是与自我毁灭根本不再能分开的破坏性的自然力。它们混乱地、错综复杂地交织在

---

① 中共中央文献研究室. 十六大以来重要文献选编：上. 北京：中央文献出版社，2005：465.

② 霍克海默，阿多诺. 启蒙辩证法. 重庆：重庆出版社，1990：213-214.

一起。纯粹理性变成了非理性，变成了错误的、没有内容的行动方式"①。社会主义社会发展目标除了包括人与人、人与自身（肉体与精神）、人与自然的和谐发展，还应当包括物质文明与精神文明的和谐发展，因为人类的世界是由物质世界与人类精神世界共同构成的。物质文明的单方面发展并不是社会文明的全部要义。精神文明发展及其成果本身就是社会全面发展中的应有之义，是社会发展目标中一项不可缺位的指标。正因为如此，党和国家历来重视精神文明建设。从"两个文明一起抓"的要求，到"三个代表"重要思想，再到科学发展观，党和国家始终强调物质文明、政治文明、精神文明"三个文明"全面发展，强调社会发展的整体性、协调性和可持续性。精神文明始终被放在和物质文明、政治文明同等重要的位置。道德理性是精神文明发展的价值核心，道德理性又贯穿于社会物质文明发展和政治文明发展之中，和精神文明发展一起具有当然的目的地位。三种文明互为手段、互动发展，同时又都是社会发展的目的。看不到道德理性及精神文明发展的目的性，就不可能真正理解"三个代表"重要思想，也不可能在实践中把握好社会主义"三个文明"共同发展的和谐社会发展观。

总之，在社会全面发展的意义上，道德理性的发展，社会精神文明的发展，高贵人性的实现，本身就是真、善、美追求下的良好社会发展的指标，本来就应该在市场经济发展中居有"目的"一席之地。道德理性对市场经济社会发展而言，是手段，又是目的。我们要在这样一个高度把握社会主义道德理性及其体系建设，全面把握道德理性在市场经济发展中的双重地位。

3. 社会主义公正观与社会主义市场经济

社会主义道德理性认为，一个相对理想的社会应当最大可能地满足其所有个体成员的正当利益，并最大可能地使社会共同利益得到最大限度的发展，以进一步提高所有个体成员的利益所得。这是社会合理性的要求，也是社会主义公正观的集中表达。

社会主义公正观包含着丰实的内涵，归纳起来有三个相联互补的原则。其一是平等原则。马克思主义批判私有制社会，就是基于社会平等

---

① 霍克海默，阿多诺. 启蒙辩证法. 重庆：重庆出版社，1990：83.

的合理性要求。马克思的全部理论及毕生实践，都在为实现这种社会平等而努力。在一定意义上可以说，社会平等永远是一个公正社会最先且最大的共同利益。一个实现了在政治权利面前、在法律面前人人平等的社会，是善的、合理的社会。

平等是一个包含复杂内容的概念。许多时候形式上看是平等的，但事实上并不平等。"大锅饭"之所以不公平，就是因为抹杀了事实上应有的差别。有时候简单的机会均等也不见得就是平等。抽签制度在许多时候也包含着不平等。平等原则所包含的复杂内容，可以这样抽象出来：对于在所有相关方面都相同的情况，必须同样对待；对于在相关方面不相同的情况，则必须不同样对待，而且这种不同样对待应对应相关的不同。这才是社会主义道德理性需要的"平等"。

其二是付出获得对等原则。公正不是要求一切平等，公正还要求符合比例的平等。比如说，你尽了一定的义务，就应享有一定的权利，你付出了多少，就应得多少回报，社会主义道德理性并不是要求人们一味地牺牲、奉献，一味地尽义务，在强调行为动机之道德崇高性的同时，也强调对等原则。从社会主义公正观来看，一个人做出了很多贡献（付出），即使他的动机中并不含有索取报酬的因素，作为一种社会公正，他也应当得到相关的回报，否则就有失公正。

付出获得对等原则在分配奖赏或责罚的场合表现得最为突出。"奖赏或责罚"概念本身就包含了在公正分配过程中必须遵循的构成规则：所有也只有那些做出积极贡献的人，才应当得到奖赏；所有也只有那些有失误的人，才应该受到责罚。要根据相应的功过分配奖赏和责罚，根据做出贡献者各自贡献的价值，在他们中间分配奖赏，根据失误者各自失误的程度，在他们中间分配责罚。贡献大、价值大，就应多得，社会主义"多劳多得""按劳分配"政策可以说充分体现了这种对等原则。改革开放，搞市场经济，允许一部分人和地区先富起来，其中也含有这种原则精神。在这个意义上，一个天赋、能力高的人就应得到较大的发展。各种考核制度就出自这样一种对等原则。同样，失误大、损害大，也应承担相应对等的责罚。法律部门就是用强制手段实施公正责罚的典型机构。

社会主义公正观绝不主张平均主义，或者说，平均主义、"大锅饭"是对社会主义公正观的一种曲解。社会主义公正观认为社会集体有责任使人的才能得到充分实现，有责任使各个地区之好的基础条件得以充分发挥，而且认为也只有使资质、条件较好的人和地区充分发展起来，才能带动全社会成员和地区共同发展进步。党的十五大报告进一步确立要"坚持按劳分配为主体、多种分配方式并存的制度。把按劳分配和按生产要素分配结合起来，坚持效率优先、兼顾公平……依法保护合法收入，允许和鼓励一部分人通过诚实劳动和合法经营先富起来，允许和鼓励资本、技术等生产要素参与收益分配"①。这充分体现了社会主义公正观的付出获得对等原则。

其三是补差原则。社会主义道德理性允许鼓励一部分人和地区先发展起来，绝不意味着鼓励社会两极分化。社会主义公正观认为没有一个人绝对应得他在自然天赋分配中所占的优势。一个基础条件好的地区也不能绝对占有它的优势。贫的越贫，富的越富，是社会主义公正观绝不允许的。社会主义公正观在提出平等原则和对等原则的同时，还提出了补差原则。

社会主义道德理性认为，一个合理的社会要公平地对待全体成员，不仅要承认人们之间的利益分配差距，而且要承担缩小这种差距的理性责任。平等是对的。所有人都应当分得相等的蛋糕，因为这是公平的。有些人如果分到的蛋糕比别人的大一些，那是因为他们付出的那部分价值比别人多一些。这样理解社会主义公正观，在一定层面是正确的，但不代表社会主义道德理性的全部。社会主义道德理性，出于共同富裕的道德目标，在某些特殊情况下，很可能要求把一块稍大些的蛋糕分给一个并没有相应付出的人。比如，按照补差原则，社会有必要通过教育立法手段，使贫困生活中的儿童得到和富裕生活中的儿童大致同等的教育，使他们不会因家境困窘而失去受教育乃至后来发展才能的机会。社会主义道德理性对共同富裕所需要的社会条件的保障，还可见于我们实行高额累进税制，对"老、少、边"等特殊地区实行特殊保护政策，全社会有计划地实施"扶贫"工程，以及"新农村"建设工程；等等。

社会主义认为一个社会或集体，有责任关心、帮助社会或集体中处在最低等差中的那部分人或那部分地区、部门。如果一个社会或集体对其利益获得较差者漠不关心、不负责任，那它就不是一个真实而道德的

---

① 中共中央文献研究室. 十五大以来重要文献选编：上. 北京：中央文献出版社，2000：24.

共同体。而且，一个社会或集体在利益分配方面差距过大，必然会损害这个社会或集体的稳定结构和合理秩序，最终使这个较差共同体的利益得不到应有的增进。总之，社会主义包含了对社会共同富裕的责任和社会共同进步的道德理性目的。

第三章　市场经济中的自利与互利 *

一定的社会理性对市场经济具有必要的制约、调控作用，市场经济运行所依靠的经济规范、契约规范以及道德规范，都从不同角度表达了社会理性的调控要求，都力图要求自利性与互利性在市场经济运行中有良好的互动、结合。

一、市场经济中的自利与互利要求

单纯的经济理性会使"经济人"在利益驱动下无序逐利，因此市场经济运行必须要受到各种社会规范的制约。要把握市场经济关系，必须对市场经济中多视角的规范关系进行分析，对它们具有的自利与互利要求进行分析。

1. 经济规范中的自利与互利

经济理性认为自利性是市场经济运行的内在动力。无论从历史过程来看还是从逻辑上看，人进行经济活动都取决于多方面的利益动因。衣、食、住、行是人最基本的生存需要，然而人总是以物质资源匮乏的

＊ 原载国家社科基金项目"市场经济与道德理性"（编号 00BZX034）结项报告。

状态出场，因为相对于人的需要，物质资源总是稀缺的。世界不会自行地满足人，人必须以自己的实践创造来满足自己的需要，所以任何生产活动往往首先指向个人利益需求。利己动机是个人行为的普遍内因，它一直伴随着人类的个人行为，并影响着人类的发展进程。马斯洛把需要层次分为生理需要、安全需要、社交需要、尊重需要和自我实现需要。需要层次的不断上升，使人的发展逐步向自由而全面的方向趋近，而无论初级形态的生理需要还是最高形态的自我实现需要，都是基于个体利益而生成的。人的生存和发展需要的自利特质在市场经济条件下得到了淋漓尽致的发挥，因而其创造物质财富的能力也得到了充分的展示。资产阶级在它不到一百年的阶级统治中所创造的生产力，比过去一切世代创造的全部生产力还要多、还要大。究其原因，就在于市场经济机制符合了人的生存和发展需要，迎合了人类的自利本性，开发了人性中追求物欲的潜能。孔子曰："富与贵，是人之所欲也，不以其道得之，不处也"（《论语·里仁》）。先秦的《管子》中也讲："见利莫能勿就，见害莫能勿避。其商人通贾，倍道兼行，夜以继日，千里而不远者，利在前也。渔人之入海，海深万仞，就彼逆流，乘危百里，宿夜不出者，利在水也。故利之所在，虽千仞之山，无所不上；深源之下，无所不入焉"（《管子·禁藏》）。墨子则说得更明白："断指以存腕，利之中取大，害之中取小也。……利之中取大，非不得已也。害之中取小，不得已也"（《墨子·大取》）。

　　市场经济所具有的自由交换和竞争特征，强化了生产经济的自利性，自利成为市场经济的内在动力和基本特性。

　　货币是市场交换中的一般等价物。在自主劳动者中，由于劳动转化、劳动交换中这个一般等价物的存在，就容易使货币远离其最初的诞生地而获得一种神秘的光环，具有强大的魅力，滋生出货币拜物教和市场价值规律。

　　商品生产、市场交换遵循市场价值规律。马克思曾借用亚当·斯密的话说：价值规律这样一种利益关系就像古代的命运之神一样，逍遥于环球之上，用"看不见的手"分配人间的幸福和灾难。在市场经济中，有无数只商品生产者自主劳动的手为了各自的利益伸向社会的不同方面，但是无数互相交错的力量融合为一个总的平均数、一个总的合力。每个自主劳动者只有顺乎这只"看不见的手"的指示，依据价值规律行事，才能幸运昌盛，实现自己的利益。

由于市场机制、价值规律的作用，市场活动的自利性获得了进一步的丰富规定。利益主体是特殊的，他关心自己的直接利益，他存在着与社会相分离的个别性一面，然而同时他作为市场中的一分子，作为个别劳动必须转化为社会劳动的现实承担者，他的利益及其实现又依赖于市场，他必须关心、关注市场整体，这样，他又是普遍的、市场的。

黑格尔曾对此指出："在劳动和满足需要的上述依赖性和相互关系中，主观的利己心转化为对其他一切人的需要得到满足是有帮助的东西，即通过普遍物而转化为特殊物的中介。这是一种辩证运动。其结果是，每个人在为自己取得、生产和享受的同时，也正为了其他一切人的享受而生产和取得。在一切人相互依赖全面交织中所含有的必然性，现在对每个人说来，就是普遍而持久的财富。这种财富对他说来包含着一种可能性，使他通过教育和技能分享到其中的一份，以保证他的生活；另一方面他的劳动所得又保持和增加了普遍财富"①。改革开放几十年来，我国从计划经济转型为市场经济，伴随着经济体制和思想观念的变化，个人利益的合法性得到了普遍认可，市场经济直接确立起社会成员的现实利益主体地位，运用自己的能力与才智、通过正当渠道获得合法利益受到社会的保护和鼓励，由此而激发了人们的积极性、主动性和创造性，促进了经济的飞速发展，人们的生活水平也得到了极大提高。经济理性的自利性应该得到充分肯定，市场主体合法追求经济利益的自利行为在理论上和实践中也应该得到支持与确定，所以市场规范具有自利性。

但市场规范又必须具有利他性。在市场经济的机制中，利他往往是利己实现的一个方面。任何经济主体要实现自身的利益就必须首先承认他人的利益，以他人的自利为前提条件。

市场经济是商品经济。商品生产和交换是市场经济的主要内容，也是人生存和发展的普遍形式。然而，商品是社会存在物，是社会关系的物质承担者。商品生产者要实现商品的价值就必须使自己的产品对他人有用，让渡商品的使用价值。可见，商品生产者为了创造利己的价值，必须同时创造利他的使用价值。正如马克思所说："要生产商

---

① 黑格尔. 法哲学原理. 北京：商务印书馆，1982：108.

品，他不仅要生产使用价值，而且要为别人生产使用价值，即生产社会的使用价值"①。对于这一点，斯密早有论述："各个人不断地努力为他自己所能支配的资本找到最有利的用途。固然，他所考虑的不是社会的利益，而是他自身的利益，但他对自身利益的研究自然会或者毋宁说必然会引导他选定最有利于社会的用途"②。换句话说，商品生产者为了实现其利益最大化，就必须为他人和社会提供有用的商品与服务，因而商品从一开始就是为了满足他人和社会的需要而生产的。商品生产者为了顺利交换而获得最大价值以利己，就必须同时生产更多更好的使用价值以利他。而且，市场交换的等价原则和自愿原则，也要求市场主体必须把追求自身利益的愿望与市场交换者的利益结合起来，不但要关心自己的支出回报，而且要使他人的支出也得到相应的回报。"自利"必须首先"利他"。可见，从商品的生产到商品的交换，利己和利他是紧密联系、不可分离的。

从理论上讲，市场经济或经济理性既具有自利性要求，也具有互利性要求，但问题在于：第一，市场经济或经济理性所含的互利性要求更多是自利性要求的手段而永远不是目的，而道德理性所要求的互利往往是手段和目的的统一。在许多时候，道德理性要求人们不仅仅把利他或互利当作利己的手段，更是认为互利本身就应该是目的。比如，互利在社会主义市场经济共同富裕目标中本身就具有目的性质。

第二，市场经济或经济理性所含的互利性要求往往具有自发性质，是一只"看不见的手"，这只"看不见的手"在许多时候会把市场经济引向失控，从而反过来损害市场经济秩序和利益最大化目的的实现。而道德理性是对市场经济做自觉的、理性的把握，是一只"看得见的手"，这只手通过国家政府的宏观调控，通过渗透于市场经济中的各种政策、法规以及经济主体的自律素质，发挥着自觉的调控功能。

第三，市场经济或经济理性出于利益最大化目的而有互利性要求，但这个利益最大化是市场个体主体的利益最大化，而道德理性所要求的利益最大化则往往是个体和全社会甚至全人类的利益最大化。比如，单纯按照经济理性的利益最大化要求，人们可能会不顾及全社会、全人类持久发展的后果而追求自身利益，而道德理性则要求发展经济必须以全

---

① 马克思恩格斯全集：第 23 卷．北京：人民出版社，1972：54.

② 亚当·斯密．国民财富的性质和原因的研究：下卷．北京：商务印书馆，1974：25.

社会、全人类可持续发展为把握。在现代社会与经济发展中，人们达到的发展共识——可持续发展、环境保护，就是典型的道德理性的自觉表现。我国社会主义市场经济发展中提出的科学发展观、和谐社会发展思路，就是道德理性在社会主义市场经济发展中的自觉表现。

2. 契约规范中的自利与互利

人的契约关系作为一种社会关系表达，意味着人类社会的某种进步。在以往等级制度及其人身依附关系条件下，个人往往不被看作独立的个体，而被看作特定群体的一员，由于人们是不同阶层与集团的成员，其基本权利与义务的分配就不一样，更谈不上平等意义上的自利与互利。到了近代资本主义发展阶段，原先的等级人身依附关系逐渐改变，人与人之间平等基础上的契约关系得以确立。契约关系打破了传统人身依附关系的不平等性和不可选择性，逐渐实现了个体行为的自主选择与利益关系上的平等。契约规范作为人的社会关系的一种表现形式，它可以涵盖经济、政治、法律等各个方面的社会关系。在此我们侧重分析经济领域的契约规范。

市场经济从一定意义上说具有契约经济的特质。具体说来，契约规范的要求主要体现在以下三个方面：

一是自由合意。何谓契约？从本质上说，是双方或多方当事人为达到某种合意目的而订立的协议。契约是人们在市场经济活动中，追求个人利益最大化所必然采取的一种社会利益形式。契约关系的双方或多方当事人都是相对独立的个体，他们之间的地位是平等的，谁都没有将自己的意志强加于对方的权力，每个参加缔约的当事人都有充分表达自己意志的自由。而且，契约是以合意为基础的，是当事人双方或多方自由意志表达的一致，当事人的真实意愿是契约成立和发生效力的首要条件。盛行于18—19世纪的古典契约哲学曾指出：首先，契约以相互一致的意见为基础；其次，契约在一般情况不受政府或立法干涉等外来约束所妨碍①。

二是权责对等。真正的契约实际上就是权利的互相让渡，参与缔约的任何一方当事人在享有权利的同时也承担相应的责任，不存在只享有

---

① 法学教材编辑部民法原理资料组. 外国民法资料选编. 北京：法律出版社，1983：343.

权利的契约，也不存在只承担责任的契约。洛克认为："当每个人和其他人同意建立一个由一个政府统辖的国家的时候，他使自己对这个社会的每一成员负有服从大多数的决定和取决于大多数的义务；否则他和其他人为结合成一个社会而订立的那个原始契约便毫无意义"①。也就是说，权利让渡在法律和道德上都会产生一个结果，这个结果就是契约关系各方相互之间有着不可推卸的责任，如果自己的权利让渡不能换来别人对自己的责任，那么就没有人愿意将自己的权利让渡给别人。

三是互利原则。契约源自人们在社会生活中的一种交易行为，交易就离不开缔约各方的合作，离开合作，就不可能有契约的成立。因为在现实社会生活中，每个人都需要与别人合作，没有哪个人能够不与别人合作而单独生活，一个人的愿望要想得到实现，就必须将自己的需求融入别人的需求、融入社会的需求。同时，在契约的运行过程中，若任何一方当事人不能及时履约，不仅给当事人造成损失，而且会使整个社会的契约运行紊乱，危及整个社会的利益。这样就要求契约双方或多方当事人都应全面地履行自己承担的义务，并且一方履约受挫时，他方应积极协作，以尽量减少因履约受挫而造成的损失。因此，契约关系中天然地蕴含着一定的互助要求。人的生存和发展在极大的程度上依赖于人与人之间的互利互惠。

3. 道德规范中的自利与互利

一定的道德规范是一定的社会经济基础的产物。道德规范的自利与互利要求和市场规范的、契约规范的要求，既有同又有异。它包括经济活动中的规范要求，也包含更大、更合理的道德理性要求。

商品价值交换是人的关系，是人们相互间的利益关系。在古典经济学和古典哲学中，思想家很少看到商品生产和交换背后的人的关系。正如穆尼埃（Ferdinand Munier）所说，"古典哲学常常令人奇怪地对这个问题置之不理"，"如果你数一下古典哲学研究的主要问题，你会看到这些问题：认识、外在世界、自我、灵魂与肉体、心灵、上帝和来世。在古典哲学中，与他人的关系所产生的问题从未获得与其他问题同等的主要地位"②。古典经济学没有凸显的与他人的关系问题，在随社会发

---

① 洛克. 政府论：下篇. 北京：商务印书馆，1964：60.
② E. 穆尼埃. 存在主义哲学家. 伦敦：洛特莱，1949：72.

展主体性自觉后才渐渐凸显出来。而商品价值交换背后的社会关系本质，是在马克思主义经济学中被真正深刻揭示出来的。马克思的经济学理论强调，生活资料的生产是人同动物开始区别开来的标志，"而生产本身又是以个人之间的**交往**为前提的"①。人与自然对象之间的生产关系和人与人之间的交往关系同等重要。

现代经济学理论很强调经济利益交换中的平等互利，然而值得注意的是，等价交换仅仅是经济领域中平等劳动的互换原则，它并不能成为全部社会生活、人际关系的指导原则；若如是，则使人的关系变为纯粹物的关系，人的存在变为纯粹物的存在。所以，必须从经济生活中的等价交换这一经济原则升华出某种具有普遍意义的善的道德理性原则，即平等互助、互利合作。经济领域中等价交换的核心是通过平等交换，使作为经济活动主体双方的利益均得以实现，只有互利才能实现自己的劳动与价值。这样一种道德精神留给人们的真谛只能是，在社会生活中，唯有平等互助、互利合作，才能有自我与他人、个人与社会的和谐健康发展。平等互助、互利合作，既是自主劳动者的正当权益，亦是社会公民之起码的道德素质。

有一种观念认为，市场经济规律是价值规律、等价交换，唯一与此相适应的道德原则是互利原则。许多人不同意这种观点，他们指出，人们不仅生活于经济领域，而且还要与他人发生许多非经济的关系，等价交换原则不能适用于社会的所有领域；他们认为，在经济领域实行等价交换原则，与在其他领域提倡集体主义、大公无私，是两个层次、两个范畴的问题。说人们的社会生活不只是经济生活，等价交换原则不能适用于一切领域，无疑是对的。但仅仅这样说还不够，我们还要问：在市场经济中，等价交换果真是经济领域的唯一原则吗？对这样的问题也需要做道德理性的解答。

道德原则是社会经济关系的反映。从经济关系来说，市场经济是一个由生产者、经营者与消费者组成的统一体。在这个体系中，生产者、经营者追求的是赢利，而消费者要求的则是商品的实际效用。用经济学术语来说，生产者追求的是价值（在资本主义条件下是剩余价值），消费者所需要的是使用价值，市场经济就是由这两个方面构成的矛盾统一

---

① 　马克思恩格斯选集：第 3 卷. 北京：人民出版社，1960：24.

体。但是，如果从更广泛的经济关系来看，在生产者、经营者与消费者个人之上还有社会和国家。社会整体利益和国家利益不是个人利益的简单相加，而是既包含着个人利益又超越了个人利益的利益。在经济活动中，生产者、经营者与消费者之间的互利行为，既可能与社会整体利益和国家利益相一致，也可能与社会整体利益和国家利益相违背，甚至有损于社会整体利益和国家利益。因此，完整的市场关系体系应当是包括社会、国家和生产者、经营者、消费者个人在内的一个多重关系体系。

在这样的体系中，经济活动的进行要满足两个方面的要求：一个是满足和维护生产者、经营者、消费者个人利益的要求，另一个是发展社会整体利益的要求。用现在常用的语言说，就是既要追求经济效益，又要讲究社会效益。与此相应，市场经济中的道德规范也就不是只有唯一的互利原则，而是有两个原则：个体互利原则和社会整体利益原则。这两个方面是统一的、合理的市场经济不可分离的两个方面，同时又是不同的，有时还会发生严重的冲突。

在资本主义条件下，市场经济的上述完整规范要求被掩盖、扭曲了。因为整个生产建立在私有制的基础上，个人利益与社会整体利益这两方面被割裂了。私有的生产者只关心个人的获利，而社会整体利益则通过市场需求自发地表现出来；个人利益与社会利益的统一要通过价值规律这只"看不见的手"的调节来实现。看起来似乎成了这样：人们不必关心公共利益，只要每个人都尽力追求自己的利益，通过"看不见的手"的调节，自然就能实现社会整体利益。这种理论在充分肯定个人求利的合理性、积极性这一点上是起了积极作用的，但它没有提出满足社会利益这一方面，把这一方面留给了那只"看不见的手"，因而不免使人要盲目地受这只手的支配，这是其不足之处。应该说，这不是处理市场经济中个人利益与社会利益这一矛盾的理想方式，更不是唯一方式。

实际上，在当代西方市场经济中，尽管个人主义仍占主导地位，但它也不是唯一的调节原则，现代市场经济已不是自由放任的市场经济，西方各国政府也在通过计划、税收、财政等手段来调节各种利益关系，重视对社会整体利益的发展和维护。西方许多思想家也看到了个人主义和自由市场经济的某些弊端，因而主张个人利益原则与社会整体利益原则相结合。尽管私有制度决定了资本主义市场经济不可能从根本上解决这一问题，但看到个人主义、个人利益的有限性，对维护市场经济秩序还是有积极作用的。有关个人主义规范要求的问题，我们在下面会专门加以分析。

今天，我们考虑社会主义市场经济条件下的道德建设，应该借鉴西方资本主义市场经济的经验，并超越它而自觉地建设起更全面地反映市场经济要求的原则。一方面，要借鉴西方的经验，充分认识市场经济条件下个人利益原则对促进生产力发展的积极作用，克服过去忽视个人利益的偏差。另一方面，公有制的建立使生产目的发生了变化，社会主义生产目的，从根本上说，是为了满足人民的物质文化生活需要，对于社会主义企业来说，赢利与满足社会需要、经济效益与社会效益是一致的、统一的。这使我们可以更自觉地处理好经济效益与社会效益的关系，以及个人、集体（企业）、国家三者的利益关系，而不必完全依赖"看不见的手"来调节。与此相应，我们的道德原则应该超越个人利益原则，应该兼顾经济效益与社会效益，兼顾个人、集体（企业）、国家（社会）三者的利益，以国家（社会）和集体（企业）利益为重。自觉地依据市场经济规律的要求办事，应该是社会主义市场经济与资本主义市场经济的一个重要区别，也是社会主义市场经济的优越之处。

二、个人主义及其在市场经济中的内在冲突

个人主义作为一种思想原则，既表达一种社会政治主张，也是一种道德原则的概括。个人主义表达明确的个人地位和个人利益取向。研究个人主义原则及其在市场经济中的规范要求，对于进一步深入理解市场经济中的自利与互利问题，理解不同道德规范对市场经济的不同影响，选择正确的道德理性规范原则指导市场经济发展，具有重要意义。

1. 个人主义及其源起

个人主义是古典自由主义的理论基础和核心原则。自由主义的所有理论都和个人主义相关，无论国家权力的起源及依据，还是社会经济运作的规律原则，都从个人主义出发进行论证。

个人主义作为一种思潮和作为一个概念，其产生并不是同步的。个人主义思想应当说早在古希腊智者派"人是万物的尺度"这个命题中就

已经有所包含，但作为真正的思想体系迅速成熟起来，还是在资本主义发展初期。从文艺复兴一直到启蒙运动，最突出的问题是封建专制和以上帝的名义对人的尊严与权利的剥夺。人道主义和个人主义就是在反对这两种压迫的斗争中应运而生的。人道主义和个人主义凸显的是人的地位、尊严与权利，关注的是人与人之间的平等而不是等级贵贱。如但丁的《神曲》、薄伽丘的《十日谈》、达·芬奇的《蒙娜丽莎》等，都是表达了从宗教的束缚下解放人的个性这个时代主题。当然文艺复兴时期人文主义思想家及其作品多是对人的本性的张扬。

这些思想在促进人性解放和社会进步方面都起了积极作用，也适应早期资本主义生产关系发展的需要。但由于中世纪封建专制达到了极端，在反对这种极端时，资产阶级思想家在针锋相对的批判中，免不了带有相反极端的性质。例如，当时的人文主义者拉伯雷在其《巨人传》中描写了特莱美修道院的生活，以此表达他理想的社会状态和生活原则。在这个修道院里唯一的院规是"想做什么就做什么"。

到了17、18世纪资产阶级启蒙运动时期，个人主义随着人道主义思潮的发展而进一步向前发展。这时期的个人主义开始明确提倡把人从自然界和封建专制等一切迷信与权威下解放出来，强调个体人的自主性和自觉性。这一点在托马斯·阿奎那的自主性信条那里就有所表露。在讨论中世纪宗教关于必须无条件地执行长辈命令的问题时，托马斯指出，在执行长辈命令的同时，每个人还应该按照良心和理性来行动。斯宾诺莎在强调个人的自主性时，康德在强调人是目的和人的理性能力时，也发展了个人主义思想。这些思想家认为，一个自由的人应该是一个自决地思维着的、理性的人，是自主性与自律能力统一的人。

启蒙运动时期的思想家曾结合人性探讨了人的自利问题，爱尔维修、霍尔巴赫等法国启蒙学者认为：自爱和自利都是人的本性，利益是决定人的行为的动力和判断人的行为的根本标准。爱尔维修说，快乐和痛苦的个体感觉"永远是支配人的行动的唯一原则"[1]。霍尔巴赫也指出："利益或对于幸福的欲求就是人的一切行动的唯一动力"，一个人"时时刻刻都不能不注意自己的保存和安乐；他应该为自己求得幸福"[2]。由此可见，在启蒙思想和资产阶级最初发展阶段，强调人的自

---

①　周辅成. 西方伦理学名著选辑：下卷. 北京：商务印书馆，1987：47.

②　同①75.

由、解放等人道主义和个人主义一起，形成了一种以人为中心、追求自由平等的思潮，但同时也夹杂产生了一些极端利己的个人主义思想。也就是说，差不多从一开始，个人主义思想就从两个层面被表现着。一些资产阶级启蒙思想家从人的利己本性出发证明利己主义的合理性。比较极端的个人主义代表是霍布斯，在西方，霍布斯的利己主义常被称为"激进的个人主义"。也有些资产阶级思想家批判这种激进的个人主义，给个人主义注入了更广泛的内容，但大多数启蒙思想家在根本上仍是以利己为出发点和目的的。

可见，在资产阶级早期思想中，虽然还没有明确的"个人主义"概念，但个人主义思想已经同人道主义思想一并被提出并发展起来。人道主义和个人主义交织在一起，两者之间难以准确划清界限。应当说，人道主义思想中提出的人是目的、人人平等、博爱、个性自由解放等，在当时具有积极作用，在今天也仍有合理因素。但在这种人道主义和个人主义交织的思潮中发展出的利己主义原则，却因为许多极端价值取向而给社会带来了许多危害。随着资本主义社会的发展，随着个人主义的日趋体系化，人们对个人主义也越来越有新的认识。"个人主义"作为一个概念，恰恰就是在这个时候被提出来的。

"个人主义"作为一个概念，人们普遍认为首见于19世纪法国思想家托克维尔（Alexis Charles Henri Clérel de Tocqueville）的《论美国的民主》一书。托克维尔创造了"个人主义"（individualism）这个概念，用来表示一种同利己主义（egoism）相区别的思想体系。

英国的《简明不列颠百科全书》是这样界说个人主义的：个人主义，一种政治和社会哲学，高度重视个人自由，广泛强调自我支配、自我控制、不受外来约束的个人或自我。创造这个词的法国政治评论家托克维尔把它形容为一种温和的利己主义，它使人们仅仅关心自己家庭和朋友的小圈子。作为一种哲学，个人主义包含一种价值体系、一种人性理论，一种对于某些经济、政治、社会和宗教行为的总的态度、倾向与信念。个人主义价值体系可以表述为以下三种主张：一切价值均以人为中心，即一切价值都是由人体验的（但不一定是由人创造的）；个人是目的，社会是达到目的的手段；一切个人从某种意义上说在道义上是平等的。下述主张最好地表达了这种平等：任何人都不应当被当作另一个人获得幸福的工具。个人主义人性论认为，对于一个正常的成年人来说，最符合他的利益的，就是让他有最大限度的自由和责任选择他的目标与达到这个目标的手段，并且付诸行动。另外，作为一种总的态度，个人主义包括高度评价个人自信、个人私生活和对他人的尊重。从消极意义上讲，个人主义反对权威和对个人的各种各样的支配，特别是国家对个人的支配。个人主义往往把国家看作一种不可避免的弊病，赞赏"无为而治"。个人主义也指一种财产制度，即每个人（或家庭）都享有最大限度的机会去取得财产，并按自己的意愿管理或转让财产。

《美国科林大百科全书》是这样表述个人主义的："个人主义"概念，首先出现在资产阶级革命后的法国，常常是被社会主义者、自由主义者、修正主义者用来描述个人利益的罪恶和反社会冲动的，而在英语中，这个词最初是指美国人所崇尚的利己主义社会哲学，并在罗尔文·瓦尔多·埃默森写于 1835 年的一篇文章中率先得到使用。法国政治评论家托克维尔在他的《论美国的民主》一书中，以一种轻蔑的口气使用这个词，暗示了一种与自私相类似的对社会的威胁。然而，埃默森和其他一些美国人都从正面使用这个词，用来表示一种对个人第一的乐观信仰。

2. 个人主义分析

《辞海》界定个人主义为，一切以个人利益为出发点的思想，表现为损公肥私、损人利己、唯利是图、尔虞我诈等。《现代汉语词典》诠释个人主义是，一切从个人出发，把个人利益放在集体利益之上，只顾自己、不顾别人的错误思想。一句话，中国文化中的个人主义更多是利己主义的同义词，是一个贬义词。而西方文化中的个人主义与利己主义不是画等号的，西方学者注意把个人主义与利己主义区别开来。托克维尔指出：个人主义是一种新的观念创造出来的一个新词。我们的祖先只知道利己主义。他认为，利己主义是对自己的一种偏激的、过分的爱，它使人们只关心自己和爱自己甚于一切。他的结论是：利己主义是一种恶习，个人主义是民主主义的产物，并随着身份平等的扩大而发展。可见，在西方学者心目中，"个人主义"和"自私自利"不是一个概念，"个人主义"作为一种社会哲学和政治哲学，强调个人独立性、创造性，强调个人自由发展，不受或少受社会、政治和宗教势力的限制。"个人主义"在西方人那里是一个美丽的词汇。因此，我们在分析西方个人主义的性质和作用时要采取辩证的态度，既不能把它等同于"自私自利"，全盘否定，也不能只看其可取的一面，忽视其消极的一面，要看到个人主义与利己主义之间不是互不相通的。对个人主义的理解，在法国、英国、美国和德国都存在着一些差异。

上面所引各种权威界定，有一些小小差异，比如在谁首创使用了"个人主义"这个词上有不同说法。但谁最先使用这个概念对我们来说并不重要，关键在于两种说法在下述两点上是一致的。一是个人主义在西方也被认为含有多方面内容，既有积极作用，也有消极作用。它明确表达，在价值根源上，个人主义认为个人价值高于社会价值，个人是目的，个人第一，社会只是达到个人目的的手段。这种理论颠倒了个人和社会的逻辑关系，把个人和社会对立起来。它不仅将个人视为不依赖社会即可存在和发展的价值实体，而且认为社会、国家是个人发展的枷锁。二是表明"个人主义"作为概念被提出来时，原本含义是指一种利己主义思想。

所以，个人主义包含的内容尽管远远大于利己主义，但由于其出发点和最终目的都立于个人一己价值之上，这就和利己之义在价值原则上很难划清界限。个人主义在最终价值原则上和利己主义走向一致，它最终导致利己主义。正因为如此，"个人主义"最初被提出来时，主要指当时被认可的利己主义思潮。

个人主义虽然和利己主义是两个层面的词汇，但在理论和实践上都包含并导向利己主义却是不争的事实。以个人为本位的个人主义原则，是不可能成为符合社会本质要求的价值原则的。对个人主义要分析清楚，既不能把追求个人正当利益和个人奋斗当作个人主义来批判、否定，也不能因为个人主义包含人道主义精神而模糊了其利己、自我中心的实质。许多人把以人为中心以及自由、平等、博爱、个性解放等思想当作个人主义的内容而加以褒扬，殊不知这些更属于人道主义的内容，而且，以人为中心、人是目的，表达的是对神性主义的反抗，丝毫不等于个人主义表达的以个人为中心、以个人为目的。强调人是目的，凸显人的尊严、价值，追求自由、平等、博爱，这一切与其说是个人主义概念的表述，毋宁说是人道主义精神的内容。在今天，资产阶级启蒙学者提出的人道主义精神，仍有许多表达人类解放愿望的合理内核。然而，表达个人价值至上、自我中心的个人主义，作为一种社会道德原则和导向，是需要分析讨论的。

个人主义导致或指代的利己主义，随着资本主义社会的发展，显示出越来越多的负面影响。所以，个人主义在西方进一步系统化、明确化的同时，对它的信仰危机和批判也随之开始更多地出现。

西方对个人主义的信仰 19 世纪末就开始出现了。在 19 世纪末，经历了法国大革命的法国人产生了一种独特的心态：个人主义并不意味着社会的健康，而是意味着社会病、社会失调、社会反常以及社会空虚感。法国大革命是资产阶级高举着个人主义大旗进行的。它在摧毁封建专制和教会统治的同时，也给法国人留下了社会解体的印象。法国人对个人主义的重新认识是从反复思考大革命所引起的社会破坏中产生的。法国的保守主义者、传统天主教人士、社会主义者，其至一些自由主义者，都从自己的立场指责个人主义，虽然批评个人主义的视角不同，但他们有一点是一致的，即认为个人主义抽掉了服从和责任概念，也就摧毁了法律和秩序，社会中剩下的就只有利益、意见纷争和可怕的动乱；认为强调个人中心、视个人利益和个人理性为至上标准的理论和行为，必会损害国家整体稳定，导致无政府主义，最终使国家崩溃成碎片。尼斯贝特（Nisbett）在《一部偏见的哲学词典》中描述了这种观点："从这种观点看，大革命中个人主义把一个有机的社会变成为一个个相互分离的原子式的混乱堆积。"托克维尔提出了"两种矛盾的看法"，他在肯定个人主义的积极意义的同时，也指出了个人主义的局限性，认为个人主义者"只知有己"。在《论美国的民主》中他对这个理论做了这样的评价："个人主义是一种只顾自己而又心安理得的情感，它使每个公民同其同胞大众隔离，同亲属和朋友疏远……个人主义首先会使公德的源泉干涸。但是，久而久之，个人主义也会打击和破坏其他一切美德，最后沦为利己主义"①。在美国普遍发生的这种对个人主义的认识转变是从经济大萧条开始的，个人主义在经济领域造成的自由竞争、自由生产，最后到了无序的地步而发生经济危机，尼斯贝特说，大萧条使美国传统的个人主义观念大受挫折。1933 年胡佛（Hoover）提出重振"彻底的个人主义"（rugged individualism），但响应者寥寥无几。到了 20 世纪 60 年代，美国人最终不可逆转地改变了对个人主义的信仰。杜威

---

① 托克维尔. 论美国的民主：下卷. 北京：商务印书馆，1988：625.

（John Dewey）写了《新旧个人主义》，分析批判了个人主义的过时内容及其弊端，在没找到一个恰当概念的情况下，用"新个人主义"一词作为对旧个人主义缺陷的弥补、替换。哈耶克（Friedrich August von Hayek）则以划分"真个人主义"和"假个人主义"的方法，努力消除个人主义思想中的消极方面。尼斯贝特在他《一部偏见的哲学词典》中说，在19世纪谈起个人主义信念，使人想到的是开发西部边疆、穷荒探险的开拓精神，今天对个人评论信条的阐述，却只能使人想到在社会中被异化的人们：孤独胆怯的老人和盗窃犯、恐怖分子；它使人们共同的志趣和共同的利益汇集而成的社会团体变成了充其量只不过是一个沙砾场。若从最坏的方面看，个人主义是一片被孤独、邪恶及以掠夺为生的人们占据的热带丛莽。有一位美国著名学者曾说，人类这种只顾个体、不顾社会，只顾片面、不顾全面的错误生存法则，给人类自身造成的祸害用"瘟疫"一词尚不足以描述其严重性①。尼斯贝特则指出，个人主义学说，作为一种信仰从一开始就注定要失败，它违背了多少时代的睿智，实际上是违背了一般常识。总之，西方思想家已越来越多地认识到个人主义和社会有序组织原则的矛盾，看到个人主义使得社会合作成为不可能。个人主义作为资本主义初期发展的信仰已普遍开始动摇。

3. 个人主义对市场经济的导向

个人主义作为一种价值理性取向，在市场经济中发挥着独特的影响作用。首先是个人自主精神。最为明显地体现在自由企业制度和自由雇佣就业制度上。在合法的前提下，个人可以自由地创办和经营企业，可以自由地选择职业和生活方式，通过自己的努力，实现个人的利益。个人主义价值观认为，每一个人都具有至高无上的和内在的价值或尊严；每个人的思想和行为都是他自己的，并不为不受他控制的外部力量或原因所左右；在合法基础上，个人不应该受到别人的任何干涉，人能够按照自己的方式去追求自己的利益；每个人都可以不同的方式表现自己的独特人格和个性。这种个人主义价值观客观上反映了自由市场经济的内在要求，可以极大地激发个人的自主性、积极性和创造性。

---

① 陈超美. 转折点：创造性的本质. 中文版. 北京：高等教育出版社，2011：15-39.

其次是自由竞争原则。市场经济实行的是自由经济制度，个人主义突出强调个人自由价值观，认为市场经济中的个体与政府不存在所有关系和控制关系，反对计划型、指导型、国有型以及国有主导型的国家宏观调控的经济模式。个人自由价值观是自由市场经济制度的核心内容。技术、产品、人员、企业等不同层次的竞争是自由市场经济制度得以有效运转的动力。在竞争中，技术不断改进，企业不断升级，新产品不断涌现，人员才干不断提高，从而促使市场经济能够长期保持活力和创新精神。所以，自由竞争成为自由市场经济运行的基本原则之一。

基于以上认识，个人主义把个人作为观察、分析、判断一切社会政治问题的出发点，认为个人的自由权利是神圣不可侵犯的，只有充分实现个人价值，社会价值才有保障；只有个人的自由个性得到发展，个人的自主性、创造性得到发挥，社会的繁荣进步才能实现。

在个人和他人、社会之关系方面，个人主义根深蒂固的教条就是个人的自由目的性优先于公共权威，认为个人自由是自然的人类状态，公共权威是为了保障个人的自然权利而在人们的契约基础上建立的，它本身不是自然的而是约定的。公共权威虽然可以通过保护个人不受其他人干预而保障个人自由，但它本身也构成对个人自由的最大限制。个人主义挥之不去的梦魇就是政府权力的无限，认为政府干预只会制约个人自由，政府干预的增强必然是个人自由的减少。弗里德曼（Friedman）指出："对自由最大的威胁是权力的集中，为了保护我们的自由，政府是必要的；通过政府这一工具我们可以行使我们的自由；然而，由于权力集中在当权者的手中，它也是自由的威胁"①。就是说，政府干预、加强计划，只会丧失公民个性和自由，导致通向奴役之路。

从上可见，个人主义价值原则就是一切从个人出发、一切以个人为中心。用这种价值观来处理、调节社会政治关系和伦理关系，就必然存在着利己主义的诱发因素，使得个人主义在客观上成为利己主义的理论基础。个人主义的"个人价值观"，从抽象的人性论出发，认为人是超越时代和社会的、孤立的个人，是一个个独立自存的中心，所以人性也就是单个人所共同具有的"类"本质，抛开历史、社会去看待人的本质，只能把人的本质归结为超社会、超现实的、抽象的属性。这样，谈

---

① 米尔顿·弗里德曼. 资本主义与自由. 北京：商务印书馆，1986：4.

到人的价值时，也只能号召人们摆脱社会关系的限制，抽象空洞地呐喊要给人以尊严、自由，寻求个人内心的精神自由。无论个人主义还是利己主义，其理论前提都是"人的本性自私"这一抽象人性论，因此，"自爱""自利"就必然成为自由主义道德选择和道德评价的戒律与信条，即使承认某些集体利益或社会利益，也只能建立在从根本上维护个人自由和个人利益的基础之上。

4. 个人主义与市场经济的内在矛盾

市场经济需要取得与其相适应的价值理性的支持。一种价值理性的建构又会改变人观察、思考、评价各种事物的方式，改变人对价值关系的选择标准，从而反作用于市场经济的运作。从经济体制和价值观的一般关系来看，个人主义与市场经济之间呈现一种复杂的关系：市场经济包含着实现个人主义的可能性，但复杂的市场机制存在多元价值倾向，它不必然选择个人主义；个人主义从其历史及其本身所包含的价值取向来看，对市场经济有促进作用，但极端个人主义会毁灭市场经济。

从市场交换对参与其中的主体的要求出发，从市场经济的自发性以及经济运行的最初和最基本的驱动力出发，人们容易把市场主体仅仅概括为"经济人"，把生产经济视为"利益经济"，由此内生出重视"物"和个体利益的个人主义价值观。但是，个人主义与市场经济有着本质的内在矛盾。

首先是个体本位与市场整体的矛盾。在自然经济的小生产方式下，人们自给自足、分散生产，个体之间没有市场交换，个体依附于他所在的血缘氏族群体。市场经济把个人从人身依附关系中解放出来，使之变成依附于市场的个体。市场运作基于分工和商品交换，分工使个体得以自由地发展个性。同时，商品交换使个体在独立、平等的基础上发展个性。市场经济为个体实现自身的价值提供了自由、广阔的舞台。市场经济独立了个体的社会地位，凸显了个体的价值，但问题在于，如果认为这种进行经济活动的个体是单个的"经济人"，就会导致个体以个人为中心的价值观，认为自我是一切社会存在的前提和基础，社会只是帮助自我实现目的的手段。如果现有的社会关系和规范成为个人实现自身目的的障碍，个人就只能选择竭力摆脱社会的支配和限制。由此以来，必然导致个人只关注自己，不顾整体利益，不愿承担社会责任，从而走向个体本位的价值观。

其次是私利倾向与市场合作的矛盾。在市场经济中，分工打破了自然经济条件下人的整体性，人的活动、能力、个性都有了独立性。但这同时也带来了人的需要的多样化、利益的独立化，利益矛盾随之产生。随着分工的发展也产生了个人利益或单个家庭的利益与所有互相交往的个人的共同利益之间的矛盾。应该说，市场经济具有利益驱动的特性，它承认个人利益的合理性，每个市场个体都是有着自身利益的独立主体。正如亚当·斯密所说，面包师并非出于仁爱而是出于关注自身利益才为我们烘烤面包。利益促使市场主体相互竞争，从而提高效率，促进经济发展。然而，市场经济也使主体间的利益差别明显而充分地表现出来。市场主体总是从个人利益出发，在实际的经济生活中，市场个体往往会显现"经济人"的本性，只关心私利，关心自己物质欲望的满足，从而可能忽视他人利益和社会利益，造成个人主义私利原则与市场社会化之间的矛盾。

最后是拜金主义与人性本质要求的矛盾。市场经济要求一切经济活动均通过市场机制的社会化运作来实现。其结果是，人们对直接的使用价值的追求有可能转换为对间接的交换价值的追求。在市场经济中，交换价值由货币充当。货币等价物只有量的规定性。当劳动者用商品换回一定量的货币时，只是从量上对某个个体劳动做出了社会承认，劳动在质上的差别以及人性在其中的其他价值是无足轻重的，它们被通约为一定量的货币等价物。这就是说，人的本质在这里被抽象为货币等价物了。结果，市场经济中的"经济人"为了满足需要就会不断追逐金钱货币，而在追逐金钱货币的过程中往往会忽略其背后人的价值。以金钱货币为目的，人变成手段，人的存在与追求都只是为了金钱、财富；为了金钱、财富，人可以丧失一切。在这里，人失去了人的内在规定性，失去了主体性、实践性、神圣性，而沦为金钱物欲的附庸和奴仆。

总之，个人主义部分地反映了自由市场经济的内在要求，并极大地激发了个人的积极性和创造性。我们应该充分肯定这一尊重个人权利、追求个性发展、充分发挥个体积极性和创造性的价值内容。但是，我们也不能不看到，个人主义容易使人把社会看作"人对人像狼"的社会，导致人与人之间无休止的冲突和争斗，拜金主义、享乐主义泛滥，金钱和财富成了新的"上帝"。

在长远决策中，个人主义还会诱使人们把非常狭隘的利益置于公共利益之上，破坏社会的稳定、和谐。如果自由竞争没有得到必要的限制，有些人就会以此为借口，为了自己的私利和成功而不择手段，甚至依靠牺牲他人或社会的利益来达到自己的目的。同样，公平交易、机会均等是市场交易的理想前提，是自由经济制度的内在要求，但是理想与现实永远不可能完全等同。马克思主义揭示的生产资料资本主义私人占有制与社会化大生产之间根本矛盾的存在以及资本总生产过程中现实的不公平，决定了现实社会中的不平等恰恰是自由市场经济制度的固有特征。

三、新自由主义及其在市场经济中的困境

新自由主义是一种哲学思想和社会运动，也是一种社会政治体制构建和价值取向。它把自由当作社会管理的基本方法和政策、社会的组织原则以及个人的生活方式，其内容是丰富多彩的，其价值诉求也是多元主义的。

1. 新自由主义市场经济理论主张

自由主义本源于19世纪初西班牙的一个政党的名称，但它的思想渊源一直可以追溯到古希腊思想文化。自由主义经济思想在西方经济学界是贯穿始终的主线之一。早在18世纪，亚当·斯密提出的"看不见的手"思想就包含了自由主义取向。斯密认为市场经济规律和市场运行机制能够解决一切经济问题，反对政府对经济活动的过多干预。新自由主义是20世纪30年代后逐渐形成和发展起来的西方经济学说，它以主张经济自由和反对国家干预为基本特征。凯恩斯主义无法解释20世纪70年代中期发达国家出现的经济停滞、通货膨胀和失业增加并存的这种新的经济疾病，从而使新自由主义经济思潮得到了空前的发展，其影响遍及所有的经济学领域，并涉及世界经济的各个方面。

新自由主义首先认为市场是万能的，市场经济是一部能自动运转的配置社会资源的机器。市场"化"，就是生产要素、产品、劳务都商品化，全部经济运行依靠市场机制自发调节。新自由主义经济学充分信赖

和尽力发挥市场机制的作用，这反映在当前资本主义经济发展要求减少国家干预，调整国家干预的内容和方向，保证市场机制正常地发挥作用。我们在实行市场取向的改革时，这部分思想是可以借鉴的，因为"计划多一点还是市场多一点，不是社会主义与资本主义的本质区别。计划经济不等于社会主义，资本主义也有计划；市场经济不等于资本主义，社会主义也有市场，计划和市场都是经济手段"①。既然西方经济学在这方面的研究有成就，我们在发展社会主义市场经济时就应当加以利用。

新自由主义同时反对政府干预和宏观调控，主张让市场自由发展，认为充分的经济自由是提高经济效率的前提；在认为市场机制作用能形成一种"自然秩序"的同时，还认为个人自由是市场制度的保证和市场机制发挥作用的基础，只有保证个人的自由选择权利，才能使经济效率达到最高。新自由主义将市场规律的作用和个人自由主义奉为至高无上的信条。因此，极端的新自由主义反对任何形式的国家干预，反对任何形式的计划，推行无政府主义经济模式。新自由主义经济学家主张和推销彻底的私有化，主张"小政府"，注意发挥地方和企业的积极性与主动性，反对国家对它们的过度干预。撒切尔政府就是靠改组经济结构，精简人员，依赖市场的作用，发挥大众的积极性，而取得一定成就的。所有这些，也是值得我们参考的。毋庸置疑，发端于发达国家的新自由主义市场经济理论在一定程度上推动了发展中国家经济的市场化和国际化，同时也为传统社会主义国家的经济改革提供了一种新思路，大大加快了这些国家向市场经济转轨的进程。

新自由主义经济学家还异口同声地赞扬市场供求的自动调节作用，主张自由放任以达到经济的均衡发展，反对凯恩斯主义的政府干预论。他们强调说，国家干预经济体制不仅不能消除经济发展的不利因素，反而还会限制市场经济的自我完善和自我调节。他们认为政府干预导致寻租行为和腐败，导致社会资源的浪费和低效率配置。他们提出了"政府失灵"概念，认为政府失灵的危害比市场失灵的危害更大，政府失灵的代价更昂贵。他们还把劳动生产率增长速度的减慢、资源和生态问题的尖锐化、生产积累的降低、通货膨胀的严重、失业的增加、经济危机的

---

① 邓小平文选：第3卷．北京：人民出版社，1993：373．

加剧，统统归咎于国家干预经济的政策。新自由主义者称"没有管制的市场是刺激经济的最好办法，它将会使每个人受益"，"最好的政府是管理最少的政府"。例如，现代货币学派是激烈反对国家干预的，其基本理论观点之一就是：私人企业具有内在稳定性，政府干预是造成经济不稳定的主要根源。哈耶克则断言，只有市场竞争制度，才能提供技术进步所需要的多样性、复杂性和灵活性，而国家的计划管理恰恰阻碍了技术的进步。理性预期学派反对国家干预经济更为坚决，认为任何国家干预经济的政策和措施，归根到底都是徒劳无益的，要使经济保持稳定，唯一有效的办法是听其自然，"无为而治"。

2. 当今世界新自由主义市场经济现状

新自由主义往往将现今资本主义社会描绘成所有可能的社会形态中最好的。然而，人们往往看到，在这种经济体制下，工资下降到最低限度，工时大幅度延长，童工得到认可。由此产生的后果难以估量：社会的和经济的不平等增长，贫穷国民会遭到更加严重的打击，全球性的自然环境条件不断恶化，世界经济持续不稳定。随着经济全球化的推进，新自由主义市场经济的弊端日益明显，对社会的危害越来越大。

如果不仅考察经济增长率，而且考察整个社会发展的全面情况，那么很显然，新自由主义的全面推行往往会带来更为严重的问题。它虽然在一定时间内有助于刺激有些国家经济的增长，甚至社会 GDP 在一段较短时间内可能会较快增长，但社会和谐发展总不会长久。例如，曾积极推行新自由主义的拉美国家阿根廷，20 世纪 90 年代一度人均 GDP 达 8 000 美元，GDP 增长率达 6%～8.9%，但从 2001 年底开始却迅速下滑，连负债的 1 000 亿美元也无法偿还，以至引起社会经济波动，政局动荡。对有些国家来说，新自由主义改革不仅未促进经济增长，反而使经济迅速崩溃，连续数年下滑。例如，1989—1998 年，俄罗斯 10 年间有 8 年为负增长。普京执政后由于加强了国家干预，经济虽有所增长，但也仅是恢复性的增长。苏联曾经是世界第二经济大国，而如今的俄罗斯在 1998 年已下降到世界第 16 位。1998 年 GDP 总量只相当于美国的 1/10 和中国的 1/5 左右。

如果从贯彻新自由主义的全面结果来看，那么其带来的问题则更多，诸如：国企私有化，使失业问题更为严重；收入分配不公，两极分化问题更为突出；负外部性增加，生态环境破坏严重；有些国家，通货膨胀严重，经济衰退，泡沫经济破灭，爆发金融危机乃至整个社会的经济危机；有些国家社会矛盾尖锐，甚至造成国家分裂，社会震荡，政局不稳，战乱不止；如此等等。英、美两国是新自由主义的积极倡导者和实践者，让我们看一看新自由主义在这两个国家的实施结果。非但没有带来弗里德曼在20世纪80年代初所预言的西方经济的复兴，反而使20世纪80年代西方经济包括美国经济的增长率低于20世纪70年代滞胀时期的经济增长率。先看罗纳德·里根执政的美国。社会上层10%的美国家庭的平均家庭收入与原来相比增长了16%，社会上层5%的家庭收入与原来相比增长了23%，但是最幸运的社会上层1%的家庭收入增长了50%。至于那些很贫穷的美国人，那些占人口80%的社会底层的人，却全都失去了一些东西。美国经济出现了高预算赤字、高国际贸易逆差、低储蓄率、高债务的严重局面。新自由主义在英国的实验也遭到惨重的失败。再看撒切尔夫人执政时期的英国。新自由主义的实施导致17万家企业破产，10%的生产设备被毁坏，300万人失业，1/10的人生活在贫困线以下，1/4的人和1/3的儿童是官方承认的穷人。撒切尔主要的税收改革的结果：在20世纪80年代，1%的纳税人获得了所有减税额的29%，这样，一个收入为平均工资一半的人的税额将增加到7%，相反，一个收入为平均工资水平10倍的人的税额将缩减21%①。正如美国经济学家大卫·科茨（David Kotz）所指出的：1973年到20世纪90年代初是工业化资本主义国家增长缓慢的时期，并且出现了巨大的经济和金融动荡。进行新自由主义重构的急先锋美国和英国，这一时期如果用惯常的标准来衡量，其经济表现是比较差劲的。这一时期资本主义国家中经济增长最快的国家却是那些远离新自由主义模式的国家。例如日本和韩国，它们的经济受到国家的有力指导②。也正如美国经济学家斯蒂格利茨（Joseph Stiglitz）所指出的："那些日子最好过的国家恰恰是那些并不关心所谓的华盛顿共识的国家"，例如马来西亚、中国等，"最听从美国建议的国家——泰国在危机发生四年之后，其国内生产总值也没有恢复到危机发生前的水平"，"从全球化中获益最多的

---

① 梁孝. 新自由主义简史. 国外理论动态，2002（11）：4-7.

② 大卫·科茨. 新自由主义和20世纪90年代美国的经济扩张. 国外理论动态，2003（8）.

国家是那些控制交易条件的国家"，而"遭受损失的就是阿根廷之类的国家"①。

3. 新自由主义市场经济理论困境

对于西方的新自由主义市场经济理论，我们应当一分为二地看，有分析地加以评价：对其具有科学性的合理成分应当予以充分肯定，并在我国市场取向的改革中合理借鉴，而对其非科学的内容则应当进行分析性批判。

第一，关于市场统治。新自由主义的基本观点就是应该允许市场机制主宰人类的命运。对新自由主义者来说，市场和竞争是如此英明、如此美好，因此，像上帝一样，"看不见的手"会带来美好生活而不是罪恶。不幸的是，历史事实告诉我们，结果与此完全相反。由于新自由主义政策，20 年来所有的国家都看到了不平等的增长，其影响也是随处可见：穷者愈穷，富者愈富。新自由主义者相信市场万能、"看不见的手"万能，似乎只要一切交给市场，政府撒手不管，就万事大吉，什么问题都能解决。这显然是对市场经济的片面性和肤浅性的理解，未免太天真、太不负责任了。尤其在国家垄断资本主义进一步发展的时期，以为市场不受国家政策的影响，国家不应当干预经济更是不可能的。新自由主义的核心价值观是竞争——国家之间、地区之间、公司之间当然还有个人之间的竞争。新自由主义者认为，竞争是最重要的，因为它被假定能够以可能的最好的效率配置资源，无论物质的、自然的、人的还是金融的。然而，对于那些最大的市场参与者——跨国公司，竞争的原则很少应用在它们身上，它们通过"外国直接投资"去并购、去获取利润，而不去致力于新的创造就业的投资——这几乎总是导致失业。新自由主义给予资本近乎绝对的追求利润的自由，从而使资本在国内和国际层面不再受社会与国家的控制。这说明新自由主义是最适合垄断组织的，是为国家垄断资本主义和垄断资产阶级服务的。在新自由主义旗帜下，跨国公司成为以美国为首的发达国家和国际垄断资本从经济上掠夺、奴役与瓜分世界的重要工具。

第二，关于私有制是市场经济的基础。西方新自由主义的主旨是维

---

① 斯蒂格利茨. 喧嚣的 90 年代. 海派经济学，2003（2）：56.

护资本主义私有制。新自由主义者认为没有私有制就不可能有市场经济，就不可能产生普遍的市场秩序，断定私有产权是最有效率的制度的基础。从制度变迁的必然性和效果来看，私有制有着不可磨灭的历史功绩和意义。但具体分析起来，私有制在不同时代、不同国家的发展状况是不尽相同的。例如，二战后东亚经济发展模式之所以比较成功，主要是日本、韩国以及中国台湾等大多数国家和地区的政府发挥了比其他私产制国家更多的作用。日本的经济奇迹离不开著名的"行政指导"、产业政策和政府计划；韩国全部工商业资本中，国家资本最高曾占60％，"政府主导"威力极大；中国台湾国营工业在资本形成结构中，20世纪50年代占34.9％，60年代占28.7％，70年代占32.9％，80年代占26.6％（不包括迅速膨胀的国民党党营企业），1987年占20.8％。若进一步放宽视野，我们还可以看到：巴西20世纪60年代末开始的高速增长，就是在国家资本占社会总资本54％的状态下实现的；被称为实行私产制较好的瑞典，1976年起连续6年掀起的国有化运动，使1982年国有企业的产值占GDP的21％。举例的目的并非要说明，国家干预或国有企业的作用越大越好。因为国家干预有合理与否之区别，任何性质的企业也有经营管理体制和水平的差异，不能一概而论[①]。

第三，关于政府在市场经济中的作用。从市场经济的演变历史来看，市场经济经历了古典市场经济阶段和现代市场经济阶段。20世纪30年代以前的资本主义市场经济是古典市场经济，30年代以后至今的资本主义市场经济是现代市场经济。古典市场经济即亚当·斯密主张的自由放任市场经济，主要是从"经济人"的观点出发，强调个人自由地追求经济利益，主张用"看不见的手"进行调节，反对政府过多干预的市场经济。在自由放任市场经济阶段，政府只是"守夜人"和"征税人"。与此相联系，经济运行是通过周期性经济危机实现平衡的。1825年英国发生第一次全国范围的工业危机后，资本主义国家8至12年就爆发一次经济危机。1847—1848年席卷英国、美国和欧洲大陆许多国家的经济危机，开始带有世界危机的性质。每次危机出现，便造成工厂倒闭、工人大量失业、社会生产力遭到严重破坏等社会灾难，此后愈演愈烈。从19世纪后半叶开始，西方国家针对市场经济这一重大弊端，

---

① 程恩富. 西方产权理论评析——兼论中国企业改革. 北京：当代中国出版社，1997.

寻找在市场经济框架下治疗市场经济弊病的方法。特别是 20 世纪 30 年代大危机后，出现了以美国罗斯福"新政"为代表的政府对经济的干预和以英国凯恩斯《就业、利息和货币通论》为代表的宏观经济管理理论。西方国家不再只强调私人经济的作用，而且主张让国家的权威和私人的策动力相结合；不再只强调市场调节的作用，而且重视国家干预的作用，即主张"看不见的手"与"看得见的手"一起进行调节。这就是所谓混合经济。由此，市场经济进入现代市场经济阶段。

现代市场经济就是把政府调节和市场调节结合起来的市场经济。在现代市场经济中政府的角色是多重的，而不是单一的。政府随着时空变化经常变换自己的角色：它既主要是市场规则的制定者和监督执行者（裁判）、市场主体的保护者、公平竞争环境的维护者，同时又是直接参与经济运行过程的市场主体之一，是征税人，是弥补市场失灵的经济调节者，是社会资源的一个分配者。现代市场经济不可能回到自由放任的市场经济，在这种情况下，新自由主义者认为政府在市场经济中只是发挥拾遗补阙的作用，只谈政府应当站在市场之外充当裁判，很少谈政府的其他角色，更否认政府也是现代市场经济的一个主体，这显然不能适应市场经济的发展要求。而且，由于发达资本主义国家和发展中国家在世界经济体系中的地位与利益不同，所以，发达国家在推行新自由主义政策时，对不同国家的要求也是有区别的。

四、社会主义市场经济中的集体主义

"集体主义"是道德理性的一种表达，作为一个概念出自马克思主义创始人，但作为一种思想观念，在社会思想发展中应当说早就产生了。马克思提出了个人与社会不可分割的必然原理，指出个人只有在社会中才能获得本质，也只有在社会、集体中，"个人才能获得全面发展其才能的手段，也就是说，只有在集体中才可能有个人自由"①。

1. 集体利益与个人利益的辩证统一

集体主义作为社会必须选择的道德理性原则，其最重要的功能就是

---

① 马克思恩格斯全集：第 3 卷. 北京：人民出版社，1960：84.

为社会设定核心价值取向，并以此调节社会中的各种利益关系，利益关系中最根本的是集体利益与个人利益的关系。如果把集体利益与个人利益的关系处理好了，处理这种关系的方式就会成为处理其他利益关系的基本准则。集体主义也为社会主义市场经济规定价值取向。

在集体主义原则中，集体利益是指一定社会成员构成的经济、政治、文化诸利益统一的利益集合。集体利益是一个相对的概念，国家利益是一种集体利益，企业、部门、学校、乡村共同体的利益等也都是不同的集体利益。而个人利益，则是指个人的一切需求及其满足条件的总和。

社会主义集体主义有着多方面的内容，作为一种道德原则，它包含相互联系、相辅相成的三个方面的内容。

其一，集体主义原则强调集体利益与个人利益在根本上的统一，两者相辅相成、辩证发展。集体利益体现着个人长远的、根本的利益，是集体中每个成员利益的有机统一，而每个人正当的个人利益本身就是集体利益不可分割的组成部分。集体利益与个人利益的关系是辩证的。集体利益作为全体成员共同利益的体现，它的发展与实现本身就蕴含着个人正当利益的发展和个人价值的实现。从理论上讲，我们今天所处的社会主义社会，集体利益对于个人利益来说，不应是虚假的、脱离个人的利益实体，而应是包含全体个人利益的利益集合。国家、社会、集体利益在构成上，是一个个具体的社会集体成员所追求的利益的有机总和。这样类型的国家、集体利益，既统辖个人利益，又不与个人利益在本质上对立，而是最大限度地、真实地代表个人的直接利益和长远利益。集体主义原则从根本目的上说，不是"个人服从集体"，而是"个人与集体和谐发展"。集体主义原则的最高理想就是，这两种利益和谐共生、同步实现。无论哪一方面的非必要损失，都会使这种理想的完满性有所损失。集体主义原则的最终目的是，在现实中追求集体利益与个人利益的最大和谐发展。

其二，集体主义原则主张在集体利益与个人利益发生矛盾时，个人要顾全大局，要以集体利益为重——当然这个集体首先必须是真实的集体，在必要的条件下，为了集体利益、他人利益而放弃个人利益。集体主义认为，个人不能离开社会而存在，个人利益是以社会共同利益为基础的。每个人的个人利益都是构成共同利益的一个因素。因此，个人利

益与集体利益都十分重要，但在根本意义上，集体利益具有更为根本的
地位。强调个人利益对集体利益的服从并不是绝对的，不是在任何情况
下都要无条件地牺牲个人利益，也不意味着对个性的束缚和对个人利益
的抹杀。比如，强调集体利益的重要性只是要求个体应当把整个民族、
整个国家的利益放在首位，只有在民族、国家的社会共同体中，个人利
益才能真正得到保障，人的个性才能真正得到发挥。当然，人的社会存
在形式是多种多样的，因此集体往往有多种层面和领域的存在形式，大
到民族、国家，小到血缘群体、地域群体，都是集体。所以，强调集体
利益的根本性，实质上意味着注重集体利益是个人利益更好地实现的一
种选择方式，而绝不能简单理解为否定个人利益的重要地位。

　　个人利益至上论不仅错误理解了个人与社会的关系，而且在客观效
果上会产生离散社会的效果。既然个人利益至上，那么要求个人为集体
利益做出牺牲就变得不合理了，并且在使人们不关心集体利益的同时，
也使人们对他人利益漠不关心。人人只关心追求自己的利益，个人的一
切归根到底都只能依靠自己。一些思想家总结出"人对人像狼"（霍布
斯语），"他人就是地狱"（萨特语），实际上就是没有走出个人本位原则
之恶性循环所致。

　　其三，集体主义原则在强调集体利益之根本地位的同时，强调集体
必须保障个人的正当利益，促进个人价值的实现，并力求使个人的个性
和才能得到充分发展。集体主义和社会主义的生产目的是一致的，都是
为了不断满足人民群众日益增长的物质和文化生活的需要，为"每个人
的全面而自由的发展"创造条件。在今天社会主义市场经济的理论和实
践中，我们已明确肯定人们追求正当个人利益的合理性，把保护人民群
众的正当个人利益，鼓励人们"勤劳致富""多劳多得"作为社会主义
集体主义原则的一项基本要求。人们奋斗所得的一切，都同他们的利益
有关。集体主义期望的最终善的价值目标，就是要建立一个由全社会一
切人构成的自由联合体。在这个联合体中，一切个人的利益和自由都能
得到最充分的实现。

　　总之，任何把集体利益与个人利益对立起来、割裂开来的观点都是
错误的。集体利益包含每个成员的个人利益，并最终是为了全体人民的
个人利益获得最充分的实现。个人利益要通过集体利益的发展来实现，
而个人利益的全面发展同时也是集体利益的实现。应当看到，在理论上

集体主义原则是个人利益与集体利益之关系的最好表达。个人利益与集体利益的双向存在决定了两者之间的辩证统一关系。个人利益是集体利益的源泉，集体利益是个人利益的保障；没有个人利益的存在，就没有集体利益的发展，反之，没有社会其他成员的合作，没有集体的保障，也就不可能更好、更持久地获得个人利益。从社会全体成员利益和人类世代持续发展的角度看，集体主义是每一个个人利益本质的、长远的方面，具有根本性质。因此，坚持把集体利益摆在根本位置，同时充分肯定个人正当利益的合理性，并在最大程度上把个人利益与集体利益统一起来，这是社会主义市场经济中新型集体主义的核心内容。

2. "虚假的集体主义"及其危害

上述集体主义所包含的内容要求，是建立在真实的集体和集体利益基础之上的。真实的集体利益必须真正代表集体全体成员的利益。虚假的集体在实践中会伤害个人利益，在理论上也会给集体主义原则带来极大的歪曲。事实上许多人对集体主义存有这样那样的质疑和不理解，一部分原因来自"左"的思想影响下对集体主义的教条理解，另一部分原因就是现实实践中存在着虚假的集体和集体利益。

这种虚假的集体在我们现实生活中的表现大体有两种。一种是以单位或某个部门的面目出现的虚假的集体。部门权力机构由于在很大程度上控制着某个集体，所以俨然以单位普遍利益代表的身份出现。在这样的集体中，只见部门不见个人，个人利益往往被忽略或被所谓部门利益淹没。另一种是以某个或几个人、某个或几个团体的面目出现的虚假的集体。这个或这几个人，由于手中握有权力，因而常常以集体的化身自居。如果这个或这些人的道德自律素质不到位，所作所为不代表他或他们所受托的集体的真正利益，那么他或他们就有以集体的名义进行以权谋利的可能。这种虚假的集体带来的危害很大，具体表现在以下三个方面：

第一，虚假的集体主义过于强调集体的共同点，忽视个体的差异与个性，个人的思考和创造被认为与集体的共同点或集体的权力握有者的主张不一致而得不到尊重。个体的创新意识、勇气、思维习惯在这种氛围中，会不知不觉被消磨掉。从实践来看，这种虚假的集体主义除了扼制人的创造精神，也不利于培养人们的良好集体意识、公民意识和真正的集体主义道德理性。在这样的"虚假的集体"中，集体成员找不到集体归属感，倡导集体主义道德要求当然也就缺乏现实根基了。

第二，虚假的集体主义容易成为滋生权力本位思想的温床。虚假的集体很容易引发对地位的强调，到头来集体主义不知不觉演变为虚假的集体主义，也就是权力本位主义。虚假的集体主义容易强化集体各级管理者的重要性，因为他们自然被赋予本集体的代表者的角色，谁代表的集体大，谁的支配权就大。如此，就容易形成集体中人们较强的官本位观念。

第三，虚假的集体主义强调服从，不利于培养人们的自主意识和民主精神。集体中的掌权者习惯性地把自己的意志强加为本集体全体成员的意志，从而使个人或少数人的意志凌驾于集体之上。这样的集体内没有发挥与发展自我个性、自主意识的通道和氛围，久而久之，会形成集体内的专制氛围。许多时候常常只是掌权者的想法和意志，但往往借助"集体"这个概念来实现自己的意图。在这里，虚假的集体主义不过是掌权者更好地掌控集体成员以实现自己愿望的一个借口罢了。

从理论层面来看，集体主义原则的提出有其深刻内涵。马克思主义经典作家在提出集体主义思想时特别强调了集体必须是真实的"自由人的联合体"，并非任何一种性质的群体都可实施集体主义原则。"集体主义"和传统社会的"群体主义"是完全不同性质的。

从个人与整体的关系来看，人类社会发展大体可分为三个阶段：群体本位社会、个体本位社会和自由人的联合体社会。氏族共同体社会实际奉行的是一种原始的、本能的群体本位主义，封建专制体制下更是典型的群体本位主义，虽然原始社会和封建社会的群体本位表现形式有所不同，但在这些社会阶段，就个人与整体的关系来看，有一本质是相同的，即个人都只是群体的组成因素，个人对于自己所从属的群体来说，没有独立的经济地位，即没有独立的社会身份和经济地位。人类社会是由群体本位社会向个体本位社会发展的。马克思将社会形态的演进概括为从"人的依赖关系"到"以**物**的依赖性为基础的人的独立性"、再到"自由人的联合体"的辩证历史过程①。按照马克思的理论，资本主义社会就是以个体为本位的社会。在资本主义社会，个人不附属于家族血

---

① 马克思恩格斯全集：第 46 卷：上．北京：人民出版社，1979：104.

缘组织，个人有独立的社会身份和经济地位。马克思所强调的自由人的联合体社会就是建立在这样一种独立个体基础上的社会集体，它把每个人的自由发展作为一切人的自由发展的条件，以每个人的全面自由的发展为宗旨。集体主义正是在这样的基础和意义上提出来的。

所以，集体主义一定要在真实集体的基础上加以理解，虚假集体不能构成集体主义的现实基础，虚假集体在处理集体利益与个人利益的具体实践中还会给集体主义带来歪曲和误解。这是集体主义在理论上和实践中都要注意把握的问题。

3. 集体主义是社会主义市场经济的必然选择

社会主义市场经济坚持集体主义原则。集体利益与个人利益统一的要求，符合社会主义市场经济的本质要求，既是社会主义社会的基本经济原则，也是社会主义社会最基本的道德原则。

社会主义市场经济必须坚持集体主义价值导向。社会主义市场经济突破了计划经济体制下单一公有制和单一分配制度，形成以公有制为主体、多种经济成分并存，按劳分配为主、兼有多种分配形式的利益格局。利益格局的调整使人们的道德价值观念和取向发生了多元化的变化，这是历史发展的现实。因此，我们在进行道德导控时，需要充分考虑道德体系的多元性和层次性，但多元性和层次性应该统一在集体主义原则之下。

不是任何一种价值都可以成为社会主义的价值导向。归根结底，它必须基于社会主义现实和社会理性。一定社会的价值导向体现着该社会的理想社会模式和追求目标。价值导向问题在社会生活中普遍存在着。它反映了一定社会占主导地位的经济关系的要求，也反映了一定社会之根本利益的要求。它在人们的社会生活中，给人们指出什么是应当选择的，是社会为了协调和引导人们的道德选择行为而自觉倡导的一种道德价值。集体主义之所以成为我们今天市场经济社会的价值导向，一方面是社会历史发展所必需的社会本位原则的体现，另一方面也是社会主义市场经济的现实所要求的。

在当代中国，集体主义价值观和社会主义、爱国主义一同构成了建设中国特色社会主义市场经济价值目标的核心内容。坚持集体主义价值导向是坚持社会主义道路的重要保证。社会主义作为科学的理论体系和先进的社会制度，是人类追求的价值目标，也是中国人民的现实历史选择。如果放弃集体主义价值导向，中国的现代化和市场经济建设就很难保证社会主义方向。因此，对社会主义市场经济进行的价值导向，应当既遵循市场经济的一般规律，又体现社会主义的基本价值取向。

现阶段在全体社会成员中所实施的集体主义价值导向，必须反映社会主义市场经济对人们行为规范提出的特定要求，必须注入现实的内容。一方面，集体主义强调把国家和人民的利益放在更为根本的地位，强调社会主义共同富裕的最终目的。另一方面，集体主义又特别强调尊重并鼓励社会个体合法合理地追求个人利益。维护人民群众的正当个人利益，鼓励人们勤劳致富、多劳多得，是我国社会主义集体主义原则在经济政策上的生动体现。在市场经济活动中，集体主义反对"金钱至上"的拜金主义、片面追求经济效益的狭隘功利主义，以及损人利己的利己主义，但必须把它们同广大人民群众提高生活水平的欲望，以及合法合理地追求个人利益的行为严格区分开来。邓小平多次强调"人是需要一些个人利益来从事生产的"[①]。我们提倡社会主义集体主义，绝不是说可以不注重个人利益。肯定人们追求正当个人利益的合理性，有利于在社会主义市场经济条件下，充分调动人的积极性，形成市场主体间的激励和竞争机制，从而提高全社会的生产劳动效率，并使我国人民逐步摆脱贫困，走上更加美好的生活之路。

市场经济是一种自由经济，它的自由特征主要体现在市场主体相对的人格独立性和经营自主性上，市场主体具有独立经营、自负盈亏、自我发展调节等自主权利。但市场主体的自由自主并不是可以任意损害他人利益与社会整体利益的无道德规范的放纵。市场运行本身就必须使为己性和为他性结合起来，这是市场运行的客观规律。社会主义市场经济应当理性地认识、把握这种规律，使市场主体在不损害国家、社会和他人利益的前提下获得最大利益或利润，这实际上是集体主义最基础的一个要求。

市场经济有自己运作的规律。在市场机制的作用下，产生并增强了人们的功利意识、效益意识、自我意识以及创新意识等。这些意识应当说与市场经济是吻合的，对推动市场经济无疑具有积极作用。但这些意

---

① 邓小平文选：第 2 卷. 2 版. 北京：人民出版社，1994：351.

识如果没有一个正确合理的价值原则为导向，那么，就很可能恶性发展为追求金钱、追求私利的拜金主义和个人主义，从而可能导致自我中心主义。同时，市场自身的弱点和消极方面也常常导致人们的短期行为与片面行为。这些缺乏全盘意识和宏观把握的行为，很可能造成社会经济结构、社会发展结构以及人与社会、自然等方面的不协调。仅仅以市场机制自发生成的"看不见的手"去调控市场经济，是不能保证建设好社会主义市场经济的。市场经济应当是理性经济，集体主义作为社会运作中的理性反映，完全应当把功利意识、效益意识及竞争意识等，纳入社会主义轨道，使它们向着有利于市场经济良性运行的方向发展。对市场自发价值观念进行自觉引导，这是任何一个理性社会都应当做的。

在现代市场经济条件下，生产、交换和分配等市场活动具有远比自然经济时代高得多的社会性。因此，更要强调以社会为本位的宏观调控的必要性，强调每个市场主体对国家、社会、集体和他人应尽的责任。孤立的市场竞争是不存在的，它必须存在于人们彼此之间，以及个人与社会之间的合作互惠、和谐统一之中。市场竞争越激烈，越需要国家以及社会理性从宏观上加以调控、予以规范，否则不可能形成真正良性的、有序的市场经济。即使当代世界一些发达资本主义市场经济，事实上也在强化社会观念、国家观念，提倡公司精神、企业集体精神，以此对个人主义、利己主义加以限制。我们所要发展的是社会主义新型市场经济，其目的是实现广大社会成员的共同利益，就更需要集体主义价值观念加以引导、予以规范。

在缺乏集体主义价值规范导控的市场行为中，一切能使市场主体获得最大利益和利润的手段都会被利用，并获得合理地位，市场规范在得不到集体主义价值导向的支持、配合时，个人主义、利己主义就能获得天然合理的市场通行证。在市场素质还不够理想的情况下，功利、效益的追求就有可能刺激市场主体求利欲望的不断膨胀，甚至导致不择手段的利己主义，以及只求索取、不讲奉献的享乐主义。

我们搞社会主义现代化，不仅要保障人们当前的、直接的利益，而且要保障我们国家甚至全人类全面的、长远的利益。我们对经济发展与资源环境的关系、部分先富与共同富裕的关系等，都要有一种全局的、宏观的理性把握。我们只有超越个人主义视角的局限性，从社会整体和谐发展的视角出发，才能认识和把握这种全面的、可持续发展的民族、国家和人类的利益。集体主义价值取向强调全局利益、长远利益、共同利益的宏观把握，这是社会宏观调控需要的最本质的反映。

　　进一步看，我们要建设的是社会主义市场经济。"社会主义与资本主义不同的特点就是共同富裕，不搞两极分化"①。在改革开放中，我们党一直强调坚持两个根本原则，一是以社会主义公有制经济为主体，二是共同富裕。只有坚持社会主义道路，坚持共同富裕的政策方针，以及以集体主义为取向的价值原则，才能从根本上实现这一目的。中国如果走资本主义市场经济道路，坚持个人主义价值导向，就可能导致社会贫富的两极分化。这也许"可以使中国百分之几的人富裕起来，但是绝对解决不了百分之九十几的人生活富裕的问题"②。如果不按社会主义的方法进行分配，按资本主义市场经济的分配方法，绝大多数人就摆脱不了贫穷落后状况；只有按社会主义的分配原则，才可以使全国人民普遍过上小康生活。

　　总之，建设社会主义市场经济，绝不是一种单纯客观的经济活动，它同时是一种社会主义理想的追求。在市场经济中，如果盲目地受市场价值规律支配，放弃社会理性的宏观调控，放弃集体主义价值观的引导，整个经济建设乃至社会主义现代化事业宏伟目标就难以顺利实现。任何经济活动都不可能脱离价值观念的影响，每种经济体制都有自己的道德基础。在最根本的意义上，集体主义价值原则是社会主义市场经济必需的、理性的抉择。

---

①　邓小平文选：第 3 卷. 北京：人民出版社，1993：123.

②　同①64.

第四章　经济活动中的道德理性[*]

经济活动不仅是人们的物质生产活动，同时也是人们"理性化"的认知活动和实践活动。它既是主体对客观经济规律的遵从，对利益、效用原则的恪守，体现了人类主体对技术、工具手段的认知理性，又是主体对客观经济规律在意识中的自觉把握，是对合乎人道、正义、善良、公理以及人的全面发展和社会进步的价值追求，体现着人类主体之"合理性""合目的性"的价值理性。无疑，道德价值理性是一切合理有序的经济活动的价值和理性基础。

一、经济活动与道德理性的内在关联

经济活动中客观、自发的规律是一只"看不见的手"，而人类的道德理性是把握这只"手"的向导。

人类在生产活动中产生了两种理性：一种是认识、反映客观必然规律的认知理性，或曰科学实证理性、技术理性；另一种是表达人类主体价值选择的价值理性，或曰人文理性、道德理性。如果前一种理性表达的多是一种客观必然性，那么后一种理性则更多表达一种主观价值合理

＊　原载《伦理学研究》2002 年总第 2 期。

性。这两种理性实际上也就是马克思所阐述的关于人类生产的两种"尺度",即客体的尺度和主体的尺度。

认知理性或科学实证理性或技术理性,主要解决世界及其规律"是什么""怎么样"的问题,它探究客观规律,并运用这些规律创造出为人类服务的科学技术及其物质财富。在这个意义上,认知理性又往往被称作"工具理性"。相对而言,这种理性驾驭的世界是一个"实证"的领域、"真"的领域,这是一个不以人类意志为转移的领域。价值理性或人文理性或道德理性,主要解决世界"应当是什么""怎样才能更好"的问题,它主要给物质成就丰硕的世界一种善的、美的基础和引导,给认识、征服、开发、利用自然的一切活动包括经济活动一个长远的、合理的计划。

人类的世界既不是纯粹的客观自在,也不是纯粹的主观理想境地。人类应有的世界恐怕不仅符合客观发展的规律,而且合乎人类自身的需要,即不仅是真的、实证的,而且是符合人类善的、美的规范设定的。人类的世界本来是也应当是真、善、美的合一,是科学实证与价值选择的统一。

不论我们意识到还是没有意识到,人类生活的任何领域都是如此,自觉不自觉地、这样那样地受着两种理性的影响。经济活动领域也是如此。人的两种理性决定了社会经济活动中的两种尺度,一种是实证的、工具的尺度,另一种是应然的、道德合理的尺度。

经济学中"实证经济学"与"规范经济学"的划分,大体就暗含着上述两种理性尺度。经济法则主要依靠利益驱动、价值规律杠杆来促进经济增长,借以实现社会资源的优化配置和组合。利益驱动能保证经济的高效率,但又有它的局限与缺陷。它仅仅限于从效率角度解决经济冲突,而不对经济目标的合理性做出评价和选择,最后造成市场机制紊乱、经济危机。单纯追求经济效率,还会放纵人的占有欲,会造成消费的巨大浪费,容易导致悬殊的收入和财产的差距,造成社会的贫富分化,使社会失去公平和正义,会容易把人与人的全面、丰厚的社会生活关系简化扭曲为商品交换关系、金钱及经济利益关系,把本应全面发展的人变成单面的、物化的"经济人",使人在摆脱自然经济条件下"人的依赖关系"的同时,又陷入"物的依赖关系"中,甚至沦落为物的奴隶。

可见，经济活动绝不能删除道德价值理性的引导、把握，而变成单纯服从经济规律的经济活动。经济规律在未被人们理性尤其是道德理性把握之前，往往处于一种自在的、盲目的、无序的状态，威胁着人的存在和人类社会全面、持久的发展。由此必然要引申出调节社会经济活动的价值理性需要，并逐步形成相应的体制和规范，调控人们的经济活动朝着应然的、道德合理的方向发展。

从根本意义上说，"看得见的"所指向的应是一种充分发挥经济主体道德价值理性的道德经济。它一方面支持经济规律本身带来的高效率，另一方面注重对经济活动进行合乎人类理想的价值引导和调控，为人们提供一种表现人性与尊严的生产关系方式和文明合理的经济生活方式。

经济活动与道德理性的内在关联已越来越多地被人们所认可。当代德国著名学者彼得·科斯洛夫斯基曾在分析市场经济的"道德性"时说："经济不仅仅受经济规律的控制，而且也是由人来决定的，在人的意愿和选择里总是有一个由期望、标准、观点以及道德想象所组成的合唱在起作用"①。此外，无论 20 世纪 30 年代凯恩斯主义的兴起，还是 20 世纪 70 年代罗尔斯与诺齐克的争论，都是人们对现实经济模式的价值设计的典型表现。罗尔斯与诺齐克都直接触及了具体经济体制结构的价值选择和规范原则。他们虽然对效率优先还是公平优先的设计有所不同，但都承认在社会生活中自由和公平同等重要，都努力为经济活动的技术、工具手段寻找到一个价值基础，使经济发展走向既定的价值目标。因此，没有道德价值的关切和以道德理性为基础，就不可能有经济活动的合理运行模式与规范。当代美国的"自由主义市场经济"、德国的"社会市场经济"、日本的"社团市场经济"等，事实上都是融民族历史、民族文化与经济活动为一体的价值理性选择的结果。

由此可见，人们的道德理性通过对市场的引导、调控，可以自觉修正市场的功能性缺陷和紊乱，使人们的道德理性与市场经济运行法则共时共生地统一起来。

总之，经济领域和所有其他如政治领域、法律领域一样，蕴含着道德理性。道德理性通过两种形式体现出来，一是用道德规范直接对经济

---

① 科斯洛夫斯基. 资本主义的伦理学. 北京：中国社会科学出版社，1996：3.

活动的相应环节进行调控，但更多恐怕是以另一种方式表现出来，即表现为渗透在经济活动主体、经济行为选择、经济活动环节、经济政策制定等方面的正义性和道德合理性。经济活动与道德价值的内在关联，是历史与现实的统一，是"实然"与"应然"的统一，是主观的善与客观自在的善的统一。

二、社会主义市场经济模式中道德理性的体现

人们的经济活动必须依靠一定的经济模式来进行。人类社会基本实现从"人的依赖关系"到"以物的依赖性为基础的人的独立性"的转变之后，人们的经济活动就已到了商品经济的较高阶段——市场经济。在市场经济条件下，每个人都在追逐利益的最大化，"他所考虑的并不是社会的利益，而是他自身的利益"，他受一只"看不见的手"指导，"去尽力达到一个他总要达到的目的"①。这只"看不见的手"会使人们的欲望膨胀，把金钱奉为上帝，使人片面地发展为"经济人"，把社会经济导向单一的对效率的追求。实践证明，仅凭这只"手"，是不能绘出人类经济活动中既有效率又有公平的和谐美丽图画的。可以说，无论资本主义市场经济还是社会主义市场经济，都不可避免地要面临两种理性尺度带来的冲突，这种冲突在社会经济生活中集中体现为经济增长效率与社会公平之间的矛盾。

应当说，社会主义市场经济是努力使两种理性尺度结合起来的体制模式，它特别地强调经济效率与社会公平的结合。社会主义市场经济的发展目的，包括大力发展生产力、不断提高人们物质生活水平的经济效率目标，也包括实现社会均衡持久发展、公正合理发展，以及人的全面发展等道德理性目标。社会主义市场经济体制的定位，社会经济政策的制定，都紧紧围绕着社会主义市场经济的最终发展目的。

在效率与公平的关系问题上，社会主义市场经济应当坚持效率公平统一观。"贫穷不是社会主义，发展太慢也不是社会主义"②。社会主义市场经济的一个根本任务就是大力发展生产力，我们要的社会主义是

---

① 亚当·斯密. 国民财富的性质和原因的研究：下卷. 北京：商务印书馆，1974：252.
② 邓小平文选：第3卷. 北京：人民出版社，1993：255.

"不断发展社会生产力的社会主义"①。发展生产力、注重高效率及其带来的不断充裕的物质财富，是任何一个合理社会都应追求的，"如果一个体系由于无效率和生产不足而不能满足人的根本需要或不能实现人的潜能，维护它就不仅是不合理的，而且是不道德的，至少是不人道的"②。

社会主义作为人类理想社会的一种初级阶段的历史形态，必须是一个注重不断提高效率的公平社会，社会主义最终理想目的的实现，必须以高速发展的生产力及经济效率为基础。社会主义的执政党中国共产党不仅是最广大人民的根本利益的代表，同时也必须是先进生产力的发展要求和先进文化的前进方向的代表。正是在这样的前提下，党和国家提出了"效率优先，兼顾公平"的思想。江泽民在党的十五大报告中提出"把按劳分配和按生产要素分配结合起来，坚持效率优先、兼顾公平，有利于优化资源配置，促进经济发展，保持社会稳定。依法保护合法收入，允许和鼓励一部分人通过诚实劳动和合法经营先富起来，允许和鼓励资本、技术等生产要素参与收益分配"③。

但大力发展生产力，注重提高经济效率，还不是社会主义市场经济的全部要义。社会主义市场经济不同于资本主义市场经济的一个重要特征在于，它最终要实现的是全社会人民的共同富裕。"共同富裕"作为社会主义的本质规定，是社会主义的最终目标和至善价值。邓小平曾对此做过明确的概述，他说："社会主义原则，第一是发展生产，第二是共同富裕。我们允许一部分人先好起来，一部分地区先好起来，目的是更快地实现共同富裕"④。他反复强调，"社会主义的目的就是要全国人民共同富裕，不是两极分化"⑤，"社会主义最大的优越性就是共同富裕，这是体现社会主义本质的一个东西"⑥。

社会主义共同富裕的经济发展目标中富含深厚的道德理性底蕴。一个优化的、合理的社会经济模式或体制，一定具有和人类道德理想一致的价值取向。允许一部分人先富起来体现的是经济效率原则，共同富裕

---

①　邓小平文选：第3卷. 北京：人民出版社，1993：328.

②　布坎南. 伦理学、效率与市场. 北京：中国社会科学出版社，1991：67.

③　江泽民文选：第2卷. 北京：人民出版社，2006：22.

④　同①172.

⑤　同①110-111.

⑥　同①364.

体现的则是社会公平原则。

如果没有道德理性对市场经济进行价值调控和引导，单纯靠市场经济"看不见的手"自行调整，就很难保证市场经济的均衡持久发展，更不可能保证全社会的共同富裕。因为按照市场规则，解决利益需求冲突时，市场将首先满足有经济实力的一方。贫困的人及地区的需要与富裕的人及地区的需要发生冲突时，市场规则将优先导向满足富者的需求，使富者更富、穷者更穷，最后导致社会贫富分化。一个公正的社会应该不允许这种无理性的自然竞争和纯粹的市场调节，以及自由竞争带来的任何社会两极分化。

一个人用自己雄厚的经济实力买下一个湖泊，这种经济行为是符合市场规则的，但里面有一个道德合理性和正义性的问题需要社会做权衡与选择。如果这个湖泊属于一定国家和一定社会的稀缺资源，这种经济交易就缺乏道德合理性和正义性，就应当受到制约和调控，因为对稀缺资源的占有侵害了其他人的享用。所以，必须有超越纯经济手段的道德价值理性去权衡、设定和调控。

当然，社会主义市场经济道德理性所要求的共同富裕和社会公正，并不等同于平均主义。社会主义市场经济所包含的理性选择，是最大限度地提高全体社会成员的利益水平，最合理地平等对待每一个主体，同时又承担带动全社会人民一起进步的责任。

蕴含道德理性的社会公正原则，首先不是要求一切平等，而是得所当得。它在一定意义上表现为"给每一个人他所应得的"这种基本形式。你尽了一定的义务，就应享有一定的权利；你付出了多少，就应得到多少回报。社会主义的"按劳分配""允许一部分人先富起来"的政策，就蕴含了这种理性原则。付出获得对等原则表明，社会公正允许差距存在。

但同时，一个公正合理的社会，不仅要承认人们之间的利益分配差距，而且要承担缩小这种差距的道德理性责任。在自由竞争的市场规则条件下，产生社会差距是自然的，不产生差距却一定要借助社会道德理性力量和相应国家政策手段的不断干预。干预不是抹杀差距，而是考虑哪些差距要允许，哪些差距不能允许。事实上国家实行的高额累进税制、西部开发战略，以及全社会有计划的"扶贫"工程等，都体现了社会公正及其道德理性的要求。

道德理性的价值导向还能使人们自觉处理好两个方面的关系。一方面，人们的一切经济活动都应注重经济效益，要有经济眼光和经济头脑，善于生产、经营和管理；另一方面，追求经济效益又必须把社会整体利益摆在首位，必须把国家富强、民族振兴和人民幸福作为人们经济活动的最高目的，自觉抵制为一己私利或小集团的狭隘利益而损害整个社会与他人利益的行为，自觉维护公利的方向。

在市场经济中，每一个经济主体都有追求最大利益的自由和权利，追求利益并没有错，但不可侵害他人利益。道德理性就是调控所有追求自己利益的主体，兼顾他人、国家、社会的利益。在发生利益冲突的时候，社会理性必须表达出权衡和选择，如企业利益和国家利益发生矛盾，企业利益应当服从国家利益。人们这种自觉的经济行为，有利于人们在自己获利的同时，不损害其他成员的利益和社会利益，有利于社会总财富的增加，有利于改善社会的福利条件，有利于形成社会进一步发展的潜力。

除此之外，道德理性的价值导向还能使人们在追求经济效益的同时，自觉追求自己人格品质和其他素质的健康发展，并且有利于他人人格品质和素质的健康发展，避免沦落为单面的"经济动物"，从而使人的自我完善和整个社会的完善协调一致。

三、可持续发展模式中的道德理性体现

在以往的历史中，人们对经济模式的价值设计，往往从本国、本民族的现实着眼，随着当今世界经济活动全球一体化的发展，这种理性选择日益显现出它的局限性。面对未来的发展和 21 世纪的困境，人类当代的经济活动不约而同地选择了可持续发展这一崭新发展模式。1978年联合国环境规划署首次将"可持续发展"概括为"在不牺牲未来几代人需要的情况下，满足我们这代人的需要"。可见，可持续发展模式的价值合理性基点就是，在当今和未来的发展中，必须保持代际利益关系的和谐，保持人与自然关系的公平和谐。工业化是一种世界性的经济发展进程，作为这一进程表现的现代工业文明，因其有自发性的、非理性的成因，所以一方面给人类带来了物质福利，另一方面却使代际利益和大自然受到严重破坏。传统的经济发展是以高增长、高享受为发展目标和动力的，因而它往往片面地强调发展中的经济目标，片面地强调发展的速度和追求一时的繁荣，对以往经济模式的价值合理性的选择也多在现实人的公平原则上，还没能把握人与自然的平等关系和人与人的代际公平关系，从而忽视了对资源的保护和对污染的防治，忽视了自觉地调整人口与生态、资源与发展的合理关系。

特别是近半个世纪以来，虽然现代化进程将人类的物质文明史大大向前推进了一步，但与此同时，它也逐渐将人类置于与自然界全面对抗和尖锐对立的境地，自然界对人类的报复已变得越来越频繁。现代工业文明造成的环境污染和生态失衡，使空气、水、动植物、森林、土壤等自然生态环境和包括城市环境在内的人造环境受到严重破坏，导致空气污染、水污染、动植物灭绝、森林消失、水土流失、土地沙漠化等生态环境问题日益严重。在新的世纪，人们在不得不吞食这一文明苦果之时，不得不理性地重新选择自己的发展战略。

人类这种有目的性的选择，从深层来看，主要取决于人类以道德为基础的价值理性。人类高于其他动物的重要标志之一是，人类在自己的经济活动中不断追求着合理性、合道德性。现代工业文明及其科学工具理性，由于创造了巨大的物质财富而备受尊崇和信任，人类攫取了越来越大的自然力为自己服务，创造出越来越多的物质财富来满足自己迅速增长的物质欲望。

科学工具理性的力量证实了人类的巨大能力，给人类带来了极大的解放。但同时，工业文明的发展却没有使道德价值理性得到应有的尊崇和重视，缺乏人类道德价值理性引导的科学技术，在有些情况下成了一种盲目的力量。这种力量破坏了人与自然的关系，也破坏了人类的代际关系，人类因此而受到自然的无情报复。

不仅如此，科学技术带来的巨大物质财富还使人陷入一种无休止的物质追求中。在盲目的物质追求中，人们忘记了对高贵人性的追求。在日益高涨的物欲推动下，经济活动成了人生意义的终极依托，追求人性神圣的目标成了过时而多余的东西。人类过多地占有了自然领地，却失去了自己的精神家园。一位著名生态学家曾道出了现代人的感叹，他说：我越研究自然生态问题，就越感觉到这实际上是人类内在精神危机的外部表现。失去内在精神的人才会疯狂追逐外在物质，而越是追逐外在物质，就越是失去精神家园。

实际上，科学技术本身是无辜的。认知理性及其科学技术成果，虽然从一开始就以认识、利用、改造自然为目的，但只有在其合理运用的范围内，人对自然的利用、改造才是公平和谐的。自然与人本质上并不是对立的。人的本质力量是需要外在对象化的，而大自然也需要在人的理性里展现自己的意义和无限领域。认识并利用自然并不是人类的错，人类的失误在于未能和谐地把握科学工具理性和道德价值理性的平衡关系。倘若人类能够用价值理性对认知程度和科学目的进行合理的判断、比较与选择，那么，当今人类与自然的对话就是温和的、和谐的、持久的。

因此，只有在从根本上完善人类未来经济活动的道德价值理性这个基础上，才能在人类经济活动的可持续发展中逐步改变现行的生产方式和消费方式，转变轻视生态平衡和环境污染的观念，努力建立起人与自然和谐发展的新的生产方式和消费方式，增强保护环境、保护生态的生态伦理观念，自觉追求合理而富有生产成果的生活，实现今世人的发展、消费同后代人的发展、消费的和谐与平等，建设一个人类良性持续发展的美好未来。

总之，社会经济在其发展过程中，不仅要求遵循效率原则，优化资源配置，发挥经济活动规则中的工具理性，而且要求充分发挥道德理性，实现社会发展的价值合理性，使人类经济活动的自发性、盲目性更加趋向人类的价值理性。

第五章　市场经济与社会诚信建设研究述评*

随着社会主义市场经济的发展，社会诚信现状已成为众人瞩目的社会问题，也成为理论界关注的热点问题。为使社会诚信问题研究进一步深化，中国人民大学伦理学与道德建设研究中心、西南交通大学，前不久在成都共同举办了"市场经济道德建设与社会诚信机制研究"专题研讨会。来自全国各地的学者围绕着"诚信概念及其作用、地位的定位"、"市场经济和诚信的关系"、"当前中国社会'诚信'状况及其原因"和"市场经济条件下的诚信机制建设"等问题，进行了深入研讨。这次会议的讨论成果在一定程度上反映了当前关于诚信问题研究的热点和水平。

一、诚信概念及其作用、地位的定位

在关于诚信界定的问题上，多数学者从中国传统文化中"诚信"的定义入手，去界定、表达对诚信的理解。如北京大学魏英敏等教授认为，诚信是中华民族的传统美德，是立人、立业、立国之本，也是个人的品德和境界。黑龙江大学张锡勤等教授认为，在中国古代，"诚"与

* 原载《红旗文稿》2004 年第 1 期。

"信"最初是单独使用的，后来连用。就"信"来说，尽管到了汉代的董仲舒方将"信"列为五常之一，但早在先秦便将"信"视为重要的道德规范。《吕氏春秋》就有《贵信》篇专门论"信"。就"诚"来说，"诚"是"信"的基础，故有"不诚者失信""诚故信"之说。在中国文化中，与"信"相比，"诚"无疑是更高的要求。就此中南大学吕锡琛等教授指出，"信"与"诚"的含义相近，亦具有德行意义、修养功夫、道德境界和万事万物固有的本质等几方面的含义。"诚"与"信"常常互通互用，但"诚"主要是一种道德主体的内在德性，"信"则主要表现为在人际关系中对"诚德"的践行，两者互为表里。

这些观点基本可以归结为德性诚信论或人格诚信论。虽然也有个别学者提到了中国文化中诚信概念的丰富内涵，但学界总体上还是认为诚信概念中"诚"更具有根本意义和目的意义，就是说，倾向于把诚信理解为对人的品德和境界的要求。做人就必须诚信，诚信本身就是目的，而不是说诚信只是手段，通过守信而达到其他功利目的。

也有一些学者认识到在今天必须重新审视诚信概念。如上海社会科学院陆晓禾研究员认为，在西方出现了现代诚信的后现代性转型趋向，从主要依赖法律的权威性、强制性，转向强调道德的规范和教育作用。怎样看待中国传统诚信的现代性转型和西方现代诚信的后现代性转型趋向？第一，坚持历史标准，促进传统诚信的现代性转型。西方已经完成传统诚信的现代性转型——规则诚信，这种诚信是我们现阶段发展市场经济所需要的，因而不应当过分强调诚信的后现代转型趋向，应当促进传统朋友之信的转型，确立规则诚信；第二，辩证地对待我国传统诚信资源中合理的、有生命力的因素。

中国人民大学教授葛晨虹也从中西诚信比较的角度指出，在相对意义上，西方的守信更多出于一种利益追求而不是人格追求，在本质上是一种外在规则守信而不是内在德性诚信。西方的诚信观念是和西方的契约观念紧密联系在一起的，信用是建立在利益互惠基础之上的。中国传统的德性诚信机理和西方契约性质的互惠信诺机理不同，造成了另一个东西方"诚信"概念的差异。由于中国的诚信规范建立在人格自律基础之上，守信还是不守信更多依赖于人格、良心，相对说来，缺少必要的外在利益制约力量的保障。

二、市场经济和诚信的关系

学者认为，关于市场经济和诚信的关系的认识现在存在两种倾向。一方面，人们更多关注的是如何从法律上、从经济运行机制上建立信用制度的问题，甚至认为信用制度在法律领域和经济领域能够完美无缺地建立起来；另一方面，人们比较轻视信用制度与道德的关系，有意无意地忽略道德在建立全社会的信用制度方面所担负的特殊的、不可或缺的作用。一些学者指出，市场经济就是信用经济，可以说信用就是市场经济的一种内在机制要求。

对此教育部社科中心研究员夏伟东博士特别强调，市场经济不仅是法制经济，而且是道德经济。要重新认识"诚信"与市场经济的特殊关系，不能仅从道德去谈论诚信问题，而更应当把"诚信"问题置于经济关系之中来探讨。对商品经济中的这种共性，以往我们并未加以重视，从而影响了我们今天深入认识社会主义市场经济与信用制度之间天然的、不可或缺的紧密关系。

中国人民大学许启贤教授则不同意"市场经济是道德经济"的提法。他认为，这种提法不利于加强社会主义道德建设和市场经济道德建设，不利于人们认清市场经济带来的积极作用和消极作用，不利于人们分清"市场经济应该是道德经济"和"市场经济是道德经济"的区别，不利于人们认清资本主义市场经济的本质，不利于坚持唯物史观，颠倒了经济与道德之间的因果关系。

中国人民大学龚群教授指出，有人用孟德威尔所主张的"私恶公利论"来说明市场经济发展是错误的。欺诈现象若成为一种普遍现象，人与人之间的信用度就降低了，对经济发展就会产生阻力，而绝不会产生推动力。不能认为一定程度的欺诈和不讲信用的现象是市场经济的必然，事实上并不是所有实行市场经济体制的社会都有严重的诚信问题。

三、当前中国社会"诚信"状况及其原因

学者在当前中国社会"诚信"状况方面基本达成共识，认为社会生

活各个领域普遍缺乏应有的诚信。信用已经成为中国社会目前最稀缺的资源。至于诚信缺位的成因，归纳起来有下述五个方面。

一是制度层面的原因。南京师范大学高兆明教授认为，对经济信用危机现象的认识应当置于社会信用危机这一普遍背景中把握，经济信用关系是特定社会伦理关系的特殊表达。当社会制度性安排不能有效维护这种权利-义务平等交换的关系时，就有可能出现较为普遍的信用危机现象。许多学者指出制度缺失是诚信机制构建的体制性障碍。

二是传统诚信资源存在一定的内在缺陷。中国人民大学吴潜涛教授认为，传统文化思想的内在缺陷是诚信机制构建的观念性障碍。以儒家思想为主导的传统文化具有重德轻法的传统，使传统诚信的理想成分远远大于现实可能性，而且基本上把诚信规范当作调整社会人际伦理和政治伦理关系的范畴。传统诚信是一种以血缘、地缘、人缘为纽带的小圈子诚信体系，难以适应当前我国社会主义市场经济全方位、开放性发展的需要，成为诚信机制构建的观念性障碍。

广东省委党校吴灿新等教授认为，传统诚信观对承诺的履行往往带有某些超功利性的要求，情感是诚信的主要依据。而现代市场经济的诚信观体现的既是一种道德理念，也是一种法律要求。显然，传统道德中对诚信的理解与现代市场经济所要求的诚信是有差异的。

三是目前现实社会多元价值观引导错位。虽然社会主义市场经济体制逐步建立了，但适应社会主义市场经济体制的新的价值体系尚未完全建立。转型期利益与价值的多元化，以及道德价值尺度和价值标准呈多层次与多样化的趋势，引起人们的价值观念及行为的碰撞与冲突，是非界限模糊，追求利益最大化往往被人们理解为市场经济的本质，追求个人利益也是人性本然，是天经地义的事，由此认为发展市场经济必须以牺牲道德为代价。在只讲利益追求、不讲道德的社会氛围中，舍弃道德必然会连带诚信规范一起丢掉。

四是目前社会道德教育乏力。长期以来，我们的德育主要是通过学校教育实施的，但德育存在于一个大社会系统中。在社会生活中，存在着各种各样的思想和价值取向，青少年在接受学校正规道德教育的同时，也在接受来自家庭和社会之方方面面的不同价值观的影响。正如有些教育工作者用公式所比喻的："5（天学校教育）＋2（天家庭、社会教育）＝0"。家庭、社会道德环境和学校教育的脱节，使正面教育被某些社会现实生活的"教育"消解得干干净净。道德教育乏力必然导致诚信教育乏力。

五是市场经济发展还有许多不成熟的地方。武汉大学商学院乔洪武等教授指出，成熟的产权制度是社会信用生成的必要前提条件和重要基础。明晰而得到保护的产权制度具有这样一种功能，给人们提供追求长期利益的稳定预期和重复博弈的基本规则，严格的信用关系只有在产权明晰、不同产权都能得到保护的基础上才能建立起来。河南财经学院朱金瑞等教授认为，研究诚信问题必须考虑信息不对称导致的诚信偏见。全国大市场的形成，克服信息不对称的阻碍是关键。西南交通大学张震教授从家族企业角度研究了企业诚信问题，认为只有具备亲缘性信任和工具性守信这两种价值，家族企业才能有更好的发展。

四、市场经济条件下的诚信机制建设

把诚信道德建设作为社会主义道德建设的重点，举国上下已形成共识，关键是如何建设。所以，学者们对如何建设诚信机制做了深入思考和讨论，从不同角度提出了一些思路和措施、建议，归纳起来大致如下：

一是坚持诚信为本，加大诚信激励和教育机制，培育有利于诚信生长的人文环境。要全面辩证地认识和把握自律诚信与他律诚信之间的关系。社会应通过加强诚信宣传教育、营造舆论氛围等途径来实现诚信社会导向。但是，除此之外，还必须强调一种更为积极的导向手段，这就是社会赏罚机制，使全社会建立起良好的鼓励诚信、拒绝不诚信的环境和氛围。

二是进一步强化完善法制机制。国家事务法制化是社会主义市场经济活动中信用建立的主要保障。要健全市场经济信用的法律制度，尤其是对失信行为的法律惩戒规定。目前我国关于信用方面的法律体系尚需进一步建立和完善。首都师范大学的王淑芹教授提出要从法律制度、法治理念、法治结构几个方面强化法律对社会诚信的保障。

三是构建社会信用监管机制。王淑芹教授从政府的监管、行业协会的自律管理、中介服务机构的直接监察三个方面探讨了诚信机构机制的作用和建设。

四是构建资信记录评估机制，就是对一定社会主体的信用状况做出公正的信用评价。学者指出，信用记录和信用评价一方面可以使社会对某个人或单位主体的诚信状况进行了解与把握，另一方面也是约束各社会主体为避免不良记录而克服不诚信的有效途径，是使社会主体为获得良好信用记录而努力保持诚信的制度性引导。

五是构建信息公开机制。有学者指出我国失信状况与信用信息的非流动性和不透明有很大关系。在市场经济活动中，无论有意还是无意，都存在着信息不对称现象。信息不对称往往会掩匿市场行为活动中的欺诈性质。所以，信用信息必须做到市场化、公开化，以使不诚信或欺诈手段无处藏身。

六是提升政府诚信形象。在这一问题上许多学者提出，政府行为不规范是当前诚信机制构建的导向性障碍。华中师范大学的龙静云、西南交通大学的肖平等教授认为，当前我国民主监督机制有待进一步加强。人民对政府的监督不力是某些政府官员或机构失信现象存在的根本原因。我国官员职务升迁制度的缺陷是诱发官员失信行为增长的另一深刻根源。学者们还从加强公务员道德诚信教育、完善干部选拔和升迁制度、完善政府监督机制等方面讨论了如何提升政府诚信形象的问题。

第二编

政治伦理与核心价值观

第一章　罗国杰德治理论及其新德性主义伦理学 *

在罗国杰先生的思想体系中，"以德治国"理论是重要一域。罗先生非常注重道德在社会治理中不可或缺的作用，德治和法治相结合是他一贯的理论主张，对"以德治国"的必要性、德治法治关系以及如何实现德治等有许多著述，他甚至把自己的伦理理论体系定义为"新德性主义"伦理学。

一、德治功能及其与法治的关系

罗国杰先生的著述中有相当篇幅是在书写关于"以德治国"的伦理思考。他多次强调德治对于国家治理的重要性，"在建设有中国特色社会主义的过程中，我们不仅需要法治，而且也需要德治，使法治与德治相辅相成、相互促进。忽视其中的任何一个方面，都不可能达到使我们国家长治久安的目的"①。

把"以德治国"作为国家治理方略正式提出来，强调要把依法治国和以德治国结合起来，是在党的十六大报告中。这一提法得到了理论界

---

* 原载《道德与文明》2015 年第 4 期。

① 罗国杰. 罗国杰自选集. 北京：学习出版社，2003：303.

的普遍认同，但也存在一些不同甚至反对的意见。如有人认为我国是一个传统上缺乏"法治"的国家，迫切问题是加强社会主义法治建设，疑虑强调以德治国会影响到依法治国的实施。罗国杰先生认为产生这种疑虑主要是对德治法治关系认识模糊造成的。对此，罗先生写了大量文章予以阐释，引导人们正确理解德治法治关系。在《德治新论》一书中，罗国杰先生强调："第一，德治不但不是对法治的否定和削弱，而且是对法治的进一步肯定和强有力的支持。……第二，德治不是超越法治，而是在社会主义法治国家框架内施行德治。……第三，德治不是针对法治提出的另一个新的治国方略，而是对依法治国方略在道德上的重要补充，以使人们更加注重道德的作用，更加重视法律和道德的相辅相成、不可或缺的关系"①。他强调，"德治"是在肯定"法治"重要基础上的"德治"，社会主义"德治"观强调"以德治国"，绝不是也绝不能夸大道德的功能，把道德说成"万能"的，而只是使它与"法治"并行不悖，共同促进社会发展②。

罗国杰先生还在其他著述中，从中外历史上的治国经验方面，纵横论述了法治德治相结合的必要性和可能性。对一些把法治与德治对立起来的观点，把"德治"与"人治"相提并论的理解，都做了透彻分析，指出谈依法治国就必须排斥以德治国的观点实际是对治国方略浅层次甚至片面的认识。"法治和德治相结合，不仅在中外历史上是一个国家治国方略成熟的标志，就是在现代法制社会中，同样也是一个国家治国方略成熟的标志。在一个健全的社会中，法治和德治，确如车之两轮、鸟之两翼，一个靠国家强力机器的强制和威严，一个靠人们的内心信念和社会舆论……各自起着独特的、不可替代的作用"③。

二、以德治国与"正人心"

"德治"理论是罗国杰先生思想体系中一以贯之的理论主张。在自己六十余载的教学研究和思想理论建构中，罗先生非常重视人们的道德

---

① 罗国杰，夏伟东，关健英，等. 德治新论. 北京：研究出版社，2002：5.
② 罗国杰. 罗国杰自选集. 北京：学习出版社，2003：303.
③ 同②313.

意识和道德主体能动性，把其视为"正心"之学。先生当年在为我的《德化的视野——儒家德性思想研究》一书所做的序中写道："我们研究儒家思想，也必须要从儒家的思想家们的'立言宗旨'出发，从总体上来理解他们的本来意义，才能真正掌握儒家思想的本质"，"对于陆象山、王阳明的心学中所说的'心'，也应当充分地注意到他们的'立言宗旨'，在相当多的情况下，他们往往是从人的道德的主体的能动性出发的"①，要了解中国传统思想文化，必须要了解儒家的心性之学。

《中国教育报》记述说："他的第一个硕士林建初刚考上研究生时曾问：'伦理学专业对国家到底有什么用？'罗国杰回答了三个字：'正人心'。'人心正了，什么事都有秩序，人心坏了，就总想着钻空子，法律管不胜管'。""正人心"的德治思想在今天国家进入"依法治国"的思路语境中，尤其显得重要。

在罗国杰先生对中国传统德治思想的研究中，有许多研究是与道德主体性以及社会道德教育相联系的。他认为，德治要求以道德价值和道德力量来引导与影响社会，优化社会秩序，稳定民心，提高社会公众的道德素质和自律主体性，发挥道德在社会治理中的力量。他常引孔子最有名的一段话："道之以政，齐之以刑，民免而无耻；道之以德，齐之以礼，有耻且格"（《论语·为政》）。罗先生认为，孔子在这里并没有否认法律、刑罚的必要，他强调的是，为了预防和减少犯罪，更重要的是要使老百姓有羞耻之心。罗国杰先生还引孟子的思想来说明这一点："孟轲从治理国家的角度，进一步发挥了孔子的思想，提出'善政不如善教之得民也。善政者畏之，善教民爱之'"②。

在解说儒家德治思想时，罗先生还强调了"德教为先"的意义。"儒家认为，在治理国家时，一方面要利民、惠民，另一方面更要教民、化民和导民……一个社会的道德规范和道德原则确立之后，最重要的就是要使这些道德规范和道德原则能够很快地转化为人们的思想品德和行为实践，养成良好道德习惯，形成完整的思想人格。如果一个社会的道德规范和道德原则不能够在人们的思想和行为中发生作用，那么一切道德教育和道德要求，都只能是一句空话。正因为这样一个原因，儒家把

---

① 葛晨虹. 德化的视野——儒家德性思想研究. 北京：同心出版社，1998：序 2.
② 罗国杰. 罗国杰自选集. 北京：学习出版社，2003：297.

修养的功夫看作解决这一问题的根本保证"①。

十八届四中全会指出："法律的权威源自人民的内心拥护和真诚信仰。人民权益要靠法律保障，法律权威要靠人民维护。必须弘扬社会主义法治精神，建设社会主义法治文化，增强全社会厉行法治的积极性和主动性，形成守法光荣、违法可耻的社会氛围，使全体人民都成为社会主义法治的忠实崇尚者、自觉遵守者、坚定捍卫者"②。

罗国杰先生关于道德能够"正人心"的观点，也传达出法律和道德相辅相成的关系，人心若缺少诚服法律要求的道德自觉性，公民内心若没有来自道德的对法律规则的尊崇和信守，法律权威的树立和法制力量的发挥是难以达到应有效果的。

三、从传统文化中汲取德治思想资源

1996 年，时任国家主席的江泽民邀请八位学者走进中南海，就中国历史和世界历史的重要专题进行讲述与共同探讨，罗先生讲述的专题是"中国古代儒家思想与政治统治"。罗国杰先生总结说，儒家思想在国家治理理念中有几个原则，首要一个就是"利民、富民和教民、导民"；孔子主张从政要"因民之所利而利之"（《论语·尧曰》），"就是说，要根据老百姓的要求和实际可能，使他们得到能够得到的利益。因为只有这样，才能够达到孔子所说的'惠而不费'的目的。……对老百姓要'恭、宽、信、敏、惠'。所谓惠，就是要给老百姓以恩惠，因为'惠则足以使人'"。罗先生强调，"人和人之间不应该贫富差距过大，否则就会引起患乱，而人与人之间的和谐，对一个国家的稳定是最重要的"。除此之外，罗先生还从"德教为先""统治者要以身作则""以民为本""任人唯贤"等不同层面探讨仁政德治的理念特征③。罗国杰先生深谙儒家思想旨要，许多研究著述都和儒家仁政德治思想相关，在这次为国家领导人的讲解中，更是深入浅出、古为今用地为总书记做了阐

---

① 罗国杰. 罗国杰自选集. 北京：学习出版社，2003：427-429.
② 中共中央文献研究室. 十八大以来重要文献选编：中. 北京：中央文献出版社，2016：172.
③ 同①430.

释。该讲解内容后被收进中共中央党校出版社出版的《中外历史问题八人谈》一书。

罗国杰先生还论及了一些国家治理理念，如身居高位者要以身作则，要任人唯贤，要把那些有能力、有德性的人推举到领导岗位上。在德才问题上，罗国杰先生借用了《资治通鉴》的论述："才德全尽谓之圣人，才德兼亡谓之愚人，德胜才谓之君子，才胜德谓之小人。凡取人之术，苟不得圣人、君子而与之，与其得小人，不若得愚人。何则？君子挟才以为善，小人挟才以为恶。挟才以为善者，善无不至矣；挟才以为恶者，恶亦无不至矣。愚者虽欲为不善，智不能周，力不能胜"[①]。在许多学者和学生的记忆中，社会的官德和腐败现象也一直是罗先生忧心关注和思考的问题。罗先生常说："不管是谁领导这个国家，一定要抓腐败问题"，"我现在最大的心愿，就是我们国家能从根本上治理腐败"。

在多年研究中，罗国杰先生对"为政以德""德教为先""举贤才"等中国古代德治思想的古为今用、推陈出新，做了许多当代创新性研究和现代转换。应当说，倡导理论研究要与时俱进也是罗国杰先生学术思想的一个特质。关于"怎样处理传统文化与现代社会的关系"，罗先生认为要"坚持两点"："批判继承"和"综合创新"。传统文化有因循守旧的保守倾向，又包含革故鼎新的进步趋向，要批判它过时的、不适应时代发展的糟粕内容，继承、弘扬它能推动社会前进的优秀内容。罗先生重申张岱年先生的主张，要综合中西文化成果进行创新，对传统文化中的各学派思想，如儒、墨、道、法等，也要进行综合研究，还要结合时代新问题，创造出适应今天要求的新思想[②]。罗先生的新德性主义伦理学，事实上就是在汲取中国传统德性思想、新时代社会主义道德思想以及西方优秀道德思想的基础上，结合新问题、新思考而形成的。

四、"新德性主义"伦理学

罗国杰先生把自己的伦理学思想体系定位为"新德性主义"伦理

---

① 罗国杰. 罗国杰自选集. 北京：学习出版社，2003：444.

② 罗国杰. 我们究竟应当怎样对待传统文化［EB/OL］.（2006-07-07）［2015-05-15］. http://culture.people.com.cn/.

学。他在学术自述中说："我个人的伦理思想的形成，大约是从 1962 年编写《马克思主义伦理学讲义》、《马克思主义伦理学教学大纲》和给学生讲课、撰写讲稿开始的。之后，经过《马克思主义伦理学》《伦理学》《中国伦理思想史》《中国传统道德》《中国革命道德》《中国伦理学百科全书》的编写，形成了我'新德性主义'的伦理思想，也就是'马克思主义的新德性主义'的伦理思想"①。

对自己思想体系的"德性"定位，也表明罗国杰先生理论中一以贯之的对德性价值及其在社会治理中"德治"功能的重视。在罗先生的理论视野中，"伦理学绝不是一门纯理论的学科，而是一门强调实践的科学"，"道德行为之所以能称为'道德行为'，必须是不以享受某种道德权利为前提的。如果说一个人在从事道德行为的时候，就考虑着自己在实行这一道德行为后所能够得到的'道德权利'，这就不能说是一种真正的、纯粹的道德行为。……古人云：'善欲人见，并非真善'，我们可以说，'善欲人报，并非真善'"②。罗先生在他的许多著述中强调道德本身的内在价值，这也是他把自己的伦理学思想体系定位于"新德性主义"伦理学的理论根据之一。

一般认为，人类伦理思想史是围绕如下问题展开思考的：什么是应有的好的生活？怎样做才能实现好的生活？人应当成为怎样的人？德性主义伦理学和功利主义伦理学在前两个问题上往往少有原则性分歧，但在第三个问题上，显然德性主义会更多关注或强调人的德性品质培养问题。亚里士多德的伦理学之所以被称为德性伦理学，主要在于他的伦理学立足于人的美德必要性和品德产生的基础，侧重于回答"人应当怎样成就德性"的问题。麦金太尔构建他的"美德伦理学"，也是强调伦理学要关注人性向何处去的问题。从道德价值或道德评价角度而言，义务论一般认为合乎责任、义务或符合道德规范的行为就是道德行为，而德性论往往更强调道德的行为来自人的德性品质。

德性论关注我们应当成为什么样的人，包含对人的道德主体性的张扬，义务论、功利论往往着眼于"我必须做什么"的道德行为模式。德性论从"我应该如何生活"出发选择道德行为，更多强调了人的主体性和人的精神品格意义。罗国杰先生的德性伦理学就具有这样的理论

① 罗国杰. 我与伦理学的学科建设与发展. 中国社会科学报，2013-12-25.
② 罗国杰. 伦理学探索之路. 北京：首都师范大学出版社，2011：10-11.

性质。

在《伦理学探索之路》中论及自己"新德性论"理论之特点时，罗先生做了如下概括：一是具有为人类理想社会——社会主义和共产主义而献身的精神；二是强调和重视社会中每个人都应有崇高道德理想以及追求崇高理想的自觉；三是具有先进的社会主义人道主义的要求；四是在道德评价中，主张动机和效果辩证统一，效果是重要根据，但判断一个行为的善恶，必须把动机放在首位；五是新的马克思主义的德性论，注重道德修养，把个人的自我完善看作道德行为的重要方面。

罗国杰先生就是这样，面对时代提出的新问题，总是积极思考，笔耕不辍，释疑解惑，建言献策，以一个学者高度的责任心和思想话语方式，研究、解读社会新问题，给出新的理论解决或思路建议，引导社会沿着正确的价值观方向发展。罗国杰先生具有深厚的中西方伦理思想史基础，注重理论研究，更注重理论研究与社会现实问题相结合。他认为，研究重大现实问题，是哲学社会科学的研究目的和创新能力的必然要求，理论联系实际是哲学社会科学创新的根本途径，尤其强调我国目前处于改革发展阶段，新情况、新问题层出不穷，需要学者给予研究和回答①。

作为伦理学界的思想泰斗，罗国杰教授把教学研究和社会主义伦理学事业与国家前途结合起来，在伦理学理论创建、研究以及人才培养方面取得了卓著成就。新中国的伦理学事业，社会主义伦理学体系的建构，德治与法治相结合的思想，与社会主义市场经济相适应的道德建设，公民道德建设的理论与实践，社会主义核心价值体系的构建，这些与社会精神文明建设以及国家治理相关的思想理论，都和罗国杰先生的名字连在一起。罗先生的许多建议也常被国家顶层重视。《中共中央关于加强社会主义精神文明建设若干重要问题的决议（讨论稿）》征求意见时，罗先生写了建议，希望能在"以为人民服务为核心"后面加上"以集体主义为原则"，中央采纳了这一修改意见，在文件中增加了"社会主义道德要以集体主义为原则"的提法。

罗国杰先生对国家社会治理的忧心和深入思考，他的重要理论建树和社会影响，是同他强烈的社会责任感分不开的。正如"吴玉章终身成

---

① 罗国杰. 在推进高校哲学社会科学创新中坚持和发展马克思主义. 光明日报，2012-10-08.

就奖"颁奖词中所概括的："先生心系国家民族，关注中国前途民族大业"。罗国杰先生著书立说，是新中国伦理学的主要奠基人，也是创立马克思主义新德性论、对"以德治国"理论进行深入思考和现实创新的当代理论家，同时更是知行合一，研究道德、实践道德、著道德文章的典范。

第二章　德治与法治[*]

江泽民提出了"以德治国"重要思想，指出"我们在建设有中国特色社会主义、发展社会主义市场经济的过程中，要坚持不懈地加强社会主义法制建设，依法治国；同时也要坚持不懈地加强社会主义道德建设，以德治国"①。把"以德治国"提高到治国方略的高度加以强调，这是对中国特色社会主义理论的重要发展，是对国家治理学说的进一步丰富和完善，在实践中，对建设中国特色社会主义也将产生极其深远的历史意义。

"以德治国"思想的提出，绝不意味着取代"依法治国"，不意味着要回到传统德治模式中去，而是要更好地和法治一起发挥功能，治理好国家。

"依法治国"和"以德治国"所强调的角度、侧重点各有不同，但作为管理国家、治理社会的手段，目的和功能是一致的。正如江泽民指出的，"对一个国家的治理来说，法治和德治，从来都是相辅相成、相互促进的。二者缺一不可，也不可偏废……二者范畴不同，但其地位和功能都是非常重要的"②。法治以其权威性和强制性规范社会成员的行为，而德治则通过对社会成员的内在价值引导来达到规范行为的目的。依法治国与以德治国，具有统一的目的和功能。

---

* 原载《高校理论战线》2001 年第 3 期。

① 江泽民文选：第 3 卷. 北京：人民出版社，2006：200.

② 同①。

德治的实施必须以法制为前提、保证，这是不争的定论，但法制的实施也绝对离不开道德基础。德治和法制互补互保、相得益彰，发挥德治的力量是为了更好地实现法制，在一定意义上甚至可以说，道德就是法制的内在需要。

首先，法律可以动用外在权威手段对社会成员进行强制制约，但如果缺少道德规范的内在引导和自律约束，就很难使社会成员真正自觉地遵守法律，做到"有耻且格"。仅仅出于对法律的盲从或迫于法律的威慑而产生的法制结果，绝不可能达到那种出自对法律的信服而产生的效果。

其次，法律可以逐步趋向健全完善，但不可能穷尽所有社会行为领域，在许多法治达不到的地方，就需要道德去调整，这即所谓"法律之所遗，道德之所补"。

最后，法律的建立是以道德为内在价值取向的。任何立法过程及其结果，都内含着立法者的理念，并体现着一个社会的道德价值取向。封建社会的法律充满着亲尊等级、男尊女卑的道德观念，而社会主义的法律体系也必须同社会主义道德价值取向一致。道德本质上是一种社会理性取向的表达，法律所追求的正义和道德所体现的正义，在根本上应当服从于同一社会价值目标。法制不是不需要道德，人类的法律体系如果不同道德价值目标保持一种内在一致性，就很难成为真正合理的、道德的法。正是在这个意义上，西方一位著名法学家指出，"法律的生命力在于永远力求执行在法律制度和法律规则中默示的实用的道德命令"①。也正因为如此，我们党在法制建设和道德建设中，一再提出道德建设要进一步获得法律支持，而在法制体系建设中也应当进一步加大道德含量。

总之，"以德治国"思想具有成熟而丰富的内涵，我们对其应做全面深刻的理解。德治不应被仅仅理解为法治的补充。德治作为一种治国方略，道德体系作为一个社会的价值取向表达，它们规定着社会目标，为这一社会目标的实现发挥着一种独特的作用。在更为根本的意义上，德治是一个国家治理中的系统工程，无论在法治领域，还是在政治、经济等领域，都发挥着无法取代的作用。我们应当在大力加强法制建设的同时，也大力加强道德建设，建立起法治和德治共同发挥调控作用的社会治理模式。

---

① 麦考密克. 制度法论. 北京：中国政法大学出版社，1994：226.

第三章　意识形态与国家社会的
　　　　文化治理[*]

一、意识形态及其核心价值的国家治理功能

　　意识形态指一种观念和理论意识的体系集合，其主旨内容就是核心价值体系或核心价值观，党的十七大报告指出，"社会主义核心价值体系是社会主义意识形态的本质体现"[①]，我们完全可以把核心价值理念理解为解读国家意识形态的一个新视角。意识形态中的核心价值体系，是一个国家、民族的思想、精神和灵魂，是社会发展道路的旗帜，具有"一种特有的思想先导作用，尤其是在社会转型或社会危机时期，意识形态常常成为社会人们向既定的方向和目标前进的一面思想旗帜"[②]。一个国家必须有一定的意识形态或核心价值取向，有一种用主流理论引领社会文化和发展道路的意识。中国要走适合自己的发展道路，就要坚守自己的核心价值原则和相应的意识形态理论。中国特色社会主义发展理念与社会主义意识形态价值取向相契合，与中华优秀传统文化和人类文明优秀成果相承接，是国家治理中凝聚全党全社会价值共识做出的重

　*　原载《浙江工商大学学报》2017 年第 6 期。
　①　胡锦涛文选：第 2 卷. 北京：人民出版社，2016：639.
　②　安东尼·唐斯. 民主的经济理论. 上海：上海人民出版社，2005：96.

要论断和文化理论基础。缺少核心价值统摄、引领的社会，一定会陷于无序。国家意识形态及其主流价值观如果对大众文化起不到应有的主导作用，就谈不上社会"共同价值观"，更谈不上社会的文化整合。任何社会都要用国家主流意识形态引领、整合多样化的大众意识和文化取向。

从国家治理体系来看，文化治理本身就是社会治理的一部分。马克思主义强调经济基础对意识形态的决定作用，也强调意识形态等文化力量对社会基础的反作用。葛兰西（Antonio Gramsci）对此曾指出，"在历史的演进中，国家的强制因素将随着市民社会因素的日趋明显而逐渐削弱"①。"市民社会"的重要特征之一，即它的治理具有不同于传统社会强制管理的多种社会治理因素，这些社会因素包括从属于上层建筑的文化、伦理和意识形态领域，既包括民间社会组织所代表的社会舆论领域，也包括官方意识形态领域②。所以，现代国家不仅是经济的、政治的，更是文化的、价值意识形态的。

社会价值观引领本质上是文化意识形态与国家社会自觉确认的社会化过程，反映着社会主体和客体之间的实践关系，"这些关系在形式上体现为实践意识，它们实际上渗透于当下生活的整体过程——不仅渗透在政治活动和经济活动中，也不仅渗透在明显的社会活动中，而且还渗透在由业已存在的种种身份和关系所构成的整体之中，一直渗透到那些压力和限制的最深处——这些压力和限制来自那些最终被视为某种特定的经济体系、政治体系和文化体系的事物"③。文化就是这样，潜移默化地渗透在社会生活的各个领域中，发挥着其特有的社会凝聚和社会发展规导、动能作用。

二、社会"共意"与社会整合

核心价值观及其意识形态理论体系，作为一个国家的思想、精神和理论先导，是整合、动员人们向既定价值目标前进的一面思想旗帜。在

---

① 葛兰西. 葛兰西文选. 北京：人民出版社，1992：445.

② 王凤才. 葛兰西国家概念的政治伦理学诠释. 学习与探索，2012（10）.

③ 雷德蒙·威廉斯. 马克思主义与文学. 开封：河南大学出版社，2008：118.

全球化进程中，正处在变革发展过程中的中国更需要建立符合中国国情和国际政治大背景的正确理论指导，需要公民大众对国家发展目标和执政理念的认同与支持，需要中国特色共同价值观对国家社会予以文化的"共意"整合。如果社会意识形态及社会价值观发生冲突，如果旧有规范动摇、瓦解而新的规范没有及时建构起来，如果缺乏主流意识形态对多样价值观的一元整合，社会价值观就会出现失序或"空场"，继而引发的一定是社会无序和人们普遍的意义感紊乱。

可见，文化系统尤其是社会共同价值观，在社会凝聚整合中十分重要。也正因为如此，党的十八大报告强调："要深入开展社会主义核心价值体系学习教育，用社会主义核心价值体系引领社会思潮、凝聚社会共识。推进马克思主义中国化时代化大众化，坚持不懈用中国特色社会主义理论体系武装全党、教育人民，深入实施马克思主义理论研究和建设工程，建设哲学社会科学创新体系，推动中国特色社会主义理论体系进教材进课堂进头脑。广泛开展理想信念教育，把广大人民团结凝聚在中国特色社会主义伟大旗帜之下"[1]。

三、共同价值观：国家意识形态的社会化与大众化

习近平在 2015 年中央政治局首次集体学习时也强调，"我们必须毫不放松理想信念教育、思想道德建设、意识形态工作，大力培育和弘扬社会主义核心价值观"[2]。因此，建构中国特色社会主义核心价值体系，增进民众对民族、国家和社会发展目标的主体认同，凸显"中国模式"和"中国道路"，这一切既是时代提出的任务，也是一种国家能力的体现。

社会学功能学派强调社会共同价值观存在的意义，强调能否通过"内化"使社会成员共享这些价值观，也是一种重要的国家能力。这种理论认为"社会化"是调控社会秩序和保证社会凝聚整合的一个原则性环节，一套共同的价值模式与成员人格的内化的需要——性格结构的整

---

①　胡锦涛文选：第 3 卷. 北京：人民出版社，2016：638.

②　坚持运用辩证唯物主义世界观方法论　提高解决我国改革开放基本问题本领. 人民日报，2015-01-25（1）.

合是社会系统动力学的核心现象。在这个意义上，使国家意识形态主流价值观大众化，是一种必要的国家任务和国家能力。因为大众文化是社会核心价值体系的重要承载媒介，对于文化这样具有价值意识属性的特殊领域，国家应承担起促进其发展的更多责任。如果社会一方面在意识形态领域大力强调核心价值理念，同时又不注重其在大众文化中的语境引导，大众文化最终就会远离社会核心价值理论。

马克思说："批判的武器当然不能代替武器的批判，物质力量只能用物质力量来摧毁；但是理论一经掌握群众，也会变成物质力量。理论只要说服人，就能掌握群众；而理论只要彻底，就能说服人。所谓彻底，就是抓住事物的根本。而人的根本就是人本身"①。毛泽东说："代表先进阶级的正确思想，一旦被群众掌握，就会变成改造社会、改造世界的物质力量"②。这些都向我们说明：打造国家软实力，凝聚民心，整合社会力量，必须从理论意识和核心价值观的大众化抓起。事实上，许多国家都将国家价值意识教育作为国民教育的重要组成部分，以此建构社会思想理论支撑，整合社会共同价值观。因为只有这样，才能真正实现社会一元主流价值观对多元价值观取向的引领和整合，才能保证国家社会形成"共意"或共同价值观。

---

① 马克思恩格斯选集：第1卷. 3版. 北京：人民出版社，2012：9-10.
② 毛泽东文集：第8卷. 北京：人民出版社，1999：320.

第四章　理念与发展：中国特色社会主义公正观[*]

社会公正是伦理学研究的重要论域。伦理思想内容多样，核心问题可归为三个，即什么是好生活，为了好生活我们应该怎么做，人应当成为什么，人类自古以来就在思考这类问题。在伦理学的"应然"语境中，"好生活"首先要回答什么是公正社会，社会共同体中"共同善"如何实现等问题。建设一个人人平等、富强民主、共同富裕的社会主义国家，是中国共产党的"初心"，也是中国人民的共同理想。改革开放40年来，一方面改革开放步步深入，另一方面中国特色社会主义公正理论和实践，在民族复兴、共同富裕的道路中，得到了越来越清晰的展现。

一、改革开放 40 年：中国公平-效率关系的理念发展

公平本质上是个伦理应然概念，效率主要指经济效率，往往被定义为经济的投入和产出之间的比率，它是经济学尤其是现代经济学研究的中心问题。公平与效率作为一对价值关系范畴，是人类道德理性选择的

　＊　原载《道德与文明》2018 年第 6 期。

体现。公平与效率成为一对范畴，有一定的历史形成过程，不同时代、不同社会关系形态产生的公正理念也很不同，它和人们对人的存在状态的理解以及道德应然价值理性的自觉把握有关。公平与效率的关系在某种意义上折射着市场经济"看不见的手"与社会公平"看得见的手"的关系。

回顾 40 年来改革开放的实践历程，我们能看到公平-效率关系理念也在与时俱进，表现了改革开放探索实践中的理论自觉历程。1977年召开了党的十一大，会议报告提出了 20 世纪末要建成社会主义现代化强国的目标。1978 年 12 月召开了十一届三中全会，强调要把全党全国工作重心转移到社会主义现代化建设上来，开启了社会主义市场经济建设的新篇章。党的十二大（1982）报告《全面开创社会主义现代化建设的新局面》，强调必须调动各方面的积极性，努力发展生产力，提高经济效益，使国民收入有较快增长，鼓励劳动者个体经济在国家规定的范围内和工商行政管理下适当发展，体现了克服平均主义"大锅饭"、允许部分人先富起来的思路。党的十三大（1987）报告《沿着有中国特色的社会主义道路前进》，提出"分配政策，既要有利于善于经营的企业和诚实劳动的个人先富起来，合理拉开收入差距，又要防止贫富悬殊，坚持共同富裕的方向，在促进效率提高的前提下体现社会公平"[①]。党的十四大（1992）报告《加快改革开放和现代化建设步伐，夺取有中国特色社会主义事业的更大胜利》，明确提出"在分配制度上，以按劳分配为主体，其他分配方式为补充，兼顾效率与公平。运用包括市场在内的各种调节手段，既鼓励先进，促进效率，合理拉开收入差距，又防止两极分化，逐步实现共同富裕"[②]。1993 年召开的十四届三中全会在效率-公平关系的提法上有一个新变化。会议通过的决定提出，"建立以按劳分配为主体、效率优先、兼顾公平的收入分配制度，鼓励一部分地区一部分人先富起来，走共同富裕的道路"[③]。党的十五大（1997）报告《高举邓小平理论伟大旗帜，把建设有中国特色社会主义事业全面推向二十一世纪》，强调"把按劳分配和按生产要素分配结合起来，坚

---

① 中共中央文献研究室. 十三大以来重要文献选编：上. 北京：中央文献出版社，1991：32.

② 中共中央文献研究室. 十四大以来重要文献选编：上. 北京：中央文献出版社，1996：19.

③ 同②520-521.

持效率优先、兼顾公平，有利于优化资源配置，促进经济发展"①。党的十六大（2002）报告《全面建设小康社会，开创中国特色社会主义事业新局面》，强调"坚持效率优先、兼顾公平，既要提倡奉献精神，又要落实分配政策，既要反对平均主义，又要防止收入悬殊。初次分配注重效率，发挥市场的作用，鼓励一部分人通过诚实劳动、合法经营先富起来。再分配注重公平，加强政府对收入分配的调节职能，调节差距过大的收入"②。在具体表述中有了"初次分配注重效率，再分配注重公平"的提法。"初次分配注重效率"，是进一步强调市场作用，确立劳动、资本、技术和管理等生产要素"按贡献参与分配"的效率原则；"再分配注重公平"，是针对当时社会开始显现的贫富分化现象，对公平问题做了更多注重，强化国家对贫富差距及分化的调控。党的十七大（2007）报告《高举中国特色社会主义伟大旗帜，为夺取全面建设小康社会新胜利而奋斗》，强调"初次分配和再分配都要处理好效率和公平的关系，再分配更加注重公平"，并进一步提出要"逐步提高居民收入在国民收入分配中的比重，提高劳动报酬在初次分配中的比重"，"着力提高低收入者收入"③，还提出要"走共同富裕道路……发展成果由人民共享"④。党的十八大（2012）报告《坚定不移沿着中国特色社会主义道路前进，为全面建成小康社会而奋斗》，延续了十七大报告的相关提法，但进一步具体强调要千方百计增加居民收入，"实现发展成果由人民共享，必须深化收入分配制度改革，努力实现居民收入增长和经济发展同步、劳动报酬增长和劳动生产率提高同步，提高居民收入在国民收入分配中的比重，提高劳动报酬在初次分配中的比重。初次分配和再分配都要兼顾效率和公平，再分配更加注重公平"⑤。党的十九大（2017）报告《决胜全面建成小康社会 夺取新时代中国特色社会主义伟大胜利》，对公平–效率关系没有专做表述，但报告通篇围绕以人民为中心、公平·公正、共同富裕、解决"美好生活需要"等问题展开，强调

---

① 中共中央文献研究室. 十五大以来重要文献选编. 上. 北京：中央文献出版社，2000：24.

② 中共中央文献研究室. 十六大以来重要文献选编. 上. 北京：中央文献出版社，2005：21.

③ 胡锦涛文选：第2卷. 北京：人民出版社，2016：643.

④ 同③624.

⑤ 胡锦涛文选：第3卷. 北京：人民出版社，2016：642.

坚持在发展中保障和改善民生，"必须多谋民生之利、多解民生之忧，在发展中补齐民生短板、促进社会公平正义，在幼有所育、学有所教、劳有所得、病有所医、老有所养、住有所居、弱有所扶上不断取得新进展。深入开展脱贫攻坚，保证全体人民在共建共享发展中有更多获得感，不断促进人的全面发展、全体人民共同富裕"[1]，报告还提出"党的一切工作必须以最广大人民根本利益为最高标准"[2]。

回顾改革开放 40 年的实践和中央文件表达的理念发展，可知社会主义市场经济分配改革的核心，就是要让更多的人分享到社会经济发展成果。中国特色社会主义市场经济，在大力发展市场经济和提高生产效率的同时，一定要注重成果共享和社会公平。走共同富裕之路，为人民谋幸福，为民族谋复兴，是执政党的初心，也是中国特色社会主义道路的目标和特征。

二、社会公正理论的相关辨析

伦理学视界中的良善社会首先必须是具有公平正义的社会。公正或正义作为表达人类社会发展标准和价值取向的范畴，在不同的时代和社会有不同的内容。即使同一个时代，不同思想家、不同理论派别的公正或正义标准和价值取向也各不相同。例如，社会主义的公正观和资本主义的公正观不一样，自由主义的公正理念与社群主义的公正理念大相径庭。

自由主义在公正问题上一般主张"权利优先于善"，强调个人权利对社会共同善具有优先性。但自由主义为了应对个体权利优先于社会普遍善所导致的矛盾，使其正义原则和社会秩序需要的合作原则相协调，使个体权利优先与社会制度价值秩序不存在逻辑违和，又提出了基于契约主义路线的"政治共识"要求。罗尔斯的"重叠共识"理论，就是为调和或弥补"基于制度的正义原则"和"基于个人的正义原则"之间的冲突而立论的。社群主义反对自由主义把个人权利当作解读社会合理性

---

[1] 习近平. 决胜全面建成小康社会 夺取新时代中国特色社会主义伟大胜利——在中国共产党第十九次全国代表大会上的报告. 北京：人民出版社，2017：23.

[2] 同[1]50.

的基本元点，认为社群共同体才是社会制度合理与否的基础，针对自由主义的"权利优先于善"，提出了"善优先于权利"的理论主张。桑德尔（Michael J. Sandel）指出，"正义原则及其证明取决于它们所服务的那些目的的道德价值或内在善"①。离开社会存在的善观念，就无法判断一种行为或社会正义原则的正当性。

即便在自由主义内部，罗尔斯的正义与诺奇克的正义原则和价值取向也有分歧。罗尔斯与诺奇克的正义论争辩焦点在于，如何看待社会平等原则、补差原则以及补差到什么程度。罗尔斯的正义论有两个原则：第一个原则可被概括为平等自由原则，第二个原则可被概括为机会平等和补差原则。机会平等原则主张社会各项职位及地位在公平机会下对所有人开放。补差原则主张用能使社会中弱势成员得到最大好处的方式来分配财富，以使社会处境最不利的成员获得基本利益保障，促进社会平等和稳定。罗尔斯的正义观思路原则上主张正义总要意味着社会平等，不平等应该加以解决，否则不利于社会稳定。

诺奇克则认为正义不是一定要做到社会"平等"，正义在于对个人权利的尊重、维护。由此可认为其正义论是一种"权利正义"。诺奇克正义观的出发点是个人权利至上并不可侵犯，没有任何人或任何权力可以干涉个人正当合法的权利。诺奇克的正义观也被称作"持有正义"。他认为一个人的财富无论是直接获得的还是转交获得的，只要是通过正当合法渠道获得的，他对这个财富的持有就具有资格。在诺奇克看来，给国家政府更多的实施再分配的职能，就会带来侵犯人的权利的后果。他提出"弱小政府"理念，认为"最低限度的国家是能够得到证明的最多功能的国家，任何更多功能的国家都会侵犯人们的权利"②。他主张将国家政府职能降到最低限度，仅限于安全、防止偷窃欺诈和执行法律契约的功能，即"守夜人"的功能。

关于社会中存在的每个人的自然禀赋和条件不同带来的差距与不平等，诺奇克也认为这是不幸，但不是"社会平等"问题且也无法解决。对自然禀赋和天赋带来的不平等，诺奇克与罗尔斯的解读也完全不同。诺奇克认为禀赋属个人权利的一部分，认为"无论从道德的观点看人

---

① 迈克尔·桑德尔. 自由主义与正义的局限. 南京：译林出版社，2001：22-23.
② 罗伯特·诺奇克. 无政府、国家和乌托邦. 北京：中国社会科学出版社，2008：179-180.

们的天资是不是任意的，他们对它们都是有资格的，从而对来自它们的东西也是有资格的"，"我们没有发现任何有说服力的论证能证明，由天资方面的差异所导致的持有方面的差别应该加以消除或降到最低程度"①。在他看来，一个球星或富人因天赋而获得独特财富等社会权利，这是正当所得，国家和社会无权干涉。无论何种形式和理由，夺走他人的正当所获，就是一种侵权行为。

这里的关键点是如何看待"自然天赋"或所谓的资格禀赋。诺奇克眼中人的自然天赋属于个人权利的一部分，而罗尔斯认为，人的自然天赋具有偶然因素，天赋能力和运气条件在一定程度上应被看作一种"共同体的资产"②。这个问题很重要。一种正义原则，在理论逻辑上与如何理解人的存在状态有内在关联。诺奇克对人的存在状态的理解，是从原子个体的独立状态出发的，故而把个体权利视作社会制度正当性的前提。罗尔斯的正义考虑从社会整体结构出发解读人的存在状态，把人的资质和权利当作共同体应该共享的资源。

人的社会平等的权利来自哪里？天赋人权理论认为人生而平等，马克思主义认为源于社会。对此，马克思说，一个人"成为奴隶或成为公民，这是社会的规定，是人和人或 A 和 B 的关系。A 作为人并不是奴隶。他在社会里并通过社会才成为奴隶"③。社会公正理念是决定好生活、好社会的基本伦理原则问题，而这个问题的解决在一定意义上取决于对人的存在状态的理解，有什么样的人的存在理论，就有什么样的伦理原则和公正观或正义论。原子个体的人的存在理论，强调个人至上地位和个人理性，必会推出个人主义自由原则。是否把人的存在状态看作一个共同体，逻辑上直接关系到推论出何种伦理公正原则。自由主义和社群主义的争论，正当权利和平等之善何者优先，有一个前提，即把人的社会存在状态看作一个内在共同体，还是看作外在契约的利益合作共同体。

在这个问题上，马克思主义公正观应该是更具合理性和理论自洽的。马克思主义认为人的本质是社会性，人的自由和平等权利不是自然天赋的，也不是靠契约程序约定就可以达到的。人的本质丧失，社会的

---

①　罗伯特·诺奇克. 无政府、国家和乌托邦. 北京：中国社会科学出版社，2008：271-272.

②　同①273.

③　马克思恩格斯全集：第 30 卷. 中文 2 版. 北京：人民出版社，1995：221-222.

不公平，真正的原因在于社会生产关系和政治制度的不合理。"改造现有社会使之合乎道德，马克思恩格斯认为，这就是自己的使命"①。马克思主张消灭私有制，消灭剥削，建造一个人人平等的"自由人的联合体"。其出发点是把人的本质定位于社会关系，人的社会地位和贫富差距是由社会决定的。马克思指出私有制经济体制导致的必然是社会贫富分化，在资本带来剩余价值并转化为新资本产生更多剩余价值的循环过程中，资本得以使剩余价值累进式增长，最终集中在资本家手中。这一点在皮凯蒂（Thomas Piketty）所写的《21世纪资本论》中得到了大数据的支撑和理论印证。皮凯蒂运用了大量历史数据，得出了资本主义经济发展"铁律"，即资本收益率永远大于快于经济增长率，他解读社会贫富不均现象与资本作为一种生产要素的偏高报酬有关。皮凯蒂提出了与马克思相同的结论：由于资本投资回报率高于经济增长率，所以贫富不均是资本主义固有的东西。他提出应通过国家向富人征税，把税金分配给资本较少的人。

三、中国特色社会主义公正理念与共同富裕之路

以人民的美好生活为社会发展目标，走共同富裕道路，是中国特色社会主义公正理念，是马克思主义公正观的中国化发展，也是中国特色社会主义市场经济改革开放应遵循的价值旨归。

伦理思想史一直在用伦理应然理性解答"什么是好生活""人应当成为什么"，中国传统文化也有"人之道以有余补不足"的大同理念，有丰富的"仁政惠民"的理想社会追求和成就人性的文化智慧。几乎所有人文价值都在追寻"美好生活"。不同的思想理论提供关于"好生活"的不同方案，马克思主义是一个包含哲学、政治经济学、科学社会主义的大的理论体系，但全部理论都归为解放全人类，消灭私有制，建立自由人的联合体。马克思用理论逻辑揭示了社会贫富分化的根源，揭示了资本剥削的秘密，要消灭剥削就必须消灭私有制。中国共产党选择了马克思主义，走的正是消灭剥削、实现人人平等的社会主义道路。

---

① 安启念. 马克思恩格斯伦理思想研究. 武汉：武汉大学出版社，2010：15.

不忘初心，追寻公平社会与"美好生活"，是执政党的理念，也是全社会的共识。党的十九大报告最突出的一点是，强调"以人民为中心"，执政思路和发展布局全面回归到"社会主义公平正义以及人民群众美好生活"的初心宗旨上来。党的十九大报告中十三个部分都是围绕"为中国人民谋幸福，为中华民族谋复兴"而展开的。应当说，这是一份不忘初心、勇担使命的政治宣言："中国共产党人的初心和使命，就是为中国人民谋幸福，为中华民族谋复兴……全党同志……永远把人民对美好生活的向往作为奋斗目标"①。

十八大以来，国家更加注重以税收调控、社会保障、公共资源共享机制为主要手段的再分配调节机制，努力缩小社会整体的收入差距和贫富差距。事实上中国逐步解决了十几亿人的温饱问题，全社会实现小康的目标也指日可待。国家"十三五"规划建议强调，要坚持共享发展、增进人民福祉，加强对贫困人群的帮扶，推进贫困地区的基本公共服务建设，提出了"精准扶贫"的要求。2015 年召开的中央扶贫开发工作会议也强调，全面建成小康社会已进入"决胜阶段"。国家采用财政扶贫、教育扶贫、产业扶贫、就业扶贫、搬迁扶贫等一系列政策举措，构建了一个国家、社会、市场协同推进的大扶贫格局。

当然，扶贫、脱贫不能止于最低标准，国家顶层也再三强调，要让人民群众吃得饱饭、住得起房、上得起学、看得起病。对于许多贫困地区和人群来讲，还需要做大量的从制度、政策到技术、财力、人才的建设工作。现在中央和国家所做的"扶贫规划""城镇化""乡村振兴"等战略布局，都是在推动解决社会贫富差距、城乡差距的问题。

总之，中国特色社会主义公正观，是在马克思主义理论的指导下，在中华传统文化大同理念的基础上，以及在中国人民的需要和意愿上建构起来的。无论伦理学的思想"初问"、马克思主义的理论主张，还是中国共产党的执政"初心"，其目标宗旨都是一致的，都是在追求"好社会""好生活"，追求人的平等和人的解放。中国特色社会主义公正理论和道路实践也是一致的。我们应自觉增强中国特色社会主义道路自信、理论自信、制度自信、文化自信，坚持为人民谋幸福、为民族谋复兴，走中国特色社会主义共同富裕道路。

---

① 习近平. 决胜全面建成小康社会　夺取新时代中国特色社会主义伟大胜利——在中国共产党第十九次全国代表大会上的报告. 北京：人民出版社，2017：1.

第五章　全面从严治党与共产党人的本色自律[*]

全面从严治党意义重大，是关系党、国家和民族的前途命运的关键所在。

关键词一：标本兼治

"不敢腐""不能腐""不想腐"是治腐防腐的三个阶段。这里重点强调党员干部"不想腐"的自律境界。习近平指出，全面从严治党必须坚持标本兼治，"既猛药去疴、重典治乱，也正心修身、涵养文化，守住为政之本"①。我们党能否在公权力执掌方面真正做到自觉践行为人民群众谋利益的宗旨，真正担当起为国家、民族、人民谋富强、幸福的责任使命，在相当程度上取决于广大党员干部的思想自觉和职责自律。所以，党员尤其是党员领导干部，一定要从党和国家生死存亡的高度，对党的历史责任保有充分的使命意识、忧患意识，这种思想基础是从严治党之"治本"任务的一个核心要素。

* 原载《天津日报》2017 年 2 月 13 日。

① 全面贯彻落实党的十八届六中全会精神　增强全面从严治党系统性创造性实效性. 人民日报，2017−01−07（1）.

关键词二：不忘初心

理想信念是党员干部正确行使公权力的自觉意识前提。形式主义、官僚主义、享乐主义和奢靡之风之所以久治不愈，有些党员干部之所以沦为腐败分子，说到底，还是理想动摇，信念不再。中国共产党在最困难的时期，仍有无数党员为了党的事业而牺牲，就是因为心中有坚定的理想信念。今天，理想信念在党员干部正确行使公权力的过程中，也始终发挥着价值规导、精神动力的作用。所以，全面从严治党，在抓制度治党的同时必须力抓思想建党。十八届六中全会也强调，新形势下加强和规范党内政治生活，首要任务就是坚定理想信念。理论武装、理论自觉，是牢固树立共产主义远大理想和中国特色社会主义共同理想的基本途径与基础建设。只有不忘初心，坚守理想信念和全心全意为人民服务的宗旨，才能不断把党领导的中国特色社会主义事业向前推进。

关键词三：本色自律

党员干部是运行公共权力的主体群体。公共权力具有强烈的公共性和人民性，绝不能运用公共权力为个人或小集团牟取利益。所以，习近平反复强调要"把权力关进制度的笼子里"。保证公共权力运行的公共性和人民性，要靠全面从严治党，要靠制度的严格管理和监督。执政党的公共权力规约靠制度也要靠权力运行主体的本色自律，这就要求党员和领导干部要"修身慎行、怀德自重、清廉自守"①，永葆共产党人的本色自律，这一点对于作为"关键少数"的党员领导干部来讲，尤为重要。

---

① 全面贯彻落实党的十八届六中全会精神　增强全面从严治党系统性创造性实效性. 人民日报，2017-01-07（1）.

第六章　先进文化与社会合理发展[①]

一个社会的合理发展，应该是代际文明以及社会经济、政治和文化统一发展与综合作用的结果。这意味着社会发展是社会经济理性、政治理性以及文化理性等方面统筹考虑的问题。其中文化，尤其是先进文化，对社会发展起着重要的导航作用。所以，以社会理性发展为主轴对文化进行再审视，探究社会发展的文化支持及理论基础，这是我们今天必须思考的重大时代主题。

一、文化与先进文化

1. 文化、先进文化的概念

文化产生于人类的进化、发展过程中。人类能动的对象化过程就是文化产生和发展的过程。"文化"一词在西方可追溯到拉丁语"cultura"，原义主要指土地耕作，泛指动植物培育等经由人而发展起来的一切事物、现象，后指在人类社会中物质和精神的成果及其相关能力与方式的总和。在中国，"文化"一词的出现多和以文教化相关。古文献中

---

① 原载《第 13 次中韩伦理学讨论会国内学者论文集》，2005：122-127。

记载"观乎天文，以察时变。观乎人文，以化成天下"(《周易》)。文化在中国传统文化中多被理解为以人文立人、立天下。在现代，从一般意义上讲，文化指人类在认识、改造世界的过程中形成的一切关于物质的、精神的文明成果。这已经涵盖了中西方产生、发展起来的"文化"概念。

文化是一个复杂系统。受不同价值观决定和影响，不同的时代、不同的民族会形成不同的文化体系，所以文化具有多元性特点。文化渗透于人类社会发展的各个方面，直接或潜移默化地影响着人类社会的发展。文化相对于人类发展进步而言，具有有利于人类进步发展和不利于人类进步发展两个方面的功能。在这个意义上，一定的文化观念具有先进性和落后性之不同。

先进文化应该是推动人类进步的理性动力，通常定位在有利于一定社会的和谐发展和人类可持续发展及人类幸福这一评判标准上。在中国特色社会主义建设中提出的"先进文化"理论，是对文化本质及其发展规律的总结认识，体现着一种现时代的文化自觉。它对我国社会和谐、可持续发展将起到重要的指导作用，对世界文化发展和人类共同进步也具有重要的贡献意义。

2. 先进文化的本质特点

先进文化作为人类文明进步的结晶，具有如下本质特点：

一是民族性。这里的民族性涵盖民族传统文化。先进文化必须传递民族传统文化的优秀成果。传统并不意味着"过去的文化"，传统文化本质上是一种观念之流，是一种相对稳定的价值取向，是始于过去、融透于现在、直达未来的一种意识趋势和存在。并不是任何文化内容都可以成为传统，也不是任何一种文化精神都会凸显出来并积淀为民族文化精华。一种文化精神、思想观念，之所以成为传统和民族精神而被代代相传，必定具有独特的价值和生命力。

任何时代的先进文化都不可能不传承自己民族和国家的传统文化精华，文化和民族、国家是分不开的。每个民族都有构成本民族文化凝聚力和价值取向的民族精神，不同的民族精神与造就它们的不同历史背景相联系。正是中国古代独特的社会历史条件，形成了中华民族的精神本性和性格、心理，铸造着中华民族迥异于其他民族的文化传统和民族精神。中华优秀传统文化及其民族精神，积千年之精华，博大精深，根深蒂固，是中华民族生命机体中不可分割的重要成分。它已成为中华民族文化的灵魂和源泉，成为促使中华民族生生不息、前进发展的精神动力，成为中华民族安身立命的精神支柱和精神家园。在这个意义上，民族精神就永远是一定民族得以生存和发展的一种先进文化。

二是人类共性。先进文化必须表达人类一定的文明共识和普遍价值。

文化发展到全球化时代，一方面形成了文化多元的新格局，另一方面也使当代人类在认识和观察问题时具有了超越前人的全球性视野。人们正在达成这样一种先进的共识：多元文化虽然已经或正在世界上发生着各种"文明的冲突"，但全球文化或曰人类共同精神事实上也存在着并越来越受到人们的注意。在当代话语系统中，对全球普遍价值的思考与关注，是全球化时代最具诱惑力的话题之一。人们认识到，寻求文化价值观上"最低限度的共识"，是每一种文化必需的也是可能的选择，因为人类精神及价值文化必定有共同的方面，必定存在可以为拥有不同文化传统的民族和国家共同接受的价值准则。事实上人类社会几千年文明发展已经积淀了许多超越民族的、具有普遍意义的"金规则"。并且，普遍价值由于它本身就是世界文明和各民族精神融合后的精髓部分，在一定程度上具有普遍的适用性。

在全球化背景下，发展民族文化并不意味着固守文化民族个性而排斥世界其他民族的优秀文化和文明成果。先进文化必须是一个开放的、有宽容性和包容性的价值体系。每种民族文化都有优秀方面，都在为世界精神和人类文化奉献自己的文明成果。在今天全球多元文化交流与交融的背景下，先进文化更应该积极汲取世界其他民族文化中的文明素养，在使民族文化更加丰厚的同时，进一步走向世界。

同时，为了世界的和平秩序和人类的和谐发展，任何一个民族的先进文化都必须既服从民族国家和民族利益的需要，又符合世界文明和全球秩序的需要。任何一种民族文化只有保持个性，才能在人类文化融合过程中保持独立的自我；任何一个民族先进文化的发展，又都必须与人类共同精神和普遍价值标准相统一。先进文化的发展与人类普遍价值标准的构建应该是一个相辅相成、相互促进、共同发展的历史过程。我们要站在全球的视角把握我们的先进文化和人类文明的关系。只有这样，我们的先进文化才能超越一定民族文化的局限性，共同维护世界和平秩序，在推动人类整体和谐发展中发挥应有的作用。

三是时代方向性。先进文化必须永远代表时代发展的前进方向。

先进文化必须是健康向上的、科学的、反映时代精神并代表时代发展方向的、推动社会历史不断前进的文化。先进文化必须具备开放进取精神，在面向现代化、面向世界的同时，还要与时俱进、面向未来。"先进文化"理论在相当程度上是强调文化所应代表的前进方向。把握这一点非常重要。

一些人对"先进文化"提法持有疑义，认为强调我们代表的是先进文化，容易引起其他文化不是先进文化之疑误。对于不同文化尤其是不同民族的文化，的确不能简单进行"先进"与"落后"之分。不同民族的文化有自己独特的根基和个性，如东方民族文化和西方民族文化有许多不同，孰长孰短，孰优孰劣，是不好简单对比的。有些民族的传统文化内容，完全属于该民族文化的特质，如果由于同其他某民族文化有差异而对之进行否定，那就好比连根拔掉民族文化之大树一样，既困难又不现实。同时，不同的民族由于生存和发展的现实环境与历史道路的差异，形成了迥异的民族文化及民族精神，此民族的文化认同和彼民族的文化认同有时候会差异很大，人类社会要求各不相同的民族要有一种文化宽容精神，此民族可以不认同彼民族的文化取向，但一定要尊重彼民族的文化特性和习惯。在这个意义上，不同的民族有不同的精神要求和文化心理，确实不能简单地说，哪些民族文化是优质的，哪些民族文化是劣质的。在多元民族文化共存的今天，尤其不应当对民族文化的孰优孰劣进行简单论说。

所以，把握先进文化，一定要充分理解它面向未来的方向性。"先进文化的代表"主要不是强调代表"先进的"文化，而是强调它所代表的先进的"方向性"。

二、先进文化在社会发展中的功能

1. 先进文化为民族发展打造精神支柱

一个民族，没有先进的科学技术，没有表达民族精神和高尚品格的先进文化，就不可能自立于世界民族之林。在这个意义上，先进文化是一个民族赖以生存和发展的精神支柱。

先进文化对我们民族发展的精神支柱作用首先表现在，它能构筑我们民族的精神家园。只有文化，尤其是先进文化所包含的理想信念、民族精神、人类共同精神，以及永远代表历史前进方向的时代内容，能够为构筑中华民族的精神家园提供最丰满的园地，并成为我们民族发展的永恒精神支柱。

先进文化对我们民族发展的精神支柱作用还表现在，它能够统一我们民族的思想，凝聚整合民族力量。先进文化是我们民族文化中的核心内容和精华部分，引领塑造着我们民族的共同价值信念、心态思维和生活方式，表达我们民族今天的共同价值取向和所认同的核心理念。文化尤其是先进文化可以把所有民族成员的价值倾向和精神意志统一起来，鼓舞民族全体为实现共同的利益和目标而奋斗。

2. 先进文化为社会发展提供动力支持

先进文化不但能使一个民族产生凝聚力，同时也能使一个国家更具创造力和发展力，为社会发展提供动力支持。哲学告诉我们，精神文化力量不仅可以间接促进物质力量发展，而且在一定条件下可以直接转化为物质力量。先进文化是推动社会发展进步的重要动力。社会历史发展现象已表明，国家的强大与发展，往往与一定社会、一定国家的文化力量相关。正因如此，文化在今天已成为衡量综合国力强弱的一个重要尺度。

先进文化对社会发展的动力支持，首先表现在先进的科学技术文化对社会的直接推动作用。科学技术是生产力，这已成为不争的共识。当前，国际竞争中的"国家实力"概念，已经从以往倾向于强调国防军事力量转向重视科学技术和人才知识力量。一些国家提出了"知识财产立国"的发展战略。我们今天所发展的先进文化，其中就包含先进的科学技术文化。我们强调要代表先进文化的前进方向，和我们强调要代表先进生产力的发展要求是分不开的。

先进文化对社会的动力支持，还表现在它能够凝聚整合全社会的力量，这种整合起来的社会力量，一定大于所有单个成员力量的数学之和。同时，先进文化能够为国民素质的整体提升提供积极的引导和精神文化的塑养平台。当今世界日益激烈的竞争，归根到底是综合国力的竞争。衡量一个国家的综合国力，已经不仅要看这个国家的经济实力、科技实力和国防实力，而且更要看这个国家的文化和国民素质。文化以及国民素质已成为当今国际竞争的第一实力资源。此外，先进文化中蕴含的那种健康向上、积极进取的精神因素，也为我们社会的发展提供着创新、进步的力量源泉。

3. 先进文化为社会和谐持续发展设定价值坐标

一个社会要实现和谐持续发展，需要把握和解决许多问题：这个社会应当如何设定理想目标并规划蓝图，运用什么样的体制去运行和发展，怎样运行才最合理有效，应当如何处理人与人的利益关系、人与社会的利益关系、国家与国家的利益关系，乃至人与自然的关系，等等。这一切问题都需要有确定的答案和清楚的预设。社会文化尤其是先进文化，在相当程度上就是对这些社会发展的根本问题进行思考和价值设定的一种理性领域。一定的文化理念和观念表达着一定的社会"应当"的价值取向。在无数种社会发展方向和可能中，先进的文化理念要设定并选择最符合我们特定社会主体发展愿望的，也最符合我们价值取向的那种"可能"。在这个意义上，我们的先进文化作为一种社会主义价值理性，表达并设定社会主义价值取向和理想目标，引导社会主义发展方向，规定社会主义发展目标，把握与调整着社会主义各种关系的科学性和合理性。

在西方思想史上，从古希腊到近代的许多思想家都十分强调并注重论证社会政制及其发展理念的价值合理性。任何一个社会的制度安排、制度设计、制度创制都必须体现一定社会的文化价值选择和价值取向。比如，"共同富裕"是一种社会管理的政策目标，其中就包含着社会主义先进文化所认定的社会公正与"三个代表"重要思想所表达的价值原则和理念。国家在制定利益分配制度、税收制度，以及社会福利等种种制度的时候，就必须充分遵循、体现上述先进文化理念。国家意志的执行必须和人民大众的意愿一致，不可能追求单纯的管理效率和经济效率，社会发展中的方方面面都必须与我们先进文化追求的社会和谐持续发展目标一致。

同样，社会经济领域的活动也离不开先进文化的价值理性设定。人们的经济活动总是在一定的社会制度和经济体制下进行的，人们必然要根据自身的经济条件、文化背景和价值理性，对经济活动的制度和体制进行价值设计与价值选择。一方面，表现出主体对客观经济规律的遵从，对利益、效用原则的恪守；另一方面，又表现出主体对客观经济规律的自觉把握，是对合乎人道、正义、善良、公理以及人的全面发展和社会进步的精神文化追求，体现着主体之"合理性""合目的性"的价值理性。无疑，"先进文化"理念是一切合理有序的经济活动的价值和理性基础。

总之，任何一项社会制度和决策，任何一种经济活动规则，如果和社会既定的文化价值原则，尤其是先进文化表达的应然取向相冲突，那就失去了合理性和正当性。

三、社会发展中的先进文化建设

1. 发展先进文化要提高文化的国际竞争力

在当今全球化时代，文化竞争力已和经济、政治竞争力一同成为世界各国综合国力竞争的重要组成部分。中国文化和中国的经济、政治一样，面临着全球化带来的机遇，当然也面临着文化竞争方面的挑战。

国际文化竞争首先表现为文化产业和文化市场的竞争。国际文化贸易和交流会在丰富我国文化市场、创新中国文化过程中起积极作用，但同时国外文化产品也会大量涌入，与我国文化在资源和市场方面展开争夺。我国是一个文化资源大国，但在文化产业的国际竞争方面还相对较弱。中国应该加快文化建设和发展，积极"走出去"，参与国际文化竞争，占领国际文化市场。

国际文化竞争其次表现为世界各国对文化中思想意识形态阵地的争夺。国际文化竞争历来都不是仅仅作为文化市场和文化产业的竞争而存在的。作为国际竞争的一部分，文化竞争历来都包含着文化价值观和思想意识形态的较量。随着对我国文化产品、文化市场的冲击，中国文化价值观、社会主义意识形态和文化品质也会面临严重挑战。事实上西方意识形态的渗透已成为西方敌对势力西化、分化中国的主要途径。意识形态领域的较量实际反映的是不同社会制度和社会发展理念之间的较量。

与此同时，全球化进程还给我国带来了大量西方文化思潮。其中许多理论思潮可能不一定是敌对势力西化、分化中国政治图谋的一部分，但也有很多思潮的理论观点和理论方法有意无意地在解构、破坏着我国先进文化的核心价值观，有着完全不同的话语系统和原则标准，表达着完全不同于中华民族传统文化及我国社会主义先进文化的价值倾向。总之，无论敌对势力的有意图谋，还是文化市场的竞争，甚或理论思潮的影响，西方文化都随着全球化进程和其具有的网络技术霸权地位，大规模地向全世界推进。我们在充分享受全球化进程带给我们的机遇和利益的同时，一定要加强文化竞争意识，大力发展民族文化和先进文化，增强我国文化的国际竞争力。

2. 发展先进文化要加强大众文化建设

当今人们讨论大众文化，往往从不同的概念出发。我们在此首先要弄清楚先进文化和大众文化的关系。文化具有大众性。这基本上是对文化的本质特性的一种概括。大众文化来自人民大众，人民大众创造大众文化。大众文化中隐含着一种来自大众的积极能动的自主性力量。当代中国的先进文化当然也具有大众性。但先进文化的大众性绝不等于它就是大众文化，这是两个完全不同的概念。我们今天所说的大众文化是一个特定范畴，它主要指兴起于工业化时代，与当代商业文化密切相关，以全球化现代传媒为介质，大批量生产与消费的文化类型。有时候泛指与精英文化、主流文化、严肃高雅艺术形成不同对应关系的大众流行文化或通俗文化。

文化当然应该具有大众性。人民大众创造文化。先进文化不能远离大众，它首先必须坚持为人民大众服务的宗旨。先进文化的建设要贴近实际、贴近生活、贴近群众。要扎根于大众之中，体现大众意愿，把握大众脉搏，为大众提供其所需的健康向上的精神文化产品，以更好地代表人民大众的根本利益。

但在强调先进文化的大众性之时，要注意强调先进文化对大众文化的引导和建设。一方面，大众是创造文化的主体，文化要为大众服务；另一方面，也存在大众能否自发地支配文化的问题。文化接受理论认为，如果人天生本性就是高尚和高雅的，那么大众就可自发地把握好文化；如果人的素质是后天形成的，那么就存在需要用健康的、先进的文化去引导、塑造大众的问题。贴近大众并不能被简单理解为一味迎合大众的需要。人性具有二重性，由此决定大众的需要及素质完全有可能双向发展。不同的文化价值发展方向会营造出不同的文化环境，低俗文化环境会把人引向低俗。所以，文化建设不能一味迁就、迎合大众的文化趣味，文化建设也不能全然被置于市场商业机制中，否则最终将会损害大众利益和社会利益。作为先进文化的建设者，我们应当自觉承担起这种引导大众、塑造大众的社会责任。

有一点需要强调，先进文化的价值引导内容实质上表达的是一种社会理性和共同意志，而并不是某个人或者某些人的想法和旨意。社会理性和共同意志一经形成，就必须通过某种方式表达出来、传递下去。不管实施文化价值引导教育的人是哪些，事实上他们都只是在传递、表达社会共同的价值理性的要求。在这里不存在谁有资格、谁没有资格的问题，而是一种社会的职业分工。就像法律，一经制定，就必须由一定的法律工作者去实施、去完成。文化价值的传递者、引导者和教育者，实际上完成的是社会赋予他们的用先进文化引导人、塑造人的使命和职责。

总之，我们要大力发展先进文化，坚持发展文化产业和发展文化事业相统一，把先进文化建设的大众性要求和先进文化对大众文化的引导、建设更好地结合起来。

3. 发展先进文化要和谐两种理性文化

理性是人认识、把握世界，创造人类生活的主体能动力量。人类实际上拥有两种理性创造物，即自然科学理性文化和人文价值理性文化。两种理性文化应当合一，在本质上也是合一的。先进文化必须体现文化的本质，表达两种理性文化的和谐构成。

社会发展应当既不伤害自然，又有利于人类幸福，这种和谐持续的发展才是人类理性文化的完整选择。在这个意义上，先进文化提供的首先必须是一种人类社会和谐发展的理性主张。所以，我们应确立一条正确的文化发展道路，在大力发展科学技术理性文化的同时，大力建设人文价值理性文化，使先进文化建设在科学理性和价值理性之间始终保持适度的张力，使物质文明、政治文明、精神文明的建设理念协调发展。

第七章　论民族精神的社会功能[*]

民族精神是民族文化中积极健康价值观的集中表现，是一个民族在其历史发展过程中长期积淀下来的文化精华和民族主体意识，凝聚着一个民族特有的思维方式、社会心理、价值取向、生存方式，体现着一个民族特有的文化个性和精神特质，并通过特定民族的生产方式、生活方式、思想文化、道德精神气质、个性心理等方方面面展现出来。特定的历史现实创造了特定的民族精神，最终也一定要被民族发展的历史所选择。反过来说，一个民族如果没有形成一定的民族精神文化，或者失落了它的民族精神，就不可能是一个持久发展的民族。民族精神对一个民族的存在和发展起着至关重要的作用。

一、构筑民族精神家园

人类必须有家园，地球是人类的家园。一个民族也必须有自己的家园，不同民族栖息生活的地方及国家就是不同民族的家园。但这只是一种地域意义上的自然家园，无论人类还是民族，都必须拥有自己的精神家园。

＊　原载《道德与文明》2007 年第 1 期。

　　自然地域家园对于任何民族都十分重要。缺乏自然地域家园的民族，必将在世界上四处漂泊而最终在历史进程中消亡。然而，精神家园对于一个民族也是至关重要的。失落精神家园的民族，民族的精神灵魂同样会居无定所、漂泊遗落，民族文化会因为没有个性特质而萎缩、衰败直至销声匿迹，而没有精神灵魂、没有民族文化的民族最终也必将走向衰亡。人类就是这样，永远必须生活在自然的、精神的双重家园之中。

　　建立"双重家园"基础上的家园感是人类普遍的需要，当然不同民族精神家园的构筑和依托形式有可能不同。比如，西方人是到上帝、天堂那里寻找精神寄托和归宿，而中国人则往往会在人伦亲情（血缘亲情根基的延展）和理想人格处落实精神寄托和归宿。民族精神及其文化传统就是一个民族栖息本质自我的精神家园，是一个民族安身立命、获得精神支柱和不竭发展动力的终极所在。比如，我们无论身处世界的哪个角落，都可以是中国人，都可以在我们的文化观念和精神向往中，在我们"乡愁"式的情感寄托中，找到我们所归属的那片精神家园。

　　一个人活着要有精神支柱，一个民族的生存和发展更离不开民族精神的支撑，可以说，精神支柱就是人类特有的一种生命存在方式。所以，任何一个真正自觉的民族，都会非常重视本民族精神文化的发展。历史发展到今天，伴随着经济全球化过程的是文化多元的存在，越来越多的民族走上了民族文化自觉道路。中华民族过去很重视人的精神的高扬，今天的社会发展依然离不开民族精神文化的发展。邓小平曾对此语重心长地告诫我们：人是要有一点精神的；我们在长期的革命战争中，依靠革命精神取得了胜利；搞社会主义建设，实现四个现代化，同样要大力发扬这种精神①。

　　总之，精神家园是一个民族的精神归属所在和民族理想追求的永久寄托所在。一个民族的自然地域家园可以有大有小，但精神家园容不得片刻的荒芜或失落。对于中华民族而言，中华优秀传统文化及其民族精神，积千年之精华，博大精深，根深蒂固。它已成为中华民族凝聚力的灵魂和源泉，成为促使中华民族生生不息、前进发展的精神动力，成为中华民族安身立命的精神支柱和精神家园。所以，守望、建造民族精神

---

① 邓小平文选：第2卷. 2版. 北京：人民出版社，1994：368.

家园，弘扬、培育民族精神，既是历史赋予我们的任务，也是现时代给我们提出的要求。

二、增进民族认同

人类学家告诉我们，民族认同是民族成员对本民族之价值信念、民族归属以及民族身份的认可与确定。民族认同可以在民族历史发展过程及形成的所有结果中发生。民族的共同利益、民族文化的价值信仰、民族心理、民族生活方式，以及民族的血缘、语言、地域、历史等，都能成为民族认同的基础和识别特征。民族认同往往表现为对内维护族群凝聚的自我认同及对外区分自我民族以及与其他民族的相互认同两个方面。

第一个方面是一个民族所有成员对所属民族的自觉认可和自觉归属。具体表现在：一是对自己所属民族的血缘、语言、地域、历史等的认同；二是对自己所属的民族国家和政治组织及其共同利益目的的认同，即认可民族国家统治的合法性；三是对自己所属民族的价值信仰、习俗文化的认可。可见，民族认同不但是对民族国家身份的认同，对血缘、语言、地域、历史等的认同，也表现为对民族文化的认同。血缘种族认同、国家政治认同与文化认同可能相互交叉，也可能相互涵盖。对于民族认同而言，文化认同可能是一个比血缘种族认同和国家政治认同更宽泛也更复杂的概念。

相对说来，民族国家认同和民族文化认同有联系也有区别：民族国家认同更多依赖于物质利益和政治利益方面的共同目标，而民族文化认同则更多依赖于思想意识和精神心理等方面的因素。民族国家的认同离不开物质利益的基础，但更需要思想意识层面和精神心理层面的基础，没有物质生存方面的共同利益纽带，纯粹精神意识的纽带是不可能独立产生并长久存在下去的，所以民族认同离不开决定该民族现实生存的物质利益纽带，还有在物质利益等生存和发展的现实基础之上产生的血缘、亲缘、地缘等关系到民族认同的诸多因素，但真正能够带来民族认同的是民族文化认同。如果民族成员对该民族所有的文化形态、价值理念、精神追求等文化形态因素不认可，就谈不上真正的民族认同。民族精神作为民族文化的核心理念和灵魂支撑，它能强化该民族在文化、价值信仰、心理习惯、思维方式等方面的共同性，以此产生出一种对本民族的内在感召和纽带连接，促使该民族成员产生向心力和民族认同。比如说，海内外华人可能分属于不同国家，但由于具有永远抹不去的同宗血缘关系，而且具有同一民族文化的认同背景，所以海内外华人被宗族和文化纽带紧紧地连接在一起。

与此相关，积极正面的民族认同会使民族成员追随并维护本民族的共同事业和价值信仰，会对自己所属民族的身份、文化、国家产生自豪感和优越感。当我们在世界人民面前大声说出"我是中国人"时，我们的民族认同感和自豪感就完全显示出来。相反，消极负面的民族认同则使民族成员对本民族的文化及身份没有自信。每一个民族的发展无不是在认同传统文化的基础上发展起来的。欲进行民族分裂活动的人，也总是先在文化形态及其文化认同方面做文章。

第二个方面是对外区分自我民族以及与其他民族的相互认同。一定民族以其所具有的历史、血缘、语言、精神文化及共同利益，作为自我民族的确定以及与其他民族相互区别的识别标志。民族认同在凝聚本民族成员的同时，也会对其他民族产生一定的排他性。所以，民族的自我认同必须和对其他民族的认同相结合，自我民族认同如果绝对化，就可能走向狭隘民族主义。所以，我们强调民族认同，但绝不走向民族主义或种族主义；强调文化认同，但反对文化霸权主义。民族自我认同与对其他民族的认同应该是相辅相成的。在弘扬民族文化、强化民族认同的过程中，这一问题应该得到充分的理性把握。

三、凝聚民族力量

民族精神对民族的凝聚整合力量，首先来自它是一个民族、一个国家的精神支柱和灵魂，民族精神既是民族文化中的核心内容和精华部分，又是民族历史过程的一种浓缩。它生于民族历史发展长河中，又在长期的民族共同生活中影响、浸润、塑造着该民族的共同价值理念、心态思维和生活方式，民族精神实质是一定民族形成的共同价值取向和认同的核心理念。真正的民族精神必然凝聚着广大民众的共同利益和理想追求，表达、显现着一定民族的公共意志。

民族精神之所以会产生凝聚整合力量，还在于民族精神可以凝聚人心、传达民族共识、汇聚民族信念。民族精神可以把所有民族成员的价值倾向和精神意志统一起来，为实现共同的民族利益和目标而奋斗，甚至在民族危亡的关键时刻能够把千千万万民族成员团结、凝聚起来，从而捍卫本民族的尊严和利益。比如，爱国主义精神是许多民族精神中的重要内容，这是必要的也是必然的。任何一个民族都需要用爱民族、爱国家的精神去凝聚整合民众。很难想象一个民族、一个国家的民族精神会倡导人们不爱自己的民族，不爱自己的国家，会倡导与爱国主义精神相悖的其他精神。历史经验已向我们昭示，对于一个民族来说，爱国主义等民族精神一旦衰落，就会导致国家精神的崩溃。古罗马帝国盛世之后的衰败，大清王朝的没落，都和民族精神的衰落相关。犹太民族在失去自然地域家园凝聚纽带的情况下，仍然能够团结、凝聚，不懈地为民族国家的复兴而奋斗，最终实现了复兴民族国家的任务，这和犹太民族精神文化的牢固存在分不开。

民族精神强调的是民族共同性的一面，它能够使民族成员认识到自己是所在民族群体的一员，这种民族归属感能够激发人们为民族做贡献的情感和责任感，从而自觉维护民族利益。在中华民族发展史上，出现了许多民族英雄，他们中的许多人之所以能够克服许多艰难险阻，忠心不变，最终回到自己民族国家的怀抱，就在于在精神上、心灵中始终不渝地存有强烈的民族归属感。民族共同利益和血缘、文化纽带基础上形成的民族精神，往往还会在民族处在巨大变革和危难关键时刻产生巨大的感召力、向心力。可见，民族精神是一种能够召唤、激发民族成员为民族的共同事业而奋斗的精神，可以对人们产生亲和力，使民族成员对民族整体产生向心力。民族精神的共同价值理念和共同利益目标以及共同文化心理，可以把一个民族的思想意志整合起来，为民族共同利益而奋斗。

一个民族在其产生的客观过程中，会伴随产生相应的血缘、亲缘和地缘关系，所以在相当程度上，民族凝聚有赖于一定的血缘、亲缘和地缘纽带。但真正凝聚一个民族群体的，是这个民族所发展起来的民族精神文化。一个民族只有真正以文化自觉意识来认识、把握自己的民族精神，大力弘扬、培育自己的民族精神，才可能产生真正强大的民族凝聚力。

四、展示民族形象

民族精神对内发挥民族认同、民族凝聚的功能，对外则起着展示民族形象的作用。一个民族区别于其他民族，有一系列富有独特个性的识别特征和标志。这些识别特征和标志包含这个民族所特有的文化价值信仰、生活习俗、思维模式、血缘、语言、生活地域等，在诸多民族识别特征和标志中，文化识别是最主要的识别参照系。民族精神作为民族文化价值系统和民族认同意识的核心，对于形成民族特质和确定民族界限具有重要意义，对于民族识别和民族形象展示也具有决定性作用。

在这个意义上，民族精神可以被看作展示民族形象的重要标识，也是塑造民族形象的决定因素。一个民族所存在的民族意识，一方面表现为对自我民族的自觉认识和认同，另一方面表现为这个民族的形象自觉意识。任何一个有自觉意识的民族，其所具有的民族自尊和民族自信都会促使它积极塑造、展示民族形象，都会促使它努力把损害民族形象的任何因素降到最低程度；相反，若一个民族之形象塑造、展示的意识不到位或不强烈，那么它就不可能持久富强地发展下去。

任何民族文化都存在着良莠不齐的内容，一个自尊、自信、自觉的民族，一定会时常反省自己的不足，培育积极健康的民族精神。法兰西民族、德意志民族、日本民族、韩国民族等许多民族，都在民族和国家发展过程中对自己的民族性、国民性进行过这样那样的改造。中华民族也不例外，中国历史发展中一直伴随着民族个性的发展和改造。在中国近代，国民性的进一步自觉以及对国民性的改造，几近成为有识之士的共识。晚清启蒙学者以及孙中山、鲁迅等著名思想人物，都在国民性改造以及中华民族形象塑造方面做出了卓著贡献。

民族形象的树立在一定意义上是在打造民族品牌和国家品牌，和民族、国家的竞争力相关。比如，在世界历史发展中，许多民族发展出了非常优良的民族品质，诚实守信就是其中一种重要的品质。在世界各民族的交往中，哪个民族如果在诚实守信方面出了问题，就一定会受到其他民族的鄙夷、远离甚至抛弃。中华民族传统文化历来重视诚信品质，但我们也能感觉到，在今天中国的市场经济发展过程中，由于一些人目光短浅、唯利是图，忽略甚至抛弃了最重要的市场诚信资本。诚信形象的萎缩，给中华民族形象塑造带来了污损，同时也就加大了我国参加国际竞争的成本和困难。经济全球化和中国加入 WTO，要求我国必须接受国际市场经济的游戏规则，否则将在竞争中被淘汰出局。注重信誉形象，这是国际商务管理中的首要信条。社会信誉环境的好坏，是我国国际形象最重要的组成部分，也是我们参加国际竞争的瓶颈所在。所以，培育、弘扬积极健康的民族精神，展示良好的民族形象，不仅是保持民族自尊心、自信心的要求，而且是增强民族竞争力、使民族走向自强的必然要求。

五、推动民族发展

民族精神不但能使一个民族产生凝聚力，同时也能使一个民族具有创造力和发展力，民族精神是推动民族发展的重要动力。人要有点精神，一个民族也要有自己的精神。一个民族无论遇到多少灾难和坎坷，只要具有振奋的民族精神和高尚的品格，始终保持奋发有为、昂扬向上的精神状态，就一定能百折不挠，成就民族伟业，为人类进步和世界文明的发展做出自己独特的贡献。人类社会历史进程证明：没有强大的物质力量，一个民族不可能自尊、自立、自强；没有强大的精神力量，一个民族同样不可能自尊、自立、自强。民族精神作为一种精神成果，在一定条件下可以转化为强大的物质力量，而且使物质力量发挥更大的作用。

世界各民族的历史发展现象已表明，一个民族、一个国家的强大与发展，往往是与它的民族精神分不开的。也正因如此，我们说，"有没有高昂的民族精神，是衡量一个国家综合国力强弱的一个重要尺度。综合国力，主要是经济实力、技术实力，这种物质力量是基础，但也离不开民族精神、民族凝聚力，精神力量也是综合国力的重要组成部分"①。任何民族要想在现时代加强自己国家的综合国力，实现民族新的复兴和腾飞，就必须注重培育和弘扬民族精神及其优秀传统文化。

---

① 江泽民文选：第 2 卷. 北京：人民出版社，2006：231.

　　民族精神对民族发展的推动作用，一方面表现在它能够凝聚整合民族力量，具有增强壮大民族实力的重要功能。民族精神及民族素质已成为当今国际竞争的第一实力资源，可见民族精神直接关乎一个民族及其国家的国际竞争实力。任何一个民族，只有大力发展民族精神，树立充分的民族自信与民族自尊，才可能推动民族事业和民族国家的久远发展。

　　另一方面，民族精神蕴含的那种健康向上的、积极进取的精神因素，直接就是民族事业发展、开拓、创新的力量源泉。比如，中华民族的"自强不息"精神激励、推动着中华民族几千年的进取奋进，创造出了优秀灿烂的历史和文化，也创造了今天走向世界的中国，为人类文明做出了不可磨灭的贡献。同时，民族精神不仅包含着一定民族的价值取向的精华，也包含着该民族认识世界、把握世界的思维智慧，东方民族"天人合一"、真善美统一的文化精髓，对于现代世界特别是未来世界而言，很可能是一种对世界本质超前的领悟。研究科技史的李约瑟（Joseph Needham）博士对此就认为，东方孔夫子的哲学智慧像是现代科学的一种先觉，现代科学技术给人类带来的种种困境和危机，都可以从中国文化所包含的伟大德性精神中得到解答，中国文化将天人看作一个整体的观念，以德性理性统领真、善、美的文化价值体系，给陷入唯物质文化和唯科技文化怪圈的西方世界提供了一种古老而又现代的智慧。西方学者马克斯·韦伯所著《新教伦理与资本主义精神》一书，也从精神文化与社会发展的角度，总结、探讨了改革后的宗教精神对当时西方资本主义经济发展所起的推动作用。

　　总之，无论东方还是西方，民族精神作为一定民族的优秀文化积淀，都凝结了该民族世世代代的创造和智慧，都能够为该民族提供取之不尽、用之不竭的智慧源泉。可见，民族精神所蕴含的才智精华，是指引、推动各民族甚至人类沿着正确方向前进的重要智慧资源。

　　此外，民族精神还通过对民族自尊心的确立，推动民族及其国家向前发展。因此，我国领导人非常重视民族自尊心的培育，邓小平曾再三强调："特别是像我们这样第三世界的发展中国家，没有民族自尊心，不珍惜自己民族的独立，国家是立不起来的"[①]。在这个意义上，任何

---

①　邓小平文选：第3卷. 北京：人民出版社，1993：331.

一个民族都没有必要出于对自身传统文化中某些弊病的厌恶而作践自己的传统文化，也没有必要因对其他民族科技文明的倾慕而盲目向往其他民族的精神文化。民族传统文化毕竟是民族历史发展中世代相传的部分，它把一个民族的过去、现在和未来紧紧地联系起来，显示出自己民族在历史发展中的同一性和个性。在今天，民族自信、自尊已成为民族和国家健康发展的一种重要动力资源。

第八章 当代青年价值观透视[*]

人类社会发展的历史表明，对一个民族、一个国家来说，最持久、最深层的力量是全社会共同认可的核心价值观。我国历经 30 多年改革发展，社会转型全面展开，人们的价值观也在变化。此间青年价值观完成了由单一到多样、由传统到现代、由困惑到自觉、由解构走向整合的转变。回顾、透析这一变化进程，对于更好地培育和弘扬社会主义核心价值观来说，非常必要。总体看来，青年价值观变化有如下五大特征。

一、价值取向日趋多样

1978 年的"真理标准"大讨论标示了社会思想的解放。伴随着改革开放，价值取向日渐务实开放并多样化。"文革"后出现的"伤痕文学""朦胧诗"，表现了价值反思与重估；大量西方理论思想在涌入的同时，也带来了形态各异的文化思潮和价值观；市场经济初期发展带来了利益格局的多变，金钱、功利气息弥漫于社会生活的各个领域；价值"破旧"与"立新"不够同步，原有话语体系被打乱了，新语境纷争呈现。在传统与当代、中国与西方之间，多样价值观给人们更多选择，也

---

* 原载《人民日报》2014 年 5 月 11 日。

带给那个时期的青年人诸多人生观矛盾和价值困惑。

随着经济社会的不断发展,与社会主义市场经济相适应的价值体系逐渐构建清晰,多样的青年价值观也从纷繁复杂状态走向一元引导下的多样发展。随着社会主义核心价值体系的构建,青年人的价值观由多样、分化走向主流、整合,民主、法制、文明、和谐、责任、公平等成为当代青年认同的价值理念。与此同时,年轻人的生活方式缤纷多彩,信息时代快速到来,使"时尚消费""网言网语""微观点"等青年文化现象层出不穷,青年人凭借信息技术,把他们的价值选择和自我文化在新媒介世界表达得淋漓尽致。这种局面不仅反映了价值取向的多样变化,也折射出转型中的我国社会越来越开放、包容。

二、价值主体性与自我意识凸显

1980 年关于"潘晓来信"的社会大讨论,表明了那代青年人对人生意义的重新思考。社会开始"讲述老百姓自己的故事",年轻人开始主张"跟着感觉走"。一切都表明,中国青年的主体意识随着社会发展在觉醒和升发。

随着"市场利益主体"的觉醒,青年人的个性意识、竞争意识和权利意识率先觉醒。不独是经济利益,其他社会利益的权利意识,如政治参与和精神追求也都逐步显现。主体意识觉醒和自我诉求增多的同时,青年一代的"读书热""成才热"日渐兴起,就业观念由等待分配转向自主择业,发展自我、崇尚自主成为青年人的人生观念。在"我的青春我做主""重走青春路""致青春"的身影和声音中,我们能够感受到青年人对青春的缅怀、定义和对生命意义的思考。与此同时,青年一代在社会公共管理方面也表现出相应的主体性,他们不仅关注自身的合法权利,也关心他人、社会和国家大事,思考自己与他人、社会的关系,积极参与社会生活和政治生活。

三、在追求物质条件改善的同时,注重精神意义的追寻

改革开放以来,人们的义利观发生了变化。传统"重义轻利"的价

值取向在社会变革中解构、转变了，社会充满了对义利观的"再思考"。一些青年人更多向生存、发展和自我成才努力，在现实主义和理想主义之间，多了些现实实惠的选择。但也有更多的年轻人在追求个人利益的同时注意到他人利益实现的合理与平等，在追求物质条件改善的同时注重精神意义的追寻。

随着经济社会的发展，青年人对个人利益及自我价值实现有很多转向，但积极工作、责任奉献仍是当代许多青年人的职业准则。总之，与社会主义市场经济相适应的义利观推动了社会发展，并随着"生存"向"发展"的转变，青年人的义利观也在向多重结构变化，物质利益和精神追求、个人利益和社会利益也更多呈现新的组合。

四、责任感增强，创新与进取精神在升发

当代青年的主体性意识与自我意识很强，但并非如人所言，是"以自我为中心"的一代，他们在关注自我利益和价值实现的同时，也对他人、国家和社会担当责任。

对自我的责任表现为，在学习、择业、爱情问题上，青年人具有了更多的独立思考和自主选择；多数年轻人无论对父母的家庭还是对自己的小家，都具有充分的情感和责任准备。80后青年虽然具有"以自我为中心"的某些特征，但总体看来，他们的他人意识和公共意识在增强。相关调研显示，七成以上的80后认为青年最需要的素质之一就是"社会责任感"。事实上，在社会各个领域的志愿者队伍中、在学雷锋活动中、在各行各业的领军团队中，到处都能看到当代青年活跃的身影。

党的十一届三中全会重新确立了实事求是的思想路线，青年人的思想观念也从封闭和束缚中走出来，形成了求真务实、进取创新的精神取向。尤其是在改革开放环境中成长起来的80后，效率观念、竞争及创新意识都深深影响了他们的思维，因此具有更强的进取意识和公平竞争意识。据有关数据，九成青年人对"公开、公平、公正地参与竞争"持赞成态度，这说明适应市场竞争，增强生存、创新发展能力已成为大多数青年的共识和素质。

五、"成长"中也存在价值迷惑

"成长"可指青年人的变化过程，也是市场经济发展和成熟的过程。变革转型期是发展的机遇期，也是各种问题的多发期，社会主体尤其是青年群体，必然会在价值观上与社会变化发生复杂共振。除上述青年价值观的变化和成长特点外，一些年轻人身上也存在某些价值虚无、荣辱错位现象。

社会转型期利益与价值取向的多样化，新旧、中西价值观的碰撞，以及价值标准多层次和多样化发展的趋势，会不同程度地导致社会出现一些是非模糊、善恶不明、荣辱错位的问题。一些青年人生活和行动的重心不再是对超越性意义的追求，而是生命当下的快感和实用主义，调侃人生意义、"游戏"人生成了一些青年人的人生态度。这种价值虚无和感性娱乐文化的蔓延，会导致对传统价值和道德责任的淡化。《娱乐至死》的作者尼尔·波兹曼（Neil Postman）说："如果文化生活被定义为娱乐，如果严肃的公众对话变成了稚童言语，文化灭亡的命运就在劫难逃。价值虚无的声音强了，社会正能量的价值观就会在'沉默的螺旋'规律中沉默下去"①。这也是在把握转型期青年价值观的变化中需要格外注意的问题。

总之，价值观变迁是社会变革的折射，青年作为社会变革中最新锐而敏感的群体，也作为最有理想、最有担当的社会力量，其价值观变化最能反映社会变化，也最能影响社会发展进程。习近平指出，"历史和现实都告诉我们，青年一代有理想、有担当，国家就有前途，民族就有希望"②。中华民族伟大复兴的中国梦，也将在当代青年的努力中变为现实。

---

① 尼尔·波兹曼. 娱乐至死. 桂林：广西师范大学出版社，2004：202.

② 习近平. 在同各界优秀青年代表座谈时的讲话. 人民日报，2013-05-05（2）.

第九章　中国道路与中国理论软实力*

在全球国际竞争语境中，当今世界的人类面临着三大"战争"：一是军事战争，二是经济战争，三是意识形态的战争。三大"战争"中，意识形态的"战争"，因其越来越具有超越于军事战争和经济战争的独特性而备受各国重视。军事竞争和经济竞争的胜负输赢取决于一个国家的"硬实力"，而意识形态的竞争则取决于这个国家的思想理论与文化"软实力"。中国道路和中国坚持的理论指导及价值取向息息相关，在此意义上，坚持中国发展道路，必须从建构中国特色理论以及理论大众化开始。在文化创新和大发展中，一定要注重中国特色理论文化的构建，关注理论文化的大众化问题。

一、理论软实力：国际竞争中的硬道理

约瑟夫·奈（Joseph Nye）提出的"软实力"是指一国文化和价值观通过吸引力达到期望结果的那种思想影响力。他认为在影响国家和社会发展的诸多因素中，有些因素是硬性或显在的，如国家经济实力、军事实力、资源基础、人口规模等；有些因素是软性或潜在的，如政治体

* 原载《中国特色社会主义研究》2011 年第 6 期。

制、社会意识形态、共同价值观、历史文化、国民思想道德素质、社会的凝聚力与国际影响力等。就国家和社会的一般发展而言，硬实力、软实力都不可或缺，但在一定意义上，软实力具有更加积极的、灵魂的地位与作用。在《软实力的挑战》《为何再不能单纯依赖军事力量》等文论中，约瑟夫·奈强调了"软实力"对于一个国家实力的重要性：它是"一个国家构筑一种情势的能力，借助于这种情势，这个国家使其他国家以与其倾向和利益相一致的方式来发展本国的倾向，界定本国的利益"①。"软实力"概念一经提出，很快得到世界范围的认同，并逐渐成为人们评价世界各国综合竞争力的一项重要指标。

美国在经济和军事上一向以强势示人，尤其在小布什入主白宫后，制定的国际事务政策较多地强调了美国的"硬实力"，走了一条"单边主义"的强硬外交路线。然而，布什政府由于在国际复杂局势中再三遇阻，尤其是面临伊拉克、阿富汗等进退两难的局面，促使美国开始反省自身"单纯依赖军事力量"的国际"战争"思路。国际问题专家基辛格2007年就此发出忠告："国际系统正处于一个我们几百年来没有见到过的变化时期，在多元而复杂的世界格局中，美国在处理国家利益和国际事务方面一定要再三慎重，要更多采取与其他国家商谈的方式而不是单边使用军事武力"②。美国前国务卿赖斯在2007年访问法国巴黎时也这样说："我广泛使用'实力'这个词。比军事实力甚至经济实力更重要的是思想实力、同情实力和希望实力"③。美国等西方国家开始注重"软实力"的运用，着力在全世界推行它们的价值理念。

在全球化时代的国际政治中，如果说一个国家拥有的"硬实力"是威慑或迫使其他国家就范的外在工具的话，那么"软实力"就是一种吸引他国成为自己盟友和合作伙伴的思想文化的影响能力。要有效维护主权国家实力，仅仅依靠经济和军事力量是不够的，必须有政治思想、文化思想、文化价值观等软性力量。美国与苏联之间的"冷战"留给世界的启示之一就是：两者在进行军事、经济实力之战的同时，还进行着制度模式、思想意识、价值观念等"软实力"的较量。事实上，正如学者

---

① Joseph S. Nye. Soft Power. Foreign Policy，Fall 1990：153-155.

② 且说美国的"软实力". http://news. xinhuanet. com/ world/2007-10/08/content_6842586. htm.

③ 同②.

们所看到的，真正压垮苏联的那根"稻草"不是军事武力，也不是科技与经济实力，而是意识形态"新思维"的积极蜕变。

当今国际竞争呈现出以硬实力为基础、以软实力为主导、硬实力与软实力共同作用、软实力地位日益突出的格局。软实力在现代国家发展和国际竞争中扮演着越来越重要的角色，提升国家软实力由此也成为当代中国的重要发展战略。胡锦涛指出："如何找准我国文化发展的方位，创造民族文化的新辉煌，增强我国文化的国际竞争力，提升国家软实力，是摆在我们面前的一个重大现实课题"①。在《中国模式与"北京共识"——超越"华盛顿共识"》一书中，俞可平提出，"在全球化时代，要有效维护国家主权，主权国家实力，仅仅依靠经济和军事力量不够，还必须有政治、文化和道义力量"②。

总之，打造国家软实力已成世界竞争力的"硬道理"。软实力中的核心问题就是一个国家的思想理论及文化的建构和实践。中国要想在世界竞争中立于不败之地，就必须格外重视国家思想理论的发展、创新，重视中国特色社会主义核心价值体系建设，重视建构科学的理论并以此武装大众的头脑。

二、理论创新性：意识形态竞争的核心

在当今时代，文化价值观及其意识形态的竞争力已成为世界各国综合国力的重要组成部分。意识形态竞争甚至被人们喻为和经济、军事"战争"相同或更凸显的第三种"战争"。中国的指导思想、理论体系、价值观及其文化，和中国的经济、政治、军事一样，面临着全球化带来的种种机遇，当然也面临着文化安全方面的挑战。国际文化竞争首先表现为文化产业和文化市场的竞争。但作为国际竞争的一部分，文化竞争历来包含着价值观和思想意识形态的竞争与较量。十七届六中全会强调指出："当今世界正处在大发展大变革大调整时期……文化在综合国力竞争中的地位和作用更加凸显，维护国家文化安全任务更加艰巨，增强

---

① 胡锦涛. 论构建社会主义和谐社会. 北京：中央文献出版社，2013：135.

② 俞可平. 中国模式与"北京共识"——超越"华盛顿共识". 北京：社会科学文献出版社，2006：19.

国家文化软实力、中华文化国际影响力要求更加紧迫"①。中国应该站在维护国家文化安全的高度看待国际文化竞争，加快文化建设和发展，积极参与国际文化交流与合作。

目前在世界意识形态话语权竞争中，中国并不占优势。由于历史以及技术因素，全球舆论主导权掌握在美国等西方大国手中，我国和西方在文化产品贸易上存在着巨大逆差，例如好莱坞电影就占全世界电影市场的 60%。西方发达国家借助强大的经济、政治和传媒技术优势，对发展中国家的文化进行潜移默化的影响。美国等西方国家认为："在宣传上花 1 美元，其效能等于国防上花 5 美元"②。尼克松在其《1999：不战而胜》一书中说："如果我们在意识形态斗争中打了败仗，我们所有的武器、条约、贸易、外援和文化关系都将毫无意义"③。美国中央情报局的艾伦·杜勒斯（Allen Dulles）曾说，如果我们教会苏联的年轻人唱美国的歌曲并随之舞蹈，那么我们迟早能够教会他们按照美国所需要他们采取的方法思考问题。

思想理论或意识形态的影响力正在国际竞争中发挥越来越大的作用。邓小平也曾就此指出："西方国家正在打一场没有硝烟的第三次世界大战。所谓没有硝烟，就是要社会主义国家和平演变"④。事实上，苏联解体的原因是多方面的，但意识形态的改变是一个重要原因。日本学者堺屋太一在他的《历史的波澜》一书中提出："任何政权，只有两种情况会使它发生毁灭性的大变革，那就是丧失治安的能力和人们不再信任支撑它的文化"，"使苏联的社会主义体制走向崩溃的其实是"变化了的"社会主义文化"⑤。在世界多元价值体系和世界意识形态复杂格局中，中国要走什么样的社会发展道路，坚持什么样的理论和价值观，建设什么样的文化体系，一定要有清醒的目的和自觉意识。

一个国家的文化建设，最重要的就是思想理论建设，它是国家文化、价值观等软实力中的脊梁或灵魂。可以说，有什么样的思想理论基础，就有什么样的价值文化，就有什么样的国家发展道路。在国际多元

---

① 中共中央关于深化文化体制改革推动社会主义文化大发展大繁荣若干重大问题的决定. 人民日报，2011-10-26 (1).

② 陈正辉. 新全球化视野下中国国家形象的传播思考. 现代传播，2017 (8)：31.

③ 史方倩. 实施全方位文化安全战略. 理论前沿，2008 (6)：23.

④ 邓小平文选：第 3 卷. 北京：人民出版社，1993：344.

⑤ 堺屋太一. 历史的波澜. 台北：锦绣出版事业股份有限公司，1994：26.

价值意识竞争的背景下，我们更要强化对"中国理论"的自觉意识，注重构建理论软实力。

中国社会主义在成长，思想理论及价值观也越来越在"中国模式"中彰显其存在理由和魅力，并在世界多极发展中产生积极的影响。正如提出"软实力"概念的约瑟夫·奈评价的那样："中国的经济增长不仅让发展中国家获益巨大，中国特殊的发展模式和道路也被一些国家视为可效仿的榜样……更重要的是，中国倡导的政治价值观、社会发展模式和对外政策，将来会进一步在世界公众中产生共鸣和影响力"①。

三、理论大众化：一种必要的国家能力

马克思说："批判的武器当然不能代替武器的批判，物质力量只能用物质力量来摧毁；但是理论一经掌握群众，也会变成物质力量。理论只要说服人，就能掌握群众；而理论只要彻底，就能说服人。所谓彻底，就是抓住事物的根本。而人的根本就是人本身"②。毛泽东说："代表先进阶级的正确思想，一旦被群众掌握，就会变成改造社会、改造世界的物质力量"③。在一定意义上我们可以说，打造国家软实力，凝聚民心，整合社会力量，必须大力推动理论大众化和构建核心价值观。

中国社会处在变革发展中，它需要正确的、合乎中国国情的价值规范，需要有序的而不是紊乱的思想文化价值秩序，需要大众对执政理念的认同和支持，需要中国特色的共同思想基础。正如有学者指出的那样："每一个社会都有其独特的社会精神气质，它因社会的经济方式、政治理念、文化传统而形成，反映社会的价值需要、价值目标和价值追求，涵盖社会的理想信念、精神风貌、道德规范，构成社会的核心价值体系。任何社会都有自己的核心价值体系，在社会意识形态中处于统摄和支配地位，对经济社会建设、社会进步和人的发展发挥着引领和主导作用。这是一定的社会系统得以运转、一定的社会秩序得以维持的基本

---

① 王新颖. 国外学者热议"三大预言"与中国模式. 人民论坛，2009（6）：25.
② 马克思恩格斯选集：第1卷. 3版. 北京：人民出版社，2012：9-10.
③ 毛泽东文集：第8卷. 北京：人民出版社，1999：320.

精神依托"①。

十七届六中全会通过的《中共中央关于深化文化体制改革推动社会主义文化大发展大繁荣若干重大问题的决定》，凸显了我国对文化实力在国际竞争中之重要性的高度自觉。在文化创新和大发展中，一定要注重构建中国特色理论，同时，要关注理论大众化的问题。大众文化是社会主义核心价值体系的重要载体，文化领域的改革要和社会主义核心价值体系建设结合起来，大众文化建设如果不和核心价值体系建设保持一致，社会共同价值观建设就无法进行。如果社会一方面在意识形态领域强调核心价值理念，但同时却放弃了其在大众文化中的引导和贯彻，大众文化最终就会远离社会核心价值体系。

在理论大众化建设中，我们的理论教育应体现"文化意识"，即"理论武装"不是让大众都变成理论家，而是让理论"化"在文化中。我们要研究、借鉴西方国家在长期的公民教育过程中形成的隐性的、渗透式的教育方式，重视教育的广泛性和渗透性。

事实上许多国家都将价值观念教育作为国民教育的重要组成部分，以此建构社会思想理论支撑。比如，韩国政府一直坚持将道德课作为学校教育的主课程，其内容随社会发展而不断完善，但始终将韩国价值意识教育作为最核心的内容。美国也很注重向国民推行具有美国特色的现代资本主义社会意识形态和价值观体系。美国政府通过稳定的主导机制、灵活的组织形式和完善的评估体系等途径，向美国国民尤其是美国青少年灌输国家价值意识，进而培养公民的"美国精神"。

可见，任何国家都有一整套适应其社会发展的意识形态教育系统，而国民意识形态教育的核心内容就是进行社会核心价值观的灌输和教育。因为只有这样，才能真正实现社会一元主流价值观对多元价值取向的引领和整合，才能巩固国家的共同思想基础。

我们要积极构建理论软实力，推动中国特色社会主义核心价值体系建设和文化建设，促进全社会共同价值观的形成。中国道路的主导理论和价值文化必须被大众掌握。只有这样，思想文化、共同价值观、公民素质、国家精神等，作为"理论文化软实力"的重要构成，才能转变成一种必要而又独特的国家能力。

---

① 袁贵仁. 建设社会主义核心价值体系. 中国社会科学，2008（1）：5.

第十章 《旗帜：社会主义核心 价值观漫谈》导论[*]

一个国家和社会，想要秩序稳定，想要发展加快，想要提高国家综合竞争实力，就必须建构相应的表达国家意识、核心价值理念的理论体系和文化体系。马克思说："如果从观念上来考察，那么一定的意识形式的解体足以使整个时代覆灭"[①]。萨义德（Edward W. Said，又译为"萨伊德"）说："文化成了一个舞台，上面有各种各样的政治和意识形态势力彼此交锋"[②]。阿尔都塞说，任何一个国家"如果不在掌握政权的同时对意识形态国家机器并在这套机器中行使领导权的话，那么它的政权就不会持久"[③]。

习近平总书记系列讲话中也对文化强国做了着重强调，指出：提高国家文化软实力，不仅关乎我国在世界文化格局中的定位，而且关乎我国国际地位和国际影响力，关乎"两个一百年"奋斗目标和中华民族伟大复兴中国梦的实现；提高国家文化软实力，要努力夯实国家文化软实力的根基，努力传播当代中国价值观念[④]。在新形势下，党中央提出了

---

[*] 原载《旗帜：社会主义核心价值观漫谈》（北京古籍出版社，2015）。

① 马克思恩格斯文集：第8卷. 北京：人民出版社，2009：170.

② 爱德华·萨伊德. 文化与帝国主义. 马克思主义与现实，1999（4）：51.

③ 阿尔都塞. 哲学与政治：阿尔都塞读本. 长春：吉林人民出版社，2003：338.

④ 中共中央文献研究室. 习近平关于社会主义文化建设论述摘编. 北京：中央文献出版社，2017：198-199.

推进国家治理体系和治理能力现代化这一全面深化改革的总目标。在多维复合式的国家治理能力中，文化是重要的一维。

中国文化"软实力"打造国际竞争力。中国理论、价值观及其文化，和中国的经济、政治、军事一样，面临着全球化带来的机遇，也面临着来自国际文化竞争的挑战。国际文化竞争表现为文化产业和文化市场的竞争，但作为国际竞争的一部分，文化竞争历来包含着价值观和思想意识观念的竞争。十七届六中全会对此强调："当今世界正处在大发展大变革大调整时期……文化在综合国力竞争中的地位和作用更加凸显，维护国家文化安全任务更加艰巨，增强国家文化软实力、中华文化国际影响力要求更加紧迫"①。习近平总书记提出的"总体国家安全观"思路中，也包括来自文化安全的要求。

今天的文化竞争力已和经济、政治、军事竞争力一起，成为世界各国综合国力的重要组成部分。亨廷顿的"文明冲突论"影响了美国，也影响了世界。美国前总统国家安全事务特别助理布热津斯基（Zbigniew Brzezinski）在《大棋局》中也提出了"文化统治"概念。这一切表明，文化实力正在国际竞争中发挥着越来越大的作用。

文化是社会治理体系中的重要一维。诸多社会治理理论都很推重文化的功能，葛兰西曾将文化意识的社会凝聚作用比作"水泥"；社会学功能学派把"文化系统"置于"社会系统"诸因素的首位，强调若过多社会成员拒绝社会共同价值观，社会系统就会崩溃。帕森斯（Talcott Passons）在《社会体系和行动理论的演进》中强调，一个社会要达到整合，必须具备两个条件：一是社会成员在秩序中行动，二是控制社会行动在秩序内不冲突的规范文化模式。

在现代社会治理中，需要强调制度建设和规导，但在强调外在制度建构的同时，不应忽略精神文化的社会引导和人的心灵秩序建设。法国社会学家涂尔干（Emile Durkheim）在研究"社会病"时提出，文化价值失范是引发社会无序、松散、人们迷茫甚至自杀的重要原因；在社会发展变迁过程中，在传统生活习俗、道德规范、信仰变化瓦解的同时，新的文化价值观若未能跟进，就会产生令人不安和困惑迷茫的社会阶段。在某种意义上，现代社会片面"物化"的发展模式忽略或放逐了对

---

① 中共中央关于深化文化体制改革推动社会主义文化大发展大繁荣若干重大问题的决定. 人民日报，2011-10-26 (1).

精神家园、意义世界、高贵人性的追求，社会才会出现大量道德问题。

注重构建中国文化软实力。习近平总书记指出，提高国家文化软实力，要注重构建当代中国价值观根基，构建中国话语权。文化具有意识形态属性和商品属性，但其本质首先是意识形态属性。大力发展文化事业和文化产业，推进文化体制改革，但不是搞文化"产业化""市场化"。文化建设从理论到大众文化，若不与国家核心价值观保持同一取向，社会共同价值观就无从形成。在关注"文化统治"和"文化冲突"的国际竞争时代，在国际多元价值意识竞争的背景下，我们更要强化对"中国理论"和中国核心价值体系建设的"自觉""自信"，注重构建中国理论及文化软实力，如党的十八大报告所提出的，要"牢牢掌握意识形态工作领导权和主导权，坚持正确导向，提高引导能力，壮大主流思想舆论"①。

"文化是民族的血脉，是人民的精神家园"②。提高国家文化软实力，要展示中华文化独特魅力。文化强国要注重传承文明之道，守望精神家园，构筑"中国梦"。夯实国内文化建设根基，一个重要工作就是要从核心价值观建设抓起，从社会风气抓起，从思想道德抓起，从每一个人抓起。要加强对核心价值观的宣传力度，贯通社会合力，加强中国的历史观、民族观、国家观、文化观、道德观教育。在把"治理能力"作为主打词的今天，构建好中国价值文化，并通过"内化"使社会成员共享核心价值观，形成社会"共意"，也是一种重要的国家能力。

党的十八大报告明确指出，"社会主义核心价值体系是兴国之魂，决定着中国特色社会主义发展方向。要深入开展社会主义核心价值体系学习教育，用社会主义核心价值体系引领社会思潮、凝聚社会共识。……倡导富强、民主、文明、和谐，倡导自由、平等、公正、法治，倡导爱国、敬业、诚信、友善，积极培育和践行社会主义核心价值观"③。

中国执政党历来重视社会主流文化及其价值观建设，历代领导集体都把精神文明和思想道德建设置于重要位置，视其为国家主流意识形态和文化的重要组成部分，提出了一系列精神文明和道德建设的理论与目标，不断推进社会主义主流文化理论与实践的发展。

---

① 胡锦涛文选：第3卷. 北京：人民出版社，2016：638.

② 同①637.

③ 同①.

建党以后，中国共产党以马克思主义为指导思想，以实现民族解放为奋斗目标。新中国成立以后，党继续坚持马克思主义，确立了社会主义基本经济、政治制度，以及以马克思主义为指导思想的社会主义意识形态。改革开放以来，党和国家继续坚持社会主义制度，全面开展社会主义建设伟大实践，通过几十年的努力，中国取得了经济、政治、社会、文化的大发展与大繁荣，社会主义制度得到进一步巩固，社会主义意识形态以及主流文化也在不断探索中取得了显著成就，这些都为社会主义核心价值体系和价值观的提出奠定了坚实的物质、政治及思想基础。在继承与总结毛泽东思想、邓小平理论、"三个代表"重要思想以及科学发展观的基础上，在新阶段，党和国家提出了社会主义核心价值体系建设任务。

社会主义核心价值体系的明确提出，是在 2006 年十六届六中全会通过的《中共中央关于构建社会主义和谐社会若干重大问题的决定》（以下简称《决定》）中。《决定》提出构建和谐社会的战略任务，和谐文化是建设和谐社会的重要一域，而社会主义核心价值体系是建设和谐文化的根本。《决定》把社会主义核心价值体系的基本内容概括为四个方面："马克思主义指导思想，中国特色社会主义共同理想，以爱国主义为核心的民族精神和以改革创新为核心的时代精神，社会主义荣辱观"①。它们从不同的侧重面表达了社会主义本质及其思想理论和价值取向。

社会价值体系解决社会"应然"价值取向问题。它表达并设定一定社会的价值取向和理想目标，引导社会发展方向，规定社会发展目标，把握和调整着社会各个方面的应然合理性。这些价值取向和理想目标深深渗透在经济、政治、法律、文化等社会生活的各个领域，无处不在地发挥着作用。

任何社会都存在着一定的价值体系，这个体系不可能是单一层次的，它应该是一个既体现社会先进理念，又体现社会广泛性要求的多层次、多样性的有机整体。核心价值体系是一个社会价值体系中居主导地位、起支配作用的核心理念，也是一个社会相对稳定、需要普遍遵循的基本价值准则。多种取向和层次的社会价值必须整合在核心价值观的统

---

① 中共中央关于构建社会主义和谐社会若干重大问题的决定. 人民日报，2006－10－19(1).

领之下。社会主义核心价值体系是整合社会主义多样化价值取向的基本理念。社会主义核心价值体系体现社会主义社会本质，表达社会主义基本价值理念，从本质深处回答了"什么是社会主义"这一根本问题。社会主义核心价值体系是社会主义制度和思想体系的灵魂，引导着社会主义的发展方向和目标。

社会主义核心价值体系对社会多元价值取向的整合，源自社会成员对社会主义核心价值体系的认同。社会主义建设和发展，也依赖于全体社会成员对社会主义共同价值观的认同。缺少对社会主义核心价值观的认同，中国社会主义就不可能凝聚全国人民团结奋斗；没有社会主义核心价值观的引领，社会主义发展就会迷失方向，就会变质。我们今天进行社会主义核心价值体系建设，加强荣辱观基础建设，就是对社会主义本质理念和基本准则进行普遍确立，并在此基础上建立起与之相适应的一元导向和多元取向有机整合的社会主义思想文化体系。确立一元导向的社会主义共同价值观，对于保证社会主义方向，引领良好社会风气，打牢全党全国各族人民团结奋斗的思想道德基础，形成全社会奋发向上的精神力量和团结和睦的精神纽带，具有决定性意义。

社会主义核心价值体系内涵十分丰富。其中，马克思主义指导思想是社会主义核心价值体系的理论基础，中国特色社会主义共同理想是社会主义核心价值体系的目标信念，民族精神和时代精神是社会主义核心价值体系的动力源泉，社会主义荣辱观是社会主义核心价值体系的道德基础。

社会主义核心价值体系的提出，是中国在进行社会主义伟大实践过程中，在执政理念和精神文化建设方面所取得的又一重大理论成果，是中国特色社会主义理论的重要组成部分。同时，构建社会主义核心价值体系是我国社会主义主流文化建设的经验总结，也是新时期中国社会主义发展在思想文化建设领域的顶层设计和战略部署。

通过对社会主义核心价值体系的进一步提炼与概括，2012年党的十八大报告又以"三个倡导"的话语方式，提出了社会主义核心价值观，即"倡导富强、民主、文明、和谐，倡导自由、平等、公正、法治，倡导爱国、敬业、诚信、友善"。以二十四个字为基本理念的社会主义核心价值观，确立了不同侧重点的价值目标，为社会主义建设以及中华民族伟大复兴确立了价值目标和理念准则。应该说，社会主义核心价值观是对社会主义核心价值体系的高度提炼，十二个词的基本内容以理念提炼的方式对社会主义核心价值体系进行更概括的表达，每个词都蕴含丰富的内容，这些理念组合在一起，体现了内容全面的价值体系。

社会主义核心价值观首先确立了"富强、民主、文明、和谐"四个价值原则。贫穷、落后不是社会主义，两极分化更不是社会主义。"富强"不仅要实现国强民富，更要实现共同富裕。社会主义共同理想之重要一维就是建设富强中国，而"共同富裕"本身就是中国特色社会主义价值取向的重要特征。中国近代历史告诉我们，只有实现国家强盛，人民的福祉与尊严才能拥有坚实的基础。贫富差距、两极分化带来的系列社会问题也警示我们，只有实现共同富裕，才能实现人民的真正幸福与国家的持续强盛，社会主义制度的优越性才能真正体现出来。

"民主"是社会主义共同理想的关键词之一，是国家和社会保持活力的基础，没有民主的国家不是社会主义，没有民主的社会必会走向僵化或专制，人民的主体地位和创造力也会遭到制约与影响。坚持民主，才能保证人民群众的主人翁地位、平等自由和社会创造力，社会主义体制的优越性才能得以体现。社会主义的富强、文明，不仅指物质文明的极大富强，也包含人民群众当家做主等政治领域内容的文明发展。

"文明"一直是中国优良传统中的一个主题词。作为有五千年历史的文明古国，中国历来重视道德，讲究君子之风，成就了中华礼仪之邦。现代中国应继承、发扬优良文明传统，在全社会倡导并发展"文明"，提升中华民族的现代文明素质。有文明，才会有良好的社会秩序与社会和谐。社会主义的"文明"价值取向，包含着经济、政治、社会、文化、生态等各个领域，社会主义的"文明"追求的是"五位一体"全方位发展的文明。

"和谐"主要指人与自然、人与人、人与社会以及人与自身的有机统一，是关乎人民生活幸福与安全的价值原则。实现社会"和谐"，是中国传统文化一直追求的社会理想，更是社会主义要实现的社会发展目标。和谐社会建设不仅需要富强、民主的基础，也需要法治与德治的良好协作，需要经济、政治、社会、文化、生态等"五位一体"的协调发展，还需要人的主体精神世界与外在世界的协调统一。

"自由、平等、公正、法治"四个价值原则，相对而言是保证社会秩序与活力、保障人民权利与政治文明的基本价值原则。社会主义社会，首先必须是消灭了人压迫人的剥削体制，建立在自由、平等基础上的社会。倡导自由对确保人民主体地位的社会主义发展非常重要。我们倡导的自由，不是形式上的、少数人的自由，而是人民群众普遍拥有的真正的自由，它应当能够让人民群众真正处于主人翁地位，能够自由地工作、生活与创造，自由地选择和追求自我的实现。在中国当前的社会条件下，更应当倡导自由，积极创造条件实现真正的、普遍的自由。

缺乏"平等"的社会，一定是不公平的社会，也是不稳定的社会。中国特色社会主义，要实现的就是消灭剥削、消灭阶级的人人平等的社会。当然，平等不是平均主义，平等首先要求每个人的付出与回报总体上应成正比，平等还表现为社会成果不是被某些个体或集团所垄断，在"第一次分配"的基础上，还必须注重"第二次分配"的公平正义，注重社会主义改革创新的成果由广大人民群众共享。只有倡导实实在在的"平等"，社会才能稳定，人民才能安居乐业。

"公正"是人类的普遍追求，也是马克思主义、社会主义的立言之本和价值目标。我们倡导的"公正"，要体现社会主义共同富裕价值目标，强调权利与义务的统一、获得与责任的统一。中国特色社会主义价值观视域中的公正社会，应最大可能地实现所有个体成员的正当利益，并最大可能地使社会共同利益得到最大限度的发展，以进一步提高所有成员的利益所得。这是社会合理性的要求，也是社会公正观的集中表现。公正在一般意义上表现为让每个人"得所应得""得所当得"，社会主义核心价值理念中的公正，还强调"以有余补不足"，强调成果共享、共同富裕。这是社会主义的价值取向特色，也是中国传统文化的特色。

"法治"不仅是现代政治文明的基本特征，更是维护人民根本利益和社会安定有序的重要手段。国家提出了进一步完善和发展中国特色社会主义制度，推进国家治理体系和治理能力现代化的任务，提出了推进法治中国建设。十八届四中全会公告进一步强调法治体系建设要务是：贯彻中国特色社会主义法治理论，形成完备的法律规范体系、高效的法治实施体系、严密的法治监督体系、有力的法治保障体系，形成完善的党内法规体系，坚持依法治国、依法执政、依法行政共同推进，坚持法治国家、法治政府、法治社会一体建设，实现科学立法、严格执法、公正司法、全民守法，促进国家治理体系和治理能力现代化[1]。十八届四中全会以此为主题，意味着全国上下在治国思路和执政党、政府职能定位方面已进入"依法治国"的语境之中。

"爱国、敬业、诚信、友善"相对而言，是对公民主体提出的价值要求。"爱国"是中华民族的优良传统，也是宪法中规定的公民义务之首要一条。"爱国主义是由于千百年来各自的祖国彼此隔离而形成的一种极其深厚的感情"[2]。爱国作为公民对祖国的一种价值观念，集中表现为民族自尊心和民族自信心，表现为维护祖国尊严和国家利益的使命感、责任感，表现为热爱祖国的河山、历史传统和文化，以及把自己的前途命运同祖国的前途命运紧密联系在一起的理念和感情。一个合格的公民、一个有德性的公民，应当为祖国的富强、民族的兴盛，为社会主义现代化建设做出自己应有的贡献。

"敬业"要求我们做任何工作都应认真负责以事其业。敬业是中国传统美德之一，古人强调"执事敬，与人忠""事思敬"。敬业是一种热爱本职工作、恪尽职责、追求职业理想的工作态度和精神。敬业是基本的职责要求，也包含着超越职业利益的奉献精神。爱岗敬业是个体生存和发展的需要，也是社会存在和发展的需要，没有兢兢业业的工作态度与积极进取的职业热情，就难以建立个人安身立命的基础，难以实现事业理想的成功，而社会主义共同理想、人民的福祉也都不可能实现。

"诚信"是中国传统文化中历来强调的道德信条。诚信是人际交往的基本规范，也是治理国家的基本准则。当年学生问孔子如何理政，答曰："足食，足兵，民信之矣"（《论语·颜渊》）。问必去其一时先去何者，孔子曰"去兵"；再去"去食"（同前）。"信，国之宝也"（《吕氏春秋》）。可见，对于治理国家来讲，"信"是重中之重。国"无信不立"，社会的诚信危机会导致社会风气败坏、人际信任及社会公信力失落，最终致使国家社会生活的无序。美国学者弗兰西斯·福山在《信任》一书中曾预言，21世纪是信誉的世纪，哪个国家信誉度高，哪个国家就会赢得更广阔的市场前景。诚信建设已成我国经济发展、社会发展的重中之重。在诚信教育基础上，还必须和社会法治、制度规导及社会管理结

---

① 中共中央文献研究室. 十八大以来重要文献选编：中. 北京：中央文献出版社，2016：157.

② 列宁全集：第35卷. 中文2版. 北京：人民出版社，1985：187.

合起来，建设讲诚信、有信用的良好社会秩序。

"友善"是处理社会人际关系的基本道德准则。任何个体都生活在一定的社会关系中，中国传统文化强调个体"小我"应化在"大我"之中，用雷锋的话说，即"把有限的生命投入到无限的为人民服务中"，在大我、大爱和友善大德中延展个体生命意义。社会主义社会践行的"一方有难，八方支援"道德观也表达了友善的价值取向。社会主义核心价值观中的友善要求，传承了传统仁爱原则的精神内核，同时又对"仁爱"进行了现代创新：它不仅要求我们对亲朋友善，而且要求我们在今天"陌生人社会"中对每一个人友善；它不仅要求我们与人为善，而且要求我们与物为善，实现人与人、人与自然的和谐共处。友善道德精神不仅关乎人性品质，也关乎社会人际和谐与国家发展，是保障国家发展、社会和谐、人民幸福的重要道德力量。

社会主义核心价值体系与社会主义核心价值观在内涵和外延上具有高度的一致性。

首先，我们党自成立以来便确立以马克思主义为指导思想，历史实践证明了以马克思主义为指导思想的正确性和重要性，因此，社会主义核心价值体系与社会主义核心价值观，不仅都是在以马克思主义为指导思想的前提下提出的，同时也是马克思主义在新时期的理论发展，丰富了马克思主义。其次，"中国特色社会主义共同理想"的实现，必须以国家的富强、民主、文明、和谐为前提。中华民族历经百年苦难，终于迎来了伟大复兴的历史机遇，通过坚定地走中国特色社会主义发展道路，实现中华民族伟大复兴的中国梦，建设一个富强、民主、文明、和谐的国家，是我们党同时也是全国人民的共同理想。再次，社会主义核心价值体系提出"以爱国主义为核心的民族精神和以改革创新为核心的时代精神"，而社会主义核心价值观把这种民族精神和时代精神进一步具体化，并概括为几大价值准则。在我国的传统文化中，有"不患寡而患不均"的精神，也有"天下兴亡，匹夫有责"的担当意识，更有"仁爱"精神与"仁义礼智信"的道德原则，这些优秀的民族精神和思想资源，需要我们继承和发扬；同时，自改革开放以来，我国的经济实现了飞跃，社会环境也变得更加自由，改变了以往那种"政治挂帅"的社会氛围，改革与创新精神被充分激发，形成了强大的生产力，有力地推动了社会主义事业的发展，这种时代精神也需要我们继续坚持与发扬。基于此，社会主义核心价值体系提出了对于传承民族精神和发扬时代精神的要求，社会主义核心价值观则把这种精神具体化为"自由、平等、公正、法治"与"爱国、敬业、诚信、友善"。最后，社会主义核心价值观建设就是要在全国建立一个简明扼要的价值准则，社会主义核心价值观的基本内容提供了更加清晰明确的价值准则与荣辱标准，有利于人们更好地树立社会主义荣辱观。

社会主义核心价值观是新时期社会主义意识形态建设的理论成果，与社会主义核心价值体系具有非常密切的关系，它不仅是对社会主义核心价值体系的高度概括，同时也是社会主义核心价值体系在形式与内容上的具象化。浓缩为二十四个字的社会主义核心价值观，为广大民众提供了明确具体的价值原则与道德规范，其简洁通俗的语言具有天然的亲和力，能够更好地为普通民众所理解与接受，真正发挥在全社会范围内的价值主导作用，进而凝聚广大人民群众的力量，为实现中华民族伟大复兴的中国梦提供强大的精神动力。

社会主义核心价值观为人民群众提出了具体的价值准则，只有真正让人民群众知晓并从内心接受它们，从而在行动上接受它们的指导，这些准则才是有价值的。因此，加强对社会主义核心价值观的宣传与教育，培育和践行社会主义核心价值观，便成为全国上下的一项重要工作。为抓好这项关乎国家前途命运，关乎人民幸福安康，凝魂聚气、强基固本的基础工程，自党的十八大以来，以习近平同志为总书记的党中央高度重视，习近平总书记发表一系列重要讲话，做出了一系列重要论述。

2013 年，中共中央办公厅印发《关于培育和践行社会主义核心价值观的意见》，对社会主义核心价值观建设工作进行总体部署，提出原则要求。2015 年，中共中央宣传部、中央文明办又印发《培育和践行社会主义核心价值观行动方案》，对下一步要开展的活动、采取的行动做了明确安排，这是与《关于培育和践行社会主义核心价值观的意见》配套的文件，是深化社会主义核心价值观建设的重要步骤。

在《关于培育和践行社会主义核心价值观的意见》中，为培育和践行作为社会主义核心价值体系内核的社会主义核心价值观，分别从以下六个方面针对如何培育与践行社会主义核心价值观提出了具体意见：一是社会主义核心价值观的重要意义与指导思想，二是如何把社会主义核心价值观融入国民教育的过程中，三是如何把社会主义核心价值观落实到经济发展实践和社会治理中，四是如何加强对社会主义核心价值观的宣传教育，五是如何通过开展实践活动以涵养社会主义核心价值观，六是如何加强对培育和践行社会主义核心价值观的组织领导。为了更好地培育和践行社会主义核心价值观，《培育和践行社会主义核心价值观行动方案》中又提出了具体的工作要求。由于任何一种主流价值观念的确立都需要经历一个长期的过程，因此，我们必须从现在做起，坚实地走好每一步，通过依据《关于培育和践行社会主义核心价值观的意见》的具体意见，与《培育和践行社会主义核心价值观行动方案》所提出的操作性强的标准，推动以二十四个字为基本内容的社会主义核心价值原则的普及与落实，逐步加强社会主义主流意识形态建设，全面提升国民素质与道德水平，最终实现中华民族伟大复兴的中国梦。

第十一章 何以必要：中国为什么要建设核心价值体系[*]

"核心价值体系"，这是今天耳熟能详的一个话题范畴。党的十七大报告中的这个主题词，在党的十八大报告中继续得到强调。"社会主义核心价值体系是兴国之魂，决定着中国特色社会主义发展方向"①，"道路关乎党的命脉，关乎国家前途、民族命运、人民幸福"②。核心价值观到底表达什么？我们说，马克思主义指导思想、中国特色社会主义共同理想、以爱国主义为核心的民族精神和以改革创新为核心的时代精神、社会主义荣辱观，构成了中国特色核心价值体系的基本内容。中国为何必须建构社会主义核心价值体系？为什么一定要走社会主义道路？为什么一定要坚持马克思主义？核心价值和国家软实力有什么关系？中国在复杂而充满竞争的国际社会如何立足？社会现实中为何存在价值观"漂移"与"错位"现象？国民的精神和素质怎样跟进？文化强国战略怎样实施？中华民族和中国社会到底应向何处去？所有这一切问题，都和核心价值观建设息息相关。马克思说"问题就是时代的口号"③，无论从时代任务来看还是从现实需要来看，中国建构社会主义核心价值体系都是"必需的"！

---

* 原载《旗帜：社会主义核心价值观漫谈》（北京古籍出版社，2015）。

① 胡锦涛文选：第 3 卷. 北京：人民出版社，2016：638.

② 同①620.

③ 马克思恩格斯全集：第 40 卷. 北京：人民出版社，1982：289.

一、理论影响力："软实力"原理充满硬道理

人们说，当今世界人类面临三大"战争"：一是军事战争，二是经济战争，三是文化意识的战争。三大"战争"中，文化意识"战争"因其越来越具有超越于军事战争和经济"战争"的能量而备受各国重视。军事竞争和经济竞争的胜负输赢，取决于一个国家的"硬实力"，而文化意识竞争即葛兰西所说的"文化领导权"竞争，则取决于这个国家的思想理论、文化价值观等"软实力"。党的十八大报告也提出，要"牢牢掌握意识形态工作领导权和主导权，坚持正确导向，提高引导能力，壮大主流思想舆论"①。中国道路与中国所坚持的理论指导及价值取向息息相关，在此意义上，坚持中国发展道路，在国际竞争中立于不败之地，必须从建构中国特色社会主义核心价值体系开始。

1. "软实力"理论出于全球国际竞争语境

约瑟夫·奈1990年写了《美国定能领导世界吗》一书，这被称作一部反映美国冷战后政治思潮的专著。约瑟夫·奈在书中批评了保罗·肯尼迪（Paul Kennedy）《大国的兴衰》所代表的一种美国"衰弱论"观点，认为"美国在当今世界不仅拥有经济、军事、科技等硬力量优势，而且还有文化、价值观念、国民凝聚力等软力量优势。因此美国不同于历史上的一般大国，仍将会保持超级大国地位"②。此后约瑟夫·奈不断发表文章强调"软权力"的重要性，强调在信息时代，知识就是权力，而这一点比过去任何时候都更加明显。2000年他发表文章，进一步对美国的软权力资源做了论述：美国软权力的一个资源是其价值观念，在某种程度上美国被认为是自由、人权和民主的灯塔，而其他国家则纷纷效仿；软权力的另一个资源是文化输出、电影、电视节目、艺术和学术著作以及互联网上的材料；软权力也通过国际组织（例如国际货币基金组织、北约或美洲人权委员会等）发挥作用，它们在一定程度上有助于其他国家形成多样化的与美国利益相包容的选择，这些国际组织

---

① 胡锦涛文选：第3卷. 北京：人民出版社，2016：638.

② 约瑟夫·奈. 美国定能领导世界吗. 北京：军事译文出版社，1992：出版说明1.

巩固美国的软权力①。约瑟夫·奈明确强调："美国应利用自己庞大的软力量工具，把观念、意识形态、文化、经济模式和社会政治制度投射出去"②。

美国等西方国家开始注重软实力或者说软硬兼施的思路运作，在运用经济、军事实力的基础上，也着力在全世界推行它们的价值理念，用文化、互联网技术、基金等多维"软实力"途径施展自己的影响力。

软实力中的核心问题就是一个国家的意识形态、价值观及其文化的建构和实践。中国必须格外重视国家思想理论和价值观等软实力的打造，重视中国特色社会主义核心价值体系建设，重视中国理论的建构、文化氛围的营造，以及核心价值观的大众化、社会化。

2. 第三种"战争"：文化意识和"文化统治"在竞争

今天价值观及意识形态的竞争力已和经济、政治、军事竞争力一同，成为世界各国综合国力竞争的重要组成部分。文化意识竞争甚至被人们喻为和军事、经济"战争"相同或更凸显的第三种"战争"。哥伦比亚大学著名学者萨义德则将文化和帝国主义实践直接联系起来。他明确指出：在帝国扩张过程中，文化扮演了非常重要的同时也是不可或缺的角色③。

中国理论、价值观及其文化，既面临着全球化带来的种种机遇，也面临着来自文化安全方面的挑战。但作为国际竞争的一部分，文化竞争历来包含着价值观和思想意识的较量。党的十七届六中全会对此强调："当今世界正处在大发展大变革大调整时期……文化在综合国力竞争中的地位和作用更加凸显，维护国家文化安全任务更加艰巨，增强国家文化软实力、中华文化国际影响力要求更加紧迫"④。

冷战结束后，萨缪尔·亨廷顿等一些政治学学者和政界人物开始研究新格局下的新问题，亨廷顿提出了他著名的"文明冲突论"，亨廷顿

---

① Joseph S. Nye. The Power We Must Not Squander. New York Times，Jan. 3，2000.

② Joseph S. Nye. Willam A. Owens. American's Information Edge. Foreign Affairs，1996，75：20－36.

③ 爱德华·W. 萨义德. 东方主义. 北京：三联书店，1999：10.

④ 中共中央关于深化文化体制改革推动社会主义文化大发展大繁荣若干重大问题的决定. 人民日报，2011－10－26（1）.

的"文明冲突论"对美国甚至全世界都产生了重大影响。"克林顿主义""新干涉主义"作为美国对冷战后国际形势变化的"政策反应"和"未来规划"，其核心是强调美国作为冷战后的唯一超级大国，"必须担负起领导全世界的责任"，"在全世界推进美国的价值观和促进美国的利益"①，在其中就有"文明冲突论"和"文化帝国主义"的明确内涵。

"软实力"理论在美国近年的国际事务和外交路线中变成了"巧实力"思路。"巧实力"概念最早由美国学者苏珊尼·诺瑟 2004 年在《外交》杂志上的文章中提出，2007 年美国前副国务卿阿米蒂奇和约瑟夫·奈联手发表了《巧实力战略》研究报告，针对美国以往片面强调硬实力的强硬单边主义战略，提出运用"巧实力"帮助美国摆脱硬实力不足的困境，进行"全球领导地位"方式的战略转型。2009 年在美国国会参议院外交委员会举行的听证会上，希拉里又一次表明美国政府要运用"巧实力"的主张，强调应通过各种手段开展国际事务，运用"巧实力"恢复美国的全球领导力。

一切都表明，思想理论实力或文化意识的影响力已在国际竞争中发挥着越来越大的作用。邓小平早就指出："西方国家正在打一场没有硝烟的第三次世界大战。所谓没有硝烟，就是要社会主义国家和平演变"②。尼克松曾预言中国也将像苏联和东欧一样演变为资本主义，他说："从长远来说，中国将成为那些已经在东欧、苏联和不发达国家把共产党政权扫下台的巨大变革的一部分。如果它继续同这场新的自由事业的革命保持接触，它就不可能抱着已经失败的共产主义革命不放。由于有了信息革命，各种思想将越过长城上空进入中国，用不着穿过城墙或者在墙根下挖地道——而且没有意识形态上的战略防御计划会把它们击落"③。

近些年许多人在使用"文化安全"概念，事实上对文化安全进行关注首先是从美国人开始的。亨廷顿的"文明冲突论"引起了全世界对文化安全问题的关注，冷战结束后的状况也使西方国家普遍认识到，国家

---

① 丁胜. 新克林顿主义评析. 现代国际关系，1999（8）：12.

② 邓小平文选：第 3 卷. 北京：人民出版社，1993：344.

③ 尼克松. 抓住时机——美国在只有一个超级大国的世界上面临的挑战. 北京：新华出版社，1992：146.

安全问题已由传统的军事领域扩展到经济、文化、生态等领域。

在这个关注"文化统治"和价值观的国际竞争时代，中国应怎样关注自我的国家安全问题？国家安全问题中文化安全具有怎样的地位？中国应走什么样的社会发展道路？坚持什么样的理论和价值观？对于这一切，我们都必须具有清醒的目的和自觉意识。一个国家的软实力建设，最重要的就是思想理论建设和价值观建设，它是软实力中的脊梁或灵魂，可以说有什么样的思想理论，有什么样的核心价值及其文化，就有什么样的国家发展道路。在国际多元价值意识竞争背景下，我们更要强化对"中国理论"和中国特色价值体系建设的"自觉""自信"，注重构建中国理论及文化的软实力。

中国社会主义在探索、在成长，中国理论及其价值观也越来越在"中国模式"中彰显其存在理由和魅力，并在世界多极发展中产生积极的影响。

3. 话语权：现在世界上究竟"谁在说"

我们要发展的是中国特色社会主义文化。中国文化有自己的价值观，有中国历史积累的传统文化和民族精神，有自己坚信的马克思主义和社会主义理念及其理论。中国文化建设必须有中国的核心价值观，不能简单用西方的普遍价值文化来代替，建设这样一种文化，"谁在说"的问题很重要。文化是有属性的，汤林森（John Tomlinson）在《文化帝国主义》中探讨了"资本主义文化"，指出"资本主义文化的确有使世界同质化的倾向，而文化的同步化也是一个前所未有的'全球现代性的特征'。但资本主义是一个'经济-文化'二元复合体系，其经济基石是财产制度与商品生产，其文化的要素则是一种无孔不入、商品化了的交换关系"①。资本主义文化中环境理念、医疗保健、艺术文化、民主平等、诚信等道德观念，是人类共同的价值财富，中国文化在共建也可吸收共享。但汤林森所揭示的资本主义本质属性的那些东西，我们就不能照单全收了。

"谁在说"的问题，与走什么样的道路、怎样发展本国文化和价值观十分相关。

---

① 汤林森. 文化帝国主义. 上海：上海人民出版社，1999：211.

目前在国际文化竞争中，中国在话语权上并不占优势。由于历史以及技术因素，全球新闻话语权的 75％ 掌握在美国等西方大国手中；我国和西方在文化产品"贸易"上存在着逆差，仅美国电影就占全世界电影市场的 60％。西方发达国家凭借强大的经济、政治和传媒技术优势，对发展中国家的文化积极进行"软实力"的影响。

美国学者彼得·伍德曼（Peter Woodman）在研究美国在拉美国家的文化战略后说："文化帝国主义控制和西化了第三世界国家人民的心理，使他们与美国帝国主义利益保持一致。文化帝国主义产生了不可思议的作用，原因在于它从内部控制了人民，装扮成为他们的自由意志。文化帝国主义作用是控制第三世界居民的精神，形成政治上顺从的民众，在人民中间唤起消费主义的愿望，致使能为西方的商品培育丰富的市场。文化帝国主义的目标强烈地针对年轻人，因为他是理想的观众，社会敏感度强，易于适应变革"①。

美国学者自己也认为："美国的文化，不论是粗俗的还是高雅的，都强烈地向外散射，类似于罗马帝国时代，但表现出一种新奇的扭曲。罗马和苏俄的文化影响仅限于它们的军事疆域，而美国的软实力统治了一个太阳永远不落的帝国"②。

事实上美国最大的出口产品是包括电影、电视、音乐、书籍、娱乐和电脑等在内的文化产品。据统计，美国生产全世界 75％ 的电视节目、60％ 以上的广播节目。发展中国家 75％ 以上的文化产品来自美国，而美国市场上外来文化产品却只占 1％～2％③。"全球互联网业务中有 90％ 在美国发起、终结或通过……互联网上访问量最大的 100 个网络终点中，有 94 个在美国境内；全球互联网管理中所有的重大决定仍由美国主导做出；负责全球域名管理的 13 个根服务器有 10 个在美国"④。互联网上 90％ 以上的内容是用英语表达的。"英语训练将是美国软权力投射政策的重心，这是很符合逻辑的。（他国）允许或限制英语语言训练对美国有着非常大的影响。简而言之，英语语言训练等同于软

①　http://www.colombiasolidarity.org.uk/Solidarity%208/culturalmiperialism.html.

②　Josef Joffe. Who's Afraid of Mr. MrBig. The National Interest，2001，64：43.

③　郭继文. 文化软实力的历史观阐释（博士学位论文）. http://ishare.iask.sina.com.cn/f/22124671.html?from＝like.

④　车跃丽. 信息全球化对国际关系的影响. 东北亚论坛，2001（4）：86.

权力"①。

随着改革与对外开放，经济全球化浪潮带来了文化的全球化进程，西方文化以好莱坞大片、迪斯尼形象、可口可乐广告，随着电视和互联网进入中国的千家万户，改变着中国人的生活方式，人们开始习惯吃快餐、喝可乐、看大片、过洋节，与此同时，西方的各种思潮理论也进入中国理论界和这种头脑风暴中，自由主义、个人主义、拜金主义、享乐主义等价值观念随之涌入，其中有积极因素，也有消极因素，但无论"A面"还是"B面"，西方文化对中国文化产生了各种影响都是不争的事实。

"谁在说"等话语权问题也引起了世界组织的注意。联合国开发计划署早在1992年的《人类发展报告》中，就已把文化安全列为人类社会应该享有的一项基本权利②。对于任何一个国家而言，提高国家的整体安全感，有效维护和推动国家稳定发展，必须和打造文化安全紧密联系起来思考。事实上许多国家都为文化安全问题采取了诸多国家政策。法国为了防止他国文化侵入，保护国内文化市场，较早就制定了《古迹保护法》《建筑法》《著作法》等，提出了"文化例外"原则，反对将文化产品列入关贸总协定的自由贸易范围，反对文化市场的贸易自由化。从1959年起，法国开始制定"关于在国外扩张和恢复法国文化活动的第一个五年计划"（1959—1963），后来又陆续制定了"二五""三五"计划等③。韩国提出了"文化立国"的国家发展方针。文化立国也应成为我们中国今天发展思路中的应有理念。

4. 价值文化软实力与社会整合

社会整合（social integration）是社会学功能结构学派使用的一个核心概念，旨在表达社会中各因素和各部分系统化为一个有机整体的过程与结果。社会学功能学派大师帕森斯把社会视作一个"系统"，"系统"是帕氏社会功能理论的核心概念。社会运行系统涵盖四个子系统：文化系统、社会系统、人格系统以及行为机体系统。由此帕氏明确提出

---

① Thomas Molloy. English Language Training as a Projection of Soft Power. The Disam Journal，Summer 2003：101.

② 周建标. 我国文化安全面临的挑战与对策. 华南理工大学学报（社会科学版），2010，12（2）.

③ 龚铁鹰. 软权力的系统分析. 天津：天津人民出版社，2008：155-157.

了他的"AGIL"社会整合理论。在这个社会系统理论分析框架中：A（adaptation）指适应，即社会系统适应外部环境的功能；G（goal attainment）指达标，即社会系统谋求实现自身目标的能力；I（integration）指整合，即社会系统协同内部各种关系的功能；L（latercy pattern maintenance）指维护能力，即社会系统维持自身独特发展模式的功能①。帕森斯指出，一个社会只有拥有上述四种基本功能，才能维持秩序和稳定。这个社会必须具有明确的社会发展目标，能随时世变化与时俱进地不断改革和发展，能将社会多样元素和不同部分整合为一个有机整体，能调控社会张力、维持社会秩序和模式。在这四种基本功能中，帕森斯尤其强调社会整合功能。在一定意义上，社会整合就是结构功能主义表示社会核心功能的一个特有概念。

在社会整合理论中，帕氏理论又特别推重价值和文化的整合功能。社会整合实际上是通过多种维度和方式实现的，如政治制度、法律制度、经济制度的整合，社会功能机制的整合，再就是社会文化、价值规范的整合。"文化系统"在功能结构理论中占有突出的位置。其理论在"社会运行系统"中，第一层次放置的就是"文化系统"，而我们许多人的思维语序通常习惯于政治、经济、文化，或制度、文化的序列表达。文化包含的内容很多，有价值理念、理想信念、社会法律、道德规范、宗教信仰、科学技术、文学艺术以及相关表意符号等。其中价值理念最为核心，它定位着文化系统的性质，为社会制度、规则秩序的合法化提供最直接的论证。

帕氏清楚地意识到社会整合与该社会的"共意"或"一致性"有多重要，因此特别强调社会"共意"即共同价值观存在的必要。他认为正是社会成员认同且受其影响的共同价值观，能产生一种强有力的凝聚力将社会成员整合在一起。他在《社会体系和行动理论的演进》中强调，一个社会要达到整合，必须具备两个不可或缺的条件：一个是有足够的社会成员作为社会行动者受到适当的鼓励，并按其角色体系而行动；另一个是使社会行动和规范控制在基本秩序之内，避免形成离异或冲突的文化模式。在这两个条件中，我们看到了几个关键词：社会秩序、公民素质、共同价值观。

---

① Edward A. Shilas, Talcott Parsons. Toward a General Theory of Action. New York: Transaction Publishers, 2001: 58-60, 80-84.

在强调"软实力"主打词的当今时代，在强调核心价值观的思维语境中，我们恐怕也得学会文化价值观的"思维前置"，并习惯把表达价值理念的"文化系统"放置在"社会功能系统"的第一位。

一个社会系统组织着社会运转，也调控着个人或群体进行社会互动，而社会成员同心同德的凝聚力，他们的行动目标或动力方向都和他们拥有的价值观相关。许多思想家有关于"行动理论"的思考，对人们做出意识行为的过程进行了考察和探讨。我们只有在社会行动理论中引进价值观念影响因子，才能更清楚地解释社会人群或个体行动目标的一致或差异。这也正如马克思所说："如果**从观念上**来考察，那么一定的意识形式的解体足以使整个时代覆灭"①。纵观社会发展过程，德国在近代的革命和发展，以及今日在欧洲甚至世界所居的经济大国地位，与18世纪后德国完成的哲学思辨和文化革命息息相关，而在黑格尔的政治哲学观念中，当年法国大革命的社会政治实践是对自由的辩证历险，它对抽象的绝对自由的追求导致了大革命中的暴力与恐怖。在《精神现象学》中黑格尔专门讨论了法国大革命中的"绝对自由和恐怖"②。此外，许多学者都在说，苏联解体的原因也许是多维的，但根本原因之一是人们对社会主义发展失去了价值信念的支持，在理论和文化层面发生了"新思维"的转变。

上述告诉我们，文化系统，尤其是社会共同价值观，在社会整合中十分重要。也正因为如此，党的十八大报告强调："要深入开展社会主义核心价值体系学习教育，用社会主义核心价值体系引领社会思潮、凝聚社会共识。推进马克思主义中国化时代化大众化，坚持不懈用中国特色社会主义理论体系武装全党、教育人民，深入实施马克思主义理论研究和建设工程，建设哲学社会科学创新体系，推动中国特色社会主义理论体系进教材进课堂进头脑。广泛开展理想信念教育，把广大人民团结凝聚在中国特色社会主义伟大旗帜之下"③。今天中国社会是否存在共同价值观，应当怎样建构核心价值体系并使之大众化，都是我们不仅要思考，而且必须行动起来加以解决的问题。

---

① 马克思恩格斯全集. 第30卷. 中文2版. 北京：人民出版社，1995：539.
② 雅斯贝斯. 时代的精神状况. 上海：上海译文出版社，1997：6.
③ 胡锦涛文选：第3卷. 北京：人民出版社，2016：638.

二、现实价值观的"漂移"与"错位"

我们能看到，中国改革开放与市场经济发展至今，社会价值文化建设始终被放在重要位置，国家一直力主走"两手抓""四个文明""五位一体"协调发展的思路，道德建设和精神文明建设也取得了诸多成绩。从当代道德热点问题引发的社会讨论来看，公众对道德问题的基本判断和价值诉求主流是健康的，但社会中的确存在不同程度的道德失范和价值错位问题。如党的十八大报告指出，一些领域存在诚信缺失，一些领域消极腐败现象易发多发，奢侈浪费现象严重①。如何看待这些问题？某些"社会病"症结何在？如何根治？这些都是我们必须思考和回答的重要问题。

1. 全景扫描：社会道德状况显露价值观生态

放眼我们所处的社会，是一个用一句话难以概括的社会。这是一个彰显"大爱"的社会：近些年中国发生了很多大事，无论哪件事，都见证、彰显了中国民众具有并在成长的道德精神。比如，与"四川地震""动车事故"大灾大悲同在的，是"一方有难，八方支援"的团结互助精神，是大国、大爱和大写的人！与北京奥运的成功一起写入历史的，是中国人的爱国情结，和我们这个时代特有的"我参与、我奉献、我快乐"的道德精神！

当然这也是一个发生了某些无德现象的社会，食品、药品、交通安全等人命关天的问题，以及"道德冷漠""道德血液"等词语，已成为全社会热议的话题和坊间"关键词"。我们看到了身边那么多令我们感动的道德楷模和好人，但也看到了种种无良行为和事件。

有"小悦悦"事件中的"冷漠路人"，但"最美教师""最美妈妈""最美女孩""最美交警"也比比皆是；社会中出现了许多假冒伪劣甚至一些极端无良事件，但慈善组织、民间救援组织、志愿者行动也呈现出雨后春笋般的生长，助人为乐的风尚及道德激情也在生长。许多人在痛

---

① 胡锦涛文选：第 3 卷. 北京：人民出版社，2016：616.

斥或忧虑缺德人和缺德现象，也有许多人主张，现在存在一些道德问题，但还要看到社会道德、社会文明的成长和发展，事实上大多数人还是在说"世上还是好人多"；学者们也主张不要在"滑坡论""爬坡论"上争论不休，这种争论本身也有不科学之处——社会道德状况评估要量化，对道德冷漠、缺德现象、慈善情况、公民素质、志愿精神、城市文明等，要用道德综合指数来具体分析、说明。

但必须充分估计社会道德风气中存在的严重问题，道德问题背后的症结所在要充分把握，并且必须强力干预。

据媒体报道，在"2011 最受关注 10 大焦点民生问题"调查中，"社会道德风气"位列第七，首次进入国人关注的前十问题[①]。近年来，相继发生的"毒奶粉""瘦肉精""地沟油"等食品安全事件，以及"道德冷漠""权力腐败""潜规则""楼脆脆""桥垮垮""路塌塌""彭宇案"等各种热词，在显示无德行为和缺德事件在社会许多领域频频出现的同时，也在不断刺激和考验着人们的良知底线。全社会都在关注、追问并彻底思考着道德风气问题。人们发现社会现实生活中，道德失信带来的损害和成本就在自己身边，善恶不辨、荣辱错位的现象也时有表现，一些人奉献进取与索取享受观念模糊，另一些人勤俭与奢侈观念错位，审美和"审丑"同时上演，劣币时不时在驱逐良币。

我们这个社会到底怎么了？我们真的"冷漠"和"缺德"吗？是什么使人不敢"扶老人"？是什么让假冒伪劣大行其道？老百姓为何被网络称作"老不信"？社会为何陷入"低信任度"的消极循环？改革开放几十年来，人们物质生活富裕了，幸福感为何反而时不时降低？坊间名言快语说：底线不在，利益动机却遍地可见。

当道德互助、良知、信用、责任等社会道德底线频频失守，个体"自私自利"甚至"缺德"和"人性冷漠"现象频频出现，"逐利"成为一些人行为选择的价值取向时，这个社会一定会发"病"！客观地说，社会失信、自私逐利等道德问题，和市场经济社会发展过程中的秩序缺陷有关，和民众尤其是一些无良逐利者的素质有关，和社会管理机制不完善、监管不力有关，和一些管理者的腐败无能有关，当然也和市场经济利益导向价值观及其理论文化有关。

---

① 2011 最受关注 10 大焦点民生问题. http://www.sx.chinanews.com/news/2011/1204/54551.html.

　　当然，任何时候我们都应看到，面对无良逐利者和种种缺德事件，众多有识之士、有德之人在痛心忧虑之余，也在为社会的缺德现象和缺德之人进行着"道德救赎"；这些有良知的人永远是中国社会的"脊梁"，他们的积极行为给我们和社会提供着积极向善的力量与信心。在执政党和国家"五位一体"发展布局中的文化强国思路，尤其对社会主义核心价值体系的构建与自觉，为我们国家和社会，为人们的精神世界，提供着思想文化氛围的"正能量"！

2.　精神家园的现代性失落与守望

　　《千年一叹》《行者无疆》是余秋雨先生多国之旅中感慨和思考的集结，他在书中探讨了伊斯兰文明、两河文明、阿拉伯文明、印度文明、古埃及文明、希伯来文明等文明衰落的原因。在 CCTV《文明之旅》节目的一次采访中，余秋雨说：我去各国旅行，不完全是看古迹，主要是在思考，如像能建造金字塔这样辉煌古迹的民族，到底是怎样衰败的？那些雄伟的古迹还在，但这个国家今天的主要国防力量，是致力于保护外国旅游者不受恐怖袭击，因为今天旅游是他们国家第一项的国民收入，他们请大家来看他们祖先留下的石头。主持人问：我们有令我们骄傲的辉煌文化，但今天又时常觉得没有文化，为什么？余秋雨说：文化分"道"和"术"，如茶具、旗袍、金字塔等，流传下来容易，这些文化物体是"术"，但关键是文化的"道"如何流传下来①。

　　失落了"道"的文明一定会走向衰落。在世界文明发展进程中，有古代中国、古代埃及、古代巴比伦、古代印度四大文明发源地，唯有我们中华文明延绵不绝，传承而未有中断。这在世界文明发展史上，已成为一个引起众多学人兴趣并探究其中原委的历史现象。究其根源，最重要的是中华文明不但有文化之"术"即辉煌的文化形式和器物的积累，还有深厚的文化之"道"的创造和流传。纵观中华文明史，各个时期的思想家、艺术家、文化大师构筑了博大精深的中国智慧和精神文化世界。就是这些东方智慧和民族精神铸就了中华民族的精神家园。

　　在一次关于中国文化自觉、自信、自强的研讨会上有学者感慨地说，现在的许多文化缺乏骨头，骨头就是"道"，没有道的文化就没有

---

　　①　http://jishi. cntv. cn/C30810/classpage/video/20110517/100008. shtml.

骨头，就没有精神，没有"魂"。任何一种文化都凝结着一定的价值理念，它就是文化的灵魂，或曰文化其"神"。守护文化其"神"，就要把握凝结在文化之中的精神实质——价值理念，从而把握文化立场、文化取向和文化选择，这是文化自觉的根本要求[①]。核心价值体系建设，就是在坚守、创建属于中国的文化之"道"和"精神家园"。

"深度意义"解构引领大众走向感性享乐。市场社会中的大众文化，尤其后现代大众文化中，有一种主张削平"深度模式"、消解"历史意识"和"价值感"等的思潮。"深度解构"取向，在大众文化创作中还被表达为"平面化"和"距离感消失"原则。后现代大众文化这种"解构"和"开放"的态度，对传统普遍价值的个体化超越，对历史意义和权威话语的破除，对大众主体的零度亲和，诉诸大众感觉并满足他们文化快乐的欣赏需要，这些都是大众文化的优点，但也正是它最令人不安的地方。大众文化这种对文化审美功能、道德功能和价值导向功能的抑制，对意义的深度消解，走得太远也有问题。事实上一些文化现象把即时当下的快乐感觉作为文化作品的评价标准和出发点，使大众文化走上了"娱乐至死"的路数。当下许多影视、网络、数码图像、流行音乐等都以各种娱乐方式刺激着大众的神经，满足着大众的感官需要。正如伊格尔顿（Terry Eagleton）所认为的："大众文化的技术方式满足人们绝对的享乐主义的本质，使力比多的身体受制于经济的要求，所以在这个时代除了有劳动的身体、欲望的身体之外，更多的是一些残缺不全的身体，这就是大众文化中身体的普遍形态"[②]。

问题不在于要不要娱乐和感性快乐，娱乐是文化"必需的"功能之一。但如著名美国传播学学者尼尔·波兹曼在《娱乐至死》一书中所指出的："我们的问题不在于电视为我们展示具有娱乐性的内容，而在于所有的内容都以娱乐的方式表达出来，这就完全是另一回事了"[③]。

问题也不在于要不要大众文化，文化生态本身就应该多姿多样。大众文化具有令人轻松愉悦的魅力，在当代中国，出现了许多亲和大众的作品，使人们享受到了更多样的、更新式的文化作品，也使各种感性、

---

① 朱贻庭. 守护文化其"神". 道德与文明，2011（3）.

② 傅守祥. 审美化生存——消费时代大众文化的审美想象与哲学批判. 北京：中国传媒大学出版社，2008：162.

③ 尼尔·波兹曼. 娱乐至死. 桂林：广西师范大学出版社，2004：202.

个性获得了释放，事实上许多"喜闻乐见"的作品使大众在潜移默化中受到了教育，在中国大众的生活娱乐、文化启蒙、提高素质方面发挥着重要作用。

问题在于，如果我们的文化过多以感性娱乐为方式，甚至在商业迎合策动下产生"媚俗"的文化取向，以"解构"深度意义、价值"祛魅"为特性标志，就会使中国文化生态落入缺乏精神和隽永价值的另类不平衡中。事实上，现实中的确存在着过多强调感性快乐、解构价值、"去意义"的作品的消极因素问题，爱情不再是《梁祝》式的至死不渝，而是《天亮说分手》。中国传统伦理观强调的社会责任、荣辱感、崇高感，在一些文化作品的颠覆下不断被消解，许多文化创作不再负有"载道""言志"的责任，文化不再是人类生存的内在基础，而成为娱乐的游戏，文化应有的精神特性被消解了。

德国著名学者阿多诺（Theodor W. Adorno）说："失却了审美精神与人文理想制衡的文化是可怕的，文化陷入单边主义和商业实用主义是危险的；这种可怕的背后是非人化与物化，这种危险的内里隐藏着自我的失落和意义的虚无"[①]。不仅如此，这种即时的感性娱乐文化的蔓延，还容易导致人们对传统文化、社会历史、道德责任的淡化，这会使社会进步缺乏可持续的动力。"如果一个民族分心于繁杂琐事，如果文化生活被重新定义为娱乐的周而复始，如果严肃的公众对话变成了幼稚的婴儿言语，总而言之，如果人民蜕化为被动的受众，而一切公共事务形同杂耍，那么这个民族就会发现自己危在旦夕，文化灭亡的命运就在劫难逃"[②]。事实上，在当下中国社会许多领域的文化与现实生活中，或多或少地弥漫着利己主义、功利主义、消费主义、享乐主义、拜金主义的气息，充斥着明显的物欲膨胀和财富取向。CCTV 的一位记者不知疲倦地询问每一个随机寻找到的被访者——从无职业者到城市精英——想要什么，大多数人给出的答案是"钱"[③]。许多人不再关心保尔·柯察金是怎样的英雄，不关心英雄存在的意义，更严重的是不再崇尚这类英雄；真、善、美的符号典型被冷落在日常话语体系中，你如果还执着于雷锋精神等英雄信仰的情怀，那一定是"out"了。中国现在在硬币的

[①] 阿多诺. 否定的辩证法. 重庆：重庆出版社，1989：362.

[②] 尼尔·波兹曼. 娱乐至死. 桂林：广西师范大学出版社，2004：202.

[③] 许知远. 醒来. 武汉：湖北人民出版社，2009：189.

A 面，是世界第二大经济体，是金钱物质的增长之地，而在 B 面，不择手段、物欲膨胀、财富竞炫、道德冷漠等现象却随处可见。"你在大卫·里斯曼的《孤独的人群》、C. W. 米尔斯的《社会学的想象力》、丹尼尔·贝尔的《资本主义文化矛盾》、加塞特的《大众的反叛》中的现代性社会病描述中，都可能会看到今天中国社会的某个侧面或影子，看到民粹主义、消费主义、拜物教、身份焦虑、群氓、个人主义"，"更关键的问题是，似乎没人觉得这有什么不对"[①]。

我们会感觉到，人的生活是需要社会归属和意义感的，在物质生活获得基本保障后，人还必须有情感的需求；个体有自我个性的发展，但再有个性的人都有社会尊重和归属感需求，有精神信念和人生奋斗的目标方向，人的幸福感就来自这一切属于人的需求满足的意义体验。人的心灵往往寄托在精神家园中，如果仅限于物欲追求，完全生活在自我孤立中，久而久之，就会失去生活意义和方向而限于迷茫、焦虑和无意义感之中。

如果我们的文化教给大众的，是纵欲享乐和物质财富地位的追求，是支持把"小我"和"大我"割裂开来的理论，是放弃对国家、社会和他人的责任，远离集体主义的价值观，社会缺"道"呈散沙状态不说，人们也会因为完全生活在"小我"个体中，失去"大我"归属而备感孤独和苦闷。如果我们的文化不能提供理想信念和人生意义，人们就会渐感物质富足而精神空虚，生活意义感丧失，人们的精神世界就会出现危机。这就是坊间有人说现在社会是"瘦猪哼哼，肥猪也哼哼"的原因，也是一些人不乏物质财富但仍选择自杀的"无意义"问题之所在。

事实上，在当下中国社会，我们还能感受到有些人精神空虚引出的社会焦虑感。我们可能首先感受到的是"人际焦虑"，这是一种来自社会关系状态的焦虑。人与人之间缺乏基本的信任，亲朋关系在物质财产利益面前那样没有权重，"亲们"为利反目，人际关系被冷冰冰的利益关系所替代，社会关系在市场经济中仿佛被市场格式化了。有西方学者说，中国现在的某些方面比西方市场经济还"市场经济"，言下之意是中国人完全金钱利益化了。社会人际关系的现实和人们所期望的目标

[①]　许知远. 醒来. 武汉：湖北人民出版社，2009：230.

出现较大差距，人们就会产生紧张不安和担忧之感。除此之外，似乎还存在着"身份焦虑"，社会中的拼爹、拼孩子、拼房、拼车等攀比现象随处可见；从前人们"爱厂如家""有问题找组织"，但市场经济社会发展造就的"后单位时代"，把众多个体抛到市场社会中，个体化后的人缺乏稳定的组织担保和依赖，人生的不确定感增加，也引发了一种"社会归属焦虑"。还有一种不相信现实中存在超越物质和功利的情感与爱心，寻觅不到永恒价值和人生意义的焦虑，这可被归为一种"意义焦虑"。普遍的"社会焦虑"心态和人们的生活质量要求提高有关，和人生觉醒有关，但更和意义感失却、"精神家园"迷失有关！

党的十八大报告强调，"文化是民族的血脉，是人民的精神家园"①。国家的发展，民族的兴盛，社会文明和公民素质的提升，都有赖于文化。文化的灵魂就是核心价值体系，价值文化不仅为社会发展提供方向、目的和动力，也为人们提供人生意义感和精神家园。我们必须重视并积极建设中国文化，构建核心价值观，为社会营造一个良性发展的文化生态。

3. 当传统文化遭遇现代性和市场经济

我们总在强调中国文化的自觉与自信，中国文化尤其是传统文化在现代市场经济发展中焕发出时代的活力，但同时也出现了诸多问题。曾经给中国人提供安身立命之所和解读天地万物意义的传统文化，在遭遇现代市场经济变革浪潮后，开始"漂移"不定，文化生态显得有些发展不平衡，精神家园处于某些失落与守望之间。

一些经由市场和商业制造后的文化产品，往往会在变身为商业文化和大众文化后失落某些深度的、永恒的东西。因为在现代市场经济机制中，文化产品从策划到制造都会进入商业运作的轨道。甚至它的商业性使它在发展策略上要做出迎合大众的态度，很多时候这种商业迎合会导致大众文化的娱乐功能呈现媚俗特点。法国哲学家利奥塔（Jean-François Lyotard）对此曾指出："由于艺术成了迎合低级趣味的拙作，因此便迎合了具有主导作用的赞助人'趣味'的混乱。艺术家、美术馆老板、批评家以及读者观众一起沉迷于'流行的时尚'。这个时代

---

① 胡锦涛文选：第 3 卷. 北京：人民出版社，2016：637.

真可谓一个宽松的时代。但这种'流行时尚的'现实主义实际上是一种金钱现实主义。因此，在缺少审美标准的情况下，根据其产生的效益来估价艺术作品的价值依然是可行的和有用的。这种现实主义顺应所有的倾向，恰如资本迎合一切'需要'一样，只要这些倾向和需要拥有购买力"①。

和现代商业性结合的大众文化，与生俱来地带有日常消费、娱乐、享乐主义和感性快乐的取向。正如麦克唐纳（MacDonald）所言："大众文化的花招很简单，就是尽一切办法让大家高兴"②。弗洛伊德对此也从心理分析角度给予了揭示："想象的王国实在是一个避难所。……艺术作品正像梦一样，使无意识的愿望获得一种假想的满足"③。又如阿诺得·豪泽尔（Arnold Hauser）所言："通俗艺术的目的是安抚，是使人们从痛苦之中解脱出来而获得自我满足，而不是催人奋进，使人开展批评和自我检讨"④。人们需要大众文化带给自己"快乐"的引导，需要通过感官欲望的满足和游戏化的心理经验，使自己暂时忘却生活中的困苦和忧伤，释放种种压力。

我们不是把精神式微、人性冷漠、信任危机等价值观错位问题简单归为市场经济和商业运作，但经济活动中自发的商业规律作为"看不见的手"，往往使市场社会处于"自在"和商业经济导向状态，必须用社会理性、核心价值意识等"看得见的手"，去修正市场文化的自发功能性局限。有学者指出，中国经济正处于高速发展阶段，如果思想理论、文化价值引导，以及民众素质和社会管理等软件因素没有同步发展，社会秩序及其价值观就会出问题。

事实上在市场经济发展中的确存在某些一手硬一手软的问题。长久以来，一些领域和地方在市场经济"效率至上"追求的引导下，在张扬个性和一己利益之时，对他人利益和社会公共利益强调不够，在强调权利之时，对义务和责任以及对权利使用的制约强调不够，以至出现了种种不择手段的自私自利现象，与此同时，功利主义、拜金主义、利己主义、个人主义等价值理论大行其道，社会奉献、集体主义等道德原则反

① 王岳川，尚水. 后现代主义文化与美学. 北京：北京大学出版社，1992：457.
② 贝尔. 资本主义文化矛盾. 北京：三联书店，1989：59.
③ 弗洛伊德. 自传. 上海：上海人民出版社，1987：91.
④ 阿诺得·豪泽尔. 艺术社会学. 上海：学林出版社，1987：233.

而备受冷落。

4. "价值消解"：文化多元与理论交错影响

在市场经济发展进程中，市场本身会自发助长商业文化生长。自发的商业文化又往往容易导向消费主义、奢华主义、享乐主义，导向金钱关系和利己主义。所以，社会文化建设一定要有正确的价值观导向，要有理论分寸的把握。

反观我们的理论文化建设，成绩显著，但也存在一些问题：一是有些理论不确定且储备不足，许多以往理论被"破旧"了但未完成"立新"，比如与市场经济相适应的道德体系一直处在构建过程中；二是理论解释力严重不足，一些创新确立的理论在社会宣传解释和大众化方面还很不够；三是理论文化主旋律和社会文化生态还相对缺乏合力，社会道德培育中所说的"5＋2＝0"现象，表明的就是主流价值被社会现实环境价值观"消解"的现象。

社会在改革开放发展中，精神文明和国民素质在许多方面都得到了提高，但整体来看，国民素质参差不齐、民众价值心态和道德水平存在较大差异也是事实。社会舆论高扬的是社会主义主旋律文化，但马克思主义、社会主义理论、传统文化、社会主义荣辱观等所处的文化环境还缺乏某些共识整合。如在弘扬社会主义道德的同时，质疑、排斥、嘲笑道德的声音也不绝于耳，企业家做慈善，郭明义做雷锋传人，都受到一些坊间舆论的质疑甚至嘲笑。事实上，对许多慈善、良知行为的无意或恶意的质疑，已成为我们社会舆论中的一种负面声音，再经过一些媒体的聚焦放大，客观上对社会舆论起了不利于道德善良普及的消极作用。许多人不是不愿做好事，是做了好事反被嘲笑或质疑的后果，让他们对选择行为心存疑虑；此外，种种质疑还会影响公众对良知的更多"不信"，引发道德失望和坏事归因的逻辑思维习惯。社会理论多元交错，现实价值观念和舆论杂乱，都将对国家精神文明、价值文化、大众心态和社会风气产生种种"负能量"影响。

在"软实力"集群理论中，许多思想大家都在说，在影响社会和谐发展的诸多因素中，有些因素是硬性或显在的，如社会政治制度和法律体系等正式制度体系；有些因素是软性或潜在的，如社会意识形态、共同价值观、民族文化传统、伦理道德要求等思想文化层面的内容。就对社会治理作用的发挥而言，法律和制度的强制治理与思想价值体系的非强制规导都具有不可或缺的重要地位。在一定意义上，思想价值体系从共同价值观、精神文化、社会习俗及其道德力量层面产生的非强制性约束，对社会和谐治理，对引导社会成员自觉主动接受社会规则约束，具有更加积极的作用。诺贝尔经济学奖获得者、制度经济学代表人物道格拉斯·诺思对此就曾强调，在人类行为的约束体系中，"非正式制度"的文化约束具有十分重要的地位，即使在最发达的经济体系中，"正式制度"规则也只是决定行为选择的总体约束中的一小部分。人们行为选择的大部分空间是由"非正式制度"的伦理道德、文化传统、价值观念、意识形态等规则来约束的[①]。所以，社会理论及其价值观，社会大众舆论环境，这些文化因素发挥的"正、负能量"，我们须臾不可轻视。

社会和谐发展，必须要有共享的价值理念系统。可以说，在一个价值是非不明、善恶荣辱不辨、缺乏和谐文化价值观生态的社会环境中，是不可能有效建成和谐社会的。

三、共同价值观：一种必要的国家能力

任何一个国家和社会，想要秩序稳定，想要发展加速，就需要建构相应的国家意识形态。如何建构中国特色社会主义意识形态和核心价值理念，意识形态理论及其价值观能否武装大众，能否使民众认同民族、国家，社会主义核心价值观如何在"中国模式"中显现，解决这些问题既是时代提出的任务，也是一种国家能力的体现。

1. 一个解读国家意识的新视角

我们完全可以把核心价值理念理解为解读国家意识形态的一个新视角。意识形态，指一种观念和理论意识的集合。意识形态不是什么需要质疑的概念，任何一个国家都有意识形态。《简明大不列颠百科全书》定义说，"意识形态是社会哲学或政治哲学的一种形式"；《中国大百科

---

① 道格拉斯·C. 诺思. 制度、制度变迁与经济绩效. 上海：上海三联书店，1994：140.

全书》解释说，意识形态是指"系统地、自觉地、直接地反映社会经济形态和政治制度的思想体系，是社会意识诸形式中构成观念上层建筑的部分"。意识形态就是一种社会意识形式，这些意识形式会以一系列理论文化方式存在，如哲学、政治、法律、道德、艺术、宗教等，都是社会意识形式或意识形态的内容。意识形态的核心内容就是价值观，一定的社会意识形态具有一定的价值取向，正如党的十七大报告指出的，"社会主义核心价值体系是社会主义意识形态的本质体现"①。我们把理论文化体系中那些核心价值观及其理论抽取出来，就形成了我们的核心价值体系，其中那些最核心的关键词，就是核心价值观。党的十八大报告提出"倡导富强、民主、文明、和谐，倡导自由、平等、公正、法治，倡导爱国、敬业、诚信、友善"②，三个"倡导"表明了社会主义核心价值体系的基本理念。

核心价值理念作为软实力的重要组成部分，对选择国家发展道路和制度提供了合理性理论论证与支撑。一个国家和社会的核心价值体系一旦崩溃或失落，整合国家和社会的思想文化价值纽带就不复存在，那么轻则社会经济、政治、文化发展受阻，重则整个国家和社会不会兴盛甚至会衰亡。

核心价值理念及其意识形态，还为人们提供精神家园和生活方向。意识形态中的核心价值理念，有"一种特有的思想先导作用，尤其是在社会转型或社会危机时期，意识形态常常成为社会动员人们向既定的方向和目标前进的一面思想旗帜"③。一个国家的意识形态或核心价值观，有一个引领文化、理论和发展道路的问题。理论文化的"百花齐放，百家争鸣"，不等于任由各种价值观杂乱无序地发展。中国要走适合自己的发展道路，就要坚守自己的核心价值原则：我们选择了走社会主义道路而不是资本主义道路，就必须以马克思主义为理论指导；同时，我们的民族精神和传统文化不能丢，这是中国特色发展道路的本源和文化之根，当然民族精神和爱国主义有一个与时代精神结合发展的问题；再者，必须信守、维护法律和道德规范体现的社会基本价值内涵，这是社会法治和德治的基本价值规范。社会主义核心价值体系就是上述各个维

---

① 胡锦涛文选：第2卷. 北京：人民出版社，2016：639.
② 胡锦涛文选：第3卷. 北京：人民出版社，2016：638.
③ 安东尼·唐斯. 民主的经济理论. 上海：上海人民出版社，2005：96.

度的价值理念的系统表达。

一个价值多元化的社会，犹如没有规则的交通秩序，一定会陷入混乱。所以，要用社会主义核心价值体系引领整合多样化的大众意识和文化取向，如果核心价值观对大众文化起不到应有的主导作用，就谈不上社会"共同价值观"。另外，核心价值体系的"引领"，与尊重价值观的"多样"和"差异"是相辅相成的。它们是一种"一元统领""兼容共生"的关系。意识形态及其文化的建设、社会价值的凝聚整合，必须建立在社会"共同价值观"的基础上。核心价值观正在为整合中国社会发挥着重要凝聚力的作用。

社会理论及社会价值观如果发生缺位、失范或冲突，就会在变革时代引起社会无序甚至紊乱。中国理论建构不仅要弘扬中华民族文化的特色和优秀传统价值，还要凸显社会主义道路的价值主张。"价值中立"主张曾一度在我国学术研究和理论教育中产生了不小影响。价值中立思潮在西方社会有过很大影响，但在实践过程中，理论局限使该理论逐步走向衰落。

社会政策资深研究者蒂特姆斯（Richard Titmuss）指出："以中立的价值立场讨论社会政策是没有意义的事情"[1]。"价值中立"理论主张价值教育不能简单采取价值灌输的做法，强调在教育方式上给受教育对象一定的思考空间，这是值得吸取的合理部分，但这不意味着要否定价值观教育的必要。所以，社会应对社会科学理论研究中的价值问题做更多辩证的思考和分析，积极构建中国特色价值体系和理论文化。

在社会变革转型期，如果旧有规范动摇瓦解而新的规范没有及时建构起来，如果缺乏核心价值的一元整合，不能实现多样统一，社会价值观就会出现"空场"或者"冲突"，在引起社会无序的同时，还会使人们失去价值依托而找不到生活方向和意义，精神失落，心态失衡，继而引发人们普遍的无意义感。

改革开放几十年来，中国经济目前已位居世界第二，但有人说中国是"经济巨人，道德侏儒"。撒切尔曾说中国不是世界大国，因为它没有向世界输出文化价值观。美国学者理查德·加德勒对美国人说："决定美国资本主义命运和前途的是意识形态，而不是武装力量"[2]。这种

---

① 蒂特姆斯. 社会制裁十讲. 香港：香港商务印书馆，1991：15.
② 理查德·加德勒. 在意识形态领域推销美国. 纽约时报，1983-03-20.

论断不仅适合美国，也适合中国等其他一切国家。所以，在社会转型时代，必须积极构建中国发展所需的新的理论文化体系，并在理论指导、传播和教育中不断凝聚价值共识，为中国社会发展提供理论指导和支撑。

2. 理论大众化：一种必要的国家能力

一位父亲正在思考明天的演讲，为了不让 5 岁的儿子影响自己思考，他将一本杂志上的世界地图撕碎了给儿子，并对儿子说："你把这张世界地图拼对还原，咱们就开始做游戏。"没过几分钟儿子说图已拼好。父亲一看，果然撕碎的地图完整拼摆在地板上。儿子说："地图背面有一个人的头像，人对了，世界就对了。"这是一个典故，但"人对了，世界就对了"这样的哲理，许多人也曾用其他话语方式表达过。马克思说："批判的武器当然不能代替武器的批判，物质力量只能用物质力量来摧毁；但是理论一经掌握群众，也会变成物质力量。理论只要说服人，就能掌握群众；而理论只要彻底，就能说服人。所谓彻底，就是抓住事物的根本。而人的根本就是人本身"[①]。毛泽东说："代表先进阶级的正确思想，一旦被群众掌握，就会变成改造社会、改造世界的物质力量"[②]。在一定意义上可以说：打造国家软实力，凝聚民心，整合社会力量，必须从理论意识和核心价值观的大众化抓起。

核心价值观的大众化有个"如何化"的问题。中国智慧早就说，"树德莫如滋"（《春秋左传》）。曾有学者提出，意识形态教育应该变成"文化意识形态"教育，即"理论武装"不是让百姓都变成理论家，而是让理论"化"在文化中。这一点需要研究一下西方国家在长期公民教育过程中形成的隐性的、渗透式的教育方式。隐性教育重视公民教育的广泛性和渗透性，注重在"无意识"的境界中接受教育。此教育方式的特点主要是不简单采取灌输教育，主张借助无意识心理学理论，使受教育者在无意识中感受和体味价值观、道德观、政治观等教育内容，潜移默化地接受教育，增强思想政治教育的实效。有媒体理论工作者探讨问题时曾举例说，新编《江姐》电视剧受到大批 80 后观众的好评，许多 80 后观众点评重播，他们接受江姐等革命者形象并深受感染，"红色"

---

① 马克思恩格斯选集：第 1 卷. 3 版. 北京：人民出版社，2012：9-10.
② 毛泽东文集：第 8 卷. 北京：人民出版社，1999：320.

教育在剧情中隐性实现。

葛兰西认为，在意识形态为历史所必需的范围内，它们是"心理学的"，实现"文化领导权"的方式是采取"弥漫式的""毛细血管式的"长期渗透，因此由文化价值观和意识形态构筑的是"一道具有威力的防线"[①]。阿多诺则说，意识形态的功能完全可以"由文化工业——电影院、剧场、画刊、无线电、电视、各种文学形式、畅销书和畅销唱片……加以实现"[②]。其他国家也对公民进行核心价值观教育，这些国家注重借助社会各种文化力量和公共资源，营造一种价值观教化的大社会环境，进行一种实践性教育。在美国，家庭、学校、社区、教会、政府、传媒等，形成的是一种互相协调和配合的教育合力。更值得一说的是，一些国家很重视通过各种社会实践达成价值观教育效果。教育不仅体现在课堂和书本上，也体现在各种形式的社会实践活动中，如美国等国家，通过组织社会考察、志愿服务、教会义工等方式，使人们相互感染，深受教育。韩国许多中学开设了志愿者社会服务或实践课程，实践课程是必修课，有课时要求。学生每年有 18 个小时的社会服务课程，在升学时会有考核，但是现在学生越来越自愿参加社会服务，有的学生每年参加志愿者活动达百余个小时。

许多国家设有"公民教育委员会"、"社会道德委员会"或类似的专责机构，以指导公民教育的方向目标、内容、课程体系等的设定，监督、考核与评估公民教育的实施过程和效果。美国"社会研究委员会"对美国公民教育和核心价值观教育的推进起着重要作用；英国"公民教育协会"对公民教育的目标、内容、教育方式等做出了明确规定；俄罗斯"国家公民教育中心"具体负责公民思想教育；新加坡"公民委员会"制定公民教育课程纲要，对公民文明素质提高具有重要意义；日本则把全国教育一体化，建立各级政府领导下的学校多元一体的公民教育管理体系，统一管理各行各业的公民教育，文部省、都、道、府、县、市、町、村教育部门以及学校，都设置专人负责管理机构。另外，澳大利亚、法国、德国、韩国等国家公民教育发展历程中，都设有本国的"公民教育委员会"或类似的专责机构，以保证本国公民教育方案顺利实施。所以，我们在研究核心价值体系大众化之方式时，应注重借鉴并

---

① 葛兰西. 实践哲学. 重庆：重庆出版社，1990：36-64.
② 霍克海默，阿多诺. 启蒙辩证法. 重庆：重庆出版社，1990：119.

挖掘他国隐性的、渗透式的教育方式。

3. 再思考：走什么道路，要怎样的核心价值

今天的中国已成为一个大国，但中国不能成为有些人所说的"经济巨人，道德侏儒"，不能被他人评论为"不是世界大国，因为你的价值观没有影响世界"。中国面对复杂世界格局中"文明的冲突"或"文化领导权"的竞争，面对种种社会现实问题，必须全面反思中国要走什么样的道路，要建设什么样的现代化中国，需要什么样的核心价值！

中国社会处在变革发展中，它需要正确的、符合中国国情的价值指导，需要有序的思想文化价值秩序，需要大众对执政理念的认同和支持，需要中国特色共同价值观。这是一定的社会系统得以运转、一定的社会秩序得以维持的基本精神依托。党的十八大报告特别指出："社会主义核心价值体系是兴国之魂，决定着中国特色社会主义发展方向"①。可以说，核心价值体系是社会意识形态的主体和灵魂。马克思主义指导思想，中国特色社会主义共同理想，以爱国主义为核心的民族精神和以改革创新为核心的时代精神，社会主义荣辱观，共同构成社会主义核心价值体系的基本内容。它们从不同侧重点表达了社会主义本质的价值取向。党的十八大报告中提出的三个"倡导"，"倡导富强、民主、文明、和谐，倡导自由、平等、公正、法治，倡导爱国、敬业、诚信、友善"②，表达了中国追求的社会目标和最核心的价值观理念。

马克思主义指导思想是社会主义核心价值体系的理论基础，中国社会主义革命和建设，就是在马克思主义理论指导下进行的。今天在发展社会主义的过程中，马克思主义仍是我们认同和坚持的理论指导。中国特色社会主义共同理想是社会主义核心价值体系的目标信念，以爱国主义为核心的民族精神和以改革创新为核心的时代精神是社会主义核心价值体系的动力源泉。社会主义核心价值体系与中华民族优秀传统价值观有关，"中国特色"不仅指当代中国的国情特色，同时也指中国文化的社会历史环境。时代精神与民族精神，都是我们时代最重要的精神价值和内在精神力量。社会主义荣辱观是社会主义核心价值体系的道德基础。它表达社会主义核心价值体系的基本道德理念，并从社会基本道德

---

① 胡锦涛文选：第 3 卷. 北京：人民出版社，2016：638.
② 同①.

认同和是非善恶荣辱共识角度提出建设任务。

国际关系历史和现实都反复证明，文化冲突或意识形态竞争"就在那里"，不同文化之间的竞争本质上就是各自代表的核心价值体系的竞争。当今世界正处在大发展大变革大调整时期，世界多极化、经济全球化深入发展，世界范围内各种思想文化交流、交融、交锋更加频繁和激烈，文化、价值观等"软实力""巧实力"已被各国争相纳入本国国际战略大思路中。中国特色价值观文化在综合国力竞争中的地位和作用如此凸显，增强国家文化软实力、中华文化国际影响力的要求如此紧迫，中国各界的我们，怎能对此毫无感觉！怎能自觉不自觉地充当被美国等西方国家"巧实力"利用的负面力量！怎能不积极参与到构建中国特色社会主义核心价值体系的事业中来，担当一分责任，发挥一分"正能量"！

中国道路需要主导理论和价值文化。中国正处于改革发展的重要时期，社会从单质化向多质或异质化转型，从简单向复杂化发展，各种思想文化在激荡，人们思想的独立性、多元性、差异性显著增强。中国秩序整合，提升民族精神和民族凝聚力，社会物质文明、政治文明、精神文明、生态文明协调发展，都离不开来自共同价值观的维系和支撑。我们改革过程中原有的传统观念被打破，新的价值观念体系发育、成熟还需要一个过程，这种状况容易在社会某些领域和群体中造成一定程度的价值观念的失序或紊乱。但中国不能允许社会价值观领域长期"空场"，这一切都要求我们必须加快对社会主义核心价值体系的建设步伐。社会要明确定义我们这个时代应有的善恶美丑价值理念，确立社会评判是非的标准和界限，这对于在全社会形成正确的价值观，提升全民思想文化与道德素质，培养良好的社会风气，具有重要意义。在一个缺乏共同价值理念和共同理想信念的社会环境中，是不可能有效建设文明而和谐的社会的。因此，党的十八大报告特别强调，要用社会主义核心价值体系引领社会思潮、凝聚社会共识，把广大人民团结凝聚在中国特色社会主义伟大旗帜之下①。

总之，中国特色社会主义核心价值体系建设任务的提出，是全党全国在时代发展新阶段对中国道路、中国理论及其制度建设更加自觉、自

---

① 胡锦涛文选：第 3 卷. 北京：人民出版社，2016：638.

信的把握，也是走"中国特色"发展道路的核心任务和基础工程。在今天中国经济建设、政治建设、文化建设、社会建设、生态文明建设"五位一体"总体布局中，经济发展速度等硬实力和思想文化等软实力，物质文明和精神文明、社会政治秩序、文化生态和共同价值观、公民素质和国家精神等，一个都不能少！

第三编

社会伦理与社会治理

第一章　理论如何面对社会提出的问题[*]

——读《辩证看 务实办——理论热点面对面·2012》

马克思说："问题就是时代的口号"①。时代给我们提出了问题，我们的理论就应该具有时代的"问题意识"。《辩证看 务实办——理论热点面对面·2012》确定的 8 个热点问题，是在国家相关部门和专家学者调研基础上选择出来的。"收入差距如何缩小、房地产调控如何坚持、看病费用如何降低、素质教育如何推进、道德风气如何提升、食品安全如何保障、环境污染如何遏制、反腐倡廉如何深化"，都是民众关注的热点，当然也是社会和时代提出来的问题。十年来，直面民众关心的社会热点问题，给出解决问题的思路，正是"理论热点面对面"系列通俗理论读物所做的事情，经过多年积累，它已成为中国思想文化建设中一个独特的理论品牌，广被大众接受、认可。

理论尤其是社科理论、国家政策理论，不仅要在学者头脑和相关部门中重点停留，更应该"面对"大众。社会中许多让人困惑的问题，也需要国家相关部门和专家给出"怎么看""怎么办"的权威性解答。"理论热点面对面"主题的调研过程，其实也是倾听百姓心声的过程，在某种意义上，"理论热点面对面"是党和国家与民众沟通商议民生大事、国家大政的一个平台。在这个平台上，针对公众关心的问题，解析问题根源，给出党和国家的政策解读，共商解决问题和完善社会的务实思路

＊　原载《求是》2012 年第 19 期。

①　马克思恩格斯全集：第 40 卷. 北京：人民出版社，1982：289.

与举措。因此，"理论热点面对面"也可被看作一种新的理论大众化方式，为大众释疑解惑的同时，也是在统一大众认知；解读党和国家大政方针的同时，也是在构建国家社会发展的共同理想信念。"理论热点面对面"系列读物，事实上还弥补了理论在现实社会中"解释力"不足的缺憾。对于一个国家的发展力量和凝聚力而言，理论构建是一种能力，理论的社会解释力、理论的大众化，也是一种必要的国家能力。

理论代表的应是我们社会的理性思考。所以，成熟的理论最重要，看问题不能仅看表面现象，而要用独特的"一双慧眼"，"雾里看花"，"透过现象看本质"。《辩证看　务实办——理论热点面对面·2012》就凸显了这种理论特点，在直面问题的同时，也给出辩证看的眼光和思路。例如，解析"分配差距"问题时，既分析了调控难度产生的原因，也用实证数据给出了国家努力缩小差距后的初步成效，引导大家在宏观状况和变化中，用发展的眼光看待存在的问题。再如，怎样看待社会道德"滑坡"疑问，书中用事实说明，社会中存在败德现象，但也彰显着"大爱"，志愿者行动、助人为乐的风尚及道德激情也在生长。有对"道德冷漠"的忧虑，有对如何"扶起道德"的讨论，显示着大众追寻真、善、美的渴望。正如书中所说：中国的道德状况是一幅"感动与疼痛交织、忧虑与希望同在、主流进步与问题突出并存"的复杂图景，以此引导人们辩证、全面、客观地认识社会道德的"全貌"。

相信没有哪个社会在发展过程中会没有问题，何况中国这样一个处在改革开放进程中的大国。我们国家目前在发展过程中还会存在这样那样的问题，但成熟的社会和理性的公民，不会停留在怨气发泄或消极指责的"批判"中。我们不是为了批判而批判，批判的力量在于思考和建设。真正的批判性思维是辩证的、富有建设性的理性思考。常言道"方法总比问题多"，重要的是针对问题要勇于直面并在"怎么办"和"务实办"环节着力。《从怎么看到怎么办》《辩证看　务实办》等，其中的问题思考就极富建设性，这一点在该书系的关键词"怎么办"与"务实办"中已被体现和强调。

此外，除了思考解答问题越来越注重用百姓熟悉的话语方式表达外，该系列读物的文字风格也越来越"大众化"。而且，读这些书，在理解问题、了解国家政策举措的同时，还会接受一种带着"正能量"的思维方式：那是一种充满辩证智慧、建设性思维的思考能力。

第二章　伦理关怀与社区管理 [*]

社区在一定意义上是现代社会管理的基本单位，是社会公民生养栖息的主要场所，同时又是一定生活群体的精神共同体的培养凝聚基地。伦理关怀在社区管理中的更多介入，在探索新的社会管理模式方面，在提高公民生活质量方面，尤其在凝聚整合社会情感和社会向心力方面发挥着重要作用。

一、社区概念的时代定位

社区建设和管理工作的新思路，应从树立新型社区概念开始。要在社会运行发展新阶段、现代社会管理新模式的高度和深度去重新认识社区。我国的社区实践，从以居委会为单位的社区服务活动开始发展，以尊老爱幼、扶贫济残、教育失足青少年为主要内容，经过多年实践，已初步把社区建设的意义提高到了城市现代化管理和社会管理水平的认识高度。

社区存在及其概念是社会发展的新事物。随着传统农业社会向工业社会发展，社区开始在世界范围内的城镇产生并发展起来，维系传统社

＊　原载《伦理学研究》2005 年第 1 期。

会的家族血缘纽带逐渐被冲破。在我国计划经济体制下，社会管理的基本细胞单位落于行政单位之上，社会治理主要采取单位制行政管理模式。随着社会政治体制和经济体制的改革，我国原有计划经济体制下的机构管理模式已发生重大变革。现代社会中政府与社会之间已变为小政府与大社会的关系。原来由政府和企事业单位统包统揽的社会管理、社会服务职能，已开始向社会分离和转移。一方面，政府管理重心下移，行政单位社会职能逐渐淡出；另一方面，社区在城市管理中，以及在国家社会管理中的地位和重要性逐步凸显。与此同时，随着市场化、社会化进程的推进，"单位人"身份属性也逐渐向"社会人"过渡、转化。人们的身份属性定位经历了家族—单位—社区的演变过程。

以往家庭和行政单位所承担的社会性职能随时代发展而发生着转移淡出的变化，一种新的社会基础单位——社区形成，从家庭、政府和单位转移、分离出来的各种社会职能转而由社区组织承担，社区在社会运行和管理中的基础性地位日渐凸显。许多关乎国家管理和社会建设的工作，都必须从社区做起。大到国家大政方针的落实，小到公民日用伦常生活及其管理，都必须从社区抓起。社区已成为当今社会运行的细胞单位或基础平台，成为一个体现今天社会时代特征的重要载体。可以说，要改变社会生活方式，提高社会管理水平，都必须从社区管理这个基础层次做起。

在此意义上，社会管理水平、人们生活品质的提高，国家和政府的许多大政方针及其思想理念的贯彻实施，如社会情感凝聚、公民道德建设、以人为本的和谐社会发展观，包括未成年人的道德素质教育，都必须落实到社区这个基础平台上。我们也必须在社区这个新的社会平台上，探索、创建出新的社会治理模式和管理思路。社会结构变化了，我们的思想理念及各项工作，包括社会有效管理，也都必须随之变化，探索新思路，创建新模式和新方法。

二、社区"双重家园"理念与伦理关怀

社区管理中应介入"双重家园"理念。社区建设在一定意义上可表达为家园建设。但家园建设绝不仅仅是一个居住场所构建的概念。居住

栖身是社区家园的重要功能，所以家园建设当然要努力建造舒适方便的物质硬件空间，为人们提供良好的居住环境。但家园还意味着一种精神心理的归宿。要营造互爱互助的和谐人际氛围，营造人们对社区的心理情感方面的归属感和依恋感，为人们提供一个心灵情感的生活空间。人的需要历来有两大方面：物质方面和精神方面。就家园意义而言，这两大需要就表现为对物质家园和精神家园的需要。只有建立在双重家园需要的满足上，人的家园感才会真正产生。

目前一些社区建设，从房地产开发到管理服务，其理念常常还停留在为居民提供居住场所的目的层次上，比较注重楼房建造、设施配备以及制度性、商业性的管理和服务等硬件方面的建设，对社区文化品质、伦理关怀、心灵温暖以及情感凝聚等方面关注不够。现代社会的经济发展水平不断提高，建造一个物质的、现代科技的生活空间已不是难题。但居民对社区生活的期望并不仅仅停留在物质居住空间上，他们需要找到真正的家园感觉。社区建设，从开发到服务管理，必须在给居民一所住房的同时，还带给他们一种生活方式和生活品质。社区家园不仅是栖身之处，还是心灵港湾。只有在物质家园和精神家园双重获得的基础上，人们对社区的家园感才会产生，居民也才可能做到视社区为真正的家。可见，对于社区管理和建设而言，有时候物质条件、硬件水平、经济实力等关系物质家园建设方面的因素可能还不是最关键的，最关键的是精神家园的营造。

如果建立在"双重家园"基础上的家园感是人类的普遍需要，那么中国人的家园感寻求就可能更为突出。这和中国以血缘家族为根基的社会历史道路相关，和生于斯、长于斯的中国文化相关。中国传统社会的家庭/家族，是典型的以血缘、地缘为纽带的社会基本组织。家族管理模式采用亲情的、伦理的方式，孕育出了带有浓厚血缘亲情特征的中国传统文化，并已作为我们民族的生活和心理习惯积淀下来。家族村落对家族成员负责，家庭成员对家庭和家族具有充分的依赖感与归属感。这其中有经济关系和物质利益的依赖，但更有一种心理和情感方面的依赖与归属。也就是说，中国传统社会中家庭和家族给人们提供了物质的与精神心理的双重家园需要的满足。

东方人（尤其是中国人）和西方人比较而言，特别注重亲情，这是血缘亲情根基的文化心理延展，同时也格外注重家园，家园对中国人具有心灵归宿的意义。西方人可以到上帝、天堂那里寻找精神寄托和归宿，西方社会除了动用政治、法律等诸多社会外在机制凝聚社会，社区教堂在情感归宿及其凝聚整合方面也发挥着不可缺少的作用。中国文化没有生发出典型意义上的彼岸宗教神灵，中国人几千年来习惯于从"家"中落实归属感和亲情凝聚的需要。

中国传统的家族血缘关系和亲情纽带，在现代化进程中，已被市场经济中经济关系和利益关系冲淡，这是农业社会向工业社会转化的一种必然结果。经济理性和利益关系同时还冲击解构着中国传统社会中普遍存在的共同体意识与情感联系，使人性需求中必不可少的情感纽带和精神家园有所失落。所以，建造人的精神家园是我们这个时代的呼唤，更是中国特色社区建设和管理，以及社会凝聚整合的重要任务和手段。

我们在具体的社区建设及其管理工作中，要注入更多更自觉的精神家园营造意识以及伦理关怀意识。如果只注重建造物质家园，忽略精神家园及其伦理关怀氛围的建设，就不可能真正建设好社区家园，不可能真正达到我们所期望的社区管理和有效的心灵整合。

所以，努力营造精神家园，营造家园中浓厚的伦理关怀氛围，是现代社区建设，尤其是社区管理模式创新的一个重点。

三、伦理关怀与社会亲情凝聚

构成家园的因素是多方面的，但最核心的一点是"亲情"氛围。所以，社区精神家园营造要从亲情入手，而要想营造好亲情氛围，就必须在社区管理中介入伦理关怀理念。

就现代社区生活而言，一方面，人们享受着水平不断提高的物质生活，另一方面，居住环境的高层化、别墅化、单元化又易使人们"不相往来"，人际情感关系和互助互爱等伦理关怀氛围欠缺，加之许多社区服务市场化甚至商业化，人们感受不到社会应有的人文的或伦理的关怀。精神孤独、缺乏社会归属感和依赖感等，是现代人的一种通病。也就是说，即使在自然居住环境意义上人们有了一个居所，但在心灵情感方面仍有可能缺乏应有的依归。目前，物质的、自然的社区家园建设已富有成效，相对说来，社区精神的、心灵的家园建设还应获得更多的关注。在现代市场化、社会化生活中，硬件性质的机构资源和建设一般会受到较多的重视，如各大社区建设中，医院、学校、各种商业服务设施都有了较大的建设和发展。但仅有这些显然是不够的。

在现代市场化、社会化生活中，人们的生活关系往往容易被归结为各种各样的利益关系和经济关系。利益关系和经济关系有时候让人感到的是冰冷与疏离，缺乏人们所需要的人性化亲情关怀，如果这样建设、管理社区，就不能实现社区所应发挥的情感凝聚整合作用。社区管理不能仅仅建立在赤足的冷硬制度和规则上，要寓伦理关怀于体制和管理之中，社区服务也不能纯粹是商业运作，有商业运作，也要有超越商业目的的亲情服务。有了亲情服务附加值，才能实现真正的社区服务。

中国的社区建设及其管理思路，可以从两个侧面同时展开，一方面加强社区体制、组织及管理、服务等制度机制方面的安排，另一方面加强亲情化管理和精神家园的建设。社区物质生活环境当然是使居民产生家园归属感的一个方面，但除此之外，居民对社区文化氛围的认可，对社区产生的人际关系依赖和心灵情感依赖，可能是产生家园归属感的更为重要的因素。所以，在社区管理中，无论社区物质硬件建设还是社区精神文化建设，都要以人为本，突出人文伦理关怀，凝聚居民对社区的依赖感和家园感，从而实现现代社会对人们的心灵情感的整合。

一个社会组织系统必须具有凝聚整合功能，这是社会有效管理中的一个基本功能和目的。社会整合除了诉诸政治手段、法律手段、经济手段以及其他种种外在机制手段，还必须诉诸人的情感、心理等精神方面的手段。这是社会凝聚力的真谛所在。社区管理可以通过家园感的营造，达到感召、凝聚、影响社区公民的功效。

传统中国具有家国一体的特征，中国人历来主张爱国如家，在"单位制"管理体制中，人们往往"爱厂如家""爱单位、组织如家"，家庭人、单位人转变为"社区人"后，必然会出现爱社区如家。只有充满伦理关怀的亲情化管理才能带给居民家园感，只有在建造物质家园的基础上，使居民感到在社区不仅能找到栖身之地，更能找到心灵港湾，居民才会真正把社区当作自己的家园去热爱、去建设。爱社区如家，才可能有党群关系、物业与业主关系、邻里关系中的爱心传递和互动，并由此生发出爱社会、爱政府、爱党、爱国家的情感和意识。社区就应该通过亲情化的伦理管理和情感整合，去凝聚社区居民对社会、政府、党和国家的亲和感与向心力。

在这个意义上，公民道德建设中培育爱国主义思想情感，弘扬增强民族凝聚力等工作任务，都可以从社区这个社会基础平台做起。社区很可能是一个人从起点到归宿的人生栖息地，人们往往通过社区这个基本生活环境和最直接的社会组织形式，去感受社会、政府、党和国家。如果这个生活于其中的社区让人感受到的是情感冷漠、人际疏离、缺乏互尊互爱互助的道德氛围，他怎么可能产生对社会、对他人的道德感，又怎么产生对社会、政府、党和国家的爱呢？社区居民往往就是通过社区生活来感知社会、政府、党和国家。社区公民对社会、政府、党和国家的向心力与凝聚力就是这样由社区向心力、凝聚力升发出来的。

我国许多典型示范社区已有很好的寓伦理关怀于社区管理之中的经验和做法，考察这些社区，能够感受到"大家庭"式的亲情管理方式。许多示范社区形成了"一人有难大家帮"的伦理关怀氛围。武汉市百步亭社区一户居民面临孩子将辍学的困难，社区管理者说，"只要有社区组织在，就不能让一个孩子辍学"。有这样的社区管理组织，居民怎么可能不对社区产生凝聚力和家的感觉？这是最温馨也是最有效的社区管理。

四、营造社区伦理氛围与公民道德教育

许多社区开展市民教育活动，多停留在建社区学校、开办讲座和培训班等阵地活动形式上。这在思路上仍属于原有教育概念。要有新的"大教育"概念，宣传是教育，培训、讲座是教育，但管理是更大、更有效的社会教育。教育人们互助互爱，不如营造互助互爱的伦理关怀氛围，在感受伦理关怀中产生对伦理道德的向善倾向，形成从善的习惯，这是最好的养成教育。道德教育不仅来自对道理的知晓和接受，还来自日用伦常的生活感受和体会。《公民道德教育实施纲要》中提出寓公民道德教育于生活管理之中，道理即在于此。要把接受道理和体会生活结合起来，生活自会"教育"人。充满伦理关怀的生活环境会有正面的道德教育效果，不良生活环境会有负面的道德教育效果。事实上，人们更多是从生活道德与文明生活感受中接受"教育"的。

道德教育规律告诉我们，人们的道德教育一方面通过知晓道理而实现，另一方面必须在情感认同和情感趋向的基础上完成。这是道德内化的阀门。也就是说，道德教育过程中强调的"知、情、意"三因素，在道德教育中缺一不可。所以，公民道德教育要在生活养成教育方面开辟途径。要将教育渗透在社区伦理关怀及其管理的各项措施中，用社区管理制度和规则引导人们树立道德意识与培养道德行为，在社区文明温馨氛围中体会文明生活方式及其伦理道德教育。在这个意义上，公民道德教育以及未成年人道德教育都必须从社区建设和管理抓起。让"道德应当"渗透在制度管理和充满伦理关怀的生活氛围中，让人们在制度管理和温馨家园生活中感受并养成"道德应当"的行为习惯与素质。此外，社区优美环境的建设管理，文化生活、健康情趣生活的营造，也产生着寓品味情趣提升于优美健康生活环境之中的育人功能。人在优美文明环境中会不知不觉受到陶冶，会在健康情趣培养中远离不健康的生活方式。

公民道德教育以及社会精神文明建设等许多工作，都可融化在社区体制建设、日常管理和生活服务中。示范社区的实践已证明，这是非常奏效的精神文明建设和公民道德教育新方式。从社区居民伦理关怀出发创建的种种管理机制，如"爱心工程""责任承诺制度"，以及社区文化建设中组织成立的各种亲情活动小组和协会等，使人们在社区和谐友爱而有富有情趣的氛围中，首先生长出对社区的关爱和责任感，进而培养起互爱互助、责任自律的道德素质。这是群众性教育和自我教育相结合的一种非常有效的创新实践。在这个意义上，社区就会成为思想道德教育的大"基地"、大"学校"。人们忧心于"5+2=0"的未成年人社会教育现状，许多示范社区的实践已在解决这个问题方面积累了很好的经验。这种寓教育于家园管理和充满伦理关怀的社区生活之中的做法，完全可被看作社会德育的新思路和新方式。

时代在发展，社区管理模式必须探寻新思路。社区管理必须注入更多的伦理关怀。在更多更远的思考中，它可能是我们打造和谐社会、探寻社会主义市场经济条件下中国特色社会治理和社会发展道路的一个模型，我们从中可以获得更多的有益启示。

第三章　论离婚自由的相对性[*]

　　婚姻法按调控对象范围的不同，可分为狭义婚姻法和广义婚姻法。狭义婚姻法主要调控夫妻婚姻关系，而不调控家庭关系。广义婚姻法既调控婚姻关系又调控家庭关系。采用何种立法形式，与各国的传统习惯和立法认识有关，但相较而言，广义婚姻法的立法形式有更多优越和科学之处。婚姻和家庭有所区别，婚姻关系是两性关系，家庭关系是血缘关系，但两者不可分割，婚姻关系是家庭关系的基础，家庭关系是婚姻关系发展的结果。所以，以婚姻家庭为统一调控对象，有助于增加婚姻家庭的整体感，法律操作中可减少不必要的程序，对于提高婚姻质量，促进社会稳定发展，实现婚姻法的目的和任务，都更有利。所以，世界上许多国家都采用广义的立法形式。我国《婚姻法》也是广义婚姻法，即以婚姻、家庭为调控对象。

　　有鉴于此，在把握离婚自由的法定含义时，就不能不把婚姻关系和家庭统一起来考虑。许多人在把握离婚自由问题时，只考虑婚姻关系，而很少认真考虑家庭关系在婚姻中的法律制约地位。长期以来，人们由于致力于反对包办婚姻、金钱婚姻的禁锢和奴役，往往容易强调婚姻中的夫妻感情基础，强调婚姻不能包办，不能强迫，也不能变成金钱物欲下的商品交易，而应以爱情为基础。以爱情为基础缔结婚姻，是人性自

---

[*]　原载《妇女研究论丛》1998年第2期。

觉的体现，也是社会文明的要求。我国《婚姻法》把"感情确已破裂"作为离婚自由的法定概括准则，从法律角度充分肯定了爱情婚姻的合理性、进步性。但是，在理解处理这个问题时，要防止不考虑家庭离散后果的轻率离婚，不能使保持爱情婚姻的离婚自由变成某些人不负责任、追求一己私利的理由和借口。马克思就曾批判过那些对离婚持自利态度的人，指出："他们抱着幸福主义的观念，他们仅仅想到两个个人，而忘记了**家庭**。他们忘记了，几乎任何的离婚都是家庭的离散"①。社会主义婚姻法是把婚姻、家庭作为一个整体来调控的。

婚姻中的夫妻双方不仅要承诺相互间的义务，而且要承诺敬养老人、教育子女的义务。这些义务在自由缔结婚姻时就已经存在了。除此之外，还要承诺对社会的义务。家庭作为社会有机体的基本组织细胞，一旦形成，就处于和社会的义务关系之中。所有这些义务承诺都是对婚姻权利的制约，当然也就成为制约离婚权利的因素。在种种婚姻的、社会的义务承诺制约下，离婚自由就不是完全可以听任婚姻者滥用的权利了。这一点马克思早在《论离婚法草案》一文中就已指出："婚姻不能听从已婚者的任性，相反地，已婚者的任性应该服从婚姻的本质"，"谁也没有被强迫着去结婚，但是任何人只要结了婚，那他就得服从婚姻法"②，就得顾及婚姻家庭关系的"伦理实体"。

夫妻关系是家庭关系的主要部分，如果夫妻感情确已破裂，无法共同生活下去，结束这种婚姻关系就应当成为一种必然，因为这种死亡了的婚姻生活不但对婚姻当事人是一种不幸，对敬养老人、教育子女也会产生极大不利，对社会而言实际已成为一个不健康的细胞，继续维持下去既不合情也不合理。

但是，离婚关系到家庭、子女、老人和社会等各个方面的利益，这些利益关系不应当简单地以夫妻感情变化为转移，尤其在婚姻尚未真正死亡时。因此，人们有离婚自由的权利，但不能滥用这种权利。任何时候都应首先考虑对家庭、子女、老人和社会的义务承诺。作为调控婚姻家庭关系、调控社会的法律手段，婚姻法在执行或修改中，都不能不对婚姻自由权利的义务制约加以必要的考虑。简单地以"感情破裂"为解除婚姻家庭各种关系的理由准则，忽略婚姻中必须承担的义务责任，在

---

① 马克思恩格斯全集：第1卷. 北京：人民出版社，1965：183.
② 同①.

理论上有失情理，在实践中则会由于婚姻者的轻率而给家庭关系中的他人，给需要和谐稳定的社会带来损害。事实上，轻率离婚带来的单亲家庭问题、老人问题、儿童成长教育问题，已成为不容忽视的社会问题。

因此，理解离婚自由法定权利时，把夫妻感情不和作为唯一判定标准，在观念上是有缺陷的，在实践中不利于社会和谐稳定发展。事实上现行《婚姻法》在规定离婚自由时，也考虑到了家庭关系因素，例如，无论登记离婚还是诉讼离婚，都必须先行调解，并非任何离婚目的随时都能达到。此外，《婚姻法》还对孕期、哺乳期的妇女，以及现役军人的离婚做了特别的保护。然而，在离婚自由问题的理解上往往存在着一些错误认识。在一些人的观念中，婚姻自由是一个绝对的概念，认为离婚自由就是允许人们在想离婚的时候就离婚，完全以当事人的情感态度为转移。这种理解助长了轻率离婚的风气，给人们以及社会带来许多不利影响。社会主义《婚姻法》反对这种不顾社会利益、他人利益的离婚自由。

事实上世界其他国家在实行"无过错离婚"后，由于离婚率大大升高，带来许多社会问题，也在不同程度上用不同形式对离婚自由附加一些家庭关系的制约条件。例如，有些国家在修改中注意强调家庭责任，子女未成年时，对离婚问题强调采取延缓办法。我国现行《婚姻法》有待进一步修改完善，其中离婚自由的因素也应进一步完备明确，离婚条件概括性太强、太简单，不利于法律操作，同时也给法律保护家庭关系带来了一定困难。

有时候人们容易把提高婚姻质量和强调离婚的制约因素对立起来。婚姻质量往往被狭义地定义为夫妻感情生活质量，实际上相对于广义婚姻法，婚姻质量也应该做广义理解，它当然主要包括夫妻感情关系，但也包括家庭所有成员的关系状况。只有夫妻感情而缺乏家庭关系的和谐，这种婚姻和缺乏爱情基础的婚姻一样，是谈不上高质量的。修订后的《婚姻法》应使婚姻关系和家庭关系进一步整合起来，使社会主义《婚姻法》既有利于家庭生活质量的提高，又有利于社会的稳定和发展。

第四章 学术共同体的理论责任 与价值自觉*

恩格斯说："一个民族要想站在科学的最高峰，就一刻也不能没有理论思维"①。现代理念也在广而告之这个道理："思想有多远，我们就能走多远。"理论文化已越来越成为当今国家发展、国际竞争不可或缺的软力量。党的十八大报告中提出了"文化强国"的发展理念，这本身就表明中国在发展战略层面有了更多的文化理论自觉。高校学术共同体作为集理论构建、理论研究和理论教育任务为一身的群体，在文化强国以及理论建设和理论教育方面，具有独特的理论责任地位，应当在理论研究和理论教育中，具有更多的价值自觉。

一、"文化强国"与学术共同体的理论使命

理论及其价值取向，是一个国家、民族的精神和灵魂，是社会发展道路的旗帜，理论是"一种特有的思想先导作用，尤其是在社会转型或社会危机时期，意识形态常常成为社会动员人们向既定的方向和目标前进的一面思想旗帜"②。国家必须要有成熟的理论或核心价值观，引领

---

* 原载《中国高教研究》2013年第4期。
① 马克思恩格斯选集：第3卷．3版．北京：人民出版社，2012：875.
② 安东尼·唐斯. 民主的经济理论. 上海：上海人民出版社，2005：96.

文化发展，指导道路选择。可以说，有什么样的思想理论，有什么样的核心价值观及其文化，就有什么样的国家发展道路。党的十八大报告强调：道路关乎党的命脉，关乎国家前途、民族命运、人民幸福。中国要建成富强民主文明和谐的社会主义现代化国家。全党应有坚定的道路自信、理论自信、制度自信①。道路自信必须建立在理论自信和理论自觉基础之上。任何一个国家和社会，想要秩序稳定，想要发展加速，就需要建构正确的、成熟的理论体系，并在其指导下合理发展。理论和文化主导社会的思考，主导国家和社会的发展方向与方式。中国要走适合自己的发展道路，就要构筑并坚守自己的理论基础和价值信念。

在这个意义上，学术共同体的理论研究和价值传播，是社会形成理论支持和共同价值观的主导因素。目前我国社会理论环境以及国际文化竞争格局处在复杂多变状态，学术共同体更应承担对中国理论构建和传播的责任，在理论构建、理论把握、理论教育中，具有更多的价值自觉。

高校学术共同体，尤其是从事哲学社会科学教学研究的学术群体，由于独特的工作性质和职责身份，在理论建设和理论教育方面就更加任重而道远。教学研究者的理论、观点及教学研究实践，自觉不自觉地从理论层面、价值观层面影响着大学生和社会公众。高校学术群体在研究和构建理论的同时，还担负有"教育"职责。这意味着高校学术群体首先对自己的职责身份要有一种"自觉"，即意识到自己的研究和教学既要出于自我个体的学术兴趣，又要考虑对国家和社会发展以及教书育人的理论责任。高校的教育功能理念意味着理论"自觉"不是个体的事，不是一代人的事，而是"百年树人"的事。高校学术群体不同于一般学术主体的地方在于其具有的"双重"职责：他们既是研究者，也是"教书育人""传道授业"的主体。传授知识的同时还要传道，在所传之"道"中，有如何做人的德性伦理问题，有树立何种人生观、价值观的问题，有对国家和社会的责任担当的认知或自觉问题，当然也包括对中国道路、中国理论的认知、自觉和自信的问题。这一切都离不开传道授业者的理论研究和理论把握，而大学生就是在高校这种教育和熏陶中吸收知识、培养品性、接受正确的价值观和理论，并培养起相关理论功力

---

① 胡锦涛文选：第3卷. 北京：人民出版社，2016：620，621，625.

和思维能力的。

　　一般的学术研究者可以任由自己的理论兴趣展开任意研究，学术界本应"百花齐放，百家争鸣"，我们也应鼓励学者进行自由的、创新性的研究。但高校学术共同体有一个如何理解和把握好"学术无禁区，课堂有纪律"的问题。高校学术群体在理论研究中可以自由创新，但在课堂上对学生传递什么样的价值观和理论，这些价值观和理论对学生的人生会产生什么样的影响，对社会是否有积极作用，就值得深思。十年树木，百年树人，给学生传递积极的、对国家和社会发展有益的理论与知识，传递积极的人生观和社会价值观，培养他们正确的理论方法和思考方法，使大学生成为集知识能力、价值选择能力和责任能力为一身的人才，成为能够对自己人生负责，也能够对国家和社会负责的人才。这样才能不辱教育者教书育人、传道授业的职责使命。

　　高校教育中学术共同体的理论责任和价值自觉要求，不仅针对"两课"教学，其他教研者及其课程，尤其是哲学社会科学方面的教研者及其课程，也都应对学术研究和学生教育做一定的"自觉"把握与分别。文化尤其是社会科学文化是有价值属性的，而教书育人也离不开价值观及其理论教育。何况高校教育中也有一个中国特色核心价值观及其理论进课堂的问题。

　　事实上许多国家都将社会价值意识教育作为大学生教育的重要内容，以此建构社会思想理论支撑，整合社会共同价值观。美国也很注重向美国国民尤其是青少年灌输国家价值意识，进而培养美国公民的国民精神。美国政治学家罗伯特·达尔（Robert Alan Dahl）说："美利坚是一个高度注重意识形态的民族。只是作为个人，他们通常不注意他们的意识形态。因为他们都赞同同样的意识形态，其一致程度令人吃惊。在表达对民主意识形态信仰方面，美国人比世界其他任何民族都更一致"[①]。韩国政府也一直坚持将道德课作为学校教育的主课程，其内容随社会发展而不断完善，但始终将韩国价值意识教育作为最核心的内容。

　　另外，如何更好地传授理论和价值，在"传道"方式上做不断思考和跟进，也是一种自觉，而他国隐性的、渗透式的价值观教育方式有值

---

① 杰里尔·罗赛蒂. 美国对外政策的政治学. 北京：世界知识出版社，1997：354.

得我们借鉴的地方。隐性教育强调让学生在"无意识"的境界中潜移默化地接受教育。他国在对学生进行价值观教育之时也很注意借助"第二课堂"资源。教育不仅体现在课堂和书本上，也体现在各种形式的社会实践中。如美国就很注重学校、家庭、社区、教会、政府、传媒等形成的教育合力；韩国更是明确提出了"体会"式教育；日本则更注重全国教育的一体化，建立学校以及文部省、都、道、府、县、市、町、村教育部门多元一体的青少年教育体系。

二、国际文化竞争中的中国理论自觉

不管我们意识到没有，今天的理论文化竞争力都已和经济、政治、军事竞争力一同，成为世界各国综合国力竞争的重要组成部分，并日益凸显为更重要的"核心软实力"。在一些话语表达中，文化意识竞争甚至被喻为和军事、经济"战争"并列的第三种"战争"。美国著名学者萨义德将文化和帝国主义实践直接联系起来。他明确指出：在帝国扩张的过程中，文化扮演了非常重要同时也是不可或缺的角色①。

对于"文化帝国主义"，许多西方学者早有"自觉"。在哈佛大学教授推荐的最有影响力的必读书之一《哈珀现代思想辞典》中，"文化帝国主义"被界定为"运用政治和经济力量，在牺牲当地文化的同时宣扬并传播外来文化的价值和习俗"②。美国历史学家阿瑟·施莱辛格在研究美国传教历史时也用了"文化帝国主义"概念，并指出传教士在传播中没有使用经济或政治方面的权利，但是他们的传教行为反映出美国文化对其他民族思想和文化的有目的的侵入③。

国际关系历史和现实都反复证明，文化冲突或理论竞争"就在那里"，不同文化之间的竞争，本质上就是各自代表的核心价值体系的竞争。当今世界正处在大发展、大变革、大调整时期，世界多极化、经济

---

①　爱德华·W. 萨义德. 东方主义. 北京：三联书店，1999：10.

②　Gienow-Hecht. Shame on US? Academics，Cultural Transfer，and the Cold War—A Critical Review. Diplomatic History，2000，24（3）：472.

③　Arthur M. Schlesinger Jr. The Missionary Enterprise and Theories of Imperialism// John K. Fairbank. The Missionary Enterprise in China and America. Cambridge：Harvard University Press，1974：363-364.

全球化深入发展，世界范围内各种思想文化交流、交融、交锋更加频繁和激烈，文化、价值观等"软实力""巧实力"，已被各国争相纳入本国国际战略大思路之中。

冷战结束后，一些西方政治学学者开始研究新格局下的新问题，亨廷顿提出著名的"文明冲突论"，其论点有三：一是提出冷战后文化价值观的冲突将会占据国际政治问题的中心；二是指明和西方文明产生冲突的是儒家文明与伊斯兰文明；三是警示美国等西方国家，要想保证西方文明的秩序和发展，必须警惕其他文明的崛起。亨廷顿的"文明冲突论"对美国甚至全世界都产生了重大影响。约瑟夫·奈在"软实力"系列理论阐述中对美国应当运用的"软实力"做了具体的政策建议，并强调软实力"主要来自三种资源：文化（在能对他国产生吸引力的地方起作用）、政治价值观（当它在海内外都能真正实践这些价值观时）及外交政策（当政策被视为具有合法性及道德威信时）"①。所以，理论建构及其国家、国际影响力的问题，与走什么样的国家道路、怎样发展本国文化和价值观十分相关。

布热津斯基是美国前总统国家安全事务特别助理，他认为国家安全超越军事和经济领域，确实因为当今世界理论文化已成为国家安全问题中的重要元素，开始关注和考虑如何布局"文化"棋子，这一点在美国"9·11"事件之后更成为西方世界的共识。布热津斯基在他的《大棋局》中提出了"文化统治"概念，他说："当前，美国前所未有的全球霸权没有对手"②，"虽然大大得益于它的民主原则和机制的吸引力，美国的全球体系也在很大程度上依靠对依附它的外国精英们行使间接的影响。由于美国主宰全球通信、大众娱乐和大众文化的巨大但又无形的影响，也由于美国技术优势和全球的军事作用的潜在的有形影响，以上这一切都得到了加强。文化统治是美国全球性力量的一个没有受到足够重视的方面。不管你对美国大众文化的美学价值有什么看法，美国大众文化具有一种磁铁般的吸引力，尤其是对全世界的青年。它的吸引力可能来自它宣扬的生活方式的享乐主义的特性，但是它在全球的吸引力却是不可否认的。美国的电视节目和电影大约占世界市场的四分之三。美国

---

① 约瑟夫·奈. 软力量——世界政坛成功之道. 北京：东方出版社，2005：11.

② 布热津斯基. 大棋局：美国的首要地位及其地缘战略. 上海：上海人民出版社，2015：22.

的通俗音乐居于同样的主导地位。同时，美国的时尚、饮食习惯甚至穿着，也越来越在全世界被模仿。互联网的语言是英语，全球电脑的绝大部分敲击动作出自美国，影响着全球会话的内容。最后，美国已经成为那些寻求高等教育者的圣地，有近五十万的外国学生涌向美国，其中很多卓有才干的学生永不再回故国"①。在美国的全球"大棋局"布局中，美国的文化战略正通过电影、电视、音乐、语言、互联网、教育以及生活方式的影响而全面展开。

在这个关注"文化统治"和"文化软实力"的国际竞争时代，在世界多元理论体系和世界意识形态复杂格局中，中国应怎样关注所面临的国际竞争及国家安全问题？国家安全问题中文化理论具有怎样的地位？中国应走什么样的社会发展道路？坚持什么样的理论和价值观？对于这一切，中国的学术共同体都必须有清醒的认识和自觉意识。在国际多元理论意识竞争背景下，中国学术共同体更要强化对"中国理论"和中国特色价值体系建设的"自觉"与"自信"，注重构建中国理论及文化的软实力。

价值文化软实力不仅在国际竞争中越来越被重视，在国家的社会整合中也具有不可替代的功能。"社会整合"（social integration）是社会学功能结构学派使用的一个核心概念，旨在表达社会中各因素和各部分系统化为一个有机整体的过程与结果。社会学功能学派大师帕森斯认为社会运行涵盖四个子系统，即文化系统、社会系统、人格系统以及行为机体系统。他认为一个社会只有拥有上述四个基本系统，才能维持秩序和稳定。在四个系统中，帕森斯尤其强调文化系统的社会整合功能，"文化系统"在功能结构理论中占有突出位置。而在文化系统中，理论价值模式最为核心，它定位文化系统的性质，为社会制度、规则秩序的合法化提供最直接的论证。

帕森斯清楚地意识到社会整合与该社会的"共意"或"一致性"有多重要，认为正是社会成员认同且受其影响的共同价值观，能产生一种强有力的凝聚力，将社会成员整合在一起。帕森斯说，如果过多的社会成员拒绝社会共同价值观，社会离心离德严重，社会稳定就将崩溃。这也正如马克思所说的："如果**从观念上来考察**，那么一定的意识形式的

---

① 布热津斯基. 大棋局：美国的首要地位及其地缘战略. 上海：上海人民出版社，2015：22.

解体足以使整个时代覆灭"①。正因为如此，党的十八大报告强调："要深入开展社会主义核心价值体系学习教育，用社会主义核心价值体系引领社会思潮、凝聚社会共识。推进马克思主义中国化时代化大众化，坚持不懈用中国特色社会主义理论体系武装全党、教育人民，深入实施马克思主义理论研究和建设工程，建设哲学社会科学创新体系，推动中国特色社会主义理论体系进教材进课堂进头脑。广泛开展理想信念教育，把广大人民团结凝聚在中国特色社会主义伟大旗帜之下"②。今天中国社会是否存在共同价值观，应当怎样建构核心价值体系并在理论教育中落实，都是学术共同体必须思考且落实在自己的教学研究中的问题。

理论文化的"自觉"包括对自我文化特质的把握、建构和自信，也包括对中国文化在国际格局中地位和竞争影响力的清醒把握。有学者强调要注重用中国的话语范式研究、看待中国文化，不用言必称西方，要和世界文化沟通、对话，但不应迷失自我文化。

三、中国特色理论构建中的自觉与自信

理论辨析和理论构建也是学术共同体"自觉"的责任要求。在当前中国"文化强国"战略部署中，要关注并改变我们理论储备相对不足的状况，在打造中国文化软实力任务中，中国特色"理论构建"应是重中之重。总体看来，中国理论已有基本的框架和体系，从党的十七大、十八大报告中可见，国家层面对国际竞争中文化实力的重要性已有越来越多的自觉意识，但在某些具体论域层面还缺乏应有的成熟理论，许多问题没有研究透彻，许多理论没有建构起来，许多思潮没有厘清，许多道理没有讲清楚。

文化尤其是社会科学理论文化是有价值属性的。汤林森在《文化帝国主义》中探讨了文化属性问题，指出资本主义文化的确有使世界同质化的倾向，但"资本主义是一个'经济-文化'体系，其经济组织根据财产制度与商品生产出来，其文化的根本事实则是买与卖的交换关系，

---

① 马克思恩格斯全集：第 30 卷. 中文 2 版. 北京：人民出版社，1995：539.
② 胡锦涛文选：第 3 卷. 北京：人民出版社，2016：638.

已渗透到社会的大多数层面"①。资本主义文化中那些全球"同质化"的东西，如环境理念、效益理念、民主平等、诚信道德、艺术文化等，都是人类共同的价值财富，中国文化在参与共建，也在吸收共享，但汤林森所揭示的资本主义本质属性的那些关乎道路选择的东西，我们就不能不加辨析地照单全收。

社会理论有价值属性，中国理论建构中不仅要弘扬中华民族文化的特色和优秀传统价值，还要凸显社会主义道路的价值主张。"价值中立"主张曾经一度在我国学术研究和理论教育中产生了不小影响。价值中立思潮在西方社会曾有过很大影响，但在实践过程中，理论局限使该理论逐步走向衰落。问题主要表现在：价值共识以及社会凝聚力被瓦解，责任漠视和极端个人主义泛滥，引发了更多的社会价值模糊。无导向的价值教育，使受教育者的价值观出现虚无化、功利化、非理性化等倾向。20 世纪 80 年代末，美国的道德教育对主张价值中立的"价值澄清"理论进行了彻底的反思批判，传导核心价值观的"品格教育复兴运动"逐步兴起。诺奖得主缪尔达尔也曾就"价值中立"主张指出，"努力逃避价值观念是错误的，并且注定是徒劳和破坏性的，价值观念和我们在一起，即使把它们打入地下，它们仍然指导我们的工作"②。社会政策资深研究者蒂特姆斯也指出："以中立的价值立场讨论社会政策是没有意义的事情"③。

"价值中立"理论主张学校教育不能简单采取价值灌输的做法，强调在教育方式上给受教育对象一定的思考空间，这是值得吸取的合理部分，但这不意味着要否定价值观教育的必要。所以，学术共同体尤其是高校学术共同体，作为同时承担学校教育职责的主体，应对社会科学理论研究中的价值问题做更多辩证的思考，积极构建中国特色价值体系和理论文化，这是我们的学术共同体应有的理论自觉。

中国改革开放的持续发展，使社会经济结构和阶层发生了深刻变化，全球化背景也使各种理论、文化的交流或碰撞更加活跃，中国社会各界思想观念也发生了多样变化，涌现出各种理论和思潮。理论的活跃

---

① 汤林森. 文化帝国主义. 上海：上海人民出版社，1999：254.

② 缪尔达尔. 亚洲的戏剧——对一些国家贫困问题的研究. 北京：北京经济学院出版社，1992：13.

③ 蒂特姆斯. 社会制裁十讲. 香港：香港商务印书馆，1991：15.

是文化大发展的表征，而一个国家的现代化程度也表现在对多元文化的包容程度上，但包容多元性文化和多样性价值观，不等于不要社会理论的主导，不要共同价值观原则。一个国家、社会要想有序和谐发展，就必须在多元性理论文化和多样性价值观中找出"最大公约数"，确立起符合本国实际的主导理论体系，即构建出核心理论基础和共同价值观。

主导价值观和基本理论指导对一个社会来说是必不可少的，因为它是社会成员凝聚整合、维持社会秩序运转的精神根源。葛兰西曾将理论意识形态的凝聚功能比作"水泥"，他说："保持整个社会集团的意识形态的统一中，意识形态起了团结统一的水泥作用"①。理论意识及其核心价值正为整合中国社会发挥着重要凝聚力的作用。主导价值观和基本理论还是指导社会合目的发展的理论基础。法国早期社会学家涂尔干在研究社会整合问题时提出，社会理论的"失范"是引发社会无序松散、人们迷茫甚至自杀的重要原因：在社会发展变迁过程中，在传统社会的文化信仰、价值规范变化瓦解的同时，新的价值观及其理论文化如果没有完全跟进，就会产生理论及其价值文化"空场""失范"的社会阶段。美国社会学家默顿进一步把"社会失范"的含义由"无规范"诠释为"规范冲突"，认为不同社会理论之间的冲突，以及文化蕴含的价值目标同当下社会制度环节之间的游离，是造成社会无序和失范的重要原因。

无论怎样表述，都说明社会理论及社会价值观如果发生缺位、失范或冲突，就会在变革时代引起社会无序和紊乱。所以，中国的学术共同体不仅要厘清各种思潮的理论本质和正负影响，还要在中国转型期积极构建中国发展需要的新的理论文化体系，并在理论指导、传播和教育中不断凝聚共识，为中国社会发展提供理论指导和支撑。

综上所述，中国正处于改革发展和国际竞争的重要时期，中国社会的秩序整合，民族精神和民族凝聚力，国家经济、政治、文化、社会、生态等"五位一体"的协调发展，以及发展国际影响力，都亟须系统而成熟的理论指导。许多思想者说，在影响社会和谐发展的诸多因素中，社会理论意识、共同价值观、文化传统、伦理道德等软性或潜在因素，比社会政治制度和法律体系等硬性或显在的因素更具积极意义。诺奖得主、制度经济学代表人物道格拉斯·诺思在其《制度、制度变迁与经济

---

① 尼科斯·波朗查斯. 政治权力与社会阶级. 北京：中国社会科学出版社，1982：218.

绩效》一书中说，就对社会治理的作用发挥而言，法律和制度的"正式制度"与理论文化价值体系的"非正式制度"都具有不可或缺的地位，但在一定意义上，从共同价值观、理论文化层面产生的非正式制度力量，对社会和谐治理、有序发展，对引导社会成员自觉接受社会规则约束，具有更加积极的作用。

党的十八大报告对中国道路的自觉、自信做了根本性强调。中国特色社会主义制度及建立在这些制度基础上的经济、政治、文化、社会、生态建设等方面的各项具体体制，都有赖于中国特色社会主义理论体系的支撑。如何建构中国特色理论价值体系，如何通过教育和传播使核心价值观成为"最大公约"的共同价值观，中国特色理论如何更好地指导国家与社会的发展，解决这些问题既是时代提出的任务，也是中国学术共同体应该承担的理论责任。

第五章 "枫桥经验"与新时代中国特色的乡村治理[*]

新时代"枫桥经验"的乡村治理模式，体现了以"为民"为核心的理念，是一种自治、法治、德治"三治融合"，体现情、理、法相结合的治理传统的创新管理模式，是一种适合中国国情的治理模式，也是一种中国特色的乡村发展模式。一个国家选择什么样的治理体系，是由这个国家的历史传承、文化传统、经济社会发展水平决定的，是由这个国家的人民决定的。由此而言，"枫桥经验"是枫桥特色、诸暨特色，也是中国特色。"枫桥经验"为新时代中国乡村治理和乡村发展模式提供了一个可以复制的样本。

一、"枫桥经验"是诸暨的也是中国的

"枫桥经验"形成于社会改造，发展于改革开放以来的综合治理及创新社会管理，在法治建设和社会管理的创新发展中，积累起了不断完善的乡村民主自治经验模式，伴随着市场经济发展，也探索创建了以民生服务、民生发展为中心的乡村发展模式。"枫桥经验"内容丰富，包含刚性法治与柔性德治相结合、传统传承与现代创新相结合、情理法兼用的治理模式。它遵行村民民主"自治为基、法治为本、德治为先"

　＊ 原载《绍兴文理学院学报（人文社会科学）》2018 年第 5 期，作者为葛晨虹、吴迪。

的原则，是一种自治、法治、德治"三治融合"的治理模式。三治融合的治理特点，一是治理中整合运用了多维度治理资源和力量；二是治理中坚持合法的同时，还做到了合理、合情，让人易于接受。所以，"枫桥经验"中一个突出、成熟的经验亮点即善用乡村社会民间调节手段。除此之外，"枫桥经验"在如何以民生发展为龙头引导城乡一体化发展方面也很有特色。在实现"共治共建共享"道路上，"枫桥经验"创新实践出了富有中国特色的新时代乡村善治和乡村发展模式经验。

从历史方位中的中国社会与情理法兼治传统来看，"枫桥经验"中的自治、法治、德治"三治融合"的乡村治理模式，有其历史必然性和突出的中国特色，为我们思考中国特色的乡村治理和乡村发展应怎样做，提供了宝贵的经验。历史是割不断的，理解今天的乡村治理，需要把握中国乡村社会结构及基本特征，需要从认知中国特有的历史道路和传统治理模式开始。

许多经典作家在论及人类由原始社会进入文明社会的历史进程时，认为东、西方实际上走了两条不同的道路，即以古希腊为代表的"古典的古代"，和以古代东方国家为代表的"亚细亚的古代"。对这两种不同历史途径，著名思想史家侯外庐先生解释说，"古典的古代"是"革命的路径"，"亚细亚的古代"是"改良的道路"①。"古典的古代"是从家族到私产再到国家，国家代替了家族；"亚细亚的古代"是由家族到国家，国家混合在家族里面，叫作"社稷"②。国家政治体制中带有浓厚的氏族遗制，使得古代东方的社会结构、文化精神、历史进程获得了极大的特殊性。这是理解古代中国生产方式、社会制度、思想文化的关键。

"亚细亚"历史道路表明，中国古代"国家"是在氏族遗制和血缘组织之上形成的，氏族对于国家是作为原型组织存在的，国家能借鉴和模仿的统治模式也直接源于氏族的模式。所以，中国古代在社会治理模式上走了一条"礼法结合""德主刑辅"的路数。家族以血缘关系维护自身凝聚统一，亲亲又尊尊，形成了宗法人伦社会的德性治理模式。这种德性化因素在乡村自治中发挥着重要作用。

---

① 侯外庐. 中国古代社会史论. 石家庄：河北教育出版社，2001：2.
② 侯外庐. 中国思想通史：第 1 卷. 北京：人民出版社，1956：11.

西方古希腊城邦多是在打破血缘氏族制度后建立的。恩格斯曾经指出，氏族制度的基础是血缘关系，而国家则**"按地区来划分它的国民"**①。血缘氏族的彻底解体和历史性保存，使东、西方走上了不同的历史文明之路。对中国这样一个带有氏族血缘脐带的社会来说，重"仁"政、重宗法伦理关系的儒家德性思想，比重刑罚的法家思想更适合历史需要。在现代发展中，中国已建立起有别于古代伦理法的独立法体系，但仍要进一步完善法制，使法律和道德既保持内在契合，又保持外在张力，建立起法治和德治共同发挥作用的社会治理格局。

中国古代有"皇权不下县"的传统，朝廷命官大多到县级，如此，乡村自治模式就成为可能。传统的乡村自治主要通过乡贤和家族宗法权力治理，通过宗法族规、家规家训、乡规民约、风俗文化力量维系治理。我们今天治理当代中国乡村，思路上不能忽略或离开中国特色的情理法治理模式。有学者说，我国所有建制组织都在加强，唯有农村基层组织在弱化②。组织的弱化、市场经济带来的乡村变化，传统乡村自治模式的缺场，传统文化的断裂，造成了一些农村的衰败、贫困，传统文化和民风不复存在。诸暨的"枫桥经验"让我们看到，今天的乡村治理仍可传承传统中国情、理、法相结合的治理方式，走一条与中国国情相适应的现代乡村治理之路。自治、法治、德治"三治合一"的情理法兼用治理模式，新乡贤以及新乡贤文化、各类志愿性社会组织、基层党组织和行政组织，加上因地制宜的经济合作组织、互助组织，都可以构成有效的乡村治理力量。社会治理和建设需要多元主体、多维资源，这一点在当今国家强调的"治理体系与治理能力现代化"的思路语境下，已成为基本共识。

二、"枫桥经验"与社会治理体系、治理能力的现代化

现代治理理论是对传统治理方式和治理理论的超越与发展。传统一

---

①　马克思恩格斯全集：第21卷. 北京：人民出版社，1965：194.

②　回乡见闻与感想：农民富裕、农村衰败和农业凋敝. http://bbs.tianya.cn/postde-velop-2202007-1.shtml.

元治理主体以及"二分模式"已不能满足现代社会的管理需求。治理体系是多维度、多因素的，治理主体也应是多元互动的。治理不同于管理。传统的政府"管理"是线性运作管理，主体是政府；"治理"则强调社会各因素之间在互动中发挥治理能量，治理主体并非一定是政府机关，可以是公共机构，也可以是社会组织、民间组织、群众团体。党的十八大以来，中央多次强调要加快形成党委领导、政府负责、社会协同、公众参与、法治保障的社会管理体制，党的十九大报告提出共建共治共享，都是在强调多元主体、多维力量共同参与社会治理和社会建设。

1. 从"管理"到"治理"的转变，从"要素"到"体系"的转变

新时代"枫桥经验"实现第一个转变是工作理念从"管理"向"治理"的转变，第二个转变是工作格局从"要素"到"体系"的转变。新时期基层社会治理，拓展延伸到了开展社会建设、服务社会成员、规范社会行为、树立社会风尚、保障社会安全稳定等方面。树立了政府、基层党组织与群众共建共治共享的新思维，尤其是发挥基层领导力的核心作用，搭建共治平台，引导乡村组织、企事业单位、社区组织等共同参与基层事务管理，形成体制内与体制外互补、正式与非正式相结合的治理格局[1]。

"枫桥经验"作为社会治安综合治理的典范，为社会综合治理实践和理论创新做出了重要贡献。习近平对此肯定说："枫桥坚持专群结合、群防群治，预防化解矛盾，维护社会治安，成为全国社会治安综合治理的典型"[2]。预防化解矛盾、矛盾不上交之最突出的做法就是，依靠群众基层自治的有效创新，调动组织起多维主体资源力量，实现乡村自治法治、德治"三治融合"。

"枫桥经验"创新运用了诉诸各种资源力量的"大调解"格局和运用人民群众参与治理的社会调解方式。群众参与调解很适应中国国情的需要，是对中国传统情理法调解模式的传承，是对传统社会调控方式和现代社会治理方式的结合与创新。最高人民法院、司法部联合发布的

---

[1]　参见陈善平打印版调研材料《枫桥经验与基层社会治理》第4页。

[2]　习近平. 干在实处　走在前列：推进浙江新发展的思考与实践. 北京：中共中央党校出版社，2006：230.

《关于进一步加强新形势下人民调解工作的意见》对人民调解制度做了很高评价："人民调解组织遍布城乡、网络健全，人民调解员植根基层、贴近群众，人民调解工作具有平等协商、互谅互让、不伤感情、成本低、效率高等特点，易为人民群众所接受，在化解矛盾纠纷中具有独特优势"①。无论从现代治理方式、适应国情的需要上看，还是从乡村治理实践的成效上看，诸暨的"枫桥经验"都走在了时代前列，实践探索着现代治理体系和能力的转变。

2. 从"为政"到"为民"的转变

在"枫桥经验"实现的第三个转变是工作理念从"为政"到"为民"的转变②。"为民"是使"枫桥经验"富有生命力的特点之一。一切为了群众，一切依靠群众，尊重人民主体地位，尊重人民首创精神，解决人民群众的民生问题。我们所处的时代已进入诉诸社会主体的现代社会。在现代性理论语境中，现代社会的本质特点之一就是人的主体性的凸显。现代性中的主体性问题也是马克思主义理论的重要内容。我们党和国家始终坚持马克思主义的主体性思想，从革命战争时期起，我们党就确立了"从群众中来，到群众中去，一切为了群众，一切依靠群众"的群众路线。走群众路线，是党和国家进行民主革命与中国特色社会主义建设的"法宝"。

在社会主义发展新时代，国家提出"以人民为中心"的思想，其核心也是要以人民利益为中心，解决好人民的民生问题，尊重人民的主体地位，依靠与发挥人民群众的主体性和共治参与性。"枫桥经验"凸显的是强调人民群众的主体地位，尊重人民群众的创新精神。在人民群众的安全感、幸福感、获得感中，各级政府、村班子赢得了人民群众的支持和信任。在某种意义上，最大的治理资源就是人民群众的信任，最好的、最有效的治理就是解决好民生问题。

在改善民生方面，诸暨市实现了六个"城乡一体化"，加大了基础教育、公交交通、养老医疗、基础建设等方面的投入力度，创新出了"最多跑一次"的行政审批服务平台体系。以人民为中心，是治理目的也是治理手段。"枫桥经验"带动诸暨走的是一条以"为民"为轴心的

---

① 余钊飞. 社会管理创新的"诸暨之路". 北京：中国法制出版社，2013：164.

② 参见陈善平打印版调研材料《枫桥经验与基层社会治理》第4页。

治理发展之路，在治理中发展民生，在民生建设中得到更好的治理。

3. "枫桥经验"中乡村自治格局与机制

"枫桥经验"中，以"三治融合"为特征的中国式乡村治理思路，把基层治理放在基层建设、乡村发展大框架下统筹实施，形成了"党建引领政府支撑、依靠群众社会参与、乡里事务自治、乡风文明德治、乡村秩序法制的基层治理格局"。这是"枫桥经验"实现的第四个转变。

"枫桥经验"中政府对社会组织的培育引导这一做法值得重视、提升和推广。例如，培育孵化社会组织承接政府部分职能参与社会治理，引导建立各类志愿者组织，鼓励乡村贤德能人帮扶调节，扬善抑恶；组织法律专家定期下乡开展法律援助、普法宣传，并帮助制定村规民约；利用信息化手段吸收社会力量，推动基层社会的智慧治理。实现了党群合一、体制力量和非体制力量的融合，助推了大批"枫桥经验"传承人工作室和志愿者团队的涌现。

要充分认识这些社会中间组织力量在现代社会治理中的重要作用。在社会结构学理论中，社会中间组织与国家共同构成组织、凝聚社会和个体的双重纽带。社会学功能学派奠基人涂尔干将社会中间组织称作"次级群体"。他指出，社会存在失范状态，原因就在于传统社会组织的革除、破坏，一个社会若缺乏社会中间组织，国家管理就会因缺乏社会组织的保护带而陷入失序状态。这种理论对于国家治理远端的乡村治理尤为有意义，这也是现代社会治理理论强调的治理体系、治理能力现代化的问题。社会"次级组织"在城市往往表现为职业团体和行业团体，在乡村即表现为各种民间自治组织，如"枫桥经验"中的各类调解工作室、志愿者组织、各类在乡不在乡的乡贤能人精英群体。

新乡贤和社会组织是什么关系，可以讨论。广义的新乡贤群体应包含诸多乡村治理力量，各类志愿者组织、各类调节工作室，各类不在乡的干部、经商人士和文化精英群体，是乡村治理可以诉诸的多元力量。在强化基层行政组织力量、基层党组织领导的基础上，"新乡贤"机制及新乡贤文化是一种重要的乡村治理资源。

充分发挥党的政治优势，也是"枫桥经验"给我们的重要启示。党的基层组织把握基层治理方向并为治理提供组织支撑，是确保党的路线方针政策贯彻落实的基础，也是党的执政基础。加强基层党组织建设、提升基层社会治理的组织领导能力，必须贯穿于基层社会治理全过程。始终坚持"枫桥经验"的基本精神，充分发挥党的政治优势，把党的领导和群众路线紧密结合起来，把各个有关部门的职能作用充分发挥出来，形成维护社会稳定工作的整体合力。以"枫桥经验"为旗帜的诸暨实践发展中，重视加强党和人民群众的血肉联系，不断推进党的基层组织创新建设，加强基层党组织带头人队伍建设，搭建城乡党建资源共享平台，引导党员发挥先锋作用，引导居民自治组织、群团组织和社会组织在党组织引领下共建共享、共同推进。通过基层党组织的群众工作，把党的路线方针政策贯彻到基层，统一群众思想和自觉意志，组织群众参与基层治理，有效治理社会。"枫桥经验"中所要求的，机关干部返乡走亲、乡镇干部驻村连心、党员干部结对交心，都是实现情理法兼用治理模式、推进基层党组织和党员干部走群众路线的有效举措。强化农村基层党组织建设，一方面加强了党在农村的执政基础，另一方面也让党组织领导下的乡村领导班子发挥好在基层的治理能量。

乡村基层建设的另一个重要经验是，村班子要过硬和坚强有力，"打铁先需自身硬"。"枫桥经验"中，村班子带领村民制定了村民监督与选举机制等制度公约，村班子通过民主选举产生，有创业承诺、自律承诺，有党员自律和制度他律，使村班子成了有德望、有能力并有村民信任资本的领导班子。在我们调研过的河南刘庄的成功经验中，村班子的领导力也非常突出。刘庄从当年有名的穷村变成闻名全国的小康村，和有一个坚强自律、有能力、有担当也有威望的党员带头人和以党员为主的领导班子分不开，和村党组织带领群众坚持发展集体经济、坚持村务民主管理、廉洁自律分不开。南街村的成绩也和村班子坚强有力、价值目标明确、强化制度治理有关。

三、"枫桥经验"与乡村振兴中的城乡一体发展

"枫桥经验"以及发扬"枫桥经验"的诸暨在发展建设中，值得重视的还有把乡村治理纳入城乡一体发展格局的思路和做法。

在市场经济大潮中，农村多是被忽略的角落。在现代化进程中，科技、工业、商品经济都大有发展，但也出现了城市与农村的二元发展、

城乡差距拉大的现象：一方面，出现了许多国际大都市和光鲜丰富的城市生活；另一方面，许多农村正在贫困化、凋敝、荒芜和"空心"化。有观点认为，城镇化是解决我国二元经济结构矛盾和缩小城乡差距问题的根本出路。但城镇化不应以牺牲农业、生态和环境为代价，产业、人口、土地、农村以及城乡基础设施应一体化发展，公共服务应城乡融通地均等化发展。城镇化的目的是着眼于农民，涵盖农业、农村建设，促进经济社会发展，最终缩小或消除城乡差距，实现共同富裕。目前看一些地方的城镇化，实际在简单走减少农村人口、增加城镇人口的路数，是"进城农民得实惠的新型城镇化道路"，让"农民带着利益进城"。问题是：农民城镇化了，留下的农村该怎么办？留下的"留守儿童""留守老人""空心村"怎么办？国家的农业怎么办？此外，城镇化当然要圈地扩容、资源置换，但城镇化中出现的某些"房地产化"现象怎样把控？农村土地的非农化倾向如何把控？

什么是城镇化？城镇化就是要让农村和农民享受与城市一样的（公共）服务。必须留住青山绿水，必须记住乡愁。什么是乡愁？乡愁就是你离开后还很想念。没有家乡，没有乡村文化，到哪里寻找"乡愁"？家是"根"，不仅是一栋房子、一块地域，还有文化和心态情感。

乡村本应是最能保留传统文化的地方，但现在许多乡村已完全没有传统乡村具有的生活景象和道德传统。这些都在提醒我们必须探寻乡村伦理文化重建之路，必须重新思考与定位"新型城镇化"和乡村治理的思路及方向。中国提出新时代的"乡村振兴"建设计划，实际也是在强调农村城镇化的重心之一应为"美丽乡村"建设，而非简单的农村人口向城市转移，要在不牺牲土地、农业、环境的前提下，合理转移农村人口，加强城乡基础设施和公共服务一体化的发展。

在"为民"的发展理念中，发扬"枫桥经验"的诸暨城镇化思路不是简单的城市扩建，不是简单的人口迁移，而是充分注意到城镇化进程中的两个主要方面的问题。一方面，注意到城镇化进程中想进城的农民提出的一些问题，如房价过高、就业岗位缺少造成进城难问题，建议允许农民宅基地换城镇住房，激活用地指标，加快土地流转，建议城镇创造更多就业岗位，使农民安居乐业；注意到新居民的城市融入问题和生活保障问题，即使进城还有城市容纳量问题，许多城镇基础设施、公共服务满足不了进城人员；注意到农二代、农三代的生活保障和就业发展问题；等等①。

另一方面，思考如何解决"留下的农村、农业、产业怎么办"的问题。事实上在城镇化和振兴乡村战略中，国家强调要为乡村提供更多和城镇一样的公共政策、公共设施和公共服务；提高农村一二三产业发展水平，提高农村就业能力，党的十九大报告指出，要"促进农村一二三产业融合发展，支持和鼓励农民就业创业，拓宽增收渠道"②；还要提高农村人口文化素质水平，提高农村教育资源的合理配置，提高农村的人才队伍水平和文化建设水平。

中国乡村该何去何从，这是一个应该严肃思考的话题。40 年来，国家提高农业效率，提高农产品价格，办乡镇企业，让农民工进城务工经商，包括现在提"回乡务农"，都是为了让农民增收、让农业兴盛、让乡村振兴。三农专家陈锡文对此强调，现阶段要强调同时推进"城镇化"和"乡村振兴"，解决三农问题不能全靠城镇化，一定要调动农村自身的活力来解决农村自身的问题③。

振兴乡村也是国际潮流。世界各国也都意识到，在推进城镇化过程中不能让乡村衰落。事实上很多国家也不是一味追求城镇化率，在一些郊区农村环境优美的发达国家甚至出现"逆城镇化"现象，如欧美有"郊区化"现象，日本《新农业基本法》把农业看作一种国防产业、社会产业，即它为全社会提供粮食安全、提供价值，也需要全社会来扶持，同时强调把农业看作一种文化产业、环境产业，它为社会保持传统文化，为社会提供绿色生态环境，在农业的粮食安全功能、生态环境功能、社会和文化功能方面，全国上下已达成共识。

诸暨把"枫桥经验"扩展到城乡一体化发展的思考实践中，创建了乡村社区公共服务一体化的公共服务新模式，从"多元供给"到"便民服务"的机制打造，从一站式服务平台，到市、镇（乡）一体的公共服务中心机制的创建，在诸暨城乡形成了"小事不出门，大事不出村，服务提供在家门"的农村社区公共服务局面④。"六个城乡一体化"（公交

---

①　参见何立胜《诸暨社会管理创新调查统计表》之第 21～22 页的相关资料。

②　中国共产党第十九次全国代表大会文件汇编. 北京：人民出版社，2017：26.

③　http://tv.cctv.com/2018/01/06/VIDEf0dj2WI9K01GQ5WCWYbP180106.shtml.

④　卢芳霞. "枫桥经验"与农村社区公共服务新模式. 绍兴文理学院学报（人文社会科学），2013（6）.

一体化、垃圾分类一体化、供水一体化、污水处理一体化、户籍一体化、公共服务一体化），以及对基础教育、公共交通、养老医疗、基础建设方面的强化投入，也让我们看到了城镇化进程中城乡一体统筹发展的一个良好实践开端。

"枫桥经验"由社会治安向社会公共服务领域拓展的创举，是新时代乡村治理以及城镇化发展中的创新做法和正确的思路方向。应该说，"枫桥经验"以及诸暨市继承、发扬枫桥模式的实践探索，给新时代中国特色乡村治理和乡村振兴，提供了积极有益的实践经验和思路参考。

第六章　政府公信力：必须跨出
"塔西佗陷阱"*

　　民众对政府的信任，处在国家和社会发展中的基点位置，就好比多米诺骨牌中最顶头的那一张。社会信任不复存在，质疑成为心态惯性，要走出信息公开问题的"塔西佗陷阱"，就必须走"诚信信息"道路。加强政府解释力，除了加强宣传力度和提高道理的清晰度，还要求每个公共权力代言人慎待自己的公共话语权。

一、"信不信"诠释"塔西佗陷阱"

　　"当政府不受欢迎的时候，好的政策与坏的政策都会同样得罪人民"，古罗马政论家普布里乌斯·克奈里乌斯·塔西佗（Publius Cornelius Tacitus）这样解说他的执政和思考结论。"塔西佗陷阱"在中国思维语境里是以寓言"狼来了"和典故"烽火戏诸侯"来表达的。"塔西佗陷阱"作为西方政治学的一个定律，用在政府公信力问题中，可表达为，当政府不受信任的时候，政府怎样做都会受到公众的质疑和批评。

　　事实上，从我国当前社会心态和舆论现象中可以看到，越来越多的

---

　　* 原载《中国教育报》2011年9月19日。

公众对政府尤其是一些基层政府部门在应对突发事件中的所作所为，或在日常工作中表现出来的职业素质，产生了越来越多的不安、怀疑和指责，人们开始把屡屡出现的食品安全、医疗药品安全、楼房安全、交通安全等问题，因无良商家和逐利者以及市场某些无序环节造成的种种"乱象"，都惯性地归因于政府。网络上出现的流行语言——老百姓成了"老不信"，"你信不信"，"反正大家都不信"了，对政府公信力的"塔西佗陷阱"做出了网络体的诠释。

对网络舆论我们可以做更具体、更复杂的分析，但作为执掌社会公权力，承担社会治理、国家发展和人民幸福重任的各级政府部门，一定要以此为警醒，切忌让政府公信力滑入"塔西佗陷阱"。

几乎所有相关社会科学都认定，信任是社会关系及其和谐有序运转的基础。没有信任，人与人之间、群体之间、党群之间、警民之间、政府与民众之间就不会有相互信任和合作，社会矛盾冲突就会频发。社会处于"低度信任"结构中，社会运行和治理成本就会大大增加。当年学生问孔子如何治理政事，孔子的回答是："足食，足兵，民信之矣"（《论语·颜渊》）。当问不得已必须去掉一个时先去哪个，孔子曰"去兵"，再去"去食"（同前）。"信，国之宝也"（《吕氏春秋》）。可见在中国智慧中，"信"在国家治理中有多么重要。

建立政府公信力是一个国际命题。2007年联合国举办过一个关于政府创新的国际论坛，主题就是"建立对政府的信任"。我国在2006年也把政府公信力问题提上了议事日程。党的十六届六中全会通过的《中共中央关于构建社会主义和谐社会若干重大问题的决定》、党的十七大报告，都强调要提高政府工作的透明度和公信力。国家"十二五"规划中，更是把提高政府公信力作为创新政府管理和进行行政体制改革的落脚点。

二、"信任危机"削弱民众信心

政府公信力，是政府取得社会公众信任的能力。它实质上显示的是国家政府与社会民众间的信任关系及合作结构，也反映政府在社会民众中的权威性和影响力。影响政府公信力的要件复杂多样，简言之，可分为四个维度：一是政府的施政理念是否获得民众认同，二是政府制度及公共政策是否公正合理，三是政府职责能力和执行力是否到位，四是政府公共形象是否具有德望。

可见，执政理念取向、政策制度状态、政府执行能力、政府道德形象，四维要素相互影响、相互纠结，都和政府公信力联系在一起。市场经济发展进程中出现的利益多元、城乡分化与贫富不均等不公平现象，政府提供公共产品和公共服务时出现的执行缺位或越位，公共决策失误问题，都会影响民众对政府的信心，但行政腐败和舞弊问题会更严重地损害政府形象。

目前我国政府公信力正面临种种挑战，表现为每每"事"起，公众就会质疑政府的应对方式和诚意，官方发布信息的权威性也受到质疑，民众舆论"一边倒"，个别地区的事件还出现了管治危机，而对腐败和渎职现象的痛恨，又加重了民众对某些公共部门或资源部门的"不信"权重。

相关民调中，民众对中央政府与地方政府的信任程度有所区别。2007年中国社会科学院社会学研究所对全国28个省市居民的随机抽样调查显示，民众对中央政府信任度最高，地方政府次之。绝大多数受访者表示相信中央政府，超过70%的受访者认为一些地方政府存在着"隐瞒真实情况，报喜不报忧"、不作为和乱作为的现象。

事实上"信任危机"在我们的社会生活中也开始普遍存在，假烟酒、毒牛奶、地沟油、美容米，假证、假票、假药、假新闻，劣质水泥、钢材和工程，屡屡发生的大桥、新楼垮塌事件，还有电信科技成欺诈"帮手"，"亲们"为争利反目成仇，不一而足。人们在问：我们究竟还敢信什么？客观地说，这种社会信任危机现象，和市场经济发展过程中的市场秩序缺陷有关，和市场社会唯利是图氛围及其文化有关，和许多无良逐利者有关，当然也和政府与社会的管理机制不完善、监管不力有关，和一些管理者的腐败和无能有关。走出这种"低信任度"的社会怪圈，首当其冲是重建民众对政府的信心。

三、"开诚布公"重塑政府公信力

影响政府公信力的因素多种多样，重塑思路也应多维展开。

首先，要在打造透明清廉政府上下功夫。政务公开、权力运用透明是一切政府成就公信力的要则。总部设在德国的"透明国际"发布的清廉指数显示：中国在 2010 年全球 180 个国家中排名 78，在 2009 年排名 79。因此，我国在透明清廉政府建设中还要做很多工作。近些年，我国已从国家层面出台了政务公开以及反腐等多项举措，一些政府部门陆续向社会公开"三公"经费、预算投资等政务信息，反腐工作也在步步推进。相信随着政务信息公开制度的建设和完善，政府部门的财政机制、职责机制、防腐机制都会得到进一步推动和完善。透明清廉政府建设还意味着要为公众知情、参与和监督创造条件。在公共政策制定和实施过程中，要有更多更有效的听证、提案等公众参与机制，有更多的民众监督平台。要注重政府与民众的互动，信任、尊重群众，走"群众路线"。在一定意义上可以说，政府公信力与政府对公众的信任有关。

其次，要注重公共信息的"开诚布公"。假话不信，真话也得不到信任。相关民意调查显示，近八成公众认为，面临事件，一些相关部门首先采取隐瞒或否认态度，在与公众的信息不对称或"躲猫猫"的博弈中控制事态、推诿责任，影响了他们心目中的政府形象。目前，新兴媒体已改变了信息传播的社会状态，微博异军突起，如果政府部门遇"事"不能及时给出事态真相，人们就会寻找信息。民间自发信息不仅鱼龙混杂，各种谣言还可能引发社会混乱，政府公信力也会随之失落。问题是，政府公信力丧失带来的不仅是公众的"不信"，还有离心离德，以及敌视心态和坏事归因逻辑。因此，开诚布公是公共政策的最优选择。诚实的政府才可能是勇于负责的政府，才能获得社会信任。

再次，要加强政府公共政策和公共事务的解释力。新的制度、政策确立的理由和合法性是什么，一个和民众生活密切相关的决策或项目因何要确立，有些矛盾和困难为什么得不到解决，问题和困难在哪里，等等，都要对社会大众反复解释、宣传。某些事情公众不知道就"被实行""被改变"了，会产生被愚弄的反感甚至愤怒。我们已进入现代社会，信息时代的社会联系，民众的公共参与要求，都使民众主体性越来越成为不可忽略的要素。知情权、参与权，尤其是牵涉民众自身权益的问题，政府都有向民众解释清楚的义务。目前这一切做得还很不够。解释力和政府透明、公务诚信有关，也是大众参与要求的一种实现方式。加强政府解释力，除了加强宣传力度和提高清晰度，还要求每个公共权力代言人慎待自己的公共话语权。个别代言人解释不力或言语不当，往往往会被放大为政府意见而酿造舆论风波，损害政府形象，也损伤民众对政府的信任。

最后，要提高各级政府的责权意识和服务职能。政府作为公共权力机构，负有独特的公共责任，而且公共权力和职责之所以独特，就在于"公共权责比天大"。权力是人民赋予的，要完全用于人民。每一个政府部门，每一个公共权力执掌者、代言人，务必善待甚至敬畏手中的权力，把它化为沉甸甸的责任。唯有这样，才可能获得人民的信任。服务水平也是关系政府公信力的重要因素。要彻底改变"脸难看，门难进，事难办"的政府形象。在各国政府都在进行"政府再造"的全球大背景下，我们更应积极变革传统行政范式和观念，探索政府公共管理与服务的新范式。新的责权观念，工作的细致化、程序化，问责、监督和绩效考评制度，对诚信政府建设来说，一个都不能少。政府公信力不仅应当建立在诚信自律等道德基础上，还应建立在制度和机制的规约基础上。

第七章　以孝文化建设推动城乡发展*

　　孝感市弘扬中华孝文化的发展思路、经验、模式，对城市建设、国家社会治理、辐射带动乡村治理都很有意义。

　　孝感市把"中华孝文化名城"确定为城市发展战略目标，走出了一条契合现代城市发展的文化内涵式发展道路。从历史方位来看，孝感市具有深厚的中华孝文化历史底蕴，城市名称本身就是一个特色文化符号，所以孝感市发展应该在孝文化上做文章。从现代时代坐标来看，孝文化建设是老龄化社会的题中应有之义，是新时代矛盾转换后人们生活要求更高的时代之需。孝感市把中华孝道文化的传承和发展融入城市发展，这种关注质量的内涵式发展形式难能可贵。

　　孝感市弘扬孝文化和孝道民风，将其作为城市治理和建设的重要资源力量。孝感市对孝文化进行了多方位的传承建设，并设定"四个高地"建设目标——孝文化理论研究高地、孝老敬老产品高地、孝文化旅游高地、孝文化教育体验高地，把中华孝文化融入文化内外的相关领域，这是以孝文化为核心抓手规划孝感市城市发展。由于道德习惯会辐射延伸到其他生活、工作领域，如志愿者团队在行孝道的同时，也在培养爱心素质，培养对顾客、对社会的责任感。社区孝道畅行，会促使家庭和睦、邻里和谐，增加居民生活的幸福感。青少年在崇尚孝道的社会

---

　　* 原载《人民论坛》2018 年第 19 期。

环境中成长，会自然培养起礼敬之心、爱心、责任心。这种无形的精神资源会在潜移默化中涵养城市文化气质和精神氛围。

孝感市孝文化建设是中国特色城乡发展的一种探索。中国文化普遍围绕孝道这个基点阐发，诸如"家和万事兴""修身、齐家、治国、平天下"。与西方不同，中国人在家庭存在中寻找归宿，而维护家庭和谐主要源于孝道，这也是中国传统文化特别强调"百善孝为先"的历史根源。因此，在一定意义上，以孝文化带动城市气质和发展的"孝感模式"，是一种对中国特色城乡发展模式的探索。

第八章　家庭建设在当代中国社会治理中的重要性*

今天跟大家探讨的主题是"家庭建设在中国"。家庭在中国整体发展和整体治理中具有独特的重要性，家庭建设是当前国家、社会重点强调的建设任务之一。

可以说，家庭是普遍的存在，但是在中国社会，家庭却是不同于其他民族和国家的独特意义所在，这是由它的历史根源、历史道路决定的。也就是说，家庭在中国具有独特的社会地位是和历史根源、历史道路相关的，这也形成了中国特有的、浓厚的以家为核心的传统文化。在中国，我们经常说"家和万事兴""百善孝为先""修齐治平"等，这些既是我们历史规律和历史经验的总结，也是中国独特的历史根源和社会基础所形成的一种中国特有的文化表达。

在当下中国文明发展进程中，在社会主义核心价值观建设过程中，我们一直注重强调家庭建设的重要性。2016 年 12 月 12 日，习近平总书记在会见第一届全国文明家庭代表时强调要"注重家庭、注重家教、注重家风"。家庭非常重要，正如习近平总书记所说，"天下之本在家"。概括地讲，家是中国社会的历史起点，又是中国社会结构的原点，还是中国人的精神寄托和心灵归宿。并且，血缘文化可以说是中国传统文化的基因，在我们的传统文化中，事实上已经积淀了深厚的家庭美德文

---

* 原载 http://www.71.cn/2017/0110/929649.shtml，根据录音整理。

化。在中国人的心目中，家有时也具有根的意义。

今天，家庭建设应该是国家建设、社会发展尤其是多维社会治理体系中的重要一维。换句话说，我们今天在建设现代中国，在思路、布局、举措上绝不能忽略家庭建设这一基点。事实上，在社会生活中，很多人也会说家庭建设很重要，但实际上并没有认知、感悟到应该有的那种深度。下面我们就探讨一下怎样看待家庭建设在中国的独特重要性。

我主要从四个方面论述"家庭建设在当代中国"这一主题：第一，家庭在中国历史、传统文化和现代社会中的特有地位；第二，现代中国家庭的转型及其存在的问题；第三，深化家庭建设要注重家庭、家教、家风建设；第四，如何更好地形成家庭建设的社会支持。

一、家庭在中国历史、传统文化和现代社会中的特有地位

理解中国的问题和中国的发展，解决中国存在的社会问题，思路上必须对中国特有的家的历史、家的文化、家的元点有深度的认知。发展中国、建设中国，从某种意义上讲必须从对家的认知开始。我们经常说，思想有多远，我们就能走多远。实际上，对家庭的认知有多到位，家庭建设工作的效果才能有多到位。

家庭文化之所以在中国获得了独特的地位、独特的价值取向，这和中国所走过的独特的社会道路、历史道路是分不开的，与中国特有的血缘根基、血缘社会的土壤以及历史传统文化是分不开的。

1. 中国传统家庭模式和血缘社会根基的相关性

血缘关系是人类社会共同的历史起点，血缘氏族的彻底解体或历史性地保存，使东、西方走了不同的文明之路。也就是说，这一历史性的分界，就在于血缘氏族的彻底解体和历史性地保存。可以说，血缘关系是中国特有的以家庭为核心基础的逻辑起点。实际上，中国特有的血缘宗法社会土壤造就了中国传统的家文化。

血缘社会历史道路使中国的家庭模式及概念和功能都获得了不同于西方社会的极大的特殊性。对此，梁漱溟先生曾做过专门分析，他认为在东、西方社会结构中家庭的社会地位和作用有很大不同。简单地讲，

西方社会往往以个体为中心，家庭地位和功能相对次要，而中国传统社会往往以家庭为中心，家庭是社会生活的基本单位或细胞。费孝通在《乡土中国》中分析中、西方社会结构时说，西方社会结构是像田里柴捆一样的个体集合体，而中国社会"格局不是一捆一捆扎清楚的柴，而是好像把一块石头丢在水面上所发生的波纹的'差序格局'，这和西方的'团体格局'大不相同"。在"差序格局"中，社会由不同个体按血缘亲疏关系组成网状关系，是放大了的"家"。侯外庐先生说西方人的"country"在汉语当中叫作"国家"，就是因为家族血缘关系在国家社会关系中扮演着重要角色。

2. 家国同构格局中的"家文化"取向

在这样的历史道路、历史土壤当中，生成了家国同构的中国特有社会结构模式，也形成了家国同构格局中的"家文化"取向。因此，我们说中国文化是"家文化""血缘文化"，就是这个缘由和道理。

中国传统社会属于"家国同构"的社会历史模式。古代中国土地公有，小农经济、农业社会的生产力是比较低下的，它所依赖的社会组织形式相对说来就比较公有，落在了公社氏族组织基础上。进入奴隶制社会以后，国家的公共职能也没有完全分化、解体，所以，奴隶制社会是在没有完全解体的氏族组织的基础上产生的。在这种情况下，国家结构、组织结构和氏族组织结构就有一种天然的关联。我们说"家国情怀"，中国人历来把国放在一个放大了的家的角度和位置去理解。所以，我们无论从"国家"的词源角度来看，还是从中华民族特有的爱国情怀、家国情怀角度来看，都反映了中国古代的国家是在扩大了的家族、氏族基础上发展起来的。侯外庐先生说，"古典的古代"是由家族到私产再到国家，国家代替了家族；"亚细亚的古代"是由家族到国家，国家混合在家族里面，叫作"社稷"①。因此，家庭就在中国古代的国家政治体制中具有极大的重要性，在文化精神中也获得了极大的特殊性。

我们知道，儒家文化特别强调血缘文化，强调修齐治平，强调百善孝为先，就是从这种历史土壤中生成出来的。所以，儒家文化并不是孔子、孟子等经典人物杜撰出来的。儒家文化感悟到了当时中国社会关系

---

① 侯外庐. 中国思想通史：第1卷. 北京：人民出版社，1956：11.

的血缘宗法性质，看到了忠孝德治对于国家秩序稳定的重要性，把"齐家"与"治国"提到了同等重要的地位。所以，家庭具有非常重要的地位。

中国传统文化是把孝亲、尊祖等家庭伦理扩展至国家治理，中国古人认为如同以孝道伦理维护宗族一样，应以忠孝伦理维持国家。在儒家文化的话语体系中，孝道是维系整个社会秩序的支柱，这也是孝道如此重要的原因所在。孝道强调的是天然血亲之爱当中亲亲、尊尊、长长的内容，这些内容既是家庭伦理，又是国家治理的一些思路。也就是说，儒家特别强调治理国家一定要遵循亲亲、尊尊、长长的忠孝之道，这是传统文化特别强调孝道的一个缘由。因为儒家文化感悟到了当时中国社会关系的血缘宗法性质，把家庭和谐当作社会、国家和谐的一个基础，所以才把亲情仁爱的孝道文化、家文化放在了核心地位。

正是家庭在中国社会中有着独特的政治和文化地位，使"家"对于中国人而言有了极特殊的含义。我们可以说，没有哪个民族的"家文化"能够像在中国文化中这样凸显和丰富，没有哪个国家的人对家的依恋的普遍性能够像中国人这样强烈。在中国家文化观念中，"家"在人生中具有"根"的意义。"家"就是那个我们生于斯、长于斯的地方，是可以永远依赖和寄托我们身心的居所。对于大多数中国人来讲，人生道路上如果没有一个"家"，在精神上就会永远有一种"居无定所"的心理感觉。

3. 中国传统家庭模式及传统家文化的现代价值

在中国家国同构的传统社会，社会治理与社会和谐是建立在家庭和谐基础之上的。那么，这种历史、这种文化模式在今天具有什么意义呢？

历史是不能割断的。在现代化发展中，我们的社会发展、社会建设、文化建设也必须在历史传承中发展。传统不意味着是静态的过去，它是一个流向，历史和文化传统不仅起始于过去，而且融合于当下，并且预示着未来。所以，以血缘为根基的中国历史造就了家国同构的历史模式和传统文化。当然，随着历史变迁，它的组织结构、社会结构都会发生很大变化，但作为一种注重血缘亲情和家庭和谐的历史传统，在今天中国特色社会主义和谐社会建构中，仍然有着独特而强大的文化影响。

习近平总书记指出，要推进国家治理体系和治理能力现代化。治理体系和治理能力现代化强调的是多维治理，所以我们的制度治理、法治治理、文化治理都非常重要。同时，我们还要强调道德治理。所有这些治理都贯穿着家庭治理功能的问题，因此，对于家庭在社会治理中的独特作用，我们应该更多地挖掘。

实际上，家庭在社会和谐与社会治理中的功能是非常大的。家是一个人的身心归属所在。人是一种社会性动物，人要有归属感，包括情感的归属、身份的归属等。当今社会存在很多问题，比如，人们会有安全、生存等方面的焦虑，也可能会有无意义感、孤独感等方面的焦虑，同时还有身份焦虑。什么是身份焦虑？就是"我是谁""我在哪里"等，实际上也是归属性的问题。因为在从传统走向现代的历史进程中，尤其是在市场经济的大潮中，很多人会离家外出，在异地工作、学习、生活。在传统社会，家庭把大家牢牢地凝聚在一起，而在市场经济的大潮中，就存在着个体化、自由化也是身份"碎片化"的现象。但即使在不同的地方工作，如果我们有一个家，我们的心灵就会有归宿。所以，"家"对于中国社会和中国人来讲，就是一个基本的元点，是一个生存的元点。除此之外，家还是教育元点、秩序元点、独特的社会保障元点，当在人生旅途中遭遇失利和风险时，只要有家在，家就会成为人们最好的避风救险的港湾。

同时，家还承担着很多和谐社会的功能。一个人的家庭和谐，他的身心也会比较和谐，他在单位、在社会公共生活领域也会相对和谐。如果千千万万个家庭都和谐了，大家的身心都平和了，就会给和谐社会带来很多利好力量。

另外，家还在解决养老问题上具有独特功能。中国传统的大家庭模式及其文化，使老年人生活在亲子家庭中，这对养老问题无论在物质生活还是在亲情关爱方面都有积极的社会意义。西方社会学家在谈到赡养老人问题时指出，西方社会老年人的处境每况愈下的一个主要因素就是个体化家庭的扩大，这样老年人就可能生活在孤独中。因此，西方有一些专家开始把目光投向中国，吸取中国这种社会和家庭双向赡养的模式，用这种模式作为解决西方养老问题的一个有价值的参照，也就是向中国借鉴社会和家庭双向养老的模式。

我们今天要建立和谐社会，实际上和家庭的和谐、家庭的建设是息息相关的。中国建立和谐社会，不能简单地像某些西方国家那样主要依托于契约法治的力量。契约法治对于社会来说非常重要，它是一种刚性的力量，我们必须要有这样的刚性的东西。但是，对于一个社会来说，除了要有好的制度、好的刚性规导之外，还要有什么呢？还要有家文化。尤其对于中国社会来讲，家文化更为重要。我们经常说"家和万事兴"，家庭和谐不仅在传统社会而且在今天也是构建中国特色社会主义和谐社会的重要基点和资源。

家庭为本的生活方式及家文化，在血亲情感取向基础上，会培养出辐射到社会人际"波纹"中的仁爱情感文化，在培育起家庭责任取向的同时，也培育了中国人和中国文化中对他人、国家、民族、社会的责任感。一个对家庭有责任感的人，通常对单位及国家、民族、社会也会有责任感；而一个对家庭都没有责任感的人，对单位及国家、民族、社会更不会有强烈的责任感。应该说，注重家文化、重视家庭地位已成为凝聚中华民族的重要文化元素。

在今天的社会生活中，我们也能感觉到"一方有难，八方支援"的温暖。在我们的社会发展理念中，我们说先富起来的人具有带动其他人共同富裕的责任。实际上，我们的国家和人民现在就实践着这些理念，这和我们执政党的理念有关，也和中国特有的家文化取向息息相关。

当然，时代在变化，传统的家文化也要接受现代社会的选择。中国社会发展到今天，传统家庭模式中严格的"差序代际"关系已经开始向平等化发展，传统家庭的功能也在重新组合或者变化，但是中国家文化中那些表达中国人的情感、亲情等因素却都积淀下来，这在今天具有非常重要的意义。

这是我讲的第一个大问题，主要是和大家探讨了家庭在中国历史道路、在中国传统文化中的重要地位，以及家庭在当今具有的现实意义。

二、现代中国家庭的转型及其存在的问题

现代中国家庭有哪些转型呢？整体来讲，很多年来我们一直对家庭建设十分重视，包括从国家顶层的制度设计到各部门的要求，再到党政群的联动配合，社会积极地、广泛地参与，等等。比如，在文明家庭的

创建，以及在和谐家庭、最美家庭的建设等方面都做了很多工作，也取得了很大成就。近些年，通过对家庭建设、家庭文化的强调，大家越来越重视家庭问题。

但是，我仍要和大家强调的是什么呢？就是我们对家庭问题的重视程度还没有达到应有的地步。成绩是有的，但是我们也要看到在家庭方面出现的一些问题。随着时代的发展，传统家庭模式一定要发生转型和变化，这是一个必然的过程，其中有很多也是伴随着进步的过程来转变的。

从历史进程来讲，经济在发生变化，在转轨，社会就要转型，就要导致家庭结构、家庭关系、家庭功能发生变化。中国现在正处于社会转型期，是由农业经济向工业、商业经济转变，由计划经济向市场经济发展的转型期。我国经济体制的很多方面都在改革，给社会生产、社会生活带来了巨大的推动和巨大的改变。伴随着一系列改变，人们的生活方式从传统的相对封闭转变为现在的相对开放，从传统的定居稳定转变为现在的不断迁移，尤其是在市场经济发展过程中，快速推进的城镇化进程使人口流动加快。在这样一个大潮中，家庭类型、家庭关系、家庭功能的变化是在所难免的。家庭关系结构发生变化，家庭文化肯定也要发生变化，新的家庭观念和传统的家庭观念新旧交替，有时也会发生冲突，并会带来一些问题。

关于家庭关系的转型，是从传统型走向现代型。家庭关系的转型是从传统走向现代（当然它还带有一些传统的基因），表现在以下三个方面。一是传统的大家族向现代的小家庭、核心家庭转变。核心家庭主要指由父母和子女组成的二代式小家庭。当然三代同堂、四代同堂的也有，但相对来说比重在下降。二是从传统家庭中伦序人际的权威逐渐转向家庭的平权、平等。父母和子女之间、丈夫和妻子之间是长幼平等、男女平等的。三是家庭功能的转变、转型，从传统的传宗接代向追求爱情、家庭幸福、价值实现转变。

同时，传统家庭的一些生产功能、经济功能相对来说也收缩了。在这个过程中，家庭结构、家庭关系、家庭功能都发生了变化，但是家庭文化观念的变化却不是同步的。从传统家庭观来讲，年轻人家庭观念的变化可能比较大，对传统家文化也相对淡薄，但老一辈的人可能还比较多地停留在传统家庭观念中。因此，代际矛盾实际上就和新一代、老一代之间的家文化的冲突有关。

比方说，现代家庭变小了，那么它和传统家庭相比产生一个比较多的现象是什么？离婚率上升。离婚率上升会带来很多家庭问题，一是单亲家庭、独居家庭会增加，二是老人的赡养问题、未成年人的教育问题会增多。也就是说，家庭的变异不仅会直接影响、破坏家庭生活的和谐和幸福，而且会直接伤害几代人的情感和心灵，尤其会对孩子的心灵造成伤害。所以，现在未成年人犯罪问题是一个突出的社会问题，家庭子女教育问题也是一个重要的社会问题，这些问题差不多成了全社会共同关注的话题。除了孩子的问题之外，老人的问题也变得越来越突出，空巢老人、孤寡老人也和离婚率上升有关。

除此之外，亲睦家风、家庭美德也不再像过去那样被重视，有些家庭甚至为了家庭财产纠纷频发，也就是在利益面前，亲情不见了。一个家庭如果没有亲情，就会直接对家庭生活有影响，同时也会间接对人的身心、对社会风气有很大影响。所以，家庭传统美德的淡出，会给家庭建设，甚至给社会建设带来很多问题。

家庭建设从工作层面讲，也还存在一些问题。虽然前面强调了我们全国上下在家庭建设方面一直在做工作，但是我认为我们在这方面做得还是不够到位，家庭建设工作往往还存在着被忽略等问题。同时，家庭建设方面的机制建设也存在很多问题，在总体工作布局中可能还是参差不齐的。有些工作从国家顶层开始层层强调之后，一些地方、层级、领域可能依然存在重视不够的问题，在工作布局中缺乏一些必要的具体举措的跟进。

家庭建设对于中国社会建设、中国社会治理和中国和谐社会发展非常重要，但是在转型期，家庭的转型也出现了很多问题，比如孩子的问题、老人的问题、家庭功能越来越少的问题等，对家风、家教的淡化带出来很多问题，我们应该怎么办？我将在第三部分进行具体论述。

三、深化家庭建设要注重家庭、家教、家风建设

家庭建设要注重家庭、注重家教、注重家风，具体要怎么做呢？当然，这是一个系统工程，全国上下，从理念到实践，要全面展开。

1. 从提高对家庭建设的认知自觉入手

我认为，很多问题的产生就是因为我们对家庭的重要性、独特性认识不够，因此我前面用很长时间讲了家庭对于中国、中国社会来讲所具有的独特地位，讲了家庭的重要性。我们的历史道路、社会土壤决定了家国同构，决定了以家为核心的传统文化模式。我们不能割断历史，所以今天还要回到元点，重新审视、认知家庭对于中国来讲的重要性。当然，我们不能只是简单地说家庭重要，而是要重视家庭建设。可以说，家庭建设抓得好不好，和我们对家庭的认知自觉程度是息息相关的，所以首先要抓认识，要充分地挖掘、解读、认识家庭在中国的特殊意义。要在中西比较的视域中审视中国特有的家国同构、家文化，审视其独特性。我认为现在的问题就是普遍的认知不足，或者说认知的深度不够。这是第一点，要抓住家庭重要性的认知自觉。

2. 弘扬传统家文化，抓家庭美德的返魅

返魅是相对于祛魅而言的。多年来，在现代化进程中或者在各种各样的历史阶段，我们对家庭、家文化、孝道文化自觉不自觉地做了一些祛魅的工作，或者说至少是淡化工作。传统的家庭结构在家庭转型期被解构，很多家文化、美德、价值取向都被祛魅了。所以，我认为现在要返魅，要重新认识中国家文化、传统家庭美德等一些传统资源。

要想真正做好家庭建设，就一定要在提高认识的基础上抓家庭文化。要把我们祖辈留下来的、积淀下来的深厚家庭美德文化发扬光大。当然，这种弘扬是创新基础上的弘扬，是创新性的传承。

3. 在注重家庭的基础上，注重家教，创新现代的家庭教育理念

实际上，当下家庭教育的功能已经被淡化或者社会化。虽然很多时候我们也强调要注重家庭、学校、社会三位一体，要注重家庭教育，但是实际上，现在很多家的教育功能却被淡化或者单一化了，很多家庭教育只是集中在智力教育方面，"成人"教育在很多家庭已经看不到了。当然，坚持家庭、学校、社会教育并重的思路没有错，我们强调三位一体的格局是对的。但我想强调的是，在这个格局中，很多主导者在强调布局时，实际上是把家庭教育当作学校教育的配角。我认为，在三位一

体中家庭、学校、社会应该都是主角，尤其在某些问题、某些领域上，家庭可能还扮演着更加重要的角色。

习近平总书记强调"家庭是社会的基本细胞，是人生的第一所学校"①，他还指出"家庭是人生的第一个课堂，父母是孩子的第一任老师"②。可以说，人们的智商和情商有一部分就是在儿童时期培养、挖掘出来的，包括儿童的社会化过程、成人过程等最初的关键阶段也都是在家庭当中完成的。现在，家庭教育中有一种理论，强调家庭教育的早教阶段，就是说0～3岁儿童发育成长阶段是孩子成人当中的黄金期、关键期。简单地说，0～3岁儿童的脑细胞处在一个非常重要的发育期，脑细胞、脑神经有很多神经突触，这些神经突触受到一定的刺激后会开发得很好，神经突触开发得越多，脑部发育就越完整，而0～3岁阶段也是大脑神经突触密集发展的阶段，因此专家说0～3岁是发育的黄金期、关键期。为什么说这一阶段是黄金期呢？因为如果过了这个发育期再去开发，当然也会有所发展，但会事倍功半。中国有句古话叫"三岁看老"，虽然这是一个经验之谈，但表达的实际上跟当下专家所强调的这种专业理论是一样的，都是强调早教时期的重要。再有，我们今天强调的情商，它的发育期也是在0～3岁。我还看到一些相关理论说，3～8岁是一个次重要发育期，8岁以后到成人是一个次次重要发育期。可以说，一个人不仅在儿童时期，实际上其整个成人过程都和家庭有着重要的关系，所以家庭教育至关重要。

注重家教，在教育内容和导向上要全面实施，也就是说要采取德智双轨教育。现在有些家庭很注意教育，不让孩子输在起跑线上，但往往是单一性的教育，重智轻德，对"成人"教育是很不到位的，所以要改变这种重智轻德的单面教育方式，因为只有智商而缺少情商，不能算成人，这样的孩子长大以后，心智发育是不完整的，情商会成为他在竞争中、在合作中的素质木桶短板。我们知道，一个木桶的容量不是取决于它的长板，而是取决于它的短板，人的成长也是这个道理，情商不到位，智商再高也要受制于情商这个短板。所以，对孩子的教育一定是成才和成人同步，把孩子培养成德智体美劳全方位发展的、智商和情商双

---

① 中共中央文献研究室. 习近平关于社会主义建设论述摘编. 北京：中央文献出版社，2017：126.

② 习近平. 习近平谈治国理政：第2卷. 北京：外文出版社，2017：354.

高的人。

再有，一个人的德性精神素质也很重要。这里我想起一句话，"三代培养出一个贵族"。当然，从这句话里我们可以解读出很多内容，但是今天我想重点强调的是西方人为什么说三代才能培养一个贵族。它强调的是贵族精神。贵族精神是什么？贵族精神的第一个特点就是勇敢，保护弱小。西方贵族精神也讲骑士精神，骑士精神就是对妇女、老人、弱者的一种责任。贵族精神的第二个特点就是要有对国家、社会的责任感和担当。当然，贵族精神还有自尊，尼采说贵族最重要的精神是自尊，他强调的是什么？精神的自尊。所以，不管对弱小的责任，还是对国家和社会的担当，或是超越生命物欲的精神追求，都是贵族精神的重要因素。

也就是说，不光中国社会注重对德性的培养，西方社会也是一样的。西方社会把它叫贵族精神，真正的贵族必须要有德性素质、责任担当、尊严。对于中国来讲，家庭就是社会细胞元点。这样一个国家是从历史深处走过来的。在带有浓厚家国同构组织印记和家文化基因的社会，我们更应强调、重视家庭教育对德性素质、精神素质的培养。富贵不是贵，真正的贵是德性素质的贵，这在东、西方是同一的，所以家教非常重要。心智不光是智商，还包括情商，单有智商的人不能被称为心智高。因此，要把德性教育、涵养教育、知礼仪教育、文明教育等方面的短板补起来，使家教全方位地落地，要全面、双轨教育。

4. 注重家风建设

家风对人的成长和生活影响很大。家风是一个家庭的成员在长期的共同生活中，或者是一个家族在长期的生活中，逐步形成、积淀下来的大家共同遵守的一些生活方式、生活习惯、价值取向等。传统的家风在中国话语系统中强调道德人格的涵养，用西方的话语系统来说就是培养人的贵族精神。家风在涵养这方面很重要，一个没教养的人，等于说在人格品性方面就有一个大的缺陷，而且对于一个家庭来说，是不是幸福、和谐，甚至说是不是有好的运气，都和家风息息相关。习近平总书记在会见第一届全国文明家庭代表时的讲话中引用了一句话："积善之家，必有余庆；积不善之家，必有余殃"（《周易》）。民间还有一句话叫"传儿金银，不如教儿做人"，说的就是给孩子金银财宝，不如留下好的家风，好的家风、家训这种精神财富更加重要，这强调的也是家风的重要性。

家训可以说是家风的一个承载、一种表达，是家庭的核心价值观。除了家训之外，家文化中还有家规，家规是家庭里一些不成文的基本法。恪守好的家训、家规会形成好的家风，如果家训、家规不好，那么就另当别论了。所以，家训、家规、家风应该是一个家族中最宝贵的财产。

说到家风，党员领导干部这一群体尤其要把家庭建设摆在最重要的位置，要带头廉洁修身、廉洁齐家，在自律的同时也要带动家庭所有成员廉洁自律、洁身自好。实际上我们现在回过头来看，很多领导干部犯错误，问题都出在家风不正上，出在 8 小时之外的家庭生活中，害人、害己、害国家。所以，党员领导干部这个群体要为人民群众、社会大众做出好的表率，应该把家风问题摆在更加重要的位置。

家风重要，就要做家风的传承、创新工作。传承要挖掘，中国家文化中有非常丰富的、厚实的和家风建设相关的资源，好的家风是逐渐积淀形成的，是难得的宝贵财富。古人讲，"千金之裘，非一狐之腋也；台榭之榱，非一木之枝也；三代之际，非一士之智也"（《史记》）。所以，家风的积累很难得，它并不是一两个人就能积累下来的，而是要经过很多代的传承。对于家风，我们要挖掘、传承，还要创新。

四、如何更好地形成家庭建设的社会支持

1. 把家庭文明建设摆上议事日程

2016 年 12 月 12 日，习近平总书记在会见第一届全国文明家庭代表时指出，"各级党委和政府要充分认识家庭文明建设的重要性，负起领导责任，切实把家庭文明建设摆上议事日程。工会、共青团、妇联等群众团体要结合自身特点，积极组织开展家庭文明建设活动"[1]。习近平总书记强调要"摆上议事日程"，指的就是我们的工作议事日程，我

---

[1]　习近平. 习近平谈治国理政：第 2 卷. 北京：外文出版社，2017：356.

认为这是有针对性的。实际上在很多工作中，我们重视经济工作，重视其他的难点、重点，但是有时家庭建设却往往容易被忽略。因此，习近平总书记在这次讲话中强调"各级党委和政府要充分认识家庭文明建设的重要性"，这也是我们前面所讲的做家庭建设要从认知开始。如果认识不到家庭建设工作的重要性，就会觉得家庭建设这项工作可有可无，就会把它当作一家一户的事情，这个思路要改变。实际上家庭建设并不是一家一户的事情，尤其是家庭、家教、家风建设，它是全社会的事情，甚至是国家和政府都要重视的事情。

我们要看一看，在我们的工作布局、举措当中，有没有给家庭工作列一席之地，是不是把家庭工作更多地推给了一些职能部门，各级政府中的所有部门有没有从自己的部门、自己的层级对家庭工作重新做一下审视和布局。我认为在新的社会建设和社会治理过程中，要从思路上转变一下。从实际调研中看，但凡哪个城市、村镇、社区或者哪个行业、领域重视家庭建设，把家庭建设当作重中之重来抓、来管，这个城市、村镇、社区或者这个行业、领域的工作就会做得很好，至少在做其他工作时是事半功倍的。相反，如果哪个城市、村镇、社区或者哪个行业、领域不重视家庭建设，那么其工作就可能事倍功半，或者出现一些问题。

因此，家庭文明建设一定要向习近平总书记说的，要"摆上议事日程"，我们要想一想在我们的日常工作布局中、思路中、举措中，给家庭做了什么样的布局，一定要审视一下自己的工作，这是我要强调的第一点。

2. 家庭建设并不是一家一户的事，而是全社会的事

在社会支持系统中，不要把家庭建设当作一家一户的事，也不要把它当作一些政府职能部门的事情，因为家庭建设是全社会的事情，它是一个大的社会支持系统。在这个基础上我还想强调一点，就是各个方面在做家庭建设工作时，尤其是政府在做这个工作时，要特别注意结合各个家庭，结合百姓所急所需，深入家庭底层解决家庭困难。当然，像"寻找最美家庭""最文明家庭"这些正向的工作还要做，但是在做这些工作的同时，我们也要寻找最困难的家庭，给予其必要的帮扶。解决困难家庭的工作应该成为各级政府常态工作思路中的一个，要想群众所

想，急群众所急，切实解决好群众身边的难事。解困不仅是走社会主义共同富裕道路工作的一部分，而且是核心价值观传统美德宣传教育的一部分，而切实的家庭帮扶就是核心价值观和社会主义执政理念最好的诠释与宣讲。我认为各级相关部门、基层部门对困难家庭应该有这样一个理念、思路，不能漏掉一个家庭，尤其是对那些有老人、弱者、病人的家庭，要尽量给予社会支持。

3. 社会媒体也应被纳入家庭建设系统

社会媒体也应被纳入家庭建设系统，充分发挥媒体的公共话语平台作用，为家庭、家教、家风建设搭一个好的平台，从媒体的角度给家庭、家教、家风建设一份支持。现在各个媒体在传播、引导、教育等方面，对家庭建设、家文化做了很多工作，但是我觉得还可以再加大一些力度。

上面我从四个逻辑环节对"家庭建设在中国"这一主题做了一些论述。我们现在应该认识到传统社会向现代社会转型的一个基本特点就是社会的解构和建构。在解构和建构过程中，家庭关系、组织关系、人际关系、社会结构等都在发生大的变化，在这个大背景下，出现了很多新的家庭问题。通过上面四个问题的说明，我们应该认知到"家"作为中国人永远的修身养性的地方，作为中国人的精神归宿、心灵港湾，意义太重大了。历史是割不断的，中国特色的历史道路所孕育的家国同构的模式和家文化，本身就蕴含着非常丰富、宝贵的财富，它不光对中国人来说很宝贵，对人类来说也很宝贵，我们要把它充分地传承下来，发扬光大，当然也要创新。所以，传统社会的"家和万事兴""修齐治平"的智慧，既是一种历史经验，也是中国特色社会主义现代化、现代文明建设的规律性的认知和规律性的总结，是中国特有的"亚细亚的古代"历史发展道路在当代的延展，以及在延展中提出的一些要求。习近平总书记指出："不论时代发生多大变化，不论生活格局发生多大变化，我们都要重视家庭建设，注重家庭、注重家教、注重家风"[①]。

对于中国特色现代文明进程来讲，家庭具有非常大的意义，我们一定要认识到这一点。没有家庭和谐，就很难谈社会和谐；没有家庭文

---

① 中共中央文献研究室. 习近平关于社会主义文化建设摘编. 北京：中央文献出版社，2017：126.

明，就很难有社会文明；没有家庭的幸福，就很难有中国人的幸福。如果每个家庭什么梦想都没有，那又怎么谈中国人的中国梦？习近平总书记指出，"我们要认识到，千家万户都好，国家才能好，民族才能好"，"同时，我们还要认识到，国家好，民族好，家庭才能好"①。所以，家庭建设确确实实是关乎社会和谐、国家治理、社会治理、百姓幸福的大事，它不是一家的私事，而是和国家富强发展、和民族繁荣兴盛息息相关的大事，是具有核心意义、基础意义的大事。我认为全国上下，从理论到实践，都应该充分地、进一步地认知、审视社会，审视家庭在国家和社会发展中的重要地位。从认知深度、工作布局、社会氛围、社会保障支持机制建设等方面全方位地展开思考，展开工作和实践，在新时期切实推动家庭、家教、家风建设全面有效地展开。

---

① 习近平. 习近平谈治国理政：第 2 卷. 北京：外文出版社，2017：354.

第九章　论权力制衡与行政监督[*]

行政监督机制是国家依法对行政权的运行实施督导和控制的一种机制。行政监督是行政管理的基本职能之一，是使国家机器正常运转的一种重要机制，也是实现行政管理法制化、高效化的一个重要保障。随着社会主义民主与法制建设的深入发展，我国已经建立起一套行政监督体系，但这绝不意味着行政监督机制建设的任务已经完成。适应改革开放和社会主义市场经济体制确立的进一步要求，加强、完善行政监督机制仍然是行政体制改革乃至政治体制改革的重要内容之一。

一、行政监督体现着权力制约

一个社会要想维持良好的秩序，一个国家要想有结构合理、运转协调、灵活高效的政府管理体系，就必须凭借具有强制性力量的行政权力的运用。各级国家行政机关行使管理国家事务的各种权力，这些权力机关以及执行权力的人，能否正确高效地使用公共权力，直接关系到社会的管理、运行、效率和秩序，关系到每一个公民、法人和相关组织的合理合法的权益。要使各种权力正确使用、高效使用，仅仅依赖行使权力的机构的自主运行，或行使权力的主体的职业自律，是远远不够也是不可能的，

---

* 原载《天津行政学院学报》2003 年第 2 期。

因此必须对各级行政部门及其行使权力的公职人员依法实施行政监督。监督应该是一种伴随着权力而存在的普遍现象，有权力存在的地方，就会有也应该有对权力的监督，行政监督的本质就是对公共权力进行制约、控制。

行政监督应该包括廉政监督和勤政监督两大功能。

国家行政机关的权力是人民赋予的，所以，人民的国家和政府要对这种权力的运行建立严格的制约机制，防止公共权力的滥用和腐败现象的发生。如果权力的滥用和腐败得不到有效惩治，国家和政府就会失去人民群众的信任与支持。

腐败是指行政机关和公职人员利用权力谋取私利的变质行为。西方行政学研究者将权力欲视为人类无限欲望系列中居首位的欲望。在社会现实生活中，我们不能把廉政完全寄托在行使权力的行政公职人员的自律素质上，公职人员的素质和严格有效的行政监督机制结合起来，廉政建设才成为可能。社会腐败的最根本的根源就在于行政监督体制不健全，监督乏力，使腐败分子有机可乘。如果制约不力，握有权力的人就会以权谋私。不仅如此，在某种意义上，权力组织在缺乏相关制约的条件下，也会形成相应的内部权力集团，并在实施权力的过程中追求自身利益的最大化。许多部门组织利用公职权力参与走私，或以行政的名义乱摊派、乱收费、乱处罚等，还有许多机构把本职服务工作变为有偿服务，扭曲了政府的管理行为和形象，给社会带来许多混乱。政治学界有一句名言："权力产生腐败，绝对的权力产生绝对的腐败。"这是对缺乏权力制约的权力特性的一种表述。政治学家常常认为，行政权的行使具有强制他人服从的特性，这种强制力能够使任何活动和行为获得合理性乃至合法性，如果它在被使用的过程中没有受到相应的制约，就极易对行使权力的主体产生腐蚀作用，为主体滥用权力、以权谋私提供实现的可能性。对此，孟德斯鸠曾说："一切有权力的人都容易滥用权力，这是万古不易的一条经验，有权力的人们使用权力一直到遇到有界限的地方才休止"[①]。所以，行政权的行使能否得到其他国家权力的制约和控制，就成为能否制约行政权运行失范的关键。

除了防止腐败，行政监督还是促进行政公职人员勤政奉公、克服官僚主义作风的有力保障。这包括监督机关和公众依法对监督对象实现行

①　孟德斯鸠. 论法的精神：上册. 北京：商务印书馆，1961：154.

政管理目标的情况以及效率、效益的综合性监督。在许多特定的行政活动中，尽管投入了相当的人力、物力、财力，却很可能没有达到预期效果，这里有一个行政效率问题。或者，在某一行政活动中，行政权运行偏离了预定目标，也许不存在效率问题，但有一个负面效果的问题。也就是说，在偏离行政目标的情况下，效率越高，负面效果反而越大。这两种情况都会造成行政工作的失效。

行政工作的正确性和高效性，依赖于行政监督中的合法监督和责任监督。也就是说，要监督行政决策的合法性、科学性，避免目标失效的负面效果。要通过勤政责任监督，使行政公职人员各负其责、勤政奉公，避免玩忽职守或滥用权力造成的损害。

制约权力，实行廉政勤政监督的重要性，早在古希腊时代就被人们认识到了，早期政治家在那时就提出要实行分权制度以对权力进行制约。在此基础上，西方近代启蒙学者和民主政治家对监督国家公共权力做出了更多的理论探索。洛克、卢梭用社会契约论对国家权力及其监督进行了论证，孟德斯鸠提出了三权分立与制衡的设想，柯克（Coke）等人提出了依法行政的主张，这些都为西方国家的民主政治建设特别是行政监督提供了理论基础。

总之，由于各种原因，行政权力运行并不总是处于理想状态，行政腐败现象和行政效率失效现象非常可能发生。所以，国家和社会不能使行政活动处于一种自然状态，应当建立起完善的权力制约监督机制，对国家行政权的运行进行全面管理，预防并控制行政权运行中失范和失效现象发生，同时通过纠错和补救以及督促，使行政工作活动中的负面效应降到最低限度。没有权力制约监督机制，行政活动正常高效运行、行政权合理运用就得不到保证。正是针对这一问题，邓小平曾经指出："克服特权现象，要解决思想问题，也要解决制度问题"①。

二、我国现行行政监督体系存在的问题

我国行政监督体系，可以说正处在一个制度化、机制化发展的过程

---

① 邓小平文选：第 2 卷. 2 版. 北京：人民出版社，1994：332.

中。现行行政监督体系在促进我国行政机构依法办事、提高社会管理效能、提高公职人员素质等方面发挥了不可或缺的作用。但同时我们也必须清醒地看到，我国行政监督体系发展较晚，许多方面与国家的发展速度还不完全适应，许多环节还有待于进一步探索和完善。

第一，行政法规还不够健全和完善。监督主体执行监督职能，必须以客观事实为依据，必须以有关法律法规为准绳，目前我国关于《行政诉讼法》、《行政监察法》、《行政处罚法》、《行政复议法》和《国家赔偿法》的制定与贯彻，在规范行政机构和国家公职人员的行为，保障人民合法权益，促进政府管理等方面已经发挥了重要作用。

但有些领域还没有相应的法规。有些法规还缺乏必要的实施细则，比如，下级监督机关在查处有些重要问题时，按规范程序要报请主管机关批准，但多长时间必须批复，却没有时间上的规定，等等。

立法滞后给行政监督带来了不利影响，造成了监督机关无法可依、监督缺乏标准和依据的状态。这大大影响着监督工作的实施和落实。应该尽快制定《国家公职人员监督法》《公职人员个人财产申报法》等法律和规范性文件，使各类行政监督都有明确具体的主体权限以及法律依据、程序、手段。

第二，监督形式与内容单一化，缺乏有效的全面监督和全程监督。现行行政监督比较偏重于纠错追惩性的事后监督，而忽略了监督的预防和调控功能。对于一个完整的监督体系而言，监督的各种功能必须同时发挥作用。而且，在一定意义上，监督的预防和调控功能应当比它的纠错追惩性功能更为重要。就监督内容而言，比较偏重于对违规的腐败行为、现象的制约，而往往忽视对非最优行为的制约和非最优效率的制约。许多公职人员形成了不求有功但求无过的职业心态和行为习惯，给国家的行政管理和社会发展造成了巨大的隐性损害。虽然就某个公职人员行为的影响力而言，非最优行为的消极影响显然不及违规行为，但非最优行为一旦成为普遍现象，就会给国家和人民带来巨大的损害。事实上，非最优行为现象也具有失职渎职的性质。行政机构改革的宗旨就是提高行政效率。如果没有有效的行政监督机制，要改善政府职能、提高行政效率，就是不可能的。

第三，行政监督部门自身建设还有待进一步健全。目前行政监督部门在自身建设方面尚缺乏一种能够保证行政机构运行之有序性、有效性的体制。这主要表现在监督权能还不够到位。比如，监察部门作为专门机构，在知情权、立案权、调查权和处分权等环节，时常会受到多方制约，与所承担的任务很不相称。从世界各国已有的监察机构及其发展趋势来看，监察机构的特点是享有广泛的授权并具有独立性，它只向最高权力机关和立法机关负责，接受它们的领导，而不从属于任何政府部门，其编制也不纳入公职人员系列①。现代行政法治的核心之义就是，使行政权受其他国家权力的制约，最终受人民权力的制约。任何外在于行政主体的组织和公民，都可以独立监督主体的身份对行政主体进行监督，这是民主政治的基本特征。美国联邦党人麦迪逊（James Madison）指出："立法、行政和司法权置于同一人手中，不论是一个人、少数人或许多人，不论是世袭的、自己任命的或选举的，均可公正地断定是虐政"②。然而，对于我国现状而言，行政监督机构所处的地位、职责与所需要的权限还不够相称。从整个行政管理系统来看，政府内部的监督机构还无法显示其应有的独立力量和权威力量。这也是我国行政权滥用现象有禁不止的原因之一。另外，行政监督的思想认识不到位，有关行政人员和行政领导监督意识淡薄，疏于监督等也是原因之一。

第四，行政监督体系整体功能还不够强，缺乏一种监督合力。在行政监督中，往往是监督形式多种多样，如行政监察、审计、财政、计划、物价、计量、商检、海关、工商、税务、环保、卫生防疫、技术监督等部门的监督，它们之间具有密切关系，只有相互配合，才能充分发挥整体功能。但在监督实践中，由于各监督部门权限不清，多元监督，形不成合力，有时候多个监督部门在对同一起违纪案件的监督检查中，许多工作程序完全重复。行政监督的多元与分散，直接导致监督机制缺乏统一的指挥和运作。行政监督应有的综合性、整体性优势很难发挥出来，使行政监督在相当程度上流于形式，大大削减了监督的整体效能，导致了监督机制的弱化现象。

三、完善行政监督体系的基本途径

对于上述行政监督中的许多现存问题，应该从理论和实践两个层面

---

① 刘长江. 论建立预防性的监督机制. 理论文萃，1999（3）.
② 汉密尔顿，杰伊，麦迪逊. 联邦党人文集. 北京：商务印书馆，1989：246.

积极加以改革与完善。

第一，加强行政监督法制化。这是我国现代化过程中行政监督机制建设的重要选择。应该尽快制定《党政领导干部监督工作条例》《新闻法》《国家公职人员监督法》《反腐败法》《公职人员个人财产申报法》《案件举报人奖励法》等法规，使各类行政监督具有明确具体的、可操作的主体权限，以及法律依据、程序和手段。邓小平曾说："在整个改革开放过程中都要反对腐败。对干部和共产党员来说，廉政建设要作为大事来抓。还是要靠法制，搞法制靠得住些"①。所以，要严格执行宪法和法律，加强执法监督，坚决消除以言代法、以罚代刑等现象，保障人民法院和检察院依法独立进行审判与检察。

第二，加强监督机关的独立地位和权能。以权力制约权力，就必须要求监督机构具有对于被监督机构的相对独立的地位。具体而言，在监督体制建设方面，除了继续实行行政内部监督之外，应该重点加强外部监督力量。外部监督较之于内部监督，受行政干预较少，客观上比较有利于公正地进行监督。即使行政系统内部的监督机构，也应该确立各行政监察部门平行于各级政府的权限地位，让其相对独立，并使其有权弹劾各级不合格公职人员，实行从中央到地方的直线领导体制。这样，在监督工作中才可能没有掣肘之不利，从而真正发挥其监督制约作用。

第三，完善、发挥行政监督的功能。我国的行政监督应当发挥廉政监督和勤政监督的双重功能，当然，现代化建设初期可以把重点放在廉政监督上。

第四，建立完善公民监督机制。要提高人们的法制观念和对公共权力的监督意识。同时，要建立完善我国依法对行政监督的保护、奖励制度，充分调动公众对行政监督的积极性。民众的监督是一种广泛的监督，其作用不可估量。行政监督如果失去了民众基础，其功能将受到极大限制。要重视群众来信来访和举报工作，同时还要加强对公众监督箱、监督电话的管理。要建立健全保护举报人和严惩打击报复行为的规章制度，严格保护举报人和申诉人的合法权益。

第五，充分发挥舆论监督作用。以强大的舆论压力促使人们廉洁自律，促使政府及其公职人员依法行政、廉政勤政。社会舆论监督在整个

---

① 邓小平文选：第3卷. 北京：人民出版社，1993：379.

监督体系中具有不可替代的作用。社会舆论具有信息量大、传播迅速、覆盖面广、能形成广泛的巨大的社会冲击力等特点，社会舆论监督一旦与其他监督机构相配合，就将产生巨大的压力和效应。正是在这个意义上，西方国家称社会舆论是与立法、司法、行政三权分立的"第四权力"。

第六，加强行政公职人员的职业素质和道德教育。政治学家和管理学家的研究表明，在市场经济条件下，控制政府官员廉政勤政的最有效的手段，并非制定越来越多的准则和加强对违反准则之违规行为的惩处，而在于提高政府公职人员的思想意识和素质，使其将忠于职守和国家利益至上的观念置于首位。许多国家在廉政建设方面，特别注意公职人员职业素质的教育和提高。英国有作为行政道德的对公职人员的不成文的"荣誉法典"，法国要求各级行政官员执行政府法令，促进公共福利企业服务行为规范化，美国有政府道德署，还有一些国家有职业培训、廉政运动、就职宣誓等，这些都从不同角度不同程度地融入了职业伦理。除此之外，还必须把行政道德建设与公职人员的考选、录用、培养、晋升、奖惩等环节有机结合起来，这样才有利于培养公职人员廉政勤政的行政习惯。许多国家都把道德力量作为维护民主政治、依法治国的主要基础。我们也必须把重塑公职人员的职业道德素质，当作廉政勤政建设的题中应有之义。

第十章　学术道德建设必须加强 *

　　学术界的繁荣和进步是有目共睹的，但在学风和学术道德方面确实存在严重的问题。学术研究中的弄虚作假、粗制滥造、人情文章、学术泡沫、不公正的学术评判、学术交易、浮躁学风等，给学术事业和教育事业带来了严重的损害。

　　学术研究是一种客观严肃的真理性研究，学术领域最应该成为社会中的一块净土，成为名副其实的"学术殿堂"。作为知识与真理的发现者和传播者，学者们在学术研究工作中的言传身教对受教育者会产生深远的影响。不良学术风气和环境，对许多勤恳敬业、忠实钻研的学者则构成一种严重的不公正。如果任其蔓延，学术领域将难免陷入"劣币驱逐良币"的循环之中。总之，学术风气的整肃势在必行，学术道德建设必须加强。

　　分析当前出现学风及学术道德问题的原因，大致有如下四个方面。

　　第一，学术领域存在利益导引机制的某种偏差。评职称、竞岗、奖励、酬金等，是和学术成果量直接挂钩的。作为一种激励机制，一定的量化评估是必要的，没有量化评估就不利于奖勤罚懒，不利于学术工作者创新进取。但如果成果评定和人才选拔只重量而不重质，就必然诱使一些人片面追求成果量，"短平快"地产出成果，甚至弄虚作假、粗制

---

　　* 原载《高校理论战线》2002 年第 4 期。

滥造，造成急功近利的浮躁风气。所以，目前很需要探索制定一套科学合理的人才评定和学术评判指标体系。

第二，缺乏健全的管理制度。缺乏严密的机制保证，就不可能杜绝人情文章、学术垃圾以及学术交易，人才、学术评估也就难以做到客观公正。出版系统、学术期刊和一定的评定机构，可以学习国内外好的相关经验，探索建立起相应的有利于学风建设的制度体系，如"专家库匿名评审"制度。

第三，社会上存在学术职业规范的失范现象。学者应该严守学术职业规范，但目前我国学术界缺乏明确的学术规范体系也是事实。许多学术工作者甚至不知如何严格而规范地为引文加注，或者说，头脑中缺乏规范引注的概念。境外学者对此早已提出批评意见，认为大陆诸多年轻学者普遍对规范引注不够重视。因此，学校和导师在对学生传授知识与培养研究能力的同时，应该重视培养训练学生严守学术职业规范。

第四，学术品格教育没有得到社会的应有重视。传统知识分子所具有的优良风骨不应当在今天丢失掉。学者要增强事业心和对社会、人类的责任感，努力创新，严谨治学，自觉维护学术、教育事业的纯真性和科学性，自觉维护学术的尊严和学者的声誉。

除以上所述之外，学术道德舆论环境营造乏力，缺乏正常的学术批评，也是造成当前学术泡沫化、学风浮躁的原因之一。

总之，造成学风与学术道德问题的原因是多方面的。我们要充分认识学风与学术道德建设的必要性和紧迫性，采取切实措施，创建良好的学术氛围及学术制度环境，以此来促进与保障学术事业和教育事业的健康发展。

第十一章　培育新时代好人，
建设好人文化[*]

　　怎样理解"身边的好人"的意义，社会为什么需要弘扬好人事迹和道德精神、建设好人文化？人类思想史自古希腊就提出了二问：什么是好生活？人应该成为怎样的人？中国儒家在追问大同世界理想生活模式时，把人之为人的本质界定为德性之善。今天我们建设中国特色社会主义，也要回答这两个问题。我们要建设国家富强、人民幸福的中国"好生活"，实现社会善治，都离不开好人及好人精神。

一、何以可贵："好人"精神的道德价值诠释

　　在中国好人或道德楷模的事迹中，蕴含着可贵的中国精神和人类良知。众多好人是一个个具体人物，但他们的事迹体现出的不仅仅是"一个人的精神"。中华传统文化美德，中国社会主义核心价值观倡导的道德观，中国共产党人应有的品格特色，人类美德的印记，几乎都能在他们身上找到闪现。他们的事迹和精神，体现了中华民族的道德追求和优秀品质，诠释了雷锋精神在新时代的特征，解读了新时代社会主义核心价值观的深刻内涵。

---

　　* 本章是作者在 2018 年 5 月"中国好人·向上向善——我推荐我评议身边好人活动十周年回顾"座谈会上的发言。

细读身边好人的事迹，虽具细而平凡，但却令我们感动。为什么这些好人的事迹能感动我们，感动中国？首先是因为他们的行为品质中蕴含着中国精神乃至人性中最美、最深刻的良知——爱心奉献、助人为乐、孝亲爱国、敬业诚信、扶危济困、乐观幸福。身边好人的事迹之所以能够打动我们，还因为在他们身上体现出的是一种难得的坚毅品格和人生习惯。毛泽东说："一个人做点好事并不难，难的是一辈子做好事"①；习近平也指出："世界上最难的事情，就是怎样做人、怎样做一个好人"②。每个人都有"习惯"，但不是一切习惯都会令人感动。康德指出"习惯的事情"与"应该习惯的事情"是两回事，道德楷模们的人生习惯是一种和中国社会主义核心价值观一致的"应该的习惯"。这些好人的善行义举塑造了中国传统美德和社会主义价值取向的人格影像，并在"好社会"建设中发挥着重要的正能量作用。

二、好人精神与国家发展、社会治理

"好社会"不仅要建设成物质丰富、制度合理、人际和谐、文明有序的社会，也要培育好的人性品格，成就富有美德的好公民、好人。反过来讲，一个社会中普遍都是好人，也会成为国家富强发展、人民幸福生活、社会治理文明有序的重要力量。中国传统文化历来注重道德在社会治理中的作用。中国古人总结说："国无德不兴，人无德不立"，"礼义廉耻，国之四维，四维不彰，国乃灭亡"。诺奖获得者道格拉斯·诺思也强调，即使在最发达的经济体系中，制度规则也只是决定行为选择的总体约束中的一小部分，人们行为选择的大部分空间是由道德习惯、文化传统、价值观念等因素影响约束的。孟德斯鸠曾在谈到国家体制时说"共和国需要品德"，他描述一个国家当"品德消逝的时候"，物欲贪婪、权力放肆就会弥漫，国家富强、人民幸福就不可能实现。在现代社会治理和幸福中国构建中，我们也需要这种品德力量，而这种力量往往是通过社会集体人格或公民普遍品德素质来体现和发力的。

---

① 毛泽东文集：第 2 卷. 北京：人民出版社，1993：261.
② 中共中央文献研究室. 习近平关于青少年和共青团工作论述摘编. 北京：中央文献出版社，2017：91.

就公民主体素质在国家治理和社会秩序中的功能而言，越来越多的理论开始注重公民个体的道德力量。麦金太尔说："在美德与法则之间还有另一种关键性的联系，因为只有对拥有正义美德的人来说，才可能了解如何去运用法则"①。他认为公民道德主体性若不在场，不自觉自律，社会治理成本就会加大。结构功能理论非常强调"秩序、行动和共同价值观"在社会结构中的地位。其理论逻辑是：研究社会结构就是研究秩序，研究秩序就必须研究秩序中人的行为和人的思想情感意识，于是，共同价值观和人的行为意识就变成社会秩序的结构性因素了。对于当下社会许多现代性困境带来的问题，列维-施特劳斯（Claude Levi-Strauss）主张用社会的"心灵深层结构"代替帕森斯力主的社会宏观结构，强调人的心灵结构和能力。吉登斯（Anthony Giddens）提出必须启用"生活政治"思维和观点来解决。"生活政治"理论强调，现代社会在"宏大叙事"治理方略中，应更多注重"微观视野"中公民个体能量状况的转变。在某种意义上可以说，许多社会治理问题就渗透在日常生活中，就蕴含于每个公民的行动中。事实上这种把日常生活和宏大政治内在地连接起来的理论，为现代社会治理提供了一种新的理论范式和思路。这些理论不仅解说现代社会治理关注中心在改变，也要求公民必须具有现代社会所要求的主体素质。这意味着，中国社会治理体系现代化要求每个公民都要具有更多的社会主义核心价值观的自觉，积极践行美德，发挥自身的道德影响力。而在中国传统文化中，人的道德良知在治国平天下中很早就具有了元点地位。中国传统文化强调的诚意正心、修齐治平，本身就可被看作通过德性主体、通过好人达到社会治理的一种路数。

在今天的社会治理体系中，不能忽略公民具有的道德力量。道德楷模以及身边的好人事实上就为我们提供了这样一种德性治理力量。

三、榜样的力量与社会道德生长点

榜样的力量巨大。尤其这些中国好人、道德榜样就生活在我们身

---

① Alasdair MacIntyre. After Virtue. Notre Dame：The University of Notre Dame Press，1981：136.

边，他们的事迹可亲可信，也就更加可学。好人及其道德精神的树立，对人们具有见贤思齐的榜样引领作用。好人榜样的示范作用，在感动社会、打动人心的同时，会激发起更多的人助人为乐、奉献社会，树立正确的价值观和幸福观，把个人幸福和他人幸福结合起来，把人性良知和生活意义结合起来，把个体人生同国家、民族的发展事业结合起来。

人们可能会认为个体对社会行为的影响是滴水能量。但理论和实践都告诉我们，每个人都有他的道德影响力。社会认同原理说："人们在行为判断和选择时，会自觉不自觉地参照他者行为。""同一种行为，做得越多，就越显得正确。"事实上，除了社会的主流价值影响外，我们都在不知不觉中或多或少地参照他人行为生活，人们的价值观、生活观会不同程度地在生活中被潜移默化地改变或塑造。

自古至今，不同时期都有许多中国好人、道德楷模，他们是"善行的使者、美德的化身""中国的脊梁"。今天，身边的好人在自己的工作生活中自觉践行美德，自觉将个体"小我"化入群体"大我"，将个人的理想追求融入国家富强、民族复兴的伟大梦想，为中国发展、社会温暖、人民幸福播撒了种子，事实上这些种子已成为社会新风的道德生长点。我们看到，历年评选推出的各类道德模范和身边的好人，已用各种形式促生出了诸多"好人"团队或平台，如"好人联合会""美德爱心联盟""爱心团队""学雷锋团队""爱心网站"等。他们带动身边更多的人一起服务人民群众，奉献国家和社会，发挥了他们的道德影响力，形成了诸多道德生长点。中国好人、道德楷模以及越来越多的"最美中国人"，各类好人团队、志愿服务团队，已构成中国社会主义核心价值观建设和公民道德建设的一道道明丽的社会风景线。

国家顶层也在积极推动公民道德建设工作，积极表彰身边的好人，积极营造好人文化。党的十八大以来，习近平总书记就加强改进思想道德建设、培育弘扬道德模范等工作多次做出重要论述和指示，接见全国道德模范、精神文明建设工作先进代表，推动"好人好事"的社会培育。中共中央宣传部、中央文明办印发的《培育和践行社会主义核心价值观行动方案》等相关文件，把评树道德模范作为推动核心价值观学习实践的有效载体。各地也都出台了若干帮扶道德模范的文件。从中央到各地，从职能部门到社会媒体，都在积极推进学习宣传道德模范的活动，推动建设长效机制，让尊崇模范、礼遇模范、好人好报、崇德向善成为常态社会风尚。

四、培育好人、好人文化的社会生态

好人们做好事不是为了扬名，但一个道德的社会应让好人好事尽人皆知。建设社会主义核心价值观以及营造新时代社会道德风气，这就需要大力宣传好人事迹、好人精神，营造扬善抑恶的好人文化。我们推评身边的好人，树立社会道德榜样，就是在弘扬道德精神，进行公民道德建设和社会主义核心价值观建设。

社会需要美德。社会对美德及其好人也必须给予相应的肯定和回报。一个社会的风尚和治理能力，与社会法治及社会道德感相关。而道德感的形成和扬善抑恶的好人文化以及道德生态有关。若力行道德的人得不到社会的肯定，无德之人不受贬斥和责罚，德行成为有德之人的重负，缺德成为无德之人的通行证，有德者默默奉献，无德者坐享其成，社会就会形成"劣币驱逐良币"的善恶不公环境，久而久之，必致德行与社会回报的二律背反，引发不利于社会道德建设的恶性循环。

因此，公正的社会应努力消除奉献与获得、义务与权利、德行与幸福的二律背反。我们推评、礼赞身边的好人，传播、赞颂他们的美德事迹和精神，就是在行扬善和回报的德行之举，使人们感到，做奉献高尚光荣，有德者大有可为，如此，道德榜样才能引人向善，社会才能形成善善相生的良性循环。同时，推评好人榜样，建立完善德行回报机制，本身也是培育全社会公民道德素质的一种有效途径。在强调社会治理体系和治理能力现代化的今天，在明确依法治国和以德治国相结合的语境中，更需要建立起扬善抑恶的德行回报机制。如此，道德楷模才能更好地发挥榜样作用，引导更多的人向善，我们的社会才能形成善善相生的良性循环，在依法治国进程中发挥出更大的社会德治力量。

我们要大力表彰中国好人，弘扬美德精神，让好人感动中国、感动我们。感动本身就是道德培育的一种有效方式。在一定意义上，"感动"正是道德良知和社会风气的储备，"被高尚感动的人们，将与高尚同行。"我们虽然还没有成为道德楷模，但我们都应该向道德楷模学习，做新时代的好人。"高山仰止，景行行止，虽不能至，心向往之。"只要人人都献出一点爱，人人都有一点中国好人所坚守的道德精神，我们的国家、民族、社会和人民就一定会有更加美好的未来！

第四编

应用伦理与现实道德

第一章　伦理信用与信用伦理[*]

——兼论当前我国信用建设的基本途径

随着我国市场经济的发展，信用问题引起了人们越来越多的关注，学界对这一问题也展开了广泛而深入的研究，并取得了许多重要成果。但是，这些研究都未能对伦理信用与信用伦理进行应有的区分，以至许多人在许多情况下把两者等同起来使用，造成了实际上的用伦理信用取代信用伦理或者用信用伦理代替伦理信用的局面，给我国信用问题研究和信用建设带来了不利影响。事实上，伦理信用与信用伦理是两个既有联系又有区别的概念。我们试图在廓清伦理信用与信用伦理概念的基础上，揭示两者之间的区别及其意义，进而提出当前我国信用建设的基本途径。

一、伦理信用与信用伦理的概念

1. 伦理信用

所谓伦理信用，"是人们交往中由一定预先约定、契约、承诺、誓言等引发的一种伦理关系"^①，是人们基于对这种伦理关系的理解、自

＊ 原载《江西社会科学》2006 年第 9 期，作者为葛晨虹、朱海林。

① 王淑芹，安云凤，吴付来，等. 信用伦理研究. 北京：中央编译出版社，2005：21.

觉调节自己的行为以及维护应有伦理秩序的需要而形成的以信任人、"言必信、行必果"为主要内容的道德准则、伦理精神和道德品质。其中，伦理信用准则在很大程度上是人们自己"立法"的结果；伦理信用精神主要表现为行为主体为维护伦理信用关系和秩序的稳定而形成的一种责任意识与自律精神；伦理信用品质则是行为主体在反复践履信用责任和义务的过程中形成的诚实人格与守信美德。

伦理信用具有深刻的内在性、责任性和自律性的特点。这是因为：一方面，伦理信用出于信任、信心和信念，是基于主体双方对对方人格信用和履约能力的充分信任，在责任感和道德意志力的推动下，对各种承诺和约定的自觉遵守与履行，因而是一种内在约束。伦理信用的维护需要坚强的道德意志的支撑，主体最终能否遵守承诺，关键要看主体是否具有相应的道德责任感和道德意志力。另一方面，伦理信用作用的发挥最终不是靠规范和社会赏罚机制，而是靠行为主体的道德心理机制，取决于主体是否具备必需的道德良知和荣辱价值观念。因为规范和社会赏罚机制毕竟是以外在于人的形式存在的，主体内在的信念、责任、意志和荣辱价值观念才是伦理信用的内核。人们只有把外在规范和社会赏罚机制的作用内化为自己的信念、责任、意志，进而把这种信念、责任、意志融入自己的价值体系，形成正确的是非、善恶和荣辱观念，才不会为不断变幻的利益关系所支配，从而坚守自己的信用道德，始终如一地遵守诺言和履行义务。可见，真正的伦理信用不能停留在规范和社会赏罚机制等外部力量的他律阶段，而应通过信念、责任、意志等内在力量达到自我"立法"和自我约束的自律阶段。

虽然伦理信用的一般准则也具有普遍的性质，而且伦理信用赖以发挥作用的社会舆论、传统习惯的社会评价在一定程度上说也是外在的、他律性的东西，但由于伦理信用准则从根本上说是人们自己"立法"的结果，社会舆论、传统习惯的社会评价要真正发挥作用，就必须从根本上内化为人的信念、责任、道德良知。因此，从根本上说，内在性、责任性、自律性是伦理信用的本质特点。

2. 信用伦理

所谓信用伦理，是指人们在认识和处理经济、政治、文化等各种社会关系时必须坚持的以相互信任、遵守诺言、履行义务为核心内容的伦理理念、道德规范和行为模式。信用伦理以经济、政治、文化等各种信用关系为载体，反映这些信用关系的价值要求，体现着特定主体的道德立场和伦理态度。

信用伦理包括经济信用、政治信用以及文化信用等多方面的内容。其中，经济信用是在经济活动和经济关系中，与一定经济收益和风险相联系，以履行约定、合同或契约为主要内容的价值运动形式。政治信用是在政治生活中，政党、政府、政治组织以及个人等政治主体为保持政治关系、政治秩序的稳定而在相互的政治权利和政治义务关系中应该坚持的，以诚实守信为核心理念的政治行为准则和行为模式。在政治信用中，人们最为关注的是法律信用，即社会成员对具有法律效力的约定、合同、契约的履行以及在此基础上形成的信用准则。文化信用则是在新闻、教育、广告、体育以及文艺等文化生活领域，主体必须坚持的行为准则和行为模式。

信用伦理具有显著的外在性、他律性和强制性的特点。这是因为，一方面，信用伦理特别是其中的经济信用、政治信用（这其中又以法律信用最为明显）准则具有很强的规范性，它们的要求对于行为主体而言，多是一种带有普遍性的社会规定：对所有行为主体一视同仁，不以个人意志为转移。另一方面，信用伦理的实现在很大程度上需要制度提供外部保障，信用伦理要真正发挥应有的作用，必须通过相关制度乃至法律法规的"硬约束"才有可能。正如邓小平所说："制度好可以使坏人无法任意横行，制度不好可以使好人无法充分做好事，甚至会走向反面"①。可以想象，发生信用关系的双方的相互责任、承诺，如果没有相应的制度保障，是很难实现的。

虽然从一定程度上说，信用伦理体现的责任和义务也是一种内在的要求，其实现也需要主体双方的良心、信念等内在力量的自觉约束，但由于信用伦理准则具有强烈的规范性，信用伦理的真正实现需要制度提供外部保障，信用伦理想要切实发挥作用，必须通过制度乃至法律法规的"硬约束"才有可能，因此，从根本上说，外在性、他律性、强制性是信用伦理最重要的特点。

---

① 邓小平文选：第 2 卷. 2 版. 北京：人民出版社，1994：333.

二、伦理信用与信用伦理的区别以及进行区分的意义

伦理信用与信用伦理既有联系又有区别。从联系的方面来看，两者都是人们在认识与处理信用关系时必须坚持的伦理理念、道德准则和相应的道德品质。可见，两者都包含相互信任、遵守承诺和履行义务等责任要求与伦理理念，都内含着人们在认识与处理信用关系中形成的道德品质。因此，两者都是有关信用问题研究和信用建设的不可或缺的重要内容。

这里我们主要分析两者的区别。伦理信用与信用伦理的区别主要表现在以下三个方面：

第一，伦理信用与信用伦理分属于不同的伦理类型。伦理信用主要是一种德性伦理要求。亚里士多德曾说，那些"被称赞的品质或可贵品质就是德性"[①]。可见，德性是人的一种内在品质。有德性的行为是出于自觉、自愿的自我约束行为。即使在没有外在规范、制度约束的情况下，基本的德性也可以保证人自主地寻求和实现应有的道德价值。伦理信用的实现，就是要在信用关系双方相互信任的基础上，双方自主约定具体内容，自觉遵守承诺和履行义务。不言而喻，具有深刻内在性、责任性和自律性特点的伦理信用是一种德性伦理要求。

信用伦理主要是一种制度伦理规范。这是因为，一方面，信用伦理尤其是其中的经济信用、政治信用（特别是法律信用）准则具有很强的规范性，它们是人们在长期的交往实践中形成的带有普遍性的社会规定，是外在的，是每个人都必须遵守的活动规则，具有"绝对命令"的性质；另一方面，发生信用关系的双方的相互责任、承诺，需要相关制度和法律法规提供外部保障。

第二，伦理信用与信用伦理调整社会关系的范围不同。如前所述，伦理信用是人们在认识与处理伦理关系时应坚持的信用准则和在此基础上形成的道德品质。因此，只有涉及约定的伦理关系即伦理信用关系，才是伦理信用调整的范围。信用伦理是人们在认识与处理经济、政治、

---

① 亚里士多德. 尼各马可伦理学. 北京：中国人民大学出版社，2003：24.

文化等各种社会关系时应遵循的信用理念和道德规范，即由生产信用、分配信用、流通信用以及消费信用等构成的经济信用关系，由政党信用、政府信用、军事信用、法律信用等构成的政治信用关系，由新闻信用、教育信用、广告信用、体育信用等构成的文化信用关系，都是信用伦理的调整范围。

第三，与信用伦理尤其是其中的经济信用、政治信用的社会调节功能相比，伦理信用在调节的角度和方式上都有明显不同。从调节的角度来看，经济信用从经济活动和经济关系即经济活动中商品信用、货币信用、契约信用关系的角度来调整社会关系，政治信用从政治法律关系和秩序即政党信用、政府信用、军事信用、法律信用、政治权利和义务的信用关系的角度来调整社会关系；而伦理信用是从涉及约定的伦理关系的角度对社会进行调节。从调节的方式来看，经济信用、政治信用的维护，除了应该重视发挥人的内在自律作用之外，主要通过各种相关制度和法律法规的"硬约束"，为信用伦理的实现提供可靠保障，因而具有明显的强制性，而伦理信用则主要出于信任、信心和信念，在责任感和道德意志力的推动下，自觉遵守与履行各种承诺和约定，一般不具有强制性。在这个意义上，伦理信用的作用与经济信用、政治信用相比，更注重长远，更多是无形地、潜移默化地起作用。

这样看来，伦理信用与信用伦理既有密切联系，也有重要区别，两者不能等同。目前学界许多人在许多情况下把两者等同起来使用，造成了实际上的用伦理信用取代信用伦理或者用信用伦理代替伦理信用的局面，给我国信用问题研究和信用建设带来了不利影响。

用伦理信用取代信用伦理，易于造成把信用问题研究和信用建设局限在伦理信用的范围内，从而造成社会信用建设的偏差。事实上，信用建设是一项复杂的社会系统工程，需要方方面面的共同努力，国家政府、市场企业、组织个人缺一不可，经济信用、政治信用、文化信用都不容忽视。用伦理信用取代信用伦理，单单强调伦理信用的作用，就会忽视应有的规范、制度的约束，忽视社会信用体系的构建，忽视信用实现的社会保障系统。显然，这样的信用建设是不完全的。这也正是当前我国出现信用缺失的一个重要的深层次原因。

用信用伦理代替伦理信用，则易于造成忽视伦理信用的研究，忽视对人的诚信人格和内在德性的培养。这也正是当前我国出现信用缺失的最根本的深层次原因。如前所述，伦理信用与信用伦理在调节社会关系的角度、方式上都不一样，用信用伦理代替伦理信用，就不能针对伦理信用与信用伦理的不同特点，有区别地加以对待。因为信用伦理尤其是其中有关经济信用、政治信用的各种规范、制度都是以外在于人的形式存在的，但伦理信用作为人的一种内在的德性要求，是维护社会信用关系和秩序的一种内在自制力；可以说，只要还没有形成人的内在德性，有关信用伦理的规范、制度的道德意义就是不完整的。

因此，我们在认识和处理伦理信用与信用伦理的关系问题上，既要看到它们之间的联系，更要看到它们之间的区别，从而在信用建设中坚持应有的辩证态度：既重视伦理信用对于维护社会信用关系和秩序的内在自制力的作用及其在整个信用建设中的特殊地位，又重视经济信用、政治信用和文化信用的研究与建设。只有这样，才能真正有力推进我国的信用建设。

三、从伦理信用到信用伦理：我国信用建设的基本途径

在我国建立和完善社会主义市场经济体制的过程中，社会信用、政府信用、企业信用以及个人信用都面临着不同程度的缺失，如经济生活领域的制假贩假、偷税漏税、走私骗汇，政治生活领域的欺上瞒下、贪污贿赂、营私舞弊，文化教育领域的虚假新闻、虚假文凭、虚假成果；等等。应该说，造成我国社会信用缺失的原因是多方面的，如经济利益驱动、社会转型期人们价值观念的紊乱、法制不完善等，但其中最深层次的原因恐怕是伦理信用的缺失：人与人之间互不信任、不讲信用、缺乏信用的情形比较严重。因此，从伦理信用入手来整治信用危机，强化伦理信用理念，建立、健全社会信用体系，完善信用实现的社会保障系统，就成了当前我国信用建设的当务之急。

第一，从伦理信用入手，强化伦理信用理念，确立市场经济是信用经济的观念，是当前我国信用建设的首要任务。世界市场经济发展的实践表明，伦理信用是市场经济有序运行的道德基础和内在要求，是市场主体获得长远利益的最可靠的精神资本，也是经济活动得以开展的最基本的条件。在正常的市场秩序中，信用关系一旦失效，就会直接导致市

场失灵。随着我国市场经济加入国际竞争，对市场的规范化、理性化的要求就越来越高。在这样的条件下，面对当前我国的信用缺失现象，我们再也不能沿用"头痛医头、脚痛医脚"的传统办法来解决了。我们的信用建设必须从伦理信用入手，通过伦理信用的研究和宣传，强化伦理信用理念，确立市场经济是信用经济的观念，增强人们的信用责任意识、自律精神和荣辱价值观念，从而为社会信用建设提供必备的德性基础。

第二，建立、健全社会信用体系，打造信用政府、信用企业、信用个人，是当前我国信用建设的主要环节。首先，要充分发挥政府在信用体系中的主导作用，使政府强化信用意识，并把立法、执法和守法统一起来，严格规范各级领导干部和公务员的行为，通过严格守法、守德来维护政府信用，打造出适应社会主义市场经济发展要求的信用政府。其次，要引导企业加强信用管理，使企业在生产、管理、营销中实行全过程的信用监控，在产品质量、售后服务等环节严把信用关，降低企业自身在经济交往中的信用风险，在企业中形成讲信用、重信誉的企业文化，从而打造出信用企业。最后，要建立个人利益的信用实现机制，解决信用与个人现实利益之间的矛盾，消除失信行为的现实利益基础，使失信行为受到应有的严惩，使守信者能够降低社会生活的机会成本，从而使信用在全社会得以实现。

第三，完善信用实现的社会保障系统，为信用建设营造良好的社会环境和舆论文化氛围，是当前信用建设不可忽视的重要一环。这主要包括：（1）要不断完善各种相关的制度和法律法规，去除罪与非罪之间的空白地带，通过强制性的制度约束，保证守信使人真正获益，失信使人得不偿失。（2）要完善信用的监管、评价和奖惩机制，从经济成本、法律成本、道德成本的角度，把守信、失信与获利、损失挂钩，形成信用和利益的互动关系，使人们在理性的利益原则指导下，为守信确定一种利益选择的优先权，减少甚至消除失信的现象和行为。（3）要加强信用教育，实现信德的内化：要把学校教育、社会教育和家庭教育有机结合起来，同时注重职业信用教育；要充分利用各种传播媒介，努力营造一种守信光荣、失信可耻的舆论氛围，以唤起人们的道德自觉，从而为社会信用建设提供良好的信德教育环境和可靠的信德信念支持。

第二章 "道德冷漠"及社会道德 问题思考[*]

在市场经济发展过程中，中国发生了巨大变化，取得了辉煌成就，但同时也出现了许多严重的道德问题。屡屡发生在食品、医疗、道路交通、住房等方面的问题，已带来了安全质量方面的社会担忧，"小悦悦"事件又一次刺痛了社会集体的良知神经。如何看待社会道德现状？道德"社会病"症结何在？应该如何根治？这些已经成为我们必须思考和回答的重大社会问题。

一、现实道德问题点击

小悦悦遭遇的惨剧使全社会受到震动，有良知的人们在被刺痛的同时，也有一种自己"受伤"的感觉。全社会都在关注、追问和思考"道德冷漠"问题。除了社会道德冷漠现象的存在之外，其他各种新闻热词也在不断地刺激人们的眼球和良知，"掺沙大米""隔年月饼""假鸡蛋""被卖肾""潜规则""恶名是名""学术不轨""权利腐败""易容面具""楼脆脆""桥垮垮""路塌塌""彭宇案"……表明无德行为和缺德事件在社会许多领域屡屡发生。一些"亲人"为争利反目为仇，一些人对救

＊ 原载《苏州大学学报（哲学社会科学版）》2012 年第 2 期。

助自己的人不知感恩；一些人缺乏他人意识和公德意识，万事以自我为中心，"以人为本"在他们的意识中落实为"以我为本"；一些人社会责任感不够到位，缺乏一个公民应有的责任担当；许多人规则意识淡薄，知而不行，禁而不止，随意违规，大大增加了社会秩序的治理成本，有时甚至出现"法不治众"的无奈现状。当道德互助、良知、质量信用、责任等社会道德底线频频失守，个体"自私自利"甚至"缺德"和"人性冷漠"现象蔓延为社会常态时，当"逐利"成了一些人社会建设和行为选择的价值取向时，这个社会一定有"病"！客观地说，社会失信、人性冷漠等道德问题与社会发展过程中的市场秩序缺陷有关，与民众素质尤其是一些无良逐利者有关，更与一些管理者的腐败无能有关，当然也与社会管理机制不完善、监管不力有关，与市场社会唯利是图的氛围及其理论文化有关。

我们也应看到，在出现"小悦悦"事件中冷漠路人的同时也有"最美妈妈"们出现，后者往往没有被报道出来；社会中极端事件虽然多了，但社会慈善组织、志愿者行动正雨后春笋般地生长，社会中助人为乐者也在不断涌现。这些有良知的人永远是中国社会的"脊梁"，他们的道德行为给我们社会提供着积极的向善力量和信心！

二、社会道德问题成因分析

1. 市场经济发展过程本身的原因

我们不是把人性冷漠、信任危机等道德缺失问题简单归结为市场经济的必然产物，但经济活动中客观自发的规律作为"看不见的手"，往往使市场处于自在、盲目和无序的状态，必须用社会道德和法律等"看得见的手"去修正市场的自发功能性缺陷和紊乱。"诚信决不是外在于市场经济运行过程的良好愿望，而是内在于市场经济运行过程中客观必要的因素，是市场经济良好运行所必需的前提条件"①。中国经济正处于高速转型的发展阶段，高速转型的同时，如果社会管理、民众素质以

---

① 龙静云，熊富标. 论作为社会资本的诚信与企业诚信治理. 江汉论坛，2011（1）：59.

及道德氛围等软件因素没有同步发展，社会就会出问题。民众在网络上呼唤"中国，请停下你飞奔的脚步！"，就表达了社会发展中"硬件-软件"的这种关系。中国社会主义市场经济是"摸着石头过河"探索过来的，规则秩序也有一步步建立、完善的发展需要；另外，在市场经济发展中确实存在一手硬一手软的问题，长久以来人们在市场经济"效率至上"的追求、引导下，对社会责任和消费者责任规导不力，在张扬个性和个人利益时，对他人利益和社会公共利益强调不够，在强调权利时，对义务和责任强调不够，出现了种种不择手段的自私自利现象。中国经济正处于高速发展阶段，许多管理环节、软件因素没有同步跟上，所以许多道德问题和发展过程中的必然阶段有关。

2. 民众素质、心态与社会舆论氛围方面的成因

改革开放发展过程中，社会精神文明和国民素质在许多方面得到了建设与提高，但整体来看国民素质参差不齐也是一个明显事实，民众价值观和道德水平也存在较大差异。在社会弘扬道德的同时，质疑道德、排斥道德、嘲笑道德的声音不绝于耳。"小悦悦"事件中陈阿姨表现道德良知的行为，也有媒体对此发出"想出名"的质疑。事实上对许多慈善、良知行为的无意或恶意的质疑，已成为社会舆论中的一种杂音。在经过一些媒体尤其是一些新型媒体的聚焦放大后，这些杂音客观上对社会舆论起着不利于道德善良普及的消极作用。有些人不是不愿做好事，但做了好事反被嘲笑或质疑的后果，让他们对选择行为心存疑虑；此外，种种质疑还带来公众对良知的"不信"，还有道德失望和坏事归因的逻辑思维习惯。

3. 制度机制与管理层面的成因

当社会制度安排不能有效维护道德良知取向时，当选择良知的成本太高时，当救人有可能被挖苦、质疑甚至反诬时，无良知的不道德现象就会普遍出现。社会法制与制度管理一定要有利于扬善抑恶的规导，社会中出现的各种"彭宇案"，让当事人做好事寒心之余，也"教育"更多人对于扶老人等救助行为感到"后怕"。"小悦悦"事件引发的社会讨论中，问题之一就是对于"立法"的制度呼唤。许多国家都有关于"见死不救"罪责的规定。如果一个社会让救助者、奉献者吃亏，久而久

之，社会风气一定不好。同理，做缺德事得不到社会的责罚，久而久之，就会助长缺德的氛围。如果社会加大对无良行为的制度约束性惩罚，使道德缺失者在无良与守德的"博弈"中深切体会到缺德带来的风险和过高成本，就会规导他们放弃选择缺德行为。在一定意义上，是外在强制性的制度和规矩"教育"缺德者"学会"选择道德行为。

4. 目前社会价值观理论文化交错影响方面的成因

在市场经济发展过程中，市场首先会自发助长商业文化生长。自发的商业文化又往往容易导向消费主义、奢华主义、享乐主义，导向金钱关系和利己主义。如果利己主义、拜金主义、物质主义等理论文化留有一定市场，如果社会文化价值导向不明确，是非、荣辱、美丑不分，人们就会出现道德淡漠甚至缺德的行为取向。所以，社会文化建设一定要有正确的导向，要有分寸把握。例如，要消费，但不能走向消费主义和奢华主义，与消费同行的还应有创造和节俭，消费也有物质消费和精神消费的分寸把握；要娱乐，但不能娱乐至死；要物质，但不能走向物欲主义；要经济建设，但更要有社会精神文化与社会和谐建设。

5. "冷漠小社会"的特殊因素

许多缺德或道德冷漠现象与"小社会"氛围有关。比如，"小悦悦"事件的发生地在广州佛山五金城，这是一个在市场经济中快速发展的五金集散交易商城。事后居住在五金城的一位店铺老板在采访中反思说：这里"人情关系的确很冷漠"，除了进出货、对账、去银行外，没有其他更多的人情人际交流和社会组织活动。商业利益和地域是他们仅有的连接纽带。另一位店铺老板说：在长达6年的时间里，她跟相邻两家店铺的人从未说过一句话①。无独有偶，在另一个城市，曾有一个五金城中民营企业的党员小组，苦于没有社会组织活动机制，自行找到旁边高校一个院系党组织，希望结对开展活动。"五金城"的特点之一是利益联系，使各地的人聚集一起，如果缺乏其他社会组织管理和文化建设，久而久之，必定形成各顾各的自利氛围。在社会发展中，有很多这样的"社会单元"，它们缺乏社会情感依赖、组织依赖，缺乏对他人与社会的

---

① http:/news.qq.com /a/20111019/000866.htm.

关心和互助，较好的道德良知氛围当然也会相对缺乏。在这个意义上，"小悦悦"事件的"恶性冷漠"，可能并不完全表明中国人良知普遍丧失，它多少具有所处地域环境的特殊成因。如何重视社会发展中的"小社会"肌体建设，应是"小悦悦"事件带给我们的重要思考之一。

三、如何根治社会道德问题

根治社会道德问题，重建中国社会道德环境，需要全社会共同努力。

首先，要进一步加大道德教育和社会道德弘扬的力度与密度。要宣传道德理念，强化道德意识，各行各业各领域都应加强道德文化建设。要重视并力抓各种"社会单元"细胞的"亚文化"建设，弥补类似"五金城"这样的小社会道德教育的"空白点"。要注重全社会营造道德文化和正确的社会舆论氛围。转型期利益与价值取向的多元化，新旧道德的交锋，中西价值观的碰撞，以及道德价值标准多层次和多样化的趋势，导致社会现实中是非模糊、善恶不明、荣辱错位，追求利益最大化往往被人们理解为市场经济的本质，利己主义、拜金主义、实用主义同时存在。社会现实中的多元价值氛围，会深深影响社会的主流道德教育。在"利己主义"和"唯金钱论"的社会语境中，谈论道德素质、道德力量，往往就会显得苍白。消极的文化价值观会极大地消解和影响社会主义道德文化氛围的建设，所以必须自觉地加强文化价值观的正确引导，消除消极的文化价值观。还应当关注民众心态与社会舆论氛围的自觉营造，对社会舆论环境营造问题应做更多的关注和积极建设，媒体应首当其冲发挥积极作用。

其次，要进一步完善相关立法和制度建设，加强国家和社会的公共管理。建立一个道德的、人心向善的社会，不仅要靠教育、宣传和文化建设，还要靠法律和制度的规导。仅靠道德本身的力量，无法从根本上杜绝道德缺失和良知淡化现象。比如，对于"小悦悦"事件这样的见死不救现象，许多国家都有相关法律规定。法国《刑法典》有"怠于给予救助罪"，美国有《救援责任法善行法案》，加拿大有《见义勇为法》，其他如新加坡、德国、意大利、瑞典等国的法律中，都有关于救助危难的责任义务规定。反思起来，中国传统文化资源一定程度上把社会道德建立在"人性本善"的基础上，相对说来，西方许多国家的社会道德往往建立在法规、制度及社会管理的基础上。西方传统文化较多强调"人性恶"，注重诉诸法规强制管制的力量。我们今天对人们的普遍道德期待可以建立在品质自律的内在引导上，但同时也一定要建立在社会制度和机制的刚性约束上。中国如何立法可以讨论，但加大法制和社会制度对道德的相关设计规导是必需的思路。

再次，要关注并反思我们社会的价值观现状和导向，积极进行社会道德文化的软实力建设。在市场经济发展以及多元价值观氛围中，利己主义、物质主义、享乐主义、拜金主义等观念和思潮，在经济发展和社会文化建设中产生着种种消极作用。弗洛姆指出："十九世纪的问题是上帝死了，二十世纪的问题是人死了"①。他批判现代西方物质主义文化使人沦落成一种物欲动物；利己主义的谬误在于，它认为利己自保是人的本能，这种理论和观念必然导向人们不择手段地追求一己私利，而把他人当作实现自我利益的工具。一个流行拜金主义和利己主义价值观的社会，必定会导致企业追求利益最大化，个体追求个人利益，地方政府以 GDP 增长为指标，一切向"钱"看，甚至为了利益而不择手段。在一个逐利取向的社会，道德一定缺失，社会一定冷漠；而一个只讲自我利益、对他人和国家不讲责任与奉献的社会，是没有希望和未来的。所以，要想增强社会道德实力，培育人们和社会的道德良知，就必须在理论文化层面对利己主义、物质主义、拜金主义等理论和价值观进行社会性反思批判，切实关注并加强社会道德文化建设。

最后，要确立重建道德社会的发展思路。中国当前提出的文化强国战略思路，标志着国家层面对思想道德等文化实力建设的认识达到了新的高度。改革开放若干年来，经济发展成就显著，社会思想文化和公民素质也都有所提高，城市文明、低碳理念、志愿服务行动、民间互助现象，以及道德楷模不断涌现。但社会中的道德冷漠现象，假冒伪劣、欺诈、腐败现象，也严重影响了市场经济发展和社会发展。人们在"小悦悦"事件等道德问题面前感叹，经济上去了，道德失落了。德国学者彼得·科斯洛夫斯基曾说，我们不想生活在一个"公正的"社会中，在这

① 弗洛姆. 健全的社会. 北京：中国文联出版公司，1988：370.

个社会里什么也买不到；我们也不想生活在一个"有效率的、富裕的"社会中，这个社会把它的金钱用于道德上受到指责的目的①。今天的中国已成为一个世界大国。中国不能像有些人所说的，是"经济巨人，道德侏儒"。面对种种社会道德问题，我们应该全面反思，在全方位部署社会发展和道德建设的思路中，发展速度硬实力和软实力建设、物质建设和精神建设、理论文化建设、公民教育、以媒体为主导的社会舆论导向建设，以及法制建设和制度管理，一个都不能少！

---

① 科斯洛夫斯基. 资本主义的伦理学. 北京：中国社会科学出版社，1996.

第三章　克隆人：人类基因研究面临的困惑与挑战*

——关于克隆人的争议及对策建议综述

2002 年 12 月，美国"克隆援助"公司（Clonaid）宣称"世界上第一个克隆婴儿"夏娃诞生。随后又传出在荷兰、日本等地克隆婴儿诞生或将要诞生的消息，全世界掀起了轩然大波，克隆人技术再次成为人们关注的焦点。这一问题在中国也引起了专家学者们的广泛讨论。为此，中国人民大学伦理学与道德建设研究中心举办了有关克隆人技术的专题研讨会。围绕是否应该发展克隆人技术，如何应对克隆人技术将会带来的社会挑战等一系列问题，与会的伦理学家、社会学家和法学家们展开了比较深入的讨论。

一、对各国政府和国际组织态度的概括简介

有学者首先概括介绍了各国政府对克隆人的反应和态度（资料来源于"新华网"）。

对生殖性克隆人技术，当今国际社会的普遍态度是"禁"，但怎么个禁法，禁到什么程度，是仁者见仁、智者见智。对治疗性克隆技术，一些国家持支持态度，一些国家持反对态度。以美国、西班牙以及拉美

---

* 原载《高校理论战线》2003 年第 7 期，作者为葛晨虹、高颖、郭清香。

一些天主教国家为代表的一派，认为应该禁止一切包含人类胚胎的克隆研究，而以中国、日本、法国、德国以及世界卫生组织为代表的一派，则主张对治疗性克隆应予以区别对待。目前在这一问题上，各国尚没有达成完全一致的意见。

国际社会对克隆人技术的关注，可分为两个阶段。第一阶段始于1997年2月"多利"羊问世的消息公布于众。经过一段时间的讨论，在一些态度问题上，各主要国家以立法的形式确定了自己的立场。但还有很多国家没有就此问题立法。因此，一些"克隆人疯子"钻法律的空子，一些组织和个人仍在进行克隆人实验，并间或有人宣称克隆人将于何时出生云云。对这样的宣称，一些国家已根据自己的立法予以应对。

欧洲议会：反对克隆人。欧洲议会以237票对230票的微弱多数通过议案，反对用克隆人技术进行医学研究，并建议联合国全面禁止克隆人类。

英国政府：禁止生殖性克隆。2001年11月英国政府公布了一项新法案，明确规定"把用非授精手段创造的人类胚胎植入女性子宫"是犯罪行为。

美国国会：克隆人是犯罪。2001年7月，美国国会通过了全面禁止克隆人的法案。该法案把任何进行克隆以及运输、接受和进口克隆胚胎细胞及其衍生产品的行为与企图定为犯罪。2001年7月，美国众议院通过一项法案，认定克隆人非法，违法者最高可判10年监禁和至少100万美元的罚款。但在美国参议院，许多人在反对克隆人的同时，支持用克隆技术制造胚胎干细胞，用于研究和多种疾病的治疗。

俄罗斯杜马：5年内禁止克隆人类胚胎。2001年12月俄罗斯杜马投票表决，拟立法5年内禁止克隆人类胚胎，以防外国科学家在俄罗斯进行不道德的实验。

日本：禁止克隆人。2001年出台《克隆技术限制法》，明文禁止克隆人。克隆性医疗研究虽然正在进行，但克隆性医疗在伦理问题上仍存在争议。

意大利：尝试为克隆人行为立法。2002年意大利众议院表决通过了一项关于人工生殖方面的法案。法案规定，对试图进行人体克隆的人可判处最多20年的徒刑，而且禁止冷冻胚胎。这是迄今为止意大利在这方面的首部法案，但该法案能否通过参议院的审议还是个未知数。

中国卫生部：反对克隆人实验。2001 年 11 月，中国卫生部明确表示对研究克隆人的态度是不赞成、不支持、不允许、不接受。

联合国：成立专门机构进行研究。第 56 届联合国大会于 2001 年 12 月通过决议，决定成立一个特设委员会，对与制定反对克隆人国际公约有关的复杂问题进行研究。

截至 2002 年 12 月，各国政府已经纷纷表明了对克隆人技术的不支持态度。但是，2002 年 12 月，邪教组织雷尔教派宣布第一个克隆婴儿诞生，将对克隆人技术的讨论带入了第二阶段。尽管许多人对克隆婴儿的真实性表示存疑，雷尔教派的这项声明还是再次引起了各国的强烈反应，不少国家的领导人纷纷表态反对克隆人，各国政府也相继出台种种限制措施。

在雷尔派宣布夏娃诞生的当天，美国总统布什就通过其发言人麦克莱伦，再次呼吁国会通过禁止克隆人的法案，而美国食品和药物管理局也开始加紧对雷尔教派展开调查。该机构表示，如果查出克隆人实验是在美国境内进行的，将有可能对有关人员提出起诉。

法国总统希拉克对此消息的真实性表示怀疑，并谴责克隆人的行为。他在一份声明中说，法国视这种行为为犯罪，认为它严重违背人类的尊严，呼吁全世界禁止克隆人的行为。希拉克同时敦促所有国家在一份由法德两国向联合国提交的禁止克隆人的公约草案上签字，作为对那些"道德败坏的科学家的企图的回应"。法国卫生部部长让-弗朗索瓦·马太则表示，他主张法国尽快立法，把这一违背人类尊严的行为定为犯罪，以制止和惩戒克隆人的尝试。他于 2003 年 1 月公布了一项法律草案，宣布法国把克隆人定为"反人种罪"，从事或参与克隆人研究的法国公民以及宣传、推销克隆技术的法国人都有可能被判处"至少 20 年"的监禁。他说，无论嫌疑人从事克隆人工作的地点是否在法国，嫌疑人均会遭到起诉。这一法律草案同时禁止所谓的"治疗性克隆"。

德国联邦议会 2003 年 1 月 17 日晚间通过一项议案，敦促在全球范围内全面禁止包括生殖性与治疗性在内的人类胚胎克隆实验。德国政府期待这一协议可以在当年 10 月联合国进行的相关讨论会上获得通过。

在美国"克隆援助"公司宣布"克隆婴儿"出生的消息后，荷兰司法部门立即表示，将首先对这名据称是克隆人的婴儿究竟是否诞生在荷兰进行调查，其次将对其克隆身份进行验证，如果确认两者属实，将对参与此项克隆实验的相关人员给予法律制裁。

欧盟委员会负责研究事务的委员菲利普·比斯坎（Philippe Busquin）2003 年 1 月 8 日发表声明，表示赞成在全世界范围内禁止克隆人，支持法国和德国提出的制定一项禁止克隆人国际公约的建议。欧盟在实施 2003 年至 2006 年的第 6 个研究计划期间，将不向任何克隆人的研究项目提供资金，不资助任何永久改变人类基因并使这些变化具有遗传性质的研究，也不为任何单纯用于研究目的而制造人类胚胎的活动提供经费。

世界各国在推动自己国家立法的同时，纷纷呼吁国际社会加强合作，并敦促联合国采取措施。

联合国教科文组织总干事松浦晃一郎于 2002 年 12 月 30 日发表声明，以最鲜明的态度强烈谴责所有以繁殖为目的的克隆人行为，呼吁国际社会立即行动起来，共同面对这一对人类伦理提出的严峻挑战。松浦晃一郎表示，面对这种只能造成恐惧和遭人谴责的犯罪行径，全世界应该刻不容缓地行动起来，根据 1997 年联合国教科文组织通过的《世界人类基因组与人权宣言》的精神，立即通过一个强制性的国际规定，禁止和惩罚所有以克隆技术繁殖人的行为。

可见，在雷尔教派宣布克隆婴儿夏娃诞生之后，各国在舆论上基本达成了一致，这就是坚决反对克隆人，并要求加强立法和国际合作的力度。但负责制定禁止生育性克隆人国际协议草案的联合国委员会到目前为止还未能就该问题达成一致。法国和德国 2002 年提交了一个促进该协议谈判的联合建议。禁止生殖性克隆人国际协议的支持者寻求在 2004 年以前实施该协议。2002 年 9 月，联合国委员会在经过 5 天的秘密会谈后，就禁止生殖性克隆人国际协议草案问题仍未达成一致。法德两国的联合建议再次被提交到负责法律事务的联大相关委员会讨论。

2003 年 5 月 14 日，在柏林召开了以"生物医学研究和生殖中的克隆技术"为主题的国际学术会议。此次会议是在雷尔教派声称已经克隆出人类婴儿，法德等国提交的禁止克隆人提案在联合国搁浅等背景下，由德国教育和科研部以及德国生物科学伦理研究协会等部门举办的。德国政府希望通过此次会议促成当年 10 月联合国最终制定有关全球禁止克隆人的公约。10 多个国家的共 40 多位科学家、哲学家与法律界人士出席了此次为期 3 天的会议。专家指出，尽管克隆技术引发的多方面问题难以明确给予定论，但对生殖性克隆人实验应当严格禁止。德国教育和科研部部长在 14 日下午的大会开幕式上致辞说，克隆技术本身的快速发展已经超出了人们观念的接受范围，在此背景下，"需要深入、公开地讨论伦理上、法律上以及社会上的各种观点，促使克隆技术健康发展，为自然科学的前进奠定基础"。

二、我国社会各界关于克隆人问题的反应和基本观点

一般说来，克隆可分为四个层次：微生物或细胞克隆、植物克隆、动物克隆和人的克隆。已有确切的证据表明，人类现今已经涉足前三个层次。第四个层次，由于涉及人类自身而引起了社会的广泛关注。我国关于克隆问题的分歧也多在克隆人的领域。国内关于克隆人问题的反应，与国际上相差不大，反对的声音要远远大于支持的声音。

持支持态度的学者认为，科学无禁区，技术发展阻挡不住，因此没有必要反对克隆。这部分学者支持克隆人的理由是：

第一，克隆人技术最终会被人们接受。人类的技术发展到了这一步，不能以法律还不健全、伦理还没改变为借口阻挡技术的进步。历史上几乎每一次科学的重大进步，都引起过人类的忧虑、担心和恐惧。1978 年试管婴儿诞生的时候，也曾引起过很大的伦理争议，认为试管婴儿背离了两性交配的生殖原则，会引发谁是父母之类的伦理纷争。然而随着时间的推移，人类已平静接受试管婴儿。同样，尽管克隆人现在引起了很大的争议，但克隆人一旦问世，人们自会构建与之相适应的法律与道德体系，最终平静地接受。有学者主张应有限制地发展克隆人技术，认为伦理是随社会变化而变化的。过去人工授精，社会伦理不接受，现在也接受了，说明伦理观念并非大问题。克隆人也可以在今天或未来得到接受。当然，最好先不要克隆人，而是发展治疗性克隆技术，先克隆人的部分器官，以供医疗之用。

第二，人类的科学技术就是在不断向自身挑战的过程中发展的，可以依赖人类的智慧去解决克隆人可能带来的各种社会后果。"科学无禁

区"，科学技术的发展应遵循自由原则，不应该设置克隆人研究的禁区，束缚科学的发展。而且，我们应当相信人类的智慧。在科学技术发展的同时，人类的智慧也在不断发展，人类可以利用自己的智慧解决很多很复杂的问题，克隆人技术带来的社会问题也不例外。

第三，克隆人技术可以解决不孕或不想结婚的人希望拥有后代等问题。在现实社会中，有很多患有不孕症的人，有老年丧子的人，有坚持独身却想要孩子的人，在现有生殖技术条件下，很难帮助他们实现想拥有后代的梦想。有了克隆人技术，这种梦想就极有可能成为现实。有学者认为，克隆人技术能使千千万万不孕症患者实现做父母的愿望，能使那些痛失骨肉的亲人重温天伦之乐，能为许许多多不治之症找到新的治疗方案，能创造巨大的物质财富和社会效益，等等。总之，克隆人技术给人类带来了新的希望。

第四，中国需要在克隆技术方面加强研究，否则就会在国际竞争中落伍。科学技术发展史证明，哪个国家首先掌握某项重要技术，哪个国家就拥有了优势与主动，而后起国家就可能因此而承担无法估量的损失。许多国家公开明确表示禁止，但实际上很可能仍有组织和个人在研究。如果我们不主动掌握克隆技术（包括克隆人技术），坐等其他国家掌握，就可能给我国带来极其不利的后果。

也有学者主张不对克隆人技术持简单的支持或否定的态度，主张谈克隆人问题，首先应该区分邪教和科技发展，邪教宣扬克隆人的目的是蛊惑人心，而科技应该没有禁区。其次要考虑科技条件的成熟与否，目前的科技条件不成熟，不允许用人的生命做实验，一旦科技条件成熟，也不是一概不允许克隆人。从辩证唯物主义和历史唯物主义角度看，人是各种社会关系的总和，如果用人和社会的关系来把握人的本质，克隆人和自然人一样，没有本质区别，所以克隆人并不可怕。

反对克隆人的呼声占据社会主流。据"新浪网"调查表明，有68％的人坚决反对克隆人。在理论界反对克隆人的也占多数。学者们反对克隆人的理由大体如下：

第一，克隆人技术本身存在极大的技术风险和安全隐患。学者指出，目前克隆人技术还很不成熟，在发展克隆人技术的过程中，必然要有科学研究的试验品。有学者认为，每个人都是一个拥有神圣不可侵犯的权利的主体。任何人都不愿将自己也无权将别人——以牺牲生命和幸福为代价——作为统计结果中的一个简单的数字。而且，有性生殖有一个基因程序重组的过程，父母的基因结合后，新的生命要进行重组，这个过程需要几个月，是精雕细刻的。而克隆人的无性生殖过程，长则几天，短则几个小时，是一个粗糙的过程。就连那只因患早衰症而去世的克隆羊"多利"，也是在对227只羊进行克隆后才诞生的，其成功率仅为1/227。因此，我们谁也无法排除这样一种风险：成熟的克隆人技术很有可能导致流产或残障婴儿。科学实验可以有失败，但克隆人能否允许这种失败？如果克隆出来的人具有生理缺陷，该由谁对他们负责？所以，学者们认为，科学家有创新的权利，但也必须对这种创新负起社会责任。

第二，克隆人技术可能会带来诸多颠覆性的伦理挑战。学者认为，克隆人技术用简单的无性生殖将人的繁殖与性爱相分离，彻底改变了人类基本的性伦理关系，人类千百年来的血亲伦理关系将面临颠覆性的挑战。人为地改变人类所具有的自然伦理关系，对人类是福还是祸应该慎重考虑。学者们认为，克隆人的降生将是个悲剧，它跨越了人类禁区，对现有的家庭关系、血缘关系提出了挑战，违背了生命伦理原则和人类的根本利益。克隆人将给人类的伦理体系带来"感情黑洞"，从而取消了生命的神圣感，使人们之间的感情大打折扣。

第三，人类法律将面临新的难题。法律界有学者认为，克隆人相对于自然出生的人是一种异常情况，法律还没有做好克隆人面世的准备。如果某些自认"优秀"的人利用其体细胞，克隆大量的人，用于反社会和犯罪，使克隆人成为"克隆炸弹"，那么如何认定此种事件的法律主体？另外，克隆人给法律提出了新的难题：两个或两个以上的人具有相同的体貌特征、相同的指纹、相同的DNA，那么，怎样从法律的角度确定行为主体？克隆人技术还涉及基因专利方面的问题。克隆人技术是否允许申请专利？如果不允许申请专利，那克隆人技术的研究和发明就没有了经济效益，这样克隆人技术的发展就只能依靠国家拨款，依靠国家组织科学家进行研究，显然这对于克隆人技术的研究和发展是不利的。如果允许申请专利，那么发达国家就会抢注专利，发展中国家将不得不为此付出巨额的专利转让费，而这又不符合伦理学公正原则。

第四，有可能给人类带来战争和霸权的灾难。众多学者认为，克隆人技术如果被用在了不正当的方面，如战争，后果将不堪设想。而且，发展中国家的基因技术明显落后于发达国家，发达国家一旦拥有克隆人技术，并将之转化为知识产权加以保护并垄断，就极有可能演化为新的霸权主义。

第五，有可能导致人类的基因退化。学者们指出，从生物进化的角度看，克隆是无性生殖，是一种低级的生殖方式。用克隆这种原始的生殖方式进行繁殖，明显有悖于生物进化规律。因为无性繁殖只接受父亲或母亲一方的性状，遗传缺陷容易暴露；而有性繁殖则可以综合母本和父本的优缺点，在一定程度上能掩盖遗传缺陷。所以，如果克隆人成为人类的一种生殖方式被确立下来，就有可能出现整个人类基因库的退化现象。并且，以往的生殖方式遵从基因的自我选择，而克隆人技术则是不断复制同一基因，长此以往，人类将失去遗传的多样性，人类物种的退化也就不可避免了。有学者提出，克隆人的诞生有可能危及基因的多样性。基因的多样性与有性生殖密切相关，而克隆恰恰是退回到无性生殖，一旦发生滑坡效应，出现 300 万克隆人，或者在某一群体中克隆人占到一定比例，就完全有可能损害人类基因的多样性。

第六，有可能带来对克隆人的不尊重和不公平。学者们认为，克隆人技术没有考虑到克隆人的权益，克隆人也有意识和尊严，有权要求被作为一个独立个体看待，而不是一出生便被冠以"某某人的克隆"，被有意要求与某某人完全一样，这显然违背了人类的平等和尊重的伦理原则。

总之，这类观点主张可以加强克隆技术的研究，但应当禁止克隆人技术的研究，提出要严格区分治疗性克隆与生殖性克隆，治疗性克隆可以予以鼓励和支持，但是生殖性克隆即克隆人应该完全禁止。这是因为，从进化论的角度看，克隆人是单性生殖，这是一种低级的生殖方法，历史证明，人类进入有性生殖之后，才更加优质优等。从社会的角度看，人毕竟不是物品，不能随意制造，否则生命将不会受到尊重，人们也将不再珍惜生命，而且可能随意毁坏生命。学者们提出"要克隆技术，不要克隆人"，是对这类观点的一个概括。

三、几点对策建议

第一，敦促在全球范围内全面禁止生殖性人类胚胎克隆实验，达成有效的、尽可能广泛的全面禁止克隆人类胚胎协议。2002 年 12 月 12 日，联合国大会通过决议，决定将《禁止人的克隆生殖国际公约》的项目列入大会第 57 届会议的临时议程。联合国教科文组织也颁布了《世界人类基因组与人权宣言》，以"尊严、平等与相互尊重人的民主原则"和反对任何"人类与种族的不平等理论"为基本宗旨，对各国发展基因研究提出了要求。并且，考虑到国际国内大多数专家学者对克隆人技术的不赞同态度，以及克隆人技术可能引发的种种社会、伦理、政治、法律等问题，建议中国政府积极响应、支持并敦促在全球范围内全面禁止生殖性人类胚胎克隆实验，加强同相关国家的交流与联盟，共同签署有关国际条约，共同禁止和惩罚滥用基因技术的行为。只有将国内立法与国外抵制结合起来，才能更有效地预防和打击基因技术滥用，使基因技术造福于全人类。

第二，加强克隆技术的发展和研究。学者认为，无论哪一种重要技术，对一个国家来说，谁先拥有谁就占据了优势与主动，而没有掌握技术的国家就可能因此而遭受损失，并很难弥补。所以，在我国，可以由政府牵头，组织科学家对克隆技术进行专门研究。这样，既可以使我们国家在基因技术上不至于落后于发达国家，也便于对克隆技术的控制和管理，最大限度地减轻克隆技术的不良影响。

第三，为防止基因技术滥用，可建立一套相应的管理体制。建立一支由生命科学领域知名学者、科学家组成的生命科学的评审与监督委员会，全权负责某些"特别"的基因科研项目，评审与监督委员会的意见应成为政府主管部门是否批准"特别敏感、有争议或疑问"的基因项目的依据。该委员会同时也负责制定辅助生殖管理条例和其他相关研究规章，保障我国生命科学研究健康发展。

第四，设立相关专门委员会机构。学者们建议在国务院下设立高层次的专门的"生命伦理委员会"，并设立专门的克隆技术社会伦理研究中心。一些发达国家早已成立国家级的此类机构，负责管理、监督有关生命科技研究的重大问题。建议我国尽快成立直属于国务院的专门的"生命伦理委员会"，以加强对克隆技术研究的管理。学者们提出要认真研究克隆人所可能对人类社会产生的利和弊，以及克隆人技术所可能带来的各种社会后果，要加强对治疗性克隆与生殖性克隆、克隆人与克隆动物的区别性研究，要加强对策性研究。建议在国务院"生命伦理委员会"下设立专门的克隆技术社会伦理研究中心，并拨付必要的研究经费，着重加强克隆技术的社会伦理研究。

第五，加紧相关立法的论证、调研工作，审慎出台相关法律制度。法律必须明确规定：滥用基因技术、危害后果严重者，要受到处罚。同时，禁止任何团体和个人与邪教勾结起来进行克隆人技术研究。法律应该明确禁止任何团体和个人从事以金钱为目的的无序的基因技术、成果的买卖与交易，防止一些类似犯罪机构、邪教组织以基因为武器危害社会。法律应该明文规定：政府主管部门有义务对下属团体或个人进行克隆技术研究开发和利用实行有效的监督与管理。某些"特别"的实验在进行前必须得到政府主管部门的批准，严禁"地下操作"和"秘密运作"。政府主管部门必须对某些"特别"的基因准许实验实行有效的控制，并及时了解、掌握该实验的运作状况。基因的专利保护和隐私保护也是法律应当关注的问题。

第六，加强科技伦理建设。专家学者们认为，科学问题具有哲学意义，生命伦理学对生命科学的研究不仅要审视个人的利益，还要关注家庭、群体、社会的利益，既要从现实利益出发，又要把握好将来的利益，结合生存伦理、生态伦理、经济伦理的考虑，处理好技术上的"可能"与伦理上的"应该"，以及自然法则与道德法则之间的关系。科学与伦理的矛盾冲突会不断发生，在科学技术成为强势文化的今天，伦理学必须对生命科学给予深刻关照。我们应当坚持科学研究的宗旨，为了人类的生存、发展和幸福，坚持行善避恶的、趋利避害的、公正的恒久道义，促使科学与道德协调发展。

第四章　伦理审视下的网络秩序[*]

网络世界需要秩序建设，对此，技术、法律、制度、道德，一个都不能少。

一、强行侵扰的"网络来客"

黑客、流氓软件、垃圾邮件，一个个不请自来，强行侵入，极大地破坏和扰乱着网络生活秩序。

"黑客"（hacker）初指喜欢探索计算机软件程序奥秘并从中增长个人才干的人，后来所指渐杂：有对计算机系统进行智力自由探索和挑战的，以完善程序和网络为己任；有恶作剧地为他人电脑制造一些小麻烦的；也有背离早期黑客传统，利用自己的高超电脑技术在网络上从事不道德和非法活动的。

不可否认，"黑客"在探索软件奥秘以及计算机工业产生中的确做出了极大贡献，但后来某些黑客利用独特技术侵入商业、民用的计算机系统，截取机密资料，干扰系统运行，进行诈骗活动，传播不良信息，给相关机构和社会造成了巨大经济损失以及混乱，对政治、军事要害部

---

* 原载《中国教育报》2006 年 10 月 31 日。

门的侵扰也使黑客成为许多国家计算机安全防护的头疼问题。黑客犯罪所具有的隐蔽性和高技术性使它对社会的破坏力更大，已成为网络生活中令人担忧的重要问题。

和黑客有一定共性的"流氓软件"，今天也已成为侵扰网络秩序的另一害群之马。流氓软件包括恶意广告软件（adware）、间谍软件（spyware）、恶意共享软件（malicious shareware），介于合法软件和病毒之间，有一定的软件价值但又具备电脑病毒和黑客的部分行为特征。流氓软件往往会强制安装并无法卸载，消耗系统资源，并强行弹出广告和窃取用户私人信息。

强制侵扰人们网络生活的还有垃圾邮件。垃圾邮件主要指强行发到用户信箱中的含有广告、资料、病毒等内容的电子邮件，一般具有批量发送的特征。

黑客、流氓软件、垃圾邮件，都在暗处利用网络技术对用户实施强行侵扰，害你没商量。黑客信奉"信息共享"及"不受限制和完全的自由"。在伦理视野中，黑客奉行的"自由观"是一种极端个人主义的绝对自由观。这种错误的自由观不了解个体和他人以及社会的关系，没有看到人的自由实现的社会现实要求，停留在一己绝对自由的层面，因此在社会实践中不仅实现不了自己的价值追求，反而适得其反，最终给自己、他人带来极大伤害，成为网络秩序以及社会和谐的破坏因素。流氓软件和垃圾邮件被人们斥责为"靠缺德赢利"，在利益驱动下，钻法律空子，损人利己，是典型的极端利己主义行为。这些高科技犯罪或缺德行为迫使人们思考：网络技术给人类带来了福音，但不受控制的网络技术也会带来祸害和社会紊乱。

二、博客的自由究竟多大

博客从诞生之日起就是一种特殊的网络现象。博主即写 blog 的人，blog 意指"网络日志"。博客作为独特的网络交流方式，由于个性化或匿名的特点，显得更加开放和自由。博客也因此在中国得到了迅速发展。

许多人在博客里或记录、展示、抒发自我，或与他人分享自己的生活和思想，但也有些博客出现了种种问题，如随意暴露他人隐私，谩骂侮辱他人，泄露公司秘密，侵犯他人名誉，传播违法或不健康内容，等等。博客是自主自由的私人空间，由于规范不到位而有些变味。批评或争论演变成博客"粗口"，语言暴力扭曲了博客的自由和民主，"博客"成了"搏客"。种种违法悖德的言语和行为，冲击着博客世界的秩序与健康发展。

　　这些问题不得不引起我们思考：博客的自由究竟有多大？博客是私人空间因而具有个性自由，但同时又具有开放空间的属性，其自由并非毫无限制。每一个博主在享受个人自由的同时，必须充分尊重他人和社会，遵循应有的网络规范和伦理准则。你有表达自我的权利，但没有恶意暴露他人隐私、机密以及不良信息的权利；你有批评和争论的权利，但没有辱骂、诽谤他人，侵犯他人名誉的权利。目前发生的诸多博客个案，都和博主不负责任的任意言行有关。除此之外，也和博客提供商没有完全承担起相应监管责任，以及监管制度法规缺位有关。应当说，大部分网站是在比较规范的状态下运营的，但事实上受技术手段及法规缺位局限，加之实行匿名注册制，网络监管的确具有极大难度。

　　网络世界早已开始了关于"实名制"和"匿名制"的讨论，许多人认为，博客实名制可以解决上述问题，但也有人感到实名制限制了网络自由空间，且保护网民信息资料安全的问题也给管理部门、网络法规以及技术手段提出了新的要求。从伦理应然角度看，在法律、技术、监管的健全进程中，注册实名会强化网民道德自律，并增加监管的可能。博客并不完全是"自吟自唱的平台"，由于个体的、商业的和信息技术的原因，博客已不同程度地成为一种大众传播媒体，事实上已具有私人空间和公众空间双重性质。正如《博客公约》所强调的：博客世界的规范管理和自律自爱，是博客健康发展的根本保障。

三、网络生活中的"暴力"

　　信息技术使网络游戏遍布各个角落，许多网络游戏的内容是以暴力为主题的，"攻击、再攻击，直到死亡"。喜欢网游的青少年处在由无知不成熟向有知成熟的过程中，成长过程中好奇心、求知欲都很强，可塑性也非常大。孩子们在游戏娱乐间，不知不觉被灌输了"打""杀""消灭对手"的意念。他们在游戏中培育了对暴力的崇拜，学会了以强欺弱，学会了靠暴力解决问题。在诸多青少年暴力或自杀个案中，许多案犯就是在暴力游戏中诱发了"对神秘杀手的崇拜"，以"成为一个神秘杀手"为理想，最终走上了犯罪道路。孩子们在游戏机、网络、光碟上潜移默化了解到的生活概念，是用武器和凶器而不是其他沟通方式来解决矛盾与冲突。所以，完善网络游戏审查和分级制度，加强对青少年的正面引导，阻止暴力文化不应有的网络泛滥，使青少年免受暴力形象的误导，是当下全社会应充分重视的重要问题。

事实上网络暴力并非仅存于青少年和"网游"之中，近些时日由"虐猫事件"引发的第一张"追杀令"，到此后多起"网络追杀"事件，被一些媒体称作"键盘暴力"，显示出另类形式的网络"暴力"正在更大领域中潜存。应当看到，网民在自发檄讨中表现出的道德感和主体意识，在某种意义上恰恰表现了社会的正义力量，对不道德的人与事也具有强大威慑力，这种力量是社会应该维护的。但问题在于"网络追杀"有时候超越网络界限延伸到了现实生活中，给当事人和网络秩序带来了不同程度的侵扰。法治社会要求依法判处一切罪恶，道德声讨不能越界代替法律审判。况且，如果所判之"罪"有被夸大或想象的成分，如果人们在"网络追杀"中培养了非理性泄愤的行为习惯，就更有悖于网络正义的初衷。网络社会需要道德舆论和正义之声，也需要公序和理性，广大网民伸张的应当是理性的正义而不是非理性的激愤。

四、虚拟世界的"另类游戏"

信息时代的到来，使网络文化在相当程度上变成人们的一种生活方式。网络生活可以用"多彩"、"游戏"、"自由"和"虚拟"来概括，在那个世界实行的是另一种"游戏规则"。虚拟生活可以使人们的生活内容和时空得到无限延展。相当多网民，尤其是青少年，往往生活在双重世界中，一个是现实真实社会，另一个是网络虚拟世界。虚拟世界的非真实性、隐匿性，使人们在网络行为中可以随心所欲，极尽想象和创意，当然就会在某些方面不守规则地做自由任意的事。如在网络中可以实行无数次的"网婚"而无后顾之忧，可以说任何话而不负责任，在网络行为中还可以任意打杀而不负法律责任，人也可以死而复生。

虚拟世界的生活方式使人们体验到的是另一种"游戏规则"，人们尤其是不完全成熟的青少年，往往容易混淆这两个世界，不自觉地把虚拟世界中随心所欲与不负责任的行为和意识带到现实生活中，在现实真实世界也做出违规违法的事情。一个人如果在虚拟世界放纵自己，久而成习，就会不自觉地在现实中开放生活闸门。事实上已有许多网民从虚拟"网恋"中逐渐走向真实，而使家庭生活遭遇变故。也有诸多沉溺于"电子海洛因"的青少年，带着打杀和"死而复生"的"网游"感觉，视自己和他人的生命为儿戏，令人痛心地在现实中走上了不归之路。

网络生活应当成为公民素质和社会秩序的培育基地，而不是无序生活和犯罪心态的温床，社会必须对网络文化和网络生活加强管理，必须对人们进行道德引导，这对社会秩序建设以及青少年健康成长尤为重要。

五、网络社会的秩序建设

网络社会的终端总是与现实社会相联系，作为现实社会的一种表现方式，同样需要秩序建设，需要有与现实社会一致的规范和管理。在网络秩序建设中，技术、法律、制度、道德，一个都不能少。

首先亟须进一步制定、完善相关法律规范，对网络产业要依法监管，网络产业不应只顾赚钱而不问社会责任，对网络生活中的其他主体也需要依法约束或保护。许多网络侵权纠纷频繁发生，许多网络案件难以有效处理，由网络负面影响引发的社会犯罪频频发生，网络监管法规的相对缺乏是一个瓶颈原因。

同时要针对现存的具体问题，加快如实名制、责任制等网络管理制度的制定或健全，虽然在网络管理制度方面对自由和管理权限还存在争论，但不能因为有人喜欢无拘束的自由，网络管理就放弃做制度约束的努力。另外，在法律制约和网民自律还存在一定不足的时候，政府相关部门一定要加大监管力度。此外，还要大力促进网络安全技术水平的提高，网络管理技术也要不断完善。

　　除此之外，要营造体现人类共同价值追求的社会道德氛围，以形成对网络生活的正面影响。要积极构建网络伦理规范，加强网络行业以及网民的道德自律能力。规范网络秩序，不仅需要制度和法律的进一步健全，更需要网络主体的道德自律。引导包括网民和网络营运商在内的所有网络主体，自觉将网络道德规范内化到自己的网络生活中，自觉规避网络违法失德行为，使网络社会文明有序地健康发展。

第五章　艺术不是唯一标准[*]

　　职业的特殊性使明星拥有普通人所不具备的话语权、形象展示机会和公共媒体资源平台，这就决定了他们具有比普通人更大的社会影响力，也就赋予了他们潜在的社会教育职责。正如教师必须做到为人师表一样，明星应该做到德艺双馨，他们不仅是艺术形象的创作者，更应当成为社会守法守德文明形象的引领者。但遗憾的是，目前不管公众还是明星自身，对明星所具有的社会教育职能的认识还相当不足，人们将过多的注意力集中在了这一群体所创造的艺术作品和商业价值上。

　　在近年来公众对明星的评价体系中，"最不受欢迎的十大明星"的评选往往针对的并非艺术水平的高下，而更多考察的是道德水准的高低，这说明现在公众开始越来越看重明星的道德素质。在艺术人才的教育和培养中，艺术水平不能成为评价人才的唯一标准，综合素质和道德素质的培养必须加强。要使目前的状况得到改善，必须改变艺术人才评价标准单一化的模式。

　　此外，虽然我国文艺界一直将"德艺双馨"作为对文化艺术工作者的最高要求，但德艺双馨艺术家获得的往往只有名誉上的褒奖，与其他奖项获奖者的名利双收形成鲜明对比。文艺界的道德建设和维护，还需要建立完善有效的道德激励机制。

---

　*　原载《人民日报》2009 年 1 月 17 日。

第六章　道德城市中的归属感建设*

　　城市理论家芒福德（Lewis Mumford）说：将一个城市和一座乡村区别开来的，不是它的范围和规模，不是它的人口数量，而是它的城市精神和城市文化。一个有文化和精神的城市，应该充满道德关爱和人文归属，城市归属感应当是道德城市建设的题中应有之义。

　　人有归属感的社会性本质需要。如果生活环境不能满足人的归属需要，人就会产生孤独、无助、焦虑甚至无意义感。在无所归依的心态感觉上，就很难让人有安全感、幸福感和道德追求。当下诸多社会心态问题，如人生方向不明、抑郁低迷、焦虑不安、怨气充斥、暴力冲动等，和很多因素有关，和社会归属感缺失、孤独环绕也有关。如此心态下提道德要求会事倍功半，甚至会使人对道德号召产生排斥和逆反心理。传统文化讲究"安身立命"，人与他人或一定群体建立了关系，人才会因有归属感而心有所定，如此城市道德建设也才会有一个积极呼应的心态基础。

　　现代社会和市场经济解构了传统血缘社会与计划体制，"后单位时代"终结了计划经济条件下人们"单位如家""爱厂如家"的归属情结，随着社会结构和人际关系的"碎片化"，个体拥有了更多的独立和自由，同时许多人也成为原子化的、无所依赖的个体，这使一些人在许多时候

---

　　* 原载《光明日报》2013 年 4 月 24 日。

和领域，陷于无归属、无助的孤独境遇。

城市居住方式和交往方式都完全有别于乡村的"熟人社会"环境，城市生活的"陌生化"，会使一些人的孤独和不适感相随而生，同时产生的可能还有"身份焦虑"和"自由的焦虑"。所以，道德城市的建设有诸多方面的工作任务，但城市归属感建设是一个必须提上日程的问题。人的归属感可以多种形式落定实现，社会归属事实上也是通过多个层面体现的，你的国家、你的民族、你的乡土地域群落、你的文化社群、你的家庭、你的朋友、你的职业单位、你所在的种种社会或民间组织，都可以满足你的归属需要。

城市归属感可注重从以下几个方面展开：家庭归属感建设，社区、单位组织的归属功能建设，社会组织的归属性质发挥，等等。在今天现代市场充满竞争、商业氛围浓重的城市生活中，各类社会组织尤其应该更多地承担起亲情落地和满足归属需要的功能。通过各种社会组织，使"陌生人"变成"熟人"，从中获得关爱和帮助，感受社会"共同体"的温暖，找到自己的社会归属感和精神家园，同时也通过这些社会组织及其活动，实现个体的社会价值感和人生意义感。

城市建设千头万绪，但一个追求道德城市建设、实现"中国梦"的城市，一定要给人带来宽容友善的城市归属感。

第七章　社会转型期应注重人的归属感构建[*]

　　当下，快节奏的生活、激烈的社会竞争、频繁的社会流动容易使人产生缺乏归属感的心理状态。在一项涉及社会归属感的调查中，只有三成多的人认为自己"有归属感、不孤独"。缺乏归属感作为一个社会问题，越来越引起人们的关注。归属感是人的社会性本质需要。如果生活环境不能满足人的归属需要，人就会产生孤独、焦虑甚至无意义感。时下，一些不良社会心态的产生以及心理疾病增多、自杀率上升等问题，很多都和人的归属感缺失有关。

　　造成人们缺乏归属感的原因是多方面的。我国正处在由传统社会向现代社会转型的时期，传统社会依靠血缘、地缘、亲缘等建构的社会关系逐渐瓦解，但新型社会关系还不成熟。在社会主义市场经济条件下，许多"单位人"转变为参与市场活动的个体，以传统血缘为特点的人际关系转变为市场利益和契约关系，人们之间少了温暖感和依赖感等情感归属。社会流动加快，人们远离故土和亲人，置身于陌生地域和社会环境，往往产生无所依托的心理。城镇化改变了人们的生活方式和居住方式，加之物业管理商业化，许多社区成了仅供人们居住而缺少社会交往的楼群居所，人们相邻但却陌生。

　　归属感缺失是一种心灵失序。我们在注重经济建设的同时，不能忽

---

　　* 原载《人民日报》2015 年 7 月 27 日。

视精神世界建设。归属感构建是一项重要的民心建设、社会心态建设工程，需要从多个层面做出努力。

家庭因其特有的关系结构，用爱和责任为人们构建起空间归属和精神归属。对于绝大多数人来说，如果人生道路上没有家庭，就会处于无依无靠的心理感觉之中。因此，必须重视家庭的社会作用，发挥其在构建人们归属感上的独特功能，倡导家庭和睦的价值理念，让家庭成为人们心灵栖息的港湾。

社区是人们生活的主要场所，在构建归属感中可以有更大作为。现实中，居住环境的高层化、别墅化、单元化，使人们不相往来；许多社区服务过于商业化，缺乏应有的人文关怀。社区不仅是人们生活的聚集地，更应成为人们的精神家园。社区管理应以人为本，比如多组织一些活动，鼓励邻里相识、沟通，营造社区是大家庭的亲情氛围，让人们对社区有归属感。

单位是人们工作的场所，在构建归属感中地位非常重要。职业是人安身立命之所在，是人通过劳动实现自身价值的依托。然而，现代社会中人们在职场需要面对巨大的竞争压力。这种压力使人的精神世界常常处于紧张焦虑状态，往往导致人们对单位的归属感较弱。各单位的文化定位有所不同，但让员工感到被接纳、被认可进而形成归属感应当是首位的。给员工提供实现价值的平台，畅通员工与单位沟通的机制，关心员工的需求，等等，这些都有助于人们产生归属感。

志愿者组织、公益组织等社会组织在归属感构建中具有重要作用。在社会组织中，人们从陌生人变成熟人或朋友，交流感情、分享思想，从中获得关爱和帮助，感受依赖和温暖；通过帮助他人的社会活动，既实现个体的社会价值和人生意义，又给予被帮助者关爱和温暖。在今天充满竞争的社会生活中，各类社会组织应更多承担起满足归属需要的功能。这有助于解决或弥补现代社会人们归属感缺失的问题，也有助于疏解由消极心理、心态导致的社会问题。

第八章　校正失衡的道德"天平"[*]

道德建设是我国社会主义现代化建设的重要内容。近几十年来，我国大力推进道德建设，取得明显成效。从目前道德热点引发的社会讨论来看，公众对道德问题的基本判断和价值诉求主流是健康的，但社会中的确存在不少不讲道德的现象。如何看待社会道德现状，"道德社会病"的症结何在，又该如何治理，这些都是我们必须深入思考和回答的重要问题。

一、道德"天平"出现失衡

近年来，"毒奶粉""瘦肉精""地沟油""注水肉"等食品安全事件相继发生；劣质水泥、沙料、钢材和工程，造就了"桥垮垮""楼脆脆""路塌塌"；"小悦悦"遭遇冷漠路人，老人倒地不敢扶，电信科技成欺诈"帮手"，利益链条背景下群体造假与规模作案等，使人们感到社会道德的"天平"正在失衡。

道德"天平"失衡的后果非常严重，不仅影响经济发展，而且影响社会秩序和社会风气。同"中国式过马路"一样，"法不责众"现象并

＊　原载《人民日报》2013 年 2 月 17 日。

不少见，这在增加社会治理成本的同时，也引发了人与人之间的不信任、怨气和矛盾。现实社会的某种"低信任度"，也表现在政府公信力面临的种种挑战中。逢官必疑、腐败推定的质疑心态，使社会陷入越解释越不信的怪圈之中。

但也应看到，一方面，道德缺失事件在刺激人们的良知神经；另一方面，大量有识之士、有德之人在积极构筑社会道德的美丽风景，"最美妈妈""最美女孩""最美交警"呈现着中国社会的"最美"景象，志愿者行动、慈善组织、助人为乐的风尚与道德激情正在蓬勃生长。我们既应充分估计道德失范问题的严重性，也应看到社会道德、公民素质的发展和进步。

二、道德"天平"缘何失衡

"成长的烦恼"。转型期是发展黄金期，也是问题凸显期。研究表明，社会在迈向中等收入的时期，是容易出现问题和风险的。这一时期贫富分化加速，两极矛盾凸显，大众权利意识和差异性诉求增多，而社会主体和制度机制还没做好跟进准备，社会秩序容易出现冲突和矛盾。可以说，经济加速发展的时期，也是社会动员加速的时期。在此时期，人们想干的事远多于人们能干的事。因此，这个时期是最活跃、最进取的时期，也是矛盾频发和风险凸显的时期。在社会主义市场经济条件下，如果对市场主体的规制不力，对资本权利和公共权力的制约不够，就会引发种种唯利是图和权力腐败问题。

制度安排不到位，容易导致"劣币驱逐良币"。社会制度安排不能有效维护道德良知取向，选择德行的成本太高，不道德现象就会丛生。如果一个社会让有德人、救助者吃亏，导致德行与幸福的二律背反，做缺德事又得不到社会的责罚，"卑鄙是卑鄙者的通行证，高尚是高尚者的墓志铭"，久而久之，在社会道德生活中就必定形成"劣币驱逐良币"的恶性循环。社会诚信缺失、假冒伪劣大行其道有多方面的原因，但制度漏洞和监管不力是其中的重要原因。如果加大对无良行为的制度责罚，使人在无良与守德的"博弈"中深切体会到缺德带来的风险和过高成本，就会规导他们放弃缺德的选择。在许多时候，是外在强制性制度

"教育"缺德者学会选择道德。但目前制度安排、管理机制还不完善，制度执行参差不齐，制度还不能有效落实。

腐败现象易发多发，会引发社会心态失衡。腐败容易引发公众心态不平。近年来，许多调研显示公众对腐败现象不满。这也是世界普遍存在的引发社会矛盾和心态躁动的重要根源。研究表明，许多时候人们并非只因穷才不满，也不会因富而没有怨气。一些人因贫生怨，更多人会因腐败而愤懑。所以，不仅要关注民生问题，更要关注引起民怨的腐败问题。党的十八大报告指出，"一些领域消极腐败现象易发多发，反腐败斗争形势依然严峻"[1]。当腐败影响了政府公信力，政府怎样做都会受到公众的质疑和批评。

社会价值多元，造成"价值消解"。随着市场经济的发展，市场自身的弱点及其消极影响，诱发了消费主义、物质主义、拜金主义和极端利己主义的传播与扩散。特别是当前，我国正处在改革发展的关键时期、社会转型的深入时期，社会利益分化，社会价值多元，使一些不良思想占据了一定市场，对人们的思想观念、道德价值产生较大冲击，出现了部分人是非、荣辱、美丑不分的现象。主流价值观和社会环境价值观出现冲突，就会产生"价值消解"。

三、营造良好社会道德生态

完善"制度细节"。缺少落实的机制和途径，常使好政策或走样变味，或有头无尾。有学者认为，建立社会秩序是一个博弈过程，在社会存在大量不法无德行为的情形下，在社会成员自律素质有待提高的情况下，制度的硬性制约对社会秩序就变得极为重要。党的十八大报告强调指出，"要把制度建设摆在突出位置"[2]。有了好的制度，有了配套的执行细则，再加上有执行能力和水平的人，社会秩序、道德风气就能开创新的良好局面。

让权力"在阳光下运行"。腐败是影响党群干群关系和政府形象的

---

[1]　中共中央文献研究室. 十八大以来重要文献选编：上. 北京：中央文献出版社，2014：4.

[2]　同[1]20.

重要因素。反腐问题"是人民关注的重大政治问题。这个问题解决不好，就会对党造成致命伤害，甚至亡党亡国"①。如果制度规章不严密，公权力就会走样，必须制定科学严密的规章制度约束公权力。正如习近平所强调的，要把权力关进制度的笼子里，坚持"老虎""苍蝇"一起打，有腐必反、有贪必肃，用优良党风促政风带民风。

推进社会主义核心价值体系建设。文化在当今社会中的作用越来越凸显。思想文化领域，先进文化不去占领，落后文化、腐朽文化就会去占领。加强道德建设，必须大力发展社会主义先进文化，尤其是注重社会主义核心价值体系建设，积极支持健康有益文化，坚决抵制腐朽落后文化。这是促进经济社会发展的必然要求，也是社会主义文化发展的规律。

---

① 中共中央文献研究室. 十八大以来重要文献选编：上. 北京：中央文献出版社，2014：42.

第九章 迈进现代社会，"道德良知"不能缺失 *

在现代社会治理中，政治精英、制度学者容易强调制度建设及其功能，这是对的，没有制度和法治，国将不国，但制度治理不是唯一的。我们在强调大力发展外在制度性规范建构的同时，往往忽略了现代人的内在心灵秩序问题。

转型期人们的心灵秩序往往面临着前所未有的挑战。市场经济、现代化带给人们诸多物质满足的同时，也带来了某些心灵秩序的"碎片化"和"无意义感"，个人的无意义感、无归属感、无认同感、孤独感，是许多现代人的精神心理状态。伦理思想史上提出过三问：什么是好生活？为了好生活我们应该怎么做？人应当成为什么？在现实生活中，仿佛我们更关心"应该如何行为"而不是"成为怎样的人"及"什么样的生活才是好生活"。在此基础上产生的规则功利主义导向的世界，往往使人忘记了人性的高贵、美德的意义，丧失了精神家园，沦为功利主义、实用主义的"物化"的"单面人"。从某种意义上可以说，正是现代市场经济社会片面"物化"的发展忽略甚至放逐了精神家园、意义价值和对人性的追求，社会出现大量道德问题，人们因此也把由现代"物化"生活模式、规则功利主义而发生道德社会规导的局限，称作"现代性的道德困境"。

---

* 原载《北京日报》2015 年 8 月 17 日。

另外，随着传统社会结构的解构，人际关系建立在了一种非血缘、陌生人的利益关系基础上，交往活动不再囿于亲缘范围而发生在陌生人之间，体现为一种现代性的公共交往。陌生人交往或现代公共生活问题的解决，在很大程度上有赖于友爱德性即公共精神的普遍化，其中就包含着对陌生人的友爱和他人意识、责任意识。而在市场化大潮下，原有的血缘关系社会基础和精神文化被冲破，新的契约关系和适应陌生人际的公共精神还未准备齐全，这就容易出现"道德冷漠""低信任度"等社会道德问题。以道德冷漠为代表的转型期道德困境问题产生的根本原因之一，在于缺乏"公共精神"或者"公共社会德性"。也就是说，现代公共生活中陌生人之间的相处，需要更多的他人意识和"共在"意识，需要更多对他人、陌生人的尊重和友爱，即需要公共精神来调整。外媒对"中国人的分析报告"说："中国人不了解他们作为社会个体应该对国家、社会所承担的责任和义务。普通中国人通常只关心他们的家庭和亲属，中国的文化是建立在家族血缘关系上而不是建立在一个理性的社会基础上。中国人只在乎他们直系亲属的福祉，对与自己毫不相关的人所遭受的苦难则视而不见。"这类分析报告虽然不全面，但也不失深刻，揭示了中国人公共精神、他人意识、友善能力方面一定程度的缺位。

"治理体系与治理能力现代化"的提出，表明社会治理进入系统治理、制度治理的语境之中。值得注意的是，我们不要简单陷入"唯制度主义"的单向解读中。对于现代社会治理与现代人生活质量和幸福感而言，仅有物质不够，仅有制度也不够，要想建立真正公平而和谐的社会，在制度正义、依法治国的基础上，还需要社会德性、公共德性和人性良知作为重要补充。社会秩序应该是制度法制、规则秩序加上"心灵道德秩序"、"他人意识"和"公共精神"。

第十章　光靠讲道德解决食品安全问题不现实[*]

　　主持人：第一时间，共评时政，各位网友大家好，欢迎关注《第一时评》节目。近日来，随着含有防腐剂、甜蜜素的更改日期的馒头以及"染色馒头"的相继曝光，食品安全问题再度成为全社会关注的焦点，这不仅仅是猪肉"毒"了、馒头"坏"了，更加让人担忧的是食品安全暴露出的道德滑坡问题。针对这个现状，今天我们请到演播室的嘉宾是中国人民大学哲学院教授、伦理学与道德建设研究中心主任——葛晨虹老师，请葛主任就以上话题与广大网友展开深入探讨。您好，葛主任。

　　葛晨虹：你好。

　　主持人：您好，葛主任，前些天我们看到新闻报道，温总理在同国务院参事和中央文史研究馆馆员座谈的时候特别说出了这样一段话："近年来相继发生'毒奶粉''瘦肉精''地沟油''染色馒头'等恶性食品安全事件足以表明，诚信的缺失、道德的滑坡已经到了何等严重的地步。"那么，针对这一系列食品安全事件暴露出的道德滑坡问题，您认为现在在中国企业中，这种现象是作为单独的个例逐一暴露了出来，还是有逐渐成为普遍现象的趋势呢？

　　葛晨虹：可以说"道德失信""坑蒙拐骗""不守规则"等问题，实际上不光在企业中有一定的存在，在全社会也算是一种普遍现象。伴随

---

　　*　原载 http：//www. 71. cn/2011/0930/681069. shtml，根据录音整理。

着市场经济几十年的发展过程，假冒伪劣、坑蒙拐骗一直没有被杜绝，像最近出现的食品安全问题还有一些药品安全问题，连这些事关人命、健康的产品都会出现严重问题，可见我们这个社会不光有道德的问题，其他的监管、法制方面也都存在一些问题。可以说，在这些问题上，一些领域一些行业中道德失信还是比较普遍的。我觉得市场中除了假冒伪劣、坑蒙拐骗的现象比较多，全社会道德现象也有很多不尽如人意的方面，像不守规则。我觉得现在这也算是一种比较普遍的行为，有令不行、有令不止。如果大家在遵守法律、遵守道德规则方面有一种不守规则的习惯和心态的话，这个社会管理起来成本就会非常大。除了不守规则之外，还有一种比较普遍的现象，就是缺乏对他人利益的尊重。我们现在提倡"以人为本"，但是很多人就把这个"以人为本"理解为"以我为本"，甚至在某些领域、某些人身上，利己主义现象都是非常明显的。实际上自己的利益一定要在和他人的利益对等的关系中去实现。举一个很具体的例子，在网上看到有材料说，小区里面有人养宠物狗，狗咬了社区的邻人，邻人很不高兴，在这个过程中计较起来。按说谁的狗咬了人，谁就应该感到抱歉并帮着赶快处理，至少道歉的态度是应该有的。但是狗的主人却说："怎么着吧，狗又不是人，又不懂事，我也没办法，我天天在这儿遛狗，狗怎么不咬别人专咬你呢？"你看，人与人之间起码的尊重都没有了，整个企业以至于整个社会，可能在相当程度上都存在着一些不道德的现象。诚信缺失、道德滑坡，相对说来在一些领域、一些人群身上表现得比较严重，也可以说比较普遍。一个社会，如果在食品、药品这样事关人健康甚至生命的大问题上存在假冒伪劣现象的话，那我觉得这个道德底线就被击溃了，这个道德失信、道德滑坡的问题就非常严重了。

主持人：葛主任，我们可以看到当下中国经济正处在一个非常高速增长的阶段，由粗放型经济向集约型经济转变。在这种转变过程中，不光包括中国这样的发展中国家，还包括美国这样的发达国家，都出现过恶性食品安全问题。食品安全是不是在经济发展之路上不可避免的事件呢？

葛晨虹：有这方面的问题。从大的市场经济、商品经济发展的历史过程来讲，它一定有一个从无序走向有序的过程。实际上资本主义市场经济在早期发展时期、在资本原始积累阶段，甚至有一些非常残酷的社会现象，所以人们经常说"羊吃人"。市场经济如果完全按照它"看不见的手"去发展、去调控，真的会出很多问题，因为总有一些不法商人不择手段地追求一些利益。于是，对市场来说，就需要一只"看得见的手"去管控，这样市场才能逐步走向规范。道德滑坡也罢，道德失信也罢，我们说是市场经济发展过程中必然会出现的现象，但这并不意味着可以任其自由发展，它们是过程中的问题，但是不要将这个过程当成一个自然的过程。我们的市场经济发展思路也是不停地变化的，这个历史过程实际上表明我们在市场经济发展中遵循着"看不见的手"的调控，我们国家虽然说摸着石头过河，一直也是这么走过来的，但也在逐步使市场越来越规范、越来越成熟，把自然的市场经济发展过程中会出现的很多诚信缺失现象，甚至道德滑坡现象，降到最低限度。所以，这个社会一定要加大建设，建设实际上就是有意识地调控这样一个自然过程。

主持人：其实我们留意到，在相继曝光出来的这些非常恶劣的食品安全事件中，涉事企业不少是民营或者私营企业，故而有观点是这样认为的，这主要是公有制经济占主体的经济体制压抑了民营经济、私营经济的发展，导致在夹缝中生存的非公有制经济会采用非常规、非道德的恶劣手段，并暴露出侥幸心态。您对此观点有什么样的评价？

葛晨虹：我觉得不能这样归因。实际上据我了解或者感觉，很多民营尤其是私营的小生产者都有一些特点，比如我们经常看到大量小作坊制作工艺简陋，在这个过程中就容易出问题。此外，私营企业的经营往往具有小生产的特点，由于比较小，所以那种规模效应、长久效应有时候就不太能体现出来。再加上私营生产者主体的素质参差不齐，有些主体的素质非常低，不光道德素质低，法律意识也不够到位，管理、产品运作方面也缺乏一些应有的素质。所以，这样的主体经营一些小型私营企业，就容易出问题。除此之外，和大的企业相比，很多私营的、民营的企业是最近三十年才出现的，其历史、积累、企业文化、经营理念相对说来比较薄弱，就容易出现一些假冒伪劣等对消费者和社会不太负责的经营方式。所以，确确实实有这样一些原因。

主持人：其实这一两年暴露出来的食品安全问题真是不少，而且屡禁不止，在这里特别想问您的是：据了解我国其实有着非常严格的质检标准，那么在这个过程中，质检部门为什么没有起到安全阀的作用，是因为它们现在的权力不够大，还是因为质检过程中存在多头监管等弊端？

　　葛晨虹：多头监管在机制上理得不是很顺，这肯定是一个很重要的因素。不光在食品安全的质检方面，在整个社会的管理方面都会有一些多头管理带来的不利方面。说到食品监管的多头管理，如果机制没有理得很顺、很通畅，在具体的衔接等操作层面就会出现很多问题，这些问题如果变成一些漏洞、变成一些空场，我们的食品安全就没有一道严密的防线，就给不法商人或者不道德的人留下了可乘之机。所以，多头监管带来的问题肯定是存在的，但不能把食品安全问题仅仅归结于质检监管部门的机制不健全。其实从社会角度考虑，这是一个多方面的问题，质检部门的多头监管是其中的一个方面，所有的质检部门和质检人员、管理人员有没有不作为的现象，是不是都尽职了，这些都是需要弄清楚的。我们讲职业道德的时候特别强调尽职的方面，如果大家都严格履行自己的监管职责，情况可能会好一些。除此之外，企业本身的自我管理在监管链条当中也是一大薄弱环节。实际上很多企业尤其是一些新生的企业与那些大企业、已经有了品牌积累的传统企业是不一样的，它们缺乏一些良好的企业文化、企业理念，并且目光短浅，有时候采取的手段实际上不是在给自己加分，而是起着砸自己的牌子或者让自己的企业没有品牌效应的负面作用。

　　主持人：葛主任，我们知道其实在现代市场经济条件下，企业谋求利益肯定是天经地义的事，但是面对暴利，企业尤其是民营或者私营企业可能有一些投机心态，那么用道德来约束它们就可能显得非常苍白无力。故而有观点认为，仅仅依靠"道德"二字来约束这种投机行为，杜绝食品安全问题是根本做不到的。那么，从字面上讲，道德是不是应该从舆论宣传或者教育上入手，道德背后到底有什么更深层次的意义呢？

　　葛晨虹：道德是一个规范体系，但这个规范体系的特点是软约束。它需要法制包括政治制度、政令等硬性的、刚性的制度的配合。道德对于一个社会来说，起着表达这个社会、这个时代价值取向的作用。道德的话语方式就是"应该怎么样"。我们经常说道德就是表达"应当怎么样"的价值取向或者理想目标，这个价值取向或者理想目标，对于社会来说不能停留在个人的道德品质层面。我们选择中国特色社会主义共同富裕道路，共同富裕表达的就是道德所表达的那种人人平等的价值理念。很多价值理念表达在政治领域是选择什么样的体制、什么样的制度政令，表达在法律层面是有哪些法律规则，表达在经济领域是有什么样的经济市场运作规则，这些体制、制度政令、规则是硬性的、刚性的，但它们包含的内容实际上是道德应然的价值理念。有专家说，如果社会不讲道德，不进行包括道德文化、道德理念、道德价值取向的道德建设，法制这些硬性建设就是做不好的。对每个公民来讲，如果没有起码的道德素质，也难以成为一个遵纪守法的公民。国外诺贝尔奖得主道格拉斯·诺思把社会的制约分为硬制约和软制约。道格拉斯·诺思说，人们的行为往往在更大程度上（不管过去的传统社会还是今天的现代社会）是受软制约、非政治制度的约束来选择的。非政治制度包含着传统文化、意识形态以及人们的思想观念、觉悟、价值观、道德，当然还有一些国民素质的方面。从这些角度来讲，道德可能不是管理社会的唯一的规范体系、价值取向，但却是一个社会绝对不能缺少的、最基本的、灵魂的、理念式的规范体系。

主持人：其实我们看到温总理在讲话中还提出了应该在全社会大力加强道德文化建设，形成讲诚信、讲责任、讲良心的强大舆论氛围，从根本上铲除滋生唯利是图、坑蒙拐骗、贪赃枉法等丑恶和腐败行为的土壤。那么，就食品安全问题而言，您认为接下来我们应该从哪些方面做到真正遏制道德滑坡现象呢？

葛晨虹：这是一个全社会的系统工程。实际上社会秩序的管理，尤其是道德的提升建设，是需要全社会一起努力，各个维度、各个领域一起建设的大问题。首先，肯定是制度建设。我们的体制要改革，要不断发展完善，包括像刚才讲的多头监管的很多具体的机制体制从大到小都需要改革，应该进一步完善。虽然我们的市场经济发展了这么多年，我们的法制体系应该是越来越完备了，但进一步的发展空间还是有的。除了法制制度，一些具体的、标准的、法度的规定也需要改革，需要发展完善。我们现在有很多标准，但是也有一些标准滞后了或者不够具细完善。比如瘦肉精，一代瘦肉精查出来了，也有检测标准，但是一些不法的或者不道德的商人会很快研制出二代瘦肉精，如果二代瘦肉精的市场监测标准没有马上跟进流入市场，就会产生很多问题。在其他的食品、药品方面以及更大领域的产品质检方面，都还有一些空白或者弱项需要进一步解决，这是标准体系。其次，我觉得企业生产主体的经营理念、道德素质、自我监管也非常重要，需要加强建设。我们需要更多的企业文化研究、企业文化建设，需要建立品牌战略思路，以促进企业的可持续发展。再次，我觉得可以动用或者加强一些技术监管的维度。我在网上看到有些地区已经建立起一些食品安全质量检测的电子系统，就是说，消费者能够很方便地知道食品安全的信息、质量的信息，然后去查也罢，去选择也罢，他们都有一个信息对称的环境。这样的话，就可以更好地调动消费者这个群体，让消费大众成为一道安全检测防线，他们的选择、他们的监督能够逼迫或者规导生产商、经营商向保障质量安全的方向发展。这方面的建设目前非常薄弱，应该加强。最后，我觉得咱们今天谈的主题就是全社会的道德建设，我觉得企业的道德建设或者具体落实到我们今天所讲的食品安全问题的解决，都有赖于全社会的道德建设。如果制度建设硬件到位，经营生产主体从经营理念、道德素质、自我监管等方面全面提升，全社会再加强道德建设，那么我们的道德缺失、诚信缺失等这样一些问题，甚至道德滑坡、道德底线被击溃的严重问题，就会逐步得到解决。

全社会的道德建设实际上也要当作一个系统工程来进行。比如，首先要有清楚的理念，全社会要有这个共识。现在是一种什么状态？很多年来，咱们国家执政管理层面的意识都比较强，强调未成年人的道德教育、公民道德建设、荣辱观建设到今天强调核心价值体系建设，实际上表明了我们在国家层面对这个问题看得很清楚，很重视。很多年来，在很多具体领域，普通百姓可能对这个问题的重视或者全社会的道德感不够到位。随着改革开放几十年的发展，我们的道德观念、全社会的道德感正在不断提高。比较明显的是，前一段两会期间代表们上上下下一致锁定了道德问题，呼唤中国人的血液中，公民的血液中，应该加大道德的浓度。这恰恰是一个好的表现，说明我们过去一直在上层强调道德建设、公民道德建设，而现在普通百姓乃至全社会都开始呼唤道德，包括今天坐在这里锁定这个主题谈论这些问题，都是这样的一个表现。所以，这是第一步，道德意识建设上下要达成共识，这是一个方面。与此同时，"建设"是一个关键词，我们要加强道德建设。不能说经济发展了，物质基础好了，道德自然而然就一定会提升。虽然我们这么多年一直没有停止道德建设、道德教育，但我们还是要加强道德建设。我觉得在道德建设方面目前要解决的是如何使用我们的道德理念，如何使我们的一些基本理念（例如社会主义核心价值观）大众化的问题。不进行大众化，没有完全细化落实，是不会产生真正的建设效果的。所以，在这方面要下大力气去研究，要加大这方面的建设拉动。当然最后要强调的是，道德建设绝对离不开制度的保障和支撑，所以我们进行道德建设一定要和硬制度的刚性约束结合起来。这样的话，我们全社会的道德建设就可能有良好的起色。

主持人：非常感谢葛主任今天来到我们的演播室，针对食品安全暴露的道德滑坡问题跟我们的网友进行了一次很深入的探讨，今天的节目到此结束，感谢关注，我们下周再见，也再次感谢葛主任的到来。

第五编

研究综述

第一章　正学宗师：罗国杰先生伦理思想及其理论影响*

作为中国当代著名哲学家、教育家、伦理学家，新中国伦理学事业的奠基人，中国马克思主义伦理学的开拓者，社会主义市场经济条件下道德建设理论的创建者，罗国杰先生把毕生的教学研究与社会主义伦理学事业和国家前途结合起来，在伦理学理论创建、研究以及人才培养方面取得了卓著成就。罗国杰先生逝世后，备极哀荣，党和国家领导人、学术界及社会其他各界都对之表示了深切悼念，这和罗先生对国家、社会、民族所做的卓越思想理论贡献分不开。也正因如此，中国伦理学会会长万俊人在挽词中称罗国杰先生为"正学宗师"。

罗国杰先生生于 1928 年，大学时代投身革命，1956 年至 1959 年，作为调干生考入中国人民大学哲学系，后留校从事伦理学教学与研究工作。1960 年罗国杰先生在中国人民大学主持组建了中国高校第一个伦理学教研室，之后主编了新中国第一部伦理学教材，面向全国举办了若干期伦理学教师进修班和研究生班，培养了全国伦理学教学和科研的基本骨干队伍。作为新中国第一位伦理学专业的博士生导师，为国家培养了大量专业人才，为新中国伦理学事业发展做出了卓著贡献。

罗国杰先生及其学术思想，对伦理学学科创建和发展产生了巨大影响。新中国的伦理学事业，社会主义伦理学体系的建构，与社会主义市

---

* 原载《周易研究》2015 年第 2 期。

场经济相适应的道德理论的建立，德治与法制相结合的思想，公民道德建设的理论与实践，社会主义核心价值体系的构建，这些和社会精神文明建设甚至国家发展相关的思想理论，都和罗国杰先生的名字连在一起。他主持的"外国伦理学名著译丛"、《中国伦理学百科全书》、《中国传统道德》、《中国革命道德》等十余部丛书，产生了极大社会影响，江泽民、李鹏为《中国传统道德》丛书题了词，李岚清为该丛书作了序。他主编的《社会主义和谐社会核心价值体系研究》入选中国经典工程，在加拿大等国翻译出版，为中国社会主义伦理学"走出去"迈出了开拓性的一步。为表彰罗国杰教授对中国伦理学事业和社会主义道德建设做出的杰出贡献，2014年吴玉章教育基金特授予其"吴玉章终身成就奖"。

罗国杰先生具有深厚的中西方伦理思想史基础，注重理论研究，更注重理论对现实的关照。他认为，"研究重大现实问题，是哲学社会科学的研究目的和创新能力的必然要求，理论联系实际是哲学社会科学创新的根本途径"，认为尤其是我国处于改革发展阶段，新情况、新问题层出不穷，需要我们给予研究和回答[①]。倡导理论研究要与时俱进、创新发展，也是罗国杰先生学术思想的一个特质。罗先生定位自己的伦理学理论为"新德性伦理学"，事实上就是在汲取中国德性传统思想、新时代社会主义道德思想以及西方优秀道德思想的基础上，结合新问题、新思考创新构建出来的。

罗国杰先生的"新德性伦理学"，注重道德在社会治理中的重要作用，法治和德治相结合的思想是他一贯的理论主张。罗国杰先生指出，这里的"德治"，是在肯定"法治"重要基础上的"德治"。

罗国杰先生的学术思想，为中国特色社会主义思想道德建设，为社会主义市场经济的发展完善，发挥了重要的理论指导和智力支撑作用。罗先生曾于1996年受邀走进中南海为时任总书记的江泽民讲述"中国古代儒家思想与政治统治"专题，为我国社会治理与发展献言建策。罗国杰先生的许多咨政建议也常被国家顶层重视，比如，《中共中央关于加强社会主义精神文明建设若干重要问题的决议（讨论稿）》征求意见

---

① 罗国杰. 在推进高校哲学社会科学创新中坚持和发展马克思主义. 全国哲学社会科学工作办公室网.（2012－10－08）http://www.npopss－cn.gov.cn/n/2012/1008/c349893－19192164.html.

时，罗先生写了建言稿，强调说："我们在贯彻为人民服务这一核心的过程中，必然会遇到这样或那样的问题，特别是有关个人利益和集体利益的种种矛盾，我们究竟根据什么原则来处理这些复杂矛盾呢？从社会主义道德的为人民服务的核心出发，从社会主义道德的本质要求来看，它的原则就是社会主义集体主义的原则。"他提出，如果在"以为人民服务为核心"后面加上"以集体主义为原则"这一点，社会主义道德体系将更显完整。中央采纳了罗国杰先生提出的这一修改意见，在文件中增加了"社会主义道德要以集体主义为原则"的提法。

罗先生非常重视中国传统文化中的"知行合一"思想，认为"道德的根本属性就是践行。离开了践行，不可能有任何真正的道德。《周易》说：'是故履，德之基也。'强调修德的核心就是要践履道德"。

罗国杰先生始终身体力行践履德性。许多去过罗先生家的人都对墙上所贴先生亲书的陶行知先生之"每日四问"有很深印象："第一问：我的身体有没有进步？第二问：我的学问有没有进步？第三问：我的工作有没有进步？第四问：我的道德有没有进步？"先生也常对学生说："做学问首先要做人。"这种道德自律精神，我们要传递发扬下去。"吴玉章终身成就奖"的颁奖词这样概括罗先生的为人与为学："其为人也谦逊、慎独、达观，其为学也勤勉、严谨、创新，其学术思想声名远播，蜚声国内外，其道德学问仰之弥高，钻之弥坚。"在先生身边学习、工作二十多年，感觉很亲近，但再亲再近，仍能感觉到先生身上那种高山仰止的气质风范。罗先生为人处世若怀万千大象，具有一种超越精神，是一位现代儒者，"得道儒者"。曾有人在谈及此时问：儒者当"入世"，超越当"出世"，两者如何统一？在我们眼中，先生超越的是个体"小我"，入世的是"大我"情怀。罗国杰先生就是这样的人，严于律己，宽厚待人，践履德性，知行合一，以天下为己任，用他的思想理论，用他的人生实践和形象，谱写了道德文章，成就了大写的"人"。

第二章　纪念周原冰先生百年诞辰纪念会上的发言*

各位领导、各位老师、各位同学：

回到母校，参加周先生诞辰百年纪念大会，感慨很多。学生深感，先生作为杰出学者，坚定的马克思主义信仰者，做学问不是为了自己的兴趣，不是为了学术而学术，而是为了他心中的信仰和理想追求，为了新中国，为了劳苦大众。周先生早年投身革命，新中国成立后，转而思考社会建设，致力于新社会理论构建——道德"应然"理论。先生的思想、理论对新中国的发展建设，对伦理学事业的发展产生了重要影响。

周先生参加了新中国成立后的社会主义革命和建设，对新中国伦理学、道德科学的构建、发展产生了重要历史影响。周先生和李奇、罗国杰、周谷城等前辈学者一样，是新中国伦理学、马克思主义伦理学的奠基人。中国人民大学伦理学博士生学习文献资料中，就选有先生《共产主义道德通论》中的重要章节。周先生的理论思想是周先生的，也是新中国的，更是那个时代的集体思想记忆。

我们有幸成为周先生的学生，更深切地感到，我们今天不仅怀念先生，纪念前辈学者，还要研究传承先生的伦理思想、道德理论，更要学习先生等前辈学者的那种"为生民请命，为万世开太平"的"大我"

＊ 本章内容是作者在 2015 年 12 月 13 日"纪念周原冰先生百年诞辰纪念会"上的发言，选入时略有删改。

情怀，那种为民族、为国家担当的使命感、责任感，那种追求理想信仰的精神！先生给我们的教诲，还有母校华师大众多老师如朱贻庭、包连宗、赵修义等老师对我们的培育，使我们受用终生。先生的思想、人格和精神，将永远影响我们，也将成为新中国伦理学、道德科学的集体记忆、宝贵资源和重要里程碑。

最后，代表学生辈，也代表中国人民大学伦理学教研室，教育部伦理学重点研究基地，向周先生致敬！周先生等前辈开创的伦理学事业、道德建设事业，我们将继续发展下去，周先生的思想、精神、信仰，我们将永远传承并发扬光大！

第三章　中国伦理学十年来热点透视[*]

热点一：经济伦理学研究

　　1992 年初，邓小平确定了社会主义市场经济体制的改革方向，这种决定性转折带来了中国哲学社会科学发展中的一个值得注意的现象——经济伦理学的兴起。伴随着社会主义市场经济的发展，经济伦理研究已经成为社会热点问题之一，并向体系化、学科化方向发展。学术界及经济领域人士就经济伦理学研究的必要性、研究对象定位、理论体系建构，以及市场经济与道德理性、竞争与道德、公平与效率、贫穷与富裕、经济的合理性、企业伦理等问题进行了广泛而深入的探讨。但从总体上看，经济伦理学的研究仍处于初始发展时期，存在着一些问题，如：对于经济伦理及经济伦理学至今尚无统一公认的定义；学科建设不够完善和系统，未形成独特的经济伦理学研究方法；学术界和经济活动领域沟通与合作的深度、广度不够，造成理论与实践脱节；在继承传统与对外借鉴方面多停留于范式挖掘或评述式介绍，与中国特色社会主义市场经济的有机契合尚待进一步发展。

---

　　[*]　原载《学习时报》2002 年 5 月 20 日，作者为葛晨虹、丁万华。

热点二：制度伦理问题研究

制度伦理是 20、21 世纪之交的中国伦理学界讨论的热点话题之一。学界对制度伦理的探讨主要集中在以下三个方面：其一，制度与伦理的关系。有学者认为，制度与伦理的关系再次突现，是我国现代化进程中面临的突出问题。其二，制度伦理的内涵及其突现的基本历史背景研究。制度伦理的提出是在 20 世纪 90 年代中期，是"道德立法"理论的发展和延伸；制度伦理的提出，还与如何治理道德滑坡、切实加强道德建设等问题相关。其三，当前制度伦理建设面临的任务主要有四个方面：一是确立与市场经济相适应的道德规范体系，二是强化市场经济条件下制度伦理的创新，如经济体制中的产权伦理，公平竞争、平等交易的伦理观念，信用观念，等等；三是积极吸取西方发达国家制度文明的成果；四是进行合理的制度设计，综合考虑政治、经济和伦理等各方面的关系。必须肯定，我们在制度伦理建设方面已经取得积极成果，但仍未形成统一认识，这在一定意义上妨碍了制度伦理的进一步发展和理论的社会应用。

热点三：普遍伦理研究

自 1993 年第二届"世界宗教议会"首次发布《走向全球伦理宣言》开始，普遍伦理研究受到越来越多的关注，成为 20 世纪 90 年代中国伦理学领域的又一个热点问题。学者们认为，一个首要原因是人类共同面临的全球性问题与现代社会深刻的道德危机，人们希望以此为解救人类社会走出精神危机的途径。就普遍伦理是否可能这一问题，理论界仍存在一定的争论。有学者认为，普遍伦理不仅是可能的，而且有着现实性基础，可以通过多元文明的平等对话，寻求现代人类的道德共识。也有学者强调，有三重障碍阻碍着普遍伦理的确立：利己主义、狭隘民族主义和人类中心主义。普遍伦理的建立不仅要看其是否具有可能性，而且更重要的是如何可能的问题，这又涉及建构普遍伦理的方法论问题。从普遍伦理的提出到讨论，反映了人类对自身生存和发展命运的关注，表达了人类谋求持续发展、解决面临的共同问题的良好愿望。虽然普遍伦理还只是一种理论，但在全球化趋势日益明朗的今天，把普遍伦理作为一个世界性理论课题提出来加以研究，无疑具有十分重要的理论与现实意义。

热点四：环境伦理学研究

人类正以前所未有的规模和速度改变着我们的家园——地球，从而导致环境恶化，直接威胁到人类的生存和发展。因此，环境伦理研究越来越多地引起了世人的重视。近 10 年我国有关环境伦理的研究主要集中在如下方面：第一，从总体上反观中国环境伦理学的研究状况和发展的趋势与动态。第二，探讨马克思主义自然理论对当代环境伦理学的启示。第三，阐释中国传统伦理对环境伦理的现代启示。第四，研究自然的价值和权利问题。由自然的价值和权利问题，引发出人类中心主义和非人类中心主义之争。总之，围绕着对这些问题的讨论，中国环境伦理学的研究正走向深入。

热点五：生命伦理学研究

生命伦理学诞生于 20 世纪五六十年代，分为五个研究领域：理论生命伦理学、临床生命伦理学、研究生命伦理学、政策和法制生命伦理学、文化生命伦理学。近半个世纪以来，生命伦理学不但发展迅速，而且很快体系化。究其原因，生命伦理学是应解决先进技术应用于生命科学和医疗保健领域所产生的伦理难题这一需要而产生的。20、21 世纪之交，有关克隆技术及基因工程的问题成为生命伦理学研究中的热点话题。有学者认为，应将生殖性克隆与治疗性克隆加以区分，过分关注生殖性克隆实际上起了误导作用，人的治疗性克隆在伦理上是可以辩护的。人类基因组计划自 20 世纪 90 年代正式启动以来，就引起了伦理学界和全世界的关注。人们普遍认为，必须加强对生命科学研究的道德调控，以使科学技术更好地为人类造福。

热点六：网络伦理研究

我们已经进入网络社会时代。在网络社会，人与人的相互关系主要是一种信息交流和交往的关系，从而构筑了一个全球性、开放性、全方位性的相互关系群体。通过网络平台，个体与整个世界相联结的信息通道被打开，人们通过网络踏上了世界之路。这场跨越时空的信息网络革命，引发了社会生活各个方面的变革，也对传统伦理道德提出了一系列挑战，学者们把这种伦理难题概括为八个方面：个人隐私、知识产权保护、民族文化发展、网民道德人格、信息垄断、信息污染、信息欺诈、公共信息安全。计算机网络与其他科学技术一样是把双刃剑，它既可以为人类造福，也可以给人类带来灾难。计算机网络究竟是使道德大厦倾覆，还是让道德展翼腾飞，关键在于应用它的人持什么样的道德态度，遵循什么样的道德规范。因此，人类需要加强网络伦理的研究和建设，技术只有和伦理携手，才能创造出更加符合人类理想的网络世界。

热点七：以德治国问题研究

江泽民提出了要把"依法治国"与"以德治国"紧密结合起来的重要思想，在理论界尤其是伦理学界引起了对"以德治国"方略的思考和研究。研究内容主要涉及五个方面：其一，德治的内涵。学者指出，对"以德治国"之"德"的内涵定位，不应当限于狭义道德的范围，而应当从更广的意义上理解。其二，德治与法治的关系。大多数学者认为两者确如车之两轮、鸟之双翼，缺一不可。但也有人认为，法治比德治更重要。其三，德治与人治的关系。有观点担心，德治会导致人治；另一种观点则认为，人治的前提是专制，和德治没有必然关系。其四，新的社会主义德治观与传统德治思想的区别。其五，德治实现的途径。此外，2001 年，中共中央颁布了《公民道德建设实施纲要》，提出了二十个字的基本道德规范：爱国守法、明礼诚信、团结友善、勤俭自强、敬业奉献。这是对"依法治国"和"以德治国"方略的进一步深化。

热点八：中西伦理比较研究

当今世界是一个开放和交流的社会，各种文化体系相互对话、相互学习成为时代潮流。尽管社会的伦理道德具有相当大的民族性，但经济全球化进程加快，使得中西伦理交流与比较变得日益经常、普遍。其研究主要包括以下内容：第一，中西伦理比较的可能性和条件；第二，中西伦理学理论形态、道德范畴比较；第三，中西伦理价值观比较；第四，中西政治伦理比较；第五，中西血亲情理与道德理性比较；第六，儒家伦理原则与西方伦理精神比较；第七，中国伦理文化与西方伦理文化比较；第八，中西伦理的互补性问题。仍有很多问题需要进一步研究，例如：伦理比较方法，伦理比较与伦理批判、借鉴、传承、互动的关系，伦理比较与世界秩序，等等。

总之，过去的 10 年，中国伦理学研究可以说是热点层出，除了以上八个方面，伦理学基本理论研究、价值观研究、中国传统伦理研究、西方伦理研究、现实道德问题研究，以及家庭伦理、职业伦理、社会公德等领域的研究，都取得了很大的发展。

第四章　回顾与展望：伦理学理论
　　与实践六十年*

一、伦理学与道德建设的发展折射并指导
新中国的发展历程

"理论是灰色的，唯生命之树常青。"回顾并审视新中国 60 年伦理学理论和社会实践互动发展的脉络，我们对歌德诗剧《浮士德》中这句隐喻理论本质和现实社会生活关系的名言有了更深透的体会与领悟。

理论不是理论家头脑中杜撰的东西。理论，尤其是社会科学理论，产生、发展于社会现实，又反过来指导社会实践。总结新中国发展 60 年的经验，注重社会主义理论发展对社会主义建设实践的指导作用，是其中的重要一条。随着社会主义建设尤其是改革开放的发展，一系列重要理论成果不断在社会实践中产生，又对中国实践产生深刻的引导作用。比如，通过"实践是检验真理的唯一标准"的大讨论，全社会贯彻落实了解放思想、实事求是的思想路线，而思想大解放又带动了改革开放大发展；又比如，通过社会主义经济运行机制的理论讨论，在理论上认识到市场经济作为一种经济运行方式，资本主义可以运用，社会主义

＊ 原载《道德与文明》2010 年第 1 期。

也可以运用，所以在科学社会主义发展史上，中国第一次明确提出了社会主义市场经济的发展模式。

理论的创新、思想的解放，对于新中国发展和探索中国特色社会主义道路产生了重要影响。恩格斯说："一个民族要想站在科学的最高峰，就一刻也不能没有理论思维"①。现代理念说，"思想有多远，我们就能走多远"。理论思维使我们国家和执政党能够对新中国如何发展获得理性认知，并获得理论武器。没有理论的指导，中国社会就会陷入盲目发展甚至走进误区。

我们党历来重视理论研究工作，从"百花齐放，百家争鸣"到繁荣发展哲学社会科学，制定了一系列重大举措，把理论发展水平与民族思维能力、文明状态和精神素质，以及一个国家的综合国力和国际竞争力结合起来。

60年来，我们伦理学理论战线与国家和人民共命运，与实践相结合，与时俱进，充分发挥了社会科学理论认识世界、传承文明、创新理论、咨政育人、服务社会的重要功能。今天，我们对伦理学和道德建设的发展进行回顾，一是梳理总结伦理学理论成果和道德建设的历程；二是检省伦理学理论在新中国发展中扮演了什么样的角色，处于什么样的地位，发挥了怎样的社会功能。

伦理学作为人类社会的一种确定"应当"的理性智慧，它需要把握和解决许多问题：人类究竟应当何去何从？我们的社会应当如何规划蓝图、如何建设发展？应当怎样对待并处理人与自然的关系？人与他人应当怎样相处？人应当怎样做人、怎样生活？具体到中国社会主义建设，它要回答：中国向何处去？中华民族怎样才能持续走向繁荣富强？和谐公正的社会应当怎样建设？社会主义市场经济应当怎样发展？执政党究竟应当怎样执政？中国特色社会主义道路到底应当怎样走？

伦理学作为专门研究善之应然的社会科学，首当其冲必须回答解决这些问题。事实上新中国伦理学理论就是伴随着社会主义建设探索之路一步步成长起来的。它不仅是新中国发展的理论产物，而且参与着新中国的建造，在新中国的应然发展之路中，发挥着伦理学价值理性应当发挥的价值导向作用。

---

① 马克思恩格斯选集：第3卷. 3版. 北京：人民出版社，2012：875.

二、新中国伦理学理论发展与实践

新中国成立 60 年，社会不断发展变迁，人们的思想道德观念和学术理论也发生着变化。伦理学作为一门具体的社会科学，其理论体系的建构跟随时代发展的步伐，大致经历了从初步形成到基本确立和发展完善这三个阶段。

20 世纪 50 年代初期至 60 年代中期属于新中国伦理学体系初步形成阶段。

新中国成立之初，为进一步确立社会主义制度，经济、政治、思想、文化等各个领域的改造工作蓬勃展开。那个时期的理论工作者结合《共同纲领》、《婚姻法》、《论十大关系》及社会主义教育任务等，对新中国国民道德观、新爱国主义、共产主义道德、为人民服务、集体主义等问题，进行了多方面的阐释和研究，发表了较多探讨文章和专著。

20 世纪 50 年代中后期到 60 年代中期，随着苏联开始恢复伦理学的教学科研工作，我国也开始考虑伦理学教学和科研工作的建设。1960 年，中国人民大学筹建了新中国第一个伦理学教研室，中国社会科学院设立了第一个伦理学研究机构，并于 1963 年招收了首批硕士研究生。李奇、周原冰、张岱年、吴晗、周辅成、许启贤等老一辈学者围绕道德的本源、道德的阶级性和继承性以及道德善恶等问题，撰写了最初一批有社会影响的道德理论文章。

1962 年，罗国杰主持编写的新中国第一部伦理学教学大纲，即《马克思主义伦理学教学大纲》，为社会主义伦理学学科体系建构进行了初步探索，标志着我国社会主义伦理学理论体系的初步形成。1979 年，教育部决定正式将伦理学列为大学哲学系课程。中国人民大学率先恢复了"文革"期间一度中断的伦理学教学。1980 年，中国社科院哲学研究所、中国人民大学哲学系、北京大学哲学系、北京师范大学哲学系和华东师范大学哲学系等单位，在江苏无锡联合举办了第一次全国伦理学研讨会暨中国伦理学会成立大会。1982 年，中国伦理学会创办了第一个伦理学专业刊物《伦理学与精神文明》，后在 1985 年更名为《道德与文明》。1984 年中国人民大学建立了全国第一个伦理学博士点。

进入 20 世纪 90 年代，我国提出建立社会主义市场经济体制的目标。如何使伦理学理论与时俱进，及时解决社会变革中提出的新问题和人们的观念困惑，如何使人们的道德观念和行为既能促进市场经济体制的顺利推行，又能保证我国的社会主义性质，成为伦理学界面临的新课题。在新形势下，老、中、青三代伦理学学者大力开展创新研究，取得了大量研究成果。新伦理学教科书不断推出，理论研究硕果累累，成为当代社会科学中的"显学"，推动了伦理学体系的进一步发展，也为社会主义市场经济的发展提供了来自伦理学的理论指导。

新中国伦理学研究和发展中形成了若干理论热点：其一是伦理学学科体系的构建；其二是关于道德本质问题的讨论；其三是关于伦理学基本问题的讨论；其四是关于道德批判性和继承性问题的讨论；其五是关于道德起源问题的讨论；其六是关于马克思主义伦理思想的研究。除此之外，关于道德定义、道德功能、道德原则规范、道德评价、道德教育、道德建设等问题，也有诸多讨论。

随着新中国的成长和伦理学理论的发展，社会主义道德建设逐步发展。

新中国成立初期的道德建设主要表现为道德风尚建设。新中国成立后，需要新的社会精神、道德观念和理想信念。新中国成立之初已把"五爱"明确规定为基本的公民道德规范。毛泽东 1956 年在谈农业合作化问题时又强调要把集体主义原则作为认识和处理人与人之间关系的重要原则。作为中国共产党宗旨的"为人民服务"思想始终贯穿于新中国道德建设，反映当时社会精神面貌的"雷锋精神"、"铁人精神"和"焦裕禄精神"等，不仅是革命道德精神的发扬，也是新中国社会主义道德精神的体现。那个时期形成了良好的道德风尚和新型社会关系。对此，邓小平总结说："我们建国以后的十多年中，由于党和政府的正确领导，社会风气是健康的。在党的教育下成长起来的青少年，绝大多数怀抱崇高理想，热爱社会主义祖国，积极响应党和政府的号召，捍卫人民利益，维护社会秩序，处处表现良好的献身精神和守纪律精神。青少年的这种风气和整个社会的风气互相影响，互相促进，受到全国人民和各国人士的赞许"[1]。

---

① 邓小平文选：第 2 卷. 2 版. 北京：人民出版社，1994：177.

但我国的道德建设也经历了曲折发展。在"文革"期间尤其是在"四人帮"极左路线影响下，社会主义道德规范被脱离实际地拔高，有些变成空洞的口号。邓小平在 1979 年总结这段历程时说："过去的十来年中，林彪、'四人帮'把我们的党和政府搞乱了，把我们的社会搞乱了，也把不少青少年毒害了，社会主义的道德风尚受到了严重的损害"①。

改革开放以来，道德建设获得了新的发展。从十二大提出物质文明和精神文明"两个文明"，到十六大又提出物质文明、精神文明和政治文明的"三个文明"建设，再到十七大提出的物质文明、精神文明、政治文明和生态文明"四个文明"协调发展，体现了全社会对文明建设规律认识的不断深化。

为了进一步加强道德建设，2001 年中央印发了《公民道德建设实施纲要》文件。《纲要》强调公民道德建设要弘扬爱国主义精神，以为人民服务为核心、以集体主义为原则、以诚实守信为重点，加强社会公德、职业道德和家庭美德建设；强调要把先进性与广泛性要求结合起来，坚持道德教育与社会管理相结合，要加强公民道德建设中的机制建设，强调广泛开展群众性的公民道德实践活动也是公民道德建设的重要途径。从"社会主义道德"、"共产主义道德"到"公民道德"，我们能感受到时代的痕迹，公民道德"新概念"本身就带有新时代的诸多元素。

德治与法治相结合的思想，也是新中国在实践发展和理论思考基础上得出的治国方略模式。新中国初始，执政集体就对法治建设进行了有益探索，制定了第一部社会主义宪法及其他法律法规和条例命令。十一届三中全会以后，国家在强调道德建设的同时，也再三强调要同社会主义法制建设相结合。在八届全国人大四次会议上，我们党把依法治国，建设社会主义法治国家作为一条基本方针，明确地载入了我国《国民经济和社会发展"九五"计划和 2010 年远景目标纲要》，将"依法治国，建设社会主义法治国家"作为国家的一项根本方针和奋斗目标确定下来。在强调依法治国的同时，我们党不断进行理论探索和创新，又提出了以德治国思想，使中国的治国方略得到了进一步发展。

---

① 邓小平文选：第 2 卷. 2 版. 北京：人民出版社，1994：177.

社会主义核心价值体系建设是社会主义精神文明建设和道德建设的又一重要创新成果，也表明新中国在 60 年来的社会主义理论思考和实践中，对国家发展中"软实力"建设的充分自觉，表明我国对治国方略的更深刻、更自觉的认识把握。核心价值体系建设任务的提出，是新中国 60 年社会主义理论发展和实践探索积累的结果，是执政党和人民群众探索中国特色社会主义道路中不断理性自觉的结果，这其中当然也包含各理论领域思想理论研究的贡献。

三、中国伦理学与道德建设的创新和展望

新中国成立 60 周年之际，我们对伦理学发展历程进行总结和审视，本身就意味着一种反思和创新。邓小平曾说："过去的成功是我们的财富，过去的错误也是我们的财富"①。反思 60 年的理论历程，我们会发现，某些阶段和某些理论，可能是粗浅的，甚至可能是简单片面的，但都是今天伦理学发展的财富的积累。没有以往的 60 年历程，就没有今天伦理学与道德建设的成就。过去理论与实践的积累，是今天进行理论与实践创新的资本。新中国伦理学的理论发展是与道德实践以及社会主义建设同步进行的。这与伦理学学科的特殊性以及中国独特的历史道路和文化传统是直接相关的。众所周知，伦理学或道德哲学是一门直接关乎"改变"世界的善价值的应然学科，经典作家把它界定为"实践理性"，以有别于主要是"认知"世界的"纯粹理性"。"纯粹理性"研究世界"是什么""怎么样"的问题，伦理学作为"实践理性"，研究世界"应当是什么""应当怎么样"的问题。所以，伦理学历来与社会的善治问题、社会风气问题、民族精神问题，与人生意义、人性品德等问题结合密切，这是由伦理学的特殊理论性质决定的。

另外，中国是一个以血缘根基为基础、注重伦理文化的国度。中国历史和文化的德性传统，使中国社会对伦理秩序和道德建设产生了一种特别的需要与重视。

回顾历史，我们可以清楚地看到，从 20 世纪之初的辛亥革命至五

---

① 邓小平文选：第 3 卷. 北京：人民出版社，1993：272.

四时期，陈独秀、孙中山、鲁迅等民主革命先驱人物从挽救民族危机的愿望出发，先后提出了"国民性"改造这一社会文明启蒙的重大时代课题。他们甚至把改造中国"国民性"视作救国和改造社会的起点，五四运动时期提出"反对旧道德，提倡新道德"，土地革命战争和抗日战争时期则提出革命道德构建与民族精神复兴。新中国建设初期的社会主义道德精神和社会主义新风建设、社会主义道德教育，到改革开放时期的人生观价值观大讨论、建设中国特色社会主义精神文明、培养"四有"新人、开展公民道德建设，体现了国家和社会对伦理变革与道德建设给予了充分的重视。由此，伦理学理论发展和道德建设、社会文明建设的交织互动发展状态，就成为我们回顾关注的重点维度，也成为今后伦理学与道德建设创新发展的基点。

我们对伦理学学科做 60 年回顾，不仅是对新中国伦理学发展历程的梳理和描述，也不仅是对伦理学理论研究 60 年的总体学术综述，而且是在总结：伦理学与道德建设是如何伴随着社会主义建设的发展而发展的，社会是如何呼唤伦理学理论变革，伦理学理论又是怎样反过来影响推动社会变化发展的。只有在这种理论与社会现实的互动过程中，我们才能真正把握伦理学理论发展的本质和规律，才能从一个侧面揭示中国特色社会主义是怎样在理论思想和价值观的引导下一步步走向成熟的，新中国的治国方略和执政理念是怎样在这个历程中一步步走向理性与自觉的。

展望伦理学发展，创新伦理学理论，也应该遵循这样的维度，即伦理学作为社会科学中实践性非常凸显的价值学科，其未来发展也一定要从中国实际国情出发，关注社会，思考社会重大现实问题，为社会发展提供来自理论的、理性的价值指导。新中国 60 年，我们在伦理学理论和实践方面都取得了很大成绩，但在伦理学理论发展中或受苏联伦理学影响，或受"左"的思想路线干扰，我们的某些道德理论有脱离中国现实的表现。在伦理学发展后 30 年，我们开始进一步重视理论与实际相结合，从中国的国情出发，发展中国特色社会主义道德理论。

2009 年 10 月，时值新中国成立 60 周年之际，中国伦理学界在安徽芜湖召开了"新中国伦理学发展与道德建设学术研讨会"①，学者们

---

① 该会议由教育部伦理学重点研究基地——中国人民大学伦理学与道德建设研究中心和安徽师范大学共同举办。

就伦理学的社会功能发挥、"话语权"掌握以及伦理学研究被"边缘化"等问题展开了研讨。学者们提出，伦理学研究中存在着把"理论性""学术性"研究同社会现实问题对立起来的倾向，似乎关注社会现实问题就会影响理论研究的"学术性"，或者只重视社会现实问题研究而忽略学理性研究。事实上任何社会现实问题都可以并且也应该对之进行"形而上"的研究，社会现实问题也需要精深的学术研究和理论指导。社会科学理论具有认识世界、传承文明、创新理论、咨政育人、服务社会等功能，伦理学作为社会科学，其研究发展也必须全面体现社会科学的上述功能。伦理学研究需要类似思想史和纯文本的或某些理论的专门性研究，但更需要对社会现实问题进行理论研究，而且无论什么样的理论研究，最终都要运用于人类和社会发展的目的。如果我们的理论研究远离社会现实，对社会重大热点难点问题视而不见甚至表现"失语"，怎么可能指望不被社会"边缘化"！学术理论被社会重视的程度与它关注解决社会现实问题的功能程度相关。如果我们放弃伦理学对现实问题进行学术研究，走"纯学术"道路，放弃的就不仅是理论对社会现实的关怀，还有我们学者对国家和社会所应承担的使命与责任。同样重要的是，现时代的重要问题也必须有赖于理论层面的深度研究来解决，理论研究如果退化成简单的"对策建议"，就会失去对社会的真正指导功能。伦理学的社会"话语权"、伦理学的创新发展与它关注社会、研究社会、解决社会问题的理论能力息息相关。

历经 60 年风雨历练，收获 60 年春华秋实，当代中国伦理学已经有了许多划时代的发展，我们建立起了既传承中华民族伦理精华、适合中国国情，又开始有能力和世界对话的中国特色社会主义伦理学体系，在这个理论体系中已积累了比较深厚的道德理性沉思和伦理智慧，它为中国，也为世界提供了德性人文资源；我们的社会道德建设和精神文明建设卓然可观，可能没有哪个民族和国家能这样重视国家、社会、民族的道德建设和精神文明建设，它是中国德性历史和传统文化的现代表现，也是中国共产党和中国特色社会主义道路的时代选择；我们的伦理学研究队伍和道德建设队伍越来越壮大，老、中、青研究者代代相承并各具理论资本，伦理学后继有人，伦理学事业大有希望。

当然我们也深知，社会在发展，伦理学"世界应该怎样"的语境方式和思维视角，也永远会给我们提出不尽的问题。伦理学任重而道远。

在新中国成立 60 年之际，回顾过去，中国模式发展道路中有伦理学的印记；展望未来，中国的发展前景无限美好，我们期望也自信，伦理学事业能够随着社会发展而有更大发展，在伟大中国继续腾飞的过程中，伦理学以及理论工作者将继续贡献自己的智慧与力量！

第五章　2014 年北京伦理学学科综述*

2014 年，伦理学界学者取得了诸多研究成果，其中有对传统学术问题的研究，也有新问题域的开拓。

一、基本问题

1. 道德相对主义

道德相对主义主张，在不同文化或个人的道德原则发生冲突时，没有客观标准去评判它们的优劣。有学者认为，这种观点有可能剥夺或削弱我们进行道德谴责的权利和力度。任何规范性的实践原则，如果不能获得某种普遍有效的客观性解释，就很难被确立为指导日常生活的道德规范或规范[①]。核心问题是：实践哲学领域是否存在这类客观性？有学者主张，我们应该拒斥"道德相对主义"，道德具有相对性，道德总是特定文化中的道德。道德源自共同生活的需要和对理想生活的需要，而非源自逻辑。但在文化多样化和价值多元化的现代社会，既有多样化的

---

　　* 原载《北京社会科学年鉴 2015》（北京出版社，2015），作者为葛晨虹、陈伟功，选入时略有修改。

　　① 陈真. 道德相对主义与先天道德客观主义. 道德与文明，2014（1）.

个人道德，又有相对统一的公共道德①。良好社会秩序只能建立在公共道德和法制的基础上。公共道德的权威与法律的权威是互相依赖的。一个社会的道德与法律是否具有权威，依赖于该社会有多少人有公德。学者认为，应辩证地把握道德相对性和客观普遍性。道德相对主义在多元与一元的关系、工具论与目的论的关系等问题上将激励我们进行更多的理论思考②。

2. 道德可普遍化原则

学者研究指出，在非理性主义和主观主义流行于伦理学时，黑尔（R. M. Hare）将可普遍化规定为道德判断的基本特征，从语言与逻辑的角度重新解释和论证了可普遍化原则，恢复了道德的客观性和普遍性③。学者指出，道德法则必须具备必然性和普遍有效性，这是康德道德哲学的前提预设，也是康德道德哲学的根本观点。但是否有这样的法则存在，以及这样的法则是否具有实践意义，人们对此一直在争论。研究表明：康德预设了意志自由和目的王国，也就预设了道德法则的普遍必然性。康德的道德法则既强调了理性的优先性，又保留了经验的开放性，为道德实践行为的创造性留下了足够空间④。有学者进而指出，如气候问题的伦理困境就呼唤普遍伦理的重建。道德金律在普遍伦理的重建中被寄予厚望。有学者认为传统金规"己所不欲，勿施于人"，需改造升级为"人所不欲，勿施于人"⑤。也有学者认为"己所不欲，勿施于人"作为传统智慧的结晶，很难被取代或超越，仍是处理人际关系的根本原则。也有学者从道德承续的角度研究道德普遍性，认为道德承续不仅是逻辑上的真概念，而且是道德生态中的客观现象。作为名副其实的伦理学研究对象，它指的是在同一民族共同体中，人们立足于当下，以所处时代的需求和价值取向为标准，对历史上或前人留下来的伦理道德精神、价值理念、规范等资源进行评估、选择，并以批判继承的方式

---

①　刘明. 建构主义的客观性观念探析. 道德与文明，2014（5）.

②　卢风. 道德的相对性与道德的权威. 道德与文明，2014（1）.

③　王维先，铁省林. 黑尔的可普遍化原则及其局限. 道德与文明，2014（1）.

④　潘中伟. 论康德哲学中普遍必然的道德法则. 吉首大学学报（社会科学版），2014（6）.

⑤　郭奕鹏，王学东. 全球气候问题领域的普遍伦理与道德金律. 道德与文明，2014（1）.

进行创造性转化，以创造出相对普遍客观的道德准则①。

3. 德福问题

"道德与幸福"之一致性问题的探讨有三种形态分布趋向：指向
"心灵秩序"的德性至善论，指向"行为法则"的道德自由论，指向
"他者面容"的伦理责任论②。也有学者认为，从自在方面来说，德福
困境是个伪命题，因为道德是为义务而义务的，而幸福概念的所有成分
都是来自经验的。但是生活世界中的人又具有德福一致的信念，同时纯
粹道德义务消除自身抽象性的方式要付诸生活世界，所以生活世界是德
福困境命题得以成立的前提。德福困境消弭的可能性在于重拾情感主义
道德哲学的价值观③。有学者认为亚里士多德的德福一致，表现为德性
论从属于幸福论。孔子的德福一致，落在道德与孔颜之乐的关系上。亚
里士多德在"幸福论"框架下安顿道德，而孔子则在道德前提下安顿幸
福，两者的差别直接开启了其后两千多年德福问题的两种致思进路。康
德关于幸福的观点与他的义务论本质上是一致的，幸福首先被看作感性
人的一个现实而必然的目标，但幸福更应被看作道德主体的道德活动目
标。为此，幸福就与善良意志、义务和道德法则内在地结合在一起。将
幸福纳入道德的关联中，不是要求人们为了他人的幸福而放弃自己的幸
福，而是要求人们在保证自己幸福的同时又能促进他人的幸福④。

4. 正义论

人们往往从分配正义的角度理解马克思的正义理论。这是按照康
德-罗尔斯的思路来理解马克思的正义理论。但实际上马克思是批判地
继承了黑格尔《法哲学原理》中的思想来建构自己的正义理论的。黑格
尔法哲学关注的是共同体中人的自由和自我实现，是人和人之间的相互
承认。马克思的共产主义理论作为一种正义理论，就是要实现每个人的

---

① 杨伟清. "己所不欲，勿施于人"，抑或"人所不欲，勿施于人". 道德与文明，2014
（4）.

② 田海平. 如何看待道德与幸福的一致性. 道德与文明，2014（3）.

③ 何益鑫. 孔子与亚里士多德：德福一致的两种范式及其当代意义. 道德与文明，
2014（3）.

④ 姚云. 论幸福与道德的一致——康德幸福观. 苏州大学学报（哲学社会科学版），
2014（3）.

自由。有学者指出，中国特色社会主义正义原则作为对资本主义社会与传统社会主义社会正义原则的综合超越，应当是差异性正义原则与同一性正义原则的合理协同①。有学者还分析了效用主义的分配模式，认为这是对正义的重大挑战②。有学者分析了罗尔斯作为公平的正义，认为人们不应获得基于自然天赋和资质的利益，因为从道德立场来看，这种应得的基础是任意的和偶然的。由此，作为公平的正义反对亚里士多德等应得论者的主张。后者理解的应得是一种前制度性应得，罗尔斯只承认制度性应得的合法性，即应得依赖于制度规则，制度规则决定着应得的正当性。诺齐克和斯特恩伯格（Peter Steinberg）等人对罗尔斯的"反应得论证"提出批评，但是这些批评存在误解。"反应得论证"的真正问题在于：一是罗尔斯因"权宜之计"放弃对前制度性应得中关于人的自主性的考虑，而人的自主性是支撑正义理论大厦的重要支柱；二是罗尔斯把制度性应得、资格和合法期望等同起来，从而混淆了它们之间的重要区别③。

二、道德治理与道德建设

1. 道德治理

党的十八届三中全会提出了"创新社会治理"的战略任务，并提出了"强化道德约束"、发挥伦理在社会治理中的作用的重要举措。伦理在社会治理中的作用，一是确立社会治理的正确价值导向，二是强化人的内在约束，三是调节利益关系，四是降低社会治理成本。伦理要在社会治理中发挥好作用，必须与制度相互支持、相互作用④。学者们将国家提出的"开展道德领域突出问题专项教育和治理"的重大决策归纳定为"道德治理"，这是在社会转型关键时期的特殊语境下，对国家治理

---

①　王晓升. 共同体中的个人自由和自我实现——马克思正义理论的新理解. 道德与文明，2014（3）.

②　谢宝贵. 效用主义与分配正义. 道德与文明，2014（5）.

③　徐峰. 人们应得什么——罗尔斯的"反应得论证"及其困难. 道德与文明，2014（6）.

④　王莹. 社会治理创新的伦理学解读. 道德与文明，2014（6）.

体系和治理能力认识的新发展。道德治理是德性的治理，以制度的德性、权力的德性和官员的德性为保障，目的在于实现善治。道德治理承担着"扬善"和"抑恶"两个方面的社会职能，发挥着调整社会生活和人们行为的社会作用①。有学者认为，当前道德领域的突出问题与长期忽视道德信仰的培育和倡导直接相关。道德信仰是人们对社会倡导的道德标准和行为准则所持的极度信赖与遵从的稳定心理状态及行为倾向，具有整合道德品质的功能。道德治理是道德信仰养成的现实前提；道德信仰是道德治理的精神基础。道德信仰培育，需要在正确认识和理解其极端重要性的前提下，立足于培养人对道德的尊重和敬畏，把创新道德教育和厉行道德治理有机地结合起来。有学者指出，新加坡在道德治理方面积累了一些经验和做法，通过对新加坡经济、政治、社会公共秩序三个方面道德治理经验的总结，可以为我国整治道德领域的突出问题提供他山之石的借鉴与参考。有学者进而指出，关于政治治理，应该基于良心，而非利益或原则②。

2. 道德"冷漠"问题

有学者认为，当前我国道德领域的突出问题之一可概括为"道德冷漠症"。道德冷漠，一般指人们道德感、道德经验或道德判断的匮乏，它通常表现为道德敏感的丧失和道德判断的搁置、道德意志或道德勇气的缺乏，以及道义感或道德是非感的丧失。道德冷漠作为现代社会的道德症候，是现代经济的市场化、道德的功利化、社会的去道德化的结果，也是熟人社会解体、陌生人社会形成、个体原子化发展的结果③。针对现代社会的道德冷漠症，首先，要重建公平正义的经济社会秩序，奠定道德实践的现实伦理基础；其次，要将现代市民社会塑造为道德共同体，奠定道德实践的公共性的社会基础；最后，要探索"远距离道德"的可能性，为现代社会的道德关联进行理论奠基④。"正当优先于善"是现代西方伦理学的一个基本观点，即个人对"善"的追求不能违反"正义的社会体系"。而在中国，一方面，由于缺乏"正当"观念和

---

① 孙欢，廖小平."道德治理"辨析. 伦理学研究，2014（3）.
② 赵平，李靖. 道德信仰及其培育的基本理路. 道德与文明，2014（6）.
③ 邱杰. 当前治理"道德冷漠症"的理路探讨. 道德与文明，2014（6）.
④ 陈伟宏，陈祥勤. 道德冷漠的原因分析及其矫治对策. 道德与文明，2014（4）.

制度建设落后，个人对"善"的生活的追求，尤其是对人情关系的追求，常常无视所谓"正义的社会体系"；另一方面，舆论对建设"正义的社会体系"的紧迫感导致"制度决定论"的影响无处不在，个人道德问题往往被归咎于制度，从而又忽视了个人道德的作用和教育①。

3. 诚信建设

在市场经济条件下，欺诈性道德风险是经济运行活动中的一个普遍现象。人们或以诚信手段，或以欺诈手段，来满足自己追求利益的欲望。进一步完善法制，加强自我道德修养，是我们与经济欺诈进行斗争、减少道德风险的有效武器之一；重建经济诚信机制，是防范道德风险的根本所在。在反思科学契约论和委托代理理论的科研诚信观的基础上，从利益相关者视角出发，科研诚信建设既不能单纯依靠科研共同体及其成员的自律，也不能单纯依靠公共机构的监督，而应当将公众也纳入科研诚信建设的主体范围②。作为中国传统文化价值观的精华之一，儒家的诚信伦理包括诚实不欺、言行一致和诚信合一等丰富内涵，它在儒学体系中占有重要地位，被作为求真务实价值意蕴的"常道""常理"深刻地烙印于民族心灵之中，成为人们的立身之方、交友之道和为政之纲。诚信核心价值观具有深厚的传统文化根基，而传统儒家诚信伦理为培育和践行诚信核心价值观提供丰厚的精神滋养。必须对儒家诚信道德做创造性转换，以便更好地发挥它在培育和践行社会主义核心价值观中的积极作用③。

三、中国伦理思想

1. 德治

自古以来，中华民族一直坚持"尊道而贵德"传统。周人通过"德"将天与人整合起来，并通过"配德于天"和"敬德保民"的逻辑，

---

① 丁业鹏．"正当优先于善"与当代中国道德建设的两个问题．道德与文明，2014（3）.
② 龚群，钱姝璇．人性的幽暗性与欺诈性道德风险．道德与文明，2014（6）.
③ 涂可国．儒家诚信伦理及其价值观意蕴．齐鲁学刊，2014（6）.

富有创见地触碰到了权力与道德的关系问题，表达了周人的历史反思意识，首开中国政治伦理之先河①。周人的精神世界存在着两种力量的交结与撕扯：既有天帝崇拜的残余，又有人文思考的曙光；既有天命思想的纠缠，也有人文精神的觉醒。德治思想，即"运用道德的政治手段实现政治的最终道德目的"，是儒家伦理价值体系中的价值归依②。以人的主体意识的发展为切入点，考察殷周之际德治思想的构建可以看出，这一时期德治思想的构建共经历了三个阶段：殷商的神本文化——人的价值主体的缺失，周初的敬德保民——人具有了独立的价值主体，西周的礼乐文化——人的类意识的觉醒。可以说，殷周之际统治阶级从神权政治转向德治与礼治，在人的主体意识发展历程中具有划时代的意义③。

2. 人性论

儒家道德哲学的建构是以人性论的建构为基础的。但人性的超越性依据如何建立？有学者研究了传统人性论。皇侃是南北朝时期的一位重要儒家学者，其人性论一改魏晋以来的玄学思维模式，提出了"性者，生也"，"人生性分各有所能"等命题④。周敦颐认为，人的性命有本然与实然两个层面。在本然层面，人人皆直承终极大宇宙根基根据之诚而来，拥有纯粹至善的性命本然；在实然层面，人因禀受气质的差异而具有不同的人性。前者是人成就圣人的充足资源，后者的障蔽可以超越。成圣成贤不仅可能，而且应当。为此人应尊道贵德，做无欲主静和思的德性涵养修为功夫⑤。朱熹的"性即理"从宇宙本体论推演出人性论，肯定人的道德本性源于宇宙本体，凸显了超越性依据与人的道德主体性的内在关联。有学者指出，儒学没有像西方宗教那样把凡俗与神圣区分开来，对于神的概念基本持一种存而不论的态度。然而，儒学承认天的概念、承认君子与圣人的区别，从而儒学也就内在地包含一个神圣或超越界。有学者认为儒家伦理以利他主义为总原则。也有学者认为以"立

---

① 陈瑛. 尊道贵德. 道德与文明，2014（4）.

② 关健英. 天命的纠缠与人文的觉醒——周人"德"的内涵及其思想逻辑. 道德与文明，2014（2）.

③ 王曰美. 殷周之际德治思想构建的主体性探析. 道德与文明，2014（1）.

④ 张波. 皇侃性情论内涵辨析. 道德与文明，2014（4）.

⑤ 王新春. 周敦颐的人性论与德性修养理路. 道德与文明，2014（5）.

己立人"为核心的儒家伦理观蕴含着利他、利己的双重因素，并在"内圣外王"的人文理想中超越了利他、利己主义，本质上是一种以正面的人性情感为价值优位的"为己之学"和"仁本主义"①。

3. 事功精神

儒家伦理在重视德性修养的同时，具有强烈的事功精神和淑世情怀。孔子对"仁"和义利关系的理解包含着事功内容，在评价人物时亦将事功作为重要标准之一。孔子之后，由内圣成德到外王事功的进路在《大学》中得以确立，儒家的事功精神一度被遮蔽。北宋儒者在复兴儒学过程中提倡"通经达用"，力图重启儒家的事功追求并积极诉诸从政实践。南宋事功学派继承这一思潮，高举事功大旗，在与朱熹的论辩中比较完整地阐发了儒家的事功伦理。明末清初的经世之学主张仁义与事功相统一，提出了正义谋利、明道计功的义利统一观，进一步发展了两宋儒学的事功伦理传统②。有学者指出，中国的社会主义是建立在中国的现实土壤和历史传统基础上的，社会主义核心价值观绝不可能离开中华优秀传统文化的思想资源。有学者提出，张君劢以"据旧开新"的方式，将传统儒家的"善""己""性""心"四大范畴作为基本理念和理论依据，在此基础上，顺应近代社会潮流走向，掘发古代德目新义，创造出"德智主义""族群本位""民族气节"三大新范畴，建立起独特的伦理思想体系，彰显了新儒家返本开新的理论特色。张君劢对儒家传统伦理思想的掘发对于现代新儒家的伦理思想具有重要的理论价值③。有学者重提"源原之辨"这一概念，主要针对目前在研究传统文化中出现的一些方法论上的问题，要实现优秀传统文化的创造性转化和创新性发展，就应做到优秀传统文化（"源"）与当代中国特色社会主义建设实践和时代要求（"原"）相整合。研究传统文化，就应敬畏传统，与传统进行平等对话，而不是像有些学者那样，简单地将优秀传统文化与社会主义核心价值观的关系做对应研究④。

---

①　朱汉民，洪银香. 朱熹人性论与儒家道德哲学. 道德与文明，2014（2）

②　李雪辰. 儒家事功伦理的发展脉络. 道德与文明，2014（5）.

③　李杨. 据旧开新：张君劢对儒家传统伦理思想的掘发和贡献. 道德与文明，2014（3）.

④　朱贻庭. "源原之辨"与传统的继承和发展——关于继承和发展优秀传统文化的方法论思考. 道德与文明，2014（5）.

四、外国伦理思想

1. 亚里士多德的思想

在《尼各马可伦理学》第三卷，亚里士多德对"不自愿"行动的两个条件——受强迫和无知——重新进行界定，由此推进了古代哲学对道德责任问题的认识与探讨。亚里士多德将自愿性的焦点从柏拉图所强调的"真知识"转向行动者对具体环境的把握与判断，并进一步转向行动者的品格①。有学者认为，亚里士多德继承了前亚里士多德哲学的心智方向和结果，通过一种中庸之道的伦理原则和社会平衡原则，认为善与正义的哲学理念始终是社会个体和政治共同体应当达致的自然本性。亚里士多德的德性伦理学力图在理性与经验、理性与欲望、理想与现实、灵魂与肉体、个体与整体之间寻求和保持平衡。与他的老师柏拉图的思想相比，这种"中道"平衡原理更能如实理解人的德性实践，因而在当代德性伦理学的复兴运动中得到了更多的认同②。亚里士多德在幸福主义目的论的框架下，基于人类的本质及特有生活，通过"功能论证"论证了美德的必要性。当代西方亚里士多德主义伦理学沿袭了功能论证的路径，通过对人类特有生存方式的考察，论证了美德对于人类幸福生活的必要性。与现代道德哲学相比，亚里士多德主义伦理学对美德所做的辩护具有一定的理论和现实意义，但也面临着由现代社会运行机制带来的问题。这种辩护对于作为"类"的人来说具有合理性，对于作为个体的人来说，其说服力有限③。

2. 休谟的思想

休谟人性理论中存在一对基本矛盾，集中体现在他对利己主义的态度上：他在道德哲学中拒绝利己主义，但在政治哲学中却将利己作为基

---

① 陈玮. 自愿、决定与品格——《尼各马可伦理学》第三卷论道德责任. 道德与文明，2014（4）.

② 李鹏. 亚里士多德自然主义和谐社会思想分析. 道德与文明，2014（2）.

③ 何良安. 亚里士多德德性伦理学的特征——基于与苏格拉底、柏拉图哲学的比较. 湖南社会科学，2014（2）.

本的人性假设；他在政治哲学中强调法治和分权，但在道德哲学中则将仁爱和同情作为道德的人性基础①。安斯库姆（G. E. M. Anscom）反对休谟在这一问题上的看法，认为可以从"是"中推出"应当"。为了回应这一挑战，安斯库姆不自觉地引入了关于动机的内在主义和外在主义之分。她最终得出的结论是：从"是"中可以推出日常意义上的"应当"，而推不出道德意义上的"应当"。这使她最终主张抛弃道德意义上的"应当"而回到日常意义上的"应当"，回到德性伦理学中的概念上②。还有学者分析了休谟哲学观的现象学意味，以休谟对事实推理及其必然性的分析为例，说明这种现象学意味在其哲学思想中的具体体现。尽管休谟哲学具有现象学意味，但这并不意味着休谟哲学就是完全现象学化的，相反，它只是走在通向胡塞尔意义上的先验现象学的途中；不过，正是由于休谟哲学的这种现象学意味，胡塞尔才把休谟当成盟友或现象学的先驱，并从他那里汲取思想养分，我们也因此窥见了20 世纪现象学的历史渊源③。

3. 康德的思想

"善的意志"概念是康德道德哲学的起点。然而，在如何理解善的意志上，学界一直众说纷纭。有学者指出，事实上，只要理解了意志作为一种实践理性和作为一种自由因果性的观念，就会发现，"自律的意志"概念为我们理解"善的意志"概念提供了最好的说明，一个善的意志就是意志在道德法则下的自律。同理，人人平等享有尊严，因此我们应该尊重人④。该理念被传统康德主义者视为康德尊严思想中的一个自明命题。近年来，有学者对此提出质疑，并主张在康德哲学中"为什么要尊重人"的根据不在于人人享有尊严，相反，而在于道德法则要求我们尊重人，所以每个人都享有尊严⑤。

康德虽然创立了自律论的道德哲学体系，但却受到了黑格尔的批

---

① 李伟斌，张李娜. 休谟对利己论的认识及其道德目的的设定. 道德与文明，2014（6）.

② 须大为. "是-应当"问题与现代道德哲学——对安斯库姆《现代道德哲学》的一种解读. 道德与文明，2014（5）.

③ 张志平. 论休谟哲学的现象学意味：以事实推理及其必然性分析为例. 复旦学报（社会科学版），2014（5）.

④ 王福玲. 为什么要尊重人——康德尊严思想之争. 道德与文明，2014（5）.

⑤ 文贤庆. 如何理解康德的"善的意志"概念. 道德与文明，2014（6）.

判。黑格尔认为道德虽然是主观意志的自我规定，但人的自我意志又是受到客观的伦理关系和社会规律规定的。在《实践理性批判》中，由于意识到先验自由的实在性不能从一个思辨理性设想的理智世界获取，康德先肯定道德律令的存在，再以此出发去设定自由。康德直接肯定道德律令的客观有效性，认为我们的理性可以直接意识到这一点，具有自明性①。对此阿多诺指出，康德这种道德命令、这种简单的绝对应当，不是自明的，康德的绝对应当其实是一种压制，是对复杂现实条件的归约。阿多诺对康德道德哲学的批判，是为他设想伦理寻求的第三条道路做铺垫的②。

科尔斯戈德（Christine Korsgaard）在梳理近代以来规范性论证的四种方案中，以"实践同一性"基础上"目的王国"的创建为沟通"绝对命令"与"道德法则"、"理论理性"与"实践理性"的中介，不仅论证了规范的正当性，而且激活与推进了康德伦理学③。有学者通过考察想象在《实践理性批判》中的位置，得出如下结论：第一，虽然康德明确地要求在实践理性领域排除想象，但他实际上并没有也不可能完全把想象从他的道德哲学体系中排除出去。据此，康德伦理学不完全是形式主义的，舍勒对他的指责只在一般和不严格的意义上才是可以接受的；第二，形式主义伦理学自身有其必要性，康德伦理学的形式主义特征一方面是他最大的贡献，但另一方面也因压抑和束缚了想象力在道德实践中的根本作用而误解了实际道德行为④。同晚期斯多亚学派一样，康德、福柯都无一例外地以一种现时性的反思态度对待旧秩序的崩溃和新秩序的到来，并在古代的现在与当下的现在的比较中，分别从正当之善与生活之善的角度赋予其"道德"或"伦理"深沉的历时性意义⑤。

---

① 宋希仁，姚云. 黑格尔论自律和他律的统一. 道德与文明，2014（4）.

② 甘培聪. 道德律自明性的根源：早期市民阶层的理性激情——阿多诺对康德道德律令自明性的批判. 道德与文明，2014（4）.

③ 王时中. 规范的正当性如何可能——科尔斯戈德对康德伦理学的阐发路径. 道德与文明，2014（4）.

④ 黄旺. 想象与形式主义的伦理学——以对《实践理性批判》的批判性考察为例. 道德与文明，2014（5）.

⑤ 于江霞. 在"道德"与"伦理"之间——论康德与福柯的晚期斯多亚情结之殊异. 道德与文明，2014（3）.

4. 同情说

在西方主流经济学伦理中，只有明确地从自身利益出发进行的选择，才被认为是理性的选择。为他人利益着想的心理或行为，如同情心理或行为，则因与自利不相容而被认为是非理性的[1]。学者研究了阿玛蒂亚·森（Amartya Sen）关于同情的理论，认为情感通常具有意向性对象，并包含关于这个对象的评价性信念。作为一种情感，同情必然包含认知因素，阿玛蒂亚·森将它们归为三个评价性判断，即关于苦难的严重性判断、关于苦难的不应得判断和一种幸福论的判断[2]。学者还研究了胡塞尔从儒学和现象学的角度对同情问题的讨论，认为胡塞尔的同情理论刻画了同情的一般意向特征，讨论了同情在反思与前反思、自身意识与他异意识之间的理论关系。具体说来，同情是一种特殊的"他人感知"，这种感知和意向使我们得以产生理解他人的视角及意义[3]。

五、应用伦理

1. 生命伦理

有学者认为，生命科技的发展一方面使人们对生命有了更深入、更全面的了解和认识，另一方面目前生命科技发展中的伦理困惑和道德论争，在克隆技术、人类基因研究、辅助生殖技术、人体实验、器官移植、重组 DNA 技术、安乐死问题，以及对有缺陷新生儿的处置等方面，表现得尤为集中和突出[4]。有学者强调，当今生命科学技术发展需要以理性为基础，构建一种全球生命伦理。生命科技发展过程中全球化趋势的外因、价值观趋同的内因、和而不同的存在形式使得构建全球生命伦理成为可能。构建全球生命伦理应当坚持生命科技研究中的底线原

---

[1] 左稀. 论同情的充要条件——纳斯鲍姆同情观研究. 道德与文明，2014（2）.

[2] 王嘉. 阿玛蒂亚·森论"理性的同情". 道德与文明，2014（5）.

[3] 罗志达. 胡塞尔论同情的意向结构. 哲学分析，2014（6）.

[4] 杜振吉. 生命科技发展中的伦理困惑与道德论争. 河南师范大学学报（哲学社会科学版），2014（6）.

则，同时加强生命科技研究中的对话和交流①。有学者还研究了池田大作在其"佛即生命"的"生命哲学"基础上形成的蕴含人类普遍价值的生命伦理思想，认为这种伦理思想以"生命的尊严"为核心规范，进一步在"生命的尊严"基础上拓展了人类幸福的建构以及环境伦理思想，最后又统一在世界和平价值理念之中。由此，他的生命伦理思想从"生命尊严"这一根本出发，融合了我们生活的方方面面，实现了具体层面对伦理规范的理论考察。池田先生"人性革命"的最终目标是通过各种具体实践应用生命伦理规范，从而实现"生命的世纪"，完成对人类社会的根本变革②。

2. 环境伦理

长期以来，无论在思想主张上，还是在行动倡导上，非人类中心主义环境伦理与人类中心主义环境伦理都存在着尖锐的对立。生态学马克思主义试图超越这种二元对立困境，追求一种新的环境伦理，主张实现人与自然共生、将社会正义置于环境公平的优先地位、通过环境革命建立新的生态道德、选择符合环境伦理要求的经济发展形式③。有学者主张，我们应坚持马克思主义视域、科学性视域、以人为本视域、现实性视域，构建中国化的马克思主义环境伦理。有学者还研究了由美国的吉佛德·平肖和约翰·缪尔分别倡导的"环境保持"与"环境保护"运动，认为他们代表了两种对立的环境伦理观。前者将环境视为资源，主张"科学管理，明智使用"；后者强调保护环境。"环境保持"运动沿袭传统的人类中心主义伦理观，容易被视为环境的破坏者；而"环境保护"运动承认自然物具有"内在价值"，被视为环境的保护者④。

3. 行政伦理

学者认为，行政伦理与行政道德分属于行政领域的不同研究层面，

---

① 李定坤，韩跃红. 当代生命科学技术发展与全球生命伦理的构建. 湘潭大学学报（哲学社会科学版），2014（4）.

② 黄荟. 池田大作生命伦理思想初探. 井冈山大学学报（社会科学版），2014（4）.

③ 张乐民. 论生态学马克思主义的环境伦理. 山东大学学报（哲学社会科学版），2014（4）.

④ 郭亚红. "环境保持"与"环境保护"运动的伦理论争及其当代启示. 兰州学刊，2014（8）.

行政伦理高于行政道德；行政责任是行政学和法学的交叉研究对象，是一种包括政治责任、法律责任和伦理责任的广义责任，行政责任伦理是行政责任与行政伦理共同的研究领域；政治伦理是政治学与伦理学的交叉研究，追求政治的正当性和合法性，以解决政治权力中的道德问题为目标，而行政伦理是工具性价值和公共性价值的统一，以实现行政价值为目标①。21世纪以来，中国行政伦理研究的兴起具有深刻的历史背景和现实背景。有学者认为，我国行政伦理研究以"公共性"为内核，构建起了庞大的学术图景，美德伦理和规范伦理的相互交织决定着行政伦理的方向与路径，形成了"行政伦理困境"、"行政伦理失范"、"行政伦理建设"和"行政伦理法制化"四个主要论域②。公共行政责任伦理是全社会判断公共行政责任的公共理性，是公务员系统的组织机构及公务员与公民个人的互动结果，是一种软性约束，具有引导人们审视和判断公共行政责任的导向功能，约束公共行政主体活动及公务员职务行为的功能，以及稳定社会和巩固执政权的重要功能③。

4. 法律伦理

目前我国法治建设处在社会主义法律体系基本建成到全面建设法治体系的过渡阶段。在当下法治思维与法治方式的语境之下，职业伦理应该成为调整法律职业关系的指导性理论。有学者主张，从"人本诉求"的视域来建构法律职业伦理。强调人的尊严不仅是法律的伦理总纲，更是弱者权利保护的制度基础④。有学者认为，法律体系承载并折射出与之相符的法律文化和社会价值，因此对法律现象与法律文化的关系进行认知是研究法律价值与法治秩序的一种进路。情与法的问题，既涉及法律品性，又关系法律解释、国家法与民间法之冲突。中国的法治秩序建构既要关注西方法律文化的根源问题，又要关注中国传统法律文化的合理内核；要立足中国国情，建设法治国家⑤。

---

① 李芬芬，陈建斌. 行政伦理与行政道德、行政责任及政治伦理的关系解读. 江西社会科学，2014（3）.

② 吕同舟. 新世纪以来中国行政伦理研究的进展与展望. 天津行政学院学报，2014（6）.

③ 王忠才. 论公共行政责任伦理的内涵、特点及功能. 党政干部学刊，2014（4）.

④ 胡玉鸿. 人的尊严与弱者权利保护. 江海学刊，2014（6）.

⑤ 李峣. 超越概念化：法治思维视角下的法律职业伦理研究路向. 社会科学研究，2014（4）.

第六章 2015 年北京伦理学学科综述[*]

2015 年，北京伦理学研究中既有对传统学术问题的广植深耕，也有对新问题领域的勤恳勇拓。

一、基本问题

1. 道德的客观性问题

怀疑乃至否定道德客观性是现代伦理学研究中的倾向之一。一些学者承续了休谟道德怀疑主义精神，在元伦理学视域中以事实分析方法为基础，对客观道德价值的存在进行了否定[①]。学者指出，从康德、休谟的理性主义与情感主义之争，到今天内在主义与外在主义之争，在道德理由上争论的重点发生了转移。内在主义注重道德理由与个人行为动机之间的直接关联，外在主义强调道德理由需要尊重外部道德原则。内在主义与外在主义之争其实反映了个人偏私的特殊性与不偏不倚的道德要

　　＊ 原载《北京社会科学年鉴 2016》（北京出版社，2016），作者为葛晨虹、陈伟功、乔珂，选入时略有修改。

　　① 张汉静，马春雷. 论约翰·L. 麦基对客观道德价值的拒斥. 贵州社会科学，2015（12）.

求之间的关系，一个合理的道德理由需要同时满足这两个方面的要求。学者认为，现代社会得到普遍认可的道德体现为三个最低限度的行为规范，即不伤害、公正、仁爱。陌生人社会更多需要践行外在的道德规范和原则，但也需要更多地诉诸内在道德品德和道德情感①。有学者认为，道德相对主义之要义是指道德判断没有统一、客观的标准，后现代解构思维的确立使道德相对主义有了存在的合法性。有学者认为，伦理学虽然含有不可还原的主观成分，但并非纯然主观的，也具有客观性。其客观性辩护有三条路径：整体主义策略、认知主义路线和一个非形而上学维度。有学者指出，现代道德哲学既不能确证道德，也不能提供道德动机，因而处于危机之中②。

2. 伦理学方法论

随着伦理学研究的深入，伦理学方法论问题越来越突出。目前国内外伦理实证研究已呈蔓延之势，如当代西方情感主义德性伦理学家，运用逻辑实证主义的逻辑（语义）分析和经验实证的双重原则，将人的"移情"体验作为道德命题的经验参照，使道德命题获得了客观指称意义和真值条件，由此诠释一种情感主义视域下的道德知识（元伦理）学，试图实现对逻辑实证主义——（情感表达主义）元伦理的超越③。有学者指出，学界尚未对伦理实证方法进行系统讨论，对伦理实证方法理论探讨缺场的结果是具体伦理实证研究混乱。在探究具体伦理实证方法之前，首先有必要对方法的方法也即为具体研究方法奠基的方法论进行思考④。

有学者对互镜式学术评价方法在伦理学研究中的作用进行了论述。伦理学是一个时代"伦理精神"的学理化表达，因此我们可以从当代中

---

① 马庆. 道德理由的普遍性和特殊性. 学术月刊，2015（4）；甘绍平. 道德：在规则与德性之间. 思想战线，2015（1）.

② 王晓丽. 超越道德相对主义：生成性思维中的道德共识. 学术研究，2015（8）；胡军良. 为伦理客观性辩护的三条可能进路. 哲学研究，2015（2）；大卫·雷·格里芬. 现代道德哲学的危机及其出路. 唐都学刊，2015（1）.

③ 方德志. 超越逻辑实证主义：迈克尔·斯洛特的情感主义道德知识学解析. 内蒙古大学学报（哲学社会科学版），2015（4）.

④ 王珏、李东阳. 伦理实证研究的方法论基础. 东南大学学报（哲学社会科学版），2015（3）.

国社会"伦理精神"与当代中国伦理学研究的互动关联语境中，检视当代中国伦理学研究的利弊，从而解释其真实的理论图景和学术潜能。具体而言，即通过互镜式学术评价，分析当下中国社会在转型期面临的三大挤压或三大精神文化挑战，解析当代中国伦理学研究的主题开展、视域局限、方法论问题和学术话语等论题，以及造成当前学术格局的诸种因素；同时，通过国际国内两个视域，对当代多学科交叉互镜的学术发展趋势进行多面透视。也有学者认为，伦理学自身在批判、反思元伦理学进路的基础上向规范伦理学的回归，构成了当代应用伦理学的实质①。

3. 德性伦理

德性论是伦理学中最基本的形态之一，其立足于美德和道德的关系。美德以道德为基础，品德是道德他律通向道德自律的内驻方式，并构成美德的主体前提：品德是衔接道德与美德的中介，是道德自律的凝聚形态和美德自励的动力因素。有学者讨论了美德行动之情感体验问题，认为有美德的行动会给相应的有美德者以快乐，这种快乐源于有美德者自身所具有的良善意向的现实展开或实现而取得的某种精神满足。有学者还讨论了美德的实在性问题，认为这是当前西方道德哲学论辩的焦点之一，也是伦理知识与心理学前沿知识的一个交汇激荡处②。

有学者对当代德性伦理学模式与主题进行了梳理，指出这一流派呈现出多元丰富的研究局面，研究主题和范围不断向政治哲学与应用伦理学拓展，形成了新亚里士多德主义、斯多亚主义、情感主义、尼采主义等理论模式。有学者论述了德性伦理学对当今社会的重要意义，指出现当代工业文明和市场经济的快速发展，给人类带来了从未有过的福祉和更加美好的期盼，但与此同时也引发了物质主义、享乐主义、人被物化和单向度化，以及人际关系疏离等被称为"物质丰

---

① 万俊人. 互镜式学术评价中的伦理精神和伦理学研究. 中国社会科学评价，2015（1）；郑根成. 论当代应用伦理学方法——基于方法史的考察. 哲学动态，2015（11）.

② 唐代兴，唐梵凌. 卓越道德的美德的基本问题. 阴山学刊（社会科学版），2015（4）；黎良华. 有美德的行动与有美德者的快乐. 道德与文明，2015（1）；赵永刚. 美德的实在性问题：出场、论辩及意义. 哲学研究，2015（5）.

富，精神空虚"的现代性弊病。应对这种现代性弊病对德性伦理的挑战和冲击的积极方法是进一步加强精神文明建设，守住千百年来形成的美好精神家园①。

4. 道德困境

有学者认为，道德悖论本质上是实践理性领域出现的矛盾，表现为道德价值实现过程中出现的悖论事态。借助当代情境理论的研究成果，可依据"语境"、"心境"及"事境"的不同而将道德悖论区分为"道德悖理""道德悖境""道德悖情"三种形式。学者指出伦理两难并非逻辑悖论，所谓伦理两难实际上是把伦理规范当成无条件的普遍教条而产生的，是一种道德语法的谬误②。学者分析了现代性背景下的伦理困境，指出对现代性与现代道德困境之真实性的先行勘定属于科学的立场，对其正当性及正当性基础的追问则属于哲学的视野。科学的立场指称给我们的是，现代性与现代道德困境不仅是一个事实判断，更是一个价值问题；哲学的视野强调人们必须站在反思、批判与预设的高度看待这些基础性问题。现代道德哲学中存在着行动者与行动之间的断裂，体现为行动者的责任感与责任能力、道德理由与道德动机的分离。唯有确立意愿、意志与理性的关联，才能弥合这种断裂，从而为思考集体罪行中的个人责任问题找到新的理论资源③。

二、道德治理与道德建设

1. 社会道德现状

学者指出，当下中国社会的诸多社会问题以及道德问题，有复杂

---

①　高国希，叶方兴. 当代德性伦理学：模式与主题. 伦理学研究，2015（1）；温克勤. 德性伦理及其现当代价值. 伦理学研究，2015（1）.

②　王艳. "悖理""悖境"与"悖情"：道德悖论的情境理论解读. 江海学刊，2015（1）；赵汀阳. 有轨电车的道德分叉. 哲学研究，2015（5）.

③　晏辉. 现代性与现代道德困境：科学的立场与哲学的视野. 学习与探索，2015（8）；徐亮. 服从的责任——艾希曼审判中的道德困境及出路探寻. 现代哲学，2015（5）.

的社会原因，转型期社会特有的无序化、个体化、碎片化、价值紊乱、制度管理缺少细节等，就是其相关的深层原因。变革转型的过程既是机遇期，也是问题多发期。在"耗散结构理论"视野中，社会变化就是从有序到无序再到新的有序的发展过程。这一时期出现的许多问题，也和公民主体觉醒和诉求多样化、个性化有关。在强调外在制度建构的同时一定要注重人的"心灵秩序"建设及德治引导，要走一条法治德治相结合的道路①。学者认为，在现代世界对个体价值的重视与个体在道德上发挥作用的能力，正好形成了鲜明的反差。当代社会中道德从个体转向整体的运作与实现方式，通过下述三个层面体现出来：第一，从个体榜样的示范效应转向规制中的道德渗透与伦理蕴涵；第二，从个体德性的培育转向社会主导价值的建构；第三，从精英的道德导引转向民主的伦理商谈程序的运作②。与此同时，在对社会道德现状的反思中也涌现出一些方法论的突破。如有学者指出集体记忆与道德生活有着十分紧密的联系，集体记忆体现着人们的价值观和道德观。我们应该通过挖掘集体记忆与道德观之间的内在联系，来探寻当前道德失衡的原因，并从建构集体记忆的角度来思考培育主流价值观和道德观的方法③。

2. 道德治理

就道德治理的重要性而言，学者认为，道德是国家治理体系的构成性要素，影响着国家治理的各个维度。在价值层面，道德制约着"治理"理念的形成，推动着"权力本位"的破除；在制度层面，道德作为一种隐性制度，不仅与其他显性制度共同构成了国家治理的制度基础，还通过制度间的互动，影响着显性制度的建构；在行动层面，道德为国家治理提供了"善"的治理主体，创设了良好的价值环境，增强了社会凝聚度，提供了必要的道德监督。从道德治理的现实作用来看，道德是一种有别于成文法规或"显性制度"的"隐性制度"。在实践维度上，道德自身的时代性与在地性、治理机制的系统性及治理作用的有限性，

---

① 葛晨虹. 中国社会转型期面临道德问题的解读与思考. 齐鲁学刊，2015（1）.
② 甘绍平. 当代社会道德形态的基本特征：从个体德性走向整体伦理. 伦理学研究，2015（4）.
③ 喻厚伟. 基于集体记忆视角的当前道德现状之考察. 求实，2015（6）.

制约影响着道德参与社会治理的现实过程①。有学者指出，在国家治理体系和治理能力的现代化进程中，乡村治理的价值理念、主体伦理、关系伦理、制度伦理正面临和经历着深刻转型。促进当代乡村基层治理伦理的转型与发展，在尊重社会发展规律和满足社会发展需求的基础上，从更深层次打破传统的个人、社会、国家关系模式，不断创新基层治理理念，促进和实现乡村治理的伦理转型，建构实现良善的基层治理秩序，是我国社会主义民主政治建设和基层社会治理的一项长期性、基础性工程。与此同时，德治与法治的关系问题也是道德治理问题必不可缺的子话题②。

3. 社会主义道德体系建设

构建和完善社会主义道德体系是伦理学人不可推卸的责任。培育和践行社会主义核心价值观是推进社会主义道德体系建设的重要内容。学者们针对培育和践行社会主义核心价值观的一系列道德建设活动进行总结，发掘了一批成功范例。这些成功范例体现了社会主义核心价值观引领与整合大众文化资源的必要性，启示我们培育社会主义核心价值观必须植根于民众生活沃土，构建政府与大众的共振机制，注重载体与方式方法创新，并继续深度提炼以促进其传播和认同③。有学者指出，在习近平关于"中国梦""全面深化改革"等系列重要论述中，始终贯穿着"促进人的自由全面发展"的深层价值逻辑，形成了关于社会主义自由问题的一系列重要思想。这些重要思想不仅阐明了加快构建我们自己的"自由"价值体系的紧迫性、必要性，而且结合时代实际与中国发展，对倡导什么样的社会主义自由理念以及如何推进社会主义自由做了时代性中国化的马克思主义表诠与阐发，是社会主义自由观中国化发展的最新科学成果④。

---

① 朱辉宇. 道德在社会治理中的现实作用——基于道德作为"隐性制度"的分析. 哲学动态，2015（4）.

② 陈荣卓，祁中山. 乡村治理伦理的审视与现代转型. 哲学动态，2015（5）；杨伟清. 法治与德治之辩. 道德与文明，2015（5）.

③ 陈延斌，天旭明. 社会主义核心价值观大众认同的有效路径——基于近年来地方道德建设经验的研究. 马克思主义研究，2015（4）.

④ 廖小平. 论核心价值体系对价值观变迁的引领及其机制. 天津社会科学，2015（4）；袁久红. 论习近平对社会主义自由价值观的创新发展. 东南大学学报（哲学社会科学版），2015（4）.

三、马克思主义伦理思想

1. 马克思主义思想与道德

学者认为，马克思主义道德哲学要在学理上成立，必须追问三个问题：一是历史唯物主义在何种意义上能兼容一般道德哲学得以成立的条件；二是马克思主义道德哲学在何种意义上符合道德自律这一现代道德哲学的一般特征；三是历史唯物主义以何种方式构成了这种道德哲学的前提性条件，从而使之成为一种独特的现代道德哲学①。有学者认为，波普尔（Karl Popper）等西方学者对马克思道德理论的解读，虽然有契合马克思道德理论之处，但是也存在着严重失误，相关解读自相矛盾，不符合马克思道德理论的本义②。

学者指出，对马克思的道德观不能仅从道德概念和道德现象上去理解，要深入到马克思对道德现象背后的本质的揭示中。马克思一方面揭示了道德的现实物质生产方式基础，对在阶级社会出现相互对立的道德观的原因进行了彻底分析，从而给出了我们理解道德问题的知识图景；另一方面又给出了新道德观的价值标准，把能否促进人的全面发展及其程度作为衡量一种社会制度的道德价值尺度，从而揭示了"真正人的道德"的具体特征。在对旧道德、对资本主义社会的伦理批判中建构了新的正义理论③。

2. 马克思主义伦理思想的中国化

马克思主义伦理思想经历了中国化过程，近代以来思想家对马克思主义伦理思想注入了中国实践的创新内容。如陈独秀肯定抗日战争的进步性和正义性，坚持民族利益至上的道德原则，号召人民努力发扬民族精神。陈独秀的抗战思想对于鼓舞中国人民争取抗战的最后胜利具有十

---

① 王南湜. 马克思主义道德哲学何以可能?. 天津社会科学，2015 (1).

② 龚天平，方政. 论波普尔对马克思道德理论的诠释与批判. 湖北大学学报（哲学社会科学版），2015 (3).

③ 詹世友. 马克思的道德观：知识图景与价值坐标. 道德与文明，2015 (3)；王雨辰. 略论西方马克思主义的伦理思想. 北京大学学报（哲学社会科学版），2015 (1).

分积极的作用，他对民族精神的大力弘扬也对我们今天的社会主义现代化建设具有启示作用①。抗日战争时期也是毛泽东思想成熟的时期，同时也是其伦理思想走向成熟的时期。与此前不同的是，他的伦理思想更加理性，更加内藏，也更加深沉。今天我们在纪念抗战胜利 70 周年的时候，以伦理学的视角来解读毛泽东在抗战时期的论述或者有关抗战的论述，就会发现其中饱含着毛泽东围绕抗战而表达的道德情感和伦理情怀，内含与国家前途、民族命运等相关联的爱国主义、英雄主义、民族精神、战争的正义与非正义、革命功利主义以及群众观的伦理意蕴②。

四、中国伦理思想

1. 儒家伦理

学界对儒家伦理的性质有不同的看法。有学者认为，安乐哲（Roger T. Ames）关于"儒家角色伦理"的学说，强调了儒家伦理关系性、社会性和具体性的一面，凸显了儒家仁爱、忠恕、礼义等德行和规范的价值，认为这是区别于西方个人主义伦理学的东方社群主义伦理学，但忽略了儒家伦理的普遍性和终极性，消解了儒家伦理对"道"的超越追求，因而夸大了中西伦理思想的差异。有学者指出，儒家之善不是一个判断性语词，这与西方之善乃至现代人的善观念差异较大③。儒家伦理表现出多种规范的平衡状态。学者指出，儒家伦理学不是情境伦理学，儒家将"可欲"作为"善"这一正向价值的衡量标准，基本上不忽略物质与现实，但精神仍高于物质与现实④。儒家这一整套伦理规范体系是如何建立起来的也是学者们讨论的焦点。有学者以"三礼"为例对此问题进行了探索。"三礼"既蕴含着伦理规范体系得以建构的、具

---

① 金焕玲. 陈独秀抗战思想的伦理解读. 伦理学研究，2015（4）.
② 李彬. 毛泽东抗战思想的伦理意涵. 伦理学研究，2015（4）.
③ 郭齐勇、李兰兰. 安乐哲"儒家角色伦理"学说评析. 哲学研究，2015（1）；沈顺福. 善与性：儒家对善的定义. 西南民族大学学报（人文社会科学版），2015（2）.
④ 潘小慧. 儒家的伦理思考方式——以《孟子》与生命相关的例子为据的讨论. 长安大学学报（社会科学版），2015（1）.

有最大普遍性的一般原则，同时还包含着在礼仪道德生活中具有针对性的、行之有效的、可适用的特定方法。这些原则有四个方面，即取法天道、因循自然，比拟象征、阴阳互补，以本定末、本末一体，立中制节、因顺人性；而合于"时""顺""体""宜""称"则是其五个方面的特定方法。它们综合反映了传统社会伦理生活之客观必然性和应然性，在一定意义上具有相对的合理性和正确性，可为中国特色伦理规范体系的建设提供有益借鉴①。

2. 道德修养

中国传统伦理思想中有丰富的道德修养理论资源。有学者讨论了张载"变化气质"的修养方法。也有学者认为"朱子之仁"是善良意志，是道德理性与道德情感的统一：作为仁理，是具有先验性的道德情感，是道德主体对道德法则的一种表象，即四端；作为仁境，则实现了意志之自由，即意志之积极自由与消极自由，其结果是康德自律道德之证成，自由意志之实现②。道德自律不仅追求道德上的完满，而且具有强烈的现实政治关照。有学者认为，宋代士大夫不但有一种道德理想主义的精神建构，更渴望在实践层面重建社会的伦理秩序，提出并形成"以天下为己任"的伦理精神，"致君尧舜上，再使风俗纯"，把"得君行道""共治天下"作为一种外王事业，凸显了立功层面的价值追求③。有学认为，儒学由"仁"而"礼"，是从自我人格修养向家庭、社会、国家、自然乃至宇宙天道扩展的过程，这种逐层展开强化了人的道德自主和社会承担意识，奠定了儒家道德人文主义的思想基调。儒家"仁礼合一"的人文传统正是以人格修养教育、社会关爱教育、家国情怀教育为主要内容的当代中华优秀传统文化教育可以依托的重要文化资源④。

---

① 王文东. 儒家伦理规范体系建构的原则和方法——以"三礼"为中心的分析. 江西师范大学学报（哲学社会科学版），2015（1）.
② 陈瑞新. 邹守益的道德修养论："易恶至中"——心学立场上对"变化气质"的重构. 道德与文明，2015（1）；赖尚清. 朱子之仁：道德实践的自律主体. 孔子研究（学术版），2015（4）.
③ 王泽应. 宋代士大夫"以天下为己任"的伦理精神述论. 道德与文明，2015（4）.
④ 李建，傅永聚. 儒家"仁礼合一"传统与中华优秀传统文化教育. 齐鲁学刊，2015（4）.

五、外国伦理思想

1. 康德伦理学

学者对康德伦理学的关注持续不断。有学者分析了康德的道德思维方式，指出康德道德哲学有一种独特的道德思维方式，围绕人格尊严、人的自由、道德法则等伦理学主题，体现了思入本体的思想方向、证实自由的思维体察、确认法则的思维推演等方式，构建了一套独立于经验、偏好的真纯道德原则①。有学者讨论了康德伦理学中的道德感，指出康德道德哲学建立在对传统道德感理论的批判之上，探讨了纯粹实践理性动机，以解释抽象的理性法则如何能应用到具体的感性-理性存在者之上②。有学者从宗教维度讨论了康德的伦理思想，指出其目的王国理念实际上是一个以上帝为首脑的理想道德共同体。目的王国理念的宗教意义使得这一道德理想可以成为当代宗教对话的一个切入点。有学者论述了康德善原则的实在性，指出康德通过将耶稣基督诠释为完美的道德理想，即将上帝之子诠释为"善的原则的拟人化了的理念"，探讨了原善的人性，并据此阐明了人类重新向善的可能性，目的在于证成从心灵或者精神角度思考通过人性转变实现道德完善不仅具有先验的根据，而且具有形而上学的合理性。一种内在的自我救赎，既是可能的，又是必要的③。

2. 麦金太尔伦理学

许多学者围绕麦金太尔伦理学展开了讨论。麦金太尔以对现代道德哲学的批判闻名于世。现代道德哲学通常由三个部分组成，即道德主体理论、价值理论和规范理论。在麦金太尔看来，现代道德哲学的三个部分都存在着根本性错误：道德主体理论的错误是自我个人化，价值理论的错误是善的私人化，而规范理论的错误是德性的边缘化。麦金太尔认

---

① 詹世友. 康德的道德思维方式解析. 伦理学研究，2015（4）.
② 周黄正蜜. 智性的情感——康德道德感问题辨析. 哲学研究，2015（6）.
③ 杨云飞. 康德的目的王国理念新解. 武汉大学学报（人文科学版），2015（4）；傅永军. 康德论善的原则的客观实在性. 山东大学学报（哲学社会科学版），2015（1）.

为只有恢复西方文明的社会整体性维度，重建一种亚里士多德式的、具有统一目标的伦理生活，才能摆脱现代个人主义造成的道德危机。有学者认为，麦金太尔无视马克思在现代社会中所发现的那种"伦理潜力"，从而在根本上无法为现代社会提供一种真正具体的道德方案①。有学者聚焦于麦金太尔的管理伦理思想，认为麦金太尔从根本上否认了管理研究能够形成普遍规律性的知识，否认了管理学作为一门社会科学的合法性。他对管理的有效性在价值上、道德上中立的观点进行了批判，发现这种观点起到了掩饰社会操纵之本质的作用②。

六、应用伦理

1. 医学伦理

学者提出，医学伦理学要与其他学科一起进行跨学科的研究。作为调整病患与医务工作者关系的一种规范，医学伦理学应当有明确的价值导向。学者认为，医生的美德是医学伦理的起点，包括美德在内的医生专业主义精神、医学技术、医疗保障制度，是当代保健服务体系正常运行的基本支柱。如果医学伦理学丧失了对美德的追寻，那么就必然出现医疗行业的种种乱象，这也恰恰是我国当前的社会现状。有学者参考美国医疗制度指出，美国家庭医生制度对患者的医疗十分重要；美国的医院和临床医疗从细节上体现了为患者服务的职业伦理精神；美国的医疗保险制度在一定程度上减少了过度医疗；中美医疗卫生服务体系都可以有市场机制的参与，但不能与为人类解除痛苦的职业方向发生偏离③。

2. 经济伦理

有学者认为经济本身与价值无涉，所以经济伦理学是一个虚妄概

---

① 姚大志. 麦金太尔的现代道德哲学批判. 求是学刊, 2015（3）；田冠浩, 吴永华. 麦金太尔、马克思与现代道德. 东北师大学报（哲学社会科学版）, 2015（3）.

② 陈真. 凡是现实的就是合理的吗？——麦金太尔的美德伦理学批判. 哲学研究, 2015（3）；刘敬鲁. 论麦金太尔对管理有效性主张的批判. 哲学研究, 2015（5）.

③ 杜治政. 美德：医学伦理学的重要基础. 医学与哲学, 2015（9）；王延光. 美国临床伦理的实践与借鉴. 中国医学伦理学, 2015（2）.

念。针对质疑，有学者深入到西方经济学史之中用马克思主义经济学理论资源寻找回应。以新古典经济学为代表的西方主流经济学标榜自己是与伦理学相分离的、价值中立的"纯科学"。马克思主义经济学是科学性与伦理分析相统一的理论，运用其方法论对西方主流经济学的伦理预设进行解析，对于正确认识西方主流经济学并非价值中立的实质，以及其伦理预设的非科学性的理论和方法论根源，具有重要的理论和实践意义[1]。由于经济学的去价值化倾向，对经济活动的伦理审视往往受到排斥。一旦我们认识到经济学并非价值无涉，那么原本缺位的伦理审视就应当重新出现。有学者针对金融风暴展开分析，指出 2007 年开始的金融风暴，其直接诱因是次贷泛滥和消费过度等经济因素，但是金融道德风险亦多层面、多角度地推动着这次金融风暴，成为金融风暴的内在诱因之一。反思金融风暴带来的创伤，强化人们在金融活动中的信用准则、公平准则和责任道义感，提升金融活动中人们的伦理理性，是金融活动健康发展的必要环节[2]。

3. 行政伦理

学者认为，政府作为一个公权力运用组织，其整体公共性与个体成员的自利性并存，构成特殊道德矛盾。社会主义制度下政府职能的公共性有其更高的道德诉求。立足于当前的中国现状，学者认为，转型期的中国，出于对制度的急切需求和对人的行为失范治理的迫切要求，制度冲突、价值冲突、行为失范的本质是社会无序，而社会秩序的重建有赖于社会制度创建和伦理道德的支持。行政伦理制度化跨越制度与德性两个领域，兼顾制度安排与德性培育，是行政伦理建设的两个基本向度和行政伦理制度化的基本属性边界[3]。一些学者对我国行政制度进行伦理反思。如针对我国行政制度中的法治指数指出，法治的意义不容否认，原因在于相对的价值共识是存在的，并决定了法治的相对合理性。法治指数在实践中的问题也可以被克服，法治指数设计的可行态度和立场应该是在承认法治作为世界文明成果的前提下融入自身元素。当然，法制

① 张玉喜. 西方主流经济学在与伦理学分离的表象下蕴含的伦理预设. 天津社会科学，2015（5）.

② 单玉华. 金融风暴后的金融伦理反思. 唐都学刊，2015（3）.

③ 廖炼忠. 论当代中国行政伦理制度化的边界. 哲学研究，2015（3）.

指数、制度指数都离不开伦理应然指向①。

4. 法律伦理

学者认为，法律规范和道德规范是对现实的反映并同时作用于现实。法律规范和道德规范的确立需要经过实践确证。有学者还讨论了中国古代的法律伦理，认为中国古代法律与现代法律虽然具有不同的价值表现形式，但作为秩序与正义的综合体，中国古代法律同样旨在创设一种正义的社会秩序。根据中国古代法律内在的"仁、礼、法"的法理逻辑演化，对中国古代法律所反映的伦理秩序与伦理正义施以逻辑证成，这是伦理价值体系的衍生理路②。

确认法律与道德的内在关联后，对法律制度进行道德合理性的考察就显得尤为必要。学者针对法律活动中的诉讼调解指出，两者都是解决纠纷的方式，两者具有不同类型的结合方式：类型一是把调解视为外在于诉讼并成其为补充的 ADR 类型；类型二是把调解视为诉讼基本纲领的马锡五审判方式；类型三是把调解置于诉讼过程中的诉讼调解制度。还有学者考察了作为司法伦理的不公开制度，认为侦查活动的内容和程序原则上不应公开，只在特殊情况下才可在适当范围内公开。侦查不公开的规范对象是侦查机关以及负责监督侦查活动的检察机关，其实现有赖于伦理内容的明晰化、伦理精神的培育以及警检机关对侦查程序中与媒体交往边界的把握③。

---

① 乔法容. 政府职能公共性的伦理解读. 哲学研究，2015（3）；石佑启，李锦辉. 法治指数背后的价值哲学之争. 哲学研究，2015（8）.

② A. B. 拉津. 作为掌握和改造现实之方法的道德和法律. 求是学刊，2015（5）；周斌. 中国古代法律的伦理价值体系. 兰州大学学报（社会科学版），2015（4）.

③ 曹刚. 诉讼调解的伦理辩护. 道德与文明，2015（5）；毕亮杰，周长军. 论作为司法伦理的侦查不公开. 广西社会科学，2015（5）.

第七章 2016 年北京伦理学学科综述[*]

2016 年，北京伦理学界取得了许多科研成果，其中既有对传统学术问题的深入研究，也有对时代提出的新问题的探讨。

一、基本问题

1. 研究方法

研究方法对一门学科具有重要意义。有学者认为，哲学本质上是一种对世界和人生意义的根本性问题的理性反思活动，其目的是追求对这些根本性问题的确定性认识，而实现这一目的的最好方法应当是逻辑和经验的研究方法。如果哲学、伦理学研究只需"本原之思"，无须接受经验事实包括道德体验事实的检验，那么这样的研究所通达的"天理"将可能是一种无法通过任何方法验证其真假的"玄理"，因为它排斥经验事实的检验[①]。有学者认为，现代道德哲学研究脱离道德生活，这个困境的产生与现代道德哲学所采用的主流研究方法有密切关系。罗

---

[*] 原载《北京社会科学年鉴 2017》（北京出版社，2017），作者为葛晨虹、陈伟功、乔珂，选入时略有修改。

[①] 陈真. 分析进路的伦理学研究方法之辩护. 哲学动态，2016（7）.

尔斯构建的建构主义方法和罗蒂（Richard Rorty）提出的解构主义方法是现代道德哲学主流研究方法的两个典型代表。建构主义凭空构造的理论目标和建构程序决定了道德哲学研究对道德生活的背离，普通人不能从道德哲学家那里找到解决道德实践问题的"标准答案"。解构主义的不断"重新描述"最终导致"自由"和"不遭受侮辱"成为仅有的道德追求，其他一切道德概念都被偶然性消解了。因此，要解决现代道德哲学的研究困境，必须对其使用的方法展开批判①。在伦理学研究方法创新方面，马尔库塞很有代表性。马尔库塞一生致力于融合马克思主义、存在主义和弗洛伊德主义，开启社会道德批判之维，分析发达工业社会景观下人存在的意义，无论对生命本真的找寻、工具理性的控诉，还是对单向度社会的批判，无不饱含着深刻的人本主义动机。否定性、个体性和新感性是其新人本主义伦理学着意标举的特征②。

2. 道德应该

道德讲应该、讲责任，它的前提条件是意志自由。有学者认为正是自由使人存在于可能性中而永远面临自主决断，因而自由构成了一切伦理价值与伦理法则的基础③。康德对"应该"进行了深刻研究，有学者认为，康德实践哲学是一种"应该"哲学，即与人"必须做又不必然做"有关的哲学，这样的哲学是基于他对"人"本身的理解。康德不仅把存在者分为不同类型，而且把作为存在者之一的人的性质分为不同层级；由此，人就其自身而言就是由感性与理性构成的、充满内部张力的矛盾统一体。人的这种本质，既使"应该"对人来说得以可能，也使"应该"对人来说成为"必须"④。如何实现道德应该，这是个实践问题。有学者认为，道德是人立身处世与集体生存发展之"应该"和"实然"的统一体，只有作为道德本体依据的应该通过确立明确的道德目标及其规范落实为具体的道德行动，才能实现道德之"应

---

① 胡娟. 现代道德哲学主流研究方法及其困境. 东南大学学报（哲学社会科学版），2016（6）.

② 石小娇. 马尔库塞对新人本主义伦理学的贡献. 道德与文明，2016（6）.

③ 黄裕生. 论自由与伦理价值. 清华大学学报（哲学社会科学版），2016（3）.

④ 张志平. 康德实践哲学中的"应该"问题及其类型学分析. 复旦学报（社会科学版），2016（2）.

该"的逻辑回归，否则，所谓道德之"应该"将没有意义且不能
成立[1]。

3. 情感与能力

道德情感是道德理论中不可忽视的问题。有学者认为，情感问题也
是现当代中国突出的社会问题之一。道德情感的核心是"仁爱"。道德
情感包含荣辱感、义务感、责任感、使命感、公正感等态度。这些道德
态度一起构成人的良心，良心是道德情感的重要标志[2]。在现实生活
中，道德冷漠严重侵蚀人们的道德情感。有学者指出，道德冷漠是指道
德感、道德经验或道德判断的缺失或匮乏，一旦弥漫成社会化的道德心
态和道德氛围，就可能带来道德危机。道德冷漠与道德能力的缺失有密
切关联，为提升主体的道德能力，需要确立主体的道德信念、培养主体
的道德情感和构建主体的道德人格；需要从社会维度实现社会规范和人
际关联的道德重建、道德规范和伦理秩序的法制重建，以及道德理想和
道德信念的文化重建[3]。创建可持续再生产的合作性社会关系的社会体
系，提供免于恐惧地见义勇为的日常生活世界，是克服紧急救助中道德
冷漠现象的根本途径[4]。

有学者认为，"道德能力"本质上是一种以认知、推理和判断为核
心特征的理性能力，是理性能动性在道德实践中的发挥和运用。受罗尔
斯等康德主义者的影响，这种理解在当代英美道德-政治哲学中占据支
配地位，也似乎能够获得经验证据的证明。然而，有学者提出，重新理
解"道德能力"概念，有助于重新认识情感能力在人类"道德能力"构
成中所占据的地位[5]。有学者赞同伦理能力是指主体在实践境域中认
知、认同并践行伦理同一性之能力的这种界定，认为这是道德主体性的
重要表征[6]。道德情感与道德能力的养成离不开道德激励，有学者对道
德激励进行了研究，认为它既是伦理学的基础理论问题，也是社会道德

① 王小锡. 论道德之应该的逻辑回归. 道德与文明，2016（3）.
② 江畅，张媛媛. 试论当代中国道德情感体系构建. 道德与文明，2016（1）.
③ 陈伟宏. 道德冷漠与道德能力的构建. 道德与文明，2016（5）.
④ 高兆明，王嘉. 紧急救助中的"道德冷漠"研究. 哲学研究，2016（11）.
⑤ 张曦. 道德能力与情感的首要性. 哲学研究，2016（5）.
⑥ 卞桂平. 略论"伦理能力"：意涵、问题与培育. 河南师范大学学报（哲学社会科学
版），2016（1）.

建设的重要实践课题。

4. 主体性困境

主体性原则在近代思想启蒙和解放运动中起了重要作用，但随着主体性原则的过度张扬，它开始走向自由和解放的反面，陷入"困境"。如何既保留主体性的积极方面，又不至于让主体性原则过度张扬，走向抽象和独断，从而吞噬个体，成为摆在理论界面前的一个问题。有学者提出，应批判抽象主体的虚假性，为个人主体进行论证。同时，要把主体分为认知主体和价值主体，主张消解认知主体的绝对性维度，捍卫个人作为价值主体的地位①。有学者认为，有关"存在"的追问构成本体论哲学，而本体正是主体。哲学史主要是发现并确立主体的历史，这一过程在黑格尔哲学中得以完成。不过，无论主体性原则的确立具有何种解放意义，康德都最早发现这一原则面临着双重困境：自我关系的困境与现代性的困境。这种困境所具有的二律背反性质，使许多著名思想家走上了限制主体性的"倒退"道路，只有马克思等少数哲学家在坚持主体性原则的基础上力图从主体性原则内部克服现代性危机。在这方面，马克思的方法远优于席勒的方法，并为后来哈贝马斯的交往理性理论奠定了基础②。具体到伦理道德领域，伦理作为"群道"，其核心是主体交互性的实现，即不仅"我"作为主体被实现，而且"他者"同样作为主体被实现。但在现实中却往往相反，他者往往被当作客体、工具甚至被征服的对象。追求和谐群道的伦理走向了一种"主体性困境"。有学者提出，从伦理思想史的角度来分析，伦理的"主体性困境"可以通过功利主义和德性主义两种典型方式来加以解决。前者强调在节制欲望下达到利己与利他的平衡，后者强调高于利己本能的美德养成的应然。尽管两者的解决之道并非完美，但正是这种伦理的张力激励着思想家们不断探索以解决人性的两难③。

---

① 程慕青. 化解"主体性原则"困境的一种新尝试——《"主体性"的当代哲学视域》评介. 理论观察，2016（3）.

② 赵凯荣. 马克思哲学与主体性困境. 马克思主义哲学研究，2016（1）.

③ 朱武振. 伦理的"主体性困境"探析. 湖北大学学报（哲学社会科学版），2016（5）.

二、道德治理与道德建设

1. 家庭伦理

中国社会正在发生重大变迁，家庭遭遇了严峻的伦理挑战，家庭实体性地位的消解将对中国文明的现在和未来产生深远影响。有学者指出，现代中国家庭正在遭遇两股解构力量：外部传统的伦理文化支持系统趋于消解，家庭发生裂变；家庭成员在公民认同中潜在蜕变，从内部瓦解家庭的精神同一性[①]。家庭形态上的转变、演化，可归为"双螺旋"结构。其一，在从传统向现代的转变过程中，家庭伦理既有作为自然伦理形态面临解体的一面，又有作为现代社会客观伦理开端的另一面，家庭伦理在两者相互交织之中获得现代发展。其二，在现代社会伦理秩序的重建中，家庭作为重建中枢，一方面，面对民主多元化的现实不断调整家庭伦理关系，使之趋向公平、民主；另一方面，在新型家庭关系中培育的新公民在走向社会时也实现了对社会伦理的再造。因此，家庭成为现代社会伦理秩序生成的起点与重建的枢机[②]。马克思的婚姻家庭伦理思想不仅改变着人们的思维方式、婚姻家庭、道德观点，而且影响着婚姻家庭伦理的理论、步骤、更新的概念和发展历史。在我们国家，迫切需要一定的知识基础，导向婚姻、家庭、伦理问题的解决[③]。

2. 道德治理

道德治理是一种具有独特运行机制的国家治理方式。有学者认为，道德治理目标的层级性和道德治理手段的多样性，决定着道德治理的初级阶段应以外在道德规范的治理为主，主要从外部对伦理关系中的主体进行治理；中级阶段应注重从外在道德规范的治理走向内在道德自觉的治理，从而保证道德治理的时效性与针对性；高级阶段应侧重培植内部

[①]　许敏. 现代中国家庭的伦理失依. 伦理学研究，2016（6）.
[②]　王强，于海燕. 论家庭伦理的现代形态及其逻辑结构. 道德与文明，2016（4）.
[③]　朱靖. 浅谈马克思主义家庭伦理思想对社会的现实意义. 山西财经大学学报，2016（S1）.

调节机制，真正使治理主体具有自觉意识和内在约束，使道德治理从社会主体的内在道德自觉走向外在道德行为，促进主体的全面发展与日臻完善①。有学者指出，从道德的源动力和历史进程来看，"抑恶"是道德治理之所以必要的逻辑基础，"扬善"是道德治理之所以可能的逻辑保证，"奖善惩恶"是道德治理之所以可行的逻辑依据。在必要、可能及可行的逻辑推演中，道德治理既是道德发展进步的逻辑要求，也是道德发展进步的历史要求②。还有学者认为，基于道德治理在国家治理中的作用，其对社会关系的调节，可以通过推动社会秩序形成、促进社会力量整合和导向社会思想统一等三个视角来认识。第一方面，道德治理是将社会关系的矛盾、冲突乃至对立转化为秩序、完善与和谐的过程；第二方面，道德治理促使社会关系汇聚成一个有机系统，从而激发社会的整体性力量，实现社会系统功能的最优整合；第三方面，道德治理承担着引领社会主流思想，在价值取向多元的背景下保持价值导向一元的功能③。

3. 核心价值观

有学者认为，从道德基础来看，社会主义核心价值观有其深厚的道德根基；从道德价值来看，社会主义核心价值观蕴含着丰富的道德内涵及道德价值。首先，从理论观念角度看，社会主义核心价值观有利于提高道德判断力、调节道德关系、规范道德行为。其次，从实践观念角度看，社会主义核心价值观的道德价值主要表现为培养道德信念、提升文化品质、构建道德理想④。有学者认为，社会主义道德原则和道德规范是社会主义核心价值观的道德基础，而社会主义核心价值观是社会主义道德规范的价值引导。社会主义核心价值观贯穿着集体主义道德原则，集体主义道德原则是社会主义核心价值观的最大公约数。社会主义核心价值观的"三个倡导"不仅以社会主义荣辱观为基本道德内涵，而且蕴含着社会公德、职业道德、家庭美德"三德"的道德规范⑤。核心价值

---

① 王乐. 试论道德治理的三个阶段. 伦理学研究，2016（5）.

② 王艳. 道德治理：道德发展进步的历史逻辑. 道德与文明，2016（1）.

③ 张溢木. 道德治理：调节社会关系的三个视角. 江西师范大学学报（哲学社会科学版），2016（4）.

④ 刘志山，王杰. 社会主义核心价值观的道德之维. 伦理学研究，2016（6）.

⑤ 贾金玲. 社会主义核心价值观的道德蕴涵. 道德与文明，2016（1）.

观具有道德的"质"。作为社会意识，它是道德自觉，规定社会主义的价值本质和发展趋势，从根本上影响国家软实力，为实现中华民族伟大复兴奠定精神基础，引领市场经济的健康发展，帮助人们树立崇高的理想信念。中国传统道德可以成为社会主义核心价值观的重要资源①。

三、马克思主义伦理思想

1. 道德哲学

学者们对马克思的道德哲学进行了研究，对其性质、特征等进行了讨论。有学者指出，在马克思看来，道德源于人的本质、人的自由，而不是神的意旨或者抽象的私人利益。在阶级社会中，道德异化是一种普遍存在的现象，在不同的时代或者社会中，道德或者沦为神学的奴仆，或者成为某种经济或政治制度的附庸，由某种特殊的经济关系决定的宗教价值、经济价值或政治价值披上道德"善"的外衣，使"道德"成为束缚人的自由、解放和全面发展的工具与手段。只有对自我异化和劳动异化进行积极的扬弃之后，才能复归道德的本质，在人类社会中实现道德观念和标准与其价值目标的真正合一②。有学者指出了马克思道德哲学的三个基本特征：第一，它不是对个体提出道德要求，而是对社会制度提出道德要求；第二，它将人的幸福和自我实现等"善"作为伦理价值基础；第三，它将正义社会制度的实现作为实现"善"的实践路径。马克思的道德哲学有别于传统的各种规范伦理学理论，更倾向于一种制度伦理③。学者们有关"制度伦理"的观点可以分为三种：制度与伦理的同质化、异质化和侧重化。这种从概念到概念的分析方式，有利于澄清语词的用法与内涵，属于"概念分析"的思维方式，有可能陷入宏大

---

① 张卫明. 社会主义核心价值观的道德属性及其价值意蕴. 道德与文明，2016（6）；贾新奇，金银润. 中国传统道德与社会主义核心价值观的融会. 陕西师范大学学报（哲学社会科学版），2016（2）.

② 赵清文. "作为道德的道德"——马克思对道德本质的理解及对道德异化的批判. 北方工业大学学报，2016（4）.

③ 赵永刚. 善与正义的统一——作为制度伦理的马克思道德哲学. 马克思主义与现实，2016（4）.

叙事的学理探讨中。制度伦理概念的提出，其本意应当是着眼于对具体问题的研究与解决。因此，可以对制度伦理进行"生存分析"，即研究具体制度与具体伦理环境的相融性，进而研究两者生成的适用于特定公民社会的特定"制度伦理"，探寻它如何成为公民的生活方式，如何构成公民的生活世界①。

2. 西方马克思主义

有学者指出，西方马克思主义伦理思想呈现出明显的对马克思主义伦理思想和现实道德层面逐渐增强关注与研究的发展过程；西方马克思主义伦理思想呈现出从继承和借鉴马克思的批判传统对资本主义给予道德批判，到积极发掘马克思主义伦理思想和注重从伦理层面建构未来社会主义社会的变化过程；西方马克思主义伦理思想的发展呈现了从政治革命、社会批判到生态建构的发展过程②。有学者对西方马克思主义应用伦理进行讨论，认为其以对"科学技术合理性"问题的追问为逻辑起点，围绕对科学技术与哲学、科学技术与生态、科学技术与消费之关系的探讨，形成了系统的科技伦理、生态伦理和消费伦理。不同于一般应用伦理探讨现实问题应遵循的道德规范，西方马克思主义立足于人的自由和解放这一本体论角度探讨上述问题，主要表现为一种伦理价值观，其应用伦理是其社会批判理论的内在组成部分③。

3. 马克思的正义观

马克思主义道德哲学关注正义。正义在马克思主义著作中有丰富的文本依据；考察逻辑方法，正义是马克思从抽象到具体方法的老道运用；道德、正义与马克思主义的实践精神是三维兼容的。马克思和恩格斯并不是冷酷无情的理论家，而是兼具缜密思维的理论家和崇高道义情怀的伟大革命家④。有学者认为，反对贫困是正义的基本要求，也是马克思建构理论的重要主题。马克思反贫困理论从财富均衡、财富正道、财富品质、财富梦想等方面体现出丰富的经济伦理特质，它需要通过中

---

① 陈伟功. 论"制度伦理"的四种思维方式. 齐鲁学刊，2016（6）.
② 聂文军. 简论西方马克思主义伦理思想的主要特征与意义. 伦理学研究，2016（1）.
③ 王雨辰. 论西方马克思主义应用伦理及其基本特点. 道德与文明，2016（2）.
④ 武铁传. 马克思主义兼容道德、正义的三个理由. 道德与文明，2016（6）.

国化的创新和发展，实现在当代中国的价值作用①。资本主义道德话语体现的是非正义的文化霸权，有学者指出，资本主义利用道德话语权"矮化"中国形象，是当代国际竞争的一种新方式。马克思和恩格斯以历史唯物主义批判与揭示了资本主义人性、人权、自由、平等、博爱等核心道德话语及其实质，资本主义道德话语的特征是阶级性、规范性和虚假性。打破资产阶级道德话语霸权的前提是批判资本主义道德话语霸权，目标是创立中国特色社会主义道德话语权，增强综合国力是提升中国特色社会主义道德话语权的根本路径②。

四、中国伦理思想

1. 文化传承

学者们从文化的传承角度对中国伦理进行了研究。有学者认为，中国文化是中国伦理的根基和母体，中国伦理是中国文化的核心与灵魂。当代学术界解释伦理与中国伦理的方法、路径主要有三种类型：西方哲学反思型、马克思主义的意识形态论和中国式的文化-道德观。用中国话语研究并解释中国文化与伦理，不仅是民族文化自信心增强的表现，也体现出更多的真理性与合理性。文化-道德观的解释路径与方法的优势在于：使伦理与中国伦理更加接近生活，更加接近实践，更加强调人民群众作为文化主体的积极性与创造性③。有学者认为，中华伦理文明之所以能够成为世界史上连续性文明的典范，原因是多方面的，其中的根本原因在于，损益性的文明路径和旧邦新命的国性基质，中华美德的涵育与陶铸，中华道统的建构、拱立与护卫，以及"道并行而不相悖"的会通意识和包容精神，共同支撑并促进着中华伦理文明的传承与发

---

① 阮瑶，张瑞敏. 马克思反贫困理论的经济伦理特质及其在当代中国的价值实现. 北京师范大学学报（社会科学版），2016（1）.

② 谭培文. 马克思、恩格斯对资本主义道德话语权的批判与启示. 伦理学研究，2016（6）.

③ 肖群忠. 论中国伦理的文化根基与诠释路径. 新疆师范大学学报（哲学社会科学版），2016（5）.

展①。有学者还研究了民国时期中国文化的特点，认为自由主义西化派伦理思潮、现代新儒家伦理思潮和马克思主义伦理思潮都具有认同传统优秀伦理文化的"本根"情怀，但在处理与传统伦理文化的关系问题上选择了不同的文化路径，即自由主义西化派的"有限认同"、现代新儒家的"返本开新"、马克思主义者的"批判继承"。结合三大伦理思潮处理与传统伦理文化关系的优长缺失，在处理现代道德建构与继承优秀传统伦理思想资源的关系时，应加强"本根"教育，培育责任意识，坚持在继承中发展、在发展中继承，在多元文化交流中坚持中国伦理文化的"主体性"地位②。

2.《中庸》的道德哲学

有学者从总体上把《中庸》的道德哲学分为三个部分，即道德本体论、道德修养论、道德境界论，认为道德本体论阐释了形上依据与本体源泉，道德修养论讲明了主体功夫与道德锤炼，道德境界论诠释了价值追寻与理想目标，三论虽然各有偏重，但联系密切，浑然一体③。有学者对《中庸》的核心范畴"诚"进行了讨论，认为道德功夫思想以作为天道的"诚"为形上基础，阐明了道德功夫的可能性和必要性，提出了"自诚明"和"自明诚"两条相反相成的功夫路径，提出了立志向道、循序渐进、安身求道、注重内容和实质的道德功夫原则，以及学、问、思、辨、行的具体方法。这种道德功夫思想对现代社会的道德建设具有重要启示④。有学者认为，从"天命之谓性"到"诚者，天之道"，为人的存在寻找到了形而上的本体依据，把人与天归并在"诚"的意义之下。由至诚之天道而通贯于效法天地精神的人道，人生的道德实践活动便有了神圣的意味和某种超越性，而这种特殊的超越正是儒家思想的最大特点，它既有宗教终极性的祈向，又不离人伦日用的凡俗境况⑤。有学者认为，《中庸》主张天道性命相贯通，其生生哲学的主要根源固然

---

①　王泽应. 中华伦理文明绵延发展原因论. 道德与文明，2016（2）.

②　杨海秀. 民国时期三大伦理思潮"本根"意识之比较及其现代启示. 广西社会科学，2016（2）.

③　任仕阳，杨明. 道德哲学：《中庸》思想的核心维度. 船山学刊，2016（4）.

④　朱俊林. 敬畏与慎独：《中庸》道德工夫思想及其现代启示. 伦理学研究，2016（5）.

⑤　景海峰. 从《中庸》所言"诚"看儒家人文精神的宗教性. 社会科学战线，2016（2）.

是儒家心性论的传统，但无疑也继承了原始农业文明天地一体的洞见①。

3. 孟子人格学说

有学者认为，孟子将恻隐之心这种无中介的直接情感因素作为道德行动的内在动力，同时也是人格生成的发端；经由知言养气的功夫论，孟子阐发了人格生成的过程，而以"集义"为中介的养气则为人格的生成提供内在支撑。从不忍人之心这种内在情感出发，通过"由仁义行"的天性之自发性，最终将内在德性充分展现于外在形体之中，使作为躯体之自然的形色完全内化为人的天性，即由"践形"达至圣人人格，孟子性善论的证成离不开作为生活背景的"伦理处境"②。有学者基于孟子的这种道德思维与道德论证方式而对其道德哲学的性质进行了讨论，认为学界多从孟子严辨义利立场出发，将其定位为一种严格的义务论。这种义务论不是从功利后果，而是从道德原则来判定行为的道德性，义务与功利在此被截然二分。将义务与功利对立起来，其实是西方二分思维的惯性使然。通过对《孟子》中道德两难问题的分析，可以发现，孟子道德哲学是一种从义务的形式性到功利的实质性的一体流贯③。

4. 荀子人性学说

有学者认为，荀子前期人性论思想的特点是提出了情性-知性说，将情感欲望与材性知能都称为性。一方面认为顺从情性或情感欲望会导致争夺、混乱，因而蕴含情恶的观点；另一方面又认为人的知性可以做出抉择判断，制作礼义，"知者为之分"，实际是将知性看作善的来源。后期荀子通过对性的两重定义，将性主要限定为情性，同时又提出伪的概念，以概括能知和所知，一定程度上消解了前期思想中的矛盾④。有学者认为，荀子人性学说有三个层次：性朴是荀子对人性的基本认定，

---

① 杨儒宾.《中庸》的"参赞"工夫论. 湖南大学学报（社会科学版），2016（1）.

② 陈志伟. 孟子的道德行动与人格生成. 华东师范大学学报（哲学社会科学版），2016（2）；王玉彬. 处境与心境——孟子之"见"的伦理意蕴. 道德与文明，2016（6）.

③ 陈永杰. 义务论还是功利论？——从道德两难考察孟子道德哲学的性质. 河北学刊，2016（3）.

④ 梁涛. 荀子人性论的历时性发展——论《富国》《荣辱》的情性-知性说. 哲学研究，2016（11）.

性恶是荀子人性学说的独特贡献，人性向善是荀子对儒家基本立场的坚守①。在荀子看来，人的道德认识与对物的认识一样，都可以通过逻辑性的"推类"方法来超越经验性认识的不足，以达到对事物的抽象把握。但伦理、道德之"推类"并非纯粹演绎逻辑中的必然性推理，它因其随机性和情境性而具有或然性。荀子提出，道德之"推类"准确与否取决于三个条件：道德认识主体能否做到"类之不悖"，同类才能相推；道德认识主体能否做到"心不悖"，即道德认识主体能否克服个体的主观性，做到不"蔽于一曲而阇于大理"；道德认识主体须承认道德认识发展过程中存在"类不可必推"的非逻辑性。荀子提出使用"虚壹而静"的直觉方法来弥补这一逻辑上的不足②。

五、外国伦理思想

1. 情感主义

当代西方情感主义伦理思想是近 30 年成长起来的社会道德思潮，汇聚了当代西方反理论主义、社群主义等多种批判性思潮，从道德情感主义的进路回应规范伦理重建和启蒙筹划问题，拒斥传统道德哲学。当代西方情感主义在理论上注重经验描述方法，在价值观上主张"关怀/关心"地行动优先于抽象的道德规则，对"他者"的责任意识优先于对"个体"的权利意识③。有学者对"同感"进行了研究，认为它是我们认识和理解他人的方式之一，是同情、爱或怜悯的基础。同感在本质上是情感共鸣，它能够激发我们的道德情感，从动机上引发利他主义道德行为。同感是道德感知的基础，也是对他人担负道德责任的必要前提④。情感主义伦理学突出情感的动机力量，而当前的道德情绪研究能够对此进行充分的证实。道德情绪指的是在对自己或他人进行道德评价时产生的一种复合情绪，能够影响道德行为的产生和改变。自豪、内

---

① 王军. 性朴、性恶与向善：荀子人性学说的三个层次. 现代哲学，2016（1）.
② 陈默. 论荀子以"类"为核心的道德认识方法. 道德与文明，2016（5）.
③ 方德志. 移情的启蒙：当代西方情感主义伦理思想述评. 道德与文明，2016（3）.
④ 张浩军. 同感与道德. 哲学动态，2016（6）.

疚、移情和钦佩等道德情绪不仅能激发个体的亲社会行为，而且与反社会行为呈显著负相关关系。羞耻和愤怒等道德情绪容易引发个体的不良行为或反社会行为①。情感主义的标准是道德感，理性主义的标准则是理性②。

2. 康德与黑格尔的比较

对康德与黑格尔的比较研究一直是学者关注的问题。有学者认为，国内学界 20 世纪 80 年代提出的问题"要康德还是要黑格尔"只在表面上得到了思考，然后就进入一个对西方最新思潮"追新赶后"的时期，直到 21 世纪，这一问题才重新获得关注。在对康德与黑格尔的哲学做整体比较中，可看出以下优势：在康德哲学方面为巨大的包容性和开放性、人本主义的伦理视角、保守主义的超验理想，在黑格尔哲学方面为历史和逻辑相一致的现实感、作为自由逻辑的三统一辩证法、以广阔的文化视野对人类精神的内在发展的全面洞察。他们各自的优势就是对方的劣势③。有学者认为，黑格尔对康德哲学的批判是理解黑格尔哲学的开端。黑格尔批判康德哲学的根本目标是批判康德哲学的主观主义二元论，因为这种二元论反映了现代世界和人的分裂。黑格尔把康德哲学称为"主观观念论"，把自己的哲学称为"绝对观念论"。"绝对观念论"的目的就是要从根本上克服现代性造成的种种二元分裂④。有学者认为霍克海默（Max Horkheimer）站在黑格尔辩证哲学的立场上对康德知识论的二元论与形式主义进行了批判，但同时他也发现黑格尔哲学中存在着一个永恒本质，它把现实的总体性当作一种精神内在发展的产物并最终导致了绝对性，这造成了黑格尔体系的封闭性并使之成为一种形而上学⑤。有学者运用哈贝马斯的商谈伦理学，认为康德的形式伦理学强

---

① 王云强. 情感主义伦理学的心理学印证——道德情绪的表征及其对道德行为的影响机理. 南京师大学报（社会科学版），2016（6）.

② 孟繁英. 道德判断：情感抑或理性——亚当·斯密的公正的旁观者理论评介. 兰州学刊，2016（12）.

③ 邓晓芒. 重审"要康德，还是要黑格尔"问题. 华中科技大学学报（社会科学版），2016（1）.

④ 张汝伦. 从黑格尔的康德批判看黑格尔哲学. 哲学动态，2016（5）.

⑤ 蒋颖. 在康德与黑格尔之间——论霍克海默对德国观念论的扬弃. 求是学刊，2016（4）：16-23.

调义务的纯粹性，义务论关注正义原则，排除一切经验质料，只剩下意志对一般法则的普遍遵从。黑格尔反对正义的抽象普遍性，以伦理理念的自身运动来实现正义与具体的善的结合。商谈伦理学继承了黑格尔的志向，反对抽象的正义，同时在确保正义优先性的前提下把正义与善结合起来①。

3. 列维纳斯的他者责任伦理

列维纳斯的伦理思想以其独创性而引起了学者们的关注。有学者认为，列维纳斯提出，为摆脱唯我论，必须面向他者，主动地为他者负责。从自我走向他者，不仅是对传统自我与他者之间关系的超越，而且是对传统哲学的超越②。他者伦理探求自我与他人、内在性与外在性、有限与无限、同一与差异之间不可化约的关系。超越性、圣洁性、实践性在面向他人的伦理责任中高度统一③。通过对人与人之间原初关系的考察，列维纳斯构建了一种以绝对责任和爱为基础的好客伦理。有学者认为，这种好客伦理为人与人之间的和平奠定了基础。好客伦理告诉我们：新的世界政治秩序的基础应该是伦理，责任与爱是个体、民族、国家之间差异而和平地共处的基础④。也有学者对列维纳斯的伦理思想提出了质疑：既然他者是外在于修辞与语言的，那么在没有将他者纳入存在话语的前提下，列维纳斯如何能够提出绝对他者的伦理概念？对此，利奥塔确立了一种独特的规范性陈述逻辑。利奥塔认为，列维纳斯只是试图通过这种独特的陈述方式来暗示一种与"他者"的不对称关系，进而确立对他者的绝对责任⑤。

---

　　① 甘培聪. 在康德与黑格尔之间——哈贝马斯商谈伦理学对正义与善的整合. 社科纵横，2016（12）.

　　② 吴先伍. 从"自我"到"他者"——他者伦理的中心转移. 兰州学刊，2016（3）.

　　③ 林华敏. 超越性、神圣性与实践性——列维纳斯伦理内涵的三重解读及其当代意义. 东南大学学报（哲学社会科学版），2016（5）.

　　④ 林华敏，王超. 列维纳斯的好客伦理及其对构建和平世界的启示. 伦理学研究，2016（1）.

　　⑤ 石德金. "他者的悖谬"：利奥塔对列维纳斯责任伦理的解读. 深圳大学学报（人文社会科学版），2016（4）.

第八章 《大众文化价值论——以伦理学为视角》序言*

　　大众文化已成为当代中国社会最引人注目的文化现象之一。大众文化在当代中国的普遍流行，对中国传统文化以及中国社会的道德生活和道德教育已产生了各种影响。当代中国大众文化的产生和发展，为伦理学研究提供了丰富的理论资源，也给我们提出了许多新的时代课题。

　　文艺是时代前进的号角，最能代表一个时代的风貌和引领一个时代的风气。习近平总书记 2014 年在文艺座谈会上的讲话中指出，伟大事业需要伟大精神。实现这个伟大事业，文艺的作用不可替代，文艺工作者大有可为①。越来越多的文艺、文化工作者自觉遵守"以人民为中心"的创作原则，努力创作有思想、有深度、有温度、接地气的文化作品。但时下部分文化作品创作中也存在着"商业化生产""快餐式消费"等问题，文化作品也出现了有"高原"缺"高峰"的现象。尤其在多元社会思潮的影响下，也有人提出"零度写作""拒绝崇高"等价值祛魅的口号，在大众文化作品创作和传播方面，给社会带来一些价值错位、是非不明等方面的消极影响。

　　贾雪丽同志的《大众文化价值论——以伦理学为视角》一书是在博士学位论文基础上修改充实而成的。这一选题表现了作者对社会大众文

---

　　* 原载《大众文化价值论——以伦理学为视角》（中央编译出版社，2017）。

　　① 中共中央宣传部. 习近平总书记在文艺工作座谈会上的重要讲话读本. 北京：学习出版社，2015：14-15.

化的关切，也体现了伦理学特有的现实关照。大众文化是一个与社会道德生活关联度极高的课题，研究该课题既具理论价值，更具现实意义。在写作过程中，作者努力占有大量资料，积极思考研究，形成了相关独到见解。在博士毕业后的工作过程中，贾雪丽同志继续思考、探索这一课题，对论著不断进行修改和完善，相关研究成果也不断见诸各种核心期刊。

我们说"道德是一种实践精神，是一种把握世界的特殊方式"。伦理学作为一门研究社会道德现象的价值应然学科，理应对大众文化的相关问题进行伦理学角度的分析和研究。由于大众文化本身的多样性、复杂性，学界对大众文化多限于某一现象或某种类型的研究，从伦理学角度对大众文化进行系统分析的著述相对较少。这种状况相当于伦理学理论和实践发展以及社会现实需要而言，还存在较大差距。

该书坚持以社会主义文化和社会主义道德价值为导向，坚持用马克思主义伦理学基本观点和立场对大众文化进行理论分析与探索，一方面有利于推进当代中国伦理学界对大众文化研究的深化，另一方面对大众文化进行系统的伦理审视，也有助于理论界对大众文化的伦理价值做出相对全面的判断和把握。此外，后现代伦理思潮伴随后现代主义在世界范围内扩展开来，几乎对所有学科都产生了这样那样的影响。由于后现代伦理思潮本身的复杂性，我国伦理学界对这方面的研究还比较少。大众文化作为工业社会及后工业社会的主要文化形态之一，深受后现代伦理思想的影响。从一定意义上说，大众文化所表现出来的反传统、反权威、反社会普遍价值和反永恒价值等特征，其实质也是对后现代伦理思想的某种体现。该书在后现代伦理思潮对大众文化的影响方面做了专门梳理和探讨，在一定程度上将有助于理论界对后现代伦理思潮与大众文化之间的关系做出正确认知和研判。

马克思说："问题就是时代的口号"①。从伦理学角度对大众文化进行系统研究，是当代中国进行道德教育和构建当代中国伦理文化的客观需要。该书以社会主义核心价值观为引领，从伦理学角度对当代中国大众文化的现状和存在问题，以及当代中国大众文化的建构进行了审视和对策探讨。

---

① 马克思恩格斯全集：第 40 卷. 北京：人民出版社，1982：289.

　　总之，该论著主题明确、资料翔实，论述清晰并富有逻辑，其中不乏作者的问题意识和所做的独到思考。尽管书中对某些问题的分析还有待深化，对个别问题的论述还值得商榷，但作为年轻学者的阶段性成果，还是具有一定的学术价值和现实意义。

第九章　兴国之魂可操作性
研究的力作[*]

——评陈延斌教授等新著《陶铸国魂》

近日，读到江苏师范大学陈延斌教授等撰写的《陶铸国魂：社会主义核心价值体系融入国民教育和精神文明建设全过程对策研究》（广东高等教育出版社，2015）一书，深感这部著作是一部兴国之魂可操作性研究的力作。

第一，该书形成了涵盖理论与实践领域的对策体系。该书从社会主义核心价值体系融入国民教育和精神文明建设全过程的战略意义出发，论述了社会主义核心价值体系融入国民教育和精神文明建设是重要的时代课题与塑造公民价值观的重要任务。陈延斌教授带领课题组成员在广泛、深入调研的基础上，做出了社会主义核心价值体系融入国民教育和精神文明建设的整体规划，设计了融入国民教育各阶段及精神文明建设全过程的价值观认知、践行的具体指标体系、活动方案，系统探讨了体制、机制、基本路径方法、实效性对策、实证研究、新颖的测评方法以及借鉴国外有益经验等，形成了一套较为严谨、完整的理论体系和实践模式。

第二，该书探索出了具体有效、可行可鉴的路径方法。课题组通过数年研究和实验探索，力求突破理论认知与实践脱节的难题，紧贴国民教育和精神文明建设对象的实际，针对我国社会主义核心价值体系融入

＊ 原载《道德与文明》2016 年第 3 期。

国民教育和精神文明建设存在知高行低、途径单一、实效不强等问题，探索出了一套切实可行、行之有效的可操作性方法。该书根据国民教育各阶段学生身心发展的客观实际，不仅设计了从小学到大学各阶段的价值观认知指标和价值观践行指标，彰显了知行合一的价值观塑造理念，还从课堂教学、校园文化、管理育人、社会实践及现代传播手段五大路径精心设计了几百套具体的活动方案，精神文明建设部分亦是如此。

第三，该书以提高融入教育实效性为着力点，强化实证研究。该书作者在广泛搜集全国社会主义核心价值体系建设先进经验的基础上，加强实证研究，除了总结提炼，整理出实效突出、可学可鉴的系列案例外，尤其加强实践探索。一是与江苏沛县县委联合进行了"社会主义核心价值大众化实验研究"，二是选取国民教育阶段大、中、小学实验学校进行社会主义核心价值体系融入教育实验探索。

这些实验研究取得了显著成效，获得中央文明办、江苏省委领导的好评，被教育部下发简报推广，取得了良好的社会效益，为社会主义核心价值体系进课堂、进生活、进公民头脑提供了切实可行的应用对策、方案和实践经验。

第四，该书大胆探索、尝试攻克融入教育效果评测难题。社会主义核心价值体系融入国民教育和精神文明建设、转化为人民的自觉追求的程度如何？如何进一步开展针对性的融入教育？这些都需要对国民教育对象和社会大众认同及践行社会主义核心价值观的现状进行符合实际的评价。但教育效果评估却是一个难题。该书作者知难而进，勇于探索，在实验探索的基础上，尝试构建了社会主义核心价值观评测模型，力求形成量化评价模式，评估社会主义核心价值观在社会公众和国民教育各阶段学生中的认知情况与行为表现。

图书在版编目（CIP）数据

现实道德问题研究 / 葛晨虹著. --北京：中国人
民大学出版社，2021.9
（葛晨虹文集；第五卷）
ISBN 978-7-300-29879-5

Ⅰ. ①现… Ⅱ. ①葛… Ⅲ. ①道德-研究 Ⅳ.
①B82

中国版本图书馆 CIP 数据核字（2021）第 187024 号

葛晨虹文集　第五卷
现实道德问题研究
葛晨虹　著
Xianshi Daode Wenti Yanjiu

出版发行	中国人民大学出版社			
社　　址	北京中关村大街 31 号		**邮政编码**	100080
电　　话	010－62511242（总编室）		010－62511770（质管部）	
	010－82501766（邮购部）		010－62514148（门市部）	
	010－62515195（发行公司）		010－62515275（盗版举报）	
网　　址	http://www.crup.com.cn			
经　　销	新华书店			
印　　刷	北京联兴盛业印刷股份有限公司			
规　　格	160 mm×235 mm　16 开本		**版　　次**	2021 年 9 月第 1 版
印　　张	23.75 插页 3		**印　　次**	2021 年 9 月第 1 次印刷
字　　数	365 000		**定　　价**	498.00 元（全五卷）